Autorenhaus Verlag

DEUTSCHES JAHRBUCH FÜR AUTOREN AUTORINNEN 2005 | 2006

Schreiben und Veröffentlichen
Aktuelle Informationen und Adressen aus dem Literatur- und Medienmarkt: Theater, Film/TV, Hörmedien, Buch

Mit 3000 neu recherchierten Medien-, Literatur- und Verlagsadressen sowie Programme, aktuelle Themen und Manuskriptwünsche

Autorenhaus Verlag

Die Deutsche Bibliothek – CIP-Einheitsaufnahme
Ein Titeldatensatz für diese Publikation ist bei
Der Deutschen Bibliothek erhältlich.

Bitte besuchen Sie auch www.autorenhaus.de

Herausgegeben von
Gerhild Tieger und Manfred Plinke
Autorenhaus Verlag, Karmeliterweg 116, 13465 Berlin
Namentlich nicht gekennzeichnete Beiträge stammen
von den Herausgebern.

Originalausgabe
ISBN 3-932909-33-X
2., überarbeitete Auflage
© 2005 Autorenhaus Verlag Berlin

Der Inhalt wurde sorgfältig recherchiert, bleibt aber ohne Gewähr für Richtigkeit und Vollständigkeit.
Nachdruck, auch auszugsweise, nur mit schriftlicher Genehmigung des Verlags. Die Adressdatenbanken sind nach dem Urheberrechtsgesetz ausdrücklich geschützt. Jede Verletzung der Rechte wird gerichtlich verfolgt.
Umwelthinweis: Dieses Buch wurde auf chlor- und säurefreiem Papier gedruckt. Druck und Bindung: GGP Media, Pößneck
Printed in Germany

▷ Vorwort

Als 1980 mein erstes Buch bei Rowohlt erschien, ahnte weder mein Lektor noch ich selbst, dass dies der Beginn einer ganzen Reihe von Kriminalromanen, anderen Romanen und Erzählungen werden würde. Bald folgten die ersten Drehbücher für Spielfilme und Serien, Hörspiele und Theaterstücke. Außer Lyrik, die ich gerne lese, habe ich in fast allen Genres für die unterschiedlichsten Medien gearbeitet.

Deshalb möchte ich Sie ermutigen, auch über Spartengrenzen hinaus zu denken und zu schreiben, die Beiträge aus anderen Medienbereichen zu lesen. Crossover-Autoren beschränken sich nicht in eine Form ihrer künstlerischen Kreativität, sie nutzen die Vielfalt und inhaltlichen wie ästhetischen Herausforderungen der Medien und literarischen Gattungen. Es liegt mehr in jedem Schriftsteller als nur *eine* Begabung.

Natürlich muss auch der Schornstein rauchen und die Miete will bezahlt sein. Für die Verbesserung der ökonomischen Bedingungen für das professionelle Schreiben setzt sich der VS, der Verband deutscher Schriftsteller in der ver.di, ein: in Verhandlungen über Honorare, Urheberrecht und Sozialgesetzgebung und mit seiner Beratung in den Landesverbänden. Der VS treibt nicht nur die Verbesserung der wirtschaftlichen Bedingungen künstlerischer Arbeit weiter voran, sondern hat sich auch die Professionalisierung der Autoren zum Ziel gesetzt – und dafür empfehle ich auch das aktuelle *Autoren-Jahrbuch*, es ist nützlich und wichtig.

Ich wünsche Ihnen viel Erfolg,

Fred Breinersdorfer

▷ Inhalt

Einleitung 13

❶ SCHREIBEN — 15

Schreibschulen *von Thomas Anz* 17
Literarisches Schreiben studieren *von Uli Rothfuss* 23
ADRESSEN Aus- und Weiterbildung für Autoren I:
Kreatives Schreiben an Hochschulen und anderen Institutionen ... 27
Voyeure am Schlüsselloch *von Rainer Moritz* 34
ADRESSEN Aus- und Weiterbildung für Autoren II:
Schulen und Seminare für Kreatives Schreiben 39
Hypergrafie 48
Schreibblockade 50
Im Taxi: Immer horche, immer gugge *von Rahel Bucher* 53

❷ LYRIK — 57

Die verborgene Regel *von Harald Hartung* 59
Machen wir uns einen Reim *von Elisabeth Borchers* 68
Wo veröffentlichen? 70

❸ GENRES — 73

Autobiografie: Schluss mit der Kindheit!
von Johanna Adorján 75
Krimi: Morden mit Donna Leon *von Margrit Sprecher* 81
Krimi-Markt 87
Historische Romane *von Christina Busse* 90

Science-Fiction: No Aliens *von Maren Bonacker* 96
Fantasy: Von Einhörnern, Kobolden und Zauberern
von Thomas Le Blanc 102
Frauenromane: Huch, sie schreibt! *von Cora Stephan* 107
Freche Frauenromane: Chick-Lit 113
Kinder- und Jugendbuch: Vom Baby-Buch zur
All-Age-Literatur 115
Bilderbuch: Kauf auf den ersten Blick 118
Literaturzeitschriften 120
ADRESSEN: Kultur- und Literaturzeitschriften 123
Zeitung: Für die Fische schreiben? 144
ADRESSEN: Zeitungen und Zeitschriften 146

❹ THEATER — 169

Theater-Bestseller-Werke aller Genres 171
Rasender Leerlauf *von Uwe Wittstock* 176
ADRESSEN: Theater- und Musikverlage, Medienagenturen 183
Stückemarkt 203
ADRESSEN: Theater 205
Amateurtheater: Chancen auf einem vernachlässigten Markt 239
ADRESSEN: Amateurtheaterverbände 248

❺ HÖRMEDIEN — 251

Hörfunk: Die Rückkehr des Autors ins Feature
von Helmut Kopetzky 253
ADRESSEN: Hörfunk – Feature 257
Hörspiel: Achtung, Aufnahme! *von Viola Roggenkamp* 260
ADRESSEN: Hörfunk – Hörspiel 267
Der Hörbuch-Boom 270
Hörbuch-Inszenierung 273
ADRESSEN: Hörmedienpreise 278

❻ FILM und TV 281

Screenwriters Berlin *von Bianca Kopsch* 283
ADRESSEN: Filmausbildung und Drehbuchseminare 287
Stoffsuche: Bücher vor der Kamera *von Kathrin Grün* 295
Dokumentarfilm: Vergesst die virtuellen Welten *von Peter Zander* 301
Was bringt Drehbuchförderung? *von Benedikt Röskau* 304
Förderanträge: Zehn leicht vermeidbare Fehler
von Benedikt Röskau 309
ADRESSEN: Drehbuch-und Filmförderung, Preise 313
Drehbuch: Fragen, die Sie nie stellen sollten *von Vivien Bronner* 321
ADRESSEN: TV – Spielfilm 329
Bestsellertitel: Liebe, Mann, Frau, Nacht 332
ADRESSEN: Drehbuchagenturen 334
Love, love! *von Fred Breinersdorfer* 340

❼ AUTORENBERUF 347

Was verdient eigentlich ein Schriftsteller? *von Georg M. Oswald* 349
Autobiografen: Rödeln, rattern, daddeln 355
Ghostwriter: Der unsichtbare Autor *von Andrew Crofts* 357
Der Jungautor *von Karsten Krampitz* 361
ADRESSEN: Autorenverbände und -vereinigungen 365
Lebenserwartung von Autoren: Ende 373
Schriftsteller-Depression 375
Übersetzen macht süchtig *von Käthe Fleckenstein* 376
Schriftstellerfilme: Ich, als Schriftsteller auf der Leinwand .. 385

❽ AUTORENFÖRDERUNG und LITERATURPREISE 389

Literaturpreise: Funkelnde Scherben *von Wilhelm Genazino* .. 391
ADRESSEN: Literaturbüros und Literaturhäuser 398
Rezensionen: Kürzen für mehr Kritiken 408

ADRESSEN: Lesungen und Leseförderung 410
Nachwuchsförderung: Ich kann hexametern
von Florian Felix Weyh 414
ADRESSEN: Literaturpreise 417
Stipendien: Ein Dach über dem leichtsinnigen Kopf
von Jens Sparschuh 466
ADRESSEN: Stipendien, Förderpreise, Projektförderung 469
Stipendien: Dichterdomizil auf Sylt *von Feridun Zaimoglu* 484
ADRESSEN: Aufenthaltsstipendien 487

❾ BUCH — 499

Damenwahl *von Thomas Steinfeld* 501
Quersubvention – die Besonderheit der Buchbranche 507
Faible für Heiteres *von Christoph Kochhan* 513
Buchmarkt: Raue Sitten in schöngeistigen Gefilden 517
Verlagsgruppen, ihre Töchter und Imprints 522
ADRESSEN: Literatursendungen (TV und Hörfunk) 534

❿ VERLAGSSUCHE — 545

Glücksmomente 547
Agentendämmerung *von Stefanie Flamm* 550
Tinte in Gold verwandeln 558
ADRESSEN: Literaturagenturen 561
Warum ein Manuskript keinen Verlag findet 578
Lektorat: »Thema, Aktualität, Zielgruppe, Autor und Stil« 582
ADRESSEN: Buchverlage in Deutschland 585
ADRESSEN: Buchverlage in Österreich 897
ADRESSEN: Buchverlage in der Schweiz 913
Der lange Weg zur ersten Veröffentlichung *von Anna Tamà* 927
Die Vertreterkonferenz *von Burkhard Spinnen* 932
Mein Leben als Star *von Juan Moreno* 934

⓫ ZUSCHUSSVERLAGE, BoD, SELBSTVERLAG 939

Manuzios Verlag *von Umberto Eco* 941
Books on Demand: Verlegen kommt von Vorlegen 944
Crash-Test für Selbstverleger 951
ADRESSEN: Buchbranche 955

⓬ RECHT und HONORARE 959

Von Goethe lernen heißt verdienen lernen 961
Höhere Honorare für Belletristikautoren 965
Vorschuss: Geld spricht 971
Arme Kanzler-Freunde 973
Stipendien und Steuern 976
VG Wort: Leere Worte 978
ADRESSEN: Verwertungsgesellschaften 980
Kunstfreiheit vs. Persönlichkeitsrecht *von Sören Erdmann* 982
Schreiben Sie immer aus Rache! *von Anne Lamott* 992

ANHANG 995

Interpunktion: Eats, Shoots and Leaves 997

Autorenbibliothek 999
   Literaturkalender 999
   Schriftstellerbücher 1000
   Kinder- und Jugendbücher 1006

Index Verlagsprogramme 1023

SCHREIBEN

Schreibschulen 17

Literarisches Schreiben studieren 23

ADRESSEN: Aus- und Weiterbildung für Autoren I
(Kreatives Schreiben an Hochschulen u. a. Institutionen) 27

Voyeure am Schlüsselloch 34

ADRESSEN: Aus- und Weiterbildung für Autoren II
(Schulen und Seminare für Kreatives Schreiben) 39

Hypergrafie 48

Schreibblockade 50

Im Taxi: Immer horche, immer gugge 53

▷ *Schreibschulen*
Über ein zu lange missachtetes Phänomen

Von Thomas Anz

Tanzen, Musizieren, Malen, alles wird gelehrt. Und das Schreiben? Die Genieästhetik setzte vor gut zweihundert Jahren die noch heute verbreitete Vorstellung durch, dass die Kunst des Schreibens nicht eigentlich lehr- und lernbar sei, sondern Sache ausschließlich der Inspiration und Begabung. Zu den Folgen gehört, dass es heute in Deutschland zwar praxisorientierte Hochschulen für Musik, für bildende Künste, für Film und Fernsehen und auch für den Journalismus gibt, doch, sieht man einmal von einer Ausnahme in Leipzig ab, keine für literarische Wortkünste.

Zur literarischen Abstinenz wurde meine Generation schon in der Schule erzogen. Nur in den unteren Klassen durften wir noch schriftlich erzählen. Später waren wir für Höheres auserkoren: »Besinnungsaufsatz« nannte man das damals, und in dieser Gattung hatte man sich als angehender Philosoph zu bewähren. Oder als zukünftiger Literaturwissenschaftler, wenn es darum ging, Gedichte zu interpretieren. Was Erzählen heißt, wie man Spannung erzeugt, das waren da längst nur noch theoretische Probleme.

Wer dann noch mit literarischen Neigungen zur Universität kam, dem wurden sie meist gänzlich ausgetrieben. Eine 1977 erschienene *Einführung in die Literaturwissenschaft* berichtet in leicht spöttischem Ton über eine Erhebung des Germanistischen Instituts der Universität Düsseldorf. Dort hatten 1971, also drei Jahre nach den öffentlichen Totsagungen der »schönen Literatur«, immerhin 65 % der Studienanfänger Neigungen zu eigener literarischer Produktion als Grund für ihre Fachwahl angegeben. So wissenschaftsfremde Vorstellungen hatten sie damals von der Germanistik! Literaturwissenschaftler beklagen heute zwar gerne den Verfall der Schreib- und Sprechkultur, gerade auch ihrer Studenten, doch die Einübung von Schreib- und Sprechfähigkeiten halten sie in der Regel von sich fern. Die Kunst oder Technik der Textinterpretation wird vielmehr streng getrennt vom Verfassen eigener Texte. Welten liegen im Germanistikstudium zwischen der Analyse und dem eigenen Schreiben, sei es einer Erzählung, eines Gedichts, eines Dramas, eines Drehbuchs oder auch nur einer Rezension. Solches bleibt, vom Verfertigen der Seminar-, Magister- oder Doktorarbeit einmal abgesehen, privates Hobby, belächelt, mit Wohlwollen geduldet, doch aus dem Terrain ernsthaften, das heißt wissenschaftlichen Interesses für Literatur ausgeschlossen.

Dabei wäre eine wechselseitige Förderung der Analyse und des eigenen Schreibens literarischer Texte durchaus denkbar. Ein zwölfjähriger Gymnasiast erzählte unlängst, er habe im Deutschunterricht gelernt, was eine Fabel sei, und habe dann selber zu Hause eine schreiben sollen. Er hat etliche gelesen, um sie zu imitieren, hat geschrieben, hat Freude daran gehabt und wohl mehr Einsichten in die »Textsorte« gewonnen, als es ohne den eigenen Schreibversuch möglich gewesen wäre. Quod licet bovi, non licet Jovi: Für den Unterricht in höheren Klassen oder gar im Studium ziemt sich solches nicht mehr.

Schreibschulen haben Hochkonjunktur

Dabei ist das Bedürfnis erwachsener Menschen, Anregungen und Anleitungen zum literarischen Schreiben zu bekommen, zweifellos nicht zu unterschätzen. Die Vermarktung solcher Bedürfnisse durch Ferninstitute hat längst eingesetzt. »Ist es schon lange Ihr Wunsch, wie ein guter Autor schreiben zu können?« So werben sie um interessierte Kunden. Inzwischen erhalten diese auch auf dem Buchmarkt Angebote in so großer Zahl, dass sie kaum mehr überschaubar sind. Schreibschulen haben heute Hochkonjunktur.

Das Bedürfnis, Literatur nicht nur zu lesen, sondern selbst Literatur zu schreiben, hatte in Deutschland in den siebziger Jahren vor allem in der sogenannten »Schreibbewegung« ihren Niederschlag gefunden, einer Ausbreitung von schreibenden Gruppen in psychotherapeutischen Praxen, Volkshochschulen, universitären Nischen und anderswo. Zum Teil orientiert an amerikanischen Creative-writing-Seminaren, wurde sie in der Bundesrepublik doch auch ganz entscheidend von Tendenzverschiebungen im Bereich der veröffentlichten Literatur gestützt. Die neue »Schreibbewegung« und die »Neue Subjektivität« in der Literatur der siebziger Jahre waren ganz eng aufeinander bezogen und haben sich gegenseitig geprägt. Und beide Phänomene wiederum korrespondierten direkt mit dem damals so genannten »Psychoboom«, einer inflationären Ausbreitung unterschiedlichster Angebote zur psychotherapeutischen Behandlung. Die vielen autobiographischen Krankengeschichten der oft noch jungen Debütanten, aber auch einiger älterer Schriftsteller (vom krebskranken Fritz Zorn, der magersüchtigen Maria Erlenberger bis hin zum Alkoholiker Ernst Herhaus) hatten für Autoren und Leser therapeutische Funktionen. Es war, so resümierte der Literaturkritiker Reinhard Baumgart damals, als hätte sich die literarische Öffentlichkeit in eine große Selbsterfahrungsgruppe verwandelt. Dominierende Themen in Therapiegruppen waren in der Tat auch die der neusubjektiven Literatur: Träume und Phantasien, der eigene Körper, persönliche Erfahrungen des Leidens aller Art, Erfahrungen von Krankheit und Tod, zerstörten Lieben und Trennungen, gestörten Beziehungen zu den Eltern, vor allem zum Vater.

Jeder kann schreiben!

Die »Neue Subjektivität« der 70er Jahre war vielfach durch eine bemerkenswerte ästhetische Anspruchslosigkeit charakterisiert. Ungehemmt von ästhetischen Skrupeln sollte jeder möglichst offen, direkt, ehrlich, »authentisch«, wie man gerne sagte, und für jeden Leser (der oft vertraulich mit »du« angeredet wurde) verständlich über sein eigenes Innenleben und persönliches Leiden Auskunft geben können.

Bernward Vesper hatte enthusiastisch die Aufhebung des Kunstdiktats beschworen: »Jeder kann es, jeder! Es gibt keine Künstler mehr!« Unter dem enthemmenden Motto »Jeder kann schreiben!« standen und stehen noch heute die Aktivitäten der meisten Gruppen und Kreise aus der »Schreibbewegung«, und in ihnen wurden gezielt Arrangements entwickelt, die dazu geeignet sind, den Teilnehmern alle Skrupel beim Schreiben zu nehmen. Die Texte werden oft nicht zu Hause verfasst, sondern in Anwesenheit anderer und in begrenzter Zeit am Veranstaltungsort. Es gibt keine Verpflichtung, den eigenen Text vorzulesen. Nicht ein abgeschlossener, »fertiger« Text ist erwünscht, sondern ein improvisierter, vorläufiger.

In den frühen achtziger Jahren häuften sich deutliche Gegenstimmen zur »Neuen Subjektivität« in der veröffentlichten Literatur. Sie habe, so kritisierten 1982 Michael Krüger und Klaus Wagenbach in ihrer Zeitschrift »Tintenfisch«, statt Literatur oft nur »Ehrlichkeitskitsch« hervorgebracht. Botho Strauß sprach in seinen kulturkritischen Prosaskizzen »Paare, Passanten« (1981) über den inflationären Gebrauch von »Leidfloskeln«: »eine Art hypochondrisches Display« betreibe »Werbung für die eigene Hochempfindlichkeit«. Gegenüber der veröffentlichten Literatur der siebziger Jahre ist die der achtziger von einem gesteigerten Formbewusstsein und Kunstanspruch gekennzeichnet. Damit bewegten sich Schreibbewegung und Gegenwartsliteratur wieder auseinander.

In der alten Schreibbewegung gab es vielfach einen programmatischen Verzicht auf eine über den Buch- und Zeitschriftenmarkt hergestellte Öffentlichkeit. Die Adressaten der Schreibenden waren in der »Gruppe« zu finden. Allenfalls in Form von »Rundbriefen« wurde eine Art erweiterter Gruppenöffentlichkeit hergestellt. Wo immer über Praktiken der Schreibbewegung berichtet wurde, hatte das Interesse an »literarischer Geselligkeit«, an »Gruppenprozessen«, an einer »Gemeinschaft« Gleichgesinnter, an »Erfahrungsaustausch« und dergleichen einen dominanten Stellenwert. Literaturkritik, die in Deutschland vor gut zwei Jahrhunderten mit der Etablierung eines literarischen Marktes entstand, war hier fehl am Platz. »Mit Kritik an Texten sind wir äußerst zurückhaltend«, berichtete noch in den achtziger Jahren ein erfahrener Literaturdidaktiker über die von ihm geleiteten »Schreibwerkstätten«.

Das Handwerk des Schreibens

Die Szene hat sich mittlerweile verändert. Das Handwerkliche und Artifizielle ist in Schreibschulen der Gegenwart in den Vordergrund getreten. Es geht weniger um Erfahrungen als um Techniken. Und wo das sprachliche und literarische Können in den Vordergrund rückt, hat auch die Kritik ihren Platz. In Schreibseminaren tauscht man sich heute nicht mehr verständnisvoll über das eigene Empfinden aus, sondern mit kritischer Rücksichtslosigkeit über das Gelingen und Misslingen der literarischen Versuche. Und diese suchen inzwischen stärker als zuvor die Öffentlichkeit – im Internet, noch besser aber in Form eines gedruckten Buches, auch wenn dieses dann nur im Verfahren des »Publishing on demand« hergestellt wird und in einem der immer zahlreicher werdenden Verlage erscheint, die den Autor zur Kasse bitten.

Kreatives Schreiben an Universitäten

Langsam entdecken auch die Universitäten, was Schreibschulen leisten können. Außer in Leipzig sind sie in Hildesheim, Marburg oder auch München inzwischen fest etabliert. Es ist vermutlich nur noch eine Frage der Zeit, bis sie in literaturwissenschaftliche Studiengänge fest eingebunden sind. Denn die Fähigkeit zu schreiben ist das, was von Absolventen literaturwissenschaftlicher Studiengänge in allen Berufssparten mehr erwartet wird als alles andere. Es müssen ja nicht nur Gedichte, Erzählungen und Romane sein. Gelehrt wird von den gegenwärtig angebotenen Schreibschulen fast alles: das Schreiben von Drehbüchern ebenso wie das »Texten« von Werbung, das Verfassen von Klappentexten wie das von Rezensionen.

Aber Literatur darf es eben auch sein. Wie ein klassisches Drama aufgebaut ist, hatte 1863 Gustav Freytag in seiner Schrift *Die Technik des Dramas* bündig zusammengefasst. Angehende Literaturwissenschaftler lernten an ihr, ein Drama zu beschreiben. Inzwischen wird das Buch wieder angeboten, weil man mit ihm auch lernen kann, selbst ein Drama zu verfassen. Es handelt sich um eine »Bearbeitete Neuausgabe des Grundlagenwerks für Theater-, Hörspiel- und Drehbuch- und Romanautoren«. Vielleicht erscheint demnächst auch jenes Buch, das lange Zeit der verspottete Inbegriff einer Schreibschule aus der Zeit des Barock war: Georg Philipp Harsdörffers *Poetischer Trichter / die teutsche Dicht- und Reimkunst / ohne Behuf der lateinischen Sprache / in VI Stunden einzugiessen*. Dieses Mitte des 17. Jahrhunderts erschienene Lehrbuch für Gymnasiasten hätte eine Rehabilitation durchaus verdient.

Prof. Dr. Thomas Anz lehrt am Institut für Neuere deutsche Literatur und Medien der Philipps-Universität Marburg. Er ist Autor zahlreicher Werke über Literatur, u.a. *Psychoanalyse in der modernen Literatur, Literatur und Lust, Literaturkritik* (zusammen mit Rainer Baasner), hat über Franz Kafka und Marcel Reich-Ranicki geschrieben und die Internetseite *www.literaturkritik.de* begründet.

▷ Literarisches Schreiben studieren

Berufsbegleitendes Studium an der
Internationalen Hochschule in Calw

Von Uli Rothfuss

Schriftsteller, Autor, Dichter werden – und das durch eine akademische Ausbildung? Was für Musiker, für Bildende Künstler selbstverständlich ist, erstaunt in Deutschland im Bereich der Literatur immer noch und erregt manche Gemüter – hier, bei der Dichtung, scheint der Hauch des Genies ausreichen zu sollen, gute, auch handwerklich gut gebaute Literatur zu schreiben. Anders in anderen Ländern, vor allem im englischsprachigen Bereich, wo es schon seit Jahrzehnten renommierte akademische Studiengänge in »Creative Writing« gibt, die auch große Literaten hervorgebracht haben.

Die akademische Schreibausbildung ist kein Garant für eine literarische Laufbahn, aber sie kann vieles erleichtern – vor allem Hilfestellung geben bei literarisch-handwerklichen Fragen, aber auch bei beruflichen Fragestellungen wie im Verlags- und Urheberrecht, im Management der eigenen Tätigkeit als Schriftsteller, im Marketing der eigenen Werke gegenüber der Öffentlichkeit. Ein Anliegen des Studiums ist auch, Zugänge zu Veröffentlichungsmöglichkeiten – Zeitungen, Zeitschriften, Rundfunk, Fernsehen, Verlage – zu schaffen.

Klein und fein: die Hochschule

Die kleine, staatlich anerkannte Kreativ-Hochschule in Calw – an einem literarischen Ort, dem Geburtsort Hermann Hesses – wagt jetzt als eine der wenigen Hochschulen in Deutschland und als einzige in berufsbegleitender Form den Versuch, zunächst einen Hochschullehrgang, später einen eigenen Studiengang »Kreatives Schreiben / Publizistik« zu starten.

Dabei greift die Hochschule auf ihr bewährtes Konzept zurück, mit dem sie 1998, nachdem sie bereits als Weiterbildungsakademie rund zehn Jahre, unter anderem in Kooperation mit ausländischen Hochschulen, gearbeitet hatte, von der Landesregierung Baden-Württemberg die staatliche Anerkennung erlangte. Seit rund sieben Jahren gibt es einen erfolgreichen Studiengang in »Künstlerischen Therapien«, der bislang zum Magister Artium, nach der Anpassung im Rahmen der Europäisierung der Studiengänge auf englischsprachige Abschlüsse zum Master of Arts führt. Im Jahr 2004 wurde nach erfolgreich durchlaufener Evaluation des Studienprogramms die staatliche Anerkennung der Hochschule durch die Landesregierung Baden-Württembergs erneuert.

Die Hochschule befindet sich in schöner Lage über der Altstadt von Calw – reichlich literarisches Anschauungsmaterial gibt es in dem Städtchen mit dem großen Hermann-Hesse-Museum, mit literarischen Orten in Stadt und Region, mit vielen musischen und literarischen Veranstaltungen das ganze Jahr über.

An der kleinen, feinen Hochschule studieren derzeit rund 80 Studierende im regulären Studiengang, darüber hinaus nehmen zahlreiche Studierende an Einzelfortbildungen teil. Die Hochschule verfügt über einen Dozentenstamm von rund 30 Hochschullehrern aus dem In- und Ausland – jeweils ausgewiesene Fachleute ihres Fachgebietes.

Das Konzept des Studiums

Pro Semester gibt es zwischen drei und fünf Kompaktkurse an Wochenenden an der Hochschule in Calw. Diese Kompaktkurse sind als Module angelegt und entsprechen jeweils einer Vorlesungseinheit pro Semester. Die Semesterwochenstunden sind also nicht über das Semester verteilt, sondern kompakt jeweils an einem Wochenende zusammengefasst. Zu jedem Modul ist dann eine literarische Aufgabe als

Hausarbeit fertig zu stellen. Hinzu kommen E-Learning-Kurse wie die »Einführung in die Kommunikationswissenschaft«, die ganz von zu Hause aus studiert werden, die Beratung des Dozenten geschieht per E-Mail. Die Studierenden können ihre Berufstätigkeit beibehalten.

Begleitend zu den Wochenendkursen wird während der Dauer des Hochschullehrganges – dieser ist auf vier Semester, also zwei Jahre, angelegt, der spätere Studiengang soll sechs Semester dauern – ein größeres literarisches Projekt entstehen im Sinne einer Projektarbeit, die am Ende des Lehrgangs so weit entwickelt ist, dass es sich um ein abgeschlossenes, größeres literarisches Projekt handelt.

Die Kurse handeln jeweils ein Thema kompakt ab – über die von den jeweiligen Dozenten betreuten Hausarbeiten geht aber die Beratung weit über das jeweilige Modulwochenende hinaus. So verflechten sich Kurseinheiten wie »Stimuliertes Schreiben – Die Phantasie fliegen lassen«, eine »Einführung in das literarische Übersetzen für Autoren und Übersetzer«, »Biographisches Schreiben« – aber auch von eher organisationsorientierten Fächern wie »Organisation eines Literaturprojekts« und Theoriefächer wie »Kreative Literaturgeschichte«, »Literarische Formen« oder »Urheberrechte«.

Da es sich um ein Weiterbildungsstudium handelt, soll auf vorhandenem Wissen aufgebaut werden – und sowohl die Dozenten als auch die Mitstudierenden sollen von diesem Wissen in der Gruppe profitieren. Dass dadurch Gruppen mit einzelnen Studierenden zusammenkommen, die bereits beachtliche Kompetenzen im kreativen Schreiben mitbringen, wirkt befruchtend und gegenseitig anregend. Freundschaften oder längerfristige Arbeitspartnerschaften können sich hieraus entwickeln.

Das Herausgelöstsein aus dem beruflichen und privaten Umfeld für jeweils zwei, drei aufeinander folgende Kurstage, die Konzentration auf den Kurs und auf eigene Anliegen im Zusammenhang mit dem Studium schaffen eine einzigartige kreative Arbeitsatmosphäre, die dann durchaus auch in den Alltag hineingetragen werden kann.

Das Konzept der Berufsbegleitung und der Konzentrierung der Lehre auf Kompaktmodule erlaubt auch, hochqualifizierte Dozenten für diese Einzelmodule sowohl aus dem akademischen als auch aus dem Literaturbereich zur Mitarbeit zu gewinnen – ohne dass diese in ihren sonstigen Tätigkeiten eingeschränkt würden. So werden namhafte Wissenschaftler, Akademiker, aber auch Schriftsteller und Publizisten in der Lehre und bei der Betreuung des Studienangebots mitwirken.

Abschluss

Der Student erhält am Ende des Hochschullehrganges ein Hochschulzeugnis und ein Abschlusszertifikat »Kreatives Schreiben / Publizistik«, wenn für alle Hausarbeiten ein erfolgreiches Bestehen bescheinigt ist und die Projektarbeit erfolgreich abgeschlossen wurde. Ein mündliches Prüfungskolloquium schließt die Prüfungsleistungen ab.

Bei der Fortentwicklung des Hochschullehrganges zum Studiengang wird dieser um zwei Semester und die entsprechende Anzahl von vertiefenden Kursmodulen verlängert. Entsprechend soll auch die Abschlussarbeit (Master-Thesis) sowohl aus einem angewandt-wissenschaftlichen und einem literarisch-künstlerischen Teil bestehen, die dann von zwei Dozenten des Studiengangs betreut werden wird.

Ein Anliegen des Studienangebotes ist auch, Kontakte zwischen Studierenden und Verlagen, also Publikationsmöglichkeiten, herzustellen. Hierfür werden sowohl Besuche in Verlagen organisiert als auch Vorlesungseinheiten mit wichtigen Verlagsangehörigen in den Lehrplan eingebaut. Ziel ist, dass die Abschlussarbeit in einem Verlag veröffentlicht werden kann.

Prof. Uli Rothfuss ist der Leiter der Abteilung Kultur- und Medienstudien mit dem Studienangebot »Kreatives Schreiben / Publizistik« und Prorektor der Hochschule (kulturstudien@gmx.de).
Internationale Hochschule Calw, Staatlich anerkannte Fachhochschule für Kreativ-Pädagogik und Künstlerische Therapien, Schillerstr. 8, D-75365 Calw, Telefon +49 (0)7051 962705, Telefax +49 (0)7051 9229-10, ihcalw@web.de, www.ih-calw.de

ADRESSEN · ADRESSEN · ADRESSEN · ADRESSEN

▷ Aus- und Weiterbildung für Autoren I

Kreatives Schreiben an Hochschulen und anderen Institutionen

Deutsches Literaturinstitut Leipzig
Universität Leipzig
Wächterstr. 34
04107 Leipzig
Tel. 0341 - 97 30 300
Fax 0341 - 97 30 319
Cornelia Kahl kahl@rz.uni-leipzig.de
www.uni-leipzig.de
Leitung: Prof. Dr. Hans-Ulrich Treichel, Josef Haslinger (Geschäftsf. Direktor)
Art des Studiums: Schwerpunktstudium, Vorlesungen, Seminare, Workshops, Schreibwerkstatt
Inhalte: Literarisches Schreiben, Autobiografisches Schreiben, Schreiben für Kinder- und Jugendbuch, Schreiben für Fach- und Sachbuch, Journalistisches Schreiben, Wissenschaftliches Schreiben, Schreiben von Kritiken, Szenisches Schreiben für das Theater, Drehbuchschreiben für Film und TV
Dauer: 6 Semester
Abschluss: Diplom des Deutschen Literaturinstituts Leipzig

Internationale Hochschule Calw
Staatlich anerkannte Fachhochschule für Kreativpädagogik und künstlerische Therapien
Schillerstr. 8
75365 Calw
Tel. 07051 - 96 27 05
Fax 07051 - 92 29 10
mail@ih-calw.de
www.ih-calw.de
Leitung: Prof. Uli Rothfuss M.Sc., Leiter der Abteilung Kultur- und Medienstudien und Prorektor
Art des Studiums: Hochschullehrgang »Kreatives Schreiben / Publizistik«, berufsbegleitend, drei bis fünf Kompaktmodule an Wochenenden pro Semester,
Inhalte: Kreatives Schreiben / Publizistik
Dauer: insgesamt vier Semester
Abschluss: Hochschulzeugnis und Hochschulzertifikat, geplant ist Ausbau zum Studiengang mit akademischem Abschluß.

Universität der Künste
Fasanenstr. 1B
10719 Berlin
Tel. 030 - 3185-2660
Fax 030 - 3185-2119
schauspiel@udk-berlin.de
www.udk-berlin.de
Leitung: Prof. Dr. Jürgen Hofmann
Art des Studiums: Hauptstudium
Inhalte: Szenisches Schreiben (Theater), Hörspiel, Drehbuchschreiben für Film und TV
Dauer: 4 Jahre
Abschluss: Hochschulabschluss

**Universität Hildesheim
Institut für deutsche Sprache und Literatur – Studiengang für Kreatives Schreiben und Kulturjournalismus**
Marienburger Platz 22
31141 Hildesheim
Tel. 05121 - 88 36 57
Fax 05121 - 88 36 58
farkas@rz.uni-hildesheim.de
www.uni-hildesheim.de
Leitung: Prof. Dr. H.J. Ortheil
Art des Studiums: Hauptstudium
Inhalte: Für bereits aktiv Schreibende bietet der Studiengang »Kreatives Schreiben und Kulturjournalismus« eine adäquate Ausbildung. Hier werden das Handwerkszeug für professionelles, sach- und mediengerechtes Schreiben vermittelt, die notwendigen künstlerischen und wissenschaftlichen Grundlagen studiert und Einblicke in das Berufsfeld der Kulturvermittlung gegeben. Neben dem Hauptfach »Schreiben und Literatur« gehören das Pflicht-Beifach »Theater und Medien«, Bildende Kunst oder Musik als Wahlpflicht-Beifach sowie (im Hauptstudium) der Bereich Kulturpolitik und Kulturmanagement dazu.
Dauer: 9 Semester
Abschluss: Diplom

**Universität München
Institut für Deutsche Philologie, Manuskriptum.
Münchener Kurse für Kreatives Schreiben**
Schellingstr. 3 RG
80799 München
Tel. 089 - 2180-2063
Fax 089 - 2180-3871
manuskriptum@uni-muenchen.de
Leitung: Dr. Edda Ziegler
Art des Studiums: Angebot für mehrere Universitäten, Seminare, Workshops, Schreibwerkstatt
Inhalte: Literarisches Schreiben
Dauer: je 2 Semester
Abschluss: Zertifikat/Teilnahmebestätigung

**Universität Tübingen
Seminar für allgemeine Rhetorik
Magister-Studiengang
Allgemeine Rhetorik**
Wilhelmstr. 50
72074 Tübingen

Tel. 07070 - 297 84 31
Fax 07071 - 29 42 58
rhetorik@uni-tuebingen.de
www.uni-tuebingen.de/Rhetorik
Art des Studiums: Seminare, Angebot für verschiedene Fakultäten, Teilgebiet »Praktische Rhetorik« (Theorie und Geschichte der Rhetorik)
Inhalte: Literarisches Schreiben, Autobiografisches Schreiben, Schreiben für Kinder- u. Jugendliteratur, Schreiben für Fach- u. Sachbuch, Journalistisches Schreiben, Wissenschaftliches Schreiben, Schreiben von Kritiken, Szenisches Schreiben für das Theater, Drehbuchschreiben für Film u. TV, Produktionen für den Hörfunk (Feature, Lesung, Hörspiel u. a.)
Dauer: 9 Semester (Regelstudierzeit)
Abschluss: Schein (für die einzelne Veranstaltung), Magister-Examen (für den gesamten Studiengang)

Alice Salomon Fachhochschule Kultursozialarbeit mit Schwerpunkt Kreatives Schreiben
Alice-Salomon-Platz 5
12627 Berlin-Hellersdorf
Tel. 030 - 992 45-0
Fax 030 - 992 45-245
schultesteinicke@aol.com
Leitung: Prof. Dr. Lutz von Werder, Dr. Barbara Schulte-Steinicke
Art des Studiums: Schwerpunktstudium, Vorlesungen, Workshops, Schreibwerkstatt, Philosophische Cafés
Inhalte: Literarisches Schreiben, Autobiografisches Schreiben, Wissenschaftliches Schreiben, therapeutisches Schreiben
Dauer: 4 Semester berufsbegleitend
Abschluss: Master

Weitere Institutionen:

Akademie für Publizistik
Warburgstraße 8-10
20354 Hamburg
Tel. 040 - 41 47 96-22
Fax 040 - 41 47 96-90
info@Akademie-fuer-Publizistik.de
www.Akademie-fuer-Publizistik.de
Ansprechpartner: Kirstin Marquardt
Schwerpunkt: Jährlich über 70 Weiterbildungsseminare für Journalisten aus allen Medienbereichen

Bundesakademie für kulturelle Bildung Wolfenbüttel
Postfach 1140
38281 Wolfenbüttel
Tel. 05331 - 80 84 15
Fax 05331 - 80 84 13
sabine.oehlmann@bundesakademie.de
www.bundesakademie.de
Ansprechpartner: Dr. Olaf Kutzmutz
Schwerpunkt: Die Veranstaltungen und Tagungen für Autoren haben in

der Regel Werkstattcharakter und legen besonderen Wert auf die literarische Praxis und das kritische Gespräch darüber. Das gilt sowohl für die Literaturwerkstätten im engeren Sinne als auch für die Angebote, die an Schnittstelle von künstlerischer Produktion und öffentlicher Wahrnehmung ansetzen. Unter »Markt & Mediales« finden sich vor allem Seminare, die sich auf journalistische Darstellungsformen konzentrieren. Mit dem Bereich »Das Fremde und das Eigene« hat auch das Übersetzen ein Forum an der Akademie.

Europäische Akademie Bad Bevensen
Klosterweg 4
29549 Bad Bevensen
Tel. 05821 - 95 51 10
Fax 05821 - 95 52 99
info@gsi-bevensen.de
www.gsi-bevensen.de
Ansprechpartner: Klaus Feldhusen (klaus.feldhusen@gsi-bevensen.de)
Schwerpunkt: Schreibwerkstätten

FöK – Förderkreis deutscher Schriftsteller in Rheinland-Pfalz e.V. c/o. Frau Monika Böss
Hauptstraße 1
67808 Mörsfeld
Tel. 06358 - 98 94 05
Fax 06358 - 98 94 06
mail@foerderkreis-rlp.de
www.foerderkreis-rlp.de
Ansprechpartner: Monika Böss (Vorsitzende), Marcel Diel, Susanne Beckenkamp
Schwerpunkt: Frühjahrsseminar zu Themen und Tendenzen der Gegenwartsliteratur, verbunden mit einem Schreibworkshop unter professioneller Leitung. Das Seminar findet jährlich statt und steht allen Interessierten offen. Jungautorenseminar zur Förderung des literarischen Nachwuchses mit Referenten aus der Literatur- und Verlagsbranche. Wintertreffen: Werkstattgespräche und Erfahrungsaustausch in lockerer Atmosphäre, offen für alle Interessenten.

Förderkreis deutscher Schriftsteller e.V.
Gartenstr. 58
76135 Karlsruhe
www.schriftsteller-in-bawue.de
Ansprechpartner: Meike Gerhardt
Schwerpunkt: Der Förderkreis bietet bis zu acht Werkstätten und Seminare im Jahr an, u.a. Schreibwerkstätten, Rhetorikseminare, Seminare zu Multimedia/Internet sowie zu Rechtsfragen und sozialer Absicherung. Der Förderkreis trägt die Kosten für Unterkunft und Halbpension und erhebt keine Seminargebühr.

**Institut für Angewandte
Kreativitäts-Psychologie**
Seestr. 8
80802 München
Tel. 089 - 39 54 71
Fax 089 - 39 23 07
info@iak-talente.de
www.iak-talente.de
Ansprechpartner: Dr. Jürgen vom Scheidt
Schwerpunkt: Das Institut für Angewandte Kreativitätspsychologie (IAK) in München bietet Seminare für Anfänger und Fortgeschrittene zum Thema »Kreatives Schreiben« bzw. unserer Weiterentwicklung »HyperWriting«. Es werden zu Themen der Teilnehmer in verschiedenen Formen (u. a. Kurzgeschichte, Novelle, Romankapitel) Texte geschrieben und besprochen. Außerdem werden die vielseitigen Werkzeuge des »creative writing« vermittelt (je nach Seminar: Cluster, Vier-Spalten-Methode, Mindmap u. a.). Dazu gehört auch der Abbau von Blockaden (»writer's block«).

**Literarisches Forum –
Otto-Mauer-Zentrum**
Währingerstraße 2-4
A-1090 Wien/Österreich
Tel. 0043 - 01 - 317 61 65-31
Fax 0043 - 01 - 317 61 65-17
ka.literarisches-forum@edw.or.at
www.literarisches-forum.at
Ansprechp.: Johannes Hochmeister

Schwerpunkt: Das Literarische Forum bietet einen offenen Begegnungsraum für das Gespräch zwischen Literatur, den anderen Künsten, Gesellschaft und Religion. Es erarbeitet Bildungsangebote für alle, die in der Auseinandersetzung mit Literatur ihre Lebenseinsichten, ihre literarischen Kenntnisse und ihre Beziehung zur Kunst weiterentwickeln wollen. Fernkurs für Literatur, Literarische Bildungsveranstaltungen (Seminare, Diskussionen, Sommerwochen, Schreibwerkstätten, Literarische Reisen, Lesungen etc.).

**Literarisches Forum der
Katholischen Aktion**
Währinger Str. 2-4
A-1090 Wien
Tel. 01 - 317 61 65-31
Fax 01 - 317 61 65-17
ka.literarisches-forum@edw.or.at
www.literarisches-forum.at
Ansprechpartner: Gabriele Frittum
Schwerpunkt: Literarische Bildungsveranstaltungen, Fernkurs Literatur

Literaturbüro OWL e.V.
Hornsche Str. 38
32756 Detmold
Tel. 05231 - 39 06 03
Fax 05231 - 39 06 53
literaturbuero@owl-online.de
www.literaturbuero-detmold.de
Ansprechpartner: Katrin Weidemann M.A.

Literaturbüro RUHRgebiet
Sitz: Bottrop
Böckenhoffstraße 7 (Galerie 7)
46236 Bottrop
Tel. 02041 - 2 39 20
Ansprechpartner: Rena Mann,
Artur K. Führer
Schwerpunkt: Seminare: Vorbereitung und Durchführung einer guten Lesung

Literaturbüro NRW e.V.
Düsseldorf
Bolkerstr. 53
40213 Düsseldorf
Ansprechpartner: Maren Jungclaus

Medienbüro Hamburg
Schillerstraße 7
22767 Hamburg
Tel. 040 - 30623-180
Fax 040 - 30623-189
info@medienbuero-hamburg.de
www.medienbuero-hamburg.de
Ansprechpartner: Rita Weinert
Schwerpunkt: Journalistische Aus- und Weiterbildungsseminare, Kreatives Schreiben, Schreiben von Kurzgeschichten und Sachbüchern

Schreibzentrum der Pädagogischen Hochschule Freiburg
Kunzenweg 21
79117 Freiburg
Tel. 0761 - 682-191
schreibzentrum@ph-freiburg.de
www.ph-freiburg.de/
schreibzentrum

Ansprechpartner: Peter Kapp
(freudenwerk@t-online.de)
Schwerpunkt: Textproduktion (kreative Schreibübungen), Textdiskussion (Besprechung von eigenen literarischen Texten), Textpräsentation (Lesungen und Veröffentlichungsmöglichkeiten)

Schule für Dichtung Wien
Mariahilfer Straße 88a/III/7
A-1070 Wien/Österreich
Tel. 43 1 52 23 526
Fax 43 1 52 23 526 20
sfd@sfd.at
www.sfd.at
Die legendäre Wiener Schule für Dichtung bietet neben den virtuellen Fernkursen jetzt auch wieder »reale« Kurse.

Schule des Schreibens Hamburger Akademie für Fernstudien
Neumann-Reichardt-Str. 27-33
22041 Hamburg
Tel. 040 - 658 09 72
Fax 040 - 658 09 33
info@schule-des-schreibens.de
www.schule-des-schreibens.de
Ansprechpartner: Frauke Mekelburg (Leitung), Anfrage bitte an den Studienservice Tel. 040 - 658 09 72
Schwerpunkt: Seit über 35 Jahren bilden wir Menschen, die gern schreiben, per Fernstudium im kreativen wie beruflichen Schreiben

aus. Sechs spezielle Lehrgänge bieten Ihnen ein breites Spektrum – vom Schreiben von Kurzgeschichten, Romanen und Kinderbüchern bis hin zum Werbetexten. Während des gesamten Studiums steht Ihnen Ihr persönlicher Studienleiter zur Seite, der Ihre Arbeiten kommentiert und begutachtet.

Schwabenakademie Irsee
Klosterring 4
87660 Irsee
Tel. 08341 - 906-661 / -662
Fax 08341 - 906-669
schwabenakademie@kloster-irsee.de
www.schwabenakademie.de
Ansprechpartner: Dr. Rainer Jehl, Direktor, Dr. Markwart Herzog, Wiss. Bildungsreferent
Schwerpunkt: Erwachsenenbildung auf Akademieniveau: Kultur- und Geistesgeschichte und künstlerische Bildung

Thomas-Morus-Akademie Bensberg – Katholische Akademie im Erzbistum Köln
Overather Straße 51-53
51429 Bergisch Gladbach
Tel. 02204 - 40 84 72
Fax 02204 - 40 84 20
akademie@tma-bensberg.de
www.tma-bensberg.de
Ansprechpartner: Robert Steegers, Referent

Schwerpunkt: Schreibwerkstätten für junge Autorinnen und Autoren von 17 bis 25 Jahren. Wochenendseminar mit erfahrenem Autor, bei dem Texte spielerisch entstehen, analysiert und mitgebrachte Texte präsentiert werden, mit Informationen rund um den Literaturbetrieb. Kosten inkl. Unterkunft/Verpflegung: z. Zt. 30 Euro. Außerdem zahlreiche literarische Veranstaltungen.

Writers' Room e.V.
Stresemannstr. 374 E
22761 Hamburg
Tel. 040 - 89 82 33
Fax 040 - 89 67 83
info@writersroom.de
www.writersroom.de
Ansprechpartner: Hartmut Pospiech (Geschäftsführung)
Schwerpunkt: Monatliche Schreibwerkstatt »Reiters Ruhm«, Tages- und Abendveranstaltungen zur Professionalisierung von Autoren (z.B. Urheber- u. Verlagsrecht für Autoren, Wie schreibe ich ein Exposé für ein Sachbuch?, Arbeitsmöglichkeiten für Autoren beim Rundfunk), einmal jährlich Wochenendseminar mit Lektorenbetreuung und Referenten aus dem Literaturbetrieb.

▷ Voyeure am Schlüsselloch

Von Rainer Moritz

Die feinnervigen Schriftsteller, die sich dem Fin de Siècle zurechnen ließen, sahen ihre tagtägliche Arbeit dadurch beeinträchtigt, dass sie die Beherrschung ihres ureigenen Arbeitsmittels, der Sprache, verloren glaubten. Sprachkritik und Sprachskepsis wurden zu zentralen Leitformeln der Jahrhundertwende um 1900, und Hugo von Hofmannsthals viel zitierter Brief fungierte als Schlüsseltext für eine Epoche, die das Unbehagen an der Sprache und an deren Ausdrucksmöglichkeiten wie keine zuvor thematisierte. Hofmannsthals übrigens sehr eloquenter Briefschreiber Lord Chandos führte Klage darüber, dass ihm umfassende Begriffe nicht mehr zur Verfügung stünden und die Worte wie modrige Pilze im Munde zerfielen.

Sprachkritik dieser Art bestimmte weite Teile der Literatur im 20. Jahrhundert, ja, es gehörte lange zum guten Ton, Texten ein gerüttelt Maß an sprachskeptischen Wendungen beizugeben. Wo keine Theorie mehr die rasante Entwicklung von Gesellschaft und Wissenschaft auf einen Nenner zu bringen vermag, muss sich auch die Sprache als ungeeignet erweisen, diese Unübersichtlichkeit adäquat abzubilden. Dichterisches Sprechen definierte sich so fast selbstverständlich als eine permanente Annäherung an einen perfekten sprachlichen Ausdruck, der nicht mehr gelingen wollte.

Gut einhundert Jahre nach Hofmannsthals Initialtext scheint sich die deutschsprachige Literatur nicht mehr ernsthaft um ihr Handwerkszeug, um den möglichen Zerfall von Worten zu kümmern. Natürlich gehört die Arbeit mit Sprache weiterhin zum Alltag der Autoren, doch die literarische Rede unterscheidet sich immer seltener von pragmatischer, zweckgebundener Rede, wie sie im Fernsehen oder in den Zeitungen auf der Tagesordnung steht. Literatur wird erst zu Literatur, wenn sie auf Ausdrucksformen vertraut, die nur ihr zur Verfügung stehen. Autoren als Künstler müssen daran glauben, dass ihre Darstellung von Wirklichkeit durch keine andere Form der Wirklichkeitsdarstellung zu ersetzen ist. Letztlich hat Literatur nur dadurch eine Legitimation als Kunst. Diese Binsenweisheiten gelten nicht mehr.

Eines der maßgeblichen literaturwissenschaftlichen Lehrbücher nach 1945 schrieb Wolfgang Kayser. Es hieß schlicht *Das sprachliche Kunstwerk* und versuchte zu erläutern, was die Wesensart von Dichtung sei. Nun wünscht sich niemand eine Germanistik zurück, die mit einem Gestus wie bei Kayser auftritt, doch was man sich gegenwärtig sehnlichst erhofft, ist eine Gegenwartsliteratur, die ihr Augenmerk weniger auf inhaltliche Provokationen richtet als auf die glücklichen Momente sprachlichen Gelingens.

Der Augsburger Literaturwissenschaftler Mathias Mayer hat kürzlich in seiner Studie *Mörike und Peregrina. Geheimnis einer Liebe* knapp zusammengefasst, was das Besondere literarischer Auseinandersetzung ist: Erst die Dichtung, mit ihrem hohen Anteil traumhafter Bilder, kann etwas darstellen, was das Geheimnis zwar nicht löst, aber in seiner Unerklärlichkeit rechtfertigt. Hinzuzufügen wäre: in Sprachformen, die die Dinge des Lebens in neuem Licht erscheinen lassen, weil nicht auf bereits vorhandene Sprachbausteine und Stehsatzformeln gebaut wird. Noch konkreter: Die heutige Literatur krankt daran, dass sie auf Sprache, Stil und Rhythmus kaum Wert legt, und noch schlimmer: Die Literaturkritik, deren Aufgabe es sein müsste, das sprachliche Wie eines Buches zu erklären, hat dies zu einem Nebenschauplatz gemacht.

Es genügt, drei Wochen lang die Literaturkritiken unterschiedlichster Blätter zu analysieren (ganz zu schweigen von TV-Kritiken), und man sieht sofort, dass die Machart eines Textes als unerheblich angesehen oder mit Floskeln wie »wunderbar erzählt« abgetan wird. Sprachliche Gestaltung, das scheint vielen ein langweiliges Sujet zu sein, mit dem sich unmöglich Feuilletonbeilagen aufmachen lassen. Der Autor als Marke (am besten adrett oder verrucht fotografiert) interessiert und selbstverständlich der Inhalt, die skandalträchtige Geschichte.

Martin Walsers neuer Roman *Der Augenblick der Liebe* etwa lockte, pünktlich zum Erscheinen, Heerscharen von Rezensenten an, weil sie Enthüllendes über das Liebesleben des Autors, über seine Haltung zu Marcel Reich-Ranicki oder über sein Deutschlandbild ersehnten. Ob es Walser hingegen gelungen ist, das Altersleiden seines Helden Gottlieb Zürn in Sprache zu übertragen und seinen Text somit von Lifestyle-Magazinberichten über Sex im Alter abzusetzen, das scheint, glaubt man den Walser-Rezensenten, eine zu vernachlässigende Fragestellung zu sein.

Der neue Sexroman, der neue Deutschlandroman, der neue Vertriebenenroman, der neue Berlinroman, der neue Schlüsselroman: das sind Kriterien, die viele Literaturkritiker glücklich machen. Noch ein aktuelles Beispiel: Christoph Hein ist es mit seinem letzten Roman *Landnahme* gelungen, sich als Nachfolger der Riege Walser/Lenz/Grass/Wolf zu positionieren. Das Bedürfnis nach Großschriftstellern ist hierzulande ungebrochen, und so schien es höchste Zeit, die Erbfolge zu regeln und mit Hein einen neuen, ein paar Jährchen jüngeren Staatsdichter vorzustellen. Der Zufall wollte es, dass sich Heins *Landnahme* wunderbar als Deutschland- und Wenderoman interpretieren ließ, der, so die Verlagswerbung, exemplarisch die Geschichte nach 1945 spiegele.

Nicht alle Kritiker folgten dieser Einschätzung, doch immerhin brachte es *Landnahme* auf Platz drei der einst renommierten Bestenliste des Südwestrundfunks. In sehr wenigen Besprechungen (etwa in Uwe Wittstocks Verriss in der »Literarischen Welt«) war die Rede davon, dass Heins Roman vor allem durch eine erschreckende sprachliche Schlichtheit auffällt. Kunstlose Sätze wie: »Die vier Männer waren gleichaltrig, alle waren sie Ende fünfzig und etwas beleibt. Sie schienen selbstbewusst und mit sich zufrieden zu sein, und offenkundig waren sie gewichtige, einflussreiche Personen der Stadt«, finden sich auf jeder Seite des Romans, der nur durch sein als interessant empfundenes Thema Aufmerksamkeit verdient.

Eine Literaturkritik, die die Grundlagen ihres Metiers vergisst, redet, auch wenn dies keiner ihrer Vertreter eingestünde, den Bedürfnissen des Marktes nach dem Mund. In ungewöhnlicher Nähe marschieren Verlagswerbung und Kritik, quasi Hand in Hand. Was beide an inhaltlichen Sensationen herausstellen, mag sich unterscheiden, doch dass sie sich beide von inhaltlichen Sensationen leiten lassen, ist nicht zu leugnen.

Es wundert vor diesem Hintergrund nicht, dass junge Autorinnen und Autoren, die ohnehin gewohnt sind, marktbewusster als ihre Vorgänger zu denken, Sprachliches nicht mehr so wichtig nehmen. Eine Präsentation von Nachwuchshoffnungen, wie sie alljährlich beim Klagenfurter Ingeborg-Bachmann-Wettbewerb stattfindet, zeigt auf erschütternde Weise, wie dürftig das Sprachbewusstsein der meisten Erzähltalente ist und wie gering deren Bereitschaft, risikofreudig sprachliches Neuland zu betreten.

Viele Schriftsteller haben brav gelernt, Plots zu konstruieren, Charaktere zu entwerfen und Spannung aufzubauen. Doch schon wenn es darum geht, Dialoge zu schreiben, hapert es, und wenn gar versucht wird, große Emotionen sprachlich originell wiederzugeben, münden fast alle Anstrengungen im sauren Kitsch oder in publikumswirksamer Lakonie, für die eine Judith Hermann über Gebühr gefeiert wurde. Die Annäherung an die Techniken des Unterhaltungsromans, dem es gleichgültig ist, welche Sprachregister er zieht, hat verheerende Wirkungen nach sich gezogen: Die ernst zu nehmende Literatur denkt zu sehr daran, vorhandene Wirklichkeiten nachzubilden, anstatt mit ihren Mitteln neue Wirklichkeiten zu schaffen.

Ein Gegenbeispiel: Der Österreicher Wolf Haas hat seit Mitte der neunziger Jahre mehrere Romane vorgelegt, die unter dem Etikett Krimi firmierten und zuerst als unscheinbare Taschenbücher erschienen. Von Genrekennern wurde die Qualität dieser skurrilen Fiktionen um Privatermittler Brenner rasch erkannt; die professionelle Literaturkritik hingegen brauchte Jahre, um zu sehen, dass Haas einer der sprachmächtigsten Gegenwartsautoren ist und einen Stil gefunden hat, der in kein Raster passt und selbst zur Aussage wird.

Ein Wolf-Haas-Satz geht zum Beispiel so: »Obwohl. Gegangen ist der Brenner ja schon. Nur. Wohin gegangen? Weil es gibt ein Gehen, das ist schlimmer als das schlimmste Bleiben«, und leicht könnte man diesen umformulieren und auf den Sprachschwund in der Gegenwartsliteratur münzen: Weil es gibt ein Schreiben, das ist schlimmer als das schlimmste Schweigen. Wolf Haas ist eine Ausnahme, und natürlich steht er unter den jüngeren Kollegen nicht allein in der Sprachwüste; Namen wie Norbert Gstrein, Sibylle Berg oder Felicitas Hoppe ließen sich anführen. Sie führen in ein Land, das vielen ihrer Kollegen (und vielen Kritikern) fremd ist. Überspitzt und altmodisch gesagt: Ein Text, der kein sprachliches Kunstwerk ist, hat keine Notwendigkeit.

Dr. Rainer Moritz war Programmchef und Verleger namhafter Buchverlage, bevor er 2004 als Leiter an das Literaturhaus Hamburg berufen wurde.

ADRESSEN · ADRESSEN · ADRESSEN · ADRESSEN

▷ Aus- und Weiterbildung für Autoren II

Schulen und Seminare / Kurse / Workshops für Kreatives Schreiben

Dr. Pankraz Blesi
Berninastrasse 59
CH-8057 Zürich/Schweiz
Tel. 0041 - 1 - 312 72 20
Fax 0041 - 1 - 312 31 51
pankraz.blesi@gmx.ch
Schwerpunkt: Autobiografisches Schreiben – Schreiben zu Kunst (in Zusammenarbeit mit Regula Straumann) – Schreiben in der Stadt

Evelyn Brandt
Schreibwerkstatt im Schlosserhus
Zehentstraße 41c
A-6830 Rankweil
Österreich
Tel. 0043 - 0699 – 88 50 11 77
evelyn.brandt@aon.at
www.evelyn-brandt.at
Schwerpunkt: Lyrik-Werkstatt, Kurzgeschichten von der Pike auf, Schreibseminare

Claudia Brenneisen
Gaußstr. 97
70193 Stuttgart
Tel. 0711 - 657 26 76
Fax 0711 - 657 26 96
brenneisen-heinsohn@t-online.de
Schwerpunkt: Schreibwerkstätten

Jörg Ehrnsberger
Wörthstr. 93
49082 Osnabrück
Tel. 0541 - 409 52 40
joerg@ehrnsberger
www.textmanufaktur.org,
www.wider-das-vergessen.org
Schwerpunkt: Basiswerkstätten zum Literarischen Schreiben. Aufbauwerkstätten zur professionellen Überarbeitung. Fortbildung für Lehrer zum Einsatz von kreativem Schreiben in der Schule. Schreibwerkstätten in der politischen Bildung mit Zeitzeugen der NS-Zeit. Schreibwerkstätten in der politischen Bildung zum Themenkreis Islam. Von der Lebensgeschichte zum funktionierenden Text.

Europäische Akademie für psychosoziale Gesundheit (EAG)
Fritz Perls Institut (FPI)
Wefelsen 5
42499 Hückeswagen
Tel. 02192 - 85 80
Fax 02192 - 858 22
eag.fpi@t-online.de
www.Integrative-Therapie.de
Ansprechpartner: Ilse Orth
Schwerpunkt: Die Integrative Poesie- und Bibliotherapie setzt durch das Medium künstlerisch-gestaltender Sprache Prozesse seelischer Integration und persönlichen Wachstums in Gang. Die Heilkraft der Sprache kann in verschiedenen Arbeitsfeldern und Berufen, in Pädagogik und Erwachsenenbildung genutzt werden.

Stefan Finke – Schriftsteller
5000 Köln
Tel. 0221 - 250 95 30
Fax 0221 - 250 95 31
info@stefanfinke.de
Schwerpunkt: Kreatives/literarisches Schreiben in Köln. Je nach Bedarf Einzelsitzungen, Coaching oder Teilnahme in einer Übungsgruppe. Praktische Übungen, Beispiele aus Literatur, literarischer Theorie, literarischem Handwerk, Besprechung eigener Texte. Für Anfänger und Fortgeschrittene (auch Sachtexte oder Wissenschaftsprosa).

Prof. Dr. Gottfried Fischborn
Parkstr. 39
65189 Wiesbaden
Tel. 0611 - 505 88 81
Fax 0611 - 505 88 81
kgfischborn@t-online.de
www.szenisches-schreiben.de
Schwerpunkt: Internetkurse: Szenisches Schreiben, Arbeit an einem Theaterstück sowie Workshops zum Szenischen Schreiben

Alexandra Franck
Sauerheimer Weg 7
91085 Weisendorf
Tel. 09135 - 86 90
Fax 09131 - 7-33341
schreibgruppe@aol.com
Schwerpunkt: Kreatives Schreiben als Entdeckung der Freude am Schreiben und spielerische Bearbeitung der technisches Aspekte des Schreibens

Oliver Gassner
Radbrunnengasse 1/2
71665 Vaihingen
Tel. 0179 - 297 23 42
Fax 089 - 24 43 - 152 27
og@carpe.com
www.oliver-gassner.de
Schwerpunkt: Kreatives Schreiben für Schüler und Erwachsene (Einsteiger und Erfahrene), Prosa, Lyrik, experimentelle Formen, Textkritik-Werkstätten, auf Wunsch Mix aus Präsenzphasen und E-Learning,

Projektkonzeptionen für Kreatives
Schreiben (z. B. für Kultirinstitutionen, Hochschulen u. ä.).

Dr. med. Hansruedi Gehring
Seminarstr. 11
CH-3006 Bern/Schweiz
Tel. 0041 - 31 - 351 83 13
Fax 0041 - 31 - 352 53 20
h.r.gehring@bluewin.ch
www.seminarll.ch
Schwerpunkt: Berhandlung von Schreibblockaden, Krimi-Schreibwerkstatt in Bern und Grindelwald. Betreung von Buchprojekten.

Dr. Birgit Gottschalk
Distelkamp 31
51588 Nümbrecht
Tel. 02293 - 93 92 44
Fax 02293 - 93 82 46
bg@texte-fuer-sie.de
www.texte-fuer-sie.de
Schwerpunkt: Krimiworkshop: lebendige Figuren für Krimis entwickeln und Spannung erzeugen vom ersten Satz an

Schreibwerkstatt Anna Gruette
Martin-Luther-Str.29
20459 Hamburg (bis 01.04.2005)
Tel. 0175 - 7641462
info@gruette.de / www.gruette.de
Schwerpunkt: Schreibreisen auf Amrum – autobiographisches Schreiben – den eigenen Stil finden – ausführliche Textbesprechung

Ursula Haas
Ostmarkstr. 38
81377 München
Tel. 089 - 71 56 86,
Mobil 0173 - 788 48 82
Fax 089 - 71 56 86
haas@poetessa.de
www.poetessa.de
Ansprechpartner:
Schwerpunkt: Drei Schreibworkshops im Jahr mit Ursula Haas, Schriftstellerin, Germanistin und Dozentin für Kreatives Schreiben.

Autorenteam Heil/Kuretschka
Postfach 3864
55028 Mainz
Tel. 06131 – 614053
autorenteam-heil-kuretschka@t-online.de
www.kuretschka-heil.de
Schwerpunkt: Kurse und Einzelbetreuung, speziell (Auto-) Biographien, Krimis, Fantasie, Kurzgeschichten, Kinder- und Jugendbuch, Theater und Hörspiele, Sach- und Fachbücher. Preisliste auf Anfrage.

Dr. Anna-Luise Jordan
69221 Dossenheim
Tel. 06221 - 86 30 06, 86 31 52
Fax 06221 - 86 31 75
an@leggo.de
www.leggo.de
Schwerpunkt: Strukturen erzählender Prosa und Schreibstrategien.

Besprochen werden auch Kurzessays und Lyrik. Außerdem unterrichte ich Deutsch als Fremdsprache mit Schwerpunkt auf Grammatik und schriftlichem Ausdruck.

Martina Karraß
Schreibwerkstatt am Mauerpark
Schwedter Str. 49
10435 Berlin
Tel. 030 - 449 64 68
info@schreibwerkstatt-am-mauerpark.de
www.schreibwerkstatt-am-mauerpark.de
Schwerpunkt: Kreativ schreiben, literarisch oder journalistisch: Kurse und Workshops, neue Rechtschreibung, Crashkurse, Schreibcoaching für alle Fälle, einzeln und in Gruppen, Ferienworkshops

Ranka Keser (Autorin, München)
Tel. 0162 - 934 88 62
AutorenSeminar@aol.com
www.ranka-keser.de
Schwerpunkt: Kinder- und Jugendbücher schreiben – mit Workshop; Krimis schreiben – mit Workshop; Der Weg zur Veröffentlichung

Andreas Kirchgäßner
Am Brückle 13
79291 Merdingen
Tel. 07668 - 79 40
Fax 07668 - 95 12 54
kirchi1@aol.com

http://members.aol.com/kirchgaess
Schwerpunkt: Dramaturgie guter Geschichten, Die Reise vom Entwurf in die innere Geschichte, Skriptentwicklung, Die Entwicklung spannender Geschichten

Claudia Klinger
Schreibimpulse.de
Am Rudolfplatz 1
10245 Berlin
Tel. 030 – 74 07 83 38
claudia.klinger@schreibimpulse.de
www.schreibimpulse.de
Schwerpunkt: Themenzentrierte Online-Kurse in der Tradition des Kreativen Schreibens: Philosophieren in der ersten Person, Erotisches Schreiben, Schreiben fürs Web, Autobiografisches Schreiben und mehr.

Heide Liebmann
Kreative Kommunikation
Erftstr. 4
40219 Düsseldorf
Tel. 0211 - 152 00 82
Fax 0211 - 152 00 83
kommunikation@ish.de
www.heide-liebmann.de
Schwerpunkt: Kreatives Schreiben mit Neurolinguistischem Programmieren (NLP) z. B. für Marketing-Profis, AutorInnen und JournalistInnen, BeraterInnen, TrainerInnen, Coaches. Individuelles E-Mail-Tutorial »Kreatives Schreiben«

Uta Löffler
Schreibschulungen
Kasernenstraße 12
38102 Braunschweig
Tel. 0531 - 340 63 00
Fax 0531 - 349 63 01
uta.loeffler@t-online.de
Schwerpunkt: Themen: Kreatives Schreiben, Literaturwerkstatt; Verständlichkeit und Kundenorientierung im Beruflichen Schreiben. Form: Tages- bis Wochenseminare, fortlaufende Kurse; auch Fortbildungen für DozentInnen

Eva Meyer-Feigenbutz
Poesiepädagogin
Öschlestr. 11
78315 Radolfzell
rainbow-mail@gmx.net
Schwerpunkt: VHS-Schreibkurse und Workshops in Eigenregie

Frank Raki
Linprunstr. 8
80335 München
Tel. 089-540 71 571,
Mobil: 0179 - 536 79 00
info@frank-raki.de
www.filmseminare.de
Schwerpunkt: Drehbuchseminare und -workshops für Anfänger und Fortgeschrittene, Grundkurse zum Schreiben im Stil amerikanischer Writing Classes, Schreibkurse zum Thema Liebesgeschichten, Projektcoaching

Cassidy Rees
buecherzauber.biz
Fehmarner Strasse 22
13353 Berlin
Tel. 0 30 - 26 07 32 05
info@buecherzauber.biz
www.buecherzauber.biz
Schwerpunkt: Autorencoaching in Einzelsitzungen vom Drehbuch bis zur Kurzgeschichte

Annette Rösel
Bahrfeldtstr. 13
31135 Hildesheim
Tel. 05121 - 98 11 44
annette_rosel@yahoo.de
Schwerpunkt: Methoden und Techniken des kreativen Schreibens. Biographisch orientiertes Schreiben in Anlehnung an Poesie- und Bibliotherapie (FPI). Textüberarbeitung in Textwerkstätten. Auch für Menschen mit Psychiatrieerfahrung, mit geistiger Behinderung.

Waltraut Schäfer – Kunstbüro
2000 Hamburg
Tel. 040 - 691 63 42
Mobil: 0179 – 434 75 50
HambKunstbuero@aol.com
Schwerpunkt: Kunst als Beruf: Einzelberatung, Coaching; Schreibseminare: Die Kunst, die eigene Kunst zu beschreiben! Biographie und Selbstdarstellung. In Hamburg, Sylt, München, Stuttgart und Südfrankreich.

Isa Schikorsky
Stilistico Schreibkultur
Schönsteinstraße 12a
50825 Köln
Tel. 0221 - 48 56 490
Fax 0221 - 48 56 480
schikorsky@stilistico.de
www.stilistico.de
Schwerpunkt: Schreibreisen; Seminare zum kreativen, literarischen, biografischen und sachlichen Schreiben an attraktiven Orten mit Begleitprogrammen (Wandern, Wellness, literarische Spaziergänge usw.)

Helmut Schmid
Freibadstr. 4
81543 München
Tel. 089 - 201 40 70
Fax 089 - 201 40 70
helmutschmid@addcom.de
www.salto.com/Literatur
Schwerpunkt: Kreative Schreibtechniken & Schreibhandwerk, Storylining, Plotting, Coaching

Sylvia Schmieder
Kybfelsenstraße 61
79100 Freiburg
Tel. 0761 - 293 21
Fax 0761 - 290 73 00
sylviaschmieder@onlinehome.de
Schwerpunkt: Schreibkurse für autobiografisches Schreiben, für alle Altersgruppen sowie spezielle Kurse für die Zielgruppe Senioren.

Scripta Literatur-Studio
Maximilian-Wetzger-Str. 5
80636 München
Tel. 089 - 129 50 05
Fax 089 - 129 50 08
info@scripta-literaturstudio.de
www.scripta-literaturstudio.de
Schwerpunkt: Kurse und Seminare zum Erzählhandwerk. Individuelle Textbetreuung (Autorencoaching)

Sonja Viola Senghaus
Erfurter Weg 8
68809 Neulußheim
Tel. 06205 - 331 71
sonja.viola.senghaus@web.de
www.tonartlyrik.de
Schwerpunkt: Lyrik-Workshops für experimentierfreudige Menschen mit Fantasie

Spektrum
Institut für interaktive Interaktion
Norbert C. Korte
Sommerbergstr. 30
67466 Lambrecht
Tel. 06325 - 98 02 32
Fax 06325 - 98 02 33
siebzehnsilben@web.de
Schwerpunkt: Schreiben und redigieren in kleinen und großen Redaktionen, für kleine und große Publikationen. Die Seminare finden in schönen Tagungsstätten über Deutschland verteilt statt.

Renate Sperling
Eichenstraße 30
64743 Airlenbach
Tel. 06068 - 33 55
renatesperling@web.de
Schwerpunkt: Biete Workshops
in kleinen Gruppen zum Thema
kreatives Schreiben, biografisches
und therapeutisches Schreiben.
Individuelle Begleitung. Kleines,
voll ausgestattetes Seminarhaus in
ländlicher Umgebung.

Michael Stoll
Alberweiler 14
88634 Herdwangen
Tel. 07557 - 968 46
Mobil: 0170 - 381 31 18
www.michaelstoll.de
www.ueberlingerschreibwerkstatt.de
michaelstoll@michaelstoll.de,
ueberlingerschreibwerkstatt@ueber
lingerschreibwerkstatt.de
Schwerpunkt: Die Herausbildung
und Gestaltung der originären
(literarischen) Sprachlichkeit des
Teilnehmers der Seminare; Einzelsitzungen (primär), mit Gruppen
(bei schon gebildeten Gruppen auf
Anfrage)

Textkraft
c/o Roentgen-Software GmbH
Klarastr. 94
79106 Freiburg
Tel. 0761 - 202 204 1
Fax 0761 - 3 67 45

info@Textkraft.de
www.textkraft.de
Ansprechpartner: Judith Rau,
Hans Peter Roentgen
Schwerpunkt: Romanwerkstatt,
Warm-Up und weitere Internet-
workshops, Coaching und Lektorat

Irene Thies
Mühlenau 7
24257 Hohenfelde
Tel. 04385 - 59 32 02
Fax 04385 - 5962956/7
ithies@aol.com
Schwerpunkt: Kreatives Schrei-
ben für Kinder, Jugendliche und
Erwachsene und Schreiben zwi-
schen den Generationen. Kurse/
Workshops: Wochenendkurse mit
Übernachtung/Verpflegung und
Wochenseminare an der Ostsee.

Waldhof auf Herrenland
23879 Mölln
Tel. 04542 - 21 15
Fax 04542 - 60 40
info@Hotel-Waldhof.de
www.Hotel-Waldhof.de
Ansprechpartner: Dr. Francesca
Rosenberger
Schwerpunkt: Inmitten von Wäldern
und Seen unweit der Eulenspiegel-
stadt Mölln liegt der Waldhof. Wir
bieten eine Heimat für alle, die das
letzte Hemd geben für das passende
Wort: Autorenlesungen, Seminare
und Schreibwerkstätten.

Ruth Wegner
Beethovenstraße 26
75328 Schömberg
Tel. 07084 - 4889
Fax 07084 - 48 89
Ruth.Wegner@t-online.de
www.ruthwegner.com
Schwerpunkt: Autobiographisches Schreiben. Laufende Grundkurse: Kreatives Schreiben. Für Fortgeschrittene: Arbeit an Texten. Wochenendseminare: Beziehungsgeschichten. Ausspannen und Schreiben – eine Woche lang Schreiben

Eleonore Wittke
Textwerkstatt worte.und.mehr
Blumenstr. 20
72127 Kusterdingen-Mähringen
(bei Tübingen)
Tel. 07071 - 36 50 01
Fax 07071 - 36 09 02
worteundmehr@email.de
Schwerpunkt: Kreatives Schreiben, Schreiben lernen für Einsteiger/innen und Fortgeschrittene, Autobiografisches Schreiben, Tagebuch-Projekt

Rainer Würth
Schriftsteller
Landhausstraße 35
75175 Pforzheim
Tel. 01212 - 600-455153
Fax 01212 - 600-455153
schreibworkshops@email.de
www.rainerwuerth.de

Schwerpunkt: Schreibworkshops: intensive Arbeit an eigenen Texten, konstruktive Kritik, Schreibübungen, literarische Techniken (Figuren, Plot, Perspektive, Tempo, Rhythmus, Ästhetik, Metaphern, Dialoge, Konflikt, Subtext, Suspense).

Eva Christina Zeller
Steinäckerstr.51
72074 Tübingen
Tel. 07071 - 219 14
evzeller@aol.com
Schwerpunkt: Lyrik, Hörspiel und Radiofeature, Schreibwerkstätten für Kinder und Jugendliche

Christa Zopfi, Emil Zopfi
Im Dorf
CH-8758 Obstalden/Schweiz
Tel. 0041 - 55 614 17 15
Fax 0041 - 55 614 17 15
emil@zopfi.ch
www.zopfi.ch
Schwerpunkt: Schreibseminare: Kreatives Schreiben, biografisches Schreiben, Sach- und journalistische Texte

Ausbildung von Kreativ-Schreiben-Lehrern:

Schreib- und Autorenförderung in Baden-Württemberg
Volkshochschulverband Baden-Württemberg
Raiffeisenstr. 14
70771 Leinfelden-Echterdingen
Tel. 0711 - 759 00-0, 71 41 05
Fax 0711 - 759 00-41, 22 07 02 95
weber-bock@vhs-bw.de, weber-bock@t-online.de
www.schreibwerkstaetten.de
Ansprechpartner: Jutta Weber-Bock
Schwerpunkt: Fortbildungsseminare für SchreibwerkstättenleiterInnen

Segeberger Kreis e.V.
Warnckesweg 27
22453 Hamburg
Tel. 040 - 607 07 60
www.segeberger-kreis.de
Ansprechpartner: Dr. Katrin Bothe (katrin.bothe@uni-kassel.de), Dr. Thomas Bütow (thbtw@t-online.de)
Der Segeberger Kreis - Gesellschaft für Kreatives Schreiben e.V. ist ein Verein von Schreibenden, die in Hochschulen, Schulen und in der Erwachsenenbildung oder als freie Autorinnen/Autoren und als Journalistinnen/Journalisten tätig sind.

▷ Hypergrafie
Der Schreibrausch – die unheilbare Schreibkrankheit

Wie können Neurologie und Literatur nicht nur die Antwort geben, was Schriftsteller befähigt zu schreiben, sondern auch warum sie schreiben wollen, ja, sogar schreiben müssen? Wie können wir die literarische Produktion von Autoren wie Joyce Carol Oates oder Stephen King verstehen? Warum betrachtet John Updike ein leeres Blatt Papier als strahlend, als die aufgehende Sonne? Dieser Rausch scheint – ja ist – ein unglaublich komplexes psychologisches Merkmal.

Doch nicht so komplex, dass es nicht erforscht werden könnte. Neurologen haben herausgefunden: Veränderungen in einem bestimmten Bereich des Gehirns erzeugen Hypergrafie – der medizinische Begriff für das überwältigende Schreibverlangen, den Schreibrausch. Denkt man unter neurologischen Gesichtspunkten darüber nach, was literarisches Schöpfen antreibt und hemmt, kann dies für das quälendere Gegenteil des Schreibrauschs, für die Schreibblockade, neue Behandlungswege aufzeigen. Beide Zustände entstehen aus komplizierten Abweichungen beim biologischen Urtrieb zu kommunizieren.

Hypergrafie an sich ist vielleicht nur eine neurologische Merkwürdigkeit. Doch weil sie uns etwas über die Neurologie der literarischen Kreativität sagen könnte, ist es gut, sich auf eine Arbeitsdefinition zu verständigen. Ganz offensichtlich ist:

Erstens: Hypergrafiker schreiben viel – mehr als ihre Zeitgenossen.

Zweitens rührt Hypergrafie eher von einem starken, bewussten, inneren Antrieb her – sagen wir mal, von Freude – als von äußerem Einfluss. (Menschen, die viel schreiben, einfach weil sie nach Worten bezahlt werden, sind keine Hypergrafiker.)

Drittens: Die Texte beschäftigen sich meist mit Themen, die in hohem Grad bedeutungsvoll für den Autor sind, häufig philosophisch, religiös oder autobiografisch.

Viertens: Abgesehen von der leichten Beschränkung, dass der Text wenigstens für den Autor von Bedeutung sein soll, braucht das Geschriebene überhaupt nicht gut zu sein. (Selbst rührselige Tagebuchschreiber können Hypergrafiker sein.)

Nicht auf alle Schriftsteller treffen die vier Kriterien zu. Ganz ausdrücklich sind jene ausgenommen, die lediglich schreiben, um Geld zu verdienen, eine Anstellung zu bekommen, ihrem Vater einen Gefallen zu tun, Jungs kennen zu lernen. Selbst der hypergrafischste Schriftsteller mag es natürlich, für sein Schreiben bezahlt zu werden, also hat ein zweiter Nutzen auch fast immer einen Einfluss.

Ich hätte die Hypergrafie vielleicht auch mit weniger Kriterien definieren können, (zum Beispiel nur durch die Menge, die geschrieben wurde), oder mit mehr Kriterien (was voraussetzen würde, dass das, was geschrieben wurde, gut geschrieben wurde). Doch Hypergrafie unter den Gesichtspunkten der gegenwärtigen Kriterien betrachtet, nimmt sich als etwas Grundlegendes im Gehirn heraus, eine Funktion, die stark auf der Schläfenlappenaktivität beruht und die eng verbunden sein könnte mit etwas, das der Neuropsychologe Steven Pinker den Sprachinstinkt nennt: den biologischen Zwang, zu kommunizieren.

Hypergrafische Handschrift weist oft unverwechselbare Charakteristiken auf. Hypergrafiker verwenden häufig höchst ausgefeilte und stilisierte Schriften, sogar Spiegelschrift, wie sie Leonardo da Vinci verwendete. Zur Hervorhebung schreiben sie oft nur in Grossbuchstaben oder mit farbiger Tinte. Sie beschränken sich meist nicht auf den Haupttext, sondern fügen überschwängliche Bemerkungen hinzu, Zeichnungen auf die Ränder und verzierte Anfangsbuchstaben. Lewis Carroll, der aller Wahrscheinlichkeit nach an Schläfenlappenepilepsie litt, zeigte mehrere dieser Besonderheiten in seinen 98.721 Briefen, die er ab seinen späten Zwanzigern bis zu seinem Tod im Alter von fünfundsechzig Jahren schrieb – inklusive dessen, was er »Lupen-Schrift« nannte und der ausschließlichen Verwendung von violetter Tinte.

▷ Schreibblockade

Die Schwester der Hypergrafie

Obwohl die Schreibblockade sich in vielen Formen äußern und viele Gründe haben kann, sind allen blockierten Autoren zwei Wesenszüge eigen: sie schreiben nicht, obwohl sie geistig dazu in der Lage wären, und sie leiden, weil sie nicht schreiben. Auf gewisse Weise ist das Phänomen ›Schreibblockade‹ das Gegenteil der Hypergrafie. Doch auf überraschende Weise ergänzen sich diese beiden Gehirnzustände, ohne tatsächlich gegensätzlich zu sein. Deshalb kann ein Schriftsteller auch zwischen Hypergrafie und Schreibblockade hin- und herschwanken. Autoren können sogar beides zur gleichen Zeit haben. Joseph Conrad schrieb wie rasend Briefe an seine Freunde, während er seinen Roman verschob:

»Jeden Morgen setze ich mich gewissenhaft hin, ich sitze jeden Tag acht Stunden – und das ist alles. Im Verlauf des achtstündigen Arbeitstages schreibe ich drei Sätze, die ich ausradiere, bevor ich verzweifelt den Tisch wieder verlasse. Manchmal braucht es all meine Entschlusskraft und die Kraft der Selbstkontrolle, um mich davon abzuhalten, meinen Kopf gegen die Wand zu schlagen. Ich möchte heulen und schäumen, doch ich wage nicht, es zu tun, aus Angst, ich wecke das Baby und versetze meine Frau in Aufregung. Nach solch einer Verzweiflungskrise döse ich stundenlang, immer im Bewusstsein dessen, dass es da diese Geschichte gibt, die ich nicht zu schreiben fähig bin. Dann wache ich auf, versuche es erneut und gehe schließlich ins Bett, völlig fertig. So vergehen die Tage und nichts ist getan. Nachts schlafe ich. Am Morgen stehe ich auf mit dem Entsetzen dieser Machtlosigkeit angesichts eines Tages vergebener Anstrengungen. [...]

Ich scheine jedes Gefühl für Stil verloren zu haben, und dennoch werde ich von der Notwendigkeit für Stil verfolgt. Und diese Geschichte, die ich nicht schreiben kann, webt sich in alles hinein, was ich sehe, was ich spreche, was ich denke, in die Zeilen jedes Buches, das ich zu lesen versuche. [...] Ich spüre mein Gehirn. Ich bin mir deutlich des Inhalts meines Kopfes bewusst. Meine Geschichte ist da, in einer fließenden – einer sich entziehenden Form. Ich kann sie nicht fassen. Es ist alles da – um heraus zu brechen, doch ich kann sie genauso wenig packen wie man eine Hand voll Wasser packen kann. [...]

Ich wollte niemals langsam sein. Der Stoff kommt in seiner eigenen Geschwindigkeit heraus. Ich bin immer bereit, ihn niederzuschreiben [...] das Problem ist, dass ich leider zu oft auf einen Satz, auf ein Wort zu warten habe. [...] das Schlimmste ist, dass, während ich zu kraftlos bin, um zu produzieren, meine Vorstellungskraft ausgesprochen aktiv ist, ganze Absätze, ganze Seiten, ganze Kapitel gehen mir durch den Sinn. Alles ist da: Beschreibungen, Dialoge, Reflektionen, alles, alles außer dem Zutrauen, der Überzeugung, dem Einzigen, was nötig ist, um zu schreiben. Ich habe einen Band pro Tag mir ausgedacht, bis ich mich krank in Kopf und Herz fühlte und zu Bett ging, völlig fertig, ohne eine Zeile geschrieben zu haben. Die Anstrengungen, die ich unternehme, sollten Meisterwerke gebären, groß wie ein Gebirge, und sie gebären nur dann und wann eine lächerliche Maus.«

Diese lange Passage, die im Original sogar noch länger ist, beschreibt lebhaft das Entsetzen, krank, blockiert zu sein. Doch die Weitschweifigkeit zeigt auch, wie eng Schreibrausch und Schreibblockade verbunden sein können, in dem überwältigenden Verlangen zu schreiben.

Würde man sagen, eine Blockade besteht, wenn der Autor weniger (viel weniger) schreibt, als er will, hätte dies zur Folge, dass Autoren mit normaler Produktivität das lähmende Gefühl bekämen, eine Schreibblockade zu haben, weil sie nicht so produktiv sind, wie sie es gern wären. Conrad gab zum Beispiel ziemlich regelmäßig Bücher heraus, trotz der quälenden Passagen der vorangegangenen Seite. Während diejenigen, die weniger produktiv sind, murren mögen, er hätte keine echte Schreibblockade gehabt, ist das Gefühl der Schreibblockade so eng mit der tatsächlichen Schreibblockade verbunden, dass beides gemeinsam betrachtet werden sollte.

Das Gefühl kann aus verschiedenen Wurzeln herrühren. Da gibt es die nagende Selbstkritik des Autors, die schon an sich die Quelle der Blockade sein könnte. Da gibt es auch das erstickende Gefühl der Sprachlosigkeit, von Gedanken, die schneller als die Worte kommen, nicht fähig zu sein, das Innerste auszudrücken. Und da könnte auch das dumpfe nagende Gefühl der Leere sein, keine Ideen zu haben, die es Wert wären, ausgedrückt zu werden.

Warum ist das Leiden ein Hauptkriterium für die Diagnose der Schreibblockade? Weil jemand, der nicht schreibt und deshalb nicht leidet, keine Schreibblockade hat. Er schreibt nur einfach nicht. Solche Zeiten könnten stattdessen Brachzeiten für die Entwicklung neuer Gedanken sein, Zeiten, die Keats in einem berühmten Ausspruch als Zeiten »köstlich emsiger Trägheit« bezeichnet hat. Sie mögen glauben, es sei einfach, das Nicht-Schreiben von der Schreibblockade zu unterscheiden, doch das ist nicht immer der Fall. So entschied sich der Romancier Paul Kafka-Gibbons zum Beispiel, eine Sommerpause vom Romanschreiben einzulegen. Dann verbrachte er Monate damit, mit seinem Psychoanalytiker zu streiten, der meinte, er solle sich damit abfinden, dass er eine Schreibblockade habe.

Beide Auszüge aus: *Die Mitternachtskrankheit* von Alice W. Flaherty, Deutsch von Käthe H. Fleckenstein, Berlin 2004.

▷ Im Taxi: Immer horche, immer gugge

Von Rahel Bucher

Eine ältere Frau steigt ins Taxi. Sie nennt ihr Fahrtziel und macht es sich auf dem Rücksitz bequem. Während sie ihre Brille auf Hochglanz poliert, schaut sie auf das kleine Schild an der Kopfstütze des Vordersitzes. »Lieber Fahrgast, Sie fahren gerade mit dem Frankfurter Kriminalautor Frank Demant. Das Buch *Simon Schweitzer – immer horche, immer gugge* erschien im Juli 2003. Infos und Verkauf beim Fahrer« steht dort. »Sie haben das Buch geschrieben?« fragt die Frau ungläubig. »Ja, habe ich.« Solche Szenen spielten sich oft ab, erzählt Frank Demant. »Als müssten Schriftsteller irgendwie besonders aussehen.« Doch auf seine humorvolle Art verwickelt er die Frau in ein Gespräch über Literatur. Fasziniert von dem schreibenden Taxifahrer kauft sie schließlich sogar ein Exemplar.

Dreimal in der Woche fährt Demant durch das nächtliche Frankfurt auf der Suche nach Kunden und neuen Ideen für seine Geschichten. Das Taxi ist seit 20 Jahren sein Arbeitsplatz, und weil er die langen Wartezeiten irgendwann leid war und sinnvoll nutzen wollte, entschloss er sich Ende der neunziger Jahre, nebenbei Bücher zu schreiben. Immer habe er Papier dabei, damit er Ideen und Geschichten niederschreiben könne, erzählt er. Zwei bis drei Seiten kämen so jede Nacht zusammen. »Wenn ich gerade keinen Fahrgast habe, kann es schon vorkommen, dass ich kurz an den Straßenrand fahre, um etwas aufs Blatt zu bringen.« Zu Hause hat Demant eine kleine Kiste, in der er all diese »Ideenzettel« sammelt.

Als er merkte, dass sich keiner der größeren Verlage für seine erste Geschichte interessierte, hat der 45 Jahre alte Demant sein Werk im Selbstverlag herausgegeben. Das Buch wurde zum Gemeinschaftswerk: Eine Schulfreundin malte für den Autor das Titelbild, eine Bekannte betätigte sich als Lektorin, sein bester Freund gestaltete eine Internetseite, und die Kameraden vom Fußballverein machten kräftig Werbung. Inzwischen ist das Werk sogar in knapp zwei Dutzend Buchhandlungen in und um Frankfurt erhältlich. »Ich bin einfach hingegangen und habe gefragt, ob sie Lust hätten, es zu verkaufen«, erzählt Demant, der in den vergangenen Monaten immerhin 1600 Exemplare unter die Leute gebracht hat. Auf der »Sachsenhäuser Buchliste«, einer Bestsellerliste der Buchhandlung Naacher, stand seine erste Kriminalepisode sogar auf dem zweiten Platz – hinter dem neuesten »Harry Potter«. Als Sachsenhäuser hat Demant natürlich ein Sachsenhäuser Vorbild: Bodo Kirchhoff. »Wenn ich so schreiben könnte, bräuchte ich mir unter meinen Palmen keine Gedanken mehr zu machen.«

In einer Hängematte am Palmenstrand, ausgerüstet mit einem Stapel von Büchern, das ist Demants Vorstellung vom Glück. Vor allem die Wintermonate verbringt er deshalb oft im Süden. Reisen war neben Fußball und Schreiben schon immer seine große Leidenschaft. Nach dem Abitur wollte der Fechenheimer eigentlich zur See fahren, doch als er während des Wehrdienstes bei der Marine immer wieder seekrank wurde, musste er diesen Plan aufgeben. So folgten einige Jahre mit Gelegenheitsarbeiten und Reisen, dann arbeitete Demant mehrere Monate als Deutschlehrer in Spanien, bevor er schließlich mit 25 Jahren Taxifahrer in seiner Heimatstadt wurde.

Seit 20 Jahren arbeitet der Fünfundvierzigjährige vorwiegend in der Nacht, und so verwundert es kaum, dass auch die Hauptfigur in seinem Buch, Simon Schweitzer, ein Nachtschwärmer ist, der sich ständig in Sachsenhäuser Kneipen rumtreibt. Die kommen im Buch zwar nicht mit ihren Originalnamen vor, wer sich im Stadtteil auskenne, wisse aber durchaus, von welchem Lokal die Rede sei, meint der Autor und fügt hinzu, Schweitzer sei eine »Melange« aus drei Personen. »Moralisch integer, faul, macht gerne Mittagsschlaf und lebt in den Tag hinein«, steht auf einem Steckbrief, den Demant für seine Hauptfigur entworfen hat. Einige dieser Angewohnheiten scheint auch der schreibende Taxifahrer zu haben: »Ich stelle den Wecker genau zweimal im Jahr, nur für den Zahnarzt und meinen Abflugtermin.«

In Demants zweiter Sachsenhäuser Kriminalepisode, *Das Geiseldrama in Dribbdebach*, steht wieder Schweitzer, diesmal als Geisel in einen Banküberfall verwickelt, im Mittelpunkt. Auch sein drittes Buch, in dem er Geschichten von Fahrgästen festhalten will, habe er in Gedanken schon geschrieben, sagt Demant. »Ab jetzt bringe ich jedes Jahr eine neue Simon-Schweitzer-Episode raus, bis ich reich bin«, scherzt er – und vielleicht erfüllt sich sein Traum vom Schreiben als Lebensunterhalt ja tatsächlich irgendwann.

Rahel Bucher ist eine junge, engagierte Journalistin, die zur Zeit in Zürich Politikwissenschaft und Ethnologie studiert.

LYRIK

Die verborgene Regel 59

Machen wir uns einen Reim 68

Wo veröffentlichen? 70

▷ Die verborgene Regel

Jedem Anfang wohnt ein Zauber inne und jedem Schluss ein Provisorium: Über einige Erfahrungen beim Schreiben von Lyrik

Von Harald Hartung

Eine politische Journalistin, an klassischer Musik interessiert, schrieb einem Lyriker von Rang: »Ich mache mir nichts aus Gedichten, aber schon gar nichts aus Lyrik.« Der derart angemachte Autor notierte nüchtern: »Sie unterschied also diese beiden Typen.« Gottfried Benn – denn er war der Adressat – erwähnt dies in seiner berühmt gewordenen Marburger Rede »Probleme der Lyrik«. Ein zentraler Satz daraus lautet: »Das neue Gedicht, die Lyrik, ist ein Kunstprodukt.« Eine über fünfzig Jahre alte These; doch an ihrer Wahrheit hat sich nichts geändert. Noch immer ist die Lyrik ein Kunstprodukt, was ihr einen leichten Stich ins Synthetische gibt. Wir bleiben also bei der Lyrik und beim Lyriker, denn sonst müssten wir uns Dichter nennen; ein Ehrentitel, der neuerdings wieder leichthin vergeben wird. Da halte ich es lieber mit Hilde Domin, die den Lyriker in die solide Nähe der Chemiker, Physiker, Mathematiker rückt.

Sagen wir es bescheidener: Lyrik ist also auch Handwerk, immer noch Werk der Hände. Dem Romanautor verübelt niemand, dass er von Thema, Plot und Hauptfiguren redet – das sind solide Begriffe. Sie setzen einen Plan, ein Konzept voraus, eine bestimmte Abfolge der Kapitel, womöglich ein graphisches Schaubild – man kennt dergleichen von Doderer oder Johnson, detailreich, gar farbig illuminiert. Und der Lyriker? Er soll wohl singen, wie der Vogel singet. Ganze Serien von Selbstinterpretationen haben das Klischee nicht beseitigt, dass des Dichters Aug' immer noch im schönen Wahnsinn rollt. Selbst Kritiker misstrauen der poetologischen Reflexion, sie hätten sonst nicht das Wort »Kopflastigkeit« erfunden. Nun wird man dort, wo es an Köpfen nicht mangelt, über solche Vorurteile hinweg und zur Tagesordnung übergehen. Diese will ich durch ein paar Fragen bezeichnen: Woher kommen Gedichte, und kann man Gedichte planen? Was ist ihr Stoff? Kommen sie aus der Sprache oder aus der Welt? Geht die Form dem Gehalt voraus oder umgekehrt? Wann arbeitet man mit freien, wann mit vorgegebenen Formen? Kann man heute noch reimen? Wie steht das einzelne Gedicht zum Zyklus und wie der Zyklus zum Buch? Der Romancier schreibt Romane, der Dichter Gedichtbände. Er selbst ist ihr Protagonist.

Doch wer ist der Dichter? »Le poète – c'est moi«; derjenige, der hier schreibt und seine Schwierigkeit hat, »Ich« zu sagen. Zum Glück ist dieses Ich nicht privat, sondern, mit Rimbauds berühmter Formel, ein anderer – hilfsweise »lyrisches Ich« benannt. Unter dieser Maske rede ich über Erfahrungen beim Schreiben von Lyrik. Doch wer Erfahrung sagt, hat schon geschrieben und veröffentlicht. Warum also nicht gleich beim Weiterschreiben beginnen? Da ist der hermeneutische Kreisel schon in Schwung. Weiterschreiben ist zudem das probate Remedium für die Frage: Warum nicht aufhören?

Zunächst aber: Wie schreibt man weiter? Im Frühjahr 1996 erschien mein Band *Jahre mit Windrad*. Für den Autor nicht bloß das Dokument einer Arbeitsphase, sondern auch das der historischen Zäsur von 1989, präsentiert mit gehöriger Verzögerung. Geschichte braucht Zeit, eh sie – wie man so schön sagt – ihren Niederschlag im Gedicht findet. Dafür ein Beispiel aus der Gedichtgruppe »In der Nähe der Glienicker Brücke« aus dem Jahr 1992:

Zu den Akten

Wir wissen, sagt der Mann, grinst und fixiert mich
wir wissen alles über Sie! (Soll wohl
ein schlechter Scherz sein, denk ich an dem Abend
vor wieviel? dreizehn Jahren; rätsele
daran herum bis ichs vergesse) Gestern
in eine Menge Leute eingeklemmt
(der Redner langweilte) von irgendwo
fühl ich mich angestarrt: es war von damals
der Mann, ich kenn ihn unter Tausenden
Ich seh ihn fragend an, er weicht mir aus
als wüßte ich nun alles über ihn.

Der Text – in prosanahen Blankversen – ist eine lyrische Nachschrift: die Begegnung mit einem IM aus der Westberliner Kulturszene ist authentisch. Der Autor hat die Situation und ihre untergründige Symbolik sprechen lassen. Bei dem Titel »Zu den Akten« darf der Leser, außer an die Gauck-Behörde, auch an den gleichnamigen Gedichtband von Günter Eich denken.

Nicht zu verkennen ist, dass Lyrik hier als Biographie traktiert wird. Gedichte als Selberlebensbeschreibung ist das Stichwort. Mein Stichwort. Ich bemühe dazu zwei Eideshelfer: Giuseppe Ungaretti für das Pathos von Biographie und Philip Larkin für seine Ernüchterung. Mich hat immer Ungarettis Wort bewegt, der Ehrgeiz des Dichters sei seine schöne Biographie.

Lyrik kann eine nüchterne Wahrheit haben; aber auch die wird immer paradox sein, eben weil sie zugleich Poesie ist. Deshalb liebe ich auch die kaustische Nüchternheit Philip Larkins: »Ich glaube, ich versuche immer, die Wahrheit zu schreiben, und würde kein Gedicht schreiben wollen, das suggerierte, dass ich ein anderer sei als der, der ich bin (...) Nehmen Sie zum Beispiel Liebesgedichte. Ich würde es als falsch empfinden, ein Gedicht zu schreiben, das vor Liebe für jemanden überschäumt, wenn man nicht gleichzeitig die Person heiratet und mit ihr einen Hausstand gründet.«

Wie Poe benötigt auch Larkin eine Produktionshypothese, ohne die kein Lyriker auskommt. Sie liefert ihm ein Phantom, dem er lebenslänglich nachläuft. Sie ermöglicht, nach allen Anfängen, das Weiterschreiben. Sie führt hinein in die Fragen des Handwerks, führt hinein in die Dialektik von Machen und Entstehenlassen. Mein erstes Stichwort dazu heißt Notizbuch. »Nur keine Notizen, keine verräterischen Einblicke«, meinte Gottfried Benn und verriet so, wie wichtig Notate und Vorarbeiten sind. Aber auch: aus welch unscheinbaren Formulierungen Gedichte hervorgehen können, welch peinliche Erdenreste dem ausgeglühten Gebilde vorangehen.

Gedichte kommen also selten aus heiterem Himmel, eher von einem Zettel auf dem Nachttisch. Auf einem dieser Zettel lese ich die Zeile: »Oft fehlt ein einziges Korn den Uhren der Toten.« Rätselvoll genug ist sie. 13 Silben, leicht rhythmisiert. Aber sind sie auch verwendbar in einem Gedicht? Vielleicht ließe sich ein Kontext, eine Erweiterung finden. Wahrscheinlich ist es falsch, diesen Keim dem Licht der Öffentlichkeit zu exponieren. Er könnte im Notizheft oder auf einem PC-Speicherplatz ruhen wie andere Zeilen, Reimpaarungen, Schnappschüsse, Epiphanien. Das Entscheidende ist das produktive Chaos dieser Notizen, ihr Nichtgeordnetsein. Nur keine Systematik. Nur keine Zensur, das heißt keine Frage nach der Qualität. Der lyrische Stoff wartet auf das punktuelle Zünden der Welt im Subjekt, wie es Friedrich Theodor Vischer nannte. Auf den Moment, wo Rilkes Vers gilt: »Die Hand ist leicht, das Werkzeug ist gestählt.«

Das ist der Moment der Fähigkeit. Man hat lange in diesen Notizen geblättert, missmutig, deprimiert, aber dann schließt sich an eine Zeile eine andere an, oder zwei Bilder treten miteinander in Beziehung, und man ist mitten in der Fabrikation. Valéry hat das unnachahmlich präzis formuliert: »Es gibt Verse, die man findet. – Die anderen macht man. – Man vervollkommnet diejenigen, die man findet. – Die andern ›naturalisiert‹ man. – Zwei Manöver in entgegengesetzter Richtung, um die Fälschung zu erreichen: die ›Vollkommenheit‹.«

Aber damit ist die Frage nicht berücksichtigt, ob die beiden Manöver sich auf einen Plan beziehen, auf ein Konzept, das bereits bestand oder sich jetzt, im aktuellen Prozess, entwickelt. Sieht das, was ich da zu machen im Begriff bin, nach einem künftigen Sonett aus und – wenn ja – soll es also eins werden? Oder – schwieriger und weiter gezielt – soll aus diesem entstehenden Text ein weiteres Sonett in jener Reihe werden, die ich schon begonnen habe? Ich weiß, dass etliche Lyriker das Sonett nicht mögen. Aber es ist das Modell für vorgegebene Form, Exempel für lyrische Planung. Will sagen: Man schreibt nicht nur das, was kommt, nämlich im Suchen, Finden und Machen; man schreibt auch, was man schreiben möchte, im Planen und Konstruieren. Wer dabei die Poesie selbst kommandieren lassen will oder auf den Primat des Erlebens, der Erfahrung, der persönlichen Biographie setzt, wird nicht – wie es etwa die dänische Lyrikerin Inger Christensen in ihrer »Systemdichtung« tut – nach äußeren, etwa naturwissenschaftlichen Gesetzen, sondern nach Prinzipien in der Poesie selbst suchen; nach ästhetischen Momenten wie Zahl, Proportion, Klang, Rhythmus, Bild und Logos. Ich komme in diesem Kontext aufs Sonett zurück – auch aus dem Grund, weil es die Frage nach dem Reim aufwirft.

Der Reim ist – maritim und mit Karl Kraus gesprochen – das »Ufer, wo sie landen, / sind zwei Gedanken einverstanden«. Was noch der reimende Dilettant beweist. Das Selbstgereimte ist der Versuch, diese Identität – und damit die eigene – sprachlich zu retten. Den Artisten reizt die Diskrepanz, die Möglichkeit, aus der Differenz der Gedanken Funken zu schlagen. Das heißt: Ironie wird unvermeidlich. Kein Zweifel aber auch, dass Ironie eine Schwundstufe von Pathos ist und dass dem Fremdwort in dieser Pathosreduktion eine wichtige Rolle zugewiesen ist. Gottfried Benn hat diese Möglichkeit exzessiv genutzt, aber er war wohl auch der letzte, der, um den Preis von Sentiment und Sentimentalität, den Reim als Form von Ernst, ja Pathos eingesetzt hat.

Mein Beispiel betreibt diese ironische Reduktion auch in der Verkürzung seiner Zeilen. Das Sonett wird zum ironischen Lied.

Satura

Der Puls ist noch palpabel
das Hirn noch sporogen
Doch zwischen Kalb und Kabel
will uns kein Gott erstehn
Schon leichtes Magendrücken
verändert den Diskurs
Wir sehen in den Lücken
den Schatten des Komturs
Vom Ein- zum Appenzeller
da war wohl ein Moment
als würde alles heller
Nun lesen wir die Daten
die uns an uns verraten
als unser Testament

Auch Kommunikation verfällt dieser Ironie, ist aber in ihr – säkularisiert – vielleicht noch einmal möglich. Wir sind die Gefangenen unserer Daten – unsere Codes sind unsere Testamente. Auch der Titel zielt auf die »Fülle« in der Ironie. »Satura« ist ursprünglich eine der Ceres dargebrachte Schüssel mit mannigfaltigen Erstlingsgaben (lanx satura). Von daher wird »satura« kulinarisch zum Mischgericht, zum »Allerlei«, zur volkstümlichen dramatischen Mischform, schließlich zur beißenden oder lächelnden Satire im Sinne Horaz', Martials oder Iuvenals. Auch die Moderne kennt Satura, Satire. Eugenio Montale hat 1971 den Band, der sein Alterswerk eröffnet, *Satura* betitelt.

Andererseits liegt der Schluss nahe, dass die ernsten Töne ohne das Reimspiel auskommen müssen. Aber kommen sie ohne Versmaß aus? Verstheorie gilt als besonders unmusisch; dabei hat sie es gerade mit der Musik der Verse zu tun. Was aber kann an die Stelle des Reims und der abgemessenen Metren treten? Es ist eine alte Frage, seit Klopstock. Seit vierzig, fünfzig Jahren dominiert bei uns der freie Vers, der seine rhythmische Figur Zeile um Zeile neu findet, manchmal aber nur zu Zeilen abgeteilte Prosa ist, Flattersatz, wie der Drucker sagt. Dieser *vers libre* setzt nicht weniger Meisterschaft voraus als jede gebundene Form. Er spielt mit der Möglichkeit, Prosa in Vers und Vers in Prosa übergehen zu lassen. Doch ebendiese Geschmeidigkeit bietet der Willkür Vorschub. Zumal es das Prinzip des Freiverses ist, dass die Form an sich keinen Widerstand bietet. Sie ist Form von Fall zu Fall, Form ex post: Das fertige Gedicht kann rhythmische oder zahlenmäßige Analogien zeigen, muss es aber nicht. Man könnte also boshaft sagen: »Die Moderne gibt sich mit wenig zufrieden.« Das war, wieder einmal, Valéry.

Was soll die Pointe dieser Bemerkungen zur Metrik sein? Ich zitiere eine Stelle aus Valérys »Cahiers«. Er spricht dort von einem, wie er sagt, kaum bekannten ästhetischen Paradox: »Die äußerste Verschwisterung der Form mit dem Inhalt wird am besten verwirklicht, indem der Form Bedingungen auferlegt werden, willkürliche, präzise, von außen kommende – jedoch verborgen –, denen sich dann auch der Inhalt beugen muss – so wie ein Körper in einem Kraftfeld oder in einem gekrümmten Raum.« Die Stelle ist zunächst so unerhört nicht, denn Valéry variiert einen Gedanken, der paradigmatisch aufs Sonett zutrifft. Was mich sensationiert, ist nicht der Preis der Regeln und ihrer zeugenden Willkür, sondern die Parenthese im eben zitierten Satz, das »jedoch verborgen«.

Regeln ja – aber verborgene! Regeln, die auch der geübte Leser nicht sofort erkennt (Sonett, Hexameter, Blankvers). Regeln, die dem Blick der Gewohnheit, ja selbst des Trainings entgehen. Solche Regeln – und da schlägt das vernünftige Calcul in Magie und Mystizismus um – sind auch dann wirksam, wenn der Leser sie nicht bemerkt. Diese Valéry-Stelle erscheint mir als Bestätigung einer Praxis, die ich schon lange, nämlich seit den siebziger Jahren, betreibe. Es geht um eine bestimmte Regelung der Verszeile, die man nicht hören kann, von der ich aber hoffe, dass sie sich dennoch auf irgendeine Weise dem Hörer mitteilt. Etwa im Schluss-Stück aus einem Zyklus von sechs Gedichten, betitelt »Blätter für Zachäus«:

Am Weg die Sykomore wächst schneller
als du hinaufgelangst auf diesen Baum
dich dem milden Mann zu empfehlen
der von der Menschenmenge erwartet wird
Sie werden auf den falschen tippen auf
die Tiara oder das gelbe Trikot
Doch gesetzt du tippst auf den richtigen -
da ist noch das Handicap mit dem Baum
Auch ist der Kühlschrank leer und kein Feuer
unter dem Herd

Der Evangelist Lukas (19, 1-6) erzählt die Geschichte von Zachäus, dem obersten der Zöllner, der begehrt, Christus zu sehen, und, da er zu klein ist, auf einen Maulbeerbaum steigt. Christus, der vorbeikommt, sieht ihn und ruft ihn herab, denn er will bei ihm einkehren. Zachäus nimmt ihn mit Freuden auf; und die, die dies sehen, wundern sich, dass Christus bei einem Zöllner, einem Sünder einkehrt. Meine Variante der Zachäusgeschichte ist etwas parodistisch geraten: Das lyrische Ich scheitert schon an seiner Unfähigkeit, den Maulbeerbaum zu besteigen; von den mangelnden Küchenvorräten und dem Feuer ganz zu schweigen. Wie zu dieser negativen Parabel des Verfassers metrische Technik passt, kann ich nicht entscheiden. Das Gedicht besteht aus zehn Zeilen, die Zeile jeweils aus zehn Silben, die keinem vorgegebenen Rhythmus folgen, sondern eben nur gezählt sind. Eine Ausnahme macht Zeile zehn; Sie hat nur vier Silben. Der Text bricht ab:»Auch ist der Kühlschrank leer und kein Feuer / unter dem Herd.« Der Poet exponiert – willentlich oder unwillentlich – seine Armut. Er gibt sich eine Regel und vermag nicht einmal die letzte Zeile zu füllen. Seine Pumpen und Röhren funktionieren nicht sonderlich gut. Aber vielleicht gehört das in sein System.

Je rigider die verborgene Regel, um so größer des Autors Hoffnung, dass sie den poetischen Geist freisetzt. Calcul ist die Ersatzhandlung, die diesen Geist hervorrufen möchte. Calcul als eine andere Art Beschwörung, als ein Tanzen in Ketten. Der weise Montale überschrieb das letzte Kapitel eines seiner Bände mit »Conclusioni provvisorie« (Provisorische Schlüsse). Die beiden Gedichte, die man dort findet, heißen »Piccolo testamento« und »Il sogno del prigioniero« (Der Traum des Gefangenen). Ein wunderbares Paradox: Der Dichter will den Abschluss, das Testament, doch jeder Schluss will ins Offene, will Befreiung.

Harald Hartung lebt als Lyriker, Essayist und Kritiker in Berlin und ist emeritierter Professor für Literaturwissenschaft. Er ist Herausgeber der Lyrik-Anthologien *Jahrhundertgedächtnis* und *Luftfracht. Internationale Poesie 1940 bis 1990*.

▷ Machen wir uns einen Reim

Von Elisabeth Borchers

Wie schön kann er sein
(doch ein m ist noch lange kein n).
Wie schön flatterhaft
steht er zwischen Tür und Angel.

Er kann in der Zukunft lesen
als sei sie gewesen.
Nach dem Gewicht fragt er nicht.
Wer weiß, daß er gebraucht wird
hält aus. Als Schaf oder Hirt.

Vom Zuckerbrot zum Liebestod ist nur
ein Schritt. Komm, geh doch mit.
Wird dir nicht bang bei so viel Gewalt?
Mir wird alt. Gedankenstrich
Geh. Laß mich im Stich.

Ein Gedicht am Morgen
zwei Hände voll Sorgen
wie stabil wäre das.
Das wäre, zu zweit,
ein Stück Ewigkeit.

Auch am Abend wär es mir recht.
Wer die Qual hat, hat die Wahl.
Statt dessen geschieht
ein Mord.
Dort, schau doch hin.
Und schon erfüllen mich
Ruhe und Eintracht
zur Nacht.

Schon wieder keine Zeile geschrieben,
mein Herr. Schon wieder dieses Geplärr
wer ist erkoren
wer gibt sich verloren?
Das Leben mißt sich
an Produktivität.
Zu spät, spricht der Herr.
Wer erntet, der sät.
Und der Knecht, wie überall
siehe, er geht auch hier in den Stall.

Es lebe die Not. Wer sie hat
ist noch lange nicht tot.
Zünd das Licht an im Verstand.
Nur so überlebst du
vom Mund in die Hand.

Aus: *Lichtwelten*, es 2324, mit freundlicher Genehmigung des © Suhrkamp Verlag Frankfurt.

▷ Wo veröffentlichen?

Der Wert eines Gedichtes

Auf Literatur- und Poesiefestivals werden die Zuhörer zu Zuschauern, hier geht es um poetische Performance. Man möchte den Dichter als Akteur erleben und etliche von ihnen erfüllen diese Erwartung gekonnt mit ihrer Lese-Show. Die Garde etablierter Literaten fürchtete deshalb schon manchmal den Untergang feingeistiger Poesie. Der amerikanische Dichter Alan Kaufman fand bereits vor zehn Jahren, die Jugend kenne mehr Rap-Songs auswendig als ein Literaturabsolvent klassische Gedichte. Na und? fragen die Wortakrobaten und reimen und rappen unbelastet weiter.

Trotz aller Lyrik-Festivals, Spoken-Word-Veranstaltungen und interessanten Internetseiten wie *www.lyrikline.org* mit Gedichttexten und gesprochener Dichtung möchten Autoren ihr Werk immer noch gedruckt sehen. Die Buchveröffentlichung ist für viele Lyriker das Ziel ihres dichterischen Schaffens.

Nur selten haben unbekannte Dichter eine Chance, in die Lyrik-Editionen bekannter Verlagshäuser aufgenommen zu werden. Es sind vor allem kleinere Buchverlage, die durch den persönlichen Enthusiasmus des Verlegers eine Veröffentlichung ermöglichen. Bei Auflagen von weniger als 1000 Exemplaren, die oft Jahre brauchen, bis sie verkauft sind, ist an weitere Lyrikbände meist kaum zu denken. Diese Situation nutzen Zuschussverlage aus, die sich gelegentlich mit berühmten Dichternamen in der Firmierung schmücken, um an gutgläubigen Autoren reichlich zu verdienen.

Das Angebot, sich an Lyrik-Anthologien zu beteiligen, weckt bei den vielfach enttäuschten Autoren immer wieder Hoffnung, selbst wenn sie nicht, wie üblich, honoriert werden, sondern stattdessen für ihre Veröffentlichung selbst bezahlen sollen. Oder wenn sie sich verpflichten sollen, eine bestimmte Anzahl überteuerter Bücher abzunehmen.

Der erste Gedichtband eines jungen Lyrikers wird sicher nicht gleich bei Suhrkamp oder Hanser erscheinen. Unbekannte Dichter sollten erst die anderen Möglichkeiten nutzen, um auf sich und ihre Lyrik aufmerksam zu machen, an seriösen Wettbewerben teilnehmen, bei öffentlichen Lesungen auftreten, in Literaturzeitschriften veröffentlichen. Wer dort Erfolg hat, womöglich Preise oder Besprechungen erhält, kann bei einem Kontakt zu einem Buchverlag schon etwas vorweisen.

Der Wert eines Gedichts hängt aber nicht davon ab, dass es in einem Buch erschienen ist. Dylan Thomas (1914–1953) hat über das Veröffentlichen von Lyrik geschrieben: »Dichten ist für einen Dichter die lohnendste Arbeit auf Erden. Ein gutes Gedicht ist ein Beitrag zur Wirklichkeit. Die Welt ist nie mehr, was sie war, wenn man sie einmal um ein gutes Gedicht vermehrt hat. Ein gutes Gedicht hilft Form und Sinn des Weltalls verändern und hilft jedermanns Wissen um das eigene Ich und die Welt rundum erweitern.«

Aus: *Gedichte schreiben* von Thomas Wieke, Berlin 2004.

GENRES ③

Schluss mit der Kindheit! 75

Morden mit Donna Leon 81

Crime pays 87

Historische Romane 90

No Aliens 96

Von Einhörnern, Kobolden und Zauberern 102

Huch, sie schreibt! 107

Chick-Lit 113

Vom Baby-Buch zur All-Age-Literatur 115

Kauf auf den ersten Blick 118

Literaturzeitschriften 120

ADRESSEN: Kultur- und Literaturzeitschriften 120

Für die Fische schreiben? 144

ADRESSEN: Zeitungen und Zeitschriften 146

▷ Schluss mit der Kindheit!

Wir alle bekamen Zähne, wurden eingeschult, spielten mit Freunden: Aber warum steht das in jeder Autobiographie?

Von Johanna Adorján

Kinder sind in der Regel eher klein, wohnen bei Vater und Mutter, spielen viel im Freien und haben eine diffuse Angst vor Einbrechern. Sie sind gesetzlich dazu verpflichtet, in die Schule zu gehen, wo sie Mathematik dann entweder sehr oder gar nicht mögen, ansonsten schlafen sie, essen und gehen Hobbys nach, die so originell sind wie Reiten, Fußballspielen oder Ballett. Geschwister nerven – keine noch mehr; Mütter sind liebevoll, Väter oft abwesend, sei das nun körperlich oder im Geist. Es gibt die unverheiratet gebliebene Großtante, den strengen Großvater, die herzliche Großmutter. Die Zahnlücke, heißt es, verwächst sich schon noch, Schuhe werden schnell zu klein, und in den Sommerferien ist auch immer was los. Soviel zum Thema Kindheit. Und nun zu etwas Interessanterem.

Leider finden die meisten Menschen, genauer: die meisten Menschen, die sich berufen fühlen, eine Biographie zu schreiben, ihre Kindheit aber unglaublich spannend. Was haben sie damals im Freien getobt, was nicht alles aus Nachbars Garten geklaut, und wie sie dann das erste Gedicht auswendig lernten, dem Lehrer einen Streich spielten, umzogen, in der neuen Schule ihrer Haare/Sommersprossen wegen gehänselt wurden, wie ihre Mutter sie beim Zubettgehen zärtlich nannte, wann der Vater sie stolz angesehen hatte, wie die Nachbarin hieß, die manchmal auf sie aufpasste (und was die für eine doofe Frisur hatte), wie sie damals in der Kirche, nach dem Klavierunterricht, hinter der Gartenhecke ... Nichts ist so unwichtig, als dass es nicht für erwähnenswert gehalten würde. Leider wird die Bedeutung der eigenen Kindheit für andere Menschen dabei überschätzt. Und da sich die Zahl der Biographien und Autobiographien, die auf den Markt kommen, nahezu stündlich verdoppelt, wird einem langsam ganz schwindlig angesichts all dieser Kindheiten, die sich da vor einem auftun und die alle so ähnlich sind, so verwechselbar – und letztlich nichtssagend.

> Der 1. September 1980 war ein großer Tag für mich, denn ich kam zur Schule. Die ganze Familie hatte sich an diesem Tag für mich herausgeputzt. (Jan Ullrich: *Ganz oder gar nicht*)

> Manchmal versteckten wir uns im Heustadl und bauten uns im Heu lange Tunnels, durch die wir durchkrochen.
> (Uschi Glas: *Mit einem Lächeln*)

> Wenn meine Mutter mal keine Zeit hatte, brachte mich mein Onkel Heinz zu den Spielen, oder meine Oma Martha rückte an.
> (Stefan Effenberg: *Ich hab's allen gezeigt*)

Ganz schlimm wird es, wenn der Autor glaubt, nicht nur seine eigene Kindheit sei von Bedeutung, sondern auch die seiner Eltern und Großeltern.

> Mein Großvater, Hugh senior, war das sechste von elf Kindern. Er begann als Junge in der Scranton Lace Company, einer der zahlreichen Textilfabriken, zu arbeiten und brachte es bis zum Vorarbeiter ... (Hillary Rodham Clinton: *Gelebte Geschichte*)

> Das erste Mal hatte es sich meine Mutter mit ihren Eltern verdorben, als sie als Mädchen auf die Welt kam. (Uschi Glas)

Ein ganz besonders irres Beispiel ist die Biographie von Susanne Juhnke, die wiederum die Frau ist, die Harald Juhnke geheiratet hat. Sie war als junges Mädchen Model, unter Umständen hat sie auch in einem Film mitgespielt, ja, das muss sie wohl, und es muss ein wahrhaftes Meisterwerk gewesen sein, wie sonst sollte diese Frau auf die Idee kommen, irgend jemand könnte sich um Himmels willen auch noch für ihre Kindheit interessieren? Aber bitte, auch sie hatte eine. Und die ging so:

»Meine Mutter Brigitte hatte einen Bruder und drei Schwestern, sie war die jüngste der fünf Geschwister. Ihre Eltern Arthur und Hedwig Metzdorff« – (nur zum besseren Verständnis, wo wir uns hier gerade befinden: es geht um die Eltern der Mutter der Frau, die mit Harald Juhnke verheiratet ist) – »hatten sich im Kirchenchor kennengelernt. Arthur Metzdorff war in der Direktion der Deutschen Reichsbahn in Königsberg tätig ...«
(Susanne Juhnke: *In guten und schlechten Tagen – mein Leben*)

Bitte, dies ist ein Sonderfall. In der Regel handeln Biographien von Personen, für deren Leben sich genug Menschen interessieren, um die Druckkosten zu rechtfertigen; allerdings: die Buchkäufer interessieren sich für den Künstler, den Sportler, den Politiker – nicht dafür, wann der in den Kindergarten kam. Erste Liebe, erste Werke, erste Verzweiflung: Wen kümmert es, was vorher kam?

Dass der Kindheit heute so viel Bedeutung beigemessen wird, geht bekanntermaßen auf Sigmund Freud zurück. Er brachte die These auf, dass die Weichen für alles Kommende in den ersten Jahren gestellt werden. Deshalb wohl wird noch jedes kleinste Ereignis aus dem Vorschulalter genauestens dokumentiert, könnte es sich doch als entscheidende Weichenstellung für späteres Leben und Werk herausstellen. Wer kann schon sagen, welche Folgen es für den *Ulysses* hatte, dass sein Verfasser als Baby schon umziehen musste? Und zwar von Nr. 41, Brighton Square, Rathgar in die Nr. 23, Castlewood Avenue, Tahmines, wie Jörg W. Rademacher zu berichten weiß, der die neueste Joyce-Biographie geschrieben hat. Und welche Rolle mag erst der erneute Umzug fünf Jahre später gespielt haben – in die Nr. 1, Martello Terrace, Bray, County Wicklow –, und bei was? Oder der darauf folgende Umzug in die

Nr. 23, Carysfort Avenue, Blackrock? Tja, man weiß es eben nicht. Und was man noch nicht weiß, ist, wo im Gehirn das Zentrum sitzt, das mit Angaben wie diesen irgendetwas anfangen kann.

Waren es bei Freud noch die ersten fünf Lebensjahre, die als prägend für alles weitere galten, verschob sich das Augenmerk von Wissenschaft und Pseudowissenschaft immer mehr in Richtung Geburt. Sogar die Zeit vor der Geburt soll neuerdings ganz entscheidend sein. Was für Musik die Mutter während der Schwangerschaft hörte, wie viel Knoblauch sie aß – damit lassen sich heute beliebig spätere Berufswahl, Allergien oder sexuelle Vorlieben erklären. Da ist es nur konsequent, dass sich auch Biographien zunehmend mit den allerersten Stunden beschäftigen.

»»Pressen, pressen««, spricht die Frau in Weiß auf der Entbindungsstation des Gronauer Krankenhauses.«
(Udo Lindenberg, mit Kai Hermann: *Panikpräsident – Die Autobiographie*)

»Ich überraschte wohl alle mit meinem pünktlichen Erscheinen. Denn als am Nachmittag bei meiner Mutter die Wehen einsetzten, fehlte ein Auto für die Fahrt.« (Jan Ullrich)

Helmut Kohl beginnt seine *Erinnerungen, 1930–1982* eine Spur trockener:

»Ich bin ein klassisches Beispiel dafür, welchen Einfluss das Elternhaus hat. Mein Großvater Josef Schnur, der 1930 kurz vor meiner Geburt in Ludwigshafen starb, entstammte einer Bauern- und Lehrerfamilie aus dem Hunsrück. Zu Beginn der achtziger Jahre des 19. Jahrhunderts ...«

Wenn Kohl also ein Beispiel dafür ist, welchen Einfluss sein Elternhaus hatte – warum sind dann seine beiden Brüder nicht Helmut Kohl geworden? Was sagt es aus über den weiteren Verlauf eines Lebens, dass die Eltern beispielsweise einen Gemischtwarenladen hatten? Muss das Kind da zwangsläufig Schriftsteller werden, wie Kafka, allein schon aus Trotz? Oder ist das Zufall? Warum wurden die Geschwister nicht auch berühmt oder wenigstens magersüchtig, wo sie doch alle den gleichen strengen Vater hatten? (Wobei hier dringend festzustellen ist, dass jedes noch so kleine Vorkommnis aus Kafkas Kindheit natürlich eine Milliarde Mal interessanter ist als die Gesamtkindheit von Susanne Juhnke – zumindest für all jene, die Susanne Juhnke nicht persönlich kennen und lieben.)

Es gibt in der Tat Situationen, in denen die Kindheit eines Menschen für die Allgemeinheit von Interesse sein kann – bei Gerichtsprozessen beispielsweise. Was aber gilt als strafmindernd bei einem Popstar, der seine eigene Kindheitsgeschichte für so spannend für die Allgemeinheit hält, dass er sie über hundert Seiten ausbreitet? Stings Großmutter Agnes war mit vierzehn von der Schule gegangen und hatte sich als Dienstmädchen in einem Herrenhaus verdingt. Sie war die Zweitjüngste in einer typisch irischen Familie mit zehn Geschwistern, hochintelligent, hübsch und fromm. Stings Großvater Tom arbeitete als Schiffbauer in den Werften am Wear, er rüstete Tanker und Kriegsschiffe aus, bevor sie vom Stapel liefen und aufs Meer hinausfuhren ... 370 Seiten umfasst Stings Autobiographie, die endet, als er berühmt wird: 370 Seiten unverstellte Eitelkeit.

Das Gerührtsein von den eigenen Kindheitserinnerungen scheint immer früher einzusetzen. Dreißigjährige beschwören Fernsehereignisse kaum vergangener Jahrzehnte als sinnstiftende Kollektiverfahrungen herauf und formieren sich so, wahrscheinlich in Ermangelung von Schützengräben, in denen man gemeinsam hätte liegen können, zur Generation. Untersuchungen haben ergeben, dass ein frühes Rückbesinnen auf die eigene Kindheit auf eine aktuell unsichere Lebenssituation schließen läßt. Je bedrohter die Zukunft erscheint, desto wichtiger wird der Blick zurück. So schrieb Daniel Küblböck, bekannt aus »Deutschland sucht den Superstar«, seine Lebenserinnerungen bereits mit achtzehn Jahren auf; dass nahezu jede große Pause darin Eingang fand, ist klar.

Mit immerhin achtundfünfzig Jahren hat nun auch Bill Clinton seine Autobiographie veröffentlicht. Natürlich geht auch er gründlich auf seine Kindheit ein, hilft das doch, das spätere Leben zu erklären, mit all seinen Verfehlungen. Hier zum Beispiel gibt es einen Vater, der zu viel trinkt. Es läßt sich ja, das ist das Tolle, so gut wie alles mit jeder Kindheit erklären.

Dabei ist längst bewiesen, dass die Erinnerung trügt, wenn es um die eigene Kindheit geht. So konfrontierten Psychologen der Universität in Aberdeen Studenten mit Berichten verschiedener Kindheitserlebnisse, darunter so gewöhnliche wie das Ziehen eines Milchzahns, aber auch eher unwahrscheinliche wie ein Erdbeben. Die Studenten wurden gebeten, sich diese Ereignisse so plastisch wie möglich vorzustellen. Eine Woche später wurden sie dann nach ihren eigenen Kindheitserfahrungen befragt. Dabei gaben viele auch die Erdbeben als eigene Erinnerung aus.

Natürlich gibt es Kindheiten, die außergewöhnlich sind, und es gibt Menschen, die selbst eine gewöhnliche Kindheit so beschreiben können, dass sie auch für andere interessant wird. Leider veröffentlichen zur Zeit vor allem andere ihre Autobiographien – die erste Miss Germany, die Mutter von Uwe Ochsenknecht oder, im September, der Fußballer Giovane Elber. Ohne zu viel vorwegnehmen zu wollen: auch sie wurden geboren, verloren Milchzähne, machten erste Erfahrungen und aßen abends zu Abend.

Wie es auch anders geht, hat Robert Gernhardt gezeigt: »Ich hatte eine sehr schwere Kindheit«, faßte er einmal zusammen. »Ich kam praktisch ohne Zähne auf die Welt und war die ersten Jahre so gut wie infantil.«

Johanna Adorján ist Redakteurin der *Frankfurter Allgemeinen Sonntagszeitung*, (in der ihr Beitrag zuerst erschien) und lebt in Berlin. Ihr Theaterstück »Die Lebenden und die Toten« ist 2004 im Alexander Verlag erschienen.

▷ Morden mit Donna Leon

Rezepte für das perfekte Verbrechen
für Schreibtischtäter

Von Margrit Sprecher

Eigentlich hatte niemand daran geglaubt. Doch Donna Leon steht wirklich da, klein und wendig, und sieht aus wie auf den Fotos. Das graue Haar ist artig gescheitelt, die randlose Brille blitzt im Lichteinfall, und brav wiederholt die Halskette das Oval des Gesichtes. Schaute jemand durch die Butzenscheiben in den Gemeindesaal, er tippte eher auf einen Vollwertkost-Kurs denn auf Mord und Totschlag.

Jeder, der etwas von Marketing versteht, hätte von diesem Unternehmen abgeraten. Ein Krimi-Schreibseminar ist mit dem Oberwalliser Ernen so unvereinbar wie venezianische Gondeln mit einem Wildbach. Mordfälle haben es zu schwer in einem Biotop, wo morgens die Federbetten aus den von der Sonne schwarz gesengten Fenstern hängen, die Geranien wuchern und die Frauen beim Einkaufen Kittelschürzen tragen. Hier gehört der Tod nicht ins Unterhaltungsfach. Hier, wo selbst handtuchgrosse Steilborde gemäht werden, zählen Krimileser zur gleichen Kategorie wie Kreuzworträtselfans: Tagediebe.

»Das Seminar war wirklich eine Schnapsidee«, bestätigt fröhlich der dafür Verantwortliche, Francesco Walter. Er hatte ein einziges Inserat im »Radio-Magazin« geschaltet. Wenige Stunden später war der Kurs ausverkauft, ja, mit 55 Anmeldungen, überbucht. Francesco Walter hoffte auf die obligaten 15 Prozent Absagen. Das sei die Regel, hatte der kaufmännische Angestellte im Kulturmanager-Kurs gelernt. Doch es sagte niemand ab. Donna Leon, vor das Problem gestellt, zeigte amerikanischen Sinn fürs Praktische und Faktische: »Ich führe den Kurs doppelt.«

Ende Juli wollte er seinen Stargast am Bahnhof Fiesch abholen. Doch niemand verließ die Erstklasswagen. Erst als er sich wieder zum Gehen wandte, sah er Donna Leon aus der zweiten Klasse klettern. Dort, erklärte sie munter, sei es viel unterhaltsamer.

Donna Leon – eine Bestsellerautorin zum Anfassen. Und ohne Allüren. Locker sitzt sie beim Schreibseminar auf der Tischkante, lässt den Fuß kreisen und plaudert aus ihrem Leben: »Ich bin ja Autorin durch Zufall.« Der Zufall ereignete sich im venezianischen Opernhaus La Fenice. Donna Leons Begleiter echauffierte sich derart über den Dirigenten, dass er rief: »Ich bring ihn um!« »Überlass das mir«, konterte Donna Leon. Und schrieb mit fünfzig ihren ersten Krimi. Seither löst ihr Kommissar Brunetti Jahr für Jahr einen neuen Fall, der, ebenso zuverlässig, an die Spitzen der deutschsprachigen Bestsellerlisten klettert. Das neuste Werk wird »Vu comprà« heißen und unter afrikanischen Straßenhändlern in Venedig spielen.

So romantisch der fünfhundert Jahre alte Gemeindesaal, so heiter die sommerlichen Laute vom Dorfplatz, so gesittet das Publikum. Es gehört fast durchwegs der Generation der Sandalenträger und Handy-Missbilliger an. Nicht einmal piepst es versehentlich aus der Hand- oder Jackentasche der pensionierten Lehrerinnen, Verwaltungsangestellten und Juristen, die einmal eine spannendere Seite ihres Berufs kennen lernen wollen. Alle haben sie die Krimis gelesen, die Donna Leon zur Vorbereitung empfahl. Auch König Ödipus stand auf ihrer Liste, was dem Seminar einen angenehm intellektuellen Anstrich verlieh. Schier gleichzeitig zücken alle auf Geheiß das gelbe Reclamheftchen. Und tatsächlich: Sophokles schrieb schon vor 2000 Jahren den perfekten Krimi. Selbst der grausamste Mörder, sagt Donna Leon, muss wenigstens einen interessanten Zug haben. Der alles klärende Augenzeuge darf nicht erst auf den letzten Seiten auftauchen; das verärgert den Leser ebenso wie Zufälle. Sätze, die lauten: »Als sie das Fenster öffnete, sah sie gerade, dass ...«, empfindet der Kenner als billige Hilfskonstruktion.

Nur wenige machen Notizen. Erst als Donna Leon ihre Agenda öffnet und ein paar Venedig-Geheimtipps preisgibt, knirschen die Kugelschreiber. Am besten wohnt man im Hotel Villa Rosa gleich beim Bahnhof. Das beste Fischrestaurant ist das »Teschiere« – unbedingt reservieren! Und – kokettes Zögern: Soll sie wirklich? – eines der letzten Familienrestaurants in Venedig heißt »Marisa«.

Denn die meisten, so stellt sich bald heraus, wollen gar keinen Krimi schreiben. Die meisten wollen nur eine Bestsellerautorin von nahem anschauen. Und ein bisschen zuhören, wie das so ist beim Krimischreiben. Nein, Donna Leon schlüpft nicht in ihre Figuren. »Aber ich weiß genau, was sie sagen werden.« Nein, sie hat kein Drehbuch. Gesetzt sind Anfang und Schluss, dazwischen lässt sie dem Geschehen freien Lauf. Einzige Gegenleserin ist Roberta. Denn Roberta kann sich merken, dass ein Zeuge im 5. Kapitel eine Schwiegermutter hat und im 12. Kapitel ledig ist. So ist es ganz im Sinn des Publikums, dass Donna Leon lästigen Pflichtstoff wie die Geschichte des Kriminalromans rasch hinter sich bringt. Ungeduldig blättert sie durch ihre Notizen und fährt mit dem Finger – »tatatata ...« – quer über die Seiten. Als ehemalige Werbetexterin kennt sie die Aufmerksamkeitsspanne der Konsumenten.

Umso mehr Zeit bleibt für Anekdoten aus der großen, weiten Welt der Krimischriftstellerinnen, zum Beispiel für jenes Dinner mit Kollegin Ruth Rendell in London. Als der Kellner die Vorspeise brachte, zählte Ruth Rendell gerade ihre letzten Morde auf. Beim Servieren des nächsten Gangs hörte der Kellner: »Es gibt nichts Wirkungsvolleres, als jemanden die Treppe hinunterzustoßen.« Sein Entsetzen erreichte den Höhepunkt, als Ruth Rendell beim Abräumen die Wirkung der Garotte, des spanischen Würgeisens, beschrieb. So viel Donna Leon für 390 Franken Kursgeld zu bekommen, das hatte niemand zu hoffen gewagt. Dankbar wie Delphine im Aquarium nach Fischen schnappen die Krimilehrlinge nach ihren Geschichten. Bald faltet sie die Hände zum Gebet und steigt, um ihr Flehen noch inbrünstiger zu machen, auf einen Stuhl: »Gib George Bush keine weiteren vier Jahre!« Bald bekennt sie, dass sie Vegetarierin ist, keinen Alkohol trinkt und weder Fernseher noch Mobiltelefon besitzt.

Wirklich etwas lernen wollen die wenigsten. Der eine hat eine Idee, die andere schon einen halbfertigen Krimi. Leider waren die Kommentare aus dem Bekanntenkreis wenig hilfreich. »Ganz interessant«, bekam die Luzerner Anwaltssekretärin jeweils zu hören, wenn sie ein neues Kapitel verteilte. Jetzt peilt sie mit ihrem Manuskript entschlossen Donna Leon an. Und erfährt, dass sie die typischen Laienfehler macht: »Don't tell. Show, show, show!«, ruft Donna Leon und formt zur Verstärkung mit der Hand ein Megaphon.

Die Hoffnung auf ein eigenes Werk begründen die meisten mit Aufsätzen, die schon in der Schule vorgelesen wurden. Oder mit Briefen, die die Empfänger stets begeisterten. Oder mit Erfahrungen, die krimireif sind. Ein Zürcher Arabisch-Übersetzer hat derart turbulente Zeiten hinter sich, dass er die jetzt zu Papier bringen will. Und eine Lehrerin sagte sich nach der Lektüre des tausendsten Krimis: »Was die können, kann ich auch. Muss ja nicht allzu schwer sein.«

Ist es wirklich nicht. Vor allem, wenn man sich an Donna Leons Rezept hält. Man nehme ein Traumziel wie Venedig, stopfe es mit viel Lokalkolorit und garniere mit Namen, die das Venedig-Feeling zuverlässig zum Sprudeln bringen: Riva degli Schiavoni, Risotto con vongole, Lido, Vaporetti, Santa Maria della Grazia ... »Ein Krimi von Donna Leon, das sind die halben Ferien«, schwärmt eine Übersetzerin der Bundesverwaltung. Niemand sonst zeigt uns, was sich alles hinter den Fassaden von Venedigs Palästen abspielt. Dass Donna Leon nach einem Vierteljahrhundert Wahlheimat Venedig noch immer aussieht wie eine amerikanische Touristin, mindert ihre Glaubwürdigkeit als Expertin nicht. Unsere Frau in Venedig.

Das Donna-Leon-Seminar ist beileibe nicht Ernens erstes oder einziges Kultur-Abenteuer. Die vierhundert Einwohner, die von der Landwirtschaft und dem Elektrizitätswerk leben, leisten sich ein Musikprogramm mit Klavier- und Barockwochen und einem Festival der Zukunft, von dem nicht einmal Großstädte träumen. Als Musikwochen-Präsident Francesco Walter von Donna Leons Interesse für Barockmusik erfuhr, griff er gleich zu. Man einigte sich auf ein Schreibseminar.

Zu haben freilich war es nur im Multipack: Wer Donna Leon sehen will, muss drei Konzerte hören.

Nicht jeder Krimifan erwies sich auf der Höhe der zwangsverordneten Musik. Wessen ganzes Sinnen und Trachten um die Frage »Wer war der Mörder?« kreist, der interessiert sich nicht unbedingt für ein Lied mit dem Titel »Süßer Blumen Ambraflocken«. Halbwegs heimisch fühlten sie sich nur in der Konzertpause, als sie zwischen den bescheidenen Holzkreuzen des Friedhofs herumstanden und hinunterschauten ins dunstige Tal. Obwohl, so war zu vermuten, alle Toten auf natürliche Weise gestorben sind.

Am dritten Kurstag verteilt Donna Leon ein fotokopiertes Blatt. Beim Vorlesen trieft ihre Stimme vor Hohn: »Ich drehte mich um und sah sie neben dem Bett stehen, nackt wie Aphrodite frisch aus der Ägäis ...« Donna Leon legt das Blatt auf den Tisch zurück, macht »Phuu ...« und nochmals »Phuu!«, als wär die Luft zu schwül geworden. Und der Krimilehrling merkt sich: Gefühle im Kriminalroman sind okay. Sex dagegen hat dort nichts verloren.

Ebenso kurzen Prozess macht Donna Leon mit der übrigen Konkurrenz. Besonders, wenn diese aus Amerika stammt: In ihrer Heimat reüssierte keines ihrer Bücher. Denn bei Donna Leon gibt's keine wilden Auto-Verfolgungsjagden und keinen smarten Helden. Da gibt's nur den alternden Kommissar Brunetti, der zudem verheiratet ist. Dafür nervt sie mit Moral. Je nach Trend ist es Tierschutz, Frauenhandel oder Dritte Welt. Jetzt ist es Ökologie. »Die Umwelt bedroht die Menschheit stärker als der politische Terrorismus«, lehrt sie. Dazu legt sie Wert auf ein stets angenehm gepflegtes Ambiente, wo in jenem unverbindlichen Konversationston geplaudert wird, der ungehobelte Gemüter – darunter die meisten Männer – fernhält. Diese Mischung aus Gediegenheit und Gewissenspflege als Zusatznutzen schätzen besonders die deutschsprachigen Länder. Nirgendwo sind Leons Auflagezahlen höher als in der Schweiz, in Deutschland und Österreich.

Donna Leon – ein Glücksfall für den Zürcher Diogenes-Verlag. Welche andere Bestsellerautorin erwacht schon nach eigenem Bekenntnis um sechs Uhr früh »fröhlich und freundlich« und macht sich, nach einem Schluck Kaffee, gleich fleißig, routiniert und pflichtbewusst an die Arbeit? Trimmt und striegelt ihre Texte wie damals als Englischlehrerin ihre Studenten in Iran, China und Saudiarabien. Kommt ohne Korrektor aus, weil eine Frau wie sie jeden Druck- und Grammatikfehler von alleine findet. Könnte auch mühelos ihr Soll – eine Lieferung pro Jahr – erhöhen. Sie ist dem Zeitplan weit voraus und schreibt auf Vorrat. »Ist der Schalter mal angeknipst«, sagt sie, »kann ich endlos weitermachen.«

So ist es. Trotz dem Doppelkurs schafft sie es über Nacht, alle fünfundfünfzig abgegebenen Seminararbeiten zu lesen und zu bewerten. Und obwohl ihr zwischen beiden Seminaren nur eine Stunde Ruhe bleibt, lässt sie sich von den Kursteilnehmern stets in lange Privataudienzen verwickeln. Überquert sie endlich den Dorfplatz, liegt dieser schon verlassen in der Mittagsglut. Kurz der Schatten, den Brunnen und Kirche werfen, und schwebend schier die uralten Holzhäuser im Flimmern der Hitze. Donna Leon ruckt den Kopf nach links und ruckt den Kopf nach rechts, checkt kurz und scharf wie ein Bodyguard das Terrain. Ihre Begleiterinnen, noch immer hartnäckig, schieben die Hitze wie Bugwellen vor sich her. Donna Leon dagegen pfeilt schmal wie die »Alinghi« über den Platz, schneidet fast unsichtbar durch die Luft. Und hinterlässt im Staub nicht die geringste Spur.

Margrit Sprecher ist die wohl bekannteste Schweizer Journalistin, umstrittene, aber auch mehrfach preisgekrönte »Weltwoche«-Redakteurin, gefürchtete Gerichtsreporterin und brillante Porträtistin. Sie wurde 2004 von der Bündner Regierung »für die hohe literarische und sprachliche Qualität ihrer Texte« geehrt. Von ihr sind verschiedene Bücher erschienen, u. a. *Ungebetene Besuche* und *Leben und Sterben im Todestrakt*.

▷ Crime pays
Der große Krimi-Hunger

Kriminalromane haben gelegentlich ein Imageproblem – sie erscheinen nicht selten auch als Heft- und Taschenbuchromane, von schlechten Schreibern schnell heruntergeschrieben oder von radebrechenden Übersetzern in die Tasten gehauen und von Buchverlagen als Massenproduktion unlektoriert auf den Markt geworfen. Deshalb werden sie von manchen Lesern als billige Unterhaltung abgetan.

Tatsächlich: billig und unterhaltend sind sie. Die meisten Kriminalromane kommen als Taschenbücher für weniger als 10 Euro auf den Markt. Dass in den einfachen Taschenbüchern aber auch erstklassige Romane stecken können, wissen inzwischen nicht nur Krimileser. Henning Mankell hat mit seinem Kommissar Wallander in den vergangenen Jahren entscheidend dazu beigetragen, dass auch literarisch ambitionierte Leser öfter zum Kriminalroman greifen – und bereit sind, dafür mehr zu bezahlen. Die erscheinen dann in anspruchsvollerem Outfit, die Erstausgabe als Hardcover.

Klassikerausgaben von Autoren wie Raymond Chandler oder Dashiell Hammett stehen unverändert in der Gunst der Leser und gewinnen ständig hinzu. Diogenes hat die Romane von Patricia Highsmith neu übersetzen lassen. Die Genres sind auch nicht mehr strikt getrennt, mancher Roman hat Krimi-Elemente, wird aber nicht als Kriminalroman vermarktet. Der literarische Krimi, unter deutschsprachigen Schriftstellern anerkannt, steht in der Tradition von Autoren wie Friedrich Dürrenmatt (*Der Richter und sein Henker*) oder Friedrich Glauser (*Matto regiert*) und ist in den Kanon der deutschsprachigen Literatur integriert.

Auch Krimi-Kurzgeschichten in Anthologien oder Magazinen sind beliebt – ein guter Einstieg für neue Autoren. Hier können sie Erfahrungen sammeln und anschließend den Sprung zum ersten Roman wagen.

Jungen Leserinnen und Lesern werden zunehmend auch Kinder- und Jugendkrimis oder Jugendromane mit Spannungselementen aus der Krimiwerkstatt angeboten.

Sicher haben Krimi-Autorinnen wie Ingrid Noll oder Petra Hammesfahr zusätzlich eine weibliche Leserschaft gewonnen, die vielleicht mehr an der psychologischen Motivation, dem Hintergrund ihrer Figuren als am blutigen Geschehen interessiert sind.

Ein eigenes Subgenre hat der Grafit-Verlag mit seinen Regionalkrimis etabliert. Inzwischen erscheinen sogar Krimi-Reiseführer – so groß ist das Interesse am Schauplatz des fiktiven Geschehens.

Der Schriftsteller Horst Eckert (*617 Grad Celsius*) erkennt einen Trend im anhaltenden Krimiboom in der Diversifizierung. Nachholbedarf sieht er in Deutschland vor allem bei der Aufarbeitung der jüngeren Geschichte, der Nazizeit und der DDR-Diktatur: »Da liegt ein literarischer Quell besonderer Dramatik noch weitgehend brach – vielleicht, weil bislang der nötige Abstand und die Unbefangenheit fehlte, um aus solchen Stoffen Spannungsliteratur zu machen«.

Grafit-Verleger Rutger Booß sieht besonders bei kleineren Verlagen Vorteile für deutschsprachige Autoren und verweist auf Jacques Berndorf, der mit seinen Eifel-Krimis seit zwanzig Jahren bei Grafit veröffentlicht und betreut wird. Der Verleger beklagt jedoch ein Ungleichgewicht: Es gäbe einfach nicht genug qualifizierte Manuskriptangebote, um den Hunger der Leser auf neue Krimis zu stillen.

Jetzt sind Sie dran!

Tipps und Adressen

Larry Beinhart: *Crime – Kriminalromane und Thriller schreiben,* Deutsch von Kerstin Winter, Berlin 2003

Das Syndikat
c/o Wolfgang Burger
Gabelsberger Str. 5
76135 Karlsruhe
wolfgang.burger@mach.uni-karlsruhe.de
www.das-syndikat.com

Sisters in Crime
German Chapter – Mörderische Schwestern
c/o Susanne Mischke
Im Hückedal 21b
30974 Wennigsen
write@susannemischke.de
www.sinc.de

Internet:
www.alligatorpapiere.de
www.fv-krimi.de
www.kaliber38.de
www.krimicouch.de
www.krimiforum.de

▷ Historische Romane
Der Markt verlangt neue Talente mit neuen Ideen

Von Christina Busse

Sie taucht ein in historische Welten. Sie begleitet ihren Helden, den Tuchhändler Jonah Durham, durch dreckige Londoner Gassen und in die Séparées der Freudenhäuser. Sie begleitet ihn in dunkle Kerker und zu blutigen Seeschlachten – allerdings nur in Gedanken.

Während sich vor Rebecca Gablés geistigem Auge Szenarien im London des Jahres 1335 abspielen, sieht der Besucher nur schiefe Türme aus Ordnern und Büchern und bergeweise Unterlagen mit kopiertem Material. Dahinter pflegt sich die Autorin historischer Romane nach und nach zu verschanzen, wenn sie am Schreibtisch sitzt und die Welt um sich herum vergisst.

Kaum zu glauben, dass die »Königin des historischen Romans«, so eine vom Verlag gern zitierte Pressestimme, während des Studiums der Literaturwissenschaften geradezu »gezwungen« werden musste, sich überhaupt mit dem Mittelalter zu befassen.

Irgendwann hatte die Mediävistik sie dann aber fest im Griff. Das Resultat: drei erfolgreiche Mittelalter-Romane. Aufwendige Recherchen in Bibliotheken und manchmal auch vor Ort bilden die Grundlage für Gablés Schreibarbeit. Alltag, Mode, Kochrezepte und Tischmanieren müssen ebenso detailliert recherchiert sein wie Regentenerlasse oder Kriege.

»Ich möchte meinen Lesern ein möglichst zuverlässiges Bild früherer Zeiten zeigen, die Vergangenheit so originalgetreu rekonstruieren, wie ich kann«: Das ist der Anspruch der 38-Jährigen, die 1995 mit einem Krimi debütierte und in der Realität ein eher mittelalterfernes Leben führt – gelegentliche Auftritte als Rocksängerin inbegriffen.

Für ihr neuestes Romanprojekt dreht die anglophile Autorin das Rad der Zeit jetzt noch weiter zurück: bis zu den Wikingern im Jahre 850. Im Zuge ihrer Recherche für *Die Siedler von Catan* musste sie ihr Bild von den Rüpeln mit dem Hörnerhelm revidieren: »Ich habe mein Herz für die Wikinger entdeckt«, erzählt die gebürtige Rheinländerin, die bei der Erfolgswelle historischer Romane ganz obenauf schwimmt.

Die Geschichten aus alter Zeit sind »ein typisch deutsches Genre mit einer ständig wachsenden Fangemeinde«, zieht Peter Molden Bilanz. Er ist Geschäftsführer der Verlagsgruppe Lübbe, bei der auch Rebecca Gablé unter Vertrag steht. Wer es sich mit einem solchen Schmöker auf dem Sofa gemütlich macht, der genießt die Auszeit von der Realität. Vor allem Frauen ab 30, mit teilweise handfestem Hintergrundwissen, tauchen gern in vergangene Welten ab. Zwar ist es vorzugsweise die Burgen- und Ritterromantik des Mittelalters, die die Leserinnen in ihren Bann zieht, aber die Zeitspanne ist weit gefasst.

Als Kulisse für das Leben, Lieben und Leiden der Helden eignet sich das alte Ägypten genauso wie das späte 19. Jahrhundert. Figuren und Schauplätze können frei erfunden sein oder tatsächlich existiert haben. Allen Werken gemeinsam ist die mehr oder weniger raffinierte Verquickung von Fiktion und Fakten zu unterhaltsamer Lektüre.

Derzeit steht das alte Rom bei den Autoren hoch im Kurs. Einen historischen Kriminalroman aus der antiken Stadt legt beispielsweise Cay Rademacher mit *Das Geheimnis der Essener* vor. Der Redakteur der Zeitschrift »Geo« begleitet seinen Helden im Jahre 95 auf seiner Flucht vor dem tyrannischen Kaiser Domitian in die Unterwelt der Metropole. Nach einem Zechgelage wacht die Hauptfigur nicht neben einer schönen Unbekannten auf, sondern neben einer Leiche. Geheimnisvolle Schriftrollen aus der zerstörten Bibliothek der Essener bringen ihn auf die Spur des Mörders.

Den letzten Kaiser Roms hat sich Autor Valerio M. Manfredi als

Protagonisten für *Die letzte Legion* auserkoren. Romulus Augustus ist noch ein Kind, als sein Vater ihn zu seinem Nachfolger auf dem Thron bestimmt. Innerhalb kurzer Zeit muss der Junge mit ansehen, wie seine Familie ermordet wird. Er selbst entgeht nur knapp dem Tod und wird nach Capri verbannt. Eine Schar treu ergebener Gefährten schwört, ihn aus dem Exil zu befreien, und begibt sich auf eine recht aussichtslos scheinende Mission, die vom Italien des 5. Jahrhunderts bis nach Britannien führt.

Die Geschichte, Hintergründe, Intrigen und Tragödien rund um die Entstehung der weltberühmten Deckenfresken in der Sixtinischen Kapelle beleuchtet Ross King in *Michelangelo und die Fresken des Papstes*. Das konfliktgeladene Verhältnis zwischen Kirchenoberhaupt und Künstler, eine Auseinandersetzung zwischen den Herrschern in Florenz und Rom zu Beginn des 16. Jahrhunderts, zieht sich wie ein roter Faden durch den »Architekturkrimi« des kanadischen Kunsthistorikers, der fünf Jahre lang in Sachen Michelangelo recherchiert hat. Oft sind die historischen Romane nicht in europäischen, sondern in exotischeren Gefilden angesiedelt – sei es auf einer kleinen Insel vor der Küste Australiens (*Schwarze Klippen*), in China zur Zeit gravierender politischer und kultureller Umwälzungen (*Die Schwestern von Hofei*) oder in Indien (*Das Haus der blauen Mangos*). In die mystische Welt der Maya entführt Andreas Gößling seine Leser – mit seinem Roman *Im Tempel des Regengottes*, dem Nachfolgeband von *Die Maya-Priesterin*. Im Mittelamerika des Jahres 1870 macht sich ein englischer Abenteurer auf die Suche nach dem sagenumwobenen Maya-Gold. Die düsteren Gänge der alten Kultstätten mitten im Dschungel bergen allerdings noch andere Geheimnisse.

Kein Abenteuer sind dagegen die Verkaufszahlen: Sie lassen sich relativ gut kalkulieren – das meint jedenfalls Eichborn-Lektor Matthias Bischoff: »Das Genre ist auch im Hardcover ein solider, gut einschätzbarer Markt mit einem stabilen Leserkreis. Wer einen Autor zu einem Markennamen aufgebaut hat, ist auf der sicheren Seite.« Dennoch: Wenn der Boom anhalten soll, müssen Autoren und Verlage trotz scheinbarer »Selbstgänger« und »Umsatzgarantien« aufpassen, sich nicht allzu oft selbst zu kopieren und nur ausgetretenen Pfaden zu folgen.

Neue Talente mit neuen Ideen sind deshalb im historischen Roman ebenso begehrt wie in anderen Bereichen. »Ein Glücksfall« sei deshalb Alexander Lohner für den Aufbau-Verlag, freut sich Lektor Gunnar Cynybulk. Der habilitierte Moraltheologe, der sich selbst »als Wochenendschreiber« sieht, schildert in seinem literarischen Erstlingswerk *Die Jüdin von Trient* einen Kindermord im 15. Jahrhundert – ein Fall, der sich tatsächlich ereignet hat. Lohner ist es gelungen, philosophisch-theologische Inhalte populär zu verpacken und mit Leben zu füllen, entsprechend war das Werk mit Vorschusslorbeeren geschmückt auf den Markt gekommen.

Für Fortsetzungen ist gesorgt. »Ich habe Ideen für 20 Romane«, sagt Lohner, der seine hauptberufliche Arbeit als Referent beim katholischen Hilfswerk für Entwicklungszusammenarbeit als willkommene Inspirationsquelle sieht. Damit bestätigt er die Auffassung seines Lektors: »Wünschenswerterweise stehen die Inhalte von historischen Romanen in Bezug zu aktuellen gesellschaftlichen Entwicklungen.« Lokalkolorit ist häufig ein Pluspunkt.

Auch Christa Kanitz hat sich für die hanseatische Familiensaga *Die Erben der Stellings* ihre Heimatstadt Hamburg als Schauplatz gewählt. Im Nachfolgeband zu *Die Stellings* – abgeleitet vom Stadtteil Stellingen – verfolgt die agile Rentnerin das wechselvolle Schicksal einer alteingesessenen Kaufmannsfamilie über mehrere Generationen. Auf die heimische Scholle verlässt sich auch Autorin Marianne Hacker, die vor der Kulisse des Schlosses Schönbrunn eine abgründige Familienintrige spinnt.

Dass die historischen Romane hoch im Kurs stehen, zeigen nicht zuletzt Buchhändler-Seminare des Fünferclubs. Das Genre ist einer der Schwerpunkte, zu denen die Taschenbuchverlage dtv, Droemer Knaur,

Fischer, Heyne und Rowohlt jeweils 40 Sortimenter nach Rotenburg an der Fulda einluden.

Der historische Roman sei oft nicht mehr als »ein Konsalik im Kettenhemd«, urteilte die »Wirtschaftswoche« einmal böse. Gerade in Deutschland mit seiner großen interessierten Leserschar scheint es nicht zu den einfachsten Aufgaben zu gehören, anspruchsvolle Manuskripte zu entdecken.

»Angelsächsische historische Romane erzählen Geschichte nicht selten spannender als deutsche, doch auch im hiesigen Sprachraum gibt es außerordentlich gelungene Beispiele für das Genre«, so Hans-Joachim Simm, Programmleiter des Insel Verlags, der auf den Debütroman des in Australien lebenden Zoologen und Naturhistorikers Nicholas Drayson setzte. In *Der goldene Skarabäus* erklärt ein Jugendfreund von Charles Darwin, dass nicht Darwin, sondern vielmehr er der eigentliche Urheber der Evolutionstheorie gewesen sei.

Seine Lektoren-Spürnase hat Gunnar Cynybulk auf der Talentsuche in deutschen Landen unlängst zu »Quo Vadis« geführt, dem im vergangenen Jahr gegründeten, bundesweiten »Autorenkreis historischer Roman« in Berlin. Zu den inzwischen 36 Mitgliedern zählen Anfänger und renommierte Autoren wie Tilman Röhrig und Rebecca Gablé. Die Initiatoren, Ruben Wickenhäuser und Titus Müller, haben mit dem Autorenkreis ein Austauschforum für Schriftsteller geschaffen, das unter anderem helfen soll, gemeinsam rechtzeitig neue Entwicklungen am literarischen Horizont auszumachen. Denn dass der historische Roman nicht von sorgfältiger Geschichtsrecherche allein leben kann, ist ihnen bewusst: »Der Leser erwartet zu Recht mehr als eine Geschichtsarbeit«, stellt Wickenhäuser fest. Nicht nur der historisch genaue Stadtplan zähle, sondern vielmehr, dass man sich in die Lage der Menschen anderer Epochen versetzen könne, dass man die Figuren mit Leben fülle und eine detailreiche Atmosphäre kreiere.

Wenn dies gelingt, können die Verleger wohl auch weiterhin darauf bauen, dass die Leser einem ihrer Lieblingsgenres die Treue halten werden – und das, obwohl der historische Roman »nicht feuilletonreif« sei, wie Cynybulk angesichts spärlicher Rezensionen meint. Rebecca Gablé scheint dies nicht zu bekümmern: »Ich habe nichts dagegen, wenn jemand aus meinen Romanen etwas über die Geschichte lernt. Aber vor allem will ich unterhalten.«

Christina Busse, Kulturwissenschaftlerin, lebt und arbeitet in Hamburg. Als freie Journalistin schreibt sie über alles, was zwischen zwei Buchdeckel passt, und im weitesten Sinne damit in Zusammenhang steht.

▷ No Aliens

Der Markt für Science-Fiction und Fantasy

Von Maren Bonacker

Immer wieder totgesagt und nach wie vor hartnäckig am Leben – das charakterisiert sowohl die Science-Fiction als auch die Fantasy. Trotz immenser Verkaufserfolge gelingt es den beiden Genres nicht, ihre unliebsamen Rollen als literarische Stiefkinder abzulegen; die Kluft zwischen gerümpften Nasen auf der einen Seite und einer begeisterten Leserschaft auf der anderen bleibt bestehen – was sich (zumindest teilweise) ändert, sind Inhalte und Schwerpunkte. Und – wie im Fall Heyne – ganze Verlagsprogramme.

Nach dem schnellen Durchlauf der Springer-Buchsparte Ullstein Heyne List durch den zum Bertelsmann-Konzern gehörenden Verlag Random House ist unter anderem die Heyne-Fantasy bei Bonnier gelandet – nicht ohne Konsequenzen. Zum einen bricht Heyne mit der nicht unbedeutenden Fantasy-Backlist ein wichtiges Standbein weg, zum anderen besteht jetzt kurzfristig die Möglichkeit, den Bereich der Science-Fiction aufzustocken, wobei man sich im Programm mehr auf Einzelautoren konzentrieren möchte. Ein Ende der Fantasy bei Heyne soll das allerdings nicht bedeuten. »Wir bleiben dem Genre treu«, bestätigte Heyne-Lektor Sascha Mamczak, der sich vor die Herausforderung gestellt sieht, in einer Mischung aus Lizenzen und deutschen Autoren ein vollkommen neues Fantasy-Programm aufzubauen.

Anders als manche seiner Kollegen aus der Branche sieht Mamczak jedoch in der Science-Fiction mehr Möglichkeiten. Die phantastische Literatur brauche mehr Raum, die Grenzen – räumliche wie zeitliche –

müssten viel weiter gefasst werden, als es in der Fantasy mit oftmals gleichen Schemata jemals zu realisieren wäre. Bestätigt findet er diese These im aktuellen Erfolg der Space Opera – je weiter es in die Zukunft geht, je größer die zurückgelegten Distanzen sind, desto besser. In diesen Kontext passen denn auch die Romane von Alastair Reynolds (die um das Attribut »je dicker das Buch ...« zu erweitern wären, liegen doch *Unendlichkeit* und *Chasm City* bei durchschnittlich 800 Seiten!).

Dass Lesemasse die Lesefreude keinesfalls schmälert, zeigt auch der 998 Seiten starke Umwelt-Thriller *Der Schwarm* von Frank Schätzing, der den Ausspruch »sie sind unter uns« allzu wörtlich nimmt: Eine vermutete extraterrestrische Bedrohung der Erde zeigt sich zunächst in den Tiefen des Meeres und taucht erst allmählich an die Oberfläche. Von Geologie über Genetik bis hin zur Außerirdischenforschung integriert Schätzing die wissenschaftlichen Informationen gekonnt in die Handlung, die trotz der Länge den Spannungsbogen zu halten weiß.

Doch es geht auch kürzer, wie der fulminante Literatur-Science-Fiction-Krimi von Jasper Fforde zeigt. Auf gerade mal 376 Seiten lässt er die Geheimagentin Thursday Next in einer Parallelwelt (in der England seit 130 Jahren in den Krimkrieg verwickelt ist) nicht nur die Grenzen der Zeit durchbrechen, sondern inszeniert spannende Verfolgungsjagden quer durch die großen Werke der Literaturgeschichte. *Der Fall Jane Eyre* berichtet von der Geiselnahme einer literarischen Figur – und davon, wie sich die Literaturpolizei mit durchaus rabiaten Mitteln der Sache annimmt. Dass in dieser Welt nachgezüchtete Dodos als Haustiere gehalten werden können, ist dabei nur eines der zahlreichen humorvollen Details, mit denen Fforde seinen Roman würzt.

Weniger spaßig als vielmehr anrührend entwickelt Andreas Eschbach die Geschichte des zurückgezogen in Irland lebenden Duane Fitzgerald. Niemand ahnt, wer *Der Letzte seiner Art* in Wirklichkeit ist, wenn sich auch sein Geheimnis immer weniger bewahren lässt. Als Ergebnis eines fehlgeschlagenen Experiments der US-Army hat er Stillschweigen geschworen – doch als Menschen in seiner Umgebung ermordet aufgefunden werden oder einfach verschwinden, fühlt er sich nicht länger an sein Gelübde gebunden.

Von einer Überwindung von Grenzen ganz anderer Art zeugt die im Shayol-Verlag publizierte Werkausgabe von Angela und Karlheinz Steinmüller. Mit *Andymon* erscheint jetzt der wohl beliebteste Roman der DDR-Science-Fiction in einer von den Autoren überarbeiteten Neuauflage. Ob eher der Utopie oder der Space Opera zuzuordnen, sei dahingestellt – thematisiert wird die Gründung einer neuen Menschheit auf einem Lichtjahre von der Erde entfernten Planeten durch von Robotern großgezogene Menschen, die aller Unwirtlichkeit trotzen.

Einen großen Science-Fiction- und Fantasy-Auftritt plant die Verlagsgruppe Lübbe. Unter dem Motto »Fantastische Welten« bietet der Verlag dem Handel ein bunt sortiertes Paket für Einsteiger – Verkaufseinsteiger, wohlgemerkt, nicht Leseeinsteiger. Das Programm zieht mit bekannten Namen wie Andreas Eschbach, Alan Dean Foster, Michael Marrak und anderen und bringt neben Verkaufserfolgen wie Marraks *Imagon*, das im Jahr 2003 als bester Science-Fiction-Roman mit dem Kurd-Laßwitz-Preis ausgezeichnet wurde, zahlreiche deutsche Erstausgaben auf den Markt.

Fantasy boomt

Doch kann die Science-Fiction ihre Leser wirklich noch begeistern, wenn wir doch im Alltag immer wieder aufs Neue mit Flügen zum Mars, immer komplizierteren technischen Geräten (wer kennt schon alle Funktionen des eigenen Handys?!) und Ergebnissen der Genforschung konfrontiert werden? »Eine beliebte Theorie sagt, die Leute interessierten sich nicht mehr für SF, weil wir schon in einer SF-Welt leben, und keiner hat's gemerkt,« sagt Andreas Eschbach, Deutschlands wohl bekanntester Verfasser von Science-Fiction-Literatur für Erwachsene und Jugendliche. Doch er glaubt nicht an diese These – »denn dann wäre Science-Fiction ja Literatur, die die zeitgenössische Welt abbildet, und solche Literatur gibt es ja ohnehin, und sie wird auch gern gelesen.«

Trotzdem lassen viele große Verlage die Finger von diesem Genre und bewegen sich lieber in den trotz aller Warge, Orks und bösen Magier sichereren Welten der Fantasy. Nicht nur durch Tolkien einer der ganz Großen ist dabei Klett Cotta. Wenn sich der Verlag auch mit Tad Williams *Otherland* einen kleinen Exkurs erlaubt hat, sieht er doch seinen phantastischen Schwerpunkt in der Fantasy. Seit ein paar Wochen ist Gesa Helms Mammutwerk *Die Spur des Seketi* auf dem Markt, von Fans sicherlich begeistert empfangen, von Normalsterblichen mit einem undurchdringlichen Labyrinth an Namen und Besonderheiten der geschilderten Welt über fast 900 Seiten kaum zu bewältigen. Ganz anders ist da Tad Williams düster-magische Novelle *Der brennende Mann*, in dem er an seine Osten-Ard-Trilogie anknüpft. Für Williams-Fans vielleicht zu kurz, zeichnet sich diese aus der Sicht der Stieftochter des Reiherkönigs Sulis erzählte Geschichte durch literarische Qualität und ein hohes Maß an Atmosphäre aus.

Weniger auf Klasse als auf Masse scheint der Piper-Verlag zu setzen, bei dem neben der von verschiedenen Autoren erfolgreich fortgesetzten Reihe der »Gezeitenwelt« und Sara Douglass' Zyklus »Unter dem Weltenbaum«, in der jetzt *Das Vermächtnis der Sternenbraut* neu erscheint, auch einige wenig beeindruckende Romane (etwa Elizabeth Scarboroughs *Die Frau im Nebel*) in Erscheinung treten und das Niveau des Gesamtprogramms schmälern. Schade – möchte man in Piper Fantasy doch lieber die Tradition von Weitbrecht fortgesetzt wissen und eher märchenhaft-poetische Texte wie Hans Bemmanns *Stein und Flöte* oder *Der Garten der Löwin* mit dem Programm identifizieren.

Dass man sein Vertrauen in Titel setzen sollte, die sich bereits bewährt haben, ist offenbar das Motto von Droemer – und nicht das schlechteste. Die Idee, Michael Endes Weltbestseller *Die unendliche Geschichte* von renommierten deutschen Autoren unter dem Reihentitel »Die Legenden von Phantásien« fortzusetzen, mag Ende-Freunde vielleicht mit den Zähnen knirschen lassen, doch das Konzept überzeugt – und die Romane, die sich auch unabhängig voneinander lesen lassen, tun es auch. Nach Ulrike Schweikert, Tanja Kinkel und Ralf Isau schreiben jetzt auch Wolfram Fleischhauer (*Die Verschwörung der Engel*) und Peter Freund (*Die Stadt der vergessenen Träume*) an der Reihe weiter. Wie und ob es auch im Herbst weitergeht, ist – ganz Michael Ende – »eine andere Geschichte und soll ein andermal erzählt werden«.

All-Ages-Literatur

Science-Fiction und ganz besonders der Fantasy – möge die Macht mit ihnen sein – gelingt, was kaum ein anderes Genre vermag: Romane aus dieser Sparte erreichen die Leser zielgruppenübergreifend. J.R.R. Tolkiens *Herr der Ringe* ist ein klassisches Beispiel für Literatur, die von Kindern und Erwachsenen gleichermaßen gelesen wird, wobei sich nach Angaben des Verlagsleiters Rainer Just die Altersgrenze immer weiter nach unten verschiebt und schon Zehnjährige nach dem umfangreichen Werk greifen.

Das Zauberwort heißt »All-Ages-Buch« und macht derzeit die Runde. Freunde der phantastischen Literatur wissen schon längst, dass nicht erst *Harry Potter*-Leser aller Altersgruppen angesprochen hat, sondern dass dieses Phänomen viel weiter zurück liegt. Die Literaturwissenschaft spricht von doppelter Adressiertheit und *crossover-literature* – der Buchmarkt hat den Begriff All-Ages-Buch geprägt und scheint damit ein neues Konzept zu preisen, das so neu nicht ist. Dennoch: Es wirkt. So rücken plötzlich Bücher in den Mittelpunkt, die vorher nur einseitig wahrgenommen wurden. Sie richten sich in neuem Gewand an eine andere Zielgruppe, wie etwa die »Erdsee«-Reihe von Ursula K. Le Guin, die seit 2002 bei Carlsen im ansprechenden Hardcover als Jugendbuch vorliegt *und* sich gut verkauft, obwohl sie doch viel billiger und kompakter bei Heyne im Taschenbuchformat erstanden werden könnte (vier Roman in nur einem Band für acht Euro). Kai Meyers Venedig-Trilogie, beginnend mit *Die fließende Königin*, geht, vom Loewe Hardcover kommend, den umgekehrten Weg und erscheint jetzt bei Heyne als eher an Erwachsene gerichtetes Taschenbuch. Damit wird die Aufmerksamkeit der erwachsenen Leser abermals aufs Jugendbuch gelenkt, denn bei Loewe erscheint derzeit Meyers »Wellenläufer«-Trilogie, die sich als nicht weniger spannend erweist.

Autoren wie Terry Pratchett werden schon seit jeher von Jugendlichen und Erwachsenen gelesen – da bedarf der in eine ähnliche Richtung gehende Andreas Schlußmeier mit seiner Märchenpersiflage *Grimmige Zeiten* wohl kaum einer gezielten Werbung. Auch Wolfgang

Hohlbein benötigt wohl als schon lange etablierter Fantasy-Autor, der sowohl mit seinen an Erwachsene gerichteten als auch mit seinen für Jugendliche geschriebenen Romanen jeweils ein doppeltes Zielpublikum erreicht, eigentlich keine Werbung. Dennoch startet der Ueberreuter-Verlag im Herbst 2004 unter dem Motto »Ich lese anders!« eine große Hohlbein-Aktion mit der neuen, jeweils im Abstand von einem Monat erscheinenden Romantetralogie *Anders*.

Nicht auffallend als All-Ages-Buch beworben wird Herbie Brennans *Elfenportal*. Doch mit dem eher an Erwachsene gerichteten Publikationsrahmen bei dtv premium einerseits und einem jugendlichen Protagonisten andererseits, der an der Seite des ebenfalls jugendlichen Elfenprinzen Pyrgus haarsträubende Abenteuer erlebt, erschließt sich auch hier allmählich mehr als eine Zielgruppe.

Der klassische Kinder- und Jugendbuchverlag Carlsen hat sich spätestens seit *Harry Potter* von ganz allein zu einem Verlag entwickelt, nach dessen Programm jetzt regelmäßig auch Erwachsene schielen. Ob der schon vier Jahre zurückliegende Titel *Schlachten* von Melvin Burgess, die mit *Der goldene Kompass* beginnende Philip Pullman Trilogie, die im Stil von T. H. White geführte Artus Reihe von Gerald Morris oder das derzeit sehr beeindruckende *Sabriel*, in der Autor Garth Nix der Fantasy eine neue Richtung verleiht, weil er seine Leser erstmals in die Welt des Todes führt – diese Bücher »funktionieren« einfach bei mehr als nur dem jugendlichen Lesepublikum.

Wer glaubt, dass nach der Verfilmung von *Herr der Ringe* der Boom der Fantasy oder Science-Fiction zugunsten einer in der Realität fußenden Literatur enden würde, braucht sich bloß auf dem Buchmarkt umzusehen: Fantasy und Science-Fiction haben nach wie vor Hochkonjunktur.

Maren Bonacker ist freiberufliche Journalistin und Expertin für phantastische Kinder- und Jugendliteratur. Sie schreibt für Fachzeitschriften, verfasst Gutachten für Verlage und arbeitet als wissenschaftliche Mitarbeiterin in der Phantastischen Bibliothek Wetzlar.

▷ Von Einhörnern, Kobolden und Zauberern

Was ist eigentlich Fantasy?

Von Thomas Le Blanc

Wenn die Handlung in einer mittelalterlich anmutenden Szenerie oder einer archaischen Umgebung spielt, wenn Konflikte durch tapfere Krieger mit Schwertern gelöst werden und wenn zudem die beschriebenen Landschaften außer mit Menschen noch mit Einhörnern, Kobolden und bösen Zauberern bevölkert sind, dann ist der Leser in eine Fantasy-Welt eingetreten. Doch erschöpft sich damit bereits die Beschreibung des beliebten Literaturgenres Fantasy? Oder haben wir hier nicht vielmehr eine sehr simple Klassifizierung vorgenommen, die zudem auch nur für die niederen Vertreter dieses Genres zutrifft?

Fantasy ist zweifelsfrei mehr, ist reicher, ist anspruchsvoller, ist literarischer als der obige Einstieg, der eher von jenen Kritikern verwendet wird, die dieses Genre lediglich aus ihren Vorurteilen kennen. Zwar hat Fantasy natürlich Wurzeln im Heldenroman, leitet ihre Herkunft jedoch noch stärker aus dem Märchen, der Science Fiction und der Utopie ab; Fantasy spielt alternative Weltentwürfe ebenso durch, wie sie Mythen und Archetypen der Menschheit aufgreift und in modernem Gewand neu darbietet.

In Rede steht ein recht junges Genre, denn den Begriff »Fantasy« hat erst in den späten 1960er Jahren der amerikanische Schriftsteller und Herausgeber Lin Carter für eine neue Buchreihe eingeführt, die er zunächst als »Adult Fantasy« klassifizierte. Mit dieser Begriffswahl nahm er eine literarische Wertung vor, um sich bewusst von einer auf heldenhafte Schwertkämpfe und vordergründige Zauberei ausgerichteten sogenannten »Sword & Sorcery« abzusetzen, und außerdem sollte das Konzept der Reihe – deshalb nämlich das vorangestellte »Adult« – eine deutliche Trennung gegenüber phantastischen Kindergeschichten vornehmen, die man bislang mit *Fantasy* – was im Englischen ja nichts anderes als Fantasie heißt – identifizierte. Damit war der *Begriff* für das Genre eingeführt, doch Texte, die fortan dem Fantasy-Genre zugeordnet werden, findet man natürlich auch in der Zeit vor ihrer Namensgebung: der *Herr der Ringe* erschien immerhin 1954/55, der erste *Narnia*-Roman 1950, Mervyn Peakes unvollendete Gormenghast-Trilogie 1946 bis 1959, Robert Howards markiger Söldner Conan erblickte in den 1930ern das Licht der (Literatur-)Welt, und William Morris, bei dem man heute gerne den Beginn des Genres ansetzt, beschrieb die *Quelle am Ende der Welt* in den 1890ern. Diese Titel werden gerne als die Klassiker der Fantasy bezeichnet.

Wie aber lässt sich Fantasy inhaltlich definieren?

Eine Erzählung oder ein Roman oder eine Romanserie wird dann zum Literaturgenre Fantasy gerechnet, wenn zwei Kriterien zutreffen:

> die Handlung muss in einer anderen Welt (als der unsrigen) spielen, und
> in dieser Welt muss es Magie geben.

Beide Kriterien müssen gleichermaßen zutreffen, denn wenn magische Dinge in unsere Welt einbrechen, dann spricht man von Phantastik, und wenn die Handlung zwar in einer Parallelwelt spielt, dort aber weiterhin unsere oder ähnliche physikalische Naturgesetze gelten, dann befinden wir uns in einem Science-Fiction-Text.

Es spielt für die Fantasy-Definition allerdings keine Rolle, *wie* die Anderswelt strukturiert ist: Zwar sind bei vielen Autoren mittelalterliche und feudal aufgebaute Szenerien sehr beliebt, aber die Alternativwelt kann durchaus der sozialen Struktur unserer Welt ähneln, kann urzeitlich oder zukünftig sein oder ganz andere pseudohistorische Epochen darbieten. Auch kann die Alternativwelt eine mythische Vorzeit unserer Welt vermuten lassen (wie etwa Tolkiens Kontinent

Mittelerde) oder aber eine sehr ferne Zukunft unserer heutigen Erde nach einer großen Katastrophe (Wolfgang Hohlbeins Welt Enwor birgt, genau gelesen, diese Idee). Und viele Fantasy-Romane – und das stellt sicher eine ihrer Faszinationen dar – zeichnen den utopischen Entwurf einer besseren Welt.

Auch die Magie kann vielerlei Formen annehmen: von zauberischen Fähigkeiten, die erlernbar und vererbbar ist, über die jedoch nur einzelne Wesen verfügen, bis hin zu magischen Vorgängen, die allen Bewohnern dieser Welt immanent sind. Sie kann durch Zaubersprüche und Zauberbücher, über magische Gegenstände, verwunschene Orte oder Zauberwesen wirken. Magie ist dabei ein integraler Bestandteil der Fantasy-Welt, und sie ist dort so normal wie bei uns die Newtonschen Gravitationsgesetze oder die universellen Energieerhaltungsprinzipien. Und Magie muss keinesfalls vordergründige Zauberei sein, sondern viel stärker wirkt auf den Leser ein (in jener Welt) reales Funktionieren von Mythen.

Fantasy wird noch in zwei Untergenres aufgeteilt, je nachdem, ob die Handlung ausschließlich in der Anderswelt spielt oder ob ein Übergang von unserer Welt in die Anderswelt (und gegebenenfalls zurück) stattfindet. Der erste Fall liegt bei Tolkiens *Herr der Ringe* vor oder beim Scheibenwelt-Zyklus von Terry Pratchett. Hier findet das Erstaunen über Zauberwesen und Zauberwirkung, also der eigentliche phantastische Effekt, allein beim Leser statt. Der andere Typ Fantasy benötigt Tore oder Übergänge: erst hierdurch gelangen ganz alltägliche Menschen – zufällig oder von einer bestimmten Macht beabsichtigt – in eine andere Welt, und das Erstaunen über die Magie dieses fremden Universums empfindet bereits der Protagonist. Zu diesem zweiten Fall gehören die sieben Narnia-Abenteuer von Clive Staples Lewis (im ersten Roman geraten vier Kinder durch die Rückwand eines Wandschranks in das Zauberreich Narnia) oder etwa Joy Chants bewegender Entwicklungsroman *Roter Mond und schwarzer Berg*. Auch Michael Endes *Unendliche Geschichte* ist eine Fantasy des zweiten Typs, da der den Leser vertretende Held, der junge Bastian, hier durch das Lesen eines Buchs in die andere Welt gerät. Der Übergang kann auch durch einen Spiegel oder einen Tunnel stattfinden, durch eine Tür, einen Traum oder einen sich öffnenden magischen Ring (was etwa dem Transmitter oder dem Sternentor der Science Fiction entspricht).

Natürlich lässt sich nicht jegliche phantastische Literatur genau in ein Genre einordnen. Da Schriftsteller weder für literaturwissenschaftliche Schubladen noch für bibliothekarische Regalordnungen schreiben, finden sich auch Grenzfälle. Joan K. Rowlings *Harry Potter*-Serie ist solch ein Grenzfall: Zwar geht der junge Harry auf dem Bahnsteig 9 ¾ in die andere Welt hinüber und lernt dort das Zaubern, aber seine Zauberei wirkt auch in unserer Welt. Und bei Fantasy-Adaptionen von Sagen, man denke hier etwa an Marion Zimmer Bradleys *Nebel von Avalon*, ist es kaum möglich zu entscheiden, ob die Handlung nun in einer Fantasy-Variation unserer Welt spielt oder aber in unserer realen Welt zu einer historisch-vorwissenschaftlichen Zeit, als es tatsächlich noch Magie gab. Noch deutlicher wird dieses Zuordnungsproblem, wenn man eine andere zentrale Artus-Adaption, Terence Hanbury Whites *König auf Camelot* betrachtet: hier ist es gerade Absicht des Autors, reale politische Vorgänge aus der aktuellen Entstehungszeit der Romane satirisch in die Handlung einfließen zu lassen.

Wie vielfältig Fantasy sein kann, weisen aktuelle Autoren der achtziger und neunziger Jahre nach; Fantasy ist eine lebendige, sich stets ausweitende Literatur: Jennifer Roberson definiert die klassischen Schwerthelden neu als gebrochene, sogar als verzweifelnde Figuren, Stephen R. Donaldson baut eine geniale Spiegelmagie auf, Paula Volsky variiert die Französische Revolution und präsentiert die Guillotine als menschenfressende Zaubermaschine, Philip Pullman stellt seinen Figuren magisch-dämonische Partner zur Seite, und Glenda Noramly entwirft mit ihrer Erdlinien-Magie aufregend neuartige Verwandlungsmythen.

Und obschon das Gros der heutigen Fantasy nicht als Jugendliteratur verfasst wird, beginnt die Lektüre schon bei den Zwölfjährigen. Das hängt mit dem Quest-Charakter vieler Romane zusammen: Der Protagonist hat eine Bewährung zu bestehen, die ihn zwar über seine bisherigen Lebensumstände hinaus fordert, die ihn andererseits jedoch reifen lässt. In einer solchen Entwicklung fühlen gerade junge Leser ihren Weg zum Erwachsenwerden gespiegelt. Von daher trifft der Vorwurf der Fluchtliteratur nicht. Denn Fantasy wird nicht konsumiert, weil ihre Leser an Zauberei glauben oder weil sie unserer Welt entfliehen wollen: zwar zeigt Fantasy ihre Faszination einerseits im Abenteuer, andererseits jedoch viel stärker in einer – trotz Verfremdung – vereinfachten Spiegelung *unserer* Welt. Als zeitlose Literatur diskutiert sie zentrale positive Werte wie Treue, Freundschaft, Pflichtgefühl, Ehre, Aufrichtigkeit, Verantwortung, sie schildert suchende, zweifelnde, teilweise sogar gebrochene Figuren.

Die eigentliche Anziehungskraft von Fantasy liegt nicht darin, dass sie fremde unbekannte Welten schildert, sondern vielmehr darin, dass sie von *unserem* Leben erzählt.

Thomas Le Blanc hat zahlreiche Bücher geschrieben und Fantasy- und Science-Fiction-Anthologien herausgegeben. Er ist Begründer der *Phantastischen Bibliothek* in Wetzlar, die seit einem Vierteljahrhundert jedes Jahr die »Wetzlarer Tage der Phantastik« veranstaltet.

▷ *Huch, sie schreibt!*

Von Cora Stephan

Beim Anblick von Sabine Christiansen an »Männerdämmerung« denken – das hat was. Zugegeben: Auf die Idee wäre unsereins nicht gekommen. Da muss schon ein Mann her und ein deutsches Intelligenzfeuilleton, um Sensationelles zu verkünden: Die Frauenbewegung hat gesiegt im politischen Leben Deutschlands. Die Männer dürfen zwar noch den Kommentar aufsagen, die Kommunikationsinstanzen, die Vermittlerinnen aber sind heute Frauen.

Allein optisch ist da was dran, zumindest, wenn man fern- und dabei zusah, wie Sabine Christiansen eine womöglich künftige US-Präsidentin und eine vielleicht künftige Bundeskanzlerin empfing. Beide gaben sittsam Auskunft. Das ist schön, wäre aber nichts ohne die Frauenpower, die seltener öffentlich wird, ohne die mächtigsten Frauen der Republik, die mal als Kindermädchen, Telefonistin oder Schauspielerin anfingen und schließlich als jüngere Frau an seiner Seite beziehungsweise als Witwe des Patriarchen das Erbe der Aufbaugeneration angetreten haben. Sie heißen Friede Springer, Liz Mohn und Ulla Berkéwicz und verfügen zusammen über ein Kommunikationsimperium, das über politische und geistige Orientierung gebietet oder es doch zumindest könnte.

Der Schmerzensschrei von Seiten der Männer ist überraschend müde, selbst der in jenem normalerweise vom Bubengeist bestimmten Frankfurter Feuilleton, das sich noch jüngst im Geist der Zeit vertan hat, als es ausgerechnet Alice Schwarzer den denkenden Frauen Deutschlands als Repräsentantin andiente. Nun, vielleicht beklagt man sich als Journalist besser nicht über die »sensationelle« weibliche Akkumulation der Macht, wenn man die eine oder andere Großverlegerin noch brauchen könnte. Und die neue Großkritikerin Elke Heidenreich macht Quote und Umsatz, das leuchtet jedem Mann ein.

Doch die Gegenseite geht mit der Sensation ähnlich vorsichtig um: Weibliches Triumphgeheul vernimmt man nicht. Weil wahre Macht still voranschreitet und die Damen sich längst, nach Art der Männer, in einer Seilschaft über die künftig zu kommunizierende Linie verständigt haben? Oder weil alle anderen Frauen der Republik längst nicht mehr von Frauenpower träumen? Denn Frauen an der Macht gelten nicht nur männlichen Chauvis als untrügliches Zeichen einer zerfallenden Gesellschaft – oder mindestens als Erscheinungsform der »männlichen Melancholie« (Ursula März).

Auch unsereins weiß eben, wie oft sie Ausputzerinnen der Geschichte waren, die Frauen, deren Stunde schlägt, wenn die Männer nicht mehr können. Sie räumen die Trümmer weg, ordnen die Bilanzen und die Verhältnisse, machen alles schön übersichtlich, bis das männliche Genie wieder Kraft hat, sich in die Bresche zu werfen und zu erschaffen, wo Frau bloß verwaltet hat. Wenn Frauen aufsteigen, beginnt der Niedergang des Gemeinwesens.

Tatsächlich passen die Physiognomie und das Auftreten der öffentlichen mächtigen Frauen zu dieser gründlich chauvinistischen These. Sie haben keine Ähnlichkeit mit den Furcht erregenden Matronen Golda Meir, Maggie Thatcher oder Madeleine Albright, in deren Augen die Lust an der Macht funkelte und das Vermögen, auch böse zu sein, wenn's nötig ist. Also: Männer wie du und ich, alt, hässlich und unsexy.

Hillary Rodham Clinton, Angela Merkel, Sabine Christiansen und all die anderen sehen dagegen patent aus, tüchtig, korrekt und brav, kurz, sie geben sich Mühe, den Männern die Furcht vor Frauen zu nehmen, die nicht nur gut aussehen, sondern auch noch Verstand besitzen. Sie sind, so spitzt es Ursula März zu, die Chefsekretärinnen, die in dessen Abwesenheit den Job vom Boss gleich mit erledigen. Diese Frauenmacht entsteht aus der Ohnmacht der Männer; sie ist kein Symbol des Aufbruchs, sondern des gesellschaftlichen Stillstands, in dem man, wenn es gut geht, Atem schöpft.

Diese These ist gemein. Aber nicht nur. Noch heute verlieren Berufe, in denen die Frauen zu dominieren beginnen, an Marktwert. Was Frauen haben, wollen Männer nicht mehr, und auch die weniger braven Töchter streben nicht nur dahin, wo Mutti schon sitzt.

Wenn Frauen die Agenda bestimmen, suchen sich Männer den nächsten Kriegsschauplatz. So jedenfalls scheint Hans Christoph Buch* zu empfinden, der Einzige, der sich wirklich zu fürchten scheint vor der neuen Frauenpower, mit der er Wirklichkeitsferne und Subjektivität, Gefühligkeit und Desinteresse verbindet. Halten wir ihm zugute, dass er zu Recht die Wahrnehmungsfaulheit in diesem Lande beklagt, in dem gern ausgeblendet wird, was nicht in den politisch korrekt abgesteckten Rahmen passt. Das gilt insbesondere für Krieg und Gewalt, Themen, die noch immer unbeliebt sind, friedensbewegt, wie man hier zu Lande nun mal ist – ich kann über die vollautomatische Abwehr ungeliebter, gleichwohl existierender Wirklichkeit ebenfalls mein Liedchen singen. Dass hier ein »weibliches Artikulationsverbot« vorliege, kann ich indes nicht bestätigen – mich verblüfft vielmehr die opportunistische Allianz zwischen einer wirklichkeitsscheuen »Generation Golf«, männlich, und dem, was diese Männer Frauen an flauschig-weichem Feminismus unterstellen.

Es ist seltsamerweise auch das, was Hans Christoph Buch den Frauen unterstellt, wenn es um ihre Rolle als Kommunikationsagentinnen geht, also: als Verlegerinnen, als Kritikerinnen, als Autorinnen. Sie pflegen ihre Wahrnehmungsschwäche, wollen es nicht schwer haben, arbeiten sich nicht ab an guter Literatur, sondern sie lesen und sie schreiben harmlose Wohlfühlliteratur, behauptet er. Namen werden nicht genannt, muss man ja auch nicht, es handelt sich gewiss um die üblichen Verdächtigen, über deren Handwerk man streiten, über deren Erfolg man indes nicht rechten kann.

Denn unter Marktgesichtspunkten ist an der These von der Feminisierung, vulgo: Hausfrauisierung, der Literatur ja etwas dran. Frauen bestimmen den Buchmarkt auch als Käuferinnen, und so mag sich manch Dichter davor fürchten, dass künftig nur noch Kuschelliteratur reüssiert – von Frauen für Frauen geschrieben, von Frauen verlegt, von der neuen Literaturpäpstin Elke Heidenreich angepriesen – und sich jetzt schon nach den Zeiten sehnen, in denen im »Literarischen Quartett« auch mal ordentlich geschweinigelt wurde. Ja, unter Marktgesichtspunkten liegt Paranoia nah: Es sind nun mal Frauen, die Bücher kaufen. Männer ziehen erwiesenermaßen kultiviertere Lektüre vor wie Computerzeitschriften und Tittenmagazine.

Ach je. Kennen wir die Debatte nicht zur Genüge, ganz ohne die neue sensationelle Frauenmacht? Es ist der übliche Aufschrei der Künstler, Literaten und Architekten, die sich, wenn man sie nicht liebt, hinter ihr Kunstwollen zurückziehen, durch das sie sich legitimiert glauben. Ist es nicht des Künstlers primäre Aufgabe, mit dem Gewohnten zu brechen, die verkrusteten Strukturen aufzusprengen, herauszufordern, sperrig zu sein, Mühe zu machen? Spätestens seit den sechziger Jahren? Wer den unermüdlichen Volkspädagogen das Spiel verdirbt, sind die Käufer leichtgängiger Ware, die Konsumenten in eskapistischer Absicht, die Unterhaltung und Entspannung erwarten, wo doch die ernste Arbeit am Text gefordert ist. Die Frauen eben.

Und triumphierend wedelt Buch mit dem letzten, dem schlagenden Argument: Kein Werk moderner Schriftstellerinnen reicht an den *Ulysses* von James Joyce oder an die Proustsche *Recherche* heran. Natürlich nicht. Übrigens hört man auch auf männlicher Seite nichts von einem neuen Shakespeare, Dante, Homer.

Man verzeihe der denkenden Leserin die Befürchtung, es hier mit einer höchstpersönlichen Männerdämmerung zu tun zu haben, die sich zur These aufschwingt. Denn wir wissen doch alle: Wenn ein Dichter sein Publikum nicht findet, muss das nicht am Publikum liegen. Schade ist nur, dass die These von der trashigen Verweiblichung der Literatur das eigentlich interessante Thema verfehlt: Wie es hier zu Lande eigentlich um die Literatur bestellt ist, wenn Autoren in den Feuilletons schon dafür gelobt werden, dass sie die indirekte Rede beherrschen. Oder wenn Judith Herrmanns Befindlichkeitsprosa und Inka Pareis nicht ganz ungeschickte Fingerübungen bereits als literarische Ereignisse gelten. Mal ganz zu schweigen von Medienhypes wie dem

»Fräuleinwunder«, das sich dem verständlichen Wunsch älterer Männer verdankte, auch einmal etwas anderes als ihresgleichen abgebildet zu sehen – das Auge liest mit! – und dessen Protagonistinnen unter Mitnahme hoher Vorschüsse längst in der Versenkung verschwunden oder einfach Schriftstellerinnen geworden sind.

Vielleicht ist ja alles ganz anders – vielleicht leidet die Literatur in Deutschland nicht an ihrer Feminisierung. Vielleicht leiden wir höchstens alle gemeinsam am weiten leeren Feld zwischen Kuschelbuch und Weltliteratur, das Verleger und Käufer deshalb mit Importware füllen, die hat, was man hier vermisst. Welthaltigkeit, nennen das einige. Geschichte. Erfahrungsbreite. Spannung. Und nicht zuletzt Unterhaltungswert.

Unterhaltungsliteratur aus Deutschland, die an das heranreichte, was uns im angelsächsischen oder auch nordischen Sprachraum begegnet, ist hier zu Lande noch immer Mangelware, obzwar das Umfeld überaus günstig ist. Verlage dürsten nach Autoren und Autorinnen, die ihnen ersparen, Furcht erregend hohe Lizenzgebühren für amerikanische Importe zu zahlen. Dass ihr Werben so oft verhallt, liegt vielleicht gar nicht so sehr am Können oder Nichtkönnen bundesdeutscher Autoren, sondern am Minderwertigkeitskomplex, mit dem sie sich plagen und der sie daran hindert, ihren niederen Trieben nachzugeben und zu erzählen, statt bedeutungsschwanger zu raunen. Was hätte aus einem Krimi des für dieses Genre durchaus begabten Bodo Kirchhoff werden können, wenn er die Gattung ernst genommen hätte statt die ironische Distanz schon im Titel – *Schundroman*, na klar – zu annoncieren!

Der missgünstige Spruch »Cash dank Trash«, also Erfolg gleich Bedienen des untersten Massengeschmacks, gibt eine gehörige Publikumsverachtung preis und ist doch meistens nur Behelf, wenn das eigene Genie verkannt bleibt. Denn es gibt durchaus ein Bündnis zwischen Publikum und »guter« Unterhaltungsliteratur, wie sich im Falle einer Joanne K. Rowling erweist, die selbst im deutschen Feuilleton Gnade findet. Eine Kinderbuchautorin! Und was zeichnet sie aus? Nicht nur Idee und Inspiration, sondern solides Handwerk. Eine geschickte Dramaturgie. Lebendige Charaktere. Witz. Ingredienzien, die keine Weltliteratur ausmachen, aber im Kuschelbuch nicht zu finden sind.

Solange die Schriftsteller hier zu Lande ihr Publikum belehren wollen, statt es zu verführen, hat das heitere Frauenbuch zum Mitlächeln leichtes Spiel, weil man dort wenigstens nicht behelligt wird von den ungeschickten Annäherungsversuchen der vom Bubenfeuilleton favorisierten jungen Streber. Für uns andere Leserinnen gibt es ja noch die dicken Schinken aus dem Ausland. Ist ja im Grunde auch nicht weiter schlimm.

Dr. Cora Stephan ist Publizistin in Frankfurt am Main, sie veröffentlichte verschiedene Sachbücher, u.a. *Das Handwerk des Krieges.* Unter dem Pseudonym Anne Chaplet legt sie 2004 mit *Russisch Blut* ihren achten Kriminalroman vor.

▷ Chick-Lit
Freche Frauenromane

Was im Englischen »Chick-Lit« heißt, also freche Romane für die junge Frau, heißt in der deutschen Buchbranche bieder und korrekt »Freche-Frauen-Unterhaltung«. Seit Eva Hellers Roman *Beim nächsten Mann wird alles anders*, der zuerst 1988 erschien, gehört das Genre zu den beständigen Umsatzbringern. Nach Angaben der GfK-Marktforschung werden 10% des gesamten Umsatzes auf dem deutschen Buchmarkt mit Romanen wie beispielsweise von Eva Heller, Gaby Hauptmann, Ildikó von Kürthy und anderen Autorinnen gemacht. Das ist umso bemerkenswerter, als die meisten Bücher dieses Genres gleich als Taschenbuch zu einem niedrigen Preis erscheinen – die Auflagen dieser Untergruppe der Liebesromane jedoch übertreffen oft alle anderen Neuerscheinungen der Unterhaltungsliteratur. Hinzu kommt, dass deutsche Romane, wie *Das Superweib* oder *Mondscheintarif*, inzwischen, ähnlich wie die Bridget Jones-Bestseller von Helen Fielding, auch verfilmt wurden.

Julia Schade, Programmchefin von S. Fischer, beschreibt das Genre in einem Satz, der fast wie eine Vorgabe für das Schreiben frecher Frauenromane klingt:

»Eine starke, erfolgreiche Protagonistin zwischen 25 und 35 Jahren kämpft mit den Widrigkeiten ihres Alltags, der Charakter der Erzählung ist amüsant und unterhaltend.«

Damit wird auch ein Problem dieses Marktes beschrieben: Die Käuferinnen wachsen früher oder später aus dem Genre-Segment heraus, denn jede neue Junge-Frauen-Generation hat zwar ähnliche, aber zeitbedingt nicht dieselben Alltagsprobleme. Nur Gaby Hauptmann hat offenbar eine weitgehend beständige Leserschaft, die mit ihr älter wird und sechs Millionen ihrer Bücher gekauft hat. Hera Lind, heißt es, könne heute keine 25-Jährige mehr begeistern. Während es früher darum ging, das Leben der selbstständigen Frau, die sich gegen den Mann durchsetzt, darzustellen, »wollen heute Frauen nicht mehr gegen Männer aufgehetzt werden«, beschreibt Julia Schade den Wandel. Der Erfolg der Stern-Redakteurin Ildikó von Kürthy (*Herzsprung, Mondscheintarif, Freizeichen*) mit rund 2,5 Millionen verkauften Exemplaren hat das Genre neu belebt. Marcel Hartges, Programmleiter Taschenbuch bei Rowohlt, sieht immer noch »Potenzial in dem Genre« und glaubt, dass Karrieren noch möglich sind. Allerdings werden die Themen »jünger, freizügiger, rotziger«, meint Programmleiter Ulrich Genzler von Heyne.

Das entspricht auch dem Trend zu jüngeren Zielgruppen, die Grenzen zum Teenagerroman werden immer öfter überschritten – erst von den Leserinnen, dann von den Verlagen.

Tipps und Adressen

Einen Überblick über die verschieden Genres des Liebesromans – von Nackenbeißer über Regency-Romane bis zum erotischen Liebesroman – gibt Angeline Bauer in ihrem Ratgeber *Liebesromane schreiben*.

Verein zur Förderung deutschsprachiger Liebesromanliteratur e.V.
Vorsitzende Marte Cormann, Sprecherin von DeLiA
Suitbertusstr. 5
40668 Meerbusch
Tel. 021 50 – 91 24 58
Fax 021 50 – 53 28
wort-schatzcormann@t-online.de
www.delia-online.de

Internet:
www.die-buecherecke.de
www.liebesromanarchiv.de

▷ Vom Baby-Buch zur All-Age-Literatur
Der Markt für Kinder- und Jugendbücher

»Ich glaube, dass die Schwelle, ein Kinderbuch, eine Geschichte für Kinder zu schreiben, sehr viel niedriger ist als in der Belletristik, denn es scheint so viel einfacher. Dabei wissen die wenigsten, dass es mitunter sogar schwerer ist«, erklärte Barbara Gelberg von Beltz & Gelberg gegenüber dem »Buchreport«. Der Verlag erhält fast 2.000 Manuskripte im Jahr. Wenn Kleinstkindergeschichten schon als »putzig«, »knuffig« und »herzig« angekündigt werden, weiß die Lektorin, hier erliegen die gut meinenden Eltern oder Großeltern dem Irrtum, dass die Geschichten, von denen die eigenen Kinder begeistert sind, auch andere Kinder und deren Eltern bezaubern müssten. Das Verlegen von Büchern ist aber »keine reine Leidenschaftssache«, der Markt für die netten Kinderbücher ist hart umkämpft, die Verlage stehen in einem scharfen Wettbewerb. »Die eigenen Kinder, denen man vorliest, sind nicht unbedingt ein Garant für die Qualität von Texten«, gibt Barbara Gelberg zu bedenken, »denn Kinder lieben es nun mal, wenn sie vorgelesen bekommen! Nicht alles, was im Hausgebrauch funktioniert, muss verlegt werden, dennoch versuche ich immer wieder, eben solche Autoren und Autorinnen zu ermutigen, weiterzuschreiben, so lange und so viel es Spaß macht. Das Verlegen solcher Texte ist eine vollkommen andere Sache«.

Der Markt für Kinderbücher ist attraktiv, denn die Kaufkraft der sechs Millionen Kids von 6 bis 13 Jahren ist beachtlich und wächst offenbar weiter: Sie hatten nach einer Verbraucheranalyse mehr als sechs Milliarden Euro zum Ausgeben. Jeden Monat erhalten sie durchschnittlich

20 Euro Taschengeld, weitere Geldgeschenke kommen hinzu. Für Süßigkeiten, Zeitschriften, Comics und Mobiltelefone geben sie am meisten aus. Und vieles schaffen die Eltern für die Kinder an, wie Computer oder andere elektronische Spielgeräte. Dennoch bleibt genug übrig für Kinder- und Jugendbücher: Der Anteil an der gesamten Produktion von Erstauflagen ist 2003 auf 7,9 Prozent gestiegen. Der Markt wird auch von den Experten in den Verlagen immer stärker differenziert, angefangen von Baby-Büchern für die Null- bis Zwei-Jährigen über die altersmäßig abgestuften Kinderbuchsegmente hin zum Jugendbuch. Die größte Rolle spielen dabei die Mädchen: Unter den 10- bis 13-Jährigen ist Lesen die drittliebste Beschäftigung. Auch bei Jungs sind Kinderkrimis beliebt, die es inzwischen für alle Altersklassen gibt. Hinzu kommen die All-Age-Titel – Jugendbücher, die durchaus auch von Käufern zwischen 9 und 99 Jahren gelesen werden, wie beispielsweise die Harry-Potter-Romane oder die Lemony-Snickets-Bücher.

Der Kinder- und Jugendbuch-Markt braucht immer wieder neue Impulse, neu erzählte Geschichten, immer wieder auf andere Weise illustriert. Der Bedarf an guten Manuskripten ist groß, aber zu viele scheinen nicht geeignet zu sein, weil sich Autoren zu wenig mit ihrer Zielgruppe, dem Markt und dem Handwerk des Schreibens beschäftigen. So ist unter Lektoren bekannt, dass besonders Kinderbuchautoren oft handgeschriebene Manuskripte einreichen – kaum zu glauben, aber wahr. Für die Lektorin Sabine Zürn (Ravensburger) sind »Handgeschriebene oder einzeilig geschriebene Manuskripte« schon ein Zeichen mangelnder Professionalität, wie auch Barbara Gelberg »Handgeschriebenes oder Ergüsse, solche, bei denen schon der Begleitbrief alles sagt«, gleich zur Seite legt. Aber »manche Manuskripte guckt man sofort gierig an, die meisten harren aber viele Monate der Lektüre, denn wir schauen alle an, für die eine Perle, die darunter sein könnte. Klaus Kordon und Mirjam Pressler sind übrigens solche Autoren, die vor vielen Jahren Manuskripte an Beltz & Gelberg schickten.«

Ein Blick in den Text genügt, um einen tödlichen Fehler zu erkennen: Den erhobenen Zeigefinger oder »wenn die pädagogische Absicht sofort erkennbar oder der sprachliche Wust ungenießbar ist«, verrät Saskia Heintz (Hanser Kinderbuch). Aber sie sucht auch stellvertretend für ihre künftigen Leser nach Spannung: »Wenn mir nach zwei Seiten die Augen zufallen«, schlägt sie das Manuskript zu. Es gibt noch einen anderen Grund, der kein Urteil über die Qualität eines angebotenen Manuskripts ist: »Wenn das perfekte Buch zu diesem Gegenstand bereits im Programm ist.« Aber dann könnte es in einem anderen Verlag durchaus Erfolg haben.

Bei Sachbüchern für Kinder kommt es auf Sprache, Verständlichkeit und Klarheit an: »Wenn Texte überfrachtet sind mit detaillierten Fachinformationen, Fremdwörtern oder wissenschaftlichen Begriffen, wenn sie nicht logisch aufgebaut sind«, dann ist die Lektorin Sabine Zürn wenig geneigt weiterzulesen. »Was ich nicht verstehe, versteht ein Kind erst recht nicht!« Aber es kommt auch darauf an, ob es ein Autor versteht, seinen Stoff spannend darzustellen; die Aufmerksamkeitsspanne bei Kindern ist kurz, der Wettbewerb mit anderen Medien groß.

▷ Kauf auf den ersten Blick
Der Markt für Bilderbücher wird schwieriger

Der Markt für Bilderbücher wird immer schwieriger, klagen Verlage und Buchhandlungen. Wenn von einem Bilderbuch im ersten Jahr 3.000 Exemplare verkauft werden, gilt das bereits als Erfolg. Die »durchschnittliche Verweildauer auf dem Markt« der oft liebevoll gestalteten Bücher für die Kleinsten beträgt nur noch ein Jahr – dann hat sich ein Bilderbuch durchgesetzt oder, was leider bei vielen der Fall ist, es wird von der Buchhandlung wieder an den Verlag zurückgegeben, um Platz für neue Titel zu machen. Deshalb sind auch so viele schöne Bilderbücher auf den Tischen der Wohlthatschen Buchhandlungen, im Katalog von Jokers und bei anderen Resteverwertern, den Modernen-Antiquariats-Buchhändlern, zu finden.

Obwohl die Kinderbuchverlage die Zahl ihrer Neuerscheinungen bereits reduziert haben, landen immer noch viele Bilderbücher im Ramschverkauf. Die Erstauflagen sind ebenfalls zurückgegangen, die Kinderbuchverlage sind vorsichtiger geworden: Waren noch vor wenigen Jahren 7.000 Stück als Startauflage üblich, sind es heute vielleicht 4.000 Exemplare, eine kritische Zahl, denn darunter kann ein Bilderbuch seine Kosten nicht mehr decken. Deshalb wird manchmal von vornherein eine Auflage für das Verramschen zu günstigen Kosten mitgedruckt: Läuft das Buch, umso besser, wenn nicht, gehen 2.000 Exemplare an die Modernen Antiquariate, was zwar keinen Gewinn bringt, aber hilft, die Kosten zu decken.

Besser geht es mit einer eingeführten Serie oder Figur – von solchen Bilderbüchern können auch 10.000 bis 30.000 Exemplare als Erstauflage gedruckt werden. Diese Titel sind die Stützen des Verlagsprogramms. Die Entscheidung über Auflage und Gestaltung wird inzwischen oft direkt in Zusammenarbeit mit den Verlagsvertretern und den Einkäufern der Kinderbuchabteilungen in den Buchhandlungen getroffen. Das wird kritisiert, weil sich dadurch ungewöhnliche Gestaltungen kaum durchsetzen können und es zu einer Nivellierung kommen könnte. Andererseits hat der Verlag dadurch noch einmal die Chance, einen Umschlag, der schon als Abbildung im Verlagskatalog nicht so gut ankommt, notfalls noch einmal neu zu gestalten. Denn die Erfahrung ist, dass der erste Blick aufs Cover über Kauf oder Nichtkauf entscheidet.

▷ Literaturzeitschriften
Eine schlechte und eine gute Nachricht

Die schlechte Nachricht zuerst. Etliche Literaturzeitschriftenmacher haben auf unsere schriftliche Umfrage folgendes geantwortet: Wir haben unser Erscheinen eingestellt, wir machen vorübergehend eine Pause, wir sind jetzt nur noch im Internet – immerhin ein würdevoller Abgang. Denn Literaturzeitschriften, die nur noch im Internet bereitgestellt werden, überleben mediengerecht eben auch nur virtuell. Wer findet sie, wer liest sie? Genau damit haben die meisten kleinen Literaturzeitschriften ja ihre großen Probleme: Leser zu finden, das heißt: zahlende Leser. Sogar dem bekannten Aufbau-Verlag, der die traditionsreiche »ndl – Zeitschrift für deutschsprachige Literatur« an einen anderen Buchverlag verkauft hat, war die sinkende Auflage zu gering geworden. Der Relaunch im neuen Verlag brachte jedoch auch keinen Erfolg, die Auflage kam über 1.000 Exemplare nicht hinaus. Nun soll sie nur noch als jährliche Anthologie erscheinen. Auch Rowohlt hat sich vom »Kursbuch« getrennt, dessen Zukunft noch nicht gesichert scheint. Die großen Verlage entscheiden nach Kostendeckung und Umsatz, den Luxus von literarischem Enthusiasmus und roten Zahlen leisten sich offenbar nur Kleinstverleger.

Umso erfreulicher die gute Nachricht: Es gibt einige überraschende und mutige Neugründungen: »Außer.dem«, »Signum«, »Volltext«, »Wagnis« und die heldenhaften Literaturzeitschriftenmacher, die ihr Blatt, ihr Magazin über alle Engpässe seit Jahren am Leben erhalten.

Im Allgemeinen werden Zeitschriften durch zwei Einnahmequellen finanziert: Durch die Leser, die sie abonnieren oder kaufen, und die Anzeigenkunden, die für den Anzeigenraum bezahlen, weil sie Kontakte zu einer ausgewählten Zielgruppe suchen. Damit ist schon das Problem jeder kleinen Literaturzeitschrift beschrieben: Ein lukrativer Anzeigenmarkt existiert nicht, weil sie zu wenig Leser hat. Die sporadischen Anzeigen von Buchverlagen sind eher wohlmeinendes Literatursponsoring als gezielte Werbung, denn die Marketingabteilungen wissen, dass sie die Leserschaft von kleinen Literaturzeitschriften durch ihre Werbemaßnahmen im Buchhandel und den großen Medien ohnehin erreichen. Und welcher anderen Branche könnte man sonst die paar Hundert Kontakte zu Lesern verkaufen, die nicht durch andere Medien schon erreicht werden? Ein eher defensives Verkaufsargument dabei ist, dass qualitativ anspruchsvolle Literaturzeitschriften ein literarisches Umfeld bieten, dass weder »Spiegel« noch »Stern« sich leisten können. Vielleicht wäre ein Verbund von Literaturzeitschriften mit einer entsprechend höheren Auflage für Anzeigenkunden interessant?

Literaturzeitschriftenmacher müssen also eine ungewöhnliche und qualitativ gute Zeitschrift vorlegen, damit sie eine entsprechende Leserschaft erreichen und gleichzeitig Anzeigenkunden gewinnen. Denn ohne Anzeigenerlöse würde der Verkaufspreis zu hoch oder das Abonnement zu teuer, was die Leser / Käufer abschrecken würde. Gute Literaturzeitschriften haben zwar die Chance, von engagierten Buchhändlern geführt zu werden, selbst wenn sie damit kein Geld verdienen können, aber, so der Kölner Buchhändler Klaus Bittner, »als Informationsquelle für neue literarische Strömungen sind Literaturzeitschriften nach wie vor unverzichtbar.«

Die meisten Kleinstverleger rechnen von vornherein nicht mit Anzeigenerlösen, erhalten sich so ihre Unabhängigkeit und machen ihr Blatt aus Liebe zur Literatur und Kunst allein nach eigenen Vorstellungen. Oft sind diese Enthusiasten dann eben auch ihre eigenen Finanziers und schreiben einen Teil der Ausgabe selbst. Sie tauschen ihre Werbeanzeigen untereinander mit anderen Szeneblättern und versuchen unermüdlich an literarischen Orten, in Kneipen, bei Lesungen und in der »Szene« dafür zu werben und zu verkaufen. Hadayatullah Hübsch beschreibt in seinem Buch *little mags*, wie man eine kleine

Literaturzeitschrift gründet, wie Redaktion, Herstellung und Vertrieb gelingen können.

Für unbekannte Autoren sind Literaturzeitschriften oft die erste Möglichkeit einer Veröffentlichung. Sie sind offen für Experimente, hier können kurze Texte oder Gedichte erscheinen. Und manchmal geschieht sogar das Wunder, dass eine solche Veröffentlichung in einer Literaturzeitschrift zum Sprungbrett in den Literaturmarkt wird. Der Hanser-Lektor Wolfgang Matz äußerte beispielsweise, dass er durch Agenten und Literaturzeitschriften auf neue Autoren aufmerksam würde. Wallstein-Verleger Thedel von Wallmoden schätzt Literaturzeitschriften als »Experimentierfeld, in dem man Texte und Autoren erproben kann«, er hält solche Periodika für »unentbehrlich – ihr Nutzen ist überproportional.« Als Forum für Nachwuchsautoren haben Literaturzeitschriften ihre wichtigste Funktion.

Bevor Sie nun Ihre Texte losschicken, suchen Sie nach Angaben zu Themen und Interessengebieten der Literaturzeitschrift, die Sie ausgesucht haben. Dann bestellen Sie ein Heft, indem Sie gleich einen Scheck oder Geld beilegen. So lernen Sie die Zeitschriften kennen, von denen Sie hoffen, dass sie Ihre Texte veröffentlichen.

ADRESSEN · ADRESSEN · ADRESSEN · ADRESSEN

▷ *Kultur- und Literaturzeitschriften*

Abraxas
Nachrichten aus dem Paradies
Postfach 801466
81614 München
abraxas_wi@web.de
www.abraxas-magazin.de
Themen: politische Satire und Kritik
Erscheinungsweise: unregelmäßig
Manuskripte erwünscht: ja, bitte zuvor die Website anschauen
Autorenhonorar: keines

Abyss: Abgrund
Almanach der Dunklen Literatur
J.-Kyrein-Str. 6
85579 Neubiberg
netzmeister@abyssun.de
www.abyssum.de
Ansprechpartner: Christian Schönwetter, Andreas Wenzel
Themen: Unabhängiges Magazin für Literatur, Lyrik und Prosa dunkler Prägung, mit tiefsinnigen Essays garniert...
Erscheinungsweise: 1-mal jährlich
Probeheft: € 8,70
Manuskripte erwünscht: Beiträge stets erwünscht
Autorenhonorar: keines

Akzente
Vilshofener Str. 10
81679 München
zeller@hanser.de
www.hanser.de
Ansprechpartner: Michael Krüger
Erscheinungsweise: 6-mal pro Jahr
Probeheft: ja
Manuskripte erwünscht: ja

Alien Contact online
Graudenzer Str. 1a
10243 Berlin
ac@epilog.de
www.alien-contact.de;
www.epilog.de/Bibliothek/Alien-Contact/index.html
Ansprechpartner: Edition Avalon, Kulturring in Berlin e.V.
Themen: Stories, Essays, Artikel, Illustrationen zu Science Fiction, Fantasy, Klassischer und unheimlicher Fantastik
Erscheinungsweise: online: 6-mal jährlich; Print: 1 Alien-Contact-Jahrbuch
Probeheft: online: Download zum Preis von € 1,-
Manuskripte erwünscht: ja
Autorenhonorar: nach Vereinbarung

Archenoah
Zeitschrift zur Förderung multikultureller Beziehungen
Görzerstr. 105
81549 München
archeobs@radu-barbulescu.de
www.radu-barbulescu.de
Ansprechpartner: Radu Barbulescu
Themen: frei: int. Prosa, Lyrik, Mü.-Geschichte, Reiseliteratur, Rezensionen
Erscheinungsweise: 2- (4-)mal jährlich
Probeheft: € 12,-
Manuskripte erwünscht: ja
Autorenhonorar: 1 Autorenexemplar frei, weitere Exemplare mit 30% Rabatt

AROVELL
Literaturzeitschrift
Vordertal 660
A-4824 Gosau/ Österreich
www.arovell.at
Ansprechpartner: Paul Jaeg
Themen: Moderne Lyrik, kritische Erzählungen
Erscheinungsweise: 4-mal
Probeheft: Abo € 7,- (4 Zeitschriften)
Manuskripte erwünscht: ja
Autorenhonorar: nach Vereinbarung

Asphaltspuren
Edisonstr. 41
12459 Berlin
www.asphaltspuren.de
Ansprechpartner: Ute Hallmann, Regina Holz, Werner Theis
Themen: Autoren und Internet, Berichte über Netzprojekte, technikorientierte Artikel, Testberichte Autorensoftware, Rezensionen, Schreibtechnik
Erscheinungsweise:
Probeheft: € 4,-
Manuskripte erwünscht: Artikel, Lyrik und Prosa, (Ausschreibungen beachten)
Autorenhonorar: keines, Belegexemplar

außer.dem
Rablstr. 46
81669 München
außerdem@außerdem.de
www.außerdem.de
Ansprechpartner: Angelika Kauderer
Themen: verschieden
Erscheinungsweise: halbjährlich
Probeheft: € 4,38
Manuskripte erwünscht: nein
Autorenhonorar: nein

Autorensolidarität
Seidengasse 13
A-1070 Wien/Österreich
www.literaturhaus.at/lh/ig
Ansprechpartner: IG Autorinnen Autoren
Themen: berufsspezifische Informationen für österreichische Autorinnen und Autoren und Infos über Literaturpreise und Stipendien im gesamten deutschsprachigen Raum

Erscheinungsweise: 4-mal jährlich (nur im Abo erhältlich)
Probeheft: gratis
Manuskripte erwünscht: nein
Autorenhonorar: nein

Bargfelder Bote
Levelingstr. 6a
81673 München
info@etk-muenchen.de
www.etk-muenchen.de
Themen: Die Beiträge des Bargfelder Boten gelten der Dechiffrierung des schwierigen Werks und der nicht minder komplizierten Person Arno Schmidts
Probeheft: Einzelpreis je Nummer: € 3,50 /sfr 6,80; ab Nummer 134: € 4,25/sfr 7,70; ab Nummer 273: € 4,75/sfr 8,80
Manuskripte erwünscht: nein
Autorenhonorar: nein

Bella triste
Goschenstr. 32
31134 Hildesheim
bella_triste@gmx.de
www.bellatriste.de
Ansprechpartner: Florian Kessler
Themen: Zeitschrift für junge Literatur
Erscheinungsweise: 3-mal jährlich
Probeheft: € 3,50

Betonbruch
Fanzine zur Förderung entlaubter Popkultur
Stubbenkammerstr. 5
10437 Berlin
krankekunst@gmx.de
www.ersatzbank.tk
Ansprechpartner: Tim Siebert, Marcel Kynel (Layout + Redaktion)
Themen: Literatur, Musik, Bilder und Grafik, Internet, Events, Kommunikation
Erscheinungsweise: 2-mal jährlich
Probeheft: € 3,- + CD; kostenloses Probeheft als PDF im Internet
Manuskripte erwünscht: Beiträge mindestens eine DIN A4-Seite, bitte per E-Mail oder CD/Diskette
Autorenhonorar: bestimmt keines, Freiexemplar

Blut im Stuhl
Pulverstr. 7a
44145 Dortmund
www.bis-magazin.de
Ansprechpartner: Andreas Dölling
Themen: Unregelmäßig erscheinendes kostenloses Blättchen, welches sich in Comics, Cartoons und Kurztexten dem Absurden, dem Grotesken und dem Schwachsinn widmet.
Erscheinungsweise: 10 Hefte für € 5,- *Probeheft:* € 0,00 plus Versand (€ 1,50)
Manuskripte erwünscht: ja
Autorenhonorar: nein

Das Boot
Blätter für Lyrik der Gegenwart
Gernsbacherstr. 94
76332 Herrenalb
Ansprechpartner: Grete Weber-Wassertheurer
Themen: Das Boot bietet in seinen Heften einen literarischen Querschnitt durch das poetische Schaffen unserer Zeit.
Erscheinungsweise: 4-mal: Mitte Februar, Mitte Mai, Mitte August, Mitte November
Probeheft: Abo € 21,-, Einzelnummer € 3,10
Manuskripte erwünscht: ja
Autorenhonorar: nein

Buchkultur Verlags Ges.m.b.H.
Huetteldorferstr. 26/4-6
A-1150 Wien/Österreich
office@buchkultur.net
www.buchkultur.net
Ansprechpartner: Michael Schnepf
Themen: Journalismus, Belletristik, Medienwissenschaft, Literaturwissenschaft
Erscheinungsweise: 6 Hefte € 25,- (Österreich), € 28,- (Europa), € 31,- (andere)
Manuskripte erwünscht: ja

cet - Literatur im Internet
Corneliusstr. 42
80469 München
karlheinz.barwasser@storaverlag.de
www.cet.literatur.de
Ansprechpartner: Karlheinz Barwasser und Robert Stauffer
Erscheinungsweise: halbjährlich im Internet
Manuskripte erwünscht: ja, nur mit Rückporto
Autorenhonorar: nein

COITUS KOITUS
Independent review of modern poetry
Zwickauer Str. 86
08468 Reichenbach
avie130544@aol.com
Ansprechpartner: Anne Cartier
Themen: Neue Lyrik, Prosa, Auszüge, Interview, Experimentelles, Grafik, Miniaturen
Erscheinungsweise: 1-mal jährlich, 60 S. A4 (3 S. Grafik/ Fotografie)
Probeheft: 12,50
Manuskripte erwünscht: ja
Autorenhonorar: nein

Criminalis
Grevener Str. 134
48291 Telgte
info@capricorn-verlag.de
www.capricorn-verlag.de
Ansprechpartner: Capricorn Literaturverlag
Themen: alles rund ums Genre Krimi
Erscheinungsweise: jährlich (Sept.)
Probeheft: € 9,-, nur gegen Porto (Büchersendung € 0,77)
Manuskripte erwünscht: ja
Autorenhonorar: ja

ADRESSEN: Kultur- und Literaturzeitschriften ◁ 127

Das dosierte Leben
Obere Riedstr. 57
68309 Mannheim
redaktion@das-dosierte-leben.de
www.das-dosierte-leben.de
Ansprechpartner: Jochen König
Erscheinungsweise: 4-mal
Probeheft: € 6,12
Manuskripte erwünscht: ja
Autorenhonorar: kein Geld,
aber Belegexemplar

Decision
Postfach 10 31 53
33531 Bielefeld
Ansprechpartner: Stefanie Weh
Themen: Deutsch-französische
Literatur, Musik, Kunst
Erscheinungsweise: 4-mal
Manuskripte erwünscht: ja
Autorenhonorar: nein

Dichtungsring
Victoriastr. 11
53173 Bonn
uli.bergmann@web.de
www.dichtungsring-ev.de
Ansprechpartner: Ulrich Bergmann
Themen: Lyrik, Prosa, Visuelle Poesie, Konkrete Poesie, Fotografie, Bildhauerei, Grafik
Erscheinungsweise: 1-mal jährlich
Manuskripte erwünscht: ja
Autorenhonorar: nein

Der Dreischneuß
Marien-Blatt Verlag
Braunstr. 12
23552 Lübeck
marienblatt@gmx.net
www.dreischneuss.de
Ansprechpartner: Regine Mönkemeier
Themen: Zeitschrift für Literatur, jeweils Themenhefte in schöner Ausstattung mit Lyrik- und Prosatexten, Bildern oder Graphik, Rezensionen
Erscheinungsweise: 1-mal jährlich (August)
Probeheft: € 3,97
Manuskripte erwünscht: ja, Ausschreibung im Internet beachten, gern per E-Mail
Autorenhonorar: nein, nur 1 Belegheft

DUM
Das Ultimative Magazin
Walterstr. 33/2
A-3550 Langenlois/Österreich
dummail@gmx.at
Ansprechpartner: Wolfgang Kühn
Themen: Lyrik & Kurzprosa vornehmlich noch nicht etablierter, junger AutorInnen, Buchrezensionen, AutorInnen-Porträts, Veranstaltungsankündigungen
Erscheinungsweise: vierteljährlich
Probeheft: inkl. Versand € 3,30
Autorenhonorar: nein

EDIT

Gerichtsweg 28
04103 Leipzig
mail@editonline.de
www.editonline.de
Ansprechpartner: Patrick J. Hutsch, Sünje Lewejohann
Themen: Entdeckerzeitschrift für junge, deutschsprachige Prosa, Lyrik und Kritik
Erscheinungsweise: 3-mal jährlich
Probeheft: € 5,77
Manuskripte erwünscht: ja
Autorenhonorar: ja

Edition YE

Kunst und Poesie
Neustr. 2
53925 Sistig/Eifel
editionYE@t-online.de
www.theobreuer.de
Ansprechpartner: Theo Breuer
Themen: Schachteledition mit originalen lyrischen, visuellpoetischen, druckgraphischen Blättern (auch Autographen)
Erscheinungsweise: 1-mal im Jahr
Manuskripte erwünscht: nein (auf Anfrage)
Autorenhonorar: 1 Exemplar der Kunstschachtel

entwürfe.

Zeitschrift für Literatur
Neugasse 6
CH-8005 Zürich/Schweiz
www.entwuerfe.ch
Themen: Literatur aus dem deutschen Sprachraum zu einem Thema, ausserdem junge Schreibende, unveröffentlichte Texte, Bild- und Kunstrubrik
Erscheinungsweise: 4-mal
Probeheft: 19 sfr
Manuskripte erwünscht: ja
Autorenhonorar: Jahresabo

Am Erker

Dahlweg 64
48153 Münster
am-erker@t-online.de
www.am-erker.de
Ansprechpartner: Fiktiver Alltag e.V.
Themen: Thematisch orientierte Hefte mit erzählender Prosa, Essays, Schriftstellerporträts und einer umfangreichen Bücherschau
Erscheinungsweise: 2-mal
Probeheft: € 5,- inkl. Versand
Manuskripte erwünscht: ja
Autorenhonorar: nein

Experimentelle Texte

z. H. Ute Deventer AK-K 217
Adolf-Reichwein-Straße 2
57068 Siegen
deventer@germanistik.uni-siegen.de
Ansprechpartner: Hermann Korte, Karl Riha
Themen: Autorenhefte
Erscheinungsweise: unregelmäßig
Probeheft: € 3,-
Manuskripte erwünscht: ja
Autorenhonorar: nein

Faltblatt
Neustr. 2
53925 Sistig/Eifel
editionYE@t-online.de
www.thoebreuer.de/faltblatt
Ansprechpartner: Theo Breuer
Themen: Lyrische Zeitschrift für neue Gedichte, visuelle Poesie, Buchvorstellung, Essay, Zeitschriftenvorstellung, Autoren- und Verlagsporträt
Erscheinungsweise: 1-mal im Jahr
Probeheft: € 7,77 inkl. Versand
Manuskripte erwünscht: nein
Autorenhonorar: mehrere Belegexemplare

Fantasia
Postfach 13 71
94003 Passau
schroepf@panet.de
www.edfc.de
Ansprechpartner: Franz Schröpf
Themen: Fantastik
Erscheinungsweise: 4-6-mal
Probeheft: € 8,- Einzel, Doppel € 16,-
Manuskripte erwünscht: ja
Autorenhonorar: nein

Federwelt
Zeitschrift für Autorinnen und Autoren
Taxisstr. 15
80637 München
www.federwelt.de
Ansprechpartner: Hrsg. Bundesverband junger Autoren, Sandra Uschtrin (Hrsg.), Bjorn Jagnow, Sabine Hartmann, Andreas Naga, Tanja Schurkus, Titus Müller
Themen:, praktische Artikel, Interviews mit Lektoren, Schriftstellern etc, Ausschreibungen und Stipendien, Rezensionen, neue Prosa und Lyrik
Erscheinungsweise: 2-monatlich
Probeheft: € 4,-
Manuskripte erwünscht: ja
Autorenhonorar: Lyrik, Prosa: ein Freiexemplar

Hanebüchlein
Adenauerallee 75
53113 Bonn
nutt@hanebuechlein.de
www.hanebuechlein.de
Ansprechpartner: Christian Bartel, Klaas Tigchelaar
Themen: alles
Autorenhonorar: zur Zeit nicht (Teilnahme am Lesabend »Hörspiel« des Hanebüchleins mit Reisekostenvergütung nach Absprache)

die horen
Zeitschrift für Literatur, Kunst und Kritik
Wurster Str. 380
27580 Bremerhaven
Ansprechpartner: Johann P. Tammen
Themen: 2005 ausschl. Themenbände

Erscheinungsweise: 4-mal
Manuskripte erwünscht: ja
Autorenhonorar: ja

Intendenzen.
Zeitschrift für Literatur
Wöhlertstr. 12
10115 Berlin
intendenzen@gmx.de
www.intendenzen.de
Ansprechpartner: Ron Winkler
Erscheinungsweise: unregelmäßig
Probeheft: € 4,40
Manuskripte erwünscht: ja
Autorenhonorar: leider nein

Klivuskante
Witta Information & Technik
Ortweinstr. 3
80634 München
klivus@klivuskante.de
www.ungeschlacht.de,
www.autorengruppen.de
Ansprechpartner: Christian Hoffmann, Bernhard Horwatitsch, Bernd Witta
Erscheinungsweise: halbjährlich März/September
Probeheft: € 3.–
Manuskripte erwünscht: ja
Autorenhonorar: ein Belegexemplar

KOLIK
Zeitschrift für Literatur
Taborstr. 33/21
A-1020 Wien/Österreich
www.kolik.at

Ansprechpartner: Gustav Ernst und Karin Fleischhanderl
Erscheinungsweise: 4-mal pro Jahr
Probeheft: € 11,–; Abo (4 Hefte) € 32,– inkl. Versand
Manuskripte erwünscht: ja
Autorenhonorar: nein

Konzepte
Zeitschrift für Literatur
Postfach 2654
89216 Neu-Ulm
konzepte@bvja-online.de
www.bvja-online.de/websiten/
publikationen/kkozepte.htm
Ansprechpartner: Redaktion
Themen: Beiträge sowohl etablierter als auch noch unbekannter Autoren
Erscheinungsweise: 1-mal jährlich
Probeheft: € 7,50 und € 1,50 Porto
Manuskripte erwünscht: ja
Autorenhonorar: 2 Belegexemplare

KRAUTGARTEN
Postfach 42
B-4780 St. Vith Belgien
www.krautgarten.de
Ansprechpartner: Bruno Kartheuser
Themen: Gedichte und Prosa vorw. europäischer Länder + stellt einen Künstler vor, Rezensionen, politisch-gesellschaftliche Analyse
Erscheinungsweise: halbjährlich
Probeheft: € 7,–
Manuskripte erwünscht: ja, Papierausdruck
Autorenhonorar: nein

Kritische Ausgabe
Zeitschrift für Germanistik &
Literatur
Germanistisches Seminar der Universität Bonn
Am Hof 1d
53113 Bonn
redaktion@kritische-ausgabe.de
www.kritische-ausgabe.de
Ansprechpartner: Marcel Diel
(Chefredakteur)
Themen: Essayistische Themenschwerpunkte pro Ausgabe wechselnd, bisher z.B. Popliteratur, DDR-Literatur, Industrie, Krieg, Großstadt, Literatur im Dritten Reich; literarische Texte ohne Themenvorgabe!
Erscheinungsweise: halbjährlich
Probeheft: € 4,50 (= normaler Tarif)
Manuskripte erwünscht: ja, nach vorheriger Anfrage
Autorenhonorar: nein

KULT
Das letzte Poesy-Chaotycum der Replyk
Sportplatzstr. 21 b
63773 Goldbach
schreiber.space@gmx.de
www.aalfaa.de
Ansprechpartner: Karlyce Schrybyr
Themen: Essays, Feuilleton, Lyrik, Prosa & Rezensionen, Primärtexte, satirische & experimentelle bevorzugt

Erscheinungsweise: 2-mal
Probeheft: € 3,50
Manuskripte erwünscht: ja (möglichst auf Diskette oder per E-Mail)
Autorenhonorar: Belegexemplar

Kunst & Kultur
Neckarhalde 27a
72070 Tübingen
oder ver.di-Bundesverwaltung
10112 Berlin
www.kunstundkultur-online.de
Ansprechpartner: Redaktion:
Burkhard Baltzer
Themen: Themen zur Kunst und Kulturpolitik
Erscheinungsweise: 8-mal jährlich
Probeheft: € 5,-
Manuskripte erwünscht: nach Absprache
Autorenhonorar: ja, je nach Textart

Lebensbaum
Markgrafenstr. 21
91438 Bad Windsheim
Ansprechpartner: Erwin Bauereiß
Themen: Literarische Zeitschrift für Natur-Bewusstsein, Lyrik, Kurzprosa, Märchen, Sachbeiträge, Illustrationen
Erscheinungsweise: 2-mal jährlich zur Sommer- und Winter-Sonnenwende
Probeheft: € 3,- plus Versandkosten
Manuskripte erwünscht: ja
Autorenhonorar: Belegheft

Lescriba
Das lesbische Literaturmagazin
Brünnlweg 3
93161 Sinzig
redaktion@llescriba.de
www. Lescriba.de
Ansprechpartner: Karin Plankl
Themen: Lesbisches Literaturmagazin, alle Lebens-, Leidens-, und Liebeslagen lesbischen Lebens
Erscheinungsweise: 3-5-mal jährlich
Probeheft: € 3,-
Manuskripte erwünscht: ja
Autorenhonorar: Belegexemplar

LEseSTOFF
Ein Magazin rund ums geschriebene Wort
Glesiener Str. 15
04159 Leipzig
info@lese-stoff.de
www.lesestoff-leipzig.de
Ansprechpartner: Heike Wolff & Annett Böttge GbR
Themen: siehe Autoreninfos auf der Homepage
Erscheinungsweise: vierteljährlich
Probeheft: € 3,30 (€ 2,50 Einzelverkaufspreis) in Deutschland
Manuskripte erwünscht: ja, bitte nicht von AutorInnen, die in Druckkostenzuschussverlagen veröffentlicht haben (weitere Bedingungen siehe Homepage)
Autorenhonorar: nein, Belegexemplar

Lettre International
Erkelenzdamm 59/61
Elisabethhof - Portal 3b
10999 Berlin
redaktion@lettre.de
www.lettre.de
Ansprechpartner: Frank Berberich
Themen: ausschließlich deutsche Erstveröffentlichungen, Kultur, Wirtschaft, Politik, Literatur, Theater, Film etc.
Erscheinungsweise: vierteljährlich
Probeheft: € 11,30
Manuskripte erwünscht: ja
Autorenhonorar: nein

Lichtwolf
Zeitschrift trotz Philosophie
Postfach 726
79007 Freiburg i.Br.
redaktion@lichtwolf.de
www.lichtwolf.de
Ansprechpartner: Timotheus Schneidegger (verantw. Hrsg.)
Themen: Philosophie, Hochschulpolitik, Sozialkritik, Untergrundkultur, Poesie
Probeheft: € 3,-
Manuskripte erwünscht: ja, max. 10.000 Zeichen
Autorenhonorar: 2 Freiexemplare/ Verhandlungssache

Literarische Kostproben
Anton Störck-Gasse 56/2/1/6
A-1210 Wien/Österreich
Ansprechpartner: Helga Helnwein

Themen: Lyrik - Prosa
Erscheinungsweise: 4-mal jährlich
Probeheft: € 3,-

Der Literat
Postfach 19 19 23
14008 Berlin
kontakt@derliterat.de
www.derliterat.de
Ansprechpartner: Inka Bohl MA
Themen: Fachzeitschrift für Literatur und Kunst
Erscheinungsweise: 8-mal jährlich
Probeheft: Jahresabonnement
€ 41,40, für Studenten € 33,20
Manuskripte erwünscht: ja
Autorenhonorar: ja

Literatur und Kritik
Ernst-Thun-Str. 11
A-5020 Salzburg/Österreich
luk@omvs.at
www.omvs.at
Ansprechpartner: Otto Müller Verlag
Themen: Literatur, Essay, Kulturpolitik, Buchkritik
Erscheinungsweise: 5-mal
Probeheft: gratis
Manuskripte erwünscht: ja
Autorenhonorar: ja

Literatur am Niederrhein
Dreikönigenstr. 146
47798 Krefeld
Ansprechpartner: Barbara Düsselberg
Themen: Zeitschrift für Literatur niederrheinischer Autoren
Erscheinungsweise: 3-mal
Probeheft: € 2,50
Manuskripte erwünscht: ja
Autorenhonorar: nein

Literaturblatt
Drosselweg 26
70839 Gerlingen
info@literaturblatt.de
www.literaturblatt.de
Ansprechpartner: Irene Ferchl
Themen: Bücher und Literaturszene, keine unverlangten Texte, Feuilletonisches, Essays
Erscheinungsweise: 6-mal pro Jahr
Probeheft: € 4,- (DVA München)
Manuskripte erwünscht: nein
Autorenhonorar: ja

LITERATUREN
Reinhardtstr. 29
10117 Berlin
redaktion@literaturen.de
www.literaturen.de
Erscheinungsweise: monatlich mit jeweils einem Doppelheft Januar/Februar und Juli/August
Manuskripte erwünscht: nein
Autorenhonorar: nein

LIT FORM
Westfälisches Literaturbüro
in Unna e.V.
Friedrich-Ebert-Str. 97
59425 Unna
www.wlb.de

Themen: Programme, Informationen, Perspektiven
Erscheinungsweise: 4-mal
Manuskripte erwünscht: nein
Autorenhonorar: nein

Log
Zeitschrift für internationale Literatur
Donaustadtstr. 30/16/16
A 1220 Wien/Österreich
t.detela@eurotax.at
Ansprechpartner: Lev Detela und Wolfgang Mayer-König
Themen: Prosa, Lyrik, Dramatik, Essay, literarische Thematik (im weitesten Sinn)
Erscheinungsweise: 4-mal jährlich, Jahresabo € 14,-
Probeheft: € 4,-
Manuskripte erwünscht: ja
Autorenhonorar: mehrere Autorenexemplare der Zeitschrift

Lose Blätter
Zeitschrift für Literatur
Ebelingstr. 1
10249 Berlin
www.lose-blaetter.de
Ansprechpartner: Birger Dölling, Renatus Deckert
Erscheinungsweise: vierteljährlich
Probeheft: € 2,27
Manuskripte erwünscht: nein

Lyrische Saiten
Hebbelstr. 6
92637 Weiden
wendepunkt@ew-buch.de
www.ew-buch.de
Ansprechpartner: Betti Fichtl, Hrsg.
Themen: Als Faltblatt erscheint Lyrische Saiten mit kurzen Gedichten in schöner lyrischer Sprache
Erscheinungsweise: vierteljährlich
Manuskripte erwünscht: ja, Gedichte immer willkommen
Autorenhonorar: nein

Manuskripte
Sackstr. 17
A-8010 Graz/Österreich
lz@manuskripte.at
www.manuskripte.at
Themen: Manuskripte gibt es seit 1960. Es werden deutschsprachige Texte veröffentlicht.
Erscheinungsweise: 4-mal im Jahr
Manuskripte erwünscht: ja
Autorenhonorar: ja, nur für bestellte Essays

Der Mongole wartet
Am Dornbusch 15
44789 Bochum
DrZittlau@aol.com
www.zenon-verlag.de.vu
Ansprechpartner: Michael Arenz
Themen: Internationale Prosa, Lyrik, Präsentation von Werken bildender Künstler, farbig und s/w auf ganzen Seiten (Umfang: 520 S.)

Erscheinungsweise: 2-mal im Jahr
Probeheft: € 26,50
Manuskripte erwünscht: ja
Autorenhonorar: nein

Muschelhaufen
Jahresschrift für Literatur und
Grafik
Hospitalstr. 101
41751 Viersen
martin@muschelhaufen.de
www.muschelhaufen.de
Ansprechpartner: Erik Martin
Themen: Außergewöhnliche Jahresschrift für Literatur und Grafik; alle Texte sind Erstveröffentlichungen; mit hoher Qualität und eindrucksvollem Layout (Wort & Bild), ca. 200 Seiten
Erscheinungsweise: 1-mal
Probeheft: € 12,85
Manuskripte erwünscht: ja
Autorenhonorar: nein

My Way
Finkenstr. 8
59192 Bergkamen
mywaymagazin@aol.com
Ansprechpartner: Ulrich Gernand
Themen: Magazin für kulturellen Eigensinn Musik, Literatur, Kunst, Museum, Kultur, Natur
Erscheinungsweise: 2-mal
Probeheft: € 0,77
Manuskripte erwünscht: ja
Autorenhonorar: nein

ndl – neue deutsche literatur.
Zeitschrift für Literatur und Politik
Schönhauserstr. 20
10178 Berlin
ndl@schwartzkopff-buchwerke.de
www.schwartzkopff-buchwerke.de
Ansprechpartner: Jürgen Engler
Erscheinungsweise: 1-mal pro Jahr

Die NEUE RUNDSCHAU
(im 115. Jahr)
S. Fischer Verlag
Postfach 700 355
60553 Frankfurt am Main
www.fischerverlage.de/page/nr_selbstportrait
Herausgeber: Jörg Bong, Hans-Jürgen Balmes und Helmut Mayer
Themen: Forum moderner Literatur und Essayistik, ein Ort intellektueller Debatten, literarischer Neuentdeckungen und Wiedererinnerungen.
Probeheft: Einzelheft: € 9,– / Jahresabonnement: € 34,– inkl. Porto (Europäisches Ausland € 38,–;)

Neue Sirene
Pasinger Heuweg 82
80999 München
redaktion@neuesirene.de
www.neuesirene.de
Ansprechpartner: Bettina Hohoff (Herausgeberin)
Themen: Lyrik, Prosa, Essays, mehrsprachig, keine Themenhefte
Erscheinungsweise: 2-mal

Probeheft: € 10,- (Inland), bzw. plus
€ 9,- Auslandsversandkosten
Manuskripte erwünscht: ja
Autorenhonorar: nein

orte
Schweizer Literaturzeitschrift
Wirtschaft Kreuz
CH-9427 Zelg (Wolfhalden) /
Schweiz
info@orteverlag.ch
www.orteverlag.ch
Ansprechpartner: Werner Bucher
Themen: Themenhefte mit Mantel,
Schwerpunkt moderne Lyrik,
kein Gesäusel
Erscheinungsweise: erscheint 5-mal
im Jahr
Probeheft: € 9,70
Manuskripte erwünscht: lieber Abos
Autorenhonorar: nein

Ostragehege
Vetschauer Str. 17
01237 Dresden
dkrause@gmx.de
www.ostra-gehege.de
Ansprechpartner: Peter Gehrisch,
Axel Helbig, Dieter Krause
Themen: Literatur, Kunst, Musik
Erscheinungsweise: vierteljährlich
Probeheft: € 6,40
Manuskripte erwünscht: ja, in digitalisierter Form
Autorenhonorar: in der Regel € 15,-
pro Druckseite

OX-Fanzine
P.O.Box 10 22 25
42766 Haan
www.ox-fanzine.de
Ansprechpartner: Joachim Hiller
Themen: OX ist Deutschlands größtes Fanzine für Punkrock und andere laute Musik, und natürlich hat hier neben viel Musik auch (Underground-)Literatur ihren Platz.
Erscheinungsweise: halbjährlich
Probeheft: € 5,-
Manuskripte erwünscht: nein

parapluie
Lengsdorfer Hauptstr. 97
53127 Bonn
info@parapluie.de
www.parapluie.de
Ansprechpartner: Frank Madro
Themen: Netz - Kulturzeitschrift, die Essays zu Kunst, Literatur und Philosophie veröffentlicht und ihr Augenmerk auf den Prozess der Kultur im weitesten Sinne richtet.
Erscheinungsweise: 3-mal jährlich
Manuskripte erwünscht: ja
Autorenhonorar: Ruhm und Ehre
(keins, pro bono-Projekt)

PARK
Zeitschrift für neue Literatur
Tile-Wardenberg-Str. 18
10555 Berlin
park53@aol.com
Ansprechpartner: Michael Speier
Themen: Zeitschrift für internatio-

nale Gegenwartspoesie, bringt nur Erstdrucke und Erstübersetzungen (zweisprachig)
Erscheinungsweise: unregelmäßig (1-2-mal jährlich)
Probeheft: € 6,-

Passauer Pegasus
Wörthstr. 8
94032 Passau
karl.kreig@uni-passau.de
Ansprechpartner: Karl Krieg
Themen: Lyrik, Prosa, szenische Dichtung, Essays, Rezensionen vorwiegend deutschsprachiger AutorInnen, auch Übersetzungen u.a. aus dem Tschechischen und Slowakischen
Erscheinungsweise: 2-mal im Jahr
Probeheft: € 5,-
Manuskripte erwünscht: ja
Autorenhonorar: nein

perspektive
Lehmbruckstr. 22
10245 Berlin
mcsnake@perspektive.at
www.perspektive.at
Ansprechpartner: Redaktion Berlin: Ralf B. Korte
Themen: Avantgarde, Experiment, Zeitgenössische Schreibweisen
Erscheinungsweise: halbjährlich
Probeheft: € 5,-
Manuskripte erwünscht: ja
Autorenhonorar: nein

phantastisch
Postfach 11 07
29452 Hitzacker
ahavemann@t-online.de
www.phantastisch.net
Ansprechpartner: Achim Havemann
Themen: Science Fiction, Fantasy, Horror, Fantastik
Erscheinungsweise: 4-mal im Jahr
Probeheft: € 4,90/ Ausland: € 5,40
Manuskripte erwünscht: ja (derzeit nur Kurzgeschichten – Artikel)
Autorenhonorar: ja (derzeit allerdings nur Anerkennungshonorar)

PhoBi
Guldeinstr. 48
80339 München
Ansprechpartner: C. H. Filz, Hrsg.
Themen: Bild- und Textalmanach zu Alltag-Kultur-Geschichte, bevorzugt kulturkritische und satirische Anmerkungen
Erscheinungsweise: jährlich, mit Schwerpunktthema

PODIUM
Rennbahnstr. 28
A-3100 St. Pölten/Österreich
podium@aon.at
www.wienerzeitung.at/podium
Ansprechpartner: Sekretariat: Manfred Hrubant
Themen: Themen- und Länderschwerpunkte, Literatur mit den Schwerpunkten Lyrik – Literatur aus Niederösterreich – Literatur

aus den östlichen Nachbarstaaten Österreichs
Erscheinungsweise: 4 Nummern in zwei Doppelheften jährlich plus Sonderpublikationen
Probeheft: gratis inkl. Versand
Manuskripte erwünscht: ja (Rücksendung nur mit Rückporto und Kuvert)
Autorenhonorar: nein (nur Übersetzungen)

The Punchliner
Hauptstr. 16 b
38527 Meine
info@subh.de
www.subh.de
Themen: Nachfolger der S.U.B.H: Satire, Storys, Polemik, Kritik
Erscheinungsweise: 1mal jährlich
Probeheft: € 10,-
Manuskripte erwünscht: ja
Autorenhonorar: keines

Quarber Merkur
Postfach 1371
94003 Passau
f.rottensteiner@xpoint.at
www.edfc.de
Ansprechpartner: Dr. Franz Rottensteiner
Themen: Phantastik
Erscheinungsweise: 2-mal, eine Doppelnummer pro Jahr
Probeheft: € 14,-
Manuskripte erwünscht: ja
Autorenhonorar: nein

Quickborn
Zeitschrift für plattdeutsche Sprache und Literatur
Alexanderstr. 16
20099 Hamburg
quickbornev@aol.com
www.quickborn-ev.de
Ansprechpartner: Vereinigung Quickborn e.V. Hamburg
Themen: Sprache und Literatur
Erscheinungsweise: 4-mal
Manuskripte erwünscht: ja
Autorenhonorar: nein

Rabenflug
Herminenstr. 7
65191 Wiesbaden
EmvBonin@aol.com
www.zeitschrift-rabenflug.de
Ansprechpartner: Evelyn v. Bonin
Themen: Gegenwartsdichtung und frühere Literatur/Geschichte werden zueinander in Bezug gesetzt: Gedichte, Kurzprosa, Essays sowie Kulturnotizen
Erscheinungsweise: 2-mal
Probeheft: € 3,-, Abo € 6,30, Einzelpreis € 3,20 plus Porto
Manuskripte erwünscht: ja
Autorenhonorar: nein

Die Rampe
Hefte für Literatur
Adalbaert-Stifter-Platz 1
A-4010 Linz/Österreich
office@stifter-haus.at
www.ooe.gv.at

Ansprechpartner: Petra Maria Dallinger
Themen: Literaturzeitschrift des Landes Oberösterreich zur Förderung der Gegenwartsliteratur
Erscheinungsweise: vierteljährlich
Manuskripte erwünscht: auf Anfrage
Autorenhonorar: € 30,- pro Druckseite

Salbader
Wolliner Str. 11
10435 Berlin
andreas.scheffler@salbader.de
www.salbader.prenzl.net
Ansprechpartner: Andreas Scheffler, Bov Bjerg, Jürgen Witte, Horst Evers, Hans Duschke, Hinark Husen
Themen: Unterhaltung, Satire
Erscheinungsweise: 3-mal
Probeheft: € 4,-
Manuskripte erwünscht: ja, bis max. 4000 Zeichen
Autorenhonorar: ca. € 31,- pro Beitrag

Salz
Strubergasse 23
A-5020 salzburg
leselampe@literaturhaus-salzburg.at
www.literaturhaus-salzburg.at
Themen: Themenhefte, Porträthefte
Erscheinungsweise: 4-mal
Probeheft: Einzelheft € 4,-, Abo € 15,-, Ausland € 17,-
Manuskripte erwünscht: ja
Autorenhonorar: € 25,- pro Seite

Der Sanitäter Verlag
Peter Engstler
Oberwaldbehrungen 10
97645 Ostheim/Rhön
www.engstler-verlag.de
Ansprechpartner: Peter Engstler
Themen: Lyrik, Prosa, Poesie + Politik, Erstveröffentlichungen
Erscheinungsweise: unregelmäßig
Manuskripte erwünscht: nein
Autorenhonorar: nein

Scheidewege
Jahresschrift für skeptisches Denken
Heppstr. 110
72770 Reutlingen
redaktion_scheideweg@t-online.de
www.scheidewege.de
Ansprechpartner: Hg.: Max Himmelheber Stiftung. Verlag: S. Hirzel, Stuttgart
Themen: Ökologisch-philosophische Themen
Erscheinungsweise: 1-mal (jeweils im September), ca. 400 Seiten
Probeheft: € 23,50 zzgl. Versandkosten. Im Abo 19,50 €
Manuskripte erwünscht: ja
Autorenhonorar: € 35,- pro Seite

Schreibheft
Zeitschrift für Literatur
Nieberdingstr. 18
45147 Essen
schreibheft.@netcologne.de
www.schreibheft.de
Ansprechpartner: Norbert Wehr
Themen: Avancierte Projekte der Weltliteratur
Erscheinungsweise: 2-mal jährlich
Probeheft: € 11,30
Manuskripte erwünscht: nein
Autorenhonorar: ja

Signum.
Blätter für Literatur und Kritik
Martin-Luther-Str. 8
01099 Dresden
m.n.weiss@t-online.de
www.verlag-die-scheune.de
Ansprechpartner: Norbert Weiß (Herausgeber)
Themen: Prosa, Lyrik, Essays, Kritik, Dramatik
Erscheinungsweise: 2-mal jährlich plus Sonderhefte (unregelmäßig)
Probeheft: € 6,-
Manuskripte erwünscht: ja (mit Rückporto)
Autorenhonorar: ja

Sinn und Form
Akademie der Künste
10117 Berlin
www.sinn-und-form.de
Ansprechpartner: Sebastian Kleinschmidt
Themen: Literatur, Philosophie, Essay, Prosa, Lyrik, Gespräch
Manuskripte erwünscht: ja
Autorenhonorar: ja

Social Beat SLAM!poetry
(früher *einblick*)
Lehenstr. 33
71679 Asperg
www.killroy-media.de
Ansprechpartner: Michael Schönauer (Hrsg.)
Themen: Popliteratur, Literatur der 90er ins neue Jahrtausend, street credibility
Erscheinungsweise: unregelmäßig
Probeheft: € 11,17
Manuskripte erwünscht: ja, aber meist schreiben wir Autoren direkt an
Autorenhonorar: Belegexemplar

Solitär
Bergmannstr. 65
45886 Gelsenkirchen-Ückendorf
www.atelierstein.com,
www.editionxylos.de
Ansprechpartner: Irmgard Stein
Themen: Es wird immer nur ein Autor, mit Lyrik, aus einem besonderen Anlass vorgestellt.
Erscheinungsweise: unregelmäßige
Probeheft: € 3,-

Spektrum
Napfgasse 4
CH-8001 Zürich/ Schweiz
Ansprechpartner: Sven Knebel
Themen: Dichtung + Original-
Grafik International, bibliophil.
Format 31 x 44, seit 1958, 16-20
Seiten mehrfarbig ab Druckstock.
Erscheinungsweise: 4-mal
Manuskripte erwünscht: nein
Autorenhonorar: nein

Sprache im technischen Zeitalter
Am Sandwerder 5
14109 Berlin
geiger@lcb.de
www.lcb.de, www.spritz.de
Ansprechpartner: Hg: Norbert Miller, Joachim Satorius;
Red.: Thomas Geiger, Dieter Stolz
Themen: Literatur, Literaturwissenschaft
Erscheinungsweise: 4-mal
Manuskripte erwünscht: ja, aber nicht per E-Mail
Autorenhonorar: ja

Tapir
Bismarckstr. 11a
80803 München
Ansprechpartner: Sabine Herting
Themen: Der Tapir grast an den Rändern. Lyrik, Prosa
Erscheinungsweise: unregelmäßig
Autorenhonorar: nein

Text + Kritik
Tuckermannweg 10
37085 Göttingen
www.etk-muenchen.de
Ansprechpartner: Prof. Heinz Ludwig Arnold
Themen: Autorenhefte, Themenhefte zur Gegenwartsliteratur
Erscheinungsweise: 4-mal plus 1 Sonderheft
Manuskripte erwünscht: nein
Autorenhonorar: ja

TextArt
Magazin für kreatives Schreiben
Gierather Mühlenweg 15
51469 Bergisch Gladbach
verlag@textartmagazin.de;
redaktion@textartmagazin.de
www.textartmagazin.de
Ansprechpartner: Oliver Buslau, Carsten Dürer
Themen: Beiträge zum Kreativen Schreiben
Erscheinungsweise: vierteljährlich
Probeheft: € 5,20
Autorenhonorar: nach Vereinbarung

Torso
Hochstr. 33
81541 München
al.moir-autor@t-online.de
www.torso-lit.de
Ansprechpartner: Alexej Moir
Themen: wechselnde Schwerpunktthemen. Nächstes Mal: Türkische Literatur

Probeheft: € 8.-
Manuskripte erwünscht: ja
Autorenhonorar: wenn möglich, Lesehonorar

Tumor Entertainment
Sandweg 38
20257 Hamburg
info@twilightmag.de
www.twilightmag.de
Ansprechpartner: Heiko Henning
Themen: Kurzgeschichten, Novellen, Rezensionen, Artikel und Comics, alle Geschichten, die für die regulären Ausgaben zu lang sind, werden in den Storybänden veröffentlicht
Erscheinungsweise: ca. 4-mal jährlich
Probeheft: € 4,-
Manuskripte erwünscht: ja
Autorenhonorar: nein

Veilchen
c/o D.Plaza
Georg-August-Zinn Allee 2
68519 Viernheim
veilchen@geschichten-manufaktur.de
www.geschichten-manufaktur.de/veilchen1.html
Ansprechpartner: Andrea Herrmann
Themen: Schreiben, Texte unbekannter Autoren, Wettbewerbe
Erscheinungsweise: vierteljährlich
Probeheft: € 2,-
Autorenhonorar: Freiexemplar

Verstärker
Organ zur Rückkopplung von Kunst und Literatur
Revalerstr. 8
10245 Berlin
rueckkoppeln@verstaerker-online.de
www.verstaerker-online.de
Ansprechpartner: M.A.Olaf Dietze, Joschka Meyer, Dipl.-Math. Rahel Stichtenoth
Themen: je Ausgabe, ausgeschrieben auf der Internetseite und im E-Mail-Rundbrief
Erscheinungsweise: vierteljährlich
Manuskripte erwünscht: ja, bis ca. 10.000 Zeichen (inkl. Leerzeichen)
Autorenhonorar: nein, Belegexemplar

Vierteljahresschrift der Deutschen Haiku-Gesellschaft
Auenstr. 2
49424 Goldenstedt-Lutten
www.haiku-dhg.kulturserver-nds.de
Ansprechpartner: Martin Berner
Themen: Kurzlyrik nach japanischem Vorbild
Erscheinungsweise: 4mal
Probeheft: 4,87
Manuskripte erwünscht: nein
Autorenhonorar: nein

Volltext
VOLLTEXT Verlag GmbH
Gumpendorfer Straße 69
A-1060 Wien/Österreich
office@volltext.at

www.volltext.net
Probeheft: € 6,-
Manuskripte erwünscht: ja

Wagnis
Museumstraße 4
A-6020 Innsbruck Österreich
info@wagnis.at / www.wagnis.at
Ansprechpartner: Wagner!sche Universitätsbuchhandlung
Themen: Schwerpunkte jeweils neu gewählt
Erscheinungsweise: halbjährlich
Probeheft: € 9,50
Manuskripte erwünscht:
Autorenhonorar:

Walthari
Fritz-Claus-Str. 23
66981 Münchweiler
www.walthari.com
Ansprechpartner: Prof. Dr. E. Dauenhauer
Themen: Texte-Medien-Märkte-Porträts, gegr. 1984, Halbjahreszeitschrift mit ca. 100 Druckseiten
Erscheinungsweise: 2-mal
Manuskripte erwünscht: ja, nach Voranfrage
Autorenhonorar: nein

Wegwarten
Eine literarische Zeitschrift für Einzelne
Rodenberger Str. 13
30459 Hannover
Ansprechpartner: Walter Lobenstein
Themen: Lyrik, Kurzprosa, Essays,
Aphorismen, Romanauszüge, Zeichnungen, Holz- und Linoldrucke, Grafik und Fotos (fester Mitarbeiterkreis)
Erscheinungsweise: vierteljährlich
Probeheft: gratis
Manuskripte erwünscht: nein
Autorenhonorar: nein

Wespennest
Rembrandtstr. 31/4
A-1020 Wien/Österreich
office@wespennest.at
www.wespennest.at
Ansprechpartner: Walter Famler
Themen: International orientierte Zeitschrift für Literatur und Essay
Erscheinungsweise: 4-mal
Probeheft: € 6,-
Manuskripte erwünscht: nein
Autorenhonorar: nein

Wortspiegel
c/o Eberhard R. Baumert
Malchower Str. 78
13089 Berlin
eberhard.baumert@t-online.de
www.wortspiegel.de
Ansprechpartner: Eberhard Baumert
Themen: Zeitschrift für Schreibgruppen und Schreibinteressierte – themenoffen
Erscheinungsweise: vierteljährlich
Probeheft: € 2,55 inkl. Versand
Manuskripte erwünscht: ja, möglichst digital per Mail
Autorenhonorar: nein, Belegexpl.

▷ Für die Fische schreiben?
Zeitungen Manuskripte anbieten

Manche Schriftsteller möchten nicht in Zeitungen veröffentlichen, weil ihr Beitrag darin nur für einen Tag präsent ist. Gut so, sagen sich die vielen arbeitslos gewordenen Journalisten, die jetzt um den freien Raum auf den Zeitungsseiten, der nicht von der festangestellten Redaktion gefüllt wird, kämpfen. Wer hier mithalten will und eine Chance zur Veröffentlichung sucht, sollte über ein aktuelles Thema mit viel Kompetenz schreiben können. Sachbuchautoren können häufig beides – was ihnen vielleicht fehlt, ist das Denken in journalistischen Kategorien. Zum Beispiel: Ein Hintergrundbericht über Abfindungen oder Gehälter, die Politiker von ihren früheren Arbeitgebern weiter erhalten, während sie schon lange an ihrem Schreibtisch im Abgeordnetenhaus sitzen, sollte neben einer Beschreibung der rechtlichen Situation, eine Diskussion der ethischen Verantwortung von Politikern auch Vergleiche mit anderen gesellschaftlichen und wirtschaftlichen Bereichen und Beispiele von Politikerskandalen aus dem Ausland enthalten. Dazu ist ein Sachbuchautor, der bereits über Korruption und Politik und die Verknüpfungen von Wirtschaftsführern, Lobbyisten und Politikern ein Buch geschrieben hat, aufgrund seiner Kenntnisse geradezu berufen. Ein Anruf bei der Redaktion klärt, was gewünscht wird und vor allem, wie schnell.

Ein anderes Beispiel: Die Kopftuch-Debatte würde nach Autoren, die Veröffentlichungen auf dem Gebiet Religionen und Glauben, speziell dem Islam, aufweisen können, verlangen. Mit ihren Erfahrungen, auch von Reisen, würden sie dem Zeitungsleser Hintergrundwissen vermitteln, das ein festangestellter Allround-Redakteur meist nicht hat.

Auch hier käme es darauf an, sofort zu reagieren und gleich Kontakt zu interessierten Redaktionen zu suchen.

Aber Redaktionen sind anspruchsvoll: Ein Redakteur will immer mehr erfahren, als er selbst weiß, deshalb sucht er freie Mitarbeiter. Was also muss ein Text haben, der ihn überzeugen soll?

> Aktualität – die Aktualität des Tages oder der Woche, wenn es sich um ein Wochenmedium handelt,
> neue, zusätzliche Informationen, die das aktuelle Thema ergänzen,
> einen neuen, überraschenden Blick auf eine bekannte, aktuelle Situation,
> einen guten, packenden Stil, der den Leser sofort in das Thema hineinzieht
> und: Kompetenz und Glaubwürdigkeit.

Das ist nicht wenig, aber vieles davon können Buchautoren ohnehin: Sie können schreiben, verstehen es, ihre Leser zu fesseln, und vermitteln Glaubwürdigkeit durch Sachkenntnis und ihre Veröffentlichungen. Außerdem sind sie gewohnt, ein Thema aus verschiedenen und ungewöhnlichen Perspektiven zu untersuchen, und sie haben oft tiefere Einsichten, die der Redakteur in der Hektik und unter dem Zeitdruck des Tagesjournalismus nicht gewinnen kann. Was Buchautoren jedoch fehlt, ist manchmal der Anstoß, die Initiative, eine Redaktion anzurufen.

Dabei sind nicht nur Sachbuchautoren gefragt: Der Schriftsteller Feridun Zaimoglu hat beispielsweise für verschiedene Zeitungen zu Themen wie den EU-Beitritt der Türkei geschrieben und ist nach Ankara geflogen, um von dort zu berichten, während die Journalisten in den Redaktionen gebannt auf Brüssel blickten. Manchmal kann ein Zeitungsthema auch die Idee zu einem neuen Buch liefern. Dann ist der tagesaktuelle Artikel nicht nur für die Zeitung geschrieben, in der die Fische eingewickelt werden. Erinnern Sie sich an die Empfehlung eines Multitalents, des Schriftstellers und VS-Vorsitzenden Fred Breinersdorfer: Cross over, Kollege!

ADRESSEN · ADRESSEN · ADRESSEN · ADRESSEN

▷ Zeitungen und Zeitschriften

Überregionale Tages- und Wochenzeitungen

Bayernkurier
Nymphenburger Straße 64
80335 München
Tel. 089 - 120 04-0
Fax 089 - 129 30 50
www.bayernkurier.de

Bild am Sonntag
Axel-Springer-Platz 1
20350 Hamburg
Tel. 040 - 347-228 09
Fax 040 - 347-245 14
www.bams.de

B.Z. am Sonntag
Axel-Springer-Straße 65
10888 Berlin
Tel. 030 - 2591 - 737 45
Fax 030 - 2591 - 737 99
www.bz-berlin.de

Financial Times Deutschland
Stubbenhuk 3
20459 Hamburg
Tel. 040 - 319 90-0
Fax 040 - 319 90-310
www.ftd.de

Frankfurter Allgemeine Sonntagszeitung
Hellerhofstraße 2-4
60267 Frankfurt am Main
Tel. 069 - 75 91-0
Fax 069 - 75 91-20 69
www.faz.de

Frankfurter Allgemeine Zeitung
Hellerhofstraße 2-4
60267 Frankfurt am Main
Tel. 069 - 75 91-0
Fax 069 - 75 91-20 69
www.faz.de

Frankfurter Rundschau
Große Eschenheimer Straße 16-18
60313 Frankfurt am Main
Tel. 069 - 21 99-1
Fax 069 - 2199-3425
www.fr-aktuell.de

Freitag
Potsdamer Straße 89
10785 Berlin
Tel. 030 - 25 00 87-11
Fax 030 - 25 00 87-10
www.freitag.de

Handelsblatt
Kasernenstraße 67
40213 Düsseldorf
Tel. 0211 - 887-1241
Fax 0211 - 887 97-1241
www.handelsblatt.com

Jüdische Allgemeine
Hausvogteiplatz 12
10117 Berlin
Tel. 030 - 28 44 56-50
Fax 030 - 28 44 56-99
www.juedische-presse.de

Neue Zürcher Zeitung
Falkenstraße 11
CH-8021 Zürich
Tel. 0041 - 01 - 258 11 11
Fax 0041 - 01 - 252 13 29
www.nzz.ch

Süddeutsche Zeitung
Sendlinger Straße 8
80331 München
Tel. 089 - 21 83-8697
Fax 089 - 21 83-9764
www.sueddeutsche.de

Sonntag Aktuell
Postfach 10 44 62
70039 Stuttgart
Tel. 0711 - 72 05-3501, -3502
Telefax 0711 - 72 05-3504
www.sonntag-aktuell.de

Der Standard
Herrengasse 19
A-1014 Wien
Tel. 0043 - 01 - 53170-286
Fax 0043 - 01 - 53170-205
www.derstandard.at

Tages Anzeiger
Werdstraße 21
CH-8021 Zürich
Tel. 0041 - 01 - 248 44 11
Fax 0041 - 01 - 248 44 71
www.tages-anzeiger.ch

Der Tagesspiegel
Potsdamer Straße 77-87
10785 Berlin
Tel. 030 - 260 09-406
Fax 030 - 260 09-557
www.tagesspiegel.de

taz – Die Tageszeitung
Kochstraße 18
10969 Berlin
Tel. 030 - 2 59 02-0
Fax 030 - 2 51-3078
www.taz.de

Die Welt
Axel-Springer-Straße 65
10888 Berlin
Tel. 030 - 25 91-72916
Fax 030 - 25 91-72946
www.welt.de

Welt am Sonntag
Axel-Springer-Str. 65
10888 Berlin
Tel. 030 - 25 91-77847
Fax 030 - 25 91-77842
www.wams.de

Die Weltwoche
Förrlibuckstraße 10
CH-8021 Zürich
Tel. 0041 - 01 - 448 80 47
Fax 0041 - 01 - 448 71 27
www.weltwoche.ch

Die Zeit
Speersort 1
20095 Hamburg
Tel. 040 - 32 80-386
Fax 040 - 32 80-508
www.zeit.de

Regionale Tageszeitungen

Aachener Nachrichten
Dresdener Straße 3
52068 Aachen
Tel. 0241 - 51 01-427
Fax 0241 - 51 01-440
www.an-online.de

**Aachener Zeitung –
Aachener Nachrichten**
Dresdener Straße 3
52068 Aachen
Tel. 0241 - 51 01-353
Fax 0241 - 51 01-360
www.aachener-zeitung.de

Aargauer Zeitung
Bahnhofstraße 39-43
CH-5000 Aarau
Tel. 0041 - 62 - 836-6161
Fax 0041 - 62 - 836-6162
www.aargauerzeitung.ch

Abendzeitung
Sendlinger Straße 10
80331 München
Tel. 089 - 23 77- 324
Fax 089 - 23 77- 709
www.abendzeitung.de

Allgäuer Zeitung
Heisinger Str. 14
87437 Kempten
Tel. 0831 - 2 06- 440
Fax 0831 - 2 06-137
www.all-in.de

Allgemeine Zeitung
Erich-Dombrowski-Str. 2
55127 Mainz
Tel. 06131 - 48-5941
Fax 06131 - 48- 58 68
www.allgemeine-zeitung.de

Augsburger Allgemeine
Curt-Frenzel-Straße 2
86167 Augsburg
Tel. 0821 - 7 77-2150 /-2118
Fax 0821 - 7 77-2115
www.augsburger-allgemeine.de

B.Z.
Axel-Springer-Straße 65
10888 Berlin
Tel. 030 - 2591-737 45
Fax 030 - 2591-737 99
www.asv.de

Badische Neueste Nachrichten
Linkenheimer Landstraße 133
76149 Karlsruhe
Tel. 0721 - 7 89-141
Fax 0721 - 7 89-155
www.bnn.de

Badische Zeitung
Basler Straße 88
79115 Freiburg
Tel. 0761 - 4 96- 5065
Fax 0761 - 496- 5069
www.badische-zeitung.de

Badisches Tagblatt
Stefanienstraße 1-3
76530 Baden-Baden
Tel. 07221 - 215-1233
Fax 07221 - 215-1440
www.badisches-tagblatt.de

Basellandschaftliche Zeitung
Schützenstraße 2-6
CH-4410 Liestal
Tel. 0041 - 61 - 927 26 00
Fax 0041 - 61 - 921 22 68
www.bz-online.ch

Basler Zeitung
Aeschenplatz 7
CH-4002 Basel
Tel. 0041 - 61 - 639 11 11
Fax 0041 - 61 - 631 15 82
www.baz.ch

Berliner Kurier
Karl-Liebknecht-Straße 29
10178 Berlin
Tel. 030 - 2327-5991
Fax 030 - 2327-5155
www.berlinonline.de

Berliner Morgenpost
Axel-Springer-Straße 65
10969 Berlin
Tel. 030 - 2591-736 17
Fax 030 - 2591-732 99
www.morgenpost.de

Berliner Zeitung
Karl-Liebknecht-Straße 29
10178 Berlin
Tel. 030 - 23 27-6151
Fax 030 - 23 27- 52 39
www.berlinonline.de

Berner Zeitung BZ
Dammweg 9
CH-3013 Bern
Tel. 0041 - 31 - 330 31 11
Fax 0041 - 31 - 332 77 24

Bieler Tagblatt
Postfach
CH-2501 Biel

Tel. 0041 - 32 - 321 91 11
Fax 0041 - 32 - 321 91 19
www.bielertagblatt.ch

Bild
Axel-Springer-Platz 1
20355 Hamburg
Tel. 040 - 347-25890
Fax 040 - 347-25586
www.bild.de

Blick
Dufourstraße 23
CH-8008 Zürich
Tel. 0041 - 01 - 2596639
Fax 0041 - 01 - 2622976
www.blick.ch

Braunschweiger Zeitung
Hamburger Straße 277
38114 Braunschweig
Tel. 0531 - 39 00-320; -349
Fax 0531 - 39 00- 610
www.newsclick.de

Bremer Nachrichten
Martinistraße 43
28195 Bremen
Tel. 0421 - 36 71-0
Fax 0421 - 32 83 27
www.bremer-nachrichten.de

Bündner Tagblatt
Comercialstraße 22
CH-7007 Chur
Tel. 0041 - 81 - 255 50 50
Fax 0041 - 81 - 255 51 23

Cellesche Zeitung
Bahnhofstraße 1-3
29221 Celle
Tel. 05141 - 9 90-136; -130
Fax 05141 - 9 90-112
www.cellesche-zeitung.de

Darmstädter Echo
Holzhofallee 25-31
64295 Darmstadt
Tel. 06151 - 3 87-532
Fax 06151 - 3 87-533
www.echo-online.de

Deister- und Weserzeitung Dewezet
Osterstraße 15-19
31785 Hameln
Tel. 05151 - 200-430
Fax 05151 - 2 00- 305
www.dewezet.de

Der Bund
Bubenbergplatz 8
CH-3001 Bern
Tel. 0041 - 31 - 385 11 11
Fax 0041 - 31 - 385 11 12
www.ebund.ch

Der Landbote
Garnmarkt 10
CH-8401 Winterthur
Tel. 0041 - 52 - 266 99 01
Fax 0041 - 52 - 266 99 11
www.landbote.ch

Der Neue Tag
Weigelstraße 16
92637 Weiden
Tel. 0961 - 85-253
Fax 0961 - 447 47
www.oberpfalznetz.de

Der Zürcher Oberländer
Rapperswilerstraße 1
CH-8620 Wetzikon
Tel. 0041 - 01 - 933 33 33
Fax 0041 - 01 - 932 32 32
www.zol.ch

Die Glocke
Ruggestraße 27-29
59302 Oelde
Tel. 02522 - 73-125
Fax 02522 - 73-166
www.die-glocke.de

Die Rheinpfalz
Amtsstraße 5-11
67059 Ludwigshafen
Tel. 0621 - 59 02- 310
Fax 0621 - 59 02- 354
www.rheinpfalz.de

Die Südostschweiz
Comercialstraße 22
CH-7007 Chur
Tel. 0041 - 81 - 255 52 55
Fax 0041 - 81 - 255 51 02
www.diesuedostschweiz.ch

Die Tagespost
Juliuspromenade 64
97070 Würzburg
Tel. 0931 - 308 63-41
Fax 0931 - 30863-33
www.die-tagespost.com

Dithmarscher Landeszeitung
Wulf-Isebrand-Platz
25746 Heide
Tel. 0481 - 68 86-0
Fax 0481 - 68 86- 462
www.sh.nordsee.de

Donaukurier
Stauffenbergstraße 2a
85051 Ingolstadt
Tel. 0841 - 96 66- 218
Fax 0841 - 96 66- 255
www.donaukurier.de

Emder Zeitung
Zwischen beiden Märkten 2
26721 Emden
Tel. 04921 - 89 00-42
Fax 04921 - 89 00- 489
www.emderzeitung.de

Eßlinger Zeitung
Zeppelinstraße 116
73730 Esslingen
Tel. 0711 - 9310-210
Fax 0711 - 316 91 24
www.ez-online.de

Flensburger Tageblatt
Nikolaistraße 14
24937 Flensburg
Tel. 0461 - 808-10 82
Fax 0461 - 808-10 49
www.shz.de

Frankenpost
Poststraße 9-11
95028 Hof
Tel. 09281 - 8 16- 208
Fax 09281 - 8 16- 283
www.frankenpost.de

Frankfurter Neue Presse
Frankenallee 71-81
60327 Frankfurt am Main
Tel. 069 - 75 01- 4428
Fax 069 - 75 01- 4878
www.fnp.de

Fränkischer Tag
Gutenbergstraße 1
96050 Bamberg
Tel. 0951 - 1 88-202
Fax 0951 - 1 88-323
www.fraenkischer-tag.de

Freie Presse
Brückenstraße 15
9111 Chemnitz
Tel. 0371 - 6 56-0
Fax 0371 - 656-17043
www.freiepresse.de

Freies Wort
Schützenstraße 2
98527 Suhl
Tel. 03681 - 8 51-236; -220
Fax 03681 - 8 51-211
www.freies-wort.de

Fuldaer Zeitung
Frankfurter Straße 8
36043 Fulda
Tel. 0661 - 2 80- 0
Fax 0661 - 2 80- 279
www.fuldaerzeitung.de

General-Anzeiger
Justus-von-Liebig-Straße 15
53121 Bonn
Tel. 0228 - 66 88-444
Fax 0228 - 66 88-411
www.general-anzeiger-bonn.de

Giessener Allgemeine
Marburger Straße 20
35390 Gießen
Tel. 0641 - 30 03-151
Fax 0641 - 30 03-305
www.giessener-allgemeine.de

Giessener Anzeiger
Am Urnenfel12
35396 Gießen
Tel. 0641 - 95 04-225
Fax 0641 - 95 04-200
www.giessener-anzeiger.de

Hamburger Abendblatt
Axel-Springer-Platz 1
20355 Hamburg
Tel. 040 - 3 47-234 91
Fax 040 - 3 47-249 78
www.abendblatt.de

Hamburger Morgenpost
Griegstraße 75
22763 Hamburg
Tel. 040 - 8 83 03-322, -266
Fax 040 - 8 83 03-630
www.mopo.de

Hanauer Anzeiger
Hammerstraße 9
63450 Hanau
Tel. 06181 - 29 03-0
Fax 06181 - 29 03-300
www.hanauer.de

Hannoversche Allgemeine Zeitung
August-Madsack-Straße 1
30559 Hannover
Tel. 0511 - 5 18-2889
Fax 0511 - 518-2871
www.haz.de

Harburger Anzeigen und Nachrichten
Harburger Rathausstr. 40
21073 Hamburg
Tel. 040 - 7 71 77-271
Fax 040 - 7 65 02 62
www.han-online.de

Heilbronner Stimme
Allee 2
74072 Heilbronn
Tel. 07131 - 6 15-276
Fax 07131 - 6 15-407
www.stimme.de

Hessische-Niedersächsische Allgemeine
Frankfurter Straße 168
34121 Kassel
Tel. 0561 - 2 03-1446; -1401
Fax 0561 - 2 03-23 40
www.hna.de

Höfner Volksblatt/ March-Anzeiger
Verenastraße 2
CH-8832 Wollerau
Tel. 0041 - 01 - 7870300
Fax 0041 - 01 - 7870310
www.hoefner.ch

Iserlohner Kreisanzeiger und Zeitung
Theodor-Heuss-Ring 4-6
58636 Iserlohn
Tel. 02371 - 822-0
Fax 02371 - 822-220
www.ikz-online.de

Junge Welt
Karl-Liebknecht-Straße 32
10178 Berlin
Tel. 030 - 53 63 55-55
Fax 030 - 53 63 55-44
www.jungewelt.de

Kieler Nachrichten
Fleethörn 1-7
24103 Kiel
Tel. 0431 - 903-2890
Fax 0431 - 903-2896
www.kn-online.de

Kleine Zeitung
Schönaugasse 64
A-8010 Graz
Tel. 0043 - 0316 - 875-44 12
Fax 0043 - 0316 - 875-44 14
www.kleinezeitung.at

Kölner Stadt-Anzeiger
Amsterdamer Straße 192
50735 Köln
Tel. 0221 - 224-24 46
Fax 0221 - 2 24-25 24
www.ksta.de

Kölnische Rundschau
Stolkgasse 25-45
50667 Köln
Tel. 0221 - 16 32-510
Fax 0221 - 16 32-557
www.rundschau-online.de

Kreiszeitung
Ristedter Weg 17
28857 Syke
Tel. 04242 - 58-320
Fax 04242 - 58-332
www.kreiszeitung.de

Landeszeitung für die Lüneburger Heide
Am Sande 18-19
21335 Lüneburg
Tel. 04131 - 740-265
Fax 04131 - 740-213
www.landeszeitung.de

Landshuter Zeitung – Straubinger Tagblatt
Altstadt 89
84028 Landshut
Tel. 0871 - 850-250
Fax 0871 - 850-252
www.idowa.de

Lausitzer Rundschau
Straße der Jugen54
3050 Cottbus
Tel. 0355 - 4 81-221
Fax 0355 - 4 81-178
www.lr-online.de

Leipziger Volkszeitung
Peterssteinweg 19
04107 Leipzig
Tel. 0341 - 21 81-13 28
Fax 0341 - 2181-15 38
www.lvz-online.de

Lübecker Nachrichten
Herrenholz 10-12
23556 Lübeck
Tel. 0451 - 1 44-2248
Fax 0451 - 1 44-1008
www.ln-online.de

ADRESSEN: Zeitungen und Zeitschriften ◁ **155**

Ludwigsburger Kreiszeitung
Körnerstraße 14-18
71634 Ludwigsburg
Tel. 07141 - 1 30-276
Fax 07141 - 1 30-340
www.ludwigsburger-kreiszeitung.de

Main-Echo
Weichertstraße 20
63741 Aschaffenburg
Tel. 06021 - 3 96-229
Fax 06021 - 3 96-499
www.main-echo.de

Main-Post
Berner Straße 2
97084 Würzburg
Tel. 0931 - 60 01-387; -357
Fax 0931 - 60 01-463; -599
www.mainpost.de

Mannheimer Morgen
Dudenstraße 12-26
68167 Mannheim
Tel. 0621 - 3 92-13 42
Fax 0621 - 3 92-13 66
www.morgenweb.de

Märkische Allgemeine
Friedrich-Engels-Straße 24
14473 Potsdam
Tel. 0331 - 28 40-0
Fax 0331 - 28 40-310
www.maerkische-allgemeine.de

Märkische Oderzeitung
Kellenspring 6
15230 Frankfurt-Oder

Tel. 030 - 284-44057
Fax 0335 - 55 30-538
www.moz.de

Mindener Tageblatt
Obermarktstraße 26-30
32423 Minden
Tel. 0571 - 882-144
Fax 0571 - 882-240
www.mt-online.de

Mittelbayerische Zeitung
Margaretenstraße 4
93047 Regensburg
Tel. 0941 - 2 07-357; -343
Fax 0941 - 2 07-124
www.donau.de

Mitteldeutsche Zeitung
Delitzscher Straße 65
6112 Halle
Tel. 0345 - 565-4226
Fax 0345 - 565-4249
www.mz-web.de

Münchner Merkur
Paul-Heyse-Straße 2-4
80336 München
Tel. 089 - 53 06-448
Fax 089 - 53 06-8655
www.merkur-online.de

Münstersche Zeitung
Neubrückenstraße 8-11
48143 Münster
Tel. 0251 - 592-47 50
Fax 0251 - 592- 84 50
www.westline.de

Neue Kärntner Tageszeitung
Viktringerring 28
A-9020 Klagenfurt
Tel. 0043 - 0463 - 58 66 - 503
Fax 0043 - 0463 - 541 21
www.ktz.at

Neue Kronen Zeitung
Muthgasse 2
1190 Wien
Tel. 0043 - 01 - 360 11 - 0
Fax 0043 - 01 - 360 11 - 36 88
www.krone.at

Neue Luzerner Zeitung NLZ
Maihofstraße 76
CH-6002 Luzern
Tel. 0041 - 041 - 429 51 51
Fax 0041 - 041 - 429 51 81
www.neue-lz.ch

Neue Osnabrücker Zeitung
Breiter Gang 10-16
49074 Osnabrück
Tel. 0541 - 310 - 224
Fax 0541 - 310 - 474
www.neue-oz.de

Neue Presse, Coburg
Friedrich-Rückert-Straße 73
96450 Coburg
Tel. 09561 - 8 50 - 135; -127
Fax 09561 - 8 50 - 178
www.coburg.com

Neue Presse, Hannover
August-Madsack-Straße 1
30559 Hannover

Tel. 0511 - 51 01 - 22 46
Fax 0511 - 51 01 - 62 99
www.neuepresse.de

Neue Tiroler Krone
Schusterbergweg 86
A-6020 Innsbruck
Tel. 0043 - 0512 - 26 86 86
Fax 0043 - 0512 - 26 86 86 - 330
www.krone.at

Neue Vorarlberger Tageszeitung
Kirchstraße 35
A-6900 Bregenz
Tel. 0043 - 05574 - 409 - 164
Fax 0043 - 05574 - 409 - 300
www.neue.vol.at

Neue Westfälische
Niedernstraße 21-27
33602 Bielefel
Tel. 0521 - 555 - 298
Fax 0521 - 555 - 354
www.nw-news.de

Neues Deutschland
Alt Stralau 1-2
10245 Berlin
Tel. 030 - 293 90 - 763
Fax 030 - 293 90 - 760
www.nd-online.de

Neues Volksblatt
Hafenstraße 1-3
A-4010 Linz
Tel. 0043 - 070 - 76 06 - 797
Fax 0043 - 070 - 77 92 42
www.volksblatt.at

Nordbayerischer Kurier
Maxstraße 58-60
95444 Bayreuth
Tel. 0921 - 500 - 162
Fax 0921 - 500 - 180
www.bayreuth.de

Nordkurier
Flurstraße 2
17034 Neubrandenburg
Tel. 0395 - 45 75 - 494
Fax 0395 - 45 75 - 694
www.nordkurier.de

Nordsee Zeitung
Hafenstraße 140
27576 Bremerhaven
Tel. 0471 - 5 97-284; -285
Fax 0471 - 5 97- 555
www.nordsee-zeitung.de

Nordwest-Zeitung
Peterstraße 28-34
26121 Oldenburg
Tel. 0441 - 99 88- 01
Fax 0441 - 99 88- 20 48
www.nwz-online.de

NRZ - Neue Ruhr Zeitung - Neue Rhein Zeitung
Friedrichstraße 34-38
45128 Essen
Tel. 0201 - 8 04- 0
Fax 0201 - 8 04- 26 21
www.nrz.de

Nürnberger Nachrichten
Marienstraße 9-11
90402 Nürnberg
Tel. 0911 - 216-0
Fax 0911 - 216-1576
www.nn-online.de

Nürnberger Zeitung
Marienstraße 9
90402 Nürnberg
Tel. 0911 - 23 51- 0
Fax 0911 - 23 51- 20 00
www.nz-online.de

Oberbayrisches Volksblatt
Hafnerstraße 5-13
83022 Rosenheim
Tel. 08031 - 213-210
Fax 08031 - 213-216
www.ovb.net

Oberhessische Presse
Franz-Tuczek-Weg 1
35039 Marburg
Tel. 06421 - 4 09- 363
Fax 06421 - 4 09- 302
www.op-marburg.de

Oberösterreichische Nachrichten
Promenade 23
A-4020 Linz
Tel. 0043 - 0732 - 78 05 - 0
Fax 0043 - 0732 - 78 05 - 461
www.nachrichten.at

Offenbach-Post
Waldstraße 226
63071 Offenbach am Main
Tel. 069 - 850 08 - 235
Fax 069 - 850 08 - 297
www.op-online.de

Offenburger Tageblatt
Marlener Straße 9
77656 Offenburg
Tel. 0781 - 5 04 - 12 14
Fax 0781 - 5 04 - 12 09
www.baden-online.de

Oldenburgische Volkszeitung
Neuer Markt 2
49377 Vechta
Tel. 04441 - 95 60 - 300
Fax 04441 - 95 60 - 310
www.ov-online.de

Oltner Tagblatt OT
Ziegelfeldstraße 60
CH-4601 Olten
Tel. 0041 - 62 - 205 76 76
Fax 0041 - 62 - 205 76 00
www.oltnertagblatt.ch

**Oranienburger
Generalanzeiger**
Lehnitzstr. 13
16515 Oranienburg
Tel. 03301 - 59 63 - 59
Fax 03301 - 59 63 - 50
www.oranienburger-
generalanzeiger.de

Ostsee-Zeitung
Richard-Wagner-Straße 1a
18055 Rostock
Tel. 0381 - 365 - 400
Fax 0381 - 365 - 366
www.ostsee-zeitung.de

Ostthüringer Zeitung
Alte Straße 1
04626 Löbichau
Tel. 03447 - 52-59 30
Fax 03447 - 52-59 33
www.otz.de

Passauer Neue Presse
Medienstraße 5
94036 Passau
Tel. 0851 - 802-203
Fax 0851 - 802-773
www.pnp.de

Pfälzischer Merkur
Hauptstraße 66
66482 Zweibrücken
Tel. 06332 - 80 00-50
Fax 06332 - 80 00-59
www.pfaelzischer-merkur.de

Pforzheimer Zeitung
Poststraße 5
75172 Pforzheim
Tel. 07231 - 933-143
Fax 07231 - 933-260
www.pz-news.de

Pinneberger Tageblatt
Damm 9-15
25421 Pinneberg
Tel. 04101 - 535-401
Fax 04101 - 535-481
www.a-beig.de

Pirmasenser Zeitung
Gärtnerstraße 20
66953 Pirmasens
Tel. 06331 - 80 05- 60
Fax 06331 - 80 05- 81
www.pirmasenser-zeitung.de

Potsdamer Neueste Nachrichten
Platz der Einheit 14
14467 Potsdam
Tel. 0331 - 23 76-146
Fax 0331 - 23 76-300
www.pnn.de

Die Presse
Parkring 12a
A- 1010 Wien
Tel. 0043 - 01 - 514 14 - 524
Fax 0043 - 01 - 514 14 - 345
www.diepresse.at

**Recklinghäuser Zeitung –
Buersche Zeitung**
Kampstraße 84b
45772 Marl
Tel. 02365 - 107 - 241
Fax 02365 - 107 - 247
www.westline.de

Reutlinger General-Anzeiger
Burgstraße 1-7
72764 Reutlingen
Tel. 07121 - 3 02 - 0
Fax 07121 - 3 02 - 677
www.gea.de

Rheinische Post
Zülpicher Straße 10
40196 Düsseldorf
Tel. 0211 - 5 05 - 0
Fax 0211 - 5 05 - 2284
www.rp-online.de

Rhein-Neckar-Zeitung
Neugasse 2
69117 Heidelberg
Tel. 06221 - 519 - 260
Fax 06221 - 519 - 217
www.rnz-online.de

Rhein-Zeitung
August-Horch-Straße 28
56070 Koblenz
Tel. 0261 - 892 - 360
Fax 0261 - 892 - 538
www.rz-online.de

Ruhr Nachrichten
Westenhellweg 86-88
44137 Dortmund
Tel. 0231 - 90 59 - 47 00
Fax 0231 - 90 59 - 8402
www.ruhr-nachrichten.de

Saale-Zeitung
Theresienstraße 17 - 19 - 21
97688 Bad Kissingen

Tel. 0971 - 80 40 - 114
Fax 0971 - 80 40 - 141
www.saale-zeitung.de

Saarbrücker Zeitung
Gutenbergstraße 11-23
66103 Saarbrücken
Tel. 0681 - 5 02 - 22 42
Fax 0681 - 5 02 - 22 49
www.sz-newsline.de

Sächsische Zeitung
Ostra-Allee 20
01067 Dresden
Tel. 0351 - 48 64 - 22 80
Fax 0351 - 48 64 - 22 82
www.sz-online.de

**Salzburg Krone –
Neue Kronen Zeitung**
Karolingerstraße 36
A-5020 Salzburg
Tel. 0043 - 0662 - 83 44 83 - 266
Fax 0043 - 0662 - 83 24 90
www.krone.at

Salzburger Nachrichten
Karolingerstraße 40
A- 5021 Salzburg
Tel. 0043 - 662 - 8373 - 363
Fax 0043 - 662 - 8373 - 399
www.salzburg.com

schaffhauser az
Webergasse 39
CH-8201 Schaffhausen
Tel. 0041 - 052 - 633 08 33
Fax 0041 - 052 - 633 08 34
www.schaffhauseraz.ch

Schaffhauser Nachrichten
Vordergasse 58
CH-8201 Schaffhausen
Tel. 0041 - 052 - 633 31 11
Fax 0041 - 052 - 633 34 01
www.shn.ch

Schwäbische Zeitung
Rudolf-Roth-Straße 16-18
88299 Leutkirch
Tel. 07561 - 80 - 122
Fax 07561 - 80 - 275
www.schwaebische-zeitung.de

Schwarzwälder Bote
Kirchtorstraße 14
78727 Oberndorf
Tel. 07423 - 78- 0
Fax 07423 - 78- 73
www.schwarzwaelder-bote.de

Schweriner Volkszeitung
Gutenbergstraße 1
19061 Schwerin
Tel. 0385 - 63 78 - 0
Fax 0385 - 3 97 51 40
www.svz.de

Siegener Zeitung
Obergraben 39
57072 Siegen
Tel. 0271 - 59 40 - 231
Fax 0271 - 59 40 - 239
www.siegener-zeitung.de

Solothurner Zeitung
Zuchwiler Straße 21
CH-4501 Solothurn
Tel. 0041 - 032 - 624 74 74
Fax 0041 - 032 - 624 77 88
www.vsonline.ch

St. Galler Tagblatt
Fürstenlandstraße 122
CH-9001 St. Gallen
Tel. 0041 - 071 - 272 77 11
Fax 0041 - 071 - 272 74 76
www.tagblatt.ch

Stuttgarter Nachrichten
Plieninger Straße 150
70567 Stuttgart
Tel. 0711 - 72 05 - 757
Fax 0711 - 72 05 - 120
www.stuttgarter-nachrichten.de

Stuttgarter Zeitung
Plieninger Straße 150
70567 Stuttgart
Tel. 0711 - 72 05 - 469
Fax 0711 - 72 05 - 608
www.stuttgarter-zeitung.de

Südkurier
Max-Stromeyer-Straße 178
78467 Konstanz
Tel. 07531 - 999 -12 25
Fax 07531 - 999 - 18 46
www.skol.de

Südthüringer Zeitung
Andreasstraße 11
36433 Bad Salzungen
Tel. 03695 - 55 50 - 50
Fax 03695 - 55 50 - 51
www.stz-online.de

Südwest Presse - Schwäbische Donau Zeitung
Frauenstraße 77
89073 Ulm
Tel. 0731 - 156 - 260
Fax 0731 - 156 - 448
www.suedwest-presse.de

SVZ Salzburger Volkszeitung
Bergstraße 12
A-5020 Salzburg
Tel. 0043 - 0662 - 87 94 91 - 0
Fax 0043 - 0662 - 87 94 91 - 13
www.svz.at

Thurgauer Zeitung - Die Neue
Promenadenstraße 16
CH-8501 Frauenfeld
Tel. 0041 - 052 - 7235 7 57
Fax 0041 - 052 - 721 00 02
www.thurgauerzeitung.ch

Thüringer Allgemeine
Gottstedter Landstraße 6
99092 Erfurt
Tel. 0361 - 227 - 4
Fax 0361 - 227- 51 44
www.thueringer-allgemeine.de

Thüringische Landeszeitung
Marienstraße 14
99423 Weimar
Tel. 03643 - 2 06- 450
Fax 03643 - 2 06- 422
www.tlz.de

Tiroler Tageszeitung
Ing.-Etzel-Straße 30
A-6021 Innsbruck
Tel. 0043 - 512 - 53 54 - 0; -651
Fax 0043 - 512 - 53 54 - 654
www.tt.com

Traunsteiner Tagblatt
Marienstraße 12
83278 Traunstein
Tel. 0861 - 98 77 - 0
Fax 0861 - 98 77 - 119
www.traunsteiner-tagblatt.de

Trierischer Volksfreun
Hanns-M.-Schleyer-Straße 8
54294 Trier
Tel. 0651 - 71 99 - 459
Fax 0651 - 71 99 - 455
www.volksfreund.de

Trostberger Tagblatt
Gabelsberger Straße 4-6
83308 Trostberg
Tel. 08621 - 808 - 25
Fax 08621 - 808 - 68
www.trostberger-tagblatt.de

TZ
Paul-Heyse-Straße 2-4
80282 München
Tel. 089 - 53 06 - 542
Fax 089 - 53 06 - 556
www.tz-online.de

Volksstimme - Volkszeitung
Bahnhofstraße 17
39104 Magdeburg
Tel. 0391 - 59 99 - 231; -265
Fax 0391 - 59 99 - 222
www.volksstimme.de

VN - Vorarlberger Nachrichten
Gutenbergstraße 1
A-6858 Schwarzach
Tel. 0043 - 05572 - 501 - 0
Fax 0043 - 05572 - 501 -227
www.vn.vol.at

Waldeckische Landeszeitung
Lengefelder Straße 6
34497 Korbach
Tel. 05631 - 560 - 137
Fax 05631 - 69 94
www.wlz-fz.de

Walliser Bote
Furka-Straße 21
CH-3900 Brig
Tel. 0041 - 027 - 922 99 88
Fax 0041 - 027 - 922 99 89
www.walliserbote.ch

Weser-Kurier
Martinistraße 43
28195 Bremen
Tel. 0421 - 36 71 - 0
Fax 0421 - 32 83 27
www.weser-kurier.de

Westdeutsche Allgemeine
Friedrichstraße 34-38
45128 Essen
Tel. 0201 - 804 - 22 78
Fax 0201 - 804 - 2841
www.waz.de

Westdeutsche Zeitung
Königsallee 27
40212 Düsseldorf
Tel. 0211 - 83 82 - 23 82
Fax 0211 - 83 82 - 23 92
www.westdeutsche-zeitung.de

Westfalen-Blatt
Sudbrackstraße 14-18
33611 Bielefeld
Tel. 0521 - 5 85 - 479
Fax 0521 - 5 85 - 489
www.westfalenblatt.de

Westfalenpost
Schürmannstraße 4
58097 Hagen
Tel. 02331 - 917 - 41 73
Fax 02331 - 917 - 42 06
www.westfalenpost.de

Westfälische Nachrichten
Soester Straße 13
48155 Münster
Tel. 0251 - 6 90 - 755
Fax 0251 - 690 - 717
www. westfaelische-nachrichten.de

Westfälische Rundschau
Brüderweg 9
44135 Dortmund
Tel. 0231 - 95 73 - 13 29
Fax 0231 - 95 73 - 13 99
www.westfaelische-rundschau.de

Westfälischer Anzeiger
Gutenbergstraße 1
59065 Hamm
Tel. 02381 - 105 - 272
Fax 02381 - 105 - 239
www.wa-online.de

Wetzlarer Neue Zeitung
Elsa-Brandström-Straße 18
35578 Wetzlar
Tel. 06441 - 959 - 184
Fax 06441 - 959 - 292
www.mittelhessen.de

Wiener Zeitung
Rennweg 16
A-1037 Wien
Tel. 0043 - 01 - 20699 - 269
Fax 0043 - 01 - 20699 - 433
www.wienerzeitung.at

Wiesbadener Kurier
Langgasse 21
65183 Wiesbaden
Tel. 0611 - 355 - 53 16
Fax 0611 - 355 - 33 55
www.wiesbadener-kurier.de

Zofinger Tagblatt
Vordere Hauptgasse 33
CH-4800 Zofingen
Tel. 0041 - 062 - 745 93 93
Fax 0041 - 062 - 745 94 19
www.zofingertagblatt.ch

Zürichsee-Zeitung
Seestraße 86
CH-8712 Stäfa
Tel. 0041 - 01 - 928 55 55
Fax 0041 - 01 - 928 55 50
www.zsz.ch

Magazine

Amica
Brandstwiete 1
20457 Hamburg
Tel. 040 - 41 31- 31 22
Fax 040 - 41 31- 20 77
www.amica.de

annabelle
Werdstraße 21
CH-8004 Zürich
Tel. 0041 - 01 - 248 61 22
Fax 0041 - 01 - 248 62 18
www.annabelle.ch

Bella
Ost-West-Straße 20
20457 Hamburg
Tel. 040 - 30 19 - 51 09; -51 07
Fax 040 - 30 19 - 51 35
www.hbv.de

Bild der Frau
Axel Springer-Platz 1
20350 Hamburg
Tel. 040 - 3 47 - 00
Fax 040 - 3 47 - 23 476
www.asv.de

Brigitte
Am Baumwall 11
20459 Hamburg
Tel. 040 - 37 03 - 24 22
Fax 040 - 37 03 - 57 14
www.brigitte.de

Bunte
Arabellastraße 23
81925 München
Tel. 089 - 9250 - 34 15
Fax 089 - 92 50 - 23 75
www.bunte.de

Cosmopolitan
Arabellastraße 33
81925 München
Tel. 089 - 92 34 - 0
Fax 089 - 92 34 - 202
www.cosmopolitan.de

Das Magazin
Tieckstraße 8
10115 Berlin
Tel. 030 - 484 96 - 230
Fax 030 - 484 96 - 236
www.dasmagazin.de

Elle
Arabellastraße 23
81925 München
Tel. 089 - 92 50 - 26 55
Fax 089 - 92 50 - 33 32
www.elle.de

Emma
Alteburger Straße 2
50678 Köln
Tel. 0221 - 60 60 60 - 0
Fax 0221 - 60 60 60 - 20
www.emma.de

Fit for Fun
Milchstraße 1
20148 Hamburg
Tel. 040 - 4131 - 34 01
Fax 040 - 4131 - 20 40
www.fitforfun.de

Focus
Arabellastraße 23
81925 München
Tel. 089 - 92 50 - 37 65
Fax 089 - 92 50 - 26 20
www.focus.de

Freizeit Revue
Am Kestendamm 1
77652 Offenburg
Tel. 0781 - 84 - 21 83
Fax 0781 - 84 - 20 34
www.freizeitrevue.de

Freundin
Arabellastraße 23
81925 München
Tel. 089 - 92 50 - 39 00
Fax 089 - 92 50 - 31 05
www.freundin.de

Für Sie
Poßmoorweg 5
22301 Hamburg
Tel. 040 - 27 17 - 33 71
Fax 040 - 27 17 - 20 90
www.fuer-sie.de

Gala
Schaarsteinweg 14
20459 Hamburg
Tel. 040 - 37 03 - 41 43
Fax 040 - 37 03 - 58 13
www.gala.de

Journal für die Frau
Axel Springer-Platz 1
20350 Hamburg
Tel. 040 - 347 - 245 08
Fax 040 - 3 47 - 242 01
www

JOY
Arabellastraße 33
81925 München
Tel. 089 - 92 34 - 469
Fax 089 - 92 34 - 405
www.joy.de

Laura
Buchardstraße 21
20077 Hamburg
Tel. 040 - 3019 - 54 66
Fax 040 - 3019 - 54 90
www.hbv.de

Madame
Elisenstraße 3
80335 München
Tel. 089 - 5 51 35 - 202
Fax 089 - 5 51 35 - 215
www.madame.de

Max
Milchstraße 1
20148 Hamburg
Tel. 040 - 4131 - 35 12
Fax 040 - 4131 - 20 58
www.max.de

Maxi
Burchardstraße 21
20077 Hamburg
Tel. 040 - 30 19 - 50 47
Fax 040 - 30 19 - 50 91
www.hbv.de

Petra
Poßmoorweg 5
22301 Hamburg
Tel. 040 - 27 17 - 30 37
Fax 040 - 27 17 - 30 05
www.petra.de

Playboy
Prinzregentenstr. 78
81675 München
Tel. 089 - 92 50 - 30 24
Fax 089 - 92 50 - 12 20
www.playboy.de

Der Spiegel
Brandstwiete 19
20457 Hamburg
Tel. 040 - 30 07 - 23 83
Fax 040 - 30 07 - 28 76
www.spiegel.de

Stern
Am Baumwall 11
20459 Hamburg
Tel. 040 - 37 03 - 36 85
Fax 040 - 37 03 - 57 32
www.stern.de

Vogue
Ainmillerstraße 8
80801 München
Tel. 089 - 381 04 - 168
Fax 089 - 381 04 -285
www.vogue.de

wellness Magazin
Felbigergasse 38
A-1140 Wien
Tel. 0043 - 01 - 419 10 95 - 15
Fax 0043 - 01 - 419 10 95 - 10
www wellness-magazin.at

Welt der Frau
Lustenauer Straße 21
A-4020 Linz
Tel. 0043 - 0732 - 77 00 01 11
Fax 0043 - 0732 - 77 00 01 24
www.welt-der-frau.at

Wienerin
Davidgasse 79/2/1
A-1100 Wien
Tel. 0043 - 01 - 601 17 - 0
Fax 0043 - 01 - 601 17 - 0
www.wienerin.at

Wining & Dining
Davidgasse 79, Stiege 1/Stock 2
A-1100 Wien
Tel. 0043 - 01 - 919 19-901; -136
Fax 0043 - 01 - 919 19-136
www.multimedia.at

Woman
Kehrwieder 8
20457 Hamburg
Tel. 040 - 37 03 - 75 84
Fax 040 - 37 03 - 59 28
www.woman-magazin.de

THEATER

4

Theater-Bestseller 171

Rasender Leerlauf 176

ADRESSEN: Theater- und Musikverlage, Medienagenturen 183

Stückemarkt 203

ADRESSEN: Theater 205

Amateurtheater 239

ADRESSEN: Amateurtheaterverbände 248

▷ Theater-Bestseller

Die jährliche Werkstatistik des Deutschen Bühnenvereins – Bundesverband deutscher Theater lässt erkennen, welche Stücke nicht nur bei Theaterleuten beliebt, sondern auch von den Besuchern angenommen wurden. Die folgenden Statistiken sind lediglich Auszüge. Das Buch *Wer spielte was? Werkstatistik 2002/2003* kann vom Mykenae Verlag Rossberg KG (Robert-Bosch-Str. 35, 64625 Bensheim) bezogen werden.

① Die 20 Bestseller-Werke aller Genres

	Titel	Komponist/Autor	Besucher
1	König der Löwen	John	832.000
2	Das Phantom der Oper	Webber	559.800
3	Elisabeth	Levay	432.900
4	Cats	Webber	411.099
5	Die Zauberflöte	Mozart	371.751
6	Wunderbar – die 2002. Nacht		363.618
7	Old Shurehand	May	289.956
8	West Side Story	Bernstein	282.371
9	Carmen	Bizet	260.065
10	Pippi Langstrumpf	Lindgren	206.749
11	Giuditta	Lehár	196.652
12	Der Schatz im Silbersee	May	195.000
13	Hair	McDermot	194.203
14	Jekyll und Hyde	Wildhorn	188.130
15	Die Fledermaus	Strauß	185.999
16	Ronja Räubertochter	Lindgren	171.830
17	Don Giovanni	Mozart	161.473
18	Die Entführung aus dem Serail	Mozart	156.689
19	Hänsel und Gretel	Humperdinck	152.750
20	My Fair Lady	Loewe	146.172

② **Die Publikumslieblinge (nach Aufführungen)**

	Werk	Aufführ.	Inszen.	Besucher
1	Ladies Night (Sinclair/McCarten)	706	15	111.273
2	Pippi Langstrumpf (Lindgren)	576	10	206.749
3	Klamms Krieg (Hensel)	466	19	19.282
4	norway.today (Bauersima)	450	28	38.149
5	Kabale und Liebe (Schiller)	445	20	132.291
6	Romeo und Julia (Shakespeare)	379	20	107.592
7	Ronja Räubertochter (Lindgren)	350	10	171.830
8	Nora oder Ein Puppenheim (Ibsen)	337	14	87.305
9	Biedermann und die Brandstifter (Frisch)	321	9	53.221
10	Pinocchio (Collodi)	316	8	108.309
11	Ein Sommernachtstraum (Shakespeare)	308	22	127.538
12	Faust (Goethe)	307	22	102.797
13	Drei Mal Leben (Reza)	307	19	38.977
14	Das Maß der Dinge (LaBute)	304	13	56.087
15	Shakespeares sämtliche Werke (Long)	288	16	34.936
16	Was ihr wollt (Shakespeare)	283	15	107.913
17	Frau Holle (n. Grimm)	282	7	100.228
18	Shockheaded Peter/Der Struwwelpeter (Crouch/McDermott)	270	14	61.752
19	Hamlet (Shakespeare)	258	18	106.781
20	Bash – Stücke der letzten Tage (LaBute)	253	19	18.800
21	Wunderbar – die 2002. Nacht	251	1	363.618
22	Cyrano in Buffalo (Ludwig)	241	2	24.005
23	Pettersson und Findus (Nordqvist)	234	6	17.307
24	Macbeth (Shakespeare)	233	14	50.966
25	Der Zauberer von Oos (Baum)	232	7	86.630
26	»Kunst« (Reza)	230	16	24.034
28	Der zerbrochene Krug (Kleist)	219	12	53.136
27	Creeps (Hübner)	219	14	28.223
29	Die Glut (Márai)	210	7	26.534
30	Die Dreigroschenoper (Brecht)	208	10	103.447

③ **Die Dramaturgenlieblinge (nach Inszenierungen)**

	Werk	Aufführ.	Insz.	Besucher
1	norway.today (Bauersima)	450	28	38.149
2	Faust (Goethe)	307	22	102.797
3	Ein Sommernachtstraum (Shakespeare)	308	22	127.538
4	Romeo und Julia (Shakespeare)	379	20	107.592
5	Kabale und Liebe (Schiller)	445	20	132.291
6	Bash – Stücke der letzten Tage (LaBute)	253	19	18.800
7	Drei Mal Leben (Reza)	307	19	38.977
8	Klamms Krieg (Hensel)	466	19	19.282
9	Hamlet (Shakespeare)	258	18	106.781
10	»Kunst« (Reza)	230	16	24.034
11	Shakespeares sämtliche Werke (Long)	288	16	34.936
12	Was ihr wollt (Shakespeare)	283	15	107.913
13	Ladies Night (Sinclair/McCarten)	706	15	111.273
14	Creeps (Hübner)	219	14	28.223
15	Macbeth (Shakespeare)	233	14	50.966
16	Shockheaded Peter/Der Struwwelpeter (Crouch/McDermott)	270	14	61.752
17	Nora oder Ein Puppenheim (Ibsen)	337	14	87.305
18	Das Maß der Dinge (LaBute)	304	13	56.087
19	Der zerbrochene Krug (Kleist)	219	12	53.136
20	Die Dreigroschenoper (Brecht)	208	10	103.447
21	Ronja Räubertochter (Lindgren)	350	10	171.830
22	Pippi Langstrumpf (Lindgren)	576	10	206.749
23	Biedermann und die Brandstifter (Frisch)	321	9	53.221
24	Pinocchio (Collodi)	316	8	108.309
25	Die Glut (Márai)	210	7	26.534
26	Der Zauberer von Oos (Baum)	232	7	86.630
27	Frau Holle (n.Grimm)	282	7	100.228
28	Pettersson und Findus (Nordqvist)	234	6	17.307
29	Cyrano in Buffalo (Ludwig)	241	2	24.005
30	Wunderbar – die 2002. Nacht	251	1	363.618

④ **Die 50 meistgespielten Autoren (nach Aufführungen)**

	Autor	Werke	Aufführungen	Inszenierungen
1	Shakespeare	26	2595	165
2	Lindgren	6	1241	27
3	Schiller	8	1050	58
4	Ibsen	13	961	55
5	Brecht	17	808	47
6	Goethe	17	756	56
7	Hübner	7	746	54
8	Sinclair/McCarten	1	706	15
9	Molière	7	681	34
10	Cooney	7	649	19
11	LaBute	5	623	35
12	Reza	5	596	39
13	Simon	6	552	20
14	Büchner	4	549	34
15	Lessing	5	540	39
16	Kleist	9	495	32
17	Ende	7	491	19
18	Bauersima	3	490	32
19	Frisch	4	485	19
20	Hensel	2	480	20
21	Ayckbourn	11	469	18
22	Bernhard	15	462	31
23	Nordqvist	3	460	10
24	n. Andersen	7	399	14
25	n. Hauff	5	393	16
26	Schnitzler	8	377	18
27	Tschechow	14	370	35
28	Lund	8	366	20
29	Ludwig	3	366	5
30	Horváth	11	356	28
31	Goldoni	9	356	20
32	Beckett	6	341	25
33	Maar	5	329	15
34	Collodi	1	316	8

	Autor	Werke	Aufführungen	Inszenierungen
35	Dürrenmatt	5	308	15
36	Preußler	5	308	10
37	Miller	5	292	19
38	Frayn	2	289	18
39	Long/Singer/Winfield	1	288	16
40	Flatow	4	282	5
41	Bohnet	2	272	4
42	Schmitt	7	271	16
43	Crouch/McDermott	1	270	14
44	Fosse	7	266	22
45	Kane	5	253	16
46	Beth	3	252	5
47	Wedekind	4	248	20
48	Janosch	5	247	10
49	Nestroy	10	240	13
50	Ludwig	4	236	8

(Quelle aller vier Statistiken: *Wer spielte was?* Ausgabe 2002/2003, nach gemeldeten Zahlen.)

▷ *Rasender Leerlauf*

Von Uwe Wittstock

Was für ein Theater! Auf 150 deutschen Bühnen läuft jetzt der Spielbetrieb wieder an. Aber ist das, was sie zeigen, noch der Rede wert? Polemische Anmerkungen zum Start der Saison 2004/2005.

Nun spielen sie wieder. Wie schön. An den 150 öffentlich getragenen Theatern Deutschlands heben sich gegenwärtig die Vorhänge zur Saison 2004/2005, und was dahinter zum Vorschein kommt, werden, wie in den Jahren zuvor, wohl knapp 20 Millionen Besucher in Augenschein nehmen. Der Betrieb brummt, der Laden läuft, ernste Störungen sind nicht zu erwarten.

Wie jeder Akt des Luxus oder der Verschwendung ist natürlich auch dieser prinzipiell gutzuheißen. In Zeiten, die vom Kosten/Nutzen-Wahn besessen sind, ist es jede Nutzlosigkeit wert, gefeiert zu werden. Nur sollte niemand auf den Gedanken verfallen, unsere Theater hätten – von wenigen Ausnahmen abgesehen – noch etwas mit Kultur zu tun. Sie verdanken sich heute weit eher dem typischen Selbsterhaltungsreflex aller Institutionen als ernst zu nehmenden künstlerischen Impulsen.

Das Theater ist, auch wenn seine Jünger es nicht wahrhaben wollen, ein antiquiertes, ein überlebtes Medium. Es gibt fast kein Bild auf einer Bühne, das sich im Film nicht besser, präziser, eindringlicher inszenieren ließe. Ob Schlachtgetümmel oder Liebesszene, Sturmflut oder Bürobetrieb, stilisierte Landschaft oder naturalistisches Stadtpanorama, alles lässt sich auf Kinoleinwänden zu glanzvollem Leben erwecken. Die kuriosen Kulissenwäldchen, Pappgemäuer oder Sperrholzhorizonte im Theater dagegen liefern regelmäßig Gratisassoziationen an die Augsburger Puppenkiste mit. Jede Massenszene wird im Theater zur bühnenbretterdröhnenden Statisten-Stampede, und jedes Liebespaar brüllt sich hier seine intimen Geständnisse speichelsprühend in die Gesichter, damit auch der 5. Rang noch hört, welch angeblich hauchzarte Gefühle hier gefühlt werden.

Kein Wunder, wenn viele Autoren, Schauspieler, Regisseure, die ihre fünf Sinne beieinander haben, es seit der Erfindung des Films vorziehen, fürs Kino zu arbeiten. Ein kontinuierlicher Verlust an Talenten, der dazu beigetragen haben dürfte, das Theater auf das kümmerliche Niveau zu bringen, auf dem es sich heute präsentiert. Erschwerend kommen speziell in Deutschland noch die kindischen Unarten eines Regietheaters hinzu, das es seit Jahrzehnten für originell hält, Stücke nicht aufzuführen, sondern sie mittels der immer gleichen mühsam aus blutarmen Regisseursfingerchen gesogenen Einfällen zu zerfleddern.

Zurzeit werden, wenn ich es recht sehe, zum Beispiel gern und regelmäßig Hintern entblößt, vorzugsweise die von sehr alten Schauspielern oder Schauspielerinnen. Der Regisseur Christoph Marthaler legt zudem Wert darauf, die Geduld seines Publikums zu prüfen, indem er sie untätig dösende Darsteller betrachten lässt. Armin Petras wiederum verlegte kürzlich den »Zerbrochenen Krug« in den gerade zu Ende gegangenen Balkankrieg, wo sich dann Kleists Jungfrau Eve weniger an einer flotten Vergewaltigung durch Dorfrichter Adam als an dem vom Nato-Hubschrauber eingeflogenen Revisor stört. Thomas Ostermaier macht in Berlin einer einzelnen Büchner-Zeile folgend aus »Dantons Tod« ein Puppentheater, Sandra Strunz siedelt Ibsens »Frau vom Meer« dafür sinnigerweise in einem Aquarium an. Darüber hinaus ist natürlich des Urinierens und Onanierens, des Koitierens und Masturbierens auf unseren Bühnen kein Ende, was das Publikum inzwischen allerdings mehr routiniert als schockiert über sich ergehen lässt.

Dem deutschen Theater ist es auf diese Weise gelungen, mittlerweile alle gesellschaftlichen Funktionen zu verspielen, die es trotz seiner fundamentalen Antiquiertheit erfüllen könnte. So müsste man schon ungewöhnlich weltfremd sein, wollte man heute noch die Idee vertreten, das Stadttheater sei ein Ort repräsentativer gesellschaftlicher Selbstdarstellung. Selbst der Pausen-Champagner lockt die tatsächlichen oder auch nur selbst ernannten Honoratioren nicht mehr in die Schauspielhäuser. Diese Funktion erfüllt inzwischen allein die Oper, wie allsommerlich amüsante Zeitungsfotos belegen: Sie zeigen Politikerinnen und Politiker, die in Kleidern, die sie offenkundig für kleidsam halten, ins Bayreuther Festspielhaus eilen, gleichgültig, wie nah oder fern der »Ring« ihrem Herzen steht – denn ein Besuch auf dem grünen Hügel gilt als zuträglich fürs kulturelle Image. Wo wäre ein Theater, das mit bundesweiter Ausstrahlung Ähnliches von sich behaupten dürfte?

Auch über die Macht, bedeutende Themen ins Bewusstsein des Landes zu bringen, verfügt das Theater nicht mehr. Den Höhepunkt solcher politischer Wirksamkeit erreichte es 1894, als Wilhelm II. seine Loge im Deutschen Theater kündigte, weil Gerhart Hauptmann ihm das haarsträubende Elend der »Weber« allzu »demoralisierend« vor die empfindsamen kaiserlichen Augen gerückt hatte. Skandale ähnlicher Dimension sind von deutschen Bühnen seit Jahrzehnten nicht mehr ausgelöst worden. Über Rolf Hochhuths »Stellvertreter« (1963) und Dieter Fortes »Martin Luther & Thomas Münzer« (1970) stritt man noch. Seither aber erregen sich übers Theater allenfalls Theaterkritiker.

Wie übermächtig im Vergleich dazu die Kraft des Kinos ist, öffentliche Diskussionen zu erzeugen, hat jüngst wieder Roland Emmerichs Film »The Day After Tomorrow« demonstriert. Mit technisch erstklassigen, ästhetisch siebtklassigen Mitteln beförderte er das Thema Klimaschutz auf zwei Kontinenten umgehend in die TV-Magazine und Schlagzeilen und damit selbst in die Köpfe sonst eher gedankenarmer Zeitgenossen. Auch an der Literatur entzünden sich hier zu Lande regelmäßig Debatten, in denen sich zuspitzt, was die Republik mental umtreibt – sei es die Frage nach dem »Was bleibt« von der DDR-Kultur, nach dem Umgang mit Stasi-Akten, nach der »Dauerrepräsentation« der NS-Verbrechen oder nach dem lange beschwiegenen Sterben der Zivilisten im Bombenkrieg.

Von solchen Fähigkeiten zum Agenda-Setting ist unser Theater meilenweit entfernt und dreht sich mit Vorliebe im rasenden Leerlauf um sich selbst. Es gab Zeiten, in denen war die Bühne ein Ort, an dem sich eine Gesellschaft Klarheit über sich selbst zu verschaffen versuchte. Wer nicht sehen will, dass diese Aufgabe zu Beginn des 21. Jahrhunderts von anderen Instanzen übernommen wurde, müsste mit imposanter intellektueller Blindheit geschlagen sein. Ein Bedeutungsverlust, der sich auch nicht durch banale, ebenso dümmliche wie aufdringliche Politisierungsversuche stoppen lässt – wenn etwa Lars-Ole Walburg Protokolle aus RAF-Prozessen in seine »Danton«-Inszenierung einstreut.

Früher einmal erhielt das Theater zudem einen bürgerlichen Bildungskanon am Leben – und kaum etwas wäre heute wohl verdienstvoller als eben dies. Jeder Achtjährige bewegt sich inzwischen souverän in den bizarren Sphären japanischer Mangas oder nachmittäglicher Schrei-Talkshows. Ein paar Handreichungen, welche Zeugnisse abendländischer Kultur ebenfalls der Beschäftigung lohnen, könnten da nicht schaden. Werden griechische Tragödie, Commedia dell'arte, Shakespearedrama, bürgerliches Trauerspiel beim Wort genommen, entführen sie uns in Vergangenheiten, in denen gründlich anders gelebt, geliebt, gestorben wurde als heute – was für ein gegenwartsvernarrtes, gegenwartsvernageltes Publikum recht lehrreich sein kann.

Doch absurderweise gehört es seit knapp einem halben Jahrhundert zum hiesigen Theater-Chic, jeden Klassiker auf das geistige Format der jeweiligen Saison herabzuaktualisieren und ihm damit gerade das auszutreiben, was ihn fremd und überraschend machen könnte. Man kennt das: Macbeth tritt als Manager in Nadelstreifen auf, Hebbels Meister Anton als farbiger Arbeiter mit Migrantenschicksal und die Minna von Barnhelm als Thekenschlampe. Nichts gegen Thekenschlampen, nur ist Lessings Stück eben nicht mehr plausibel, wenn seine Minna auf der Bühne mehr an Alkohol und Disko interessiert zu sein scheint als an Major von Tellheim.

Kurz, das Theater ist nicht nur als Medium veraltet, es hat inzwischen alle traditionellen gesellschaftlichen Funktionen verloren. Es gibt wenig und immer weniger Anlass es zu besuchen. Folglich darf sich niemand wundern, wenn der Aufwand, Zuschauer anzulocken, inzwischen erheblich wird. Für jeden, der es auf sich nimmt, einen Abend vor deutschen Bühnen zu verbringen, ist inzwischen laut offizieller Statistik im Schnitt ein Zuschuss von knapp 95 Euro fällig. Zusammen rund 2,1 Milliarden.

Doch es geht nicht darum, den Finanzministern oder Kulturdezernenten beim Sparen zu helfen, das müssen die schon selbst machen. Es geht darum, ob Theater heute noch seinen künstlerischen Ausdrucksmöglichkeiten gerecht wird. Theater war über Jahrhunderte hinweg zweierlei: Mit Blick auf den dramatischen Text ein geistiges Ereignis, mit Blick auf das Bühnenspektakel der Versuch, beim Zuschauer emotionale Ausnahmezustände zu schaffen, bleibende Bilder und Erlebnisse hervorzubringen. Von dieser überaus vertrackten, überaus kunstvollen Verschränkung von Intellekt und Emotion ist beim deutschen Theater nur in raren Glücksmomenten etwas zu spüren. Stattdessen gefällt es sich zunehmend als postdramatische Trash-Kultur, deren Ehrgeiz darin besteht, auf der Bühne stümperhaft nachzustellen, was RTL in Dschungelcamps oder Containern voller Kretins vorgemacht. Spielt Christoph Schlingensief dazu dann auf der Bühne noch ein paar dürftige Videos ein, gilt das ganze manchen Rezensenten gleich als bedeutungsvolle Medienkritik. Man fasst sich an den Kopf!

Erstaunlich ist, wie lange das Publikum dies alles hinnimmt. Wie selten findet jemand den Mut des ehemaligen Hamburger Bürgermeisters Klaus von Dohnanyi, der vor ein paar Jahren demonstrativ aus einer der üblichen Klassiker-Demontagen floh und dann im »Spiegel« zu Protokoll gab, »dass diese Form von Regietheater auf die Dauer das deutsche Theater zerstört«. Eine Ansicht, die von zahllosen Zuschauern in den Theaterpausen weit drastischer formuliert wird – allerdings nur halblaut. Doch das Theater als bürgerliche Kunstform braucht als Widerpart und Resonanzboden ein kulturell selbstbewusstes Bürgertum, das seine Erwartungen ans Theater energisch artikuliert.

In der jetzt anbrechenden Saison wird sich an dieser Misere natürlich nichts ändern. Im Gegenteil, an der großen Zahl von Romanen und Filmen, die auf die Spielpläne gesetzt wurden, lässt sich jetzt schon ablesen, dass die meisten Regisseure keine Lust haben, sich mit Dramenstoffen zu beschäftigen, die nach einer stringenten Umsetzung auf der Bühne verlangen. Vielmehr bevorzugen sie Textvorlagen, mit denen sie nach Gutdünken umspringen können, um ihre kostbare Subjektivität ungehindert auszuleben. So kommen demnächst Max Frischs Romane *Stiller* (in Basel und Frankfurt) und *Homo Faber* (Zürich) ins Theater, dazu Huellebecqs *Plattform*, Anthony Burgess *Clockwork Orange* und Goethes *Werther* (in Frankfurt), Dostojewskis *Spieler* (Berlin), Hesses *Steppenwolf* (Wien), Canettis *Blendung* (Graz) oder Stanislaw Lems *Solaris* (Düsseldorf) – epische Großunternehmungen mit bis zu 500 Seiten Umfang, die auf einer Bühne nur von wahren dramaturgischen Genies zu bändigen sind. Außerdem Filme von Lars von Trier, Pedro Almodóvar und Aki Kaurismäki. Wer die als Theaterfassungen sehen will statt im Kino-Original, hat es nicht besser verdient.

Schon lange scharen sich die wenigen wirklich beeindruckenden deutschsprachigen Theaterleute um einige Zentralfiguren, die an zwei Händen abzuzählen sind, darunter Luc Bondy und Andrea Breth, Dieter Dorn und Jürgen Flimm, Jürgen Gosch und Claus Peymann, Peter Stein und Peter Zadek. Bei ihnen lässt sich gelegentlich erleben, was für eine wunderbare Erfahrung ein Theaterabend sein kann: Nämlich die Chance, Menschen in ihrer ganzen leibhaftigen Präsenz und Verletzlichkeit, und ohne jede Manipulation durch Filmschnitte, zuzuschauen, wie sie in Situationen größten Schmerzes oder Glücks, die für sie von den besten Dichtern der letzten 2500 Jahren erdacht wurden, bestehen oder untergehen. Es ist, wenn es gelingt, überwältigend.

Vielleicht sollten wir uns endlich eingestehen, dass die Talente dieses Landes einfach nicht ausreichen, um 150 öffentlich getragene Bühnen zu bespielen. Was spräche dagegen, ein paar davon zu Nationaltheatern zu erklären und in jeder Hinsicht so zu unterstützen, dass sie repräsentative Aufgaben übernehmen, Musterinszenierungen entwickeln und einen Kanon pflegen können? Peymanns Berliner Ensemble, an dem jetzt die 18 Jahre alte Inszenierung von Thomas Bernhards »Ritter, Dene, Voss« wieder aufgenommen wurde, kommt dieser Vorstellung schon recht nahe.

Die übrigen Bühnen wird man deshalb natürlich noch nicht abschaffen. Aber es wäre ehrlicher zuzugeben, dass es für ihren Fortbestand kaum künstlerische, intellektuelle oder gesellschaftliche Gründe gibt, sondern vor allem gewerkschaftliche. Denn nur das künstlerische Personal an einem Stadttheater hat Zeitverträge. Die weit überwiegende Mehrheit der Bühnenbeschäftigten dagegen sind Angestellte des öffentlichen Dienstes und als solche nahezu unkündbar. Theater zu schließen ist deshalb wirtschaftlich nicht sinnvoll. So werden sie weiterspielen und weiterspielen: Die Fortexistenz des Theaters aus dem Geist der Dienstleistungsgesellschaft Verdi.

Dr. Uwe Wittstock war Literaturredakteur im Feuilleton der FAZ, Lektor für deutschsprachige Literatur im S. Fischer Verlag und ist heute Kulturkorrespondent für DIE WELT in Frankfurt am Main.

ADRESSEN · ADRESSEN · ADRESSEN · ADRESSEN

▷ **Theater-/Musikverlage, Medienagenturen**

Ahn & Simrock Bühnen- und Musikverlag GmbH
Deichstr. 9
20459 Hamburg
Tel. 040 - 30 06 67 80
Fax 040 - 30 06 67 89
as@ahnundsimrock.de
Schwerpunkt: Theaterverlag und Agentur
Programm: Dramen, Einakter, Hörspiele, Jugendstücke, Komödien, Krimis, Märchen, Mundart, Musicals, Schauspiele, Schwänke, Singspiele, Volksstücke
Ms.-Angebote: nach vorheriger telefonischer Anfrage, als Manuskript
Medium: Papierausdruck, E-Mail
Ms.-Rücksendung: ja, mit Rückporto

Alcedo Verlag Hamburg
Hölderlinstr. 29
22607 Hamburg
Tel. 040 - 82 43 50
Fax 040 - 82 27 97 07
Schwerpunkt: Theaterverlag
Programm: Bühnentexte
Ms.-Angebote: nach vorheriger telefonischer Anfrage
Medium: Papierausdruck
Ms.-Rücksendung: ja, mit Rückporto

Alkor-Edition Kassel GmbH
Agentur für Bühne und Orchester
Heinrich-Schütz-Allee 35
34131 Kassel-Wilhelmshöhe
Tel. 0561 - 31 05-280
Fax 0561 - 377 55
alkor@baerenreiter.com
www.alkor-edition.com
www.baerenreiter.com
Schwerpunkt: Musikverlag und Agentur
Ms.-Angebote: als Manuskript
Medium: Papierausdruck
Ms.-Rücksendung: ja

Ammann Verlag & Co.
Neptunstr. 20
CH-8032 Zürich (Schweiz)
Tel. +41(01) - 268 10 40
Fax +41(01) - 268 10 50
info@ammann.ch
www.ammann.ch
Schwerpunkt: Verlag und Agentur für Medien
Programm: Belletristik
Lektorat: Laurenz Bolliger, Stephanie von Harrach
Ms.-Angebote: Exposé mit Textprobe
Medium: Papierausdruck, Diskette
Ms.-Rücksendung: ja, mit Rückporto

Apollo-Verlag Paul Lincke GmbH
Musikverlag
Weihergarten 5
55116 Mainz
Tel. 06131 - 24 63 00
Fax 06131 - 24 62 23
Schwerpunkt: Musikverlag

Theaterverlag Xaver Bauer
Inh. Hans Ostler
Postfach 149
82477 Mittenwald
Tel. 08823 - 12 29
Fax 08823 - 12 29
hannes.ostler@t-online.de
www.theaterverlag-mittenwald.de
Schwerpunkt: Theaterverlag
Programm: Volks-, Gebirgsstücke und lustige Ein- bzw. Mehrakter in bayrischer, tiroler und schwäbischer Mundart, weihnachtliche Ein- und Mehrakter, Sketche

Bernd Bauer Verlag
Wielandstr. 26
10707 Berlin
Tel. 030 - 883 78 00
Fax 030 - 883 57 31
kontakt@berndbauerverlag.de
www.berndbauerverlag.de
Schwerpunkt: Verlag und Agentur für Medien
Programm: Fernsehstoffe, Hörspiele, Kinder- und Jugendstücke, Komödien, Märchen, Musicals, Schauspiele

M.P. Belaieff Musikverlag
Kennedyallee 101
60596 Frankfurt/Main
Tel. 069 - 63 00 99-0
Fax 069 - 63 00 99-54
Schwerpunkt: Musikverlag und Agentur
Ms.-Angebote: als Manuskript
Medium: Papierausdruck
Ms.-Rücksendung: ja

BELLA MUSICA
Production + Publishing
GmbH & Co. KG
Eisenbahnstr. 30
77815 Bühl
Tel. 07223 - 98 55-0
Fax 07223 - 98 55 66
Schwerpunkt: Musikverlag
Programm: Zeitgenössische Musik

Anton J. Benjamin GmbH
Lützowufer 26
10787 Berlin
Tel. 030 - 25 00 13-0
Fax 030 - 25 00 13-99
musikverlag@boosey.com
www.boosey.com
Schwerpunkt: Musikverlag und Agentur
Lektorat: Dr. Reinhold Dusella
Ms.-Angebote: nach vorheriger telefonischer Anfrage
Medium: Papierausdruck
Ms.-Rücksendung: nein

Ingeborg Bieler Verlag
Heuberggasse 60
A-1170 Wien
Österreich
Tel. +43(01) - 485 51 57
Fax +43(01) - 485 51 57-15
bieler.verlag@aon.at
http://members.aon.at/bieler/verlag.html
Schwerpunkt: Theaterverlag, Musikverlag
Programm: Einakter, Sketche, Volksstücke, Märchen
Ms.-Angebote: als Manuskript
Medium: Papierausdruck
Ms.-Rücksendung: ja

Felix Bloch Erben Verlag für Bühne, Film und Funk GmbH & Co. KG
Hardenbergstr. 6
10623 Berlin
Tel. 030 - 313 90 28
Fax 030 - 312 93 34
info@felix-bloch-erben.de
www.felix-bloch-erben.de
Schwerpunkt: Verlag und Agentur für Medien
Programm: Dramen, Hörspiele, Filmdrehbücher, Jugendstücke, Komödien, Krimis, Märchen, Musicals, Volksstücke, Zeitstücke
Lektorat: Gesine Pagels (Schauspiel), Meike Heitrich (Schauspiel), Stephan Kopf (Musiktheater), Moritz Staemmler (Dramaturgieassistent)

Ms.-Angebote: als Manuskript (max. 2 pro Person)
Medium: Papierausdruck, E-Mail
Ms.-Rücksendung: ja, mit Rückporto

Boosey & Hawkes – Bote & Bock GmbH & Co. KG
Lützowufer 26
10787 Berlin
Tel. 030 - 25 00 13-00
Fax 030 - 25 00 13-99
musikverlag@boosey.com
www.boosey.com
Schwerpunkt: Musikverlag
Lektorat: Dr. Reinhold Dusella, reinhold.dusella@boosey.com
Ms.-Angebote: als Manuskript
Medium: Papierausdruck
Ms.-Rücksendung: nein

BOSWORTH Music GmbH
Friedrichstr. 153 a
10117 Berlin
Tel. 030 - 20 62 46-0
Fax 030 - 20 62 46-17
bosworth.berlin@musicsales.co.uk
www.bosworth.de
Schwerpunkt: Musikverlag
Programm: Musik

Gunar Braunke Music-Theatre-Productions
Walter-Heller-Str. 36
70563 Stuttgart
Tel. 0711 - 73 39 87
Fax 0711 - 73 39 97
Schwerpunkt: Theaterverlag, Musikverlag

Programm: Rockopern, Musicals
Ms.-Angebote: nach vorheriger telefonischer Anfrage
Medium: Papierausdruck
Ms.-Rücksendung: ja, mit Rückporto

Breitkopf & Härtel
Bauhofstr. 3-5
04103 Leipzig
Tel. 0341 - 997 19-0
Fax 0341 - 997 19 30
leipzig@breitkopf.de
Schwerpunkt: Musikverlag

Max Brockhaus Musikverlag
Mainzer Str. 45
53179 Bonn
Tel. 0228 - 34 79 89
Fax 0228 - 85 63 72
Schwerpunkt: Musikverlag

Bunte Bühne Theaterverlag
Siebensterngasse 42
A-1070 Wien
Österreich
Tel. +43(01) - 523 12 26
Fax +43(01) - 523 12 26-16
bunte.buehne@kosmostheater.at
www.literaturhaus.at/buch/verlagsportraits/buntebuehne
Programm: ausschließlich Vertrieb von »Indien« von Josef Hader und Alfred Dorfer
Ms.-Interesse: keine
Ms.-Angebote: keine
Ms.-Rücksendung: nein

**Carciofoli Verlagshaus,
Baumgartner und Föllmi**
Michelstr. 60
CH-8049 Zürich (Schweiz)
Tel. +41(01) - 310 80 24
Fax +41(01) - 310 80 23
contact@carciofoli.ch
www.carciofoli.ch
Schwerpunkt: Theaterverlag und Agentur, Musikverlag und Agentur, auch Buchverlag
Programm: Theaterstücke von Autoren aus aller Welt (z. Zt. mehrere Übersetzungen rumänischer Autoren des 20. Jh.) u. a.
Ms.-Angebote: als Exposé
Medium: Papierausdruck
Ms.-Rücksendung: ja, mit Rückporto

**Chronos Verlag
Martin Mörike GmbH**
Poppenbütteler Chaussee 53
22397 Hamburg
Tel. 040 - 60 79 09 14
Fax 040 - 60 79 09 51
chronos@verlagsgruppe-oetinger.de
Schwerpunkt: Theaterverlag und Agentur
Programm: Dramen, Einakter, kabarettistische Stücke, Komödien, Krimis, Weihnachtsspiele, Mundart, Possen, Volksstücke, postmodernes Drama
Lektorat: Stefanie Wilhelm
Ms.-Angebote: als Exposé mit Textprobe
Ms.-Rücksendung: ja

ADRESSEN: Theater-/Musikverlage, Medienagenturen ◁ 187

Theater-Verlag Desch GmbH
Klugstr. 47a
80638 München
Tel. 089 - 15 30-11, -12
Fax 089 - 157 81 04
theater-verlag-desch@t-online.de
www.theater-verlag-desch.de
Schwerpunkt: Theaterverlag, Agentur
Programm: Deutschsprachige und internationale Theaterstücke
Ms.-Angebote: als Manuskript
Ms.-Rücksendung: ja, mit Rückporto

Deutscher Theaterverlag GmbH
Grabengasse 5
69469 Weinheim
Tel. 06201 - 87 90 70
theater@dtver.de
www.dtver.de
Schwerpunkt: Theateragentur und Buchverlag
Programm: Schwerpunkt: Stücke für das Schul-/Amateurtheater
Lektorat: Gabriele Barth
Ms.-Angebote: als Manuskript
Medium: Papierausdruck
Ms.-Rücksendung: ja

Drei Masken Verlag GmbH
Mozartstr. 18
80336 München
Tel. 089 - 54 45 69 09
Fax 089 - 53 81 99 52
info@dreimaskenverlag.de
www.dreimaskenverlag.com
Schwerpunkt: Theaterverlag und Agentur
Programm: Drehbücher, Hörspiele, Kinder- Jugendstücke, Komödien, Krimis, Märchen, Mundart, Musicals, Tragödien, Volksstücke, Zeitstücke
Ms.-Angebote: als Manuskript
Ms.-Rücksendung: ja

Edition Esplanade OHG
Johnsallee 23
20148 Hamburg
Tel. 040 - 41 41 00-0
Fax 040 - 41 41 00-40
contact@sikorski.de
www.sikorski.de
Schwerpunkt: Musikverlag
Programm: Musicals
Ms.-Angebote: als Manuskript
Medium: Papierausdruck
Ms.-Rücksendung: ja

edition gravis Musikverlag
Adolfstr. 71
65307 Bad Schwalbach
Tel. 06124 - 37 19
Fax 06124 - 34 72
editiongravis@online.de
www.editiongravis.de
Schwerpunkt: Theaterverlag, Musikverlag
Programm: E-Musik: a) zeitgenössische Musik (auch Bühnenwerke), b) Erstausgaben klass. Musik
Ms.-Angebote: nach vorheriger telefonischer Anfrage
Medium: Papierausdruck
Ms.-Rücksendung: ja, mit Rückporto

edition modern, Musik- und Bühnenverlag, Musikverlage Hans Wewerka
Elisabethstr. 38
80796 München
Tel. 089 - 27 28 99-0
Fax 089 - 27 28 99-20
office@hwmedia.de
www.wewerka-online.de
Schwerpunkt: Theaterverlag, Musikverlag
Programm: Fernsehspiele, Filmdrehbücher, Hörspiele, Jugendstücke, Komödien, Musicals
Ms.-Angebote: nach vorheriger telefonischer Anfrage
Medium: Papierausdruck
Ms.-Rücksendung: ja, mit Rückporto

Theater-Verlag Eirich Ges.m.b.H.
Verlag für Bühne, Funk und Film
Schulstr. 107
A-2103 Langenzersdorf
Österreich
Tel. +43(2244) - 35 32-0
Fax +43(2244) - 35 32-20
office@theaterverlag-eirich.at
www.theaterverlag.eirich.at
Schwerpunkt: Verlag und Agentur für Medien
Programm: Buchverlag beschränkt auf Musik- und Kinderbücher

Richard Birnbach/Rud. Erdmann Musikverlage
Aubinger Str. 9
82166 Lochham/Gräfelfing
Tel. 089 - 87 54 50
Fax 089 - 871 46 39
Schwerpunkt: Musikverlag, auch Buchverlag, Theaterverlag

Feedback Studio Verlag Köln
Genter Str. 23
50672 Köln
Tel. 0221 - 52 77 63
Fax 0221 - 510 41 39
www.genterstr.hypermart.net/feetback.html
Schwerpunkt: Musikverlag
Programm: Neue (E-)Musik, Zeitschrift Feedback Papers, Feedback CDs

S. Fischer Verlag GmbH
Theater & Medien
Hedderichstr. 114
60596 Frankfurt/Main
Tel. 069 - 606 22 70
Fax 069 - 60 62-355
theater@s-fischer.de
www.fischerverlage.de/page/theater_medien
Schwerpunkt: Theaterverlag und Agentur
Programm: Dramen, Einakter, Hörspiele, Kinder- und Jugendstücke, Komödien, Krimis, Pantomimen, Tragödien
Ms.-Angebote: als Manuskript
Medium: Papierausdruck
Ms.-Rücksendung: nein

Funke & Stertz GmbH
Schulterblatt 58
20357 Hamburg
Tel. 040 - 43 21 61-0
Fax 040 - 43 21 61-20
mail@funke-stertz.de
www.funke-stertz.de
Schwerpunkt: Theaterverlag und
Agentur
Programm: Drehbücher, Fernsehspiele, Filmdrehbücher, Hörspiele

Funkturm Verlag GmbH
Marschnerstr. 14
12203 Berlin
Tel. 030 - 791 10 41
Fax 030 - 79 70 38 89
gl@funkturmverlag.de
www.funkturmverlag.de
Schwerpunkt: Musikverlag

Glocken Verlag GmbH
Oeder Weg 26
60318 Frankfurt/M.
Tel. 069 - 95 52 88 30
Fax 069 - 95 52 88 44
mail@glockenverlag.de
www.glockenverlag.de
Schwerpunkt: Musikverlag
Programm: Musikalien/ Noten und
Verwertungsrechte an Werken
Franz Lehárs
Ms.-Angebote: nach vorheriger telefonischer Anfrage
Medium: Papierausdruck, E-Mail

Glockenverlag Ges.m.b.H
Neulerchenfelder Str. 3-7
A-1160 Wien
Österreich
Tel. +43(0222) - 403 59 91-0
Fax +43(0222) - 403 59 91-13
musik@weinberger.co.at
www.weinberger.co.at
Schwerpunkt: Musikverlag und
Agentur

Grafenstein Verlag
Thuillestr. 9
81247 München
Tel. 089 - 811 92 64
Fax 089 - 811 98 07
Schwerpunkt: Theaterverlag und
Agentur, auch Buchverlag
Programm: Einakter und Kurzspiele
für Kinder, Jugendliche u. Erwachsene, zusammengefasst in Anthologien

HARLEKIN Theaterverlag
Wilhelmstr. 103
72074 Tübingen
Tel. 07071 - 238 58
Fax 07071 - 238 58
volker.quandt@t-online.de
www.harlekintheater.de
Schwerpunkt: Theaterverlag und
Agentur
Programm: Kinder- und Jugendstücke
Ms.-Angebote: als Manuskript
Medium: Papierausdruck
Ms.-Rücksendung: ja, mit Rückporto

Hartmann & Stauffacher Verlag GmbH
Bismarckstr. 36
50672 Köln
Tel. 0221 - 48 53 86
Fax 0221 - 51 54 02
info@hsverlag.com
www.hsverlag.com
Schwerpunkt: Theaterverlag und Agentur
Programm: Drehbücher, Hörspiele, Kinder- und Jugendstücke, Komödien, Zeitstücke

HELBLING Verlagsgesellschaft m.b.H.
Kaplanstr. 9
A-6063 Rum
Österreich
Tel. +43(0)512 - 26 23 33
Fax +43(0)512 - 26 23 112
office@helbling.co.at
www.helbling.com
Schwerpunkt: Musikverlag und Agentur
Programm: Chor, Instrumentalmusik, Deutsch, Frühbeginn Englisch, Musikpädagogik, Musikzeitschrift »mip-Journal«
Lektorat: Englisch: Klaus Mayerl (Programmleitung), DW-122, k.mayerl@helbling.co.at, Musik/Chor: Susanne Hellmuth, DW-127, s.hellmuth@helbling.co.at, »mip-Journal«: Rupert Heim, DW-142, r.heim@helbling.co.at, Online-Betreuung: Georg Spießberger-Eichhorn, DW-120, g.spiessberger-eichhorn@helbling.co.at
Ms.-Interesse: Chor, Musikpädagogik, Musikzeitschrift-Beiträge
Ms.-Angebote: nach vorheriger telefonischer Anfrage, als Manuskript
Medium: Papierausdruck, Diskette, E-Mail
Ms.-Rücksendung: ja

Henschel Theaterverlag GmbH
Marienburger Str. 28
10405 Berlin
Tel. 030 - 44 31 88 88
Fax 030 - 44 31 88 77
verlag@henschel-schauspiel.de
www.henschel-schauspiel.de
Schwerpunkt: Theaterverlag und Agentur
Programm: Dramen, Hörspiele, Drehbücher, Kinder- und Jugendstücke, Märchen, Zeitstücke
Ms.-Angebote: als Manuskript
Medium: Papierausdruck
Ms.-Rücksendung: ja, mit Rückporto

Theaterverlag Hofmann-Paul
Hauptstr. 15
10827 Berlin
Tel. 030 - 78 70 99 40
Fax 030 - 78 71 84 66
mail@theaterverlaghofmann-paul.de
www.theaterverlaghofmann-paul.de
Schwerpunkt: Theaterverlag und Agentur
Programm: Theaterstücke zeitgenössischer Autoren, Jugendstücke,

Kinderstücke, Komödien, Monologe, Schauspiele
Ms.-Angebote: nach vorheriger telefonischer Anfrage
Medium: Papierausdruck
Ms.-Rücksendung: ja, mit Rückporto

Impuls-Theater-Verlag / Buschfunk-Medien
Postfach 1147
82141 Planegg
Tel. 089 - 859 75 77
Fax 089 - 859 30 44
info@buschfunk.de
www.buschfunk.de
Schwerpunkt: Theaterverlag und Agentur, Musikverlag und Agentur, auch Buchverlag
Programm: Clownstücke, Grotesken, Jugendstücke, Kabarett, Kinderstücke, Komödien, Kriminalstücke, Krippenspiele, Kurzspiele, Märchen, Mundartstücke, Musicals, Singspiele, Übersetzungen, Volksstücke, Zeitstücke, Fachverlag für Improvisationstheater
Ms.-Angebote: nach vorheriger telefonischer Anfrage
Medium: Papierausdruck, E-Mail
Ms.-Rücksendung: ja, mit Rückporto

Jussenhoven & Fischer GmbH & Co. KG
Karolingerring 31
50678 Köln
Tel. 0221 - 60 60 56-0
Fax 0221 - 32 56 45
theaterverlag@jussenhoven-fischer.de
www.jussenhoven-fischer.de
Schwerpunkt: Theaterverlag
Programm: Dramen, Fernsehspiele, Hörspiele, Jugendstücke
Ms.-Angebote: nach vorheriger telefonischer Anfrage
Medium: Papierausdruck
Ms.-Rücksendung: ja, mit Rückporto

Österreichischer Bühnenverlag Kaiser & Co.
Am Gestade 5/2
A-1010 Wien
Österreich
Tel. +43(01) - 535 52 22
Fax +43(01) - 535 39 15
office@kaiserverlag.at
www.kaiserverlag.at
Schwerpunkt: Theaterverlag und Agentur, Musikverlag und Agentur
Programm: Drehbücher, Grotesken, Hörspiele, Jugend- und Kinderstücke, Komödien, Kriminalstücke, Melodramen, Monologe, Mundartstücke, Singspiele, Tragödien, Volksstücke, Zeitstücke
Lektorat: Mag. Walter Kootz, kootz@kaiserverlage.at
Ms.-Angebote: als Manuskript
Medium: Papierausdruck
Ms.-Rücksendung: ja, mit Rückporto

**Gustav Kiepenheuer Bühnen-
vertriebs-GmbH**
Schweinfurthstr. 60
14195 Berlin
Tel. 030 - 89 71 84-0
Fax 030 - 823 39 11
info@kiepenheuer-medien.de
www.kiepenheuer-medien.de
Schwerpunkt: Theaterverlag und Agentur (fürn Non-Print-Medien
Programm: Theater, Film, Hörspiel, TV
Lektorat: Anke-E. See
Ms.-Angebote: als Manuskript
Medium: Papierausdruck
Ms.-Rücksendung: ja, mit Rückporto

Wilhelm Koehler Verlag OHG
Ungererstraße 35
80805 München
Tel. 089 - 361 50 26
Fax 089 - 361 51 96
office@wilhelm-koehler-verlag.de
www.wilhelm-koehler-verlag.de
Schwerpunkt: Theaterverlag und Agentur
Programm: Volksstücke, Komödien, Lustspiele, Schwänke, bayerische Dialektstücke
Ms.-Angebote: als Manuskript
Medium: Papierausdruck, Diskette, E-Mail
Ms.-Rücksendung: ja

Kollo Verlage VUVAG GmbH & Co.KG
Geibelstr. 42
12305 Berlin
Tel. 030 - 30 10 00-12
Fax 030 - 30 10 00-15
mkollo@kollo.com
www.kollo.com
Schwerpunkt: Theaterverlag und Agentur, Musikverlag und Agentur
Programm: Musikalische und dramatische Bühnenwerke

**Theaterstückverlag
B. Korn-Wimmer & F. Wimmer**
Mainzer Str. 5
80804 München
Tel. 089 - 36 10 19 47
Fax 089 - 36 10 48 81
info@theaterstueckverlag.de
www.theaterstueckverlag.de
Schwerpunkt: Theaterverlag und Agentur
Programm: Jugendstücke, Kinderstücke, Komödien, Märchen, Mundartstücke, Musicals, Tragödien, Volksstücke, Zeitstücke
Lektorat: Brigitte Korn-Wimmer, Anne Fritsch, Anke Ehlers, Conny Frühauf, Christina Weber
Ms.-Interesse: ungewöhnliche, originelle, auch experimentelle dramatische Texte für Menschen jeden Alters
Ms.-Angebote: als Manuskript
Medium: Papierausdruck, E-Mail
Ms.-Rücksendung: ja

ADRESSEN: Theater- / Musikverlage, Medienagenturen ◁ 193

Litag Theaterverlag GmbH
An der Gete 25
28211 Bremen
Tel. 0421 - 23 18 85
Fax 0421 - 49 06 87
info@litagverlag.de
www.litagverlag.de
Schwerpunkt: Theaterverlag, Agentur
Programm: Übersetzungen aus dem Englischen, Hebräischen u. Niederländischen: Farcen, Jugendstücke, Kinderstücke, Komödien, Kriminalstücke, Märchen, Melodramen, Monologe, Musicals, Stücke mit Musik, Tragödien, Trilogien, Zeitstücke, Vertretung auch junger deutscher Autorinnen u. Autoren
Ms.-Angebote: nach vorheriger telefonischer Anfrage, als Manuskript
Medium: Papierausdruck
Ms.-Rücksendung: ja, mit Rückporto

Karl Mahnke Theaterverlag
Große Str. 108
27283 Verden/Aller
Tel. 04231 - 3011-0
Fax 04231 - 3011-11
info@mahnke-verlag.de
www.mahnke-verlag.de
Schwerpunkt: Theaterverlag
Programm: Einakter, Jugend- und Kinderstücke, Komödien, Krimis, Weihnachtsspiele, Kurzspiele, Märchen, Musicals, Parodien, Possen, Singspiele, Tragödien, Volksstücke, Zeitstücke. Hoch-und niederdeutsch, westfälisch und rheinisch

Lektorat: Dieter Jorschik,
Tel.: 04231 - 30 11-12,
info@mahnke-verlag.de
Ms.-Angebote: als Manuskript
Medium: Papierausdruck, Diskette
Ms.-Rücksendung: ja

Edition Meisel GmbH
Musik- und Bühnenverlage
Wittelsbacherstr. 18
10707 Berlin
Tel. 030 - 88 41 40
Fax 030 - 881 59 78
Schwerpunkt: Theaterverlag, Musikverlag
Programm: Dramen, Einakter, Hörspiele, Jugendstücke, Kinderstücke, Komödien, Kriminalstücke, Krippenspiele, Märchen, Musicals, Operetten, Schwänke, Singspiele, Volksstücke etc.
Ms.-Angebote: als Exposé
Ms.-Rücksendung: ja, mit Rückporto

MundArt-Verlag
Hochreit 14
85617 Aßling
Tel. 08092 - 85 37 16
Fax 08092 - 85 37 17
info@mundart-verlag.de
www.mundart-verlag.de
Schwerpunkt: Theaterverlag
Programm: Mundart und Hochdeutsch: Lustspiele, Komödien, Boulevard, Krimis, Dramen, Märchen, Weihnachtsspiele, Einakter, Sketche

Ms.-Angebote: als Manuskript
Medium: Papierausdruck, Diskette
Ms.-Rücksendung: ja, mit Rückporto

**Musik und Bühne
Verlagsgesellschaft mbH**
Marktplatz 13
65183 Wiesbaden
Tel. 0611 - 30 03 99
Fax 0611 - 37 21 56
Schwerpunkt: Theaterverlag, Musikverlag
Programm: Jugendstücke, Kinderstücke, Komödien, Musicals, Singspiele, Operette, Oper

Ostfriesischer Theaterverlag
Esklumer Str. 60
26810 Westoverledingen
Tel. 0491 - 127 56
Fax 0491 - 127 56
Schwerpunkt: Theaterverlag und Agentur
Programm: Komödien, Jugendstücke, Märchen in Hoch- und Niederdeutsch und Dramen
Ms.-Angebote: als Exposé, als Manuskript
Medium: Papierausdruck, Diskette, CD-ROM
Ms.-Rücksendung: ja, mit Rückporto

Papageno Buch- und Musikalienverlag Ges.m.b.H.
Neulerchenfelder Str. 3-7
A-1160 Wien
Österreich

Tel. +43(0222) - 403 59 91-0
Fax +43(0222) - 403 59 91-13
musik@weinberger.co.at
www.weinberger.co.at
Schwerpunkt: Musikverlag

Pegasus GmbH, Verlag & Agentur
Neue Schönhauserstr. 19
10178 Berlin
Tel. 030 - 284 97 60
Fax 030 - 28 49 76-76
info@pegasus-agency.de
www.pegasus-agency.de
Schwerpunkt: Theaterverlag und Agentur, Musikverlag und Agentur
Programm: Drehbücher, Fernsehspiele, Filmdrehbücher, Hörspiele, Kinder- und Jugendstücke, Komödien, Kriminalstücke, Melodramen, Monologe, Musicals, Tragödien, Übersetzungen, Volksstücke, Zeitstücke
Ms.-Angebote: nach vorheriger telefonischer Anfrage
Medium: Papierausdruck
Ms.-Rücksendung: ja, mit Rückporto

Gerhard Pegler Verlag für Theater, Fernsehen, Hörfunk und Film
Athener Platz 8
81545 München
Tel. 089 - 64 40 88
Fax 089 - 642 35 01
info@pegler-verlag.de
www.pegler-verlag.de
Schwerpunkt: Theaterverlag und Agentur

Ms.-Angebote: nach vorheriger telefonischer Anfrage, als Manuskript
Medium: Papierausdruck
Ms.-Rücksendung: ja, mit Rückporto

Per H. Lauke Verlag
Theater – Film – TV – Radio
Deichstr. 9
20459 Hamburg
Tel. 040 - 30 06 67 90
Fax 040 - 30 06 67 89
lv@laukeverlag.de
Schwerpunkt: Theaterverlag und Agentur
Programm: Dramen, Drehbücher, Fernsehspiele, Fernsehdrehbücher, Hörspiele, Jugendstücke, Monologe, Übersetzungen, Zeitstücke, Schauspiele
Ms.-Angebote: nach vorheriger telefonischer Anfrage, als Manuskript
Medium: Papierausdruck, E-Mail
Ms.-Rücksendung: ja, mit Rückporto

Hans Pero
Bühnen- und Musikverlag
Bäckerstr. 6
A-1010 Wien
Österreich
Tel. +43(01) - 512 34 67
Fax +43(01) - 512 22 69
office@peroverlag.at
www.peroverlag.at
Schwerpunkt: Theaterverlag, Musikverlag

C.F. Peters Musikverlag
GmbH & Co.KG
Kennedyallee 101
60596 Frankfurt/Main
Tel. 069 - 63 00 99-0
Fax 069 - 63 00 99-54
Schwerpunkt: Musikverlag, Agentur
Ms.-Angebote: als Manuskript
Medium: Papierausdruck
Ms.-Rücksendung: ja

Plausus Theaterverlag
Heike Stuch
Kasernenstr. 56
53111 Bonn
Tel. 0228 - 369 48 14
Fax 0228 - 369 48 15
info@plausus.de
www.plausus.de
Schwerpunkt: Theaterverlag und Agentur
Programm: Komödien, Kinderstücke, Weihnachtsstücke, Mundartstücke in plattdeutsch, badischfränkisch, bayrisch, hessisch und schwäbisch
Ms.-Angebote: als Exposé, als Manuskript
Medium: Ausdruck, Diskette, E-Mail
Ms.-Rücksendung: ja

Play Theaterverlag
Hubert von Bechtolsheim
Alter Pfarrhof
84431 Rattenkirchen
Tel. 08082 - 50 50
Fax 08082 - 83 60

hvb.rn@t-online.de
Schwerpunkt: Theaterverlag
Programm: Englischsprachige Stücke in deutscher Übersetzung

Reinehr-Verlag
In den Gänsäckern 9
64367 Mühltal
Tel. 06151 - 14 80 81
Fax 06151 - 14 54 13
Reinehr-Verlag@t-online.de
www.reinehr.de
Schwerpunkt: Theaterverlag, auch Buchverlag
Programm: Abendfüllende Lustspiele, Kurzstücke, Einakter, Kurzszenen, Sketche und gespielte Witze, hoch- und niederdeutsch
Ms.-Interesse: gemäß Programm
Ms.-Angebote: als Manuskript
Medium: Papierausdruck, E-Mail
Ms.-Rücksendung: ja

ROOFMUSIC
Schallplatten- und Verlags GmbH
Prinz-Regent-Str. 50-60
44795 Bochum
Tel. 0234 - 298 78-0
Fax 0234 - 298 78-10
mail@roofmusic.de
www.roofmusic.de
Schwerpunkt: Musikverlag und Agentur
Programm: Hörbuch: Literatur, das klassische Jugendbuch, Musikbücher, Hörspiele
Lektorat: Kristine Meierling

Ms.-Angebote: nach vorheriger telefonischer Anfrage
Medium: Papierausdruck, E-Mail
Ms.-Rücksendung: ja, mit Rückporto

Medienedition Karin Roth
Verlag für Bühne, Fernsehen, Hörfunk, Film
Marienplatz 1
80331 München
Tel. 089 - 29 31 78
Fax 089 - 22 67 57
Schwerpunkt: Verlag und Agentur
Programm: Fernsehspiele, Filmdrehbücher, Hörspiele
Lektorat: Karin Roth
Ms.-Interesse: Fernseh- und Hörspiele
Ms.-Angebote: nach vorheriger telefonischer Anfrage, als Manuskript
Medium: Papierausdruck
Ms.-Rücksendung: ja, mit Rückporto

Rowohlt Theater Verlag
Hamburger Str. 17
21465 Reinbek b. Hamburg
Tel. 040 - 72 72-270
Fax 040 - 72 72-276
theater@rowohlt.de
Schwerpunkt: Theaterverlag und Medienagentur
Programm: Dramen, Kinderstücke, Komödien, Zeitstücke

ADRESSEN: Theater-/Musikverlage, Medienagenturen ◁ 197

Schott Musik International GmbH & Co. KG
Weihergarten 5
55116 Mainz
Tel. 06131 - 246-0
Fax 06131 - 24 62 11
info@schott-musik.de
www.schott-musik.de
Schwerpunkt: Musikverlag, auch Buchverlag
Programm: Noten, Musikbücher, Multimedia-Produkte, Zeitschriften und CD

Thomas Sessler Verlag GmbH
Bühnen und Musikverlag GmbH
Johannesgasse 12
A-1010 Wien (Österreich)
Tel. +43(1) - 512 32 84
Fax +43(1) - 513 39 07
office@sesslerverlag.at
www.sesslerverlag.at
Schwerpunkt: Theaterverlag und Agentur, Musikverlag und Agentur
Programm: Dramen, Einakter, Jugendstücke, Kinderstücke, Kriminalstücke, Märchen, Musicals, Schwänke, Zeitstücke
Ms.-Interesse: Komödien, aktuelle Probleme, Jugendstücke
Ms.-Angebote: als Manuskript

**Bühnen- und Musikverlage Dr. Sikorski KG
Arcadia-Verlag GmbH**
Johnsallee 23
20148 Hamburg
Tel. 040 - 41 41 00-0
Fax 040 - 41 41 00-40
contact@sikorski.de
www.sikorski.de
Schwerpunkt: Musikverlag
Programm: Musicals, Opern, Operetten
Ms.-Angebote: als Manuskript
Medium: Papierausdruck
Ms.-Rücksendung: ja

Skandinavia Verlag oHG
Schweinfurthstr. 60
14195 Berlin
Tel. 030 - 89 71 84-0
Fax 030 - 823 39 11
info@kiepenheuer-medien.de
www.kiepenheuer-medien.de
Schwerpunkt: Theaterverlag und Agentur
Programm: Theater und Hörspiel aus Skandinavien
Lektorat: Marianne Weno
Ms.-Interesse:
Ms.-Angebote: als Manuskript
Medium: Papierausdruck, E-Mail
Ms.-Rücksendung: ja

SMS Theaterverlag
Kornwegerstr. 40
81375 München
Tel. 089 - 714 17 17
Fax 089 - 714 67 83
sms-verlag@t-online.de
www.sms-theaterverlag.com
Schwerpunkt: Theaterverlag und Agentur

Ms.-Angebote: nach vorheriger telefonischer Anfrage, als Manuskript, per Website: bis zu 50% des Textes
Medium: Papierausdruck, E-Mail
Ms.-Rücksendung: ja, mit Rückporto

stückgut Bühnen- und Musikverlag GmbH
Marienplatz 1
80331 München
Tel. 089 - 29 31 78
Fax 089 - 22 67 57
stueckgut@aol.com
Schwerpunkt: Theaterverlag und Agentur, Musikverlag und Agentur
Programm: Moderne Dramen, Klassikerbearbeitungen, Kinder- und Jugendstücke, Komödien, Musicals, Opern, regionale Sprachfassungen, Volksstücke, Wahrnehmung von Aufführungsrechten an Prosatexten
Lektorat: Karin Roth, Gertrud Eberenz-Ufer
Ms.-Angebote: nach vorheriger telefonischer Anfrage
Medium: Papierausdruck
Ms.-Rücksendung: ja, mit Rückporto

Suhrkamp Theater & Medien
Lindenstr. 29-35
60325 Frankfurt/Main
Tel. 069 - 75 60 10
Fax 069 - 756 01-711, -522
theater@suhrkamp.de
Schwerpunkt: Verlag und Agentur für Medien
Programm: Dramen, Einakter, Komödien, Singspiele, Tragödien
Ms.-Angebote: als Exposé
Medium: Papierausdruck
Ms.-Rücksendung: ja

Teiresias Verlag
Kalscheuer Weg U 33
80969 Köln
Tel. 0221 - 368 59 74
Fax 0221 - 368 59 74
mail@teiresiais.de
www.teiresias.de
Schwerpunkt: Theaterverlag und Agentur, auch Buchverlag
Programm: Junge Bühnenstücke, Kindertheater, Hörspiele, Märchen, Zeitstücke, Film- und Fernsehwissenschaft, Literaturwissenschaft, Kunstgeschichte, Religionswissenschaft
Ms.-Angebote: als Exposé
Ms.-Rücksendung: ja, mit Rückporto

MTT Marianne Terplan Theaterverlag
Silcherstr. 23
80807 München
Tel. 089 - 35 66 39 76
Fax 089 - 35 06 37 25
MTTheaterverlag@aol.com
www.mttheaterverlag.de
Schwerpunkt: Theaterverlag
Programm: Schauspiele, Komödien, Kriminalstücke, Bearbeitungen von Klassikern, Stücke mit aktuellen Themen, Kinder- u. Jugendstücke, Musicals u. Klassik für Kinder

Ms.-Interesse: Stücke mit kleiner Besetzung, gute Komödien, Kinderstücke mit kleiner Besetzung (aktuelle Themen), Jugendstücke, Kriminalstücke, Bearbeitungen von Klassikern
Ms.-Angebote: als Manuskript
Medium: Papierausdruck
Ms.-Rücksendung: ja, mit Rückporto

Theaterbörse
Am-Schridde-Matthies-Hof 10
31226 Peine
Tel. 05171 - 98 86 34
Fax 05171 - 98 86 35
theaterboerse@aol.com
www.theaterboerse.de
Schwerpunkt: Theaterverlag
Programm: Theaterstücke aller Art von Amateur-Autoren
Ms.-Angebote: als Manuskript
Medium: E-Mail
Ms.-Rücksendung: nein

TM Theaterverlag München GmbH
Deichstr. 9
20459 Hamburg
Tel. 040 - 30 06 67 80
Fax 040 - 30 06 67 89
tm@theaterverlagmuenchen.de
Schwerpunkt: Theaterverlag und Agentur
Programm: Kinder- und Jugendtheaterstücke
Ms.-Angebote: nach vorheriger telefonischer Anfrage, als Manuskript
Medium: Papierausdruck, E-Mail
Ms.-Rücksendung: ja, mit Rückporto

TOP MUSIC
Musik- und Bühnenverlag
Anna K. Fischer-Stracke
Grabenstr. 7
56745 Bell
Tel. 02652 - 52 71 44
Fax 02652 - 52 71 43
info@top-music-verlag.de
www.top-music-verlag.de
Schwerpunkt: Musikverlag und Agentur, auch Buchverlag
Programm: Musicals, zeitgenössische Komponisten u.a.
Ms.-Angebote: Textprobe von 20 Seiten, als Manuskript
Medium: Papierausdruck
Ms.-Rücksendung: ja

Ullmann Verlag für Film Fernsehen & Theater
Reichskanzlerstr. 14
22609 Hamburg
Tel. 040 - 66 99 62 28
Fax 040 - 66 99 62 26
mail@ullmannverlag.de
Schwerpunkt: Theaterverlag und Medienagentur
Programm: Drehbücher, Fernsehspiele, Filmdrehbücher, Theaterstücke

Universal Edition AG
Bösendorferstr. 12
A-1010 Wien
Österreich
Tel. +43(1) - 337 23-0
Fax +43(1) - 337 23-400
office@universaledition.com
www.universaledition.com
Schwerpunkt: Musikverlag

**Verlag der Autoren
GmbH & Co. KG**
Schleusenstr. 15
60327 Frankfurt/Main
Tel. 069 - 23 85 74-20
Fax 069 - 24 27 76 44
theater@verlag-der-autoren.de
www.verlag-der-autoren.de
Schwerpunkt: Theaterverlag und Agentur
Programm: Theaterstücke deutscher und fremdsprachiger AutorInnen, klassische Stücke in neuen deutschen Übersetzungen, Kinder- u. Jugendstücke, Hörspiele, Fernsehen u. Film

Verlag Autorenagentur
Neue Schönhauserstr. 19
10178 Berlin
Tel. 030 - 284 97 60
Fax 030 - 28 49 76-76
info@verlag-autorenagentur.de
Schwerpunkt: Verlag für Theater
Programm: Kinder- und Jugendtheater, deutsche und skandinavische Dramatik

Lektorat: Boris Priebe,
Bastian Häfner
Ms.-Angebote: nach vorheriger telefonischer Anfrage
Medium: Papierausdruck
Ms.-Rücksendung: ja, mit Rückporto

Vorhangauf.de
Krotzenburger Str. 42
63512 Frankfurt/Main
Tel. 06182 - 72 01
info@vorhangauf.de
www.vorhangauf.de
Schwerpunkt: Theaterverlag und Agentur (Stücke und Portalseite)
Programm: Theaterverlag für neue Stücke und Bearbeitungen literarischer Vorlagen
Lektorat: Thomas Waldkircher
Ms.-Angebote: als Exposé mit Textprobe, als Manuskript
Medium: Papierausdruck, E-Mail

**VVB Vertriebsstelle und Verlag
Deutscher Bühnenschriftsteller
und Bühnenkomponisten GmbH**
Buchweizenkoppel 19
22844 Norderstedt
Tel. 040 - 522 56 10
Fax 040 - 526 32 86
info@vvb.de
www.vvb.de
Schwerpunkt: Musikverlag, Agentur
Programm: Dramen, Jugendstücke, Kinderstücke, Komödien, Krimis, Märchen, Musicals, Tragödien, Volksstücke, Zeitstücke. Mundart:

Niederdeutsch, bayerisch, schwäbisch, schweizerdeutsch
Ms.-Interesse: vor allem Komödien
Ms.-Angebote: nach vorheriger telefonischer Anfrage, als Manuskript
Medium: Papierausdruck, E-Mail
Ms.-Rücksendung: ja, mit Rückporto

Theaterverlag Winfried Wagner
Am Kapf 11
72581 Dettingen an der Erms
Tel. 07123 - 874 94
Fax 07123 - 878 34
winfriedwagner@snafu.de
www.winfriedwagner.de
Schwerpunkt: Theaterverlag und Agentur
Programm: Komödien und Sketchprogramme in hochdeutsch und schwäbischer Mundart
Lektorat: Constanze Deus-Noufal
Ms.-Interesse: keine, wir verlegen nur eigene Stücke

Musikverlag Josef Weinberger GmbH
Oeder Weg 26
60318 Frankfurt/M.
Tel. 069 - 95 52 88 30
Fax 069 - 95 52 88 44
mail@josefweinberger.de
www.josefweinberger.de
Schwerpunkt: Musikverlag und Agentur
Programm: Musikalien, Verwertungsrechte an Werken der Musik, Musikproduktion

Ms.-Angebote: nach vorheriger telefonischer Anfrage
Medium: Papierausdruck, Diskette, E-Mail
Ms.-Rücksendung: nein

Josef Weinberger Wien
Bühnen- und Musikalienverlag GmbH
Neulerchenfelder Str. 3-7
A-1160 Wien
Österreich
Tel. +43(0222) - 403 59 91-0
Fax +43(0222) - 403 59 91-13
musik@weinberger.co.at
www.weinberger.co.at
Schwerpunkt: Musikverlag und Agentur

Verlag für Kindertheater Uwe Weitendorf GmbH
Poppenbütteler Chaussee 53
22397 Hamburg
Tel. 040 - 60 79 09 14
Fax 040 - 607 23 26
kindertheater@verlagsgruppe-oetinger.de
www.kindertheater.de
Schwerpunkt: Theaterverlag und Agentur
Programm: Kinderstücke, Märchen, Musicals für Kinder, Jugendstücke, Kinderopern
Lektorat: Stefanie Wilhelm
Ms.-Angebote: als Exposé mit Textprobe

Whale Songs Communications Verlagsgesellschaft mbh & Co.
Schaartor 1
20459 Hamburg
Tel. 040 - 369 84 50
Fax 040 - 36 98 45 20
mail@whalesongs.de
www.whalesongs.de
Schwerpunkt: Theaterverlag und Agentur, Musikverlag und Agentur
Programm: Komödien, Märchen, Schauspiel, Musiktheater, Kinder- und Jugendtheater, neu bearbeitete Klassiker
Ms.-Angebote: als Exposé mit Textprobe von 10 Seiten
Medium: Papierausdruck, E-Mail
Ms.-Rücksendung: ja

Thespis-Verlag Mario Wohllebe
Rigaer Str. 77
10247 Berlin
Tel. 030 - 426 86 89
thespis@web.de
www.thespis-verlag.de
Schwerpunkt: Theaterverlag und Agentur, Musikverlag und Agentur
Programm: Einakter, Filmscripte, Kinder- und Jugendstücke, Komödien, Puppenspiel, Satiren – können fast alle vollständig online oder offline gelesen werden
Lektorat: Arthur Breitsprecher (Lektor, Julia Tausend, Tilman Tschacher (Übersetzer)
Ms.-Angebote: nach vorheriger telefonischer Anfrage, als Manuskript
Medium: Papierausdruck, Diskette, E-Mail
Ms.-Rücksendung: ja, mit Rückporto

▷ Stückemarkt

Forum für Theaterautoren

Der Berliner Stückemarkt ist seit 26 Jahren das Forum für zeitgenössische Dramatik. Seit drei Jahren ist er auch für europäische Autoren geöffnet. Die Organisatoren der Berliner Festspiele nehmen Manuskripte in allen Sprachen entgegen und lassen sie übersetzen – einzige Bedingung: Die Stücke müssen bisher ungespielt beziehungsweise bei internationalen Texten noch nicht in Deutschland aufgeführt worden sein.

Eine Jury aus Autoren, Dramaturgen und Regisseuren wählt aus allen eingereichten Stücken sechs Arbeiten für den Stückemarkt aus.

Im Rahmen des Theatertreffens im Mai in Berlin richten erfahrene Regisseure und Dramaturgen – unter Mitwirkung der Autoren – szenische Lesungen der ausgewählten Stücke ein. Diese werden dann Zuschauern und Fachpublikum vorgestellt. Im Anschluss an die letzte Lesung wird der Theatertreffen-Förderpreis für neue Dramatik, gestiftet von der Bundeszentrale für politische Bildung, verliehen.

Für weitere Autoren, deren Talent die Jury überzeugt, gibt es auch in diesem Jahr wieder einen einwöchigen Workshop unter der Leitung des Autors und Dramaturgen John von Düffel (Thalia Theater Hamburg).

Bewerber reichen ihren Text in fünf ungebundenen Kopien und auf einem Datenträger ein und fügen eine kurze Zusammenfassung und einen Lebenslauf bei. Unter *www.stueckemarkt.de* steht ein Formblatt als PDF-Datei, das ausgefüllt mitgesandt werden muss. Einsendeschluss ist jeweils Jahresende.

Der Heidelberger Stückemarkt blickt mittlerweile auf eine 20-jährige Geschichte zurück. Dabei geht es um den Autorenpreis des Heidelberger Stückemarktes, der jeweils sechs deutschsprachige Autoren in einem Wettbewerb zusammenführt. Neben den Mülheimer Theatertagen, den Autorentagen in Hannover und dem Stückemarkt beim Berliner Theatertreffen hat sich der 10 Tage dauernde Heidelberger Stückemarkt zu einem wichtigen Forum zeitgenössischer deutschsprachiger Gegenwartsdramatik entwickelt. In der neuen Spielstätte Werkraumtheater in der Zwingerstraße 5 werden als Abendvorstellungen in sogenannten Autorennächten die sechs ausgewählten Wettbewerbsstücke dem Publikum vorgestellt. Eine überregional besetzte Fachjury – in der jeweils die Positionen Kritik, Regie, Autor prominent besetzt sind – verleiht im deutschsprachigen Teil des Stückemarkts zwei Preise, den Autorenpreis des Heidelberger Stückemarktes, und den Autorenpreis der deutschsprachigen Theaterverlage. Zusätzlich wird der Publikumspreis des Heidelberger Stückemarktes vergeben, der das Votum des Publikums für das seiner Meinung nach beste Theaterstück berücksichtigt.

Das Gastspiel-Angebot während des Stückemarktes wurde vergrößert und bietet einen vielseitigen Querschnitt von ausschließlich Erst- bzw. Uraufführungen neuester deutschsprachiger Gegenwartsdramatiker mit anschließendem Publikumsgespräch.

Der Heidelberger Stückemarkt findet ebenfalls im Mai statt. Dieses Forum junger Autoren setzt jeweils einen Schwerpunkt, im Jahr 2005 ist es Ungarns aktuelle Theaterszene. Im Rahmen des Festivals werden auch wieder aktuelle Inszenierungen führender deutscher und internationaler Bühnen im Gastspielprogramm zu sehen sein.

Berliner Festspiele
tt stückemarkt
Yvonne Büdenhölzer
Schaperstraße 24
10719 Berlin
Tel. 030 - 254 89-318, -233
buedenhoelzer@berlinerfestspiele.de

Heidelberger Stückemarkt
Theater der Stadt Heidelberg
Dramaturgie
Friedrichstr. 5
69117 Heidelberg
Tel. 062 21 - 58 35 10
theater@heidelberg.de

ADRESSEN · ADRESSEN · ADRESSEN · ADRESSEN

▷ *Theater*

Komödie Dresden
Freiberger Straße 39
01067 Dresden
Tel. 0351 - 866 41 40
Fax 0351 - 866 41 50
info@komoedie-dresden.de
www.komoedie-dresden.de
Intendanz: Jürgen Wölffer / Jürgen Mai
Dramaturgie: Sigrun Harder, Heike Jack
Inszenierungen p.a.: 6

Staatsschauspiel Dresden
Theaterstraße 2
01067 Dresden
Tel. 0351 - 49 13-50
Fax 0351 - 49 13 981
dramaturgie@staatsschauspiel-dresden.de
www.staatsschauspiel-dresden.de
Intendanz: Holk Freytag
Dramaturgie: Andrea Koschwitz (Chefdramaturgin, andrea.koschwitz@staatsschauspiel-dresden.de)
Ms.-Angebote: ausschließlich über Theaterverlag/Agentur

Theater der Jungen Generation
Meißner Landstraße 4
01157 Dresden
Tel. 0351 - 429 12 27
Fax 0351 - 429 14 01
dramaturgie@tjg-dresden.de
www.tjg-dresden.de
Intendanz: Dietrich Kunze
Dramaturgie: Felicitas Loewe (Chefdramaturgin, cd@tjg-dresden.de), Kerstin Behrens (kerstin.behrens@tjg-dresden.de)
Inszenierungen p.a.: ca. 16 Premieren

Landesbühnen Sachsen
Meißner Straße 152
01445 Radebeul
Tel. 0351 - 8954-0
Fax 0351 - 8954-201
info@dresden-theater.de
www.dresden-theater.de
Intendanz: Christian Schmidt
Dramaturgie: Gisela Zürner (Musik), Uta Girod (Schauspiel), Rike Reiniger (Theaterpädagogin/Dramaturgin), Ina Steinel (Theaterpädagogin)
Inszenierungen p.a.: 17 Neuinszenierungen, 24 Wiederaufnahmen

Ms.-Angebote: ausschließlich über Theaterverlag/Agentur
Medium: Papierausdruck
Ms.-Rücksendung: ja

Neue Bühne – Niederlausitzer Theaterstädtebund
Rathenaustraße 6-8
01968 Senftenberg
Tel. 03573 - 801-0
Fax 03573 - 792334
dramaturgie@theater-senftenberg.de
www.theater-senftenberg.de
Intendanz: Sewan Latchinian
Dramaturgie: Gisela Kahl (Chefdramaturgin, Dw -222)
Ms.-Angebote: ausschließlich über Theaterverlag/Agentur

Deutsch-Sorbisches Volkstheater Bautzen
Seminarstraße 12
02625 Bautzen
Tel. 03591 - 584-0
Fax 03591 - 443 83
www.theater-bautzen.de
Intendanz: Lutz Hillmann
Dramaturgie: Eveline Günther (Chefdramaturgin)
Inszenierungen p.a.: ca. 22

Gerhart-Hauptmann-Theater
Theaterring 12
02763 Zittau
Tel. 03583 - 77 05 12
Fax 03583 - 5121 79
info@theater-zittau.de
www.theater-zittau.de
Intendanz: Roland May
Dramaturgie: Brigitte Ostermann (Chefdramaturgin), Alexander Schmidt
Inszenierungen p.a.: 10-12
Ms.-Interesse: Demokratie, Deutschtum, Gesellschaftsordnung (2-5 Personen; Studio)
Ms.-Angebote: als Exposé
Medium: E-Mail
Ms.-Rücksendung: ja, mit Rückporto

Theater Görlitz
Demianiplatz 2
02826 Görlitz
Tel. 03581 - 4747-0
Fax 03581 - 4747-36
info@theater-goerlitz.de
www.theater-goerlitz.de
Intendanz: Hr. Dr. Wieler
Ms.-Angebote: ausschließlich über Theaterverlag/Agentur

Staatstheater Cottbus
Lausitzer Str. 33
03046 Cottbus
Tel. 0355 - 782 41 03
Fax 0355 - 79 13 33
dramaturgie@staatstheater-cottbus.de
www.staatstheater-cottbus.de
Intendanz: Martin Schüler
Dramaturgie: Dr. Kerstin Retemeyer (Chefdramaturgin), Dr. Carola Böhnisch, Bettina Jantzen, Bernhard Lenort, Dr. Thomas Spieckermann

Schauspiel Leipzig
Bosestraße 1
04109 Leipzig
Tel. 0341 - 1268-0
Fax 0341 - 9804853
dramaturgie@schauspiel-leipzig.de
www.schauspiel-leipzig.de
Intendanz: Wolfgang Engel
Dramaturgie: Dr. Michael Raab (Chefdramaturg)

Theater der Jungen Welt
Lindenauer Markt 21
04177 Leipzig
Tel. 0341 - 486 60-20
Fax 0341 - 477 29 94
m.schiffner@theaterderjungenwelt leipzig.de
www.theaterderjungenweltleipzig.de
Intendanz: Jürgen Zielinski
Dramaturgie: Marion Firlus (Chefdramaturgin) Matthis Schiffner

**neues theater /
schauspiel halle**
Große Ulrichstraße 51
06108 Halle - Saale
Tel. 0345 - 20 50-0
Fax 0345 - 20 50-115
kontakt@neues-theater-halle.de
www.nt-schauspiel-halle.de
Intendanz: Peter Sodann
Dramaturgie: Erhard Preuk (preuk@nt-schauspiel-halle.de)
Inszenierungen p.a.: 10
Ms.-Angebote: ausschließlich über Theaterverlag/Agentur
Medium: Papierausdruck, E-Mail
Ms.-Rücksendung: ja

Thalia Theater Halle
Thaliapassage
06108 Halle - Saale
Tel. 0345 - 20 40 50 oder
0345 - 29 21 70
Fax 0345 - 202-4357 oder
0345 - 292 17 38
pietrowsky@thaliatheaterhalle.de
www.thaliatheaterhalle.de
Intendanz: Annegret Hahn
Inszenierungen p.a.: 10-12
Ms.-Interesse: Kinder- u. Jugendtheaterstücke
Ms.-Angebote: ausschließlich über Theaterverlag/Agentur
Medium: Papierausdruck, E-Mail
Ms.-Rücksendung: ja, mit Rückporto

Landesbühne Sachsen-Anhalt
An der Landwehr 5
06295 Lutherstadt Eisleben
Tel. 03475 - 66 99-0
Fax 03475 - 66 99-21
info@theater-eisleben.de
www.theater-eisleben.de
Intendanz: Ulrich Fischer
Ms.-Angebote: nach vorheriger telefonischer Anfrage, als Manuskript
Medium: Papierausdruck
Ms.-Rücksendung: ja, wenn angefragt

Anhaltisches Theater Dessau
Friedensplatz 1 a
06844 Dessau
Tel. 0340 - 25 11-0
Fax 0340 - 25 11-213
dramaturgie@anhaltisches-
theater.de
www.anhaltisches-theater.de
Intendanz: Johannes Felsenstein, Generalintendant
Dramaturgie: Udo Salzbrenner (Chefdramaturg, Dw -217), Ronald Müller (Dw -326), Ernstgeorg Hering (Dw -440)
Inszenierungen p.a.: 15 (6 Musiktheater, 2 Tanztheater, 7 Schauspiele)

Theater Altenburg-Gera
Küchengartenallee 2
07548 Gera
Tel. 0365 - 827 90
Fax 0365 - 827 92 62
dramaturgie@theaterl.altenburg.gera.de
www.theater.altenburg.gera.de
Intendanz: Dr. sc. Eberhard Kneipel
Dramaturgie: Dagmar Kunze (Chefdramaturgin, Dw -200), Katharina Rosenkranz (Dw -265), Ingrid Fischer (Dw -192)
Inszenierungen p.a.: ca. 18
Ms.-Angebote: ausschließlich über Theaterverlag/Agentur

Theater-Plauen-Zwickau
Gewandhausstr. 7
08056 Zwickau
Tel. 03741 - 28 13-4830
Fax 03741 - 28 13-4809
info@theater-plauen-zwickau.de
www.theater-plauen-zwickau.de
Intendanz: Dr. Ingolf Huhn
Dramaturgie:
Chefdramaturgin: Annelen Hasselwander (0375 - 83-4820, hasselwander@theater-plauen-zwickau.de), Schauspieldramaturgie: Carolin Eschenbrenner (03741 - 2813-4808, dramaturgie@theater-plauen-zwickau.de), Dramaturgie Musiktheater: Birgit Eckenweber (0375 - 83-4608, eckenweber@theater-plauen-zwickau.de)
Inszenierungen p.a.: 19 Neuinszenierungen + 4 Puppentheater (2004/2005)
Ms.-Angebote: nach vorheriger telefonischer Anfrage, als Exposé
Medium: E-Mail
Ms.-Rücksendung: nein

Städtische Theater Chemnitz
Käthe-Kollwitz-Straße 7
09111 Chemnitz
Tel. 0371 - 6969-5
Fax 0371 - 6969-699
dramaturgie@theater-chemnitz.de
www.theater-chemnitz.de
Intendanz: Rolf Stiska
Schauspieldirektor: Katja Paryla

Eduard-von-Winterstein-Theater Annaberg
Buchholzer Straße 67
09456 Annaberg-Buchholz
Tel. 03733 - 1407-0
Fax 03733 - 1407-150
theater@winterstein-theater.de
www.winterstein-theater.de
Intendanz: Steffen Senger
Dramaturgie: Michael Eccavius (Chefdramaturg), Silvia Giese (Schauspiel)
Inszenierungen p.a.: Musiktheater: 5, Schauspiel: 5, Freilicht: 2, Studio: 4
Ms.-Angebote: ausschließlich über Theaterverlag/Agentur
Medium: E-Mail
Ms.-Rücksendung: nein

Mittelsächsische Theater und Philharmonie
Borngasse 1-3
09599 Freiberg
Tel. 03731 - 35 82-0
Fax 03731 - 234 06
freiberg@mittelsaechsisches-theater.de
www.mittelsaechsisches-theater.de
Intendanz: Mark Schönwasser-Görke
Dramaturgie: Dr. sc. Roland Dressler (Chefdramaturg)

Berliner Ensemble
Theater am Schiffbauerdamm
Bertholt-Brecht-Platz 1
10117 Berlin
Tel. 030 - 284 08-0
dramaturgie@berliner-ensemble.de
www.berliner-ensemble.de
Intendanz: Claus Peymann
Dramaturgie: Hermann Beil, Jutta Ferbers, Hermann Wündrich

Deutsches Theater und Kammerspiele Berlin
Schumannstraße 13 a
10117 Berlin
Tel. 030 - 28 44 10
Fax 030 - 282 41 17
dramaturgie@deutschestheater.de
www.deutschestheater.de
Intendanz: Bernd Wilms
Ms.-Angebote: ausschließlich über Theaterverlag/Agentur

Maxim Gorki Theater
Am Festungsgraben 2
10117 Berlin
Tel. 030 - 202 21-0
Fax 030 - 20 22 13-65
dramaturgie@gorki.de
www.gorki.de
Intendanz: Volker Hesse
Dramaturgie: Annette Reber (Chefdramaturgin, Dw -370), Gesine Schmidt, Remsi Alkhalisi
Ms.-Angebote: als Exposé, Textprobe von 10 Seiten
Medium: Papierausdruck oder E-Mail
Ms.-Rücksendung: ja, mit Rückporto

Volksbühne
Rosa-Luxemburg-Platz
Linienstr. 227
10178 Berlin
Tel. 030 - 240 65-620
Fax 030 - 247 67-25
dramaturgie@volksbuehne-berlin.de
www.volksbuehne-berlin.de
Intendanz: Frank Castorf

**carrousel-Theater
an der Parkaue**
An der Parkaue 29
10367 Berlin
Tel. 030 - 557752-0

HT 21 - Hansa-Theater
Alt-Moabit 48
10555 Berlin
Tel. 030 - 39 83 74-0
Fax 030 - 39 83 74-50
www.hansatheater-berlin.de
Intendanz: Sven-Eric Archut und Christian Alexander Schnell (Direktoren)
Inszenierungen p.a.: 7

GRIPS Theater Berlin
Altonaer Straße 22
10557 Berlin
Tel. 030 - 39 74 74 15
Fax 030 - 39 74 74 28
info@grips-theater.de
www.grips-theater.de
Intendanz: Volker Ludwig
Dramaturgie: Fabian Scheidler (fabianscheidler@grips-theater.de), Georg Kistner (georgkistner@grips-theater.de)

Tribüne
Otto-Suhr-Allee 18
10585 Berlin
Tel. 030 - 341-9001
Fax 030 - 341-1686
info@tribuene-berlin.de
www.tribuene-berlin.de
Intendanz: Ingrid Keller, Rainer Behrend
Inszenierungen p.a.: 4
Ms.-Angebote: nach vorheriger telefonischer Anfrage, als Manuskript
Ms.-Rücksendung: ja, mit Rückporto

Renaissance-Theater
Knesebeckstraße 100
10623 Berlin
Tel. 030 - 315 97 3-0
Fax 030 - 315 57 340
info@renaissance-theater.de
www.renaissance.theater.de
Intendanz: Horst-H. Filohn
Dramaturgie: Gundula Reinig (Dw -23, reinig@renaissance.theater.de)
Ms.-Angebote: nach vorheriger telefonischer Anfrage
Ms.-Rücksendung: ja

Vaganten Bühne Berlin
Kantstraße 12 a
10623 Berlin
Tel. 030 - 3124529
Fax 030 - 313-3483

Vaganten@t-online.de
www.Vaganten.de
Intendanz: Rainer Behrend,
Jens-Peter Behrend
Dramaturgie: Jens-Peter Behrend
Inszenierungen p.a.: 4-5

Schaubühne am Lehniner Platz
Kurfürstendamm 153
10709 Berlin
Tel. 030 - 890 02-129
Fax 030 - 890 02-195
www.schaubuehne.de
Künstlerische Leitung: Sasha Waltz,
Thomas Ostermeier, Jens Hillje,
Jochen Sandig
(kl@schaubuehne.de)

Komödie
Kurfürstendamm 206
10719 Berlin
Tel. 030 - 88 59 11-0
Fax 030 - 88 59 11-40
info@komoedie-berlin.de
www.komoedie-berlin.de
Intendanz: Martin Woelffer
Dramaturgie: Andrea Weidmann
Inszenierungen p.a.: ca. 6
Ms.-Angebote: nach vorheriger
telefonischer Anfrage
Medium: E-Mail
Ms.-Rücksendung: nein

Theater am Kurfürstendamm
Kurfürstendamm 209
10719 Berlin
Tel. 030 - 885911-0

Fax 030 - 88 59 11-40
info@komoedie-berlin.de
www.komoedie-berlin.de
Intendanz: Martin Woelffer
Dramaturgie: Andrea Weidmann
(Dw -51, weidmann@komoedie-
berlin.de)
Inszenierungen p.a.: ca. 5
Ms.-Angebote: nach vorheriger
telefonischer Anfrage
Medium: E-Mail
Ms.-Rücksendung: nein

**Kleines Theater am
Südwestkorso Berlin**
Südwestkorso 64
12161 Berlin
Tel. 030 - 8212-021
Fax 030 - 8212-417

Schloßpark-Theater
Schloßstraße 48
12165 Berlin
Tel. 030 - 700 969-0
Fax 030 - 700 969 11
jennifer.moos@stageholding.de
www.schlossparktheater.com
Intendanz: Andreas Gergen
Dramaturgie: Jenniger Moos
(Dw -16), Kerstin Schweiger
(Dw -18)
Inszenierungen p.a.: 4
Ms.-Angebote: ausschließlich über
Theaterverlag/Agentur, als Exposé
Medium: Papierausdruck, E-Mail
Ms.-Rücksendung: nein

Hans-Otto-Theater Potsdam
Berliner Straße 27 A
14467 Potsdam
Tel. 0331 - 98 11-0
Fax 0331 - 98 11-280

Brandenburger Theater
Grabenstraße 14
14776 Brandenburg
Tel. 03381 - 511-0
Fax 03881 - 511-160
info@Brandenburgertheater.de
www.Brandenburgertheater.de
Intendanz: Christian Kneisel

Uckermärkische Bühnen
Berliner Straße 46-48
16303 Schwedt / Oder
Tel. 03332 - 538-0
Fax 03332 - 538-164
www.theater-schwedt.de

Theater und Orchester GmbH Neubrandenburg/Neuststrelitz
Schauspielhaus Neubrandenburg
Pfaffenstraße 22
17033 Neubrandenburg
Tel. 0395 - 569 98 11-19
Fax 0395 - 582 61 79
www.landestheater-mecklenburg.de
Intendanz: Ralf-Peter Schulze
Dramaturgie: Matthias Wolf
(Leitender Dramaturg, wolf@
landestheater-mecklenburg.de)
Inszenierungen p.a.: 9
Ms.-Angebote: ausschließlich über Theaterverlag/Agentur
Medium: E-Mail

Landestheater Mecklenburg
Friedrich-Ludwig-Jahn-Straße 14
17235 Neustrelitz
Tel. 03981 - 277-0
Fax 03981 - 20 54 35

Vorpommersche Landesbühne
Leipziger Allee 34
17389 Anklam
Tel. 03971 - 20 89-10
Fax 03971 - 20 89-24
www.theater-anklam.de
Intendanz: Wolfgang Bordel
Dramaturgie: Falk Schneider (Dw -35, f.schneider@theater-anklam.de)
Inszenierungen p.a.: 18
Ms.-Interesse: Jugendtheater in großer Besetzung, Komödienstoffe in kleiner Besetzung, Theater für den ländlichen Raum, Kabarett-Texte, Kinderstücke in kleiner Besetzung, Varieté-Stücke für unser Theaterzelt
Ms.-Angebote: als Exposé
Medium: Papierausdruck, E-Mail
Ms.-Rücksendung: ja

Volkstheater Rostock
Patriotischer Weg 33
18057 Rostock
Tel. 0381 - 381-4600
Fax 0381 - 381-4619
vtrinfo@rostock.de
Intendanz: Steffen Piontek
Dramaturgie: Cornelia Oehme
(Dw -4634, cornelia.oehme.vtr@...),
Görg Hückler (Dw -4726),
Grit van Dyk (Dw -4633)

ADRESSEN: Theater ◁ 213

Theater Vorpommern
Olof-Palme-Platz
18439 Stralsund
Tel. 03831 - 26 46-113
Fax 03831 - 26 46-105
theater@t-online.de
www.theater-vorpommern.de
Intendanz: Rüdiger Bloch,
ab 1.8.2005: Anton Nekovar

Mecklenburgisches Staatstheater Schwerin
Alter Garten 2
19055 Schwerin
Tel. 0385 - 53 00-0
Fax 0385 - 53 00-200
info@theater-schwerin.de
www.theater-schwerin.de
Intendanz: Jochen Kümmritz
Schauspiel-Direktor: Peter Dehler
(lange@theater-schwerin.de)

Mecklenburgisches Landestheater Parchim
Blutstraße 16
19370 Parchim
Tel. 03871 - 62 91-0
Fax 03871 - 62 91-111
dramaturgie@mlt.de
www.mlt-parchim.de
Intendanz: Thomas Ott-Albrecht
Dramaturgie: Katja Mickam
(Dw -102)
Ms.-Angebote: als Exposé,
als Manuskript
Medium: Papierausdruck
Ms.-Rücksendung: nein

Thalia-Theater
Alstertor
20095 Hamburg
Tel. 040 - 328 14-0
Fax 040 - 328 14-212
dramaturgie@thalia-theater.de
www.thalia-theater.de
Intendanz: Ulrich Khuon
Dramaturgie: Michael Börgerding
(Chefdramaturg), Sonja Anders,
John von Düffel, Juliane Koepp,
Christa Müller, Christine Ratka

Deutsches Schauspielhaus
Kirchenallee 39
20099 Hamburg
Tel. 040 - 248 71-119
Fax 040 - 248 71-411
dramaturgie@schauspielhaus.de
www.schauspielhaus.de
Intendanz: Tom Stromberg
Dramaturgie: Michael Eberth
(Chefdramaturg), Anna Haas,
Jan Hein

Hamburger Kammerspiele
Hartungstraße 9-11
20146 Hamburg
Tel. 040 - 44 12 36 60
Fax 040 - 44 12 36 70
schumacher@hamburger-kammerspiele.de
www.hamburger-kammerspiele.de
Intendanz: Axel Schneider
Dramaturgie: Anja Del Caro,
Evelyn Maake
Inszenierungen p.a.: 5-6

Ms.-Angebote: ausschließlich über Theaterverlag/Agentur
Ms.-Rücksendung: nein

Ohnsorg-Theater
Große Bleichen 25
20354 Hamburg
Tel. 040 - 35 08 03-0
Fax 040 - 35 08 03-43
info@ohnsorg.de
www.ohnsorg.de
Intendanz: Christian Seeler
Dramaturgie: Manfred Hinrichs (Dw -29, hinrichs@ohnsorg.de), Cornelia Stein (Dw -34, stein@ohnsorg.de)
Inszenierungen p.a.: 7 plus Weihnachtsmärchen
Ms.-Angebote: als Manuskript
Medium: Papierausdruck
Ms.-Rücksendung: ja, mit Rückporto

Imperial Theater
Reeperbahn 5
20359 Hamburg
Tel. 040 - 31 75-121
Fax 040 - 31 75-234

St. Pauli-Theater
Spielbudenplatz 29-30
20359 Hamburg
Tel. 040 - 313901
www.st-pauli-theater.de
Direktion: Thomas Collien, Ulrich Waller
Ms.-Angebote: als Manuskript
Medium: Papierausdruck
Ms.-Rücksendung: nein

Das Schiff
Hamburgs Kulturdampfer
Holzbrücke 2 - Nikolaifleet
20459 Hamburg
Tel. 040 - 696 50 560
Fax 040 - 696 50 595
www.theaterschiff.de

Theater Lüneburg
An den Reeperbahnen 3
21335 Lüneburg
Tel. 04131 - 470 47
Fax 04131 - 40 42 10
dramaturgie@theater-lueneburg.de
www.theater-lueneburg.de
Intendanz: Jan Aust
Dramaturgie:
Kurt-Achim.Koeweker@theater-lueneburg.de (04131 - 752-213), Susanne Bieler@theater-lueneburg.de (04131 - 752-228)
Inszenierungen p.a.: 12
Ms.-Angebote: ausschließlich über Theaterverlag/Agentur
Medium: E-Mail
Ms.-Rücksendung: nein

Ernst-Deutsch-Theater
Ulmenau 25
22087 Hamburg
Tel. 040 - 22 70 14-0
Fax 040 - 22 70 14-48
dramaturgie@ernst-deutsch-theater.de
www.ernst-deutsch-theater.de
Intendanz: Volker Lechtenbrink
Dramaturgie: Sonja Valentin (Chef-

dramaturgin), Esther Wagner
(Dramaturgin, Theaterpädagogin)
Inszenierungen p.a.: 8
Ms.-Interesse: Jugendstücke zu den
Themen: Liebe, Krieg, Terrorismus
Ms.-Angebote: nach vorheriger telefonischer Anfrage, als Exposé
Medium: Papierausdruck, E-Mail
Ms.-Rücksendung: ja

Kampnagel Hamburg
Jarrestraße 20
22303 Hamburg
Tel. 040 - 27 09 49-0
Fax 040 - 27 09 49-11
www.kampnagel.de
Intendanz: Gordana Vnuk
Dramaturgie: Branko Brezovec,
Dr. Kerstin Evert, Eva Maria Stüting
Ms.-Angebote: nach vorheriger telefonischer Anfrage
Medium: Papierausdruck
Ms.-Rücksendung: ja

Altonaer Theater
Museumstraße 17
22765 Hamburg
Tel. 040 - 399 05-876
Fax 040 - 399 05-594
mail@altonaer-theater.de
www.altonaer-theater.de

Theater für Kinder
Max-Brauer-Allee 76
22765 Hamburg
Tel. 040 - 38 25 38
Fax 040 - 389 29 21

theater_fuer_kinder@t-online.de
www.theater-fuer-kinder.de
Intendanz: Uwe Deeken
Dramaturgie: Claus Gutbier
(Tel. 040 - 38 02 38-13)
Inszenierungen p.a.: 2-3
Ms.-Angebote: als Manuskript
Medium: Papierausdruck
Ms.-Rücksendung: ja, mit Rückporto

Lübecker Theater GmbH
Beckergrube 16
23552 Lübeck
Tel. 0451 - 70 88-0
Fax 0451 - 70 88-102
theater@luebeck.de
www.theaterluebeck.de
Inszenierungen p.a.: 12
Ms.-Angebote: als Manuskript
Medium: Papierausdruck, E-Mail
Ms.-Rücksendung: ja

Theater Kiel
Schauspielhaus Kiel
Holtenauer Str. 103
24105 Kiel
Tel. 0431 - 901-39 14
Fax 0431 - 901-639 15
www.theater-kiel.de
Schauspielintendanz: Daniel Karasek

Schleswig-Holsteinisches Landestheater
Lollfuß 53
24837 Schleswig
Tel. 04621 - 96 70-0
Fax 04621 - 96 70-82

kontakt@sh-landestheater.de
www.sh-landestheater.de
Intendanz: Michael Grosse
Dramaturgie: Renate Liedtke-Fritzsch (Chefdramaturgin, Dw -31), Martin Vohringer (Schauspiel, Tel. 04331 - 14 00 32), Dietmar Langberg (Musik, Tel. 0461 - 141 00 32)
Ms.-Angebote: ausschließlich über Theaterverlag/Agentur
Medium: E-Mail

Oldenburgisches Staatstheater
Theaterwall 28
26122 Oldenburg
Tel. 0441 - 22 25-0
dramaturgie@staatstheater-ol.niedersachsen.de
www.oldenburg.staatstheater.de
Intendanz: Rainer Mennicken
Dramaturgie: Andreas Frane (Dw -203), Astrid Reibstein (Dw -204), Matthias Grön (Dw -134)
Inszenierungen p.a.: ca. 25
Ms.-Angebote: ausschließlich über Theaterverlag/Agentur
Medium: Papierausdruck, E-Mail
Ms.-Rücksendung: ja

Landesbühne Niedersachsen-Nord
Virchowstraße 44
26382 Wilhelmshaven
Tel. 04421 - 9401-0
Fax 04421 - 9401-45
info@landesbuehne-nord.de
www.landesbuehne-nord.de

Intendanz: Gerhard Hess
Dramaturgie: Sibille Hüholt (Dw -17, sibillehueholt@landesbuehne-nord.de), Christoph Batscheider (Dw -18, christop@batscheider@landesbuehne-nord.de)
Inszenierungen p.a.: 13
Ms.-Angebote: nach vorheriger telefonischer Anfrage

Stadttheater Bremerhaven
Theodor-Heuss-Platz
27568 Bremerhaven
Tel. 0471 - 482 06-0
Fax 0471 - 482 06-482
kontakt@stadttheaterbremerhaven.de
www.stadttheaterbremerhaven.de
Intendanz: Peter Grisebach
Dramaturgie: Andreas Strähnz (Chefdramaturg, Dw -274)
Inszenierungen p.a.: 10-12 Schauspielproduktionen
Ms.-Angebote: über Theaterverlag/Agentur, nach vorheriger telefonischer Anfrage, als Manuskript
Medium: E-Mail
Ms.-Rücksendung: nein

Bremer Theater
Am Goetheplatz 1-3
28203 Bremen
Tel. 0421 - 3653-0
Fax 0421 - 3653-202
dramaturgie@bremertheater.com
www.bremertheater.com
Intendanz: Prof. Dr. Klaus Pierwoß

Dramaturgie: Joachim Klement (Chefdramaturg und Stellv. Intendant, Dw -308, jklement@...), Dr. Ralf Waldschmidt (Musiktheater, Dw -208, rwaldschmidt@...), Dr. Patricia Stöckelmann (Tanztheater, Dw -235, pstoeckelmann@...), Sonja Bachmann (Schauspiel, Dw -310, sbachmann@...), Christine Richter-Nilsson (Schauspiel, Dw -307, cnilsson@...), Silke Lange (Kinder- und Jugendtheater »moks«, Dw -446, slange@...)
Inszenierungen p.a.: ca. 20
Ms.-Angebote: ausschließlich über Theaterverlag/Agentur
Medium: Papierausdruck, E-Mail
Ms.-Rücksendung: ja

THEATER 62 Bremen e.V.
Geschäftsst. Plettenberger Weg 11
28205 Bremen
Tel. 0421 - 49 08 99
Fax 0421 - 49 40 646
www.theater62bremen.de

Das Theater aus Bremen – Das TAB
Einbecker Straße 1
28207 Bremen
Tel. 0421 - 434 04 40
Fax 0421 - 434 04 80

MARTH's (im Waldau-Theater)
Waller Heerstraße 165
28219 Bremen
Tel. 0421 - 386 17-0
Fax 0421 - 38 19 47

Intendanz: Klaus Marth, Susanne Marth
Inszenierungen p.a.: 8

Schloß-Theater Celle
Schloßplatz 1
29221 Celle
Tel. 05141 - 90 50 80
Fax 05141 - 90 50 844
dramaturgie@schlosstheater-celle.de
www.schlosstheater-celle.de
Intendanz: Karin H. Veit
Dramaturgie: Astrid Reck, Wolfgang Nitsch
Inszenierungen p.a.: Hauptbühne: 10, Malersaal: 6
Ms.-Angebote: ausschließlich über Theaterverlag/Agentur

Landesbühne Hannover
Bultstraße 7
30159 Hannover
Tel. 0511 - 28 28 28-0
Fax 0511 - 28 10 43
www.landesbuehne-hannover.de
Intendanz: Jörg Gade
Dramaturgie: Carola von Gradulewski (v.vongradulewski@landesbuehne-hannover.de)

Neues Theater
Georgstraße 54
30159 Hannover
Tel. 0511 - 36 30 01
Fax 0511 - 32 87 38
www.neuestheater-hannover.de
info@neuestheater-hannover.de

Niedersächsische Staatstheater Hannover
Schauspielhaus
Prinzenstraße 9
30159 Hannover
Tel. 0511 - 99 99-2002
Fax 0511 - 99 99-1900
www.staatstheater-hannover.de
Intendanz: Wilfried Schulz
Dramaturgie: Regina Guhl
(regina.guhl@schauspielhaus.de)

Stadttheater Hildesheim
Theaterstraße 6
31141 Hildesheim
Tel. 05121 - 1693-0
Fax 05121 - 1693-93
dramaturgie@stadttheater-hildesheim.de
www.stadttheater-hildesheim.de
Intendanz: Dr. Urs Bircher
Dramaturgie: Barbara Ellenberger (Chefdramaturgin, Dw -64, b.ellenberger@stadttheater-hildesheim.de), Vivica Bocks (Schauspiel, Dw -69, v.bocks@...), Roland Mörchen (Musiktheater, Dw -54, r.moerchen@...)
Inszenierungen p.a.: 13 großes Haus + diverse kleine Projekte
Ms.-Angebote: ausschließlich über Theaterverlag/Agentur
Ms.-Rücksendung: ja

Landestheater Detmold
Theaterplatz 1
32756 Detmold
Tel. 05231 - 974-60
Fax 05231 - 974-701
www.landestheater-detmold.de
Intendanz: Ulf Reiher
Dramaturgie: Bettina Ruczynski (Leiterin der Dramaturgie, b.ruczynski@landestheater-detmold.de)

Westfälische Kammerspiele Paderborn
Theater am Rathausplatz
33098 Paderborn
Tel. 05251 - 88 26 34
Fax 05251 - 88 26 44
Dramaturgie@Kammerspiele-paderborn.de
www.Kammerspiele-paderborn.de
Intendanz: Dr. Merula Steinhardt-Unseld
Dramaturgie: Maren Simoneit, Jörg Uhl

Theater Bielefeld
Brunnenstraße 8
33602 Bielefeld
Tel. 0521 - 51-2502
Fax 0521 - 51-3430
www.theater-bielefeld.de
Geschäftsf. Dramaturg: Uwe Bautz (uwe.bautz@bielefeld.de)
Dramaturgie: Monika Gysel (monika.gysel@...), Gerd Muszynski (gerd.muszynski@...)

Theaterlabor im TOR 6
Hermann-Kleinewächter-Str. 4
33602 Bielefeld
Tel. 0521 - 28 78 56
Fax 0521 - 28 65 43
info@theaterlabor.de
www.theaterlabor.de
Intendanz: Siegmar Schröder
(Künstlerischer Leiter)
Ms.-Angebote: nach vorheriger telefonischer Anfrage
Medium: Papierausdruck
Ms.-Rücksendung: ja, mit Rückporto

Staatstheater Kassel
Friedrichsplatz 15
34117 Kassel
Tel. 0561 - 10 94 - 0
Fax 0561 - 10 94 - 204
info@staatstheater-kassel.de
www.staatstheater-kassel.de
Intendanz: Thomas Bockelmann
Dramaturgie: Horst Busch (Chefdramaturg, busch@staatstheater-kassel.de)
Ms.-Angebote: ausschließlich über Theaterverlag/Agentur
Medium: E-Mail
Ms.-Rücksendung: nein

Hessisches Landestheater – Marburger Schauspiel
Am Schwanenhof 68-72
35037 Marburg
Tel. 06421 - 99 02-31
Fax 06421 - 99 02-41

Stadttheater Gießen
Berliner Platz
35390 Gießen
Tel. 0641 - 79 57-17
Fax 0641 - 79 57-80
www.stadttheater-giessen.de
Intendanz: Cathérine Miville
Dramaturgie: Anne-Kathrin Güter
(Dw -845)
Ms.-Angebote: ausschließlich über Theaterverlag/Agentur
Medium: Papierausdruck, E-Mail
Ms.-Rücksendung: ja

Deutsches Theater in Göttingen
Theaterplatz 11
37073 Göttingen
Tel. 0551 - 49 69-0

Junges Theater Göttingen
Hospitalstraße 6
37073 Göttingen
Tel. 0551 - 49 50 15
Fax 0551 - 495 01 77
info@junges-theater.de
www.junges-theater.de
Intendanz: Andreas Döring
(doering@junges-theater.de)
Dramaturgie: Peter Hilton Fliegel
(0551 - 495 01 64, fliegel@junges-theater.de)
Inszenierungen p.a.: 10
Ms.-Angebote: nach vorheriger telefonischer Anfrage, als Manuskript
Medium: Papierausdruck, E-Mail
Ms.-Rücksendung: ja, mit Rückporto

Staatstheater Braunschweig
Am Theater
38100 Braunschweig
Tel. 0531 - 484-2700
Fax 0531 - 484-2727
service@staatstheater-braunschweig.de
www.staatstheater-braunschweig.de
Intendanz: Wolfgang Gropper
Dramaturgie: Matthias Schubert, Cordula Engelbert, Konstanze Wolgast, Harald Markert, Charlotte Schulze, Johanna Kusche
Inszenierungen p.a.: ca. 30 insgesamt; Schauspiel + Kinder- und Jugendtheater: ca. 15
Ms.-Angebote: ausschließlich über Theaterverlag/Agentur

Nordharzer Städtebundtheater
Spiegelstraße 20 a
38820 Halberstadt
Tel. 03941 - 69 65-0
Fax 03941 - 226 52
info@nordharzer-staedtebundtheater.de
www.nordharzer-staedtebundtheater.de
Intendanz: André Bücker
Dramaturgie: Aud Merkel (Musik, Dw -47, a.merkel@nordharzer-staedtebundtheater.de)
Inszenierungen p.a.: 19
Ms.-Angebote: nach vorheriger telefonischer Anfrage
Medium: E-Mail
Ms.-Rücksendung: nein

Theater Magdeburg
Universitätsplatz 9
39104 Magdeburg
Tel. 0391 - 540-6402
Fax 0391 - 540-6599

Theater der Altmark
Karlstraße 6
39576 Stendal
Tel. 03931 - 635-6
Fax 03931 - 635-707
mutig@tda-stendal.de
www.tda-stendal.de
Intendanz: Markus Dietze
Inszenierungen p.a.: 16

Komödie Düsseldorf GmbH
Steinstr. 23
40210 Düsseldorf
Tel. 0211 - 30 70 14
Fax 0211 - 39 68 63
Intendanz: Helmuth Fuschl, Paul Haizmann
Dramaturgie: Lars Prinz, Daniela Picha
Inszenierungen p.a.: 7
Ms.-Angebote: als Manuskript

Düsseldorfer Schauspielhaus
Gustaf-Gründgens-Platz 1
40211 Düsseldorf
Tel. 0211 - 85 23-0
Fax 0211 - 85 23-119
dramaturgie@duesseldorfer-schauspielhaus.de
Inszenierungen p.a.: 17
Ms.-Angebote: ausschließlich über Theaterverlag/Agentur

Theater an der Kö
Heinrich-Heine-Allee 33
40213 Düsseldorf
Tel. 0211 - 30 06 30 50
Fax 0211 - 30 06 30 59
info@theateranderkoe.de
Intendanz: René Heinersdorff
Inszenierungen p.a.: 5

Theateratelier Takelgarn Düsseldorf
Philipp-Reis-Str.
Haus Nr. 10
40215 Düsseldorf
Tel. 0211 - 31 29 93
Fax 0211 - 33 06 99

Rheinisches Landestheater Neuss
Drususallee 8
41460 Neuss
Tel. 02131 - 26 99-0
Fax 02131 - 26 99-44
info@rlt-neuss.de
www.rlt-neuss.de
Intendanz: Ulrike Schanko
Dramaturgie: Johannes Blum (Chefdramaturg), Bettina Maurer (ab 1.4.05)

Theaterkeller Neuss
Preußenstr. 16
41464 Neuss
Tel. 02131 - 820 52
Fax 01212 - 510 47 89 40
www.theaterkeller-neuss.de

Wuppertaler Bühnen GmbH
Bundesallee 260
42103 Wuppertal
Tel. 0202 - 563-4261
Fax 0202 - 563-8078
marketing@wuppertaler-buehnen.de
www.wuppertaler-buehnen.de
Intendanz: Gerd Leo Kuck
Dramaturgie: Wilfried Harlandt (Schauspiel, Dw -5336), Dr. Karin Bohnert (Oper, Dw -4166)
Inszenierungen p.a.: 15

Comödie Wuppertal
Friedrichstr. 39
42105 Wuppertal
Tel. 0202 - 75 95 500
Fax 0202 - 75 95 755
www.comoedie-wuppertal.de
Inszenierungen p.a.: 6
Ms.-Angebote: als Manuskript
Medium: Papierausdruck
Ms.-Rücksendung: ja, mit Rückporto

Westdeutsches Tourneetheater Remscheid
Bismarckstraße 138
42859 Remscheid
Tel. 02191 - 322 85
Fax 02191 - 34 37 98
www.wtt-remscheid.de

Theater Dortmund
Kuhstraße 12
44137 Dortmund
Tel. 0231 - 50-0
Fax 0231 - 50-22479
www.theaterdo.de
Schauspieldirektion: Michael Gruner

Westfälisches Landestheater
Europaplatz 10
44575 Castrop-Rauxel
Tel. 02305 - 16 17
Fax 02305 - 124 22

Schauspielhaus Bochum
Königsallee 15
44723 Bochum
Tel. 0234 - 3333-194
Fax 0234 - 3333-119
schauspielhaus@bochum.de
www.schauspielhausbochum.de
Intendanz: Matthias Hartmann
Dramaturgie: Klaus Missbach
(Geschäftsführender u. leitender
Dramaturg), Thomas Oberender
(Leitender Dramaturg), Viola
Eckelt, Andreas Erdmann,
Martin Fendrich

Comödie Bochum
Ostring 25
44787 Bochum
Tel. 0234 - 96 10 00
Fax 0234 - 121 94
www.comoedie-bochum.de

**Theater der Gezeiten im
Theaterhaus Ecce Homo**
Hunscheidtstraße 154
44789 Bochum
Tel. 0234 - 9 53 61 85
Fax 0231 - 8 63 36 51
www.theater-der-gezeiten.de

Theater Total
Hunscheidtstrasse 154a
44789 Bochum
Tel. 0234 - 97 31 673
Fax 0234 - 77 31 801
www.theatertotal.de
Intendanz: Barbara Wollrath-Kramer
Inszenierungen p.a.: 2
Ms.-Angebote: über Theaterverlag/
Agentur oder nach vorheriger telefonischer Anfrage
Medium: Papierausdruck
Ms.-Rücksendung: ja

Thealozzi
Pestalozzistr. 21
44793 Bochum
Tel. 0234 - 1 75 90
Fax 0234 - 68 45 01
www.thealozzi.de
Inszenierungen p.a.: ca. 14

Prinz-Regent-Theater
Prinz-Regent-Straße 50-60
44795 Bochum
Tel. 0234 - 77 11 17
Fax 0234 - 77 14 28
info@prinzregent-theater.de
www.prinzregenttheater.de

Intendanz: Sibylle Broll-Pape
Dramaturgie: Freya Paschen
Inszenierungen p.a.: ca. 6
Ms.-Angebote: nach vorheriger telefonischer Anfrage
Medium: Papierausdruck
Ms.-Rücksendung: ja, mit Rückporto

Volksbühne Bochum
Kemnader Straße 138
44797 Bochum-Stiepel
Tel. 0234 - 47 23 87
Fax 0234 - 47 23 87
www.volksbuehne-bochum.info

Studiobühne
Musisches Zentrum
44801 Bochum
Tel. 0234 - 32-22836
Fax 0234 - 32-14708
www.ruhr-uni-bochum.de/mz-theater
Intendanz: Karin Freymeyer
Ms.-Angebote: über Theaterverlag/ Agentur oder nach vorheriger telefonischer Anfrage
Medium: E-Mail

Zauberkasten – Theater für Zauberei und Kleinkunst
Lothringer Str. 36
44805 Bochum
Tel. 0234 - 866235
www.zauber-kasten.de

Constantin Musik Theater
Herner Straße 299
44809 Bochum
Tel. 0234 - 9 53 60 60
Fax 0234 - 9 53 60 60
www.constantin-theater.de
Intendanz: Slvia Stutzmann (Künstlerische Leitung)
Inszenierungen p.a.: 2
Ms.-Interesse: Musiktheater
Ms.-Angebote: als Exposé
Medium: E-Mail

Theater Thespis
Baaker Mulde 3
44879 Bochum
Tel. 0234 - 47 31 73
www.theater-thespis.de
Intendanz: Dr. Ronald Knierim
Inszenierungen p.a.: 2-3 Neuinszenierungen

Theater im Rathaus
Porscheplatz 1
45127 Essen
Tel. 0201 - 245 55-24
Fax 0201 - 245 55-99
www.theater-im-rathaus.de

Schauspiel Essen
Theaterplatz 7/11
45127 Essen
Tel. 0201 - 81 22-310
Fax 0201 - 81 22-112
www.theater-essen.de
Intendanz: Jürgen Bosse
Dramaturgie: Susanne Abbrederis

(Chefdramaturgin), Dr. Almuth Voß (almuth.voss@schauspiel-essen.de), Julia Reich (julia.reich@schauspiel-essen.de)

Theater Oberhausen
Ebertstraße 82
46045 Oberhausen
Tel. 0208 - 857 80
Fax 0208 - 242 92
www.theater-oberhausen.de
Intendanz: Johannes Lepper

Landestheater Burghofbühne
Luisenstraße 173
46537 Dinslaken
Tel. 02064 - 540 88
Fax 02064 - 170 86

Comödie Duisburg
Tonhallenstr. 5
47051 Duisburg
Tel. 0203 - 28 55 880
Fax 0203 - 28 07 888
www.comoedie-duisburg.de
Inszenierungen p.a.: 6
Ms.-Angebote: als Manuskript
Medium: Papierausdruck
Ms.-Rücksendung: ja, mit Rückporto

Schloßtheater Moers
Kastell 6
47441 Moers
Tel. 02841 - 20 17 30
Fax 02841 - 20 13 50
schlosstheater@moers.de
www.moers.de

Intendanz: Ulrich Greb
Dramaturgie: Erpho Bell (02841 - 20 17 32, erpho.bell@moers.de), Joachim Henn (02841 - 173 03065, joachim.henn@moers.de)

Vereinigte Städtische Bühnen Krefeld und Mönchengladbach
Theaterplatz 3
47798 Krefeld
Tel. 02151 - 805-0
Fax 02151 - 805-137
dramturgie@theater-kr-mg.de
www.theater-krefeld-moenchengladbach.de
Intendanz: Jens Pesel
Dramaturgie: Jörg Huwer (Ltd. Dramaturg Schauspiel), Vera Ring (Schauspiel u. Musical)

Städtische Bühnen Münster
Neubrückenstraße 63
48143 Münster
Tel. 0251 - 5909-0
Fax 0251 - 5909-202

Wolfgang-Borchert-Theater
Hafenweg 6-8
48155 Münster
Tel. 0251 - 400 19
Fax 0251 - 400 10
wbt@muenster.de
www.wolfgang-borchert-theater.de
Intendanz: Ewa Teilmans
Dramaturgie: Heike Kortenkamp (0251 - 399 07 12), Luise Schönthaler (0251 - 399 07 15)

Inszenierungen p.a.: Neuinszenierungen: 7, Übernahmen: 3-4
Ms.-Angebote: über Theaterverlag/Agentur oder nach vorheriger telefonischer Anfrage
Medium: E-Mail

Städtische Bühnen Osnabrück
Domhof 10-11
49074 Osnabrück
Tel. 0541 - 76 00-00
Fax 0541 - 76 00-103
info@theater.osnabrueck.de
www.theater.osnabrueck.de
Intendanz: Holger Schultze

Bühnen der Stadt Köln
Offenbachplatz
50667 Köln
Tel. 0221 - 2212-0
Fax 0221 - 2212-8210
susanne.kuehne@stadt-koeln.de
www.buehnenkoeln.de
Intendanz: Marc Günther
Dramaturgie: Heike Frank (Chefdramaturgin, Dw -8202, heike.frank@stadt-koeln.de), Ruth Bader (Dw -8201, ruth.bader@stadt-koeln.de), Konrad Knieling (Dw -7314, konrad.knieling@stadt-koeln.de), Jörg Vorhaben (Dw -8315, joerg.vorhaben@stadt-koeln.de), Susanne Kühne (Sekretariat, Dw -7327, susanne.kuehne@stadt-koeln.de)
Inszenierungen p.a.: 17

Ms.-Angebote: ausschließlich über Theaterverlag/Agentur
Medium: E-Mail

Theater am Dom
Glockengasse 11
50667 Köln
Tel. 0221 - 258 01 55
Fax 0221 - 258 01 56

Comedia Colonia Theater
Löwengasse 7-9
50676 Köln
Tel. 0221 - 24 76 50

Ömmes & Oimel in der Comedia Colonia Theater GmbH
Löwengasse 7-9
50676 Köln
Tel. 0221 - 399 60 21
info@oemmesundoimel.de
www.oemmesundoimel.de
Intendanz: Catharina Fillers

Theater der Keller
Kleingedankstraße 6
50677 Köln
Tel. 0221 - 31 80 59
Fax 0221 - 31 41 10
www.theater-der-keller.de
Intendanz: Meinhard Zanger
Dramaturgie: Andrea Bartsch

**Grenzlandtheater des
Kreises Aachen**
Friedrich-Wilhelm-Platz 5/6
52062 Aachen
Tel. 0241 - 474 61-0
Fax 0241 - 474 61-23
Inszenierungen p.a.: 8
Ms.-Angebote: ausschließlich über
Theaterverlag/Agentur
Ms.-Rücksendung: nein

Stadttheater Aachen
Hubertusstraße 2-8
52064 Aachen
Tel. 0241 - 47 84 - 1
Fax 0241 - 47 84 - 200
www.theater-aachen.de
Intendanz: Dr. Paul Esterhazy,
ab Juli 2005: Michael Schmitz-
Aufterbeck
Dramaturgie: Heike Wintz (Chef-
dramaturgin, Dw -424), Christina
Meißner (Musik, Dw -438),
Kai Weßler (Musik, Dw -428),
Lukas Popovic (Musik und Schau-
spiel, Dw -422), Kay Wuschek
(Schauspiel, Dw -433)
Inszenierungen p.a.: 27

Contra-Kreis-Theater
Am Hof 3-5
53113 Bonn
Tel. 0228 - 63 23 07
Fax 0228 - 63 60 81
www.contra-kreis-theater.de

**Kleines Theater im Park –
Bad Godesberg**
Koblenzer Straße 78
53177 Bonn
Tel. 0228 - 36 28 39
Fax 0228 - 35 38 17
info@kleinestheater-
badgodesberg.de
www.kleinestheater-
badgodesberg.de
Intendanz: Walter Ullrich
Dramaturgie: Marcel Krohn
(0228 - 35 43 80, Krohn@kleines-
badgodesberg.de)
Inszenierungen p.a.: 6
Ms.-Angebote: ausschließlich über
Theaterverlag/Agentur

Theater Bonn
Am Michaelshof 9
53177 Bonn
Tel. 0228 - 778-001
Fax 0228 - 778-370
theater@bonn.de
http://theaterbonn.bgp.de
Intendanz: Klaus Weise (General-
intendant), Roman Kofman,
Johann Kresnik

Junges Theater Bonn
Herrmannstr.50
53225 Bonn
Tel. 0228 - 46 36 72
Fax 0228 - 973 94 63
seibert@jt-bonn.de
www.jt-bonn.de
Intendanz: Moritz Seibert

Inszenierungen p.a.: 4-5
Ms.-Interesse: Kinder- und Jugendtheater
Ms.-Angebote: nach vorheriger telefonischer Anfrage, als Exposé oder Manuskript
Medium: E-Mail
Ms.-Rücksendung: ja, mit Rückporto

Theater Trier
Am Augustinerhof
54290 Trier
Tel. 0651 - 718-0
Fax 0651 - 718-3466
www.theater-trier.de
theater@trier.de
Intendanz: Gerhard Weber
Dramaturgie: Peter Oppermann (Chefdramaturg), Sylvia Martin

Staatstheater Mainz
Gutenbergplatz 7
55116 Mainz
Tel. 06131 - 28 51-159
Fax 06131 - 28 51-333
info@staatstheater-mainz.de
www.staatstheater-mainz.de
Intendanz: Georges Delnon
Dramaturgie: Andreas Natternann (Chefdramaturg), Stephanie Beyer, Cornelia Steinwachs

Theater der Stadt Koblenz
Clemensstraße 1
56068 Koblenz
Tel. 0261 - 129-2801 / -2870
Fax 0261 - 129-2800
Kbb-koblenz@rz-online.de
www.theater-koblenz.de
Intendanz: Annegret Ritzel
Dramaturgie: Bernd Dreßen, Heribert Germeshausen, Stefan Kroner
Inszenierungen p.a.: ca. 20
Ms.-Angebote: nach vorheriger telefonischer Anfrage
Medium: E-Mail

Landesbühne Rheinland-Pfalz
Theaterplatz 3
56564 Neuwied
Tel. 02631 - 222 88
Fax 02631 - 204 79
info@landesbuehnerheinland-pfalz.de
www.landesbuehnerheinland-pfalz.de
Intendanz: Walter Ullrich
Dramaturgie: Marcel Krohn (0228 - 35 43 80)
Inszenierungen p.a.: Eigenproduktionen: 9, Fremdproduktionen: 9
Ms.-Angebote: ausschließlich über Theaterverlag/Agentur

Theater Hagen
Elberfelder Straße 65
58095 Hagen
Tel. 02331 - 207-3210
Fax 02331 - 207-2446
theater@stadt-hagen.de
www.theater.hagen.de
Intendanz: Rainer Friedemann
Dramaturgie: Dr. Christian Wild-

hagen (Dw -3279), Stefan Klawitter (Dw -3273), Barbara Hüchting (Dw -3207)
Inszenierungen p.a.: Musiktheater: 9, Weihnachtsmärchen: 1, Kinder- u. Jugendtheater: 3-5
Ms.-Angebote: als Exposé
Medium: E-Mail

Die Komödie
Neue Mainzer Straße 14-18
60311 Frankfurt am Main
Tel. 069 - 28 43 30
Fax 069 - 28 48 38
info@diekomoedie.de
Intendanz: Prof. Claus Helmer
Inszenierungen p.a.: 4-5

Fritz-Rémond-Theater im Zoo
Alfred-Brehm-Platz 16
60316 Frankfurt am Main
Tel. 069 - 44 40 04
Fax 069 - 495 09 69
info@fritzremond
www.fritzremondtheater.de
Intendanz: Prof. Claus Helmer
Inszenierungen p.a.: 6
Ms.-Angebote: ausschließlich über Theaterverlag/Agentur
Ms.-Rücksendung: ja, mit Rückporto

schauspielfrankfurt
Neue Mainzer Str. 17
60311 Frankfurt am Main
Tel. 069 - 21 24 52 63
Fax 069 - 21 243 71 60
info@schauspielfrankfurt.de
www.schauspielfrankfurt.de
Intendanz: Dr. Elisabeth Schweeger
Dramaturgie: Jens Groß (Chefdramaturg), Sibylle Baschung, Dr. Claus Caesar

TAF – Theater Alte Feuerwache e.V. Geschäftsstelle
Am Hempler 3
61231 Bad Nauheim
Tel. 06032 - 80 43 47
Fax 06032 - 80 43 48
TAF@Badehaus2.de
www.taf-badehaus2.de
Intendanz: Stefan Wendt (Vorsitz.)
Inszenierungen p.a.: 3

Theater in Medias Res
Rodenbacher Chaussee 6
63457 Hanau
Tel. 06181 - 9060-1250
Fax 06181 - 9060-2301
www.theater-in-medias-res.com
Intendanz: Anja Ihringer, Thomas Waldkircher
Dramaturgie: Thomas Waldkircher (Dw -1252)
Ms.-Angebote: als Eposé mit Textprobe, als Manuskript
Medium: Papierausdruck, E-Mail
Ms.-Rücksendung: nein

Staatstheater Darmstadt
Georg-Büchner-Platz 1
64283 Darmstadt
Tel. 06151 - 2811-1
Fax 06151 - 2811-226

info@staatstheater-darmstadt.de
www.staatstheater-darmstadt.de
Intendanz: John Dew
Dramaturgie: Dr. Helga Utz (Leitung, Dw -311, utz@staatstheater-darmstadt.de), Astrid Biesemeier (Schauspiel, Dw -307, biesemeier@staatstheater-darmstadt.de), Karin Dietrich (Oper und Konzert, Dw -309, dietrich@staatstheater-darmstadt.de), Matthias Lösch (Schauspiel, Dw -312, loesch@staatstheater-darmstadt.de)
Inszenierungen p.a.: 21

Neue Bühne Darmstadt
Frankfurter Landstr. 195-197
64291 Darmstadt
Tel. 06151 - 42 22 05
Fax 06151 - 31 87 69
kontakt@neue-buehne.de
www.neue-buehne.de

**Die Komoedie –
Theater am Platanenhain**
Bessunger Straße 125
64295 Darmstadt
Tel. 06151 - 335 55
Fax 06151 - 335 00
info@die-komoedie-tap.de
www.die-komoedie-tap.de
Intendanz: Dieter Rummel
Inszenierungen p.a.: Abendprogramm: 4, Kinderprogramm: 2
Ms.-Angebote: ausschließlich über Theaterverlag/Agentur

Hessisches Staatstheater Wiesbaden
Christian-Zais-Straße 3-5
65189 Wiesbaden
Tel. 0611 - 132-1
Fax 0611 - 132-337
www.staatstheater-wiesbaden.de
Intendanz: Dr. Manfred Beilharz (Dw -271)
Dramaturgie: Leitung: Dr. Dagmar Borrmann (Dw -271, d.borrmann@staatstheater-wiesbaden.de), Irma Dohn (Dw -265, i.dohn@staatstheater-wiesbaden.de); Dramaturgin: Carola Hannusch (Dw -266, c.hannusch@staatstheater-wiesbaden.de)
Inszenierungen p.a.: 12 Premieren, 15 Wiederaufnahmen (Spielzeit 2004/2005)

Saarländisches Staatstheater
Schillerplatz 1
66111 Saarbrücken
Tel. 0681 - 3092-0
Fax 0681 - 3092-214
dramaturgie@theater-saarbruecken.de
www.theater-saarbruecken.de
Intendanz: Kurt Josef Schildknecht
Dramaturgie: Matthias Kaiser (Chefdramaturg)

Prinzregenten-Theater GmbH
Prinzregentenstraße 45
67063 Ludwigshafen
Tel. 0621 - 52 52 40
Fax 0621 - 62 46 84
info@prinzregenten-theater.de
www.prinzregenten-theater.de
Intendanz: Bernhard Dropmann
Dramaturgie: Bernhard Dropmann

Theater Alte Werkstatt
Wormser Str. 109
67227 Frankenthal
Tel. 06233 - 365-667
Fax 06233 - 365-668
info@tawfrankenthal.de
www.tawfrankenthal.de
Intendanz: Paul Brands
Inszenierungen p.a.: 6
Ms.-Interesse: Komödien, Volksstücke mit aktuellen gesellschaftlichen Themen
Ms.-Angebote: nach vorheriger telefonischer Anfrage
Medium: Papierausdruck, E-Mail
Ms.-Rücksendung: ja

Pfalztheater Kaiserslautern
Willi-Brandt-Platz 4-5
67657 Kaiserslautern
Tel. 0631 - 36 75-0
Fax 0631 - 36 75-235
info@pfalztheater.bv-pfalz.de
www.pfalztheater.de
Intendanz: Johannes Reitmeier
Dramaturgie: Christina Alexandridis (Chefdramaturgin)
Inszenierungen p.a.: 22

Komödianten Mannheims
Qu 2 Nr. 14
68161 Mannheim
Tel. 0621 -108 61
Fax 0621 -156 56 03

Nationaltheater Mannheim
Mozartstraße 9
68161 Mannheim
Tel. 0621 - 16 80-0
Fax 0621 - 16 80-258 (Kartenfax)
www.nationaltheater.de
Intendanz: Ulrich Schwab
Dramaturgie: Schauspiel: Hans-Peter Frings, Dietmar Böck, Sylvia Schmidt; PR u. Dispos. Schauspiel: Christian Schönfelder

Theater der Stadt Heidelberg
Theaterstr. 4
69117 Heidelberg
Tel. 06221 - 58-3502
Fax 06221 - 58-3599
www.theaterheidelberg.de
Intendanz: Günther Beelitz
Dramaturgie: Dagmar Dornrös, Lorenz Hippe, Stephanie Junge, Peter Junkuhn

Staatstheater Stuttgart
Oberer Schloßgarten 6
70173 Stuttgart
Tel. 0711 - 20 32-0
Fax 0711 - 20 32-389
www.staatstheater.stuttgart.de
Intendanz: Friedrich Schirmer

Altes Schauspielhaus und Komödie im Marquardt
Kleine Königstraße 9
70178 Stuttgart
Tel. 0711 - 225 94-0
Fax 0711 - 225 94-19
info@schauspielhaus-komoedie.de
www.schauspielhaus-komoedie.de
Intendanz: Dr. Carl Philip von Maldeghem
Dramaturgie: Annette Weinmann (Dw -24, a.weinmann@schauspielhaus-komoedie.de)
Inszenierungen p.a.: AS: 7, KiM: 5, versch. Zusatz- u. Sonderprogramme
Ms.-Angebote: ausschließlich über Theaterverlag/Agentur
Medium: Papierausdruck, E-Mail
Ms.-Rücksendung: nein, sofern unverlangt eingeschickt

Theater Dimbeldu
Auricher Strasse 13
71665 Vaihingen
Tel. 07042 - 81 58 33
www.dimbeldu.de

Landestheater Württemberg-Hohenzollern
Eberhardstraße 6
72072 Tübingen
Tel. 07071 - 1592-0
Fax 07071 - 1592-70
Nachname@landestheater-tuebingen.de
www.landestheater-tuebingen.de
Intendanz: Simone Sterr

Dramaturgie: Anna Haas, Volker Schubert, Dr. Inge Zeppenfeld
Inszenierungen p.a.: Abendprogramm: 12, Kinder- und Jugendtheater: 6
Ms.-Angebote: nach vorheriger telefonischer Anfrage
Medium: Papierausdruck
Ms.-Rücksendung: ja, mit Rückporto

Theater der Stadt Aalen
Ulmer Straße 130
73430 Aalen
Tel. 07361 - 37 93 13
Fax 07361 - 37 93 20
www.theateraalen.de
Intendanz: Simone Sterr
Dramaturgie: Winfried Tobias (tobias@theateraalen.de)

Württembergische Landesbühne Esslingen
Ritterstraße 11
73728 Esslingen
Tel. 0711 - 3512-3050
Fax 0711 - 3512-3080
www.wlb-esslingen.de
Intendanz: Manuel Soubeyrand
Dramaturgie: Katrin Enders (Chefdramaturgin, Dw -3064), Friedrich Greiner (Dw -3066), Reiner Müller (Dw -3067)
Inszenierungen p.a.: ca. 20
Ms.-Angebote: ausschließlich über Theaterverlag/Agentur
Medium: Papierausdruck
Ms.-Rücksendung: ja, mit Rückporto

Stadttheater Heilbronn
Berliner Platz 1
74072 Heilbronn
Tel. 07131 - 56-3000
Fax 07131 - 56-3139
Intendanz: Dr. Martin Roeder-Zerndt
Dramaturgie: Dr. Martina Michelsen, Peter Helling
Inszenierungen p.a.: ca. 12 Eigenproduktionen (6 Gastspiele: Oper und Tanz)
Ms.-Angebote: ausschließlich über Theaterverlag/Agentur
Medium: Papierausdruck
Ms.-Rücksendung: ja

Stadttheater Pforzheim
Am Waisenhausplatz 5
75172 Pforzheim
Tel. 07231 - 39 14 88
Fax 07231 - 39 14 85
theater@stadt-pforzheim.de
www.theater-pforzheim.de
Inszenierungen p.a.: 20
Ms.-Angebote: ausschließlich über Theaterverlag/Agentur
Ms.-Rücksendung: nein

Kammertheater Karlsruhe
Karl-Friedrich-Straße 24
76133 Karlsruhe
Tel. 0721 - 231 11 (Kasse)
0721 - 241 33 (Büro)
Fax 0721 - 203 11 38
www.Kammertheater-Karlsruhe@t-online.de

Intendanz: Heidi Vogel-Reinsch
Inszenierungen p.a.: 7
Ms.-Interesse: Geplant sind weiterhin klassisches Boulevard, Charakterkomödie, Musikalische Komödie, Zeitgenössische Komödie, Kinder- und Jugendtheater, Kabarett und Gastspiele.

Sandkorn Theater
Kaiserallee 11
76133 Karlsruhe
Tel. 0721 - 84 89 84
Fax 0721 - 85 33 21
info@sandkorn-theater.de
Intendanz: Prof. Dr. h.c. Siegfried Kreiner
Dramaturgie: Steffi Lackner, Erik Rastetter, Prof. Dr. h.c. Siegfried Kreiner
Inszenierungen p.a.: 11
Ms.-Angebote: nach vorheriger telefonischer Anfrage, als Exposé
Medium: E-Mail
Ms.-Rücksendung: nein

Theater die Insel
Karlstraße 49 b
76133 Karlsruhe
Tel. 0721 - 37 32 57
Fax 0721 - 35 67 71

Badisches Staatstheater Karlsruhe
Baumeisterstraße 11
76137 Karlsruhe
Tel. 0721 - 3557-0
Fax 0721 - 37 32 23

Intendanz: Achim Thorwald
Dramaturgie: Knut Weber (Schauspieldirektor, Dw -267),
Carolin Losch, Tilman Neuffer, Gabriele Rebholz (Dw -192)
Ms.-Angebote: nach vorheriger telefonischer Anfrage, als Manuskript
Medium: Papierausdruck, E-Mail
Ms.-Rücksendung: nein

Theater der Stadt Baden-Baden
Solmstraße 1
76530 Baden-Baden
Tel. 07221 - 932 75-0
Fax 07221 - 932 75-5
theater@baden-baden.de
www.theater-baden-baden.de
Intendanz: Nicola May
Dramaturgie: Benjamin Bracher, Judith Uhrich (Assistentin)
Inszenierungen p.a.: 10

Badische Landesbühne
Am Alten Schloß 24
76646 Bruchsal
Tel. 07251 - 727-0
Fax 07251 - 727-46
dramaturgie@dieblb.de
www.dieblb.de
Intendanz: Carsten Ramm
Dramaturgie: Angelika Salvisberg, Thomas Vetsch
Inszenierungen p.a.: 12
Ms.-Angebote: ausschließlich über Theaterverlag/Agentur

Theater »Die Färbe«
Schlachthausstraße 24
78224 Singen
Tel. 07731 - 646 46
Fax 07731 - 605 96
diefaerbe@t-online.de
www.diefaerbe.de
Intendanz: Peter Simon
Dramaturgie: Cornelia Hentschel
Inszenierungen p.a.: 4-6

Städtische Bühnen Freiburg
Bertoldstraße 46
79098 Freiburg
Tel. 0761 - 201-28 06
Fax 0761 - 201-28 98
www.theater.freiburg.de
Intendanz: Amélie Niermeyer
Dramaturgie: Christoph Lepschy (Leitung Schauspiel), Josef Mackert

Theater am Martinstor
Kaiser-Joseph-Str. 237
79098 Freiburg
Tel. 0761-2 35 11
Fax 0761-25 212
info@theater-martinstor.de
www.theater-martinstor.de
Intendanz: Nick Haberstich

Deutsche Kammerschauspiele
Martinskirchgässli 4
79346 Endingen
Tel. 07642 - 90 78 80
Fax 07642 - 90 78 89
info@deutsche-kammerschauspiele.de

www.deutsche-
kammerschauspiele.de
Intendanz: Annette Greve
(Direktion), Georg A. Weth
(Künstlerische Leitung)

Komödie im Bayerischen Hof
Promenadeplatz 6
80333 München
Tel. 089 - 29 16 05 30
Fax 089 - 29 16 05 31
info@komoedie-muenchen.de
www.komoedie-muenchen.de
Intendanz: Margit Bönisch
Inszenierungen p.a.: 5-6

Münchner Volkstheater
Briennerstr. 50
80333 München
Tel. 089 - 523 55-0
Fax 089 - 523 55-39
theater@muenchner-
volkstheater.de
www.muenchner-volkstheater.de
Intendanz: Christian Stückl
Dramaturgie: Volker Bürger,
Kilian Engels

Münchner Theater für Kinder
Dachauer Straße 46
80335 München
Tel. 089 - 59 24 11
Fax 089 - 59 73 00
Intendanz: Heinz Redmann

Staatstheater am Gärtnerplatz
Gärtnerplatz 3
80469 München
Tel. 089 - 20241-1
Fax 089 - 20241-237
tickets@st-gaertner.bayern.de
www.staatstheater-am-
gaertnerplatz.de
Intendanz: Prof. Klaus Schultz
Dramaturgie: Klaus Schultz (Chef-
dramaturg, Dw-201), Jan Adamiak
(Geschäftsführender Dramaturg,
Ballettdramaturg, Dw -236),
Susanne Böhm (Musikdramaturgin,
Dw -208, musikdramaturgie@
st-gaertner.bayern.de)

**Kleine Komödie am Max II.
GmbH & Co. KG**
Maximilianstraße 47
80538 München
Tel. 089 - 22 67 65
Fax 089 - 291 33 71
mail@kleinekomoediemuenchen.de
www.kleinekomoediemuenchen.de
Intendanz: Ralf Komorr
Inszenierungen p.a.: 4

Bayerisches Staatsschauspiel
Max-Joseph-Platz 1
80539 München
Tel. 089 - 2185-01
Fax 089 - 2185-2127
dramaturgie@st-schauspiel.bayer.de
www.bayerischesstaatsschauspiel.de
Intendanz: Dieter Dorn
Dramaturgie: Laura Olivi, Andrea

Vilter, Georg Holzer
Inszenierungen p.a.: 18
Ms.-Angebote: als Manuskript
Medium: Papierausdruck, E-Mail
Ms.-Rücksendung: ja

Münchner Kammerspiele
Hildegardstraße 1
80539 München
Tel. 089 - 23 33 68 11
Fax 089 - 23 33 68 12
www.muenchner-kammerspiele.de
Intendanz: Frank Baumbauer,
Christiane Schneider
Dramaturgie: Barbara Mundel
(Chefdramaturgin), Marion Tiedtke,
Marion Hirte, Björn Bicker,
Uticha Marmon (Assistentin),
Laura Jochmann (Sekretariat)

**Blutenburg-Theater –
Münchens Kriminalbühne**
Blutenburgstraße 35
80636 München
Tel. 089 - 123 30 71
Fax 089 - 129 12 70
krimitheater@aol.com
www.blutenburg-theater.de
Intendanz: René Siegel-Sorell
Dramaturgie: Anne-Beate Engelke
Inszenierungen p.a.: 3

Schauburg-Theater der Jugend
Franz-Joseph-Straße 47
80801 München
Tel. 089 - 23721-62, -64
theater@schauburg.net
www.schauburg.net
Intendanz: Georg Podt
Dramaturgie: Mandy Hanke, Peter
Kleiner, Philipp Roos

Stadttheater Ingolstadt
Schloßlände 1
85049 Ingolstadt
Tel. 0841 - 98 13-0
Fax 0841 - 98 13-109
www.theater.ingolstadt.de
Intendanz: Peter Rein
Dramaturgie: Matthias Grätz
(Dw -230)
Inszenierungen p.a.: 16
Ms.-Angebote: ausschließlich über
Theaterverlag/Agentur

Städtische Bühnen Augsburg
Kasernstraße 4-6
86152 Augsburg
Tel. 0821 - 324-1
Fax 0821 - 324-4521
theater@augsburg.de
www.theater1.augsburg.de
Intendanz: Dr. Ulrich Peters
Dramaturgie: Holger Schultze (Leitung Schauspiel), Christoph Maier-Gehring (Chefdramaturg,
christoph.maier-gehring@
augsburg.de)

Landestheater Schwaben
Theaterplatz 2
87700 Memmingen
Tel. 08331 - 94 59-0
Fax 08331 - 801 80
www.landestheater-schwaben.de

Intendanz: Walter Weyers
Dramaturgie: Büro für Öffentlichkeit: Bettina Hoven (bettina.hoven@landestheater-schwaben.de), Melanie Polascheck (melanie.polascheck@landestheater-schwaben.de)
Inszenierungen p.a.: ca. 12
Medium: Papierausdruck, E-Mail
Ms.-Rücksendung: ja, mit Rückporto

Ulmer Theater
Herbert-von-Karajan-Platz 1
89073 Ulm - Donau
Tel. 0731 - 161-4401
Fax 0731 - 161-1619
www.theater.ulm.de
Intendanz: Ansgar Haag
Dramaturgie: Schauspiel: Matthias Dreyer (Dw -4413), Henning Reinholz (Dw -4425); Musiktheater: Eva Maskus (Dw -4424), Dr. Klaus Rak (Dw -4424)
Ms.-Angebote: ausschließlich über Theaterverlag/Agentur
Medium: E-Mail

Staatstheater Nürnberg
Richard-Wagner-Platz 2-10
90443 Nürnberg
Tel. 0911 - 231-3575
Fax 0911 - 231-3566
www.staatstheater-nuernberg.de
Intendanz: Prof. Dr. Wulf Konold
Dramaturgie: Frank Behnke, Maren Zimmermann (Schauspiel); Dr. Klaus Angermann, Dr Uwe Sommer (Musiktheater)

Inszenierungen p.a.: 8 Opern, 13 Schauspiele, 2 Ballette
Ms.-Angebote: ausschließlich über Theaterverlag/Agentur

Stadttheater Fürth
Königstraße 116
90762 Fürth
Tel. 0911 - 974-2410
Fax 0911 - 974-2444
www.stadttheater.fuerth.de
Intendanz: Werner Müller
Dramaturgie: Felix Eckerle (Dw -2408, felix.eckerle@fuerth.de)
Inszenierungen p.a.: 5-10
Ms.-Angebote: nach vorheriger telefonischer Anfrage, als Exposé
Medium: Papierausdruck, E-Mail
Ms.-Rücksendung: ja

Theater Erlangen
Wasserturmstraße 16
91054 Erlangen
Tel. 09131 - 862-369
Fax 09131 - 862-104
kontakt@theater-erlangen.de
www.theater-erlangen.de
Intendanz: Sabine Dhein
Dramaturgie: Sabine Dhein, Sven Kleine, Kai Schmidt

Theater Regensburg
Bismarkplatz 7
93047 Regensburg
Tel. 0941 - 507-1412
Fax 0941 - 507-2871
www.theaterregensburg.de

Intendanz: Ernö Weil
Dramaturgie: Friederike Bernau
(Dw -1426), Rolf Ronzier
(Dw -3424), Christina Schmidt
(Dw -2422)

Theater Hof
Kulmbacher Straße 5
95030 Hof
Tel. 09281 - 7070-0
Fax 09281 - 7070-299
info@theater-hof.de
www.theater-hof.de
Intendanz: Uwe Drechsel
Dramaturgie: Dr. Simon Moser
(Dw -106, mdrama@theater-hof.de); Thomas Schindler
(Dw -163, schdrama@theater-hof.de)
Inszenierungen p.a.: 20

E.T.A. Hoffmann-Theater
E.T.A.-Hoffmannplatz 1
96047 Bamberg
Tel. 0951 - 87-3030
Fax 0951 - 87-3039
kasse.theater@stadt.bamberg.de
www.theater.bamberg.de
Intendanz: Rainer Lewandowski
Dramaturgie: Nina Lorenz
(Dw. -3025, lorenz.theater@stadt-bamberg.de) und Johanna Sandberg, Dw -3026, sandberg.theater@stadt-bamberg.de)
Inszenierungen p.a.: ca. 14
Ms.-Angebote: nach vorheriger telefonischer Anfrage, als Exposé

Medium: E-Mail
Ms.-Rücksendung: ja, mit Rückporto

Landestheater Coburg
Schloßplatz 6
96450 Coburg
Tel. 09561 - 885-0
Fax 09561 - 99447
info@landestheater-coburg.de
www.landestheater-coburg.de
Intendanz: Dr. Dieter Gackstetter
Dramaturgie: Anette Kaiser
(Chefdramaturgin)

Main-Franken-Theater Würzburg
Theaterstraße 21
97070 Würzburg
Tel. 0931 - 39 08-226
Fax 0931 - 39 08-100
www.theaterwuerzburg.de
Intendanz: Prof. Herbert Schneider
Schauspieldirektor:
Bernhard Stengele
Dramaturgie: Alexander Jansen
(Chefdramaturg, alexander.jansen@stadt.wuerzburg.de)

Das Meininger Theater
Bernhardstraße 5
98617 Meiningen
Tel. 03693 - 451-0
Fax 03693 - 451-300
kasse@das-meininger-theater.de
www.das-meininger-theater.de
Intendanz: Res Bosshart
Dramaturgie: Ralf Fiedler (Chef-

dramaturg), Jan Dvorak,
Inge Mathes, Carolin Lörch
Inszenierungen p.a.: 15
Ms.-Angebote: nach vorheriger
telefonischer Anfrage
Medium: E-Mail
Ms.-Rücksendung: nein

Theater Erfurt
Placidus-Muth-Str. 1
99084 Erfurt
Tel. 0361 - 2233-0
Fax 0361 - 2233-123
www.theater-erfurt.de
Intendanz: Guy Montaron

Deutsches National Theater Weimar
Theaterplatz 2
99423 Weimar
Tel. 03643 - 755-245
Fax 03643 - 755-246
Vorname.name@nationaltheater-weimar.de
www.nationaltheater-weimar.de
Intendanz: Stephan Märki
Dramaturgie: Thomas Potzger

Theater Nordhausen
Käthe-Kollwitz-Straße 15
99734 Nordhausen
Tel. 03631 - 6260-0
Fax 03631 - 6260-147
www.theater-nordhausen.de
Intendanz: Lars Tietje
Dramaturgie: Dr. Anja Eisner
(eisner@theater-nordhausen.de)
Ms.-Angebote: ausschließlich über Theaterverlag/Agentur
Medium: Papierausdruck, E-Mail

▷ *Amateurtheater*
Chancen auf einem vernachlässigten Markt

Viele Autoren übersehen einen interessanten Markt: Theaterstücke für Amateurtheater. Es gibt unzählige Laientheater, Spielgruppen und Ad-hoc-Aufführungen für sehr verschiedene Zuschauergruppen. Theater- und Schauspielamateure aller Art und Altersgruppen warten vor allem auf lustige Stücke, sie wollen unterhalten.

Während das Sprechtheater von umfassend ausgebildeten Dramatikern, Regisseuren und Profi-Schauspielern gestaltet wird, brauchen Theaterstücke für Amateure *sichtbares*, vom Spiel her gestaltetes Geschehen auf der Bühne.

Amateurtheater kann keinen großen technischen Aufwand treiben. Das ist gut, denn so muss es sich ureigener Theatermittel bedienen – und das muss der Autor auch. Das ist nicht einfach, aber es bringt gute Chancen für Autoren.

Der auf Stücke für Amateurtheater spezialisierte Impuls-Theater-Verlag von Florian Laber bietet Autoren 10 Prozent Honorar für die verlegten Texte und eine 50-prozentige Beteiligung an den Aufführungshonoraren an.

Aus der Erfahrung und der Wunschliste dieser Agentur lassen sich konkrete Themen und Zielgruppen nennen, für die ständig Stücke gesucht werden. Einer der wenigen Märkte, der Autoren gute Chancen der Veröffentlichung und gleichzeitig einen Einstieg in das Stückeschreiben bietet.

Stückethema Nummer 1

Der beliebteste Anlass für Aufführungen – vom Krippenspiel für den Kirchenraum bis hin zur grellen Weihnachtsvorbereitungsfarce, vom Schattenspiel bis zum (musikalischen) Mitspieltheater – ist Weihnachten. Besonders gewünscht werden:

Weihnachtskurzstücke für alle Altersgruppen, 5 bis 15 Minuten, lustig, einzeln oder in Kombination zu spielen.

(Vor-)Weihnachtsspiel für 7- bis 9-Jährige, maximal 30 Minuten, für ganze Klassen, einfach, märchenhaft, mit heutigen Engeln, Hilfsgeistern usw.

Weihnachtsspiel nur für Mädchen bzw. Frauen, Szenenfolge oder Spielstück bis 30 Minuten.

*Seniorenweihnach*t – heiter-besinnliches Lesespiel bevorzugt, 20 bis 30 Minuten.

Einige Titel denkbarer Weihnachtsspiele:

»Es brennt – vorweihnachtliche Harmonietestläufe«
»Der Engel mit der E-Gitarre«
»Maria (29) und Jesus (4) suchen bezahlbare Wohnung«
»Licht im Bauch von Dr. Ärger«
»Keine Angst vor Weihnachten (eine kabarettistisch-theatertherapeutische Entsorgung)«
»Stille Nacht bis es kracht?«

Das idyllisch-kitschige Weihnachtsspiel ist weitgehend verschwunden. Nicht aber die Themen mit moralisch-gesellschaftskritischen Hintergrund wie bescheidener zu werden, teilen zu lernen und sich damit im Weihnachtstheater auseinanderzusetzen.

Schreiben fürs Kindertheater

Grundschule/Hauptschule (Spielalter: 7/9 bis 10/12 Jahre)

Anlässe für Aufführungen
Einschulung; Schulwechsel; Elternabend; Schulfest; Schuljubiläum; Gratulation (Lehrergeburtstag, -begrüßung, -pensionierung).

Themen
Kinderalltag (»Das Terminkalenderkind«).
Wovon Kinder träumen/ »neue« Märchenstücke.
Abenteuer-/Erkundungstheater (was Kinder können, wie sie Grenzen erforschen, wie sie Hilfe bekommen).
Medienkritische Stücke.

Tipps
Nicht auf Wortwitz setzen, szenische Phantasie ansprechen.
Ins darstellende Spiel Musik, Schatten-, Puppen-, Maskenspiel, Pantomime, »Schwarzes Theater«, Comic-Optik integrieren.
Kinder sind mehr denn je von Medien geprägt, daran kommt das Kindertheater nicht vorbei.
Achtung: In den Schulklassen sind immer auch »Ausländerkinder« (Sprachbarriere).

Besondere Wünsche
(Schul-)Sketche und -spiele, lustig, einzeln oder in Kombination zu spielen – für viele Spieler, die ganze Klasse, Kinderkabarett-Spielreihe »Agentur Kinderglück« (20 bis 30 Minuten).
Thema »Miteinander leben in *einer* Welt« (20 bis 30 Minuten).
Thema »Drogen« bzw. »Suchtstrukturen«, die im Erfahrungsbereich der Kinder liegen.
Themenkreis Geld/Marktfaktor Kinder (jedes 11. Kind in Deutschland lebt von Sozialhilfe).
Konfliktthemen, Aggression, Ohnmacht, Entwicklung und Wachsen durch Auseinandersetzung.

Schreiben fürs Jugendtheater

Hauptschule/Realschule/Gymnasium (Spielalter: 12/14 bis 16/18 Jahre)

Anlässe für Aufführungen
Veranstaltungen im Zusammenhang mit der Schule (siehe Kindertheater), besonders Schulentlassung; Theaterabend in der Schule. Jugendtheatergruppen gibt es aber auch unabhängig von der Schule, von Kirchen organisiert und in der Landjugend. Diese Gruppen spielen dann für die Gemeinde, das Dorf, für Senioren, kurz: nicht für das übliche Schulpublikum.

Themen
Lustige bis drastische »Aufarbeitung« von Familie, Eltern, Pubertät, Zukunft, Stadt-Land, Arbeitswelt, Liebe, Mode
Zeitthemen, die Teens und Jugendliche bewegen, wobei sie sich selbst spielen können sollen
Spielfassungen literarischer Vorlagen

Tipps
Szenenfolgen kommen am besten an, »Modultexte«, die der jeweiligen Gruppe angepasst und von ihr aktualisiert werden können.
Keine langen Sprechparts.
Bewegungs- und Tanztheaterformen und (Pop-) Musik integrieren – *mit Formen experimentieren.*
Jugendtheater konkurriert mit vielen Ablenkungen wie Fernsehen, Computerspiele, Internet, also die »Ablenkungen« integrieren.
Spieldauer: um die 60 Minuten.

Besondere Wünsche
Serie lustig-aktueller bis futuristischer Einakter »Helden und Heldinnen von heute«.
Spielreihe »Zivilcourage« (Szenen durchspielen, die man schon immer mal (üb)erleben wollte).
Theater krass – schwarzhumorige Spielstücke.
Vielleicht geht ja alles in einem, *das* wäre ein tolles Stück!

Schreiben für Vereinsbühnen

Wander-, Musik-, Sportvereine, Pfarrfamilien etc. (Spielalter: Jugendliche und Erwachsene)

Anlässe für Aufführungen
Vor allem interne Veranstaltungen: Vereinssitzungen, (Zelt-)Feste, Jahresfeiern, Hochzeiten, Geburtstage.
Das Gros dieser Bühnen gestaltet meist einmal pro Jahr einen Theaterabend, manchmal auch zwei abendfüllende Stücke, die mehrfach aufgeführt werden.
Andere Gruppen machen Theater als eigenständige Kulturarbeit auf dem Land, oft mit erheblicher Risikobereitschaft und respektablem künstlerischem Niveau.

Tipps
Bevorzugt werden Stücke mit einem Bühnenbild.
Bei Einaktern (15 bis 60 Minuten Spieldauer) wünscht man eher kleine Besetzung (6 Spieler).
Bei Mehraktern (90 bis 120 Minuten Spieldauer) sollen 8 bis 12 Spieler teilnehmen können.
Dichte Handlung, »Action« auf der Bühne, um darstellerische Schwächen der Schauspieler auszugleichen.
Es fehlen Stücke mit deutlich mehr und besseren Rollen für Frauen! An den Spielernachwuchs denken!

Besondere Wünsche
Szenen, Kabarett, Einakter, universell einsetzbar für *alle* Arten von Vereinen
Liebe, Intrigen, Vereinsmeiereien ... (Spieldauer: 15 bis 20 Minuten)
Serie satirisch-parodistischer »Lebenshilfe«-Einakter (30 bis 45 Minuten, 6 bis 8 Spieler)

Zu weiteren Titeln und Themen können Sie sich in Ihrer Buchhandlung anregen lassen:

»Wie man zu Geld kommt, ohne sich anzustrengen.«
»Glück in der Liebe? Wird gemacht!«
»Traumkarriere? Kein Problem!«
»Berühmt und glücklich? Natürlich beides!«
»Die Sterne, nein, sie lügen nicht ...«
»Hässlich? Reine Gefühlssache!« usw.

Stichwort »Rund um den Kirchturm: Zeitgemäß-lustige dramatische Alltagsskizzen in einem Pfarrhaus oder Gemeindebüro – mit den dafür typischen (Konflikt-) Situationen. Orientierung natürlich ökumenisch! (Spieldauer: 20 bis 45 Minuten)

Lustige Bühnenstücke als Mehrakter für kritisch-engagierte Landjugendgruppen (ab 18 bis ca. 28-Jährige)

Lustspiele, Komödien; Kri'mödien mit zeitkritischem Inhalt – Rahmenthema (Wild und gefährlich) »Leben auf Kredit« (bei der Verwandtschaft, der Bank, der Gesundheit, der Dritten Welt, der Zukunft)

Schreiben fürs Seniorentheater

Theater für ältere Menschen von und mit älteren Menschen gewinnt im Rahmen der Altenkultur immer mehr Bedeutung. Seniorentheater muss auf die körperliche und geistige Leistungsfähigkeit Rücksicht nehmen. Ältere Spieler wünschen kurze, überwiegend heitere Stücke, jedenfalls *sinnvollen* Spielspaß.

Besondere Wünsche
Seniorenkabarett »Die Weis(e)macher«
Einakterreihe um eine Art »Miss Marple«-Figur – pfiffig, parteilich für Alte
Eine Leseszene, die auf Briefen (Liebesbriefen?) älterer Menschen aufbaut

Schreiben fürs Frauentheater

Mädchen und Frauen sind die engagierteren Theateramateure – Schreiben Sie Stücke vor allem für Frauen, nur für Frauen!
In allen Sparten des Amateurtheaters, in den Theater-Arbeitsgemeinschaften, Schulen, in Bühnenvereinen wie in den Seniorengruppen dominieren Mädchen und Frauen – aber es fehlen die Stücke!

Wer sind die Darstellerinnen?
Mädchen, 12 bis 16 Jahre, in Haupt- und Realschulen, außerhalb der Schule in Jugendclubs aller Art.
Junge Frauen, 16 bis um die 20 Jahre, in Fachakademien für soziale, pflegerische, hauswirtschaftliche Berufe.
Frauen in Sport-, Musik-, Heimat-, Landfrauenvereinen, in kirchennahen Gruppen, in Bühnenvereinen.
Frauen aller Altersgruppen aus ländlichen, kleinstädtischen Regionen.
Seniorinnen ab 60 Jahre, in Seniorenclubs von Kirchengemeinden, Altenzentren der Städte und Gemeinden, Altenheimen.

Anlässe für Aufführungen
Schuljahresende und Schulabschluss; private Anlässe: Hochzeit, Geburtstag, Jubiläum, Vereinsfest; Frauentreffen; Seniorentag, Fasnacht und: Weihnachten (Spieltyp: Kurzspiele, Kabarett, Einakter).
Theatergruppentreffen, (Lern-)Aufführungen von VHS-Gruppen und Gymnasialtheatergruppen, regulärer Spielbetrieb von Bühnenvereinen mit ein bis zwei Stücken (Mehrakter) pro Jahr.

Wie sollten die Stücke sein?
Witzig, pfiffig, frech, mutig, provokant – bunt und lustig. Da das Theater die Möglichkeit bietet, andere als die Alltagsrollen zu spielen, sollte endlich mit den altbekannten Klischeefiguren – die »böse Schwiegermutter«, die »neidische Freundin«, »dumm & sexy« – aufgeräumt werden. Sind doch sowieso oft nur Männerphantasien!

Länge der Stücke und Besetzung
Kurzspiele (5 bis 15 Minuten Spieldauer), kleine Besetzung (3 bis 5 Spielerinnen), Einakter (30 bis 45 Minuten)
Mehrakter (90 bis 120 Minuten), mittlere Besetzung (6 bis 10 Spielerinnen)
Schulspiele mit beliebig vielen Spielerinnen!

Art der Stücke
Kurze Stücke sind beliebter.
Modulcharakter ist wünschenswert, das heißt, Szenen sollen sich kombinieren lassen, um aktuelle und regionale Bezüge und um Eigenes erweitern lassen.
Typenrollen sind, weil Amateurschauspielerinnen ohne Ausbildung, diese leichter glaubwürdig verkörpern können, vorzuziehen.
Klischees vermeiden!
Technischer Aufwand: So wenig wie möglich, so viel wie nötig! Bühnenbild, Kostüme, Maske müssen einerseits unter »kargen Bedingungen« möglich sein, gehören andererseits zum Theater und machen auch Spaß.

Anregungen
»Märchenhafte Groteske« (nicht nur fürs Kindertheater); »Wie Prinzessin Eisenherz den Prinzen rettete« (durch Kinderbücher anregen lassen).
   Wie kann sich frau mit Witz gegen alte Vorurteile zur Wehr setzen? Frei nach dem Motto »Anarchie ist machbar!«, Titel z. B. »Heldinnen des Alltags«.
   Sie könnten auch das Groteske normal sein lassen; (Lesetipp: *Bei den Töchtern Egalias* ist es ganz selbstverständlich, dass Frauen die öffentlichen Geschäfte regieren und Männer für Heim und Kinder zu sorgen haben, aber wie ergeht es dem Mann aus dem 20. Jahrhundert, den es dorthin verschlägt und der vom Fleck weg geheiratet wird?)
   »Typische Frauen-Figuren« (wie in Werbung, Film, Fernsehen, zum Beispiel die Mutter aus der Waschmittelwerbung, die Zahnarztfrau aus der Zahnpastawerbung, die »grüne« Lehrerin, die immer gut aussehende Erfolgsgeschäftsfrau) treffen sich auf der Bühne und »steigen aus«.

»Neue Mütter«, zum Beispiel: »Zwei Frauen geben nicht auf« (versuchen mit List und Tücke ihre Freundin, jetzt »nur« noch Mutter, wieder über die Windel hinaus ins Leben zu holen).

»Alte Frauen«, auch »alte Liebe«, zum Beispiel »Oma hat einen Freund« – welche grotesken Situationen ergeben sich, wenn Oma mit denselben Ermahnungen wie die Enkelin zum Date gelassen wird?

»Seniorenbüro« – Episoden rund um einen Schauplatz/Drehpunkt: Seniorinnen setzen ihre Talente, Neigungen, Erfahrungen und speziellen Handlungsmöglichkeiten füreinander und als Dienstleistung nach außen ein.

Besonders gefragte Stücke
Stücke für Mädchen in der Pubertät und für junge Frauen. Theater kann Verhalten »durchspielen«, dadurch Hilfestellung geben, Spielräume eröffnen. Themen sind zum Beispiel »Identitätsfindung – Lebensentwurf« in Auseinandersetzung mit Eltern, Liebe, Frauen anderer Kulturen, der eigenen Angst und Courage, dem Frauwerden, dem Selbstwerden. Wichtig: das Stück muss seinen Stoff so behandeln, dass er nicht schon nach zwei Jahren veraltet ist – und er muss lustig sein.

Stücke, die für Frauen aus dem ländlich-kleinstädtischen Bereich geschrieben wurden; konfessionelle Bindungen sind hier häufiger, ebenso das Eingebundensein in Familie, Nachbarschaft, Gemeinde. Aber auch hier gibt es Übergänge, Frauenfreiheit, komische Situationen, Missverständnisse, geniales Misslingen, Verwechslungen – Theaterstoff, der bei Gemeindefeiern, Seniorennachmittagen, Vereinsfesten usw. besonders den Zuschauerinnen und Spielerinnen Spaß macht.

Stücke, die von Mädchen und Frauen für Kinder gespielt werden können.

Das abendfüllende Stück für Frauen von heute – nur mit Frauenrollen.

Wie anbieten?
Florian Laber vom Impuls-Theaterverlag empfiehlt, zuerst ein Exposé, die Spielidee, eine Geschichte oder einen Entwurf einzusenden, bevor der Autor oder die Autorin an die Ausarbeitung eines Stücks geht.

ADRESSEN · ADRESSEN · ADRESSEN · ADRESSEN

▷ Amateurtheaterverbände

**Bund Deutscher
Amateurtheater e.V.**
Steinheimer Straße 7/1
89518 Heidenheim
Tel. 07321 – 946 99 00
Fax 0731 – 483 41
www.bdat-online.de

**Landesverband
Amateurtheater Sachsen e.V.**
Karl Uwe Baum
Käthe-Kollwitz-Str. 9
01445 Radebeul
Tel. 03 51 - 8 30 54 50
Fax 03 51 - 8 30 54 50

**Thüringer
AmateurTheaterverband e.V.**
Platz der OdF 1
07407 Rudolstadt
Tel. 0 36 72 - 41 20 72
Fax 0 36 72 - 41 49 58

**Verband Berliner
Amateurbühnen e.V.**
Jürgen Jacob
Oeserstr. 48
13509 Berlin
Tel. 0 30 - 4 34 76 56
Fax 0 30 - 4 34 76 56

**Brandenburgischer
Amateurtheaterverband e.V.**
Lothar Falkenberg
Vogelsangsruh 5
16306 Schwedt/O.-Kunow
Tel. 0 33 331 - 6 61 17
Fax 0 33 331 - 6 61 17

**Landesverband Spiel & Theater
Mecklenburg-Vorpommern e.V.**
Anke Krüger
Frankenstr. 61
18439 Stralsund
Tel. 0 38 31 - 29 12 10
Fax 0 38 31 - 29 89 30

**Verband Hamburger
Amateurtheater e.V.**
Kathrin Oehme
Schillerstr. 54
22848 Norderstedt
Tel. u. Fax 0 40 - 5 23 52 31

**Amateurtheaterverband
Niedersachsen e.V.**
Brigitte Sante
Engelner Str. 29
27305 Engeln
Tel. 0 42 47 - 93 09 21
Fax 0 42 47 - 93 09 16

ADRESSEN: Amateurtheaterverbände ◁ **249**

Landesverband der Amateurtheater Schleswig-Holstein e.V.
An der Trave 1
23795 Bad Segeberg
Tel. 0 45 51 - 99 92 96
Fax 0 45 51 - 99 92 98

**Landesverband
Bremer Amateurtheater e.V.**
Günter Gräbner
Blankenburger Str. 9
28205 Bremen
Tel. u. Fax 04 21 - 44 12 78

**Amateurtheaterverband
Nordrhein-Westfalen e.V.**
Klaus Mahlberg
Postfach 23 02 55
44639 Herne
Tel. 0 23 25 - 95 21 09
Fax 0 23 25 - 95 23 15

**Landesverband Amateurtheater
Rheinland-Pfalz e.V.**
Heinz Deichmann
Ringstr. 21
56204 Hillscheid
Tel. 0 26 24 - 78 16
Fax 0 26 24 - 95 05 35

**Landesverband
Hessischer Amateurbühnen e.V.**
Barbara Zorn
Wiedbachstr. 22
65307 Bad Schwalbach
Tel. 0 61 24 - 85 57
Fax 0 61 24 - 7 72 25

SVB – Theater der Amateure e.V.
Trierer Str. 145
66265 Heusweiler
Tel. 0 68 06 - 1 25 13
Fax 0 68 06 - 60 36 10

**Verband Bayerischer
Amateurtheater e.V.**
Inge Krüger, Claudia Warter
Innstr. 2 a
83022 Rosenheim
Tel. 0 80 31 - 3 26 74
Fax 0 80 31 - 3 47 83

**Landesverband Amateurtheater
Baden-Württemberg e.V.**
Helmut Kuhn
Fr.-Pfennig-Str. 20
89518 Heidenheim
Tel. 0 73 21 - 94 18 81
Fax 0 73 21 - 94 18 82

**Arbeitsgemeinschaft Mundart-
Theater Franken e.V.**
Renate Mörsdorf
Schulstr. 18 in Regelsbach
91189 Rohr
Tel. 0 91 22 - 8 19 55
Fax 0 91 22 - 8 19 56

HÖRMEDIEN

Die Rückkehr des Autors ins Feature 253

ADRESSEN: Hörfunk – Feature 257

Achtung, Aufnahme! 260

ADRESSEN: Hörfunk – Hörspiel 267

Der Hörbuch-Boom 270

Die dynamische Inszenierung eines Hörbuchs 273

ADRESSEN: Hörmedienpreise 278

▷ Die Rückkehr des Autors ins Feature

Von Helmut Kopetzky

Anfrage: Ich arbeite an einem Feature über südbadische Geburtstagsriten der 50er Jahre und möchte Zeitzeugen befragen. Allerdings widerstrebt es mir außerordentlich, dieselben durch meine Tonaufnahmen zu belästigen. Alles sollte so natürlich wie möglich ablaufen. Bitte raten Sie mir, wie ich die Aufnahmeapparatur unauffällig platzieren kann, ohne dass der Ton leidet.

Ratschlag: Vom Thema einmal abgesehen ... Am besten, Sie lassen die Technik im Sender und benutzen weiter ihren guten alten Stenoblock. Wer das Handwerk nicht schätzt, sollte sich damit nicht quälen. Ach, wir alle möchten manchmal unsere Ausrüstung unsichtbar machen – und uns selbst dazu. Von wegen Diskretion, Schonung der Intimsphäre. Aber in neun von zehn Fällen versuchen wir doch nur, unsere eigene Befangenheit oder ein Gefühl der Inkompetenz auf den Menschen, der uns beim Interview gegenüber sitzt, zu projizieren.

Das Mikrophon, physikalisch betrachtet, verlangt Nähe zum Objekt. Je größer der Abstand, umso höher auch der Anteil der meist unerwünschten Nebengeräusche. Da sich Schallwellen geradlinig fortpflanzen und Hindernisse (siehe die Schallschutzmauern an Autobahnen) ihre Wirksamkeit deutlich herabsetzen, verbietet sich jede Camouflage: Das Mikro hinter aufgetürmten Zierkissen ist unsichtbar – aber leider auch überflüssig.

Noch ein paar Gratistips?

Bei Interviews beträgt die ideale Mikrophon-Entfernung 30 Zentimeter, in halligen Räumen oder lauter Umgebung auch weniger. Kopfhörer, besonders bei Aufnahmen mit Stereo-Mikrophon, sind Pflicht; ebenso Pop-Schutz bei Nahbesprechung und Windschutz im Freien. Mit dem Kabel bildet man am Mikrophon eine Schleife, um die Zugbelastung zu verringern. Eine ruhige Interviewhand muss geübt werden.

Sagten Sie gerade: »Ich bin Autor und kein Techniker«? Dann müssen Sie nicht weiterlesen.

Der Wunsch, sich unsichtbar zu machen (»Fliege an der Wand«), verkennt nicht nur die Grundgesetze der Akustik, sondern auch die Rolle des Autors im Rundfunk, einem Kommunikations-Medium. Und das gilt besonders für das Interview, das immer auch Gespräch und Meinungsaustausch sein sollte.

Zwei Möglichkeiten: Ich gebrauche mein Aufnahme-Instrument statisch, festgewachsen am Stativ – mein Gegenüber in Verhörposition, fixiert wie das bedauernswerte Opfer eines Portraitfotografen des 19. Jahrhunderts. Oder ich agiere dynamisch: Mein Interview-Gast wird Mitwirkender, Mitgestalter meiner Sendung, entspannter Partner, geht »aus sich heraus«. Das Mikrophon in diesem Fall ist Werkzeug (und technischer Mittelpunkt) unserer gemeinsamen Arbeit. Es muss nicht versteckt werden. Es folgt den Bewegungen und bewegt selbst. So viel zum Handwerk.

Der Autor, den ich meine, ist ein Allroundtalent. Er interviewt, er zeichnet Geräusche auf, er schreibt und gestaltet sein Werk dramaturgisch; er kann mit der Technik ebenso souverän umgehen wie mit der Sprache. Und er tut dies alles für ZUHÖRER.

Als das Feature nach Deutschland kam, 1945, waren die Autoren besorgt, möglichst deutlich und unverkennbar im Radio hervorzutreten. Sie verstanden sich von Anfang an als öffentliche Personen. So hieß es denn auch: »Schnabel« (oder Eggebrecht oder Peter von Zahn) »ist heute Abend im Radio!« Gefragt war der Klang ihrer Stimmen, waren ihre ganz speziellen Eigenarten, vielleicht sogar die kleinen Fehler (wie das sympathische Lispeln eines Horst Krüger). Doch besonders war man neugierig auf ihre ANSICHTEN.

Nicht wenige Autoren sind gewohnt, sich und ihre Meinung hinter dem »Mann (der Frau) auf der Straße«, zu verstecken. »Ich halte mich zurück, ich bin ganz unwichtig« – eine bequeme Selbstsuspendierung von unserer eigentlichen Aufgabe: Autor (lat. Urheber) zu sein. Deshalb ist das aus der bildenden Kunst entliehene, irreführende Wort »Collage« so beliebt. Die Meinungen anderer »collagieren«, um die eigene nicht kundtun zu müssen. Bitte nach Ihnen! Aber Feature machen ist nichts für bequeme, ängstliche, meinungsscheue Naturen.

Die Annahme, eine akustische »Dokumentation« im Verhältnis 1:1 (möglichst genau, möglichst »objektiv«, möglichst vollständig) sei schon die Wirklichkeit, ist ein verbreitetes Missverständnis. Wirklichkeit im Radio ist das, was wir von ihr mitteilen – wir, die einzelnen, die Subjekte mit Namen und Geburtsdatum. Wir – die AUTOREN! Auch die »Wahrheit«, dieses Phantom, erscheint ja immer nur in subjektiver Verkleidung.

Wir bestimmen – den Aufnahmezeitpunkt, die Technik, den Gesprächsverlauf und später, in welcher Reihenfolge und in welchem Tempo die Zuhörer über einen Gegenstand »ins Licht gesetzt« werden. Unsere »Manipulation« beginnt mit der Idee und dem ersten Einfall zu ihrer Umsetzung und endet erst mit der Sendung.

Manipulation is our business – wobei natürlich die handwerklich-gestalterische (manus – die Hand) und nicht die inhaltlich-verfälschende gemeint ist.

Im Radio müssen wir nicht unbedingt »ich« sagen, sollten aber »erste Person singular« meinen. Alles andere wäre Betrug – Vorspiegelung einer unerreichbaren Objektivität. Unsere eigene Stimme ist durchaus entbehrlich. Es gibt auch bedeutende Radio-Erzähler, denen andere ihr (besser ausgebildetes) Organ geliehen haben. Peter Leonhard Braun hat in seinen großen Features nie selbst gesprochen. Aber er war es, der darauf bestand, dass Featuremachen keine Frage bestimmter Tricks und Kniffe sei, sondern der Haltung – den Hörern, dem eigenen Metier und der Welt gegenüber.

Nein, wir sind keine Fliegenbeinzähler, wir berichten höchstens über solche – und möglichst so plastisch, dass sich unser Publikum das

Fliegenbeinzählen vorstellen kann. Das Feature wäre das falsche Metier für akribische Faktensammler, die sich lieber mit Zettelkästen statt mit Menschen beschäftigen. Eine Radiosendung nur am Schreibtisch zu »bauen«, ist wie Reiten ohne Pferd – ein einsamer, unwirklicher Akt. Der Autor-Reporter muss hinausgehen, selber fressen und verdauen und nicht Angelesenes, Leben aus zweiter Hand, wiederkäuen.

Ein geradezu libidinöses Verhältnis zum Mikrophon, der unbezähmbare Drang zur Hörbühne Radio ist in vielen Ländern der Welt ein Hauptimpuls der Radiomenschen. Für Orson Welles, einen der erfolgreichsten unter ihnen, war Radiomachen immer »Show biz«, jedes Hörspiel oder Feature eine »Radio show«. Und Welles war ein politischer Kopf! Nur in Deutschland herrschte – und herrscht auf manchen Kultur-Wellen immer noch – dieser akademische Ton, den schon Döblin und andere Protagonisten der frühen Rundfunkjahre beklagten.

Ein Feature ist keine Statistik und keine Seminararbeit. Ein guter Autor / eine tüchtige Autorin liefert nicht »Material«, sondern dessen informative, unterhaltende Aufbereitung. Das ist unser (im Weltmaßstab betrachtet gar nicht so schlecht bezahlter) Job. Damit zu rechnen, dass »die da draußen« schon mitarbeiten werden – eine Stunde lang durch nichts und niemanden abgelenkt, wie gebannt in bester Stereoposition, ganz Ohr –, ist ziemlich weltfremd. Warum sollte auch meine flüchtige radiophone Sternschnuppe im endlosen, mit Tönen und Geräuschen überfüllten Weltraum so viel Aufmerksamkeit beanspruchen. Unser Hörer, unsere Hörerin – und wir senden immer nur für einen einzigen Menschen – ist ein scheues Wild und will GEWONNEN werden; braucht Futter und Anstoß: Fakten, Meinung, Provokation.

Die Rückkehr des Autors ins Feature ist überfällig.

Helmut Kopetzky ist freiberuflicher Rundfunk-Autor und -Regisseur. Er war Redakteur der Feature-Abteilung des SFB. Er hat mehr als 100 lange Features und Feature-Serien für den Hörfunk und für das Fernsehen zahlreiche Sendungen produziert. Gemeinsam mit Heidrun Kopetzky hat er ein digitales Produktions-Studio in Berlin.

ADRESSEN · ADRESSEN · ADRESSEN · ADRESSEN

▷ Hörfunk – Feature

Bayerischer Rundfunk
Hörbild und Feature
Rundfunkplatz 1
80300 München
Tel. 089 - 59 00-22 87, -41 92
Fax 089 - 59 00-32 48
hoerbild@br-online.de
www.br-online.de/kultur-szene/
sendungen/radiofeature;
www.br-online.de/kultur-szene/
sendungen/radiozeitreisen.
Leitung: Dr. Oliver Boeck
Ansprechpartner: Dr. Ingrid Leitner,
Margot Litten
Ms.-Angebote erwünscht: als Manuskript
Medium: Hörkassette, Papierausdruck, Diskette, E-Mail

**BLR Dienstleistungsgesellschaft
für Bayerische Lokal-Radioprogramme**
Aktuelles/Rubriken
Rosenheimer Str. 145c
81671 München
Tel. 089 - 499 94-400
Fax 089 - 499 94-555
bachmann@blr.de / www.blr.de
Leitung: Dr. Helga Siemers, Michael Bachmann

Ms.-Angebote erwünscht: nach vorheriger telefonischer Anfrage

Deutsche Welle
Hörfunk Feature
Kurt-Schumacher-Str. 3
53113 Bonn
Tel. 0228 - 429-0
Fax. 0228 - 429-3000
www.DW-WORLD.de
Ansprechpartner: Frau Fuchs

Hessischer Rundfunk
Hörfunk Feature
Bertramstr. 8
60320 Frankfurt
Tel. 069 - 155-31 86, -35 15, -35 95
Fax 069 - 155-41 10, -37 45, -37 39
hsarkowicz@hr-online.de,
dmeyer@hr-online.de,
hboehncke@hr-online.de
www.hr-online.de
Leitung: Hans Sarkowicz
Ansprechpartner: Hans Sarkowicz,
Dorothea Meyer-Kahrweg,
Heiner Boehncke
Ms.-Angebote erwünscht: ja
Medium: E-Mail

Mitteldeutscher Rundfunk
Künstlerisches Wort
Gerberstr. 2
06108 Halle
Tel. 0345 - 300-54 04
Fax 0345 - 300-54 65
www.mdr.de/figaro
Leitung: Matthias Thalheim
Ansprechpartner: Ulf Köhler
Ms.-Angebote erwünscht: nach vorheriger telefonischer Anfrage, als Exposé
Medium: Hörkassette/Info-CD, Papierausdruck
Ms.-Rücksendung: ja, mit Rückporto

Norddeutscher Rundfunk
NDRInfo Feature
Rothenbaumchaussee 132-134
20149 Hamburg
Tel. 040 - 41 56-24 74, -23 23
Fax 040 - 41 56-35 32
u.voss@NDR.de
www.ndr.de
Leitung: Dr. Ursula Voss
Ms.-Interesse: Stories bevorzugt, bitte mit O-Ton
Ms.-Angebote erwünscht: nach vorheriger telefonischer Anfrage, als Exposé
Medium: Hörkassette/CD
Ms.-Rücksendung: nein

ORF – Österreichischer Rundfunk
Hörfunk Feature
Argentinierstr. 30a
A-1040 Wien/Österreich
Tel. +43 (0)222 - 501 01-188 63
Fax +43 (0)222 - 501 01 -181 86
www.orf.at
Leitung: Dr. Peter Klein

Radio Bremen
Hörfunk Feature
Bürgermeister-Spitta-Allee 45
28329 Bremen
Tel. 0421 - 246-14 33
Fax 0421 - 246-10 45
michael.augustin@radiobremen.de
www.radiobremen.de
Leitung: Michael Augustin
Ms.-Angebote erwünscht: als Exposé
Medium: Papierausdruck, E-Mail
Ms.-Rücksendung: ja, mit Rückporto

Rundfunk Berlin Brandenburg
Hörfunk Feature
Masurenallee 8-14
14046 Berlin
Tel. 030 - 30 31-34 30
Fax 030 - 30 31-34 39
www.rbb-online.de

Saarländischer Rundfunk
Hörfunk Feature/ Aktuelle Kultur
Funkhaus Halberg
66100 Saarbrücken
Tel. 0681 - 602 21 54
Fax 0681 - 602 21 17
www.sr-online.de
Leitung: Thomas Bimesdörfer
Ms.-Angebote erwünscht: als Exposé
Medium: E-Mail
Ms.-Rücksendung: nein

Schweizer Radio
Hörfunk Feature
Postfach
CH-4024 Basel/Schweiz
Tel. +41 (0)61 - 365 34 11
Fax +41 (0)61 - 365 35 38
www.drs.ch

Südwestrundfunk
Hörfunk Feature
Hans-Bredow-Straße
76530 Baden-Baden
Tel. 07221 - 929-27 22
Fax 07221 - 92-64 48
marlis.gerhardt@swr.de
www.swr.de
Ms.-Angebote erwünscht: nach vorheriger telefonischer Anfrage,
als Exposé, als Manuskript
Medium: Hörkassette, Papierausdruck
Ms.-Rücksendung: ja, mit Rückporto

Westdeutscher Rundfunk
WDR 3 Ressort Feature und Literatur
Postfach
50600 Köln
Tel. 0221 - 220-29 84/ -31 78
Fax 0221 - 220-40 92
www.wdr.de/radio/wdr3
Leitung: Gisela Corves
Ansprechpartner: Angelika Büchner
Ms.-Angebote erwünscht:
als Exposé, als Manuskript
Medium: Papierausdruck
Ms.-Rücksendung: ja

▷ *Achtung, Aufnahme!*
Ein Hörspiel wird produziert

Von Viola Roggenkamp

Drei Frauen und zwei Männer hocken dicht beieinander in einem dunkelbraunen Kasten. Auf diese Weise gehen sie ihrer Arbeit nach. Sie scheinen bewegungslos und in sich selbst zurückgewichen. Ihre Köpfe halten sie gesenkt. Alles Bewusstsein haben sie in ihren Gehörgängen versammelt. Jedes Geräusch, jedes Wort, das im Raum akustisch existiert, wird von ihnen belauscht, horchend untersucht und übers Trommelfell in der Wahrnehmung echohaft verinnerlicht. War der Ton sauber? Hörte sich der Effekt jetzt gut an? Klang die Stimme eben künstlich natürlich oder natürlich natürlich?

Draußen, außerhalb dieser hochkonzentrierten Enge, leuchtet über der schweren Eisentür in rotem Licht das Wort »Aufnahme«. Drinnen wird ein Hörspiel produziert. Der fensterlose Regieraum des Studios ist holzverschalt, gedämpft beleuchtet, künstlich klimatisiert und aufgeheizt von der elektronischen Energie eines monströsen Mischpultes samt Computeranlage. Zwei mannshohen Lautsprechern entströmt stereophon silbriges Schweigen. Jetzt löst sich aus der Stille heraus überdimensional ein dumpfes, schmatzendes Schlucken, federt auf und ab durch die Atmosphäre und ist verschwunden im zeitlosen All.

Dieser verklebte Speichelplopper, eingefangen von hochempfindlichen Mikrofonen, kann unmöglich so passieren. Niemand kommentiert die körperintime Verlautbarung. Durch spannungstrockene Stimmbandsegel knarrt nun in konzentrierter Beklommenheit eine Männerstimme: »Zwischen Gewordenem und Entwerdendem.«

Damit endet das Hörspiel *Eintausend Engel über all*. Da es um Ungewöhnliches geht, sind die beiden letzten Worte im Titel unüblich geschrieben. Sie müssten zusammenstehen. Der Autor jedoch, der 77jährige Arthus Caspari, möchte sie getrennt wahrgenommen wissen. Über all. Es handelt sich um eine Ursendung, die am 9. Juni um 20 Uhr auf NDR 3 zu hören sein wird.

»Wie findet ihr den Schlucker?« wendet sich Regisseur Götz Naleppa an sein Team. Der Tontechnikerin Christina Ocker geht die Atempause nach dem Schlucken »noch viel mehr auf die Nerven«. Toningenieurin Jutta Liedemit zupft mit spitzen Fingern an den Reglern ihres Mischpultes. »Rein aus der Ästhetik heraus finde ich die Stimme zu trocken. Da werde ich Ihnen gern was drunterlegen«, sagt sie freundlich und bestimmt. Zu dem unreinen Mundgeräusch schweigt sie. Ihr geht so was gegen die Berufsehre. Aber wenn der Regisseur am Schlucker hängt? Bitte sehr. Regieassistent Carsten Pellengahr findet die lange Pause gut, aber den Schlucker scheußlich. Das vorletzte Wort soll die Hospitantin Minu haben. Sie sei ja noch nicht lange im Metier, sagt sie, empfinde aber Pause samt Schlucker als »Ausdruck menschlicher Musikalität«. Der Regisseur schmunzelt. Er hätte das kaum besser sagen können. Die Pause bleibt. Der Schlucker bleibt. Engel seien Menschen. »Eben auch. Doch.«

Es ist der 16. Tag im Studio 8 der Hörspielabteilung des Norddeutschen Rundfunks in Hamburg. Übermorgen ist Abnahme. Eine Art Generalprobe vor Kollegen. Der Autor wird dazukommen, doch das wissen die fünf Menschen im Regieraum noch nicht. Fast drei Wochen Produktionszeit. Soviel Aufwand ist selten. Vier bis acht Tage sind üblich. Zwischen 700 und 800 Neuproduktionen, einschließlich Kinderhörspielen, werden jährlich in den Sendern der ARD aufgenommen. Wer will, kann täglich zwei bis vier Hörspiele hören.

Eintausend Engel über all ist indessen kein Krimi und kein 10-Personen-Dialog mit einem an- oder abfahrenden Auto, einer zuschlagenden Tür und einem tropfenden Wasserhahn. Das hier ist etwas Experimentelles ohne Handlungsablauf. Kosmisch spirituelle Ereignisse sollen hörbar gemacht werden. Engel. Kichernd. Sich einmischend. Schwebend in angstvoller Erregung über 10 000 einheitlich brüllenden Fußballfans. Die Heilsbringer der Menschheit, mal herumschwärmend, mal empört flatternd. Etwas, was es sehr wahrscheinlich real gar nicht gibt. Kurzum, ideal für ein Hörspiel.

Keine andere Kunstform aktiviert so konsequent unsere sensibelste und ursprünglichste Möglichkeit der Wahrnehmung: hören und phantasieren, um sich zurechtzufinden, in der Emotion sich verlieren und wieder besinnen. Musik kann das nur ansatzweise auslösen, da sie in ordnendem Takt daherkommt und rhythmisch weiterführt. Was jedoch während eines experimentellen Hörspiels im nächsten Moment durch unser Ohr in uns eindringen wird, gehorcht nicht vertrauten Gesetzmäßigkeiten. Gehört wird Nichtdazugehöriges, Unerhörtes, das aufhorchen lässt und aufhört, wenn es nicht erwartet wird.

Drei, vier traditionelle Sequenzen sind immerhin auch in Casparis Hörspiel verwoben: Gerede unter Männern, im Lokal, auf der Autobahn. Der Autor hat es dem Regisseur gewidmet. Der Regisseur hat noch vor keinem Hörspiel »solchen Schiss gehabt« wie vor diesem. Dabei ist Götz Naleppa schon sehr lange im Geschäft.

Ob er es werde zusammenfügen können, dass es nicht nur sphärisch schön klinge und einen abheben lasse wie im engelhaften Cannabisrausch. Verhängnisvolles in der Thematik des Stückes dürfe nicht einfach überhörbar werden. Der Autor hat Spuren gelegt, die an die Verdrängung um das tausendjährige Reich erinnern, an seelenlose Menschen und lebendige Tote. Aber sie sind nicht deutlich. Er hat manche Weisheit aus jüdisch-philosophischen Schriften zitiert, aus der Kabbala und den *Aboth*, den »Sprüchen der Väter«, doch ohne sie für die Zuhörer als jüdisch kenntlich zu machen. Es findet sich gleich auf einer der ersten Seiten des Manuskripts der Hinweis, bestimmte Männerstimmen müssten »kalt wie in Auschwitz« klingen. Sollte das nur eine Anregung sein können?

Übereinstimmend erklären die zuständige NDR-Redakteurin Sibylle Becker-Grüll und Regisseur Götz Naleppa, dass ihnen »das nicht so wichtig« sei. Der Redakteurin geht es »mehr um das Spiel mit den

Wirklichkeiten«. Außerdem liege »das Engelthema in der Luft«, das »Interesse für Religion«.

Das Manuskript liest sich teilweise wie eine Partitur, gleichermaßen horizontal wie vertikal. Winzige Kreise kreisen übers Papier und treffen auf größere. Manche Wörter sind klein und mager gedruckt, andere sehr groß und fett. Das sieht nach laut und leise aus, nach hochtönendem Schweben und sich näherndem Flirren. Wie könnte dieses kosmisch Engelhafte anders ins Hörbare umgesetzt werden als mit elektronischen Effekten? Wozu hat man die faszinierende Technik? Und teuer war sie auch.

Toningenieurin Jutta Liedemit beherrscht das computergesteuerte Repertoire virtuos. Kollegen kommen, um bei ihr abzugucken. Seitdem sie die Supertechnik hat, muss sie jedoch »immer öfter Schmutz zumischen«. Es sind ja gerade sogenannte Fehler, die zur Kreativität anregen. Auch beim Zuhören. Der Idealzustand ist langweilig. »Digitalaufnahmen klingen viel zu clean.« Also, keine Elektronik pur, sondern: die Maulwerker. Wie der Name sagt, eine Gruppe, die mit dem Mund arbeitet, sozusagen ein lebendes Instrument. Im abgedunkelten Aufnahmeraum A des Studios 8 und von der Regie getrennt durch eine dicke Glasscheibe, stehen sie im Halbkreis vor beleuchteten Notenständern und eingerichteten Mikrofonen. Sie zupfen hektisch an ihren Blusen und Oberhemden. Nebenan vibriert es engelhaft flatternd aus den Lautsprechern. Begeisterung im Regieraum. Die Toningenieurin hat alle elektronischen Effekte ausgeschaltet. Das handgemachte Flügelschlagen wird als Klangteppich digital aufgenommen und auf der Festplatte des Computers gespeichert. Tonbänder, diese bräunlichen Endlosstreifen, aufgespult zu großflächigen Scheiben, solche Relikte aus vergangenen Radiotagen tauchen bei Hörspiel- und Featureproduktionen meist nur noch als antike Konserve auf, dem kostbaren Geräuschearchiv entnommen.

Die Maulwerker öffnen ihre Münder. In sich selbst konzentriert und auf die Gruppe achtend, kommt hechelndes Atmen, hauchendes Erschrecken. Sie lautmalen mit Vokalen und Konsonanten, was einzelne

Wörter im Text beschreiben. Die Gesamtidee ist vorher besprochen, nichts ist eingeübt. Die schwindeln machenden Gewölbe rund- und spitzbögiger Kathedralen, der Engel Heimstätten, entsteigen vervielfältigt zu einem Bogengeflecht ihren Mundhöhlen, kanonisch versetzt, vom Pianissimo ins Crescendo. Obertöne wabern wie Wasserringe auf dem Trommelfell. Kein Schauspieler würde so wie sie kleine und größere Kreise zu lesen verstehen.

Barbara Thun und Steffi Weismann, Michael Hirsch, Henrik Kairies und Christian Kesten sind die Maulwerker, fünf hochmusikalische Menschen, die außer sprechen und singen auch noch anderes können, nämlich komponieren, Kostüme entwerfen, Kabarett spielen, musizieren, Regie führen. Und hin und wieder gehen sie auf Tournee durch die Welt mit räumlich bewegter Musik, zeitgenössischen Mundgeräuschen, Klangäußerungen und Tonwerken, etwa von Yoko Ono, John Cage, Annegret Galaxia, Mauricio Kagel oder von Dieter Schnebel, der die Maulwerker vor zwanzig Jahren in Berlin an der Hochschule der Künste gründete. Inzwischen sind sie ein eigenständiges Ensemble. Sie treten gern auf Brücken auf und in Treppenhäusern oder stillgelegten Zechen, selten auf seriösen Bühnen.

Ein Hörspielregisseur muss beschreiben können, was er hören will: »Ein unbeobachtetes Gelächter. Nicht nur eine Atemeinhaltung, schon einen Bogen. Und nicht nur auf Ihihi, auch ein bisschen auf Ohoho. Das klingt verarschender.« Für die Textpassagen empfiehlt er: »Sich stets einen sinnvollen Vorgang denken. Bei jedem Wort. Man hört es immer am Ausdruck der Stimme.« Im übrigen: »Seid einfach, wie ihr seid«, rät er ihnen über Lautsprecher in den Aufnahmeraum hinein und, abgewandt vom Mikro, zum Regieteam: »Das ist das Schwerste.« Von morgens um zehn Uhr bis zur Mittagspause dreieinhalb Stunden maulwerken. Anschließend Kassler mit Kartoffeln und Soße in der NDR-Kantine.

Von jeher hat das Hörspiel seinen besonderen Platz in der Hierarchie der Sender. Den öffentlich-rechtlichen Anstalten garantiert es die staatlichen Subventionen, denn mit dem Hörspiel rechtfertigt sich ihr

Kulturauftrag. Werden sie auch gehört? Marion Fiedler, die Leiterin der NDR-Hörspielabteilung, bekommt hin und wieder Hörerpost, und darin häufe sich der Satz: »Wir entdecken Euch gerade wieder.« Künstlerisch gemachte Wortsendungen würden gern gehört. »Die Leute«, sagt sie, »haben von bestimmten Produktionsformen und Beziehungsthemen im Fernsehen die Nase aber so was von voll!«

Der nächste Produktionstag beginnt mit einem »ganz hässlichen digitalen Knacker auf dem zweiten Prozessor«, den niemand haben will. Die Toningenieurin bittet einen Kollegen von der Technik herüber. Zeitgleich mit dem Techniker betritt, grauhaarig und rotwangig, der Schauspieler Werner Rehm heiter jovial das Studio. Der Regisseur freut sich, ihn zu sehen. Wie es denn so gehe. Er spiele gerade eine Frau, die Mutterrolle in Elfriede Jelineks *Sport*-Stück, sagt Rehm und erkundigt sich, wie der Hörspieltext »optisch zu verstehen sei, die Kringel«. Der Regisseur geht drüber weg – »Du sprichst ja den Professor, Werner, den Engelexperten« – und stellt dem etablierten Mimen den jungen Kollegen vor: Robert Podlesny. Der sei einer der Erzengel und interviewe, getarnt als Reporter, den geschwätzigen Professor auf der Autobahn zu der Frage, ob es tatsächlich keine Engel geben könne, da sich die Menschen doch von ihnen so viele Bilder machten.

Der erste gemeinsame Textdurchlauf geschieht im Sitzen. Der Regisseur ermuntert zur Komik: Podlesny solle »wie ein richtiger Reporter die Sätze völlig falsch betonen und falsch atmen«. Gar nicht so einfach. Der Professor solle sich mehr verhaspeln und ereifern. »Los, Werner! Wir Schmierenkomödianten!« Ein verbaler Ringkampf wird inszeniert, den später die Tontechnikerin dort mit Autobahnlärm unterlegt, wo in Sekundenbruchteilen beide Sprecher zeitgleich Atem holen. Das macht die lange Szene rhythmisch schnell.

»Ich hätte nie gedacht, dass es so witzig wird«, sagt der Regieassistent am Abend vergnügt. Der Regisseur horcht auf und stutzt. Die Krise ist da. Die übliche Halbzeitkrise. Der Text ist akustisch umgesetzt und aufgenommen, alles Material liegt vor, man hat Spuren hinterlassen, sich verantwortlich gemacht und kann nicht mehr zurück. Jetzt kommt die Mischung, die Zusammenfügung von Stimme, Geräusch, Musik und Effekten. Das Hörspiel wird gebaut. »Es fließt doch sehr schön«, beruhigt die Toningenieurin. – »Vielleicht zu schön«, seufzt der Regisseur.

In den letzten Produktionsstunden wird am Ton gefeilt. Der Assistent hat »so merkwürdige Geräusche« im Kopfhörer, die nicht aufhören wollen. Die Toningenieurin hört ohne Kopfhörer ein kratzendes Geräusch auf dem »n« von einem »und«. Am Bildschirm des Computers vergrößert die Tontechnikerin den verdächtigen Satz. Die phonstarke Tonabfolge der Konsonanten und Vokale ist Wort für Wort bildhaft umgesetzt in Gestalt einer spitzgotischen Herzrhythmuslinie. Das ominöse »n« in dem kritischen »und« wird fixiert. Tatsächlich ist eine Fünfundachtzigmillisekunde zerbrzzzt und wird bereinigt.

»Natürlich kann man auch dieses Hörspiel im Küchenradio hören, aber dafür mache ich es nicht«, sagt Regisseur Naleppa am Ende des letzten Produktionstages ein wenig gereizt. Und dann gehen sie alle zusammen essen. Am darauf folgenden Nachmittag ist die Abnahme. Während *Eintausend Engel über all* für fünfundvierzig Minuten und dreißig Sekunden die Studioräume füllen, sitzen Autor und Regisseur mit geschlossenen Augen nebeneinander davor, mit dem Rücken zu ihnen Toningenieurin Jutta Liedemit. Sie hält die Beine verknotet, die Arme über dem Magen verschränkt, das Kinn auf die Brust gedrückt, ihre Augenlider zucken. Die ganze Frau ist eine hochgespannte Membrane.

Später kommt ein wenig Kollegenkritik. Einer hatte Schwierigkeiten, sich einzuhören. Dann kommt der Sekt. Es wird angestoßen. »Götz«, sagt der Autor zum Regisseur, »ich hätte nicht gedacht, dass es so wird.«

Viola Roggenkamp lebt als freie Autorin in Hamburg. Sie hat mehrere Bücher veröffentlicht, 2004 erschien ihr Roman *Familienleben* und das erzählende Sachbuch *Frau ohne Kind*.

ADRESSEN · ADRESSEN · ADRESSEN · ADRESSEN

▷ *Hörfunk – Hörspiel*

Bayerischer Rundfunk
Hörspiel und Medienkunst
Rundfunkplatz 1
80300 München
Tel. 089 - 59 00-22 52, -22 62
Fax 089 - 59 00-26 71
www.br-online.de
Leitung: Herbert Kapfer

**BLR Dienstleistungsgesellschaft
für Bayerische Lokal-Radioprogramme**
Aktuelles/Rubriken
Rosenheimer Str. 145c
81671 München
Tel. 089 - 499 94-400
Fax 089 - 499 94-555
bachmann@blr.de
www.blr.de
Leitung: Michael Bachmann
Ms.-Angebote erwünscht: nach vorheriger telefonischer Anfrage

Deutsche Welle
Hörfunk
Raderberggürtel 50
50968 Köln
Tel. 0221 - 389-44 16
Fax 0221 - 389-44 77
www.dw-world.de

Ansprechpartner: Joachim Schmidt
v. Schwindt

Deutschland Radio Berlin
Hörspiel
Hans-Rosenthal-Platz
10825 Berlin
Tel. 030 - 85 03-55 80
Fax 030 - 85 03-55 79
www.dradio.de
Leitung: Stefanie Hoster
Ms.-Angebote erwünscht: als Manu-
skript
Medium: Hörkassette, Papieraus-
druck oder CD
Ms.-Rücksendung: ja, wenn verlangt

Hessischer Rundfunk
Hörspiel
Bertramstr. 8
60320 Frankfurt
Tel. 069 - 155-23 21
Fax 069 - 155-40 48
www.hr-online.de
Ansprechpartner:
Krimi-Hörspiel, Literarisches Hörspiel: Peter Liermann; Klangkon-
zepte, Experimentelles u. Avant-
gardistisches: Manfred Hess; Kinderhörspiel: Gudrun Hartmann

Ms.-Angebote erwünscht: als Manuskript
Medium: Hörkassette, Papierausdruck, Diskette, E-Mail
Ms.-Rücksendung: ja, mit Rückporto

Mitteldeutscher Rundfunk
Künstlerisches Wort
Gerberstr. 2
06108 Halle
Tel. 0345 - 300-54 04
Fax 0345 - 300-54 65
www.mdr.de/figaro
Leitung: Matthias Thalheim
Ansprechpartner: Thomas Fritz
Ms.-Angebote erwünscht: als Manuskript
Medium: Hörkassette/Info-CD, Papierausdruck
Ms.-Rücksendung: ja, mit Rückporto

Norddeutscher Rundfunk
Hörfunk
Rothenbaumchaussee 132-134
20149 Hamburg
Tel. 040 - 4156-26 62, -27 46
Fax 040 - 21 56-30 73
www.ndr.de
Leitung: Dr. Andreas Wang
Ansprechpartner: Lektorat: Henning Rademacher (Dw -2746), Kriminalhörspiel: Hilke Veth (Dw -2460)
Ms.-Angebote erwünscht: als Manuskript
Medium: Hörkassette, Papierausdruck
Ms.-Rücksendung: ja, mit Rückporto

ORF – Österreichischer Rundfunk
Literatur und Hörspiel
Argentinierstr. 30a
A-1040 Wien/Österreich
Tel. +43 (0)222 - 501 01-184 67
Fax +43 (0)222 - 501 01 -184 82
www.orf.at
Leitung: Dr. Konrad Zobel
Ms.-Interesse: keine Bearbeitungen, max. 60 min. Sendelänge, keine Kurzhörspiele
Ms.-Angebote erwünscht: als Manuskript
Medium: Papierausdruck
Ms.-Rücksendung: ja

Radio Bremen
Hörspielredaktion
Bürgermeister-Spitta-Allee 45
28329 Bremen
Tel. 0421 - 246-14 02, -01
Fax 0421 - 246-10 32
hoerspiel@radiobremen.de
www.radiobremen.de
Leitung: Holger Rink
Ms.-Angebote erwünscht: als Manuskript
Medium: Hörkassette, Papierausdruck, Diskette, E-Mail
Ms.-Rücksendung: ja

Rundfunk Berlin Brandenburg
Hörspiel/Radiogeschichten
Masurenallee 8-14
14046 Berlin
Tel. 030 - 30 31-34 30
Fax 030 - 30 31-34 39

lutz.volke@rbb-online.de,
gabriele.bigott@rbb-online.de
www.rbb-online.de
Leitung: Dr. Lutz Volke,
ab 1.3.2005 Gabriele Bigott
Ms.-Interesse: Hörspiel, Krimi,
5-Minuten-Serien
Ms.-Angebote erwünscht: als Manuskript
Medium: Hörkassette, CD, Papierausdruck, Diskette, E-Mail
Ms.-Rücksendung: ja

Saarländischer Rundfunk
Programmgruppe
Künstlerisches Wort
Funkhaus Halberg
66100 Saarbrücken
Tel. 0681 - 602 21 62
Fax 0681 - 602 21 69
akuehrmeyer@sr-online.de
www.sr-online.de
Leitung: Anette Kuehrmeyer
Ms.-Interesse: Hörspiel, gut erzählte Geschichten, klassische und moderne Handlungsdramaturgie; keine SF-Krimis und Kinderhörspiele, auch keine Kurzformen (unter 30')
Ms.-Angebote erwünscht: Manuskript
Medium: Papierausdruck
Ms.-Rücksendung: ja

Schweizer Radio DRS
Hörspiel DRS 2
Postfach
CH-4002 Basel/Schweiz
Tel. +41 (0)61 - 365 34 11

Fax +41 (0)61 - 365 35 38
www.DRS2.ch
Leitung: Franziska Hirsbrunner
Ms.-Angebote erwünscht: nach vorheriger telefonischer Anfrage
Medium: E-Mail
Ms.-Rücksendung: ja

Südwestrundfunk
Hörspielabteilung
76522 Baden-Baden
Tel. 07221 - 929-22 63
Fax 07221 - 929-20 72
ekkehard.skoruppa@swr.de
www.swr.de
Leitung: Ekkehard Skoruppa
Ms.-Angebote erwünscht: als Manuskript
Medium: Hörkassette, Papierausdruck
Ms.-Rücksendung: ja

Westdeutscher Rundfunk
Hörfunk/Programmgruppe Wort
Postfach
50600 Köln
Tel. 0221 - 220-31 60
Fax 0221 - 220-55 87
wolfgang.schiffer@wdr.de
www.wdr.de
Leitung: Wolfgang Schiffer
Ansprechpartner: Wolfgang Schiffer, Astrid Bingöl
Ms.-Angebote erwünscht: als Manuskript
Medium: Papierausdruck, E-Mail
Ms.-Rücksendung: ja

▷ Der Hörbuch-Boom
Wie entsteht ein Hörbuch?

Hörbücher werden immer beliebter, die Umsätze steigen und etliche Verlage bauen ihr eigenes Hörbuch-Programm auf. Insgesamt dürften etwa 400 Verlage Hörbücher anbieten. Die durchschnittlichen Startauflagen liegen bei 5.000 Stück, es sind besonders belletristische Texte, die vertont werden, gefolgt von Krimis, Kinder- und Jugendhörbüchern, Sachbüchern und Ratgebern. Meist werden diese Hörbücher auf CDs produziert, die Hörkassette wird bald verschwinden, dagegen werden vermutlich bald Hörbücher auf DVD üblich sein. Der wichtigste Vertriebsweg für Hörbücher ist der Buchhandel, wobei auch der Versandhandel das Produkt liebt: Es ist so leicht zu versenden.

Die großen Bucherfolge sind auch als Hörbücher Bestseller, allen voran »Harry Potter«-Titel. Kritisiert wurde dagegen bei einer Hörbuch-Umfrage die Biografie von Dieter Bohlen *Nichts als die Wahrheit* als Hörbuch – nicht nur wegen des Inhalts, sondern auch wegen der Sprecherqualität. Nach der repräsentativen Studie der Universität München im Auftrag des HörVerlags ist der Hörbuchmarkt noch klein:

70 % kennen Hörbücher, aber nur
10 % nutzen regelmäßig Hörbücher,
50 % davon sind Männer – bei Büchern sind weitaus mehr Frauen als Männer die Kunden und Leser.
Die Hauptnutzer sind zwischen 25 und 35 Jahre alt, Kulturkonsumenten (gehen ins Kino oder in Konzerte),
verdienen gut und – haben wenig unverplante Zeit.
Das Hauptinteresse an einem Hörbuch ist »Unterhaltung«.

Es gibt wunderbare Hörbuch-Adaptionen, die als eigenständiges Werk neben dem gedruckten Buch stehen. Aber jeder erkennt sofort, wenn ein Hörbuch nur ein abgelesener Text ist – und nicht mehr. Erst durch die Bearbeitung für das Hörmedium, das Kürzen und die Inszenierung entstehen Bilder in der Vorstellung des Hörers, das »Kino im Kopf«.

Selbstverständlich gibt es auch Texte, die man nicht kürzen kann oder, wenn ein bedeutender Autor der Bearbeitung für das Hörmedium nicht zustimmt, nicht kürzen darf. Vollständige Lesungen, die auch dokumentarischen Charakter haben, sind ebenfalls auf dem Markt. Hörer möchten durchaus auch längere Lesungen hören; das Problem solcher Werk-Lesungen ist die teure Produktion. Zehn CDs für eine Lesung zu produzieren kostet viel Geld, der hohe Ladenpreis beeinflusst die mögliche Verkaufsauflage.

Hier einige Tipps zur Bearbeitung oder zum Schreiben eines Hörbuch-Manuskripts:

> Kurze, klare Sätze, die sich gut sprechen lassen, erleichtern das Verständnis.
> Sprechend schreiben, immer wieder den Text laut lesen, um zu prüfen, ob er so zum Sprechen geeignet ist.
> Dialoge: auch indirekte Rede kann lebhaft sein.
> Zu viele Charaktere machen es dem Hörer schwer, den Überblick zu behalten.
> Stimmen- und Rollenwechsel machen das Hörstück lebendig.
> Wer spricht gerade? Der Hörer muss immer wissen, welche Figur gerade spricht.
> Im Manuskript die Rollenverteilung mit verschiedenen Farben markieren.
> Pausen eintragen, längere Texte farblich gliedern, um das Sprechen zu erleichtern.

Ob Lesung oder Adaption, in beiden Fällen gilt: Es kommt nicht nur auf den richtigen Text an, sondern auch auf die Stimme. Von verschiedenen Stimmen gelesen, kann derselbe Text zu ganz verschiedenen »Hörergebnissen« führen, zum Beispiel durch die unterschiedliche Interpretation. Deshalb ist nicht jede Stimme für jeden Text geeignet, manche Sprecher sind vielleicht auch schon sehr oft gehört worden oder man verbindet ihre Stimme mit einer bestimmten Art von Literatur so, dass sie, obwohl es gute »Hörspieler« sind, eine unerwünschte Vorstellung zum Text mitbringen. Der richtige Sprecher kann für den Erfolg eines Hörbuchs so wichtig sein wie der richtige Schauspieler in einem Film. Selbstverständlich muss auch dem Sprecher der Text zusagen. Ein Probesprechen sollte dem Auftrag vorangehen.

Die Inszenierung des Textes, also die zusätzlich zu dem gesprochenen Text unterlegten Geräusche und die Musik, müssen gemeinsam mit einem Experten geplant und vereinbart werden. Erst das lässt den gesprochenen Text lebendig werden.

Voraussetzung ist selbstverständlich, dass der Rechteinhaber, meist der Verlag, in dem das Buch erschienen ist, gefragt wurde, ob die Audio-Rechte frei sind und ob der Verlag einer Hörbuchproduktion zustimmt. Der Lizenzvertrag regelt den nicht verrechenbaren Vorschuss, die Lizenzgebühren und Lizenzdauer, auch die Frage der Bearbeitung des Textes wird im Vertrag festgelegt. Dann folgen all die Schritte, die auch bei einer Buchproduktion notwendig sind: Der Umfang wird festgelegt, ob eine oder mehrere CDs, die ISBN wird vergeben, der Erscheinungstermin bestimmt und der Zeitplan aufgestellt. Die Kalkulation aller Kosten erfolgt ausgehend von dem möglichen Ladenpreis, Cover und Booklet müssen frühzeitig für die Werbung und Verlagsvorschau gestaltet werden.

Die eigentliche technische Produktion liegt dann in den Händen des beauftragten Studios oder des Produzenten, den man dafür engagiert. Der Verlag hört zwischendurch Probeaufnahmen, aber die Details wie die gesamte Aufnahme, die Regie, der Schnitt, bleibt in den Händen der Profis. Wenn die Auftraggeber mit der fertigen Aufnahme zufrieden sind, gehen die Master-CDs in das Presswerk. Alles ist bereit für das Marketing, den Vertrieb des neuen Hörbuchs.

▷ *Die dynamische Inszenierung eines Hörbuchs*

Von Andreas Meyer

Das Hörbuch *Die Siedler von Catan* nach dem gleichnamigen Roman von Rebecca Gablé erschien Ende 2003 bei Audio Lübbe. Es umfasste sechs CDs mit 440 Minuten Spielzeit und wurde komplett von Martin May (bekannt aus Wolfgang Petersens Welterfolg *Das Boot*) gesprochen. Meine Aufgabe als freier Produzent war es, die Lesung mit insgesamt 100 Minuten Musik und Geräuschen zu inszenieren, das heißt zu unterlegen und dramatisch zu akzentuieren.

Als Material dienten mir sechs in Berlin aufgenommene und technisch perfektionierte Aufnahmen von Martin May – doch meine Arbeit begann weit früher. Die Arbeit an den *Siedlern* gliederte sich in drei Phasen – Vorarbeit, Inszenierung und Mastering – und umfasste insgesamt sechs Wochen. Der Abgabetermin war festgelegt, und auch für vorausgehende Arbeiten gab es eine präzise Zeitplanung.

Als erstes las ich Rebecca Gablés Manuskript – der Roman war zu diesem Zeitpunkt noch nicht erschienen –, um einen Eindruck von Thema, Charakteren und Setting zu gewinnen. Ein von Überfällen und Hungersnöten geplagtes Wikingervolk findet auf Catan, der sagenhaften Insel ihres Göttervaters Odin, eine neue Heimat.

Dabei legte ich mit den Schauplätzen vor Augen eine Liste aller benötigten Geräusche (von Ankerwerfen über Erdbeben hin zu Schwertkampf und Ziegengemecker) an. Die Geräusche wählte ich aus meinem Archiv oder nahm sie original mit dem Mikrofon auf. Die Geräuschkulisse wollte ich möglichst dynamisch inszenieren, in Klangqualität und in Komplexität wie ein klassisches Hörspiel. Ein Beispiel:

Candamir, der Hauptprotagonist, entdeckt während der Überfahrt nach Catan, dass eine Ladeluke offen steht. Auf der Suche nach dem vermeintlichen Eindringling steigt er in den dunklen Schiffsbauch hinab. Für diese Szene stellte ich eine Hintergrundatmosphäre im Mehrspurverfahren am Computer zusammen: An die Bordwand schwappende Wellen (ich rührte mit der Hand durch einen mit Wasser gefüllten Bottich), Schiffsächzen (die elektronisch tief gestimmte Angel einer Kellertür) Holzknarzen (die knarrenden Bohlen auf dem Dachboden) und gelegentliches Geglucker (träufelndes Wasser aus meinem Boiler). Dazu ordnete ich dynamische Geräusche, die an das unmittelbare Geschehen anknüpfen würden, wie leise knarzende Schritte des Helden Candamir, ein mysteriöses Luftsausen, ein Faustschlag oder das Geräusch eines fallenden Dolches. Kaum eines dieser Geräusche ist explizit im Roman erwähnt.

Wie auch bei anderen Szenen – Ödnis, Meer, Eislandschaft, riesenhafte Höhle, Sturm oder Schiffbruch – bestand ein Hauptteil der Arbeit darin, sich die geräuschhafte Umgebung *vorzustellen*, um die passenden Klänge zu finden, zu sammeln und zu ordnen.

Ich kann übrigens nur empfehlen, so viele Geräusche wie möglich selbst aufzunehmen, statt auf Klänge aus urheberrechtsfreien CD-ROM-Bibliotheken zurückzugreifen. Erstens geht es – entgegen allgemeiner Annahme – meist schneller. Zweitens ist die Qualität der eigenen Aufnahmen meist besser. Drittens lernt man etwas dabei. Viertens hat man später genau den Klang, den man braucht. Und fünftens – es macht so einfach viel mehr Spaß!

Gleichzeitig zur Geräuschsammlung stellte ich Überlegungen zur Musik an. Ein Leitmotiv, eine kleine wandelbare Melodie, die heroische Aufbruchsstimmung vermittelt, sollte durch das Hörbuch führen. Da von der Musik der Wikinger nichts überliefert ist, hatte ich bezüglich der Instrumentation freie Hand. Ich entschied, dass Hörner das Geschehen dominieren sollten. Dazu Schalmeien und Lauten – für das mittelalterliche Flair. Realisiert würde die Musik komplett digital am Computer, inklusive aller Instrumente eines klassischen Orchesters.

Nachdem dieser Teil der Vorarbeiten abgeschlossen war, wartete ich auf das gekürzte Manuskript. Das gekürzte Manuskript stellt den eigentlichen Text des Hörbuchs dar. Es ist allerdings keine Adaption, die auf dramaturgische Interessen von Musik und Geräuschen Rücksicht nimmt und diese – in Form von Drehbuchanweisungen – integriert. Es ist ein reiner Prosatext und – vorgelesen – mit dem identisch, was die Hörer später zu Hören bekommen. Das gekürzte Manuskript umfasste hier etwa ein Drittel des Romans.

Leider erhielt ich das Manuskript nicht zum vereinbarten Zeitpunkt. Als es dann eintraf, war der Abgabetermin schon bedrohlich nahe.

Ich las das Manuskript, wählte fünfzig Szenen (von wenigen Sekunden bis zu mehreren Minuten Länge) aus und notierte Regieanweisungen (Anzahl und Art der Geräusche, mögliche Musik, technische Details wie Hall und Panorama).

Um festzustellen, wie viel Zeit eine Manuskriptseite in gelesener Form in Anspruch nehmen würde, las ich mir selbst ein paar Seiten vor, stoppte die Zeit und errechnete den Durchschnitt: bei dem Manuskriptformat etwa 1.15 Minuten pro Seite. So konnte ich – bevor ich die Sprachaufnahmen von Martin May kannte – Geräuschszenen und Musik im Voraus produzieren und vor allem zeitlich arrangieren.

Eine Schwierigkeit bei der Auswahl der Szenen besteht immer darin, sie angemessen über die inszenierte Lesung zu verteilen. Ein Hörbuch ist ja nicht (wie ein Hörspiel) ständig von Geräuschen und Musik begleitet oder von diesen wesentlich dramaturgisch geprägt. Die vertraglich vereinbarten 100 Minuten mussten auf sechs CDs verteilt werden, was demnach etwa 16 Minuten pro CD machte. Üblicherweise werden vor allem Szenen vertont, die Gefahr oder Konfrontation vermitteln. Solche Szenen sind ausnahmslos ein »Muss«. Dazu wollte ich aber auch die Schauplätze wie Meer, Steppe, Höhle, Insel, Wald, Berge und wichtige, historische Besonderheiten wie Runenwerfen oder das Thorsfest in Szene setzen, um die Hörer das Epische der Erzählung spüren zu lassen. So arbeitete ich mich vom absolut Notwendigen zum konzeptuell Wichtigen vor.

Wenige Tage später hielt ich die Sprachaufnahmen Martin Mays in den Händen – ein gutes Gefühl, jetzt lag alles bei mir. Ich begann mit Phase Zwei, der eigentlichen Inszenierung, und vertonte zunächst die Szenen, die einfach umzusetzen waren und am meisten Spaß versprachen. Meine intensiven Vorbereitungen zahlten sich aus; allerdings musste ich ungefähr dreißig Prozent der vorgefertigten Musik streichen, da sie an den betreffenden Stellen nicht zur Diktion passte. Dort, wo ich mir Tempo und Aggressivität vorgestellt hatte, hielt Martin May sich beispielsweise zurück und umgekehrt.

Die folgenden Tage und Nächte verbrachte ich mit Montage und Synchronisation aller Elemente. Dazu kam eine Menge Improvisation und zusätzliche Komposition, besonders dort, wo die anhand des Manuskripts vorproduzierten Geräusch- und Musikvorlagen atmosphärisch nicht zu den Sprachaufnahmen passten.

Nach der Inszenierung folgten zeitraubende, technische Prozesse: das Mischen der Musik, die Montage der Szenen auf einer Zeitlinie, das Abhören der Aufnahmen, die Korrekturen, das Setzen von Track-Indizes, das Brennen der sechs CDs mit einfacher Geschwindigkeit in doppelter Ausfertigung für die Kassettenausgabe. Dies nahm mehrere Tage in Anspruch. Schließlich konnte ich die sechs Master-CDs an den Verlag schicken, wo die fertigen Aufnahmen von der Programm-Lektorin, dem Team und dem Audio-Koordinator intensiv durchgehört wurden. Alles lief glatt, man war begeistert und ich nahm Urlaub.

300 Arbeitsstunden kamen für *Die Siedler von Catan* zusammen, wobei 90 allein auf die letzte Woche entfielen. Die Kooperation mit dem Verlag war ausgezeichnet und sehr effizient. Ich erhielt prompt die zweite Hälfte des Honorars, die erste war bei Vertragsabschluss gezahlt worden. Eine direkte Kooperation mit der Autorin gab es bei meiner Arbeit nicht.

Noch ein Tipp: Ich kann jedem kreativen Produzenten abschließend nur raten, das veröffentlichte Werk bei der Gesellschaft zur Verwertung von Leistungsschutzrechten (GVL) anzumelden. Die GVL schüttet dann im Dezember des Folgejahres noch einmal 20 bis 30 Prozent des ursprünglich gezahlten Honorars an den Produzenten aus. Ein hübsches Weihnachtsgeschenk!

Andreas Meyer studierte Literaturwissenschaften und Philosophie. Er arbeitet als Komponist, Sound Designer, Musikproduzent, Lektor und freier Schriftsteller. *www.andymeya.com*

ADRESSEN · ADRESSEN · ADRESSEN · ADRESSEN

▷ Hörmedienpreise

Angerburger Kulturpreis
Landkreis Rotenburg Wümme
Hauptamt
Postfach 11 40
27344 Rotenburg/Wümme
Tel. 04261 -75 21 30
Fax 04261 - 75 21 97
Ansprechpartner: Herr Twiefel
Sparten: Literarische und andere
künstlerische und wissenschaft-
liche Arbeiten Angerburger
Autoren/Künstler oder den Kreis
Angerburg betreffende deutsch-
sprachige Arbeiten (auch Audio
und Video)
Eigenbewerbung: nein

Deutscher Kinderhörspiel-Preis
Filmstiftung Nordrhein-Westfalen
Kaistr. 14
40221 Düsseldorf
info@filmstiftung.de
www.filmstiftung.de
Ansprechpartner: Sibylle Bettray
Sparten: Kinderhörspiel
Eigenbewerbung: ja

**Preise der
Frankfurter Autorenstiftung**
Autorenstiftung (getragen von
den Mitgliedern des Verlages der
Autoren)
Schleusenstr. 15
60327 Frankfurt a.M.
Tel. 069-238 57 42
Fax 069-24 27 76 44
vdaffm@t-online.de
Ansprechpartner: Marion Victor
Sparte: Autoren in den Sparten
Theater, Film und Hörspiel
Turnus: jährlich
Eigenbewerbung: nein

Freudenthal-Preis
Freudenthal-Gesellschaft e.V.
Poststr. 12
29614 Soltau
Tel. 05191 - 82205
info@freudenthal.gesellschaft.de
www.freudenthal.gesellschaft.de
Ansprechpartner: Harry Struck,
Geschäftsführer
Sparten: Gedichte, Kurzgeschichten,
Hörspiele oder Spielszenen in platt-
deutscher Sprache (Poesie u. Prosa
Bewerbungsschluss: 31. Mai
Eigenbewerbung: ja

Hans-Henning-Holm-Preis
Stifter: Diana-Krankenhausbetriebs-
gesellschaft mbH
Dahlenburgerstr. 2a
29549 Bad Bevensen
Tel. 05821 - 8030 02
Fax 05821 - 80 30 05
Ansprechpartner: Herr Baumbach
Sparten: Niederdeutsches Hörspiel
Eigenbewerbung: ja

Hörspiel des Jahres
Deutsche Akademie der
Darstellenden Künste e.V.
Alte Faktorei, Hauptstr. 39
64625 Bensheim
Tel. 069 - 29 63 57
Fax 069 - 29 63 57
UlrikeSchiedermair@gmx.de
www.darstellendekuenste.de
Ansprechpartner: Ulrike Schieder-
mair
Sparten: Hörspiel
Eigenbewerbung: nein

Hörspielpreis der Kriegsblinden
Bund der Kriegsblinden
Deutschland e.V.
Schumannstr. 35
53113 Bonn
Tel. 0228 - 21 31 34
Fax 0228 - 21 73 98
bkd.geschaeftsstelle@t-online.de
www.kriegsblindenbund.de
Ansprechpartner: K. Gach
Sparten: Originalhörspiel
Eigenbewerbung: nein

**Hörspielwettbewerb Rundfunk
Berlin-Brandenburg**
Rundfunk Berlin-Brandenburg
Masurenallee 8-14
14057 Berlin
Tel. 030 - 30 31-34 30
Fax 030 - 30 31-34 39
gabriele.bigott@rbb-online.de
Ansprechpartner: Gabriele Bigott
Sparten: Hörspiel
Eigenbewerbung: erforderlich

hr 2 – Hörbuch-Bestenliste
Börsenblatt für den Deutschen
Buchhandel/ Hessischer Rundfunk
60320 Frankfurt a.M.
Tel. 069 - 155 35 15
Fax 069 - 155 37 45
Ansprechpartner: Hans Sarkowicz
Dr. Hendrik Markgraf
Sparten: Hörspiel (Literatur/Sach-
buch), Hör-, Kinderhörbuch
Eigenbewerbung: ja

Jugend macht Radio
Landesarbeitsgemeinschaft
Lokale Medienarbeit NRW e.V.
Emscherstr. 71
47137 Duisburg
Tel. 0203 - 410 58-10
Fax 0203 - 410 58-20
info@medienarbeit-nrw.de
www.medienarbeit-nrw.de
Ansprechpartner: Oliver Baiocco
Sparten: Jugendkultur Radio
(Hörspiel inkl.)
Eigenbewerbung: ja

Karlsruher Hörspielpreis
Freies Radio Karlsruhe
Kulturredaktion
Steinstr. 23
76133 Karlsruhe
Tel. 0721 - 387858
Fax 0721 - 385020
kultur@querfunk.de
www.querfunk.de
Ansprechpartner: Marion Seibel, Till Geiger, Karen Bork
Hinweise: Kurzknaller bis 3 min., Länge sonst bis max. 15 min.
Bewerbungsschluss: Ende September

Dr.-Kurt Magnus-Preis
Arbeitsgemeinschaft der öffentlich-rechtlichen Rundfunkanstalten Deutschlands (ARD)
Bertramstr. 8
60320 Frankfurt a.M.
Tel. 069 - 155 42 32
Fax 069 - 155 30 02
ahoeltke@hr-online.de
Ansprechpartner: Angela Höltke
Sparten: Hörfunk
Bewerber: besonders qualifizierter und talentierter Nachwuchs im Hörfunk der ARD
Hinweise: Bewerbung bis zur Vollendung des 35. Lebensjahres
Bewerbungsschluss: 31. Dezember
Eigenbewerbung: nein

MDR-Kinderhörspielpreis
Mitteldeutscher Rundfunk
Gremienbüro
Kantstr. 71-73
04275 Leipzig
Tel. 0341 - 300 62 22
Fax 0341 - 300 62 63
birgitt.mettheß@mdr.de
www.mdr.de
Ansprechpartner: Birgitt Matheß
Sparten: Kinderhörspiel

FILM und TV   ⑥

Screenwriters Berlin   283

ADRESSEN: Filmausbildung und Drehbuchseminare   287

Bücher vor der Kamera   295

Vergesst die virtuellen Welten   301

Was bringt Drehbuchförderung?   304

Förderanträge: Zehn leicht vermeidbare Fehler   309

ADRESSEN: Drehbuch- und Filmförderung, Preise   313

Fragen, die Sie nie stellen sollten   321

ADRESSEN: TV – Spielfilm   329

Bestsellertitel: Liebe, Mann, Frau, Nacht   332

ADRESSEN: Drehbuchagenturen   334

Love, love!   340

▷ Screenwriters Berlin
Die filmreife Geschichte von vier Drehbuchautoren

Von Bianca Kopsch

Einsam sitzt er vor seiner Schreibmaschine. Neben sich eine Tasse abgestandenen Kaffee und einen überfüllten Aschenbecher. Die Nachbarn haben schon längst die Lichter gelöscht. Er darf nicht schlafen. Vor seinen müden Augen leuchtet weiß und anklagend ein leeres Blatt Papier.

Es ist wie in einem Film: das Klischee des Autors bei der Arbeit. Leider auch in der Wirklichkeit. »Schreiben«, sagt Johann A. Brunners, »ist tatsächlich eine sehr einsame Angelegenheit.« So ein Berufsleben wollte der 28-Jährige nicht.

Zwei Jahre hatten sie an der Berliner Filmhochschule DFFB miteinander studiert, sich gegenseitig ihre Geschichten vorgelesen, gemeinsam nach Ideen gesucht, deren dramaturgische Umsetzung diskutiert und sich dabei gut kennen gelernt. Im Jahr 2000 machten sie ihren Abschluss. Und dann sollte jeder allein dastehen? Jeder für sich auf dem Film- und Fernsehmarkt um die eigene Existenz kämpfen? Bei der schwierigen Wirtschaftslage? Zu hart, zu unkommunikativ, zu einfallslos. Vier Freunde schlossen sich zusammen und gaben sich einen Namen: *Screenwriters Berlin*.

In kreativen Berufen sind Festanstellungen zurzeit nicht zu erwarten, also nutzen viele die vom Staat geforderte und geförderte Möglichkeit, ein eigenes Unternehmen zu gründen. Für die Berliner Autoren offenbar kein Grund zum Verzagen.

»Die wirtschaftliche Depression spornt uns an«, sagt Martin Dolejs, mit 35 Jahren der älteste der Screenwriters. »Jammern nützt nichts! Jeder ist für sich selbst verantwortlich.« Und in Skandinavien funktioniert es doch auch. Die Screenwriters Kopenhagen und die Screenwriters Stockholm haben schon vor vielen Jahren angefangen, in Autorenkollektiven zu arbeiten, sie schreiben im Dutzend.

Eine Idee, die im individualistischen Deutschland kaum verbreitet ist. Hier arbeiten die meisten Autoren allein. Für einzelne Projekte schließen sie sich zwar mit anderen zusammen, arbeiten in Zweierteams, bilden informelle Netzwerke. Aber keine dauerhaften Gemeinschaften mit gemeinsamem Namen und Auftreten. Aus Angst, als einzelner Künstler hinter einem Kollektiv zu verschwinden und somit austauschbar zu werden. »Vielen ist auch die Auseinandersetzung zu anstrengend und das Risiko, eingeschränkt und bevormundet zu werden, zu hoch«, sagt Martin Dolejs. Aber es kann auch harmonieren.

»Wie eine Band, die zusammen ein Lied komponiert, entwickeln wir gemeinsam Drehbücher«, sagt der 31-jährige Michael Petrowitz. »Einer denkt sich die Melodie aus, ein anderer gibt den Takt vor, der Nächste schreibt die Lyrik. Ein guter Song ist meistens eine Gemeinschaftsproduktion.«

Das erste Werk der vier Lyriker heißt »Meine schönsten Jahre«, eine Fernsehserie, die derzeit freitags um 21.15 Uhr auf RTL ausgestrahlt wird. Offenbar weniger Zuschauer als erwartet verfolgen die lustigen Erlebnisse eines einst in der DDR aufgewachsenen Jugendlichen: RTL musste die Preise für Werbespots bereits um ein Drittel senken. Sowohl Konzept als auch Drehbücher stammen von den Screenwriters. Es mit einem selbst entwickelten Fernsehformat tatsächlich bis auf den Bildschirm zu schaffen, das ist für Berufsanfänger ganz und gar nicht alltäglich. Viele Jungautoren steigen erst einmal in bestehende Formate ein, schreiben Folgen für bereits laufende Serien.

Das Team hatte seine Kölner Auftraggeber früh überzeugt: Bei der Abschlusspräsentation an der Filmhochschule vor Produzenten und Redakteuren hatten die vier nicht nur ihre Drehbücher vorgestellt, sondern auch verkündet, dass sie von nun an zusammenarbeiten. »Viele fanden das ungewöhnlich, aber die Idee kam gut an«, erinnert sich Martin Dolejs. Vor allem dem Producer der Berliner Firma Phoenixfilm gefiel das neue Autorenkollektiv. Er machte ihnen ein Angebot: Sie sollten sich etwas zum Thema Jugend im Osten überlegen, eine Serie. »Normalerweise läuft es bei Neueinsteigern nicht so leicht«, sagt Dolejs. »Das hat uns in unserem Gemeinschaftsgedanken bestätigt.«

Vom Kollektivgedanken zur Kollektivproduktion. Sie tagten in einem Café in Prenzlauer Berg, denn ein gemeinsames Büro hatten und haben die Screenwriters nicht. Hier entwickelten sie die grobe Linie der Geschichte.

Als die Autoren schließlich den Auftrag bekamen, vier Folgen von »Meine schönsten Jahre« zu verfassen, teilten sie sich auf. Zwei schrieben, und die beiden anderen berieten. Die Consulting-Idee ist bei ihrer Zusammenarbeit das Wichtigste: »Zu viert kann man kein Drehbuch schreiben, das haben wir schnell festgestellt«, sagt Martin Dolejs. »Aber man kann sich dabei so beraten, dass man das Beste aus einer Geschichte herausholt.«

Also lektorieren sie gegenseitig ihre Texte und kritisieren die Schwachpunkte – manchmal hart, immer ehrlich. »Jeden Tritt, den wir uns selbst verpassen, bekommen wir nicht von außen«, fügt Dolejs hinzu. Bevor Redakteure oder Producer ein Skript von den Screenwriters bekommen, haben es die anderen schon gelesen. Die erste Hürde.

Wer einen gemeinsamen Auftrag schließlich bekommt und schreibt, entscheiden die Screenwriters je nachdem, wie es für ein Projekt am besten passt. »Meine schönsten Jahre« schreiben die beiden Berliner Bunners und Petrowitz. Sie haben den Ostbezug: Bunners ist in Ostberlin aufgewachsen, Petrowitz im Westteil der Stadt, die Familie seines Vaters kommt aus Thüringen.

Ärgerlich finden die beiden anderen es nicht, dass ihre Kollegen als Autoren der Drehbücher namentlich im Fernsehen erscheinen und sie selbst sich lediglich in der Nennung »Konzept: Screenwriters Berlin« wiederfinden. Diese erste erfolgreiche Gemeinschaftsproduktion nützt dem gesamten Team, davon ist der 31-jährige Spanier Carlos Berjano Calvo überzeugt: »Unser Name wird bekannt, daraus resultieren hoffentlich Folgeaufträge. Von denen haben dann wieder alle etwas.«

Finanziell profitieren im Moment in erster Linie zwei der vier von der Serie, denn eine gemeinsame Kasse hat das Autorenkollektiv nicht. Jeder wirtschaftet in die eigene Tasche. Das finanzielle Ungleichgewicht darf aber nicht zu groß werden, da sind sich alle einig: »Wir vermitteln uns auch gegenseitig Jobs«, erklärt Martin Dolejs. »Sachen, für die man selbst keine Zeit hat, Teile von Jobs, die man abgeben kann, bezahlte Lektorendienste und anderes.«

Damit sich jeder selbst finanzieren kann, arbeiten die vier an vielen verschiedenen Projekten gleichzeitig – mal im Kollektiv, mal allein. Denn die Entwicklungszeiten für Drehbücher sind oft sehr lang. Dreieinhalb Jahre hat es gedauert, bis die Idee der Ostserie als »Meine schönsten Jahre« schließlich auf den Bildschirm kam. Von zehn derartigen Projekten werden meist nur ein oder zwei realisiert, erklären die Screenwriters. Der Markt ist unsicher. Die Geschmäcker von Fernsehmachern und Zuschauern ändern sich und somit auch die Formate, Sendeprofile, Programmziele. Und schon passen die Geschichten der Autoren nicht mehr.

»Man muss Spaß daran finden, den Stein immer wieder den Berg hinaufzurollen.« Martin Dolejs grinst. Ein gut gelaunter Sisyphos. »Auch wenn ein Projekt nicht zustande kommt, muss man immer wieder an das nächste glauben. Immer wieder hinauf mit dem Stein!«

Gemeinsam geht es eben leichter. Vor allem, wenn man nicht nur die Arbeit teilt, sondern auch den Humor.

Bianca Kopsch, Journalistenausbildung an der Henri-Nannen-Schule in Hamburg. Beiträge für Fernsehmagazine des ZDF und der Deutschen Welle. Sie veröffentlicht in Stern, GEO und der TAZ, in der ihr Beitrag zuerst erschien. Die Autorin lebt als freie TV- und Printjournalistin in Berlin.

ADRESSEN · ADRESSEN · ADRESSEN · ADRESSEN

▷ *Filmausbildung und Drehbuchseminare*

Adolf Grimme Akademie
Eduard-Weitsch-Weg 25
45768 Marl
Tel. 02365 - 91 89 45
Fax 02365 - 91 89 89
grimme-akademie@grimme-institut.de
www.grimme-akademie.de
Leitung/Ansprechpartner:
Heinz Günter Clobes
Lehrangebot: Seminare

Arthaus e.V.
Heimchenweg 41
65929 Frankfurt
Tel. 069 - 33 99 79 35
Fax 02561 - 959 38 19 56
info@nicolemosleh.de
www.nicolemosleh.de
Leitung/Ansprechpartner:
David Altman, Nicole Mosleh
Lehrangebot: einwöchige intensive Drehbuchseminare; außerdem weitere Weiterbildungsangebote für Nachwuchskünstler (www.arthaus-ev.de/weiterbildung.html)
Dauer: 1 Woche

Bayer. Akademie für Fernsehen
siehe S. 294

Bundesakademie für kulturelle Bildung Wolfenbüttel
Postfach 11 40
38281 Wolfenbüttel
Tel. 05331- 80 84 18
Fax 05331- 80 84 13
sabine.oehlmann@bundesakademie.de
www.bundesakademie.de
Leitung/Ansprechpartner:
Dr. Olaf Kutzmutz
Lehrangebot: Seminare, Workshops
Dauer: 3-5 Tage
Lehrinhalte: Autorenarbeit für den TV-Markt (Soap, Sitcom); Dialogisches Schreiben; Vom Buch zur Drehbuch
Dozenten: u. a. Jens Schleicher, Köln (»Verbotene Liebe«), Jürgen Kehrer, Münster (Wilsberg Krimis, ZDF)
Kosten: ca. € 140 bis € 170 für ein dreitägiges Seminar inkl. Unterkunft und Verpflegung

Drehbuch Akademie dffb – Deutsche Film- & Fernsehakademie
Potsdamer Str. 2
10785 Berlin

Tel. 030 - 25 75 91-34
Fax 030 - 25 75 91-62
www.dffb.de
Leitung/Ansprechpartner: Dr. Werner Barg, Dw -45, barg@dffb.de;
Kerstin Obuch, Dw -34, obuch@dffb.de
Lehrangebot: Vollzeitstudium
Dauer: 2 Jahre
Lehrinhalte: Drehbuchschreiben für Film und TV
Dozenten: Gastdozenten aus dem Film- und Fernsehbereich
Kosten: € 1.200 pro Studienjahr

Drehbuchcamp
Langmatt 5
79295 Sulzburg
Tel. 07634 - 59 13 16
Fax 07634 - 59 13 17
info@drehbuchcamp.de
www.drehbuchcamp.de
Leitung/Ansprechpartner:
Vera Eichholz-Rhode
Lehrangebot: Seminare, Workshops (in Zusammenarbeit mit MFG-Filmförderung, hessische Filmförderung und ZFP Wiesbaden)
Dauer: je 2, 5 Tage, Baukastensystem
Lehrinhalte: Dialoge, Scriptentwicklung, Dokumentarfilm, Figurenentwicklung, Pitching, Basiskurs u.a.
Dozenten: Keith Cunningham, Tom Schlesinger, Klaus-Peter Wolf, Pepe Danquart, Thomas Schadt, Christa Hein u.a.

Kosten: € 300 oder 350 (Förderung möglich)

Drehbuchforum Wien
Stiftsgasse 6
A-1070 Wien/Österreich
Tel. +43(01) - 526 85 03-500
Fax +43(01) - 526 85 03-550
office@drehbuchforum.at
www.drehbuchforum.at
Leitung/Ansprechpartner:
Angelika Unterholzner, Dw -501
Lehrangebot: Lectures, Seminare, Workshops, Story Development
Dauer: Wochenend-Seminare, einwöchige Schreibworkshops, Story Development (6 Monate)
Lehrinhalte: Drehbuchschreiben für Film und TV, Stoffentwicklung vom Treatment zum Rohdrehbuch
Dozenten: Freie Schriftsteller als Gastdozenten, Script Consultants und Dramaturgen, Regisseure
Kosten: Basiskurse (€ 40), einwöchige Schreibworkshops (€ 500), Story Development (€ 1.900) und Lektorate (€ 200)

Drehbuchschule Wolfgang Pfeiffer
Kollwitzstr. 81
10435 Berlin
Tel. 030 - 81 79 81 26
Fax 030 - 81 79 81 28
info@drehbuchschule-berlin.de
www.drehbuchschule-berlin.de
Leitung/Ansprechpartner:
Wolfgang Pfeiffer

Lehrangebot: Drehbuchkurse, Wochenendkurse etc.
Dauer: 9 Monate bis ein Jahr, 14 Wochenenden, 3 Tage Einführungskurs
Lehrinhalte: Von der ersten Idee bis zur präsentierfähigen Drehbuchfassung
Dozenten: Wolfgang Pfeiffer und Gastdozenten wie: Monika Schopp, Julian Friedmann und Dirk Stiller u. a.
Kosten: Große Kurse: € 2.900 plus Mwst.. Einführungskurse nach dem Motto »soviel es den Teilnehmern wert war«.

Drehbuchwerkstatt Hamburg
Große Brunnenstr. 73
22763 Hamburg
Tel. 040 - 390 37 22
Fax 040 - 390 91 22
gb@fullhouse.de
www.drehbuchwerkstatt-hamburg.de
Leitung/Ansprechpartner:
Gabriel Bornstein, Tel. 390 37 22, gb@fullhousefilm.de, Klaus Weller, Tel. 040 - 39 34 79
Lehrangebot: Drehbuchseminare
Dauer: 3 Tage
Lehrinhalte: Plotentwicklung, Szene- und Dialogentwicklung
Dozenten: Gabriel Bornstein, Klaus Wolf
Kosten: € 150; für Studenten € 125

Erich Pommer Institut gGmbH
Försterweg 2
14482 Potsdam
Tel. 0331 - 721 28 80
Fax 0331 - 721 28 81
mail@epi-medieninstitut.de
www.epi-medieninstitut.de
Leitung/Ansprechpartner:
Jürgen Schepers
Lehrangebot: Seminare, Workshops
Dauer: 3 Stunden bis 2 Tage
Lehrinhalte: Medienrecht, Medienwirtschaft, Medienmanagement, aber auch Drehbuch, Lektorat, Creative Producing
Dozenten: Verschiedene Dozenten
Kosten: € 50 bis € 250

Filmakademie Baden-Württemberg
Mathildenstr. 20
71638 Ludwigsburg
Tel. 07141 - 969-110
Fax 07141 - 9690-299
info@filmakademie.de
www.filmakademie.de
Leitung/Ansprechpartner:
Prof. Franziska Buch,
Prof. Christoph Fromm
Lehrangebot: Diplomstudium
Dauer: 4 Jahre
Lehrinhalte: 2 Jahre Grundstudium, 2 Jahre Projektstudium mit Schwerpunkt Drehbuch
Dozenten: Freie Dozenten
Kosten: zur Zeit keine Studiengebühren

Filmschule Hamburg Berlin e.V.
Friedensallee 7
22765 Hamburg
Tel. 040 - 39 90 99 31
Fax 040 - 390 95 00
info@filmschule-hamburg-berlin.de
www.filmschule-hamburg-berlin.de
Leitung/Ansprechpartner:
Karin Dehnbostel
Lehrangebot: Seminare, Workshops zu Drehbuch und Film
Lehrinhalte: Fortbildungen zu Produktionsmanagemant, Regieassistenz, Script und Continuity, Autorenschule Hamburg

FOCAL Stiftung Weiterbildung Film und Audiovision
2, Rue du Maupas
CH-1004 Lausanne/Schweiz
Tel. +41(021) - 312 68 17
Fax +41(021) - 323 59 45
info@focal.ch
www.focal.ch, www.focal.ch/script
Leitung/Ansprechpartner:
Anne Perrenoud
Lehrangebot: Seminare
Lehrinhalte: u.a. Drehbuchschreiben für Film und TV
Dozenten: Script Doctors und Fachleute aus Film und TV

Hamburg Media School
Finkenau 35
22081 Hamburg
Tel. 040 - 41 34 68 52
Fax 040 - 41 34 68 60
www.hamburgmediaschool.com
Leitung/Ansprechpartner:
Dr. Rainer Berg
Lehrangebot: Hauptstudium
Dauer: 2 Jahre
Lehrinhalte: Drehbuchschreiben für Film und TV
Dozenten: Freie Schriftsteller als Gastdozenten
Kosten: Der Uni Hamburg anfallende Kosten

Hochschule für Fernsehen und Film München, Lehrstuhl für Dramaturgie und Stoffentwicklung
Frankenthaler Str. 23
81539 München
Tel. 089 - 689 57-352
Fax 089 - 689 57-359
dramaturgy.department@hff-muc.de
www.hff-muc.de
Lehrangebot: Seminare, Workshops, Schreibwerkstatt
Dauer: 8 Semester
Lehrinhalte: Literarisches Schreiben, Autobiografisches Schreiben, Drehbuchschreiben für Film und TV
Dozenten: Professoren (Doris Dorrie), Hochschulassistenten und wissenschaftliche Mitarbeiter, freie Schriftsteller als Gastdozenten, Gastdozenten aus dem »Literaturbetrieb«, amerikanische Drehbuchlektoren
Kosten: keine

Hochschule für Film und Fernsehen »Konrad Wolf«
Marlene-Dietrich-Allee 11
14482 Potsdam
Tel. 0331 - 62 02-251
Fax 0331 - 62 02-549
m.berends@hff-potsdam.de
www.hff-potsdam.de
Lehrangebot: Hauptstudium
Dauer: 8 Semester
Lehrinhalte: Drehbuchschreiben für Film und TV und Dokumentarfilm
Dozenten: Prof. Torsten Schulz, Prof. Dr. Traute Schölling, Prof. Alfred Behrens, Prof. Jens Becker, Carsten Schneider, Annette Friedmann
Kosten: keine

ifs internationale filmschule köln GmbH
Werderstr. 1
50672 Köln
Tel. 0221 - 92 01 88-0
Fax 0221 - 92 01 88-99
info@filmschule.de
www.filmschule.de
Leitung/Ansprechpartner:
Julia Grünewald
Lehrangebot: Studiengang Film, Drehbuch und Autorenprogramm
Dauer: 3 Jahre (Studiengang Film, Drehbuch) oder 9 Monate berufsbegleitend (Autorenprogramm)
Lehrinhalte: siehe www.filmschule.de
Dozenten: siehe www.filmschule.de

Kosten: pro Jahr € 3.500 (Studiengang Film, Drehbuch) bzw. € 2.500 (Autorenprogramm)

Interspherial Pictures Entertainment Drehbuchschule Filmhaus
Friedrichstr. 23a
70174 Stuttgart
Tel. 0711 - 99 78 691
Fax 0711 - 22 10 69
precht@interspherial.com
www.interspherial.com
Leitung/Ansprechpartner: Jørn Precht, Akademischer Leiter
Lehrangebot: Drehbuchautoren Aus- und Weiterbildung mit Schwerpunkt Fernsehen

Kölner Filmhaus e.V.
Maybachstr. 111
50670 Köln
Tel. 0221 - 22 27 10 30-31
Fax 0221 - 22 27 10-99
seminare@koelner-filmhaus.de
www.koelner-filmhaus.de
Leitung/Ansprechpartner:
Jochen Bentz, Susanne Burg
Lehrangebot: Drehbuchseminare, Drehbuchwerkstatt
Dauer: 1 Woche (Workshop), 4 Monate (Drehbuch-Werkstatt)
Lehrinhalte: Aus- und Weiterbildung: Seminare und Workshops in den Bereichen Drehbuch, Regie, Schnitt, Kamera, Produktion. IHK-zertifizierte Weiterbildung zum Aufnahmeleiter/in IHK,

Produktionleiter/in IHK, Fiction
Producer IHK, Regieassistent/in IHK
Dozenten: Keith Cunningham und
Tom Schlesinger, Michael Arnal,
Klaus-Peter Wolf, Dorothea Neukirchen u.v.a.
Kosten: auf Anfrage oder im Internet einsehbar

Kunsthochschule für Medien in Köln, Audiovisuelle Medien
Peter-Welter-Platz 2
50676 Köln
Tel. 0221 - 201 89 -126
Fax 0221 - 201 89 -17
www.khm.de
Leitung/Ansprechpartner:
Andreas Altenhoff
Lehrangebot: Seminare zum Thema Schreiben und Drehbuch
Lehrinhalte: Schreiben von Kritiken, Drehbuchschreiben für Film und TV
Dozenten: Professoren, Hochschulassistenten und wissenschaftliche Mitarbeiter, freie Schriftsteller als Gastdozenten, Gastdozenten aus dem Literaturbetrieb, Dozenten aus Kunst und Medien
Kosten: für eingeschriebene Studierende kostenfrei

Master School Drehbuch GmbH
Linienstr. 155
10115 Berlin
Tel. 030 - 30 87 93 15
Fax 030 - 30 87 93 14
info@masterschool.de
www.masterschool.de
Leitung/Ansprechpartner:
Oliver Schütte
Lehrangebot: Seminare, Workshops, Stoffentwicklungsprogramme, Online-Seminare
Dauer: 3 Tage bis 9 Monate
Lehrinhalte: Drehbuchschreiben für Film und TV und Neue Medien, Weiterbildung für Produzenten
Dozenten: Dramaturgen, Autoren, Consultants

Medienbüro Hamburg
Schillerstr. 7
22767 Hamburg
Tel. 040 - 30 62 31 80
Fax 040 - 30 62 31 89
info@medienbuero-hamburg.de
www.medienbuero-hamburg.de
Leitung/Ansprechpartner:
Rita Weinert
Lehrangebot: Praxisorientierte Seminare und Schreibwerkstatt
Dauer: Abend-, Wochenend- und Wochenkurse
Lehrinhalte: Journalismus in verschiedenen Ausprägungen, Interview- und Sprechtraining, Recherche, Marketing, Kreatives Schreiben
Dozenten: Journalisten vom NDR, des Spiegels, des Tagesspiegels, Sprechtrainer und Schreibcoaches
Kosten: Seminare werden von der Ev. Kirche subventioniert
Kosten: zwischen € 145 und € 205

Medienwerkstatt Linden
Charlottenstr. 5
30449 Hannover
Tel. 0511 - 44 05 00
Fax 0511 - 45 57 32
www.mediencampus.info
Leitung/Ansprechpartner:
Bernd Wolter
Lehrangebot: Seminare, Workshops
Dauer: pro Seminar 3 Tage
Lehrinhalte: Drehbuchschreiben für Film und TV
Dozenten: Filmwissenschaftler und Dr. Möller-Naß, Dramaturg
Kosten: € 150 bis € 200

Nipkow-Programm
Kurfürstendamm 225
10719 Berlin
Tel. 030 - 614 28 38
Fax 030 - 614 28 26
nipkow-programm@t-online.de
www.nipkow.de/prostag.htm
Leitung/Ansprechpartner:
Uta Ganschow
Lehrangebot: Fortbildung: Regie, Drehbuch, Filmschnitt, Filmproduktion, Tontechnik, Kamera

Pic Pack Media GmbH
Rudolstädter Str. 97
10713 Berlin
Tel. 030 - 820 96-202
Fax 030 - 820 96-201
management@pic-pack.de
Lehrangebot: Seminare: Drehbuchschreiben, Comedy Writing

Dozenten: Wolfgang Pfeiffer (Drehbuch), Dirk Stiller (Comedy)

SAGAs Writing Interactive Fiction
c/o Bayerisches Filmzentrum
Bavariafilmplatz 7
82031 Geiselgasteig
Tel. 089 - 64 98 11 30
Fax 089 - 64 98 13 30
sagas@sagas.de
www.sagas.de
Leitung/Ansprechpartner:
Dr. Brunhild Bushoff
Lehrangebot: Seminare
Dauer: 5 Tage
Lehrinhalte: Contententwicklung für interaktive Medien
Dozenten: Wechselnde Dozenten
Kosten: Freelancer € 400;
Firmen € 1600

Sat.1-Talents
Oberwallstr. 6
10117 Berlin
Tel. 030 - 20 90-0
www.sat1talents.de
Leitung/Ansprechpartner: Stephan Ottenbruch, Martin Waßmann
Lehrangebot: Weiterbildung für professionelle Drehbuchautoren in folgenden Seminaren und Workshops: SCRIPTLOUNGE – 4x pro Jahr: Treff von ausgewählten Autoren; SKETCH-COMEDY-AUTORENSEMINAR – 1x pro Jahr: Sketch-Schreib-Training, nach Bewerbung; KOMISCH SCHREIBEN – 1x pro Jahr:

Sitcom Schreiben, nach Bewerbung; METHOD WRITING – ca. 3x pro Jahr: Drehbuchschreiben mit unterschiedlichen Schwerpunkten, nach Bewerbung. Alle Veranstaltungen werden mit verschiedenen Kooperationspartnern durchgeführt.

Sources 2
Köthener Str. 44
10963 Berlin
Tel. 030 - 88 60 211
Fax 030 - 88 60 213
info@sources2.de
www.sources2.de
Leitung/Ansprechpartner:
Dr. Renate Gompper und Marion Gompper
Lehrangebot: 1. Sources 2 Script Development Workshops, 2. Sources 2 Projects and Process
Dauer: 1. ca. 4 Monate; 2. 4 Tage
Lehrinhalte: 1. Drehbuchentwicklung für Film und TV, Spielfilm, Creative Documentary und Kinderfilm; 2. Training für Mentoren europäischer Drehbuchautoren
Dozenten: Professionelle Drehbuchautoren, Script Editors oder Script Consultants
Kosten: 1. € 1.800 pro Drehbuchautor und Projekt, € 900 für die zweite Person wie Co-Autor, Produzent, Regisseur; 2. € 500 pro Teilnehmer

TOP: Talente e.V. Förderverein für Autoren und Producer
Lämmerstraße 3
80335 München
Fax 0831 - 960 52 08
top-talente@gmx.de
www.top-talente.org
Leitung/Ansprechpartner:
Dr. Anton Magnus Dorn
Lehrangebot: Autorenwerkstatt »Talente« in Leipzig, weitere Angebote: Talente Workshop in München, Fortbildungsseminare in Medienzentrum
Dauer: 3 Wochen im Abstand von ca. 3 Monaten
Lehrinhalte: Module als Grundlagen für das Schreiben von Drehbüchern
Dozenten: Ausgewiesene Fachleute
Kosten: € 430 pro Woche inklusive Vollpension

Bayerische Akademie für Fernsehen e.V.
Betastr. 5
85774 Unterföhring
Tel. 089 - 42 74 32 - 0
Fax 089 - 42 74 32 - 23
info@fernsehakademie.de
www.fernsehakademie.de
Lehrangebot: TV-Produktionsmanagement
Dauer: 10 Monate
Lehrinhalte: Programmwirtschaftliche und dramaturgische Grundlagen der Fernsehproduktion
Kosten: € 650 mtl., € 500 Gebühr

▷ Bücher vor der Kamera
Auf der Suche nach geeigneten Stoffen

Von Kathrin Grün

»Bergkristall«, »Der Untergang«, »Was nützt die Liebe in Gedanken«, »Blueprint« – die Zahl der verfilmten Bücher hat auch in diesem Jahr zugenommen: Branchenkenner schätzen, dass schon jetzt 50–60 Prozent aller Filme auf literarischen Vorlagen basieren. Sobald ein erfolgversprechender Roman die Verlags- und Medienwelt in Aufruhr versetzt, beginnt das Feilschen um die Filmrechte.

Ein Trend zeichnet sich ab: Bücher und Filme, die die jüngste deutsche Geschichte thematisieren, finden ein breites Publikum. Leander Haußmann (»Sonnenallee«, »Herr Lehmann«) oder Wolfgang Becker (»Good bye, Lenin«) haben gezeigt, dass sich deutsche Themen anspruchsvoll und dennoch unterhaltsam umsetzen lassen.

Gesucht werden nach wie vor Stoffe, die beispielhaft das Leben der größten Gruppe unter den Kinogängern, der 17- bis 35-Jährigen, zum Thema haben. Romane, in denen diese Themen erfolgreich umgesetzt werden, stehen bei Produzenten hoch im Kurs: Etwa der außergewöhnliche Schulroman *Spieltrieb* von Juli Zeh oder Benjamin Leberts Roman *Die Wolfshaut*. Aber auch autobiographische Stoffe wie Marcel Reich-Ranickis Lebensgeschichte oder Albert Speers *Spandauer Tagebücher* wecken das Interesse der Filmbranche. Wie erfolgreich ein historischer Stoff verfilmt werden kann, zeigt Oscar-Anwärter »Der Untergang«, der zum Teil auf den Erinnerungen von Hitlers Sekretärin Traudl Junge beruht.

»Wir suchen vor allem Geschichten, die überraschen«, sagt Claus Boje, Mitinhaber der Firma Boje Buck, die »Herr Lehmann« produzierte. Mit ihren Filmen wollen die Produzenten neue Maßstäbe setzen, »den Film als Marke etablieren«.

An »Herr Lehmann« gefiel Boje die Beispielhaftigkeit des Charakters und dessen Entwicklung. »Vor dem Hintergrund einer historischen gesellschaftlichen Situation beschreibt das Buch lakonisch und genau nachlebbare Charaktere, in denen man sich wiederfindet«, sagt Boje, der fast zeitgleich mit dem Regisseur Leander Haußmann auf den Roman aufmerksam wurde.

Eine Literaturadaption bringen auch Jakob Claussen und Thomas Wöbke, Gründer der Claussen & Wöbke Produktion, auf den Weg. Vor kurzem erhielten sie den Zuschlag für Otfried Preußlers Longseller *Krabat*. Die beiden Produzenten haben sich ebenso wie Regisseur Hans-Christian Schmid (»23«, »Crazy«) in der Verlagswelt einen Namen gemacht: »Wir stehen mit unseren Filmen für Seriosität und Treue zur Vorlage«, so Claussen. »Die Urheber werden in die Entwicklung des Drehbuchs miteinbezogen und sind dementsprechend mit den Ergebnissen zufrieden.«

Bei rund 15.000 belletristischen Neuerscheinungen pro Jahr ist es leicht möglich, dass einem Produzenten das eine oder andere Buch entgeht. Um auf dem Laufenden zu bleiben, beobachten Produktionsfirmen den Literaturmarkt. Sowohl Claussen & Wöbke als auch Boje Buck haben Dramaturgieabteilungen eingerichtet, die Verlagsvorschauen sichten, Kontakt zu belletristischen Verlagen halten und Stoffe auf ihre Filmtauglichkeit prüfen. Auch Verlage bemühen sich inzwischen verstärkt um die Vermarktung ihrer Filmrechte, häufig beauftragen sie hierfür eine Medienagentur.

Denn während die großen Publikumsverlage traditionell eine Abteilung für Theaterrechte haben, wurden die Filmrechte lange Zeit stiefmütterlich behandelt: »In den meisten Verlagen gibt es ... keine Medienabteilung, die kontinuierlich Kontakte zu Produzenten, Regisseuren, Redakteuren oder in diesem Bereich tätigen Agenten pflegt«, schrieb Michael Töteberg, Leiter der Rowohlt Medienagentur, einmal im »Börsenblatt für den Deutschen Buchhandel«. »Nur wenige Verlage sind zu dem Ergebnis gekommen, dass es ökonomisch sinnvoll ist, im Haus selbst dafür die nötige Infrastruktur zu schaffen und speziell für diesen Bereich Personal auszubilden und einzustellen«, bestätigen Petra Hermanns und Elke Brand. Ihre Agentur bildet eine Schnittstelle zwischen Verlagen und Produktionsfirmen.

»Die Tendenz geht dahin, die Nebenrechte, dazu gehören auch die Verfilmungsrechte, nicht mehr an Verlage zu übertragen«, so Peter Stertz, Inhaber der Funke Stertz Medienagentur in Hamburg. Die Verfilmungsrechte bleiben bei den Agenten oder den Autoren – ein Grund für Stertz, eng mit Literaturagenturen wie der Liepman AG, Thomas Schlück oder Keil und Keil zusammenzuarbeiten.

Eine genaue Kenntnis der Filmbranche, persönliche Kontakte zu Regisseuren und Produzenten sind die wichtigsten Voraussetzungen für eine erfolgreiche Vermittlung von Romanvorlagen. »Da Filmrechte an einem Buch in der Regel nur einmal vergeben werden, ist es wichtig, von Anfang an das richtige Team für ein Projekt zu wählen«, sagt Töteberg, der außer den Rowohlt-Titeln auch die Bücher aus dem Carlsen Verlag, den Sabine Groenewold Verlagen und von Kiepenheuer & Witsch vertritt. Ein aktuelles Filmprojekt aus dem Rowohlt Verlag ist »Roman eines Schicksallosen« des Literaturnobelpreisträgers Imre Kertész. Regie führt Lajos Koltai (Mephisto, Hanussen), das Drehbuch »Schritt für Schritt« ist im Suhrkamp Verlag erschienen.

Entscheidend bei der Vergabe des Zuschlags ist deshalb nicht allein der finanzielle Aspekt: »Die künstlerische Umsetzung eines Verfilmungsprojekts – dazu gehören der Regisseur, das Drehbuch und die Schauspieler – sind für uns mindestens so wichtig wie das finanzielle Angebot«, erklärt Gesine Lübben, bei Diogenes zuständig für Theater- und Filmrechte. Auch die Erfahrung und das persönliche Engagement der Produzenten spielen bei der Vergabe der Rechte eine wesentliche Rolle. »Es gilt, einen akzeptablen Kompromiss zu finden und natürlich auch die Wünsche der Autoren zu berücksichtigen«, sagt Lübben.

Bestseller haben die größten Chancen, verfilmt zu werden. »Wenn ein Buch sich hervorragend verkauft und große positive Resonanz in den Medien erfährt, ist es sehr wahrscheinlich, dass Leute sich auch den Film dazu ansehen wollen«, sagt auch Jakob Claussen. »Bestseller wecken bei Produzenten größere Begehrlichkeiten, und es werden höhere Preise dafür gezahlt«, bestätigt Lübben. Für den Titel *Das Parfüm* von Patrick Süskind seien ständig zum Teil sehr attraktive Angebote aus den USA eingegangen. Doch Süskind gab erst spät die Filmrechte an seinem Bestseller frei: Bernd Eichinger, Produzent von solch erfolgreichen Filmadaptionen von Romanen wie *Der Name der Rose*, *Das Geisterhaus* oder *Fräulein Smillas Gespür für Schnee*, hat ganz Hollywood ausgestochen, der Film wird von Tom Tykwer realisiert.

Der Diogenes Verlag, der über einen international attraktiven Fundus von Rechten verfügt – z. B. von Autoren wie Patricia Highsmith, Friedrich Dürrenmatt und Donna Leon – bemüht sich zunehmend um die gezielte Vermarktung von potenziellen Stoffe.Lübben arbeitet direkt mit Produktionsfirmen und Sendern zusammen. »Wir bieten sowohl aktiv an, beantworten aber auch Anfragen von Produzenten, die Informationen zur Verfügbarkeit der Rechte und eine Einschätzung der Filmtauglichkeit wünschen.«

Beim Suhrkamp Verlag halten sich die Anfragen nach Neuerscheinungen und Backlist-Titeln ungefähr die Waage, sagt Thomas Zeipelt, der die Abteilung Filmrechte betreut. »Daniel Kehlmanns Roman *Ich und Kaminski* hat das Interesse vieler Produzenten geweckt«, sagt er. Häufig werden im Verlag die Titel von Hermann Hesse und Max Frisch nachgefragt.

Andere Verlage setzen auf das Know-how und die Kompetenz von Agenturen, die sich auf Vermarktung von Filmrechten und Drehbücher spezialisiert haben. So vertritt Scripts for Sale exklusiv die Filmrechte der Programme der Ullstein Buchverlage, der Verlage Piper, Schöffling & Co und des Berlin Verlags sowie die Titel von Random House und Beltz & Gelberg. Die Gründerinnen haben eine Datenbank entwickelt, um auf Anfragen aus der Filmbranche effektiv reagieren zu können: Titel sind nach Genre, Kurzinhalten, Rollenprofilen und Format katalogisiert. Dadurch haben sie schnell im Blick, welche Stoffe frei sind.

Für das Büro prüfen freie Lektoren Buchmanuskripte auf ihre Filmtauglichkeit, erstellen auf Anfrage drei- bis vierseitige Gutachten, die den Kurzinhalt beschreiben und Figurenkonstellation, Thematik, Dialoge und Originalität einschätzen. Die Erfolgsquote: »Im Schnitt werden von zehn verkauften Optionen ein bis drei Verfilmungen realisiert.«

Ähnliche Erfahrungen macht auch Peter Stertz, dessen Medienagentur Funke & Stertz die Programme der DVA, des Europa Verlags und der Hamburger Edition vertritt. »Wenn bei einem Verlag der Größenordnung der DVA pro Halbjahr ein oder zwei Titel realisiert werden, ist das schon ein sehr guter Schnitt«, erklärt Stertz, der gerade Verhandlungen über Benjamin Leberts Roman *Die Wolfshaut* führt. »Es gibt oft auch Programme, aus denen kein einziges Buch verfilmt wird.«

Zufriedenstellende Ergebnisse weist die Agentur ATL Books auf: Sie vertritt unter anderen die Filmrechte von Eichborn, Hoffmann und Campe und der Frankfurter Verlagsanstalt. In absehbarer Zeit werden »Das Aquarium« nach dem Roman von Thommie Baier und der »Regenroman« nach Karen Duve in die Kinos kommen.

Dass deutsche Romane als handlungsarm und zu reflexiv gelten, wollen Stertz und Weis nicht bestätigen. »Mehr und mehr TV- und Kinoproduktionen entstehen auf der Grundlage von deutschen Romanen«, sagt Weis. »Allerdings schreiben unsere Autoren ihre Romane nicht so gezielt auf eine Verfilmung hin, wie ihre angelsächsischen Kollegen dies häufig tun«, ergänzt Peter Stertz.

Aus diesem Grund legen Produzenten in der Regel bei Abschluss des Vertrags Wert darauf, möglichst viel Freiheit mit einzukaufen, um in den Text eingreifen zu können und Handlungsstränge bei Bedarf zu straffen. Wie und in welchem Umfang gekürzt werden kann, wird vertraglich festgelegt. Dabei sind die Wünsche der Autoren entscheidend: »Es gibt alle Varianten, vom detaillierten Mitspracherecht bis hin zu einfacher Abnahme des Drehbuchs, das Recht, den Namen und den Buchtitel aus allem zurückzuziehen, aber auch ganz auf Mitsprache zu verzichten«, weiß Lübben.

Oft sind Autoren an der Erstellung des Drehbuchs beteiligt, um eine »Verstümmelung« ihres Werks zu vermeiden: So schrieb Sven Regener auch das Script für »Herr Lehmann«, Per Olov Enquist arbeitet an einem Drehbuch für »Der Besuch des Leibarztes«.

In der Regel vergehen einige Jahre, bis der Film nach einer Romanvorlage in die Kinos kommt. Für Verlage ist dies eine gute Möglichkeit, die Backlist zu aktivieren. Gemeinsam mit dem Verleih können Marketingstrategien entwickelt werden. Eine Sonderauflage, die das Filmplakat oder Fotos der Hauptdarsteller auf dem Cover zeigt, erreicht möglicherweise eine Zielgruppe, die ohne den Film auf das Buch nicht aufmerksam geworden wäre.

Aus Erfahrung weiß Diogenes-Vertriebsleiter Ulrich Richter: »Der Erfolg des Films ist für den Buchverkauf entscheidend. Wenn Filme nach kurzer Zeit abgesetzt werden, gerät der Titel schnell in Vergessenheit.«

Im Glücksfall könne ein Film einem Roman auch zum Durchbruch verhelfen, sagt Michael Töteberg. Mario Giordanos Roman *Black Box* etwa sei kaum aufgefallen. Der danach entstandene Film »Das Experiment« mit Moritz Bleibtreu erreichte in Deutschland knapp zwei Millionen Zuschauer und lief so gut, dass auch der Roman den Sprung ins Ausland schaffte.

Dass der Film die Lektüre verhindert, befürchten Verlage nicht: »Nach einem fesselnden Film verspürt mancher das Bedürfnis, die Begegnung mit den Figuren, die Bekanntschaft mit der Geschichte zu intensivieren«, stellt Gesine Lübben fest. »Das Buch, das oftmals komplexer und weitläufiger angelegt ist, kommt diesem Bedürfnis sehr entgegen.«

Kathrin Grün studierte Amerikanistik, Neue Deutsche Literatur und Komparatistik in Bonn und Hattiesburg, Mississippi. Sie betreut die Pressearbeit für *filmportal.de* – die zentrale Internetplattform zum deutschen Film. *Filmportal.de* (ab Februar 2005 online) ist ein Projekt des Deutschen Filminstituts in Zusammenarbeit mit CineGraph, Hamburgisches Centrum für Filmforschung. Die Autorin schreibt seit 2003 für das »Börsenblatt des Deutschen Buchhandels«, in dem ihr Beitrag zuerst erschien und den sie für das *Autoren-Jahrbuch* überarbeitet und aktualisiert hat.

▷ *Vergesst die virtuellen Welten*
Der Boom des Dokumentarfilms

Von Peter Zander

Die Weight Watchers werden es nicht gern hören, aber es lohnt sich, zu schlingen und zu schlemmen. Zumindest im Kino. Robert De Niro hat sich einst für »Wie ein wilder Stier« gut 25 Kilo angefressen, Renée Zellweger für »Bridget Jones« immerhin die Hälfte. Erstmals aber hat sich jetzt auch ein Dokumentarfilmer der Fresskur unterzogen. Und zwar, um diesen Prozess buchstäblich am eigenen Leib zu erfahren: Morgan Spurlock in »Super Size Me«, der seit vergangener Woche in unseren Kinos läuft.

Das zeigt zugleich einen neuen Trend an: Dokumentationen sind derzeit dick im Geschäft. Vorbei die Zeiten, da man mit ihnen nur magere Gewinne erzielte. Michael Moores »Bowling for Columbine« hat weltweit 50 Millionen Dollar eingespielt. Sein jüngster Streich »Fahrenheit 9/11«, seine persönliche Kampfansage an George W. Bush, hat als erste Doku seit 50 Jahren den Hauptpreis in Cannes gewonnen und ist obendrein die erste, die je auf Platz eins der US-Kinocharts kam. In den USA hat sie 120 Millionen Dollar eingespielt, und in Deutschland startete sie in fast 900 Kinos. Laut Verleih ist das der bislang größte Start eines Dokumentarfilms in Deutschland.

Auch »Super Size Me« fand sich in den US-Kinocharts wochenlang unter den Top Ten und hat rund zwölf Millionen eingespielt. Insgesamt haben Dokumentationen in den USA 2003 einen Gewinn von fast 50 Millionen Dollar gemacht. 1998 waren es nur 7,6 Millionen.

Aber nicht nur in Amerika sind Dokumentarfilme in. »Sein und Haben«, die französische Studie über eine Dorfschule, sahen 1,5 Millionen Zuschauer, die britische Meerestauchfahrt »Deep Blue« allein in Deutschland 750 000. »Die Geschichte des weinenden Kamels« fand bei uns Anfang des Jahres 250.000 Zuschauer, und »Höllentour«, Pepe Danquarts Tour de Force über die Tour de France, bislang knapp 70.000. Des Weiteren liefen jüngst in unseren Kinos: »Die Spielwütigen« über Eleven der Ernst-Busch-Schauspielschule, die Blues-Filme von Martin Scorsese und Wim Wenders, »Die Kinder sind tot«, »Ässhäk – Geschichten aus der Sahara« und »The Backyard« über brutale Wrestling-Prügeleien in US-Hinterhöfen.

Der Dokumentarfilm boomt. Und dass in Berlin mit dem »Dokument« das bundesweit einzige Kino existiert, das ausschließlich Dokus zeigt, ist wohl auch kein Zufall. Ein Beobachter spricht schon von der »Droge Wirklichkeit«. Woher aber kommt diese neue Sachlichkeit?

Zu einem Gutteil haben das die Blockbuster aus Hollywood selbst zu verantworten. Zu übertrieben sind ihre Stunts, zu gelackt ihre Spezialeffekte. Die Angst, nach dem ersten gänzlich computer-animierten Menschen-Drama »Final Fantasy« könnten die echten Stars einpacken, hat sich alles andere als bewahrheitet. Für die kürzliche TV-Ausstrahlung jenes Films warb der Sender mit dem Slogan: »Das Ende der Realität.« Nichts konnte falscher sein. Es sind die virtuellen Welten, die am Ende sind. Der neueste Kick, wenn nicht Spezialeffekt, ist die Echtheitsgarantie.

Einen gewissen Anteil an dieser Entwicklung muss man auch dem dänischen Dogma-Manifest zugute halten. Es hat uns mit grobkörnigen, verwackelten Bildern vertraut gemacht, wie wir sie aus Dokumentarfilmen mangels anderer Bilder seit jeher kannten, auf Kinoleinwänden aber nicht akzeptierten. Inzwischen bearbeiten die großen Hollywood-Studios sogar ihre Glanzproduktionen mit teuren Wackelpeter-Effekten, um sie dramatischer, realistischer, eben: irgendwie echter aussehen zu lassen.

Der wahre Grund geht aber weit über diese ästhetischen Kriterien hinaus. Der Zuschauer ist zunehmend verunsichert. Von der Politik, die ihn im Stich lässt. Und von den Fernsehnachrichten, von denen er sich seit dem 11. September und dem Irak-Krieg nicht mehr ausreichend informiert fühlt. Eine Ironie, dass man sich ausgerechnet von der Traumfabrik eine Art Opposition verspricht, die ihre Dokumentationen doch mit Fun, Comics und anderen Überraschungen würzt: also eben jenes Infotainment betreibt, das man dem Fernsehen vorwirft. Dort wird mit Big-Brother-Containern, Dschungelcamps und anderen Real-Life-Soaps seit langem jener Ausverkauf des Privaten vorangetrieben, den nun auch die Politik betreiben will. Nicht nur im Zuge neuer Sicherheitsmaßnahmen, sondern auch sozialer Leistungen wird das Leben der Bürger immer mehr durchleuchtet; und was bisher reine Privatsache war, wird jetzt zum Politikum: Kinderkriegen etwa.

Das geschundene Ego ist es denn vor allem, was das Grundthema der jüngsten Dokumentarfilme darstellt. »Die Spielwütigen« zeigen nicht vorrangig, wie man Schauspieler wird, sondern welche Blessuren auf dem Weg dahin erlitten werden; »Höllentour« geht es nicht nur um den Etappensieg, sondern um Stürze, Knöchelbrüche, Erschöpfungen. Michael Moore ist der Don Quichotte, der gegen die Windmühlen von Waffenindustrie und US-Regierung ankämpft. Und Spurlock tut es ihm nach im Kampf gegen Fast-Food-Ketten.

Facts und Fiction: Sie nähern sich einander nicht nur an. Ihr Verhältnis wird geradezu umgekehrt. So hat es zumindest Michael Moore im vergangenen Jahr bei der Oscar-Verleihung formuliert: »Ich glaube an Fakten. Aber wir leben in fiktiven Zeiten.«

Peter Zander ist Feuilletonredakteur der »Berliner Morgenpost« und der »Welt«. Er schreibt für »epd Film« und »Der Kameramann«. Seine Monografie über *Bernhard Wicki* erschien 1994, das neueste Filmbuch *Thomas Mann im Kino* ist Ende 2004 erschienen.

▷ Was bringt Drehbuchförderung?

Von Benedikt Röskau

Seit Jahrzehnten kommt der deutsche Film nur dann über 10 Prozent Marktanteil, wenn Kofinanzierungen anderer europäischer Filme als deutsche Filme angerechnet werden. Ansonsten herrscht Agonie. Und das trotz aller Förderung. Oder gerade wegen Förderung? Immer wieder wird vorgeschlagen, die Förderung ganz abzuschaffen, weil sie sich als offensichtlich unwirksam erwiesen hat. Noch ist niemand auf die Idee gekommen, dass diese Agonie vielleicht der Normalfall ist – und ohne Förderung der deutsche Film kaum ein einziges Prozent Marktanteil hätte. Wie sehen die Fakten aus?

Die Förderung kann gar nicht mehr Erfolg haben, weil sie prinzipiell zu geringe Mittel hat. Nachbar Frankreich fördert den Film mit etwa einer Milliarde Euro und hat entsprechend Erfolg.

Die Förderung kann gar nicht mehr Erfolg haben, weil der Anteil der Produktentwicklung an der Förderung viel zu gering ist.

Produktentwicklung? Anteil? Produktionsförderung ist doch Produktentwicklung! – Falsch.

Das Produkt ist nicht der Film. Der Film ist die Verpackung, die Verkaufsshow, der emotionale Kick des eigentlichen Produkts. Und das eigentliche Produkt ist die Story.

Die Story ist die Ware, die im Kino gekauft wird, nicht der Film. Sie ist der Grund, sich einen Film anzusehen – und ihn weiterzuempfehlen. Kaum ein Zuschauer kann erklären, was mit ihm im Kinosaal passiert, aber jeder fühlt, ob ihn das Geschehen auf der Leinwand ergriffen, in Angst versetzt, lachen oder weinen gemacht hat. Und das kommt von der Story, nicht vom Zelluloid.

Fehlen deutschen Autoren also die Storys? Vielleicht verkaufen sie sie nur woanders. Deutschsprachige Drehbuchautoren haben innerhalb nur eines Jahrzehnts die Nachspielkanäle RTL, SAT.1 und Pro7 zu milliardenschweren Konzernen geschrieben. Die Basis jedes Vollprogramms sind inzwischen die eigenproduzierten Spielfilme und Serien. Vor allem bei RTL und SAT.1 haben die deutschen Formate die amerikanische Ware weitgehend verdrängt.

Bekommen unsere Autoren zu wenig für ihre Storys?

Zugegeben, 75.000 Euro ist viel Geld. Für einen Abend Singen in der Oper. Oder für eine Runde in einem roten Sportauto auf dem Hockenheimring. Aber für drei Jahre Schreiben? Der genannte Betrag war über Jahre hinweg das Durchschnittshonorar für Drehbücher, die für von der FFA geförderte Filme geschrieben wurden. Man ziehe davon die Nebenkosten (Renten-, Krankenversicherung, Rücklagenbildung, Aufwand für Arbeitsplatz, Recherchen und Materialen etc.) ab und übrig bleibt ein steuerfreies Einkommen. Steuerfrei? Ja, das Existenzminimum wird in Deutschland nicht besteuert.

Aber muss es denn immer um Geld gehen? Nein. Vielen Autoren geht es auch darum, die Geschichte erzählen zu können, die sie erzählen *müssen*. Ein Autor will wahrgenommen werden. Aber das ist im Kino nicht leicht.

Etwa drei Jahre dauert es, bis ein Kinodrehbuch überhaupt drehreif ist – durchschnittlich. Dann dauert es rund fünf Jahre, bis daraus ein Film wird – wenn überhaupt. Schon das ist ein gewaltiger Erfolg, trifft es doch nur auf jedes zwanzigste Drehbuch zu. Dann aber läuft der Film vor einem Dutzend meist dem Regisseur persönlich bekannten Zuschauern – höchstens. Und ein Jahrzehnt, nachdem der Autor mit der Arbeit begonnen hat, läuft der Film im Spätprogramm. Öffentlichrechtlich.

Und zuletzt, wenn einen auch das nicht schreckt, kommt die dritte Geißel des Schreibens für das Kino. Dann kommt der Satz »Ein Film von ...«. Gefolgt vom Namen des Regisseurs. Alle erzählerische Leistung, die ganze, viele Jahre lange Vorarbeit des Autors wird mit diesem einen Satz an den Regisseur übertragen. In keiner Kunst der Welt verschwindet der Schöpfer mehr hinter dem Werk als beim Drehbuch. Kaum ein Kritiker fragt den Autor, wie er denn zu dieser wunderbaren Geschichte gelangt sei.

Wer glaubt, für geringes Geld, verspätete Wahrnehmung und verschwundene Urheberschaft kreative Spitzenleistung zu bekommen, der irrt.

An dem Problem der Wahrnehmung und der Credit-Geißel können die Produzenten nicht viel ändern. Warum zahlen denn die Produzenten den Autoren nicht einfach mehr Geld? Weil sie keins haben. Eine Investition in ein Drehbuch refinanziert sich erst sehr spät. Die chronisch unterfinanzierten Kinoproduzenten können ein solches Risiko kaum tragen. Und die Referenzmittel, die seit ein paar Jahren sogar für Stoffentwicklung verwendet werden dürfen, müssen in das nächste, gleichfalls unterfinanzierte Projekt fließen.

Obwohl alle Produzenten nach attraktiven Stoffen schreien, besteht in Deutschland also keine reelle Nachfrage nach Drehbüchern. Auch einen Porsche wollen alle – aber die wenigsten können ihn bezahlen. Deshalb werden davon auch nur deutlich weniger als Hunderttausend und nicht ein paar Millionen verkauft. Für Porsche reicht das – für das deutsche Kino ist das eine Hundert geförderter Drehbücher viel zu wenig.

Ist die Drehbuchförderung überflüssig?

Es gab schon mal Bestrebungen, sie wegen Erfolglosigkeit abzuschaffen. Dann wäre die einzige substanzielle Basis der Filmherstellung aus dem System herausgefallen. Niemand ist auf die Idee gekommen, dass es genau umgekehrt laufen muss, damit sich überhaupt etwas ändert.

Die Drehbuchförderung ist die einzige, vielleicht die letzte Chance, die der deutsche Film noch hat. Nur sie kann den fatalen Teufelskreis durchbrechen. Sicher, das Ziel jeder Subvention muss ihre eigene Überflüssigkeit sein. Aber davon sind wir noch viele Jahre entfernt.

Und bis dahin muss endlich so gehandelt werden wie in der Industrie: etwa 10 Prozent des Umsatzes müssen in die Entwicklung neuer Produkte, also in die Entwicklung neuer Drehbücher fließen. Derzeit ist es oft nicht mal ein einziges Prozent.

Auf Initiative und Druck der Autoren haben die Förderer inzwischen erkannt, dass die Basis, auf der ihre enormen Investitionen zur Filmherstellung stehen, möglichst breit sein muss. Und das heißt nicht ein unter großem Zufall besonders gut gelungenes Drehbuch, sondern eine Fülle von guten Drehbüchern, aus denen man das beste auswählen kann.

Vielleicht hat auch das Beispiel der weltweit erfolgreichsten Drehbuchförderung zu dem Sinneswandel beigetragen. Die gibt es – natürlich – in Hollywood. Sie hat ein jährliches Budget von rund 800 Millionen Dollar. Ein Heer von Autoren, Dramaturgen, Producern und Agenten liefert Story um Story. Und die Antragsformalitäten sind denkbar unbürokratisch: Es reicht zum Beispiel, einem Producer im Fahrstuhl aufzulauern und zwischen der ersten und der dritten Etage – man baut flach in Hollywood – den Antrag mündlich zu überbringen. Bevor die Fahrstuhltür »bing« macht, gibt's Asche! Entweder in bar – oder direkt von der Cohiba des Produzenten auf die Hand.

Auch kann in Hollywood jedes Drehbuch beliebig oft und beliebig lang weiter gefördert und entwickelt werden. Das Buch zu *Der einzige Zeuge* wurde zum Beispiel über zehn Jahre immer wieder mit erheblichen Summen bedacht. Es gibt keine einengenden Regeln – und keine »Ländereffekte«. Autoren, die erfolgreich eingereicht haben, können davon sogar leben! Selbst wenn ihre Bücher noch nie verfilmt worden sind.

Kennt das Hollywood-System gar keine Förderung?

Weil das Geld von den Produzenten selbst ist? Unsinn. Niemand hat in Hollywood eigenes Geld. Es ist doch auch völlig egal, wo die Kohle herkommt. Wichtig ist, wie und wofür sie ausgegeben wird. Und da ist Hollywood immer noch unerreicht. Dieses Fördersystem – oder wie immer man es nennen will – bringt so nette Filme wie *American*

Beauty oder *Pulp Fiction* zustande. Gelegentlich auch ein *Harry außer sich* oder ein *Schweigen der Lämmer*.

Und der Ausschuss, den es dort genauso gibt? Spätprogramm, Privatsender.

Sicher, auf so ein Fördervolumen wird man es hier höchstens noch bei der Produktionsförderung bringen. Aber ein Zehntel davon für Drehbücher wäre schon eine Revolution.

Neue Stoffzentren, Story-Departments

Aber die Zeichen der Zeit wurden wie gesagt erkannt. In den nächsten Jahren werden die Stoffentwicklung und die Drehbuchförderung vorrangig ausgebaut. Es wird Stoffzentren geben und die Förderung kann von sich aus initiativ werden. Stoffe können über Jahre hinweg fortentwickelt – und vielleicht auch zugunsten eines anderen, erfolgversprechenderen Stoffes zurückgestellt werden. Die FFA richtet ein Story-Department ein, hochkarätig, kompetent und unabhängig besetzt.

Auch die Gesamtbeträge wurden abermals angehoben, so dass die Konkurrenzfähigkeit der Kinoförderung gegenüber dem Fernsehen allmählich gegeben scheint.

Der deutsche Film braucht vor allem die Autoren, die bewiesen haben, dass man mit Geschichten, die hier spielen, in unserer Sprache erzählt werden und unsere Welt reflektieren, sehr viel Erfolg haben kann. Vor allem beim Publikum.

Benedikt Röskau ist seit 15 Jahren Drehbuchautor und Mitglied im Vorstand des Verbands Deutscher Drehbuchautoren. Neben *Das Wunder von Lengede* wurden 24 seiner Drehbücher für das Kino, den Fernsehfilm und die Serie verfilmt. Im Frühjahr 2005 läuft von ihm auf RTL die Serie *Ballgefühl*. Zurzeit arbeitet er an einem historischen TV-Film, einem historischen Mehrteiler und einem Kinoprojekt.

▷ Förderanträge: Zehn leicht vermeidbare Fehler

Von Benedikt Röskau

Das Interesse, für das Kino zu schreiben, ist groß. Zumal beim Nachwuchs, der sich natürlich gern mit Hollywood misst und große Träume träumt.

Gut so. – Aber wie das erste eigene Drehbuch finanzieren?

Bei der Drehbuchförderung scheint der Zugang leicht zu sein, ein Formular ausfüllen, ein paar Formalien erfüllen, mehr nicht. Dabei wollen die Förderer aber lieber die gesunde Mischung von erprobten Schreibern und Nachwuchsautoren statt bis zu 80 Prozent Anträge von neuen Talenten.

Dass deren Anträge zumeist abgelehnt werden, hat nicht nur mit dem fehlenden großen Namen zu tun. Talent wird durchaus erkannt und intensiv gefördert. Aber manchmal ist es eben nicht nur fehlende Qualität, die zur Ablehnung führt, sondern der eine oder andere klassische Fehler bei der Einreichung.

Hier die 10 vielleicht dümmsten Fehler beim Versuch, Drehbuchförderung zu bekommen:

① *Wozu Kommunikation? Ich habe doch das Antragsformular!*
Die Förderer wollen wissen, *wen* sie fördern. Förderung ist eine Spekulation auf die Kreativität eines Autors. Zeigen Sie, dass Sie das Risiko wert sind! Alle Förderinstitutionen haben Mitarbeiter, Büros und sogar Telefon. – Eine Infrastruktur, die genutzt werden will.

② *Ich warte lieber, bis ich per Post erfahre, was mit meinem Projekt ist.*
Klar, es ist hart, abgelehnt zu werden. Aber Ihrem Protagonisten in Ihrer Geschichte geht es noch viel dreckiger. Da ist es Ihre Pflicht, für ihn oder sie ein wenig Frust zu riskieren. Und zu fragen.

③ *Ich bin ein schüchterner Autor. Da kommt mir die anonyme Förderung sehr gelegen.*
Auch schüchterne Autoren können gute Autoren sein, klar. Aber Film ist ein Teil der Kommunikations-Industrie. Da sollte man wenigstens versuchen zu kommunizieren. Und vielleicht bin *ich*, Protagonist meiner eigenen Lebensgeschichte, gerade deshalb in dieser Situation, weil mich der große kosmische Drehbuchautor genau vor diese Herausforderung gestellt hat!

④ *Die Unterschrift eines Produzenten unter den Antrag ist nur eine Formalie.*
Nein. Kennt die Förderung den Produzenten, weiß sie, woran sie beim Autor ist. Wer sich nicht für die Verwertung interessiert, wird sich auch kaum für sein Drehbuch interessieren. Man muss keinen Star-Produzenten mitbringen. Auch Newcomer sind gern gesehen. Nur sie wollen eben gesehen werden und man will hören, was sie können, wollen und haben, um in eines ihrer Projekte zu investieren.

⑤ *Ein bekannter Produzent gibt mir niemals seine Unterschrift.*
Klar, wenn der Stoff langweilig, der Entwurf undramatisch und die Grammatik dilettantisch ist. Aber dann ist die Ablehnung eines Produzenten ein verdammt guter Hinweis, es besser zu machen. Die Unterschrift des Produzenten soll unbrauchbares Material herausfiltern. Aber die Förderer wissen auch, dass nicht jeder Filter passt. Deshalb gibt es Ausnahmen. Und manchmal auch einen Produzententipp von einer Förderung, wenn sie von einem Stoff überzeugt ist (siehe Regel 1).

⑥ *Jetzt probier ich es mal bei 'ner Förderung, kostet doch nur Papier und Porto.*
Man kann's glauben oder nicht: Man spürt diese Haltung beim Lesen eines Treatments. Nur brillante Autoren können das kaschieren (und die haben es dann auch verdient, gefördert zu werden). Aber Förderung ist nichts, was man »mal probiert«. Wer sich nicht hundertprozentig engagiert, der bekommt auch keine Förderung.

⑦ *Wenn es bei der einen Förderung nicht klappt, probiere ich es eben bei einer anderen.*
Es sollte einen guten Grund geben, warum man seinen abgelehnten Stoff trotzdem noch einmal einreicht (egal wo). Den kann man gut in ein paar Zeilen erklären. Das – und vielleicht der Hinweis auf eine erfolgte intensive Überarbeitung – gibt den Förderern die Gewissheit, dass sich jemand mit seinem Stoff, dessen Entwicklung und dessen Schicksal wirklich auseinander setzt.

⑧ *Es ist leichter, bei einer Förderung einzureichen als einen Senderkontakt aufzubauen.*
Den Weg des geringsten Widerstands zu gehen ist zwar menschlich. Aber wer seinen Protagonisten so durch die Geschichte führt, schreibt langweiliges Zeug. So viel hat sich rumgesprochen – aber warum suchen dann viele Autoren immer wieder den Weg des geringsten Widerstands? Lernen sie nichts aus ihren eigenen Geschichten? Wer den Weg der Förderung geht, weil er oder sie glaubt, es sei leichter, hat schon verloren.

⑨ *Ich beherrsche das Handwerk – da müssen die meinen Stoff doch fördern!*
»Handwerk« kann jeder können. Das ist nur eine Frage der Mühe und des Fleißes. Auch gutes Handwerk wird billig, wenn es wohlfeil ist. Die Förderer kennen die Drehbuch-Ratgeber, wissen, nach welchem Regelwerk auf welcher Seite Plot Point 2 sein sollte und was ein »Twist in Climax« ist. Aber Handwerk ist immer nur die Basis von Kreativität,

niemals das Ziel. Schreiben für das Kino ist viel mehr als Handwerk. Und gefördert wird das »Mehr«!

⑩ *Die Förderung hat es bislang nicht geschafft, den deutschen Film besser oder erfolgreicher zu machen. Wozu soll ich dann einreichen?*
Vielleicht. Vielleicht auch nicht. Aber wer nicht an den Sinn von Förderung und deren Verbesserung glaubt, braucht sie auch nicht zu beantragen.

Und wer jetzt wissen will, wie es richtig gemacht wird mit der Förderung, muss die Fehler nur in Tugenden wandeln.
    Ganz einfach.
Ach ja: und eine gute Geschichte schreiben.

Aus: *Script-Markt – Handbuch Film & TV*. Mit allen wichtigen Anschriften von Drehbuchagenturen, Filmproduktionen, Sendern und der Filmförderung.

ADRESSEN · ADRESSEN · ADRESSEN · ADRESSEN

▷ Drehbuch- und Filmförderung, Preise

Bayerische Filmförderung
FilmFernsehFonds Bayern Gesellschaft zur Förderung der Medien in Bayern mbH
Sonnenstr. 21
80331 München
Tel. 089 - 54 46 02-0
Fax 089 - 54 46 02-21
filmfoerderung@fff-bayern.de
www.fff-bayern.de
Ansprechpartner: Drehbuch:
Dr. Michaela Haberlander;
Pr. Kino:Nikolaus Prediger,
Pr. TV: Gabriele Pfennigsdorf;
Nachwuchs: Steffi Stadelmann
Förderung: Drehbuchförderung für Kinofilme, Produktionsförderung für Fernseh- und Kinofilme
Bewerbungsschluss: 25.01., 05.04., 14.06., 13.09., 08.11.2005
Bewerbung: Drehbuch: Eigenbewerbung möglich, Produktion: Bewerbung nur über Produzent möglich

Bayerischer Filmpreis
Freistaat Bayern
Franz-Josef-Strauß-Ring 1
80539 München
Tel. 089 - 21 65 26 54
Fax 089 -21 65 28 25
www.bayern.de
Ansprechpartner: Dr. Ewert
Preis: für Einzelleistungen im Film
Bewerbung: keine Eigenbewerbung

Bremer Projekt- und Produktionsförderung
BIA Bremer Innovations-Agentur GmbH
Kontorhaus am Langenstr. 2-4
28195 Bremen
Tel. 0421 - 96 00-1
Fax 0421 - 96 00-810
vages@bia-bremen.de
www.bia-bremen.de
Förderung: Förderung innovativer Medienprojekte
Bewerbung: nur über deutsche Filmverbände

Kulturelle Filmförderung des Bundes – Deutscher Filmpreis für hervorragende Einzelleistungen in programmfüllenden Filmen
Beauftragte der Bundesregierung der Kultur und Medien
Graurheindorfer Str. 198
53117 Bonn
Tel. 01888 - 681 35 84
Fax 01888 - 681 38 85

juergen.tillmann@bkm.bmi.bund.de
www.deutscherfilmpreis.de,
www.filmfoerderung-bkm.de
Ansprechpartner: Jürgen Tillmann
Förderung: Der Drehbuchpreis wird ab 2005 als selbständiger Preis außerhalb des Deutschen Filmpreises verliehen.
Bewerbung: keine Eigenbewerbung möglich

Filmförderung des Bundes – Drehbuchförderung/ Produktionsförderung
Beauftragte der Bundesregierung für Kultur und Medien
Graurheindorfer Str. 198
53117 Bonn
Tel. 01888 - 681 42 08
Fax 01888 - 681 42 09
k35@bkm.bmi.bund.de
www.filmfoerderung-bkm.de
Ansprechpartner: Christine Goldhahn
Förderung: Projekt-/Produktionsförderung. Mit der BKM Filmförderung sollen vornehmlich Autoren und Unternehmen gefördert werden.
Bewerbungsschluss: 1.3. und 1.9.2005 für programmf. Spiel- und Dokumentarfilme, 24.02.2005 für programmf. Kinder- und Jugendfilme
Bewerbung: Eigenbewerbung möglich für Drehbuchförderung, Produzenten für Produktionsförderung

Ernst-Lubitsch Preis
Club der Filmjournalisten Berlin e.V.
Fritschestr. 65
10585 Berlin
Tel. 030 - 341 09 35
Fax 030 - 348 21 96
goetz@snafu.de
Ansprechpartner: Goetz Kronburger
Preis: Undotierter Preis für die beste komödiantische Leistung im deutschsprachigen Film
Bewerbung: keine Eigenbewerbung

Europäische Filmfragen
Beauftragte der Bundesregierung für Kultur und Medien, Ref. Film- und Videowirtschaft
Grauheindorfer Straße 198
53117 Bonn
Tel. 01888 - 681 36 43
Fax 01888 - 68 15 36 43
hermann.scharnhoop@bkm.bmi.bund.de
Ansprechpartner:
Dr. Hermann Scharnhoop
Förderung: Zuständig unter anderem für FFG, europäische Filmfragen, Koproduktionsabkommen.

Europäischer Filmpreis
EFA – European Film Academy
Kurfürstendamm 225
10719 Berlin
Tel. 030 - 88 71 67-0
Fax 030 - 88 71 67-77
efa@europeanfilmacademy.org
www.europeanfilmacademy.org

Ansprechpartner: Geschäftsführerin: Marion Döring
Förderung: Förderung des Kontaktes zwischen Filmschaffenden und Stärkung der künstlerischen und kommerziellen Position des europäischen Films. Verleihung des Europäischen Filmpreises.

Filmbüro NW e.V.
Filmbüro Nordrhein-Westfalen e.V.
Sandstr. 107-135
45473 Mülheim
Tel. 0208 - 44 98 41
Fax 0208 - 47 41 13
info@filmbuero-nw.de
www.filmbuero-nw.de
Ansprechpartner: Ariane Traub, Vorstand: Joachim Ortmanns
Förderung: Verein von Filmemachern in NRW, ehemalige kulturelle Filmförderung des Landes NRW

Hamburger Film-Förderung
FilmFörderung Hamburg GmbH
Friedensallee 14-16
22765 Hamburg
Tel. 040 - 398 37-0
Fax 040 - 398 37-10
filmfoerderung@ffhh.de,
location@ffhh.de / www.ffhh.de
Ansprechpartner: Sybille Consten, Dw -28
Förderung: Produktionsförderung, Projektentwicklung, Drehbuchförderung (alle Genres und Längen, aber nicht für Kurzfilme).

Bewerbungsschluss: 4 Einreichtermine pro Jahr (bitte anfragen)
Bewerbung: Eigenbewerbung möglich für Autoren bei Drehbuchförderung, bei Produktionsförderung nur über Produzent. Vor Antragstellung (telefonische) Beratung obligatorisch

Film- und Fernsehpreis des Hartmannbundes
Hartmannbund-Verband der Ärzte Deutschlands e.V.
Hauptgeschäftsführung
Schützenstr. 6 A
10117 Berlin
Tel. 030 - 20 62 08-0
Fax 030 - 20 62 08-29
presse@hartmannbund.de
www.hartmannbund.de
Ansprechpartner: Peter Orthen-Rahner
Förderung: Film und Fernsehen (Regisseure, Autoren, Darsteller)
Bewerbungsschluss: 1. September
Bewerbung: Eigenbewerbung möglich

Hessische Filmförderung
Am Steinernen Stock 1
60320 Frankfurt am Main
Tel. 069 - 155 45 16
Fax 069 - 155 45 14
postmaster@hessische-filmoerderung.de
www.hessische-filmoerderung.de
Ansprechpartner: Hauptgeschäfts-

führerin: Maria Wismeth, Co-Geschäftsführerin: Dr. Verena Metze-Mangold.
Förderung: Projektförderung: Drehbuch, produktionsvorbereitende Maßnahmen, Produktion

Hessische Filmförderung
Kuratorium Junger Deutscher Film (Stiftung)
Postfach 12 04 28
65082 Wiesbaden
Tel. 0611 - 60 23 12
Fax 0611 - 69 24 09
kuratorium@online.de
kuratorium-junger-film.de
Ansprechpartner: Monika Reichel
Förderung: Produktionsförderung, Projektentwicklungsförderung, Drehbuchförderung.
Bewerbungsschluss: Termine bitte erfragen
Bewerbung: Eigenbewerbung bei Drehbuch möglich, bei Projektentwicklung und Produktion nur über Produzent

Kulturelle Filmförderung Bremen
Filmbüro Bremen e.V.
Waller Heerstr. 46
28217 Bremen
Tel. 0421 - 387 67 40
Fax 0421 - 387 67 42
post@filmbuero-bremen.de
www.filmbuero-bremen.de
Ansprechpartner: Klaus W. Becker
Förderung: Drehbuch, Filmproduktion, Filmverleih, Abspielförderung, Kurzfilm, Dokumentarfilm
Bewerbung: Eigenbewerbung möglich

Mecklenburgische Film-Förderung
Kulturelle Filmförderung Mecklenburg-Vorpommern
Bürgermeister-Haupt-Str. 51-53
23966 Wismar
Tel. 03841 - 61 82 00
Fax 03841 - 61 82 09
filmoerderung@film-mv.de
www.landesfilmzentrum.de
Ansprechpartner: Gabriele Kotte, Antje Naß
Förderung: Stoff- und Projektentwicklung, Produktionsförderung.
Bewerbung: keine Eigenbewerbung möglich

MEDIA Desk Deutschland
Informationsbüro des MEDIA-Programms der Europäischen Union
Friedensallee 14-16
22765 Hamburg
Tel. 040 - 390 65 85
Fax 040 - 390 86 32
info@mediadesk.de
www.mediadesk.de
Ansprechpartner: Cornelia Hammelmann
Förderung: Projekentwicklungsförderung, Förderung von Vertrieb, Promotion, Festivals, Training, Pilotprojekte (neue Technologien)

Bewerbungsschluss: siehe die jeweiligen Richtlinien
Bewerbung: nur über Produzent möglich

MEDIA Antenne Berlin-Brandenburg
August-Bebel-Str. 26-53
14482 Berlin-Potsdam
Tel. 0331 - 743 87 50 /-51
Fax 0331 - 743 87 59
mediaantenne@medienboard.de
Ansprechpartner: Gabriele Brunnenmeyer, Susanne Schmitt
Förderung: Developmentförderung (Einzelprojekt, Paketförderung, MEDIA New Talent)
Bewerbungsschluss: 8.2.2005, 31.5.2005, New Talent 15.2.2005 usw.
Bewerbung: nur über Produzent

MEDIA Plus Programm
MEDIA Antenne Düsseldorf c/o Filmstiftung NRW GmbH
Kaistraße 14
40221 Düsseldorf
Tel. 0211 - 930 50 14
Fax 0211 - 93 05 05
media@filmstiftung.de
www.mediadesk.de
Ansprechpartner: Heike Meyer-Döring
Förderung: Einzelprojektentwicklung und Paketentwicklungsförderung
Bewerbung: nur über Produzent

MEDIA Antenne München GmbH
Herzog-Wilhelm-Str. 16
80331 München
Tel. 089 - 54 46 03 - 30
Fax 089 - 54 46 03 - 40
info@mediaantennemuenchen.de
www.mediadesk.de
Ansprechpartner: Ingeborg Degener (GF), Anke Gadesmann
Förderung: Projektentwicklungsförderung
Bewerbungsschluss: siehe im Internet (MEDIA Development)
Bewerbung: nur über Produzent

Medienboard Berlin-Brandenburg GmbH
Land Berlin, Land Brandenburg
August-Bebel-Str. 26-35
14482 Potsdam-Babelsberg
Tel. 0331 - 743 87-0
Fax 0331 - 743 87-99
info@medienboard.de
www.medienboard.de
Ansprechpartner: Drehbuchförderung: Brigitta Manthey (Dw -22, b.manthey@medienboard.de)
Förderung: Förderungsarten: Stoffentwicklung, Projektentwicklung, Paketförderung. Anträge auf Stoffentwicklung, Projektentwicklung, Paket- und Produktionsförderung können nur Produzenten einreichen.
Bewerbung: siehe Vergaberichtlinien im Internet

Medien- und Filmgesellschaft Baden-Württemberg mbH
MFG-Filmförderung
Breitscheidstr. 4
70714 Stuttgart
Tel. 0711 - 907 15- 404
Fax 0711 - 907 15-450
filmförderung@mfg.de
www.film.mfg.de
Ansprechpartner: Karin Frey, frey@mfg.de
Förderung: Drehbücher für programmfüllende Spielfilme, Animationsfilme und Kinder- und Jugendfilme, Drehbuchpreis Baden-Württemberg
Bewerbungsschluss: Drehbuchförderung: 1.3, 1.6., 1.9, 1.12.2005; Drehbuchpreis: 3.11.2005 usw.
Bewerbung: Eigenbewerbung möglich (bei Erstwohnsitz in B-W), auch über Produzent möglich, verschiedene Förderkategorien

Mitteldeutsche Medienförderung
Mitteldeutsche Medienförderung GmbH (MDM)
Hainstr. 19
04109 Leipzig
Tel. 0341 - 269 87 - 0
Fax 0341 - 269 87 - 65
post@mdm-online.de
www.mdm-online.de
Ansprechpartner: Manfred Schmidt, (Geschäftsf.) manfred.schmidt@mdm-online.de; Produktion, Nachwuchs, Drehbuch: Mario Fischer, (Dw -22, mario.fischer@...); Produktion, Dokumentarfilm, Kinderfilm: Alrun Ziemendorf (Dw -24, alrun.ziemendorf@...)
Förderung: Stoffentwicklung, Projektentwicklung, Produktförderung, Paketförderung für ansässige Produzenten, Multimediaprojekte
Bewerbung: Eigenbewerbung nur über Produzent möglich

Filmförderung im Land Niedersachsen aus Mitteln des NDR
NDR
Hamburger Allee 4
30161 Hannover
Tel. 0511-361 57 78
Fax 0511-361 92 97
www.lts-nds.de
Förderung: Drehbuch, Filmproduktion, Stoff- und Projektentwicklung

Preise der Nordischen Filmtage Lübeck
Nordische Filmtage Lübeck
Schildstr. 12
23539 Lübeck
Tel. 0451 - 122 41-05
Fax 0451 - 122 41-06
info@filmtage.luebeck.de
www.filmtage.luebeck.de
Ansprechpartner: Linde Fröhlich, Dw -09, linde.froehlich@filmtage.luebeck.de
Bewerbung: keine Eigenbewerbung
Hinweis: Filmfestival, keine Drehbuch- oder Produktionsförderung

Filmstiftung NRW

Filmstiftung NRW / Produktion 2
(ehemaliges Filmbüro NW e.V.)
Kaistr. 14
40221 Düsseldorf
Tel. 0211 - 93 05 00
Fax 0211 - 93 05 05
www.filmstiftung.de
Ansprechpartner: Michael Wiedemann
Förderung: Produktionsförderung: Einreichtermine laufend, in der Regel 3 Gremiumssitzungen pro Jahr

Nürnberger Autorenstipendium

Stadt Nürnberg/Kulturreferat und Bayerisches Fernsehen
Hauptmarkt 18
90403 Nürnberg
Tel. 0911 - 231 34 52
Fax 0911 - 231 47 57
autorenstipendium@stadt.nuernberg.de
www.nuernbergkultur.de/autorenstipendium
Ansprechpartner: Sonja Fischer
Förderung: Nachwuchsförderung Drehbuch 2005/2006 Sparte Jugendfilm. Neunmonatige Begleitung durch Fachleute von der Idee zum Drehbuch
Bewerbungsschluss: 28.2.2005
Bewerbung: möglich

Kulturelle Filmförderung des Saarlandes

Ministerium für Bildung, Kultur und Wissenschaft des Saarlandes
Nauwieser Str. 19
66111 Saarbrücken
Tel. 0681 - 360 47
Fax 0681 - 37 46 68
info@filmbuero-saar.internett.de
www.filmbuero-saar.internett.de
Ansprechpartner: Uschi Schmidt-Fähringer
Förderung: Filmproduktion, Drehbuch
Preis: Saarländischer Drehbuchpreis

Drehbuchpreis im Rahmen des Festivals »Max-Ophüls-Preis«

Saarländischer Rundfunk/ ZDF
Funkhaus Halberg
66100 Saarbrücken
Tel. 0681 - 602 20 12
Fax 0681 - 602 20 56
hklein@sr-online.de
www.sr-online.de
Ansprechpartner: Dr. Harald Klein
Preis: 13.000 Euro zur Förderung von Nachwuchsautoren
Bewerbung: keine Eigenbewerbung möglich

**Schleswig-Holsteiner
Film-Förderung**
Kulturelle Filmförderung
Schleswig-Holstein
Haßstr. 22
24103 Kiel
Tel. 0431 -55 14 39
Fax 0431 - 516 42
filmwerkstattsh@t-online.de
www.filmfoerderung-sh.de
Ansprechpartner: Geschäftsführer:
Bernd-Günther Nahm
Förderung: Alle Genres (inklusive Video): Produktionsförderung. Projekt-Entwicklung. Einreichtermine 2-mal pro Jahr (Frühjahr und Herbst, bitte nachfragen).
Bewerbung: Eigenbewerbung möglich

**Schleswig-Holsteinische
AV-Förderung**
MSH - Gesellschaft zur Förderung audiovisueller Werke in Schleswig-Holstein mbH
Schildstr. 12
23552 Lübeck
Tel. 0451 - 719 77
Fax 0451 - 719 78
info@m-s-h.org / www.m-s-h.org
Ansprechpartner: Geschäftsführer:
Roland Schmidt
Förderung: Herstellung von Kino- und Fernsehfilmen, Produktionsvorbereitung von Kino- und Fernsehfilmen, Herstellung von Drehbüchern.
Einschränkung: Sitz in Schleswig-Holstein.
Bewerbungsschluss: Einreichtermine: 1.4. und 15.11
Bewerbung: nur über Produzent

Thüringer Filmbüro
Thüringer Filmbüro e.V.
Schloß Kromsdorf bei Weimar
99441 Kromsdorf
Tel. 03643 - 42 21 80
Fax 03643 - 42 21 74
info@thueringen-filmbuero.de
www.thueringenfilmbuero.de
Förderung: Drehbuchförderung, Produktionsvorbereitung (z.B. Recherchen), Produktionsförderung. Einschränkung: Die Antragsteller sollten Thüringer sein oder das Sujet sollte direkten Thüringenbezug besitzen. In Ausnahmefällen (sollte die Thematik im erheblichen Landesinteresse sein) können auch andere Projekte durch den Freistaat Thüringen gefördert werden. Einreichtermine: 31.10. Anträge sind einzureichen bei: Kultusministerium, Herrn Jochen Fasco, Herrn Nils Jonas Greiner, Werner-Seelenbinder-Str. 1, 99096 Erfurt. Antragsformulare sind über das Thüringer Filmbüro e.V. erhältlich.
Bewerbungsschluss: 31.3. und 31.10. des laufenden Jahres

▷ Fragen, die Sie nie stellen sollten

Von Vivien Bronner

Und zwar deshalb, weil Sie sich dadurch als ahnungsloser, ignoranter Neuling outen.

Es ist kein Makel, Neuling zu sein. Jeder hat irgendwann einmal sein erstes Drehbuch geschrieben. Solange nicht eines Ihrer Drehbücher verfilmt worden ist, sind Sie Anfänger. Dagegen ist nichts zu sagen.

Der Makel liegt darin, ahnungslos und ignorant zu sein. Sie sollten die Spielregeln und Voraussetzungen Ihres Berufs kennen, bevor Sie mit jemandem aus der Branche reden. Es gibt viele Internetseiten und Bücher, die Ihre Fragen beantworten können. Erfahrene Autoren, die solche Anfängernöte kennen, werden ungeduldig, wenn sie mit immer denselben dummen Fragen konfrontiert werden. Agenten, Redakteure, Produzenten und Dramaturgen sowieso.

Hier die häufigsten Fragen:

Was kann ich tun, damit mein Drehbuch nicht geklaut wird?

Zeigen Sie es niemandem.

Im Ernst: Drehbücher werden kaum jemals geklaut – weil das riskant sein kann. Etablierte, seriöse Firmen tun das nicht. Es wird oft die Möglichkeit genannt, das Drehbuch eingeschrieben an sich selbst oder einen Dritten zu schicken und den Umschlag verschlossen aufzubewahren. Damit hätten Sie einen Nachweis dafür, zu welchem Datum das Drehbuch bereits existierte. Schaden kann es nicht, helfen tut es aber nur, wenn Sie im Ernstfall tatsächlich bereit und finanziell in der Lage wären, zu klagen.

Man hört von Autoren, deren Drehbuch abgelehnt worden sei und dann sei ein ganz ähnlicher Film in Produktion gegangen. Aber so gut wie nie hört man, dass der Autor geklagt habe.

Fazit: Sie können sich nicht schützen, es sei denn, Sie zeigen Ihr Buch niemandem. Etwas Vorsicht ist vor Firmen angesagt, die noch keinen Spielfilm produziert haben und aus dem Bereich der neuen Medien, der Digital- oder Videobearbeitung kommen und Drehbücher junger Autoren suchen, um einen ersten Film zu produzieren. Also überlegen Sie, wen Sie als Partner wählen.

Aber bleiben Sie bitte gelassen: Produktionsfirmen brauchen gute Autoren. Wenn sie ein Drehbuch mögen, *wollen* sie mit dem Autor ins Gespräch kommen, aber keinesfalls wollen sie ein Drehbuch mit ungeklärten Rechten verfilmen.

Groß ist auch immer wieder die Angst, Produzenten könnten die Idee eines Drehbuchs an einen anderen Autor weitergeben.

Das mag sogar vorkommen, aber ein anderer Autor würde aus derselben Idee wahrscheinlich ein ganz anderes Drehbuch schreiben. Normalerweise kommen Autoren mit den Ideen anderer Leute nicht so gut zurecht, unter anderem auch deshalb, weil sie die Recherchekenntnisse nicht haben. Stellen Sie sich vor, jemand würde Ihnen eine Idee nennen, damit Sie einen Film daraus machen. Die Chancen sind groß, dass Sie während der Entwicklung die Story unweigerlich verändern und zu Ihrer eigenen machen. Das bedeutet: Selbst wenn ein anderer Autor Ihre Idee aufgreift, können Sie Ihr Drehbuch weiterhin anbieten.

Noch eine erschütternde Erkenntnis: Ideen sind nicht viel wert. Sie denken, Sie hätten eine grandiose, neue Idee für einen Film, aber vermutlich kursiert dieselbe Idee bereits bei mindestens vier Firmen. Ideen, Stoffe und Themen liegen in der Luft, die atmen wir alle. Ideen haben auch Redakteure und Produzenten jeden Tag. Ideen entstehen als Fließbandware in jedem der vielen Drehbuchseminare, die mittlerweile in Deutschland abgehalten werden. Wenn wirklich ein Produzent einem Autor, mit dem er gut zusammenarbeitet, eine Idee geben will, dann ist es vermutlich seine eigene oder die, die er soeben von einem Mitarbeiter einer TV-Redaktion gehört hat.

Ideen sind nicht viel wert. Gute Drehbücher sind es. Auf die Ausführung kommt es an. Und wenn Sie Ihre Idee in ein gutes Drehbuch umgesetzt haben, will man es nicht klauen, sondern haben!

Wie erhalte ich das Urheberrecht für mein Drehbuch?

Indem Sie es schreiben. Damit erwirbt der Autor das Urheberrecht und braucht nicht einmal das berühmte © aufs Titelblatt setzen oder das Drehbuch registrieren lassen.

Wohin schickt man Drehbücher?

An Filmproduktionsfirmen, bestimmte Sender und Drehbuchagenturen. Adressen mit näheren Angaben finden Sie in *Script-Markt – Handbuch Film & TV*. Sie können auch bei TV-Filmen auf den Nachspann achten, worin die produzierende Firma angeführt wird. Filme, die Ihrem Werk entsprechen oder deren Produktion Ihnen gut gefällt, könnten von Produktionsfirmen stammen, die auch an Ihrem Drehbuch interessiert sind.

Wie schickt man Drehbücher?

Mit der Post, nicht per E-Mail.

Bietet man Exposés, Treatments oder Drehbücher an?

Sie sind angehender Autor? Sie wollen einen Käufer von Ihrem Können überzeugen? Dann brauchen Sie ein Drehbuch. Mindestens. Besser wäre, Sie hätten noch zwei weitere als Leseprobe.

Ja, es stimmt, manche Firmen legen Wert darauf, zuerst Exposés zu lesen. Manchmal wünschen Firmen im ersten Kontakt nur Exposés – richten Sie sich nach ihren Angebotswünschen, wie sie in *Script-Markt* verzeichnet sind.

Was auf jeden Fall nicht funktioniert: die Geschichte lediglich als

Exposé oder Treatment zu schreiben, dieses anzubieten und erst auf Auftrag das Drehbuch zu schreiben.

Letztlich müssen Sie ja auch sich selbst erst überzeugen. Immer wieder bieten Autoren zehn verschiedene Exposés an und hoffen auf einen bezahlten Drehbuchauftrag. Dann stellt sich heraus, dass sie noch nie ein Drehbuch geschrieben haben.

Wie sollten Brief und Drehbuch aussehen?

In Ihrem Begleitbrief erläutern Sie kurz, wer Sie sind und welche Art Drehbuch Sie senden. Schreiben Sie keine Hymnen über Ihr Werk (»... einmalig, noch nie da gewesen – ein Film, den Millionen sehen werden ...«).

Drehbuch und Begleitbrief können in der Firma leicht getrennt werden, deshalb stehen auf dem Titelblatt Ihr Name und Ihre Kontaktadresse. Das gilt auch, wenn Sie das Drehbuch persönlich übergeben.

Versenden Sie Ihr Drehbuch mit einem Schnellhefter gebunden, am besten nur auf einer Heftleiste, ohne Plastikumschlag. Ein Drehbuch, das sich nach Papier anfühlt, ist sinnlicher.

Es kommt doch auf den Inhalt an, nicht nur auf die äußere Form?

Schon. Aber ein Drehbuch soll zum Lesen einladen. Also sauber, schlicht und fehlerfrei sein. Versenden Sie nur neue Ausdrucke.

Drehbücher wirken nur dann professionell, wenn sie ohne Bildchen, Cliparts, Dekors, Folien, Rahmen und Schnörkel sind. »Aber«, so fragt an dieser Stelle gerne der von sich selbst wenig überzeugte Anfänger, »kann man denn nicht irgendetwas auf das Deckblatt setzen, damit sich das Drehbuch von anderen abhebt und auch bestimmt gelesen wird?«

Ja. Einen richtig guten Titel.

Denken Sie lieber zwei Wochen länger nach, bevor Sie Ihr Baby mit einem langweiligen Titel und einem verschämten »Arbeitstitel« in Klammern versehen. Finden Sie einen Titel, der Spannung und Konflikt verspricht, präzise ist und Ihrem Stoff entspricht. Und wenn Sie Ihren richtig guten Titel gefunden haben, dann schreiben Sie ihn wie das ganze Skript in Courier 12 Punkt, nicht fett, nicht unterstrichen, einfach auf das Deckblatt.

Rechtschreib-, Grammatik-, und Tippfehler hinterlassen einen unangenehmen Eindruck Ihrer Persönlichkeit. Fehler wie »spühren«, »wiederspüchlich«, »verlohren« können Sie nicht als Tippfehler beschönigen. Das ist mangelhaftes Deutsch. Lassen Sie Ihr Drehbuch von einem Korrektor lesen, bevor Sie es anbieten.

Wer liest mein Drehbuch?

Je nach Art und Größe des Unternehmens ein Dramaturg, der Lektor, Redakteur, Produzent oder deren Assistenten. Wenn dem ersten Leser Ihr Drehbuch gefällt, hat er einen steinigen Weg vor sich. Er muss aus Ihrem Drehbuch ein Projekt machen. Wahrscheinlich gibt er das Buch einem Kollegen oder Lektor, um seine Meinung bestätigen zu lassen. (Ist Ihr Drehbuch fest gebunden und daher schlecht kopierbar, könnte es schon daran scheitern!) Dann muss er seinen Chef überzeugen, das Drehbuch auf die interne Projektliste zu setzen. Zum ersten Mal taucht Ihr Titel in den internen Firmenbesprechungen auf. Der Produzent oder Dramaturg wird mit Ihnen Kontakt aufnehmen, vielleicht ein Treffen vereinbaren. Nehmen wir an, alles verläuft soweit positiv. Schließlich entscheidet sich die Firma, eine Option auf Ihr Drehbuch zu nehmen. Es bekommt jetzt eine Projektnummer und erscheint auf der Kostenstelle der Dramaturgie.

Was bedeutet Drehbuchentwicklung?

Nun beginnt ein monatelanges Ringen zwischen Firma und Autor, später kommt der Redakteur des Senders hinzu. Das nennt man Drehbuchentwicklung und viele begabte Autoren scheitern nicht am Schreiben der Erstfassung, sondern in dieser Phase des Umschreibens, Umdenkens, der Kompromisse, der Gespräche, der Taktik und des Teamworks. Das wissen Produzenten. Deshalb ist es für sie immer ein zusätzliches Risiko, mit einem Anfänger zu arbeiten. Vom ersten Lesen bis zum ersten Drehtag vergeht eine lange Zeit, in der ein Filmproduzent viel Energie, Gefühl und Kreativität in ein Projekt steckt und ein Gutteil seines Renommees von Ihrem Talent abhängig macht.

Offen gesagt, es erfordert Mut, während des ersten Lesens ein Drehbuch gut zu finden. Wenn die Geschichte nicht gerade *exakt* auf einen Sendeplatz passt, wenn es nicht zufällig *genau* das ist, was der Produzent gerade braucht, dann sitzt in seinem Hinterkopf ein Faulpelz, der ihm zuflüstert: »So gut ist es auch wieder nicht ...« Natürlich sitzt im Vorderkopf auch ein ambitionierter Filmemacher, der sagt: »Es ist aber nicht uninteressant. Es passt nicht soooo schlecht zu einem bestimmten Sender. Vielleicht könnte man ja was draus machen ...«

Ist Ihr Drehbuch voller Fehler, haben Sie leider dem Faulpelz im Hinterkopf den letzten Trumpf in die Hand gegeben: »Schon, aber mit so einem schlampigen Autor willst Du auf diesen steinigen Weg gehen? Der bringt das nicht!«

Zwei Wochen später haben Sie einen Brief in der Post: »Leider passt Ihr Stoff nicht in unser derzeitiges Anforderungsprofil. Wir wünschen Ihnen anderweitig viel Glück.«

Also: Schreiben Sie sorgfältig, schauen Sie durchaus mal in einen Duden, lassen Sie Ihr Werk Korrektur lesen und auf längere Sicht gesehen: Lernen Sie Deutsch!

Welche Stoffe werden derzeit gesucht?

Diese Frage stellen Autoren den Dramaturgen, die Dramaturgen ihren Produzenten, die Produzenten den Redakteuren, die Redakteure den Sendechefs, die Sendechefs den Vertretern der werbetreibenden Wirtschaft, und diese auf den Wegen der Marktforschung den Konsumenten – vielleicht Ihrer Schwägerin. Und die zuckt die Achseln und sagt: »Ich weiß nicht recht. Was Nettes eben. Sowas wie *Ein Chef zum Verlieben*.« Das war nämlich das letzte Mal, dass sie im Kino war und da hatte sie einen schönen Abend.

Antworten auf die Frage, was derzeit gesucht wird?

Romantic Comedies, Komödien, Krimis, Thriller – aber nur in gehobenem Milieu und mit sympathischen Protagonisten. Bitte keine Melodramen.

Fragen Sie jemand anderen, heißt es vielleicht:

Melodramen, Romantic Comedies, moderne Heimatfilme und leichte Komödien.

Einen Monat später – lange, bevor Sie ein Drehbuch fertig haben können – könnte die Antwort lauten:

Naja, Krimis gehen nicht so gut, da gibt's zu viele Reihen. Aber Thriller so in der Art wie *Seven*, nur nicht so brutal wegen Jugendfrei um 20.15 Uhr, Romantic Comedies und Filme mit jugendlichen Protagonisten.

Zur gleichen Zeit sagt Ihnen eine andere Firma:

Wir suchen dringend Krimis, Romantic Comedy und Schicksalsgeschichten über Frauen, bitte keine zu jungen Protagonisten, erst ab etwa 30.

Was wird also wirklich gesucht?

Erstens: Romantic Comedy!

Zweitens: alles.

Und das immer. Sie haben ohnehin keine Chance, als Autor genau den gerade gesuchten Trend zu treffen. Die Aussagen wechseln alle paar Wochen, aber letztlich umkreisen sie immer dieselben Genres und Filmtypen und meist wird genau das gesucht, was gerade im Kino erfolgreich ist oder was der letzte, besonders quotenstarke TV-Film war. Schauen Sie fern, beobachten Sie die Quoten im Internet und Teletext (RTL Seite 890 ist besonders praktisch).

Schreiben Sie zeitgemäße Stoffe, nicht Modetrends, sondern Themen, die viele Menschen interessieren und beschäftigen, wie etwa Liebe und Freundschaft, Familie, Beruf und Arbeit, Formen des Zusammenlebens, Träume, Sehnsüchte und Ängste.

Sie können selbst beobachten und ein Gespür dafür entwickeln, was das Publikum will. Was hat es in der letzten Zeit besonders gern gesehen? Welchen Film *Sie* im Kino toll fanden, ist irrelevant. Welche

Filme Ihre künstlerisch interessierten Freunde toll fanden, ist uninteressant. Was mochte die schweigende, in Hildburghausen a. d. Werra lebende Mehrheit, die ihre Kinder großzieht, ihren Jobs nachgeht und über *Home Shopping Europe* überteuerte Polyestertrainingshosen kauft? *Das* ist Ihr Publikum.

Lernen Sie es kennen und lieben Sie es.

Und erzählen Sie ihm die Geschichten, die es braucht.

Vivien Bronner M.A. hat mit Autoren aus Deutschland, Frankreich, Großbritannien und USA gearbeitet und Stoffentwicklungen von TV-Serien, TV-Reihen, Spielfilmen, TV-Movies und Dokumentarfilmen geleitet. Sie ist Grimme-Preisträgerin und leitet eine internationale Drehbuchagentur. Außerdem ist sie Dozentin für Drehbuchschreiben. Ihr Buch *Schreiben fürs Fernsehen – Drehbuch-Dramaturgie und TV-Serie* ist 2004 erschienen.

ADRESSEN · ADRESSEN · ADRESSEN · ADRESSEN

▷ TV – Spielfilm

Bayerischer Rundfunk
Abt. Spielfilm Serie
Floriansmühlstr. 60
80939 München
Tel. 089 - 38 06-55 83
Fax 089 - 38 06-77 39
www.br-online.de
Ansprechpartner: Jochen Löscher
Ms.-Angebote: als Exposé, als Treatment
Medium: Papierausdruck
Ms.-Rücksendung: nein

Deutsche Welle tv
Redaktion Euro Maxx
Voltastr. 6
13355 Berlin
Tel. 030 - 46 46 65 16
Fax 030 - 46 46 65 40
pia.loeffler@dw-world.de
www.dw-world.de
Ansprechpartner: Pia Löffler

Hessischer Rundfunk
Abt. Fernsehspiel und Spielfilm
Bertramstr. 8
60320 Frankfurt
Tel. 069 - 155-27 13, -22 91
Fax 069 - 155-40 96
www.hr-online.de
Leitung: Liane Jessen (Dw -2291)

Ansprechpartner: Inge Fleckenstein
(Dw -2713), Jörg Himstedt
(Dw -2552), Lili Kobbe (Dw -2717)
Ms.-Angebote: nach vorheriger
telefonischer Anfrage, als Exposé
Medium: Papierausdruck, E-Mail
Ms.-Rücksendung: ja

Mitteldeutscher Rundfunk
Programmbereich
Fernsehspiel/Film/Serie
Kantstr. 71-73
04275 Leipzig
Tel. 0341 - 300-78 16
Fax 0341 - 300-78 33
jan.brandt@mdr.de / www.mdr.de
Leitung: Jana Brandt
(Programmchefin, Dw -7815)

Norddeutscher Rundfunk
Abt. Fernsehfilm
Hugh-Greene-Weg 1
22529 Hamburg
Tel. 040 - 41 56-57 81
Fax 040 - 41 56-64 47
d.j.heinze@ndr.de / www.ndr.de
Leitung: Doris J. Heinze
Ms.-Angebote: als Exposé,
als Treatment
Medium: Papierausdruck
Ms.-Rücksendung: ja

Österreichischer Rundfunk
Abt. Fernsehfilm
Würzburggasse 30
A-1136 Wien/Österreich
Tel. +43 (0) - 878 78-143 31
Fax +43 (0) - 878 78-137 08
http://orf.at
Leitung: Dr. Heinrich Mis
Ansprechpartner: Alexander Vedernjak (Serie), Dr. Klaus Linkschinger (TV-Movie)
Ms.-Angebote: nach vorheriger telefonischer Anfrage, als Exposé
Medium: E-Mail

Pro Sieben Television GmbH
Abt. Deutsche Fiction
Medienallee 7
85767 Unterföhring
Tel. 089 - 95 07-13 41
Fax 089 - 95 07-18 90
www.prosieben.de
Leitung: Christian Balz
Ansprechpartner: Arianne Egger (Lektoratsleitung)
Ms.-Angebote: nach vorheriger telefonischer Anfrage

RTL2
Redaktion Fiction
Bavariafilmplatz 7
82031 Grünwald
Tel. 089 - 64 18 50
Fax 089 - 64 18 59 99
www.rtl2.de

Rundfunk Berlin Brandenburg
Abt. Fernsehspiel und Unterhaltung
Masurenallee 8-14
14057 Berlin
Tel. 030 - 30 31-33 12
Fax 030 - 30 31-33 19
www.rbb-online.de
Leitung: Dr. Josephine Schröder-Zebralla
Ms.-Angebote: nach vorheriger telefonischer Anfrage, als Exposé, Treatment, Manuskript
Medium: Papierausduck, Diskette, E-Mail
Ms.-Rücksendung: ja

Rundfunk Berlin Brandenburg
Film/Fernsehspiel
Marlene-Dietrich-Allee 20
14482 Potsdam
Tel. 0331 - 731-46 52
Fax 0331 - 731-36 28
www.rbb-online.de
Leitung: Cooky Ziesche
Ms.-Angebote: nach vorheriger telefonischer Anfrage, als Exposé
Medium: Papierausdruck, E-Mail
Ms.-Rücksendung: ja

Saarländischer Rundfunk
PG Fernsehfilm/Serie/Vorabendprogramm
Postfach
66100 Saarbrücken
Tel. 0681 - 602-27 20, -27 21
Fax 0681 - 602-27 29

aetspueler@sr-online.de
www.sr-online.de
Leitung: Andrea Etspueler

SAT.1
Abt. Serie, Sitcom und Soap
Oberwallstr. 6-7
10117 Berlin
Tel. 030 - 209 00
Fax 030 - 20 90 26 05
www.sat1.de
Leitung: Dirk Eisfeld
(Leiter Serie, Sitcom und Soap)

Schweizer Fernsehen DRS
Abt. Kultur + Unterhaltung
Fernsehstr. 1-4
CH-8052 Zürich/Schweiz
Tel. +41(0)1 - 305 66 11
Fax +41(0)1 - 305 59 00
www.sfdrs.ch
Leitung: Madeleine Hirsiger
Ms.-Angebote: nach vorheriger
telefonischer Anfrage

Südwestrundfunk
Hauptabteilung Film und Serie
Hans-Bredowstr.
76530 Baden-Baden
Tel. 07221 - 929-0
carl.bergengruen@swr.de
www.swr.de
Leitung: Carl Bergengruen
(Leitung Hauptabt. Film u.
Familienprogramm)
Ms.-Angebote: als Exposé, als
Treatment, als Manuskript

Medium: Papierausdruck
Ms.-Rücksendung: ja

VOX
Spielfim-, u. Serien-Redaktion
Richard-Byrd-Str. 6
50829 Köln
Tel. 0221 - 95 34-360
Fax 0221 - 95 34 80 00
www.vox.de
Leitung: Beate Uhrmeister-Barz,
buhrmeister@vox.de

Westdeutscher Rundfunk
Abt. Fernsehfilm / Lektorat
Postfach
50600 Köln
Tel. 0221 - 220-35 20
Fax 0221 - 220-69 37
www.wdr.de
Leitung: Andrea Hanke
Ms.-Angebote: als Exposé,
als Treatment, als Manuskript
Medium: Papierausdruck
Ms.-Rücksendung: ja

Zweites Deutsches Fernsehen
Hauptredaktion Fernsehspiel
ZDF-Str. 1
55100 Mainz
Tel. 06131 - 70-24 00
Fax 06131 - 70-65 01
www.zdf.de
Leitung: Hans Janke
Ansprechpartner: Hans Janke

▷ Bestsellertitel:
Liebe, Mann, Frau, Nacht

Um einen Eindruck davon zu geben, welche Inhalte in 100.000 FSK-Prüfungen von 1949 bis 2004 eine Rolle gespielt haben, hat die Freiwillige Selbstkontrolle der Filmwirtschaft (FSK) ein Ranking aus den am häufigsten verwendeten Titelwörtern gebildet.

Die FSK ist eine Einrichtung der Spitzenorganisation der Filmwirtschaft e.V. (SPIO), dem Dachverband von derzeit 16 film- und videowirtschaftlichen Verbänden. Im Zentrum der Arbeit der stehen Altersfreigabeprüfungen für Filme, seit Anfang der 80er Jahre auch für Videokassetten und vergleichbare Bildträger (DVD, CD-ROM etc.), die in der Bundesrepublik Deutschland für die öffentliche Vorführung und Verbreitung vorgesehen sind. Seit Beginn der Tätigkeiten der FSK im Jahr 1949 sind mehr als 100.000 Filme und Bildträger geprüft worden.

Fordert Sie das nicht heraus, Ihren eigenen Buch- oder Filmtitel zu kreieren?

Also gut, jetzt sind Sie dran: Die Stichworte der meist gebrauchten zehn Worte in Filmtiteln könnten, besonders wenn man sie gleich alle unterbringt, das anspruchsvollste Kinopublikum alarmieren – das Abenteuer von Liebe und Tod bei Tag und Nacht im Leben von Mann, Frau und Mädchen wird ewig die Welt bewegen.

Aber vielleicht gehören Sie ja zu den besonders Gewitzten, die sich sagen »Jetzt weiß ich, was ich vermeiden muss«, und es fällt Ihnen so etwas Ungewöhnliches ein wie »Herr Lehmann« oder »Schulze gets the Blues« oder Sie lassen fette Jahre vorbeiziehen – alles ganz aufmerksamkeitsstark und noch nicht auf der Liste der FSK. Wäre schön von Ihnen zu hören.

Top 50 Titelwörter

Die 50 meist verwendeten Substantive aus 100.000 FSK-geprüften Titeln (die Häufigkeit der Pluralform eines Wortes wurde dazu addiert: Mann = Mann/Männer).

Rang	Wort	Häufigkeit	Rang	Wort	Häufigkeit
1	Liebe	1036	26	Haus	237
2	Mann	957	27	Traum	221
3	Frau	794	28	Herr	218
4	Nacht	657	29	König	214
5	Welt	630	30	Paris	213
6	Leben	613	31	Berlin	208
7	Tag	500	32	Schatten	197
8	Mädchen	490	33	Mord	196
9	Tod	457	34	Peter	190
10	Abenteuer	424	35	Himmel	189
11	Stadt	400	36	Rückkehr	186
12	Hölle	364	37	Angst	184
13	Zeit	363	38	Sonne	177
14	Geheimnis	329	39	Kampf	173
15	Sex	314	40	Paradies	170
16	Geschichte	304	41	New York	166
17	Spiel	301	42	Sommer	164
18	Land	282	43	Mission	162
19	Weg	279	44	Familie	162
20	Rache	278	45	Laurel	159
21	Reise	277	46	Morgen	159
22	Macht	255	47	Tiger	155
23	Engel	252	48	Hardy	155
24	Teufel	245	49	Jagd	153
25	Killer	239	50	Kinder	152

ADRESSEN · ADRESSEN · ADRESSEN · ADRESSEN

▷ Drehbuchagenturen

ATL Books GmbH
Above the Line
Oranienburger Str. 5
10178 Berlin
Tel. 030 - 288 77 3 0
Fax 030 - 288 77 3 10
buero-berlin@abovetheline.de
www.abovetheline.de
Leitung: Sigrid Narjes, Uschi Keil
Ansprechpartner: Uschi Keil
Profil: Agentur für Autoren,
Regisseure und Schauspieler

ATL Books GmbH
Above the Line
Goethestraße 17
80336 München
Tel. 089 - 548 62 98-0
Fax 089 - 550 38 55
mail@abovetheline.de
www.abovetheline.de
Leitung: Sigrid Narjes
Ansprechpartner: Ulrike Weis
Profil: Agentur für Autoren,
Regisseure und Schauspieler

**Felix Bloch Erben Verlag
für Bühne, Film und Funk
GmbH & Co. KG**
Hardenbergstr. 6
10623 Berlin
Tel. 030 - 313 90 28
Fax 030 - 312 93 34
info@felix-bloch-erben.de
www.felix-bloch-erben.de
Leitung: Johannes Volkmer
Ansprechpartner: Bettina Migge
Ms.-Angebote: nach vorheriger telefonischer Anfrage
Medium: Papierausdruck
Ms.-Rücksendung: ja, mit Rückporto

Dreh.Buch.Scheibe
c/o Österreichischer Bühnenverlag Kaiser & Co.
Am Gestade 5/2
A-1010 Wien
Österreich
Tel. +43(01) - 535 52 22-19
Fax +43(01) - 535 39 15
drehbuchscheibe@kaiserverlag.at
www.kaiserverlag.at/
drehbuchscheibe
Leitung: Zeno Stanek
Ansprechpartner: Vivien Bronner

Drei Masken Verlag GmbH
Theaterverlag und Agentur
Mozartstr. 18
80336 München
Tel. 089 - 54 45 69 09
Fax 089 - 53 81 99 52
info@dreimaskenverlag.de
www.dreimaskenverlag.com
Leitung: Guido Huller
Profil: Gj. 1910, Theaterverlag,
Film/TV: Spielfilm, Fernsehspiel
Ms.-Interesse: Thriller, Komödie,
Drama
Ms.-Angebote: nach vorheriger telefonischer Anfrage
Medium: E-Mail
Ms.-Rücksendung: ja, mit Rückporto

FEM marketing for film
St. Pauli Hafenstr. 140
20359 Hamburg
Tel. 040 - 24 44 13
Fax 040 - 28 05 07 11
fem.marketing@forfilm.de
www.forfilm.de
Leitung: Frauke-Ellen Moeller
Ms.-Angebote: nach vorheriger telefonischer Anfrage
Ms.-Rücksendung: ja, mit Rückporto

S. Fischer Verlag GmbH
Theater & Medien
Hedderichstr. 114
60596 Frankfurt/Main
Tel. 069 - 606 22 70
Fax 069 - 60 62-355

Leitung: Uwe B. Carstensen
Ms.-Interesse: Nur von ausgebildeten Drehbuchautoren und/oder
»Quereinsteigern«, die bereits Stoffe verkauft haben
Ms.-Angebote: nach vorheriger telefonischer Anfrage, als Exposé
Medium: Papierausdruck
Ms.-Rücksendung: nein

Free X Oliver Simon
Konradinstr. 3-7
81543 München
Tel. 089 - 65 64 46
Fax 089 - 65 68 63
infp@freex.de
www.freex.de
Leitung: Oliver Simon

Paul & Peter Fritz AG
Literarische Agentur
Jupiterstr. 1
CH-8032 Zürich
Schweiz
Tel. +41 (0)44 - 388 41 40
Fax +41 (0)44 - 388 41 30
info@fritzagency.com
www.fritzagency.com
Leitung/*Ansprechpartner:*
Peter S. Fritz, Christian Dittus,
Antonia Fritz
Profil: Gj. 1962
Ms.-Interesse: Romantic, Comedies,
Family Drama, Thriller, Adventure
Ms.-Angebote: nach vorheriger telefonischer Anfrage
Medium: E-Mail

Funke & Stertz GmbH
Agentur für Drehbuchautoren
Schulterblatt 58
20357 Hamburg
Tel. 040 - 43 21 61-0
Fax 040 - 43 21 61-20
mail@funke-stertz.de
www.funke-stertz.de
Leitung: Peter Stertz
Ms.-Interesse: Unterhaltung,
Spannung, Kulturgeschichte
Ms.-Angebote: als Exposé,
als Treatment
Medium: Papierausdruck
Ms.-Rücksendung: ja, mit Rückporto

gattys global
agentur für autoren &
verfilmungsrechte
Jahnstr. 7/rgb
80469 München
Tel. 089 - 202 554-0
Fax 089 - 202 554-30
info@gattysglobal.de
www.gattysglobal.de
Leitung: Christina Gattys
Profil: Gj. 1992, ca. 20 Autoren u.
div. Verfilmungsrechte
Ms.-Angebote: nach vorheriger telefonischer Anfrage, als Exposé,
als Treatment, als Drehbuch
Ms.-Rücksendung: nein

Graf & Graf
Literaturagentur- und Medienagentur GmbH
Mommsenstr. 11
10629 Berlin
Tel. 030 - 315 19 10
Fax 030 - 31 51 91 19
graf@agenturgraf.de
Leitung: Karin Graf
Ansprechpartner: Karin Graf,
Heinke Hager
Profil: Gj. 1995, ca. 100 Autoren
Ms.-Angebote: nach vorheriger telefonischer Anfrage, als Treatment
Medium: Papierausdruck
Ms.-Rücksendung: ja, mit Rückporto

Grünberg Film GmbH
Blankenburger Chaussee 84
13125 Berlin
Tel. 030 - 943 29 99
Fax 030 - 943 29 99
gruenberg.film@t-online.de;
a.gruenberg@gruenbergfilm.de
www.gruenbergfilm.com
Leitung: Andreas Grünberg
Ansprechpartner: Andreas Grünberg,
a.gruenberg@gruenbergfilm.de
Profil: Gj. 1997, ca. 30 Autoren,
Stoffe mit Potential für den intern.
Markt
Ms.-Angebote: nach vorheriger telefonischer Anfrage (E-Mail pitch als
logline)
Medium: E-Mail
Ms.-Rücksendung: nein (nur bei
angeforderten Drehbüchern)

ADRESSEN: Drehbuchagenturen ◁ **337**

**Hartmann & Stauffacher
Verlag GmbH**
Bismarckstr. 36
50672 Köln
Tel. 0221 - 48 53 86
Fax 0221 - 51 54 02
info@hsverlag.com
www.hsverlag.com
Leitung: Malte Hartmann

**Agentur Heppeler
Internationale Agentur für Film,
TV, Theater**
Steinstraße 54
81667 München
Tel. 089 - 4 48 84 84
Fax 089 - 4 47 09 95
buch@agentur-heppeler.de
Ms.-Angebote: nach vorheriger telefonischer Anfrage, als Exposé
Medium: Papierausdruck
Ms.-Rücksendung: ja, mit Rückporto

**ILMA Internationale Agentur &
Medien Agentur**
Gneisenaustr. 92
33330 Gütersloh
Tel. 05241 - 395 47
Fax 05241 - 395 48
r.niemann@ilma.de
www.ilma.de
Leitung: Raul Niemann
Ansprechpartner: Andrea Jansen
(Sekretariat), Peter Handtke,
Frauke Meinerts (Lektorate)
Profil: Gj. 1993, vertritt rund
220 Autoren

Ms.-Angebote: nach vorheriger telefonischer Anfrage, als Exposé,
als Treatment, als Drehbuch
Medium: Papierausdruck, E-Mail
Ms.-Rücksendung: ja, mit Rückporto

Gustav Kiepenheuer
Bühnenvertriebs-GmbH
Schweinfurthstr. 60
14195 Berlin
Tel. 030 - 897 18 40
Fax 030 - 823 39 11
info@kiepenheuer-medien.de
www.kiepenheuer-medien.de
Leitung: Dr. Maria Müller-Sommer,
Bernd Schmidt
Ansprechpartner: Anke-E. See
(Lektorat)
Profil: Agentur für Non-Print-
Medien (Theater, Film, Hörspiel,
TV), Vertretung von Autoren und
Verlagen
Ms.-Angebote: als Manuskript
Medium: Papierausdruck
Ms.-Rücksendung: ja, mit Rückporto

Kommplot Scriptagentur
Christburger Str. 5
10405 Berlin
Tel. 030 - 74 74 68 68
Fax 030 - 74 74 68 69
info@kommplot.com
www.kommplot.com
Leitung: Susanne Nieder,
Diana Procop, Wolfgang Pfeiffer,
Michael Seidel

Ms.-Angebote: nach vorheriger telefonischer Anfrage, siehe Bewerber-Infos auf unserer Homepage!

Neue Presse Agentur (NPA)
René Marti
Haldenstr. 5
CH-8500 Frauenfeld-Herten
Schweiz
Tel. +41 (0)5 - 27 21 43 74
Leitung: René Marti
Profil: Gj. 1950
Ms.-Angebote: nach vorheriger schriftlicher Anfrage
Medium: Papierausdruck
Ms.-Rücksendung: ja, mit Rückporto

Per H. Lauke Verlag
Theater - Film - TV - Radio
Deichstr. 9
20459 Hamburg
Tel. 040 - 30 06 67 90
Fax 040 - 30 06 67 89
lv@laukeverlag.de
Leitung: Per H. Lauke
Ansprechpartner:
Profil: Gj. 1987, vertritt rund 40 Autoren
Ms.-Angebote: nach vorheriger telefonischer Anfrage, als Exposé, als Treatment
Medium: Papierausdruck
Ms.-Rücksendung: ja, mit Rückporto

Plots International
Bonner Str. 54
53424 Remagen
Tel. 0171 - 710 03 28
mail@plots.de
www.plots.de
Leitung: Kerstin Mehle
Profil: Gj. 1996, 5 Autoren
Ms.-Angebote: als Exposé mit Textprobe von 30 Seiten, evtl. Manuskript
Medium: Papierausdruck, E-Mail
Ms.-Rücksendung: ja, mit Rückporto

Rowohlt
Agentur für Medienrechte
Hamburger Str. 17
21465 Reinbek b. Hamburg
Tel. 040 - 72 72-272
Fax 040 - 72 72-276
michael.toeteberg@rowohlt.de
Leitung: Michael Töteberg
Ms.-Angebote: nach vorheriger telefonischer Anfrage, als Exposé mit Textprobe, als Manuskript
Medium: Papierausdruck
Ms.-Rücksendung: ja, mit Rückporto

ScriptTeam
Wittmaack & Baukloh GbR
Stresemannstr. 360
22761 Hamburg
Tel. 04821- 80 40-336
Fax 04821- 80 40-337
c.wittmaack@scriptteam.de
www.scriptteam.de

Leitung: Carsten Wittmaack,
Hanno Baukloh
Ansprechpartner: Carsten Wittmaack
Ms.-Angebote: nach vorheriger telefonischer Anfrage
Medium: Papierausdruck
Ms.-Rücksendung: ja, mit Rückporto

Suhrkamp Theater & Medien
Lindenstr. 29-35
60325 Frankfurt/Main
Tel. 069 - 75 60 10
Fax 069 - 756 01-711, -522
zeipelt@suhrkamp.de
Ansprechpartner: Thomas Zeipelt
Ms.-Angebote: nach vorheriger telefonischer Anfrage, als Manuskript
Medium: Papierausdruck
Ms.-Rücksendung: ja, mit Rückporto

Verlag der Autoren
GmbH & Co. KG
Theaterverlag und Medienagentur
Schleusenstr. 15
60327 Frankfurt/Main
Tel. 069 - 23 85 74-20
Fax 069 - 24 27 76 44
theater@verlag-der-autoren.de;
filmtvradio@verlag-der-autoren.de
www.verlag-der-autoren.de
Leitung: Dr. Marion Victor,
Oliver Schlecht
Profil: Gj. 1969, heute tätig als Theaterverlag und Drehbuchagentur (auch Hörspiel)
Ms.-Interesse: Theaterstücke deutscher und fremdsprachiger AutorInnen, klassische Stücke in neuen deutschen Übersetzungen, Kinder- u. Jugendstücke, Hörspiele, Fernsehen u. Film
Ms.-Angebote: als Drehbuch
Medium: Papierausdruck
Ms.-Rücksendung: ja, mit Rückporto

▷ *Love, love!*

Die Erfahrungen des Autors Johann Wolfgang von Goethe mit dem Fernsehen – eine Satire

Von Fred Breinersdorfer

Ort: Ein typisches Produzentenbüro. Ein Schreibtisch mit Drehbuchstapeln und Dispobergen. Colabüchsen. Ein Weinglas von gestern. Ungeöffnete Briefe. Neben dem Schreibtisch, altarartig, ein Sideboard mit Filmpreisen und Nominierungsurkunden. Dazwischen: Ein Souvenir-Oscar in Plastikgold.

Zugegen sind: der Autor Johann Wolfgang von Goethe (schwarzer Anzug, T-Shirt), der Produzent (heller zerknitterter Sommeranzug, kein Schlips) und der Redakteur (Jeans, Golfhemd, NYC-Baseballkappe) einer – sagen wir – privaten Sendeanstalt. Es geht um die Verfilmung des Werks »Faust – Der Tragödie erster Teil« für das Fernsehen. Die drei sitzen an einem polierten Besprechungstisch mit Aschenbecher, Kaffee, Whisky und Tagungsgetränken. Johann Wolfgang, den sie Wolfi nennen, hat die erste Fassung seines Drehbuchs vorgelegt.

Produzent: Wolfi, klasse Buch, muss ich wirklich sagen, nichwaja, überhaupt kein Problem damit. Aber Du weißt, Film ist was anderes als Theater. Lass uns einfach noch mal einen Blick auf die Figuren werfen und schauen, ob wir das nicht ein bisschen besser hinkriegen.

Goethe lehnt sich zurück.

Redakteur: Wolfi, mein Sender setzt seit kurzem auf den Trend zum »Neuen Klassiker«, weil nun mal klassische Werte in unserer Gesellschaft und der Familie wieder modern sind und klassische Geschichten emotional erzählt werden können – und ziemlich bekannt sind.

Produzent: Quasi zuschauerzentriert sagt der Sender, nichwaja. Und da liegt gewissermaßen der Haken, Wolfi.

Goethe: Haken?

Produzent (voller Nachsicht): Wolfi, welche Geschichte willst Du eigentlich erzählen, damit sie bei denen verstanden wird, die wir erreichen wollen? Diese Liebesgeschichte zwischen Heinrich und Gretchen? Hat ja was. Oder die Esoteriknummer, dass da einer mit dem Teufel kämpft, nichwaja?

Redakteur (eindringlich): Woooolfi, überleg Dir doch genau, will unser Publikum in unserer Zeit wirklich was vom Teufel hören? Vom richtigen, wahren Bösen? Will das Publikum so was Düsteres?

Goethe beginnt Whisky zu trinken. Er will etwas einwenden. Der Produzent legt ihm die Hand auf den Unterarm.

Produzent: Wolfi, wollen die Leute, wenn sie abends von der Arbeit kommen und die Glotze aufdrehen, echt was mit dem Teufel zu tun haben? Wenn Du mich fragst, nein. Nur das Böse als Fake zieht.

Redakteur: Der Mord im Krimi zum Beispiel. Unsere Zuschauer gehen heute ja noch nicht mal in die Kirche wegen dem Göttlichen oder so, und dann Mephisto abends im Wohnzimmer … nee. Esoterik ist Minderheitenprogramm.

Produzent: Also Wolfi, überleg Dir das mit dem Teufel gut.

Goethe zieht sein Manuskript ein Stück weit zu sich.

Redakteur: Wolfi, okay, es ist ja echt genial, dramaturgisch gesehen, den Teufel als Gegenspieler zu haben. Was gibt's Genialeres als den Teufel persönlich als bad guy? Aber überleg mal, ob das die Geschichte ist, die wir erzählen wollen.

Produzent (mit Seitenblick auf den Redakteur): Ich bin ja der letzte, der auf Quoten schielt, nichwanich. Aber die Zuschauer müssen auch irgendwo eingefangen werden für das, was wir zeigen.

Goethe (nickt zustimmend): Das habe ich auch immer ...

Redakteur (unterbricht): Guck mal Wolfi, in letzter Zeit zeigen unsere Quoten – also Du weißt, ich guck da schon hin, aber nur gezwungermaßen – die Quoten zeigen, dass Liebesgeschichten richtig gut gehen. Und Du hast in Deinem Buch eine wuuunderbare Liebesgeschichte angelegt. Nimm doch einfach mal für die zweite Fassung probeweise den Mephisto raus und konzentriere Dich auf Gretchen und Heinrich.

Goethe schenkt sich nach.

Produzent: Ist ja rührend, wie Du das geschrieben hast, dieses Gretchen. Aber jetzt guck mal genau hin, passen die denn überhaupt zusammen: das kleine Gretchen und Heinrich? (Pause) Er kommt aus Leipzig und das Mädchen kommt vom Lande! (Pause) Nichwa?

Redakteur: Nimm mal nur mal so als Beispiel Julia Roberts und Hugh Grant in Notting Hill, da war Julia Roberts ein Weltstar!

Produzent: Und Du zeigst uns ein kleines naives Mädchen vom Land, vielleicht auch noch minderjährig.

Goethe: In Notting Hill ist Hugh Grant auch nur ein kleiner Buchhändler.

Produzent: Aber aus London!

Redakteur: Apropos Heinrich, also da geh' ich jetzt doch mal ins Buch. Da schreibst Du, es sind Deine Worte, Wolfi: »Habe nun, ach, Philosophie, Juristerei und Medizin studiert mit heißem Bemühen. Hier stehe ich nun« – schreibst Du wörtlich – »ich armer Tor und bin so klug als wie zuvor«.

Produzent: Dieser Heinrich weiß doch in Deinem Drehbuch nicht, was er will! Ist das die emotionale Identifikationsfigur, die unser Publikum verlangt?

Goethe verschließt die Whiskyflasche. Er packt das Skript ein.

Redakteur (sehr, sehr sanft): Wolfi, die Figur muss klaaaarer sein, Heinrich muss wissen, was er will. Nicht zweimal promovieren.

Produzent: Zweimal Promovierte sind grundsätzlich Versager. Wir brauchen eine klar emotional ausgerichtete Figur. Warum ist der Mann nicht Arzt, frage ich Dich? Chefarzt und Professor? Heinrich als Professor und Doktor, da hast Du auch zwei akademische Titel.

Redakteur (abschmeckend): Chefarzt Professor Doktor Heinrich Faust. Daaas hat Niveau, auch wenn er aus den neuen Bundesländern stammt.

Produzent: Nichwa, und dann graden wir Gretchen noch ein bisschen auf. Warum soll die nicht Juristin sein statt 'ne kleine Landpomeranze?

Redakteur: Juristen sind heute doch die wahren Gegner der Menschheit. Nicht der Teufel. Hast Du schon mal prozessiert, Wolfi?

Goethe: Bin selber Jurist.

Redakteur: Wusste ich nicht. Klasse! Dann schreibst Du das bestimmt auch total authentisch. Das bringt Quote.

Produzent (wägend): Gretchen Juristin? Ja, hat was. Universitätsmilieu. Er Chef einer Uniklinik, sie Justiziarin.

Redakteur (in Emphase): Sie macht ihm irgendwelche Vorschriften, so dass er fürchtet, seine Patienten müssen leiden – (sich steigernd) oder vielleicht sogar der Tod droht, der Tod.

Produzent: Nehmen wir 'ne Kinderklinik. Kinderklinik ist gut. Sehr emotional! Und Heinrich wehrt sich gegen die Juristenkackerei von Gretchen.

Goethe trinkt. Schaut zum Ausgang.

Redakteur: Jetzt hast Du alles, was Du brauchst: Emotion, Konflikt, Thema.

Produzent: Und gaaaanz langsam kommen sich die zwei näher. Nichwaja!

Redakteur: Gaaaanz langsam. Je nach Besetzung siehst Du sowieso gleich am Anfang: Die beiden sind's.

Produzent: Love, love!

Redakteur: Gretchen ist der aktivere Teil, unsere Zuschauerinnen lieben aktive Frauen, Gretchen überwindet alle Hindernisse und Schranken, und beide landen am Schluss in der Kiste, nicht wie bei Dir mitten im Stück. Letzte Einstellung mit einer großen Musik.

Produzent: Babababah!

Redakteur: Und drei Erotikpunkte bei TV-Movie.

Produzent: Wolfi, spürst Du nicht selbst, dass diese Geschichte viel mehr Drive hat? Spürst Du ihren Atem? Und guck mal an, die Fernsehaufzeichnung von Deinem Faust ist schon seit Jahren nicht mehr wiederholt worden.

Redakteur: Ist doch klar, warum.

Goethe steht auf und geht.

Prof. Dr. Fred Breinersdorfer ist Vorsitzender des VS (Verband Deutscher Schriftsteller in ver.di) und Mitglied des P.E.N.-Zentrums Deutschland. Er gründete 1986 die Krimiautorenvereinigung »Das Syndikat«. Er hat zahlreiche Romane und Erzählungen, Drehbücher, Hörspiele, Theaterstücke und Comic-Skripts geschrieben. Mehr als 50 Spielfilme sind bislang nach seinen Drehbüchern entstanden, darunter mehrere Tatort-Krimis. Sein Kinofilm *Sophie Scholl – Die letzten Tage* läuft im Frühjahr 2005 an. (*www.breinersdorfer.com*)

AUTORENBERUF 7

Was verdient eigentlich ein Schriftsteller? 349

Rödeln, rattern, daddeln 355

Der unsichtbare Autor 357

Der Jungautor 361

ADRESSEN: Autorenverbände und -vereinigungen 365

Ende 373

Schriftsteller-Depression 375

Übersetzen macht süchtig 376

Ich, als Schriftsteller auf der Leinwand 385

▷ Was verdient eigentlich ein Schriftsteller?

Wer schreibt, bleibt. Aber was bleibt dem, der schreibt?

Von Georg M. Oswald

Um es gleich vorweg zu sagen: Ich will mich nicht beklagen. In bestimmten kulturinteressierten Kreisen ist es üblich, darüber zu lamentieren, alles werde immer weniger, das Publikum, sein Interesse, die öffentlichen Mittel, die Kunst sowieso. Ich habe gerade den Roman *Im Schlaraffenland* von Heinrich Mann gelesen, in dem einige kulturschaffende Menschen klagen, es werde ja heutzutage – der Roman spielt 1893 – so gut wie gar nicht mehr gelesen, das literarische Interesse sei erlahmt, die moderne Welt sei das sichere Ende der Dichtkunst.

Sicher, nicht allen Büchern wird die öffentliche Aufmerksamkeit zuteil, die mancher ihnen wünschte. Den eigenen zum Beispiel. Oder auch solchen, die man mit großem Genuss und Gewinn gelesen hat, und denen man deshalb wünscht, von anderen ebenso wahrgenommen zu werden. Und was machen die Leute? Anstatt meine Bücher zu lesen, sehen sie sich Dschungel-Shows im Fernsehen an und treten in schwachsinnigen Gesangswettbewerben auf! – So ist es doch.

Nein, ganz so ist es nicht. Mein Eintritt in den Literaturbetrieb fand an einem Donnerstag statt, im Jahr 1993, da bekam ich nämlich Post von der Landeshauptstadt München, sie habe mir ein Literaturstipendium über 12.000 Mark zuerkannt, für zwei Kurzgeschichten, mit denen ich mich beworben hatte. Es war das erste Mal gewesen, dass ich mit meinen Texten versucht hatte, an die Öffentlichkeit zu treten, und ich hatte einfach unverschämtes Glück.

In der Jury saß mein späterer Lektor Karl Heinz Bittel vom Albrecht Knaus Verlag – einem Tochterverlag der Bertelsmann Buch AG –, der mir, mit nichts weiter als den beiden Geschichten in der Hand, einen Buchvertrag für einen Erzählungsband anbot. Ich saß in seinem Büro, konnte vor Aufregung und Verlegenheit kaum sprechen, und er sagte: »Bei einem ersten Band mit Erzählungen können wir Ihnen natürlich keinen allzu hohen Vorschuss zahlen – wären Sie mit 20.000 Mark einverstanden?« Ich überlegte mir, ob ich, aus taktischen Gründen, mit der flachen Hand auf den Tisch hauen und »unerhört!« schreien sollte, fiel aber dann doch ganz authentisch vor Verblüffung, Erstaunen, Dankbarkeit beinahe in mich zusammen. Aber nur beinahe.

Ich hatte Glück gehabt: Zwei Kurzgeschichten – 32 Seiten – in die Welt geschickt, und 32.000 Mark dafür bekommen. Tausend Mark pro Seite. 50 Pfennige pro Zeichen, Leerzeichen inbegriffen. Leider gelang es mir nicht, diesen Schnitt zu halten, außerdem war die Rechnung falsch, denn bisher hatte ich nur 32 Seiten geschrieben, die 20.000 hatte ich aber für das ganze Buch bekommen. Egal, ich hatte Zeit bis Frühjahr 1995, da sollte es erscheinen. Mit dem Stipendiumsgeld bezahlte ich meine Schulden, die vor dem ersten Juristischen Staatsexamen aufgelaufen waren, als ich wegen der Vorbereitungen keine Zeit mehr zu jobben hatte.

Das Loch erhielt einige sehr schöne Besprechungen. Als ich die in der »Süddeutschen Zeitung« las, vermutete ich, meinem Aufstieg in hollywoodartige Sphären von Reichtum und Ruhm stünde nun nichts mehr im Wege. So naiv war ich tatsächlich. Und es ging ja auch nicht schlecht weiter. Ich bekam einen Preis für mein Buch, den Bayerischen Staatsförderpreis, dotiert mit 10.000 Mark, was den Gesamtbetrag meiner Einkünfte durch *Das Loch* auf 42.000 Mark erhöhte. Auch heute noch finde ich, das ist eine stattliche Summe für ein erstes Buch. Rechnete man einen Stundenlohn aus, erschiene sie allerdings weniger glänzend. Aber so habe ich die Sache nicht gesehen. Ich hätte die Geschichten ja auch geschrieben, wenn mir niemand Geld dafür gegeben hätte, und so sah ich jede Mark, die ich dafür bekam, als Gewinn an, als Belohnung, nicht als unter dem Mindestlohn des Tarifvertrags Druck und Papier liegende Vergütung von Arbeit. Das mag eine unpolitisch wirkende, aus Sicht der schriftstellerischen Interessenvertretungen laienhaft anmutende Einstellung sein. Ich jedoch fühlte mich immer wohl bei der Vorstellung, nicht von dem abhängig zu sein, was ich als Schriftsteller verdiente. Von 42.000 Mark drei Jahre lang zu leben, wäre eher unerfreulich gewesen, zumal zu Beginn ja gar nicht feststand, dass ich das Geld überhaupt bekommen würde.

Ich schrieb zwei weitere Bücher, die bei Knaus erschienen, den Roman *Lichtenbergs Fall* (1997) und die Erzählung *Party Boy* (1998), die mir 50.000 Mark einbrachten. Rechnet man dazu, was ich an Beiträgen für Rundfunk und Zeitungen zwischen 1993 und 1998 bezahlt bekommen habe, ergibt das für die ersten sechs Jahre rund 100.000 Mark. Wenn mir jemand Anfang 1993 erzählt hätte, sechs Jahre später würde ich diesen Betrag mit literarischen Texten verdient haben, ich hätte ihn für einen Spinner gehalten. 100.000 Mark in sechs Jahren sind knapp 17.000 Mark im Jahr, damit ist der damalige, später für verfassungswidrig niedrig erklärte Sozialhilfesatz von gut 14.000 Mark souverän überboten.

Seit Dezember 1994 bin ich als Rechtsanwalt in München zugelassen und werde bei jeder Gelegenheit gefragt, wie das denn zusammengehe, die Literatur und die Rechtspflege. Was mir so selbstverständlich ist, scheint von außen betrachtet kurios zu wirken. In der Literaturgeschichte habe ich deshalb nach schreibenden Juristen gesucht und bin zu der Auffassung gelangt, dass es keine bessere Vorbereitung auf die Schriftstellerlaufbahn gibt, als die Große Juristische Staatsprüfung zu bestehen. Goethe, Eichendorff, Storm, Kafka, Karl Kraus, Peter Handke (nur Zwischenprüfung), Alexander Kluge, Georg Heym, Albert Drach sind ein paar Namen, die mir einfallen. Nicht alle haben ihren erlernten Beruf auch ausgeübt, aber die Vorstellung, dass man vom literarischen Schreiben nicht leben kann, ist wohl nie ohne Grund so verbreitet gewesen, dass sich die meisten, wenn sie nicht reich geboren waren, nach einem so genannten Brotberuf umsehen mussten.

2000 erschien *Alles was zählt*, mein viertes Buch, bei Hanser. Mein Verlagswechsel hatte auch etwas mit Geld zu tun, allerdings nicht mit welchem, das ich zu bekommen hatte. Mein erwähnter Lektor Karl Heinz Bittel hatte, ohne dass dies von Bertelsmann so geplant gewesen wäre, in den Jahren seit 1994 ein veritables literarisches Programm in dieser ansonsten nicht gerade für ihren Feinsinn bekannten Verlagsgruppe entwickelt. Unter anderen zählten Walter Kempowski und Lawrence Norfolk zu seinen Autoren. Die Verlagsgruppe gründete 1999 den Blessing-Verlag, und eines der Eintrittsgeschenke für Karl Blessing war der Knaus-Verlag, der künftig unter seiner Regie geführt werden sollte. Bittel wurde eine Fortsetzung seiner Arbeit unter inakzeptablen Bedingungen angeboten, was im Klartext hieß: man wollte ihn loswerden. An dieser Stelle wurde ich nun als sein Rechtsanwalt aktiv und führte die Verhandlungen über seine Vertragsauflösung und die Abfindung. Was 1993 als literarische Zusammenarbeit begonnen hatte, endete sechs Jahre später als arbeitsrechtliches Mandat. Ich kenne viele Autoren, deren Beziehung zu ihren Lektoren auf diese oder ähnliche Weise beendet wurde. In nicht wenigen Fällen bedeutet das Ende des Anstellungsverhältnisses eines Lektors auch das Ende der Verlagsbeziehungen der von ihm entdeckten Autoren und deshalb gehört diese Episode hierher. Die Sicherheit, nach dem dritten auch das vierte Buch wieder beim gleichen Verlag machen zu können, ist nicht gegeben. Auch das ist übrigens nichts Neues. Wer sich die Verlags-Odyssee des eingangs erwähnten Heinrich Mann ansieht, sieht sich an die neunziger Jahre des vergangenen Jahrhunderts erinnert, in denen spektakuläre Fusionen vielen Autoren mehr als einen ungewollten Verlagswechsel bescherten, und es gab auch einige, die vorerst gar keinen Verleger mehr fanden.

Ich hingegen hatte schon wieder Glück, der Hanser Verlag nahm *Alles was zählt* zum Druck an. *Alles was zählt*, war mein bisher größter Verkaufserfolg, knapp 20.000 Exemplare, das Buch gewann einen Preis und wurde in 12 Sprachen übersetzt, die Filmrechte wurden verkauft. Jetzt würden Sie wohl gerne wissen, wie viel ich dafür bekommen habe – aber das habe ich – ehrlich – nie zusammengerechnet. Es war mehr, als die ersten drei Bücher zusammen eingebracht haben, aber längst nicht genug, um zum Beispiel eine mondäne Immobilie erwerben zu können, eine Villa »Alles was zählt« etwa.

Aber auch Autoren, die unter weniger verheißungsvollen Umständen gar nicht verlegt worden wären, bekamen plötzlich Buchverträge. Mein Freund, der vor zwei Jahren tödlich verunglückte Heiner Link zum Beispiel. Sein erster Roman *Hungerleider*, an dem er viele Jahre gearbeitet hatte, war noch von allen großen Verlagen abgelehnt worden, bevor er 1996 in einer Auflage von tausend Stück bei Galrev in Berlin erscheinen konnte. Die Auflage ist bis heute nicht vergriffen. Der Vorschuss betrug 1.000 Mark. Heiner Link war ein geschickter Geschäftsmann, der, zusammen mit seiner Frau, ein kleines Übersetzungsbüro zu einer stattlichen Firma ausgebaut hatte. 1997 gelang es ihm, eine Anthologie junger deutscher Autoren unter dem Titel *Trash-Piloten* bei Reclam Leipzig unterzubringen. Er versammelte Originalbeiträge von 44 jüngeren deutschen Autorinnen und Autoren. Sie alle mussten angeschrieben, eingeladen und betreut werden, die Texte lektoriert und besprochen werden. Außerdem schrieb Link ein umfangreiches Vorwort. Die Arbeit an dem Buch dauerte etwa ein Jahr, Link bekam dafür 2.000 Mark.

1999 erschien, ebenfalls bei Reclam Leipzig, Links Erzählungsband *Affen zeichnen nicht*, er verkaufte sich ganz schlecht, brachte dem Autor aber immerhin den geradezu astronomischen Vorschuss von 8.000 Mark ein. Im Mai 2002 verunglückte Heiner Link tödlich mit seinem Motorrad. Zwei Wochen zuvor hatte er mir das gerade abgeschlossene Romanmanuskript *Frl. Ursula* geschickt. Das letzte Gespräch, das wir führten, handelte davon. Ich war begeistert, es war sein bisher überzeugendster Text, unglaublich komisch, voll von dem staubtrockenen Humor, für den ich ihn so schätzte. Aber er war etwas niedergeschlagen, denn gerade hatte ihm Hanser eine Absage erteilt und er befürchtete nun, endgültig ohne Verlag dazustehen.

Als Heiner Link starb, lag das Manuskript bereits beim Rowohlt Verlag, wo es von Alexander Fest und Marcel Hartges mit großem Wohlwollen gelesen worden war. Helmut Krausser und ich boten an, es behutsam zu lektorieren, wenn es nur erscheinen könne. Marcel Hartges, der zuvor schon einige Manuskripte von Link abgelehnt hatte, sah sich moralisch in der Pflicht, *Frl. Ursula* zu publizieren, und so erschien das Buch im Frühjahr 2003 bei Rowohlt. Im Januar 2004 waren 1.100 verkaufte Exemplare die traurige Bilanz unserer Bemühungen.

Aber der Fall war nicht erledigt, denn Elke Heidenreich widmete *Frl. Ursula* am 10. Februar dieses Jahres in ihrer Sendung »Lesen!« die ersten drei Sendeminuten. Eine Woche später stand das Buch auf Platz zwei der »Spiegel«-Bestsellerliste. Einige Tage nach der Sendung rief mich Marcel Hartges an und sagte: »Heute haben wir 4.900 Stück verkauft.« 4.900 Stück, das war mehr, als die gesamte verkaufte Auflage aller anderen Bücher Links zusammen zu Lebzeiten. Heute beträgt die verkaufte Auflage von *Frl. Ursula* 50.000 Stück, bei einem Ladenpreis von 16,90 EUR macht das Autorenhonorar etwa 85.000 Euro aus, hinzu kommt die lukrative Verwertung der Nebenrechte Film, Hörbuch etcetera. Heiner Link hat nichts mehr davon, aber seine Familie.

Sie sehen, es gibt keinerlei erkennbare Gesetzmäßigkeiten, nach denen sich literarischer oder kommerzieller Erfolg voraussagen ließe. Zurück also zum Ausgangspunkt: Gibt es den Beruf des Schriftstellers überhaupt? Gegenfrage: Gibt es den Beruf des Lottospielers? Nein, es gibt nur Leute, die es nicht lassen können.

Georg M. Oswald lebt als Rechtsanwalt und Schriftsteller in München. Zuletzt erschien sein Roman *Im Himmel* bei Rowohlt.

▷ *Rödeln, rattern, daddeln*
Der Markt der Autobiografen

»Bücher könnt' ich schreiben! Bücher!« Das glauben viele. Meist denken sie dabei an die Geschichte ihres Lebens. Mit dem Schreiben will es dann aber nicht so recht klappen, viele brauchen professionelle Hilfe – ein interessanter Markt für Journalisten und Autoren ist so entstanden.

Autobiografien liegen im Trend. Zu verdanken haben wir das Prominenten wie Dieter Bohlen, Stefan Effenberg oder Daniel Küblböck, die den normalen Bürger mit ihren Memoiren-Bestsellern begeistert haben. Nur, ihre Autobiografien sind ein Fake: Nicht selbst geschrieben, sondern von Profis. Von Schreibern, die ihren Klienten zuerst ihr geduldiges Ohr, dann ihren Geist und schließlich ihre Hand für das Schreiben ihrer Lebensgeschichte geliehen haben. So ist eine Dienstleitung für einen bisher noch unerschlossenen Markt weithin bekannt geworden: Für die Vielen, die ihre Geschichte erzählen wollen, sich aber unsicher und überfordert fühlen, weil nicht einmal das zu Weihnachten geschenkte Diktiergerät die Blockade zu lösen vermag. Nur Zuhören und geduldiges Nachfragen bringt ihren Redefluss in Gang. Viele Stunden verbringt ein Biograf mit seinem Auftraggeber, der Hauptperson des geplanten Buchs, über Fotoalben, Akten und Dokumenten und Tagebüchern, um auch ein womöglich geruhsam-ereignisloses Leben interessant zu schreiben. Dass Normalo-Biografien manchmal weder »auto« noch ganz fiktionsfrei sind, ist weder für den Kunden noch den Lohnschreiber eine Bürde. Wie hätten Sie's denn gerne, Ihr Leben? Aber eine Lebensgeschichte aufzuschreiben kostet Geld, bis zu 8.000 Euro kann die Rechnung vom hilfreichen Autor betragen. Ob das, was so entstanden ist und als Buch verschenkt wird, seinen Preis wert ist? Diese Frage kann nur der Auftraggeber beantworten. Der Geist des Schreibers aber weiß, was er geleistet hat, und sieht in dem stattlichen Honorar vielleicht auch ein Schmerzensgeld.

Ganz anders ein Profi wie Katja Kessler, die Dieter Bohlens Leser hinter die Kulissen blicken ließ: Die Journalistin empfand das Schreiben als Herausforderung und die Arbeit als Spaß. Sie ist stolz darauf, dass es ihr gelang, eine Autobiografie zu schreiben, in der »Dieter nicht plötzlich redet wie ein manikürter Pudel«, sie also seine Sprache, sein Denken und seine unbekümmerte Art getroffen hat. In einem Interview mit der Frankfurter Allgemeinen Sonntagszeitung erklärte sie: »Ich kämpfe in meinem Kämmerlein um jede Formulierung. Es ist schwer, gesprochene Sprache so zu schreiben, dass sie wie gesprochen klingt und man sie dennoch mehrmals lesen kann. Man muss Worte finden, die in jedem Hirn funktionieren, obwohl sie nicht die eigenen sind.« Das ist ihr gelungen, denn das von den Feuilletons zwar oft verachtete, aber dennoch gern rezensierte Buch ist nicht zuletzt deshalb ein Bestsellererfolg geworden, weil sich die Autorin in die Hauptperson eingefühlt und eine Sprache gefunden hat, die ihr entspricht: »Man muss ein bisschen mit den Formulierungen experimentieren: rödeln, rattern, daddeln. Das ist doch alles wunderbar lautmalerisch. Wie ein verbales Video. Ich muss einen Ausdruck finden, der ein Bild auf meiner Netzhaut evoziert, so dass beim Lesen ein Film vor Augen entsteht.«

Die diskrete und hochbezahlte Autorin ist erst durch ihre Arbeit an Bohlens Buch als Ghostwriterin bekannt geworden. Lohn der Mühe: Bei den Buchvorstellungen war auch sie ganz selbstverständlich mit als Co-Autorin dabei. Offenbar gibt es für Auftragsschreiber aber auch ein besonderes Berufsrisiko: »So eine Existenz als Ghostwriterin ist extrem erschöpfend und lutscht einem die letzten kreativen Gedanken aus dem Kopf. Nach zehn Monaten denkst du wie der ›ghostgewritete‹, sprichst wie er, machst dir seine Probleme zu deinen eigenen.«

▷ *Der unsichtbare Autor*
Was spricht dagegen, Ghostwriter zu werden?

Von Andrew Crofts

Nicht jeder ist dazu geeignet, für andere zu schreiben. Wer nicht die richtigen Eigenschaften dafür besitzt, wird keine Freude an dieser Arbeit haben.

Viele Autoren schreiben, weil sie Meinungen haben, die sie der Welt mitteilen wollen. Ihnen würde es schwer fallen, für andere zu schreiben, da es beim Ghostwriting hauptsächlich darum geht, die Ansichten einer anderen Person zu vermitteln – ob sie damit übereinstimmen oder nicht. Wenn Sie lieber Ihre eigenen Ansichten ausdrücken möchten, kann Ghostwriting für Sie zur Qual werden. Sie werden wahrscheinlich sowohl während der Interviews als auch später beim Schreiben ständig den Wunsch verspüren, zu unterbrechen und selbst zu Wort zu kommen.

Die Meinungen und Ansichten können einer erlesenen Bildung und sorgfältiger Erwägung entspringen, dennoch haben sie bei der Arbeit eines Ghostwriters nichts zu suchen. Es hat keinen Sinn, ein Buch mit der Stimme eines fünfzehnjährigen Mädchens zu schreiben und Dinge einfließen zu lassen, die ein vierzigjähriger Mann äußern würde. Der Leser hat dafür bezahlt, Meinungen des Mädchens – nicht Ihre – zu erfahren! Wenn Sie für einen Gangster schreiben, wirkt es unglaubwürdig, sich über Gesetz und Ordnung und die Wiedereinführung der Todesstrafe auszulassen ... es sei denn, das sind Ansichten, die der Kriminelle nach einer Art Gehirnwäsche selbst von sich gibt.

Zu scheu

Es gibt Menschen, die ihren Lebensunterhalt mit Schreiben verdienen, weil sie die Einsamkeit der Tätigkeit lieben – Menschen, die es vorziehen, sich nicht auf andere einlassen zu müssen. Obwohl auch Ghostwriting Ihnen erlaubt, einen Großteil Ihrer Arbeitszeit allein mit dem PC zu verbringen, sollten Sie in der Lage sein, sich eine bestimmte Zeit mit Ihren Klienten persönlich auseinander zu setzen. Sie müssen ihnen Fragen stellen und das Gespräch lenken, ohne sich selbst in den Vordergrund zu stellen, und eine Atmosphäre schaffen, in der sie sich entspannen können. Wenn Sie selbst ein scheuer Mensch sind, dann ist dieser Beruf wahrscheinlich nichts für Sie.

Zu viel im Kopf

Wenn Sie mitten in eigenen Projekten stecken, wenn Ihre Gedanken vom Plot oder der Figurenentwicklung Ihres nächsten Romans oder der Strukturierung Ihres Sachbuches beherrscht werden, dann sind Sie vermutlich nicht in der Lage, für jemand anderen zu schreiben. Für diese Arbeit müssen Sie sich den Kopf freimachen und die Welt mit den Augen einer anderen Person betrachten.

Viele professionelle Autoren nehmen hin und wieder Ghostwriter-Aufträge an, wenn sie zwischen eigenen Projekten auf jemanden treffen, der Hilfe beim Schreiben braucht, und wenn es zeitlich in die eigene Planung passt. Zwischen diesen Autoren und jemandem, der sich bewusst auf die Suche nach Ghostwriter-Projekten als Haupteinnahmequelle macht, besteht aber ein großer Unterschied. Wenn Sie als Ghostwriter erfolgreich sein wollen, müssen Sie in der Lage sein, sich ganz auf das jeweilige Projekt zu konzentrieren.

Das Ego-Problem

Wenn Sie nicht ertragen können, Ihre Arbeit unter dem Namen einer anderen Person veröffentlicht zu sehen, dann ist Ghostwriting definitiv nichts für Sie. Ich habe allerdings die Erfahrung gemacht, dass die meisten Menschen in meiner Umgebung nicht einmal merken, wenn ein Buch unter meinem eigenen Namen erscheint, so dass es für mich im Endeffekt keinen Unterschied macht.

Obwohl ich nicht leugnen kann, dass es immer angenehm ist, wenn die eigene Arbeit gewürdigt wird, kann ich nicht nachvollziehen, warum Menschen, die Bücher, Filme oder TV-Sendungen produzieren, stets das Bedürfnis verspüren, ihren potenziellen Kunden den eigenen Namen vor die Nase zu halten.

Wenn ich Autodesigner wäre und für Ford ein vollkommen neues Design kreieren würde, wäre ich nicht gekränkt, wenn auf dem Auto der Name Ford statt meines eigenen stünde. Niemand erwartet von einem Politiker, dass er dem Autor seiner Rede dankt, nachdem er für dessen bewegenden Worte stehende Ovationen bekommen hat. Dennoch glauben die meisten Menschen, die Bücher oder Drehbücher schreiben, schauspielern, Regie führen oder mit verwandten Berufen in der Öffentlichkeit stehen, dass das Produkt ihren Namen tragen sollte. Warum?

Sobald Sie akzeptieren, dass das Vergnügen, Schriftsteller zu sein, darin besteht, diesen Beruf auch wirklich auszuüben und davon leben zu können, wird das Verlangen, den eigenen Namen auf dem Buchumschlag gedruckt zu sehen, schwächer. Falls Sie glauben, dass das bei Ihnen nicht geschehen wird, dann sollten Sie es lieber lassen. Ja, es stimmt, manchmal wird der wahre Autor sogar auf dem Einband oder in den Danksagungen genannt, was sehr befriedigend ist, aber darauf kann man sich leider nicht verlassen.

Das ethische Problem

Manche Menschen finden es bedenklich, wenn jemand vorgibt, ein Buch geschrieben zu haben, obwohl es in Wahrheit ein anderer für ihn getan hat. Falls Sie ebenso denken, wird Ihnen das Schreiben für andere kaum angenehm erscheinen. Aber dann hätten Sie dieses Buch vermutlich gar nicht erst aufgeschlagen.

Ich persönlich sehe in diesem Verhalten keinen Verstoß gegen die Ethik. Klar, ich halte mehr von jemandem, der seinem Ghostwriter im Buch offen dankt, als von einem, der vorgibt, er habe das Buch allein geschrieben – was aber in meiner Erfahrung ausgesprochen selten vorkommt. Falls die Wahrheit herauskäme, wäre das sehr peinlich, und die meisten Prominenten, die ein Buch herausgeben, haben kein Interesse daran, ihren Fans etwas vorzutäuschen.

In den meisten Fällen sind es die Verleger oder die Manager und Anwälte des Klienten, die darauf bestehen, dass der Ghostwriter unsichtbar bleibt. Aber solange alle Beteiligten von Anfang an genau wissen, wo sie stehen, hat der Ghostwriter meiner Meinung nach keinen Grund zur Klage. Er kennt die Bedingungen und stimmt ihnen vor Vertragsabschluss zu.

Bleibt noch die Frage, ob die Leserschaft betrogen wird, wenn die Dienste eines Ghostwriters in Anspruch genommen werden. Ich bin überzeugt, dass es die Mehrheit der Leser nicht kümmert, wer das Buch geschrieben hat, solange es interessant, unterhaltend und spannend ist. Und wer sich die Mühe macht, darüber nachzudenken, kommt vermutlich selbst zu dem Schluss, dass eine gut beschäftigte Schauspielerin, ein Wirtschaftstycoon oder ein Gangster sich kaum die Zeit nehmen kann, 80.000 Wörter farbenfroher Prosa zu verfassen.

Wenn wir einem Präsidenten oder einem Kanzler zuhören, sind wir uns alle bewusst, dass die Rede von jemand anderem verfasst worden ist, aber wir gehen auch davon aus, dass er sich mit diesen Worten identifiziert. Wir akzeptieren es, die Rede als »seine« zu betrachten, und kümmern uns nicht darum, wer die Sätze nun tatsächlich aneinandergereiht hat.

Alle Gründe, die dafür sprechen, Ghostwriter zu werden, und die ganz praktischen Fragen dieses Autorenberufs finden Sie in:
Ghostwriter – Bücher schreiben lassen von Andrew Crofts, Deutsch von Kerstin Winter, Autorenhaus Verlag, Berlin 2005.

▷ *Der Jungautor*

Lesung in Leipzig

Von Karsten Krampitz

Auch das noch. Der Raum hat das Ambiente eines Klassenzimmers. Fenster mit billigen Vorhängen, die Luft ist trocken und steril. An der Decke sorgt eine Neonröhre für Migränebeleuchtung. Das Zimmer ist viel zu klein. Allenfalls dreißig Leute finden Platz. Man könne ja noch ein paar Stühle hereintragen, meint die Hostess. Ihr Lächeln wirkt aufgesetzt. Der Veranstalter hat ja nicht mal für ein Podium gesorgt, geschweige denn eine Bühne. Einen Tisch mit Mikro gibt es. Die Zeit drängt. Schnell noch die Technik prüfen.
»Eins, zwo ... eins, zwo ... eins, zwo ...«
Eine Lesung in Leipzig soll immer etwas Besonderes sein. »Viel Glück!« hatte der Lektor gesagt, am Telefon. Mein Verlag ist ja auf der Buchmesse gar nicht vertreten. Allein die SoVa, die Sozialistische Verlagsauslieferung, hat sich ein paar Quadratmeter leisten können. An deren Stand sollte *Affentöter* eigentlich ausliegen, mein erster Roman – wäre er bis heute gedruckt worden. Ich könnte doch die Korrekturbögen nehmen.

Angeblich sind die Lesetermine ausgelost worden. An die SoVa ist demnach der Hauptgewinn gegangen: 10 Uhr bis 10.30 Uhr. Also just zu dem Zeitpunkt, wenn die Hallen öffnen.
Mit der Tierwelt hat mein Roman nichts zu tun, außer dass darin ein Kater namens Jesus vorkommt. (Sobald man den Kleinen streichelt, streckt der seine Vorderpfoten auseinander und sieht damit aus

wie der Gekreuzigte.) – *Affentöter* ist ein Begriff aus der Drogenszene, der erste Druck, den sich ein Junkie am Morgen setzt. Gegen das Zittern, die Übelkeit und die Kopfschmerzen.

Drei Jahre habe ich an diesem Roman geschrieben. Drei Jahre Leben, die keinen interessierten, jedenfalls keinen größeren Verlag.

»Junkies kaufen doch keine Bücher«, hieß es immer. Worauf ich: »Kaschuben auch nicht.« – »Was denn, Herr Krampitz? Sind Sie der neue Grass?«

Das alles aber gehört der Vergangenheit an. Gott sei Dank. Der Roman wird erscheinen, soviel ist sicher, wenn auch nicht heute. Meine Arbeit ist erledigt, in ein paar Minuten werde ich die Ziellinie durchschreiten. Nestroy sagt: »Wenn nur der Kutscher klar sieht, dann wird auch mit blinden Pferden das Ziel erreicht.« – Ich habe gar keine »Pferde«. Weder Verlag noch Buch, nur die Druckfahnen. Aber das schert mich nicht, denn heute ist *mein* Tag.

Oft genug habe ich aus dem Manuskript vorgelesen. In Kneipen, auf Lesebühnen, bei irgendwelchen Autorentreffen. Und schlimmer als die Lesung im Berliner Knaackklub kann es nicht werden. Das war schon heftig. Bei Pfiffen und Buh-Rufen ist es an dem Abend nicht geblieben. Die Leute wollten die Band hören, die nach mir auftreten sollte. Ein Plastebecher flog in meine Richtung. Ich war so frei, den Becher zurückzuwerfen. Nur war dieser inzwischen leer, also viel zu leicht für die vorgesehene Flugbahn. Es traf den Falschen, der wusste sich zu wehren. Und mit ihm seine Freunde. – Nun ja, man kann nicht immer gewinnen. Ein guter Schriftsteller verfügt auch über Nehmerqualitäten.

Natürlich habe ich *Affentöter* daraufhin überarbeitet, und zwar gründlich. Kritik muss man annehmen können. Seinen Kritikern muss man aber auch antworten: Zur nächsten Lesung erklärte sich ein Freund bereit, mir zur Seite zu stehen. Zum Glück war das Publikum ein ganz anderes. Was vielleicht daran lag, dass eben dieser Freund wirklich nur dastand, einen halben Meter neben meinem Stuhl. Der Mann trug Sonnenbrille, einen schwarzen Anzug und Gel in den Haaren. Während ich vorlas, reinigte er sich die Fingernägel mit einem

Springmesser. Tatsächlich machte irgendwer einen Zwischenruf. Mein Leibwächter aber zeigte sich souverän: »Altär, kommst du Hermannplatz, mach isch disch Messer!«

Ich liebe mein Publikum, besonders heute. Längst haben die Hallen geöffnet. Ein wenig Aufregung gehört immer dazu. Da empfiehlt es sich, die Zeit bis zum Auftritt nicht vis-à-vis mit dem (zukünftigen) Leser zu verbringen. Im Hintergrund werde ich abwarten, in der letzten Reihe, bis der Raum sich füllt. Sobald die Menge unruhig nach dem Autor fragt, werde ich meinen Stuhl verlassen, nach vorn gehen.

»Guten Morgen«, werde ich sagen. Die Leute werden staunen, bin ich doch die ganze Zeit unbemerkt unter ihnen gewesen, inkognito. Ein paar Worte werde ich noch verlieren, darüber dass so viele gekommen sind, »zu dieser frühen Stunde«. Wundern wird es mich nicht. Immerhin habe ich einen, um nicht zu sagen, *den* Berlinroman geschrieben, über die »Hauptstadt des organisierten Gebrechens«.

Gleich zu Beginn werde ich die Episode vorlesen, in der sich die Schnorrer dumm und dämlich verdienten. Vor den Kinos war das. Im Programm lief damals: »Schindlers Liste«. Das war ja keine Bettelei mehr, nicht die übliche Wegelagerei. Liebes Publikum, das war Ablasshandel!

Ausgesprochen unterhaltsam wird auch das Kapitel, in dem Obdachlose ein Nobelhotel besetzen, wenn auch nur für zehn Minuten, mit Transparenten à la: »Es sind noch Betten frei!«

Wenn es die Zeit, aber auch die Geduld der Zuhörer erlaubt, will ich danach die Story vom Kater Jesus zum Besten geben, der davongelaufen ist. Die zugedröhnten Junkies haben ihn noch gesucht, nachts auf der Straße. »Jesus! Wo bist du?«; »JEEHHEESUS!!!«; »Jesus, bitte!«; »Jesus, komm doch nach Hause!«

Der echte Jesus soll einmal gesagt haben: »Denn wo zwei oder drei versammelt sind in meinen Namen, da bin auch ich unter ihnen.« (Mt. 18,20)

Also in Leipzig ist der Heiland nicht. Jedenfalls nicht in diesem Raum. Es ist jetzt zwanzig nach zehn. Und noch immer sitze ich in der letzten Reihe, ohne Buch, ohne Verlag und ohne Publikum. Irgendein Messebesucher steckt seinen Kopf durch die Tür.

»Ist der Autor schon da?« – »Nein«, sage ich.

Karsten Krampitz lebt in Berlin. *Affentöter* erschien vor drei Jahren im Karin-Kramer-Verlag, kurz *nach* der Leipziger Buchmesse. Zuletzt veröffentlichte er den Roman *Der Kaiser vom Knochenberg*.

ADRESSEN · ADRESSEN · ADRESSEN · ADRESSEN

▷ Autorenverbände und -vereinigungen

Autorenforum e.V.
Bänschstr. 73
10247 Berlin
Fax 030 - 40 04 83 85 (Maik Turni)
Vorsitz: 1. Vors.: Maik Turni
(Kontakt nur über: vorstand@
autorenforum-berlin.de) 2. Vors.:
Anne Müller (Goebenstraße 10,
10783 Berlin, Tel. 030 - 217 54 417)
Ansprechpartner: Rainer Schildberger

Autorenverband e.V.
Jülicher Str. 13
13357 Berlin
Tel. 030 - 494 12 00
Fax 030 - 494 12 00
autorenverband-ev@gmx.de
Vorsitz: Gunter Dubrau
Ansprechpartner: Gunter Dubrau

**Bundesverband deutscher
Schriftsteller-Ärzte e.V.**
Carl-Oelemann-Weg 7
61231 Bad Nauheim
Tel. 06032 - 22 14
Fax 06032 - 22 16
www.schriftsteller-aerzte.de
Vorsitz: Prof. Dr. med.
Horst Joachim Reindorf

**Bundesverband junger Autoren
und Autorinnen e.V.**
Postfach 16 33
55006 Mainz
Tel. 02208 - 91 02 08
Fax 02208 - 7 19 78
info@bvja-online.de
www.bvja-online.de
Vorsitz: Heike Prassel
Ansprechpartner: Heike Prassel

Dramatiker-Union e.V.
Schriftsteller und Komponisten von
Bühne Film Funk Fernsehen
Parsevalstr. 7-9
12459 Berlin
Tel. 030 - 53 01 57 39
Fax 030 - 53 01 57 49
dramatikerunion@t-online.de
www.dramatikerunion.de
Präsidium: Gerd Natschinski
(Präsident), Thomas Bürkholz
(Vizepräsident)
Syndikus: Dr. iur. Jan Bernd Nordemann
Mitglieder-Beirat:
RA Prof. Dr. Wilhelm Nordemann,
Axel Poike

**Europäische Autorenvereinigung
Die Kogge e.V.**
Rathaus Minden
Postfach 30 80
32387 Minden
Tel. 0571 - 894 14
Fax 0571 - 893 24
kulturbuero@minden.de
Vorsitz: Karlhans Frank
Ansprechpartner: F.W. Steffen, geschäftsf. Vorstand

European Writers' Congress
c/o Schultz-Wild
Konradstr. 16
80801 München
Tel. 089 - 34 55 81
Fax 089 - 39 20 94
ewc.lsw@t-online.de
www.european-writers-congress.org
Vorsitz: Maureen Duffy
Ansprechpartner: Lore Schultz-Wild (Generalsekretärin)

FDA – Freier Deutscher Autorenverband
Am Eichwinkel 29 b
04279 Leipzig
Tel. 0341 - 338 42 84
nagelfda@rz.uni-leipzig.de
www.fda.de
Präsidentin: Prof. Dr. Ilse Nagelschmidt
Ansprechpartner: Dr. Jörg Bilke, Postfach 12 45, 96476 Rodach, Tel. 09564-800 428, Joerg.Bilke@gmx.de

FDA Landesverband Baden-Württemberg
Hohe-Mauer-Str. 14
72175 Fürnsal
Tel. 074 55 - 26 28
Fax 074 55 - 914248
sittmann-zimmer@web.de
Vorsitz: Gerda Wittmann-Zimmer
Ansprechpartner: Gerda Wittmann-Zimmer
Sprechzeiten: tagsüber bis 20 Uhr

FDA Landesverband Bayern
Willibaldstr. 6
80687 München
Tel. 089 - 58 92 76 15
Fax 089 - 58 92 76 16
f.westner@salonline.de
Vorsitz: Franz Westner
Ansprechpartner: Franz Westner
Mo.-Fr. Tel. 089 - 58 92 76 15

FDA Landesverband Berlin
Soester Str. 25 a
12207 Berlin
Tel. 030 - 712 22 67
Fax 030 - 712 42 33
Lutzlufi2002@aol.com
www.fda.de
Vorsitz: Lutz Fischer
Ansprechpartner: Lutz Fischer

FDA Landesverband Hessen
Grazer Str. 10
55246 Mainz-Kostheim
Tel. 06134 - 224 12
Fax 06134 - 18 69 70

www.fda-hessen.de
Ansprechpartner: Inge Zahn (Sprecherin)

FDA Landesverband Niedersachsen
Gorch-Fock-Ring 60 a
26826 Weener-Ems
Tel. 04951 - 14 87
Fax 04951 - 14 87
kontakt@dr-braukmueller.de
www.dr-braukmueller.de
Vorsitz: Dr. Heide Braukmüller

FDA Landesverband Nordrhein-Westfalen
Norbertstraße 19
53925 Kall-Steinfeld/Eifel
Tel. 02441 - 5631
Fax 02441 - 5631
Zuell.FDA@gmx.de
www.fda.de
Vorsitz: Andrea Züll
Ansprechpartner: Dr. Veronika Dreichlinger (2. Vorsitzende), Staudenweg 8, 52428 Jülich-Bourheim; (TV.Dreichlinger@t-online.de)

FDA Landesverband Rheinland-Pfalz
Dantestr. 7
55128 Mainz
Tel. 06131 - 36 94 36
Fax 06131 - 36 35 59
jan@cattepoel.de
Vorsitz: Dr. Jan Cattepoel

FDA Landesverband Saarland
Dantestr. 7
55128 Mainz
Tel. 06132 - 36 94 36
Fax 06132 - 36 35 59
jan@cattepoel.de
www.fda-saarland.de

FDA Landesverband Sachsen
Kanzlerstr. 36
9112 Chemnitz
Tel. u. Fax 0371 - 31 19 87
Vorsitz: Hans-Dietrich Lindstedt
Ansprechpartner: Almut Fehrmann, Am Hang 25, 09337 Hohenstein-Ernstthal

FDA Landesverband Thüringen
Postfach 1245
96474 Bad Rodach
Tel. 09564 - 80 04 28
joerg.bilke@gmx.de
Vorsitz: Dr. Jörg B. Bilke

FDA-Landesverband Hamburg e.V.
Fruchtallee 34b
20259 Hamburg
Tel. 040 - 49 95 27
heidrun_schaller@gmx.de
www.kreativeschaos.de
Vorsitz: Heidrun Schaller

FDA-Landesverband Mecklenburg-Vorpommern e.V.
Bäukenweg 11
18182 Mönchhagen
Tel. 038202 - 360 84

vorstand@fda-mv.org
www.fda-mv.org
Vorsitz: Dr. Wiebke Salzmann
Ansprechpartner: Dr. Wiebke Salzmann

Förderkreis der Schriftsteller in Sachsen-Anhalt e.V.
Böllberger Weg 188
6110 Halle
Tel. 0345 - 283 22 57
Fax 0345 - 283 22 57
foerderkreis-halle@t-online.de
www.foerderkreis-halle.de
Vorsitz: Dr. Kurt Wünsch
Ansprechpartner: Rolf Krohn
Sprechzeiten: büroübliche Zeiten

Förderkreis deutscher Schriftsteller in Baden-Württemberg e.V.
70000 Stuttgart
info@schriftsteller-in-bawue.de
www.schriftsteller-in-bawue.de
Vorsitz: Ulrich Zimmermann,
Schöllbronner Str. 86,
76275 Ettlingen
Geschäftführerin: Maike Gerhardt

IG Autorinnen Autoren
Seidengasse 13
A-1070 Wien (Österreich)
Tel. +43 - (0)1 - 526 20 44 - 13
Fax +43 - (0)1 - 526 20 44 - 55
ig@literaturhaus.at
www.literaturhaus.at/lh/ig/
Präsident: Milo Dor
Ansprechpartner: Gerhard Ruiss

IGdA Interessengemeinschaft deutschsprachiger Autoren e.V.
Geschäftsstelle Jutta Miller-Waldner
Müllerstraße 22e
12207 Berlin
info@igda.de
www.igda.de
Vorsitz: Grete Weber-Wassertheurer

P.E.N.-Zentrum Deutschland
Kasinostr. 3
64293 Darmstadt
Tel. 06151 - 23 12 - 0
Fax 06151 - 29 34 14
PEN-germany@t-online.de
www.pen-deutschland.de
Präsident: Johano Strasser
Generalsekretär: Wilfried F. Schoeller
Vizepräsidenten: Karin Clark (Writers in Prison-Beauftragte), Michael Klaus (Writers in Exile-Beauftragter)
Ansprechpartner: Ursula Setzer

Regensburger Schriftstellergruppe International e.V. (RSGI)
Von-der-Tann-Str. 13
93047 Regensburg
Tel. 0941 - 577 09 u. 0175-73 69 579
www.rsgi.de
Präsident: Stefan Rimek

Schrieverkring Weser-Ems e.V.
Schinkenberg 10
28307 Bremen
Tel. 0421 - 48 03 78
Fax 0421 - 484 19 51

cvscholz@aol.com
www.schrieverkring.de
Vorsitz: Carl Scholz

DAS SYNDIKAT
Geschäftsstelle Wolfgang Burger
Gabelsberger Str. 5
76135 Karlsruhe
wolfgang.burger@mach.uni-karlsruhe.de
www.das-syndikat.com
Sprecher: Jürgen Alberts, Horst Eckert, Ilka Stitz

Verband Deutscher Drehbuchautoren e.V.
Albrechtstr. 19
10117 Berlin
Tel. 030 - 25 76 29 71
Fax 030 - 25 76 29 74
info@drehbuchautoren.de
www.drehbuchautoren.de
Vorstand: Thomas Bauermeister, Christoph Falkenroth, Felix Huby, Jürgen Starbatty.
Geschäftsführendes Vorstandsmitglied: Benedikt Röskau, Tobias Siebert, Arne Sommer
Geschäftsführer: Dr. Jürgen Kasten, Katharina Uppenbrink

Verband deutscher Schriftsteller (VS) in der ver.di
Bundesgeschäftsstelle
Paula-Thiede-Ufer 10
10179 Berlin
Tel. 030 - 69 56-2328

Fax 030 - 69 56-3656
vs@verdi.de
www.verband-deutscher-schriftsteller.de
Vorsitz: Prof. Dr. Fred Breinersdorfer
Geschäftsführung: Sabine Herholz,
Justitiar: RA Wolfgang Schimmel

VdÜ/Bundessparte Übersetzer im Verband deutscher Schriftsteller(VS) in der ver.di
Paula-Thiede-Ufer 10
10179 Berlin
Tel. 030 - 69 56-23 31
Fax 31 - 69 56-36 56
vs@verdi.de
www.literaturuebersetzer.de
Vorsitz: Helga Pfetsch

Verband deutscher Schriftsteller (VS) in der ver.di
Landesbezirk Rheinland-Pfalz
Münsterplatz 2-6
55116 Mainz
Tel. 06131 - 97 26-190, -191, -192
Fax 06131 - 97 26-199
www.autorenkatalog-rlp.de
Vorsitz: Thomas Krämer
Ansprechpartner: Annegret Kaiser

Verband deutscher Schriftsteller (VS) in der ver.di
Landesbezirk Hessen
Wilhelm-Leuschner-Str. 69
60329 Frankfurt
Tel. 069 - 2569-1500

Fax 069 - 2569-1599
berthold.balzer@verdi.de
www.vs-hessen.de
Vorsitz: Horst Senger
Ansprechpartner: Berthold Balzer

**Verband deutscher Schriftsteller (VS) in der ver.di
Landesbezirk Baden-Württemberg**
Königstr. 10a
70173 Stuttgart
Tel. 0711 - 887 88-0800
Fax 0711 - 887 88-08 99
dagmar.mann@verdi.de
www.schriftsteller.bawue.verdi.de
Vorsitz: Imre Török
Ansprechpartner: Dagmar Mann

**Verband deutscher Schriftsteller (VS) in der ver.di
Landesbezirk Bayern**
Schwanthaler Str. 64
80336 München
Tel. 089 - 599 77-1082
Fax 089 - 599 77-1089
hans.kraft@verdi.de
www.f27.parsimony.net/
forum66036/
Vorsitz: Robert Stauffer
Corneliusstr. 42, 80469 München
(robert.stauffer@freenet.de,
www.robert.stauffer.de)
Ansprechpartner: Hans Kraft,
ver.di Bayern

**Verband deutscher Schriftsteller (VS) in der ver.di
Landesbezirk Berlin**
Köpenicker Str. 30
10179 Berlin
Tel. 030 - 8866-5403
Fax 030 - 8866-5934
anke.jonas@verdi.de
www.vs-in-berlin.de
Vorsitz: Prof. Dr. Horst Bosetzky
Ansprechpartner: Anke Jonas
(Dw-5403)

**Verband deutscher Schriftsteller (VS) in der ver.di
Landesbezirk Brandenburg**
Köpenicker Str. 30
10179 Berlin
Tel. 030 - 8866-5403
Fax 030 - 8866-5934
anke.jonas@verdi.de
www.vs-in-berlin.de
Vorsitz: Alexander Kröger
Ansprechpartner: Anke Jonas

**Verband deutscher Schriftsteller (VS) in der ver.di
Landesbezirk Niedersachsen-Bremen**
Goseriede 10/12
30159 Hannover
Tel. 0511 - 124 00-293
Fax 0511 - 124 00-155
holger.knackstedt@verdi.de
www.verdi.de
Vorsitz: Sylvia Geist
Ansprechpartner: Holger Knackstedt

ADRESSEN: Autorenverbände und -vereinigungen ◁ 371

Verband deutscher Schriftsteller (VS) in der ver.di
Landesbezirk Nord/Hamburg
Besenbinderhof 60
20097 Hamburg
Tel. 040 - 2858-4085
Fax 040 - 2858-9085
eilers@autorengruppe.de
www.autorengruppe.de
Vorsitz: Dr. Reimer Eilers
Ansprechpartner: Anita Jonack

Verband deutscher Schriftsteller (VS) in der ver.di
Landesbezirk Nordrhein-Westfalen
Hohenzollernring 85-87
50672 Köln
Tel. 0221 - 95 14 96-66
Fax 0221 - 95 14 96 79
fb8nrw@verdi.de / www.vs-nrw.de
Vorsitz: Anna Dünnebier,
Harry Böseke
Ansprechpartner: Martin Nees

Verband deutscher Schriftsteller (VS) in der ver.di
Landesbezirk Saarland
Karlstr. 1
66111 Saarbrücken
Tel. 0681 - 37 57 27
Fax 0681 - 717 78
scheff@vs-saar.de
www.vs-saar.de
Vorsitz: Klaus Behringer
Ansprechpartner: Klaus Behringer
(Mo 9 - 13 Uhr)

Verband deutscher Schriftsteller (VS) in ver.di
Landesverband Sachsen-Anhalt
Wolfensteinstr. 16
6114 Halle
Tel. 0391 - 401 09 15
Fax 0391 - 401 09 15
simonetrieder@aol.com
Vorsitz: Simone Trieder
Ansprechpartner: Simone Trieder
(Tel. 0345 - 684 57 84)

Verband deutscher Schriftsteller (VS) in der ver.di Bezirk Thüringen
Schillerstr. 44
99096 Erfurt
Tel. 0361 - 21 17 - 180
Fax 0361 - 21 17 - 176
www.schriftsteller-in-thueringen.de
Vorsitz: York Sauerbier, William-Shakespeare-Str. 1, 99643 Weimar
Ansprechpartner: York Sauerbier,
Tel.: 03643 - 773 62 12

Verband deutscher Schriftsteller (VS) in der ver.di
Landesbezirk Sachsen
Haus des Buches, Gerichtsweg 28
04103 Leipzig
Tel. 0341 - 995 45 11
Fax 0341 - 995 45 11
www.vs-in-leipzig.de
Vorsitz: Regine Möbius

Verband deutscher Schriftsteller (VS) in der ver.di
Landesbezirk Schleswig-Holstein
Besenbinderhof 60
20097 Hamburg
Tel. 040 - 28 58-517, -508
Fax 040 - 28 58-499
Ansprechpartner: Anita Jonack

Verband deutscher Schriftsteller (VS) in der ver.di
Landesbezirk Mecklenburg-Vorpommern
Besenbinderhof 60
20097 Hamburg
Tel. 040 - 2858 - 517, -508
Fax 040 - 2858 - 499
Vorsitz: Hans-Jürgen Schumacher
Ansprechpartner: Anita Jonack

Verband deutscher Schriftsteller (VS) in der ver.di
(Ausland)
Paula Thiede Ufer 10
10179 Berlin
Tel. 030 - 69 56 - 23 31
Fax 030 - 69 56 - 36 56
vs@verdi.de
www.verband-deutscher-schriftsteller.de
Vorsitz: Axel Thormählen

Sisters in Crime
Im Hückedal 21b
30794 Wennigsen
mail@sinc.de / www.sinc.de
Vorsitz: Susanne Mischke
Ansprechpartner:
Regionalgruppe Berlin: Lisa Kuppler (lisa.kuppler@welsproductions.de),
Regionalgruppe Frankfurt: Almuth Heuner (almuth@heuner.de),
Regionalgruppe Nord: Birgit Hölscher (verandalaguna@arcormail.de Tel. 040-314112, Fax 040-24186799),
Regionalgruppe Süd: Sabine Thomas (mail@sabinethomas.de),
Regionalgruppe Stuttgart:
Tatjana Kruse, Dr. Martina Fiess (Dr. Martina.Fiess@z.zgs.de, Tel. 0711-83 32 52, Fax 0711-838 50 84),
Regionalgruppe West: Gisa Klönne (mail@gisa-kloenne.de),
Regionalgruppe Schweiz:
Jutta Motz (juttamotz@hotmail.com)

Verband Autorinnen und Autoren der Schweiz (AdS)
Nordstr. 9
CH-8035 Zürich (Schweiz)
Tel. +41 (0)1 - 350 04 60
Fax +41 (0)1 - 350 04 61
paschmid@a-d-s.ch
www.a-d-s.ch
Vorsitz: Theres Roth-Hunkeler
Ansprechpartner: Peter A. Schmid

▷ *Ende*

Früher sterben für die Unsterblichkeit

Der Schriftsteller Jack Torrence (Jack Nicholson) zieht mit seiner Frau und seinem fünf Jahre alten Sohn vor dem Wintereinbruch in ein riesiges Luxushotel, das bis zum Frühjahr geschlossen bleibt. Um ungestört an einem Roman arbeiten zu können, sieht Jack Torrence als Hausmeister in dem verlassenen Hotel nach dem Rechten. Er wird von Tag zu Tag gereizter, sitzt in einer Halle vor seiner Schreibmaschine und bringt nur noch einen Satz zustande, den er tausendmal in die Tasten hämmert. Als seine Frau das Ergebnis seiner besessenen Schreibarbeit entdeckt, dreht Jack durch. Das Bild von Jack Nicholson, der sich in »Shining« (nach Stephen Kings Roman) mit einer Axt den Weg durch eine splitternde Tür bahnt und dabei »Hiiiiiiier ist Johnny!« brüllt, ist unvergesslich, aber – nicht unruhig werden, Jungautoren! – sein Schicksal ist nicht unvermeidlich.

»Wir sind allesamt verrückt, nicht sporadisch, sondern immer«, schrieb Robert Burton (1577–1640) in seiner *Anatomie der Melancholie*. Und jeder weiß: Alkoholismus, Drogenkonsum und ein ausschweifendes Leben verbindet die Öffentlichkeit mit Literaten, die am Leben leiden, ihren Weltekel, ihre Zerrissenheit und den Schmerz betäuben müssen.

Ob Psyche oder Exzess Ursache oder Wirkung sind: Schriftsteller sterben jung, Lyriker jünger. Das hat Professor James C. Kaufmann von der California State University 2003 in seiner Todesstudie »Der Preis der Muse: Dichter sterben jung« untersucht. Fast 2.000 Schriftsteller-Tode nicht nur amerikanischer Autoren, sondern auch von Kollegen aus China, Türkei und Osteuropa wurden analysiert. Seine Untersuchungen reichten bis ins Jahr 390 zurück. Das Ergebnis: Die Vorstellung vom Schriftsteller als einer verzweifelten, manchmal tragischen Figur kann jetzt wissenschaftlich gestützt werden.

Autorentyp / Jahre	männlich	weiblich	Jahre
Romanautoren	65,3	69,6	66,0
Dichter	62,1	63,7	62,2
Theaterautoren	63,5	66,6	63,9
Nonfictionautoren	67,3	74,4	67,9
Gesamt	64,3	68,4	64,8

Dichter haben eine durchschnittliche Lebenserwartung von nur 62 Jahren, Romanciers dagegen schreiben erst mit 65 Jahren »Ende«. Der Unterschied ist bei Frauen noch größer: Romanautorinnen werden durchschnittlich fast 70 Jahre alt, sechs Jahre mehr als Dichterinnen.

Wer nach Kenntnis dieser Studie seinen Schriftstellerberuf neu ausrichten will, sollte sich Sachbüchern zuwenden und weiblich sein: Autorinnen von Non-fiction haben die größte Lebenserwartung. Sie können mit durchschnittlich 74,4 Jahren rechnen, bevor sie den Griffel abgeben!

Was rafft den Poeten so früh dahin? Der Lyriker August Kleinzahler sagt: »Dichter sind Neurotiker, man muss sie hegen und pflegen.« Vielleicht liegt es an mangelnder Zuwendung von Lektoren und Lesern? Vielleicht führt aber auch das ständige Verdichten zu einem komprimierten Leben? Der Psychologie-Professor Arnold M. Ludwig will herausgefunden haben, dass die Selbstmordrate unter Dichtern bei 20 Prozent liegt, verglichen mit vier Prozent in anderen Berufsgruppen. Auch eine Studie des Psychologen Dean Keith Simonton aus dem Jahr 1975 kam zu dem Schluss, dass Poeten sechs Jahre früher als Prosaautoren das Zeitliche segnen. Er führte gegenüber der New York Times »Alkoholismus, Drogenkonsum, Depression« als typische Merkmale des Dichterberufs an: »Es ist schwer, einen Bereich der Pathologie zu finden, in dem Lyriker nicht die Spitzenreiter abgeben.«

Schriftsteller-Depression

Eine überraschende Anzahl von Schriftstellern ist manisch-depressiv. Die Psychologin Kay Redfield Jamison, eine der führenden Expertinnen auf dem Gebiet der manischen Depression, hat dieses Phänomen tiefer gehend untersucht. Schon allein ihre Liste der bekannten Manisch-Depressiven, die englische Gedichte schrieben und deren Namen mit »C« beginnt, ist eindrucksvoll: Thomas Campbell, Thomas Chatterton, John Clare, Samuel Taylor Coleridge und sein Sohn Hartley Coleridge, William Collins, William Cowper und Hart Crane. Die Arbeit von Jamison und anderen zeigt, das Schriftsteller zehn Mal eher manisch-depressiv sind als der Rest der Bevölkerung, und Dichter sind vierzig Mal stärker davon betroffen. Selbst Studenten der Poetik, bei denen keine mentale Krankheit diagnostiziert wurde, haben mehr manische Züge als Studenten, die keine Gedichte schreiben.

Während der Depression neigen die Menschen dazu, weniger zu schreiben (und seltsamerweise verkleinert sich häufig ihre Handschrift). Tatsächlich begleitet die Schreibblockade viel eher die Depression als die Hypergrafie. Menschen mit Depressionen schreiben im Allgemeinen dann, wenn die Depression »in Bewegung« ist, das heißt, wenn sie eine Mischung von manischen und depressiven Merkmalen zeigt. Wie ist dann die lange Tradition zu erklären, die Depression mit dem literarischen Zwang zur Kreativität in Verbindung setzt? Schon im 4. Jh. v. Chr. wurde diese Annahme vertreten, als Aristoteles die berühmte Frage stellte: »Wie kommt es, dass alle Männer, die in der Philosophie, der Politik, Dichtung und den Künsten herausragend wurden, Melancholiker sind?« Ein Hauptgrund dafür ist, dass Aristoteles, Plato und andere Protopsychiater jener Zeit Melancholie eng mit Perioden der »Raserei« verknüpften. Das heißt, sie unterschieden nicht strikt zwischen manisch-depressiver Krankheit und Depression ohne manische Perioden.

Aus: *Die Mitternachtskrankheit* von Alice W. Flaherty, Deutsch von Käthe H. Fleckenstein, Berlin 2004.

▷ Übersetzen macht süchtig
Vom Eintauchen in Bücher, in Texte, in fremde Welten

Von Käthe H. Fleckenstein

Über setz ich, in dem Nachen,
den man meistens Sprache nennt,
durch so manch Stilistiklachen:
wehe dem, der dabei pennt!
Hin zum festen Grund, dort drüben:
Text, auch Manuskript genannt.
Dass einst man steh' auf festem Land:
Übersetzen muss man üben.

Als ich jüngst an einer Übersetzung arbeitete, gab ich meiner Lebenspartnerin einige übersetzte Kapitel einer amerikanischen Autorin zum Lesen: »Guck doch mal drüber, sag mir, was dir auffällt, streich bitte Fehler an, oder wenn dir was komisch vorkommt.«

Familienbetrieb »Übersetzen«. Soll sie ruhig mal sehen, womit man sich so rumschlägt, wenn man für Haushaltspflichten nicht zur Verfügung steht.

Nach ein paar Stunden erscheint sie im Arbeitszimmer und legt den Stapel Papier auf den Tisch. Erwartungsvolles Heben der Augenbrauen. »Hab dir zwei, drei Fehler angestrichen.«

»Und??«

»*Die schreibt wirklich schön!*«

Soviel zum Thema »die unsichtbaren Übersetzer«.

Erste Lektion für angehende Übersetzer:
Glaub nicht, dass Du und Deine Arbeit erkannt werden. Erwarte keine Jubelstürme oder dass einer das, was du tust, besonders anerkennt. »Erwarte nichts – Heute, das ist dein Leben.« (Sollten Sie kennen, als angehender Übersetzer!)

Andererseits ist die »Unauffälligkeit« auch ein Lob. Die Autorin kommt an, Leser stolpern nicht beim Lesen. Was will man mehr. Man hat sauber gearbeitet, es knirscht nicht im Getriebe. Smooth business. Handwerkerethos?

Ein befreundeter Schriftsteller hatte Zeit seines Lebens einen festen Stundenplan. Aufstehen, kurzes Frühstück, von 9 bis 12 am Küchentisch Schreiben, dann Mittagessen, ein kleines Schläfchen, ein Spaziergang durch den Ort, Teatime, von 17.30 bis 20 Uhr schreiben.

Er hat es mit dieser Disziplin auf unzählige Zeitungskolumnen, 10 Gedichtbände, 7 Bände mit Kurzgeschichten, 3 Kinderbücher, 4 Bühnenstücke, 5 Romane und 5 Essaybände gebracht.

Schreiben ist ein Handwerk. – Übersetzen auch.

Handwerkszeug

Sprachkenntnisse. Übersetzen? Kann doch jeder! Besonders aus dem Englischen. Hatte man ja in der Schule lang genug. Dann im Radio. Beatles, Stones, Richie klampfte *Roll over Beethoven* am Lagerfeuer, *We shall overcome* in Gorleben. Heute HipHop und Rap. Was soll's?

Es hilft, wenn man die Ausgangs- und die Zielsprache perfekt beherrscht. Es hilft enorm, wenn man das Leben in den Ländern und Regionen der Ausgangs- und Zielsprache kennt, und zwar nicht nur vom Urlaub her. Es ist absolut notwendig, in der Ausgangs- und in der Zielsprache umfangreich gelesen zu haben, nicht nur das, was einem leicht fällt, sondern auch das, womit man sich eigentlich nicht so gerne beschäftigt. Bücher, Zeitschriften, Gebrauchsanweisungen, Versandhauskataloge, amtliche Texte, den Börsenindex, Fahrpläne, alles. Radiosendungen, Fernsehen, Filme, Theaterstücke.

Der Übersetzer als Schwamm. Je mehr er aufnimmt, desto mehr hat er später beim Übersetzen parat und muss dafür nicht erst in der Bibliothek recherchieren, kann auf seinen eigenen Fundus zurückgreifen.

Fundus

Sie wissen, dass Sie von einer 33-Quadratmeter-Wohnung nur knappe zehn Quadratmeter (inkl. Bett und Bad) für sich selbst haben, wenn Sie Übersetzer sind? Den Rest des Raumes nehmen Bücher- und Zeitschriftenstapel ein. Die brauchen Sie irgendwann. Man weiß ja nie, welche Fallen ein Text bereit hält. *Referenzmaterial* wird das Durcheinander im Allgemeinen genannt. Eine wahre Fundgrube.

Ich muss gestehen, dass ich vernarrt bin in Wörterbücher und Lexika. Sehr hilfreich beim Arbeiten: *Oxford Dictionary*, *Webster*, *Chambers*, *Cambridge Encyclopedia*, *Routledge*, sehr hilfreich bei bestimmten Fachgebieten, Harper Collins hat vor, einen Seitenflügel des Verlagsgebäudes nach mir zu benennen, weil ...

Nein ernsthaft: neben Muret-Sanders, Langenscheidt, Duden, Pons, Wahrig, neben Textor, Schneider, Zimmer und Conrad ist immer noch ein Plätzchen frei für eine Gedichtanthologie von Norton, für ein *Biographical Dictionary*, ein *Dictionary of New Words*, oder für *Usage & Abusage*, Partridges englische Stilistikbibel. Als ich anfing zu übersetzen hätte ich nie gedacht, dass mir William Chaffers *Concise Marks & Monograms an Pottery & porcelain*, A connoisseur's guide to fine ceramics einmal gute Dienste leisten könnten. Erstanden für 99 Pence auf einem Bücher-Wühltisch. Oder das im Werner Dausien Verlag erschienene Handbuch über Messer und Dolche. Oder die Encyclopedia of the American West.

Was ich damit sagen will: man sollte eine Nase haben für das, was mal nützlich sein könnte. Und diese beim Einkaufen einsetzen.

Zweite Lektion für angehende Übersetzer:
Neugierig sein – auf alles, was einem in die Hände fällt. Es ist interessant, sich über die Arbeit eines Torfstechers Gedanken zu machen oder zu wissen, wie ein Doppelkammer-Teebeutel hergestellt wird. Ich sage nur: Die Sendung mit der Maus!

Ja klar: Internet. Aber: haben Sie schon gemerkt, dass Sie beim Suchen im Internet bestenfalls nur das finden, was Sie eingeben? Nicht das Wort *vor* oder *nach* dem Begriff, den Sie eigentlich suchen. Und was einem dabei alles durch die Lappen geht. Und: haben Sie schon mal mit dem Computer browsend im Bett gelegen??? (Ich bin eine große Verfechterin des Buches, besessen von dem, was ich mithelfe zu produzieren.)

Dennoch: das Internet ist ein wichtiges Handwerkszeug, das man nutzen kann, ebenso wie man den Trainer vom FC Steinbach fragen kann, wenn man Auskunft über Fußballregeln braucht. Auch der befreundete Architekt gibt sicher gern Auskunft, wenn es darum geht, zu beschreiben, wie ein Trägheitsblock funktioniert oder was es mit dem Momentenausgleichsverfahren nach Cross auf sich hat. Sie merken, Übersetzen könnte komplizierter sein, als man denkt.

Werkzeug Computer, heute unerlässlich, ein guter Schreibtischstuhl (»... Gesäß aus Stahl« naa?), eine Lampe, bei der man was sieht. Ein fester Arbeitsplan mit Zeitmanagement. Viel Papier in greifbarer Nähe, Ruhe im Haus (was allerdings individuell verschieden ist. Doch wenn mal gar nichts mehr geht, die Ruhe, die man braucht, sich nicht einstellt: In Straehlen gibt es das Europäische Übersetzerkolleg! Ein Übersetzerparadies! Mit Bibliothek, mit Ruhe, mit Kollegen, mit Austausch! Machen Sie sich schlau!) Auch die gefüllte Kaffeetasse, der Aschenbecher, ein Glas Rotwein oder die Katze auf dem Schoß gehören zur individuellen Gestaltung des Arbeitsumfeldes und ist von Übersetzer zu Übersetzer verschieden.

Mit dem richtigen Handwerkszeug, der stets wachen Neugier und der bescheidenen Erwartung ist man der Bewältigung der Sisyphus-Arbeit »Übersetzung« schon ein gutes Stück näher gerückt. Nur die

»Erfahrungen vererben sich nicht – jeder muss sie allein machen.« (Na, wer hat's gesagt?)

Los geht's.

Dann kommen vielleicht solche übersetzerischen Meisterleistungen dabei heraus:

Al, du siehst aus wie eine Frucht ...

Verwundertes Kopf-auf-die-Seite-legen. Der Ausgangssatz lautete: *Al, you look like a fruit*. Zusammenhang: Al betritt die Küche in einem irren Kleidungsstück. Aha, es hätte wohl eher heißen müssen: *Al, du siehst wie eine Schwuchtel aus*. Ein Blick ins Dictionary hätte darüber aufgeklärt, dass das Wort *fruit* mehrere Bedeutungen haben kann. Außerdem hätte die Frage aufblitzen können: Wie welche Frucht?? Dass da etwas nicht stimmt, man hätte es bemerken müssen.

Du hast die Harfe für uns geblasen.

Wie soll das denn gehen? Seit wann werden Harfen geblasen? Hab ich da wieder mal was nicht mitbekommen?

You blew the harp for us. Aha: Es muss heißen: *Du hast für uns Mundharmonika gespielt*. Denn es ging im Text um die Blues-Brothers, und eine (Blues)-Harp ist eine spezielle Mundharmonika.

Er ist ein eckiges Schwein in einem runden Loch in diesem Büro.

Hm. Wie kann Michael, der sich nur für Münzsammlungen interessiert, zu so einer Spezies mutieren? Dadurch, dass dem Übersetzenden nicht aufgefallen ist, dass es sich bei dem übersetzten Satzteil um eine Redewendung handelt: *to be a square PEG* (nicht PIG!) *in a round hole* – also ein eckiger Zapfen in einem runden Loch und somit »fehl am Platz«.

Haben Sie *Das Schweigen der Lämmer* gelesen? Haben Sie sich nicht gefragt, wieso dort dauernd *Haut eingeheimst* wird?

Das Ausgangsverb war bestimmt *to collect*, das mindestens 15 deutsche Bedeutungen haben kann, »einheimsen« ist eine davon, klar, aber passt sie in diesem Zusammenhang?

Dritte Lektion für angehende Übersetzer:
Was nicht richtig klingt, kann nicht richtig sein! Wachsam sein, mitdenken, misstrauisch sein, alles zweimal hinterfragen, nie glauben, man wüsste alles – so könnte am Ende ein Schuh draus werden.

Es gibt aber auch einen Studiengang.

Wie bei allem, was institutionalisiert wird, sagt ein Übersetzerdiplom gar nichts aus. Wie ein Führerschein, der auch nur sagt, dass man eine gewisse Anzahl von Fahrstunden erfolgreich mit einer Prüfung abgeschlossen hat. Ob man dann die Rushhour im verregneten Frankfurt am Main meistert, in Paris oder in Rawalpindi, das muss man erst noch beweisen – im Ernstfall.

Und der heißt beim Übersetzen zum Beispiel: »Titel XYZ von Jonathan W., 356 Textseiten, 20 Seiten Anmerkungen, Bildnachweis, Index, Abgabetermin 15.10. d. J.«

Man schreibt den 18. Juli. »Können wir schon vorher ein paar Kapitel haben, wegen der Werbung und dem Umschlag?«, fragt der Verlag. Und: »Ach ja, das Buch schicken wir Ihnen heute rüber.«

356 Textseiten in 89 Tagen, macht 4 Textseiten am Tag, druckfertig. Hört sich nicht so wild an. Klappen- und U4-Texte gehören aber auch zur Übersetzung, die Anmerkungen und der Index nicht mitgerechnet, auch nicht die Zeit, die man mit Recherchen in der Bibliothek verbringt und damit, der Korrekturleserin nachzulaufen, damit das Gelesene zur Korrektur wieder zurückkommt. Dann schneit Tante Gertrud herein und stiehlt einen Vormittag: »War gerade in der Nähe und dachte, du bist doch zu Hause ...« Ach ja, und der Klempner kommt auch noch, immerhin, die Waschmaschine muss endlich repariert werden. Oder: »Schatz, kümmerst du dich um den Einkauf? Ich komme erst spät, und wir brauchen Katzenfutter ... Wir könnten auch mal wieder ins Kino gehen, da waren wir schon ewig nicht mehr ...«

Alles Dinge, die den Zeitplan durcheinander bringen. Nur Disziplin hilft, das schafft Zeit und Luft. Abtauchen ist nicht immer möglich, aber hilfreich, wenn man es kann. Ein verständnisvolles Umfeld. Toll, wenn es das gibt. Der Übersetzer als Eremit.

Ja, es ist ein einsamer Job. Gespräche stören bei der Arbeit. Besuch raubt einem die Zeit. Versuchen Sie mal in euphorischem Zustand – sie haben gerade eine sauschwere Passage »brillant gemeistert«, oder ein wahnsinnig interessantes Kapitel fertig – sich mit ihrer Familie, die gerade den Sonntagskuchen niedermacht, über die Funktion des Hypothalamus bei der Metaphernbildung zu unterhalten ... Verständnisinnige Blicke untereinander, und über dem Kaffeetisch erscheint eine Denkblase »Hilfe, sie hat wieder mal ein Rad ab!«

Verzweifeln Sie nicht, brechen Sie keinen Streit vom Zaun (»Ihr versteht doch wieder mal gar nichts, was sich nicht auf Big Brother-Niveau abspielt ...«), seien Sie nicht beleidigt ob der schnöden Ignoranz. Greifen Sie zum Telefonhörer, rufen Sie einen Kollegen an, der versteht Sie. Besuchen Sie einmal im Monat den Übersetzerstammtisch in Ihrem Wohnort, dort bekommen Sie Rat, Tat, Hilfe, Kritik, die Sie weiter bringt, den Kopf gewaschen, einen ausgegeben. Übersetzer sind einsam, wenn sie es wollen. Wenn nicht, gibt es tausend Möglichkeiten ins Gespräch, in Kontakt zu kommen. Und lassen Sie um Gottes Willen Ihrer Familie ihr Leben! Verlangen Sie nicht, dass sie Shakespeare lesen, nur weil Sie gerade damit beschäftigt sind. Es genügt, wenn man Ihnen ab und zu durch eine ins Arbeitszimmer gebrachte Tasse Tee oder Kaffee zeigt, dass sie Sie nicht vergessen haben.

Vierte Lektion für angehende Übersetzer:
Lass nie dein Ego mit dir durchgehen! Der Übersetzer als Künstler / Dichter / Autor, ein heikles Thema.

Das Ego tanzt Pirouetten.
    Ganz schlecht. Schließlich soll der Text eines anderen Autors in die Zielsprache gebracht werden. Man sollte dem Autor gerecht werden und seinem Text. Ein guter Übersetzer greift in den Text ein, ohne dass der Leser es merkt.
    Das Übersetzer-Ego ist nicht vorhanden, unterwirft sich dem Autor ganz und gar.
    Ganz schlecht. Auch Autoren greifen mal daneben, Lektoren über-

sehen Fehler. Der Übersetzer ist oft die letzte Instanz vor dem Leser. Ehrfurcht vor dem Autor, vor dem Text, ist gut, solange sie nicht die Hirnwindungen lahm legt.

Das Ego sitzt ganz entspannt mit übereinander geschlagenen Beinen auf einem Ast über dem Schreibtisch, betrachtet interessiert die Szene unter sich, nickt gelegentlich mit dem Kopf oder legt ihn fragend auf die Seite.

Sehr gut. Es ist unaufgeregt, klar, weiß, dass es bei zu starkem Baumeln mit den Beinen vom Ast fallen kann. So, wie es da sitzt, kann es zum hilfreichen Kommunikationspartner werden. Zu einem, der neugierig fragt, dem Fehler oder Ungereimtheiten im Text auffallen, der warnend den Finger hebt oder auch mal schallend lacht, wenn was »in die Hose« ging.

Fünfte und letzte Lektion für angehende Übersetzer:
Hör nie auf, dich zu informieren, zu interessieren, hör nie auf, neugierig zu sein!

Im Anhang dieses Buches stehen nützliche Adressen der Übersetzerverbände, sprechen Sie mit Kollegen, gehen Sie zu Tagungen, lesen Sie die Newsletter und die Verbandsnachrichten, geben Sie anderen Ihre Texte zum Lesen, hören Sie zu, Sie können mit den Ohren stehlen! Lesen Sie, was Sie in die Finger kriegen, bilden Sie sich weiter, sagen Sie nie, das kann ich nicht. Versuchen Sie es, jeden Tag neu, Übersetzen muss man üben! Stellen Sie sich dem Text, auch wenn er sich noch so sehr verhüllt. Knacken Sie ihn, dazu ist er da.

Habe ich schon erwähnt, dass Übersetzen süchtig macht? Habe ich Ihnen schon gestanden, dass Übersetzen mein Leben ist, meine Liebe? Habe ich schon bemerkt, dass es für mich nichts befriedigenderes auf der Welt gibt, als die letzte Seite einer Übersetzung aus dem Drucker zu nehmen, den Manuskriptstapel vor mir zu sehen »und abends um neun, wenn alles fertig ist, zu wissen: Es lohnt sich kaum – aber man muss ran.« (Ha, wissen Sie nun, wer das gesagt hat? He, Sie wollen übersetzen, also müssten Sie was von ihm gelesen haben ...)

Man muss ein bisschen verrückt sein, das hilft bei der Arbeit. Man muss Bücher lieben, Texte. Man muss sich einschränken können, Übersetzen wird nicht gerade fürstlich bezahlt, Aufträge kommen auch nicht immer regelmäßig rein, und ein Nebenjob, der einem die Miete zahlt und die gelegentliche Flasche Rotwein, ist von Vorteil.

Man muss immer was zu schreiben neben dem Bett haben, denn nachts fallen einem oft die besten Formulierungen ein.

Man muss ... man muss eintauchen können, in Bücher, in Texte, in fremde Welten.

Käthe H. Fleckenstein lektoriert Texte, berät Autoren, schreibt und übersetzt – zuletzt *Die Mitternachtskrankheit* von Alice Flaherty.
Zitate aus Kurt Tucholsky: *Schnipsel*

▷ Ich, als Schriftsteller auf der Leinwand
Drehbuchautoren lieben Literaten

Seit einiger Zeit kommen auffallend viele Filme in die Kinos, in denen Schriftsteller eine Hauptrolle spielen. In TATSÄCHLICH LIEBE (Großbritannien 2003, Regie: Richard Curtis) verliebt sich ein frisch geschiedener Schriftsteller in seine portugiesische Putzfrau, und in der Komödie WAS DAS HERZ BEGEHRT (USA 2003, Regie: Nancy Meyers) bricht ein alternder Playboy (gespielt von Jack Nicholson) der Star-Autorin Erika Berry (Diane Keaton) das Herz. In DAS GEHEIME FENSTER (USA 2004, Regie: David Koepp), nach einer Kurzgeschichte von Stephan King, wird ein Romanautor (Johnny Depp) von einem Mann bedroht, der ihn beschuldigt, sein Manuskript gestohlen zu haben. Woody Allen mimt in ANYTHING ELSE (USA 2004, Regie: Woody Allen) einen neurotischen Witzeschreiber, der von einem Gagautoren um Rat gefragt wird.

Woher kommt die Faszination für die Figur des Schriftstellers im Film? Ist es die Vorliebe der Drehbuchautoren für ihren eigenen Beruf? In jedem Filmgenre sind Literaten als Protagonisten interessant, die exzentrischen in der Komödie, vom Leben misshandelte und depressive im Melodram oder durchtriebene und verführerische im erotischen Thriller, wie in BASIC INSTINCT (USA 1992, Regie: Paul Verhoeven).

Der Schriftstellerfilm THE HOURS (USA 2002) von Stephen Daldry basiert gleich auf zwei Romanen: *Mrs Dalloway* von Virginia Woolf und dem von *Mrs Dalloway* inspirierten Roman *The Hours* von Michael Cunningham. Der Film verbindet in drei Handlungssträngen die Geschichten dreier Frauen in unterschiedlichen Dekaden. Virginia Woolf schreibt in den 20er Jahren an ihrem Roman *Mrs Dalloway*. Sie ist einsam, depressiv und wählt schließlich den Freitod. In den 50ern liest die frustrierte, vom Leben enttäuschte Hausfrau Laura diesen Roman und entflieht dadurch ihrem Alltag. Im New York des 21. Jahrhunderts kümmert sich Clarissa um ihren aidskranken Freund, von dem sie liebevoll »Mrs Dalloway« genannt wird.

Die Schaffens- und Leidensgeschichte der Autorin Virginia Woolf entspricht der Vorstellung vom leidenden Künstler, der sich mit sozialen Kontakten ebenso schwer tut wie mit der eigenen Person. Tatsächlich werden in vielen Filmen Schriftsteller in der Hauptrolle als hypersensible, egozentrische und unglückliche Individuen dargestellt, die am Leben oder an ihrer Kunst schwer zu tragen haben. Der Drehbuchautor in LEAVING LAS VEGAS (USA 1995, Regie: Mike Figgis) trinkt sich zu Tode, die Schriftstellerin Iris Murdoch in IRIS (USA 2001, Regie: Richard Eye) erkrankt an Alzheimer, Paul Benjamin befindet sich in SMOKE (USA 1995, Regie: Wayne Wang) in tiefer Trauer um seine ermordete Ehefrau, und der junge Jim Carrol verfällt in JIM CARROLL – IN DEN STRASSEN VON NEW YORK (USA 1995, Regie: Scott Kalvert) der Drogensucht. Der Schriftsteller Grady Tripp (gespielt von Michael Douglas) in WONDERBOYS (USA 2000, Regie: Curtis Hanson) ist ein zerstreuter, kiffender Dozent für Kreatives Schreiben in der Midlife-Crisis. Auffallend ist, dass sich die Krisen, die die meisten Autoren durchmachen, nicht nur auf das Schreiben oder das Gegenteil, die Schreibblockade, beziehen. Es geht auch um Scheidungen, unglückliche Beziehungen und Probleme mit dem Lektor. Aber immer werden sie als eine besondere Spezies dargestellt, die eine bestimmte Lebensart und -einstellung verkörpert.

In Künstlerfilmen, in deren Mittelpunkt Komponisten, Musiker, Maler oder Fotografen stehen, kann der Regisseur durch Musik und Instrumente, ausdrucksstarke Formen und Farben und Arbeitsgerät die künstlerische Arbeit visualisieren und hörbar machen. Wie aber wird das Entstehen von Literatur im Film ins Bild übersetzt? Beispielsweise kann die Hand auf der Tastatur des Computers etwas aussagen, auch Requisiten und Arbeitsraum oder eine Szene, in der der Schriftsteller eine Formulierung, einen Gedanken notiert, seine Mimik und sein

Verhalten die Zerstreutheit und versunkene Abwesenheit ausdrücken. Manchmal können auch Idee und fertiger Text des Autors zu einem Teil der Handlung werden oder vom Autor oder einer anderen Person verlesen werden.

Die meisten Filmrezensionen beschäftigen sich mit der Regie, der Kameraarbeit, der narrativen Struktur und inhaltlichen Fragen, selten jedoch damit, welchen Status, welchem Klischee der Schriftsteller und sein Beruf im Film nachgebildet ist.

»Schriftstellerfilme« auf *www.autorenhaus.de* ist die erste Sammlung auf einer deutschen Website, die die Figur des Autors im Film entdeckt hat. Nun erscheint ein Buch, das die Rolle des Schriftstellers in Kinofilmen analysiert.

Die Literaturwissenschaftlerin Kirsten Netzow hat sich mit dem Thema des Schriftstellers als Filmfigur in ihrer Magisterarbeit beschäftigt. Dabei hat sie herausgefunden, was Literaten und Filmemacher gleichermaßen an der Person des Schriftstellers fasziniert. Ihr Buch über Schriftstellerfilme erscheint Anfang 2005 im Autorenhaus Verlag.

AUTORENFÖRDERUNG *und* LITERATURPREISE

8

Funkelnde Scherben 391

ADRESSEN: Literaturbüros und Literaturhäuser 398

Kürzen für mehr Kritiken 408

ADRESSEN: Lesungen und Leseförderung 410

Ich kann hexametern! 414

ADRESSEN: Literaturpreise 417

Ein Dach über dem leichtsinnigen Kopf 466

ADRESSEN: Stipendien, Förderpreise, Projektförderung 469

Dichterdomizil auf Sylt 484

ADRESSEN: Aufenthaltsstipendien 487

▷ *Funkelnde Scherben*

Der Autor und sein Preis

Von Wilhelm Genazino

Schriftsteller, die sich für einen Literaturpreis bedanken, machen selten einen beschwingten Eindruck. Verlegen erkundigen sie sich, ob nicht eine Verwechslung vorliegt, ob der Preis nicht einem anderen Autor zugedacht ist. Erst dann zeigen sie ihre Rührung, betonen dabei ihre Überraschtheit. Ein Literaturpreis, kann das sein? Die Verlegenheit ist echt. Über viele Jahre hat sich kaum jemand um sie gekümmert; die Auflagen ihrer Bücher waren und sind niedrig, die Verkaufszahlen noch niedriger. Die Rezensionen ihrer Bücher sind zwar oft positiv, aber die Autoren haben bemerkt, daß gute Besprechungen nicht unbedingt einen guten Verkauf nach sich ziehen. Zu Lesungen wurden sie immer seltener eingeladen. Manch einer muß sich von seinem Verleger sagen lassen, daß es mit seinen Büchern so nicht weitergeht. Gemeint sind nicht die Bücher, sondern der Autor selber. Künftig, so läßt man ihn wissen, werde man sich von Autoren, deren Bücher sich nicht wenigstens 6000mal verkaufen lassen, leider trennen müssen. Ins Ökonomische übersetzt heißt das: Autor, hau ab. Quasi als begleitende Maßnahme haben die Autoren in den Zeitungen immer wieder das Lamento von der Arroganz ihrer Bücher lesen müssen. Viele der Lamentatoren haben auch gleich die passenden Abgesänge dazu geschrieben. Und plötzlich hatte die Literatur einen schlechten Leumund; sie galt und gilt als unverständlich, elitär, publikumsabgewandt, überheblich und deswegen belanglos fürs gesellschaftliche Ganze.

Die meisten Autoren haben den Befund zerknirscht, aber gefaßt hingenommen. Einigen ist es gelungen, aus der Randlage eine Art kultureller Verzweiflung zu machen, von der sie neu erzählen können. Die anderen zeigen sich nur um den Preis einer kleinen Verwirrung in der Öffentlichkeit. In ihrer Lage ist ein Literaturpreis ein überfallartig auf sie einstürzender Akt der Umerziehung. Denn der Preis stellt das Lamento, an das sie sich schon gewöhnt hatten, mit einem Schlag auf den Kopf; er schreibt ihrer Arbeit nicht nur einen allgemeinen, sondern gleich einen besonderen Sinn zu. Sie haben sich plötzlich um alles mögliche verdient gemacht. Es gibt nicht eine einzige Preisurkunde, die ihrem Träger nicht weitreichende Meriten um Kultur, Ethik, Gemeinschaft oder Literatur bescheinigt. In der Regel auf teurem, sozusagen ewig haltbarem Pergamentpapier.

Wie soll sich der perplexe Preisträger diese Wende erklären? Der Nebel wird eher noch dichter, wenn wir freimütig zugeben, daß die Personen, die die Texte der Urkunden verfassen, oft die gleichen sind, die in den Medien die Abgeschlagenheit der Literatur beklagen. Sie gehören zum Personal unserer sich immer neu fortzeugenden Kulturschizophrenie, an der nun – genau das hätte sich unser Autor nie träumen lassen – auch er selber teil hat. Er kann sich jetzt nicht länger nur mit seinen eigenen Zerrissenheiten beschäftigen. Jetzt, als Preisträger, ist er in den Zellkern der Kultur selber eingedrungen und bastelt an deren Spaltungen mit.

Von der schizoiden Lage der Kultur erfährt unser Autor meist noch während oder kurz nach der Preisverleihung. Er sitzt jetzt in einem noblen Restaurant; links von ihm hat ein Mitglied des Kulturausschusses Platz genommen, rechts von ihm der Bürgermeister. Sie gratulieren ihm noch einmal, und in der humorigen Art, für die die beiden Politiker bekannt sind, geben sie zu, daß sie keines der Werke des Preisträgers gelesen haben, obwohl sie im Kulturausschuß für deren Auszeichnung eingetreten sind. Die erste Merkwürdigkeit ist, daß die Kulturpolitiker das Zwielicht ihrer Rolle nie wahrgenommen und also auch nie problematisiert haben. Die zweite Merkwürdigkeit ist, daß der zwischen ihnen sitzende Autor das für die Politiker bestimmte

Schuldgefühl sofort als das seine anerkennt. Erst jetzt geht ihm auf, daß er mit der Annahme des Preises auch die Pflicht übernommen hat, die sonderbare Kulturleere der Politik in der Öffentlichkeit zu erklären, zu mildern, zu geißeln, auf jeden Fall: darzustellen. Das öffentliche Lob substituiert die nicht stattfindende Kulturdebatte in den Preis, und das heißt: in den intellektuellen Echoraum des Preisträgers. Er ist nun ein Problem-Stellvertreter geworden, und er wird künftig den Konflikt über Wert und Wertlosigkeit der Kultur austragen, den er bis dahin nur von außen wahrgenommen hatte.

Schon zwei Wochen später, bei seiner nächsten Lesung, fängt er damit an. Man weist jetzt vor Beginn seiner Veranstaltung darauf hin, daß er neuerdings Literaturpreisträger ist. Das Publikum schweigt beeindruckt, wenn auch beklommen. Auch diese Verlegenheit ist echt. Das Publikum hat schon von vielen Literaturpreisen gehört. Aber es hat sich his jetzt niemand gefunden, der dem Publikum einmal erklärt hätte, ob der Moerser Literaturpreis wichtiger ist als der Phantastik-Preis der Stadt Wetzlar oder ob beide Preise vielleicht bedeutungslos sind. Das sind Distanzwerte, über die man bei uns nicht spricht. Auch unser Autor findet nur langsam heraus, wie ihn sein eigener Preis einschätzt. Sogar bei eindeutig wichtigen Preisen kann es geschehen, daß sie durch besondere Umstände an Bedeutung einbüßen oder zunehmen. Wird zum Beispiel der Georg-Büchner-Preis an einen zu alten Autor verliehen, verliert auch dieser Preis an öffentlichem Gewicht. Man kann dann die Meinung hören: Autor X. hätte den Preis vor fünfundzwanzig Jahren bekommen sollen, als Autor, Werk und Zeit noch adäquater aufeinander bezogen waren. Prompt erscheint der Preis ein bißchen wie eine Wiedergutmachung, als nachgereichter Präsentkorb und verliert an Wert. Wird der Büchner-Preis dagegen an einen für diese Ehrung zu jungen Autor verliehen, erhöht dessen Jugendlichkeit plötzlich das Ansehen des Preises. Und der Preisträger hilft mit bei der Vertreibung des Altherren-Images, dessen die Preisstifter so oft bezichtigt werden.

Diese Widersprüche und Paradoxien haben eines gemeinsam: Sie verschwinden nicht. Im Gegenteil, sie verhärten sich, je länger sie andauern. Sie lassen sich kritisieren, verhöhnen, lächerlich machen oder wegphantasieren, aber bei der nächsten Preisverleihung sind sie wieder da. Ich phantasiere gelegentlich diesen Tagtraum: Die besten Schriftsteller sollten dann und wann den Mut haben, ein gescheitertes Buch zu veröffentlichen. Es sollte erkennbar die Handschrift des Meisters zeigen, aber es sollte ebenso erkennbar unfertig und unausgegoren sein. Nur ein solches Buch hätte die Potenz, die eingespielten Verstrickungen außer Kraft zu setzen, jedenfalls für eine Weile. Ich bin sicher, die Schubladen unserer Schriftsteller sind gefüllt mit Texten, die mit dem Stigma des Scheiterns behaftet sind und deshalb ängstlich zurückgehalten werden. Dabei wollen wir diese vom Band der Routine heruntergefallenen Texte lesen, vielleicht sogar lustvoller als die anderen, die als wohlgeraten empfunden werden. Wir müssen uns nur daran erinnern, daß Schreiben immer eine Auseinandersetzung mit früheren Annahmen über das Schreiben ist und daß ein gescheiterter Text nichts weiter zeigt als den Zusammenprall einer für veraltet gehaltenen mit einer neu anmutenden Schreibweise – einen Zusammenprall, den der sogenannte gelungene Text künstlich glättet und nivelliert, was wir dann »Form« oder »Stil« nennen. Schriftsteller, die immer nur gut austarierte, sozusagen geschminkte Texte veröffentlichen, kommen mir vor wie mein Obsthändler auf dem Wochenmarkt, der die fleckigen, eingedrückten, formlosen Birnen und Äpfel und Pfirsiche gar nicht erst auf seinem Tisch ausbreitet.

Aber der Schriftsteller im Spätkapitalismus hat wie jeder Obsthändler und wie jeder Autokonzern die Regeln des Geschäfts verinnerlicht: Er drängt auf ein zumutbares Verhältnis von Investition und Ertrag, von Anstrengung und Gelingen, von Verausgabung und Ergebnis. Und leider hält sich auch der Kulturbetrieb (nicht ganz, aber doch fast ganz) an diese Regeln: prämiert wird nur, wenn das Kunstwerk über den Umweg seines Erfolgs die Möglichkeit seines eigenen Mißlingens hat vergessen machen können. Den Notausgang aus diesem Kreislauf finden wir nur, wenn Autoren wenigstens dann und wann ihr Purpurmäntelchen nicht anlegen und uns statt dessen die Abschürfungen und Prellungen Ihres Schreibens zeigen. Natürlich gäbe es dafür keine Preise,

jedenfalls nicht sofort. Aber keine Angst! Nach einer Weile würde der findige Betrieb das neue Paradigma erkennen und reichlich belohnen.
 Freilich müßten die ungeratenen Bücher gut gekennzeichnet sein. Es bieten sich kleine Aufkleber an: Vorsicht! Gescheiterter Roman! Achtung! Mißratene Gedichte! Dann wüßten wir sofort, daß wir mit dem Inhalt delikat, aber auch befreit umgehen dürften. Endlich könnten wir ohne Schuldgefühl die Ahnungslosigkeit der Politiker teilen. Die Autoren müßten sich nicht mehr mit der Frage quälen, ob ein literarischer Einfall politisch progressiv, aber ästhetisch reaktionär ist – oder umgekehrt. Kein Zögern hielte uns mehr davon ab, den Zufall als geheimen Herrscher der Kultur nicht nur zu erdulden, sondern auch anzuerkennen.
 Auch für Kritiker hätte das Eingeständnis des Scheiterns große Vorteile. Haben wir nicht ohnehin das Gefühl, daß zu viele von ihnen nur etwas von Büchern verstehen, zu wenige etwas von Literatur und so gut wie keiner etwas vom Schreiben? Deswegen sind sie ja so heftig auf angeblich wohlgeratene Bücher fixiert. Bei einem Buch, das auf der Banderole seine Schwäche gesteht, wüßten sie gleich, daß es sich nur um ein Zwischenwerk für ein noch zu schreibendes weiteres Buch handelt. Die Banderole würde sie daran erinnern, daß das Prinzip des Schöpferischen (wie andere Naturvorgänge auch) zyklisch voranschreitet. Kunst machen heißt Fehlschlägen nachschauen. Neu wäre dann nur, daß es ein paar Schriftsteller gäbe, die die Spuren der Fehlschläge nicht mehr beseitigen.

Sie merken, meine Idee ist nicht nur spaßig gemeint. Von den Gesprächen und Debatten, die wir miteinander führen, wissen wir schon lange, daß die schiefgelaufenen unter ihnen die Regel sind und die gelungenen die Ausnahme. Nur der gelingende Diskurs ist der Grund, warum wir für die mißlingenden soviel Geduld haben. Warum wollen wir diese wunderbare Kulturerfahrung nicht auch für Romane und Gedichte gelten lassen? Für das Schreiben gilt dasselbe wie für das Sprechen: Die gelungene Äußerung ist die Ausnahme, die mißlungene die Regel. Schreibweisen sind Existenzweisen. Wenn wir den Mut hätten, anstelle der Werke (dann und wann, nicht immer) Schreibweisen zu tolerieren, das heißt den Text in der Bewährung, die scheitern darf, dann könnten wir auch zubilligen, dass es noch andere als die auf raschen Erfolg fixierten Schreibweisen gibt. Wir könnten öffentlich machen, was an sich alle wissen, was im erfolgsneurotischen Paradigma aber immer wieder unter die Räder kommt, dass jedes Werk nur der Kompromiß seiner zahllosen Varianten und Werksplitter ist. Es gilt der Satz von Mallarmé: »Ein Buch beginnt nicht und endet nicht, es, täuscht allenfalls Anfang und Ende vor.«

Wenn wir diesen Satz nicht immer nur theoretisch ernst nehmen, sondern ihn in die Alltagspraxis des Schreibenden übertragen, wo er auch hingehört, dann müssen wir uns die Figur des Autors als einen radikalen Heimwerker vorstellen. Radikal heißt: Er arbeitet ohne Muster, ohne Werkzeug, ohne Erfahrung, ohne Übersicht, ohne Verläßlichkeit, ohne Berechnung, ohne Plan – aber er arbeitet. Obwohl wir spätestens seit Hölderlin von diesen schwankenden Gründen wissen, muß der Autor nach wie vor – besonders bei Preisverleihungen – den Schein eines Virtuosen hervorzaubern, das Bild eines Dompteurs mit glücklich gelungenen Werken. Andernfalls kann er vor dem Horizont der bürgerlich-kleinbürgerlich organisierten Kultur nicht bestehen – und kriegt keinen Preis. Wer den riesigen Nachlaß von Ingeborg Bachmann kennt, kann sich leicht eine Vorstellung davon machen, welche fast übermenschliche Mühe es diese Autorin gekostet hat, aus der fortlaufenden Wucherung ihres Werks einzelne Partien und halbwegs stimmige Blöcke auszugliedern, damit sie, versehen mir den läppischen Portionstiteln »Roman« oder »Erzählung«, ihre Reise in die geordnete Lesewelt antreten konnten. Leider hatte auch diese wagemutige Autorin nicht die Kühnheit, einzelne Bauteile ihres Riesenromans nach der Dynamik ihres Entstehens, und das heißt: als für sich stehende Textriffe zu veröffentlichen.

Ich erinnere an den unglücklichen Wolfgang Koeppen, der über Jahrzehnte hin damit fertig werden mußte, daß Kritiker, die – ich wiederhole: – so gut wie nichts vom Schreiben verstehen, von ihm einen Roman haben wollten. Jetzt, nach seinem Tod, lesen wir von einem Plan, mit dem sich Koeppen eine Weile beschäftigt hat. Er wollte einen »Roman aus lauter Anfängen zusammensetzen, ohne jede zeitliche oder logische Ordnung, einfach einer Erinnerung an Augenblicke, in der Hoffnung, aus der Anhäufung der Scherben am Ende doch ein Ganzes zu gewinnen. In diesem Fall alles vom Ich aus und dieses Ich als der zentrale Spiegel«.

Wolfgang Koeppen hat dieses Projekt leider nicht verwirklicht. Er beugte sich dem Druck einer sogenannten literarischen Öffentlichkeit, der nicht im Traum einfiel, sich nach den Möglichkeiten seines Schreibens zu erkundigen. Das Fragment – Koeppen nennt es die »Scherbe« – spekuliert noch nicht mit seiner eigenen Lesetauglichkeit. Das Fragment ist der Text, der uns sein Zittern zeigt. Das Zittern ist ein Ausdruck, der vor dem Satz da ist. Erst der Autor macht aus dem Zittern einen Satz und aus dem Satz eine geformte Mitteilung. Jeder Schriftsteller weiß, was er der Form opfert. Ich vermute, wir hätten eine lebendigere Literatur, wenn es den Altar der Form nicht gäbe, von dem allzuviel Text hinten herunterfällt und verschwindet. Virginia Woolf hat auch einmal an einem Buch ohne Form gearbeitet. Sie nannte es das »Von-der-Hand-in-den-Mund-Buch«. Dieses wundervolle Wort erinnert uns daran, daß Worte und Bücher auch Nahrungsmittel sind, die wir, wie andere Nahrungsmittel auch, nicht ausschließlich nach ihrer Verpackung, nach ihrer Form beurteilen. Meine erste Hoffnung ist, daß es bald Schriftsteller geben wird, die mutiger als Ingeborg Bachmann und Wolfgang Koeppen sein werden. Meine zweite Hoffnung ist, es wird dann auch Mäzene und Jurys geben, die diesen Mut auszeichnen werden. Sie werden der Literatur damit so nah sein wie nie zuvor.

Wilhelm Genazino ist 2004 mit dem bedeutendsten deutschen Literaturpreis ausgezeichnet worden, dem Georg-Büchner-Preis.
Der Text stammt aus seinem Buch *Der gedehnte Blick*. Mit freundlicher Genehmigung © 2004 Carl Hanser Verlag, München – Wien.

ADRESSEN · ADRESSEN · ADRESSEN · ADRESSEN

▷ Literaturbüros und Literaturhäuser

Dresdner Literaturbüro e.V.
Antonstr. 1
01097 Dresden
Tel. 0351 - 804 50 87
Fax 0351 - 804 50 87
info@dresdner-literaturbuero.de
www.dresdner-literaturbuero.de
Leitung: Valeska Falkenstein
Schwerpunkte: Lesungen mit nationalen und internationalen Autor/innen, jährlich BARDINALE mit Lichtpoesiefestival »Light and Word« (ehemals: Dresdner Lyriktage) und – alle 2 Jahre – Vergabe des Dresdner Lyrikpreises der Stadt Dresden (2006, 2008 ...), Schreibwerkstätten für Schreibinteressierte mit Betreuung durch Dresdner Autoren, Beratung von Autoren und allen Literaturinteressierten

**Literaturbüro Leipzig e.V.
im Haus des Buches**
Gerichtsweg 28
04103 Leipzig
Tel. u. Fax 0341 - 995 41 61
Leitung: Sylvia Kabus
Schwerpunkte: Anthologien, Lesungen, Jugend-Literaturprojekt mit Werkstätten

Literaturforum im Brecht-Haus
Chausseestr. 125
10115 Berlin
Tel. 030 - 282 20 03 o. 282 80 42
Fax 030 - 282 34 17
info@lfbrecht.de / www.lfbrecht.de

Literaturwerkstatt Berlin
Kulturbrauerei
Knaackstr. 97
10435 Berlin
Tel. 030 - 48 52 45-0
Fax 030 - 48 52 45-30
mail@literaturwerkstatt.org
www.literaturwerkstatt.org
Leitung: Dr. Thomas Wohlfahrt
Ansprechpartner: Dr. Christine Lange
Schwerpunkte: Veranstaltungen mit in- und ausländischen Autoren, wissenschaftliche Kolloquien, Projekte: Lyrikline im Internet, Open Mike-Wettbewerb, Weltklang, Poesiefestival

Literaturhaus Berlin
Fasanenstr. 23
10719 Berlin
Tel. 030 - 88 72 86-0
Fax 030 - 88 72 86-13
literaturhaus@berlin.de

literaturhaus-berlin.de
Leitung: Ernest Wichner
Ansprechpartner: Sabine Büdel
Schwerpunkte: Lesungen, Ausstellungen

Literarisches Colloquium Berlin
Am Sandwerder 5
14109 Berlin
Tel. 030 - 81 69 96-0
Fax 030 - 81 69 96-19
mail@lcb.de
www.lcb.de
Leitung: Dr. Ulrich Janetzki
Schwerpunkte: Lesungen

Brandenburgisches Literaturbüro
Hegelallee 53
14467 Potsdam
Tel. 0331 - 280 41 03 und
0331 - 23 70 02 58
Fax 0331 - 24 08 84
brandenburg.literaturbuero@
t-online.de
www.literatur-im-land-
brandenburg.de
Leitung: Hendrik Röder
Ansprechpartner:
Katarzyna Kaminska
Schwerpunkte: Lesungen, Ausstellungen, Publikationen

Deutsch-Polnisches Literaturbüro Oderregion e.V.
Haus der Künste St. Spiritus,
Lindenstraße 6
15230 Frankfurt/Oder
Tel. 0335 - 2 37 82
Fax 0335 - 2 37 82
Ansprechpartner: Maik Altenburg

Literaturzentrum Neubrandenburg e.V.
Brigitte-Reimann-Literaturhaus
Gartenstr. 6
17033 Neubrandenburg
Tel. 0395 - 57 19 18-0
Fax 0395 - 57 19 18-8
info@literaturzentrum-nb.de
www.literaturzentrum-nb.de
Leitung: Heide Hampel
Ansprechpartner: Erika Becker,
Steffi Kleiber
Schwerpunkte: Autorenlesungen, Autorenprojekte m. Malern, Musikern, Literaturwerkstätten (Hans-Fallada-Archiv, OT Carwitz, Zum Bohnenwerder 2, 17258 Feldberger Seeenlandschaft, Tel. und Fax: 039831 - 223 34)

Literatursalon Greifswald e.V.
Lomonossowallee 44
17491 Greifswald
Tel. 03834 - 81 77 00
Fax 03834 - 81 66 88
kontakt@literatur-salon.de
www.literatur-salon.de
Ansprechpartner: Karin Langer
Schwerpunkte: Ausstellungen, Lesungen, Konzerte

Literaturhaus Kuhtor Rostock
Ernst-Barlachstr. 5
18055 Rostock
Tel. 0381 - 492 55 81
Fax 0381 - 490 91 99
info@literaturhaus-rostock.de
www.literaturhaus-rostock.de
Leitung: Anette Handke
Schwerpunkte: Literaturveranstaltungen z.T. in thematischen Reihen, Literaturzeitschrift f. Mecklenburg-Vorpommern, Kuhtor-Jahreslesebuch, Literaturwerkstätten

Literaturbüro Lüneburg
Am Ochsenmarkt
21335 Lüneburg
Tel. 04131 - 30 96 87
Fax 04131 - 30 96 88
www.literaturbuero-lueneburg.de
Schwerpunkte: Organisation von Lesungen, Verwaltung und Betreuung des Heinrich-Heine-Stipendiums

Literaturhaus Hamburg
Schwanenwik 38
22087 Hamburg
Tel. 040 - 22 70 20-11
Fax 040 - 220 66 12
info@l-h-h.de
www.l-h-h.de
Leitung: Dr. Rainer Moritz
Schwerpunkte: Lesungen zeitgenössischer Literatur

Writers' Room
Stresemannstr. 374 Haus E
22761 Hamburg
Tel. 040 - 89 82 33
Fax 040 - 89 67 83
info@writersroom.de
www.writersroom.de
Leitung: Hartmut Pospiech
Schwerpunkte: Computerisierte Arbeitsplätze, Förderung junger AutorInnen, Lesungen, Seminare, Fortbildungen, Werkstattgespräche

Literaturhaus Schleswig-Holstein e.V.
Schwanenweg 13
24105 Kiel
Tel. 0431 - 5 79 68 40
Fax 0431 - 5 79 68 42
literaturhaus@schleswig-holstein.de
http://homepage.schleswig-holstein.de/literaturhaus
Leitung: Dr. Wolfgang Sandfuchs

literatur büro oldenburg
Peterstr. 23
26121 Oldenburg
Tel. 0441 - 235 30 14
Fax 0441 - 235 21 61
literaturbuero@stadt-oldenburg.de
www.oldenburg.de/literaturbuero
Leitung: Monika Eden
Schwerpunkte: Literaturförderung und -Vermittlung, Autorenförderung

Bremer Literaturkontor
Villa Ichon
Goetheplatz 4
28203 Bremen
Tel. 0421 - 32 79 43 und
0421 - 336 55 93
Fax 0421 - 336 56 21
info@literaturkontor-bremen.de
www.bremer-literaturkontor.de
Leitung: Jürgen Dierking
Schwerpunkte: Autorenförderung, Öffentlichkeitsarbeit

Literaturbüro Hannover e.V.
Sophienstr. 2
30159 Hannover
Tel. 0511 - 88 72 52
Fax 0511 - 809 34 07
literaturbuero-hannover@
t-online.de
www.literaturbuero-hannover.de
Leitung: Kathrin Dittmer

Literarischer Salon
Universität Hannover
Königsworther Platz 1
30167 Hannover
Tel. 0511 - 7 62-82 32
Fax 0511 - 7 62-82 32
salon@fbls.uni-hannover.de
www.literarischer-salon.uni-hannover.de
Ansprechpartner: Matthias Vogel, Joachim Otte, Matthias Nolte, Jens Meyer

Literaturbüro Ostwestfalen-Lippe
in Detmold e.V.
Haus Münsterberg
Hornsche Str. 38
32756 Detmold
Tel. 05231 - 39 06 03
Fax 05231 - 39 06 53
literaturbuero@owl-online.de
www.literaturbuero-detmold.de
Leitung: Dr. Brigitte Labs-Ehlert
Ansprechpartner: Katrin Weidemann M.A.
Schwerpunkte: Literatur- und Musikfest »Wege durch das Land«. Autorenberatung. Konzeption von Literaturveranstaltungen.

LiteraturBüro im Raabe Haus
Leonhardstr. 29 A
38102 Braunschweig
Tel. 0531 - 4 70-48 46
Fax 0531 - 4 70-48 44
literaturbuero@braunschweig.de

Literaturhaus Magdeburg
Thiemstr. 7
39104 Magdeburg
Tel. 0391 - 404 49 95
Fax 0391 - 404 49 95
Leitung: Dr. Gisela Zander
Ansprechpartner: Ute Berger
Schwerpunkte: Ausstellungen zu Erich Weinert und Georg Kaiser, literarische Veranstaltungen, Sonderausstellungen zu literarischen Themen

**Literaturbüro
Nordrhein-Westfalen
in Düsseldorf**
Bolkerstr. 53
40213 Düsseldorf
Tel. 0211 - 828 45 90
Fax 0211 - 828 45 93
Mail@literaturbuero-nrw.de
www.literaturbuero-nrw.de
Leitung: Michael Serrer
Ansprechpartner: Maren Jungclaus, Heike Funcke
Schwerpunkte: Lesungen, Weiterbildung und Beratung regionaler Autoren, internationale Literaturprojekte

**Literatur Büro
NRW-Ruhrgebiet e.V.**
Friedrich-Ebert-Str. 8
45964 Gladbeck
Tel. 02043 - 992 -168, -646, -644
Fax 02043 - 99 14 13
info@literaturbuero-ruhr.de
www.literaturbuero-ruhr.de
Leitung: Gerd Herholz
Ansprechpartner: Gerd Herholz, Elisabeth Roters-Ulrich
Schwerpunkte: Internationale Literaturprojekte, Literaturpreis Ruhrgebiet, Autoren-Meisterklassen

**Literaturbüro RUHRgebiet
Sitz: Bottrop**
Böckenhoffstraße 7 (Galerie 7)
46236 Bottrop
Tel. 02041 - 2 39 20
Leitung: Rena Mann, Artur K. Führer

Schwerpunkte: Seminare, Lesungen, Autorentreff (seit 1968), Kunst : Literatur

Literaturbüro Westniedersachsen
Am Ledenhof 3-5
49074 Osnabrück
Tel. 0541 - 286 92
Fax 0541 - 323 43 33
litos-info@gmx.de
www.osnabrueck.de
Leitung: Jutta Sauer
Schwerpunkte: Geschäftsstelle des Erich-Maria-Remarque-Friedenspreises, Förderung v. Lese- und Schreibkultur, Literarische Projekte, Beratung v. Autoren und Veranstaltern, Literarische Wettbewerbe, Autorenfortbildung, Herausgabe von Dokumentationen und Anthologien »Osnabrücker Bibliothek«

Literaturhaus Köln
Im Mediapark 6
50670 Köln
Tel. 0221 - 57 43 73 20
Fax 0221 - 57 43 73 25
info@literaturhaus-koeln.de
literaturhaus-koeln.de
Leitung: Bettina Fischer (Geschäftsführung)
Ansprechpartner: Thomas Böhm (Programmleitung)
Schwerpunkte: Literaturveranstaltungen

Literaturbüro in der Euregio Maas-Rhein e.V.
Wilhelmstr. 90
52070 Aachen
Tel. 0241 - 559 19 62
literaturbuero@heimat.de
www.literaturbuero-emr.de
Leitung: Regina Sommer (Vors.)
Ansprechpartner: Hartwig Mauritz
(Tel. 0031 - 43 - 306 06 61)
Schwerpunkte: Offenes Treffen angehender Autoren jeden 1. Mittwoch im Monat um 20.00 Uhr in der Barockfabrik, Löhergraben, Malraum II.Etage. Alle zwei Monate einen »shop talk« für publizierte Autoren. Öffentliche Lesungen in- und ausländischer Autoren und Übersetzer. Interdisziplinäre Veranstaltungen (Literatur, Musik, Tanz, bildende Kunst)

Haus der Sprache und Literatur
Lennéstraße 46
53113 Bonn
Tel. 0228 - 9 14 01 11 oder -12
Fax 0228 - 9 14 01 10
Hslbonn@aol.com
www.bonn.de/kultur/literatur/hds.htm
Ansprechpartner: Karin Hempel-Soos

LiteraturBüro Mainz e.V.
Dalberger Hof
Klarastr. 4
55116 Mainz
Tel. 06131 - 22 02 02
Fax 06131 - 22 88 45
info@literaturbuero-rlp.de
www.literaturbuero-rlp.de
Leitung: Marcus Weber (1. Vors.)
Ansprechpartner: Sigrid Fahrer
(stellv. Vors.), Ingo Rüdiger
(stellv. Vors.) Ilka Groh (Finanzen), Dietmar Gaumann (Presse- und Öffentlichkeitsarbeit)
Schwerpunkte: Lesungen, Lesefestivals

Westfälisches Literaturbüro in Unna e.V.
Friedrich-Ebert-Str. 97
59425 Unna
Tel. 02303 - 96 38 50
Fax 02303 - 96 38 51
post@wlb.de
www.wlb.de
Leitung: Dr. Herbert Knorr
Ansprechpartner: Karen Homann
Schwerpunkte: Literatur-Projektmanagements, Veranstaltungen, Fortbildungen, Beratung, Infoschrift Lit°Form, Internet-Datenbank
www.nrw-literatur-im-netz.de

Hessisches Literaturforum im Mousonturm e.V.
Waldschmidtstr. 4
60316 Frankfurt
Tel. 069 - 24 44 99 40
Fax 069 - 24 44 99 39
info@hlfm.de
www.hlfm.de

Leitung: Werner Söllner
Ansprechpartner: Harry Oberländer
Schwerpunkte: Lesungen, Seminare, Literaturzeitschrift ›Der Literatur-Bote‹

Literaturhaus Frankfurt
Bockenheimer Landstr. 102
60323 Frankfurt
Tel. 069 - 75 61 84-0
Fax 069 - 75 21 41
info@literaturhaus-frankfurt.de
www.literaturhaus-frankfurt.de
Leitung: Dr. Maria Gazzetti,
Susanne Gumbmann
Ansprechpartner: Dr. Laura Di Gregorio
Schwerpunkte: Lesungen, Literarische Ausstellungen, Symposien, Tagungen, Raumvermietungen

Literaturhaus Darmstadt
Kasinostraße 3
64293 Darmstadt
Tel. 06151 - 13 33 38
Fax 06151 - 13 30 24
info@literaturhaus-darmstadt.de
www.literaturhaus-darmstadt.de
Leitung: Andreas Müller,
Rainer Wieczorek

Verein Stuttgarter Schriftstellerhaus e.V.
Kanalstr. 4
70182 Stuttgart
Tel. 0711 - 23 35 54
Fax 0711 - 236 79 13

Leitung: Gunter Guben
Ansprechpartner: Usch Pfaffinger
Schwerpunkte: Vier Stipendiaten pro Jahr, ca. 300 Übernachtungen in- und ausländischer Übersetzer, Schriftsteller- und Übersetzer-Stammtische, Buch- und Autoren-Vorstellungen, Almanach Stuttgarter Schriftstellerhaus

Literatur Forum Südwest e.V.
Literaturbüro Freiburg/Südbaden und Übersetzerwerkstatt
Urachstraße 40
79102 Freiburg
Tel. 0761 - 28 99 89
Fax 0761 - 28 99 89
literaturforum@t-online.d
Leitung: Martin Gülich, Kai Weyand
Ansprechpartner: Martin Gülich und Kai Weyand
Schwerpunkte: Literaturveranstaltungen, Seminar- und Werkstattarbeit, Arbeit mit Jugendlichen, Beratung und Information

Literaturhaus München
Salvatorplatz 1
80333 München
Tel. 089 - 29 19 34-0
Fax 089 - 29 19 34-19
info@literaturhaus-muenchen.de
www.literaturhaus-muenchen.de
Leitung: Dr. Reinhard G. Wittmann
Schwerpunkte: Gegenwartsliteratur, Kreatives Schreiben für Autoren und Übersetzer, Literaturausstellungen

Münchner Literaturbüro Haidhauser Werkstatt e.V.
Milchstr. 4
81667 München
Tel. 089 - 48 84 19
post@muenchner-literaturbuero.de
www.muenchner-literaturbuero.de
Leitung: Petra Ina Lang
Schwerpunkte: Jeden Freitag Autorenlesungen mit Publikumsdiskussion, Haidhauser Büchertage mit Präsentation von Kleinverlagen, Literaturzeitschriften, Sonderprojekten; Haidhauser Werkstattpreis (HWP), Publikumspreis

Stadt Erlangen Kultur- und Freizeitamt
Sachgebiet Kulturelle Programme
Gebbertstr. 1
91052 Erlangen
Tel. 09131 - 86-10 29
Fax 09131 - 86-1411
gerlinde.meriau@stadt.erlangen.de
www.kuf-erlangen.de
Ansprechpartner: Gerlinde Mériau
Schwerpunkte: Reihe »Literatur im Theatercafé« (6-8mal jährlich), Präsentation von Autoren aus der Region sowie in Deutschland lebende ausländische Autoren. Reihe »Schule & Literatur«. Korodination der »Literaturlandschaft Mittelfranken«. Mitherausgabe des »Literaturspiegel« (fünf Ausgaben jährlich) mit einer Übersicht über die Literaturveranstaltungen im Großraum Nürnberg, Fürth, Erlangen, Schwabach.

Literaturbüro Thüringen e.V.
Anger 37
99084 Erfurt
Tel. 0361 - 561 29 18
Fax 0361 - 561 29 18

Literaturhaus
Seidengasse 13
A-1070 Wien
Tel. 0043-01 - 526 20 44-0
Fax 0043-01 - 526 20 44 30
info@literaturhaus.at
www.literaturhaus.at
Leitung: Dr. Heinz Lunzer
Ansprechpartner: Dr. Heinz Lunzer, Dr. Anne Zauner
Schwerpunkte: Österreichische Literatur im 20. und 21. Jahrhundert, besonders nach 1945

Unabhängiges Literaturhaus NÖ
Steiner Landstr. 3
A-3504 Stein/Krems
Tel. 0043 - 02732 - 728 84
Fax 0043 - 02732 - 839 93
ulnoe@ulnoe.at
www.ulnoe.at
Leitung: Sylvia Treudl, Michael Stiller, Wolfgang Kühn
Ansprechpartner: alle
Schwerpunkte: Lesungen, Buchpräsentationen, Veranstaltung des Festivals »Literatur & Wein«, Kooperationen mit anderen Kultureinrich-

tungen, Betreuung einer Atelierwohnung für internationale AutorInnen.

Literaturhaus Salzburg
Strubergasse 23
A-5020 Salzburg
Tel. 0043-0662 - 42 24 11
Fax 0043-0662 - 42 24 11 13
info@literaturhaus-salzburg.at
www.literaturhaus-salzburg.at
Leitung: Tomas Friedmann
Ansprechpartner: Peter Fuschelberger
Schwerpunkte: Literaturveranstaltungen aller Art (Lesungen, Hörspiele, Theater, Schreibwerkstätten) Bibliothek, Mediathek, Autorenvereinigungen, Beratung, Literaturzeitschriften

Literaturhaus am Inn
Josef-Hirn-Str. 5/10.St.
A-6020 Innsbruck
Tel. 0043-0512 - 507-45 05, 45 14
Fax +430512 - 507-29 60
literaturhaus@uibk.ac.at
http://lithaus.uibk.ac.at/
Leitung: Dr. Anna Rottensteiner
Ansprechpartner: Dr. Anna Rottensteiner
Schwerpunkte: Förderung, Präsentation und Verbreitung d. zeitgenössischen Literatur in Tirol, Veranstaltungen, Kooperation m. anderen Literaturhäusern, Servicestelle für AutorInnen, Literaturinteressierte, Schulen, Presse, Dokumentation Tiroler Literatur, Vermittlung zwischen Öffentlichkeit u. Literaturwissenschaft

Literaturhaus Matterburg
Wulkalände 2
A-7210 Mattersburg
Tel. 0043-02626 - 677 10
Fax 0043-02626 - 677 10-5
office@literaturhausmattersburg.at
www.literaturhausmattersburg.at
Leitung: Barbara Tobler

Kulturbüro Bern
Rathausgasse 53
CH-3000 Bern
Tel. 0041-031 - 3 12 32 72
Fax 0041-031 - 3 12 32 73
bern@kulturbuero.ch
www.kulturbuero.ch/bern/index.htm
Ansprechpartner: Michaela von Siebenthal, Oli Hartung, Tina Scheiben, Mapi Amabile

Literaturhaus Basel (Sekretariat)
ab April 2005: Barfüssergasse 3
CH-4001 Basel
Tel. 0041-061 - 261 29 50
Fax 0041-061 - 261 29 51
info@literaturhaus-basel.ch
www.literaturhaus-basel.ch
Leitung: Margrit Manz, Intendatin
Schwerpunkte: Servicebereich: Vermittlung und Beratung von Schreibenden sowie Lesenden, z. B. Lek-

torat, Kurse, Lesezirkel, Pflege eines internationalen Netzwerkes von Kultur- und Kunstbetreibern und Angebote für Jugendliche z. B. in Textwerkstätten; Schwerpunkt: Einladung von Autoren – Autorenlesungen

Literaturhaus der Museumgesellschaft
Limmatquai 62
CH-8001 Zürich
Tel. 0041-01 - 254 50 08
Fax 0041-01 - 252 44 09
info@mug.ch /
info@literaturhaus.ch
www.museumsgesellschaft.ch /
www.literaturhaus.ch
Leitung: Beatrice Stoll
Ansprechpartner: Beatrice Stoll, Karin Schneuwky (Literaturhaus), Thomas Ehrsam (Bibliothek)
Schwerpunkte: Literaturveranstaltungen, Bibliothek, Lesesäle, Treffpunkt

Kulturbüro Zürich
Stauffacherstraße 100
CH-8004 Zürich
Tel. 0041 - 01 - 242 42 82
Fax 0041 - 01 - 242 42 92
zuerich@kulturbuero.ch
www.kulturbuero.ch/zuerich/index.htm
Ansprechpartner: Natalija Saile, Simone Gerber, Janine Moor
Schwerpunkte: Kulturförderungs- und Dienstleistungsbetrieb, der Kulturschaffenden aller Sparten offen steht
(www.kulturfoerderung.de)

Nach Redaktionsschluss eingetroffen:

lit – Literaturzentrum e.V.
Schwanenwik 38
22087   Hamburg
Tel. 040 - 227 92 03
Fax 040 - 229 15 01
lit@lit-hamburg.de
www.lit-hamburg.de
Leitung: 1. Vors.: Jutta Heinrich, 2. Vors.: Katharina Höcker
Ansprechpartner: Heidemarie Ott

▷ Kürzen für mehr Kritiken
Weniger Mammutrezensionen,
mehr Bücher besprechen

Literaturkritiker brauchen immer wieder neuen Stoff so wie Vampire das Blut ihrer Opfer gierig trinken und sich neuen Opfern zuwenden – ein hübscher Vergleich, der verrissenen Autoren die Schmerzen lindert, die ihnen die Kritiker in den Zeitungsspalten, im Hörfunk oder Fernsehen verursachen. Oder immer öfter *nicht* verursachen – Nichtbeachtung schmerzt vielleicht noch mehr. Tatsächlich hat die Medienkrise, hervorgerufen durch fallende Anzeigenumsätze, die drastische Sparmaßnahmen in den Zeitungshäusern notwendig machten, unter anderem auch zur Reduzierung luxuriöser Feuilletons geführt. Die Seiten für Literaturkritiken sind weniger geworden als früher. Das hat eine Konzentration auf die Haupttitel der Saison mit sich gebracht, Bücher von namhaften Schriftstellern, die hauptsächlich in großen Verlagshäusern erscheinen und mit entsprechendem Werbeetat lanciert werden.

Die schwierige wirtschaftliche Lage der Buchverlage hat gleichzeitig zu kleineren Werbebudgets geführt, nur noch wenige Titel können einen großen Auftritt haben, die Gelder für Buchhandelsmarketing und Leserwerbung werden für die vielversprechendsten neuen Bücher ausgegeben, in der Hoffnung, dass diese Haupttitel die anderen Neuerscheinungen des Programms auf die Reise zum Leser »mitnehmen«. Meist sind es diese Haupttitel, die dann in allen Medien fast gleichzeitig besprochen werden, zumal wenn es sich um treue Anzeigenkunden handelt, denen man gerne entgegenkommt.

Diese Entwicklung wird noch dadurch verschärft, dass Rezensenten, die mit weniger Raum als früher auskommen müssen, nicht dichtere Kritiken schreiben, sondern – weniger Bücher besprechen. Das ist bedauerlich, weil man manchmal den Eindruck haben kann, dass Redakteure und Kritiker mehr an ihre Feuilletonkollegen denken, die ebenfalls und etwa zur gleichen Zeit denselben Titel groß besprechen, als an ihre Leserinnen und Leser, die mehr denn je Orientierung suchen. Zu oft sind halb- und ganzseitige Kritiken eine Parade literaturwissenschaftlichen Wissens und eine Plattform zur Selbstdarstellung und Imagepflege.

Literaturkritiker und Redakteure fühlen sich ihren Lesern, aber auch der Literatur verantwortlich. Das Wechselspiel von Literaturproduktion und Rezension ist eingespielt, vielleicht zu gut eingespielt. Leserinnen und Leser finden oft nicht die Information, die sie zur Orientierung brauchen. Denn kleinere Buchhandlungen mit intensiver Beratungsleistung werden immer mehr durch moderne Großbuchhandlungen ersetzt, in denen wenig Personal ein gewaltiges Buchangebot managen muss. Da bleibt für Beratung wenig Zeit, den Kunden fehlt der Überblick. Und den finden sie auch nicht in den Feuilletons, die sich auf Mammutbesprechungen weniger, ohnehin schon bestsellerverdächtiger Neuerscheinungen beschränken. – Wer außer Literaturwissenschaftlern und Kritikerkollegen nimmt sich, besonders bei den Tagesmedien, die Zeit, solche ausladenden Rezensionen zu lesen? Vielleicht ist das der Grund, warum es oft keine Rolle spielt, *wie* ein Buch besprochen wird, selbst ein Verriss ist gut für den Absatz. Auch wenn sich die Leser nicht durch die brillante Großrezension durcharbeiten, werden sie doch auf den Titel aufmerksam. Das aber, liebe Feuilleton- und Literaturredakteure, kann man auch einfacher erreichen: Kürzere, dichtere Rezensionen, dafür mehr andere Bücher besprechen, auch solche aus kleineren Verlagen: Entdeckungen, Fundstücke, Unbekanntes, Neues.

ADRESSEN · ADRESSEN · ADRESSEN · ADRESSEN

▷ Lesungen und Leseförderung

Stiftung Lesen
Römerwall 40
55131 Mainz
Tel. 06131 - 288 90-0
Fax 06131 - 23 03 33
mail@stiftunglesen.de
www.stiftunglesen.de
Zentrale
06131/28890-0Fax 06131 / 23 03 33
mail@stiftunglesen.de
Geschäftsführer: Heinrich Kreibich
Assistenz des Geschäftsführers: Thomas Kleinebrink, Dw -17, Karin Bachmann, Dw -11
Geschäftsstelle: Hans Braun, Dw -25
Programme u. Projekte: Gaby Hohm, Dw -26
Wiss. Direktor: Prof. Dr. Klaus Ring, Bodo Franzmann (Leseforschung), Dw -19
Schwerpunkt: Die Stiftung Lesen ist eine Ideenwerkstatt für alle, die Spaß am Lesen vermitteln wollen. Seit 1988 entwickelt sie zahlreiche Projekte, um das Lesen in der Medienkultur zu stärken: von Schulkampagnen über Buchhandelsaktionen bis hin zu Forschungsstudien.

Bundesverband der Friedrich-Bödecker-Kreise e.V.
Udo von Alten (Geschäftsführer)
Sophienstr. 2
30159 Hannover
Tel. 0511 - 980 58 23
Fax 0511 - 809 21 19
fbk.nds@t-online.de
www.boedecker-kreis.de
Schwerpunkt: Kinder- und Jugendliteratur, Leseförderung
Bewerbung: formloser Antrag und aussagekräftige Unterlagen (Bio-, Bibliografie)

Friedrich-Bödecker-Kreis in Sachsen e.V.
c/o Staatliche Fachstelle für Öffentliche Bibliotheken
Dagmar Heinicke
Oststr. 13
04317 Leipzig
Tel. 0341 - 697 32 52
Fax 0341 - 697 32 60

Friedrich-Bödecker-Kreis im Land Brandenburg e.V.
Dr. Edda Eska
Am Schützenwäldchen 77
15537 Erkner

Tel. 03362 - 70 09 55
Fax 03362 - 70 09 55
fbk-brandenburg@t-online.de
Schwerpunkt: Förderung des Lesens und Vermittlung von Literatur an Kinder und Jugendliche; kreativer Umgang mit Büchern und anderen Medien
Honorar: erste Veranstaltung am Tag: € 160, zweite und dritte Veranstaltung am selben Tag: € 140 zzgl. Spesen für Fahrt- und ggf. Übernachtungskosten
Bewerbung: Aufnahme in das Autorenverzeichnis über Bundesverband der Friedrich-Bödecker-Kreise e.V. (www.boedecker-kreis.de)

**Friedrich-Bödecker-Kreis
in Mecklenburg-Vorpommern e.V.**
Groten Enn 27
18109 Rostock
Tel. 0381 - 120 01 95
Fax 0381 - 120 26 62
FBK.M-V@t-online.de

**Friedrich-Bödecker-Kreis
in Hamburg e.V.**
Harald Tondern
Erikastr. 98
20251 Hamburg
Tel. 040 - 46 48 08
Fax 040 - 46 48 08
harald.tondern@t-online.de
www.HaraldTondern.de
Schwerpunkt: Wir beraten Lehrerinnen und Lehrer, die an ihrer Schule eine Autorenlesung anbieten wollen. Wir vermitteln Autoren und helfen bei der Finanzierung.
Honorar: € 180 für 1 Doppelstunde

**Friedrich-Bödecker-Kreis
in Schleswig-Holstein e.V.**
Renate Kruse
Stellauer Str. 5f
25563 Wrist
Tel. 04822 - 69 87
Fax 04822 - 363401
fbk-sh@web.de
www.fbk-sh.de
Schwerpunkt: Vermittlung (Organisation und Mitfinanzierung) von Autorenlesungen an Schulen, Kindergärten oder ähnlichen Einrichtungen als Form von Leserförderung und Erweiterung der Lesekompetenz
Honorar: pro Lesung € 150
Bewerbung: per Post, Fax, Telefon oder E-Mail

**Friedrich-Bödecker-Kreis
in Bremen e.V.**
Rolf Stindl
Heilsberger Str. 3
27580 Bremerhaven
Tel. 0471 - 885 31
Fax 0471 - 885 31
rolf.stindl@t-online.de
Schwerpunkt: Vermittlung von Autorenbegegnungen an Schulen u.a.
Honorar: € 150,- pro Lesung, wobei möglichst 2-3 Lesungen pro Tag mit

max. 2 Schulklassen geplant werden.
Bewerbung: schriftlich, mit kurzem biografischen und bibliografischen Angaben oder Hinweisen.

**Friedrich-Bödecker-Kreis
in Niedersachsen e.V.
Künstlerhaus**
Insa Bödecker (Vorsitzende)
Sophienstr. 2
30159 Hannover
Tel. 0511 - 980 58 23
Fax 0511 - 809 21 19
fbk.nds@t-online.de
www.boedecker-kreis.de
Schwerpunkt: Kinder- und Jugendliteratur, Leseförderung
Honorar: (für Schullesungen)
1. Lesung € 180; weitere Lesungen € 130 (mind. 2 Lesungen hintereinander)
Bewerbung: formloser Antrag und aussagekräftige Unterlagen (Bio-, Bibliografie)

**Friedrich-Bödecker-Kreis
in Hessen e.V.**
Johanna Schulz
Buchenweg 2
36142 Tann/Rhön
Tel. 06682 - 917136
Fax 06682 - 917137
Bewerbung: über Bundesverband (Eintrag ins Autorenverzeichnis), über Schulen – Anforderung der Lesung

**Friedrich-Bödecker-Kreis
in Sachsen-Anhalt e.V.**
Jürgen Jankofsky
Forellenweg 5
39291 Möser
Tel. u. Fax 03 92 22-2513
FBK-Kontakt@t-online.de
www.fbk-pelikan.de

**Friedrich-Bödecker-Kreis
in Nordrhein-Westfalen e.V.
c/o Stadtteilbibliothek Chorweiler**
K. Uebe
Pariser Platz 1
50765 Köln
Tel. u. Fax 0221 - 709 99 65
www.boedecker.kulturserver-nrw.de

**Friedrich-Bödecker-Kreis
in Rheinland-Pfalz e.V.**
Klarastr. 4
55116 Mainz
Tel. 06131 - 22 88 55
Fax 06131 - 22 88 45
mail@fbk-rlp.de
www.fbk-rlp.de
Schwerpunkt: Kinder- und Jugendliteratur
Honorar: nach Vereinbarung
Bewerbung: schriftlich

**Friedrich-Bödecker-Kreis
Saarland e.V.**
Hans-Alexander Roland
Saarlandisches Künstlerhaus
Karlstr. 1
66111 Saarbrücken

Tel. 0681 - 37 56 10
Fax 0681 - 390 56 30
fbk.saarland@t-online.de
Schwerpunkt: Vermittlung von Autorenlesungen, hauptsächlich in Schulen
Honorar: z. Zt.: € 165 für die erste Veranstaltung, € 130 für weitere am gleichen Tag, Nachmittags- und Abendveranstaltungen nach Vereinbarung
Bewerbung: schriftlich

Friedrich-Bödecker-Kreis in Baden-Württemberg e.V.
Ulrike Wörner
Heugasse 13
73728 Esslingen
Tel. 0711 - 699 07 00
Fax 0711 - 300 13 68
friedrich-boedecker-kreisbw@t-online.de
www.Boedecker-Kreis.de
Schwerpunkt: Organisation und Finanzierung von Schullesungen
Bewerbung: Bewerbungen bitte an den Bundesverband FBK, Tel. 0511 - 980 58 23, fbk.nds@t-online.de

Friedrich-Bödecker-Kreis in Bayern e.V.
Eva Rubach
Adolf-Kölping-Str. 15
83093 Bad Endorf
Tel. 08053 - 490 16
Fax 08053 - 490 16
eva.rubach@gmx.de
Schwerpunkt: Förderung von Autorenlesungen für Kinder und Jugendliche: Zuschüsse, Informationsmaterial
Honorar: 1. Lesung: € 205; weitere Lesungen am selben Tag € 128
Bewerbung: Veranstalter von Lesungen und Autoren, die Lesungen durchführen wollen, können sich telefonisch oder schriftlich an die Geschäftsstelle wenden.

Friedrich-Bödecker-Kreis für Thüringen e.V.
Magdeburger Allee 22
99084 Erfurt
Tel. 0361 - 561 29 18
Fax 0361 - 561 29 18
fbk@fbk-thueringen.jetzweb.de
www.fbk-thueringen.jetzweb.de
Vorsitzende: Dr. Ute Frey
Projektmanagerin: Ellen Blumert
Schwerpunkt: Lesung für Kinder und Jugendliche an Schulen, Bibliotheken und Freizeiteinrichtungen, Projektförderung, Schreibwerkstätten
Honorar: 1 Lesung € 204, 2 Lesungen an einem Tag € 306,76
Bewerbung: Autoren können sich schriftlich bewerben. Hierzu benötigen wir Biografie und Bibliografie. Es muss mindestens 1 Buch veröffentlicht sein.

▷ *Ich kann hexametern!*
Die Förderung des Literaturnachwuchses muss mit 25 enden!

Von Florian Felix Weyh

Eine Berufswahl hat zwei Facetten: Erwerbsstreben und persönliches Engagement. Guter Lohn entschädigt für öde Arbeitstage, während innere Befriedigung mit kargen Honoraren versöhnt. Zu Beginn des Berufslebens hält sich beides die Waage – außer im Kulturbetrieb. Dort glaubt die Mehrheit, Erfolge entstünden ausschließlich aus Engagement, Engagement trage über 45 Berufsjahre hinweg, und finanzielle Zwänge ... darüber kann man nachdenken, wenn man reich und berühmt geworden ist. Oder wenn der Staat seine Zuflüsse drosselt.

Das tut er mit Sicherheit. Wenn nicht generell, so doch an einer bestimmten Altersgrenze. Mit 35 Jahren ist unweigerlich Schluss. Bis 35 erhält man Nachwuchsstipendien, Förderpreise, Anerkennungsprämien für jede Kunstentäußerung. Plötzlich ist alles vorbei. Der Staat entlässt seine Kinder in die Selbständigkeit, denn wen man so lange gefördert hat, der muss es auch geschafft haben.

In den fetten Jahren der Republik verlief der Sturz noch halbwegs abgefedert. Die Alimentierung ließ zwar mit dem 36. Geburtstag nach, doch es gab noch genügend Möglichkeiten, sich durch aufgestellte Grießbreitöpfe hindurchzufressen. Vorausgesetzt, man hatte die Latenzphase der »künstlerischen Reifung« dazu genutzt, ein dichtes Netzwerk zu jenen Kulturfunktionären zu knüpfen, die die Grießbreitöpfe ohne Altersbeschränkung verwalteten. Für die heute 35- bis 45-Jährigen kommt alles anders. Zur individuellen 35er-Barriere gesellt sich die Erkenntnis, dass man seine Berufsbiografie in den satten Endachtzigern oder euphorischen Frühneunzigern unter falschen Voraussetzungen begonnen hatte. Damals gab es noch den bis zur Debilität gutmütigen Förderstaat, den man lauthals schmähen konnte, und man bekam dennoch Geld von ihm. Auf solch unerschütterliche Fundamente ließ sich ein Leben als Berufsdramatiker, Berufsbildhauer, ja Berufslyriker ohne angeschlossene Hautarztpraxis gründen. Armer Dr. Benn! Er musste noch arbeiten!

Heute steht der alternde Kunstheld genauso verloren auf dem Arbeitsmarkt herum wie ein Straßenkehrer ohne Schulabschluss. Mit kaum vermittelbaren Kenntnissen (»Ich kann hexametern, aber nur bei sonniger Stimmung«), fürs nachgeschobene Brotstudium zu alt. Selbst der tumbste Staat musste irgendwann begreifen, auf welcher Lebenslüge Kulturbiografien fußen, und sich der finanziellen Verantwortung entziehen, die ihm damit oktroyiert wurde. Zu Recht! »Künstlerisches Engagement« buchstabiert sich in der Mehrzahl der Fälle als Selbstbestätigungswahn, Ichsucht, mangelnder Adaptionswille. In feurigen Jugendjahren ist dieser Wahn groß, ab einem bestimmten Alter begreifen Klügere die eigene Verblendung. Und bemerken, wie sich an ihnen ein Naturgesetz vollzieht: Engagement nutzt sich ab, Erwerbssinn bleibt.

Muss man jugendliche Fehlentscheidungen bei der Berufswahl subventionieren? Nein! Genau das war ja Anno dunnemals die Absicht des 35er-Förderstopps, die Experimentierphase zu beenden und die Leute zurück ins reale Leben zu schicken. Nur verschob sich mit Ausdehnung der Pubertät die Grenze immer weiter nach hinten. In Zukunft muss Nachwuchsförderung spätestens mit 25 enden. In einem Alter, da man noch umsatteln kann, wenn Zähigkeit, Nervenstärke und Talent nicht ausreichen für ein Leben im permanenten Erzeugungsdruck.

Klingt ungerecht den heute 20-Jährigen gegenüber, aber sie werden es später danken, dass man sie nicht in Sackgassen hineingefördert hat, wo man sie dann achselzuckend stehen lässt. Vielleicht lassen sie gleich ganz ab vom Leben als Dichter, Maler, Komponist. Wo mehr als 50 Prozent Enthusiasmus gefragt sind, um ein Produkt zu schaffen oder eine Tätigkeit auszuüben, existieren keine Berufsaussichten. Verstetigung von Enthusiasmus hat uns die Evolution nicht in die Gene geschrieben, Enthusiasmus lässt sich nicht »professionalisieren«.

So ist das mit der Kultur. Ein Feld für Liebhaber. Wer's nicht glauben will, falle selber rein. Jammern verboten!

Florian Felix Weyh lebt als freier Autor in Berlin. Sein jüngstes Buch trägt den Titel *Kleine Philosophie der Passionen, Internet.*

ADRESSEN · ADRESSEN · ADRESSEN · ADRESSEN

▷ *Literaturpreise*

Alemannischer Literaturpreis
Stadt Waldshut-Tiengen
79761 Waldshut-Tiengen
Tel. 07751 - 83 31 90
Fax 07751 - 83 31 26
kultur@waldshut-tiengen.de
Ansprechpartner: Kulturamt
Hartmut Schölch
Vergabeturnus: alle drei Jahre
Hinweise: Alemannischer Sprachraum
Dotierung: € 7.500
Eigenbewerbung: nein

Stefan-Andres-Preis der Stadt Schweich
Stefan Andres-Gesellschaft e.V.
Niederprümer Hof
54338 Schweich
Tel. 06502 - 65 24
Fax 06502 -93 51 48
info@stefan-andres-gesellschaft.de
www.stefan-andres-gesellschaft.de
Ansprechpartner:
Prof. Dr. Georg Guntermann
Universität Trier
FB II – Germanistik – Neuere dt.
Literaturwissenschaft, 54286 Trier
Sparten: Literatur deutscher Sprache

Vergabeturnus: alle drei Jahre
Dotierung: € 3.000
Eigenbewerbung: nein

Angerburger Kulturpreis
Landkreis Rotenburg Wümme
Hauptamt · Postfach 11 40
27344 Rotenburg/Wümme
Tel. 04261 - 75 21 30
Fax 04261 - 75 21 97
Ansprechpartner: Herr Twiefel
Sparten: Literarische und andere künstlerische und wissenschaftliche Arbeiten, auch Audio- und Videoarbeiten, Angerburger Künstler (darüber hinaus s. Ausschreibung)
Vergabeturnus: alle drei Jahre
Hinweise: unveröffentlichte oder nach dem 21. Januar 1955 erstmalig veröffentlichte Arbeiten
Dotierung: € 500
Bewerbungsschluss: 31. Dezember
Eigenbewerbung: nein

aspekte-Literaturpreis
Zweites Deutsches Fernsehen (ZDF), Mainz
Unter den Linden 36-38
10117 Berlin
Tel. 030 - 20 99-13 30, -13 31

Fax 030 - 20 99-1328
heitmann.m@zdf.de
Ansprechpartner:
Dr. Wolfgang Herles
Vergabeturnus: jährlich
Dotierung: € 7.500
Eigenbewerbung: nein

Tage der deutschsprachigen Literatur mit Vergabe des Ingeborg-Bachmann-Preises
ORF-Studio Kärnten
Sponheimerstr. 13
A-9010 Klagenfurt/Österreich
Tel. 0043 - 463 533 029 528
Fax 0043 - 463 533 029 534
michaela.monschein@orf.at
www.bachmannpreis.orf.at
Ansprechpartner: Binia Salbrechter
Dr. Alfred Dickermann
Sparten: Prosa – unveröffentlicht
Vergabeturnus: jährlich
Hinweise: unveröffentlichte Erzählung
Dotierung: € 22.500
Bewerbungsschluss: im Februar
Eigenbewerbung: Eigenbewerbung, jedoch mit schriftlicher Empfehlung eines Verlags oder einer Literaturzeitschrift an Jury-Mitglieder

Walter-Bauer-Preis
Städte Merseburg und Leuna
Postfach 16 61
06206 Merseburg
Tel. 03461 - 21 23 31
Fax 03461 - 21 20 09

post@merseburg-kultur.de.de
www.merseburg.de
Ansprechpartner: Michael George
Sparten: Literatur
Hinweis: Literarisches Schaffen im Sinne Walter Bauers oder Verdienste um die Bewahrung des Schaffens von Walter Bauer
Vergabeturnus: alle zwei Jahre
Dotierung: € 5.000
Eigenbewerbung: nein

Großer Literaturpreis der Bayerischen Akademie der Schönen Künste
Bayerische Akademie der Schönen Künste
Max-Joseph-Platz 3
80539 München
Tel. 089 - 290 07 70
Fax 089 - 290 077 23
info@badsk.de / www.badsk.de
Ansprechpartner: Frau Langemann
Vergabeturnus: jährlich
Dotierung: € 30.000
Eigenbewerbung: nein

Bayerische Akademie der Schönen Künste (Mitgliedschaft)
Bayerische Akademie der Schönen Künste
Max-Joseph-Platz 3
80539 München
Tel. 089 - 290 07 70
Fax 089 - 290 077 23
info@badsk.de /
www.badsk.de

Sparten: Bildende Kunst, Darstellende Kunst, Literatur, Musik
Vergabeturnus: nicht festgelegt
Eigenbewerbung: nein

Bayerischer Literaturpreis – Jean-Paul-Preis
Freistaat Bayern – Bayerisches Staatsministerium für Wissenschaft, Forschung und Kunst
Salvatorpolatz 2
80333 München
Tel. 089 - 21 86 2254
Fax 089 - 21 86 2813
Ansprechpartner: Dr. Detlef Kulman
Sparten: Würdigung des literarischen Gesamtwerkes eines deutschsprachigen Schriftstellers
Vergabeturnus: alle zwei Jahre
Dotierung: € 15.000
Eigenbewerbung: nein

Horst-Bienek-Preis für Lyrik
Horst-Bienek-Stiftung
c/o Bayerische Akademie der Schönen Künste
Max-Joseph-Platz 3
80539 München
Tel. 089 - 290 07 70
Fax 089 - 290 077 23
info@badsk.de / www.badsk.de
Ansprechpartner: Frau Langemann
Sparten: Lyrik
Vergabeturnus: jährlich (nach Möglichkeit)
Dotierung: € 20.000
Eigenbewerbung: nein

Friedrich-Bödecker-Preis
Friedrich-Bödecker-Kreis in Niedersachsen e.V.
Künstlerhaus
Sophienstr. 2
30159 Hannover
Tel. 0511 - 980 58 23
Fax 0511 - 809 21 19
fbk.nds@t-online.de
www.Boedecker-Kreis.de
Ansprechpartner: Udo von Alten
Sparten: Kinder- u. Jugendliteratur / Leseförderung
Vergabeturnus: alle zwei Jahre
Dotierung: € 2.000
Eigenbewerbung: nein

Bodensee-Literaturpreis der Stadt Überlingen
Stadt Überlingen
Kulturamt
Steinhausgasse 1
88662 Überlingen
Tel. 07551 - 99 10 70 oder 99 10 71
Fax 07551 - 99 10 77
g.muellerueberlingenden.de
www.ueberlingen.de
Ansprechpartner: Kulturamt
Sparten: Lyrik, Prosa und Sachprosa, die literarischen Ansprüchen genügt
Vergabeturnus: jährlich
Dotierung: € 5.000
Eigenbewerbung: nein

Heinrich-Böll-Preis der Stadt Köln
Kulturamt der Stadt Köln
Richarzstr. 2-4
50667 Köln
Tel. 0221 - 22 12 34 81
Fax 0221 - 22124953
Gerd.Winkler@stadt-koeln.de
Ansprechpartner: Gerd Winkler
Sparten: deutschsprachige Literatur
Vergabeturnus: alle 2 Jahre
(ungerade Jahre)
Hinweise: Vorschläge nur durch Jury
Dotierung: € 20.000
Eigenbewerbung: nein

Nicolas-Born-Preis
Niedersächsisches Ministerium für Wissenschaft und Kultur
Postfach 261
30002 Hannover
Tel. 0511 - 120 25 65
Fax 0511 - 120 28 05
jochen.freise@mwk.niedersachsen.de
Ansprechpartner: Jochen Freise
Sparten: Literatur
Vergabeturnus: jährlich
Dotierung: € 15.000
Eigenbewerbung: nein

Bertolt-Brecht-Preis der Stadt Augsburg
Stadt Augsburg
Maximilianstr. 4
86150 Augsburg
Tel. 0821 - 324 21 11
Fax 0821 - 324 21 40
kulturreferat.stadt@augsburg.de
Bewerberkreis: Verfahren ist nicht öffentlich, keine Ausschreibung
Vergabeturnus: alle 3 Jahre
Thematik: Kritische Auseinandersetzung mit der Gegenwart
Dotierung: € 15.000
Eigenbewerbung: nein

Joseph-Breitbach-Preis
Stiftung Joseph Breitbach in Zusammenarbeit mit der Akademie der Wissenschaften und der Literatur, Mainz
Geschwister-Scholl-Str. 2
55131 Mainz
Tel. 06131 - 57 71 02
Fax 06131 - 57 71 03
petra.plaettner@adwmainz.de
www.adwmainz.de
Ansprechpartner: Petra Plättner
Sparten: alle Sparten (inkl. Übersetzung)
Bewerberkreis: deutschsprachige Autoren
Vergabeturnus: jährlich
Dotierung: € 250.000
Eigenbewerbung: nein

Bremer Literaturpreis
Rudolf-Alexander-Schröder-Stiftung
c/o Stadtbibliothek Bremen
Am Wall 201
28195 Bremen
Tel. 0421 - 381 40 46
Fax 0421 - 361 69 03
Ansprechpartner: Barbara Lison

Sparten: Belletristik
Vergabeturnus: jährlich
Dotierung: € 15.000
Eigenbewerbung: nein

**Clemens Brentano-Förderpreis
für Literatur**
Kulturamt der Stadt Heidelberg
Haspelgasse 12
69117 Heidelberg
Tel. 06221 - 583 30 40
Fax 06221 -583 34 90
kulturamt@heidelberg.de
www.heidelberg.de
Ansprechpartner: Alexandra Eberhard
Sparten: Erzählung, Essay, Roman und Lyrik im jährlichen Wechsel
Bewerberkreis: AutorInnen, die mind. ein, aber nicht mehr als drei literarische Werke veröffentlicht haben.
Vergabeturnus: jährlich
Dotierung: € 10.000
Eigenbewerbung: Eigenbewerbung nicht möglich

Brigitte-Roman-Wettbewerb
Redaktion Brigitte
Am Baumwall 11
20459 Hamburg
Tel. 040 - 370 32 446
Fax 040 - 370 35 7 14
Sparten: Kurzgeschichten
Bewerberkreis: Debütanten
Vergabeturnus: jährlich
Hinweise: unveröffentlichter Text

Dotierung: Verlagsvertrag
Bewerbungsschluss: 1. Dezember
Eigenbewerbung: möglich

Georg-Büchner-Preis
Deutsche Akademie für Sprache und Dichtung e.V.
Alexandraweg 23
64287 Darmstadt
Tel. 06151 - 409 20
Fax 0651 - 40 92 99
sekretariat@deutscheakademie.de
www.deutscheakademie.de
Ansprechpartner: Pressereferentin
Sparten: Literatur
Vergabeturnus: jährlich
Dotierung: € 40.000
Eigenbewerbung: nein

**Wilhelm-Busch-Preis für
satirische und humoristische
Versdichtung**
Wilhelm-Busch-Preis
Altes Rathaus
Am Markt 1
31655 Stadthagen
Tel. 05721 - 54 48
Fax 05721 - 92 50 45
057214355-001@t-online.de
Ansprechpartner:
Dr. Michael Schalich
Sparten: satirische und humoristische Versdichtung
Vergabeturnus: jährlich
Dotierung: € 6.000
Eigenbewerbung: möglich

Ceram-Preis für das archäologische Sachbuch
Rheinisches Landesmuseum Bonn
und der Landschaftsverband
Rheinland
Colmantstr. 14-16
53115 Bonn
Tel. 0228 - 98810
Fax 0228 - 988-12-29
Ansprechpartner:
Dr. Werner Hilgers
Sparten: Archäologische Sachbücher
Vergabeturnus: alle fünf Jahre
Dotierung: € 5.000
Eigenbewerbung: möglich

Johann Friedrich von Cotta-Literatur- und Übersetzungspreis der Landeshauptstadt Stuttgart
Landeshauptstadt Stuttgart
Kulturamt
Eichstr. 9
70173 Stuttgart
Tel. 0711 - 216-63 32
Fax 0711 - 216-95 63 32
marion.kodura@stuttgart.de
www.stuttgart.de
Ansprechpartner: Marion Isabella Kadura
Sparten: Literatur
Vergabeturnus: alle drei Jahre

Ernst-Robert-Curtius-Preis für Essayistik
BOUVIER VERLAG
Universitätsbuchhandlung
Bouvier Verpachtungs-GmbH
Fürstenstr. 3
53111 Bonn
Ansprechpartner:
Thomas Grundmann
Sparten: Essayistik
Vergabeturnus: alle 2 Jahre (zuletzt 2003)
Dotierung: Hauptpreis € 8.000, Förderpreis € 4.000
Eigenbewerbung: nein

d.lit.-Literaturpreis der Stadtsparkasse Düsseldorf
Stadtsparkasse Düsseldorf
Kunst- und Kulturstiftung
Berliner Allee 33
40212 Düsseldorf
Tel. 0211 - 878 13 25
Fax 0211 - 878 36 36
0211878-8522@t-online.de
Ansprechpartner:
Martin Waetermanns
Sparten: Literatur
Vergabeturnus: jährlich
Hinweise: richtet sich an deutschsprachige AutorInnen, deren Werke inhaltlich oder formal Bezüge zu anderen Kunstsparten zeigen.
Dotierung: € 15.000
Eigenbewerbung: nein

Dachauer Literatur-Medaille
Verlagsanstalt »Bayerland«, Dachau
Konrad-Adenauer-Str. 19
85208 Dachau
Tel. 08131 - 720 66
Fax 08131 - 73 53 99
zentrale@bayerland-amperbote.de
Ansprechpartner: Klaus Kiermeier
Sparten: Bayerische Sprache,
Schrifttum und Kunst
Vergabeturnus: jährlich
Eigenbewerbung: nein

DAI-Literaturpreis
DAI-Verband deutscher Architekten
und Ingenieurvereine
Keithstr. 2
10787 Berlin
Tel. 030 - 21 47 31 63
Fax 030 - 21 47 31 82
info@dai.org / www.dai.org
Ansprechpartner: Udo Samenberg,
Geschäftsführer
Sparten: Literatur und Publizistik
zum Thema Architekten und
Ingenieure
Vergabeturnus: alle 2 Jahre
Eigenbewerbung: nein

Dedalus-Preis für Neue Literatur
Land Baden-Württemberg und
Süd-West Rundfunk
Postfach 10 34 53
70029 Stuttgart
Tel. 0711 - 279 29 82
Fax 0711 - 279 32 13
ursula-bernhardt@mwk.bwl.de
www.mwk-bw.de
Ansprechpartner:
Dr. Ursula Bernhardt
Sparten: neue Literatur
Vergabeturnus: alle 2 Jahre
Dotierung: € 10.000
Eigenbewerbung: nein

**Großer Preis der
Deutschen Akademie für
Kinder- und Jugendliteratur**
Deutsche Akademie für Kinder-
und Jugendliteratur e.V.
Hauptstr. 42
97332 Volkach
Tel. 09381 - 4355
Fax 09381 - 716 232
Akademie.KJL@t-online.de
www.akademie-volkach.de
Ansprechpartner:
Prof. Dr. Kurt Franz
Bewerberkreis: Autoren, Illustrato-
ren, Komponisten, Wissenschaftler
Vergabeturnus: jährlich
Dotierung: € 3.000
Eigenbewerbung: nein

**Großer Preis, Volkacher Taler
und Sonderpreise der
Deutschen Akademie für Kinder-
und Jugendliteratur e.V.**
Deutsche Akademie für Kinder-
und Jugendliteratur e.V.
Hauptstr. 42
97332 Volkach
Tel. 09381 - 43 55
Fax 09381 - 716 232

Akademie.KJL@t-online.de
www.akademie-volkach.de
Ansprechpartner: Christel Schlier
Sparten: Kinder- und Jugend-
literatur, auch Übersetzung
Vergabeturnus: jährlich
Dotierung: € 6.000
Eigenbewerbung: nein

Deutscher Buchpreis
Börsenverein des Deutschen
Buchhandels e.V.
Großer Hirschgraben 17-21
60113 Frankfurt/Main
Tel. 069 - 130 63 31
www.boev.de
Sparten: Literaturpreis
Vergabeturnus: jährlich
Dotierung: € 37.500
Eigenbewerbung: nein

Deutscher Jugendliteraturpreis
Arbeitskreis für Jugendliteratur
Metzstr. 14 c
81667 München
Tel. 089 - 458 08 06
Fax 089 - 45 80 80 88
info@jugendliteratur.org
www.jugendliteratur.org
Ansprechpartner: Julia Lentge
Sparten: Kinder- und Jugend-
literatur und deren Übersetzung
Vergabeturnus: jährlich
Dotierung: 4 x € 15.000, 1 Sonder-
preis € 20.000
Eigenbewerbung: möglich

Alfred-Döblin-Preis
gestiftet von Günter Grass
Stiftung Alfred-Döblin-Preis /
Sitz: Akademie der Künste Berlin
Literarisches Colloquium Berlin
(Bewerbungen ans LCB)
Am Sandwerder 5
14109 Berlin
Tel. 030 - 816 99 60 oder
030 - 39 07 61 22 (Akademie)
Fax 030 - 816 99 619
mail@lcb.de / www.lcb.de
Ansprechpartner:
Dr. Ulrich Janetzki / Karin Kiwus
(Akademie der Künste)
Sparten: Prosa (unveröffentlichte
Manuskripte)
Bewerberkreis: alle AutorInnen
Vergabeturnus: alle zwei Jahre
(2005 ...)
Hinweise: Manuskripte, die noch
in Arbeit sind
Dotierung: ca. € 12.000
Bewerbungsschluss: 15. Januar
Eigenbewerbung: möglich

Heimito-von Doderer-Preis
und
Heimito-von Doderer-Förderpreis
c/o Heimito von Doderer-
Gesellschaft
Literarisches Colloquium Berlin
Am Sandwerder 5
14109 Berlin
Tel. 030 - 816 99 50
Fax 030 - 816 996 19
www.doderer-gesellschaft.org

Ansprechpartner: Dr. Kai Luehrs-Kaiser
Sparten: Prosa und Lyrik
Vergabeturnus: jährlich
Dotierung: € 20.000 und € 5.000
Eigenbewerbung: nein

Dresdner Lyrikpreis
Dresdner Literaturbüro e.V.
Antonstr. 1
01097 Dresden
Tel. 0351 -804 50 87
Fax 0351 -804 50 87
Ansprechpartner: Valeska Falkenstein
Bewerberkreis: Bewerber aus dem deutschsprachigen Raum und der Tschechischen Republik können von Verlagen, Herausgebern von Literaturzeitschriften, Autorenverbänden und literarischen Vereinigungen vorgeschlagen werden.
Vergabeturnus: alle 2 Jahre, im Juni 2006
Hinweise: 6 bis 10 Gedichte in fünffacher Ausfertigung sowie Biobibliographie, Verwendung eines Kennwortes für Texte und Biobibliographie, Bewerbungen nicht über Einschreiben einreichen, auch nicht per Mail oder Fax, keine Rücksendung der Manuskripte
Dotierung: € 5.000
Bewerbungsschluss: 15.6.05
Eigenbewerbung: erwünscht

Ingeborg-Drewitz-Literaturpreis für Gefangene
Dokumentationsstelle Gefangenenliteratur Westfälische Wilhelms-Universität Münster
Leonardo-Campus 11
48149 Münster
Tel. 0251 - 833 93 16
Fax 0251 - 833 93 69 /
0251 - 833 91 50
dokurg@uni-muenster.de
www.deuserv.uni-muenster.de/lfdSuLuiD/Randgruppen/frames12.htm
Ansprechpartner: Prof. Dr. H. Koch
Sparten: Lyrik, Prosa, Essays, Theater, Hörspiel
Bewerberkreis: Gefangene (auch ehemalige)
Vergabeturnus: alle zwei Jahre
Bewerbungsschluss: variabel
Eigenbewerbung: möglich

Annette-von-Droste-Hülshoff-Peis des Landschaftsverbandes Westfalen-Lippe
Westfälischer Literaturpreis
Landschaftsverband Westfalen-Lippe (LWL), Münster
Warendorferstr. 24
48133 Münster
Tel. 0251 - 591 46 89
Fax 0251 - 59 12 68
dieter.welbers@lwl.org
www.kultur-westfalen.de
Ansprechpartner: Prof. Dr. Manfred Balzer oder Herr Dieter Welbers

Sparten: hoch- und niederdeutsche Belletristik
Bewerberkreis: In Westfalen geboren oder dort lebend
Vergabeturnus: alle zwei Jahre
Dotierung: € 12.800
Eigenbewerbung: nein

Droste Preis der Stadt Meersburg und Literaturförderpreis
Kulturamt der Stadt Meersburg
Postfach 1140
88701 Mersburg
Tel. 07532 - 440-260
Fax 07532 - 440-264
kulturamt@meerseburg.de
www.meersburg.de
Ansprechpartner: Brigitte Rieger-Benkel
Sparten: Literatur
Vergabeturnus: alle 3 Jahre
Dotierung: € 10.000
Eigenbewerbung: nein
unabhängige Jury

Konrad-Duden-Preis der Stadt Mannheim
Stadt Mannheim und Bibliographisches Institut Mannheim
Brückenstr. 2-4
68167 Mannheim
Tel. 0621 - 293 70 20
Fax 0621 - 293 74 68
Sabine.schirra@mannheim.de
Ansprechpartner: Sabine Schirra
Sparten: Sprachwissenschaft: Germanistik

Vergabeturnus: alle zwei Jahre
Dotierung: € 20.000
Eigenbewerbung: nein

»Eberhard« Kinder- und Jugendliteraturpreis des Landkreises Barnim
Landkreis Barnim
Schulverwaltungs- und Kulturamt
Heegermühler Str. 75
16225 Eberswalde
Tel. 03334 - 21 42 55
Fax 03334 - 21 43 34
sva@barnim.de / www.barnim.de
Sparten: Kinder- und Jugendliteratur zum Thema Umwelt, alles Genres außer Sachliteratur
Bewerberkreis: Erwachsene aus dem deutschsprachigen Raum
Vergabeturnus: ab 2005 alle 2 Jahre
Dotierung: € 2.500
Bewerbungsschluss: September
Eigenbewerbung: möglich

Werner-Egk-Preis
Stadt Donauwörth
Postfach 14 53
86604 Donauwörth
Tel. 0906 -78 91 00
Fax 0906 - 78 91 09
stadt@donauwoerth.de
www.donauwoerth.de
Ansprechpartner: Oberbürgermeister Armin Neuder
Sparten: Bildende Kunst, Literatur, Musik, Wissenschaft, Heimatpflege
Vergabeturnus: alle 2 Jahre

Dotierung: € 6.000
Eigenbewerbung: nein

Eichendorff-Literaturpreis
Wangener Kreis Gesellschaft für Literatur und Kunst »Der Osten«
Zur Wanne 34
88239 Wangen
Tel. 07522 - 6401
Ansprechpartner: Walter Sterk
Bewerberkreis: Professionelle Autoren, Nachwuchs
Vergabeturnus: jährlich
Hinweise: Literarische Arbeiten im Sinne Eichendorffs
Dotierung: € 5.000
Eigenbewerbung: möglich, wenn auch nicht üblich

Elsasspreis der Stadt Schongau
Stadt Schongau
Rathaus
86956 Schongau
Tel. 08861 - 214-1 80
Fax 08861 - 214-8 80
touristinfo@schongau.de
www.schongau.de
Ansprechpartner: Ursula Diesch
Sparten: Literatur zur deutsch-französischen Verständigung
Vergabeturnus: alle 2 Jahre
Dotierung: € 2.000
Eigenbewerbung: nein

Gerrit-Engelke-Literaturpreis
Kulturbüro der Stadt Hannover
Friedrichswall 15
30159 Hannover
Tel. 0511 - 168 424 93
Fax 0511 - 168 450 73
Elke.Oberheide@Hannover-Stadt.de
Ansprechpartner: Elke Oberheide
Sparten: Alle Gattungen
Vergabeturnus: alle 2 Jahre
Hinweise: Veröffentlichungen
Dotierung: € 10.000
Bewerbungsschluss: Auswahl erfolgt durch eine unabhängige Jury
Eigenbewerbung: nein

Rahel-Varnhagen-von-Ense-Medaille
Senatsverwaltung für Wissenschaft, Forschung und Kultur
Brunnenstr. 188-190
10119 Berlin
Tel. 030 - 90 22 85 36
Fax 030 - 90 22 84 57
Wolfgang.meyer@senwfk.verwalt-berlin.de
www.kultur.berlin.de
Ansprechpartner: Wolfgang Meyer
Bewerberkreis: Persönlichkeiten, die sich um das literarische Leben in Berlin verdient gemacht haben
Vergabeturnus: Unregelmäßig
Dotierung: keine
Eigenbewerbung: nein

Maria-Ensle-Preis
Kunststiftung Baden-Württemberg
GmbH
Gerokstr. 37
70184 Stuttgart
Tel. 0711 - 236 47 20
Fax 0711 - 236 10 49
info@kunststiftung.de
www.kunststiftung.de
Ansprechpartner:
Petra von Olschowski
Sparten: Bildende Kunst, Literatur, Musik
Vergabeturnus: jährlich
Hinweise: ältere Künstler
Dotierung: € 12.500
Eigenbewerbung: nein

Essaypreis der Büchergilde Gutenberg
Büchergilde Gutenberg
Stuttgarter Str. 25-29
60329 Frankfurt a.M.
Tel. 069 - 27 39 08 41
Fax 069 - 27 3908 27
guderjahn@buechergilde.de
www.buechergilde.de
Ansprechpartner: Heike Guderjahn
Sparten: Essay
Vergabeturnus: zweijährig
Dotierung: voraussichtl. € 2.500
Eigenbewerbung: Eigenbewerbung erforderlich

Evangelischer Buchpreis des Deutschen Verbandes Evangelischer Büchereien
Deutscher Verband Evangelischer Büchereien e.V.
Bürgerstr. 2a
37073 Göttingen
Tel. 0551 - 500 759-0
Fax 0551 - 704415
dveb@dveb.info.de
www.dveb.info
Ansprechpartner: Gabriele Kassenbrock
Sparten: Kinder- und Jugendbuch im jährlichen Wechsel mit Romanen, Erzählungen
Vergabeturnus: jährlich
Hinweise: Leserpreis, Bewerbung nur durch Vorschlag von LeserInnen
Dotierung: € 5.000
Bewerbungsschluss: 30.6. des Jahres
Eigenbewerbung: nein

Hans-Fallada-Preis der Stadt Neumünster
Kulturbüro der Stadt Neumünster
Brachenfelder Str. 45
24534 Neumünster
Tel. 04321 - 942-2316
Fax 04321 - 942-34 22
kulturbüro@neumuenster,de
www.neumuenster,de
Ansprechpartner: Dr. Martin Sadek
Vergabeturnus: alle 2 Jahre
(nächste Verleihung Frühjahr 2006)
Dotierung: € 8.000
Eigenbewerbung: nein

Deutscher Fantasy-Preis
Erster Deutscher Fantasy Club e.V.
Postfach 1371
94003 Passau
Tel. 0851 - 58137
Fax 0851 - 58138
edfc@edfc.de / www.edfc.de
Ansprechpartner: R. Gustav Gaisbauer
Sparten: phantastische Literatur
Vergabeturnus: jährlich
Dotierung: alle 4 Jahre € 2.000
Eigenbewerbung: nein

Lion-Feuchtwanger-Preis
Akademie der Künste
Hanseatenweg 10
10557 Berlin
Tel. 030 - 39076124
Fax 030 - 39 0 76 175
voigt@adk.de / www.adk.de
Ansprechpartner: Dr. Barbara Voigt
Sparten: Historische Prosa
Vergabeturnus: alle 2 Jahre
Dotierung: € 7.500
Eigenbewerbung: nein

Marieluise-Fleißer-Preis
Kulturamt der Stadt Ingolstadt
Unterer Graben 2
85049 Ingolstadt
Tel. 0841 - 305 18 16
Fax 0841 - 305 18 05
harald.kneitz@ingolstadt.de
Ansprechpartner: Herr Kneitz
Sparten: Literatur aller Sparten (auch Hör- und Fernsehspiele

Bewerberkreis: Deutschsprachige AutorInnen
Vergabeturnus: alle 2 Jahre
Hinweise: Thematische Nähe zum Werk Fleißers
Dotierung: € 10.000
Eigenbewerbung: nein

Freudenthal-Preis
Freudenthal-Gesellschaft e.V.
Poststr. 12
29614 Soltau
Tel. 05191 - 822 05
info@freudenthal.gesellschaft.de
www.freudenthal.gesellschaft.de
Ansprechpartner: Harry Struck, Geschäftsführer
Sparten: Gedichte, Kurzgeschichten, Hörspiele oder Spielszenen in plattdeutscher Sprache (Poesie und Prosa
Vergabeturnus: jährlich
Dotierung: z. Zt. € 2.500, ab 2006 voraussichtlich € 3.000
Bewerbungsschluss: 31. Mai
Eigenbewerbung: möglich

Sigmund-Freud-Preis
Deutsche Akademie für Sprache und Dichtung e.V.
Alexandraweg 23
64287 Darmstadt
Tel. 06151 - 40920
Fax 06151 - 409299
sekretariat@deutscheakademie.de
www.deutscheakademie.de
Sparten: wissenschaftliche Prosa

Vergabeturnus: jährlich
Dotierung: € 12.500
Eigenbewerbung: nein

**Erich-Fried-Preis für
Literatur und Sprache**
Internationale Erich-Fried-Gesellschaft c/o Literaturhaus Wien,
Dr. Heinz Lunzer
Seidengasse 13
A-1070 Wien
Vergabeturnus: jährlich
Hinweise: gestiftet vom Bundeskanzleramt Kunst Abteilung II/5, vergeben von der Erich-Fried-Gesellschaft
Dotierung: € 14.600
Eigenbewerbung: nein

**Friedenspreis des
Deutschen Buchhandels**
Börsenverein des Deutschen Buchhandels e.V.
Berliner Büro
Referat Friedenspreis
Schiffbauer Damm 5
10117 Berlin
Tel. 030 - 280 07 83 44
Fax 030 - 280 07 83 50
m.schult@boev.de
www.boersenverein.de
Ansprechpartner: Martin Schult
Sparten: Literatur, Wissenschaft und Kunst Sonstige (Verwirklichung des Friedengedanken)
Bewerberkreis: jeder
Vergabeturnus: jährlich

Hinweise: Persönlichkeit, die zur Verwirklichung des Friedensgedankens beigetragen hat
Dotierung: € 15.000
Bewerbungsschluss: 31.1.
Eigenbewerbung: nein

Friedestrompreis
Rhein-Kreis Neuss, Internationales Mundartarchiv »Ludwig Soumagne«
Schloßstr. 1
41541 Dormagen
Tel. 02133 - 53 02 10
Fax 02133 - 530 22 91
kreisarchiv@rhein-kreis-neuss.de
Ansprechpartner: Achim Thyssen
Sparten: Deutschsprachige Dialektliteratur
Vergabeturnus: alle 2 Jahre
Dotierung: € 7.000
Eigenbewerbung: nein

Stefan-George-Preis
Conseil International de la langue francais
Universitätsstr. 1
40225 Düsseldorf
Tel. 0211 - 811 40 09
Fax 0211 - 811 40 33
wodsak@phil-fak.uni-duesseldorf.de
Ansprechpartner: Dr. Mona Wodsak
Sparten: Übersetzungen frankophoner Literatur
Bewerberkreis: junge ÜbersetzerInnen frankophoner Literatur
Vergabeturnus: alle 2 Jahre
Dotierung: € 2.500

Bewerbungsschluss: 10.2.2006
Eigenbewerbung: möglich

Friedrich-Gerstäcker-Preis für Jugendliteratur
Stadt Braunschweig Kulturinstitut
Steintorwall 3
38100 Braunschweig
Tel. 0531 - 470 48 40
Fax 0531 - 470-48 09
kulturinstitut@braunschweig.de
Ansprechpartner: Dr. Annette Boldt-Stülzebach
Sparten: Jugendbuch (Abenteuer, Reise)
Vergabeturnus: alle 2 Jahre
Dotierung: € 6.500
Eigenbewerbung: möglich

Georg.-K.-Glaser-Preis
Land Rheinland-Pfalz und
Südwestrundfunk (SWR)
Ministerium für Wissenschaft, Weiterbildung, Forschung und Kultur
Wallstraße 3
55122 Mainz
Tel. 06131 - 16 27 49
Fax 06131 - 16 17 27 49
s.gauch@mwwfk.rlp.de
www.kulturland.rlp.de
Ansprechpartner: Dr. Sigfrid Gauch
Bewerberkreis: AutorInnen, die in Rheinland-Pfalz geboren sind, dort leben oder durch ihr literarisches Schaffen mit dem kulturellen Leben in Rheinland-Pfalz eng verbunden sind.

Vergabeturnus: jährlich
Hinweise: alle literarischen Gattungen (Prosa, Lyrikzyklus, Szene usw.); unveröffentlichter Text in deutscher Sprache von max. 10 Schreibmaschinenseiten à 30 Zeilen mit biobibliografischen Angaben
Dotierung: € 10.000 (Förderpreis € 3.000)
Bewerbungsschluss: Mai
Eigenbewerbung: möglich

Friedrich-Glauser-Preis – Krimipreis der Autoren
DAS SYNDIKAT Autorengruppe
deutschsprachige Kriminalliteratur
A.I.E.P.
Buschstr. 17
53113 Bonn
Tel. 0228 - 213 410
Fax 0228 - 242 1385
Crimepy@t-online.de
www.das-syndikat.com
Ansprechpartner: Thomas Przybilka
Sparten: Kriminalroman – Roman, Debut, Ehrenglauser
Bewerberkreis: Verlage/Autoren
Vergabeturnus: jährlich
Hinweise: keine Manuskripte, keine Titel aus Druckkostenzuschussverlagen und aus Selbstverlagen
Dotierung: Roman: € 5.000, Debut: € 1.500, Ehrenglauser: Statuette
Bewerbungsschluss: 31.12.
Eigenbewerbung: möglich

Glauser Kurzkrimipreis der Autoren
DAS SYNDIKAT Autorengruppe
deutschsprachige Kriminalliteratur
A.I.E.P./I.A.C.W
Richard-Wagner-Str. 15
47799 Krefeld
Tel. für 2004: 0251 - 95 06 92
Fax für 2004: 02151 - 50 01 64
www.das-syndikat.com
Ansprechpartner: Ina Coelen
Sparten: Krimikurzgeschichten
Bewerberkreis: KrimiautorInnen
Vergabeturnus: jährlich
Hinweise: max. 25 Seiten à 30 Zeilen à 60 Anschläge
Dotierung: € 2.000
Bewerbungsschluss: 31. Dezember
Eigenbewerbung: möglich

Das Goldene Taschenbuch
Ravensburger Buchverlag
Otto Maier GmbH
Postfach 18 60
88188 Ravensburg
Tel. 0751 - 86 0
Sparten: Sparten Bestseller
Eigenbewerbung: nein, nur Autoren des Hauses

Christian-Dietrich-Grabbe Literaturpreis
Detmold Marketing
Kultur Team
Charles-Lindbergh-Ring 10
32756 Detmold
Tel. 05231 - 977 - 920
Fax 05231 - 97 79 16
kulturTeam@detmold.de
www.grabbe.de
Ansprechpartner: Frau Pieper
Sparten: Der Grabbe-Preis wird für ein neues dramatisches Werk in deuscher Sprache, das eine künstlerisch innovative Leistung darstellt, verliehen
Vergabeturnus: alle drei Jahre
Dotierung: € 5.000
Bewerbungsschluss: unterschiedlich
Eigenbewerbung: möglich

Hannelore Greve Literaturpreis
Hannelore Greve Literaturpreis
und Förderpreis der Hamburger Autorenvereinigung
Hartungstraße 3
20146 Hamburg
Tel. 040 - 18 88 73 63
Fax 040 - 41 80 51
info@hamburger-autorenvereinigung.de
www.hamburger-autorenvereinigung.de
Ansprechpartner: Hamburger Autorenvereinigung
Dotierung: € 25.000, Förderpreis € 5.000
Bewerbungsschluss: 30. April
Eigenbewerbung: Eigenbewerbung für den Förderpreis möglich

Brüder-Grimm-Preis der Stadt Hanau
Magistrat der Stadt Hanau
Stadtbibliothek Hanau
Schloßplatz 2
63450 Hanau
Tel. 06181 - 295-916
Fax 06181 - 295-638
stadtbibliothek@hanau.de
www.hanau.de
Ansprechpartner: Beate Schwartz-Simon
Sparten: Literatur allgemein, ggf. Sprachforschung oder Volkskunde
Vergabeturnus: alle 2 Jahre
Dotierung: € 7.500
Eigenbewerbung: nein

Johann-Jacob-Christoph-von-Grimmelshausen-Preis
Stadtverwaltung Renchen
Hauptstr. 57
77871 Renchen
Tel. 07843 - 707-22
Fax 07843 - 707-23
rathaus@stadt-renchen.de
www.stadt-renchen.de
Ansprechpartner: Katharina Schattat
Sparten: Roman - kritische literarische Bewertung
Vergabeturnus: alle 2 Jahre
Dotierung: € insgesamt € 10.000
Eigenbewerbung: nein

Andreas-Gryphius-Preis der Künstlergilde e.V.
Die Künstlergilde e.V.
Hafenmarkt 2
73728 Esslingen
Tel. 0711 - 540 31 00
Fax 0711 - 540 31 02
kuenstlergilde@tonline.de
Ansprechpartner: Sigrid Lude
Sparten: ostdeutsche Geschichte und Belletristik (Prosa, Lyrik, Drama oder Essay)
Vergabeturnus: jährlich
Dotierung: von Förderung abhängig
Eigenbewerbung: möglich

Friedrich-Gundolf-Preis für die Vermittlung deutscher Kultur im Ausland
Deutsche Akademie für Sprache und Dichtung e.V.
Alexandraweg 23
64287 Darmstadt
Tel. 06151 - 409 20
Fax 06151 - 40 92 99
sekretariat@deutscheakademie.de
www.deutscheakademie.de
Ansprechpartner: Pressereferentin
Vergabeturnus: jährlich
Dotierung: € 12.500
Eigenbewerbung: nein

Gustav-Regler-Preis der Kreisstadt Merzig und förderpreis des Saarländischen Rundfunks
Stadtbibliothek der
Kreisstadt Merzig

Hochwaldstr. 47
66663 Merzig
www.sr-online.de
Ansprechpartner:
Vergabeturnus: alle 3 Jahre
(2007, 2010)
Dotierung: € 5.000, Förderpreis
€ 2.500
Bewerbungsschluss: 31. Dezember
Eigenbewerbung: möglich

**Hans-im-Glück-Preis der
Stadt Limburg a.d. Lahn**
Magistrat der Kreisstadt Limburg
Fischmarkt 21
65549 Limburg a. d. Lahn
Tel. 06431 - 2129-11
Fax 06431 - 2129-18
maria.lamard@stadt-limburg.de
www.limburg.de
Ansprechpartner: Maria Lamard
Sparten: Jugendbuchautoren
Bewerberkreis: Sprachlich und formal anspruchsvolle Romane und Erzählungen aus dem deutschen Sprachraum für jugendliche Leserinnen und Leser von Autoren, die bisher nicht mit einem bedeutenden Preis im Jugendliteraturbereich ausgezeichnet wurden.
Vergabeturnus: alle 2 Jahre
Hinweise: Unveröffentlichte Manuskripte (mind. ca. 100 Seiten) durch die Autoren, Neuerscheinungen der Jahre 2004, 2005 durch die Verlage
Dotierung: € 2.500 und eine Kugel mit 24-karätiger Blattvergoldung

Bewerbungsschluss: 31.10.05
Eigenbewerbung: möglich

**Peter-Härtling-Preis für
Kinder- und Jugendliteratur
der Stadt Weinheim**
Beltz & Gelberg Verlag
Postfach 10 01 54
69441 Weinheim
Tel. 06201 - 60070
Fax 06201 - 60 07 38
info@beltz.de / www.beltz.de
Ansprechpartner: Verlag Beltz & Gelberg
Sparten: Kinder- und Jugendliteratur (Prosa)
Vergabeturnus: alle 2 Jahre
Hinweise: noch unveröffentlichtes Manuskript, keine Erzählungen, 70-200 Normseiten
Dotierung: € 5.555
Eigenbewerbung: nur über Eigenbewerbung

Harzburger Jugendliteraturpreis
Hauptamt der Stadt Bad Harzburg
Forstwiese 5
38667 Bad Harzburg
Tel. 05322 - 18 88
Fax 05322 - 55 33 08
webmasterkulturklub-bad-harzburg.de
Ansprechpartner: Frau Möser
Sparten: Jugendliteratur
Vergabeturnus: alle 2 Jahre
Dotierung: € 1.500
Eigenbewerbung: möglich

ADRESSEN: Literaturpreise ◁ 435

**Walter Hasenclever Preis /
Aachener Literaturpreis**
Walter Hasenclever
Gesellschaft e.V.
c/o Dr. Bert Kasties
Igelweg 13 B
52222 Stolberg
Tel. 0241 - 80 60 79
Fax 0241 - 888 81 58
Ansprechpartner: Dr. Bert Kasties
Bewerberkreis: Deutschsprachige
AutorInnen
Vergabeturnus: alle 2 Jahre
Dotierung: € 20.000
Eigenbewerbung: nein

Johann-Peter-Hebel-Preis
Ministerium für Wissenschaft,
Forschung und Kunst
Königsstr. 46
70173 Stuttgart
Tel. 0711 - 279 29 82
Fax 0711 - 279 32 13
ursula.bernhardt@mwk.bwl.de
www.mwk-bw.de
Ansprechpartner: Dr. Ursula Bernhardt
Vergabeturnus: alle 2 Jahre
Dotierung: € 10.000
Eigenbewerbung: nein

**Heimat-Literaturpreis der
Vereinigung der Heimatfreunde
am Mittelrhein**
Vereinigung der Heimatfreunde
am Mittelrhein e.V.
Münzthaler Grund 10

55413 Weiler
Tel. 06721 - 497905
Fax 06721 - 497906
Ansprechpartner: Adam J. Schmitt
Sparten: Heimatgeschichte, Musik,
Dichtung, Lyrik mit regionalem
Bezug
Bewerberkreis: offen
Vergabeturnus: alle 2 Jahre
Hinweise: langjähriges heimatliterarisches Schaffen
Dotierung: € keine, nur künstlerisch gestaltete Urkunde
Bewerbungsschluss: ohne
Eigenbewerbung: möglich

**Ehrengabe der
Heinrich-Heine-Gesellschaft**
Heinrich-Heine-Gesellschaft c/o
Heinrich-Heine-Institut
Bilker Straße 12-15
40213 Düsseldorf
Tel. 0211 - 899 60 09
Fax 0211 - 892 93 14
hhi-hhg@t-online.de
www.heinrich-heine-gesellschaft.de
Ansprechpartner:
Prof. Dr. Joseph A. Kruse
Sparten: übergreifend
Vergabeturnus: unregelmäßig
Eigenbewerbung: nein

**Heinrich-Heine-Preis der
Landeshauptstadt Düsseldorf**
Heinrich-Heine-Institut der Landeshauptstadt Düsseldorf
Bilker Str. 12-14

40213 Düsseldorf
Tel. 0211 - 899 60 09
Fax 0211 - 892 93 14
hhi-hhg@t-online.de
Ansprechpartner: Dr. Karin Füllner
Sparten: übergreifender Kulturpreis
Vergabeturnus: alle 2 Jahre
Dotierung: € 25.000
Eigenbewerbung: nein

Gustav-Heinemann-Friedenspreis für Kinder- und Jugendbücher des Landes Nordrhein-Westfalen
Ministerium für Wirtschaft und Arbeit des Landes Nordrhein-Westfalen,
Landeszentrale für politische Bildung NRW
Horionplatz 1
40213 Düsseldorf
Tel. 0211 - 86 18 46 56
Fax 0211 - 86 18 46 98
martina.boettcher@mwa.nrw.de /
ulli.sommer@mwa.nrw.de
Ansprechpartner: Martina Böttcher
Sparten: Kinderbücher, Jugendbücher, Kindersachbücher, Jugendsachbücher und Bilderbücher
Bewerberkreis: Verlage und Autoren sowie deren Verbände
Vergabeturnus: jährlich
Hinweise: das Buch muss zur Verbreitung des Friedensgedankens beitragen und der Friedenserziehung dienen
Dotierung: € 7.500
Bewerbungsschluss: 31. März

Hermann-Hesse-Preis
Stiftung Hermann Hesse
Literaturpreis
Durlacher Allee 93
76131 Karlsruhe
Tel. 0721 - 63-12555
Fax 0721 - 63-15055
Ansprechpartner: Bianca Supper
Vergabeturnus: alle 2 Jahre
Dotierung: € 15.000
Eigenbewerbung: nein

Ernst-Hoferichter-Preis
Ernst-Hoferichter-Stiftung München
c/o Kulturreferat
Landeshauptstadt München
Burgstr. 4
80331 München
Tel. 089 - 23 32 11 96 oder
089 - 23 32 43 47
Fax 089 - 23 32 12 62
katrin.dirschwigl@muenchen.de
www.muenchen.de/literaturstadt
Ansprechpartner: Eva Schuster, Katrin Dirschwigl
Sparten: Literatur, Kabarett
Vergabeturnus: jährlich
Hinweise: siehe Website
Dotierung: 1-2 x € 10.000
Eigenbewerbung: nein

Kultur-Förderpreis der Stadt Bamberg 2005 / E.T.A.-Hoffmann-Preis der Stadt Bamberg im Jahre 2006
Stadt Bamberg
Kulturreferat

Maximiliansplatz 3
96047 Bamberg
Tel. 0951 - 87 14 00
Fax 0951 - 87 19 10
Ansprechpartner: Bürgermeister
Werner Hipelius
Sparten: Bildende Kunst, Darstellende Kunst, Literatur, Musik
Vergabeturnus: alle 2 Jahre
Dotierung: € 10.000
Eigenbewerbung: Eigenwerbung nicht möglich

Wofgang Hohlbein-Preis
Verlag Carl Ueberreuter GmbH
Alserstr. 24
A-1091 Wien/Österreich
Tel. 01 - 404 44-171
Fax 01 - 404 44-5
Seidenstricker@ueberreuter.at
www.ueberreuter.de
Ansprechpartner: Iris Seidenstricker
Sparten: Fantasy; Abenteuer
Vergabeturnus: alle 2 Jahre
Hinweise: unveröffentlichtes komplettes Manuskript
Dotierung: € 10.000
Eigenbewerbung: bis 30. September 2006

Friedrich-Hölderlin-Preis
Kulturamt der Universitätsstadt Tübingen
Nonnengasse 19
72070 Tübingen
Tel. 07071 - 204 12 41
Fax 07071 - 204 17 39

wilfried.setzler@tuebingen.de
www.tuebingen.de
Ansprechpartner:
Prof. Dr. Wilfried Setzler
Sparten: Literatur
Vergabeturnus: alle 2 Jahre
(2005, 2007)
Dotierung: € 10.000
Eigenbewerbung: nein

Friedrich-Hölderlin-Preis der Stadt Bad Homburg v.d. Höhe
Fachbereich Kultur und Bildung der Stadt Bad Homburg
Rathausplatz 1
61343 Bad Homburg
Tel. 06172 - 100 41 12
Fax 06172 - 100 41 60
kultur@bad-homburg.de
www.bad-homburg.de
Ansprechpartner: Marion Zervos
Vergabeturnus: jährlich
Dotierung: Hauptpreis € 25.000, Förderpreis € 10.000
Eigenbewerbung: nein

Peter-Huchel-Preis für deutschsprachige Lyrik
Südwestrundfunk
Studio Freiburg
Peter-Huchel-Preis
Kartäuserstr. 45
79102 Freiburg
Tel. 0761 - 380 82 29
Fax 0761 - 380 81 16
Peter-Huchel-Preis@swr.de
www.swr.de

Ansprechpartner:
Claus Schneggenburger
Sparten: Lyrik
Vergabeturnus: jährlich
Dotierung: € 20.000
Eigenbewerbung: nein

Erna-Jauer-Herholz-Preis
Stadt Heilbronn
Berliner Platz 12
74072 Heilbronn
Tel. 07131 - 56 - 2663
Fax 07131 - 56 29 50
bibliothek@stadt-heilbronn.de
www.stadtbibliothek.stadt-heilbronn.de
Ansprechpartner: Frau Fix
Sparten: Belletristik
Bewerberkreis: junge AutorInnen
Hinweise: regionale AutorInnen (Stadt- u. Landkreis Heilbronn)
Eigenbewerbung: Bewerbung nur auf die Ausschreibung

Uwe-Johnson-Literaturpreis
Mecklenburgische Literaturgesellschaft e.V.
2. Ringstraße, Wiekhaus 21
17033 Neubrandenburg
Tel. 0395 - 544 16 71
Fax 0395 - 544 - 16 85
pegasus-mlg@gmx.de
www.mlg.de
Ansprechpartner: Dr. Sylvia Neu, Dr. Gundula Engelhard
Sparten: Prosa
Vergabeturnus: alle 2 Jahre

Dotierung: € 25.000
Eigenbewerbung: nein

**Jungendbuchpreis
»Buxtehuder Bulle«**
Stadt Buxtehude
Kulturbüro
Stavenort 5
21614 Buxtehude
Tel. 04161 - 50 14 41/3 41
Fax 04161 - 50 14 23
s.wiegel@stadt.buxtehude.de
www.buxtehude.de
Ansprechpartner: Frau Bruns-Decker / Frau Wiegel
Sparten: Jugendliteratur
Vergabeturnus: jährlich
Dotierung: € 5.000
Eigenbewerbung: möglich

Jugendkulturpreis NRW
LKD Landesarbeitsgemeinschaft Kulturpädagogische Dienste Jugendkunstschulen NRW e.V.
Kurpark 5
59425 Unna
Tel. 02303 - 693 24
Fax 02303 - 650 57
jugendkulturpreis@lkd-nrw.de
www.lkd-nrw.de
Ansprechpartner: Simone Schmidt-Apel
Sparten: Bildende Kunst, Design, Fotografie, Literatur, Multimedia, alle Genres
Vergabeturnus: alle 2 Jahre (ungerade Jahre)

Dotierung: € 10.000
Eigenbewerbung: möglich

Jungautoren-Wettbewerb der Regensburger Schriftstellergruppe International e.V. (RSGI)
Regensburger Schriftstellergruppe International
Von der Tann-Str. 13
93047 Regensburg
Tel. 0941 - 577 09 u.
0175 - 73 695 79
Fax 0941 - 577 09
rrsgi@aol.com und rsgi@freenet.de
www.rsgi.de
Ansprechpartner: Präsident:
Mag. Stefan Rimek
Sparten: Lyrik und Kurzprosa, lesbar in 5 Minuten, max. Alter: 25 Jahre
Vergabeturnus: alle 2 Jahre (2006 ...)
Dotierung: 1. Preis € 800, 2. Preis € 500, 3. Preis € 300, 4. Preis € 200, 5. Preis € 100
Bewerbungsschluss: 15. September
Eigenbewerbung: erforderlich

Treffen Junger Autoren – Bundeswettbewerb »Schülerinnen und Schüler schreiben«
Berliner Festspiele
Schaperstr. 24
10719 Berlin
Tel. 030 - 25 48 92 13
Fax 030 - 25 48 91 32
jugend@berlinerfestspiele.de
www.berlinerfestspiele.de
Ansprechpartner: Barbara T. Pohle
Vergabeturnus: jährlich
Dotierung: Teilnahme an Workshops und Veröffentlichung
Eigenbewerbung: erforderlich

Junges Literaturforum Hessen/ Thüringen
Hessisches Ministerium für Wissenschaft und Kunst
Postfach 32 60
65022 Wiesbaden
Tel. 0611 - 32 34 55
Fax 0611 - 32 34 99
hmwk.@hessen.de
www.hmwk.hessen.de
Ansprechpartner: Herr Zetzsche
Sparten: Kurzgeschichte, Gedichte
Bewerberkreis: 16-25Jährige
Vergabeturnus: jährlich
Hinweise: Wohnsitz in Hessen oder Thüringen
Dotierung: 10 x € 500, Werkstattwochenende, Veröffentlichungen
Bewerbungsschluss: 31. Januar
Eigenbewerbung: erforderlich

Karl-Dedecius-Preis
Deutsches Polen-Institut
Mathildenhöhweg 2
64287 Darmstadt
Kaluza.DPI@t-online.de
Ansprechpartner:
Sparten: Deutsch und polnische Übersetzungen
Bewerberkreis: Deutsche und polni-

sche Übersetzer
Vergabeturnus: alle zwei Jahre
(2005, 2007)
Dotierung: 2 x € 10.000
Bewerbungsschluss: 15. Dezember
Eigenbewerbung: möglich

Marie-Luise-Kaschnitz-Preis
Evangelische Akademie Tutzing
Postfach 227
82327 Tutzing
Tel. 08158 - 251 - 118
terlinden@ev-akademie-tutzing.de
www.ev-akademie-tutzung.de
Ansprechpartner:
Dr. Roswitha Terlinden
Sparten: Roman, Erzählungen,
Lyrik, Essay
Vergabeturnus: alle 2 Jahre
Hinweis: deutschsprachige Literatur
Dotierung: € 7.500
Eigenbewerbung: nein

**Kasseler Literaturpeis für
grotesken Humor**
Stiftung Brückner-Kühner
Hans-Böckler-Str. 5
34121 Kassel
Tel. 0561 - 243 04
Fax 0561 - 288 80 45
info@brueckner-kuehner.de
www.brueckner-kuehner.de
Ansprechpartner:
Dr. Friedrich W. Block
Sparten: Literatur und Literaturwissenschaft im Bereich grotesken Humors

Vergabeturnus: jährlich
Dotierung: € 10.000
Eigenbewerbung: nein

Erich Kästner Preis für Literatur
Erich Kästner Gesellschaft e.V.
Internationale Jugendbibliothek
Schloss Blutenburg
81247 München
Tel. 089 - 89 12 11 41
Fax 089 - 811 75 53
andreasbode@ijb.de
Ansprechpartner: Dr. Andreas Bode
Sparten: Herausragende Werke mit
zeitkritischen Zügen
Bewerberkreis: Bewerbung nicht
möglich (lebende deutschsprachige
Autoren)
Vergabeturnus: unregelmäßig
Dotierung: € 5.000
Eigenbewerbung: nein

**Katholischer Kinder- und
Jugendbuchpreis**
Sekretariat der Deutschen Bischofskonferenz
Bereich Kirche und Gesellschaft
Kaiserstr. 161
53113 Bonn
Tel. 0228 - 10 32 36
Fax 0228 - 10 34 50
k.lowack@dbk.de
www.dbk.de
Ansprechpartner: Dr. Ute Stenert
Sparten: Kinder- und Jugendliteratur sowie deren Illustration und Übersetzung

Bewerberkreis: Verlage, Institutionen, Privatpersonen
Vergabeturnus: jährlich
Hinweise: Neuerscheinungen des jeweiligen Jahres in zehnfacher Ausfertigung
Dotierung: € 5.000
Bewerbungsschluss: 1. November
Eigenbewerbung: möglich

Alfred-Kerr-Preis für Literaturkritik
Börsenblatt für den Deutschen Buchhandel
Großer Hirschgraben 17-21
60311 Frankfurt
Tel. 069 - 13 06 339
Fax 069 - 28 99 86
boersenblatt@mvb-online.de
www-mvb-boersenblatt.de
Ansprechpartner:
Dr. Hendrik Markgraf
Sparten: Literaturkritik (alternativ in Presse, Fernsehen und Funk)
Vergabeturnus: jährlich
Dotierung: € 5.000
Eigenbewerbung: nein

Kleist-Preis
Universität zu Köln
Institut für deutsche Sprache & Literatur
c/o Prof. Dr. Günter Blamberger
Albertus-Magnus-Platz
50923 Köln
Tel. 0221 - 470 52 23
Fax 0221 - 470 51 07
Guenter.blamberger@uni-koeln.de
www.uni-koeln.de/Kleist
Ansprechpartner:
Prof. Dr. Günter Blamberger
Vergabeturnus: jährlich
Dotierung: € 20.000
Eigenbewerbung: nein

Koblenzer Literaturpreis
Freundeskreis der
Universität Koblenz
c/o Handwerkskammer Koblenz
Friedrich-Ebert-Ring 33
56068 Koblenz
Tel. 0261 - 398-224
Fax 0261 - 398-994
freundeskeis@hwk-koblenz.de
www.koblenzer-literaturpreis.de
Ansprechpartner:
Dr. Bernward Eckgold
Sparten: Experimentelle Literatur
Bewerberkreis: Literarische Werke von Autorinnen und Autoren der Region Mittelrhein oder zu Themen der Region
Vergabeturnus: alle 3 Jahre – nächste Preisverleihung März 2006
Dotierung: € 13.000
Bewerbungsschluss: Sommer 2005, 2008
Eigenbewerbung: möglich

Kogge-Literaturpreis der Stadt Minden
Kulturamt der Stadt Minden
Kleiner Domhof 6
32423 Minden

Tel. 0571 - 89414
Fax 0571 -893 24
Kulturbuero@minden.de
Ansprechpartner: F. W. Steffen
Sparten: Internationale Literatur aller Gattungen
Vergabeturnus: alle 4 Jahre
Dotierung: € 5.000
Eigenbewerbung: nein

Walter-Kolbenhoff-Preis
Stadt Germering
Rathausplatz 1
82110 Germering
Tel. 089 - 89 41 90
Fax 089 - 841 56 89
verwaltung@germering.de
www.germering.de
Ansprechpartner: Herr Giljohann
Sparten: Literatur, bildende Kunst, Musik
Bewerberkreis: offen
Vergabeturnus: unregelmäßig
Hinweise: Die Werke sollen im weiteren Sinn einen Bezug zu Germering haben
Dotierung: € 2.500
Bewerbungsschluss: offen
Eigenbewerbung: möglich

Kranichsteiner Literaturpreis
Deutscher Literaturfonds e.V.
Alexandraweg 23
64287 Darmstadt
Tel. 06151 - 409 30
Fax 06151 - 40 93 33
info@deutscher-literaturfonds.de
www.deutscher-literaturfonds.de
Sparten: Literaturpreis
Vergabeturnus: jährlich
Dotierung: € 20.000
Eigenbewerbung: nein

Deutscher Krimi-Preis
Bochumer Krimi Archiv
c/o Reinhard Jahn
Postfach 10 18 13
45018 Essen
Tel. 0201 - 64 34 21
Fax 0201 - 76 56 99
10740.3540@compuserve.com
Ansprechpartner: Reinhard Jahn
Sparten: Kriminalliteratur
Bewerberkreis: Verlage/Autoren mit Originalausgaben/Deutschen Erstausgaben
Vergabeturnus: jährlich
Bewerbungsschluss: Ende November
Eigenbewerbung: möglich

(Deutscher) Kritikerpreis
Verband der deutschen Kritiker e.V.
Volbedingstr. 31
04357 Leipzig
Tel. 0341 - 601 76 39
Fax 0341 - 601 76 39
info@kritikerverband.de
www.kritikerverband.de
Ansprechpartner: Ute Grundmann
Sparten: u.a. Literatur
Vergabeturnus: jährlich
Dotierung: undotiert
Eigenbewerbung: nein

Franz-Peter-Kürten-Auszeichnung
Rhein-Kreis Neuss
Schlossstr. 1
41541 Dormagen-Zons
Tel. 02133 - 53 02 10
Fax 02133 - 530 22 91
kreisarchiv@rhein-kreis-neuss.de
Ansprechpartner: Achim Thyssen
Sparten: Dialektliterarisches Leben des Rheinlandes
Vergabeturnus: alle 2 Jahre
Eigenbewerbung: nein

Kurt-Morawietz-Literaturpreis (Förderpreis für Literaten, Essayisten, Literaturvermittler der Region und der Stadt)
Kulturbüro der Stadt Hannover
Friedrichswall 15
30161 Hannover
Tel. 0511 - 16 84 24 93
Fax 0511 - 16 84 50 73
Elke.Oberheide@Hannover-Stadt.de
Ansprechpartner: Elke Oberheide
Sparten: alle Gattungen
Vergabeturnus: alle 2 Jahre
Hinweise: Veröffentlichungen
Dotierung: € 5.000
Eigenbewerbung: nein

Eliabeth Langgässer-Literaturpreis
Stadtverwaltung Alzey Kulturamt
Ernst-Ludwig-Str. 42
55232 Alzey
Tel. 06731 - 49 53 06
Fax 06731 - 49 55 55
volker.wagner@alzey.de
www.ALZEY.de
Ansprechpartner: Herr Wagner
Bewerberkreis: Deutschsprachige AutorInnen
Vergabeturnus: alle 3 Jahre
Dotierung: € 7.500
Eigenbewerbung: nein

Else-Lasker-Schüler Lyrikpreis
Else-Lasker Schüler Gesellschaft e.V. Wuppertal
Kolpingstr. 8
42103 Wuppertal
Tel. u. Fax 0202 - 30 51 98
www.els.gesellschaft.wtal.de
Ansprechpartner: Hajo Jahn
Sparten: Lyrik (bei Förderpreis auch Vertonungen von Lyrik)
Vergabeturnus: alle 2 Jahre
Dotierung: € 10.000
Eigenbewerbung: nein

Christine Lavant-Lyrik-Preis
Christine Lavant Gesellschaft
Postfach 1
A-9431 St. Stefan im Lavanttal/ Österreich
Tel. 0043 - 4352 - 2574 o.
0043 - 664 - 177 72 10
Fax 0043 - 4352 - 52 058
www.christinelavant.at
Ansprechpartner: Hanns Lintschnig
Sparten: deutschsprachige Lyrik
Vergabeturnus: voraussichtlich 2007 (siehe Internet)
Dotierung: € 12.000
Eigenbewerbung: lt. Ausschreibung

Niklaus-Lenau-Preis der Künstlergilde e.V.
Die Künstlergilde e.V.
Hafenmarkt 2
73728 Esslingen am Neckar
Tel. 0711 - 5403-100
Fax 0711 - 5403-102
kuenstlergilde@tonline.de
Ansprechpartner: Sigrid Lude
Sparten: Lyrik
Vergabeturnus: jährlich
Dotierung: ist von der Förderung abhängig
Eigenbewerbung: möglich

Buchpreis »Lesen für die Umwelt«
Deutsche Umweltstiftung
Schlachthofstr. 6
76726 Germersheim
Tel. 07274 - 4767
Fax 07274 - 77 302
Info@deutscheumweltstifung.de
www.deutscheumweltstiftung.de
Ansprechpartner:
Hans-Günter Schumacher
Sparten: Umwelt-Literatur
Vergabeturnus: jährlich
(nur themenbezogene Ausschreibung)
Hinweise: siehe Internet
(Umweltpreise, Buchpreis)
Dotierung: € 2.500
Bewerbung: 1.7. bis 31.12.
Eigenbewerbung: möglich

Georg Christoph Lichtenberg-Preis für Literatur
Kreisausschuß des Landkreises Darmstadt-Dieburg,
Kulturamt
Postfach 1220
64802 Dieburg
Tel. 06071 - 881 23 01
Fax 06071 - 881 23 19
rberg@di.ladadi.de
www.ladadi.de
Ansprechpartner: Richard Berg
Vergabeturnus: alle 4 Jahre – alternierend mit bildender Kunst im zweijährigen Rhythmus (2007)
Dotierung: € 5.000
Eigenbewerbung: ja

Limburg-Preis der Stadt Bad Dürkheim
Trifelstr. 40 B
67269 Grünstadt
Tel. 06359 - 84 182
al.michael.rumpf@t-online.de
Ansprechpartner:
Dr. Michael Rumpf
Sparten: Prosa (Kurzgeschichten/Erzählungen)
Bewerberkreis: Entscheidung bei Redaktionsschluß noch offen
Vergabeturnus: alle drei Jahre (2006 usw.)
Eigenbewerbung: erforderlich

**Samuel-Bogumil-Linde-
Literaturpreis der Partnerstädte
Göttingen und Torun**
Stadt Göttingen
c/o Kulturamt
Hiroshimaplatz 1-4
37083 Göttingen
Tel. 0551 - 400-3391
Fax 0551 - 400-2743
Kulturamt@goettingen.de
www.goettingen.de/Kultur
Ansprechpartner: Hilmar Beck
Sparten: Literatur
Bewerberkreis: Lyrik, Prosa, Drama, Essayistik, Literaturkritik, Publizistik, Übersetzung und Edition
Vergabeturnus: jährlich an einen polnischen und deutschen Autoren
Dotierung: 2 x € 3.000

Astrid-Lindgren-Preis
Verlag Friedrich Oetinger GmbH
Poppenbütteler Chaussee 53
22397 Hamburg
Tel. 040 - 60 79 09-02
Fax 040 - 607 23 26
oetinger@vsg-hamburg.de
www.oetinger.de
Sparten: Kinder- und Jugendliteratur
Vergabeturnus: unregelmäßig
Dotierung: € 10.000
Eigenbewerbung: möglich

**Literarischer Preis der
Gastronomischen Akademie
Deutschland e.V.**
Gastronomischen Akademie
Deutschland e.V.
Röntgenstr. 1
23701 Eutin
Tel. 04527 - 998 90
Fax 04527 - 998 91
GADinFRA@-online.de
www.gastronomische-akademie.de
Ansprechpartner: Roland R. Bickel
Sparten: Gastronomische Literatur
Bewerberkreis: Verlage und Autoren
Vergabeturnus: jährlich
Hinweise: 4 Exemplare je Titel
Bewerbungsschluss: 15. Februar
Eigenbewerbung: erforderlich

**Literarischer März
Leonce- und Lena-Preis der
Stadt Darmstadt und
Wolfgang-Weyrauch-Förderpreis**
Wissenschaftsstadt Darmstadt
Kulturamt
Frankfurter Str. 71
64293 Darmstadt
Tel. 06151 - 13 33 37
Fax 06151 - 13 33 98
kanita.hartmann@darmstadt.de
www.literarischer-maerz.de
Ansprechpartner: Frau Hartmann
Sparten: Lyrik
Vergabeturnus: alle 2 Jahre
Dotierung: € 7.700
Eigenbewerbung: möglich

Preis der LiteraTour Nord
Universität Hannover
Seminar für deutsche Literatur
und Sprache
Königsworther Platz 1
30167 Hannover
Tel. 0511 - 762-24 35
Fax 0511-762-198 37
rector@fbls.uni-hannover.de
www.literatournord.de
Ansprechpartner:
Prof. Dr. Martin Rector
Sparten: Deutschsprachige Gegenwartsliteratur
Vergabeturnus: jährlich
Dotierung: € 15.000
Eigenbewerbung: nein

Literatur im Exil
Kulturamt der Stadt Heidelberg
Haspelgasse 12
69117 Heidelberg
Tel. 06221 - 583 30 40
Fax 06221 - 583 34 90
kulturamt@heidelberg.de
Ansprechpartner:
Alexandra Eberhard
Bewerberkreis: Literaten, die ganz oder zeitweise im dt. Exil leben bzw. lebten, dort schriftstellerisch tätig waren und deren Werke in dt. Sprache veröffentlicht worden sind.
Vergabeturnus: alle 3 Jahre
Dotierung: € 15.000 (Übersetzer kann bis zu einem Drittel beteiligt werden)
Eigenbewerbung: nein

Literaturpreis der Akademie Graz
Literatur-Wettbewerb 2005
Akademie Graz
Albrechtgasse 7/II
A-8010 Graz/Österreich
Tel. 0316 - 837985-0
Fax 0316 - 83 79 85-17
ute.kraschl@akademie-graz.at
www.akademie-graz.at
Ansprechpartner: Ute Kraschl
Sparten: Lyrik, Prosa, Satire, Essay
Bewerberkreis: österreichische Staatsbürgerschaft
Vergabeturnus: jährlich
Hinweise: 10 maschinengeschriebene Seiten, Titel: Literarische Umschreibungen
Dotierung: 1. Preis € 3.700, 2. Preis € 2.200, 3. Preis € 1.500
Bewerbungsschluss: 4. Juli
Eigenbewerbung: möglich

Literaturpreis der Bonner Lese- und Erholungs-Gesellschaft
Bonner Lese- und Erholungsgesellschaft
Adenauerallee 37
53113 Bonn
Tel. 0228 - 22 42 90
www.lesebonn.de
Ansprechpartner: Dr. Georg W. Rehm
Bewerberkreis: AutorInnen aus dem Bonner Raum
Vergabeturnus: alle 2 Jahre
Dotierung: € 5.000
Eigenbewerbung: nein

**Literaturpreis der
Irmgard-Heilmann-Stiftung**
Hamburgische Kulturstiftung
Chilehaus A
20095 Hamburg
Tel. 040 - 33 90 99
Fax 040 - 32 69 58
www.hamburg.de
Vergabeturnus: jährlich oder nach
Lage der Finanzen
Dotierung: € 10.000
Eigenbewerbung: nein

**Literaturpreis der
Konrad-Adenauer-Stiftung e.V.**
Konrad-Adenauer-Stiftung
Rathausallee 12
53757 St. Augustin
Tel. 02241 - 24 65 44
Fax 02241 - 24 65 73
michael.braun@kas.de
Ansprechpartner:
PD Dr. Michael Braun
Bewerberkreis: Der Preis wird an
AutorInnen verliehen, die der
Freiheit das Wort geben.
Dotierung: € 15.000
Eigenbewerbung: nein

**Literaturpreis der
Landeshauptstadt München**
Landeshauptstadt München
Kulturreferat
Burgstr. 4
80331 München
Tel. 089 - 23 32 11 96 u. 233 243 47
Fax 089 - 233 212 62
eva.schuster@muenchen.de
www.muenchen.de/literaturstadt
Ansprechpartner: Eva Schuster,
Katrin Dirschwigl
Sparten: Literatur
Vergabeturnus: alle 3 Jahre
(2005, 2008)
Hinweise: siehe Website
Dotierung: € 15.000
Eigenbewerbung: nein

**Literaturpreis der
Landeshauptstadt Stuttgart**
Kulturamt der Landeshauptstadt
Stuttgart
Eichstr. 9
70173 Stuttgart
Tel. 0711 - 216 - 6332
Fax 0711 - 216 - 95 63 32
Ansprechpartner: Ursula Schleicher-Fahrion
Sparten: Belletristik u. Übersetzung
Vergabeturnus: alle 2 Jahre
Dotierung: € 15.000
Eigenbewerbung: nein

**Literaturpreis der
Nürnberger Kulturläden**
Kulturladen Nord e.V.
Wurzelbauerstr. 29
90409 Nürnberg
Tel. 0911 - 55 33 87
Fax 0911 - 581 96 76
kuno@odn.de
www.kulturladen-nord.de
Ansprechpartner: Siegfried Straßner
Sparten: Lyrik und Prosa

Bewerberkreis: AutorInnen von
16-30 Jahren
Vergabeturnus: jährlich
Hinweise: Nur für TeilnehmerInnen
mit Erstwohnsitz im Regierungsbezirk Mittelfranken
Dotierung: € 1.500
Bewerbungsschluss: 28. Februar
Eigenbewerbung: möglich

**Literaturpreis der
schwulen Buchläden**
Arbeitsgemeinschaft
Die schwulen Buchläden
Lange Reihe 102
20099 Hamubrg
Tel. 040 - 430 26 50
Fax 040 - 430 29 32
info@schwule-buchläden.de
www.gaybooks.de/catalog/
Preis.php
Ansprechpartner: Joachim Bartholomae
Vergabeturnus: alle zwei Jahre
Dotierung: € 1.000
Bewerbungsschluss: voraussichtl.
Ende 2005
Eigenbewerbung: möglich

**Literaturpreis der Stadt Aachen
Walter-Hasenclever-Preis**
Stadt Aachen Kulturbüro
Lagerhausstr. 20
52058 Aachen
Tel. 0241 - 432 - 4102
Fax 432 - 4199
Ansprechpartner: Frau Tyla

Vergabeturnus: alle 2 Jahre
Dotierung: € 20.000
Eigenbewerbung: nein

Literaturpreis der Universitätsstadt Marburg und des Landkreises Marburg-Biedenkopf
Universitätsstadt Marburg und des
Landkreises Marburg-Biedenkopf
Im Lichtenholz 60
35043 Marburg
Tel. 06421 - 201-329
Fax 06421 - 201-479
kultur@marburg-stadt.de
www.marburg-stadt.de
Ansprechpartner: Kulturamt
Sparten: Lyrik und Prosa (keine
Dramen, Hörspiele, Sachliteratur)
Bewerberkreis: Autoren unter
40 Jahre
Vergabeturnus: alle 2 Jahre (2006)
Dotierung: € 5.000, Regio-Preis für
mittelhessische Autoren € 2.500
Eigenbewerbung: möglich

**Literaturpreis
im Rahmen der Kulturtage des
Landkreises Dillingen**
DLG – Kultur und Wir e.V.
Landratsamt
Große Allee 24
89407 Dillingen
Tel. 09071 51-145
Fax 09071 72907-225
kuw@bndlg.de
www.landkreis.dillingen.de/
kulturtage

Ansprechpartner: Hedwig Regens-
burger-Glatzmaier
Sparten: wechselnde Themen
Vergabeturnus: alle 2 Jahre (2005)
Dotierung: € 11.000
Eigenbewerbung: nach jeweiliger
Ausschreibung (meist im Januar)

**Literaturpreis
Ruhrgebiet-Hauptpreis**
Literaturbüro NRW
Friedrich-Ebert-Str. 8
45964 Gladbeck
Tel. 02043-992644
Fax 02043 - 99 - 1413
www.literaturbuero-ruhr.de
Ansprechpartner: Frau Roters-
Ullrich
Vergabeturnus: jährlich
Dotierung: € Hauptpreis: € 15.000
2 Förderpreise: ca. € 5.000
Bewerbungsschluss: 15. Juli
Eigenbewerbung: möglich

**Kinderbuchpreis des
Ministeriums für Städtebau und
Wohnen, Kultur und Sport des
Landes Nordrhein-Westfalen**
Ministeriums für Städtebau und
Wohnen, Kultur und Sport des
Landes Nordrhein-Westfalen
Elisabethstr. 5-11
40217 Düsseldorf
Tel. 0211 - 38 43 0
Fax 0211 - 384 654
www.mswks.nrw.de
Ansprechpartner: Frau Kafka

Sparten: Kinderbuch
Bewerberkreis: Nominierungs-
verfahren
Vergabeturnus: Jährlich
Hinweise: nur deutschsprachige
Literatur
Dotierung: € 5.000
Eigenbewerbung: nein

Luchs und Luchs des Jahres
Die Zeit
Speersort 1
20095 Hamburg
Tel. 040 - 328 03 86
Fax 040 - 328 05 12
heidkamp@Zeit.de
Ansprechpartner: Konrad Heidkamp
Sparten: Kinder und Jugendbuch
Vergabeturnus: monatlich
Dotierung: € 5.000 für »Luchs des
Jahres«
Eigenbewerbung: nein

Lyrikförderung NRW
Liselotte und Walter Rauner
Stiftung
c/o Kulturbüro der Stadt Bochum
Westring 32
44777 Bochum
Tel. 0243 - 910 34 00
Fax 0243 - 910 14 92
Rkrakow@Bochum.de
Ansprechpartner: Reinhard Krakow
Sparten: Lyrik
Vergabeturnus: unbestimmt
Dotierung: € 15.000
Eigenbewerbung: möglich

Lyrikpreis Meran
Kreis Südtiroler Autorinnen
und Autoren
Weggensteinstr. 12
I-39100 Bozen / Italien
Tel. 0039 - 0471 - 97 70 37
Fax 0039 - 0471 - 97 70 37
skb@iol.it
Sparten: Lyrik
Vergabeturnus: jährlich
Dotierung: € 7.750, Förderpreise
€ 3.100, € 2.000
Eigenbewerbung: möglich

Thomas-Mann-Preis der
Hansestadt Lübeck
Deutsche Thomas-Mann-
Gesellschaft
Mengstr. 4
23552 Lübeck
Tel. 0451 - 122 42 42
Fax 0451 - 122 41 40
info@buddenbrookhaus.de
www.buddenbrookhaus.de
Ansprechpartner: Nathalie Bielfeld
Sparten: Literaturwissenschaft
Vergabeturnus: nicht festgelegt
Dotierung: € 10.000
Eigenbewerbung: nein

Mannheimer
Heinrich-Vetter-Literaturpreis
Literarisches Zentrum
Rhein-Neckar e.V.
Brückenstr. 2
68167 Mannheim
Tel. 0621 - 37 63 52

www.mannheim.de/raeuber77
Ansprechpartner: Rosvita Spodeck-
Walter, Jakob-Trumpfheller Str. 20,
68167 Mannheim
Sparten: Lyrik & Prosa
Vergabeturnus: jährlich im Wechsel
zwischen Prosa und Lyrik
Dotierung: 1. Preis € 1.000,
2. Preis € 500, 3. Preis € 250
Eigenbewerbung: möglich

Mara-Cassens-Preis
Der erste Roman
Literaturhaus Hamburg
Schwanenwik 38
22087 Hamburg
Tel. 040 - 22 70 20 22
Fax 040 - 220 66 12
jsalfner@l-h-h.de
www.literaturhaus-hamburg.de
Ansprechpartner: Johanna Salfner
Sparten: Romane (Prosa)
Vergabeturnus: jährlich
Hinweise: erster verlegter Roman
Dotierung: € 10.000
Bewerbungsschluss: Mitte Oktober
Eigenbewerbung: nein

Europäischer Märchenpreis der
Märchen-Stiftung Walter Kahn
Lutz-Röhrich-Preis der
Märchen-Stiftung Walter Kahn
Märchen-Stiftung Walter Kahn
Hauptstr. 42
97332 Volkach
Tel. 09381 - 71 66 36
info@maerchenstiftung.de

www.maerchenstiftung.de
Ansprechpartner: Claudia Maria Pecher (Geschäftsstellenleiterin)
Sparten: Pflege und Förderung der überliefertenMärchen aus Europa
Bewerberkreis: zu a.: Personen und Institutionen, die sich um die Sach der Volksmächen auf künstlerischem und/oder wissenschaftlichem Gebiet besonders verdienst gemacht haben z.B. beste studienabschließende Arbeit auf dem Gebiet der Erzählforschung und/oder Märchenkunde
Vergabeturnus: jährlich
Dotierung: € 5.000 bzw. € 2.500
Eigenbewerbung: Lutz-Röhrich Preis: Einreichung der Bewerbung durch den betreuenden Lehrer der Hochschule, an der die Abeit verfasst wurde

Marlowe
Raymond Chandler-Gesellschaft Deutschland e.V.
Heidenheimer Str. 106
89075 Ulm
Tel. 0731 - 502 34 65
Fax 0731 - 502 34 67
william.adamson@zsp.uni-ulm.de
Ansprechpartner:
Dr. William R. Adamson
Sparten: Nationale und internationale Krimminalliteratur
Vergabeturnus: jährlich
Eigenbewerbung: möglich

MARTIN – Kinder- und Jugendkrimipreis der Autoren
Autorengruppe deutschsprachiger Krimiautoren »DAS SYNDIKAT«
Birkhahnweg 6
26639 Wiesmoor
barbara@wendelken.de
Ansprechpartner:
Barbara Wendelken
Sparten: Kinder- und Jugendkriminalliteratur
Bewerberkreis: Deutschsprachige Neuerscheinungen (Kinder- oder Jugendkrimis)
Vergabeturnus: jährlich
Dotierung: € 2.500
Bewerbungsschluss: 31. Dezember
Eigenbewerbung: möglich

Lise Meitner-Literaturpreis
Frauenreferat der HTU
Wiedner Hauptstr. 8-10
A-1040 Wien/Österreich
Tel. 0043-1-588 01-495 01
Fax 0043-1-586 91 54
frauenreferat@vorsitz.htu.tuwien.ac.at
www.htu.at/frauen/frauen.html
Sparten: Texte über Technik
Bewerberkreis: Frauen, die sich schreibend mit dem Thema auseinandersetzen
Vergabeturnus: alle 2 Jahre (2005)
Hinweise: Deutsch schreibende Frauen mit unveröffentlichten, höchstens 30-seitigen Prosatexten (Experimentelles einschl.)

Dotierung: € 2.200
Bewerbungsschluss: 15. April
Eigenbewerbung: möglich

**Johann-Heinrich-Merck-Preis
für literarische Kritik und Essay**
Deutsche Akademie für Sprache
und Dichtung e.V.
Alexandraweg 23
64287 Darmstadt
Tel. 06151 - 40920
Fax 06151 - 409299
sekretariat@deutscheakademie.de
www.deutscheakademie.de
Ansprechpartner: Pressereferentin
Sparten: Literarische Kritik und
Essay
Vergabeturnus: jährlich
Dotierung: € 12.500
Eigenbewerbung: nein

Mörike-Preis der Stadt Fellbach
Kulturamt der Stadt Fellbach
Markplatz 1
70734 Fellbach
Tel. 0711 - 5851-363
Fax 0711 - 5851-119
kulturamt@fellbach.de
www.fellbach.de
Ansprechpartner:
Christa Linsenmaier-Wolf
Sparten: Lyrik, Prosa
Vergabeturnus: alle 3 Jahre
Dotierung: Mörikepreis: € 12.000,
Förderpreis: € 3.000
Eigenbewerbung: nein

Josef-Mühlberger-Preis
Verein der Freunde Josef Mühl-
bergers und seines literarischen
Werkes e.V.
Unterm Stein 13
73540 Heubach-Lautern
Tel. 07173 - 37 58
Ansprechpartner: Reiner Wieland
Sparten: Literaturforschung
Vergabeturnus: alle 2 Jahre
Dotierung: € Hauptpreis € 2.500,
Schülerpreis € 500
Bewerbungsschluss: 31.8.06
Eigenbewerbung: möglich

**Preis der Stadt Münster
für Europäische Poesie**
Kulturamt der Stadt Münster
Klemensstr. 10
48143 Münster
Tel. 0251 - 492 41 04
Fax 0251 - 492 - 7752
amt41@stadt-muenster.de
www.lyrikertreffen.muenster.de
Ansprechpartner: Klaus Wistokat
Sparten: Lyrik
Vergabeturnus: alle zwei Jahre
Hinweise: Mit dem Preis sollen ein
international rezipierter Lyrikband
und seine eigenständige Überset-
zung prämiert werden. Dabei sollen
entweder der Gedichtband oder die
Übersetzung deutschsprachig sein.
Dotierung: € 15.500 (Der Autor und
der/die Übersetzer erhalten je 50%
der Preissumme)
Eigenbewerbung: nein

ADRESSEN: Literaturpreise ◁ **453**

**Niederrheinischer Literaturpreis
der Stadt Krefeld**
Stadt Krefeld
Von-der-Leyen-Platz 1
47798 Krefeld
Tel. 02151 - 86 10 51
Fax 02151 - 86 10 53
Ansprechpartner: Roland Schneider, Kulturdezernent
Vergabeturnus: jährlich
Dotierung: € 5.000
Eigenbewerbung: nein

Niedersächsischer Förderpreis
Niedersächsisches Ministerium
für Wissenschaft und Kultur
Leibnizufer
30169 Hannover
Tel. 0511 - 120 - 2565
Fax 0511 - 120 - 2805
jochen.freise@mwk.niedersachsen.de
Ansprechpartner: Jochen Freise
Sparten: Literatur
Vergabeturnus: jährlich
Dotierung: € 7.500
Eigenbewerbung: nein

**Niedersächsischer Kunstpreis
(Nicolas Born-Preis)**
Niedersächsisches Ministerium für
Wissenschaft und Kultur
Leibnizufer 9
30169 Hannover
Tel. 0511 - 120 - 2565
Fax 0511 - 120 - 2805
jochen.freise@mwk.niedersachsen.de
Ansprechpartner: Jochen Freise

Sparten: Literatur
Vergabeturnus: jährlich
Dotierung: € 15.000
Eigenbewerbung: nein

**Niederdeutscher Literaturpreis
der Stadt Kappeln**
Stadt Kappeln
Postfach 12 26
24372 Kappeln
Tel. 04642 - 183-69
Fax 04642 - 183-28
Stadt@Kappeln.de
www.kappeln.de
Sparten: Niederdeutsche Literatur
Vergabeturnus: jährlich
Dotierung: € 2.500
Eigenbewerbung: nein

**Friedrich-Nietzsche-Preis des
Landes Sachsen Anhalt**
Kultusministerium des Landes
Sachsen-Anhalt
Turmschanzenstr. 32
39114 Magdeburg
Tel. 0391 - 567 36 70
Fax 0391 - 567 36 95
Beatrix.Schadenberg@mk.sachsen-anhalt.de
www.sachsen-anhalt.de
Ansprechpartner: Frau Schadenberg
Sparten: Essays oder wissenschaftliche Texte zu philosophischen Sachverhalten
Vergabeturnus: alle 3 Jahre ab 2006
Dotierung: € 30.000
Eigenbewerbung: nein

Nossack-Akademiepreis für Dichter und ihre Übersetzer
Akademie der Wissenschaften und der Literatur, Mainz
Geschwister-Scholl-Str. 2
55131 Mainz
Tel. 06131 - 57 71 02
Fax 06131 - 57 71 03
petra.plaettner@adwmainz.de
www.admainz.de
Ansprechpartner: Petra Plättner
Vergabeturnus: in der Regel alle 2 Jahre
Dotierung: € 20.000
Eigenbewerbung: nein

Oldenburger Kinder- und Jugendbuchpreis
Stadt Oldenburg
Peterstr. 3
26121 Oldenburg
Tel. 0441 - 235 30 00
Fax 0441 - 235 31 01
info@stadtbibliothek.oldenburg.de
www.stadtbibliothek.oldenburg.de
Ansprechpartner: Frau Dehnert
Sparten: Erlingswerke der Kinder- und Jugendliteratur
Vergabeturnus: jährlich
Dotierung: € 7.600
Bewerbungsschluss: 15. Juni
Eigenbewerbung: möglich

OPEN MIKE - Internationaler Wettbewerb junger deutschsprachiger Literatur
literaturWERKstatt Berlin
Knaackstr. 97
10435 Berlin
Tel. 030 - 485 245 0
Fax 030 - 48 52 45 30
Mail@literaturwerkstatt.de
www.literaturwerkstatt.org
Sparten: Prosa und Lyrik
Vergabeturnus: jährlich
Dotierung: 3x € 3.000
Eigenbewerbung: möglich

Österreichischer Staatspreis für Europäische Literatur
Bundeskanzleramt Kunst
Abteilung II/5
Schottengasse 1
A-1014 Wien/Österreich
Tel. 00431 - 53115-7550 o. 7556
Fax 00431 - 53115-7620
renate.hartl@bka.gv.at
Ansprechpartner: Oberrat Dr. Stocker, Frau Hartl
Bewerberkreis: Schriftsteller, dessen Werk auch außerhalb seines Heimatlandes Beachtung gefunden hat, was durch Übersetzung dokumentiert sein muss.
Vergabeturnus: jährlich
Dotierung: € 22.000
Eigenbewerbung: nein

Phantastik-Preis der Stadt Wetzlar
Phantastische Bibliothek
Friedrich-Ebert-Platz 3
35573 Wetzlar
Tel. 06441 - 99 10 90
Fax 06441 - 99 10 94
phbiblwz@wetzlar.de
Ansprechpartner: Bettina Twrsnick
Sparten: Phantastische Literatur (Märchen, Phantastik, Fantasy, Science Fiction, Horror)
Vergabeturnus: jährlich
Hinweise: deutschsprachige Neuerscheinungen zwischen 1.4. des laufenden und 31.3. des Folgejahres
Dotierung: € 4.000
Eigenbewerbung: möglich

Das politische Buch
Friedrich-Ebert-Stiftung
Kurt-Schumacher-Akademie
Willy-Brandt-Str. 19
53902 Bad Münstereifel
Tel. 02253 - 92 12 18
Fax 02253 - 80 91
helmut.mörchen@fes.de
Ansprechpartner:
Dr. Helmut Mörchen, Agnes Gergely
Sparten: politisches Sachbuch
Bewerberkreis: offen
Vergabeturnus: jährlich
Hinweise: Der Titel muss in deutscher Sprache auf dem Markt sein.
Dotierung: € 10.000
Bewerbungsschluss: 15. Oktober des Vorjahres
Eigenbewerbung: möglich

Preis der Literaturhäuser
literaturhaeuser.net - Koordinationsstelle der Literaturhäuser Berlin, Hamburg, Frankfurt, Salzburg, München, Köln und Stuttgart
Theodor-Dombart-Straße 7
80805 München
Tel. 089 - 33 74 00
Fax 089 - 38 88 71 65
meierhenrich@literaturhaeuser.net
www.literaturhaeuser.net
Ansprechpartner: Susanne Meierhenrich
Sparten: Dieser Preis ist für Autorinnen und Autoren gedacht, die sich auf besondere Art und Weise für die Vermittlung von Literatur einsetzen
Vergabeturnus: jährlich
Eigenbewerbung: nein

Preis der SWR-Bestenliste
SWR Baden-Baden
Hans-Bredow-Str. 12
76530 Baden-Baden
Tel. 07221 - 929 40 36
Fax 07221 - 929 20 64
ute.bergmann@swr.de
www.swr.de/bestenliste
Ansprechpartner: Frank Hertweck/ Ute Bergmann FS Kultur/Literatur
Sparten: Literatur, Lyrik, Prosa
Vergabeturnus: jährlich
Dotierung: € 10.000
Eigenbewerbung: nein

Puchheimer Leserpreis
Gemeinde Puchheim
Poststr. 2
82178 Puchheim
Tel. 089 - 80098-115
Fax 089 - 80098-222
hollmann@puchheim.de
Ansprechpartner: Frau Hollmann
Sparten: Belletristik
Bewerberkreis: keiner
Vergabeturnus: alle 3 Jahre
Dotierung: € 4.000
Bewerbungsschluss: nein
Eigenbewerbung: keine

Alexander-Sergejewitsch-Puschkin-Preis
Alfred Toepfer Stiftung F.V.S.
Georgsplatz 10
20099 Hamburg
Tel. 040 - 33 40 20
Fax 040 - 33 58 60
mail@toeper-fvs.de
www.toepfer-fvs.de
Ansprechpartner: Ansgar Wimmer
Sparten: russischsprachige Literatur
Vergabeturnus: alle 2 Jahre (2005)
Dotierung: € 15.000
Eigenbewerbung: nein

Quickborn-Preis
Quickborn Vereinigung für niederdeutsche Sprache und Literatur e.V.
Alexanderstr. 16
20099 Hamburg
Tel. 040 - 24 08 09
Fax 040 - 24 08 09
quickborner@aol.com
Ansprechpartner: Wolfgang Baar
Sparten: niederdeutsche Kultur (Literatur, Volkskunde und sonstige Bücher)
Vergabeturnus: alle zwei Jahre
Dotierung: € 3.000

Rattenfänger-Literaturpreis
KULTURbüro der Stadt Hameln
Hochzeitshaus, Osterstr. 2
31785 Hameln
Tel. 05151 - 202-650
Fax 05151 - 202-651
kultur@hameln.de
www.hameln.de/rathaus/31/rattenfaenger-Literaturpreis.htm
Ansprechpartner: Ellen Greten
Sparten: Kinder- und Jugendliteratur, insbes. Märchen und Sagen, fantastische Erzählung, moderne Kunstmärchen und Erzählungen aus dem Mittelalter
Vergabeturnus: alle 2 Jahre
Dotierung: € 5.000
Eigenbewerbung: möglich

Rauriser Literaturpreis
Salzburger Landesregierung
Abt. Kultur
Franziskanergasse 5A
A-5010 Salzburg/Österreich
Tel. 0043 - 662 - 8042/2729
Fax 06628042/2919
daniela.weger@salzburg.gv.at
www.salzburg.gv.at/Kultur
Ansprechpartner: Dr. Daniela Weger

Sparten: Prosa-Estveröffentlichung aus dem vergangenen Jahr (das erste Buch)
Bewerberkreis: deutschsprachige AutorInnen
Vergabeturnus: jährlich
Dotierung: € 7.300
Eigenbewerbung: nein

Erik Reger-Preis
Zukunftsinitiative Rheinland-Pfalz
Kaiser-Friedrich-Str. 1
55116 Mainz
Tel. 06131 - 16-56 81
Fax 06131 - 16-25 54
info@zirp.de
www.zirp.de
Ansprechpartner: Daniela Genrich
Sparten: Moderne Arbeits- und Lebenswelt in Literatur
Vergabeturnus: alle 2 Jahre
Dotierung: € 10.000
Eigenbewerbung: nein

Erich-Maria-Remarque-Friedenspreis der Stadt Osnabrück und Sonderpreis
Stadt Osnabrück
Literaturbüro Westniedersachsen
Am Ledenhof 3-5
49074 Osnabrück
Tel. 0541 - 286 92
Fax 0541 - 323 43 33
litos-info@gmx.de
www.osnabrueck.de
Ansprechpartner: Jutta Sauer
Sparten: Literatur, Medien / Publizistik / Wissenschaft
Vergabeturnus: alle 2 Jahre
Dotierung: € 15.000, Sonderpreis: € 5.000
Eigenbewerbung: nein

Fritz-Reuter-Preis
Carl-Toepfer-Stiftung
Peterstr. 28
20355 Hamburg
Tel. 040 - 34 45 64
Fax 040 - 35 16 69
mail@carltoepferstiftung.de
www.carltoepferstiftung.de
Ansprechpartner: Hans-J. Heinrich
Sparten: Niederdeutsche Kultur
Vergabeturnus: alle 2 Jahre
Dotierung: € 7.500
Eigenbewerbung: nein

Joachim-Ringelnatz-Preis für Lyrik
Stadt Cuxhafen
Werner-Kammann-Str. 12
27472 Cuxhaven
Tel. 04721 - 700 961
Fax 04721 - 700 - 487
guenther.schlechter@cuxhaven.de
www.cuxhaven.de
Ansprechpartner: Herr Schlechter
Sparten: Lyrik
Bewerberkreis: Auswahl durch Jury
Vergabeturnus: seit 2002 alle 2 Jahre
Dotierung: € 15.000, zus. Förderpreis für Nachwuchslyriker € 5.000
Eigenbewerbung: nein

**Roswitha-Preis der
Stadt Bad Gandersheim**
Stadt Bad Gandersheim
Kulturamt
Postfach 1170
37575 Bad Gandersheim
Tel. 05382 -73-334
Fax 05382 - 73-370
kulturamt@bad-gandersheim.de
www.bad-ganderheim.de
Ansprechpartner: Ingeborg Briks
Sparten: Literatur (Lyrik, Prosa, Roman, Erzählung, Essay, Sachbücher, Philosophie, usw.)
Vergabeturnus: jährlich
Dotierung: € 10.000
Eigenbewerbung: nein

**Nelly-Sachs-Preis –
Literaturpreis der Stadt Dortmund**
Stadt Dortmund
Kleppingstr. 21/23
44135 Dortmund
Tel. 0231 - 502 54 42
Fax 0231 - 502 24 97
hgschulz@stadtdo.de
Ansprechpartner: Herr Schulz
Vergabeturnus: alle zwei Jahre
Dotierung: € 15.000
Eigenbewerbung: nein

Hans-Sahl-Preis
Autorenkreis der Bundesrepublik
Hornstr. 13
10963 Berlin
Tel. 030 - 691 75 07
ines.geipel@gmx.de
www.autorenkreis-bundesrepublik.de
Ansprechpartner: Prof. Ines Geipel
Vergabeturnus: jährlich
Dotierung: € 20.000
Eigenbewerbung: nein

**Friedrich-Schiedel-Literaturpreis
der Stadt Bad Wurzach**
Stadt Wurzach
Marktstr. 16
88410 Bad Wurzach
Tel. 07564 - 302-100
Fax 07564 - 302-170
buergermeister@bad-wurzach.de
www.bad-wurzach.de
Ansprechpartner: Bürgermeister Roland Bürkle
Sparten: Geschichte des deutschen Sprachraums von 1715 und jünger
Vergabeturnus: alle 2 Jahre
Dotierung: € 10.000
Eigenbewerbung: nein

**Hans Bernhard Schiff
Literaturpreis**
Landeshauptstadt Saarbrücken
Kulturamt
Passagestr. 2-4
66104 Saarbrücken
Tel. 0681 - 905 49 04
Fax 0681 - 905 49 45
Ansprechpartner: Ulrich Andres
Sparten: Literatur
Bewerberkreis: offen, aber mit regionalem Bezug
Vergabeturnus: jährl. Ausschreibung

Dotierung: Hauptpreis € 2.500,
Förderpreis (Teilnehmer unter 30:
€ 500)
Eigenbewerbung: möglich

Schiller-Gedächtnispreis
Land Baden-Württemberg
Königsstr. 46
70173 Stuttgart
Tel. 0711 - 279 29 82
Fax 0711 - 279 32 13
ursula-bernhardt@mwk.bwl.de
www.mwk-bw.de
Ansprechpartner: Dr. Ursula Bernhardt
Sparten: Literatur allgemein oder Geisteswissenschaften
Vergabeturnus: alle drei Jahre
Dotierung: € 25.000 (Ehrenpreis), 2x € 7.500 (Förderpreise)
Eigenbewerbung: nein

Jeannette Schocken Preis – Bremerhavener Bürgerpreis für Literatur
Magistrat der Stadt Bremerhaven
Kulturamt
Postfach 210360
27524 Bremerhaven
Tel. 0471 - 590 - 2849
Fax 0471 - 590 - 2878
Gisela.lehrke@magistrat.bremerhaven.de
www.bremerhaven.de
Ansprechpartner: Dr. Gisela Lehrke
Sparten: Literatur
Bewerberkreis: AutorInnen

Vergabeturnus: alle 2 Jahre
Hinweise: Entscheidung einer unabhängigen Jury
Dotierung: € 7.500
Eigenbewerbung: nein

Geschwister-Scholl-Preis
Kulturreferat der Landeshauptstadt
München
Burgstr. 4
80331 München
Tel. 089 - 233-26 991
Fax 089 - 233-21 262
christoph.schwarz@muenchen.de
www.muenchen.de/referat/kultur/
referat/fg04/foerder/literatur/
scholl.html
Ansprechpartner: Christoph Schwarz
Vergabeturnus: jährlich
Dotierung: € 10.000
Eigenbewerbung: nein

Richard-Schönfeld-Preis für literarische Satire
Richard-Schönfeld-Stiftung
c/o Hamburgische Kulturstiftung
Chilehaus A
20095 Hamburg
Tel. 040 - 33 90 99
Fax 040 - 32 69 58
info@kulturstiftung-hh.de
www.kulturstiftung.de
Ansprechpartner: Kirsten Wagner
Sparten: Literarische Satire
Bewerberkreis: internationale AutorInnen, die herausragende Satiren publiziert haben

Vergabeturnus: Alle 2 Jahre
Dotierung: € 10.000
Eigenbewerbung: laufend,
mit 3 Exemplaren

**Schubart-Literaturpreis der
Stadt Aalen**
Kulturamt der Stadt Aalen
Marktplatz 30
73430 Aalen
Tel. 07361 - 52-1159
Fax 07361 - 52 19 11
kunst@aalen.de
Ansprechpartner: Brigitte Seibold
Sparten: Lyrik, Almanache, Theaterstücke, wissenschaftliche Prosa, verlegerisches Schaffen
Vergabeturnus: alle zwei Jahre
Dotierung: € 12.000
Eigenbewerbung: möglich

Karl-Sczuka-Preis
Südwestrundfunk, Sekretariat des
Karl-Sczuka-Preises
76522 Baden-Baden
Tel. 07221-929-2722
Fax 07221-929-2072
sczuka@swr-online.de
www.swr2.de/sczuka
Ansprechpartner: Hans Burkhard
Schlichting
Sparten: Hörspiel als Radiokunst
Bewerberkreis: Autoren, Komponisten, Regisseure, Realisationsteams
Vergabeturnus: jährlich
Dotierung: Hauptpreis € 12.500,
Förderpreis € 5.000

Bewerbungsschluss: 15. Juni
Eigenbewerbung: erforderlich

Oskar-Seidlin-Preis
Eichendorff-Gesellschaft e.V.
Bahnhofstr. 71
40883 Ratingen
Tel. 02102 - 96 52 11
Fax 02102 - 96 52 40
Ansprechpartner: Margret Diehl
Sparten: Literaturwissenschaft
Vergabeturnus: unregelmäßig
Dotierung: € 2.500
Eigenbewerbung: nein

Anna Seghers-Preis
Anna Seghers-Stiftung
c/o Prof. Dr. D. Pforte
Quermatenweg 174
14163 Berlin
Tel. 030 - 813 32 72
Ansprechpartner:
Prof. Dr. Dietger Pforte
Dotierung: 2 x € 12.500
Eigenbewerbung: nein

Walter-Serner-Preis
Rundfunk Berlin-Brandenburg
(RBB)
Masurenallee 8-14
14057 Berlin
Tel. 030 - 30 31 35 40/41
Fax 030 - 30 31 35 48
literatur@sfb.de
www.daskulturradio.de
Ansprechpartner: Rosa Droll
Sparten: Kurzgeschichte

Vergabeturnus: jährlich
Hinweise: Motto: »Vom Leben in den großen Städten«
Dotierung: € 2.500
Bewerbungsschluss: 15. September
Eigenbewerbung: möglich

Shakespeare-Preis
Alfred Toepfer Stiftung F.V.S.
Georgsplatz 10
20099 Hamburg
Tel. 040 - 33 40 20
Fax 040 - 33 58 60
mail@toepfer-fvs.de
www.toepfer-fvs.de
Ansprechpartner: Ansgar Wimmer
Sparten: Kunst, Literatur
Bewerberkreis: Studierende aus GB bis 30 Jahre
Vergabeturnus: jährlich
Hinweise: Studium in Deutschland (1 Jahr)
Dotierung: € 11.040 p.a.
Eigenbewerbung: nein, Empfehlung des Preisträgers

Wilhelmine-Siefkes-Preis
Kulturamt der Stadt Leer
Rathausstr. 1
26770 Leer
Tel. 0491 - 9782425
Fax 0491 - 978 24 58
info@leer.de
www.leer.de
Ansprechpartner: Frau Ulfers-Brandt
Sparten: Niederdeutsche/ Nedersaksische Mundartliteratur

Vergabeturnus: alle 4 Jahre
Dotierung: € 2.500
Eigenbewerbung: möglich

Siemens Literaturpreis
Siemens AG Österreich
Siemensstr. 88
A-1210 Wien
Tel. 051707 - 222 30
Fax 051707 - 530 00
anna.sebestyen@siemens.com
www.siemens.at/kultur
Vergabeturnus: jährlich
Dotierung: € 10.000
Eigenbewerbung: nein

Gerty Spies-Literaturpreis für literarische Arbeiten zu gesellschaftspolitischen Themen
Landeszentrale für politische Bildung Rheinland-Pfalz
Am Kronberger Hof 6
55116 Mainz
Tel. 06131 - 16 29 77
Fax 06131 - 16 29 80
lpb.zentrale@politische-bildung-rlp.de
www.politische-bildung-rlp.de
Ansprechpartner:
Dr. Rüdeger Schlaga
Vergabeturnus: alle 2 Jahre (2006)
Hinweise: Rheinland-Pfalz-Bezug
Dotierung: € 2.500
Eigenbewerbung: möglich

**Erwin-Strittmatter-Preis –
Brandenburgischer Literaturpreis
Umwelt**
Ministerium für Ländliche Entwicklung, Umwelt und Verbraucherschutz
Heinrich-Mann-Allee 107
14473 Potsdam
Tel. 0331 - 866 74 79
Fax 0331 - 866 70 18
Ansprechpartner: Martina Dittmann-Poser
Vergabeturnus: alle 2 Jahre
Dotierung: € 5.000
Eigenbewerbung: nein

Stuhmer Kulturpreis des Landkreises Rotenburg (Wümme)
Landkreis Rotenburg
Postfach 14 40
27344 Rotenburg
Tel. 04621 - 75 21 30
Fax 04621 - 75 21 97
Ansprechpartner: Herr Twiefel
Bewerberkreis: Literarische und andere künstlerische und wissenschaftliche Arbeiten, auch Audio- und Videoarbeiten, Stuhmer Künstler (darüber hinaus siehe Ausschreibung)
Vergabeturnus: alle 3 Jahre
Dotierung: € 500
Eigenbewerbung: möglich

Thaddäus-Troll-Preis
Förderkreis deutscher Schriftsteller
in Baden-Württemberg e.V.
Gartenstr. 58
76135 Karlsruhe
info@schriftsteller-in-bawue.de
Ansprechpartner: Meike Gerhardt
Vergabeturnus: alle 2 Jahre
Dotierung: € 10.000
Eigenbewerbung: nein

**Kurt-Tucholsky-Preis für
literarische Publizistik**
Kurt-Tucholsky-Gesellschaft e.V.
Heiligendammer Str. 10
14199 Berlin
Fax 030 - 824 67 80
e.rottka@planet-interkom.de
Ansprechpartner: Eckart Rottka
Vergabeturnus: alle 2 Jahre
Dotierung: € 5.000
Eigenbewerbung: erforderlich

**Tukanpreis der
Landeshauptstadt München**
Landeshauptstadt München
Burgstr. 4
80331 München
Tel. 089 - 233-21 196 oder 24 347
Fax 089 - 233-21 262
katrin.dirschwigl@muenchen.de
www.muenchen.de/literaturstadt
Ansprechpartner: Eva Schuster, Katrin Dirschwigl
Sparten: Belletristik/ Neuerscheinungen
Bewerberkreis: Münchner AutorInnen

Vergabeturnus: jährlich
Hinweise: siehe Website
Dotierung: € 6.000
Bewerbungsschluss: Ende August
Eigenbewerbung: möglich

Thomas-Valentin-Literaturpreis
Stadt Lippstadt Fachbereich Schule,
Kultur und Sport
Geiststr. 2
59553 Lippstadt
Tel. 02941 - 98 02 75
Fax 02941 - 98 02 74
schulamt@stadt-lippstadt.de
www.lippstadt.de
Ansprechpartner: Herr Wittrock
Vergabeturnus: alle 4 Jahre
Dotierung: € 5.000
Eigenbewerbung: nein

Völklinger Senioren-Literaturpreis
Volkshochschule Völklingen,
Akademie für Ältere
Altes Rathaus
66333 Völklingen
Tel. 06898 - 132597
Fax 06898 - 132588
k.schaeffner@voelklingen.de
www.vhs-voelklingen.de
Ansprechpartner:
Karl-Heinz Schäffner
Sparten: Prosa und Lyrik
Bewerberkreis: Seniorinnen/
Senioren über 55 Jahre
Vergabeturnus: alle 2 Jahre
Hinweise: siehe Ausschreibung
Dotierung: € 500 Prosa, € 500

Lyrik, 2.-10. Buchpreise
Bewerbungsschluss: 31.3.06
Eigenbewerbung: möglich

Johann-Heinrich-Voß-Preis für Übersetzung
Deutsche Akademie für Sprache
und Dichtung e.V.
Alexandraweg 23 (Glückert-Haus)
64287 Darmstadt
Tel. 06151 - 40 92-0
Fax 06151 - 40 92 99
sekretariat@deutscheakademie.de
www.deutscheakademie.de
Sparten: Literarische Übersetzungen
in die Deutsche Sprache
Vergabeturnus: jährlich
Dotierung: € 15.000
Eigenbewerbung: nein

Annalise-Wagner-Preis
Annalise-Wagner-Stiftung
Postfach 101242
17019 Neubrandenburg
Tel. 0395 - 555 13 33
Fax 0395 - 555 13 48
stiftung.bibl@neubrandenburg.de
www.annalise-wagner-stiftung.de
Ansprechpartner: Frau Birkenkampf
Sparten: Wissenschaftliche, populärwissenschaftliche Literatur
und Belletristik aus bzw. über die
Region Mecklenburg-Strelitz
Bewerberkreis: AutorInnen aus der
Region Mecklenburg-Strelitz und
AutorInnen von Arbeiten über die
Region Mecklenburg-Strelitz

Dotierung: € 2.500
Eigenbewerbung: möglich

Christian-Wagner-Preis
Christian-Wagner-Gesellschaft e.V.
in Zusammenarbeit mit der
Kreissparkasse Böblingen
Buchfinkenweg 6
71229 Leonberg
Tel. 07152 - 949094
Fax 07152 - 949095
karl.kollmann@t-online.de
Ansprechpartner: Dr. Kollmann
Sparten: Lyrik
Vergabeturnus: alle 2 Jahre
Dotierung: € 5.000
Eigenbewerbung: nein

**Jakob-Wassermann-Preis
der Stadt Fürth**
Stadt Fürth, Kulturamt
Konigsplatz 2
90762 Fürth
Tel. 0911 - 974 16 80
Fax 0911 - 974 16 84
claudia.floritz@fuerth.de
Ansprechpartner: Claudia Floritz
Vergabeturnus: alle 3 Jahre
Dotierung: € 8.000
Eigenbewerbung: nein

Alex-Wedding-Preis
Akademie der Künste
Hanseatenweg 10
10557 Berlin
Tel. 030 - 39 0 76 124
Fax 030 - 39 0 76 175

voigt@adk.de / www.adk.de
Ansprechpartner: Dr. Barbara Voigt
Sparten: belletristische Kinder- und
Jugendliteratur
Vergabeturnus: alle 3 Jahre
Dotierung: € 5.000
Eigenbewerbung: nein

F.-C.-Weiskopf-Preis
Akademie der Künste
Hanseatenweg 10
10557 Berlin
Tel. 030 - 39 0 76 124
Fax 030 - 39 0 76 175
voigt@adk.de / www.adk.de
Ansprechpartner: Dr. Barbara Voigt
Sparten: sprachkritische und
sprachreflektierende Werke
Vergabeturnus: alle 3 Jahre
Dotierung: € 5.000
Eigenbewerbung: nein

Ehm Welk-Literaturpreis
Uckermärkische Literaturgesell-
schaft e.V.
Puschkinallee 10
16278 Angermünde
www.ehmwelk.de
Ansprechpartner:
Felicitas Borchardt
Sparten: Heimatliteratur
Bewerberkreis: Autoren des Landes
Brandenburg
Hinweis: Unterlagen können gegen
Rückporto im Ehm Welk-Literatur-
museum Angermünde angefordert
werden

Dotierung: € 2.000
Bewerbungsschluss: 28.6.05
Eigenbewerbung: möglich

WELT-Literaturpeis - Literaturpreis der Zeitung DIE WELT
Die Welt, Axel Springer AG
Axel-Springer-Str. 65
10888 Berlin
Tel. 030 - 25 91 776 20
Fax 030 - 25 91 776 42
oliver.santen@axelspringer.de
Ansprechpartner: Oliver Santen
Vergabeturnus: jährlich
Dotierung: € 25.000
Eigenbewerbung: nein

Wettbewerb für deutschsprachige AutorInnen
Kuratorium der
Otto-Stoessl-Stiftung
Semmelweisgasse 9
A-8010 Graz/Österreich
Tel. (0) 316 - 877-46 11 oder
(0) 316 - 38 13 65
Fax (0) 316 - 877-46 33
christoph.binder@stmk.gv.at
Ansprechpartner:
Dr. Christoph Binder
Sparten: Erzählungen
Bewerberkreis: Deutschsprachige AutorInnen
Vergabeturnus: in geraden Jahren
Hinweise: Erzählung (max. 30 S.)
Dotierung: € 4.000
Bewerbungsschluss: 31.12.07 usw.
Eigenbewerbung: möglich

Wildweibchenpreis der Reichelsheimer Märchen- und Sagentage
Gemeinde Reichelsheim
Bismarckstr. 43
64358 Reichelsheim
Tel. 06164 - 508 10 o. 508 38
Fax 06164 - 508 33
maerchentage@reichelsheim.de
www.maerchentage.de
Ansprechpartner: Gerd Lode,
Jochen Rietdorf
Vergabeturnus: jährlich
Dotierung: € 3.000
Eigenbewerbung: nein

Würth-Literaturpreis
Poetik-Dozentur
Universität Tübingen
Postfach 210354
72026 Tübingen
Tel. 07071 - 297 29 07
Fax 07071 - 499 13
www.uni-tuebingen.de/Poetik-Dozentur/themaktu.html
Dotierung: € 7.500
Eigenbewerbung: nein

▷ Ein Dach über dem leichtsinnigen Kopf

Von Jens Sparschuh

Die Vorstellung, irgendwo ein Stipendiaten-Dasein fristen zu müssen, war lange Zeit ein Klassiker in der Spätvorstellung meiner Alpträume. Vor meinem inneren Auge sah ich eine Kolonne entwurzelter Kollegen durchs Land ziehen, Rucksack über der Schulter, Laptop unterm Arm, Abschiedsträne im Auge. Ihre armselige Habe in einem Rollkoffer verstaut, den sie hinter sich herziehen wie Landstreicher ihren letzten Freund, den treuen Hund. Ein modernes Freitischlertum, eine groß angelegte Landverschickung, damit Autoren, wie es heißt, »einmal ungestört und in aller Ruhe« arbeiten können. Im Klartext: Sie werden verfrachtet in unzugängliche Gegenden, in sibirische Exklaven mitten in Deutschland (die gibt es tatsächlich!) – vielleicht, dass sie dort für gewisse Zeit ruhig gestellt werden sollen?

Das Stipendiatensystem scheint in jenen Zeiten ersonnen worden zu sein, als Dichter à la Walther von der Vogelweide noch fahrende Gesellen waren. Deutsche Kulturbeamte, geistig ebenfalls in etwas entlegeneren Zeitaltern beheimatet, gehen unbeirrt davon aus, dass auch heute Autoren (windige Gestalten, wie man weiß, von Natur aus!) normalerweise unter Brücken schlafen und von Herzen froh darüber sein müssten, mal ein Dach über dem leichtsinnigen Kopf zu haben. Doch die Rechnung geht nicht ganz auf. Solche Stipendien muss man sich erst mal leisten können! Meist sind sie derart nonchalant bemessen, dass man davon bestenfalls eine Berliner Monatsmiete (warm) plus, eventuell, das Telefon begleichen kann. Gut, da haben es wenigstens die traurigen Hinterbliebenen schön warm. Und man selbst? Sitzt, kalt im Herzen, seine Zeit irgendwo ab. Die (dafür) verantwortlichen Beamten, die übrigens kein Schrittchen vor die Haustür tun würden, ohne nicht gleich nach einem Trennungsgeld zu jammern, verhängen zudem ungerührt über den armen Dichter eine »Präsenzpflicht am Ort«. Da viele Stipendienorte derart abseitig sind, dass es bis auf einen Überlandbus keine Fluchtmöglichkeiten gibt, bleibt dem Insassen also nur ein kurzer, ratloser Freigang in die fußnasse Gegend. Zur Not kann er ja in den zahllosen einsamen Stunden, die er verbringt, die gesammelten Werke seines Vorgängers durchforsten (... drei Bände lyrischer Prosa im Kleinverlag!). Das sind die Momente, in denen man ernsthaft über den Sinn des Lebens nachzudenken beginnt. Wie tief muss man eigentlich noch sinken? Oder aber: Man soll mit dem launigen Hinweis geködert werden, dass zu der in Frage kommenden Zeit auch noch andere Autoren im Hause seien. Du lieber Himmel, das fehlte gerade.

Nicht mit mir, dachte ich da immer. Ich hab doch in Berlin ein trockenes, warmes Zuhause; ich bleibe standhaft. Und sesshaft. Ohne je in meinem Leben Stipendiat gewesen zu sein, konnte ich mir doch auch so das ganze hospitalistische Elend in den buntesten, das heißt: schwärzesten Farben ausmalen.

Wie bin ich dann aber bloß nach Calw, tief, tief in den Schwarzwald geraten – und noch dazu als Hesse-Stipendiat? Ich habe mich nicht darum beworben, dieses Stipendium wurde mir angetragen. Da aber die segensreiche Regionalsparkasse im Hintergrund steht, floss hier wirklich und tatsächlich Geld; so viel, dass ich es ohne die Schamesröte eines Almosenempfängers auch annehmen (bzw. gar nicht ablehnen) konnte. Außerdem war gerade ein neuer Roman fertig, ich neige zu Abenteuern, kurzum: mit leeren Taschen (weißen Blättern ...) fuhr ich los.

Gleich am ersten Abend setzte ich mich tapfer an den Tisch und begann ein neues Buch. Am nächsten Tag vorsichtiger Rundgang durch die Stadt. Donnerwetter, in Calw gibt es ja jede Menge Schuhgeschäfte! Und da es in meinem neuen Buch ausgerechnet um die unglückliche

Liebe eines Schuhverkäufers zu Doris, einer Gardinenverkäuferin, gehen sollte, meine Gedanken seinerzeit also um Hühneraugen, Schweißfußeinlagen und die große Einsamkeit italienischer Einzelstücke in den Auslageregalen kreisten, war ich hier mitten hinein in jene Welt geraten, in der ich damals für ein Buch lang leben wollte.

Pünktlich zum Ende des Stipendiums war das Buch dann fertig. Ein letzter, nostalgischer Abschiedsstreifzug durch den Schwarzwald. Mit Macht musste ich mir ins Gedächtnis rufen (einsame Rufe im schwarzen Wald!), dass solch ein generös geschenktes Vierteljahr, wie überhaupt alles Glück auf Erden, die Ausnahme ist – nicht die Regel.

Dr. Jens Sparschuh schreibt für Erwachsene und Kinder. Unter den Auszeichnungen für seine Texte ist auch der renommierte Hörspielpreis der Kriegsblinden. Sparschuh ist Mitglied des P.E.N. Er lebt mit seiner Familie in Berlin. Das im Text erwähnte Buch heißt *Stinkstiefel*.
Zuletzt sind von ihm erschienen *Waldwärts – Ein Reiseroman von A–Z erlogen* und *Silberblick*.

ADRESSEN · ADRESSEN · ADRESSEN · ADRESSEN

▷ *Stipendien, Förderpreise, Projektförderung*

Stipendien und Arbeitsaufenthalte des Landes NRW im Ausland
Ministerium für Städtebau und Wohnen, Kultur und Sport
Elisabethstr. 5-11
40217 Düsseldorf
Tel. 0211 - 38 43 - 0
Fax 0211 - 384 36 03
eva.krings@mswks.nrw.de
www.mswks.nrw.de
Ansprechpartner: Eva Krings
Sparten: Architektur, Bildende Kunst, Literatur, Musik (Komposition)
Vergabeturnus: jährlich
Bewerbungsschluss: 1. November
Eigenbewerbung: möglich

Sechs Stipendien der Landeshauptstadt München für Literatur
Landeshauptstadt München
Burgstr. 4
80331 München
Tel. 089 - 23 32 11 96 o. 233-24 347
Fax 089 - 233 21 262
katrin.dirschwigl@muenchen.de
www.muenchen.de/literaturstadt
Ansprechpartner: Eva Schuster, Katrin Dirschwigl

Sparten: Projekte: alle literarischen Textformen in deutscher Sprache, auch Übersetzungsprojekte, Kinder- und Jugendliteratur (unveröffentliche Texte)
Bewerberkreis: AutorInnen mit Wohnsitz in München
Vergabeturnus: alle 2 Jahre (2005)
Hinweise: s. Website
www.muenchen.de/literaturstadt
Dotierung: je € 6.000
Bewerbungsschluss: Ende März
Eigenbewerbung: möglich

Arbeitsstipendien für Berliner Autorinnen und Autoren
Berliner Senatsverwaltung für Wissenschaft, Forschung und Kultur
Brunnenstr. 188-190
10119 Berlin
Tel. 030 - 90 22 8 – 535, -536
Fax 030 - 90 22 84 57
www.kultur.berlin.de
Ansprechpartner: Frau Drippe, Herr Meyer
Sparten: Belletristische Literatur und Lyrik
Dotierung: € 7.500 in sechs monatlichen Teilbeträgen à € 1.250

Bewerbungsschluss: Ende Januar
Eigenbewerbung: möglich

**Arbeitsstipendien für
Schriftsteller und Übersetzer
des Landes NRW**
Ministerium für Städtebau und
Wohnen, Kultur und Sport NRW
Elisabethstr. 5 – 11
40217 Düsseldorf
Tel. 0211 - 38 43 0
Fax 0211 - 384 654
monika.strohmeyer@mswKs.nrw.de
Ansprechpartner: Monika Strohmeyer/Astrid Kafka
Sparten: Prosa, Lyrik, Hörspiel
Bewerberkreis: Schriftsteller u. Übersetzer aus NRW
Vergabeturnus: jährlich
Hinweise: Verlagsoption erforderlich
Dotierung: 4 Monate à € 1.025
Bewerbungsschluss: vorauss. 1.11.
Eigenbewerbung: erforderlich

**Autoren-Förderungsprogramm
der Stiftung Niedersachsen**
Stiftung Niedersachsen
Sophienstr. 2
30159 Hannover
Tel. 0511 - 990 54 13
Fax 0511 - 990 54 99
info@stnds.de / www.stnds.de
Ansprechpartner: Linda Anne
Engelhardt
Sparten: Prosa, Lyrik, Essay im
jährlichen Wechsel

Bewerberkreis: Schriftsteller, die
am zweiten Buch in der Gattung
arbeiten
Vergabeturnus: jährlich
Dotierung: je € 9.000 (zzgl. drei
Arbeitskolloquien für 4 Personen)
Bewerbungsschluss: 1. Dezember
Eigenbewerbung: erforderlich

**Autorenspende für
schriftstellerische Arbeit**
Hermann Sudermann Stiftung
Hauptstr. 452
53639 Königswinter
Tel. 02223 - 265 03
g.henze-fliedner@t-online.de
Ansprechpartner: Dr. Gisela Henze
Sparten: Literatur
Vergabeturnus: unregelmäßig
Hinweise: Nachweis nach § 53 AO
(Mildtätige Zwecke), Vorlage einer
Veröffentlichung, mind. aber eines
fertigen Manuskripts, keine Vergabe
von Druckkostenzuschüssen
Dotierung: € 800
Eigenbewerbung: möglich

**Autorenstipendien der
Stadt Bremen**
Der Senator für Kultur
Herdentorsteinweg 7
28195 Bremen
Tel. 0421 - 361 27 44
Fax 0421 - 361 60 25
chinrichs@kultur.bremen.de
Ansprechpartner: Christa Hinrichs
Sparten: Literatur

Vergabeturnus: jährlich
Dotierung: 2 x € 2.500
Eigenbewerbung: möglich

**Berliner Künstlerprogramm
des DAAD**
Deutscher Akademischer Austauschdienst Berliner Künstlerprogramm
Markgrafenstr. 37
10117 Berlin
Tel. 030 - 20 22 08-0
Fax 030 - 204 12 67
bkp.berlin@daad.de
www.berliner-
kuenstlerprogramm.de
Ansprechpartner: Nele Hertling
Sparten: Bildende Kunst, Film, Literatur, Musik
Vergabeturnus: jährlich
Dotierung: Einladung für 12 Monate (Film: 6 Monate)
Eigenbewerbung: möglich, außer für Bildende Kunst

Chamisso-Förderpreis für auf deutsch schreibende Autoren fremder Muttersprache
Sekretariat des Adelbert-von-Chamisso-Preises Dr. Klaus Hübner
Degenfeldstr. 9
80803 München
Tel. 089 - 300022-11
Fax 089 - 300022-12
klahueb@gmx.de
Ansprechpartner: Dr. Klaus Hübner
Sparten: Literatur
Vergabeturnus: jährlich

Dotierung: € 7.000
Bewerbungsschluss: 30. April
Eigenbewerbung: möglich

Deutsche Künstlerhilfe
Deutsche Künstlerhilfe
Bundespräsident
Spreeweg 1
10577 Berlin
Tel. 030 - 2000-2162
Fax 030 - 2000-1938
poststelle@bpra.bund.de
www.bundespraesident.de
Ansprechpartner: Lydia Todt
Sparten: alle Sparten
Vergabeturnus: Zuwendungen werden vergeben auf Vorschlag der Kulturministerien der Länder
Eigenbewerbung: möglich

**Deutscher Literaturfonds e.V.
Stipendien für qualifizierte
Autorinnen und Autoren**
Deutscher Literaturfonds e.V.
Alexandraweg 23
64287 Darmstadt
Tel. 06151 - 40930
Fax 06151 - 40 93 33
info@deutscher-literaturfonds.de
www.deutscher-literaturfonds.de
Sparten: deutschsprachige Gegenwartsliteratur
Vergabeturnus: Einsendetermine jeweils bis 30. April und 31. Oktober
Dotierung: Stipendium: € 1.550 pro Monat für max. ein Jahr
Eigenbewerbung: erforderlich

Heimito-von Doderer-Preis und Heimito-von Doderer-Förderpreis
c/o Heimito von Doderer-Gesellschaft
Literarisches Colloquium Berlin
Am Sandwerder 5
14109 Berlin
Tel. 030 - 816 99 50
Fax 030 - 816 996 19
www.doderer-gesellschaft.org
Ansprechpartner: Dr. Kai Luehrs-Kaiser
Sparten: Prosa und Lyrik
Vergabeturnus: jährlich
Dotierung: € 20.000 und € 5.000
Eigenbewerbung: nein

Förder- und Kulturpreise der Stadt Fürth
Stadt Fürth
Königsplatz 2
90762 Fürth
Tel. 0911 - 974 16 80
Fax 0911 - 974 1684
Claudia.floritz@fuerth.de
www.fuerth.de
Ansprechpartner: Claudia Floritz
Sparten: Bildende Kunst, Fotografie, Film, Literatur, Musik
Vergabeturnus: Jährlich
Eigenbewerbung: nein

Förderpreis der Sparkassenstiftung
Magistrat der Stadt Bremerhaven
Postfach 21 03 60
27524 Bremerhaven
Tel. 0471 - 590 29 34
Fax 0471 - 590 28 78
anke.rose@magistrat.bremerhaven.de
www.bremerhaven.de
Ansprechpartner: Frau Rose
Sparten: Bildende Kunst, Darstellende Kunst, Film, Literatur, Musik
Bewerberkreis: Künstler, Musiker, Autoren und Filmemacher
Vergabeturnus: jährlich
Hinweise: Bezug zu Bremerhaven, nicht älter als 35 Jahre, möglichst das erste Jahr der Berufsausbildung mit überdurchschnittlichen Leistungen beendet haben
Bewerbungsschluss: 31. Juli
Eigenbewerbung: möglich

Förderpreis der Stadt Schweinfurt für junge Künstlerinnen und Künstler
Stadt Schweinfurt
Kulturamt
Brückenstr. 20
97421 Schweinfurt
Tel. 09721 - 51 479
Fax 09721 - 51 320
Dr.Erich.Schneider@schweinfurt.de
www.schweinfurt.de
Ansprechpartner: Dr. Erich Schneider
Sparten: Bildende Kunst, Literatur, Musik
Vergabeturnus: alle drei Jahre
Hinweise: Förderpreis für junge Künstlerinnen und Künstler, die durch Geburt, Leben oder Werk mit Schweinfurt verbunden sind und

besondere Begabungen auf den Gebieten Bildende Kunst, Literatur und Musik erkennen lassen.
Dotierung: € 10.000
Bewerbungsschluss: Ende April 2006
Eigenbewerbung: möglich

Förderpreis des Landes Nordrhein-Westfalen für junge Künstlerinnen und Künstler
Ministerium für Städtebau und Wohnen, Kultur und Sport NRW
Elisabethstr. 5-11
40217 Düsseldorf
Tel. 0211 - 3843 - 0
Fax 0211 - 3843 - 654
Claudia.Liethen@msWKs.nrw.de
Ansprechpartner: Claudia Liethen
Sparten: Literatur
Bewerberkreis: Autoren aus NRW
Vergabeturnus: jährlich
Dotierung: € 5.000
Eigenbewerbung: nein

Förderpreis für junge Künstlerinnen und Künstler der Stadt Konstanz
Gestiftet aus Spenden der heimischen Wirtschaft und Industrie
Wessenbergstr. 39
78459 Konstanz
Tel. 07531 - 900 900
Fax 07531 - 900 910
Liebl-KopitzkiW@stadt.konstanz.de
Ansprechpartner:
Dr. Waltraut Liebl-Kopitzki

Sparten: Bildende Kunst, Musik und Literatur
Bewerberkreis: KünstlerInnen aus Konstanz oder mit Bezug zu Konstanz
Vergabeturnus: alle 2 Jahre
Hinweise: Bewerbungshöchstalter beträgt 35 Jahre
Dotierung: ca. € 1.500
Bewerbungsschluss: 31. März
Eigenbewerbung: möglich

Förderpreis für junge Künstlerinnen und Künstler der Stadt Velbert
Stadt Velbert
Kolpingstr. 34
42551 Velbert
Tel. 02051 - 26 20 22
Fax 02051 - 26 22 79
sigrid.arnscheidt@velbert.de
Ansprechpartner: Sigrid Arnscheidt
Sparten: Bildende Kunst, Darstellende Kunst, Literatur, Musik
Bewerberkreis: Nachwuchskünstler, die in Velbert wohnen, geboren oder berufstätig sind bis 25 Jahre
Vergabeturnus: alle 2 Jahre
Hinweise: Nachwuchskünstler, die in Velbert wohnen, geboren oder berufstätig (bis 25 Jahren) mit überdurchschnittl. Leistungen
Dotierung: € 2.000
Bewerbungsschluss: je nach Ausschreibung
Eigenbewerbung: möglich

**Förderpreis für Literatur der
Landeshauptstadt Düsseldorf**
Kulturamt der Landeshauptstadt
Düsseldorf
Zollhof 13
40221 Düsseldorf
Tel. 0211 - 89 96 209
Fax 0211 - 89 36 209
barbara.reinartz@stadt.duesseldorf.de
Ansprechpartner: Barbara Reinartz
Sparten: Literatur (Dichtung, Schriftstellerei, Kritik, Übersetzung, etc.)
Vergabeturnus: jährlich
Dotierung: € 2000
Bewerbungsschluss:
Eigenbewerbung: nein

**Förderpreis Rheinland-Pfalz
für junge Künstlerinnen und
Künstler**
Land Rheinland-Pfalz Ministerium
für Wissenschaft, Weiterbildung,
Forschung und Kultur
Wallstr. 3
55122 Mainz
Tel. 06131 - 16-0
www.kulturland.rlp.de
Sparten: Bildende Künste, Darstellende Künste, Literatur, Musik
und Film
Bewerberkreis: besonders begabte
junge Künstlerinnen und Künstler
Vergabeturnus: jährlich im Wechsel
der Sparten
Anzahl: bis zu 3 Förderpreise
Eigenbewerbung: nein

**Förderpreis zum
Bremer Literaturpreis**
Rudolf-Alexander-Schröder Stiftung
c/o Stadtbibiliothek Bremen
Am Wall 201
28195 Bremen
Tel. 0421 - 361 40 46
Fax 0421 - 361 69 03
www.stadtbibliothek-bremen.de
Ansprechpartner: Barbara Lison
Sparten: Belletristik
Vergabeturnus: jährlich
Eigenbewerbung: nein

**Förderpreise des Landes Nordrhein-Westfalen für junge
Künstlerinnen und Künstler**
Ministerium für Städtebau und
Wohnen,
Kultur und Sport NRW
Elisabethstr. 5-11
40217 Düsseldorf
Tel. 0211 - 3843-560
Fax 0211 - 3843-654
claudia.liethen@mswks.nrw.de
www.mswks.nrw.de
Ansprechpartner: Frau Liethen
Sparten: Literatur, Bildende Kunst,
Musik, Theater, Film, Neue Medien,
Architektur
Bewerberkreis: Junge Künstlerinnen
und Künstler
Vergabeturnus: jährlich
Dotierung: € 5.000
Eigenbewerbung: nein

Förderstipendien der Stadt Köln
Stadt Köln
Richartzstr. 2-4
50667 Köln
Tel. 0221 - 221 234 81
Fax 0221 - 221 249 53
Gerd.Winkler@stadt-koeln.de
www.stadt-koeln.de
Ansprechpartner: Gerd Winkler
Sparten: Bildende Kunst, Fotografie, Literatur, Musik
Bewerberkreis: Professionelle Künstler der einzelnen Sparten
Vergabeturnus: jährlich
Hinweise: Altersgrenze: 35 Jahre; in Köln wohnen oder arbeiten
Dotierung: jeweils € 10.000
Bewerbungsschluss: März
Eigenbewerbung: möglich

Förderung des künstlerischen Nachwuchses der Stadt Gelsenkirchen
Stadt Gelsenkirchen
Horster Str. 5-7
45875 Gelsenkirchen
Tel. 0209 - 169 (0) 41 79
Fax 0209 - 169 48 01
museum@gelsen-net.de
referat.kultur@gelsenkirchen.de
www.gelsenkirchen.de
Ansprechpartner: Herr Hellrung
Sparten: Bildende Kunst, Komposition, Literatur
Bewerberkreis: Gelsenkirchener Künstler/Autoren (Geburts-, Wohn- ort oder Arbeitsort)
Vergabeturnus: jährlicher Wechsel zwischen den o. g. Sparten
Dotierung: € 2.500
Eigenbewerbung: nein, nur auf Vorschlag

Förderung junger Ulmer Künstlerinnen und Künstler
Stadt Ulm
Münsterplatz 38
89070 Ulm
Tel. 0731 - 161 47 10
Fax 0731 - 161 16 31
t.vuk@ulm.de / www.ulm.de
Ansprechpartner: Thomas Vuk
Sparten: Bildende Kunst, Darstellende Kunst, weitere Sparten siehe Ausschreibung
Bewerberkreis: nicht älter als 30 Jahre (Jg. 75), Geburts- oder Wohnort oder künstlerisches Betätigungsfeld: Ulm
Vergabeturnus: alle 2 Jahre (2005)
Dotierung: Gesamt: € 10.000, mind. € 2.000 pro Sparte
Eigenbewerbung: möglich

Förderungspreise für junge Schriftstellerinnen und Schriftsteller des Freistaates Bayern
Bayerisches Staatsministerium für Wissenschaft, Forschung und Kunst
Salvatorplatz 2
80333 München
Tel. 089 - 21 86 2254
Fax 089 - 21 86 2813
Ansprechpartner: Dr. Detlef Kulman

Sparten: Lyrik, Epik, Dramatik, Kinder- und Jugendliteratur, Sachbücher und Übersetzung
Bewerberkreis: Junge Schriftstellerinnen und Schriftsteller in Bayern
Vergabeturnus: Jährlich
Hinweise: Die Preisträger dürfen am 31. Dezember des Auswahljahres das 40. Lebensjahr noch nicht vollendet haben, müssen mind. ein Buch veröffentlicht haben und seit wenigstens 2 Jahren den ersten Wohnsitz und Schaffensmittelpunkt in Bayern haben.
Dotierung: € 5.000
Eigenbewerbung: nein

GWK Förderpreis
Gesellschaft zur Förderung der Westfälischen Kulturarbeit e.V.
Warendorfer Str. 24
48145 Münster
Tel. 0251 - 591 32 14
Fax 0251 - 591 65 40
gwk@lwl.org
www.gwk-online.de
Ansprechpartner:
Dr. Susanne Schulte
Sparten: Literatur, Bildende Kunst, Musik
Vergabeturnus: jährlich
Dotierung: siehe Homepage
Bewerbungsschluss: siehe Homepage
Eigenbewerbung: möglich

Hamburger Förderpreis für Literatur
Senat der Freien und Hansestadt Hamburg Kulturbehörde
Literaturreferat
Hohe Bleichen 22
20354 Hamburg
Tel. 040 - 34890-288
Fax 040 - 34890-287
Ansprechpartner:
Dr. Wolfgang Schömel
Sparten: Literatur
Vergabeturnus: jährlich
Dotierung: 6 x € 6.000
Bewerbungsschluss: Augusttermin
Eigenbewerbung: möglich, Wohnort muss Hamburg sein

Hans-Erich-Nossak-Preis, Förderpreise und Übersetzungsförderungen und Dramatikerförderung des Kulturkreises der deutschen Wirtschaft im BDI
Kulturkreis der deutschen Wirtschaft im BDI e.V.
Breite Str. 29
10178 Berlin
Tel. 030 - 20 28 14 06
Fax 030 - 20 28 24 06
kulturkreis@bdi-online.de
www.kulturkreis-org
Ansprechpartner: Gudrun Gehring
Sparten: Prosa, Lyrik, Dramatik, Übersetzung
Vergabeturnus: jährlich
Hinweise: HEN – Lebenswerk, alle anderen – Nachwuchsförderung

Dotierung: HEN-Preis – € 10.000, alle anderen – € 7.500, Übersetzungsförderung – Aufträge
Eigenbewerbung: nein

Hattinger Förderpreis für junge Literatur
Kubischu – Kulturinitiative Hattingen
Postfach 80 05 23
45505 Hattingen
Tel. 02324 - 22170
hellmut-lemmer@onlinehome.de
www.kubischu.de
Ansprechpartner: Hellmut Lemmer
Sparten: Literatur
Bewerberkreis: Junge Autorinnen und Autoren zw. 16 und 25 Jahren
Vergabeturnus: jährlich
Hinweise: Lit. Texte jeder Art in dt. Sprache, max. 5 DIN-A4-Seiten bei 1 1/2-zeiliger Schreibweise, einseitig bei Maschinenschrift; ungeheftet, 1 Exemplar
Dotierung: bezahlte Lesung (€ 300), Fahrgeld, Unterkunft
Bewerbungsschluss: 31. Mai
Eigenbewerbung: ja

Hebbel-Stipendium (Promotionsstipendium)
Stadt Wesselburen
Am Markt 5
25764 Wesselburen
Tel. 04833 - 49 00
Fax 04833 - 41 91
Hebbel-Museum@t-online.de
www.Hebbel-Museum.de

Ansprechpartner: Volker Schulz, Museumsdirektor
Sparten: Literatur
Vergabeturnus: Alle drei Jahre
Hinweise: Übernahme des Museumsdienstes von Mai bis Okt. an den Wochenenden
Dotierung: ca. € 650
Eigenbewerbung: möglich

Horst-Bienek-Förderpreis
Horst-Bienek-Stiftung
c/o Bayerische Akademie der Schönen Künste
Max-Joseph-Platz 3
80539 München
Tel. 089 - 290 07 70
Fax 089 - 290 077 23
info@badsk.de / www.badsk.de
Ansprechpartner: Frau Langemann
Sparten: Lyrik
Vergabeturnus: nach Möglichkeit jährlich
Eigenbewerbung: nein

Hubert-Burda-Preis für junge osteuropäische Lyrik
Dr. Hubert Burda München (Stifter)
maria.petras@onlinehome.de
Ansprechpartner: Maria Petras, Gerichtsgasse 4, 78462 Konstanz,
Tel. 07531 - 917 367
Fax: 07531 - 28 46 11
Sparten: junge Lyriker aus osteuropäischen Ländern
Vergabeturnus: jährlich
Eigenbewerbung: auch möglich

Ida-Dehmel-Literaturpreis
GEDOK-Literaturförderpreis
GEDOK Bundesgeschäftsstelle
Weberstraße 59 a
53113 Bonn
Tel. 0228 - 261 87 79
Fax 0228 - 261 99 14
gedok@gedok.de
www.gedok.de
Sparten: Literatur
Vergabeturnus: alle drei Jahre
Dotierung: € 5000
Eigenbewerbung: nein

Jahresstipendien des Landes Niedersachsen
Land Niedersachsen
Leibnizufer 9
30169 Hannover
Tel. 0511 - 120 2565
Fax 0511 - 20 2805
jochen.freise@mwk.niedersachsen.de
Ansprechpartner: Herr Freise
Sparten: Literatur
Vergabeturnus: jährlich
Dotierung: € 12.000
Bewerbungsschluss: wird jeweils gesondert ausgeschrieben
Eigenbewerbung: möglich

Jahresstipendien für Schriftsteller des Ministeriums für Wissenschaft, Forschung und Kunst des landes Baden-Württemberg
Baden-Württembergisches Ministerium für Wisschenschaft und Forschung
Königsstr. 46
70173 Stuttgart
Tel. 0711 - 279 29 82
Fax 0711 279 32 13
ursula.bernhardt@mwk.bwl.de
www.mwk-bw.de
Ansprechpartner: Dr. Ursula Bernhardt
Sparten: Literatur
Bewerberkreis: Literarischer Nachwuchs
Vergabeturnus: jährlich
Hinweise: mind. 1 Publikation
Dotierung: 3 Stipendien à € 12.000
Eigenbewerbung: nein

Kulturförderpreis des Kreises Herford
Kreis Herford
Postfach 21 55
32045 Herford
Tel. 05221 - 13 14 77
Fax 05221 - 13 17 14 74
c.moerstedt@Kreis-herford.de
Ansprechpartner:
Christoph Mörstedt
Sparten: Interdisziplinäre Projekte (mindestens zwei der Sparten Bildende Kunst, Literatur, Musik, Tanz, Theater, Fotografie und Film müssen vertreten sein
Bewerberkreis: Interdisziplinär arbeitende Gruppen, mind. 2 Teilnehmer
Vergabeturnus: jährlich
Hinweise: Ein Mitglied der Gruppe muss dem Kreis Herford durch

Wohnsitz oder Geburt verbunden sein.
Dotierung: € 5.000; mit dem Preisgeld wird das siegreiche Projekt realisiert.
Eigenbewerbung: möglich

Kulturförderpreis des Landkreises Sonneberg
Landkreis Sonneberg
Bahnhofstr. 66
96515 Sonneberg
Tel. 03675 - 871 277
Fax 03675 - 87 13 39
Landkreis.Sonneberg@Ikson.de
www.Ikson.de
Ansprechpartner: Dr. Dieter Töpfer
Sparten: Architektur, Bildende Kunst, Darstellende Kunst, Wort, Musik
Bewerberkreis: Einzelpersonen und Personengruppen für besondere Verdienste in den genannten Sparten
Vergabeturnus: jährlich
Hinweise: Besondere Verdienste um Kunst und Kultur des Landkreises Sonneberg; freiwillige Leistung des Landkreises – kein Rechtsanspruch
Dotierung: € 1.500 max.
Bewerbungsschluss: 31. Dezember des Vorjahres
Eigenbewerbung: nein

Kunstförderpreis der Stadt Augsburg
Stadt Augsburg
Bahnhofstr. 18 1/3a
86150 Augsburg
Tel. 0821 - 324 32 54
Fax 0821 - 324 32 52
Kubue.stadt@augsbug.de
u. Frau Schaller:
kubue.projekte@augsburg.de
www.augsburg.de
Ansprechpartner: Leiter Kulturbüro: Herr Weitzel, speziell: Frau Schaller, Sachbearbeitung
Sparten: Architektur, Bildende Kunst, Ballett, Literatur, Musik
Bewerberkreis: junge Künstler aus Augsburg und der Region
Vergabeturnus: jährlich
Hinweise: Verschiedene Altersgrenzen; Wohn- bzw. Geburtsort Augsburg oder angrenzende Region und besondere Teilnahmebedingungen der einzelnen Fachbereiche
Dotierung: € 17.000 gesamt (werden zu gleichen Teilen aufgeteilt)
Bewerbungsschluss: Ausschreibung: 1. bis 31. Mai jährlich
Eigenbewerbung: möglich

Kunstförderpreis der Stadt Ingolstadt
Stadt Ingolstadt
Unterer Graben 2
85049 Ingolstadt
Tel. 0841 - 305 18 10
Fax 0841 - 305 18 05

joseph.gutmann@ingolstadt.de
Ansprechpartner: Josef Gutmann
Sparten: Architektur, Bildende Kunst, Darstellende Kunst, Literatur, Musik, künstlerische Interpretation
Bewerberkreis: örtlicher Bezug muß vorhanden sein
Vergabeturnus: alle 3 Jahre
Hinweise: örtlicher Bezug
Dotierung: € 3.000
Eigenbewerbung: nein

Kunststiftung Baden-Württemberg
Stipendien für jüngere Künstlerinnen und Künstler
Kunststiftung Baden-Württemberg
Gerokstr. 37
70184 Stuttgart
Tel. 0711 - 236 47 20
Fax 0711 - 236 10 49
info@kunststiftung.de
www.kunststiftung.de
Ansprechpartner:
Petra von Olschowski
Sparten: Bildende Kunst/ Video, Darstellende Kunst, Literatur, Musik
Vergabeturnus: jährlich
Hinweise: Erster Wohnsitz Baden-Württ. oder hier geboren; Altersgrenze 35 Jahre
Dotierung: € 10.000
Bewerbungsschluss: 31. August
Eigenbewerbung: möglich

Literaturförderpreis der Jürgen Ponto-Stiftung zur Förderung junger Künstler
Jürgen Ponto-Stiftung
Jürgen Ponto-Platz 1
60301 Frankfurt
Tel. 069 - 263 - 56 139
Fax 069 - 263 - 54 732
ponto-stiftung@dresdner-bank.com
www.dresdner-bank.de
Sparten: Literatur
Vergabeturnus: jährlich
Eigenbewerbung: nein

Literaturförderpreis der Stadt Mainz für junge Autor/innen
Literaturbüro Mainz e.V.
Dalberger Hof
Klarastr. 4
55116 Mainz
Tel. 06131 - 22 02 02
Fax 06131 - 22 88 45
info@Literaturbuero-rlp.de
www.literaturbuero-rlp.de
Ansprechpartner: Gunda Kurz
Sparten: alle Textsorten möglich
Bewerberkreis: junge AutorInnen, die nicht älter als 34 Jahre sind, einen deutlichen Lebensbezug zur Stadt Mainz haben, bisher nur wenige Veröffentlichungen vorweisen können und deren Texte eine sprachliche und/oder inhaltliche Innovation darstellen
Vergabeturnus: alle 2 Jahre
Dotierung: € 2.256
Bewerbungsschluss: jeweils im

Herbst; genaues Datum wird im
Vorfeld bekannt gegeben
Eigenbewerbung: erforderlich

**Märkisches Stipendium
für Literatur**
Märkische Kulturkonferenz e.V.
Bismarckstr. 15
58762 Altenau/Westfalen
Tel. 02352 - 966-7044 o. -7040
Fax 02352 - 966-7166
kultur@maerkischer-kreis.de
www.maerkischer-kreis.de
Ansprechpartner: Günter Gierke
Sparten: Literatur
Vergabeturnus: jährlich
Dotierung: € 12.000
Eigenbewerbung: nein

Marbach-Stipendien
Deutsche Schillergesellschaft e.V.
Postfach 11 62
71666 Marbach am Neckar
Tel. 07144 - 84 84 32
Fax 07144 - 84 84 90
christoph.koenig@dla-marbach.de
Ansprechpartner:
PD Dr. Christoph König
Sparten: Literatur ,Publizistik und
Wissenschaftsgeschichte der
Germanistik von 1750 bis zur
Gegenwart
Eigenbewerbung: möglich

Martha Saalfeld-Förderpreis
Ministerium für Wisschenschaft,
Weiterbildung, Forschung und
Kultur
Wallstraße 3
55122 Mainz
Tel. 06131 - 16 27 49
Fax 06131 - 161 72 749
s.gauch@mwwfk.rlp.de
www.kulturland_rlp.de
Ansprechpartner: Dr. Sigfrid Gauch
Sparten: Professionelle, Nachwuchs
Vergabeturnus: jährlich
Hinweise: Autorinnen und Autoren,
die in Rheinland-Pfalz geboren
sind, dort leben oder durch ihr
literarisches Schaffen mit dem kulturellen
Leben in Rheinland-Pfalz eng
verbunden sind.
Dotierung: jeweils € 3.100
Bewerbungsschluss: 1. Juli
Eigenbewerbung: möglich

Otto Rombach-Stipendium
Stadt Heilbronn
Schul-, Kultur- und Sportamt
Marktplatz 11
74072 Heilbronn
Tel. 07131 - 56 24 15
Fax 07131 - 56 31 96
peter.hawighorst@stadt-heilbronn.de
Ansprechpartner: Peter Hawighorst
Sparten: Bildende Kunst, Literatur,
Musik
Vergabeturnus: jährlich

Hinweise: Bewerber müssen entweder aus Heilbronn stammen oder in Heilbronn eine Lehranstalt besuchen oder besucht haben.
Dotierung: variabel
Eigenbewerbung: möglich

Projektförderung der Edition Mariannenpresse
Literaturhaus Berlin
Fasanenstr. 23
10719 Berlin
Tel. 030 - 887 28 60
Fax 030 - 887 72 86 13
Ansprechpartner: Hannes Schwenger
Sparten: Literatur und bildende Kunst (nur Autoren/Künstler)
Vergabeturnus: jährlich
Dotierung: variabel, in Höhe der Herstellungskosten
Bewerbungsschluss: auf Anfrage
Eigenbewerbung: möglich

Stipendiatenprogramm der Goethe-Gesellschaft
Goethe-Gesellschaft
Burgplatz 4
99423 Weimar
Tel. 03643 - 20 20 50
Fax 03643 - 20 20 61
goetheges@aol.com
www.goethe-gesellschaft.de
Ansprechpartner: Dr. Petra Oberhauser
Sparten: Literatur
Bewerberkreis: Überwiegend ost- u. südosteuropäische Nachwuchswissenschaftler, auch Naher Osten/arabischer Raum
Vergabeturnus: 1-3 Monate
Hinweise: Forschungsgegenstand Goethe und Goethezeit
Dotierung: wird individuell vereinbart
Bewerbungsschluss: Bewerbung immer möglich
Eigenbewerbung: notwendig

Stipendien des Deutschen Übersetzerfonds
Deutscher Übersetzerfonds e. V.
c/o Literarisches Colloquium Berlin
Am Sandwerder 5
14109 Berlin
Tel. 030 - 80 49 08 56
Fax 030 - 80 49 08 57
mail@uebersetzerfonds.de
www.ueberselzerfonds.de
Ansprechpartner: Jürgen Jakob Becker, Kirsten Junglas
Sparten: Literaturübersetzung ins Deutsche
Vergabeturnus: halbjährlich 31. März/30. September
Eigenbewerbung: notwendig

Zuwendung aus der Stiftung Ludwigshafener Bürger
Stiftung Ludwigshafener Bürger
Postfach 21 12 25
67012 Ludwigshafen
Tel. 0621 - 504 22 62
Fax 0621 - 504 22 59
franz.kullack@ludwigshafen.de

Ansprechpartner: Franz Kullack
Sparten: Bildende Kunst, Darstellende Kunst, Literatur, Musik
Vergabeturnus: jährlich
Hinweise: Förderung von herausragenden freischaffenden Künstler(inne)n (Musik, Literatur, Bildende Kunst) aus Ludwigshafen und der Pfalz
Eigenbewerbung: möglich

▷ Dichterdomizil auf Sylt

Von Feridun Zaimoglu

Das Sylter Inselschreiber-Stipendium versprach 5.000 Euro Preisgeld, einen mehrwöchigen Aufenthalt in Kapstadt und Johannesburg und eine möblierte Dichterwohnung in Rantum. Ich hatte Ärger mit dem Finanzamt, ein Jahr der Temperaturstürze ging zur Neige, ich saß in meiner Küche und starrte auf die Rostschlieren auf der Tapete: Es war höchste Zeit, ein Rückzugsgebiet aufzusuchen. Also schrieb ich eine in Maßen melodramatische Liebesgeschichte, ein Mann fährt seine frische Ex-Freundin zum neuen Freund in Kampen, ein letzter erbetener Liebesdienst. Ich rechnete nicht einmal mit einem Ablehnungsbescheid – umso verblüffter war ich, als Indra Wussow, die Initiatorin des Stipendiums, mir mitteilte, dass sich die Jury fast einstimmig für mich entschieden habe.

Toll, dachte ich, eigentlich liebe ich den Rummel des Betriebs, und auf der Insel erwartet mich doch nur Isolationshaft, ich werde wie blöde auf den Dünen wandern und Wattwürmern dabei zusehen, wie sie Gänge in den Sand bohren. Sylt – das war für mich eine große Auslauffläche für Frauen in cremefarbenen Steppjacken und Likördamen kurz vor dem Wattkoller. Die Männer scheitelten das blond kolorierte Haar links und trugen in der rechten Hand einen Toypudel, den es gemäß dem Qualzuchtparagrafen nicht geben sollte. Ich musste mich auf das Schlimmste gefasst machen, also packte ich 20 Psychothriller, drei Stangen Mentholzigaretten und vier Sonnenbrillen in eine Extra-Reisetasche, besprach meinen Anrufbeantworter mit der Ansage, ich würde mich auf eine lange weite Reise aufmachen. Ich stieg in eine Cessna

182 RG, wenig später gerieten wir in heftige Turbulenzen. Von oben sah Sylt aus wie mit dem Malerspachtel aufgestrichen, ein Stück lang gezogenes Land, das man den Wassermassen entrissen hat.

Wider Erwarten schrieb ich in der ersten Nacht eine zehnseitige Geschichte. Am nächsten Morgen saß ich in einem Strandkorb, Marke wetterfestes Kunststoffgeflecht, und unterhielt mich mit Südafrikanern und Australiern. Indra Wussow war alles andere als die übliche Kulturmäzenin: Sie brachte Kulturmacher aus aller Welt zusammen, sie hoffte, aus ihnen eine internationale Kunstguerilla zu machen, was eigentlich kaum möglich war, aber trotzdem zu klappen schien. In der zweiten Nacht schrieb ich an der nächsten Geschichte – ich staunte über mich selbst. Natürlich stieß ich auf Frauen, die ihre vergrillten Waden mit Hirschtalg eincremten. Die Teenager gingen mit der Inselmode, sie trugen die pinkfarbenen Polohemden ihrer Väter; oder aber sie liehen sich die Hermès-Halstücher ihrer Mütter aus. Doch das alles ging mich plötzlich nichts an. Das Sylter Reizklima aktivierte meinen Stoffwechsel. Es gab so viel zu schreiben. Mal ging ich auf Westerlands Kurpromenade spazieren und sah Silbermöwen, die sich im Sturzflug auf die Garnelenbrötchen der Touristen stürzten. Mal arbeitete ich mich durch das größte Schnitzel, das ich in meinem Leben serviert bekam, und lauschte einer Promi-Masseuse, die ihren Lover anbrüllte, sie werde ihren Krampfader-Verödungstermin nicht wahrnehmen und damit basta! Dann stand ich auf dicken Steinplatten, die das Rantumbecken säumen – es hieß, Göring habe den Bau des Beckens befohlen: Wasserflugzeuge sollten hier zur Bombardierung Englands jederzeit abheben können. Kaum bewegte ich mich im Freien, da flog mir schon der Stoff für eine Geschichte zu, und ich eilte in das »Dichterdomizil« und schrieb mir die Finger wund. Kein Pflichtprogramm, gesicherte finanzielle Verhältnisse, wenigstens für eine Weile, viele gute Ideen und frische Luft – was kann da noch einen Schriftsteller davon abhalten, seiner Arbeit nachzugehen? Immer wieder setzte ich auf das Festland über, machte kurze Lesetouren und kehrte eilig zurück zur Künstlerkolonie in Rantum. Ein kleiner Bibelkreis von einsamen Kennern besuchte meine Lesungen, und danach schaute ich so lange aufs Meer hinaus, bis ich Lust bekam, an der Schreibmaschine zu sitzen. Während meiner Zeit als Inselschreiber habe ich nicht einen einzigen Thriller zu Ende gelesen.

Feridun Zaimoglu lebt seit mehr als 30 Jahren in Deutschland und arbeitet als Schriftsteller, Drehbuchautor und Journalist. Er erhielt zahlreiche literarische Auszeichnungen und Drehbuchpreise. Auf Sylt entstanden Erzählungen für sein Buch *Zwölf Gramm Glück*.

ADRESSEN · ADRESSEN · ADRESSEN · ADRESSEN

▷ *Aufenthaltsstipendien*

Akademie Schloss Solitude Stipendien
Stiftung Akademie Schloss Solitude
Schloss Solitude Haus 3
70197 Stuttgart
Tel. 0711 - 99 61 90
Fax 0711 - 996 19 50
mail@akademie-solitude.de
www.akademie-solitude.de
Ansprechpartner: Jean-Baptist Joly oder Ilse Babel
Sparten: alle Sparten
Vergabeturnus: alle 18 Monate
Aufenthaltsdauer: 6, 12 Monate
Dotierung: € 1.000 mtl.
Hinweise: Altersgrenze 35 Jahre, Biografien der Stipendiaten im Internet
Eigenbewerbung: möglich

Arbeits- und Aufenthaltsstipenien des Niedersächsischen Ministeriums für Wissenschaft und Kultur
Niedersächsisches Ministerium für Wissenschaft und Kultur
Leibnizufer 9
30169 Hannover
Tel. 0511 - 120 25 65
Fax 0511 - 120 28 05
jochen.freise@mwk.niedersachsen.de
Ansprechpartner: Jochen Freise
Sparten: Literatur und Literaturübersetzung ins Deutsche
Vergabeturnus: jährlich
Dotierung: mind. € 1.000, max. € 3.000
Hinweise: Bewerbungen direkt an die Künstlerstätten Lüneburg, Schreyahn und Worpswede
Eigenbewerbung: möglich

Arbeits-, Aufenthalts- und Reisestipendien des Landes Mecklenburg Vorpommern
Ministerium für Bildung, Wissenschaft und Kultur des Landes Mecklenburg
Werderstr. 124
19055 Schwerin
Tel. 0385 - 588 74 01
Fax 0385 - 588 70 87
presse@kultus-mv.de
www.kultus-mv.de
Ansprechpartner: Frau Dr. Völzer (Bereich Literatur/Film), s.voelzer@kultus-mv.de
Sparten: Bildende Kunst, künstlerische Fotografie, Literatur/ literarische Übersetzung und Musik/ Komposition

Bewerber: Künstlerinnen und Künstler aus den Bereichen Bildende Kunst, Literatur, Musik
Vergabeturnus: jährlich
Dotierung: Zuschuss in Form einer Vollfinanzierung
Hinweise: Vergabe der Stipendien durch Jurys des Ministers für Bildung, Wissenschaft und Kultur M-V
Bewerbungsschluss: 15. November des Vorjahres
Eigenbewerbung: möglich

Arbeits-, Aufenthalts- und Reisestipendien für Baden-Württemberger
Freundeskreis zur internationalen Förderung literarischer und wissenschaftlicher Übersetzungen e. V.
Wilhelmskirch 204
88263 Horgenzell
Ansprechpartner: Ursula Brackmann
Sparten: Literaturübersetzung ins Deutsche
Vergabeturnus: jedes Frühjahr
Aufenthaltsdauer: projektabhängig
Dotierung: projektabhängig
Hinweise: Wohnsitz in Baden-Württemberg
Eigenbewerbung: möglich

Arbeitsstipendium Villa Serpentara
Akademie der Künste Berlin
Hanseatenweg 10
10557 Berlin
Tel. 030 - 390 00 70
Fax 030 - 39 07 61 75
info@adk.de / www.adk.de
Sparten: Architektur, Bildende Kunst, Darstellendes Kunst, Literatur, Multimedia, Musik
Vergabeturnus: 4 x jährlich
Aufenthaltsdauer: 3 Monate
Dotierung: € 1.500 monatlich, Reisekostenzuschuss € 400
Hinweise: für Berliner Künstler, nicht älter als 50 Jahre
Eigenbewerbung: ja, aber nicht für Bildende Kunst

Arbeitsstipendium Casa Baldi in Olevano Romano bei Rom
Die Bundesrepublik, Referat K 24
Graurheindorfer Str. 198
53117 Bonn
Tel. 01888 - 681-36 28 oder -3586
Fax 01888 - 681-5-3628 oder -5-3586
Poststelle@bkm.bmi.bund.de
www.bundesregierung.de
Sparten: Bildende Kunst, Architektur, Literatur, Musik (Komposition)
Bewerber: Außergewöhnlich qualifizierte und begabte, vorrangig jüngere Künstler/innen, die in ihrer künstlerischen Entwicklung noch offen sind
Vergabeturnus: jährlich
Aufenthaltsdauer: 3 Monate
Dotierung: € 2500 monatlich
Hinweise: Nur für öffentlich anerkannte Künstler/innen, keine Studierenden, deutsche Staatsangehörigkeit oder seit mind. 2 Jahren

erster Wohnsitz und Schaffensmittelpunkt in der BRD, Grundkenntnisse der italienischen Sprache, Präsenzpflicht
Bewerbungsschluss: 15. Januar des Vorjahres
Eigenbewerbung: erforderlich

**Arbeitsstipendium
Deutsche Akademie
Villa Massimo in Rom**
Die Bundesrepublik, Referat K 24
Graurheindorfer Str. 198
53117 Bonn
Tel. 01888 - 681-36 28 oder -3586
Fax 01888 - 681-5-3628 oder -5-3586
Poststelle@bkm.bmi.bund.de
www.bundesregierung.de
Sparten: Bildende Kunst, Architektur, Literatur, Musik (Komposition)
Bewerber: Außergewöhnlich qualifizierte und begabte, vorrangig jüngere Künstler/innen, die in ihrer künstlerischen Entwicklung noch offen sind
Vergabeturnus: jährlich
Aufenthaltsdauer: 12 Monate (1.2. bis 31.12.)
Dotierung: € 2500 monatlich
Hinweise: Nur für öffentlich anerkannte Künstler/innen, keine Studierenden, deutsche Staatsangehörigkeit oder seit mind. 2 Jahren erster Wohnsitz und Schaffensmittelpunkt in der BRD, Grundkenntnisse der italienischen Sprache, Präsenzpflicht
Bewerbungsschluss: 15. Januar des Vorjahres
Eigenbewerbung: erforderlich

Arbeitsstipendium im Künstlerdorf Schöppingen für bildende Künstler und Schriftsteller
Stiftung Künstlerdorf Schöppingen
Postfach 11 40
48624 Schöppingen
Tel. 02555 - 938 10
Fax 02555 - 93 81 20
info@stiftung-kuenstlerdorf.de
www.stiftung-kuenstlerdorf.de
Ansprechpartner: Heinz Kock (Öffentlichkeitsarbeit)
Sparten: Bildende Kunst, Fotografie, Literatur einschl. Hörspiel
Vergabeturnus: jährlich
Aufenthaltsdauer: bis 6 Monate
Dotierung: € 1.025 monatlich, max. 6 Monate
Hinweise: Eigenbewerbung (Bewerbungsbogen), Residenzpflicht
Bewerbungsschluss: 15. Januar
Eigenbewerbung: möglich

**Arbeitstipendien
Denkmalschmiede Höfgen**
Denkmalschmiede Höfgen GmbH
Teichstr. 11-12
04668 Grimma
Tel. 03437 - 98 77 0
Fax 03437 - 98 77 10
serice@hoefgen.de/www.hoefgen.de
Ansprechpartner:
Dr. Kurt Uwe Andriech

Sparten: Bildende Kunst, Komposition, Literatur, Publizistik, Fotografie, Medienkunst, Geisteswissenschaften, Naturwissenschaften
Bewerber: international, ohne Altersbeschränkung
Vergabeturnus: jährlich
Aufenthaltsdauer: projektabhängig 2 bis 5 Monate
Dotierung: Barstipendien in Abhängigkeit verfügbarer Haushaltsmittel
Hinweise: Formular im Internet
Bewerbungsschluss: ohne
Eigenbewerbung: möglich

Aufenthalte im Oberpfälzer Künstlerhaus
Förderverein Oberpfälzer Künstlerhaus
Fronbergerstr. 31
92421 Schwandorf
Tel. 09431 - 97 16
Fax 09431 - 963 11
opf.kuenstlerhaus@schwandorf.de
www.schwandorf.de
Ansprechpartner: Heiner Riepl
Sparten: Bildende Kunst, Literatur, Musik
Vergabeturnus: laufend
Eigenbewerbung: nein

Aufenthaltsstipendien der Calwer Hermann-Hesse-Stiftung
Calwer Hermann-Hesse-Stiftung
Kreissparkasse Calw
Marktstr. 7-11
75365 Calw
Tel. 07051 - 9321 - 9010
Fax 07051 - 9321 - 9011
Sparten: Literatur und Literaturübersetzung
Vergabeturnus: jährl. 2-3 Stipendien
Aufenthaltsdauer: 3 Monate
Eigenbewerbung: nein

Aufenthaltsstipendien des Europäischen Übersetzer-Kollegiums Nordrhein-Westfalen in Straelen
Europäisches Übersetzer-Kollegium
Postfach 11 62
47638 Straelen
Tel. 02834 - 10 68
Fax 02834 - 75 44
euk@euk-straelen.de
www.euk-straelen.de
Ansprechpartner: Karin Heinz
Sparten: Literarische Übersetzungen aus dem Deutschen oder ins Deutsche
Bewerber: Professionelle literarische Übersetzer
Vergabeturnus: Aufenthalte sind ganzjährig möglich
Dotierung: wird nach Bewilligung mitgeteilt
Hinweise: Publikation mind. zweier umfangreicher Übersetzungen, das aktuelle Arbeitsprojekt ist durch den Übersetzungsauftrag eines Verlages nachzuweisen
Bewerbungsschluss: Bewerbungen werden laufend entgegengenommen
Eigenbewerbung: ist Bedingung

Aufenthaltsstipendien für das Stuttgarter Schriftstellerhaus

Stuttgarter Schriftstellerhaus e. V.
Kanalstr. 4
70182 Stuttgart
Tel. 0711 - 23 35 54
Fax 0711 - 236 79 13
Sparten: Literatur, -übersetzung
Vergabeturnus: jährlich
Aufenthaltsdauer: 3 Monate
Dotierung: € 770 monatlich
Hinweise: Anwesenheitspflicht
Bewerbungsschluss: 15. September
Eigenbewerbung: möglich

Aufenthaltsstipendien für die Villa Decius/ Krakau

Kurfürstendamm 102
10711 Berlin
Tel. 030 - 893 63 50
Fax 030 - 891 42 51
ksl@kulturstiftung.de
www.kulturstiftung.de
www.villa.onet.pl
Sparten: Literaturübersetzung aus allen Sprachen
Eigenbewerbung: nein

Aufenthaltsstipendien für junge deutschsprachige Autorinnen und Autoren im Literarischen Colloquium Berlin

Berliner Senatsverwaltung für Wissenschaft, Forschung und Kultur, Referat KE
Brunnenstr. 188 – 190
10119 Berlin
Tel. 030 - 90 22 85 35
Fax 030 - 90 22 84 57
www.kultur.berlin.de
Ansprechpartner: Frau Drippe
Bewerber: Autoren
Vergabeturnus: jährlich
Aufenthaltsdauer: 3 Monate
Dotierung: ca. € 3.000
Hinweise: Für nicht in Berlin ansässige Autoren bis 35 Jahre
Bewerbungsschluss: Ende November
Eigenbewerbung: erforderlich

Aufenthaltsstipendien im Alfred-Döblin-Haus

Akademie der Künste
Abt. Literatur
Hanseatenweg 10
10557 Berlin
Tel. 030 - 390 76-123
Fax 030 - 390 76-175
gnielka@adk.de
www.adk.de
Ansprechpartner: Kerstin Gnielka, Karin Kiwus
Sparten: alle Genres
Bewerber: Berliner Autor(inn)en
Vergabeturnus: jährlich
Aufenthaltsdauer: 3-6 Monate
Dotierung: € 1.100 monatlich
Hinweise: Von Günter Grass gestiftetes Haus für in Berlin lebende, förderungswürdige Autoren
Bewerbungsschluss: jeweils im Herbst (bitte erfragen)
Eigenbewerbung: möglich

Aufenthaltsstipendien im Künstlerhaus Schloß Wiepersdorf
Stiftung Kulturfonds
Bettina-von-Armin-Str. 13
14913 Wiepersdorf
Tel. 033746 - 699 - 0
Fax 033746 - 699 - 19
schloss.wiepersdorf@-online.de
www.wiepersdorf.de
Ansprechpartner: Doris Sossenheimer
Sparten: Bildende Kunst, Fotografie, Literatur, Musik, Geisteswissenschaften
Eigenbewerbung: nur bei der Kulturbehörde des Heimatlandes

Aufenthaltsstipendien im Künstlerhaus Schloss Wiepersdorf
Senatsverwaltung für Wissenschaft, Forschung und Kultur
Brunnenstr. 188 – 190
10119 Berlin
Tel. 030 - 285 25-536
Fax 030 - 285 25-457
schloss.wiepersdorf@t-online.de
www.kultur.berlin.de
Ansprechpartner: Brigitte Drippe
Sparten: Prosa, Lyrik, Drama und Übersetzung ins Deutsche aus diesen Bereichen für Berliner Autoren
Das Aufenthaltsstipendium kann erst ausgeschrieben werden, wenn die künftige Betreiberstruktur und Finanzierung des Künstlerhauses Schloss Wiepersdorf geklärt ist.
Eigenbewerbung: möglich

Berliner Übersetzerwerkstatt
Literarisches Colloquium Berlin (LCB) in Zusammenarbeit mit der Berliner Senatsverwaltung für Wissenschaft, Forschung und Kultur
Am Sandwerder 5
14109 Berlin
Tel. 030 - 816 99 60
Fax 030 - 81 69 96 19
becker@lcb.de / www.lcb.de
Ansprechpartner:
Jürgen Jakob Becker
Sparten: Literaturübersetzung ins Deutsche aus den Bereichen Lyrik, Belletristik, Drama, Kinder- und Jugenliteratur, literarisches Essay
Vergabeturnus: jährlich
Aufenthaltsdauer: Vergabe von 10 Stipendien für die Dauer von bis zu 4 Monaten
Hinweise: Villa am Wannsee
Eigenbewerbung: erforderlich

Burgschreiber zu Beeskow
Kultur- und Sportamt Landkreis Oder – Spree
Breitscheidtstr. 7
15841 Beeskow
Tel. 03366 - 35 14 71
Fax 03366 - 21 021
Hannelore.Franke@Landkreis-Oder-Spree.de
Ansprechpartner:
Dr. Wolfgang de Bruyn
Sparten: Literatur und Publizistik
Bewerber: deutschsprachige Autoren und Publizisten

Vergabeturnus: jährlich, von Juni bis November
Aufenthaltsdauer: 6 Monate
Hinweise: Präsenz auf der historischen Burganlage in Beeskow
Bewerbungsschluss: Ende März
Eigenbewerbung: möglich

Dresdner Stadtschreiber/in
Landeshauptstadt Dresden
Kulturamt
Königsstr. 15
01097 Dresden
Tel. 0351 - 488 89 29
Fax 0351 - 488 89 23
agutsche@dresden.de
Ansprechpartner: Andreas Gutsche
Sparten: Literatur
Bewerber: deutschsprachige Autor(inn)en
Vergabeturnus: jährlich
Aufenthaltsdauer: April - September
Dotierung: € 900 monatlich sowie Wohnraum
Hinweise: einzureichen sind: Textprobe 8-12 A4-Seiten in fünffacher maschinenschriftlicher Ausfertigung, gesonderte Biobibliographie, Nachweis einer selbständigen Publikation, Eröffnungs- und Abschlussfassung
Bewerbungsschluss: 30. September des Vorjahres
Eigenbewerbung: möglich

Edenkoben-Stipendium
Geschäftsstelle Künstlerhaus Edenkoben
Diether-von-Isenburg-Str. 9-11
55116 Mainz
Tel. 06131 - 16 28 74
Fax 06131 - 14 41 77
wilhem@kuenstlerhaus-edenkoben.de
Ansprechpartner: Ingo Wilhelm
Sparten: Bildende Kunst, Literatur
Vergabeturnus: halbjährlich
Aufenthaltsdauer: 2-5 Monate
Dotierung: € 1.050 monatlich
Eigenbewerbung: nein

Esslinger Bahnwärter
Stadt Esslingen am Neckar
Marktplatz 16
73728 Esslingen
Tel. 0711 - 35 12 26 44
Fax 0711 - 35 12 29 12
jessica.epp@esslingen.de
www.esslingen.de
Ansprechpartner: Jessica Epp
Sparten: Bildende Kunst, Literatur
Bewerber: Bildende Künstler/innen, deutschsprachige Autorinnen/Autoren, ohne Rücksicht auf deren Wohnsitz und Staatsangehörigkeit
Vergabeturnus: jährl. 2 Stipendiaten
Aufenthaltsdauer: je 3 Monate
Dotierung: € 3.000 je Stipendium
Hinweise: Exposé zum Werk, Arbeitsbeispiele (Fotos von bis zu 20 Werkproben, bitte keine Videobänder; Textprobe von max. 20 S.)

Bewerbungsschluss: 1. Juni
Eigenbewerbung: möglich

Gedok-Atelierhaus
GEDOK Gemeinschaft der KünstlerInnen und Kunstförderer e.V.
Aloisia Taurit (1. Vorsitzende)
Heinrich-Mann-Ring 11
23566 Lübeck
Tel. 0451 - 645 17
Fax 0451 - 580 83 22
taurit@fh-luebeck.de
www.gedok-schleswig-holstein.de
Ansprechpartner: Marion Hinz
(Fachbeirätin für Literatur),
Morier Str. 10, 23817 Stockelsdorf
Sparten: Literatur sowie Bildende, ngewandte u. Darstellende Kunst, Musik
Bewerber: Frauen
Vergabeturnus: jährlich
Aufenthaltsdauer: 2 Monate
Dotierung: € 550 monatlich
Bewerbungsschluss: 1. September
Eigenbewerbung: erforderlich

Heinrich-Böll Haus Langenbroich e.V.
Heinrich Böll Stiftung
Antwerpener Str. 19
50672 Köln
Tel. 0221 - 283 48 50
Fax 0221 - 510 25 89
reckhaus@boell.de / www.boell.de
Ansprechpartner: Sigrun Reckhaus
Sparten: Bildende Kunst, Literatur, Komposition

Vergabeturnus: 4 Monate
Aufenthaltsdauer: i.d.R. 4 Monate
Dotierung: monatlich € 950,
Erstattung der Reisekosten
Bewerbungsschluss: nicht festgelegt
Eigenbewerbung: nein

Heinrich-Heine-Stipendium
Literaturbüro Lüneburg e.V.
Am Ochsenmarkt 1
21335 Lüneburg
Tel. 04131 - 30 96 87
Fax 04131 - 30 96 88
Sparten: Literatur
Bewerber: deutschsprachige Autor(inn)en
Vergabeturnus: alle 3 Jahre
Hinweise: mind. eine Buchveröffentlichung, nicht im Selbstverlag oder von Autoren finanzierte Drucke
Bewerbungsschluss: 31. Januar
Eigenbewerbung: möglich

Inselschreiber Sylt
Inselschreiber
Hafenstr. 1
25980 Rantum auf Sylt
Tel. 04651 - 92033
Fax 04651 - 92034
weihstein@sylt-quelle.de
wwww.kulturquelle.de
Ansprechpartner: Indra Wussow
Sparten: Literatur
Vergabeturnus: jährlich
Aufenthaltsdauer: 12 Wochen, davon 8 Wochen auf Sylt und 4 Wochen in Südafrika

Dotierung: € 6000 sowie freier
Aufenthalt und Flug
Eigenbewerbung: möglich

**Internationales Künstlerhaus
Villa Concordia in Bamberg**
(Künstler Stipendien)
Villa Concordia
Concordiastr. 28
96049 Bamberg
Tel. 0951 - 95 501 - 0
Fax 0951 - 95 501 - 29
kontakt@villa-concordia.de
www.villa-concordia.de
Ansprechpartner:
Dr. Bernd Goldmann
Sparten: Bildende Kunst, Literatur, Musik
Vergabeturnus: jährlich
Aufenthaltsdauer: bis zu 12 Monate
Hinweise: Im neuen Atelierhaus, in der Orangerie im Garten der Villa
Eigenbewerbung: nein

**Künstlerhaus Kloster Cismar /
Grömitz**
Ministerium für Bildung, Wissenschaft, Forschung und Kultur des Landes Schleswig-Holstein
III 322
Brunswiker Str. 16-22
24105 Kiel
Tel. 0431 - 988 58 45
Fax 0431 - 988 58 57
Uwe.Kollakowski@kumi.landsh.de
www.schleswig-holstein.de/landsh/mbwfk

Ansprechpartner:
Dr. Andreas von Randow
Sparten: Bildende Kunst, Kunsthandwerk, Literatur
Bewerber: Literat(inn)en, Bildende Künstler/innen
Vergabeturnus: offen
Aufenthaltsdauer: 1-3 Monate
Dotierung: 3-monatiger Arbeitsaufenthalt
Bewerbungsschluss: offen
Eigenbewerbung: möglich

Künstlerhäuser Worpswede
Künstlerhäuser Worpswede
Bergstr. 1
27726 Worpswede
Tel. 04792 - 13 80
Fax 04792 - 21 12
kh.ww@t-online.de
www.kuenstlerhaeuser-worpswede.de
Ansprechpartner: Anne Frechen
Sparten: Bildende Kunst (Malerei, Bildhauerei, Grafik, Architektur, Installation, Fotografie), Literatur (Lyrik, Prosa, Drehbuch, Theater, Essay), Musik (Komposition, Interpretation)
Vergabeturnus: jährlich
Aufenthaltsdauer: 11 Ateliers für 3, 6, 9 oder 12 Monate
Hinweise: Bewerbungsformular im Internet, Bewerbungsgebühr!
Bewerbungsschluss: Mai
Eigenbewerbung: möglich

**Literaturförderung
Deidesheimer Turmschreiberei**
Stadt Deidesheim
Am Marktplatz 9
67146 Deidesheim
Tel. 06326 - 967 70
Fax 06326 - 96 77 18
www.deidesheim.de
Ansprechpartner: Herr Doll
Sparten: Professionelle Autoren, Nachwuchs
Vergabeturnus: alle 2 Jahre
Aufenthaltsdauer: 4 Wochen
Dotierung: € 7.500 Euro, vierwöchiger Freiaufenthalt in Deidesheim, ein Deputat von drei Flaschen Wein pro Tag während dieser vier Wochen und die Verleihung eines Ehren-Rebstockes im Prominentenwingert »Paradiesgarten«
Hinweise: Der Schriftsteller schreibt ein Buch seiner Wahl
Eigenbewerbung: möglich

**Nordfälle –
Krimi-Stadtschreiber Flensburg**
Stadt Flensburg
Rathausplatz 1
24931 Flensburg
Tel. 0461 - 85 25 66
Fax 0461 - 85 17 93
kulturbuero@flensburg.de
www.flensburg.de
Sparten: Kriminalliteratur mit Bezug zur Stadt Flensburg
Bewerber: Krimiautoren
Vergabeturnus: ungerade Jahre

Aufenthaltsdauer: Mitte Juni bis Mitte September
Dotierung: € 3.000 + Unterkunft u. Pauschale (Anreise, Verpflegung)
Hinweise: mind. eine Buchveröffentlichung, TV-Produktion (mind. 45 min.) oder Hörspiel (mind. 30 min), in deutscher oder dänischer Sprache
Bewerbungsschluss: 28. Februar
Eigenbewerbung: möglich

Poets in Residence
Wissenschaftskolleg zu Berlin
Wallotstr. 19
14193 Berlin
Tel. 030 - 890 01 116
Fax 030 - 890 01 300
wiko@wiko-berlin.de
www.wiko-berlin.de
Sparten: Wissenschaften, Musik, Literatur aller Gattungen
Aufenthaltsdauer: 3-9 Monate
Dotierung: Stipendium nach dem Prinzip: no gain, no loss
Eigenbewerbung: nein

**Schleswig-Holsteinisches
Künstlerhaus**
Förderkreis Schleswig-Holsteinisches Künstlerhaus e.V.
Ottestr. 1
24340 Eckernförde
Tel. 04351 - 71 01 70
Fax 04351 - 71 01 99
sven.wlassack@stadt-eckernfoerde.de
www.otte1.de

Ansprechpartner: Sven Wlassack, Vors. Förderkreis, Rathausmarkt 4-6, 24340 Eckernförde
Sparten: Bildende Kunst, Literatur und Musik
Bewerber: keine Einschränkung
Aufenthaltsdauer: 1 Jahr
Dotierung: € 750 monatlich abzgl. € 125 Atelierkosten
Hinweise: Einreichen von Bewerbungsmaterial
Bewerbungsschluss: 31. Mai des Vorjahres
Eigenbewerbung: möglich

Soltauer Künstlerwohnung
Soltauer Kulturkreis
Soltauer Künstlerwohnung
Wiesenstr. 6
29614 Soltau
Tel. 05191 - 42 81
Fax 05191 - 71 421
peetz-soltau@t-online.de
Ansprechpartner: Heiner Peetz
Sparten: Literatur, Lyrik, Kurzgeschichten
Vergabeturnus: unregelmäßig
Eigenbewerbung: möglich

Stadtschreiber – Literaturpreis des ZDF und der Stadt Mainz und 3SAT
ZDF und Stadt Mainz
Postfach 40 40
55100 Mainz
Tel. 06131 - 70 23 45
Fax 06131 - 70 56 99

Ansprechpartner: Werner von Bergen
Vergabeturnus: jährlich
Eigenbewerbung: nein

Stadtschreiber zu Rheinsberg
Kurt-Tucholsky-Gedenkstätte
Schloß Rheinsberg
16831 Rheinsberg
Tel. 033931 - 39007
Fax 033931 - 39103
kurttucho@aol.com
www.rheinsberg.de/tucholsky
Ansprechpartner: Dr. Peter Böthig
Sparten: Literatur
Vergabeturnus: jährlich
Aufenthaltsdauer: 2 x 5 Monate
Dotierung: 2 x € 750 monatlich
Eigenbewerbung: nein

Stadtschreiber in Erfurt
Stadtverwaltung Erfurt
Kulturdirektion
Fischmarkt 1
99084 Erfurt
Tel. 0361 - 655 16 01 oder 655 16 08
Fax 0361 - 655 16 09
dezernat07@erfurt.de oder christia
n.piossek@erfurt.de
Ansprechpartner: Herr Piossek
Vergabeturnus: alle 2 Jahre
Dotierung: € 1.250 mtl.
Eigenbewerbung: möglich

Stadtschreiber von Bergen
Kulturgesellschaft Bergen-Enkheim
Marktstr. 30
60388 Frankfurt am Main
Tel. 069 - 212 41 240
Fax 069 - 212 41 290
Joachim.Netz@Stadt-Frankfurt.de
Kulturgesellschaft-Bergen-
Enkheim.de
Ansprechpartner: Joachim Netz
Sparten: Literatur
Bewerber: deutschsprachige
Autoren
Vergabeturnus: jährlich
Dotierung: € 15.500
Eigenbewerbung: nein

Stadtschreiber von Otterndorf
Stadt Otterndorf
Marktstr. 21
21762 Otterndorf
Tel. 04751 - 91 91 02
Fax 04751 - 91 91 03
kultur@otterndorf.de
www.otterndorf.de
Ansprechpartner: Frau Wienke
Sparten: Literatur
Vergabeturnus: jährlich
Aufenthaltsdauer: Mai - September
Bewerbungsschluss: 30. September
Eigenbewerbung: erforderlich

Stipendium auf dem Künstlerhof Schreyahn
Samtgemeinde Lüchow
Theodor-Körner-Str. 14
29439 Lüchow
Tel. 05841 - 12 60
Fax 05841 - 12 62 79
samtgemeinde@luechow.de
www.luechow.de
Sparten: Literatur, Musik
Vergabeturnus: monatlich
Aufenthaltsdauer: 3-9 Monate
Dotierung: € 1.000
Eigenbewerbung: möglich

Villa Waldberta-Stipendium der Bertha-Koempel-Stiftung
Landeshauptstadt München
Kulturreferat
Burgstr. 5
80331 München
Tel. 089 - 23 32 87 18
Fax 089 - 23 32 12 62
verena.nolte@muenchen.de
www.muenchen.de
Ansprechpartner: Verena Nolte
Sparten: Literatur und Literatur-
übersetzung ins Deutsche und aus
dem Deutschen sowie bildende
Kunst
Vergabeturnus: jährlich
Aufenthaltsdauer: mehrere Monate
Dotierung: € 800 monatlich
Eigenbewerbung: möglich

BUCH

Damenwahl 501

Quersubvention – die Besonderheit der Buchbranche 507

Faible für Heiteres 513

Raue Sitten in schöngeistigen Gefilden 517

Verlagsgruppen, ihre Töchter und Imprints 522

ADRESSEN: Literatursendungen (TV und Hörfunk) 534

▷ *Damenwahl*

Von Thomas Steinfeld

Zwei Drittel aller Leser sind heute Leserinnen. Die Frauen haben viel nachzuholen. Und die Männer viel zu verlieren.

Früher war die Frau das Opfer der Literatur: »Und Emma suchte zu erfahren«, heißt es bei Gustave Flaubert, »was man im Leben eigentlich unter den Worten Seligkeit, Leidenschaft und Rausch verstand, die in ihren Büchern so schön vorgekommen waren.« In der Dichtung des 18. Jahrhunderts war es so, bei Samuel Richardson und bei Christian Fürchtegott Gellert zum Beispiel; in der Dichtung des 19. Jahrhunderts ging es immer noch ähnlich zu, in der *Kameliendame* von Alexandre Dumas wie in der *Cécile* von Theodor Fontane: Auf die Hingabe an das Buch folgte die Hingabe an den Mann, auf die Verführung durch den Rausch der Poesie die Verführung durch die Schmeicheleien eines dahergelaufenen Kerls.

Dazwischen stand, nein: lag die Frau, ein seltsam poröses, weiches, durchlässiges Wesen, und während es so dalag, träumte es von Krämpfen und Schwüren, Tränen und Küssen. Und »die poetische Schar der Ehebrecherinnen sang für sie wie ein Chor von Schwestern« – auch dies wusste Gustave Flaubert.

Kürzlich empfahl Elke Heidenreich, die große Schwester des deutschen Literaturbetriebs, ihren Zuschauerinnen den Roman *Rausch* des amerikanischen Schriftstellers John Griesemer. Auf fast siebenhundert Seiten geht es darin, wie in halbwegs jedem sentimentalen Roman, um Ehebruch und Leidenschaft, um Geisterbeschwörung und Kindstod.

In der Stunde der Verführung aber, nach heftigem Stöhnen und noch heftigerem Schweigen, fällt der Satz: »Das Kabel braucht dich.« Der Ingenieur hat seine Frau, Katerina hat ihren Mann betrogen, und eigentlich müsste es nun allerhand Seelenkämpfe, Zerknirschungen und vergebliche Beschwörungen der Reue geben. Doch die Katastrophen des Gemüts fallen zurückhaltend aus. Es geht um Höheres: um die Verlegung des ersten Telegraphenkabels zwischen Europa und Amerika, um Dreghaken, Schlepptrossen und Schäkel. In diesem Roman regiert nicht das Gefühl, sondern ein Imperativ der harten Werte, hier werden die Leidenschaften geopfert, um einem objektiven Zweck zu dienen. Irgendwann fällt die schöne Katerina einem kriegerischen Missgeschick zum Opfer, ohne dass es irgend jemanden erschüttern würde. Hat Elke Heidenreich mit Bedacht auf ein männliches Buch gesetzt? Oder ist hier etwas anderes passiert?

Frauen lesen mehr als Männer. Die Schätzungen der Stiftung Lesen, der Bertelsmann-Stiftung und anderer Institute zur Beobachtung des Volksverhaltens gehen zwar ein wenig auseinander, im Kern aber bestätigen sie dasselbe: Knapp zwei Drittel der Leser belletristischer Werke sind Leserinnen. Ihr Anteil wird immer größer, und zwar quer durch die Genres. In der Folge verändern sich, so sollte man meinen, Verlagsprogramme wie das Sortiment des Buchhandels. Aber tun sie das wirklich?

Gewiss, der wachsende Anteil von Frauen an der Leserschaft bedeutet auch ein proportionales Wachstum der Unterhaltungsliteratur bis hin zum »mittleren Buch«, zur wohltemperierten Melancholie des Dichtens, zu Gedankenreisen und zum anspruchsvoll-besinnlichen Erzählen. Und genauso gewiss: Auch die Muße ist immer noch eher bei den Frauen als bei den Männern zu Hause.

Aber es gilt auch: Den größten Anteil an Leserinnen schöner Literatur stellen Frauen zwischen dreißig und fünfundfünfzig, die meisten von ihnen sind berufstätig, und sie lesen nicht nur aus Gründen der Weltflucht, der Selbstvergessenheit und des Tagtraums, sondern auch den größten Teil der Neuveröffentlichungen der ästhetischen Moderne wie der Großen der Weltliteratur. Das klassische Lesepublikum ist weiblich geworden. Was hat dieser Befund zu besagen? Und was hat er mit Kabeltrossen und Schäkeln zu tun?

Dass sich im Verhältnis der Männer und der Frauen zur Literatur etwas ändert, weisen die Statistiken zum Leseverhalten schon lange aus. Wie tief aber diese Veränderung reicht, wie sehr sie unsere ganze Kultur ergreift, wurde für alle offensichtlich, als das alte »Literarische Quartett« zerbrach. »Sie halten die Liebe für etwas anstößig Unanständiges«, wütete Marcel Reich-Ranicki in der Sendung vom 30. Juni 2000 gegen seine Kollegin Sigrid Löffler, »aber die Weltliteratur befasst sich nun einmal mit diesem Thema. Gott sei Dank!« Und die Angegriffene höhnte zurück: »Ich will wirklich überhaupt keinen Einspruch dagegen erheben, woran Sie sich ergötzen. Aber das ist wahrscheinlich auch eine Altersfrage.«

Schon damals hätte man verstehen können, dass sich in diesem Augenblick das Verhältnis der lesenden Geschlechter umgekehrt hatte: Aus Marcel Reich-Ranicki sprach nicht nur der Liebhaber des realistischen Romans aus dem 19. Jahrhundert, der die literarische Tradition von der deutschen Romantik bis zu Thomas Mann beschwor. Sondern aus ihm redete auch die Frau: Er machte sich zum Anwalt von »Seligkeit, Leidenschaft und Rausch«, er schlüpfte in die Rolle der Verführten und immer wieder neu zu Verführenden. Während sie, die Kritikerin, die literarische Konstruktion prüfen, die poetologische Bauart beurteilen und nach den Spuren des gestaltenden Willens suchen wollte.

Seitdem ist die Umkehrung des Geschlechterverhältnisses zu einer Gewohnheit geworden: Marlene Streeruwitz dekonstruiert die österreichische Gesellschaft unter besonderer Berücksichtigung ihrer fatalen Liebe zur Short Story. Und Hanns-Josef Ortheil schwärmt von der »großen Liebe«, die eines Morgens um fünf an der italienischen Adria ausbricht.

Eine alte Lehre besagt, die Frau sei das andere Geschlecht. Das erkenne man schon daran, schrieb Simone de Beauvoir, dass »Mann« und »man« Homonyme, also akustisch nicht zu unterscheiden seien. Damit meinte sie, dass der Mann mit sich identisch sein könne, sich nur auf sich selbst beziehen müsse, während die Frau sich ständig zu etwas anderem zu verhalten habe – erkennbar noch am Schminken und am Ring durch das Ohrläppchen, am Sich-Zurecht-Machen für den Mann.

Der Zugang zur Literatur, so geht diese Theorie weiter, falle Frauen deswegen leichter: Sie lebten sich angeblich gern in erfundene Charaktere hinein, gingen auf Gedankenreisen und besichtigten fremde Privatverhältnisse, kurz: für sie erscheine die Literatur in enger Verwandtschaft zum Klatsch, weshalb sie gleichsam immer im Türrahmen der gehobenen Dichtung hängen blieben, für noch einen Plausch und noch eine Zigarette. Der amerikanische Literaturwissenschaftler David Bleich behauptet, experimentell herausgefunden zu haben, dass sich Männer und Frauen in der Rezeption von Lyrik nicht unterscheiden, während beim Roman die Identifikation mit den Protagonisten ein Privileg der Frau sei.

Tatsächlich ist die entsprechende Literatur nicht verschwunden. Die Schriftstellerin Birgit Vanderbeke etwa bedient dieses Genre von Mitleid, Anteilnahme und vorsichtig feministischer Selbstvergewisserung mit großer Effizienz, mit allem, was an provenzalischen Kräutertöpfchen, schulterklopfender Weiblichkeit und übel wollender, ja boshafter Verteidigung des so gewonnenen Terrains dazugehört. Frauen, die Prosecco trinken, gibt es darüber hinaus auch noch.

Elke Heidenreichs Sendung »Lesen!« aber ist etwas anderes, auch wenn unter ihren Zuschauern wiederum die Frauen in der großen Mehrheit sind. Nicht, dass man sie mit Literaturkritik verwechseln könnte – nein, dazu fehlt es ihren Lesebefehlen doch entschieden an Begründung und historischem Fundament, und wenn sie über Bücher spricht, dann kann nicht nur der männliche Zuschauer den Eindruck haben, dass jedem der vorgestellten Titel eine nicht ausgesprochene Vorverständigung vorausgeht, ein Appell ans Gefühl, der auf alle Argumente meint verzichten zu können.

Doch wenn sie Max Aubs *Bittere Mandeln* vorstellt, den letzten Band einer grandiosen Beschreibung des spanischen Bürgerkriegs, oder wenn sie von eben jenem Roman eines amerikanischen Kabelverlegers redet – dann scheint sich ein neues Milieu des Umgangs mit Dichtung herausgebildet zu haben, eine Emanzipation der Frau von der Frauenliteratur, eine Entspezialisierung des Leseverhaltens, eine Diversifikation der Genres für ein verändertes Publikum. Dazu passt, dass Elke Heidenreich nicht verführt und nicht vom Verführen spricht. Eher schon tritt sie wie die erwähnte große Schwester, auch wie eine Art Herbergsmutter der Literatur auf – was konsequent ist, da es das neue Milieu weiblicher Leserschaft ja gibt. Warum dieses Milieu entstanden ist? Weil Frauen etwas nachzuholen haben. Noch ihre Mütter waren zum großen Teil daheimgeblieben – von den Großmüttern ganz zu schweigen – verwiesen auf den häuslichen Bezirk. Die Frau war ein einzelnes Wesen. Eine im emphatischen Sinne gesellschaftliche Sozialisation war bis vor gar nicht langer Zeit den Männern vorbehalten, den Geschichten von Erfolg und Misserfolg aus dem Betrieb, den Erzählungen aus dem Krieg. Die Literatur aber ist eine der effizientesten Formen der Bewirtschaftung von Zeit: Sie ist auch nachholende Welterfahrung, Erprobung fremder Lebensverhältnisse, eine Schule der Lebensklugheit und ein zweiter Bildungsweg des literarischen Intellekts.

Wenn die gegenwärtig so beliebte mittlere Literatur über das Ziel hinausschießt und ihre Exkursionen um den halben Erdball aussehen, als werde hier ein gigantischer Selbstbedienungsladen geplündert, so mag das auch an der inneren Grenzenlosigkeit dieses Typs von Lesebedürfnis liegen: der hemmungslosen Weltneugier. Es wäre aber durchaus falsch, in ihr allein das dynamische Zentrum zu vermuten, von dem aus sich das weibliche Lesepublikum immer weiter verbreitert. Denn wie dieses Lesepublikum sich längst von den »typisch weiblichen« Stoffen gelöst hat, so lässt es sich auch längst nicht mehr auf Lesebedürfnisse wie Entspannung, Empathie oder Emanzipation festlegen. Es gibt in der Gegenwartsliteratur keine Regionen des formal

Schwierigen, Kühnen, Experimentellen oder Kühl-Analytischen ohne hohe Anteile weiblicher Leser und Autoren mehr.

Aus der inneren Vervielfältigung und Entspezialisierung des weiblichen Lesepublikums ergibt sich der Erfolg von Büchern, die ihre Motivangebote quer zu den überkommenen Geschlechtergrenzen mischen. Spricht nicht vieles dafür, dass Margaret Atwood unter den Leserinnen auch deshalb so beliebt ist, weil sich in ihren Büchern Technik mit Feminismus verbindet? Dass Jonathan Franzens *Die Korrekturen* so erfolgreich wurde, weil sich darin ein Familienroman mit der Geschichte des Mittleren Westens, Industriegeschichte inklusive, verknüpft? Und dass die Geschlechtszugehörigkeit der Verfasser für den Erfolg beider Bücher nur eine untergeordnete Rolle spielt? Ja, dafür spricht vieles.

Aber die Fragen haben damit kein Ende. Denn das von den Statistikern demonstrierte Übergewicht der weiblichen Leser im allgemeinen Publikum kann ja nur vor dem Hintergrund eines kontinuierlichen Schrumpfungsprozesses der männlichen Leserschaft zustande kommen. Die Theorie der nicht lesenden Männer ist einer der Schlüssel zum Verständnis des gegenwärtigen Lesepublikums. Noch hat keine Forschungsgruppe die Motive untersucht, aus denen Männer zunehmend auf die Angebote an Bildung, Lebensklugheit und Weltläufigkeit verzichten, die in der Literatur enthalten sind. Die Statistik sagt vorläufig nur dieses: In einer Wohnung ohne Bücher lebt meistens ein allein stehender Mann.

Thomas Steinfeld war Dozent an amerikanischen Universitäten, Lektor und Redakteur, leitete von 1997 bis 2001 das Ressort Literatur der FAZ, jetzt das der Süddeutschen Zeitung, in der sein Beitrag zuerst erschien. Er ist Herausgeber und Autor zahlreicher Bücher.

▷ Quersubvention – die Besonderheit der Buchbranche
Was Autoren über den Buchmarkt wissen müssen

Es ist Sache des Verlags, sich um die Veröffentlichung und den Vertrieb eines Buchs zu kümmern, dafür räumt ihm der Autor die Nutzungsrechte ein und wird im Gegenzug honoriert – so sieht die klassische Arbeitsteilung zwischen Verlag und Autor aus. Etwas Kenntnis über den Buchmarkt und wie Verlage publizieren, kann zum Verständnis beitragen, warum es für Verlage schwierig ist, den Erfolg oder Misserfolg eines Buchs vorherzusehen: Es gibt zahlreiche Buchverlage, die miteinander konkurrieren. Die drei großen Verlagskonzerne mit ihren Verlagen und Imprints dominieren vor allem im Taschenbuchmarkt und versuchen die mittelgroßen Verlage zu verdrängen. Die schärfste Waffe im Marketinginstrumentarium haben sie jedoch bislang noch nicht einsetzen können: Eine radikale und vernichtende Preispolitik. Die gesetzliche Buchpreisbindung verhindert dies und schützt damit auch kleinere und mittlere Verlage – die entscheidend zur Vielfalt der Buchproduktion beitragen.

Im Jahr 2003 wurden 774 Millionen deutsche Bücher produziert – ein Anstieg von 10 Prozent gegenüber dem Vorjahr. Man hört die berufsmäßigen Kulturpessimisten aufstöhnen: Wer soll das alles lesen? Eine Phrase, die vielfach wiederholt nicht richtiger wird. Den Lesern sei Dank, in deutschsprachigen Ländern werden viele Bücher gekauft, es sind sehr lebendige Märkte, in denen sich Verlage und Buchhandel um die Leserschaften bemühen. Selbst die sogenannte Überproduktion findet ihren Weg in die Läden und den Versandhandel des Modernen Antiquariats.

Die Anzahl der Neuerscheinungen mit 85.000 Titeln im Jahr 2001 war auf 79.000 im darauf folgenden Jahr gefallen, um schon 2003 wieder auf 81.000 anzusteigen. Die Sorge, durch weniger Novitäten Marktanteile zu verlieren, hat offenbar viele deutschsprachige Verlage veranlasst, wieder mehr neue Bücher herauszubringen, selbst wenn die Konjunkturaussichten und damit das Kaufverhalten der Bücherfreunde ungewiss ist.

Titelproduktion der letzten zehn Jahre

Jahr	Titel insges.	Erstauflagen	Neuauflagen
1994	70.643	52.767	17.876
1995	74.174	53.359	20.815
1996	71.515	53.793	17.722
1997	77.889	57.680	20.209
1998	78.042	57.678	20.384
1999	80.779	60.819	19.980
2000	82.936	63.021	19.915
2001	85.088	64.618	20.470
2002	78.896	59.916	18.980
2003	80.971	61.538	19.433

Betrachtet man die einzelnen Sachgruppen, ihre Umsatzanteile und ob sie als Hardcover oder Taschenbuch publiziert wurden, dann wird schnell erkennbar, dass Taschenbücher zunehmend beliebt sind, vor allem bei den Belletristik-Lesern. Ein Grund dafür ist sicher auch der niedrigere Ladenpreis, besonders in konjunkturschwachen Zeiten.

Umsatzanteile nach Editionsformen und Sachgruppen

Angaben in %, 2003	Hardcover	Taschenbuch	Hörbuch
Belletristik	16,1	65,0	45,4
Kinder- und Jugendbuch	16,1	7,1	24,9
Reise	9,1	1,9	0,4
Sachbuch/Ratgeber	20,2	9,7	8,0
Geisteswissenschaften, Kunst und Musik	12,1	9,4	6,1
Mathematik, Naturwissenschaft und Technik	8,3	2,0	0,2
Sozialwissenschaft, Recht und Wirtschaft	7,2	4,3	0,7
Schule und Lernen	10,9	0,6	14,4
	100,0	100,0	100,0

Innerhalb der schöngeistigen Verlagsproduktion haben Romane als Taschenbücher einen größeren Umsatzanteil als gebundene Ausgaben.

Beim klassischen Modell der Verlagsproduktion – erst Hardcover, dann Taschenbuch – ist der zeitliche Abstand zwischen dem Erscheinen der Hardcover- zur Taschenbuch-Ausgabe kürzer geworden. Während der Verlag durch den höheren Erlös beim Hardcover schon eine frühe Kostendeckung ereicht, ist die Erstveröffentlichung als Paperback oder Taschenbuch auf Grund des niedrigeren Ladenpreises schwieriger, weil eine entsprechend höhere Auflage verkauft werden muss. Bei hohen Autorenvorschüssen oder teurem Lizenzeinkauf und Kosten für die Übersetzung ist eine Erstauflage als Taschenbuch praktisch ausgeschlossen.

Umsatzanteile innerhalb der Belletristik

(Angaben in %, 2003)	Hardcover	Taschenbuch	Hörbuch
Romane	41,8	55,1	48,6
Krimis	13,1	27,5	21,9
Science-Fiction/Fantasy	5,5	7,9	9,9
Märchen/Sagen/Legenden/Fabeln	1,3	0,2	2,1
Lyrik/Dramatik/Essays/Aufsätze	2,9	2,3	6,5
Briefe/Tagebücher/Biografien	8,2	5,1	2,9
Fremdsprachige Literatur	3,8	0,2	0,9
Humor/Cartoons/Comics/Satire	12,7	1,0	7,1
Geschenkbücher	10,9	0,6	0,0

Nachschlagewerke und Ratgeber, die sich auch gut als Geschenkbücher eignen, erscheinen als Erstveröffentlichung häufig in der schöneren gebundenen Ausgabe.

Umsatzanteile innerhalb Sachbuch/Ratgeber

(Angaben in %, 2003)	Hardcover	Taschenbuch	Hörbuch
Nachschlagewerke	14,6	5,7	4,5
Hobby/Freizeit/Natur	19,0	4,2	2,6
Fahrzeuge/Flugzeuge/Schiffe	4,3	0,6	0,3
Sport	7,0	4,7	4,9
Essen und Trinken	22,9	8,9	0,0
Gesundheit und Körperpflege	11,2	17,9	62,4
Esoterik und Anthroposophie	10,1	18,9	8,1
Ratgeber	10,2	39,1	17,2
Sonstige	0,7	–	–

Sorge macht Verlagen und Buchhandel der Trend zu geringeren Erlösen, er ist nicht vorübergehend. Die Billigpreisaktionen großer Medien wie der »Süddeutschen Zeitung« oder der »Bild-Zeitung«, die in der eigenen Zeitung massiv werben können und dadurch Auflagen in Hunderttausenden kalkulieren, tragen mit zur Verunsicherung von Buchkäufern bei: Wenn ein Hardcover schon für fünf Euro zu haben ist, wie soll der Buchhändler dem Kunden den Preis für die literarische Neuerscheinung von 300 Seiten für 22 Euro plausibel erklären? Aber gerade ein solches Buch ist es, das, wenn es gut verkauft wird, die Veröffentlichung weiterer neun Titel ermöglicht, von denen zwei, drei Flops werden, die anderen vielleicht gerade die Kosten decken. Stichwort: Mischkalkulation. Diese Quersubvention, eine Besonderheit der Buchbranche, ist für neun von zehn Autoren entscheidend, denn sie ermöglicht es dem Verlag, auch Werke von weniger bekannten Autoren und Debütanten zu verlegen.

Quelle: *Buch und Buchhandel in Zahlen 2004*, Börsenverein des Deutschen Buchhandels, Frankfurt am Main 2004.

▷ *Faible für Heiteres*

Marktforschung: Welche Bücher besonders gut ankommen

Von Christoph Kochhan

Spannung pur oder doch lieber eine Handlung mit viel Humor: Bei welchen Romanen greifen die Leser am liebsten zu? Und wo werden die Bücher bevorzugt gekauft?

Diese Fragen wurden in einer Studie von Ipsos Deutschland untersucht, die im Auftrag des Börsenvereins des Deutschen Buchhandels durchgeführt wurde. In einer repräsentativen Untersuchung wurden Ende vergangenen Jahres 2.000 Personen über 14 Jahre zu ihren Leseinteressen und zu ihrem Kaufverhalten befragt. Dabei hat sich gezeigt:

Romane sind bei den Kunden nach wie vor sehr beliebt. 47 Prozent der befragten Personen gaben an, diese Art von Lektüre zu erwerben. Vor fünf Jahren hatte das Segment allerdings ein noch besseres »Standing« bei den Buchhandelskunden. Damals sagten 60 Prozent der Befragten, dass sie Romane kaufen. Nach wie vor sind es vor allem Frauen, die dafür in ihr Portemonnaie greifen (54 Prozent). Nur 39 Prozent der männlichen Umfrageteilnehmer geben für Romane Geld aus.

Am beliebtesten ist die belletristische Lektüre in der Altersgruppe der 30- bis 44-Jährigen. 51 Prozent von ihnen haben Romane gekauft; bei den älteren Menschen sind es dagegen nur 41 Prozent.

Hardcover oder Taschenbücher – wer macht das Rennen? Die Antwort auf diese Frage erstaunt kaum: Die Taschenbuchausgabe eines Romans ist deutlich beliebter als die gebundene Version. 69 Prozent der Umfrageteilnehmer kaufen hauptsächlich Taschenbücher, nur 27 Prozent bevorzugen das Hardcover. Ein Ergebnis, das sicherlich im Zusammenhang mit der verminderten Kaufkraft der Konsumenten zu sehen ist. Die Präferenz für Taschenbücher gilt für Frauen und Männer gleichermaßen, sie gilt für junge ebenso wie für ältere Menschen und für Menschen mit niedrigen wie mit höheren Bildungsabschlüssen.

Den ersten Platz auf der Beliebtheitsskala nehmen nach wie vor die sogenannten **heiteren Romane** ein. Mit einem Anteil von 15 Prozent belegen sie die Spitzenposition (1998 waren es noch fast 18 Prozent). Besonders die weiblichen Leser haben ein Faible für dieses Genre. 24 Prozent der Frauen können sich dafür begeistern, bei den Männern sind es nur fünf Prozent.

Gern gelesen werden auch **Krimis**. Hier sind es besonders die Vertreter des männlichen Geschlechts, die zur spannenden Lektüre greifen. Die genaue Aufteilung: Zwölf Prozent der Frauen und 15 Prozent der Männer interessieren sich für die spannungsgeladenen Geschichten. Vor fünf Jahren war der geschlechtsspezifische Unterschied noch ausgeprägter. Damals bevorzugten elf Prozent Frauen und fast 19 Prozent der Männer das Genre.

Krimis scheinen etwas für Jung und Alt zu sein. Sowohl bei den 14- bis 29-Jährigen als auch bei der mittleren Altersgruppe (45 bis 59 Jahre) ist die mörderische Lektüre beliebt. Lediglich die Senioren haben diese Art der Unterhaltung nicht so gern. Nur neun Prozent von ihnen lesen Krimis.

In allen Altersgruppen deutlich weniger beliebt sind **Science-Fiction-Bücher**. 2003 haben nur drei Prozent der Bevölkerung Romane aus dem Reich der Zukunftsfantasien gekauft. Damit ging das Interesse an dieser Gattung gegenüber 1998 um zwei Prozentpunkte zurück.

Romane werden noch immer am liebsten in gedruckter Form konsumiert. 88 Prozent der Befragten haben noch nie einen Roman als **Hörbuch** auf CD oder Kassette gekauft. Lediglich elf Prozent, und hier vor allem die 14-bis 29-Jährigen sowie die 30- bis 44-Jährigen, haben schon einmal einen Roman »gehört«. Für den Hörgenuss sind vor allem Personen mit höherer Schulbildung offen. 19 Prozent der Befragten mit Abitur oder Universitätsabschluss haben bereits einen Roman als

Audiobook gekauft. Bei denjenigen mit Hauptschulabschluss sind es lediglich sieben Prozent. Auch das allgemeine Interesse am Hörbuch beziehungsweise die Bereitschaft, sich einen Roman in dieser Form anzuschaffen, ist eher gering. Mehr als die Hälfte der Befragten, die noch nie einen Roman auf CD gekauft haben, haben auch kein Interesse daran, dies zu tun. Lediglich zwei Prozent sind sehr interessiert daran, sich einmal ein Roman-Hörbuch zuzulegen.

Männer stehen Hörbüchern dabei deutlich zurückhaltender gegenüber als Frauen. Und je älter die Menschen sind, umso weniger interessieren sie sich dafür, Romane zu »hören«: 77 Prozent der über 60-Jährigen signalisieren nahezu kein (17 Prozent) oder tatsächlich überhaupt kein Interesse (60 Prozent) an solchen Audiobooks. Im Vergleich dazu sind es bei den 14- bis 29-Jährigen »nur« 55 Prozent, die Romane in Hörbuchform eher ablehnen. Bei zehn Prozent stoßen sie dagegen auf großes Interesse. Bei den über 60-Jährigen sind es nur vier Prozent.

So wie Romane eher in gedruckter Form angeschafft werden, werden sie in der Regel auch traditionell im stationären **Buchhandel** erworben. Nur vier Prozent der Leser haben diese Bücher schon des Öfteren über das Internet gekauft. 84 Prozent haben noch nie einen Roman via Internet erworben. Nur bei den 14- bis 29-Jährigen besteht ein gewisses Interesse am Online-Shopping: Sieben Prozent kaufen ihre belletristische Lektüre öfter und 14 Prozent manchmal über das **Internet**. Aber auch hier geben noch 76 Prozent der Käufer an, Romane nicht im Netz zu kaufen.

Analog zu den Ergebnissen anderer Untersuchungen sind ältere Menschen beim Romankauf über das Internet noch sehr zurückhaltend. Das gilt auch für die weiblichen Konsumenten – ebenso wie bei der Internet-Nutzung allgemein. Ob sich ein Leser für einen Roman entscheidet, hängt vor allem vom Thema und von der Handlung ab. Für 83 Prozent der Leser hat der Inhalt eine wesentliche Bedeutung. Daneben ist der Autor wichtig. Auch Rezensionen spielen eine Rolle. 20 Prozent der Käufer ziehen sie als Entscheidungshilfe zu Rate.

Wichtig ist natürlich auch der **Preis** (48 Prozent). Er verliert aber mit zunehmendem Alter der Käufer an Bedeutung. Erst für die über

60-Jährigen bekommt er wieder einen höheren Stellenwert. Doch wie viel Geld gibt der Leser für einen Roman aus? Bei 31 Prozent der Befragten sind es zehn Euro. 14 Prozent würden 15 Euro für einen Roman in Taschenbuchform zahlen. Für Hardcoverromane wurde sehr oft die Preisschwelle von 15 Euro genannt: Diese Summe würden 21 Prozent der Befragten für ein gebundenes belletristisches Buch ausgeben. Die Preisschwelle scheint hier jedoch nicht so eindeutig zu sein wie beim Taschenbuch. Denn immerhin gaben 20 Prozent der Befragten an, dass sie auch dazu bereit wären, 20 Euro für ein Hardcover auf den Tisch zu legen. Und für elf Prozent wäre sogar ein Betrag von 25 Euro noch angemessen.

Eine geschickte Preisgestaltung, die auf diese Grenzwerte Rücksicht nimmt, kann also manchen Kunden zum Kauf verleiten. Deutlich weniger relevant: die Aufmachung. Sie ist für nur zwölf Prozent der Leser ein Kaufkriterium. Dabei lassen sich Männer (16 Prozent) stärker von der Verpackung leiten als Frauen (zehn Prozent) – für Gestalter sicher ein interessantes Ergebnis.

Dr. Christoph Kochhan ist Referent für Marketing und Marktforschung des Börsenvereins für den Deutschen Buchhandel, sein Beitrag erschien zuerst im »Börsenblatt für den Deutschen Buchhandel«.

▷ *Raue Sitten in schöngeistigen Gefilden*
Das Diktat der Ketten und Konzerne

Von der allgemeinen Konsumflaute ist auch der Buchmarkt betroffen – die Käufer geistiger Ware blieben aus. Oder wenn sie sich überhaupt im Buchhandel blicken ließen, war der Betrag auf der Quittung niedriger als in früheren Jahren. Nur der Internet-Buchhandel legte weiter zu, allen voran Amazon.de, die für einen höheren Marktanteil bereit sind, auch Verluste beim Verkauf von Büchern zu tragen: Ein Buch im Wert von fünf Euro konnte zum Weihnachtsfest 2004 bequem von zu Hause per Post bestellt werden – Amazon zahlte die Versandkosten und legte drauf. Denn nicht einmal die von den Verlagen verlangten höheren Rabatte könnten solche Verluste ausgleichen. Das aber versucht der Handelsriese und setzt Bestseller-Verlage unter Druck. Als sich Diogenes weigerte, neue Forderungen von Extrazahlungen, die Amazon von dem Verlag erwartet hatte und die sich umgerechnet auf deutlich über 50 Prozent Rabatt beliefen, zu akzeptieren, wurden sämtliche Diogenes-Titel von Amazon.de »ausgelistet«. Der amerikanische Internethändler bestrafte und boykottierte einen der renommierten deutschsprachigen Verlage und statuierte ein Exempel.

Marketingchefs großer Verlage betrachten diese Entwicklung gelassen, denn sie gewähren schon lange den Mega-Buchhandlungen höhere Rabatte, Extra-Zahlungen, Werbebeihilfen – ganz wie im allgemeinen Einzelhandel üblich. Nach der beispiellosen Verlagskonzentration in den vergangenen zwei Jahren, mit dem Verkauf der Springer-Buchverlage Econ-Ullstein-List und des Heyne-Verlags unter Aufsicht des Kartellamtes an Random House und die schwedische Bonnier-Gruppe, die bereits mit Piper und Carlsen im deutschsprachigen Markt etabliert war, hat sich eine neue Konstellation internationaler Medienkonzerne ergeben.

Die größten Publikumsverlage	Umsatz (Mio Euro)
Random House-Gruppe (Bertelsmann)	220
Bonnier-Gruppe	195
Weltbild-Gruppe	190
Holtzbrink-Gruppe	165
Deutscher Taschenbuch Verlag	58
Hanser-Verlagsgruppe	49
Suhrkamp-Verlagsgruppe	46
Diogenes	42

Diogenes hatte mehrere gute Gründe, warum der Verlag die Extrazahlungen an Amazon nicht leisten wollte: Zum einen überstiegen sie die Möglichkeiten eines mittleren Verlages und brachten das Konditionengefüge gegenüber dem Sortimentsbuchhandel durcheinander. Zum anderen ist jeder Rabatt von mehr als 50 Prozent im Rahmen der gesetzlichen Preisbindung und aus wettbewerbsrechtlichen Gründen verboten: Höhere Rabatte würden die kleinen Sortimenter schlechter stellen als größere Buchhandlungen, gerade aber die Kleinunternehmen sollen geschützt werden, damit eine flächendeckende Versorgung mit Büchern in ganz Deutschland möglich ist – zu gleichen Preisen, egal ob der Kunde in einer Münchener Großbuchhandlung von 5.000 Quadratmetern Ladenfläche oder in der kleinen Kiez-Buchhandlung um die Ecke mit 100 Quadratmetern einkauft.

Diese Rabattgrenze gilt auch für die Buchgroßhändler, die Barsortimente, eine Art Apothekendienst für geistige Produkte, die mit ihrer landesweiten Logistik Bücher über Nacht ausliefern können: Heute bestellt, morgen in der Buchhandlung zum Abholen bereit. Unternehmen wie Libri, KNV, Umbreit, Könemann geben von ihrem Gesamtrabatt von maximal 50 Prozent den größeren Teil an ihre Buchhandelskunden weiter. Sie sind das logistische Rückgrat der ganzen Buchbranche und halten teilweise mehr als 400.000 Titel in entsprechender Anzahl vorrätig, um jederzeit in ganz Deutschland Buchbestellungen von einem Tag auf den anderen ausliefern zu können. Besonders kleine Sortimenter und kleinere Verlage sind auf diese Dienstleister angewiesen, und auch deshalb ist die gesetzliche Preisbindung für die Branche als Ganzes so wichtig. Doch das kümmert die Konzernverlage, denen die Preisbindung vielleicht eher als ein Hinderungsgrund für eine aggressive Preispolitik erscheint, wenig.

Für Käufer und Leser wäre es, wie in den Ländern, die die gesetzliche Preisbindung für das Kulturgut Buch aufgegeben haben, qualitativ nicht gerade ein Vorteil. Es gäbe mehr Trash. Und für die Autoren wäre eine solche Entwicklung allemal schlecht: Ohne Buchpreisbindung würden weniger Originalausgaben in kleinen Auflagen verlegt. Dann müsste sich das verlegerische Interesse mehr auf sichere, ertragsstarke Titel konzentrieren – anspruchsvolle, ungewöhnliche Literatur würde zugunsten von Mainstream-Titeln zurückgedrängt. Die einzigartige Vielfalt der deutschsprachigen Buchproduktion wäre gefährdet.

Die auf den schnellen Ausbau des Marktanteils ausgerichtete Strategie von Amazon-Gründer Jeff Bezos erzeugt für seine Kapitalgeber Verluste. Dabei könnte Bezos von einem Kollegen lernen, wie man das Versandgeschäft mit Büchern profitabel betreibt: Carel Halff ist Chef des Weltbild-Verlags- und Handelsunternehmens, das er in drei Jahrzehnten vom verlustbringenden kleinen katholischen Zeitschriftenverlag zur heutigen Marktmacht und Umsatzgröße von mehr als einer Milliarde Euro ausgebaut hat und das, im Gegensatz zu Amazon, seine Inhaber mit reichlichen Gewinngaben erfreut. Die Eigentümer sind die in pekuniären Fragen verschlossenen 14 Bistümer und die Soldatenseelsorge in Berlin. Solange ihr Verlagsmanager nicht gerade Kirchenkritik und Anstößiges veröffentlicht und vertreibt, lassen sie ihn gewähren, denn was er tut, mehrt das Vermögen und bringt Segen. Was aber kann Carel Halff besser als selbst der ausgebuffte Amazon-Erfinder?

Hier kommen nun wieder die Konditionen ins Spiel: Weltbild-Chef Halff hat das Unternehmen auf amerikanische Weise so auf Profit ausgerichtet, dass Weltbild-Einkäufer bei Verlagen mindestens so geschätzt wie gefürchtet sind: Es geht um Rabatte und Auflagen – beide sind hoch oder gar nicht. Eine Lizenzausgabe beispielsweise zusammen mit Weltbild herauszubringen kann dem Werk ungeahnte Verbreitung bringen, aber auch den Markt für die Originalausgabe des lizenzgebenden Verlags sättigen. Ob sich die Lizenzeinnahmen für den Verlag lohnen, ist manchmal zweifelhaft, aber die Aussicht, ein ähnliches Werk eines anderen Verlags im Weltbild-Katalog zu sehen, gibt dann doch den Ausschlag.

Die Top Ten im Buchhandel	(Mio Euro)
Amazon.de	520
Weltbild.de und Versand	440
Bertelsmann Club	385
Thalia	383
Hugendubel	216
Weltbildplus	216
Karstadt	135
Mayersche	105
Schweitzer Sortiment	100
Kaufhof	88

(teilweise geschätzt, Quelle: Buchreport-Magazin)

Amazon und Weltbild sind jedoch nicht die einzigen Großeinkäufer: Handelsketten wie die zur Douglas-Gruppe zählenden Thalia- oder Hugendubel-Buchhandlungen sind gewiss auch nicht zimperlich, wenn es darum geht, die besten Konditionen durchzusetzen. Allerdings muss man sagen, dass gerade die Großbuchhandlungen und Buchhandelsketten immer noch differenzieren. Ohne deren breite und tiefe Sortimente wären viele Bücher kleinerer Verlage überhaupt nicht in Buchhandlungen vorrätig. Sie müssten immer erst für den Kunden bestellt werden. Die Großbuchhandlungen in Deutschland, Österreich und der Schweiz sind aus dem Sortimentsbuchhandel entstanden und gewachsen, sie fühlen sich den Buchhandelstraditionen verpflichtet und leisten viel für die Verbreitung von Büchern: Sie ermöglichen indirekt das Erscheinen vieler Titel – auch von noch unbekannten Autoren, auch in geringen Auflagen, auch in kleineren Verlagen.

▷ Verlagsgruppen, ihre Töchter und Imprints

Aufbau-Verlag GmbH
    Aufbau Taschenbuch (ATV)
    DAV - Der Audio Verlag (51%)
    Rütten & Loening
    Gustav Kiepenheuer

Bertelsmann AG
    Verlagsgruppe Random House
        Ansata Verlag
        Bassermann Verlag
        C. Bertelsmann Verlag
        Blanvalet Verlag
        Blessing Verlag
        btb Verlag
        cbj
            cbt
            Omnibus
        Diana Verlag AG
        Wilhelm Goldmann Verlag
            Arkana bei Goldmann
            Mosaik bei Goldmann
            Manhattan bei Goldmann
            Portobello bei Goldmann
        Gütersloher Verlagshaus GmbH
            Christian Kaiser Verlag
        Heyne Verlag
        Integral Verlag

Albrecht Knaus Verlag
Limes
Luchterhand Literaturverlag
    Sammlung Luchterhand
W. Ludwig Buchverlag
Random House Audio GmbH
    Litera
    Litera junior
Random House Entertainment
Riemann Verlag GmbH
Wolf Jobst Siedler
Südwest Verlag
Prisma Electronic Publishing

arvato AG
    Bertelsmann Kalender und Promotion Service
    Deutscher Supplement Verlag (75%)
    Mobilitäts-Verlag GmbH
    P & P Redaktion für Publikation und Präsentation (90%)
    Woschek Verlags GmbH (90%)

Bonnier Media Deutschland GmbH

Ars Edition
Carlsen Verlag GmbH (95%)
    Carlsen Comic
    Pixi
Piper Verlag GmbH
    Malik
    Kabel
Thienemann Verlag GmbH
    Gabriel Verlag
Ullstein Buchverlage GmbH
    Claassen
    Econ
    List

Propyläen
Marion von Schröder

Cornelsen Verlagsholding GmbH & Co.
AKAD Die Privat-Hochschule GmbH
Cornelsen Experimenta
Cornelsen Verlag
Cornelsen Verlag Scriptor
Kamp Schulbuchverlag
Patmos (75%)
    Artmis & Winkler
    Benziger
    Walter
    Sauerländer Verlage AG (90%)
        aare bei Sauerländer
        Kinderbuchverlag Luzern
        Verlag Sauerländer
    Weichert Verlagsges. mbH
PZV – Pädagogischer Zeitschriftenverlag
Sauerländer Verlage AG
    Bildung Sauerländer
    Sabe Verlag AG
Studienkreis Gruppe (51%)
Veritas Verlag
Verlag an der Ruhr
    R. Oldenbourg Verlag
    Akademieverlag
    Bayerischer Schulbuchverlag
    Prögel Pädagogik
    Vulkan Verlag
        R. Oldenbourg Verlag
        Oldenbourg Industrieverlag
    Oldenbourg Schulbuchverlag
    Oldenbourg Wissenschaftsverlag

FAZ-Gruppe
  Deutsche Verlags-Anstalt (DVA)
      dtv Taschenbuchverlag (13,9%)
  Engelhorn
  Julius Hoffmann
  Klinkhardt & Biermann Verlagsbuchhandlung
  Kösel Verlag
      dtv Taschenbuchverlag (10,8%)
  Manesse Verlag (München)
  Manesse Verlag (Zürich)
  Paracelsus
  F.A.Z. Institut für Markt- und Medieninformation
  Prestel (60%)
      Pegasus-Bibliothek
      Logo
      Prestel Jr.
      Klinkhardt & Biermann
  XENOS Verlagsgesellschaft

Ganske Verlagsgruppe
  Hoffmann und Campe
  Gräfe und Unzer
  Travel House Media
  Verlag der Rekorde
  dtv Taschenbuchverlag (27%)

Sabine Groenewold Verlage KG
  Europäische Verlagsanstalt
  Rotbuch
  Verlag Die Hanse

Carl Hanser
  Der Hörverlag
  Verlag Nagel & Kimche

Paul Zsolnay Verlag
dtv Taschenbuchverlag (11,9%)

Rudolf Haufe Verlag GmbH & Co. KG
Haufe Business Media AG
Haufe Fachmedia
Legios (25%)
Lexware
Memento Verlag (50%)
Soft-use GmbH
WRS Verlag

Verlag Herder GmbH
Christophorus
Kerle bei Herder

Verlagsgruppe Heinrich Hugendubel
Ariston
Diederichs
Irisiana
Kailash

Ernst Klett AG
Klett-Cotta
Ernst Klett Information Beteiligungsges.mbH
    Friedrich Berlin (50%)
    Esslinger Verlag J.F. Schreiber (50%)
    Erhard Friedrich Verlag (50%)
    Giesel Verlag
    Kallmeyer'sche Verlagsbuchhandlung
    Lugert Verlag
    ÖBV-Klett-Cotta /Österreich (50%)
    Raabe Fachverlag für Bildungsmanagement
    Raabe Verlag

Reniets Verlag/ Österreich
Verlag für pädagogische Medien (25 %)
Ernst Klett Sprachen GmbH
  Ernst Klett International
  PONS
Ernst Klett Verlag
  AOL Verlag (75,2 %)
  Auer Verlag (60 %)
  C. Bange Verlag (62,2 %)
  EduMedia (74 %)
  Heureka Klett Sofwareverlag
  Hohenheim Verlag
  Klett Grundschulverlag Leipzig
  Klett Schulbuchverlag Leipzig
  Klett-Perthes Verlag
  Manz
  Persen Verlag (60 %)
Österreichischer Bundesverlag GmbH
  Brandstätter
  Franz Deuticke
    Perlen Reihe
  öbv & htp GmbH & Co. KG (49 %)

Langenscheidt
Bibliographisches Institut & F. A. Brockhaus AG (75 %)
  Bibliographisches Institut
  F. A. Brockhaus (99,9 %)
  Xipolis.net (50 %)
  BI/Brockhaus GmbH
  BI/Brockhaus AG
  Harenberg Kalender und Lexikonverlag
  PAETEC (51 %)
  F. A. Brockhaus
  Dudenverlag

Meyer Verlag
BI Taschenbuchverlag
GeoGraphic Publishers (50%)
Hexaglot Holding
Axel Juncker
Langenscheidt AG
Langenscheidt Fachverlag
Langenscheidt-Hachette (50%)
Langenscheidt ELT
Langenscheidt-Verlag
Mentor
Polyglott Verlag

Lübbe Verlagsgruppe GmbH & Co. KG
Bastei-Lübbe TB
Bastei Verlag
BLT
editionLübbe
Ehrenwirth
Gustav Lübbe Verlag
Lübbe Audio

Medien-Union
Walhalla Fachverlag Walhalla und Praetoria
    Aldi (Albert Dietl) Verlag
    Behördenverlag Jüngling-gbb
    Metropolitan
    Osang
    Fit for Business
Westermann
    Arena
    Bildungshaus Schulbuchverlage
    Verlag E. Dorner
    LOGO Lern-Spiel-Verlag

SCHUBI Lernmedien
Spectra-Lehrmittel-Verlag
Westermann Lernspielverlag
Westermann Schulbuchverlag
　Winklers Verlag

Axel Springer AG
Cora Verlag (50%)
Family Media (50%)

Springer Science + Business Media
Ärzte Zeitung Verlagsgesellschaft mbH
Auto Business Verlag
BauDatenbank (99%)
Bauverlag BV
Betriebswirtschaftlicher Verlag Dr. Th. Gabler
Birkhäuser Verlag AG (Schweiz)
Birkhäuser Verlag GmbH
Deutscher Universitäts-Verlag
Fachmedien Verlag (95%)
Dr. Hans Fuchs
GOF Verlag
Heinze
IMS Investitions Media Service
Media-Daten
Media-Daten AG (Zürich)
Physica-Verlag
Springer-VDI-Verlag (45%)
Springer Verlag
Springer-Verlag KG (Wien NewYork)
Steinkopff-Verlag
B. G. Teubner
Verlag Aktuelle Information
Friedr. Vieweg& Sohn

VS Verlag für Sozialwissenschaften
Verlag Heinrich Vogel
Wendel Verlag
Verlag Dieter Zimpel

SV Hüthig Fachinformationen GmbH
Branche & Business Fachverlag
Europa-Fachpresse Verlag
    märkte & medien
Hüthig
    Economica
    Hüthig & Pflaum Verlag Fachlit.
    Hüthig & Pflaum Verlag
    Verlag Sterne und Weltraum
Medizin Medien
Medical Tribune Verlagsgesellschaft
    Verlagsgesellschaft für ästhetische Medizin
Medical Tribune AG
Medon Verlag (70%)
Österreichischer Wirtschaftsverlag
redtec publishing
verlag moderne industrie AG & Co. KG
    DVS
    ecomed
    Edition Colibri
    REDLINE
    SV Corporate Media
    verlag moderne industrie Buch
    Verlag Norbert Müller
Verlagsgruppe Hüthig Jehle Rehm
Wirtschaftsverlag Carl Ueberreuter
Wirtschaftsverlag Carl Ueberreuter (Österreich)

Suhrkamp
Suhrkamp Verlag
  Der Hörverlag (13,3%)
  Jüdischer Verlag (51%)
    Insel Verlag
  Deutscher Klassiker Verlag (90%)

Verlagsgruppe Dornier GmbH
Kreuz
Theseus
Lüchow
Urania

Verlagsgruppe Georg von Holtzbrinck GmbH
S. Fischer Verlag
  Argon
  Nicolai'sche Verlagsbuchhandlung
  Fischer TB
  Fischer Schatzinsel
  Krüger
  Scherz
  Scherz Tb
  O.W. Barth Verlag
Kiepenheuer & Witsch
  Der Hörverlag (12,5%)
Kindler
J. B. Metzler
    Hermann Böhlaus Nachf. Weimar
    GbR Musik in Geschichte
Rowohlt
  Rowohlt Berlin
  Kindler
  Rowohlt TB – rororo
  Wunderlich

Schäffer-Poeschel
Verlagsgruppe Droemer Knaur (50%)
    Droemersche Verlagsanstalt
    Th. Knaur Nachf.
    Pattloch
    Schneekluth
    Weltbild
    Augustus
    Battenberg
    Droemer
    Droemer Profile
    KiKa Buch
    Knaur HC
    Knaur TB
    Midena
    Pattloch
    Schneekluth
    Verlag der Vampire

Verlagsgruppe Seemann-Henschel
    E.A. Seemann
    Edition Leipzig
    Henschel
    Koehler & Amelang

Verlagsgruppe Weltbild GmbH
    Living & More Verlag (50%)
    Olzog (50%)
    Sailer Verlag
    VG Droemer Weltbild (VDW) (50% + 50% Holtzbrinck)
        Droemersche Verlagsanstalt
        Th. Knaur Nachf.
        Pattloch
        Schneekluth

Weltbild
Augustus
Battenberg
Droemer
Droemer Profile
KiKa Buch
Knaur HC
Knaur TB
Midena
Pattloch
Schneekluth
Verlag der Vampire
Weltbild Buchverlag

WEKA Holding GmbH & Co. KG
Behr's Verlag (49%)
CMP-WEKA Verlag (50%)
Deubner Verlag
Franzis-Verlag
Frech-Verlag
GWI (Ges. f. Wirtschaftsinformation)
REWI
Spitta Verlag
TURNUS Fachinformationsdienst
Verwaltungs-Verlag
WEKA Business Information
WEKA Computerzeitschriften
WEKA Fachzeitschriften
WEKA MEDIA
WEKA Handels GmbH
WEKA info verlag
WEKA Verlag AG (Schweiz)
WEKA Verlag GmbH (Österreich)

ADRESSEN · ADRESSEN · ADRESSEN · ADRESSEN

▷ Literatursendungen (TV und Hörfunk)

Literatursendungen im Fernsehen

3 SAT

Kulturzeit
(u. a. Literaturberichte)
Redaktion ZDF/
3sat Redaktion Kulturzeit
ZDF Sendezentrum 2
Otto-Schott-Str. 13
55100 Mainz
Tel. 06131 - 70-6587 oder -6578
Fax 06131 - 70-9120 oder -6569
www.3sat.de/kulturzeit.html

Bookmark
(Büchertipps, mit
Helmut Markwort)
Redaktion ZDF/3sat Redaktion
bookmark
ZDF Sendezentrum 2
Otto-Schott-Str. 13
55100 Mainz
Tel. 06131 - 70 64 69
Fax 06131 - 70 77 97
www.3sat.de/bookmark

ARD

Kulturweltspiegel
(u. a. Literaturberichte,
mit Michaela Maxwell)
Redaktion WDR Fernsehen/
Redaktion Kulturweltspiegel
Appellhofplatz 1
50600 Köln
Tel. 0221 - 220-3635 oder -2702
Fax 0221 - 220-4519
www.ard.de/kultur/

Titel, Thesen, Temperamente
(u. a. Literaturberichte)
Redaktion HR/
Redaktion ttt
Bertramstr. 8
60320 Frankfurt a.M.
Tel. 069 - 155-2689
Fax 069 - 155-2079
www.ard.de/kultur/

Kulturreport
(u. a. Literaturberichte,
mit Evelyn Fischer)

verschiedene ARD-Redaktionen:

Redaktion BR/
Redaktion Kulturmagazine
Floriansmühlstr. 60
80939 München
Tel. 089 - 38 06-5715
Fax 089 - 38 06-7602
www.ard.de/kultur/

Redaktion MDR/
Programmbereich Kultur/
Wissenschaft
Redaktion Kulturmagazine
Kantstr. 71-73
04275 Leipzig
Tel. 0341 - 300 72 80
Fax 0341 - 300 72 85
www.ard.de/kultur/

Redaktion NDR/
Redaktion Kulturreport
Hugh-Greene-Weg 1
22529 Hamburg
Tel. 040 - 41 56-5218
Fax 040 - 41 56-6415
www.ard.de/kultur/

Redaktion RBB
Kultur aktuell Fernsehen
Masurenallee 8-14
14057 Berlin
Tel. 030 - 30 31-3584
Fax 030 - 30 31-3589
www.ard.de/kultur/

Druckfrisch
(Literaturberichte,
mit Denis Scheck)
Redaktion Druckfrisch
Bernhard Möllmann
Arnulfstr. 42
80335 München
Tel. 089 - 59 00 28 87
Fax 089 - 550 12 59
www.daserste.de/druckfrisch

ARTE

Metropolis
(u. a. Literaturberichte)
Redaktion Musik, Theater, Tanz
4, quai du Chanoine Winterer
F-67080 Strasbourg Cedex
Frankreich
Tel. 0033 - 388 14 2132
Fax 0033 - 388 14 2490
www.arte-tv.com

Arte Kultur
(u. a. Literaturberichte,
mit Florence Dauchez,
Annette Gerlach)
Redaktion ARTE Kultur/
Leitung: Jean-François Ebeling
4, quai du Chanoine Winterer
F-67080 Strasbourg Cedex
Frankreich
Tel. 0033 - 388 14 2455
Fax 0033 - 388 14 2280
www.arte-tv.com

BR FERNSEHEN

Lesezeichen
(Literaturberichte, Gespräche,
mit Antonio Pellegrino)
Redaktion Lesezeichen Fernsehen
Floriansmühlstr. 60
80939 München
Tel. 089 - 38 06-5147 und -5148
Fax 089 - 38 06-7776
www.br-online.de/kultur/literatur/
lesezeichen

Capriccio
(u. a. Literaturberichte)
Redaktion Kulturmagazine
Floriansmühl60
80939 München
Tel. 089 - 38 06-57 15
Fax 089 - 38 06-76 02
Email capriccio@br-online.de
www.br-online.de/kultur-szene/
sendungen/capriccio/

HR FERNSEHEN

Hauptsache Kultur
(u. a. Literaturberichte,
mit Cécile Schortmann)
Redaktion FS-Kultur
Bertramstr. 8
60320 Frankfurt
Tel. 069 - 155-2551
Fax 069 - 155-4649
www http://static.hr-online.de/fs/
hauptsachekultur/

MDR FERNSEHEN

Artour
(Literaturberichte, mit
Evelyn Fischer, Thomas Bille)
Redaktion artour
04360 Leipzig
Tel. 0341 - 300-7227
Fax 0341 - 300-7285
www.mdr.de/artour

Weimarer Salon
(Literatursendung, Gespräche,
mit Jochen Hieber)
Redaktion Weimarer Salon
Postfach 101954
99019 Erfurt
Tel. 0361 - 2181318
Fax 0361 - 2181654
www.mdr.de/weimarer-salon

NDR FERNSEHEN

Bücherjournal
(mit Paul Kersten)
Redaktion Abteilung Bücherjournal
Hugh-Greene-Weg 1
22529 Hamburg
Tel. 040 - 41 56 52 20
Fax 040 - 41 56 54 70
www.ndr.de/tv/buecherjournal

Kulturjournal
(u. a. Literaturberichte,
mit Caren Miosga)
Redaktion Abteilung Kulturjournal
Hugh-Greene-Weg 1
22529 Hamburg
Tel. 040 – 41 56 53 78
Fax 040 – 41 56 64 15
www.ndr.de/tv/kulturjournal/

RBB FERNSEHEN

Stilbruch
(Literaturberichte, mit Ulf Kalkreuth, Christine Deggau)
Redaktion Stilbruch
Masurenallee 8-14
14057 Berlin
Tel. 030 - 30 31-3595
Fax 030 - 30 31-3508
www.rbb-online.de/stilbruch

SWR FERNSEHEN

Nachtkultur
(u. a. Literaturberichte,
mit Markus Brock)
Redaktion SWR Aktuelle Kultur –
Redaktion Nachtkultur
76522 Baden-Baden
Tel. 07221 - 929-3808
Fax 07221 - 929-2064
www.swr.de/nachtkultur

Schümer & Dorn
(Literatursendung, mit Thea Dorn,
Dirk Schümer)
Redaktion Büchertalk
76522 Baden Baden
Tel. 07221 – 929-4036
Fax 07221 – 929-2064
www.swr.de/buechertalk

Literatur im Foyer
(Gespräche, Lesungen,
Martin Lüdke)
Redaktion Literatur im Foyer
Postfach 3740
55027 Mainz
Tel. 06131 - 929-32 40
Fax 06131 - 929-30 28
www.swr.de/literatur-im-foyer

WDR FERNSEHEN

WestArt (u. a. Literaturberichte)
Redaktion WDR Fernsehen/
Redaktion WestArt-Magazin
50600 Köln
Tel. 02 21 - 220-6363
Fax 0221 - 220-2908
Email west-art@wdr.de
www.wdr.de/tv/west-art/

Was liest du?
(Comedy, Büchertipps,
mit Jürgen von der Lippe)
Redaktion Was liest du
50600 Köln
Tel. 0221 - 220-3228

Fax 0221 - 220-3318
www.wdr.de/tv/comedy/
sendungen/watliest.phtml

ZDF

Aspekte
(u. a. Literaturberichte, mit
Luzia Braun, Wolfgang Herles)
Das literarische Quartal
(Berichte, Gespräche, mit
Luzia Braun, Wolfgang Herles
Redaktion Aspekte
Unter den Linden 36-38
10117 Berlin
Tel. 030 - 20 99-1330
Fax 030 - 20 99-1328
www.zdf.de/aspekte

Lesen!
(Büchertipps, Gespräche,
mit Elke Heidenreich)
Redaktion Wissen und Service
55100 Mainz
Tel. 06131 - 70 22 70
Fax 06131 - 70 22 76
www.lesen.zdf.de/

**Literatursendungen
im Hörfunk**

BAYERN RADIO 2

Rundfunkplatz 1
80300 München

Bücher (Literaturmagazin)
Kulturjournal (Kulturmagazin)
Ansprechpartner: Dr. Dieter Heß
Tel. 089 - 59 00-2265
Fax 089 - 59 00-3056
www.br-online.de/bayern2radio

RadioTexte (Lesungen)
RadioKultur (Lesungen)
Ansprechpartner:
Prof. Dr. Reinhard Wittmann
Tel. 089 - 59 00-2254
Fax 089 - 59 00-2754
www.br-online.de/bayern2radio

DEUTSCHE WELLE

Hörfunk
Raderberggürtel 50
50968 Köln

Goethes Erben (Literaturmagazin)
Buchtipp (Rezensionen)
Ansprechpartnerin: Gabriela Schaaf
Tel. 0228 - 429-4445
Fax 0228 - 429-4242
www.dw-world.de

ADRESSEN: Literatursendungen ◁ **539**

DEUTSCHLANDFUNK

Raderberggürtel 40
50968 Köln

Corso (Kulturmagazin)
Ansprechpartnerin:
Kerstin Janse-Parbs
Tel. 0221 - 345-1560
Fax 0221 - 345-4827
www.dradio.de

Kultur heute (Kulturmagazin)
Ansprechpartner: Dr. Holger Noltze
Tel. 0221 - 345-1572
Fax 0221 - 345-4881
www.dradio.de

Lesezeit (Autorenlesungen)
Studio LCB (Lesung und Gespräch)
Büchermarkt (Literaturmagazin)
Ansprechpartner: Dr. Hajo Steinert
Tel. 0221 - 345-1550
Fax 0221 - 345-4849
www.dradio.de

Politische Literatur
Ansprechpartner: Marcus Heumann
Tel. 0221 - 345-1324
Fax 0221 - 345-4873
www.dradio.de

DEUTSCHLANDRADIO BERLIN

Hans-Rosenthal-Platz
10825 Berlin

Fazit – Kultur vom Tage
Ansprechpartnerin: Astrid Kuhlmey
Tel. 030 - 8503-5550
Fax 030 - 8503-5538
www.dradio.de

Werkstatt Literatur
(Berichte und Features)
Wortspiel (Literarische Features)
Bücher und Medien
Hörensagen (Lesungen, Lyrik)
Kostprobe (Lesungen)
Ansprechpartnerin: Astrid Kuhlmey
Tel. 030 - 8503-5550
Fax 030 - 8503-5538
www.dradio.de

HESSISCHER RUNDFUNK 2

Hörfunk
Bertramstr. 8
60320 Frankfurt

Die Lesung
Lesezeit (in: Mikado)
Ansprechpartnerin:
Dr. Rosemarie Altenhofer
Tel. 069 - 155-2239
Fax 069 - 155-3446
www.hr2.de

Doppel-Kopf (Gespräche)
Ansprechpartner: Dr. Peter Kemper
Tel. 069 - 155-2298
Fax 069 - 155-4849
www.hr2.de

Hörbuchmagazin
Ansprechpartner: Hans Sarkowicz
Tel. 069 - 155-3515
Fax 069 - 155-3745
www.hr2.de

MITTELDEUTSCHER RUNDFUNK FIGARO

Gerberstraße 2
06108 Halle/Saale

Lesezeit (Lesung)
Ansprechpartner: Thomas Fritz
Tel. 0345 - 300-5483
Fax 0345 - 300-5465
www.mdr.de/mdr-kultur

Hörbuch-Tipp
Ansprechpartner: Martin Hoffmeister
Tel. 0345 - 300-5446
Fax 0345 - 300-5460
www.mdr.de/mdr-kultur

Lese-Café
(Lesung, Gespräch mit Autor)
Figaro Bücherkiste
(Rezensionen, Gespräche)
Ansprechpartner:
Michael Hametner

Tel. 0345 - 300-5475
Fax 0345 - 300-5423
www.mdr.de/mdr-kultur

NORDDEUTSCHER RUNDFUNK 3 KULTUR

Hörfunk
Rothenbaumchaussee 132-134
20149 Hamburg

Die Sonnabend-Story (Lesung)
Kulturforum (Berichte)
Am Abend vorgelesen (Lesung)
Am Morgen vorgelesen (Lesung)
Ansprechpartner: Hanjo Kesting
Tel. 0511 - 988-2301
Fax 0511 - 988-2309
www.ndrkultur.de

Sonntagsstudio
(Lesung, Diskussion)
Ansprechpartner: Hanjo Kesting,
Wend Kässens
Tel. 0511 - 988-2301, -2305
Fax 0511 - 988-2309
www.ndrkultur.de

Kultur-Journal
Kultur-Thema
Ansprechpartner: Stefan Lohr
Tel. 0511 - 988-2323
Fax 0511 - 988-2309, -2310
www.ndrkultur.de

ADRESSEN: Literatursendungen ◁ **541**

NORDWESTRADIO

Bürgermeister-Spitta-Allee 45
28329 Bremen

Buchtipp
(Rezensionen, Berichte)
Ansprechpartner:
Dr. Harro Zimmermann
Tel. 0421 - 246-1664
Fax 0421 - 246-1053
www.radiobremen.de/
nordwestradio

Literaturzeit
Ansprechpartnerin:
Dr. Gudrun Boch, Dr. Silke Behl
Tel. 0421 - 246-1450; -1456
Fax 0421 - 246-1041
www.radiobremen.de/
nordwestradio

Lesezeit
Ansprechpartnerin:
Dr. Gudrun Boch
Tel. 0421 - 246-1450
Fax 0421 - 246-1041
www.radiobremen.de/
nordwestradio

RBB RUNDFUNK BERLIN-BRANDENBURG

Hörfunk
Masurenallee 8-14
14046 Berlin

Lesung
Kulturtermin Literatur
(Gespräche)
Leseprobe (Lesung)
Ansprechpartner:
Dr. Claus-Ulrich Bielefeld
Tel. 030 - 3031-3542
Fax 030 - 3031-3548
www.daskulturradio.de

Schöne Künste
(Kulturmagazin)
Sendezeit So 11.05–12.00
Ansprechpartnerin: Claudia Henne
Tel. 030 - 3031-3534
Fax 030 - 3031-3548
www.daskulturradio.de

Kulturradio am Morgen
(Kulturmagazin)
Ansprechpartner: Roland Schneider,
Dörte Thormälen
Tel. 030 - 3031-3324, -3544
Fax 030 - 3031-3548
www.daskulturradio.de

Kulturradio am Vormittag
(Kulturmagazin)
Ansprechpartnerin: Tina Stock,
Heike Kalnbach

Tel. 030 - 3031-3535, -3547
Fax 030 - 3031-3548
www.daskulturradio.de

Kulturradio am Mittag
(Kulturmagazin)
Ansprechpartner: Dirk Hühner,
Claudia Wheeler
Tel. 030 - 3031-3635, -3517
Fax 030 - 3031-3548
www.daskulturradio.de

Kulturradio am Nachmittag
(Kulturmagazin)
Ansprechpartner: Steffen Brück,
Jürgen Gressel-Hichert
Tel. 030 - 3031-3617; -3570
Fax 030 - 3031-3548
www.daskulturradio.de

SAARLÄNDISCHER RUNDFUNK 2

Programmgruppe
Künstlerisches Wort
Funkhaus Halberg
66100 Saarbrücken

Literatur im Gespräch
(Lesungen, Gespräche)
Fortsetzung folgt ... (Lesungen)
Ansprechpartner: Dr. Ralph Schock
Tel. 0681 - 602-2171
Fax 0681 - 602-2179
www.sr-online.de

Fragen an den Autor
(Autorengespräche)
Ansprechpartner: Dr. Jürgen Albers
Tel. 0681 - 602-2118
Fax 0681 - 602-2129
www.sr-online.de

Bücherlese
(Literaturmagazin)
Ansprechpartner: Dr. Ralph Schock,
Dr. Jürgen Albers
Tel. 0681 - 602-2171, -2118
Fax 0681 - 602-2179, -2129
www.sr-online.de

Tacheles – SR 2 für junge Ohren
(Kinder- und Jugendbuch)
Ansprechpartner: Dr. Robert Karge,
Barbara Renno
Tel. 0681 - 602-2160, -2157
Fax 0681 - 602-2169, -2117
www.sr-online.de

SÜDWESTRUNDFUNK 2

Hörfunk
76530 Baden-Baden

Kultur aktuell (Kulturmagazin)
Journal (Kulturmagazin)
Ansprechpartner: Michael Altrichter
Tel. 07221 - 929-2272
Fax 07221 - 929-2053
www.swr2.de

Forum Buch (Literaturmagazin)
Buchkritik (Rezensionen)
Fortsetzung folgt (Lesungen)
Ansprechpartner: Uwe Kossak
Tel. 07221 - 929-3122
Fax 07221 - 929-4358
www.swr2.de

RadioArt Literatur (Berichte)
Ansprechpartnerin:
Dr. Marlis Gerhardt
Tel. 07221 - 929-3121
Fax 07221 - 929-6448
www.swr2.de

WESTDEUTSCHER RUNDFUNK 3

Gutenbergs Welt (Büchermagazin)
Ansprechpartner: Wolfgang Schiffer
Tel. 0221 - 220-3160
Fax 0221 - 220-3161
wdr3@wdr.de

WDR 3 Diskurs (Magazin)
Ansprechpartnerin: Gisela Corves
Tel. 0221 - 220-3187
Fax 0221 - 220-5589
wdr3@wdr.de

Mosaik (Kulturmagazin)
Meinungen über Bücher
(Rezensionen)
Ansprechpartner: Rüdiger Becker
Tel. 0221 - 220-0
Fax 0221 - 220-5581
mosaik@wdr.de

WESTDEUTSCHER RUNDFUNK 5

Hörfunk/Programmgruppe Wort
50600 Köln

Ohrclip
(Lesungen, Besprechungen)
Ansprechpartnerin: Dörte Voland
Tel. 0221 - 220-6170
Fax 0221 - 220-6855
www.wdr5.de

SpielArt - Serie
(Hörspiele, Lesungen)
Krimi am Samstag (Lesung)
Ansprechpartner: Wolfgang Schiffer
Tel. 0221 - 220-3160
Fax 0221 - 220-3161
www.wdr5.de; hoerspiel@wdr.de

Ohrenweide (Hörspiele, Lesungen)
Ansprechpartner: Georg Bungter
Tel. 0221 - 220-2410
Fax 0221 - 220-2411
www.wdr5.de

Scala (Kulturmagazin)
Ansprechpartner Jürgen Keimer
Tel. 0221 - 220-4683
Fax 0221 - 220-6855
www.wdr5.de

VERLAGSSUCHE ⑩

Glücksmomente 547

Agentendämmerung 550

Tinte in Gold verwandeln 558

ADRESSEN: Literaturagenturen 561

Warum ein Manuskript keinen Verlag findet 578

»Thema, Aktualität, Zielgruppe, Autor und Stil« 582

ADRESSEN: Buchverlage in Deutschland 585

ADRESSEN: Buchverlage in Österreich 897

ADRESSEN: Buchverlage in der Schweiz 913

Der lange Weg zur ersten Veröffentlichung 927

Die Vertreterkonferenz 932

Mein Leben als Star 934

▷ *Glücksmomente*

Der beste Freund des Verlegers

Für Paul Otchakovsky-Laurens ist es der Briefträger. Denn jeden Morgen liefert er neue Manuskripte ab, und Otchakovsky-Laurens sieht es als ein Privileg an, jeden Umschlag zu öffnen und jeden eingesandten Text zu lesen – oder zumindest durchzublättern. Bei manchen ist schon nach wenigen Seiten klar, dass sie zur Veröffentlichung nicht taugen. Mit anderen ist es schwieriger: »Wie die Pest fürchte ich meine eigenen Reflexe – es ist mir schon passiert, in einem Text vermeintliche Mängel gesehen zu haben, die mir später dann als seine eigentlichen Stärken erschienen sind.« Paul Otchakovsky-Laurens ist kein Verleger wie viele andere. In die Klage, jeder wolle heute den Schriftsteller geben, stimmt er nicht mit ein: »Je mehr geschrieben wird, desto reicher ist der Humus, auf dem die Literatur wächst.«

Nun, solche Verleger, Programmchefs und Lektoren sind rar. Das musste auch Roswitha Harig erfahren. Für sie wurde der Briefträger zum Überbringer schlechter Nachrichten. Ihre Novelle *Ein Bett aus Schnee* war so anhänglich, dass sie immer wieder zu ihr zurückkehrte – bis der Zürcher Ammann-Verlag zugriff. Zuvor hatten 22 Verlage das Manuskript abgelehnt, weil es nicht ins Programm passe, nicht zum Buch reiche, den Spannungsbogen nicht bis zum Schluss halte. Im Erscheinungsjahr wurde die Novelle von der Aspekte-Jury als bestes deutschsprachiges Prosastück ausgezeichnet.

Als der Anruf von Egon Ammann kam, hatte die Autorin innerlich schon mit dem Werk abgeschlossen und ein neues begonnen. Ihre Entdeckerin, die Ammann-Lektorin Stephanie von Harrach, vermutet eine »psychologische Abwehrhaltung« bei den Kollegen. »Viele Lektoren machen den Trichter zu und haben sich abgehärtet gegen die Flut von unaufgefordert eingesandten Manuskripten.« Manche Autoren erfahren nicht nur Ablehnung, ja in manchen Literaturagenturen und Verlagslektoraten meinen sie gar einen Autorenhass auszumachen. Ganz anders eine Lektorin wie Stephanie von Harrach, sie findet es angesichts der vielen mittelmäßigen Manuskripte »umso schöner, wenn einen ein Manuskript vom ersten Satz an in den Text zieht.«

Stellen Sie sich vor, Ihr Manuskript erzeugt solche Glücksmomente! Dafür müssen Sie allerdings etwas tun, *bevor* sie es absenden:

Prüfen Sie noch einmal selbstkritisch, ob es reif ist, vorgelegt zu werden. Wenn Sie unsicher sind, dann lassen Sie es lesen. Nur nicht von Verwandten und Freunden, die Lieben würden Ihnen Komplimente machen, weil sie ein weiches Herz haben und Sie nicht verletzen möchten oder vielleicht auch sonst keine kritischen Leser sind. Vertrauen Sie Ihr Baby einem unabhängigen freiberuflichen Lektor oder einer Lektorin an, das kostet zwar etwas, kann Ihnen aber wertvolle Hinweise geben. Dabei helfen Ihnen Adressen aus der Dienstleister-Datenbank auf *www.autorenhaus.de*. Bitten Sie um ein Angebot für eine Erstbeurteilung und -beratung. Und weil Sie Ihre Tippfehler schon lange nicht mehr selbst entdecken, lassen Sie Ihr Manuskript, bevor Sie es auf die Reise schicken, Korrektur lesen!

Stellen Sie sich vor: 2.000 bis 3.000 unverlangte Manuskripte im Jahr erhält jeder große Verlag, an jedem Arbeitstag zwischen zehn und fünfzehn Päckchen! Wie viele davon haben eine Chance, zum Buch zu werden? Nur die wenigsten, die Erfolgsquote liegt im Promillebereich. Was also können Sie tun, um Ihren Frust und die Kosten zu mindern, um Ihre Chancen zu verbessern?

1. Lesen Sie – aufmerksam die hier abgedruckten Verlagsprogramme. Es hat keinen Sinn, ein Krimi-Manuskript an einen Sachbuchverlag zu senden.

2. Lesen Sie – genau, ob und wie Manuskriptangebote erwünscht sind. Wenn Sie 600 Seiten versenden, obwohl nur ein Exposé mit Textprobe gewünscht wird, freut sich nur die Post.

3. Lesen Sie – ob ein Anruf, eine Anfrage per E-Mail oder ein Angebot mit Papierausdruck gewünscht wird. Wird Ihr Manuskript zurückgesandt?

Denken Sie auch an die guten alten Regeln für Ihr Manuskriptangebot – ganz gleich, ob Sie es einem Verlag oder einer Literaturagentur anbieten:

> - 60 Anschläge pro Zeile und 30 Zeilen pro Seite,
> - gut lesbares Schriftbild, z. B. Courier New, 12 Punkt,
> - weitgehend unformatiert, also lediglich Kapitel und Überschriften sollten klar erkennbar, alles andere linksbündig im Flattertext gesetzt sein,
> - die Seiten durchgehend nummerieren,
> - Adresse und Zeichenzahl (bei Word zu finden unter *Extras, Wörter zählen*) auf dem Deckblatt angeben.

Lassen Sie es nicht binden, legen Sie die Manuskriptseiten in einen Hefter oder eine handliche Mappe, leicht zu blättern, gut zu lesen. Senden Sie nie das Original, immer nur einen Ausdruck, eine Kopie, dazu Ihr kurzes Begleitschreiben und Ihre Kurzbiografie auf einer Seite. Wenn Sie wünschen, dass Ihr Manuskript an Sie zurückgesandt wird, legen Sie einen adressierten und frankierten Umschlag bei.

Viel Glück!

▷ Agentendämmerung

Von Stefanie Flamm

Dienstagvormittag in der Rosa-Luxemburg-Straße. Es ist noch früh, erst elf Uhr, und keine Zeit für die Berliner Boheme, die in dem toten Winkel zwischen Volksbühne und Hackeschem Markt den Niedergang der neuen Mitte verschläft. Die Tanzwirtschaft Burger, ein paar Meter weiter nördlich, hat erst vor ein paar Stunden geschlossen, der Puff nebenan macht erst später wieder auf. Von fern hört man gelegentlich die S-Bahn, ab und zu kommt ein Auto vorbei, selten ein neues Modell. Aber das fällt hier nicht weiter auf. Abgesehen von dem roten Haus, in dem eine der größten deutschen Literaturagenturen dieses Frühjahr ein Café eröffnet hat, ist das südliche Ende der Straße noch immer so trist und grau, wie ganz Berlin trist und grau war in jenen glücklichen Jahren, als es manchmal schon reichte, eine Glühbirne in ein aufgelassenes Ladenlokal zu hängen, um ein Gefühl von Aufbruch und Zukunft zu erzeugen. Diese Zukunft ist längst Vergangenheit, Berlin hat den Blues, und selbst in einer finsteren Ecke braucht man heute mehr als hundert Watt, um noch so etwas wie gute Laune zu verbreiten. Als die große deutsche Literaturagentur in der Nacht zum 1. Mai 2003 hier das Café eröffnete, leistete sie sich zu diesem Zweck sogar einen dunkelroten Teppich. Daneben gingen Wachmänner majestätisch auf und ab. Sie hatten Knöpfe im Ohr und einen ziemlich rüden Ton. »Weiter gehen, bitte gehen Sie weiter«, befahlen sie, sobald ein Unbefugter sich dem Eingang näherte. »Als wäre drinnen George Bush zu Besuch«, höhnte ein Passant. Aber man muss fair sein. Die Wachmänner taten in dieser stürmischen Walpurgisnacht nur ihre Arbeit. Schon am Nachmittag waren auf der Kastanienallee in Prenzlauer Berg die ersten Aufständischen in Gewahrsam genommen worden, über dem Zentrum kreisten unüberhörbar die Einsatzhubschrauber der Polizei. Und ganz abgesehen davon, dass die Revolutionsfestspiele auch in diesem Jahr wieder heftig zu werden drohten, macht ein roter Teppich alle Menschen nervös, die ihn nicht betreten dürfen. Selbst ein junges Talent, das sich in den letzten Jahren eine fast sprichwörtliche Renitenz dem Literaturbetrieb gegenüber zugelegt hatte, war in dieser Nacht äußerst gekränkt, dass es bei der Caféeröffnung nicht dabei sein durfte. Früher habe man es trotz seiner sprichwörtlichen Renitenz überall hin eingeladen, klagte das junge Talent und schaute sehnsüchtig den Kollegen hinterher, die grußlos und mit wehenden Mänteln durch die graue Straße zum roten Teppich flogen. »Die haben es nötig«, meinte ein anderes, nicht mehr ganz so junges Talent. Und so Unrecht hatte es damit nicht.

Wenn die Zeiten härter werden, nimmt das Bedürfnis nach Exklusivität bisweilen lächerliche Ausmaße an, die Kreise werden kleiner, die Partys feiner, selbst eine an sich so belanglose Sache wie die Eröffnung des zehnten Literaturcafés einer an Cafés ohnehin reichen Stadt wird zum Event stilisiert, zum House-Warming der vermeintlich erdbebensicheren VIP-Lounge einer Branche, der gerade der Boden unter den Füßen wegbricht. Denn nicht nur Berlin, auch der deutsche Buchmarkt steckt in einer Krise. Doch niemand weiß so recht zu sagen, woran das im Einzelnen liegt. Am Fernsehen, am 11. September, am Euro, an der allgemeinen Einzelhandelsmisere oder der ewig hinausgezögerten Steuerreform? An Büchern, die keiner lesen will, an Leuten, die überhaupt nicht mehr lesen, egal was erscheint? Optimisten gehen davon aus, dass die Menschen sich jetzt, da alle sparen müssen, endlich einmal die Bücher vornehmen, die immer noch eingeschweißt bei ihnen im Schrank stehen wie ein schlechtes Gewissen in Zellophanfolie. In ressourcenintensiveren Wirtschaftszweigen nennt man ein solches Konsumverhalten Nachhaltigkeit. Die Umweltverbände rufen seit Jahren danach. Doch der Buchmarkt ist ein Käufer- und kein Lesermarkt, und für Verlage, die im Sommer schon die Herbsttitel auf den Markt bringen, ist ein nachhaltiger Kunde, also jemand, der im Winter noch über den Büchern vom Frühjahr hockt, in etwa soviel wert wie ein Analphabet. Auch für die Literaturagenten, die in den letzten Jahren gut davon gelebt haben, dass sie möglichst viele neue Bücher möglichst vieler neuer Autoren an möglichst viele Verlage vermittelten, könnte es bald eng werden. Die meisten Häuser haben ihre Programme verkleinert, ganze Reihen wurden gestrichen. Nur ein paar Jahre, nachdem all die neuen jungen Erzähler sich unbeleckt von den Mühen der Dekonstruktion gegenseitig ihre Geschichten vorlasen und als das neudeutsche Romanwunder die Buchmessen zum Tanzen brachten, gelten inländische Debütanten erneut als riskant. Schon in den letzten Saisons wurden die meisten Spitzentitel wieder aus den Vereinigten Staaten importiert, und an Philip Roth, Jonathan Franzen und Jeffrey Eugenides haben die auf deutschsprachige Belletristik spezialisierten Literaturbüros nichts mehr verdient.

Doch der Agent, dessen Firma seit kurzem das Lokal in der Rosa-Luxemburg-Straße betreibt, winkt ab. »Wir sind da ganz gelassen«, sagt er und lächelt dabei so herablassend durch das todschicke Café, als hätte sein Gegenüber sich gerade mit einem peinlichen Witz blamiert. Er trägt eine legere Khakihose und ein sportliches Oberhemd. Das Haupthaar wird ihm langsam schütter. Auf dem quadratischen Holztisch vor ihm steht ein Milchkaffee im Glas, daneben sitzt eine Kollegin im hochsommerlichen Tanktop. Seitdem der rote Teppich verschwunden ist, gibt es Tage, an denen sie die einzigen Gäste auf den rostroten Kunstlederpolstern in der Rosa-Luxemburg-Straße sind. Doch wenn man ihnen glauben kann, ist die gegenwärtige Krise eine Krise der anderen. »Wir sind, wie Sie wissen, die erfolgreichste deutsche Agentur.« Sie haben einen Ruf zu verteidigen. Viele Titel, die in den letzten Jahren zum Schlagwort wurden, waren ihre Entdeckung, einige sogar ihre Erfindung. Sie haben manchen Autor reich gemacht, und wie man hört, auch selbst nicht schlecht verdient. In ihren kargen, mit knallrotem Linoleum ausgelegten Geschäftsräumen arbeiten heute sechs Angestellte. In den Vitrinen, die sich vier Stockwerke darunter durch das ganze Lokal ziehen wie dreidimensionale Glasbanderolen, befindet sich jedes

Buch, das das Büro in den letzten Jahren an einen Verlag verkauft hat. Es sind solche, die man noch kennt, und solche, die man längst vergessen hat. Ärgerliche Bücher und dummes Zeug aus den fetten Jahren, als die Leute sich lauthals Gedanken darüber machten, unter welchen Bedingungen man Unisex-Parfüm von Calvin Klein benutzen darf. Aber es sind auch Kostbarkeiten dabei, Bücher, über die sich viele Leser einmal sehr gefreut haben, und andere, die zu Unrecht übersehen wurden. Doch so, wie sie da ohne erkennbares Ordnungsprinzip nebeneinander stehen und liegen, wirken sie wie Ausstellungsstücke in der Leistungsschau eines Gewerbes, das sich in der Bundesrepublik erst im Zuge der wunderbaren deutschen Schriftstellervermehrung etablieren konnte und bis heute keineswegs unumstritten ist.

Vor allem die Älteren in der Branche sähen es wahrscheinlich gern, wenn die zahlreichen literarischen Agenturen, die es mittlerweile auch hierzulande gibt, allesamt ganz in die Gastronomie überwechseln würden. Sie haben noch immer Siegfried Unselds Wort im Ohr, dass ein deutscher Autor, der sich von einer Agentur vertreten lässt, kein deutscher Autor mehr sei. Literarische Agenturen, sollte das heißen, gehören in den angelsächsischen Raum, wo sie infolge eines autorenfeindlichen Urheberrechts seit mehr als hundert Jahr als privatwirtschaftlich organisierte Verwertungsgesellschaften entstanden sind. Hierzulande suchten nur ausgebuffte Bestsellerfabriken à la Uta Danella oder Heinz G. Konsalik schon früh ihren professionellen Beistand bei ihren Vertragsverhandlungen. Ernsthafte Literaten, so zumindest das Bild, das Unseld und die Seinen sich von ihnen machten, hatten das angeblich nicht nötig. Sie schrieben ja nicht nur für Geld. Sie schrieben für die Ewigkeit. Und weil Ewigkeit ein teures, durch nichts zu bezahlendes Gut war, nahmen sie es billigend in Kauf, dass ihr Honorar größtenteils in Ruhm und Ehre ausbezahlt wurde. Ihr Verlag war ihr Partner, nicht ihr Gegner, ein Ermöglicher, Förderer, kein Ausbeuter. Dieses Bild mag im einzelnen verklärt und geschönt sein, doch tatsächlich herrschten im deutschen Verlagswesen bis weit in die achtziger Jahre präkapitalistische Bedingungen. Damit sei nicht gesagt, dass das Buch damals keine Ware gewesen wäre, von deren Verkauf viele, nicht zuletzt die Verlage lebten, aber es gab Kriterien, die wichtiger waren als das Geld. Auch die Verleger handelten der wirtschaftlichen Rationalität oft zuwider. Siegfried Unseld konnte nicht sicher sein, dass die großzügigen Unterstützungen, die er seinem ewig schreibblockierten Freund Uwe Johnson über Jahre hinweg zukommen ließ, sich am Ende auszahlen würden, und er musste es hinnehmen, dass aus seiner Liebe zu Wolfgang Koeppen nie ein großes Geschäft wurde.

Doch das ist lange her. Anfang der neunziger Jahre haben große Konzerne die meisten unabhängigen Literaturverlage aufgekauft, die Lektorate ausgedünnt und Unternehmen, die traditionellerweise mit sehr geringen Gewinnspannen kalkulierten, gnadenlosen Effizienzkriterien unterworfen. Wo früher ein Patriarch regierte, sitzt heute nicht selten ein Manager, die Lektoren, die sich früher ausschließlich ihren Autoren widmen konnten, müssen sich heute auch mit Marketingfragen herumschlagen. Einen Teil ihrer Aufgaben übernehmen die Agenten. Wenn man so will, sind sie die Gewinner einer Verwerfung, die man mit dem Übergang vom Verlegerfeudalismus zum Frühkapitalismus vergleichen könnte. »Mein Verleger und ich – das ist ja längst so eine Verlogenheit«, sagt das junge Talent. Den Verlag, in dem es debütiert hat, gibt es seit zwei Jahren nicht mehr, seine Lektorin ist anderswo untergekommen. Für viele junge Autoren garantieren die Agenten Kontinuität in einer Branche, wo das Stühlerücken an der Tagesordnung ist. Sie bleiben, wenn Lektoren verschwinden, Verlage eingehen oder Reihen gestrichen werden. Sie überblicken den Markt, sichten Manuskripte, halten Händchen. »Wenn ein Autor uns ein Stöckchen hinhält, springen wir drüber«, sagt der schüttere Agent. Als einem seiner Schützlinge einmal die Freundin mitsamt der Kücheneinrichtung durchgebrannt ist, haben sie ihm sogar einen Kochtopf gekauft. Auch etablierte Schriftsteller, denen niemand mehr einen Kochtopf schenken muss, nehmen immer öfter die Dienste einer Agentur in Anspruch, wenn ihnen Lektor oder Verlag abhanden gekommen ist oder sie sich in den auf Effizienz getrimmten Profitcentern, die einmal ihre Verlage waren, nicht mehr wohl fühlen. Und nähme man Siegfried Unselds

Diktum zehn Jahre später noch wörtlich, gäbe es heute fast keine deutschen Autoren mehr.

Die Agenten sind ein festes Glied der Verwertungskette geworden, doch eine Normalität sind sie noch immer nicht. Man beäugt sie wie alte Familien ihre neureichen Verwandten, fasziniert und doch voller Scham. »Wenn ein Autor, den wir hier über Jahre aufgebaut und gepflegt haben, sich plötzlich über eine Agentur an uns wendet, sind wir sehr traurig«, sagt eine altgediente Lektorin. In der Regel will der Autor dann mehr Geld, größere Verlage zahlen, wenn ihnen etwas an dem Autor liegt, meist zähneknirschend den geforderten Vorschuss. Kleine Häuser haben so schon manchen geschätzten Autor verloren. »Wie auf dem Viehmarkt«, sagt die Lektorin. Für sie ist jede Auktion so etwas wie ein Vertrauensbruch, fast so, als würde ein alter Freund von einem auf den anderen Tag nur noch über seinen Anwalt mit einem sprechen. Für jüngere Autoren ist es dagegen fast unvorstellbar, sich ohne einen solchen Anwalt an den Verlag zu wenden, um das eigene Werk inklusive Lebenszeit, Herzblut, Zweifel und Eitelkeit anzupreisen. »Das hätte ich nicht gekonnt«, sagt ein junger Schriftsteller. Er fühlt sich auch deshalb bei seiner Agentur gut aufgehoben, weil sie sich um all das kümmert, was ihm eher unangenehm ist. Sie setzt die Verträge auf, liest auch das Kleingedruckte, regelt die Nebenrechte. Sie feilscht und handelt und blufft. Viele Agenturen lassen sich für alle Fälle sogar das Cover des fertigen Buchs vorher schicken, weil sie wissen, dass der Erfolg eines Werks auch von der Verpackung abhängt. Selbst bei der Werbung wollen sie mitreden. Wenn die ersten Leseexemplare verschickt werden, haben sie eine eigene Rezensentenliste, die unbedingt auch noch bedient werden muss. In Deutschland bekommen sie dafür fünfzehn Prozent. Sie verhandeln also in eigenem Interesse, denn je mehr sie für den Autor herausschlagen, desto mehr verdienen sie selbst.

»Ein Bündnis für Arbeit«, sagt die Agentin, die wahrscheinlich die erste war, die es gewagt hat, in Deutschland mit ernsthafter Belletristik zu handeln. Sie weiß wirklich nicht, warum darum immer noch ein solches Gewese gemacht wird. »Wir sind ein ganz normales Dienstleistungsunternehmen.« Mittelstand, vier Angestellte, etwa hundert Klienten. Sie trägt ein ärmelloses Kleid aus braunem Samtstoff, es ist nicht ganz neu, aber immer noch elegant, dazu Schuhe, die der Sache nach Pantoffeln, der Form nach Pumps sind: hinten sehr flach, vorne sehr spitz. Den Kaffee bringt eine ätherische Praktikantin. Ein früher Vormittag in einem Charlottenburger Hinterhof, die Sonne wärmt bereits. An den grauen Wänden ranken Kletterpflanzen, einige blühen prächtig. Das morsche Vogelhäuschen in ihrem Rücken steht da schon länger als einen Winter. Es stammt noch vom Vormieter. Die Agentin hatte bisher keine Zeit, sich darum zu kümmern. Sie hat überhaupt wenig Zeit. Auf besonders lange Fragen gibt sie besonders kurze Antworten, die manchmal einfach nur »Unfug« lauten oder auch »Quatsch«. Aber sie ist nicht abweisend, nur sehr schwer zu fassen. Alles an ihr changiert zwischen Nachlässigkeit und Strenge. Für Autoren, die sich in Berlin kein Zimmer leisten können, hat sie ein Gästebett, und wer eine Schreibkrise hat, dem hört sie auch nach Mitternacht noch zu. Fremden gegenüber ist ihr Lächeln eher kühl, nie ist es vielsagend oder verschwörerisch. Sie kumpelt nicht mit Leuten, die etwas von ihr wollen. Sie gilt als schwierige Verhandlungspartnerin. »Ich habe meine Prinzipien«, sagt sie. Keine Namen, keine Zahlen.

Zu anderen Zeiten hat sie schon dafür gesorgt, dass man die Zahlen kennt. Alle Agenten haben das gemacht und damit eine Goldgräberstimmung erzeugt, die im Nachhinein an ein Fieberdelirium erinnert. 75.000, 250.000, 500.000 Euro für sogenannte Spitzentitel, also potentielle Bestseller, waren drin, 10.000 bis 20.000 Euro ließen die Verlage sich Bücher kosten, von denen sie sich mehr versprachen als eine Auflage. Ein Zwanzigjähriger, der mit einem autobiographischen Bubenstück wider Erwarten die Bestsellerlisten gestürmt hatte, wurde gleich mit 540.000 Euro auf den nächsten Knaller verpflichtet, eine Modejournalistin bekam immerhin 75.000 Euro für einen Gesellschaftsroman, von dem noch keine Zeile stand. Als dann hinterher niemand lesen wollte, wie sie sich »durchs Alphabet fickte«, war das Entsetzen natürlich groß. Kein Kritiker versäumte, darauf hinzuweisen, wie viel Geld sie für dieses »Machwerk« bekommen hatte. Und wenn auch Kritiker übers Geld schreiben, ist das ein sicheres Zeichen dafür, dass sich die

Prioritäten verschoben haben. »Das war alles ziemlich verrückt«, sagt ein ehemaliger Lektor, der jetzt als Agent arbeitet. Er kennt das Spiel von beiden Seiten und ist sich nicht ganz sicher, wer damit angefangen hat. »Viele Verlage haben uns die deutschen Debütanten doch wie die Irren aus der Hand gerissen«, am meistgefragten waren eine Zeitlang die aus Berlin. In der Stadt, die gut zehn Jahre in einen inneren Monolog verstrickt war, schienen sich Dinge zu ereignen, die nirgendwo sonst möglich waren. Und sowohl die ungezählten Berliner Schriftsteller als auch ihre Agenten gaben sich alle Mühe, diesem Eindruck nicht zu widersprechen. »Ich weiß selbst nicht mehr, wie oft ich schon den ultimativen Berlinroman ausgerufen habe«, sagt der Agent. Berlin sei doch nur der Sumpf gewesen, auf dem das alles gewachsen ist. Jetzt ist der Sumpf trocken, und »das alles« sieht ziemlich dürr aus. Die Preise für deutsche Manuskripte sind im Keller. Ein vielversprechender Titel wurde kürzlich für gerade mal 5.000 Euro verkauft. »Es war abzusehen, dass es so nicht weitergehen würde«, sagt der Agent. Aber er wirkt nicht so, als wäre er darüber besonders traurig. Von seinem hellen Büro im ersten Stock eines eidottergelben Gründerzeithauses in Mitte sieht er auf eine der letzten Riesenbaustellen der Stadt. Es ist dort sehr still.

Stefanie Flamm war Redakteurin bei den »Berliner Seiten« der FAZ, bevor sie in die Redaktion des Tagesspiegel eintrat. Diesen zuerst im »Kursbuch« veröffentlichten Beitrag hat sie für das Autoren-Jahrbuch aktualisiert. Ihr Buch *Berlin im Licht* (mit Iris Hanka) ist 2003 bei Suhrkamp erschienen.

▷ Tinte in Gold verwandeln
Die stillen Teilhaber der Autoren

Gab es tatsächlich einen Gründungsboom bei den Literaturagenturen? Dafür sprach, dass sich in den neunziger Jahren etliche Berufsnahe und -fremde edle Geschäftspapiere drucken ließen, auf denen unter dem eigenen Namen »Literaturagentur«, »Literarische Agentur« oder ganz mondän »Literary Agency« prangte. Sie hofften auf anhaltendes Verlagsinteresse an deutschen Autorenwunderkindern. Bereits etablierte Agenturen erlitten durch die Amateur-Agenten keine Verluste, nur die Verlage erhielten mehr ungeeignete Manuskriptangebote. Es zeigte sich schon bald, dass das Geschäft mit der Literatur doch nicht so ganz einfach war, wie es sich mancher Newcomer-Agent vorgestellt hatte: Finden sich keine guten Manuskripte, gibt es weder Verlagsverträge noch Agenturprovisionen vom Autorenhonorar, wohl aber einen schlechten Ruf bei den Verlagslektoren: *Von der Agentur braucht man sich keine Angebote anzusehen.* Dennoch, eine Handvoll wichtiger neuer Agenturen, die den exklusiven Kreis der seriösen Literaturagenturen erweitert haben, sind hinzugekommen.

Wer braucht eine Agentur?

Die Antworten fallen sehr verschieden aus. Der Verleger Helge Malchow von Kiepenheuer & Witsch bestätigte: »Seriöse Literaturagenten haben in den letzten Jahren auch in Deutschland das Angebot an interessanten Manuskripten für die Verlage vergrößert und damit in manchen Fällen Verlagsprogramme bereichert. Das gilt auch für Kiepenheuer & Witsch. Die Phase des Anfangs-Hypes, in der vor allem jüngere Autoren glaubten, nur noch über einen Agenten zu einem optimalen Vertrag zu kommen, ist allerdings zu Ende. Für manchen Autor ist es vorteilhaft, wenn die kommerzielle Seite seiner Zusammenarbeit mit dem Verlag via Agent von der inhaltlichen getrennt ist. Für andere Autoren gilt dies nicht. Für Verlage bleibt der Zusammenhang des eigenen Programms entscheidend, der Agent hat tendenziell die Interessen eines Autors oder eines Buches im Blick. Das kann unter Umständen zu Konflikten führen.«

Weniger zurückhaltend formuliert der Verleger Jochen Jung: »Wir sind der sogenannte kleine, feine Literaturverlag und bekommen von den Agenturen gern die komplizierte, schwierige, experimentelle etc., mit anderen Worten schwerstverkäufliche Hochliteratur, von der wir in der Regel mehr verstehen als die Agenten. Was wir brauchen würden, ist das gut verkäufliche, vielleicht sogar zart sellerverdächtige Buch, mit dessen Hilfe wir uns die kleine, feine Literatur leisten könnten, mit anderen Worten das, was natürlich immer zuerst bei Diogenes-Hanser-Fischer landet, die das bessere Konto haben. Also werden wir weiter allein suchen.«

Agenturprofis müssen vom Markt her denken *und* beiden Seiten dienen. Sie wählen Manuskripte aus, bieten sie den vom Programm her richtigen Verlagen mit dem entsprechenden Bedarf an und verhandeln seriös im Interesse ihrer Autoren. Solche Agenturen sind geschätzte Partner im Verlagsgeschäft. Viele bewegen sich längst auch in angrenzenden Medienmärkten, vermitteln nicht nur Filmrechte, sondern auch Drehbücher und Theaterstücke. Ihr Geschäft betreiben sie auf Erfolgsbasis, wobei ihre Leistung erst *nach* Abschluss eines Verlagsvertrags honoriert wird: 15% vom Autorenhonorar sind üblich.

Joachim Jessen, Geschäftsführer der Literaturagentur Schlück in Garbsen, sieht weiterhin einen eindeutigen Trend zur Agentur: »Die Anzahl der deutschen Autoren, die sich Agenten nehmen, wird weiter zunehmen. Die Selektionsleistung von Agenten wird immer wichtiger werden, weil die Verlage immer mehr schlanke Lektorate einrichten werden. Das Gerede über zu hohe Vorschüsse ist zu vernachlässigen, weil, in der Breite gesehen, viele normale und gute Verträge zwischen Agenten und Verlagen geschlossen werden.«

Der frühere Verleger Ernst Piper kennt das Geschäft von beiden Seiten des Schreibtischs und sieht die Position der Literaturagentur idealistisch: »Den Verlegern sind die Vorschüsse zu hoch, denn sie müssen sie bezahlen, den Autoren sind sie zu niedrig, denn sie wollen davon leben. Der Agent hat hier eine neutrale Position, er ist Mittler zwischen den Bedürfnissen. Die Preise macht der Markt, und der Agent trägt dazu bei, dass der Markt entstehen kann, indem er zwischen Angebot und Nachfrage vermittelt.«

Die Kunst, die Interessen der Autoren zu vertreten und gleichzeitig das Verlagsinteresse zu berücksichtigen – das ist es, was gute Literaturmakler auszeichnet. Ob Michel Houellebecqs Agent, François Samuelsen, der im Sommer 2004 seinen Bestseller-Star wie bei einem Fußballer-Transfer an den Verlagskonzern Hachette für einen Vorschuss jenseits der Millionengrenze vermittelte, von Verlegern geschätzt oder gefürchtet wird, lässt sich an seiner Berufsbeschreibung ablesen: »Mein Beruf ist es, Tinte in Gold zu verwandeln.«

Die Angaben der hier verzeichneten Literaturagenturen basieren auf unseren schriftlichen Umfragen. Wenn Sie in anderen Publikationen mehr Adressen von »Literaturagenturen« finden, lassen Sie sich nicht täuschen, das soll vielleicht Eindruck machen, kostet aber nur Ihr Geld und Ihre Zeit bei der Agentur- und Verlagssuche: Etliche dieser Agenturen gibt es schon lange nicht mehr, andere beschäftigen sich ausschließlich mit Auslandslizenzen und sind an Angeboten deutschsprachiger Autoren nicht interessiert.

ADRESSEN · ADRESSEN · ADRESSEN · ADRESSEN

▷ *Literaturagenturen*

ABC Medienagentur
Miriam Schmidt
Sperlingstr. 40
86179 Augsburg
Tel. 0821 - 26 23 59 16
Fax 0821 - 26 23 59 17
info@abc-medienagentur.de
www.abc-medienagentur.de
Leitung: Miriam Schmidt
Kurzcharakteristik: Gj. 2002, vorher 5 Jahre angestellte Buchagentin, ca. 80 Autoren, Vermittlung von Autoren, Ghostwritern und Partworkern; Komplettproduktionen inkl. Grafik und Herstellung (ohne Druck); Partwork, Schwerpunkte: Sachbuch und Ratgeber (keine Belletristik, Kinderbücher, Prosa und SF!)
Honorar: Erfolgsprovision 20% bei Abschluß Buchvertrag
Vorauszahlung, andere Kosten: keine
Ms.-Interesse: Gesundheit, Ernährung, Fitness, Partnerschaft, Psychologie, Erziehung, Esoterik, Hobby, Beruf, Wirtschaft, Geld, Recht und Verbraucher
Ms.-Angebote: nach vorheriger telefonischer Anfrage, als Exposé
Medium: E-Mail
Ms.-Rücksendung: ja, mit Rückporto

Aulo Literaturagentur
Dr. Matthias Auer
Parkstr. 3
78351 Bodman-Ludwigshafen
Tel. 07773 - 93 79 52
Fax 07773 - 93 79 53
aulo.box@t-online.de
Leitung: Dr. Matthias Auer
Kurzcharakteristik: Schwerpunkte: (deutschsprachige) Belletristik und Sachbuch, literarische Betreuung, Vermittlung, flankierende Presse- und Öffentlichkeitsarbeit
Honorar: 15% Erfolgshonorar
Vorauszahlung, andere Kosten: keine
Ms.-Interesse: Belletristik und (populäres) Sachbuch
Ms.-Angebote: aussagefähige Textprobe mit Exposé
Medium: Papierausdruck
Ms.-Rücksendung: ja, mit Rückporto

AVA- Autoren- und
Verlags-Agentur GmbH
Seeblickstr. 46
82211 Herrsching-Breitbrunn
Tel. 08152 - 92 58 83
Fax 08152 - 30 76
office@ava-bookagency.com

Leitung: Reinhold G. Stecher
Ansprechpartner:
Reinhold G. Stecher
Kurzcharakteristik: Gj. 1979, vertritt ca. 50 ausschließlich deutschsprachige Autoren
Honorar: Erfolgsprovision aus vermittelten Vertragshonoraren
Vorauszahlung, andere Kosten: keine
Ms.-Interesse: keine Science Fiction, keine wissenschaftlichen Werke
Ms.-Angebote: nach vorheriger telefonischer Anfrage, als Exposé mit Textprobe von 10-20 Seiten und Vita
Medium: Papierausdruck
Ms.-Rücksendung: ja, mit Rückporto

J. Michael Baerwald
Literaturagentur
Südekumzeile 7D
13591 Berlin
Tel. 030 - 366 66 09
Fax 030 - 36 71 14 66
baerwald@literatur-agentur.de
www.literatur-agentur.de
Leitung: J. Michael Baerwald
Ansprechpartner: J. M. Baerwald oder Fachlektoren
Kurzcharakteristik: Gj. 1989, Fachagentur für wirtschafts-, geistes- und naturwissenschaftliche und literarische Werke; internat. Rechte und Lizenzen
Honorar: Erfolgshonorar
Vorauszahlung, andere Kosten: keine

Ms.-Interesse: Literatur und populärwissenschaftliches Sachbuch, wir beanspruchen ein Erfolgshonorar, weder Vorauszahlungen noch sonstige »Vergütungen«, dafür erwarten wir von den Autoren Professionalität
Ms.-Angebote: als Exposé
Medium: Papierausdruck, E-Mail
Ms.-Rücksendung: ja, mit Rückporto

THE BERLIN AGENCY
Dr. Frauke Jung-Lindemann
Dr. Harry Olechnowitz
Literaturagentur
Niebuhrstr. 74
10629 Berlin
Tel. 030 - 88 70 28 88
Fax 030 - 88 70 28 89
jung-lindemann@berlinagency.de
www.berlinagency.de
Leitung: Dr. Frauke Jung-Lindemann
Kurzcharakteristik: Gj. 1998, 80 Autoren, Belletristik und Sachbuch, Vertretung ausländischer Verlage und Agenturen über THE BERLIN AGENCY in Kooperation mit Dr. Harry Olechnowitz
Honorar: 15% vom Gesamthonorar
Vorauszahlung, andere Kosten: keine
Ms.-Angebote: nach vorheriger telefonischer Anfrage, als Exposé mit Textprobe von 20 Seiten
Medium: Papierausdruck
Ms.-Rücksendung: ja, mit Rückporto

Literarische Agentur Andreas Brunner
Schäffergasse 22/4
A-1040 Wien (Österreich)
Tel. +43 (0)1 - 533 31 91
Fax +43 (0)1 - 533 31 91-15
brunner@literaturagentur.at
www.literaturagentur.at
Leitung: Andreas Brunner
Ansprechpartner: Andreas Brunner
Kurzcharakteristik: Gj. 1996, vertritt ca. 30 AutorInnen, 30 englischsprachige Verlage, 3 Agenturen
Honorar: 15% Erfolgshonorar
Vorauszahlung, andere Kosten: keine
Ms.-Interesse: anspruchsvolle Belletristik, Krimis; Sachbuch zu Psychologie, Ratgeber, Spiritualität, Politik/Zeitgeschichte, jüdische Themen, Theater/Film
Ms.-Angebote: als Exposé mit Textprobe von 30 Seiten
Medium: Papierausdruck
Ms.-Rücksendung: ja, mit Rückporto

Christ/Lit. Eberhard Beckers
Goldbergstr. 3
35614 Aßlar-Bermoll
Tel. 06446 - 26 75
chistliteb@aol.com
Leitung: Eberhard Beckers
Kurzcharakteristik: Gj. 1972, christliche Literatur, Autorenberatung, Lektorat, Satz
Vorauszahlung, andere Kosten: keine
Ms.-Angebote: als Exposé mit Textprobe von 5 Seiten
Medium: Papierausdruck, Diskette, E-Mail
Ms.-Rücksendung: ja, mit Rückporto

copywrite Literaturagentur
Münchener Str. 45
60329 Frankfurt am Main
Tel. 069 - 94 41 01 53
Fax 069 - 94 41 01 69
post@copywrite.de
www.copywrite.de
Leitung: Frank P. Erben, Georg Simader, Tobias Voss
Ansprechpartner: F. P. Erben, G. Simader, T. Voss
Kurzcharakteristik: Gj. 1999, ca 20 Autoren, Schwerpunkte: Belletristik, Kriminalliteratur, Sachbuch allgemein
Honorar: 15% Erfolgshonorar
Vorauszahlung, andere Kosten: keine
Ms.-Interesse: Neue deutsche Literatur, Kriminalromane, keine Kurzgeschichten, keine Lyrik
Ms.-Angebote: nach vorheriger telefonischer Anfrage
Medium: Papierausdruck, Diskette, E-Mail
Ms.-Rücksendung: ja, mit Rückporto

Dörnersche Verlagsgesellschaft
Autoren- und Verlagsberatung
Silker Weg 1
21465 Reinbek b. Hamburg
Tel. 040 - 722 22 27
Fax 040 - 727 90 70
agentur@doernersche.de

Leitung: Brigitte und
Ilse Sibylle Dörner
Ansprechpartner: B. und I.S. Dörner
in Zusammenarbeit mit Buchplanung Meynecke Clenze
Kurzcharakteristik: Schwerpunkt Sach- und Beratungsbücher, Unterhaltungsliteratur
Honorar: Erfolgsprovision
Vorauszahlung, andere Kosten: keine
Ms.-Angebote: als Exposé mit Textprobe von 30 Seiten
Medium: Papierausdruck
Ms.-Rücksendung: ja, mit Rückporto

Egger & Landwehr
Literaturagentur
Rosa-Luxemburg-Str. 17
10178 Berlin
Tel. 030 - 31 01 03-0
Fax 030 - 31 01 03-10
info@eggers-landwehr.de
www.eggers-landwehr.de
Leitung: Petra Eggers,
Matthias Landwehr

Paul & Peter Fritz AG
Literarische Agentur
Jupiterstr. 1
CH-8032 Zürich (Schweiz)
Tel. +41 (0)44 - 388 41 40
Fax +41 (0)44 - 388 41 30
info@fritzagency.com
www.fritzagency.com
Ansprechpartner: Peter S. Fritz, Christian Dittus, Antonia Fritz
Kurzcharakteristik: Gj. 1962

Honorar: 15% Erfolgshonorar
Vorauszahlung, andere Kosten: keine
Ms.-Angebote: als Exposé mit Textprobe von 30 S., evtl. Manuskript
Medium: Papierausdruck, E-Mail
(Documents@fritzagency.com)
Ms.-Rücksendung: ja, mit Rückporto

Literarische Agentur Michael Gaeb
Stargarder Str. 8
10437 Berlin
Tel. 030 - 54 71 40 02
Fax 030 - 54 71 40 05
info@litagentur.com
www.litagentur.com
Leitung: Michael Gaeb-Calderón
Kurzcharakteristik: Gj. 2003,
20 Autoren, deutsche, französische, italienische und lateinamerikanische Belletristik. Internationale Autoren- und Verlagsvertretung
Honorar: 15% Erfolgshonorar
Vorauszahlung, andere Kosten: keine
Ms.-Interesse: Belletristik, Sachbücher, Kinderbücher, Biografien, Lifestyle, populäres Sachbuch
Ms.-Angebote: als Exposé mit Textprobe bis zu 20 Seiten
Medium: E-Mail
Ms.-Rücksendung: ja, mit Rückporto

Aenne Glienke
Agentur für Autoren und Verlage
Freyensteiner Str. 1
17209 Massow
Tel. 03 99 25 - 775 38
Fax 03 99 25 - 775 39

mail@AenneGlienkeAgentur.de
www.AenneGlienkeAgentur.de
Leitung: Aenne Glienke
Kurzcharakteristik: Agentur für deutschsprachige Sachbuchautoren, monatliche Jours fixes in den Literaturhäusern von Berlin und Hamburg
Vorauszahlung, andere Kosten: -
Ms.-Interesse: Jugendbücher
Ms.-Angebote: als Exposé mit Textprobe von max. 20 Seiten
Medium: Papierausdruck
Ms.-Rücksendung: ja, mit Rückporto

Graf & Graf
Literaturagentur- und Medienagentur GmbH
Mommsenstr. 11
10629 Berlin
Tel. 030 - 315 19 10
Fax 030 - 31 51 91 19
graf@agenturgraf.de
Leitung: Karin Graf
Ansprechpartner: Karin Graf, Heinke Hager
Kurzcharakteristik: Gj. 1995, vertritt ca. 100 Autoren, Schwerpunkt: deutschsprachige Literatur
Honorar: 15 % nach Vertragsabschluß
Vorauszahlung, andere Kosten: Portokosten € 5,60
Ms.-Interesse: Belletristik, Sachbuch, keine SF, keine Fantasy
Ms.-Angebote: nur nach vorheriger telefonischer Anfrage

Medium: Papierausdruck
Ms.-Rücksendung: ja, mit Rückporto

Agentur Literatur Gudrun Hebel
Gierkezeile 15
10585 Berlin
Tel. 030 - 34 70 77 67
Fax 030 - 34 70 77 68
info@agentur-literatur.de
www.agentur-literatur.de
Leitung: Gudrun Hebel
Kurzcharakteristik: Gj. 1997, Schwerpunkte: deutsche Belletristik und Vermittlung von/nach Skandinavien
Honorar: 15 % in Deutschland
Vorauszahlung, andere Kosten: keine
Ms.-Interesse: Historische Romane, Belletristik
Ms.-Angebote: nach vorheriger telefonischer Anfrage, als Exposé mit Textprobe von 20 Seiten
Medium: Papierausdruck
Ms.-Rücksendung: ja, mit Rückporto

Herbach & Haase
Literarische Agentur
Kurfürstendamm 69
10707 Berlin
Tel. 030 - 88 00 16 07
Fax 030 - 88 00 16 09
herbach.haase.lit.ag@t-online.de
Leitung: Axel Haase
Kurzcharakteristik: Gj. 1997
Honorar: 15 % Provision
Vorauszahlung, andere Kosten: keine

Ms.-Interesse: Belletristik, Sachbuch, Kinder- und Jugendbuch, Drehbuch, Film, Fernsehen, Hörspiel, Theaterstücke
Ms.-Angebote: nach vorheriger telefonischer Anfrage, als Exposé mit Textprobe von 25 Seiten und Kurzlebenslauf des Autors/der Autorin
Medium: Papierausdruck
Ms.-Rücksendung: ja, mit Rückporto

jordanstext
Literaturagentur und Produktmanagement
Steinhausen 29
41352 Korschenbroich
Tel. 02166 - 61 07 94
Fax 02166 - 61 07 95
sjordans@jordans.de
www.jordanstext.de
Leitung: Susanne Jordans
Ansprechpartner: Susanne Jordans oder Vertretung
Kurzcharakteristik: Gj. 2000, Belletristik, Sachbuch, Krimi
Honorar: 15% Inland - 20% Ausland, Beratung n.V.d. Leistung (nur Lektorat, nur Vertragsausarbeitung)
Vorauszahlung, andere Kosten: keine
Ms.-Interesse: s. Schwerpunkte
Ms.-Angebote: nach vorheriger telefonischer Anfrage, als Exposé mit Textprobe von 20 Seiten
Medium: Papierausdruck
Ms.-Rücksendung: ja, mit Rückporto

Dr. Frauke Jung-Lindemann
Agentur für Autorenrechte
Niebuhrstr. 74
10629 Berlin
Tel. 030 - 88 70 28 88
Fax 030 - 88 70 28 89
jung-lindemann@berlinagency.de
www.berlinagency.de
Leitung: Dr. Frauke Jung-Lindemann
Ansprechpartner: Dr. Frauke Jung-Lindemann
Kurzcharakteristik: Gj. 1998, 80 Autoren, Belletristik und Sachbuch, Vertretung ausländischer Verlage und Agenturen über THE BERLIN AGENCY in Kooperation mit Dr. Harry Olechnowitz
Honorar: 15% vom Gesamthonorar
Vorauszahlung, andere Kosten: keine
Ms.-Angebote: nach vorheriger telefonischer Anfrage, als Exposé mit Textprobe von 20 Seiten
Medium: Papierausdruck
Ms.-Rücksendung: ja, mit Rückporto

Thomas Karlauf
Agentur für Autoren
Wallotstr. 9
14193 Berlin
Tel. 030 - 32 70 38 68
Fax 030 - 32 70 38 69
thomas.karlauf@t-online.de
Leitung: Thomas Karlauf
Kurzcharakteristik: Gj. 1997, ca. 60 Autoren, Schwerpunkte: Zeitgeschichte, Biografien

Honorar: 15% Vermittlungs-
provision
Vorauszahlung, andere Kosten: keine
Ms.-Angebote: nach vorheriger telefonischer Anfrage, als Exposé
Medium: Papierausdruck
Ms.-Rücksendung: ja, mit Rückporto

Keil & Keil
Literatur-Agentur
Schulterblatt 58
20357 Hamburg
Tel. 040 - 27 16 68 - 92
Fax 040 - 27 16 68 - 96
anfragen@keil-keil.com
www.keil-keil.com
Leitung: Bettina Keil und Anja Keil
Ansprechpartner: Anja Keil und Bettina Keil
Kurzcharakteristik: Gj. 1995, Vertretung von deutschen Autoren; Vertretung von australischen Verlagen und Autoren
Honorar: 15% für Deutschland, Österreich, Schweiz, 20% Ausland
Vorauszahlung, andere Kosten: keine
Ms.-Interesse: Romane und Sachbücher, keine Fantasy, Sci-Fi, Kinderbücher, Lyrik, schnellste Bearbeitung bei Projektvorschlägen per E-Mail (Exposé von ca 1 Seite, Textprobe max. 10 Seiten), bitte keine Manuskripte per E-Mail!
Ms.-Angebote: nach vorheriger telefonischer Anfrage, als Exposé mit Textprobe von 10 Seiten
Medium: E-Mail

Ms.-Rücksendung: nein, auch nicht mit Rückporto. Rücksendung auf Agenturkosten, wenn wir die Zusendung erbeten haben.

Ingrid Anna Kleihues
Literaturagentur
Weinbergweg 62A
70569 Stuttgart
Tel. 0711 - 678 88-00
Fax 0711 - 678 88-01
info@agentur-kleihues.de
Leitung: Ingrid Anna Kleihues
Kurzcharakteristik: Gj. 1990, bis Ende 1996 für den Bereich Lizenzen verantwortlich in der Deutschen Verlagsanstalt Stuttgart, Schwerpunkte der eigenen Agentur: deutsche Autorinnen und Autoren, Zusammenarbeit mit englischen und skandinavischen Autoren und Verlagen
Honorar: 15% Provision
Vorauszahlung, andere Kosten: keine
Ms.-Interesse: Sachbuch
Ms.-Angebote: nach vorheriger telefonischer Anfrage
Medium: Papierausdruck
Ms.-Rücksendung: ja, mit Rückporto

**Presseagentur
Lionel v. dem Knesebeck GmbH**
Literaturagentur
Maximilianstr. 23
80539 München
Tel. 089 - 21 63 37-0
Fax 089 - 21 63 37-37

lionel.knesebeck@presseagentur
knesebeck.de
Leitung: Lionel v. dem Knesebeck
Kurzcharakteristik: Gj. 1984,
30-40 Autoren
Vorauszahlung, andere Kosten: -
Ms.-Angebote: nach vorheriger telefonischer Anfrage
Medium: Papierausdruck
Ms.-Rücksendung: ja, mit Rückporto

Ute Körner Literary Agent, S.L.
C/Aragó, 224-pral-2
E-08011 Barcelona
Spanien
Tel. +34 - 93 323 89 70 o.
93 455 04 14
Fax +34 93 451 48 69
office@uklitag.com
www.uklitag.com
Leitung: Ute Körner,
Guenter G. Rodewald
Ansprechpartner: Guenter G. Rodewald, Sandra Rodericks
Vorauszahlung, andere Kosten: keine
Ms.-Angebote: nach vorheriger telefonischer Anfrage, weitere Details siehe Website
Ms.-Rücksendung: nein

Barbara Küper
Literarische Agentur + Medienservice
Alter Wartweg 3
60388 Frankfurt
Tel. 06109 - 24 87 30
barbara.kueper@t-online.de
Leitung: Barbara Küper

Kurzcharakteristik: Gj. 2001, Bilderbuch, Kinder- und Jugendliteratur, Kindersachbuch: Vertretung von IllustratorInnen und AutorInnen (Verlagsvermittlung, Betreuung, Beratung)
Honorar: 15%, ausschließlich erfolgsabhängig; Sonderleistungen nach Vereinbarung
Vorauszahlung, andere Kosten: keine
Ms.-Angebote: nur nach vorheriger telefonischer oder E-Mail-Anfrage, Exposé mit Textprobe von 10-15 S.
Medium: Papierausdruck
Ms.-Rücksendung: ja, mit frankiertem Rückumschlag

Liepman AG
Literarische Agentur
Maienburgweg 23
CH-8044 Zürich
Schweiz
Tel. +41 (0)44 - 261 76 60
Fax +41 (0)44 - 261 01 24
info@liepmanagency.com
www.liepmanagency.com
Leitung: Eva Koralnik, Ruth Weibel
Kurzcharakteristik: keine Schwerpunkte
Honorar: Erfolgsprovision
Vorauszahlung, andere Kosten: keine
Ms.-Interesse: nehmen nur ganz selten neue Vertretungen an
Ms.-Angebote: nach vorheriger telefonischer Anfrage
Medium: Papierausdruck
Ms.-Rücksendung: nein

Michael Meller Literary Agency
c/o Network
Sandstr. 33
80335 München
Tel. 089 - 36 63 71
Fax 089 - 36 63 72
info@melleragency.com
www.melleragency.com
Leitung: Michael Meller
Ansprechpartner: Cristina Bernardi
(c.bernardi@melleragency.com),
Franka Zastrow
(f.zastrow@melleragency.com)
Kurzcharakteristik: Gj. 1988
Honorar: 15% Provision
Vorauszahlung, andere Kosten: keine
Ms.-Interesse: Romane, Sachbücher, Kinder- und Jugendbücher
Ms.-Angebote: nach vorheriger telefonischer Anfrage, als Exposé oder als Exposé mit Textprobe von 50 S.
Medium: Papierausdruck
Ms.-Rücksendung: ja, mit Rückporto

Buchplanung Dirk. R. Meynecke
Ginsterhaus
29459 Clenze
Tel. 05844 - 15 11
Fax 05844 - 18 98
buchplanung@planet-interkom.de
www.buchplanung.de
Leitung: Literatur Agentur Dörner/Reinbek
Kurzcharakteristik: Gj. 1979, Unterhaltungsliteratur (z.B. Frauenromane, Historische Romane), Sachbücher, Ratgeber

Honorar: auf Erfolgsbasis
Vorauszahlung, andere Kosten: keine
Ms.-Angebote: als Exposé
Medium: E-Mail
Ms.-Rücksendung: ja, mit Rückporto

LKM Literaturbetreuung
Klaus Middendorf
Auerbergweg 8
86836 Graben
Tel. 08232 - 784 63
Fax 08232 - 784 68
LKMcorp@t-online.de
Leitung: Klaus Middendorf
Kurzcharakteristik: Gj. 1986, Autoren- und Publikationsbetreuung
Honorar: 15% Provision
Vorauszahlung, andere Kosten: keine
Ms.-Interesse: Spannende Unterhaltungsromane, Krimi, anspruchsvolle Literatur
Ms.-Angebote: als Manuskript
Medium: Papierausdruck, Diskette
Ms.-Rücksendung: ja, mit Rückporto

Mohrbooks Berlin
Literaturagentur
Am Zirkus 5
10117 Berlin
Tel. 030 - 28 87 94 74
Fax 030 - 28 87 94 75
mohrberlin@mohrbooks.com
www.mohrbooks.com
Leitung: Dr. Uwe Heldt,
Dr. Annette C. Anton
Kurzcharakteristik: Gj. 1999, Vertretung von ca. 100 deutschen Auto-

ren, Vermittlung deutscher Autorenrechte, Hauptsitz: Zürich
Honorar: 15% Erfolgskommission
Vorauszahlung, andere Kosten: keine
Ms.-Interesse: Belletristik und Sachbuch
Ms.-Angebote: nach vorheriger telefonischer Anfrage, als Exposé
Medium: Papierausdruck
Ms.-Rücksendung: ja, mit Rückporto

Montasser Media
Postfach 50 04 86
80974 München
Tel. 089 - 89 12 98-00
Fax 089 - 89 12 98 - 80
Leitung: Mariam Montasser, Thomas Montasser
Kurzcharakteristik: Gj. 1989, ca. 200 Autoren, Sachbuch, Belletristik, Biografien/ Memoiren bekannter Persönlichkeiten, TV-Begleitbücher
Vorauszahlung, andere Kosten: keine
Ms.-Interesse: Sachbuch, Belletristik, Biografien/ Memoiren bekannter Persönlichkeiten, TV-Begleitbücher
Ms.-Angebote: als Exposé oder als Manuskript mit Exposé
Medium: Papierausdruck
Ms.-Rücksendung: ja, mit Rückporto

Niedieck Linder AG
Zollikerstr. 87
CH-8034 Zürich (Schweiz)
Tel. +41 (0)1 - 381 65 92
Fax +41 (0)1 - 381 65 13
mail@nlagency.ch
www.nlagency.ch
Leitung: Antoinette Matejka, Leonardo La Rosa
Ansprechpartner: A. Matejka, L. La Rosa
Kurzcharakteristik: Gj. 1975, vertritt italienische Autoren, Agenturen und Verlage auf dem deutschen Markt, betreut namhafte literarische Nachlässe (Schnitzler, C.G. Jung) sowie zeitgenössische Autorinnen und Autoren deutscher Sprache
Honorar: 15% der Bruttohonorare
Vorauszahlung, andere Kosten: keine
Ms.-Interesse: gute, literarisch hochstehende, aber auch unterhaltende Belletristik, Sachbücher mit einer neuen, überraschenden Sicht, die auch sprachlich anziehen
Ms.-Angebote: als Exposé mit Textprobe von 10 Seiten
Medium: Papierausdruck
Ms.-Rücksendung: ja, mit Rückporto

Neue Presse Agentur (NPA)
René Marti
Haldenstr. 5
CH-8500 Frauenfeld-Herten (Schweiz)
Tel. +41 (0)52 - 721 43 74
Leitung: René Marti
Kurzcharakteristik: Gj. 1950
Honorar: nach Absprache
Vorauszahlung, andere Kosten: keine
Ms.-Interesse: wir suchen unsere Autoren selber aus

Ms.-Angebote: nach vorheriger telefonischer Anfrage
Medium: Papierausdruck
Ms.-Rücksendung: ja, mit Rückporto

Autoren- & Verlagsagentur Dr. Harry Olechnowitz
Niebuhrstr. 74
10629 Berlin
Tel. 030 - 39 90 64 18
Fax 030 - 39 90 64 19
olechnowitz.agentur@t-online.de
www.berlinagency.de
Leitung: Dr. Harry Olechnowitz
Kurzcharakteristik: Gj. 1999, Autorenvertretung, Autorenberatung, Autoren PR, Repräsentation ausländischer Verlage und Agenturen über THE BERLIN AGENCY in Kooperation mit Dr. Frauke Jung-Lindemann. Schwerpunkte: Belletristik und Sachbuch
Honorar: Erfolgsprovision
Vorauszahlung, andere Kosten: keine
Ms.-Interesse: Belletristik, Sachbuch
Ms.-Angebote: nach vorheriger telefonischer Anfrage, als Exposé
Medium: Papierausdruck
Ms.-Rücksendung: ja, mit Rückporto

Piper & Poppenhusen Literarische Agentur
Postfach 31 16 27
10653 Berlin
Tel. 030 - 31 00 48 05
Fax 030 - 31 00 48 06
apoppenhusen@piper-poppenhusen.de
www.piper-poppenhusen.de
Leitung: Dr. Astrid Poppenhusen, Dr. Ernst Piper
Honorar: 15% Erfolgsprovision bei Vermittlung an deutschsprachige Verlage
Vorauszahlung, andere Kosten: keine
Ms.-Angebote: nach vorheriger telefonischer Anfrage
Medium: Papierausdruck
Ms.-Rücksendung: ja, mit Rückporto

Autoren und Management Dr. Andreas Pöllinger
Hiltenspergerstr. 79
80796 München
Tel. 089 - 308 91 56
Fax 089 - 308 55 15
autorenmanag@aol.com
www.autoren-management.de
Kurzcharakteristik: Belletristik, Sachbuch, Ratgeber Gesundheit und Lebenshilfe, Bildbände
Honorar: 15% Erfolgshonorar
Vorauszahlung, andere Kosten: keine
Ms.-Angebote: als Exposé mit Textprobe
Medium: Papierausdruck
Ms.-Rücksendung: ja, mit Rückporto

Ulrich Pöppl
Literatur- und Medienagentur
Schellingstr. 133
80798 München
Tel. 089 - 52 38 94 33
Fax 089 - 52 38 94 34
ulrich.poeppl@t-online.de
Leitung: Ulrich Poeppl
Ansprechpartner: Ulrich Poeppl,
Dr. Uwe-Michael Gutzschhahn für
Kinder- und Jugendbuch
(gutzschhahn@t-online.de)
Kurzcharakteristik: Gj. 1997,
Schwerpunkte: deutschsprachige
Literatur, Sachbuch, Kinder- und
Jugendbuch
Honorar: 15% Erfolgsprovision
Vorauszahlung, andere Kosten: keine
Ms.-Interesse: s.o. keine SF, Fantasy,
Lyrik, Humor
Ms.-Angebote: nach vorheriger
schriftlicher Anfrage, bzw. Anfrage
per E-Mail mit Exposé, bei Interesse: Textprobe von 25 Seiten,
Exposé und vita mit frankiertem
Rückumschlag
Medium: nur als Papierausdruck
Ms.-Rücksendung: ja, mit Rückporto

Ingeborg Rose
Literarische Agentur
Loogestieg 7
20249 Hamburg
Tel. 040 - 46 09 15 25
Fax 040 - 460 91 26
irose.agentur@t-online.de
Leitung: Ingeborg Rose
Kurzcharakteristik: Gj. 1998, Belletristik und populäres Sachbuch
Honorar: 15% Provision
Vorauszahlung, andere Kosten: keine
Ms.-Interesse: Belletristik, populäres Sachbuch
Ms.-Angebote: nach vorheriger telefonischer Anfrage
Medium: Papierausdruck
Ms.-Rücksendung: ja, mit Rückporto

SBF-Agentur
Sigrid Bubolz-Friesenhahn
Literaturagentur
Bahnhofstr. 33
82041 Deisenhofen
Tel. 089 - 613 62 46
Fax 089 - 613 52 51
sbfbubolz@aol.com
Leitung: Sigrid Bubolz-Friesenhahn
Kurzcharakteristik: Gj. 1997,
43 Autoren, alle Bereiche
Honorar: 15% / 20%
Ms.-Interesse: Sachbuch
Ms.-Angebote: nach vorheriger telefonischer Anfrage, als Exposé
Medium: Papierausdruck, E-Mail
Ms.-Rücksendung: nein

Thomas Schlück GmbH
Hinter der Worth 12
30827 Garbsen
Tel. 05131 - 49 75 60
Fax 05131 - 49 75 89
t.schlueck@schlueckagent.com
j.jessen@schlueckagent.com
b.schlueck@schlueckagent.com

t.heitmann@schlueckagent.com
www.schlueckagent.com
Leitung: Thomas Schlück
Ansprechpartner: Thomas Schlück, Joachim Jessen, Bastian Schlück, Tanja Heitmann (Jugendbuch)
Kurzcharakteristik: Gj. 1973, Schwerpunkt: Romane, Sachbücher, Jugendbücher
Honorar: 15% Erfolgshonorar
Vorauszahlung, andere Kosten: keine
Ms.-Interesse: Romane, Sachbücher, Jugendbücher
Ms.-Angebote: nach vorheriger telefonischer Anfrage, dann als Exposé mit Textprobe von 30 Seiten
Medium: Papierausdruck
Ms.-Rücksendung: ja, mit Rückporto

Literaturagentur Dagmar Schruf
Richthofenstr. 53
53117 Bonn
Tel. 0228 - 242 00 21
Fax 0228 - 242 00 21
schruf.bronswick@t-online.de
www.schruf.de
Leitung: Dagmar Schruf
Kurzcharakteristik: Gj. 1997, Schwerpunkte: Vertretung von Autoren aus dem slawischsprachigen Raum
Vorauszahlung, andere Kosten: keine
Ms.-Interesse: Belletristik
Ms.-Angebote: nur nach vorheriger telefonischer Anfrage

Anke Vogel
Literaturagentur
Elektrastr. 6
81925 München
Tel. 089 - 20 23 83 91
Fax 089 - 20 23 83 92
vogel@ankevogel.com
www.ankevogel.com
Leitung: Dr. Anke Vogel
Honorar: 15% Provision
Vorauszahlung, andere Kosten: keine
Ms.-Angebote: als Exposé mit Textprobe von 50 Seiten, als Manuskript
Medium: Papierausdruck, Dikette, E-Mail
Ms.-Rücksendung: ja, mit Rückporto

Literaturagentur Textwerkstatt Richard Vogel
Korneuburger Str. 21
A-2102 Bisamberg (Österreich)
Tel. +43 (0)2262 - 718 18
Fax +43 (0)2262 - 718 18 18

Literarische Agentur Silke Weniger
Literaturagentur
Pettenkoferstr. 24
80336 München
Tel. 089 - 26 01 89-26
Fax 089 - 26 01 89-30
weniger@litag.de
www.litag.de
Leitung: Silke Weniger
Ansprechpartner:
Gerlinde Moorkamp (Belletristik), Alexandra Legath (Jugendbuch)

Kurzcharakteristik: Gj. 2000, Jugendliteratur, Belletristik
Honorar: Erfolgsprovision
Vorauszahlung, andere Kosten: keine
Ms.-Angebote: nach vorheriger telefonischer Anfrage, als Exposé mit Textprobe von 20 Seiten
Medium: Papierausdruck, E-Mail
Ms.-Rücksendung: ja, mit Rückporto

Autorenberatungen, Presse- und Verlagsagenturen

Ariadne Buch
Christine Proske
Literaturagentur
Wörthstr. 14
81667 München
Tel. 089 - 44 44 90-0
Fax 089 - 44 44 90-50
info@ariadne-buch.de
www.ariadne-buch.de
Leitung: Christine Proske
Kurzcharakteristik: Gj. 1991 und hat seither ein umfassendes Netzwerk aus Autoren, Verlagen und Unternehmen geknüpft, Ariadne-Buch ist Partner für Verlage und Unternehmen, die Agentur konzipiert und realisiert auflagenstarke Sachbücher, Content für digitale Medien und Bücher als Marketinginstrumente
Ms.-Angebote: nach vorheriger telefonischer Anfrage, als Exposé mit Textprobe von 5 Seiten

Medium: Papierausdruck
Ms.-Rücksendung: ja, mit Rückporto

autorInnenberatung.
aut litera aut nihil
Richard-Sorge-Straße 74
10249 Berlin
Tel. 030 - 42 78 99-0
Fax 030 - 44 71 50 30
info@autorinnenberatung.de
www.autorinnenberatung.de
Leitung: Rouven Obst,
Dr. Gregor Ohlerich
Kurzcharakteristik: Gj. 2002, sorgfältige Text- und Manuskriptanalyse, Belletristik- und Sachbuch- und wissenschaftliches Lektorat, Literatur- und Wissenschaftsgutachten, Übersetzung (Dänisch-Dänisch) für Literatur und Sachbuch, Unterstützung bei Konzeption, Umsetzung und Nachbereitung von Buchprojekten, bei Recherche, bei Agentur- und Verlagssuche/-bewerbung, persönliche Betreuung und Beratung.
Honorar: Literaturgutachten 105 €
Ms.-Interesse: Belletristik, Sachbuch, Wissenschaft
Ms.-Angebote: Komplettes Manuskript; Exposé mit Textprobe von 30-40 Seiten
Medium: Papierausdruck, E-Mail (Word, PDF)
Ms.-Rücksendung: auf Wunsch

Literaturagentur Gäbelein
Golmer Fichten 11
14476 Potsdam
Tel. 0331 - 585 71 49
Fax 0331 - 581 56 81
info@lbgg.de
www.lbgg.de
Leitung: Gabriele Gäbelein
Kurzcharakteristik: Gj. 2004, Autorenberatung, Buchplanung, weitere Dienstleistungen rund ums Wort auf Anfrage
Honorar: 15% Provision
Vorauszahlung, andere Kosten: keine
Ms.-Interesse: Kriminalliteratur, Kinder- und Jugendbuch
Ms.-Angebote: als Exposé, als Manuskript
Medium: Papierausdruck, E-Mail
Ms.-Rücksendung: ja, mit Rückporto

ILMA Internationale Agentur & Medien Agentur
Gneisenaustr. 92
33330 Gütersloh
Tel. 05241 - 395 47
Fax 05241 - 395 48
r.niemann@ilma.de
www.ilma.de
Leitung: Raul Niemann
Ansprechpartner: Andrea Jansen (Sekretariat), Peter Handtke, Frauke Meinerts (Lektorate)
Kurzcharakteristik: Gj. 1993, vertritt ca. 220 Autoren, Schwerpunkte: Sachbuch (akt. Themen zu Politik, Zeitgeschichte, Religion, Philosophie, Kultur und Gesellschaft, Biographien), Ratgeber, Moderne Gegenwartsliteratur (Romane, Erzählungen, Krimi und Triller; Theaterstücke), Drehbuch für Film und Fernsehen, Kinderliteratur
Honorar: bei Erstveröffentlichungen 20-25%, bereits erfolgreiche Buchpublikationen 15-18%
Vorauszahlung, andere Kosten: siehe ILMA-Preisliste
Ms.-Angebote: nach vorheriger telefonischer Anfrage, als Exposé mit Textprobe, als Manuskript
Medium: Papierausdruck
Ms.-Rücksendung: ja, mit Rückporto

Ingrid Kirschey-Feix
Literaturinsel
Fischerinsel 5 (15/2)
10179 Berlin
Tel. 030 - 20 67 27 27
Fax 030 - 201 35 26
IngridFeix@compuserve.com
www.literaturinsel.de
Leitung: Ingrid Kirschey-Feix, Lektorat, Korrektur, Schreibhilfe
Kurzcharakteristik: Gj. 2000, Manuskriptbearbeitung
Honorar: nach Vereinbarung
Vorauszahlung, andere Kosten: keine
Ms.-Interesse: Lebenserinnerungen und literarische Texte
Ms.-Angebote: nach vorheriger telefonischer Anfrage
Medium: Papierausdruck
Ms.-Rücksendung: ja, mit Rückporto

LITkom.
Agentur für Literatur und
Kommunikation
Auf Erden 2
54610 Büdesheim/Eifel
Tel. 06558 - 90 02 03
falk@litkom.de
www.litkom.de
Leitung: Elisabeth Falk
Ansprechpartner: Elisabeth Falk
oder Vertretung
Kurzcharakteristik: Gj. 1993,
Schwerpunkte: AutorInnen-Förderung durch literarische Veranstaltungen und Beratung, Manuskriptvermittlung an Verlage ca. 35 AutorInnen unter Vertrag: Lyrik, Roman, Kurzprosa, Kinder-, Bilder-, Jugendliteratur, Krimi und Triller mit literarischem Anspruch, herausragende fotografische Arbeiten
Honorar: nach Vereinbarung
Vorauszahlung, andere Kosten:
erste Stufe € 50, 2. Stufe € 200/
Kurztexte: 2. Stufe € 100
Ms.-Interesse: Junge deutschsprachige Literatur mit literarischem Anspruch, aktuelle Themen der Zeitgeschichte und der Politik (Sachbuch/Biografien)
Ms.-Angebote: nach vorheriger telefonischer Anfrage, als Exposé, als Exposé mit Textprobe von 25 Seiten
Medium: Papierausruck, E-Mail
Ms.-Rücksendung: ja, mit Rückporto

Pauw & Politycki GmbH
Literatur- und Pressebüro
Axel-Springer-Platz 2
20355 Hamburg
Tel. 040 - 35 53 96-0
Fax 040 - 35 53 96-20
info@pauw-politycki.de
www.pauw-politycki.de
Leitung: Annettte Pauw,
Birgit Politycki, Nina Kuhn
Ansprechpartner:
Nina Kuhn: Veranstaltungskonzeption, Lesereisen, Kinder- und Jugendliteratur;
Annette Pauw: literarische Reisen, Buchpräsentationen, Autorenberatung;
Birgit Politycki: Autorenberatung, PR-Konzepte, Pressearbeit
Kurzcharakteristik: Gj. 1998,
Schwerpunkte: Pressearbeit, literarische Veranstaltungen und Lesereisen; Autoren- und Manuskriptberatung, keine Vermittlung von Autoren an Verlage
Honorar: nach Vereinbarung
Ms.-Interesse: Belletristik, Sachbuch, Kinder- und Jugendbuch

Scripta Literatur-Studio
Maximilian-Wetzger-Str. 5
80636 München
Tel. 089 - 129 50 05
Fax 089 - 129 50 08
www.scripta-literaturstudio.de
info@scripta-literaturstudio.de
Leitung: Monika Hofko,

Dr. Lutz Steinhoff, Klaus Sollinger
Kurzcharakteristik: Gj. 1991, Vertretung deutschsprachiger Werke, Manuskriptvermittlung, individuelle Textbetreuung
Honorar: 15% vom Autorenhonorar
Vorauszahlung, andere Kosten: keine
Ms.-Interesse: Belletristik, Kinder- und Jugendbuch
Ms.-Angebote: als Exposé mit Textprobe
Medium: Papierausdruck
Ms.-Rücksendung: ja, mit Rückporto

Literaturagentur + Textredaktion Swantje Steinbrink, M.A.
Dietrich-Bonhoeffer-Straße 4
10407 Berlin
Tel. 030 - 28 03 96 56
Fax 030 - 28 03 96 57
info@swantje-steinbrink.de
Kurzcharakteristik: AutorInnen-Beratung und -vertretung, Schreibcoaching
Honorar: 15% Provision
Vorauszahlung, andere Kosten: keine
Ms.-Interesse: Sachbuch, Biografien, Ratgeber (Lifestyle, Gesundheit / Body & Soul, Psychologie, Pädagogik)
Ms.-Angebote: nach vorheriger telefonischer Anfrage, als Exposé mit aussagekräftiger Leseprobe
Medium: Papierausdruck
Ms.-Rücksendung: ja

▷ Warum ein Manuskript keinen Verlag findet

Es verblüfft mich immer wieder, wie viel Arbeit manche Autoren einerseits in ihre Manuskripte stecken und andererseits bei der Suche nach einem geeigneten Verlag so nachlässig sind.
Heike Gronemeier

Lektoren namhafter Verlage beantworteten die Frage »Welches Manuskript schlagen Sie gar nicht erst auf?« in einer Umfrage des Branchenmagazins »Buchreport« vor allem mit dem Hinweis auf mangelnde Kenntnis der Autoren vom Verlagsprogramm. Aber das ist nicht der einzige Grund – lesen Sie weiter!

Manuskripte, die thematisch nichts mit unserem Programm zu tun haben. Bücher über Zierfischhaltung und Bildbände über Alaska machen wir nun einmal nicht. Auch keine Gedichte und keine Hochliteratur. Die Anzahl der freien Programmplätze ist sehr gering und da muss schon alles genau passen. Da reicht es auch nicht, wenn mir etwas ganz gut gefällt. Ungelesen bleiben auch 800-Seiten-Manuskripte ohne Exposé oder Inhaltsangabe, bei denen es im Anschreiben lediglich heißt: »Viel Spaß bei der Lektüre«; ebenso unverlangte Sendungen, bei denen schon das Anschreiben von Fehlern strotzt. Schlimmer noch, wenn der Autor fix und fertige Umschlag- und sonstige Illustrationen (möglichst vierfarbig) dazuliefert. Keine Chance haben außerdem Manuskripte, bei denen selbst der Autor nicht in der Lage ist, der Handlung seines Romans im Exposé Herr zu werden, und ich erst recht nicht verstehe, worum es geht. (*Tilo Eckhardt*)

Ein unverlangt eingesandtes Manuskript, das thematisch nicht zum Verlagsprogramm passt und darüber hinaus nichts Besonderes verrät. (*Helmut Feller*)

Manuskripte, die schon vom Genre her nicht in unser Programm passen. Ein Science-Fiction- oder Fantasy-Manuskript etwa würde ich an den zuständigen Kollegen im Hause weiterleiten. Ein unprofessionelles Anschreiben (handschriftlich oder mit grammatikalischen oder orthografischen Fehlern) fördert die Bereitschaft, ein Manuskript anzuschauen, nicht unbedingt. Auch ein nach dem Gießkannenprinzip verschicktes Manuskript hat es sicherlich schwerer, tatsächlich gelesen zu werden. Lässt das Anschreiben erkennen, dass der Autor sich im Vorfeld Gedanken gemacht hat und mit dem Verlagsprofil vertraut ist, steigen die Chancen. (*Maren Kröger*)

Solche, über deren Inhalt mir bereits das Anschreiben verrät, dass der Autor hier einen persönlichen Rachefeldzug unter dem Deckmantel eines »objektiv-kritischen Sachbuchs« verstecken möchte. Ich rate diesen Autoren, sich an die Justiz oder die Presse zu wenden. (*Olaf Meier*)

Manuskripte, die eindeutig nicht in das Verlagsprogramm von Econ passen, wie etwa Romane oder Lyrik. Es verblüfft mich immer wieder, wie viel Arbeit manche Autoren einerseits in ihre Manuskripte stecken und andererseits bei der Suche nach einem geeigneten Verlag so nachlässig sind. (*Heike Gronemeier*)

Auf die Frage »Wann hören Sie sofort auf zu lesen?« nannten die Lektoren häufig als ein Kriterium die mangelnde sprachliche Qualität:

Wenn schon die Sätze nicht stimmen, wird es für uns schwierig. Wenn der Text nicht hält, was man sich von ihm verspricht.

Wenn er literarischen Kriterien nicht standhält, wenn er Genres erfüllt (und nicht mit ihnen spielt) usw. (*Oliver Vogel*)

In den meisten Fällen führen so genannte »Stilblüten« zur schlagartigen Klarheit über die mangelhafte Begabung des Autors. Ganz besonders dann, wenn er seine Kreativität voll zur Geltung bringen will, wird oft schon an einzelnen Formulierungen deutlich, dass es dem Autor an Sprachgefühl fehlt. (*Tom Kraushaar*)

Bei Botschaften an die Leser oder gar an die Menschheit, erst recht, wenn diese Botschaften wichtiger sind als die Story. Und weil Schreiben nun einmal Ventil für alle möglichen Arten von Frust ist, haben viele eine wichtige Botschaft; schlecht getarnte Kopien großer Vorbilder. Wenn Chandler geahnt hätte, was er mit Marlowe anrichten würde ...; außerdem bei »Erlebnisberichten« fast jeder Art: Der Autor war 20 Jahre lang im Außendienst einer großen deutschen Versicherung, hat da so allerhand erlebt und will jetzt, da er pensioniert ist, davon erzählen; Reizsignal ist auch, wenn es im Anschreiben heißt: »Meine Vorbilder sind Nabokov, Roth und Franzen.« Zu Lesen höre ich außerdem bei handwerklichen Mängeln auf: Falsche Erzählperspektive, schlampige Figureneinführung, Dialoge im Perfekt und das alte Problem, dass eine Geschichte nicht entwickelt, sondern mit Behauptungen vorangetrieben wird. Das können korrigierbare Anfängerfehler sein und dann muss es nicht schlimm sein. Manchmal ist aber nichts mehr zu retten. (*Tilo Eckhardt*)

Bei sichtbaren Zeichen des Wahnsinns eines Autors, sofern es dem Wahnsinn an Originalität mangelt. (*Helmut Feller*)

Die ersten Seiten sind oft wirklich entscheidend, finde ich den Einstieg nicht, lege ich den Text schneller zur Seite. (*Maren Kröger*)

Es gibt für mich sicher nicht die allgemein gültigen fünf Schlüsselreize, bei denen ich ein Manuskript sofort weglege. Vielleicht bei kleinen

grünen Männchen, sicher bei historisch oder wissenschaftlich unhaltbaren Thesen, ganz sicher bei faschistischen Tendenzen.
(*Heike Gronemeier*)

Ich klappe ein Manuskript zu, wenn ich den Eindruck habe, jemand hat schlampig recherchiert. Oder wenn jemand polemisch und auf unfaire Weise einseitig ist. (*Burkhard Menke*)

▷ **»Thema, Aktualität, Zielgruppe, Autor und Stil«**
Kriterien, nach denen Lektoren
Manuskripte beurteilen

Jeder Lektor geht bei der Beurteilung eines Manuskripts anders vor. Aber es gibt Gemeinsamkeiten, die Autoren wichtige Hinweise geben. Worauf achten Ihre »ersten Leser«, die Lektoren oder Lektorinnen? Lesen Sie die Antworten von Lektoren namhafter deutscher Buchverlage auf eine Umfrage des »Buchreport«.

Man hat die Tradition im Kopf und liest – im besten Fall – ein Buch, das sie auflöst. Trotzdem ist die Entscheidung für oder gegen einen Text natürlich eine, die pragmatisch gefällt werden muss (man sagt ja oder nein). Also arbeitet man mit den alten Kriterien und versucht dabei die Augen offen zu halten. Bei mir sind das in erster Linie sprachliche Kriterien. Das hat damit zu tun, dass wir ein literarisches Programm machen, also ein Programm, in dem Inhalt und Form sehr viel miteinander zu tun haben. Erst der zweite Schritt meiner Lektüre beschäftigt sich mit der erzählten Geschichte. *(Oliver Vogel)*

Qualität! Zeigt sich hier eine eigene Stimme, ein Autor, von dem ich noch mehr Bücher erwarte? *(Thorsten Ahrend)*

Zunächst wird geprüft, ob ein Text zum Verlag passt und wenn ja, welchem Programmbereich das Manuskript zuzuordnen wäre. Zu den zahlreichen Kriterien der subjektiven Beurteilung zählt zunächst die Frage, inwiefern der Text verspricht, thematisch für eine breitere Leserschicht relevant zu sein. Darüber hinaus spielt ganz besonders bei der Literatur die Sprache die entscheidende Rolle. Hat der Autor eine eigene Sprache? Und weiß er mit dieser umzugehen? Letztendlich ist aber nicht nur das Urteil jedes Lesers und damit auch jedes Lektors subjektiv, ebenso verlangt jedes Genre – ja sogar jeder Text – immer wieder nach neuen und eigenen Wertkriterien. *(Tom Kraushaar)*

Packen mich Stil und Geschichte? Ist das Thema verkäuflich?
(Tilo Eckhardt)

Hat es Schlaf fördernde Wirkung? Macht es mich neugierig? Ist es verkäuflich in Bezug auf unser Verlagsprofil, besitzt es Originalität, hat der Autor sprachliche und thematische Darstellungskraft bzw. besitzt er Potenzial? *(Helmut Feller)*

Gefällt mir die Sprache, schafft es der Autor, eine Sogwirkung zu erzeugen, so dass man einfach weiterlesen möchte? Ist die Dramaturgie stimmig? Passt der Titel ins Programm? Aber letztlich ist die Entscheidung für oder gegen einen Titel eine subjektive, das »Bauchgefühl« ist ganz wichtig. Letztlich bin ich als Lektorin so eine Art »Trüffelschwein«. Das macht ja auch den Reiz unserer Arbeit mit aus. *(Maren Kröger)*

Ist das behandelte Thema Erfolg versprechend? Steht der Autor für das Thema? Diese Glaubwürdigkeit unterstützt die Vermarktung des Buches und wirkt sich auch inhaltlich aus: Das Manuskript muss dann einhalten, was das Thema verspricht – es muss Neues zutage fördern oder Einblicke in Themen oder Biografien gewähren, die es sonst nirgends gibt, große Zusammenhänge zeigen, einen provokativen Stachel haben – je nachdem. Es sollte gut strukturiert sein (roter Faden!) und sprachlich-stilistisch überzeugen. *(Olaf Meier)*

Kurz und bündig: Nach Thema, Aktualität, Zielgruppe, Autor und Stil.
(Heike Gronemeier)

Für wen schreibt der Autor bzw. die Autorin? Bleiben die Adressaten im Blick? Verspricht der Autor eine allgemein verständliche Einführung, schreibt dann aber ein Fachbuch für eine Hand voll Insider? Sind die Informationen verlässlich und auf dem aktuellen Stand? Passt der Stoff zu uns? Erreichen wir die Zielgruppe? *(Burkhard Menke)*

ADRESSEN · ADRESSEN · ADRESSEN · ADRESSEN

▷ Buchverlage in Deutschland

A1 Verlags GmbH
Hippmannstr. 11
80639 München
Tel. 089 - 17 11 92 80
Fax 089 - 17 11 92 88
info@A1-verlag.de
www.a1-verlag.de
Programm: Romane, Erzählungen, Sachbuch
Ms.-Angebote: als Exposé mit Textprobe von 30 Seiten
Medium: Papierausdruck
Ms.-Rücksendung: ja, mit Rückporto

AA-Verlag für Pädagogik im Verlag für katholisches Bibelwerk
Silberburgstr. 121
70176 Stuttgart
Tel. 0711 - 619 20 26
Fax 0711 - 619 20 30
info@aa-verlag.de
www.aa-verlag.de
Gründungsjahr: 1955
Programm: Schwerpunkt: Spielpädagogik, Bildung, Erziehung, Spiele, Sport, Fitness, Theater
Lektorat: Markus Kappeler, Winfried Bader
Ms.-Interessen: Spielebücher

Ms.-Angebote: als Exposé mit Textprobe, als Manuskript
Medium: Papierausdruck, Diskette, E-Mail
Ms.-Rücksendung: ja

Abera Verlag
Frickestr. 50
20251 Hamburg
Tel. 040 - 43 27 07 85
Fax 040 - 43 27 07 86
contact@abera.de
www.abera.de
Verleger: Markus Voss
Verlagsleitung: Markus Voss
Gründungsjahr: 1995
Lieferbare Titel: 70
Novitäten: 6-10
Programm: Der Spezialist für die weite Welt: Belletristik aus Asien, Lateinamerika, Afrika in deutscher Übersetzung, Biografische Romane, Reiseberichte, Literarische Reisen, Länderhintergrund, Geographie, Ethnologie, Sprachführer, Kochbücher mit Länderküche
Ms.-Interessen: Städtereiseführer; Belletristik aus Korea, Kuba, Nordafrika, China, Myanmar, Indonesien und Sprachführer

Ms.-Angebote: als Exposé mit Textprobe von 10 Seiten
Medium: Papierausdruck, E-Mail
Ms.-Rücksendung: ja, mit Rückporto

ABW Wissenschaftsverlag GmbH
Kurfürstendamm 57
10707 Berlin
Tel. 030 - 308 31 60
Fax 030 - 30 83 16 79
zentrale@abw-verlag.de
www.abw-verlag.de
Verlagsleitung:
Dr. med. Axel Bedürftig
Gründungsjahr: 2001
Programm: Humanmedizin
Ms.-Angebote: nach vorheriger telefonischer Anfrage
Medium: Papierausdruck, Diskette
Ms.-Rücksendung: ja

Achilla Presse Mirko Schädel
Hauptstr. 80
26929 Stollhamm
Tel. 04735 - 81 03 06
Fax 04735 - 81 03 07
achillapr@aol.com
www.achilla-presse.de
Verleger: Mirko Schädel,
Axel Stiehler
Programm: Vorwiegend Amerikanische, Englische und Dänische Belletristik, Klassische Kriminalromane, Theater
Ms.-Rücksendung: ja, mit Rückporto

AchSo! Verlag GmbH
Heddernheimer Landstr. 144
60439 Frankfurt am Main
Tel. 069 - 79 50 10-0
Fax 069 - 79 50 10-10
info@achso.de
www.achso.de
Verlagsleitung: Christian Paulsen
Verlagsgruppe: Bund-Verlagsgruppe
Programm: Juristische Ausbildungsliteratur
Ms.-Angebote: als Exposé
Medium: E-Mail
Ms.-Rücksendung: ja, mit Rückporto

Achterbahn Verlag GmbH
Werftbahnstr. 8
24143 Kiel
Tel. 0431 - 70 28-229
Fax 0431 - 70 28-228
info@achterbahn.de
www.achterbahn.de; www.drive-in-cartoons.de
Verlagsleitung: Christian Dreller
Gründungsjahr: 1982
Lieferbare Titel: 175
Novitäten: 10-15
Programm: Comics, Humor- und Geschenkbuch, Lustige Ratgeber, Cartoons
Lektorat: Andreas Hahn-Heinrich (Programm), Hans J. Nissen (Bild)
Ms.-Angebote: als Exposé
Medium: Papierausdruck
Ms.-Rücksendung: ja, mit Rückporto

ADAC Verlag GmbH
Am Westpark 8
81373 München
Tel. 089 - 76 76-0
Fax 089 - 76 76-46 23
Programm: Reiseführer (Städte, Regionen, Länder – weltweit) Ratgeber: Natur, Garten, Gesundheit, Geschichte, Auto, Do-it-yourself, Geld, Recht
Lektorat: Dr. Hans-Joachim Völse
Ms.-Angebote: nach vorheriger telefonischer Anfrage

Addison-Wesley Verlag
Martin-Kollar-Str. 10-12
81829 München
Tel. 089 - 460 03-0
Fax 089 - 460 03-100
info@addison-wesley.de
www.addison-wesley.de
Verlagsleitung: Axel Nehen
Verlagsgruppe: Verlagsgruppe Pearson Education Deutschland GmbH: Gj. 1985, (seit 1999 zu Pearson Education gehörig)
Programm: Fachbücher für professionelle IT-Anwender
Ms.-Interessen: Programmierung, Telekommunikation, Netzwerke, Anwenderprogramm, Grafik
Ms.-Angebote: nach vorheriger telefonischer Anfrage
Medium: Papierausdruck
Ms.-Rücksendung: ja

Admos Media GmbH
Gerichtsweg 28
04103 Leipzig
Tel. 0341 - 651 62 41
Fax 0341 - 651 62 46
admos@t-online.de
Verleger: Wilhelm Spindelndreier
Verlagsleitung: Heiner Ventzki, Geschäftsführer
Gründungsjahr: 2004
Lieferbare Titel: 120
Novitäten: 20
Programm: Reisebildbände, Postkartenbücher
Lektorat: zu Händen von Wilhelm Spindelndreier
Ms.-Interessen: Länder- und Reisebeschreibungen, Geobiografien
Ms.-Angebote: nach vorheriger telefonischer Anfrage
Medium: Diskette, E-Mail
Ms.-Rücksendung: ja, mit Rückporto

Adwaita Verlag
Blumenstr. 42
82383 Hohenpreissenberg
Tel. 08805 - 234
Fax 08805 - 82 34
www.adwaita.de
Verlegerin: Dr. Margott Schürings
Verlagsleitung: Dr. Margott Schürings
Gründungsjahr: 1999
Lieferbare Titel: 2
Programm: Non-Dualismus, Mystizismus, Spiritualität

agenda Verlag GmbH & Co. KG
Drubbel 4
48143 Münster
Tel. 0251 - 79 96 10
Fax 0251 - 79 95 19
info@agenda.de
www.agenda.de
Verleger: Dr. Bernhard Schneeberger
Verlagsleitung: Dr. Frank Hättich, Marlies Böggemann MA
Zum Verlag: Sachbuch
Gründungsjahr: 1992
Lieferbare Titel: 700
Novitäten: 60
Programm: Erziehung, Frauenforschung, Geschichte der Neuzeit, Journalismus, Medienwissenschaft, Militär, Ökologie, Politik, Soziologie, Umweltthemen, Wirtschaft, Philosophie, Kultur, Niederlande
Ms.-Angebote: nach vorheriger telefonischer Anfrage
Medium: Papierausdruck, E-Mail
Ms.-Rücksendung: ja, mit Rückporto

Agentur des Rauhen Hauses Hamburg GmbH
Beim Brüderhof 8
22844 Norderstedt
Tel. 040 - 53 53 88-0
Fax 040 - 53 53 88-43
kundenservice@agentur-rauhes-haus.de
www.agentur-rauhes-haus.de
Verlagsleitung: Willi Kohlmann
Gründungsjahr: 1848
Lieferbare Titel: 500
Novitäten: 80-100
Programm: Schwerpunkt: Ökumenische Gemeindeliteratur im weitesten Sinne für Kinder und Erwachsene, Unterrichtswerke für Kinder und Konfirmanden und Kindergottesdienst, Religion, Theologie, Pädagogik
Lektorat: Wolfgang May (Allgemeines), Willi Kohlmann (Geschenkbuch), Axel Stellmann (Kunst), Manfred Kaufmann (Kinder),
E-Mail: jew. Nachname@agentur-rauhes-haus.de
Ms.-Angebote: nach vorheriger telefonischer Anfrage, als Exposé
Medium: Diskette
Ms.-Rücksendung: ja, mit Rückporto

agimos verlag
Jungfernstieg 27
24103 Kiel
Tel. 0431 - 751 86 / 73 79 33
Fax 0431 - 73 79 33
agimos@aol.com
www.agimos.de
Programm: Biografien, Belletristik, Kulturgeschichte, Literaturwissenschaft, Fotografie
Ms.-Angebote: nach vorheriger telefonischer Anfrage, als Exposé mit Textprobe von 10 Seiten
Medium: Papierausdruck
Ms.-Rücksendung: ja, mit Rückporto (dauert Monate)

AGON-Sportverlag
Frankfurter Str. 92 A
34121 Kassel
Tel. 0561 - 766 90-150
Fax 0561 - 766 90-154, 31 69 02 52
agon@nikocity.de
Programm: Sportgeschichte, Sportdokumentation, Sportstatistik, Olympische Spiele, Fußball-Weltmeisterschaften, Sport-Stories, Fußballgeschichte, Deutschlands große Fußballmannschaften, Sportkalender, Postkarten, Eishockey

Agora Verlag Manfred Schlösser
Grunewaldstr. 53
10825 Berlin
Tel. 030 - 854 53 72
agora2@gmx.net
Programm: Belletristik, Kinderbücher, Sprachwissenschaften, Lyrik, Judaica
Lektorat: Manfred Schlösser
Ms.-Angebote: nach vorheriger telefonischer Anfrage, als Exposé mit Textprobe von 5-10 Seiten
Ms.-Rücksendung: nein

Ahriman-Verlag
Stübeweg 60
79108 Freiburg i.Br
Tel. 0761 - 50 23 03
Fax 0761 - 50 22 47
ahriman@t-online.de
www.ahriman.com
Zum Verlag: Alles, was Schule, Presse, Uni und Glotze Ihnen vorenthalten wollen, hat eine Chance, bei AHRIMAN zu erscheinen – allerdings nur, soweit es von geeigneten Fachleuten geschrieben wurde. Unsere programmatischen Ursprünge liegen bei den ersten echten Aufklärern (Meslier, Voltaire, Rousseau, Holbach beispielsweise), unsere Schwerpunkte liegen dementsprechend bei klassischer Psychoanalyse und Orthodoxem. Aber auch unterdrückte Informationen zu den Verbrechen des Monoimperialismus unserer Tage (z.B. die Kolonialkriege gegen Irak oder Serbien) finden bei uns eine Veröffentlichungs-Chance.
Programm: Biografien, Geschichte, Gesundheit, Kulturgeschichte, Literaturwissenschaft, Medizin, Naturwissenschaft, Politik, Psychologie, Religion, Soziologie, Zeitgeschichte
Ms.-Angebote: nach vorheriger telefonischer Anfrage
Medium: Papierausdruck, E-Mail
Ms.-Rücksendung: ja, mit Rückporto

Aisthesis Verlag
Oberntorwall 21
33602 Bielefeld
Tel. 0521 - 17 26 04, 17 28 12
Fax 0521 - 17 28 12
aisthesis@bitel.net
www.aisthesis.de
Verleger: Dr. Detlev Kopp,
Dr. Michael Vogt

Verlagsleitung: Dr. Detlev Kopp,
Dr. Michael Vogt
Gründungsjahr: 1995
Lieferbare Titel: 500
Novitäten: ca. 50
Programm: Literaturwissenschaften, Philosophie, Medienwissenschaft, Pädagogik, Geschichtswissenschaft, Kulturwissenschaften
Ms.-Angebote: als Exposé mit Textprobe von 5 Seiten
Medium: Papierausdruck, Diskette, E-Mail
Ms.-Rücksendung: ja, mit Rückporto

Akademie Verlag GmbH
Palisadenstr. 40
10243 Berlin
Tel. 030 - 42 20 06-0
Fax 030 - 42 20 06-57
Verleger: Dr. Gerd Giesler
Programm: Fachzeitschriften, Geschichte, Kulturgeschichte, Literaturwissenschaft, Philosophie, Sprachwissenschaften, Zeitgeschichte
Ms.-Angebote: nach vorheriger telefonischer Anfrage, als Exposé

Akademische Verlagsgesellschaft Aka GmbH
Neue Promenade 6
10178 Berlin
Tel. 030 - 24 72 98 40
Fax 030 - 28 39 41 00
info@aka-verlag.de
www.aka-verlag.de
Verleger: Dr. Einar Fredriksson
Zum Verlag: Wissenschaft und Technik
Gründungsjahr: 1994
Programm: Medizin, Biologie, Technik, Informatik
Lektorat: Dr. Ekkehard Hundt,
Tel. 02241 - 557 46
Ms.-Angebote: nach vorheriger telefonischer Anfrage

Aktivraum-Verlag Rolf Zavelberg
Volksgartenstr. 1
50677 Köln
Tel. 0221 - 934 81 18
Fax 0221 - 934 81 17
info@aktivraum.de
www.aktivraum.de
Programm: Esoterik

aktuell-Verlag für
Literatur der Gegenwart
Gernsbacher Straße 94
76332 Herrenalb
Tel. 07083 - 52 73 44
Fax 07083 - 52 73 15
Verlegerin: Grete Weber-Wassertheurer
Programm: Veröffentlicht Bücher von Mitgliedern der Interessengemeinschaft deutschsprachiger Autoren (IgdA), Belletristik, Kinderbücher, Kurzgeschichten, Lyrik
Lektorat: Roswitha Martell,
Tel. 069 - 548 73 43, Fax: 54 61 78,
igda@aol.com

Ms.-Angebote: nach vorheriger telefonischer Anfrage
Medium: Papierausdruck, Diskette
Ms.-Rücksendung: ja

Alabasta Verlag 2000
Am Schnepfenweg 52
80995 München
Tel. 089 - 15 09 08 42
Fax 089 - 15 09 08 43
alabasta@mobilitymanager.de
Verlegerin: Heide Rieke
Gründungsjahr: 1998
Novitäten: 3
Programm: Travel-Management, Reiselexika
Ms.-Angebote: als Exposé, Textprobe von 5 Seiten
Medium: Papierausdruck
Ms.-Rücksendung: ja, mit Rückporto

Alba Verlag Alf Teloeken
Willstätterstr. 9
40549 Düsseldorf
Tel. 0211 - 520 13-0
Fax 0211 - 520 13 - 58
Programm: Fachliteratur: Bus, Bahn

Verlag Karl Alber
Hermann-Herder-Str. 4
79104 Freiburg i.Br.
Tel. 0761 - 271 73 65
Fax 0761 - 271 72 12
info@verlag-alber.de
www.verlag-alber.de
Verlagsleitung: Lukas Trabert
Gründungsjahr: 1935

Verlagsgruppe: Herder
Novitäten: 40-50
Programm: Philosophie, Geschichte, Kommunikation
Ms.-Angebote: nach vorheriger telefonischer Anfrage
Medium: Papierausdruck
Ms.-Rücksendung: ja, mit Rückporto

Alexander Verlag Berlin
Fredericiastr. 8
14050 Berlin
Tel. 030 - 302 18 26
Fax 030 - 302 94 08
info@alexander-verlag.com
www.alexander-verlag.com
Verleger: Alexander Wewerka
Gründungsjahr: 1983
Lieferbare Titel: 90
Novitäten: 5
Programm: Schwerpunkt Theater- und Filmliteratur. Biografien, Film, Fernsehen, Kulturgeschichte, Musik, Philosophie, Tanz, Theater
Ms.-Angebote: nach vorheriger telefonischer Anfrage
Ms.-Rücksendung: ja, mit Rückporto

Alibaba Verlag
Nordendstr. 20
60318 Frankfurt am Main
Tel. 069 - 59 00 97
Fax 069 - 55 98 55
Programm: Belletristik, Jugendbücher
Ms.-Angebote: nach vorheriger telefonischer Anfrage, als Exposé

Medium: Papierausdruck
Ms.-Rücksendung: ja, mit Rückporto

Alibri
Würzburger Str. 18a
63739 Aschaffenburg
Tel. 06021 - 58 17 34
Fax 06021 - 58 17 34
info@alibri.de
Gründungsjahr: 1994
Lieferbare Titel: 80
Novitäten: 10
Programm: Kritische Analyse von Religion und Esoterik; Fachzeitschriften, Politik, Zeitgeschichte
Ms.-Angebote: als Exposé
Medium: Papierausdruck
Ms.-Rücksendung: ja, mit Rückporto

Alkyon Verlag Gerlind Stirn
Lerchenstr. 26
71554 Weissach im Tal
Tel. 07191 - 31 03 33
Fax 07191 - 31 03 34
alkyon.verlag@t-online.de
Verleger: Rudolf Stirn
Gründungsjahr: 1986
Lieferbare Titel: 150
Programm: Belletristik, Lyrik
Lektorat: Rudolf Strin
Ms.-Angebote: nach vorheriger telefonischer Anfrage, als Manuskript
Medium: Papierausdruck, Diskette
Ms.-Rücksendung: ja, mit Rückporto

Alouette Verlag
Uferstr. 41
22113 Oststeinbek
Tel. 040 - 712 23 53
Fax 040 - 713 41 88
webmaster@alouette-verlag.de
www.alouette-verlag.de
Verleger: Jürgen F. Boden
Gründungsjahr: 1984
Programm: Natur- und Kulturorientierte Reise-Bildbände und Sachbücher über Fremde Länder und Kulturen
Ms.-Angebote: als Exposé mit Textprobe von 2 Seiten
Medium: E-Mail
Ms.-Rücksendung: ja

ALS-Verlag GmbH
Voltastr. 3
63128 Dietzenbach
Tel. 06074 - 821 60
Fax 06074 - 273 22
info@als-verlag.de
www.als-verlag.de
Gründungsjahr: 1962
Lieferbare Titel: 170
Novitäten: 5
Programm: Pädagogik: Bildende Kunst, Kreatives Gestalten, Fachzeitschriften, Hobby, Lern-Software, Spiele, Technik, Umweltthemen
Ms.-Angebote: nach vorheriger telefonischer Anfrage, als Exposé
Medium: Papierausdruck, E-Mail
Ms.-Rücksendung: ja

Altberliner Verlag GmbH
Querstr. 18
04103 Leipzig
Tel. 0341 - 992 78 41
Fax 0341 - 992 78 79
info@altberliner.de
www.altberliner.de
Verleger: Arne Teutsch
Verlagsgruppe: Baumhaus
Programm: Jugendbücher, Kinderbücher
Ms.-Angebote: als Exposé mit Textprobe von 15 Seiten
Medium: Papierausdruck
Ms.-Rücksendung: ja, mit Rückporto

Ama Deus Verlag
Postfach 63
74579 Fichtenau
Tel. 07962 - 130-0
Fax 07962 - 71 02 63
amadeus@amadeus-verlag.com
www.amadeus-verlag.com
Programm: Esoterik

amnesty international
Heerstr. 178
53111 Bonn
Tel. 0228 - 98 37 30
Fax 0228 - 63 00 56
info@amnesty.de / www.amnesty.de
Verlagsleitung: Gisela Schwarz
Programm: Verbreitung der von ai recherchierten Informationen über Menschenrechte und Menschenrechtsverletzungen
Ms.-Interessen: keine

Anabas-Verlag
Friesstr. 20 - 24
60388 Frankfurt am Main
Tel. 069 - 94 21 98 71
Fax 069 - 94 21 98 72
info@anabas-verlag.com
Verleger: Günter Kämpf
Gründungsjahr: 1966
Lieferbare Titel: 132
Novitäten: 5-10
Programm: Architektur, Belletristik, Bildende Kunst, Kulturgeschichte, Bibliophile Editionen mit Originalgrafik
Ms.-Angebote: nach vorheriger telefonischer Anfrage, als Exposé mit Textprobe von 10 Seiten
Medium: Papierausdruck, E-Mail
Ms.-Rücksendung: ja, mit Rückporto

Anadolu-Schulbuchverlag
Rheinstr. 102
41836 Hückelhoven
Tel. 02433 - 40 91
Fax 02433 - 416 08
info@anadolu-verlag.de
www.anadolu-verlag.de
Verlagsleitung: Ahmet Celik
Gründungsjahr: 1977
Lieferbare Titel: 300
Novitäten: 5
Programm: Biografien, Belletristik, Essen und Trinken, Film, Fernsehen, Geografie, Humor, Jugendbücher, Kinderbücher, Kulturgeschichte, Lern-Software, Literatur-

wissenschaft, Lyrik, Mathematik, Musik, Nachschlagewerke, Wörterbücher, Religion, Schulbücher
Ms.-Angebote: nach vorheriger telefonischer Anfrage
Medium: Papierausdruck
Ms.-Rücksendung: ja, mit Rückporto

Andante Handpresse
Inga & Peter Rensch
Röblingstr. 15
12105 Berlin
Tel. 030 - 613 57 13 / 614 71 10
Verleger: Inga und Peter Rensch
Gründungsjahr: 1990
Lieferbare Titel: 30
Programm: Künstlerbücher mit Originalgrafik (Betonung des Bildes, das heißt Bild-sein des Buches)
Ms.-Angebote: nach vorheriger Anfrage
Medium: Papierausdruck
Ms.-Rücksendung: ja, mit Rückporto

andiamo-Verlag
Fried.-Engelhorn-Str. 7-9
68167 Mannheim
Tel. 0621 - 336 72 69
Fax 0621 - 33 10 83
andiamoverlag@aol.com
www.andiamo-verlag.de
Ms.-Interessen: keine
Ms.-Rücksendung: nein

Anrich Verlag GmbH
Werderstr. 10
69469 Weinheim
Tel. 06201 - 60 07-0
Fax 06201 - 174 64
Programm: Jugend-, Kinderbücher

Ansata Verlag
Bayerstr. 71-73
80335 München
Tel. 089 - 41 36-0
Fax 089 - 41 36 - 333
info@randomhouse.de
www.randomhouse.de
Verleger: Klaus Eck, Joerg Pfuhl (CEO), Claudia Reitter
Verlagsleitung: Eckhard Graf
Verlagsgruppe: Random House
Programm: Esoterik, Buddhismus, Hinduismus
Ms.-Angebote: als Exposé
Medium: Papierausdruck
Ms.-Rücksendung: ja

AnTex Verlag
Am Gabelsee
15306 Falkenhagen
Tel. 033603 - 480
Fax 033603 - 404 00
Verleger: Hans-Joachim Schuhmacher
Gründungsjahr: 1988
Lieferbare Titel: 9
Programm: Kinderbücher
Lektorat: Tina Rau
Ms.-Rücksendung: ja, mit Rückporto

Peter Lehmann Antipsychiatrieverlag
Zabel-Krüger-Damm 183
13469 Berlin
Tel. 030 - 85 96 37 06
Fax 030 - 40 39 87 52
info@antipsychiatrieverlag.de
www.antipsychiatrieverlag.de
Verleger: Peter Lehmann
Verlagsleitung: Peter Lehmann
Gründungsjahr: 1986
Lieferbare Titel: 21
Novitäten: 1-2
Programm: Alternativen zur Psychiatrie, Antipsychiatrie
Ms.-Interessen: Überwindung psychiatrischer Probleme, Alternativen zur Psychiatrie
Ms.-Angebote: als Exposé mit Textprobe von 5-10 Seiten
Medium: Papierausdruck
Ms.-Rücksendung: ja, mit Rückporto

Antiquariats-Union Vertriebs GmbH & Co.KG
Lüner Rennbahn 14
21339 Lüneburg
Tel. 04131 - 98 35 04
Fax 04131 - 983 55 95
info@findling-buchverlag.com
www.Findling-buchverlag.com
Verleger: Jens Havelburg
Verlagsleitung: Jens Havelburg
Gründungsjahr: 2001
Lieferbare Titel: 140
Novitäten: 60
Programm: Lizenz- und Sonderausgaben, Kinder- und Bilderbuch
Ms.-Interessen: Kinder- und Jugendbuch
Ms.-Angebote: nach vorheriger telefonischer Anfrage, als Exposé oder als Exposé mit Textprobe
Medium: Papierausdruck
Ms.-Rücksendung: ja, mit Rückporto

Anton Verlag
Grünewalder Str. 55
42657 Solingen
Tel. 0212 - 81 50 41
Fax 0212 - 81 50 42
szutrely@aol.com
Programm: Deutsch-Ungarische und Minderheiten-Literatur, Medizinische Fachliteratur
Ms.-Interessen: Kurze Zusammenfassungen von Wissenschaftsmedizin. Arbeiten von jungen Medizinern (bis 30. Lebensjahr, Doktorarbeiten!)
Ms.-Angebote: als Exposé mit Textprobe von 2 Seiten
Medium: Papierausdruck
Ms.-Rücksendung: ja, mit Rückporto

AOL-Verlag Frohmut Menze GmbH
Waldstr. 18
77839 Lichtenau-Scherzheim
Tel. 07227 - 95 88-0
Fax 07227 - 95 88 - 95
info@aol-verlag.de
www.aol-verlag.de
Verlagsleitung: Clemens Muth

Verlagsgruppe: Klett
Programm: Unterrichtshilfen, Selbstlernprogramme, Lernhilfen
Ms.-Angebote: als Exposé
Medium: Papierausdruck
Ms.-Rücksendung: ja

APA Verlag
Mies-van-der-Rohe-Str. 1
80807 München
Tel. 089 - 360 96-0
Fax 089 - 360 96-222
redaktion@polyglott.de
www.polyglott.de
Verleger: Andreas Langenscheidt
Verlagsleitung: Rolf Müller
Verlagsgruppe: Langenscheidt
Programm: Reiseführer

APHAIA VERLAG
Radickestr. 44
12489 Berlin
Tel. 030 - 813 39 98
Fax 030 - 813 39 98
info@aphaia-verlag.de
www.aphaia-verlag.de
Verlegerinnen: Svea Haske, Sonja Schumann
Gründungsjahr: 1986
Lieferbare Titel: 110
Novitäten: 6
Programm: Lyrik mit Musik und Bildender Kunst
Ms.-Angebote: nach vorheriger telefonischer Anfrage
Medium: Papierausdruck
Ms.-Rücksendung: ja, mit Rückporto

Aqua Verlag
Alpenerstr. 16
50825 Köln
Tel. 0221 - 39 91-0
Fax 0221 - 39 91-100
mial@aqua-verlag.de
www.aqua-verlag.de
Verlagsleitung: Matthias Friese
Programm: Fanbücher, Bundeswehr, Geschichte, Medien

Aquamarin Verlag
Voglherd 1
85567 Grafing
Tel. 08092 - 94 44
Fax 08092 - 16 14
aquamarin-verlag@t-online.de
Programm: Esoterik, Lebenshilfe, Philosophie, Ratgeber, Religion
Ms.-Angebote: nach vorheriger telefonischer Anfrage
Medium: Papierausdruck
Ms.-Rücksendung: ja, mit Rückporto

Arachne Verlag
Filchnerstr. 12
45886 Gelsenkirchen
Tel. 0209 - 284 40
Fax 0209 - 283 79
arachne45886@aol.com
Programm: Buchkunst

arani-Verlag GmbH
Gneisenaustr. 33
10961 Berlin
Tel. 030 - 691 70 73
Fax 030 - 691 40 67
spiess-verlage@t-online.de

www.spiess-verlage.de
Programm: Judaica, Berlin, Geschichte der Neuzeit, Reisen
Ms.-Angebote: nach vorheriger telefonischer Anfrage
Medium: Papierausdruck
Ms.-Rücksendung: ja, mit Rückporto

Arbeiterpresse Verlag
Postfach 50 01 05
45055 Essen
Tel. 0201 - 646 21 06
Fax 0201 - 646 21 08
vertrieb@arbeiterpresse.de
www.arbeiterpresse.de
Verleger: Wolfgang Zimmermann
Gründungsjahr: 1978
Novitäten: 1-2
Programm: Geschichte der Arbeiterbewegung, Sozialismus, Trotzki-Bibliothek
Ms.-Angebote: nach vorheriger schriftlicher Anfrage
Medium: E-Mail
Ms.-Rücksendung: nein

Arbor Verlag
Wippertstr. 2
79190 Freiburg
Tel. 0761 - 40 14 09 30
Fax 0761 - 40 14 09 31
verlag@arbor-verlag.de
www.arbor-verlag.de
Verleger: Lienhard Valentin
Gründungsjahr: 1984
Lieferbare Titel: 100
Novitäten: ca. 10

Programm: Buddhismus, Lebenshilfe, Christliche Mystik, Pädagogik, Psychologie
Ms.-Angebote: nach vorheriger telefonischer Anfrage
Medium: Papierausdruck
Ms.-Rücksendung: ja, mit Rückporto

Arche Verlag AG
Körnerstr. 1
22301 Hamburg
Tel. 040 - 27 11 13
Fax 040 - 27 11 16
lektorat@arche-verlag.com
www.arche-verlag.com
Programm: Belletristik
Ms.-Angebote: als Exposé
Medium: Papierausdruck (nicht als E-Mail oder auf Diskette)
Ms.-Rücksendung: ja, mit Rückporto

Arcos Verlag GmbH
Festplatzstr. 6
84030 Ergolding
Tel. 0871 - 76 05 64
Fax 0871 - 76 05 61
info@arcos-verlag.de
www.arcos-verlag.de
Programm: Kunst- und Sachbücher

ARCult Media Verlagsbuchhandlung Kultur & Wissenschaft
Dahlmannstr. 26
53113 Bonn
Tel. 0228 - 21 10 59
Fax 0228 - 21 74 93
info@arcultmedia.de

www.arcultmedia.de
Verlagsleitung: Prof. Dr. Andreas Wiesand
Zum Verlag: Zeitschrift »Kulturforschung«
Gründungsjahr: 1983
Lieferbare Titel: 50
Novitäten: 4-8
Programm: Kulturforschung, Kultur- und Medienpolitik, Kulturwirtschaft
Ms.-Interessen: Nord-Süd-Dialog, Europäische Kultur-Kooperation, Kulturpolitik, Situation der Künstler und Autoren
Ms.-Angebote: nach vorheriger telefonischer Anfrage
Medium: Diskette, E-Mail (am besten schriftlich ankundigen!)
Ms.-Rücksendung: ja, mit Rückporto

Ardey-Verlag GmbH
An den Speichern 6
48157 Münster
Tel. 0251 - 413 20
Fax 0251 - 41 32 20
grabowsky@ardey-verlag.de
www.ardey-verlag.de
Verlagsleitung: Ulrich Grabowsky
Programm: Kultur und Geschichte Westfalens
Ms.-Interessen: Sachbücher zu Orten oder Ereignissen Westfalens
Ms.-Angebote: als Exposé mit Textprobe von 10 Seiten
Medium: Papierausdruck
Ms.-Rücksendung: ja

Arena Verlag GmbH
Rottendorfer Str. 16
97074 Würzburg
Tel. 0931 - 796 44-0
Fax 0931 - 796 44 - 13
www.arena-verlag.de
Verlagsleitung: Albrecht Oldenbourg
Gründungsjahr: 1949
Lieferbare Titel: 1220
Novitäten: ca. 200
Programm: Vom Kleinkind bis zum Zwanzigjährigen: Kinderbücher, Pappbilderbuch, Jugendbücher, Erstlesebücher, Sachbuch, Vorschul- und Grundschulprogramm, Lernspiele, Beschäftigung, Romane für junge Erwachsene, Taschenbuch
Lektorat: Susanne Krebs (Arena-Kinder- und Jugendbuch, Arena Taschenbuch), Isa-Maria Röhrig-Roth (Arena Sachbuch, Edition Bücherbar)
Ms.-Interessen: Alle Genres der Kinder- und Jugendliteratur
Ms.-Angebote: als Exposé mit Textprobe
Medium: Papierausdruck
Ms.-Rücksendung: ja, mit Rückporto

Verlag Willmuth Arenhövel
Treuchlinger Str. 4
10779 Berlin
Tel. 030 - 213 28 03
Fax 030 - 218 19 95
Programm: Kunst- und Kulturgeschichte, Architektur, Malerei, Skulptur, Kunstgewerbe

Argon Verlag – siehe *S. Fischer*

Argument-Verlag/Ariadne
Eppendorfer Weg 95
20259 Hamburg
Tel. 040 - 40 18 00-0
Fax 040 - 40 18 00 - 20
verlag@argument.de
www.argument.de
Verlegerin: Else Laudan
Programm: Science Fiction, Kriminalromane, Frauenforschung, Philosophie, Politik, Schwule und Lesbische Literatur, Soziologie
Lektorat: Else Laudan (Bellestristik hauptverantwortlich), Iris Konopik (Belletristik)
Ms.-Angebote: nach vorheriger telefonischer Anfrage, als Exposé mit Textprobe von ca. 30 Seiten
Ms.-Rücksendung: ja, mit Rückporto

Ariel-Verlag
Marie-Curie-Str. 4
64560 Riedstadt
Tel. 06158 - 74 73 33
Fax 06158 - 743 20
ariel-verlag@freenet.de
www.ariel-verlag.de
Programm: Romane, Story- und Gedichtbände von Underground und Szeneautorinnen

Aries Verlag
Ringstr. 32a
83355 Grabenstätt/Chiemsee
Tel. 08661 - 82 09
Fax 08661 - 98 59 80
pjm@aries-verlag.de
Verleger: Paul Johannes Müller
Programm: Architektur, Design, Medien
Ms.-Angebote: nach vorheriger telefonischer Anfrage
Ms.-Rücksendung: ja, mit Rückporto

Ariston
Holzstr. 28
80469 München
Tel. 089 - 23 55 86-0
Fax 089 - 23 55 86-111
Verlagsgruppe: Hugendubel
Programm: Lebenshilfe
Ms.-Angebote: nach vorheriger telefonischer Anfrage
Medium: Papierausdruck
Ms.-Rücksendung: ja, mit Rückporto

Arkana Verlag – siehe *Goldmann*

Arnoldsche Verlagsanstalt GmbH
Liststr. 9
70180 Stuttgart
Tel. 0711 - 61 24 60
Fax 0711 - 615 98 43
art@arnoldsche.com
www.arnoldsche.com
Programm: Architektur, Bildbände, Bildende Kunst, Kulturgeschichte, Kunsthandwerk
Ms.-Angebote: nach vorheriger telefonischer Anfrage, als Exposé
Ms.-Rücksendung: ja

Ars & Facsimile Edition Münster
Rosenstr. 12-13
48143 Münster
Tel. 0251 - 482 27 30
br.facsimile@freenet.de
Programm: Internationale Kunstwissenschaft

**ars vivendi verlag
GmbH & Co.KG**
Bauhof 1
90556 Cadolzburg
Tel. 09103 - 71 92 90
Fax 09103 - 719 29 19
ars@arsvivendi.com
www.arsvivendi.com
Verleger: Norbert Treuheit
Verlagsleitung: Norbert Treuheit
Gründungsjahr: 1988
Novitäten: 50
Programm: Belletristik, Bildbände, Essen und Trinken, Gastroführer, Freizeitführer, Klassikerübersetzungen, Kalender (Schwarzweiß-Fotografie), Postkartenbücher
Ms.-Angebote: als Exposé mit Textprobe von ca. 30 Seiten
Medium: Papierausdruck
Ms.-Rücksendung: ja

arsEdition GmbH
Friedrichstr. 9
80801 München
Tel. 089 - 38 10 06-0
Fax 089 - 38 10 06-58
verlag@arsedition.de
www.arsedition.de

**Das Arsenal Verlag für
Kultur und Politik GmbH**
Tegeler Weg 97
10589 Berlin
Tel. 030 - 34 65 13 60
Fax 030 - 34 65 13 62
dasarsenal@aol.com
Verleger: Dr. Peter Moses-Krause
Gründungsjahr: 1977
Lieferbare Titel: 65
Novitäten: 4-8
Programm: Biografien, Historische Romane, Belletristik, Judaica, Bildende Kunst, Kulturgeschichte, Literaturwissenschaft, Philosophie, Zeitgeschichte
Ms.-Angebote: nach vorheriger telefonischer Anfrage, als Exposé mit Textprobe von 30 Seiten
Medium: Papierausdruck
Ms.-Rücksendung: ja, mit Rückporto

ARTEA GmbH
Döbereinerstr. 5
81247 München
Tel. 089 - 811 96 08
Fax 089 - 811 96 98
info@artea.de
www.artea.de
Programm: Bildbände, Geschenkbücher
Ms.-Angebote: nach vorheriger telefonischer Anfrage, als Exposé
Medium: E-Mail
Ms.-Rücksendung: ja, mit Rückporto

Artemis & Winkler
Am Wehrhahn 100
40211 Düsseldorf
Tel. 0211 - 167 95-0
Fax 0211 - 167 95-75
service@patmos.de
www.patmos.de
Verleger: Dr. Tullio Aurelio
Verlagsgruppe: Patmos Verlagshaus
Programm: Biografien, Belletristik, Historische Romane, Bildbände, Kulturgeschichte
Ms.-Angebote: als Exposé
Medium: Papierausdruck
Ms.-Rücksendung: ja

Artes media Parkstone Ltd.
Postfach 10 01 43
52301 Düren
Tel. u. Fax 02421 - 163 76
carl.parkstone@t-online.de
Verleger: K.H. Carl
Verlagsleitung: J.M.Manzo
Gründungsjahr: 1997
Lieferbare Titel: 100
Novitäten: 10 in je 3 Sprachen (Deutsch, Englisch, Französisch)
Programm: Kunstbildbände, Städtebildbände, Monografien Großer Maler, Erotikserien
Lektorat: K.H. Carl
Ms.-Angebote: nach vorheriger telefonischer Anfrage, als Exposé mit Textprobe von 3 Seiten
Medium: Papierausdruck, Diskette, E-Mail
Ms.-Rücksendung: ja, mit Rückporto

Artland Verlag
Warthestr. 70
12051 Berlin
Tel. 030 - 626 82 30
Fax 030 - 628 31 52
Programm: Fotografie, Tanz, Theater

Arun-Verlag
Engerda 28
07407 Uhlstädt-Kirchhasel
Tel. 036743 - 232-0
Fax 036743 - 232 - 17
info@arun-verlag.de
www.arun-verlag.de
Verleger: Stefan Ulbrich
Gründungsjahr: 1989
Lieferbare Titel: 100
Novitäten: 18
Programm: Esoterik, Schamanismus, Naturreligion, Ökologie, Philosophie, Spiele, Frauenspiritualität, Magie, Visionssuche, Runen, Germanen, Kelten, Körperkult, Männerspiritualität, Orakel, Energiearbeit
Lektorat: Corinna Moschner, Holger Kliemannel
Ms.-Interessen: Magister-, Diplom- und Doktorarbeiten
Ms.-Angebote: nach vorheriger telefonischer Anfrage, als Exposé mit Textprobe
Medium: Papierausdruck
Ms.-Rücksendung: ja, mit Rückporto

**Aschendorff Verlag
GmbH & Co.KG**
Soester Str. 13
48155 Münster
Tel. 0251 - 690-136
Fax 0251 - 690-143
buchverlag@aschendorff.de
www.aschendorff.de/buch
Verlagsleitung: Dr. Dirk F. Paßmann
Gründungsjahr: 1720
Lieferbare Titel: 1300
Novitäten: 120
Programm: Bildbände, Erziehung, Geschichte, Kulturgeschichte, Literaturwissenschaft, Philosophie, Religion, Schulbücher, Regionalia, Theologie
Lektorat: Winfried Daut (Dw -134, winfried.daut@aschendorff.de) für Religion, Theologie
Ms.-Interessen: Westfalica, Katholische Theologie, Geschichte (bes. Westfalen, Münster), Belletristik, Jugendbücher
Ms.-Angebote: nach vorheriger telefonischer Anfrage, als Exposé
Medium: Papierausdruck, Diskette, E-Mail
Ms.-Rücksendung: ja

**Asgard-Verlag
Dr. Werner Hippe GmbH**
Sankt Augustin
53757 Sankt Augustin
Tel. 02241 - 31 64-0
Fax 02241 - 31 64 - 36
info@asgard.de
www.asgard.de
Verlagsleitung: Stefan Maus, Uwe Schliebusch
Zum Verlag: Fachverlag
Gründungsjahr: 1947
Programm: Ärztliches Gebührenordnungsrecht, Sozialrecht, Sozialpolitik
Ms.-Interessen: Gesundheitspolitik, Sozialpolitik, Sozialrecht, Kommentare
Ms.-Angebote: nach vorheriger telefonischer Anfrage, als Exposé mit Textprobe von 10 Seiten
Medium: Papierausdruck, Diskette
Ms.-Rücksendung: ja

ASKU-Presse
Wilhelm-Leuschner-Str. 2
61231 Bad Nauheim
Tel. 06032 - 721 56
Fax 06032 - 721 57
verlag@asku-presse.de
www.asku-presse.de
Verleger: Sven Uftring
Verlagsleitung: Sven Uftring
Programm: Belletristik, Lyrik, Philosophie, Umweltthemen, Illustrierte Bücher, Hörbücher
Ms.-Interessen: keine
Ms.-Angebote: nach vorheriger telefonischer Anfrage, als Manuskript
Medium: Papierausdruck
Ms.-Rücksendung: ja, mit Rückporto

Assoziation A
Gneisenaustr. 2a
10961 Berlin
Tel. 030 - 69 58 29 71
Fax 030 - 69 58 29 73
assoziation-@t-online.de
www.assoziation-a.de
Programm: Linke Politische Literatur, Belletristik, Lateinamerika
Ms.-Angebote: nach vorheriger telefonischer Anfrage, Textprobe von 30 Seiten
Medium: E-Mail
Ms.-Rücksendung: nein

Atlantik Verlags- und Mediengesellschaft
Elsflether Str. 29
28219 Bremen
Tel. 0421 - 38 25 35
Fax 0421 - 38 25 77
atlantik@brainlift.de
www.atlantik-verlag.de
Gründungsjahr: 1996
Lieferbare Titel: 60
Novitäten: 8
Programm: Afrika, Amerika, Europa, Belletristik und Politisches Sachbuch
Ms.-Angebote: als Exposé mit Textprobe von 10 Seiten
Medium: Papierausdruck
Ms.-Rücksendung: ja, mit Rückporto

Atmosphären Verlag
Gotzinger Str. 52 a
81371 München
Tel. 089 - 76 75 67-0
Fax 089 - 76 75 67-11
info@atmosphären-verlag.de
www.atmosphären-verlag.de
Verlagsleitung: Dr. Michael Günther
Gründungsjahr: 2003
Lieferbare Titel: 17
Novitäten: 17
Programm: Spiritualität, Weltreligionen, Weltkulturen, Alternative Heilkunde, Neue Wissenschaften, östliche Weisheit, Quellen menschlicher Weisheit, Mythen, Märchen
Lektorat: Dr. Michael Günther
Ms.-Interessen: siehe Verlagsprogramm
Ms.-Angebote: als Exposé
Medium: Papierausdruck
Ms.-Rücksendung: ja

Attempto Verlag GmbH
Dischingerweg 5
72070 Tübingen
Tel. 07071 - 97 97-0
Fax 07071 - 752 88
www.attempto-verlag.de
Verleger: Dr. h.c. Gunter Narr
Programm: Pädagogik, Soziologie, Psychologie, Psychiatrie, Philosophie, Literaturwissenschaft, Kunstgeschichte, Kulturgeschichte, Kulturwissenschaft, Zeitgeschichte, Theaterwissenschaft, Sprachwissenschaft, Religion, Sportwissenschaft

Lektorat: Jürgen Frendl
Ms.-Angebote: als Exposé
Medium: Papierausdruck
Ms.-Rücksendung: ja

Auer Verlag GmbH
Heilig-Kreuz-Str. 16
86609 Donauwörth
Tel. 0906 - 73-0
Fax 0906 - 73-177
info@auer-verlag.de
www.auer-verlag.de
Verlagsleitung: Franz-Josef Büchler
Gründungsjahr: 1875
Verlagsgruppe: Klett
Lieferbare Titel: 2500
Novitäten: 150
Programm: Schulbücher, Unterrichtshilfen, Arbeitshefte, Software, Religion, Pädagogik, Handreichungen
Ms.-Angebote: nach vorheriger telefonischer Anfrage, als Exposé
Medium: Papierausdruck, Diskette
Ms.-Rücksendung: ja

Carl-Auer-Systeme Verlag
Weberstr. 2
69120 Heidelberg
Tel. 06221 - 64 38-0
Fax 06221 - 64 38 - 22
info@carl-auer.de
www.carl-auer.de
Programm: Psychotherapie, Familien- und Hypnotherapie, Systemtheorie, Konstruktivismus, Kybernetik

Aufbau-Verlag GmbH
Neue Promenade 6
10178 Berlin
Tel. 030 - 283 94-0
Fax 030 - 283 94-100
info@aufbau-verlag.de
www.aufbau-verlag.de
Verleger: Bernd F. Lunkewitz
Gründungsjahr: 1945
Verlagsgruppe: Aufbau
Lieferbare Titel: 1200
Novitäten: 200
Programm: Biografien, Belletristik, Historische Romane, Kriminalromane, Bildbände, Geschichte der Neuzeit, Kulturgeschichte, Kurzgeschichten, Literaturwissenschaft, Politik, Zeitgeschichte
Ms.-Angebote: als Exposé mit Textprobe von 5-10 Seiten
Medium: Papierausdruck
Ms.-Rücksendung: ja, mit Rückporto

Aufbau Taschenbuch Verlag GmbH
Neue Promenade 6
10178 Berlin
Tel. 030 - 283 94-0
Fax 030 - 283 94-100
info@aufbau-verlag.de
www.aufbau-verlag.de
Verleger: Bernd F. Lunkewitz
Gründungsjahr: 1991
Verlagsgruppe: Aufbau
Programm: Biografien, Belletristik, Historische Romane, Kriminalromane, Erotik, Film, Fernsehen,

Kulturgeschichte, Kurzgeschichten, Literaturwissenschaft, Märchen, Politik, Zeitgeschichte
Lektorat: René Strien (Dw -113, Fax: -100)
Ms.-Angebote: als Exposé mit Textprobe von 5-10 Seiten
Medium: Papierausdruck
Ms.-Rücksendung: ja, mit Rückporto

Augustus – siehe *Verlagsgruppe Droemer Weltbild*

Aulis Verlag Deubner & Co KG
Antwerpener Str. 6-12
50672 Köln
Tel. 0221 - 951 45 40
Fax 0221 - 51 84 43
aulis@netcologne.de
Programm: Schulbücher für alle Stufen, Naturwissenschaftliche Jugendliteratur

AURUM in J. Kamphausen Verlag & Distribution GmbH
Buddestr. 15
33602 Bielefeld
Tel. 0521 - 560 52-0
Fax 0521 - 560 52 - 29
info@j-kamphausen.de
www.weltinnenraum.de
Verleger: Joachim Kamphausen
Verlagsleitung: Joachim Kamphausen
Gründungsjahr: 1974, bei J.Kamphausen seit 2001

Verlagsgruppe: J. Kamphausen GmbH
Lieferbare Titel: 91
Novitäten: ca. 8
Programm: Christliche Mystik, Mystik Allgemein, Buddhismus, Ganzheitliche Gesundheit, Kreativität
Lektorat: Programmleitung: Dirk Grosser
Ms.-Interessen: siehe Verlagsprogramm
Ms.-Angebote: als Exposé
Medium: Papierausdruck
Ms.-Rücksendung: ja, mit Rückporto

Auwald Verlag e.K.
Fahrenberg 17E
45257 Essen
Tel. 0201 - 48 57 15
Fax 0201 - 48 77 91
www.auwald.de
Verleger: Dr. Dieter Vetterkind
Verlagsleitung: Dr. Dieter Vetterkind
Gründungsjahr: 1998
Lieferbare Titel: 15
Novitäten: 4
Programm: Deutsche Familiensaga, Belletristik, Filmdrehbuch, Kunstbuch
Ms.-Interessen: Roman (Dorf und Stadt; Menschen; Probleme und Werte; Familie; Liebe, Hass und Eifersucht); Drehbücher
Ms.-Angebote: als Exposé mit Textprobe von 10 Seiten
Medium: Papierausdruck
Ms.-Rücksendung: ja, mit Rückporto

Aviatic Verlag GmbH
Kolpingring 16
82041 Oberhaching
Tel. 089 - 61 38 90-0
Fax 089 - 61 38 90-10
aviatic@t-online.de
www.aviatic.de
Verleger: Peter Pletschacher
Gründungsjahr: 1985
Lieferbare Titel: 30
Novitäten: 5-6
Programm: Luftfahrt, Bildbände, Fachzeitschriften, Technik
Lektorat: Peter Pletschacher
Ms.-Angebote: als Exposé, als Manuskript
Medium: Papierausdruck
Ms.-Rücksendung: ja

Avinus Verlag
Gustav-Adolf-Str. 10
13086 Berlin
Tel. 030 - 924 05 - 410
Fax 030 - 924 05 - 411
kontakt@avinus.de
www.avinus.de
Verleger: Bettina Dier, Dr. Thomas Weber
Verlagsleitung: Dr. Thomas Weber
Gründungsjahr: 1992
Programm: Romanophile Medien- und Kommunikationswissenschaft
Ms.-Interessen: Medienbezug sollte vorhanden sein
Ms.-Angebote: nach vorheriger telefonischer Anfrage, als Exposé oder als Exposé mit Textprobe von 10 Seiten, als Manuskript
Medium: Papierausdruck, E-Mail
Ms.-Rücksendung: ja, mit Rückporto

AvivA Verlag Britta Jürgs GmbH
Emdener Str. 33
10551 Berlin
Tel. 030 - 39 73 13 72
Fax 030 - 39 73 13 71
aviva@txt.de
www.aviva-verlag.de
Verlegerin: Britta Jürgs
Verlagsleitung: Britta Jürgs
Gründungsjahr: 1997
Lieferbare Titel: 26
Novitäten: 3-4
Programm: Frauen in Kunst, Literatur und Kulturgeschichte, Autorinnen der Weimarer Republik
Ms.-Interessen: biografische Essays über Künstlerinnen, weibliche Kulturgeschichte
Ms.-Angebote: nach vorheriger telefonischer Anfrage, als Exposé mit Textprobe
Medium: Papierausdruck
Ms.-Rücksendung: ja, mit Rückporto

Avlos Verlag
Postfach 800648
51006 Köln
tfrahm@abv.de
www.avlos.de
Verleger: Thomas Frahm
Gründungsjahr: 1995

Novitäten: wenige Novitäten, nur nach Anfrage
Programm: Bulgarische Literatur, Ausländische Autoren schreiben Deutsch, Regionalia, Belletristik, Lyrik
Ms.-Interessen: Regionalia, Autoren über ihren Heimat-Wohnort
Ms.-Angebote: nach vorheriger schriftlicher Anfrage
Medium: Papierausdruck, Diskette
Ms.-Rücksendung: ja, mit Rückporto

B & E-Verlag
Sauterstr. 36
67433 Neustadt
Tel. 06321 - 48 93 43
Fax 06321 - 48 93 45
Verleger: Steffen Boiselle, Clemens Ellert
Programm: Comics, Cartoons
Lektorat: Steffen Boiselle, Clemens Ellert
Ms.-Angebote: als Manuskript
Medium: Papierausdruck
Ms.-Rücksendung: ja, mit Rückporto

b_books
Lübbener Str. 14
10997 Berlin
Tel. 030 - 611 78 44
Fax 030 - 618 58 10
x@bbooksz.de
www.bbooksz.de
Gründungsjahr: 1998
Lieferbare Titel: 25
Novitäten: 10

Programm: Politische Theorie, Feminismus, Pop, Kunst, Technologiekritik
Lektorat: Kim Hörbe, Stephan Geene
Medium: E-Mail

Babel Verlag Bülent Tulay
Tal 42
80331 München
Tel. 089 - 58 00 88 - 37
Fax 089 - 58 00 88 - 31
babel@tulay-kollegen.de
Verleger: Bülent Tulay
Gründungsjahr: 1985
Lieferbare Titel: 25
Novitäten: 6
Programm: Migrationsliteratur, Türkische Literatur, Türken in Deutschland
Lektorat: Franz Joseph Herrmann

Babel Verlag
Lorenz-Paul-Str. 4
86920 Denklingen
Tel. 08243 - 96 16 91
Fax 08243 - 96 16 14
info@babel-verlag.de
www.babel-verlag.de
Verleger: Kevin Perryman
Gründungsjahr: 1983
Lieferbare Titel: 35
Novitäten: 2-3
Programm: Lyrik
Ms.-Angebote: als Manuskript wenige kurze Gedichte, max. 5
Medium: Papierausdruck
Ms.-Rücksendung: ja, mit Rückporto

J. P. Bachem GmbH
Ursulaplatz 1
50668 Köln
Tel. 0221 - 16 19-0
Fax 0221 - 16 19-159
detlef.reich@bachem.de
www.bachem.de
Verleger: Lambert Bachem,
Claus Bachem
Verlagsleitung: Cheflektor:
Detlef Reich
Programm: Regionalliteratur: Köln, Rheinland, Düsseldorf, Eifel, Ruhrgebiet
Lektorat: Kerstin Goldbach, Dw -126
Ms.-Angebote: als Exposé mit Textprobe
Medium: Papierausdruck, Diskette, E-Mail
Ms.-Rücksendung: ja

Dr. Bachmaier Verlag GmbH
Kagerstr. 8B
81669 München
Tel. 089 - 68 51 20
Fax 089 - 68 51 20
contact@verlag-drbachmaier.de
www.verlag-drbachmaier.de
Programm: Philosophie, Belletristik und Sachbuch
Ms.-Angebote: als Exposé, als Manuskript
Medium: Papierausdruck, Diskette
Ms.-Rücksendung: ja, mit Rückporto

Karl Baedeker Verlag
Marco-Polo-Zentrum
73760 Ostfildern
Tel. 0711 - 45 02-0
Fax 0711 - 45 02-343
baedeker@mairs.de
Verleger: Dr. Volkmar Mair,
Dr. Stephanie Mair-Huydts
Lieferbare Titel: 140
Programm: Reisen
Lektorat: Chefred. Rainer Eisenschmid (Dw -262)
Ms.-Angebote: nach vorheriger telefonischer Anfrage

C. Bange Verlag GmbH
Marienplatz 12
96142 Hollfeld
Tel. 09274 - 941 30
Fax 09274 - 941 32
appel@bange-verlag.de
www.bange-verlag.de
Verleger: Thomas Appel,
Kerstin Lange
Zum Verlag: Selbstständig geführter, unabhängiger Verlag, der Verlag für Interpretationshilfen (Königs Erläuterungen), Lernhilfen, klassische Texte für den Unterricht, Abiturhilfen für das Fach Deutsch, wortgetreue Übersetzungen griechischer und römischer Klassiker (Gallischer Krieg, Metamorphosen ...)
Gründungsjahr: 1871
Lieferbare Titel: 700
Novitäten: 20-30

Programm: Lernhilfen, Formelsammlungen, Interpretationen, Klassische Texte
Lektorat: Frau Frank, Frau Lange
Ms.-Angebote: nach vorheriger telefonischer Anfrage
Medium: Diskette, E-Mail
Ms.-Rücksendung: ja

Bärenreiter-Verlag
Heinrich-Schütz-Allee 35
34131 Kassel
Tel. 0561 - 31 05-0
Fax 0561 - 31 05 - 240
baerenreiter@baerenreiter.com
www.baerenreiter.com
Verleger: Barbara Scheuch-Vötterle, Leonard Scheuch
Verlagsleitung: Dr. Wendelin Göbel
Gründungsjahr: 1923
Programm: Musikalien, Musikbücher, Wissenschaftliche Gesamtausgaben, Praktische Urtextausgaben, Aufführungsmaterial, Studienpartituren
Lektorat: Dr. Jutta Schmoll-Barthel, schmoll-barthel@baerenreiter.de
Ms.-Angebote: als Manuskript, als Exposé mit Textprobe
Medium: Papierausdruck, E-Mail
Ms.-Rücksendung: ja

O.W. Barth Verlag
Hedderichstr. 114
60596 Frankfurt am Main
Tel. 069 - 606 22 50
Fax 069 - 606 23 26
petra.eisele@fischerverlage.de
www.fischerverlag.de
Verlegerin: Monika Schoeller
Verlagsleitung: Peter Lohmann, Lothar Kleiner
Gründungsjahr: 1924
Verlagsgruppe: S. Fischer-Verlage
Programm: Alternative Gesundheit, Lebenshilfe, Buddhismus u.a. Spirituelle Traditionen
Lektorat: Dr. Petra Eisele
Ms.-Interessen: nach vorheriger telefonischer Anfrage
Ms.-Angebote: Papierausdruck
Medium: ja, mit Rückporto

**J. A. Barth Verlag
im Georg Thieme Verlag**
Rüdigerstr. 14
70469 Stuttgart
Tel. 0711 - 89 31-0
Fax 0711 - 89 31 - 298
Verlagsleitung: Dr. Thomas Scherb
Programm: Medizin

Bartkowiaks forum book art
Körnerstr. 24
22301 Hamburg
Tel. 040 - 279 36 74
Fax 040 - 270 43 97
info@forumbookart.com
www.forumbookart.com
Verlagsleitung: Heinz Stefan Bartkowiak
Programm: Katalog und Bibliographie zeitgenössischer Handpressendrucke, Künstlerbücher, Maler-

bücher, Mappenwerke und Einblattdrucke
Ms.-Angebote: nach vorheriger telefonischer Anfrage

Basisdruck Verlag
Schliemannstr. 23
10347 Berlin
Tel. 030 - 445 76 80
Fax 030 - 445 95 99
www.basisdruck.de
Verleger: Stefan Ret, Klaus Wolfram
Verlagsleitung: Stefan Ret
Gründungsjahr: 1989
Lieferbare Titel: 70
Programm: Zeitkritisches, Essay, Philosophie, Historisches, Dokumentarisches, Politisches
Lektorat: Stefan Ret, Klaus Wolfram
Ms.-Angebote: nach vorheriger telefonischer Anfrage, als Exposé mit Textprobe von 5 Seiten
Medium: Papierausdruck
Ms.-Rücksendung: ja, mit Rückporto

Bassermann Verlag
Bayerstr. 71-73
80335 München
Tel. 089 - 41 36-0
Fax 089 - 41 36 - 3115
info@randomhouse.de
www.randomhouse.de
Verleger: Klaus Eck, Joerg Pfuhl (CEO), Claudia Reitter
Verlagsleitung: Stefan Ewald
Verlagsgruppe: Random House

hendrik bäßler verlag berlin
Strausberger Platz 12
10243 Berlin
Tel. 030 - 24 08 58 56
Fax 030 - 249 26 53
info@baesslerverlag.de
www.baesslerverlag.de
Verleger: Hendrik Bäßler
Gründungsjahr: 1994
Programm: Regionale Reiseführer, Regionalia
Ms.-Angebote: nach vorheriger telefonischer Anfrage
Ms.-Rücksendung: ja, mit Rückporto

Bastei Lübbe Taschenbücher
Scheidtbachstr. 23-31
51469 Bergisch Gladbach
Tel. 02202 - 12 10
Fax 02202 - 121-927
bastei.luebbe@luebbe.de
www.luebbe.de
Verleger: Stefan Lübbe
Verlagsleitung: Dr. Heike Fischer; Geschäftsführung: Karlheinz Jungbeck (Sprecher), Dr. Peter Lieger, Dr. Uwe Sertel
Verlagsgruppe: Lübbe: Bastei Verlag, Gustav Lübbe Verlag, BLT, Bastei Lübbe Stars, edition Lübbe, Ehrenwirth Verlag, Lübbe Audio
Programm: Belletristik Jedweden Genres: Thriller, Krimis, Historische Romane, Historische Liebesromane, Gesellschaftsromane, Frauenromane, Erotik, Trendthemen, Fantasy, Science Fiction; Sachbuch:

Geschichte, Zeitgeschichte, Biografien und Autobiografien
Ms.-Angebote: als Exposé mit Textprobe von 30 Seiten
Medium: Papierausdruck
Ms.-Rücksendung: nein

Bastei Lübbe Stars
Scheidtbachstr. 23-31
51469 Bergisch Gladbach
Tel. 02202 - 12 10
Fax 02202 - 121-927
info@luebbe
www.luebbe.de
Verleger: Stefan Lübbe
Verlagsleitung: Dr. Heike Fischer; Geschäftsführung: Karlheinz Jungbeck (Sprecher), Dr. Peter Lieger, Dr. Uwe Sertel
Verlagsgruppe: Lübbe: Bastei Verlag, Gustav Lübbe Verlag, Bastei Lübbe Taschenbücher, BLT, edition Lübbe, Ehrenwirth Verlag, Lübbe Audio
Programm: preiswerte Unterhaltungsliteratur als Hardcover, Taschenbuch und Audio

Battenberg Verlag
Hilblestr. 54
80636 München
Tel. 089 - 92 71-0
Fax 089 - 92 71-358
www.droemer-knaur.de
Verlagsleitung: Bernhard Meuser
Verlagsgruppe: Droemer-Knaur
Novitäten: 10

Programm: Antiquitäten- und Sammlerliteratur, Numismatik
Lektorat: Michael Schönberger (Programmleitung, Dw -280)
Ms.-Interessen: siehe Verlagsprogramm
Ms.-Angebote: nach vorheriger telefonischer Anfrage, als Exposé mit Textprobe von 4 Seiten und Inhaltsverzeichnis
Medium: Papierausdruck, E-Mail
Ms.-Rücksendung: ja, mit Rückporto

Verlag Bau + Technik GmbH
Steinhof 39
40699 Erkrath
Tel. 0211 - 924 99 20
Fax 0211 - 924 99 55
fiolka@verlagbt.de
www.verlagbt.de
Programm: Baufachliteratur, Architektur, Baugeschichte, Umwelt, Hoch- und Tiefbau, Betontechnologie, Betontechnik

Verlag Hermann Bauer GmbH & Co.KG
Kronenstr. 2 - 4
79100 Freiburg/Br.
Tel. 0761 - 70 82-0
Fax 0761 - 70 18 11 / 70 15 90
info@hermann-bauer.de
www.hermann-bauer.de
Programm: Lebenshilfe, Spiritualität, Alternative Heilmethoden, Bücher für die Seelische, Geistige und körperliche Entwicklung

Ms.-Angebote: nach vorheriger telefonischer Anfrage, als Exposé mit Textprobe von 5 Seiten
Medium: Papierausdruck, E-Mail
Ms.-Rücksendung: ja

Bauhaus-Universität-Weimar Universitätsverlag
Marienstr. 5
99423 Weimar
Tel. 03643 - 58 11 50
Fax 03643 - 58 11 56
heidemarie.schirmer@uv.uni-weimar.de
www.uni-weimar.de
Programm: Architektur, Bauingenieurwesen, Kunst, Design, Medien, Philosophie, Fotografie und Musik

Baumhaus Buchverlag GmbH
Juliusstr. 12
60487 Frankfurt am Main
Tel. 069 - 97 77 67-0
Fax 069 - 977 77 67 - 67
mailbox@baumhaus-verlag.de
www.baumhaus-verlag.de
Verleger: Bodo Horn-Rumold
Verlagsleitung: Bodo Horn-Rumold
Programm: Kinder-Bilderbücher, Erstleser-Bücher, Tonträger
Lektorat: Programmleitung: Gabi Strobel
Ms.-Angebote: als Exposé mit Textprobe
Medium: Papierausdruck
Ms.-Rücksendung: ja, mit Rückporto

Bauverlag BV GmbH
Avenwedder Str. 55
33311 Gütersloh
Tel. 01805 - 552 25 33
Fax 05241 - 80 - 93 13 oder 96 50
www.bauverlag.de
Programm: Fachzeitschriften und Sonderpublikationen im Bereich Bau und Architektur

be.bra verlag gmbH
KulturBrauerei, Haus S
Schönhauser Allee 37
10435 Berlin
Tel. 030 - 44 02 38 10
Fax 030 - 44 02 38 19
www.bebraverlag.de
Verleger: Ulrich Hopp
Gründungsjahr: 1994
Lieferbare Titel: 200
Novitäten: 30
Programm: Regionalia zu Berlin-Brandenburg, Architektur, Bildbände, Essen und Trinken, Kulturgeschichte, Zeitgeschichte, Biografien, Verkehrsgeschichte, Alltagskultur, Krimis
Lektorat: Christian Härtel
Ms.-Angebote: als Exposé
Medium: Papierausdruck
Ms.-Rücksendung: ja, mit Rückporto

Bechtermünz & Weltbild
Hilblestr. 54
80636 München
Tel. 089 - 92 71-0
Fax 089 - 92 71-168

info@droemer-knaur.de
www.droemer-knaur.de
Verlagsgruppe: Droemer Weltbild
Programm: Sachbücher, Kunst- und Bildbände, Ratgeber, Lexika

Verlag C. H. Beck
Wilhelmstr. 9
80801 München
Tel. 089 - 381 89-0
Fax 089 - 381 89-398, -402
info.lsw@beck.de
www.beck.de
Programm: Literatur, Sachbuch, Wissenschaft
Ms.-Angebote: als Exposé, als Manuskript
Medium: Papierausdruck

Verlag Hartmut Becker
In den Borngärten 9
35274 Kirchhain
Tel. 06427 - 93 04 55
Fax 06427 - 93 04 57
verlag-hartmut-becker@t-online.de
www.verlag-hartmut-becker.de
Verleger: Hartmut Becker
Gründungsjahr: 1992
Lieferbare Titel: 40
Novitäten: 5-12
Programm: Bücher zu Fragen der Lebensgestaltung (Ratgeber, Sachbücher, Belletristik); Buchreihen: Existenzielle Grundfragen, Lebensgestaltung, Lebenserfahrungen, Gesundheit und Medizin, Gesellschaftliche Grundfragen, Religion und Religionskritik, Psychologie u.a.
Lektorat: Hartmut Becker, Armin Schmidt
Ms.-Interessen: Manuskripte zu Lebensfragen und Themen wie Glück, Liebe, Sinn, Sucht, Gesunde Ernährung, Schule der Zukunft, Kindererziehung u.a.
Ms.-Angebote: als Manuskript
Medium: Papierausdruck
Ms.-Rücksendung: ja, mit Rückporto

Belleville Verlag Michael Farin
Hormayrstr. 15
80997 München
Tel. 089 - 149 27 99
Fax 089 - 140 45 85
belleville@t-online.de
Programm: Belletristik, Kulturgeschichte, Film, Psychologie

Belser Verlag
Pfizerstr. 5-7
70184 Stuttgart
Tel. 0711 - 219 10
Fax 0711 - 219 13 55
info@kosmos.de
www.belser-verlag.de
Verlagsleitung: Bernhard Kolb
Programm: Kunst, Kultur, Buchmalerei
Lektorat: Astrid C. Hurh (Kunstbuch)
Ms.-Angebote: nach vorheriger telefonischer Anfrage, als Exposé mit Textprobe von 20 Seiten

Medium: Papierausdruck, Diskette, E-Mail
Ms.-Rücksendung: nein

Beltz Verlag
Werderstr. 10
69469 Weinheim
Tel. 06201 - 60 07-0
Fax 06201 - 174 64
www.beltz.de
Verlegerin: Marianne Rübelmann-Herrmann
Verlagsleitung: Peter E. Kalb
Programm: Fachbücher zu: Pädagogik und Lehrerhandbücher
Lektorat: Ingeborg Sachsenmeiner, Jürgen Hahnemann
Ms.-Angebote: als Exposé, als Manuskript
Medium: Papierausdruck, E-Mail
Ms.-Rücksendung: ja

Verlag Beltz & Gelberg
Werderstr. 10
69469 Weinheim
Tel. 06201 - 60 07-0
Fax 06201 - 174 64
www.beltz.de
Verlegerin: Marianne Rübelmann-Herrmann
Verlagsleitung: Ulrich Störiko-Blume
Verlagsgruppe: Beltz
Lieferbare Titel: 800
Novitäten: 70
Programm: Jugendbücher, Jugendsachbücher, Kinderbücher

Beltz Athenäum
Werderstr. 10
69469 Weinheim
Tel. 06201 - 60 07-0
Fax 06201 - 60 07 - 484
m.runge@beltz.de
www.beltz.de
Verlegerin: Marianne Rübelmann-Herrmann
Verlagsleitung: Peter E. Kalb
Programm: Geschichte, Literaturwissenschaft, Philosophie, Sprachwissenschaften
Lektorat: Manuela Runge
Ms.-Interessen: Philosophie für Schule und Ausbildung
Ms.-Angebote: nach vorheriger telefonischer Anfrage, als Exposé mit Textprobe von 10 Seiten
Medium: Papierausdruck
Ms.-Rücksendung: ja, mit Rückporto

Beltz Taschenbuch Verlag
Werderstr. 10
69469 Weinheim
Tel. 06201 - 60 07-0
Fax 06201 - 174 64
info@beltz.de
www.beltz.de
Verleger: Dr. Manfred Beltz Rübelmann
Verlagsleitung: Dr. Ralf-Peter Märtin
Programm: Psychologie, Ratgeber, Pädagogik
Lektorat: Dr. Claus Koch (Dw -369, Fax: -387), Kinder- u. Jugendbuch:

Silvia Bartoll (Dw -367, Fax: 06201 - 174 64)
Ms.-Angebote: als Exposé, als Manuskript
Medium: Papierausdruck
Ms.-Rücksendung: Ratgeber, Sachbuch: ja, Kinder- und Jugendbuch: nein

Beltz PVO
Werderstr. 10
69469 Weinheim
Tel. 06201 - 60 07-0
Fax 06201 - 60 07 - 395
m.frommher@beltz.de
www.beltz.de
Verleger: Dr. Manfred Beltz Rübelmann
Programm: Fach- und Lehrbücher: Psychologie
Lektorat: Dipl. Psych. Gerhard Tinger (Dw -370), Dipl. Psych. Karin Ohms (Dw -368)
Ms.-Angebote: als Exposé
Medium: Papierausdruck, Diskette
Ms.-Rücksendung: ja

Theo Bender Verlag
Augustinerstr. 18
55116 Mainz
Tel. 06131 - 58 05 91
Fax 06131 - 58 05 92
kontakt@bender-verlag.de
www.bender-verlag.de
Verleger: Theo Bender
Gründungsjahr: 1999
Verlagsgruppe: Ventil VLG KG

Lieferbare Titel: 13
Programm: Sach- und Fachbücher rund ums Kino, Film, Fernsehen
Ms.-Interessen: ausschließlich aus dem Bereich Sach- und Fachbuch Film
Ms.-Angebote: nach vorheriger telefonischer Anfrage
Ms.-Rücksendung: ja, mit Rückporto

Benziger Verlag
Am Wehrhahn 100
40211 Düsseldorf
Tel. 0211 - 167 95-0
Fax 0211 - 167 95 75
service@patmos.de
www.patmos.de
Verleger: Dr. Tullio Aurelio
Verlagsleitung: Dr. Tullio Aurelio
Verlagsgruppe: Imprint des Patmos-Verlagshauses
Programm: Kunstgeschichte, Religion und Spiritualität, Zeitgenössische Literatur, Biografien, Liturgika
Ms.-Angebote: als Manuskript
Medium: Papierausdruck
Ms.-Rücksendung: ja

Berenberg Verlag
Ludwigkirchstr. 10a
10719 Berlin
Tel. 030 - 21 91 63 60
Fax 030 - 21 91 63 61
h.berenberg@t-online.de
www.berenberg-verlag.de
Verlagsleitung: Heinrich und Petra Berenberg

Zum Verlag: Autobiografische und biografische Literatur, Memoirenliteratur, Essays, Zeitgeschichte
Gründungsjahr: 2003
Lieferbare Titel: 4
Novitäten: 6
Programm: Autobiografische und biografische Literatur, Memoirenliteratur, Essays, Zeitgeschichte
Ms.-Angebote: als Exposé
Ms.-Rücksendung: ja, mit Rückporto

J. Berg Verlag
Innsbrucker Ring 15
81673 München
Tel. 089 - 13 06 99-0
Fax 089 - 13 06 99-30
info@bruckmann.de
www.bruckmann.de
Programm: Berg-Bildbände, Tourenführer

Bergmoser + Höller Verlag AG
Karl-Friedrich-Str. 76
52072 Aachen
Tel. 0241 - 938 88 - 10
Fax 0241 - 938 88 - 134
kontakt@buhv.de / www.buhv.de
Verleger: Peter Tiarks
Verlagsleitung: Vorstand: Andreas Bergmoser, Aufsichtsratsvorsitz: Karl R. Höller
Zum Verlag: Fachzeitschriften
Gründungsjahr: 1970
Programm: Schule: Arbeitsmaterialien für Erzieher im Kindergarten und Hort, Sekundarstufe I, II der Fächer Politik, Geschichte, Deutsch, Englisch, Religion. Theologie: Pastorale und Liturgische Materialdienste
Lektorat: Claudia Bley (Dw -177 Grundschule und Kindergarten), Ute Greifnieder (Dw -147 Englisch), Theologie: Michael Tillmann (Dw -168), Andreas Bolha (Dw -119), Angela Reinders (Dw -153), Anne Weinmann (Dw -120)
Ms.-Interessen: Erprobte Unterrichts- und Arbeitsmaterialien
Ms.-Angebote: nach vorheriger telefonischer Anfrage, als Exposé
Medium: Papierausdruck
Ms.-Rücksendung: ja, mit Rückporto

Berlin Edition in der Quintessenz Verlags-GmbH
Ifenpfad 2-4
12107 Berlin
Tel. 030 - 761 80-5
Fax 030 - 761 80-693
editionq@quintessenz.de
www.quintessenz.de
Verleger: Horst-Wolfgang Hase
Verlagsleitung: Johannes W. Wolters
Gründungsjahr: 1998
Verlagsgruppe: gehört seit 2004 zu be.bra Verlag
Programm: Berlin-Literatur, Kunst und Kulturgeschichte, Architektur
Lektorat: Bernhard Thieme, Dw -640, thieme@quintessenz.de
Ms.-Angebote: als Exposé
Medium: Diskette, E-Mail
Ms.-Rücksendung: ja

BV Berlin Verlag GmbH
Greifswalder Str. 207
10405 Berlin
Tel. 030 - 44 38 45-0
Fax 030 - 44 38 45-95
info@berlinverlag.de
Verleger: Elisabeth Ruge
Verlagsgruppe: Bloomsbury
Programm: Internationale Belletristik, Internationales Sachbuch, Geistes- und Gesellschaftswissenschaften, Historische Romane, Kriminalromane, Frauenforschung, Geschichte der Neuzeit, Kulturgeschichte, Kurzgeschichten, Lyrik, Medienwissenschaft, Philosophie, Politik
Ms.-Angebote: als Exposé mit Textprobe
Medium: Papierausdruck
Ms.-Rücksendung: ja, mit Rückporto

BVT Berliner Taschenbuch Verlag
Greifswalder Str. 207
10406 Berlin
Tel. 030 - 44 38 45-0
Fax 030 - 44 38 45-95
s.lammers@berlinverlag.de
www.berlinverlag.de
Verleger: Elisabeth Ruge
Verlagsgruppe: Bloomsbury
Programm: Belletristik, Sachbuch
Lektorat: Dr. Sabine Lammers
(Fax: 030 - 44 38 45-46)
Ms.-Angebote: als Exposé mit Textprobe
Medium: Papierausdruck
Ms.-Rücksendung: ja, mit Rückporto

Berliner Handpresse
Naunynstr. 69
10997 Berlin
Tel. 030 - 614 26 05, 614 87 28
Fax 030 - 61 62 86 72
berlinerhandpressejoerg@t-online.de
www.berlinerhandpresse.de
Verleger: Wolfgang Jörg
Gründungsjahr: 1961
Novitäten: 5
Programm: Handpressendruck mit Originalgrafik

Berliner Wissenschafts-Verlag GmbH
Axel-Springer-Str. 54 B
10117 Berlin
Tel. 030 - 84 17 70-0
Fax 030 - 84 17 70-21
bwv@bwv-verlag.de
www.bwv.de
Verleger: Dr. Volker Schwarz, Klaus Michaletz
Verlagsleitung: Brigitta Weiss
Gründungsjahr: 1962
Verlagsgruppe: seit 1992 Partner der Nomos Verlagsgesellschaft
Lieferbare Titel: 1300
Novitäten: 150
Programm: Osteuropa, Nordeuropa, Recht, Verwaltung, Politik, Geschichte, Wirtschaft, Kulturwissen-

schaft, Geisteswissenschaften, Zeitgeschichte, Studienhilfen, Berlinforschung
Lektorat: Claudia Delfs (Dw -13), Dorit Weiske
Ms.-Angebote: nach vorheriger telefonischer Anfrage, als Exposé
Medium: Papierausdruck
Ms.-Rücksendung: ja, mit Rückporto

Bernard & Graefe Verlag GmbH & Co. KG
Heilsbachstr. 26
53123 Bonn
Tel. 0228 - 64 83-0
Fax 0228 - 64 83-109
Verleger: Manfred Sadlowski
Verlagsleitung: Joachim Knoche
Gründungsjahr: 1918
Lieferbare Titel: 350
Novitäten: 15
Programm: Geschichte der Neuzeit, Militär, Politik, Technik, Luftfahrt, Marine
Ms.-Angebote: nach vorheriger telefonischer Anfrage, als Exposé
Medium: Papierausdruck
Ms.-Rücksendung: ja

Bernstein-Verlag
Andreas und Paul Remmel
Endenicher Str. 97
53115 Bonn
Tel. 0228 - 965 87-18 u. 19
Fax 0228 - 965 87-20
www.bernstein-verlag.de

Zum Verlag: Wissenschaft und Fachverlag
Gründungsjahr: 2002
Programm: Wissenschaft: Recht und Wirtschaft, Theologie und Philosophie, Geschichte und Altertumswissenschaft, Literaturwissenschaft (Goethe)
Ms.-Angebote: als Exposé, als Manuskript
Medium: Papierausdruck, E-Mail
Ms.-Rücksendung: ja

C. Bertelsmann Verlag
Neumarkter Str. 28
81673 München
Tel. 089 - 41 36-0
Fax 089 - 41 36-3885
info@randomhouse.de
www.bertelsmann-verlag.de
Verleger: Klaus Eck
Verlagsleitung: Johannes Jakob
Verlagsgruppe: Random House
Programm: Belletristik, Sachbücher
Ms.-Angebote: als Exposé mit Textprobe von 30 Seiten
Medium: Papierausdruck
Ms.-Rücksendung: ja

C. Bertelsmann Jugendbuch Verlag
Neumarkter Str. 18
81673 München
Tel. 089 - 437 20
Fax 089 - 43 72 28 00
info@randomhouse.de
www.randomhouse.de

Verleger: Klaus Eck, Joerg Pfuhl (CEO), Claudia Reitter, Wolfgang Wiedermann
Programm: Bilder-, Kinder- und Jugendbücher

Verlag Bertelsmann Stiftung
Carl-Bertelsmann-Str. 256
33311 Gütersloh
Tel. 05241 - 81 70
Fax 05241 - 81 66 77, 81 95 31
Programm: Bildung, Journalismus, Medienwissenschaft, Medizin, Politik, Soziologie, Verwaltung, Wirtschaft

W. Bertelsmann Verlag
Postfach 10 06 33
33506 Bielefeld
Tel. 0521 - 911 01 - 32
Fax 0521 - 911 01 - 79
karin.luehmann@wbv.de
www.wbv.de
Verlagsleitung: W. Arndt Bertelsmann
Gründungsjahr: 1864
Verlagsgruppe: Fachverlag und Mediendienstleister
Programm: Berufsbildung, Berufsausbildung, Berufliche Weiterbildung, Erwachsenenbildung, Hochschule, Personal- und Organisationsentwicklung, Bildung- und Arbeitsmarktforschung
Lektorat: Karin Lühmann, Redaktionsleiterin
Ms.-Interessen: Ratgeber und Fachliteratur zum Thema Bildung, keine Belletristik
Ms.-Angebote: nach vorheriger telefonischer Anfrage oder per E-Mail
Medium: Papierausdruck, E-Mail
Ms.-Rücksendung: ja

Bertz + Fischer Verlag
Wrangelstr. 67
10997 Berlin
Tel. 030 - 61 28 67 41
Fax 030 - 61 28 67 51
mail@bertz-fischer.de
www.bertz-fischer.de
Programm: Bücher zu Film und TV, über Regisseure und Schauspieler

Betzel Verlag GmbH
Friedensallee 75
39261 Zerbst
Tel. 0 50 21 - 91 48 69
Fax 0 50 21 - 91 48 68
betzelverlag@myramedia.de
www.betzelverlag.de
Verlagsleitung: Ursel Mathew, Dietrich Reinhard

Beuroner Kunstverlag
Abteistr. 1
Abholfach
88631 Beuron
Tel. 07466 - 172 28
Fax 07466 - 172 09
kunstverlag@erzabtei-beuron.de
www.erzabtei-beuron.de
Verleger: Ludger Kruthoff
Gründungsjahr: 1898

Programm: Glückwunschkarten, Kunstkarten, Wissenschaftliche Arbeiten, Literatur über das Mönchtum, Kunstkalender, Heitere Reihe mit Tiergebeten, Bildmeditationen
Lektorat: Ludger Kruthoff, Prof. Dr. Benedikt Schwank OSB
Ms.-Interessen: Heitere Religiöse Literatur, Bildmeditationen, Arbeiten zum Mönchtum
Ms.-Angebote: nach vorheriger telefonischer Anfrage
Medium: Papierausdruck, Diskette
Ms.-Rücksendung: ja

Beust Verlag
Postfach 410 419
80451 München
Tel. 089 - 38 07 65 98
Fax 089 - 38 07 65 98
mail@beustverlag.de
www.beustverlag.de
Verleger: Joachim-Heino Frhr. von Beust
Gründungsjahr: 1994
Lieferbare Titel: 80
Novitäten: 20
Programm: Pädagogik, Psychologie, Erziehung, Lebenshilfe, Ratgeber
Ms.-Angebote: nach vorheriger telefonischer Anfrage, als Exposé
Medium: Papierausdruck, E-Mail
Ms.-Rücksendung: ja, mit Rückporto

Beuth Verlag GmbH
Burggrafenstr. 6
10787 Berlin
Tel. 030 - 26 01 - 22 60
Fax 030 - 26 01 - 12 60
info@beuth.de / www.beuth.de
Verlagsleitung: Claudia Michalski
Gründungsjahr: 1924
Lieferbare Titel: 50.000
Programm: Technisch-Wissenschaftliche Fachliteratur, Architektur, Bildung, Ingenieurwesen, Technik
Lektorat: Lektoratsleitung: Rita von der Grün M.A. (Dw. -2677, rita.gruenvonder@beuth.de
Ms.-Angebote: nach vorheriger telefonischer Anfrage
Medium: Papierausdruck, Diskette
Ms.-Rücksendung: ja

bhv Verlags GmbH
Novesiastr. 60
41564 Kaarst
Tel. 02131 - 765 01
Fax 02131 - 76 51 01
info@bhv.net / www.bhv.net
Verleger: Dieter Dedeke, Benno von Ehr
Programm: Computer, Edutainment, Lern-Software

Bibellesebund-Verlag
Industriestr. 2
51709 Marienheide
Tel. 02264 - 70 45
Fax 02264 - 71 55
info@bibellesebund.de

www.bibellesebund.de
Programm: Christliche Kinderbücher, Edutainment, Jugendbücher, Religion

Bibliographisches Institut & F.A. Brockhaus AG
Dudenstr. 6
68167 Mannheim
Tel. 0621 - 39 01 01
Fax 0621 - 390 13 91
www.duden.de,
www.brockhaus.de,
www.meyerbifab.de
Programm: Fachgebiete: Allgemeine Geschichte, Biografien, Zeitgeschichte, Lehrbücher, Lexika, Kinder- und Jugendbücher, Atlanten und andere Nachschlagewerke, auch auf elektronischen Medien

Biblion Verlag
c/o Kubon & Sagner
Hess-Str. 39-41
80798 München
Tel. 089 - 542 18-106
Fax 089 - 542 18-226
baumgarth@biblion.de
www.biblion.de
Verleger: Stefan Baumgarth
Gründungsjahr: 1996
Programm: Bulgaristik, Slavistik, Belletristik, Literatur in Deutscher Übersetzung, Wissenschaft
Ms.-Angebote: als Exposé
Medium: Papierausdruck
Ms.-Rücksendung: nein

Bibliopolis
Schulpatt 13
59519 Möhnesee-Wamel
Tel. 02924 - 27 81 oder 2753
Fax 02924 - 27 57
bibliopolis@web.de
www.bibliopolis.de
Verleger: Dr. M. Herfort-Koch
Verlagsleitung: Dr. M. Herfort-Koch
Gründungsjahr: 1998
Lieferbare Titel: 70
Novitäten: ca. 10-15
Programm: Klassische Archäologie, Griechische Kunst, Kulturgeschichte und Geschichte (auch Neuzeit), Zyprische Geschichte, Antikenrezeption, Numismatik, Kunstgeschichte Allgemein
Ms.-Angebote: nach vorheriger telefonischer Anfrage, als Manuskript
Medium: Papierausdruck, E-Mail
Ms.-Rücksendung: ja

biblioviel Verlag
Südring 16
44787 Bochum
Tel. 0234 - 913 89-0
Fax 0234 - 913 89 - 15
biblioviel@aol.com
www.biblioviel.de
Verleger: Timo Rieg
Programm: Kirchliche Gemeindearbeit
Ms.-Interessen: Kurzgeschichten für unser Autorenprojekt www.deinwort.de
Ms.-Angebote: nach vorheriger tele-

fonischer Anfrage, als Exposé
Medium: Papierausdruck
Ms.-Rücksendung: ja

BW Bildung und Wissen Verlag und Software GmbH
Südwestpark 82
90449 Nürnberg
Tel. 0911 - 96 76-0
Fax 0911 - 96 76-161
info@bwverlag.de
www.bwverlag.de
Verlagsleitung: Ulrike Sippel
Programm: Bildung, Beruf, Karriere, Studien- und Berufswahl
Ms.-Angebote: als Exposé
Medium: Papierausdruck
Ms.-Rücksendung: ja, mit Rückporto

Bildungshaus Schulbuchverlage Westermann Schroedel Diesterweg Schönigh Winklers GmbH
Georg-Westermann-Allee 66
38104 Braunschweig
Tel. 0531 - 708-0
Fax 0531 - 708-248
schulservice@westermann.de,
www.diesterweg.de,
www.schroedel.de,
www.westermann.de
Programm: Schulatlanten, Schulbuch, Aus- und Weiterbildung, Pädagogische Literatur, Pädagogische Fachzeitschriften
Lektorat: Fax Sekretariat für Grundschule: Dw -347, für Sekundarstufen: 0531 - 708 85 46, für Geografie und Kartographie: Dw -207, für Fachzeitschriften: Dw -374
Ms.-Angebote: als Exposé mit Textprobe
Medium: Papierausdruck
Ms.-Rücksendung: ja

Bildungsverlag Eins GmbH
Sieglarer Str. 2
53842 Troisdorf
Tel. 02241 - 39 76-0
Fax 02241 - 39 76-990
www.bildungsverlag1.de
service@bildungsverlag1.de
Verleger: Wilmar Diepgrund
Verlagsgruppe: WoltersKluwer
Programm: Aus- und Weiterbildung, Bildung, Lern-Software, Schulbücher, Wirtschaft, Technik, Soziales
Ms.-Angebote: nach vorheriger telefonischer Anfrage, als Exposé mit Textprobe (ein Kapitel und Inhaltsverzeichnis)
Medium: Papierausdruck
Ms.-Rücksendung: ja, mit Rückporto

Verlag Friedrich Bischoff GmbH
Gutleutstr. 298
60327 Frankfurt am Main
Tel. 069 - 26 96-0
Fax 069 - 26 96-205
info@bischoff-verlag.de
www.bischoff-verlag.de
Verlagsleitung: Dr. Hans-Jürgen Heudriak

Programm: Kinderbücher, Kinderkassetten, Liederbücher, Kalender, Zeitschriften und Bücher mit Christlichen Inhalten
Lektorat: Andrea Schnizer, Dw -223, lektorat@bischoff-verlag.de
Ms.-Angebote: als Exposé mit Textprobe
Medium: Papierausdruck
Ms.-Rücksendung: ja

Blackwell Wissenschafts-Verlag GmbH
Kurfürstendamm 57
10707 Berlin
Tel. 030 - 32 79 06-27
Fax 030 - 32 79 06-10
verlag@blackwis.de
www.blackwell.de
Verleger: Dr. med. Axel Bedürftig
Zum Verlag: Deutscher Wissenschaftsverlag mit internationaler Anbindung
Programm: Medizin
Lektorat: Dr. rer. physiol. Anne Lütcke (Dw -60, aluetcke@blackwis.de)
Dr. med. Tina Schubert (Dw -13, tschubert@blackwis.de)
Ms.-Angebote: nach vorheriger telefonischer Anfrage, als Exposé
Medium: Papierausdruck, Diskette
Ms.-Rücksendung: ja

Blanvalet Verlag
Neumarkter Str. 18
81673 München
Tel. 089 - 41 36-0
Fax 089 - 41 36-3885
info@randomhouse.de
www.blanvalet-verlag.de
Verleger: Dr. Karl H. Blessing, Klaus Eck, Wolfgang Wiedermann
Verlagsleitung: Silvia Kuttny-Walser
Verlagsgruppe: Random House
Programm: Belletristik, Fantasy, Romane, Heitere Bücher, Biografien, Geschenkbücher
Ms.-Angebote: als Exposé mit 100 S. Textprobe
Medium: Papierausdruck, E-Mail
Ms.-Rücksendung: ja

Blaukreuz-Verlag
Freiligrathstr. 27
42289 Wuppertal
Tel. 0202 - 620 03 60
Fax 0202 - 620 03 81
bkv@blaukreuz.de
www.blaukreuz.de
Verlagsleitung: Horst Westmeier
Programm: Christliche Literatur, Ratgeber Gesundheit, Suchtproblematik, Lebenshilfe, Psychologie, Religion

Karl Blessing Verlag
Neumarkter Str. 18
81673 München
Tel. 089 - 41 36-0
Fax 089 - 41 36-333

info@randomhouse.de
www.randomhouse.de
Verleger: Dr. Karl H. Blessing, Klaus Eck, Wolfgang Wiedermann
Verlagsgruppe: Random House
Programm: Belletristik und Sachbuch

Blindenschrift-Verlag GmbH »Pauline von Mallinckrodt«
Andreasstr. 20
33098 Paderborn
Tel. 05251 - 261 09
Fax 05251 - 257 14
Zum Verlag: Kostenlose Verlagslizenzen, ohne Autorenhonorar
Gründungsjahr: 1845
Lieferbare Titel: 2000
Programm: Umsetzung von Schwarzschriften in Blindenschrift, vor allem Religiöse Literatur, Belletristik, Sachbuch, Kinder- und Jugendbuch

Bloomsbury Berlin
Greifswalder Straße 207
10405 Berlin
Tel. 030 - 44 38 45-0
Fax 030 - 44 38 45-95
lektorat@berlinverlag.de
www.berlinverlag.de
Verlagsgruppe: Bloomsbury
Verleger: Elisabeth Ruge
Programm: Gehobene Unterhaltung, Populäre Sachbücher

Bloomsbury Kinderbücher & Jugendbücher
Greifswalder Straße 207
10405 Berlin
Tel. 030 - 44 38 45-0
Fax 030 - 44 38 45-95
lektorat@berlinverlag.de
www.berlinverlag.de
Verlagsgruppe: Bloomsbury
Verlegerin: Elisabeth Ruge
Programm: Kinder- u. Jugendbuch

Eberhard Blottner Verlag GmbH
Silberbachstr. 9
65232 Taunusstein
Tel. 06128 - 23 60-0
Fax 06128 - 211 80
blottner@blottner.de
www.blottner.de
Verleger: Eberhard Blottner
Verlagsleitung: Britta Blottner
Gründungsjahr: 1988
Lieferbare Titel: 55
Novitäten: 5
Programm: Architektur, Ökologie, Ratgeber: Hausbau, Selbstbau, Hausmodernisierung
Ms.-Angebote: Exposé mit Textprobe
Medium: Papierausdruck
Ms.-Rücksendung: ja, mit Rückporto

BLT
Scheidtbachstr. 23-31
51469 Bergisch Gladbach
Tel. 02202 - 12 10
Fax 02202 - 121-927
blt@luebbe.de

www.luebbe.de
Verleger: Stefan Lübbe
Verlagsleitung: Dr. Heike Fischer; Geschäftsführung: Karlheinz Jungbeck (Sprecher), Dr. Peter Lieger, Dr. Uwe Sertel
Verlagsgruppe: Lübbe: Bastei Verlag, Bastei Lübbe Taschenbücher, Gustav Lübbe Verlag, Bastei Lübbe Stars, edition Lübbe, Ehrenwirth Verlag, Lübbe Audio
Programm: Gehobene Unterhaltungsliteratur
Ms.-Angebote: als Exposé mit Textproben von 30 Seiten
Medium: Papierausdruck
Ms.-Rücksendung: nein

b l u m e n b a r Verlag (GbR)
Schwanthaler Straße 14
80336 München
Tel. 089 - 74 38 95 25
Fax 089 - 74 38 95 26
look@blumenbar.de
www.blumenbar.de
Verleger: Wolfgang Farkas, Lars Birken-Bertsch
Gründungsjahr: 2002
Lieferbare Titel: 11
Novitäten: 4-8
Programm: Belletristik
Ms.-Interessen: Gegenwartsliteratur, Sachbuch
Ms.-Angebote: als Exposé mit Textprobe von 10 Seiten
Medium: Papierausdruck
Ms.-Rücksendung: ja, mit Rückporto

BLV Verlagsgesellschaft mbH
Lothstr. 29
80797 München
Tel. 089 - 127 05-0
Fax 089 - 127 05 - 354
blv-verlag@blv.de / www.blv.de
Verleger: Hartwig Schneider
Verlagsleitung: Hartwig Schneider
Gründungsjahr: 1946
Programm: Bildbände, Essen und Trinken, Gesundheit, Natur, Ratgeber, Reisen, Sport, Fitness, Garten, Heimtiere, Pferde, Alpin, Golf
Lektorat: Programmleitung Garten und Natur: Wilhelm Eisenreich; Programmleitung Sport und Pferde: Sabine Schulz
Ms.-Angebote: als Exposé
Medium: Papierausdruck, E-Mail
Ms.-Rücksendung: ja, mit Rückporto

Verlag Erwin Bochinsky GmbH & Co.KG
Münchener Str. 45
60329 Frankfurt am Main
Tel. 069 - 27 13 78 90
Fax 069 - 871 37 89 94
info@bochinsky-fachbuch.de
www.bochinsky-fachbuch.de
Programm: Fachliteratur für den Musikinstrumentenbau und -handel

Bock + Herchen Verlag
Reichenberger Str. 11e
53604 Bad Honnef
Tel. 02224 - 54 43, 57 75
Fax 02224 - 783 10

buh@bock-net.de
www.bock-net.de
Verleger: Karl Heinz Bock
Verlagsleitung: Karl Heinz Bock
Programm: Wirtschafts-, Sozial-, Rechts-, Staats-, Geistes- und Literaturwissenschaften, Politologie, Technik, Sach- und Fachbücher, Reprints, Bibliotheksveröffentlichungen

K. H. Bock Verlag
Reichenberger Str. 11e
53604 Bad Honnef
Tel. 02224 - 54 43, 57 75
Fax 02224 - 783 10
bock.verlag@t-online.de
www.bock-net.de
Verleger: Karl Heinz Bock
Verlagsleitung: Karl Heinz Bock
Programm: Studien- und Berufsplanung, Studienförderung, Hochschulrecht, Länderrecht, Verzeichnisse empfohlener Lehrbücher, Politik und Geschichte, Kunst, Musik

Klaus Boer Verlag
Volkartstr. 30
80634 München
Tel. 089 - 13 93 80 99
Fax 089 - 13 93 80 98
boer@onlinehome.de
www.boerverlag.de
Verleger: Dr. Klaus Boer
Gründungsjahr: 1984
Lieferbare Titel: 40

Programm: Belletristik, Bildende Kunst, Computer, Geschichte, Medienwissenschaft, Philosophie, Zeitgeschichte
Ms.-Angebote: als Exposé, als Exposé mit Textprobe von 10 Seiten, als Manuskript
Medium: Papierausdruck
Ms.-Rücksendung: ja

Böhlau Verlag
Ursulaplatz 1
50668 Köln
Tel. 0221 - 91 390-0
Fax 0221 - 91 390-32
www.boehlau.de
Verleger: Dr. Peter Rauch
Gründungsjahr: 1951
Lieferbare Titel: 4.000
Novitäten: ca. 150
Programm: Archäologie, Architektur, Wissenschaftliche Biografien, Bildende Kunst, Bildung, Erziehung, Fachzeitschriften, Film, Fernsehen, Frauenforschung, Geschichte, Journalismus, Kulturgeschichte, Literaturwissenschaft, Medienwissenschaft, Musikwissenschaft, Recht, Kirchengeschichte
Lektorat: Programmleitung: Johannes van Ooyen (Dw -24) lektorat@boehlau.de
Ms.-Angebote: nach vorheriger telefonischer Anfrage oder als Exposé mit Textprobe oder als Manuskript
Medium: Papierausdruck, Diskette
Ms.-Rücksendung: ja, mit Rückporto

**Verlag Hermann Böhlaus Nachf.
Weimar GmbH & Co.**
Werastr. 21-23
70182 Stuttgart
Tel. 0711 - 21 94-0
Fax 0711 - 21 94-249
info@metzlerverlag.de
www.metzlerverlag.de
Verlagsleitung: Dr. Bernd Lutz, Michael Justus
Gründungsjahr: 1624
Verlagsgruppe: Georg von Holtzbrinck
Lieferbare Titel: 200
Novitäten: 20
Programm: Werkausgaben, Kulturgeschichten
Ms.-Angebote: als Exposé
Medium: Papierausdruck
Ms.-Rücksendung: ja

Boje Verlag GmbH
Schleißheimer Str. 267
80809 München
Tel. 089 - 35 81 18 30
Fax 089 - 35 81 18 39
Verlagsleitung: Rehné Herzig, Frank Krau
Gründungsjahr: 1932
Programm: Bilderbücher
Ms.-Angebote: nach vorheriger telefonischer Anfrage, als Manuskript
Medium: Papierausdruck
Ms.-Rücksendung: ja, Rückporto erwünscht

Hans Boldt Literaturverlag GmbH
Röntgenweg 2
21423 Winsen/Luhe
Tel. 04171 - 721 46
Fax 04171 - 758 38
1111-890@online.de
www.boldt-verlag.de
Verleger: Hans Boldt
Programm: Belletristik, Schwerpunkt: Erzählungen (Winsener Hefte)
Ms.-Interessen: Erzählungen bis 20 Seiten
Ms.-Angebote: als Exposé
Ms.-Rücksendung: ja, mit Rückporto

**Bonifatius GmbH
Druck – Buch – Verlag**
Karl-Schurz-Str. 26
33100 Paderborn
Tel. 05251 - 15 31 71
Fax 05251 - 15 31 04
buchverlag@bonifatius.de
www.bonifatius.de
Programm: Katholische Theologie, Praktische Theologie, Wissenschaftliche Monographien, Ökumene, Kirchenmusik, Literatur und Kunst, Westfälische Regionalliteratur

Richard Boorberg Verlag GmbH & Co
Scharrstr. 2
70563 Stuttgart
Tel. 0711 - 738 50
Fax 0711 - 73 26 94
mail@boorberg.de

www.boorberg.de
Verlagsleitung: Markus Oht,
Rechtsanwalt
Gründungsjahr: 1927
Programm: Steuer-, Wirtschafts-, Arbeits-, Verwaltungsrecht, Sozialrecht, Miet- und Maklerrecht, Polizei-, Straf- und Ordnungsrecht
Lektorat: Werner Frasch (w.frasch@boorberg.de)
Ms.-Interessen: bitte nur Manuskripte zu juristischer Fachliteratur anbieten und vor Angebot Verlagsprogramm auf Eignung checken
Ms.-Angebote: als Exposé
Medium: Papierausdruck
Ms.-Rücksendung: ja

Gebrüder Borntraeger Verlagsbuchhandlung
Johannesstr. 3A
70176 Stuttgart
Tel. 0711 - 35 14 56-0
Fax 0711 - 35 14 56 -99
mail@schweizerbart.de
www.schweizerbart.de
Zum Verlag: Wissenschaftsverlag
Gründungsjahr: 1790
Programm: Anthropologie, Archäologie, Botanik, Fachzeitschriften, Geografie, Geowissenschaften, Natur, Ökologie, Reisen, Zoologie
Ms.-Angebote: nach vorheriger telefonischer Anfrage, als Manuskript oder als Exposé
Medium: Papierausdruck, E-Mail
Ms.-Rücksendung: ja, mit Rückporto

Born-Verlag
Leuschnerstr. 72-74
34134 Kassel
Tel. 0561 - 409 51 07
Fax 0561 - 409 51 12
kontakt@bornverlag.de
www.bornverlag.de
Verlagsleitung: Claudia Siebert
Zum Verlag: Fachverlag für christliche Gemeindeliteratur
Gründungsjahr: 1898
Lieferbare Titel: 200
Novitäten: 20
Programm: Sachbücher und Arbeitsmaterial für Christliche Kinder- und Jugendarbeit, Liederbücher
Ms.-Interessen: Praxisthemen Gemeinde, Gruppenarbeit
Ms.-Angebote: als Manuskript
Medium: Diskette, E-Mail, CD-ROM
Ms.-Rücksendung: ja

T M Börsenverlag AG
Salinstraße 1
83022 Rosenheim
Tel. 08031 - 20 33-0
Fax 08031 - 20 33-30
Verleger: Thomas Müller
Gründungsjahr: 1987
Lieferbare Titel: 42
Novitäten: 2
Programm: Börse, Wirtschaft
Ms.-Interessen: Börsenthemen
Ms.-Angebote: nach vorheriger telefonischer Anfrage, als Exposé
Medium: Ausdruck, Diskette, E-Mail
Ms.-Rücksendung: ja

**Gustav Bosse Verlag
GmbH & Co KG**
Heinrich-Schütz-Allee 35
34131 Kassel
Tel. 0561 - 315-0
Fax 0561 - 31 05-240
info@bosse-verlag.de
www.bosse.verlag.de
Programm: Musikpädagogik, Musikalische Früherziehung, Musikwissenschaft

Bostelmann & Siebenhaar Verlag
Tempelhofer Ufer 23-24
10963 Berlin
Tel. 030 - 23 63 96 15
Fax 030 - 23 63 96 16
b+s-verlag@berlin.de
www.bostelmann-siebenhaar.de
Verleger: Prof. Dr. Klaus Siebenhaar
Verlagsleitung: Prof. Dr. Klaus Siebenhaar und Jürgen Bostelmann
Programm: Berliner Kultur, Berlin-Führer, Nachschlagewerke, Kunst- und Kulturgeschichte
Lektorat: Dr. Steffen Damm
Ms.-Angebote: als Exposé
Medium: Papierausdruck
Ms.-Rücksendung: ja

**Verlag Brandenburger Tor
GmbH**
Wittestr. 30K
13509 Berlin
Tel. 030 - 855 75 11
Fax 030 - 85 60 53 32
www.verlag-brandenburger-tor.de

Programm: Bildbände Reichstagsgebäude, Parlamentsviertel
Ms.-Angebote: nach vorheriger telefonischer Anfrage
Medium: Papierausdruck, Diskette, CD-ROM
Ms.-Rücksendung: ja

Brandes & Apsel Verlag GmbH
Scheidswaldstr. 33
60385 Frankfurt am Main
Tel. 069 - 95 73 01 86
Fax 069 - 95 73 01 87
brandes-apsel@t-online.de
www.brandes-apsel-verlag.de
Gründungsjahr: 1986
Lieferbare Titel: 400
Novitäten: 35
Programm: Schwerpunkt: Interkulturelle Literatur und Ratgeber. Belletristik, Erziehung, Fachzeitschriften, Frauenforschung, Geschichte der Neuzeit, Gesundheit, Kulturgeschichte, Ökologie, Politik, Psychologie, Soziologie, Tanz, Theater, Wirtschaft, Globalisierung
Lektorat: Dr. Brandes (Literatur), Herr Apsel (Wissenschaft), Frau Wilß (Sachbuch)
Ms.-Angebote: als Exposé mit Textprobe von 6 Seiten
Medium: Papierausdruck, Diskette, E-Mail
Ms.-Rücksendung: ja, mit Rückporto

**Brandstetter Verlag
GmbH & Co. KG**
Wilhelminenstr. 1a
65193 Wiesbaden
Tel. 0611 - 991 20-0
Fax 0611 - 308 37 85
brandstetter-verlag.wiesbaden@
t-online.de
www.brandstetter-verlag.de
Verleger: Günther H. Fröhlen
Verlagsleitung: Günther H. Fröhlen
Gründungsjahr: 1862, Wiedergründung 1950
Lieferbare Titel: 70
Novitäten: ca. 5
Programm: Wörterbücher, Sprachen, Naturwissenschaft, Technik, Medizin
Lektorat: Udo Amm
Ms.-Angebote: nach vorheriger telefonischer Anfrage
Medium: Papierausdruck
Ms.-Rücksendung: ja

**G. Braun Buchverlag
DRW-Verlag Weinbrenner GmbH & Co.KG**
Kaiserallee 87
76185 Karlsruhe
Tel. 0721 - 50 98-60
Fax 0721 - 50 98-89
info@g.braun-buchverlag.de
www.gbraun-buchverlag.de
Verlagsleitung: Michael Kohler
Gründungsjahr: 1813
Verlagsgruppe: DRW-Verlag Weinbrenner GmbH & Co

Lieferbare Titel: 100
Novitäten: 15
Programm: Landschaftsbildbände, Belletristik, Fotografie, Kunst, Ökologie, Landeskunde Baden-Württemberg, Landesgeschichte Baden-Württemberg und Rheinland-Pfalz
Lektorat: Dorothee Kühnel und Robert Lackner
Ms.-Angebote: als Exposé mit Textprobe von 15 Seiten
Medium: Papierausdruck
Ms.-Rücksendung: ja, mit Rückporto

Braun und Schneider – siehe *Beltz & Gelberg*

Breitkopf & Härtel
Walkmühlstr. 52
65195 Wiesbaden
Tel. 0611 - 450 08-0
Fax 0611 - 450 08 - 59
info@breitkopf.de
www.breitkopf.de
Verleger: Lieselotte Sievers, Gottfried Möckel
Verlagsleitung: Lieselotte Sievers, Gottfried Möckel
Zum Verlag: Musikverlag
Gründungsjahr: 1719 in Leipzig
Lieferbare Titel: 15.000 lieferbare Notenausgaben (Musik der Renaissance, Barock, Klassik, Romantik, Avantgarde)
Novitäten: 100

Programm: Musiktheoretische Werke, Biografien, Musikgeschichte, Musikwissenschaft, Musikpädagogik, Neue Musik, Gesamtausgaben, Werkverzeichnisse

Joh. Brendow & Sohn Verlag GmbH
Gutenbergstr. 1
47443 Moers
Tel. 02841 - 809-201
Fax 02841 - 809-210
brendow.verlag@brendow.de
www.brendow-verlag.de
Verlagsleitung: Erich Koslowski
Programm: Biografien, Belletristik, Fantasy, Science Fiction, Jugendbücher, Kunsthandwerk, Psychologie, Ratgeber, Religion, Sport, Fitness

BrennGlas Verlag Assenheim Juergen Seuss
Nieder-Wöllstädter Str. 18
61194 Niddatal
Tel. u. Fax 06034 - 36 63
Programm: Literatur, Essayistik, Kunst, Zeichnungen, Illustrationen

Verlag Brinkmann & Bose
Leuschnerdamm 13
10999 Berlin
Tel. 030 - 615 48 92
Fax 030 - 615 83 85
brinkmann_bose@t-online.de
Verleger: Erich Brinkmann
Verlagsleitung: Erich Brinkmann

Gründungsjahr: 1980
Programm: Belletristik, Kunst, Psychoanalyse, Philosophie, Film, Medientheorie

Verlag Ekkehard und Ulrich Brockhaus GmbH & Co KG
Am Wolfshahn 31
42117 Wuppertal
Tel. 0202 - 44 74 74
Fax 0202 - 42 82 82
mail@verlag.brockhaus.de
www.brockhaus.de
Verleger: Ekkehard Brockhaus
Gründungsjahr: 1993
Lieferbare Titel: 24
Novitäten: 2-3
Programm: Kulturgeschichte, Familienforschung und Genealogie

R. Brockhaus Verlag
Bodenborn 43
58452 Witten
Tel. 02302 - 930 93-731
Fax 02302 - 930 93-801
info@brockhaus-verlag.de
www.brockhaus-verlag.de
Verlagsleitung: Erhard Diehl
Zum Verlag: evangelischer Publikumsverlag
Novitäten: 100
Programm: Ratgeber, Erzählungen, Nachschlagewerke, Christl. Glaube
Lektorat: Hans-Werner Durau (Leitg. Gesamtprogramm)
Ms.-Angebote: als Exposé mit Textprobe von 20 Seiten

Medium: Papierausdruck
Ms.-Rücksendung: ja

Bruckmann Verlag GmbH
Innsbrucker Ring 15
81673 München
Tel. 089 - 13 06 99-0
Fax 089 - 13 06 99-30
info@bruckmann.de
www.bruckmann.de
Verlagsgruppe: Gera-Nova Bruckmann Verlagshaus GmbH
Programm: Reisebildbände, Freizeit- und Reiseführer: Wanderführer, Radwanderführer, Motorradreiseführer, Bergbildbände, Bergsportpraxis
Ms.-Angebote: als Exposé
Medium: E-Mail

Brunnen Verlag für Kinder- und Jugendbücher GmbH
Gottlieb-Daimler-Str. 22
35398 Gießen
Tel. 0641 - 60 59-0
Fax 0641 - 60 59-100
info@brunnen-verlag.de
www.brunnen-verlag.de
Zum Verlag: Christlicher Verlag, Gj. 1919
Programm: Kinder- und Jugendbücher, Bilderbücher, Pappbücher, Hör- und Singspiele, Video, Kinderbibeln, Sachbücher
Lektorat: Lektorat@brunnen-verlag.de
Ms.-Angebote: nach vorheriger telefonischer Anfrage
Medium: Papierausdruck
Ms.-Rücksendung: ja, mit Rückporto

btb Das besondere Taschenbuch
Neumarkter Str. 18
81673 München
Tel. 089 - 41 36-0
Fax 089 - 41 36-333
info@randomhouse.de
www.btb-verlag.de
Verleger: Klaus Eck, Joerg Pfuhl (CEO), Claudia Reitter, Wolfgang Wiedermann
Verlagsleitung: Dr. Georg Reuchlein
Verlagsgruppe: Random House
Programm: Belletristik, Sachbuch, Klassiker
Lektorat: Claudia Vidoni
(Tel. 089 - 43 72-2403, Fax: -2431)

btb-Hardcover Verlag
Neumarkter Str. 18
81673 München
Tel. 089 - 41 36-0
Fax 089 - 41 36-333
info@randomhouse.de
www.randomhouse.de
Verleger: Klaus Eck, Joerg Pfuhl (CEO), Claudia Reitter, Wolfgang Wiedermann
Verlagsleitung: Dr. Georg Reuchlein
Verlagsgruppe: Random House
Programm: Romane, Erzählungen, Erzählendes Sachbuch
Lektorat: Regine Kammerer (Programmleitung)

Verlag Buch + Bild
Kurze Steig 9
61440 Oberursel
Tel. 06171 - 524 42
Fax 06171 - 524 42
Programm: Kunst, Lyrik

**Buchdruckerei und Verlag
Schumacher-Gebler KG**
Goethestr. 21
80336 München
Tel. 089 - 59 94 90
Fax 089 - 59 94 91 49
info@schumachergebler.com
Programm: Klassikerausgaben in Bleisatz, Buchdruck, Typographie, Pressendrucke

C. J. Bucher Verlag GmbH
Innsbrucker Ring 15
81673 München
Tel. 089 - 89 13 06 99 11
Fax 089 - 89 13 06 99 10
info@bucher-verlag.de
www.bucher-verlag.de
Verleger: Clemens Schüssler
Verlagsgruppe: Gera-Nova Bruckmann Verlagshaus GmbH
Programm: Reisebildbände, Kulturbildbände
Ms.-Angebote: als Exposé
Medium: E-Mail

**Das Bücherhaus
Inh. Hermann Wiedenroth**
Im Beckfeld 48
29351 Bargfeld/Celle
Tel. 05148 - 12 48
Fax 05148 - 42 32
buecherhaus.bargfeld@t-online.de
Verleger: Hermann Wiedenroth
Gründungsjahr: 1993
Lieferbare Titel: 65
Novitäten: 4-6
Programm: Karl May, Eberhard Schlotter, Reihe »Lyrik und Essay« (Ingo Cesaro, Jörg W. Gronius, Robert Minder, Peter Horst Neumann)
Ms.-Interessen: keine
Ms.-Angebote: nach vorheriger telefonischer Anfrage
Medium: E-Mail
Ms.-Rücksendung: nein

Buchverlag für die Frau
Gerichtsweg 28
04103 Leipzig
Tel. 0341 - 995 43 71
Fax 0341 - 995 43 73
buchverlagfürdiefrau@t-online.de
Verlegerin: Christine Paxmann
Verlagsleitung: Christa Winkelmann
Zum Verlag: Ratgeberverlag
Gründungsjahr: 1946
Lieferbare Titel: 100
Novitäten: 30
Programm: Ratgeber, Schwerpunkt Ostdeutschland, Kochbücher, Handarbeiten, Hobby, Mini-Bücher

Lektorat: Christa Winkelmann
(Dw -74)
Ms.-Interessen: Kochbücher, Ratgeber, Textiles Handarbeiten
Ms.-Angebote: nach vorheriger telefonischer Anfrage, als Exposé mit Textprobe von 5-10 Seiten
Medium: Papierausdruck, Diskette, E-Mail
Ms.-Rücksendung: ja

Verlag Barbara Budrich
Stauffenbergstr. 7
51379 Leverkusen
Tel. 02171 - 73 84 06
Fax 02171 - 73 84 03
info@budrich-verlag.de
www.budrich-verlag.de
Verlegerin: Barbara Budrich-Esser
Programm: Sozialwissenschaften

Bund Verlag GmbH
Heddernheimer Landstr. 144
60439 Frankfurt am Main
Tel. 069 - 79 50 10-0
Fax 069 - 79 50 10-11
sandra-schuebel.gaw@bund-verlag.de
www.bund-verlag.de
Verlagsleitung: Christian Paulsen
Gründungsjahr: 1947
Verlagsgruppe: Bund Verlagsgruppe
Lieferbare Titel: 350
Novitäten: 80
Programm: Arbeits- und Sozialrecht insbesondere für Arbeitnehmer und deren Vertreter (Betriebsräte, Personalräte, Anwälte, Gewerkschaften), Öffentliches Dienstrecht, Ratgeber zu Allgemeinen Rechtsthemen
Lektorat: Programmleitung: Sandra Schübel-Gaw, Dw -85, sandra.schuebel-gaw@bund-verlag.de
Ms.-Angebote: nach vorheriger telefonischer Anfrage
Medium: Papierausdruck, Diskette
Ms.-Rücksendung: ja

Bundes-Verlag GmbH
Bodenborn 43
58452 Witten
Tel. 02302 - 930 93-0
Fax 02302 - 930 93-10
info@bundes-verlag.de
www.bundes-verlag.de
Verlagsleitung: Erhard Diehl
Zum Verlag: konfessioneller Verlag (freie ev. Gemeinden)
Programm: Theologie
Lektorat: Hans-Werner Durau (Leitg. Gesamtprogramm)
Ms.-Angebote: als Exposé mit Textprobe von 20 Seiten
Medium: Papierausdruck
Ms.-Rücksendung: ja

Bundeszentrale für politische Bildung
Adenauerallee 86
53113 Bonn
Tel. 01888 - 51 50
Fax 01888 - 51 51 13
info@bpb.de / www.bpb.de

Programm: Sachbücher zu Geschichte, Politik, Wirtschaft, Gesellschaft, Bildung, Kultur, Unterrichtsmaterialien

Burckhardthaus-Laetare Verlag GmbH
Schumannstr. 161
63069 Offenbach
Tel. 069 - 84 00 03 -0
Fax 069 - 84 00 03 - 33
Programm: Erziehung, Pädagogik, Religion
Ms.-Angebote: als Exposé mit Textprobe von 10 Seiten
Medium: Papierausdruck
Ms.-Rücksendung: ja

Burg Verlag Hanns E. Findeiß
Burgstr. 12
95111 Rehau
Tel. 09283 - 810 95
Fax 09283 - 810 96
burg-verlag@t-online.de
www.burg-verlag.com
Verleger: Hanns E. Findeiß
Verlagsleitung: Hanns E. Findeiß
Gründungsjahr: 2003
Lieferbare Titel: 11
Novitäten: 5-10
Programm: Kochen, Roman, Lyrik, Fantasy u.v.m.
Lektorat: Marianne Glaßer
Ms.-Angebote: als Exposé mit Textprobe von 2 Seiten
Medium: E-Mail

Burgart-Presse Jens Henkel
Mörla 45a
07407 Rudolstadt
Tel. 03672 - 41 22 14
Fax 03672 - 41 22 14
henkel@burgart-presse.de
www.burgart-presse.de
Gründungsjahr: 1990
Novitäten: 4
Programm: Künstlerbücher, Bibliografien

Burgschmiet Verlag GmbH & Co.KG
Burgschmietstr. 2 - 4
90419 Nürnberg
Tel. 0911 - 399 06-0
Fax 0911 - 399 06 - 28
burgschmiet@tessloff.com
www.burgschmiet.com
Verlagsleitung: Dr. Thomas Seng
Programm: Bücher zu Medienereignissen, Kinohighlights und TV-Serien
Medium: Papierausdruck

Verlag Busse + Seewald
Ahmserstr. 190
32052 Herford
Tel. 05221 - 77 52 75
Fax 05221 - 77 52 04
info@busse-seewald.de
Programm: Wassersport, Inneneinrichtung, Garten
Ms.-Angebote: nach vorheriger telefonischer Anfrage
Ms.-Rücksendung: ja

Verlag Dr. Bussert & Stadeler
Westendstr. 24
07743 Jena
Tel. 03641 - 82 06 58
Fax 03641 - 48 96 59
bus@vnl.de
www.verlag-bus.de
Verleger: Dr. Frank Bussert,
Helmut Stadeler
Gründungsjahr: 1995
Lieferbare Titel: 40
Novitäten: 12
Programm: Regionalia, Sachbuch,
Kunstbände, Reprints, Geistes-
wissenschaften
Lektorat: Frau Tittelbach-Helmrich,
bus@vnl.de
Ms.-Angebote: als Exposé
Medium: Papierausdruck, E-Mail
Ms.-Rücksendung: ja

Verlag Butzon & Bercker
Hoogeweg 71
47623 Kevelaer
Tel. 02832 - 929 - 130
Fax 02832 - 929 - 139
service@butzonbercker.de
www.butzonbercker.de,
www.engagementbuch.de
Programm: Katholische Religion
und Theologie, Kinder- und Jugend-
bücher, Meditation und Gebet,
Gottesdienst, Gemeindedienst
Ms.-Angebote: als Exposé
Medium: Papierausdruck
Ms.-Rücksendung: ja

BVA Bielefelder Verlag
Ravensberger Str. 10f
33602 Bielefeld
Tel. 0521 - 595 -514
Fax 0521 - 595 -518
sekretariat@bva-bielefeld.de
www.bva-bielefeld.de
Verlagsleitung: Hans-Jörg Kaiser
Programm: Schwerpunktthema:
Fahrradfahren. Computer, Fachzeit-
schriften, Geografie, Reisen, Sport,
Fitness
Ms.-Angebote: als Exposé
Medium: Papierausdruck, Diskette,
E-Mail
Ms.-Rücksendung: ja

C & L
Computer- und Literaturverlag
Zavelsteinerstr. 20
71034 Böblingen
Tel. 0911 - 40 00 30
Fax 0911 - 40 00 31
info@cul.de / www.cul.de
Programm: Computerbücher zu
Betriebssystemen (Linux, UNIX)
und zur Programmierung

Cadmos Verlag GmbH
Im Dorfe 11
22946 Brunsbek
Tel. 04107 - 85 17-0
Fax 04107 - 85 17 - 12
cadmos-verlag@t-online.de
www.cadmos.de
Lieferbare Titel: 200
Novitäten: 25

Programm: Reiterbücher, Hundebücher, Katzenbücher, Heimtiere
Ms.-Angebote: als Exposé
Medium: Papierausdruck
Ms.-Rücksendung: nein

ça ira Verlag Joachim Bruhn
Hornusstr. 13
79108 Freiburg
Tel. 0761 - 500 91 94
Fax 0761 - 379 49
isf-e.v@t-online.de
www.isf-freiburg.org
Verleger: Institut für Sozialkritik
Gründungsjahr: 1984
Lieferbare Titel: 80
Novitäten: 6-8
Programm: Kritische Theorie, Marxismus, Revolution, Geschichte der Neuzeit, Philosophie, Politik, Zeitgeschichte
Ms.-Angebote: nach vorheriger telefonischer Anfrage
Medium: E-Mail
Ms.-Rücksendung: ja, mit Rückporto

Verlag Georg D.W. Callwey GmbH & Co.
Streitfeldstr. 35
81673 München
Tel. 089 - 43 60 05-0
Fax 089 - 43 60 05 - 13
buch@callwey.de
www.callwey.de
Verleger: Helmuth Baur-Callwey, Dr. Veronika Baur-Callwey, Amos Kotte
Verlagsleitung: Amos Kotte
Gründungsjahr: 1874
Lieferbare Titel: 170
Novitäten: 30-40
Programm: Schwerpunkte: Architektur, Bauherrenliteratur (Bauen, Sanieren, Restaurieren), Landschaftsplanung, Garten. Malerei, Kunsthandwerk, Restaurierung, Uhren
Lektorat: Dr. Stefan Granzow (Dw -172, sgranzow@callwey.de)
Ms.-Interessen: Praxisnahe Architektur, Gartengestaltung, Do-It-Yourself-Literatur
Ms.-Angebote: nach vorheriger telefonischer Anfrage
Medium: E-Mail
Ms.-Rücksendung: ja, mit Rückporto

Calwer Verlag GmbH
Bücher und Medien
Balinger Str. 31
70567 Stuttgart
Tel. 0711 - 167 22-0
Fax 0711 - 167 22-77
info@calwer.com
www.calwer.com
Programm: Materialien und Schulbücher für den Religionsunterricht Theologie

Campus Verlag
Kurfürstenstr. 49
60486 Frankfurt am Main
Tel. 069 - 97 65 16-0
Fax 069 - 97 65 16-78

info@campus.de
www.campus.de
Verleger: Thomas Carl Schwoerer
Verlagsleitung: Thomas C. Schwoerer, Britta Kroker, Andreas Horn
Gründungsjahr: 1975
Lieferbare Titel: 2000
Novitäten: 240
Programm: Sachbücher zu: Wirtschaft und Gesellschaft, Beruf und Karriere, Börse, Jugendbuch, Sozial- und Kulturwissenschaften, Soziologie, Geschichte, Philosophie, Politik
Lektorat: Sachbuch: Olaf Meier, Sabine Niemeier; Ratgeber: Christiane Kramer; Fachbuch Wirtschaft: Rainer Linnemann; Wissenschaft: Adalbert Hepp
Ms.-Angebote: nach vorheriger telefonischer Anfrage, als Exposé mit Textprobe von 15 Seiten
Medium: Papierausdruck
Ms.-Rücksendung: ja, mit Rückporto

Campus für Christus Buchhandlung & Verlag
Am Unteren Rain 2
35394 Gießen
Tel. 0641 - 975 18 - 64
Fax 0641 - 975 18 - 40
verlag@campus-d.de
www.campus-d.de
Verlagsleitung: Hauke Burgarth
Zum Verlag: Unter dem Motto »Den Menschen unserer Zeit Christus vorstellen« produziert der Verlag Sachbücher, Arbeitsmaterialien, Zeitschriften und Verteilbücher
Gründungsjahr: 1971
Programm: Religiöse Sachbücher
Lektorat: Hauke Burgarth (Dw -64), Thomas Lastring (Dw -10)
Ms.-Interessen: Texte, die neue Zugänge zum Glauben ermöglichen, Biblische Finanzprinzipien, Christlicher Führungsstil
Ms.-Angebote: als Exposé mit Textprobe von 10 Seiten
Medium: Papierausdruck, E-Mail
Ms.-Rücksendung: ja, mit Rückporto

cap!-music
Bahnhofstr. 45
72213 Altensteig
Tel. 07453 - 275 - 53, 275 - 56
Fax 07453 - 275 - 91
info@cap-music.de
www.cap-music.de
Verlagsleitung: Andreas Claus
Gründungsjahr: 1992
Lieferbare Titel: 200
Novitäten: 20
Programm: Religion, Gottesdienst, Familienbeziehungen
Ms.-Angebote: als Exposé mit Textprobe von 3 Seiten
Medium: Papierausdruck
Ms.-Rücksendung: nein

CARE-LINE Verlag und Projektagentur GmbH
Fichtenstr. 2
82061 Neuried
Tel. 089 - 74 55 51-0
Fax 089 - 74 55 51 - 13
info@care-line.de
www.care-line.de
Verleger: Thomas Baier
Verlagsleitung: Thomas Baier
Gründungsjahr: 1984
Lieferbare Titel: 100
Novitäten: 25
Programm: Bildung, Edutainment, Erziehung, Gesundheit, Lern-Software, Ratgeber, Unterrichtsmaterialien für Lehrer, Lernmaterialien für Schüler
Ms.-Interessen: Unterrichtsmaterialien für die Grundschule und Sekundarstufe, Ratgeber für den Bereich Schule und Lehrer
Ms.-Angebote: als Exposé mit Textprobe, als Manuskript
Medium: Papierausdruck
Ms.-Rücksendung: ja

Carivari
Dinterstr. 15
04157 Leipzig
Tel. 0341 - 912 19 43
Fax 0341 - 912 19 43
carivari@gmx.de
Verlagsleitung: Baumgartner und Golde
Gründungsjahr: 1992
Lieferbare Titel: 20
Novitäten: 2
Programm: Künstlerbücher
Ms.-Interessen: keine

Fachverlag Hans Carl GmbH
Andernacher Str. 33a
90411 Nürnberg
Tel. 0911 - 952 85-0
Fax 0911 - 952 85 - 71
info@hanscarl.com
www.hanscarl.com
Verleger: Wolfgang Illguth, Michael Schmitt
Gründungsjahr: 1861
Programm: Fränkische Regionalliteratur, Bier-Belletristik, Bildbände, Bier- und Getränkefachbücher, Kunstgeschichte, Fachzeitschriften, Magazine
Lektorat: Sabine Raab, Dw -20
Ms.-Angebote: nach vorheriger telefonischer Anfrage, als Exposé mit Textprobe von 5 S., als Manuskript
Medium: Papierausdruck, Diskette, E-Mail
Ms.-Rücksendung: ja

Carlsen Verlag GmbH
Völckersstr. 14 - 20
22765 Hamburg
Tel. 040 - 398 04-0
Fax 040 - 398 04 - 390
info@carlsen.de
www.carlsen.de
Verleger: Klaus Humann
Verlagsleitung: Klaus Kämpfe-Burghardt

Verlagsgruppe: Bonnier Media Deutschland GmbH
Programm: Comics, Jugendbücher, Kinderbücher
Ms.-Angebote: als Exposé mit Textprobe von 20 Seiten, als Manuskript
Medium: Papierausdruck
Ms.-Rücksendung: nein

Carlsen Comics Verlag
Völckersstr. 14-20
22765 Hamburg
Tel. 040 - 398 04-0
Fax 040 - 398 04-390
info@carlsen.de
www.carlsencomics.de
Verleger: Klaus Humann
Verlagsleitung: Klaus Kämpfe-Burghardt
Verlagsgruppe: Bonnier Media Deutschland GmbH
Programm: Comics aller Genres, Sekundärliteratur

cbj Kinder und Jugendbücher
Neumarkter Str. 18
81673 München
Tel. 089 - 41 36-0
Fax 089 - 41 36 - 333
info@randomhouse.de
www.randomhouse.de
Verlagsleitung: Klaus Eck
Verlagsgruppe: Random House
Programm: Kinder- und Jugendbuch

CC-Verlag GmbH
Mexicoring 21
22297 Hamburg
Tel. 040 - 631 91 30
Fax 040 - 631 73 06
CC-Verlag@t-online.de
www.cc-verlag.de
Verleger: Claus Coelius
Gründungsjahr: 1981
Programm: Bewerbungsfragen, Karrierefragen, Geschäfts- und Berufs-Know-how
Ms.-Interessen: Bewerbungsfragen, Karrierefragen, Geschäfts- und Berufs-Know-How
Ms.-Angebote: als Exposé mit Textprobe

Ceres-Verlag
Am Bach 11
33602 Bielefeld
Tel. 0521 - 52 06 02
Fax 0521 - 52 06 57
info@ceres-verlag.de
Programm: Kochen und Backen

Chiron Verlag
Postfach 12 50
72002 Tübingen
Tel. 07071 - 888 41 50
Fax 07071 - 888 41 51
info@chironverlag.com
www.chironverlag.de
Gründungsjahr: 1984
Lieferbare Titel: 120
Novitäten: 12
Programm: Astrologie

Ms.-Angebote: nach vorheriger telefonischer Anfrage, als Exposé mit Textprobe von ca. 5 Seiten
Medium: Papierausdruck, E-Mail
Ms.-Rücksendung: ja, mit Rückporto

Chorus-Verlag für Kunst und Wissenschaft
Wichernweg 22A
81737 München
Tel. 089 - 63 49 99 60
o. 06131 - 346 64
Fax 089 - 63 49 99 61
www.chorus-verlag.de
Programm: Künstler-Werkverzeichnisse, Ausstellungskataloge, Monographien, Kunsttheorie, Wissenschaftliche Publikationen

Chr. Kaiser - siehe *Gütersloher Verlagshaus GmbH*

Christian Verlag GmbH
Amalienstr. 66
80799 München
Tel. 089 - 38 18 03-35
Fax 089 - 38 18 03-81
info@christian-verlag.de
www.christian-verlag.de
Gründungsjahr: 1978
Lieferbare Titel: 200
Novitäten: 30-40
Programm: Essen und Trinken, Garten, Natur, Einrichtung und Lifestyle, Fotografie, Gesundheit
Lektorat: Florentine Schwabbauer,

Cheflektorin: (Dw -35);
Claudia Bitz (Dw -34);
Tanja Germann (Dw -43)
Ms.-Angebote: als Exposé mit Textprobe von ca. 6 Seiten
Medium: Papierausdruck
Ms.-Rücksendung: ja, wenn nicht nur Textkopien

Christliche Schriftenverbreitung e.V.
An der Schloßfabrik 30
42499 Hückeswagen
Tel. 02192 - 92 10-0
Fax 02192 - 92 10 - 23
info@csv-verlag.de
www.csv-verlag.de
Programm: Religion

Christliche Verlagsbuchhandlung Gerhard Wedel
Borchener Str. 2a
33098 Paderborn
Tel. 05251 - 255 66
Fax 05251 - 28 21 87
Programm: Religiöse Bücher

Christliche Verlagsgesellschaft mbH
Moltkestr. 1
35683 Dillenburg
Tel. 0 2771-8302-0
Fax 0 2771-8302-10
m.merten@cv.dillenburg.de
www.cv-dillenburg.de
Programm: Evangelikale Sachbücher, Kinder-Bilderbücher

**Christophorus in der
Verlag Herder GmbH**
Hermann-Herder-Str. 4
79104 Freiburg
Tel. 0761 - 27 17-0
Fax 0761 - 27 17-352
info@christophorus-verlag.de
www.christophorus-verlag.de
Verlagsleitung: Dr. Klaus Christoph Scheffels
Programm: Hobby und Basteln, Kinderbeschäftigung, Kindergarten und Familie
Lektorat: Sybille Siegmund, Dr. Victoria Znined-Brand, Maria Möllenkamp, Monika Klier
Ms.-Angebote: als Exposé oder als Manuskript
Medium: Papierausdruck, E-Mail
Ms.-Rücksendung: ja, mit Rückporto

**Christusbruderschaft Selbitz
Buch- und Kunstverlag**
Wildenberg 23
95152 Selbitz
Tel. 09280 - 68 34
Fax 09280 - 68 68
info@verlag-christusbruderschaft.de
www.verlag-christusbruderschaft.de
Verlegerin: Sr. Bärbel Quarg
Verlagsleitung: Sr. Bärbel Quarg
Gründungsjahr: 1951
Lieferbare Titel: 120 Kunstkarten
Programm: Verkündigung des Evangeliums durch Wort und Bild
Ms.-Interessen: keine (nur Autoren aus der Communität)

Claassen Verlag
Friedrichstr. 126
10117 Berlin
Tel. 030 - 234 56-300
Fax 030 - 234 56-303
claassen-verlag@ullstein-buchverlage.de
www.claassen-verlag.de
Verleger: Viktor Niemann, Dr. Doris Janhsen
Verlagsleitung: Hartmut Jedicke, Siv Bublitz
Gründungsjahr: 1934
Verlagsgruppe: Bonnier Media Deutschland GmbH
Lieferbare Titel: 200
Novitäten: ca. 12 pro Halbjahr
Programm: Zeitgenössische Deutschsprachige Literatur, Internationale Belletristik mit Schwerpunkt Europa, Kanada, Australien, Kulturgeschichte, Biografien
Lektorat: Monika Boepe, Katrin Fieber, Uta Rupprecht
Ms.-Angebote: nach vorheriger telefonischer Anfrage
Medium: Papierausdruck
Ms.-Rücksendung: nein

Claudius Verlag
Birkerstr. 22
80636 München
Tel. 089 - 12172-0
Fax 089 - 12172-138
verlag@epv.de / www.claudius.de
Verlagsleitung: Dr. Manuel Zelger
Gründungsjahr: 1954

Lieferbare Titel: 250
Novitäten: 20
Programm: Evangelischer Verlag mit ökumenischer Ausrichtung: Gemeindearbeit, Christliche Spiritualität, Lebenshilfe, Karikaturen und Witzbücher mit Bezug zur Kirche, Psychologie, Schulbücher und Unterrichtsmaterialien für alle Jahrgangsstufen ab Kindergarten
Lektorat: Dr. Dietrich Voorgang Dw -185, dvoorgang@epv.de
Ms.-Angebote: als Exposé mit Textprobe von 4 Seiten, als Manuskript
Medium: Papierausdruck
Ms.-Rücksendung: ja, mit Rückporto

CoCon Verlag
Annette Schulmerich
In den Türkischen Gärten 13
63450 Hanau
Tel. 06181 - 17 70-0
Fax 06181 - 18 13 33
kontakt@cocon-verlag.de
www.cocon-verlag.de
Programm: Regionalia: Mainz, Gießen, Aschaffenburg, Darmstadt, Frankfurt

comicplus + /Luxor
Hoher Weg 2
31134 Hildesheim
Tel. 05121 - 981 23-0
Fax 05121 - 981 23-1
sackmann@comicplus.de
www.comic.de
Programm: Comics

Compact Verlag GmbH
Züricher Str. 29
81476 München
Tel. 089 - 745 16 10
Fax 089 - 75 60 95
info@compactverlag.de
www.compactverlag.de
Verleger: Friedrich Niendieck
Verlagsleitung: Evelyn Boos (Chefred.)
Programm: Lexika, Nachschlagewerke, Wörterbücher, Lernhilfen für Schule, Studium und Beruf, Ratgeber, Reise, Fremdsprachen

ConBrio Verlagsgesellschaft mbH
Brunnstr. 23
93053 Regensburg
Tel. 0941 - 945 93-0
Fax 0941 - 945 93-50
info@conbrio.de
www.conbrio.de
Verleger: Theo Geißler
Verlagsleitung: Barbara Haack
Gründungsjahr: 1993
Lieferbare Titel: 254
Programm: Musik: Fachzeitschriften, Musikfachbücher, Musikpädagogik, Kultur-Politik
Lektorat: Dr. Juan Martin Koch, Dw -19; koch@conbrio.de
Ms.-Angebote: nach vorheriger telefonischer Anfrage, als Exposé
Medium: Papierausdruck, Diskette, E-Mail
Ms.-Rücksendung: ja

Concept Verlagsges. mbH
Karl-Heine-Str. 15
04229 Leipzig
Tel. 0341 - 480 32 84
Fax 0341 - 480 32 85
Verleger: Dr. Bernd Zimmermann
Programm: Nachschlagewerke

Concorde Verlag GmbH
Am Steinfeld 4
94065 Waldkirchen
Tel. 08581 - 91 666
Fax 08581 - 91 06 68
Verleger: Dr. Gerhard Braunsperger
Programm: Sonderausgaben, Kochbücher, Modernes Antiquariat
Ms.-Angebote: als Exposé
Medium: Papierausdruck
Ms.-Rücksendung: ja, mit Rückporto

Connection Medien GmbH
Hauptstr. 5
84494 Niedertaufkirchen
Tel. 08639 - 98 34-0
Fax 08639 - 12 19
schneider@connection-medien.de
www.connection.de
Gründungsjahr: 1985
Lieferbare Titel: 40
Programm: Philosophie, Gesundheit, Ökologie, Esoterik, Psychologie, Ratgeber, Religion
Lektorat: Wolf Schneider, Roland Rottenfußer
Ms.-Angebote: als Exposé
Medium: E-Mail
Ms.-Rücksendung: nein

Conpart Verlag
Bäckerstr. 14
25709 Marne
www.conpart-verlag.de

Constanz & Celero Verlag
Reifenberg 85
91365 Weilersbach
Tel. 09194 - 890-0
Fax 09194 - 42 62
mail@constanz-verlag.com;
mail@celero-verlag.com
www.constanz-verlag.com;
www.celero-verlag.com
Programm: Constanz: Frauen Sachbücher; Celero: Science Fiction
Ms.-Interessen: Deutschsprachige Science Fiction:
marco.reichel@celero-verlag.com
Ms.-Angebote: nach vorheriger telefonischer Anfrage, als Manuskript
Medium: Papierausdruck
Ms.-Rücksendung: ja, mit Rückporto

Convent Verlag GmbH
Bismarckstr. 44
20259 Hamburg
Tel. 040 - 254 - 974 00
Fax 040 - 25 49 74 04
convent-verlag@t-online.de
Verleger: Detlef Lerch
Verlagsleitung: Detlef Lerch
Gründungsjahr: 1999
Programm: Regionalia Norddeutschland, Hamburg, Schiffahrtshistorische Themen auch Belletristische Regionalliteratur

(Norddeutschland)
Lektorat: Detlef Lerch
Ms.-Angebote: als Exposé mit Textprobe von 20 Seiten
Medium: Papierausdruck
Ms.-Rücksendung: ja, mit Rückporto

Coppenrath Verlag KG
Hafenweg 30
48155 Münster
Tel. 0251 - 414 11-0
Fax 0251 - 414 11 - 20
info@coppenrath.de
www.coppenrath.de
Verleger: Wolfgang Hölker
Verlagsleitung: Wolfgang Foerster
Gründungsjahr: 1768
Programm: Kinderbücher, Bilderbücher, Geschenkbücher, Stoff- und Pappbücher, Alben, Non-Book-Artikel, Adventskalender
Lektorat: Susan Niessen (Pappbilderbuch), Nicola Dröge (Bilderbuch), Gerlinde Kemper (Alben & Adventskalender), Kristina Schäfer (Geschenkebuch)
Ms.-Angebote: nach vorheriger telefonischer Anfrage
Medium: Papierausdruck
Ms.-Rücksendung: ja

Copress Verlag in der Stiebner Verlag GmbH
Nymphenburger Str. 86
80636 München
Tel. 089 - 12 57 - 414
Fax 089 - 12 16 22 82
info@stiebner.com
www.stiebner.com, www.copress.de
Verleger: Dr. Jörg Stiebner
Verlagsleitung: Hans-Peter Copony
Programm: Ratgeber, Sport, Fitness
Ms.-Angebote: nach vorheriger telefonischer Anfrage, als Exposé
Medium: Papierausdruck
Ms.-Rücksendung: ja, mit Rückporto

Cora Verlag
Axel-Springer-Platz 1
20350 Hamburg
Tel. 040 - 347-00
Fax 040 - 347 - 259 91
www.cora.de
Verlagsleitung: Thomas Beckmann
Gründungsjahr: 1973
Novitäten: ca. 750
Programm: Zeitgenössische und Historische Liebesromane (Romances aus dem angelsächsischen Bereich), Jugendromane (young adult)
Lektorat: Ilse Bröhl (Redaktionsleitung)

Verlag F.W. Cordier
Windische Gasse 11
37308 Heiligenstadt
Tel. 03606 - 61 49 49
Fax 03606 - 55 16 27
cordierverlag@t-online.de
www.cordierverlag.de
Verlegerin: Helga Cordier
Gründungsjahr: 1819
Lieferbare Titel: 40

Novitäten: 8
Programm: Belletristik, Religion, Regionalia
Ms.-Angebote: als Exposé mit Textprobe von 8 Seiten
Medium: Diskette, E-Mail
Ms.-Rücksendung: nein

Cormoran Verlag - siehe *Random House*

Cornelsen Verlag Scriptor GmbH & Co.
Krampasplatz 1
14199 Berlin
Tel. 030 - 89 77 74-44
Fax 030 - 89 77 74-0
E-Mail@cornelsen.de
www.cornelsen.de
Verlagsleitung: Horst Linder
Gründungsjahr: 1973
Lieferbare Titel: 450
Novitäten: 33
Programm: Studienbücher zur Lehrerausbildung, Praxishilfen für Lehrer, Lernhilfen und Nachschlagewerke für Schüler und Erwachsene, CD-ROM-Lernhilfen
Ms.-Interessen: s. Verlagsprogramm
Ms.-Angebote: als Exposé
Medium: Papierausdruck, Diskette

Corona Verlag
Postfach 76 02 65
22052 Hamburg
Tel. 040 - 642 41 44
Fax 040 - 642 41 45
corona-hamburg@t-online.de
Verlegerin: Halina Kamm
Verlagsleitung: Halina Kamm
Gründungsjahr: 1990
Lieferbare Titel: 200
Novitäten: 10
Programm: Belletristik, Fantasy, Science Fiction, Bildbände, Esoterik, Gesundheit, Lebenshilfe, Märchen, Musik, Psychologie, Ratgeber, Kartenlegebücher
Ms.-Interessen: spirituelle Ratgeber, gerne Altes Wissen, Karten- und Wahrsagebücher, Themen über Karma-Seele-Reinkarnation, Außerkörperliche Erfahrungen, Themen über die Vierte Dimension - Tod - Leben - Universum - Ewigkeit.
Ms.-Angebote: nach vorheriger telefonischer Anfrage, als Manuskript
Medium: Papierausdruck
Ms.-Rücksendung: ja, mit Rückporto

J.G. Cotta'sche Verlagsbuchhandlung Nachfolger GmbH
Rotebühlstr. 77
70178 Stuttgart
Tel. 0711 - 66 72 12 56
Fax 0711 - 66 72 20 31
info@klett-cotta.de
www.klett-cotta.de
Verlagsgruppe: Klett-Verlagsgruppe
Programm: Klassikerausgaben, Bibliophile Editionen

Country Verlag Gila van Delden
Fischweg 7
33790 Halle/Westfalen
Tel. 05201 - 16 30-0
Programm: Belletristik

Creative Line Autoren Verlag GmbH
Danziger Str. 20
74321 Bietigheim Bissingen
Tel. 0711 - 830 86-0
Fax 0711 - 830 86 - 69
frechverlag@t-online.de
www.frech.de
Programm: Hobby und Basteln

CTL-Presse Clemens-Tobias Lange
Borselstr. 9-11
22765 Hamburg
Tel. 040 - 39 90 22 23
Fax 040 - 39 90 22 24
ctl@europe.com
www.ctl-presse.de
Lieferbare Titel: 12
Programm: Pressendrucke, Künstlerbücher, Italienische Lyrik
Ms.-Angebote: nach vorheriger telefonischer Anfrage
Medium: Papierausdruck
Ms.-Rücksendung: nur nach Absprache

Cultfish Entertainment Egmont Ehapa Verlag GmbH
Wallstr. 59
10179 Berlin
Tel. 030 - 240 08-0
Fax 030 - 240 08 - 475
sy.franck@cultfish.de
www.cultfish.de
Programm: Jugend- und TV-begleitende Magazine

Czernik-Verlag / Edition L
Albert-Einstein-Str. 94
68766 Hockenheim
Tel. u. Fax 06205 - 10 10 21
Gründungsjahr: 1976
Lieferbare Titel: 150
Novitäten: 8-12
Programm: Anthologien und Gedichtbände
Ms.-Angebote: nach vorheriger telefonischer Anfrage, als Manuskript mit Textprobe von ca. 6 Seiten
Medium: Papierausdruck
Ms.-Rücksendung: ja, mit Rückporto

D & D Medien GmbH
Gewerbestr. 5
80287 Grünkraut
Tel. 0751 - 150 91
Fax 0751 - 150 93
welcome@ddmedien.com
www.ddmedien.com
Verleger: Raimund Dörflinger
Verlagsleitung: Raimund Dörflinger
Zum Verlag: Christlicher Verlag (Katholisch), keine Esoterik, v.a. Paperbacks
Gründungsjahr: 1992
Lieferbare Titel: ca. 60
Novitäten: 7-12
Programm: Religion

Ms.-Angebote: nach vorheriger telefonischer Anfrage, als Manuskript
Medium: E-Mail
Ms.-Rücksendung: ja, mit Rückporto

Daco-Verlag
Christophstr. 40-42
70180 Stuttgart
Tel. 0711 - 964 21-0
Fax 0711 - 964 21-10
info@daco-verlag.de
www.daco.de
Programm: Kunst- und Faksimilebücher, Architektur, Bildbände, Bildende Kunst, Fotografie

Daedalus Verlag Joachim Herbst
Oderstr. 25
48145 Münster
Tel. 0251 - 23 13 55
Fax 0251 - 23 26 31
info@daedalusbuch.de
www.daedalusbuch.de
Verleger: Joachim Herbst
Gründungsjahr: 1985
Lieferbare Titel: 50
Novitäten: 8
Programm: Erziehung, Frauenforschung (nicht: Frauenliteratur), Medienwissenschaft, Philosophie, Psychologie, Ratgeber, Soziologie, Umweltthemen
Ms.-Angebote: nach vorheriger telefonischer Anfrage, als Exposé
Medium: Diskette
Ms.-Rücksendung: ja, mit Rückporto

J&D Dagyeli Verlag
Kollwitzstr. 42
10405 Berlin
Tel. 030 - 44 30 87 64
Fax 030 - 44 30 87 57
dagyeli.verlag@t-online.de
Programm: Belletristik, Fremdsprachen, Geschichte, Lyrik, Politik

dahlemer verlagsanstalt
Leydenallee 92
12165 Berlin
Tel. 030 - 802 56 17
Fax 030 - 80 90 62 62
m.fischer@da-ve.de / www.da-ve.de
Verleger: Michael Fischer
Verlagsleitung: Michael Fischer
Gründungsjahr: 1988
Lieferbare Titel: 20
Novitäten: ca. 2
Programm: Belletristik, Lyrik, Kunst
Ms.-Interessen: Romane, Erzählungen
Ms.-Angebote: als Manuskript
Medium: Papierausdruck, Diskette, E-Mail
Ms.-Rücksendung: nein

Dana Verlag Wolfgang Sewald
Campemoorweg 8
49565 Bramsche
Tel. 05468 - 18 13
Fax 05468 - 239
danaverlag@t-online.de
Verleger: Wolfgang Sewald
Gründungsjahr: 1989
Lieferbare Titel: 11

Programm: Belletristik, Fantasy, Märchen
Ms.-Angebote: nach vorheriger telefonischer Anfrage, als Exposé mit Textprobe von 20 Seiten
Medium: Papierausdruck
Ms.-Rücksendung: ja, mit Rückporto

Daphne Verlag Susanne Amrain
Wilhelm-Weber-Str. 37
37073 Göttingen
Tel. 0551 - 469 03
Fax 0551 - 53 10 12
Verlegerin: Dr. Susanne Amrain
Programm: Anspruchsvolle Lesbische Literatur nur von Autorinnen
Ms.-Angebote: nach vorheriger telefonischer Anfrage, als Exposé mit Textprobe von 12 Seiten
Medium: Papierausdruck
Ms.-Rücksendung: ja, mit Rückporto

Dareschta Verlag und Versandbuchhandlung
Bahnhofstr. 41
65185 Wiesbaden
Tel. 0611 - 931 09 92
Fax 0611 - 308 20 96
darcon@darcon.de
www.darcon.de
Programm: Medizin, Präventivmedizin, Biochemie, Neurologie, Gehirn-Physiologie, Psychologie, Noosomatik, Nooanalyse, Soziologie, Religionswissenschaft

Datacontext Fachverlag
Augustinusstr. 9d
50226 Frechen-Königsdorf
Tel. 02234 - 966 10-0
Fax 02234 - 966 10-9
dkt@datacontext.k.uunet.de
www.datacontext.com
Verleger: Bernd Hentschel
Verlagsleitung: Franz Langecker
Gründungsjahr: 1977
Lieferbare Titel: 150
Novitäten: 25
Programm: Personalarbeit, Personalwirtschaft, Management, Marketing, Recht, Wirtschaft, Steuern, Datenschutz, Datenverarbeitung
Ms.-Angebote: nach vorheriger telefonischer Anfrage
Medium: Papierausdruck, Diskette
Ms.-Rücksendung: nein

R.v. Decker's Verlag
G. Schenck GmbH
Im Weiher 10
69121 Heidelberg
Tel. 06221 - 489-0
Fax 06221 - 48 94 50
info@huethig.de / www.huethig.de
Programm: siehe Hüthig GmbH

DeGe-Verlag
Forsthaus
76744 Langenberg
Tel. 07275 - 953 51
Fax 07275 - 953 52
Info@dege-verlag.de
www.dege-verlag.de

Gründungsjahr: 1994
Lieferbare Titel: 5
Programm: Bildbände, Reisen
Ms.-Angebote: als Exposé
Medium: Papierausdruck
Ms.-Rücksendung: ja, mit Rückporto

Delius Klasing Verlag GmbH
Siekerwall 21
33602 Bielefeld
Tel. 0521 - 559-0
Fax 0521 - 559 -115
info@delius-klasing.de
www.delius-klasing.de
Verleger: Konrad Delius
Verlagsleitung: Frank Grube
Gründungsjahr: 1911
Lieferbare Titel: 700
Novitäten: 120
Programm: Segel- und Motorbootsport, Bootsbau, Surfen, Tauchen, Fahrrad, Motorrad, Auto, Belletristik, Bildbände, Edutainment, Fachzeitschriften, Lern-Software, Reisen, Sport, Technik
Lektorat: verantw.: Petra Trültzsch (Dw -202, Fax -205)
Ms.-Angebote: nach vorheriger telefonischer Anfrage, als Exposé mit Textprobe von ca. 20 Seiten
Medium: Papierausdruck
Ms.-Rücksendung: ja

Delphi bei Droemer - siehe
Droemer Knaur München

Galerie Depelmann Edition und Verlag GmbH
Walsroder Str. 305
30855 Langenhagen
Tel. 0511 - 73 36 93
Fax 0511 - 72 36 29
depelmann@t-online.de
www.depelmann.de
Verleger: Hargen Depelmann
Zum Verlag: Kunstkataloge, Werksverzeichnisse
Gründungsjahr: 1978
Lieferbare Titel: 48
Novitäten: 5-6
Programm: Bildende Kunst
Ms.-Interessen: keine – nur Bücher über Künstler der Galerie Depelmann
Ms.-Angebote: nach vorheriger telefonischer Anfrage
Medium: Papierausdruck, E-Mail
Ms.-Rücksendung: nein

Engelbert Dessart – siehe
Beltz & Gelberg

Verlag Harri Deutsch
Gräfstr. 47
60486 Frankfurt am Main
Tel. 069 - 77 01 58 60
Fax 069 - 77 01 58 69
verlag@harri-deutsch.de
www.harri-deutsch.de/verlag/
Verlagsleitung: Martin Kegel
Zum Verlag: Wissenschaft und Fachbuch
Gründungsjahr: 1961

Lieferbare Titel: ca. 500
Novitäten: ca. 20
Programm: Mathematik, Physik, Chemie, Biologie, Mathematisch-Naturwissenschaftliche Unterhaltung, Technik
Lektorat: Dipl.Phys. Klaus Horn, horn@harri-deutsch.de
Ms.-Angebote: als Exposé mit Textprobe von 20 Seiten
Medium: Papierausdruck, Diskette, E-Mail
Ms.-Rücksendung: ja, mit Rückporto

Deutsche Bibelgesellschaft
Balinger Str. 31
70567 Stuttgart
Tel. 0711 - 71 81-0
Fax 0711 - 71 81-126
lektorat@dbg.de
www.bibelgesellschaft.de
Verleger: Dr. Jan-A. Bühner, Dr. Felix Breidenstein
Lieferbare Titel: 700
Programm: Bibeln: Lutherbibel, Gute-Nachricht-Bibel; Urtextausgaben; Schulbibeln; Kinderbibeln; Sachbücher zur Bibel
Lektorat: Dr. Hannelore Jahr (Cheflektorin)
Ms.-Interessen: zu allen Gebieten des Verlagsprogramms
Ms.-Angebote: nach vorheriger telefonischer Anfrage
Medium: Papierausdruck, Diskette
Ms.-Rücksendung: ja

Deutsche Stiftung Denkmalschutz
Dürenstr. 8
53173 Bonn
Tel. 0228 - 957 38-0
Fax 0228 - 957 38 - 28
www.denkmalschutz.de
Verlagsleitung: Gerlinde Thalheim
Lieferbare Titel: 50
Novitäten: 5
Programm: Bücher, Bilder und Berichte zu Denkmalkultur für Kulturinteressierte, Reisefreudige, Fachleute, Baudenkmal, Architektur, Bildbände, Kinderbücher mit Schwerpunkt Denkmalkultur
Ms.-Angebote: nach vorheriger telefonischer Anfrage, als Manuskript
Medium: Papierausdruck
Ms.-Rücksendung: ja

DVA Deutsche Verlags-Anstalt
Königinstr. 9
50539 München
Tel. 089 - 455 54-0
Fax 089 - 455 54-100
buch@dva.de / www.dva.de
Verleger: Jürgen Horbach
Verlagsleitung: Susanne Lange, Dr. Stefan Meyer
Gründungsjahr: 1831
Verlagsgruppe: Gesellschafter: Frankfurter Allgemeine Zeitung
Programm: Architektur, Bauhandwerk, Belletristik, Politik, Zeitgeschichte, Geschichte, Naturwissenschaft, Wirtschaft, Eltern, Kinder, Lebenshilfe

Lektorat: Christiane Schmidt (Belletristik), Dr. Stefan Meyer (Sachbuch), Roland Thomas (Architektur)
Ms.-Angebote: als Exposé mit Textprobe von ca. 20 Seiten oder als Manuskript
Medium: Papierausdruck
Ms.-Rücksendung: ja, mit Rückporto

Deutscher Anwaltverlag GmbH
Wachsbleiche 7
53111 Bonn
Tel. 0228 - 919 11-0
Fax 0228 - 919 11-23
www.anwaltverlag.de
Programm: Recht

Deutscher Apotheker Verlag
Birkenwaldstr. 44
70191 Stuttgart
Tel. 0711 - 25 82-0
Fax 0711 - 25 82 - 290
service@deutscher-apotheker-verlag.de
www.deutscher-apotheker-verlag.de
Verleger: Dr. Christian Rotta, Dr. Klaus G. Brauer
Verlagsgruppe: Deutscher Apotheker Verlag
Programm: Pharmazie, Pharmakologie
Lektorat: Dr. Eberhard Scholz, Antje Piening, Dr. Christian Reiber
Ms.-Angebote: nach vorheriger telefonischer Anfrage, als Exposé mit Textprobe
Medium: Papierausdruck
Ms.-Rücksendung: ja

Deutscher Ärzte-Verlag GmbH
Dieselstr. 2
50859 Köln
Tel. 02234 - 70 11-0
Fax 02234 - 494 98
buchverlag@aerzteverlag.de
www.aerzteverlag.de
Verlagsleitung: Dieter Weber und Jürgen Führer, Verlagsleitung Buchverlag: Victor Oehm
Programm: Medizin, Praxismanagement
Lektorat: Jörg Schmitz (Dw -455), Helga Breuer (Dw -490)
Ms.-Angebote: als Exposé mit Textprobe von 2 Seiten
Medium: Papierausdruck, Diskette
Ms.-Rücksendung: ja, mit Rückporto

Deutscher Betriebswirte-Verlag GmbH
Bleichstr. 20-22
76593 Gernsbach
Tel. 07224 - 93 97-0
Fax 07224 - 93 97 - 80
www.betriebswirte-verlag.de
Programm: Holzfachbücher, Fachbücher zu Betriebswirtschaft, Organisation, Marketing, Materialwirtschaft, Volkswirtschaftslehre

**Verlagsgruppe
Deutscher Fachverlag**
Mainzer Landstr. 251
60326 Frankfurt am Main
Tel. 069 - 75 95 -21 24
Fax 069 - 75 95 -21 10
buchverlag@dfv.de
www.dfv-fachbuch.de
Verlagsleitung: Jürgen Frühschütz
Zum Verlag: Fachverlag für verschiedene Branchen
Gründungsjahr: 1946
Lieferbare Titel: 200
Novitäten: 40
Programm: Medienwirtschaft, Textilwirtschaft, Werbewirtschaft, Gastronomienwirtschaft, Fleischwirtschaft, Wirtschaft, Technik
Lektorat: Caroline Schauwienold (Dw -2128, Textilwirtschaft und Handel), Bettina Quabius (Dw -2115, Gastronomiewirtschaft, Fleischwirtschaft, Medienwirtschaft)
Ms.-Interessen: zu o.g. Themen
Ms.-Angebote: als Exposé mit Textprobe von 20 Seiten
Medium: Papierausdruck, Diskette
Ms.-Rücksendung: ja

Deutscher Gemeindeverlag GmbH
Heßbrühlstr. 69
70565 Stuttgart
Tel. 0711 - 786 30
Fax 0711 - 78 63 84 30
vertrieb@kohlhammer.de
www.kohlhammer.de
Verleger: Dr. Jürgen Gutbrod

Programm: Verwaltungspraxis, Kommunalrecht, Öffentliches Recht und Verwaltungsrecht

Deutscher Klassiker Verlag
Lindenstr. 29-36
60326 Frankfurt am Main
Tel. 069 - 756 01-0
Fax 069 - 756 01-314
lektorat@suhrkamp.de
www.suhrkamp.de
Verlegerin: Ulla Unseld-Berkéwicz
Verlagsleitung: Philip Roeder
Gründungsjahr: 1981
Programm: Klassische belletristische Texte, historische, politische, philosophische und kunsttheoretische Schriften

Deutscher Kunstverlag
Nymphenburger Str. 84
80363 München
Tel. 089 - 12 15 16-0
Fax 089 - 12 15 16-44
info@deutscher-kunstverlag.de
www.deutscherkunstverlag.de
Programm: Kunstgeschichte, Architektur, Fachverlag

Deutscher Studien Verlag
Werderstr. 10
69469 Weinheim
Tel. 06201 - 600 70
Fax 06201 - 174 64
Verleger: Rüdiger Herth
Programm: Erziehung, Didaktik, Weiterbildung, Frauenforschung,

Psychologie, Soziologie
Ms.-Angebote: nach vorheriger telefonischer Anfrage
Medium: Papierausdruck
Ms.-Rücksendung: ja

Deutscher Theaterverlag GmbH
Grabengasse 5
69469 Weinheim
Tel. 06201 - 87 90 70
theater@dtver.de
www.dtver.de
Verlegerin: Gabriele Barth
Zum Verlag: Theateragentur und Buchverlag
Lieferbare Titel: 2.000
Novitäten: ca. 50
Programm: Fachbücher zur Theaterpädagogik, Anleitungen zum Spiel mit Kindergartenkindern
Lektorat: Gabriele Barth
Ms.-Angebote: als Manuskript
Medium: Papierausdruck, Diskette, E-Mail
Ms.-Rücksendung: ja

Deutscher Universitäts-Verlag GmbH
Abraham-Lincoln-Str. 46
65189 Wiesbaden
Tel. 0611 - 78 78-239, -237
Fax 0611 - 78 78-411
ute.wrasmann@bertelsmann.de, brigitte.siegel@bertelsmann.de
www.duv.de
Verlagsleitung: Dr. Heinz Weinheimer
Programm: Soziologie, Politik, Kommunikationswissenschaften, Literaturwissenschaft, Psychologie, Sprachwissenschaft, Wirtschaftswissenschaft, Kognitionswissenschaft, Informatik
Lektorat: Ute Wrasmann, Brigitte Siegel
Ms.-Angebote: nach vorheriger telefonischer Anfrage
Medium: Papierausdruck
Ms.-Rücksendung: ja

Deutscher Verlag für Kunstwissenschaft
Neue Grünstr. 17
10179 Berlin
Tel. 030 - 25 91-738 64
Fax 030 - 25 91-715 77
cruschinzik@reimer-verlag.de
www.deutscherverlagfuerkunstwissenschaft.de
Verlagsleitung: Elisabeth Roosens
Programm: Baukunst, Skulptur, Malerei, Graphik, Kunsthandwerk in Deutschland
Ms.-Angebote: als Exposé mit Textprobe von 10 Seiten
Medium: Papierausdruck
Ms.-Rücksendung: ja

dgvt-Verlag
Hechinger Str. 203
72072 Tübingen
Tel. 07071 - 79 28 50
Fax 07071 - 79 28 51
dgvt-verlag@dgvt.de

www.dgvtverlag.de
Verlagsleitung: Dipl. Psych.
Otmar Koschar
Zum Verlag: eigenständiger Verlag, in den 70er Jahren im Rahmen der Selbsthilfebewegung entstanden, gute brauchbare psychosoziale Literatur sollte preiswert verfügbar gemacht werden
Lieferbare Titel: 170
Novitäten: 20
Programm: Psychotherapie, Beratung, Lebenshilfe, Psychologie, Ratgeber
Ms.-Interessen: Therapeutische Fachbücher, wissenschaftliche fundierte Selbsthilfeliteratur
Ms.-Angebote: als Manuskript
Medium: Papierausdruck, Diskette oder E-Mail
Ms.-Rücksendung: nein

Diamant-Verlag
Barer Str. 70/Rgb
80799 München
Tel. u. Fax 0039-0471 - 96 41 83
c.well@iol.it
Verlegerin: Claudia Wellnitz
Gründungsjahr: 1985
Lieferbare Titel: 24
Novitäten: 2
Programm: Tibetischer Buddhismus, Philosophie, Religion, Tibet
Lektorat: Claudia Wellnitz
Ms.-Interessen: Erfahrungsberichte praktizierender Buddhisten, Frauen und Buddhismus

Ms.-Angebote: nach vorheriger telefonischer Anfrage
Medium: Papierausdruck
Ms.-Rücksendung: ja, mit Rückporto

Diana Verlag
Bayerstr. 71-73
80335 München
Tel. 089 - 41 36-0
Fax 089 - 41 36-33 50
info@randomhouse.de
www.randomhouse.de
Verleger: Geschäftsführer: Klaus Eck, Joerg Pfuhl (CEO), Claudia Reitter
Verlagsleitung: Ulrich Genzler
Verlagsgruppe: Random House
Programm: Belletristik, Sachbuch
Lektorat: Tilo Eckardt (Programmleitung), Britta Hansen
Ms.-Angebote: als Exposé
Medium: Papierausdruck
Ms.-Rücksendung: ja

Diederichs
Holzstr. 28
80469 München
Tel. 089 - 23 55 86-0
Fax 089 - 23 55 86-111
Verlagsgruppe: Hugendubel
Programm: Politik, Weltkulturen, Weltreligionen
Ms.-Angebote: nach vorheriger telefonischer Anfrage
Medium: Papierausdruck
Ms.-Rücksendung: ja, mit Rückporto

Axel Dielmann Verlag KG
Oskar-von-Miller-Str. 18
60314 Frankfurt am Main
Tel. 069 - 94 35 90 00
Fax 069 - 94 35 90 02
dielmann_verlag@yahoo.de
Verleger: A. Dielmann
Gründungsjahr: 1992
Lieferbare Titel: 130
Novitäten: 15
Programm: Belletristik, Lyrik, Anthologien, Bücher in Zusammenarbeit mit Sponsorpartnern und Rezensions-Zeitschrift Listen
Lektorat: Axel Dielmann und Alexandra Böttcher (Chef-Red. Listen)
Ms.-Interessen: s. Verlagsprogramm
Ms.-Angebote: als Exposé mit Textprobe von 5-20 Seiten
Medium: Papierausdruck
Ms.-Rücksendung: ja, mit Rückporto

Diestel Verlag GmbH
Sonnengasse 11
74072 Heilbronn
Tel. 07131 - 96 79 16
Fax 07131 - 96 79 40
info@distelliteraturverlag.de
www.distelliteraturverlag.de
Verleger: Marion von Hagen,
Uli Dieterich
Programm: Geschichte, Politik, Wirtschaft, Gesellschaft
Ms.-Angebote: nach vorheriger telefonischer Anfrage
Medium: E-Mail
Ms.-Rücksendung: ja, mit Rückporto

Diesterweg – siehe *Bildungshaus*

Dieterich'sche Verlagsbuchhandlung
Beuthener Str. 17
55131 Mainz
Tel. 06131 - 57 32 76
Fax 06131 - 57 10 61
dvb-mainz@t-online.de
www.dvb-mainz.de
Verlegerin: Hannelore Klemm
Novitäten: 3-4
Programm: Japanische Literatur, Slawistische, Romanistische Literatur, Geisteswissenschaften
Lektorat: Dr. Cornelia Fischer
Ms.-Angebote: nach vorheriger telefonischer Anfrage, als Exposé
Ms.-Rücksendung: ja, mit Rückporto

Maximilian Dietrich Verlag
Weberstr. 36
87700 Memmingen
Tel. 08331 - 28 53
Fax 08331 - 49 03 64
info@maximilian-dietrich-verlag.de
www.maximilian-dietrich-verlag.de
Verleger: Jürgen Schweitzer
Verlagsleitung: Jürgen Schweitzer
Programm: Geschenkbücher, Schwäbische Literatur, Krimis

Karl Dietz Verlag Berlin GmbH
Weydingerstr. 14-16
10178 Berlin
Tel. 030 - 24 00 92 90
Fax 030 - 24 00 95 90

k-dietzverlag@t-online.de
Verleger: Jörn Schütrumpf
Gründungsjahr: 1946
Programm: Schwerpunkt: Politisches Sachbuch. Geschichte der Neuzeit, Zeitgeschichte
Lektorat: Christine Krauss
Ms.-Angebote: nach vorheriger telefonischer Anfrage, als Exposé
Medium: Papierausdruck, Diskette
Ms.-Rücksendung: ja, mit Rückporto

Verlag J.H.W. Dietz Nachf. GmbH
Dreizehnmorgenweg 24
53175 Bonn
Tel. 0228 - 23 80 83
Fax 0228 - 23 41 04
info@dietz-verlag.de
www.dietz-verlag.de
Verlagsleitung: Albrecht Koschützke
Gründungsjahr: 1881
Lieferbare Titel: 180
Novitäten: 20
Programm: Geschichte der Neuzeit, Soziologie, Politik, Zeitgeschichte, Außereuropäische Geschichte
Lektorat: Dr. Alexander Behrens, alexander.behrens@dietz-verlag.de
Ms.-Interessen: Neue Forschungen zum Nationalsozialismus, Afrikanische Geschichte
Ms.-Angebote: als Exposé, mit Textprobe von 30 Seiten
Medium: Papierausdruck
Ms.-Rücksendung: ja, mit Rückporto

Dittrich-Verlag e.K.
Manfred-von-Richthofenstr. 9
12101 Berlin
Tel. 030 - 785 27 33
Fax 030 - 78 89 99 06
dittrich-verlag@netcologne.de
www.dittrich-verlag.de
Verleger: Volker Dittrich
Verlagsleitung: Volker Dittrich
Gründungsjahr: 1990
Lieferbare Titel: 50
Novitäten: 4-8
Programm: Musik- und Theatergeschichte, Biografien, Belletristik, Werksausgabe Edgar Hilsenrath
Lektorat: Julia Kuschmann, J.Kuschmann@dittrich-verlag.de
Ms.-Interessen: Musik- und Theatergeschichte
Ms.-Angebote: nach vorheriger telefonischer Anfrage, als Exposé, Textprobe von 10 Seiten
Medium: Papierausdruck
Ms.-Rücksendung: nein

Divyanand Verlags GmbH
Sägestr. 37
79737 Herrischried
Tel. 07764 - 93 97-0
Fax 07764 - 93 97-39
info@sandila.de / www.sandila.de
Verlagsleitung: Gerlinde Gloeckner
Programm: Esoterik, Religion, Gesundheit, Lebenshilfe
Ms.-Angebote: als Exposé
Medium: E-Mail
Ms.-Rücksendung: ja

DJI Deutsches Jugendinstitut e.V.
DJI Verlag
Nockherstr. 2
81541 München
Tel. 089 - 62 30 60
Fax 089 - 62 30 61 62
dji@dji.de
www.dji.de
Gründungsjahr: 1975
Lieferbare Titel: 60
Novitäten: 10
Programm: Behinderten-Literatur, Bildung, Erziehung, Fachzeitschriften, Frauenforschung, Medienwissenschaft, Psychologie, Soziologie
Lektorat: Hans Lösch (Zeitschrift Diskurs), Hermann Schwarzer (Buchprogramm)
Ms.-Interessen: nur Manuskripte aus dem DJI, außer Diskurs-Beiträge

do evolution
Herkulesstr. 17
45127 Essen
Tel. 0201 - 23 00 50
Fax 0201 - 23 00 50
Programm: Buddhismus, Esoterik, Lebenshilfe, Philosophie, Psychologie, Religion
Lektorat: Sabine Konrad
Ms.-Interessen: nur buddhistische Themen, doch schon sehr weit im Voraus verplant
Ms.-Angebote: nach vorheriger telefonischer Anfrage
Ms.-Rücksendung: ja, mit Rückporto

Dölling und Galitz Verlag
Große Bergstr. 253
22767 Hamburg
Tel. 040 - 389 35 15
Fax 040 - 38 85 87
www.doellingundgalitz.com
Programm: Architektur, Bildbände, Bildende Kunst, Frauenforschung, Geschichte der Neuzeit, Kulturgeschichte, Literaturwissenschaft, Musik, Fotografie, Religion, Zeitgeschichte, Hamburg, Judaica
Ms.-Angebote: nach vorheriger telefonischer Anfrage
Ms.-Rücksendung: ja, mit Rückporto

Don Bosco Verlag
Sieboldstr. 11
81669 München
Tel. 089 - 480 08 - 300
Fax 089 - 480 08 - 309
dbv@donbosco.de
Verleger: P. Alfons Friedrich
Lieferbare Titel: 500
Novitäten: ca. 50
Programm: Religion: Religiöse Erziehung, Religiöse Kinderbücher, Gemeindearbeit Lebenshilfe, Spielebücher für Kindergarten, Grundschule und Hort, Jugendarbeit, Freizeitpädagogik, Ratgeber und Erziehungshilfen
Ms.-Angebote: nach vorheriger telefonischer Anfrage, als Exposé
Medium: Papierausdruck, E-Mail
Ms.-Rücksendung: ja

**Donna Vita Verlag
Mebes & Noack in der
Wissen + Handeln Vertriebs
GmbH**
Sudermannstr. 5
50670 Köln
Tel. 0221 - 13 96-209
Fax 0221 - 13 96-348
mail@donnavita.de
www.donnaviat.de
Verlagsleitung: Marion Mebes und Silke Noack
Programm: Sexualisierte Gewalt, Prävention, Intervention
Ms.-Angebote: nach vorheriger telefonischer Anfrage, als Exposé mit Textprobe von 10 Seiten
Medium: Papierausdruck, Diskette, E-Mail
Ms.-Rücksendung: ja, mit Rückporto

Dorling Kindersley Verlag
Gautinger Str. 6
82319 Starnberg
Tel. 08151 - 271 22 11
Fax 08151 - 271 22 66
info@dk-germany.de / www.dk.com
Verleger: Andrew Phillips
Verlagsleitung: Programmleitung: Monika Schlitzer
Gründungsjahr: 1999
Verlagsgruppe: Tochter des englischen DK Verlags
Lieferbare Titel: 590
Novitäten: 150
Programm: Allgemeine Nachschlagewerke, Medizin- und Familienratgeber, Garten, Reiseführer, Sach- und Spielbücher für Kinder, Essen und Trinken
Ms.-Angebote: als Exposé
Medium: Papierausdruck, E-Mail
Ms.-Rücksendung: ja, mit Rückporto

**Dosse Verlag
Gudrun Dochow e. Kfr.**
Kampehl 19
16845 Neustadt
Tel. 033970 - 505 80
Fax 033970 - 505 82
dosse.verlag@t-online.de
www.dosseverlag.de
Verlegerin: Gudrun Dochow
Zum Verlag: Ein-Frau-Verlag
Gründungsjahr: 1995
Lieferbare Titel: 16
Programm: Belletristik, Regionalliteratur Prignitz, Ruppin
Ms.-Interessen: Regionalia, Lebensgeschichten
Ms.-Angebote: nach vorheriger telefonischer Anfrage, als Exposé mit Textprobe von 4-5 Seiten
Medium: Papierausdruck
Ms.-Rücksendung: ja, mit Rückporto

dpunkt Verlag für digitale Technologie
Ringstr. 19b
69115 Heidelberg
Tel. 06221 - 148 31-0
Fax 06221 - 14 83-99
hallo@depunkt.de
www.depunkt.de

Verleger: Gerhard Rossbach,
Dr. Michael Barabas
Gründungsjahr: 1995
Lieferbare Titel: 80
Novitäten: 30
Programm: Internet, Software-Entwicklung, System und Netze, Digitale Medien für professionelle Anwender, Computerfachleute, Informatiker, Studenten
Lektorat: René Schönfeldt (Dw -12, schoenfeldt@depunkt.de), Christa Preisendanz (Dw -400177, preisendanz@depunkt.de) Dr. Michael Barabas (Dw -11, barabas@depunkt.de)
Ms.-Interessen: Internetprogrammierung, Medieninformatik
Ms.-Angebote: als Exposé
Medium: Papierausdruck, E-Mail
Ms.-Rücksendung: ja

Drei Brunnen Verlag GmbH & Co.
Heusee 19
73655 Plüderhausen
Tel. 07181 - 86 02-0
Fax 07181 - 86 02-29
mail@drei-brunnen-verlag.de
www.drei-brunnen-verlag.de
Verlagsleitung: Emmerich Müller
Lieferbare Titel: 58
Novitäten: ca. 8-10
Programm: Reise, Touristik, Camping

Drei Eichen Verlag
Rote Kreuz Str. 30
97762 Hammelburg
Tel. 09732 - 91 42-0
Fax 09732 - 91 42-20
www.drei-eichen.de
Verleger: Manuel Kissener
Lieferbare Titel: 120
Novitäten: 2-5
Programm: Fantasy, Esoterik, Lebenshilfe, Philosophie, Psychologie, Ratgeber, Religion
Lektorat: Manuel Kissener
Ms.-Angebote: nach vorheriger telefonischer Anfrage
Medium: Papierausdruck, Diskette
Ms.-Rücksendung: ja, mit Rückporto

Cecilie Dressler Verlag GmbH & Co. KG
Poppenbütteler Chaussee 53
22397 Hamburg
Tel. 040 - 60 79 09-03
Fax 040 - 607 23 26
dressler@vsg-hamburg.de
www.cecilie-dressler.de
Verleger: Silke Weitendorf, Thomas Huggle
Gründungsjahr: 1941
(davor Williams & Co)
Verlagsgruppe: Oetinger
Programm: Kinder- u. Jugendbuch
Lektorat: Ursula Heckel, Katharina Diestelmeier
Ms.-Interessen: Belletristik ab Lesealter 10 (bis höchstens 13)

Ms.-Angebote: nach vorheriger telefonischer Anfrage, als Manuskript plus Exposé
Medium: ausschließlich Papierausdruck
Ms.-Rücksendung: ja

Verlagsgruppe Droemer Weltbild
Hilblestr. 54
80636 München
Tel. 089 - 92 71-0
Fax 089 - 92 71-168
lektorat@droemer-weltbild.de
www.droemer-weltbild.de
Verleger: Dr. Hans-Peter Übleis
Verlagsleitung: Beate Kuckertz
Verlagsgruppe: Zur Verlagsgruppe gehören die Verlage Th. Knaur, Pattloch, Schneekluth, Weltbild Ratgeber, Droemer Audio, Augustus, Battenberg, Droemer, Midena, Verlag der Vampire
Ms.-Angebote: als Exposé mit Textprobe von 15 Seiten
Medium: Papierausdruck
Ms.-Rücksendung: ja, mit Rückporto

Droemer Verlag
Hilblestr. 54
80636 München
Tel. 089 - 92 71-0
Fax 089 - 92 71-168
lektorat@droemer-weltbild.de
www.droemer-weltbild.de
Verleger: Dr. Hans-Peter Übleis
Verlagsleitung: Dr. Doris Janhsen
Verlagsgruppe: Droemer Weltbild

Programm: Belletristik, Fantasy, Sachbücher, Ratgeber, Nachschlagewerke, Naturwissenschaften
Lektorat: Beate Kuckertz (Dw -259)
Ms.-Angebote: als Exposé mit Textprobe von 15 Seiten
Medium: Papierausdruck
Ms.-Rücksendung: ja, mit Rückporto

Droste Verlag GmbH
Schadow-Arkaden
Martin-Luther-Platz 26
40212 Düsseldorf
Tel. 0211 - 860 52 26
Fax 0211 - 323 00 98
www.drosteverlag.de
Verlagsleitung: Dr. Manfred Droste, Dipl.-Volkswirt Felix Droste
Gründungsjahr: 1933
Programm: Biografien, Geschichte, Kulturgeschichte, Politik, Zeitgeschichte, Regionales (auch Belletristik)
Lektorat: Dr. Birgit Hessen, Dr. Eleonore Föhles
Ms.-Angebote: als Exposé
Medium: Papierausdruck, E-Mail
Ms.-Rücksendung: ja, mit Rückporto

DRW-Verlag Weinbrenner GmbH & Co.
Fasanenweg 18
70771 Leinfelden-Echterdingen
Tel. 0711 - 759 12 04
Fax 0711 - 75 91 35 64
bdriehaus@drw-verlag.de
www.drw-verlag.de

Verleger: Karl-Heinz Weinbrenner
Verlagsleitung: Bernhard Driehaus
Programm: Landeskunde Baden-Württemberg, Holzwirtschaft
Ms.-Angebote: nach vorheriger telefonischer Anfrage
Ms.-Rücksendung: ja, mit Rückporto

DSV-Verlag GmbH
Gründgensstr. 18
22309 Hamburg
Tel. 040 - 63 20 09-18
Fax 040 - 63 20 09-25
www.dsv-verlag.de
Programm: Wassersport

dtv Deutscher Taschenbuch Verlag GmbH & Co. KG
Friedrichstr. 1a
80801 München
Tel. 089 - 38 16 70
Fax 089 - 34 64 28
verlag@dtv.de
www.dtv.de
Verleger: Wolfgang Balk
Verlagsleitung: Wolfgang Balk
Gründungsjahr: 1960
Lieferbare Titel: 4000
Novitäten: 500
Programm: Architektur, Belletristik, Fantasy, Science Fiction, Historische Romane, Kriminalromane, Biologie, Chemie, Computer, Erziehung, Essen und Trinken, Geografie, Geowissenschaften, Geschichte, Gesundheit, Kulturgeschichte, Lebenshilfe, Literaturwissenschaft,
Lektorat: Dr. Lutz-W. Wolff (Fiction), Dw -210,
Dr. Andrea Wörle (Nonfiction), Dw -270
Ms.-Angebote: nach vorheriger telefonischer Anfrage, als Exposé
Medium: Papierausdruck
Ms.-Rücksendung: ja

dtv junior
Friedrichstr. 1a
80801 München
Tel. 089 - 381 67-0
Fax 089 - 33 92 41
junior@dtv.de / www.dtvjunior.de
Verleger: Wolfgang Balk
Verlagsleitung: Anne Schieckel
Gründungsjahr: 1971
Lieferbare Titel: 550
Novitäten: 80
Programm: Jugendbücher, Kinderbücher, Erzählende Jugend-Sachbücher
Lektorat: Dorothee Dengel (Dw -289, dengel@dtv.de), Dagmar Kalinke (Dw -284, kalinke@dtv.de), Britt Arnold (Dw -290, ArnoldB@dtv.de), Maria Rutenfranz (Dw -286, Rutenfranz@dtv.de), Anette Reiter (Dw -283, Reiter@dtv.de), Beate Schäfer (Dw -285, schaefer@dtv.de)
Ms.-Angebote: nach vorheriger telefonischer Anfrage, als Exposé mit Textprobe, als Manuskript
Medium: Papierausdruck
Ms.-Rücksendung: ja

Duden Paetec Schulbuchverlag
Bouchestr. 12 Haus 11
12435 Berlin
Tel. 030 - 53 31 18 00
Fax 030 - 53 31 18 01
info@duden-paetec.de
www.duden-paetec.de
Zum Verlag: Schulbuchverlag
Gründungsjahr: 1990
Verlagsgruppe: Bibliographisches Institut
Programm: Computer, Elektronische Medien, Nachschlagewerke, Wörterbücher, Naturwissenschaften, Pädagogik, Grundschule, Deutsch
Ms.-Angebote: nach vorheriger telefonischer Anfrage, mit Textprobe von 10 Seiten
Medium: Papierausdruck
Ms.-Rücksendung: ja, mit Rückporto

DuMont Literatur und Kunst Verlag GmbH & Co. KG
Neven DuMont Haus
Amsterdamer Str. 192
50735 Köln
Tel. 0221 - 224-0
Fax 0221 - 224-1973
info@dumontliteraturundkunst.de
www.dumontliteraturundkunst.de
Verleger: Dr. Gottfried Honnefelder
Programm: Romane, Erzählungen, Essays, Lyrik, Krimis, Anthologien, Ausstellungskataloge, Künstlerbiografien, Kunsttheorie
Lektorat: Programmleitung Literatur: Christian Döring Tel. Dw -70, Fax: -1939, Programmleitung Kunst: Dr. Maria Platte
Ms.-Angebote: als Manuskript
Medium: Papierausdruck
Ms.-Rücksendung: nein

DuMont Reiseverlag GmbH & Co.KG
Marco-Polo-Zentrum
73760 Ostfildern
Tel. 0711 - 45 02-0
Fax 0711 - 45 02-310
mairhuydts@mairs.de
www.maircopolo.de
Verleger: Dr. Volkmar Mair,
Dr. Stephanie Mair-Huydts
Programm: Reiseführer, Atlanten

Duncker & Humblot GmbH
Carl-Heinrich-Becker-Weg 9
12165 Berlin
Tel. 030 - 79 00 06-0
Fax 030 - 79 00 06 - 31
info@duncker-humblot.de
www.duncker-humblot.de
Verleger: Prof. Dr. hc. Norbert Simon
Verlagsleitung: Dr. Florian Simon, Ingrid Bührig
Gründungsjahr: 1798 in Berlin
Lieferbare Titel: 9800
Novitäten: 300
Programm: Wissenschaftliche Werke: Biografien, Finanzen, Frauenforschung, Geschichte des Mittelalters, Geschichte der Neu-

zeit, Literatur-, Medienwissenschaft, Militär, Nachschlagewerke, Ökologie, Philosophie, Politik, Recht, Religion, Soziologie, Umwelt
Lektorat: wegen der Spezifik der Werke verlangen wir druckfertige Manuskripte, die nicht lektoriert werden
Ms.-Interessen: nur wissenschaftliche Monografien oder Sammelbände (Werke, die im Wissenschaftsbetrieb entstanden sind)
Ms.-Angebote: als Manuskript
Medium: Papierausdruck
Ms.-Rücksendung: ja

DüsselArt Verlag
Postfach 10 21 54
40012 Düsseldorf
Tel. 0211 - 37 10 05
Fax 0211 - 37 10 05
bkerpen.duesselart@t-online.de
www.duesselart-verlag.de
Verlegerin: Barbara Kerpen
Verlagsleitung: Barbara Kerpen
Zum Verlag: gleichnamige Kulturzeitschrift
Gründungsjahr: 1990
Lieferbare Titel: 9
Novitäten: 1
Programm: Belletristik, Fotografie, Reise, Touristik
Ms.-Interessen: Kurzgeschichten, Erzählungen
Ms.-Angebote: nach vorheriger telefonischer Anfrage, E-Mail Anfrage
Ms.-Rücksendung: nach Absprache

DVS-Verlag GmbH
Aachener Str. 172
40223 Düsseldorf
Tel. 0211 - 159 10
Fax 0211 - 159 11 50
verlag@dvs-hg.de
www.dvs-verlag.de
Verlagsleitung: Michael Stumpf
Gründungsjahr: 1955
Lieferbare Titel: 300
Programm: Technik, Schweißen, Schneiden, Löten, Kleben, Fertigungstechnik, Metallbearbeitung
Lektorat: F. Herud, H. Knittel
Ms.-Interessen: Schweißen und verwandte Verfahren
Ms.-Angebote: nach vorheriger telefonischer Anfrage
Medium: Papierausdruck, Diskette
Ms.-Rücksendung: ja

Echo Verlag
Lotzestr. 24 a
37083 Göttingen
Tel. 0551 - 79 68 24
Fax 0551 - 740 35
webmaster@echoverlag.de
www.echoverlag.de
Verleger: Andrea Clages, Dr. Edmund Haferbeck
Gründungsjahr: 1985
Programm: Vegetarische Ernährung, Ökologie, Tierschutz, Tierrechte, Ethik, Naturwissenschaft, Umwelt
Ms.-Angebote: als Exposé
Medium: Papierausdruck, Diskette
Ms.-Rücksendung: ja, mit Rückporto

Echter Verlag
Dominikanerplatz 8
97070 Würzburg
Tel. 0931 - 660 68-0
Fax 0931 - 660 68-23
info@echter.de
www.echter-verlag.de
Verlagsleitung: Thomas Häußner
Lieferbare Titel: 700
Novitäten: 70
Programm: Theologie, Religion, Lebenshilfe, Philosophie, Franken
Lektorat: Heribert Handwerk (Theologie)
Ms.-Angebote: als Exposé mit Textprobe von 20 Seiten, als Manuskript
Medium: Papierausdruck, Diskette, E-Mail
Ms.-Rücksendung: ja

ecomed verlagsgesellschaft AG & Co.KG
Justus-von-Liebig-Str. 1
86899 Landsberg
Tel. 08191 - 12 50
Fax 08191 - 12 54 92
info@ecomed.de
www.ecomed.de
Programm: Medizin und Biowissenschaften, Umweltschutz, Chemie, Labor, Gefahrstoffe, Arbeits- und Gesundheitsschutz, Gefahrgut-Transport und Verkehr

Econ Verlag
Friedrichstr. 126
10117 Berlin
Tel. 030 - 234 56-300
Fax 030 - 234 56-303
www.econ-verlag.de
Verleger: Viktor Niemann
Verlagsleitung: Hartmut Jedicke
Verlagsgruppe: Bonnier Media Deutschland GmbH
Programm: Sachbücher, Wirtschaft
Lektorat: Lektorat Econ Hardcover
Ms.-Angebote: als Exposé mit Textprobe von 30 Seiten
Medium: Papierausdruck
Ms.-Rücksendung: ja

Economica Verlag
Im Weiher 10
69121 Heidelberg
Tel. 06221 - 489-0
Fax 06221 - 48 94 50
info@huethig.de/
domesh@huethig.de
www.huethig.de
Programm: siehe Hüthig GmbH

ECV Editio Cantor Verlag für Medizin und Naturwissenschaften GmbH
Bändelstockweg 20
88326 Aulendorf
Tel. 07525 - 940-0
Fax 07525 - 940-147
info@ecv.de
www.ecv.de
Verleger: Viktor Schramm

Verlagsleitung: Viktor Schramm, Gunther Bicker
Gründungsjahr: 1947
Programm: Gesundheitswesen, Pharmazeutische Technologie, Arzneimittelwesen

Editio Maris
Wissenschaftlicher Verlag & Satz
Auflegerstr. 4
81735 München
Tel. 089 - 49 00 02 74
Fax 089 - 49 00 02 76
verlag@editio.maris.de
www.Editiomaris.de
Verlegerin: Margareta Restle
Verlagsleitung: Margareta Restle
Gründungsjahr: 1985
Lieferbare Titel: 29
Programm: Alte Geschichte, Archäologie, Architektur, Kulturgeschichte, Musik, Religion, Byzantinische und Islamische Kunstgeschichte
Ms.-Angebote: nach vorheriger telefonischer Anfrage
Medium: Papierausdruck
Ms.-Rücksendung: ja

Edition »Galerie auf Zeit«
Richard-Sorge-Str. 64
10249 Berlin
Tel. 030 - 426 74 62
Fax 030 - 426 74 62
Programm: Künstlerbücher

Edition 52
Postfach 11 05 03
42305 Wuppertal
Tel. 0202 - 73 57 72
Fax 0211 - 383 07 91
edition52@t-online.de
Programm: Comics

edition albarello
Dornaper Str. 23
42327 Wuppertal
Tel. 02058 - 82 79
Fax 02058 - 805 34
albarello@aol.com
Programm: Bilderbücher, Kinderkrimis

Edition Ambra
Dr. Elisabeth Sicard
Friedrichstr. 4
79379 Müllheim/ Baden
Tel. 07631 - 33 13
Programm: Okkultismus, Grenzwissenschaften, Parapsychologie, Philosophie, Weltreligionen, Mystik

Edition :anderweit Verlag GmbH
Hinter den Höfen 7
29556 Suderburg-Hösseringen
Tel. 05826 - 83 43
Fax 05826 - 83 97
edition@anderweit.de
www.anderweit.de
Verlegerin: Mila Schrader
Zum Verlag: Bauen, Architektur, Regionalia
Gründungsjahr: 1972

Lieferbare Titel: 27
Novitäten: 2-4
Programm: Architektur, Bildbände, Gartenbau, Ökologie, Ratgeber, Umweltthemen
Ms.-Angebote: nach vorheriger telefonischer Anfrage, als Exposé
Medium: Diskette, E-Mail
Ms.-Rücksendung: nein

Christliches Verlagshaus / Edition Anker
Motorstr. 36
70499 Stuttgart
Tel. 0711 - 830 00 31
Fax 0711 - 830 00 30
verlag@ankerbuch.de
www.edition-anker.de
Verlagsleitung: Jürgen Bach
Programm: Evangelische Religion, Biografien, Belletristik, Jugendbücher, Kinderbücher, Nachschlagewerke, Wörterbücher, Spiele
Lektorat: Thomas Kraft (Dw -31, kraft@ankerbuch.de)
Ms.-Interessen: Christliche Erzählungen, Geistliche Literatur, Theologie
Ms.-Angebote: als Exposé mit Textprobe von 10 Seiten oder als Manuskript
Medium: Papierausdruck
Ms.-Rücksendung: ja

Edition Aragon
Amselstr. 8
47445 Moers
Tel. 02841 - 165 61
Fax 02841 - 243 36
edition-aragon@web.de
Verleger: Willi Klauke
Verlagsleitung: Peter Albaum
Gründungsjahr: 1984
Programm: Reiseführer, Kleinkunst, Grafitti-Bücher, Regionalia
Ms.-Interessen: Jonglieren, Akrobatik, Zaubern
Ms.-Angebote: nach vorheriger telefonischer Anfrage
Medium: Papierausdruck, Diskette
Ms.-Rücksendung: ja, mit Rückporto

Edition Braus im Wachter Verlag
Hebelstr. 10
69115 Heidelberg
Tel. 06221 - 502 96 60
Fax 06221 - 502 96 66
info@editionbraus.de
www.editionbraus.de
Programm: Bildbände, Kunst, Fotografie, Städte- und Landschaftsbildbände

**Edition Bücherbär
im Arena-Verlag**
Rottendorfer Str. 16
97047 Würzburg
Tel. 0931 - 796 44-0
Fax 0931 - 796 44 - 13
www.arena-verlag.de

Verlagsleitung: Albrecht Oldenbourg
Lieferbare Titel: 1.000
Novitäten: ca. 160
Programm: Erstlesebücher, Kinderbücher, Kinderbeschäftigung, Kindersachbücher, Bilderbücher
Lektorat: Isa-Maria Röhrig-Roth (Arena Sachbuch, Edition Bücherbär)
Ms.-Angebote: als Exposé mit Textprobe
Medium: Papierausdruck
Ms.-Rücksendung: ja, mit Rückporto

edition Büchergilde
Stuttgarterstr. 25-29
60329 Frankfurt am Main
Tel. 069 - 27 39 08-0
Fax 069 - 27 39 08-27
service@büchergilde.de
www.buechergilde.de
Verleger: Mario Früh
Verlagsleitung: Mario Früh
Gründungsjahr: 2002
Novitäten: 5 pro Halbjahr und ein tolles Heft
Programm: Belletristik, Sachbuch, Tolle Hefte
Lektorat: Mario Früh, Petra Wägenbaur, Stefanie Köhler (Belletristik, Sachbuch)
Ms.-Angebote: nach vorheriger telefonischer Anfrage, als Exposé mit Textprobe von 20 Seiten
Medium: Papierausdruck
Ms.-Rücksendung: ja, mit Rückporto

Edition Conrad
Oberdorf 18
53347 Alfter
Tel. 0228 - 64 22 91
Fax 0228 - 64 22 95
Programm: Buchkunst

Edition coq au vin
Bahnhofstr. 63
95168 Marktleuthen
Tel. 09285 - 55 69
Fax 09285 - 65 06
Verleger: Harald Goldhahn
Verlagsleitung: Harald Goldhahn
Zum Verlag: Künstlerbücher und künstlerisch gestaltete CDs
Gründungsjahr: 1993
Programm: Cartoon und Illustrations-Bücher, Grafik-Text-Kombinations-Bücher, CDs in handgebundenen Covern, Künstlerbücher
Ms.-Rücksendung: ja, mit Rückporto

edition diskord
Schwärzlocher Str. 104/b
72070 Tübingen
Tel. 07071 - 401 02
Fax 07071 - 447 10
ed.diskord@t-online.de
www.edition-diskord.de
Verleger: Dr. Gerd Kimmerle
Gründungsjahr: 1985
Lieferbare Titel: 150
Programm: Biografien, Fachzeitschriften, Geschichte, Philosophie, Psychoanalyse

Ms.-Angebote: nach vorheriger telefonischer Anfrage
Medium: Papierausdruck, Diskette
Ms.-Rücksendung: ja

edition ebersbach
Droysenstr. 8
10629 Berlin
Tel. 030 - 31 01 99 34
Fax 030 - 31 01 99 12
edition.ebersbach@t-online.de,
info@edition-ebersbach.de
www.editon-ebersbach.de
Verlegerin: Brigitte Ebersbach
Verlagsleitung: Brigitte Ebersbach
Gründungsjahr: 1999
Lieferbare Titel: 120
Novitäten: 20
Programm: Frauen in Geschichte, Kultur und Literatur, Kulturgeschichte, Biografien, Geschenkbuch, Kalender
Ms.-Angebote: als Exposé mit Textprobe von 10 Seiten
Medium: Papierausdruck
Ms.-Rücksendung: ja, mit Rückporto

Edition Erasmus c/o Gutenberg Park
Robert-Koch-Str. 50
55129 Mainz
Tel. 06131 - 693 93 - 10
Fax 06131 - 693 93 - 15
b.steines-baessler@gutenberg-online.de
Programm: Regionale Bildbände, Kunstbücher, Belletristik, Lyrik und Aphorismen, Mainz und Rheinhessen in Wort und Bild

edition fundamental
Gellertstr. 31
50733 Köln
Tel. 0221 - 72 45 93
Programm: Lyrik, Kurzprosa, Künstler-Bücher

Edition Hannemann Verlag S. Naglschmid
Senefelderstr. 10
70178 Stuttgart
Tel. 0711 - 62 68 78
Fax 0711 - 61 23 23
www.vsn.de
Verlegerin: Stephanie Naglschmid
Verlagsleitung: Stephanie Naglschmid
Gründungsjahr: 1984
Programm: Esoterik, Gesundheit, Lebenshilfe, Natur, Ökologie, Philosophie, Fotografie, Ratgeber, Reisen, Umweltthemen
Ms.-Interessen: Bildungsthemen, Lehr-, Lernhilfen, Naturheilkunde
Ms.-Angebote: nach vorheriger telefonischer Anfrage, als Exposé mit Textprobe von 10 Seiten
Medium: Papierausdruck
Ms.-Rücksendung: ja, sofern Ms. angefordert

Edition Humanistische Psychologie
Johannestr. 22
51465 Bergisch Gladbach
Tel. 02202 - 98 12 36
Fax 02202 - 98 12 37
info@ehp-koeln.com
www.ehp.biz
Verleger: Andreas Kohlhage
Verlagsleitung: Maria Michels-Kohlhage
Gründungsjahr: 1986
Lieferbare Titel: 60
Novitäten: 4
Programm: Psychologie, Psychotherapie, Psychiatrie, Humanistische Psychologie, Existentielle Psychotherapie, Gestalttherapie, Organisationsentwicklung, Personalentwicklung, Managementberatung
Ms.-Angebote: nach vorheriger telefonischer Anfrage, als Exposé, als Exposé mit Textprobe, als Manuskript
Medium: Papierausdruck, Diskette, E-Mail, CD
Ms.-Rücksendung: ja, mit Rückporto

Edition Klaus Isele
Heidelstr. 9
79805 Eggingen
Tel. 07746 - 911 16
Fax 07746 - 911 17
www.edition-isele.de
Verleger: Klaus Isele
Gründungsjahr: 1984

Lieferbare Titel: 250
Novitäten: 20
Programm: Belletristik, Bibliophile Bücher, Sachbuch, Bildbände, Bildende Kunst, Literaturwissenschaft
Lektorat: Eva Taubert
Ms.-Angebote: nach vorheriger telefonischer Anfrage, als Exposé mit Textprobe von 20 Seiten
Medium: Papierausdruck
Ms.-Rücksendung: ja, mit Rückporto

Edition Kappa Verlag für Kultur und Kommunikation GmbH
Buchendorfer Str. 25c
81475 München
Tel. 089 - 75 99 94 14
Fax 089 - 75 99 94 15
edition.kappa@t-online.de
www.edition-kappa.com
Verlagsleitung: Dr. Bernd Schmidt
Programm: Intern. Literatur, Reiseliteratur für Kinder und Erwachsene, Sachbücher zu politischen und zeitgeschichtlichen Themen
Ms.-Angebote: als Exposé
Medium: Papierausdruck
Ms.-Rücksendung: nein

**edition karo Verlag
J. Rosalski**
Falkentaler Steig 96a
13467 Berlin
Tel. 030 - 891 78 64
Fax 030 - 40 58 51 32
edition-karo@gmx.de
www.edition-karo.de

Verlegerin: Josefine Rosalski
Zum Verlag: Berlin-Krimis; ansonsten Texte mit multikultureller Prägung aus allen Teilen der Welt
Gründungsjahr: 2004
Lieferbare Titel: 2
Novitäten: 2-3
Programm: Kriminalgeschichten, Kriminalromane, Erzählungen, Lyrik
Ms.-Interessen: Erzählungen, Lyrik, Novellen
Ms.-Angebote: nach vorheriger telefonischer oder E-Mail-Anfrage, als Exposé mit Textprobe
Medium: Papierausdruck (nur nach Absprache), E-Mail
Ms.-Rücksendung: ja, mit Rückporto

edition Körber-Stiftung
Kurt-A.-Körber-Chaussee 10
21033 Hamburg
Tel. 040 - 72 50 28 27
Fax 040 - 72 50 36 45
edition@koerber-stiftung.de
www.stiftung.koerber.de
Verlagsleitung: Susanne Kutz
Gründungsjahr: 1996
Lieferbare Titel: 160
Novitäten: 10-14
Programm: Sachbücher zu Politik und Gesellschaft, Zeitgeschichte, Internationale Verständigung. Fachbücher und Unterrichtsmaterialien, Publikationen aus der Stiftungsarbeit
Lektorat: Susanne Kutz

Ms.-Angebote: nach vorheriger telefonischer Anfrage
Medium: Papierausdruck
Ms.-Rücksendung: ja, mit Rückporto

Edition Leipzig
Gerichtsweg 28
04103 Leipzig
Tel. 0341 - 982 10-10
Fax 0341 - 98 2 10-19
info@seemann-henschel.de
www.seemann-henschel.de
Verleger: Dr. Jürgen A. Bach, Bernd Wolf
Verlagsleitung: Dr. Jürgen A. Bach, Bernd Kolf
Verlagsgruppe: Seemann Henschel
Programm: Kulturgeschichte, Sachbuch, Kunstgeschichte, Buchkunst, Reiseführer
Lektorat: Christina Müller, Dw -50, mueller@edition-leipzig.de
Ms.-Angebote: als Exposé
Medium: Papierausdruck
Ms.-Rücksendung: ja, mit Rückporto

Edition Lempertz
Am Hof 16-18
53113 Bonn
Tel. 0228 - 766 77 67
Fax 0228 - 766 77 69
info@buchhandlung-lempertz.de
www.buchhandlung-lempertz.de
Verlegerin: Antje-Friederike Heel
Verlagsleitung: Katharina Bergknecht
Lieferbare Titel: 30

Novitäten: 10
Programm: Klassische Literatur, Regionale Literatur (Bonn, Rheinland, Eifel, Siebengebirge), Religion, Kinderbücher
Ms.-Interessen: Regionalia (Bonn, Rheinland, Eifel)
Ms.-Angebote: nach vorheriger telefonischer Anfrage, als Exposé, als Manuskript
Medium: Papierausdruck, Diskette
Ms.-Rücksendung: ja

edition liberacion
Feuerstätte 7
49124 Goergsmarienhütte
Tel. 05401 - 842 93 25
Fax 05401 - 842 93 26
www.edition-liberacion.de
Programm: Sachbilderbücher

edition lübbe
Scheidtbachstr. 23-25
51469 Bergisch Gladbach
Tel. 02202 - 121-0
Fax 02202 - 121-708
editionluebbe@luebbe.de
www.luebbe.de
Verleger: Stefan Lübbe
Verlagsleitung: Dr. Heike Fischer; Geschäftsführung: Karlheinz Jungbeck (Sprecher), Dr. Peter Lieger, Dr. Uwe Sertel
Verlagsgruppe: Lübbe: Bastei Verlag, Bastei Lübbe Taschenbücher, BLT, Bastei Lübbe Stars, Ehrenwirth Verlag, edition Lübbe, Lübbe Audio

Programm: Belletristik vom Gehobenem Unterhaltungsroman zum Non-Genre-Roman, Erzählungen
Ms.-Angebote: als Exposé mit Textprobe von 30 Seiten

Edition Mariannenpresse
c/o Literaturhaus Berlin
Fasanenstr. 23
10719 Berlin
Tel. 030 - 88 72 86-0
Fax 030 - 88 72 86 - 13
literaturhaus@berlin.de
www.literaturhaus-berlin.de
Programm: Künstlerbücher
Lektorat: Entscheidung durch Jury-Beschluß
Ms.-Angebote: nach vorheriger Anfrage

Edition Maritim
Raboisen 8
20095 Hamburg
Tel. 040 - 33 96 67-0
Fax 040 - 33 96 67-77
mail@edition-maritim.de
Gründungsjahr: 1974
Verlagsgruppe: Delius-Klasing-Verlag
Lieferbare Titel: 107
Novitäten: 20
Programm: Segeln, Seefahrt, Maritime Literatur, Kalender
Ms.-Interessen: s. Verlagsprogramm
Ms.-Angebote: als Exposé mit Textprobe von 10 Seiten
Medium: Papierausdruck, E-Mail
Ms.-Rücksendung: ja

Edition Minerva
Lärchenstr. 15
82515 Wolfratshausen
Tel. 08171 - 21 94 80
Fax 08171 - 21 94 83
edminerva1@aol.com
Programm: Malerei, Geschichte, Kunstgeschichte, Architektur, Wissenschaftliche Publikationen

Edition Naam GmbH
Meraner Str. 21
83024 Rosenheim
Tel. 08845 - 75 86 24
Fax 08845 - 75 86 25
susanne.reifenrath@edition-naam.com
Lieferbare Titel: 90
Novitäten: 2
Programm: Spiritualität, Religion
Lektorat: Susanne Reifenrath
Ms.-Angebote: nach vorheriger telefonischer Anfrage oder E-Mail
Medium: Papierausdruck
Ms.-Rücksendung: ja, mit Rückporto

Edition Nautilus Verlag Lutz Schulenburg
Alte Holstenstr.
21031 Hamburg
Tel. 040 - 721 35 36
Fax 040 - 721 83 99
hannamittelstaedt@nautilus.de
www.edition-nautilus.de
Gründungsjahr: 1974
Lieferbare Titel: 300
Novitäten: 15

Programm: Biografien, Belletristik, Kriminalromane, Bildende Kunst
Lektorat: Hanna Mittelstädt
Ms.-Angebote: als Exposé mit Textprobe von 20 Seiten
Medium: Papierausdruck
Ms.-Rücksendung: ja, mit Rückporto

Edition Peperkorn
Hauptstr. 45
26427 Thunum
Tel. 04971 - 918 70 83
Fax 04971 - 918 80 84
edition@peperkorn.de
www.peperkorn.de
Programm: Literatur, Kulturgeschichte, Korea, Japan, Illustrierte Bücher, Bücher mit Originalgraphik
Ms.-Interessen: keine
Ms.-Angebote: nach vorheriger telefonischer Anfrage
Medium: E-Mail
Ms.-Rücksendung: ja, mit Rückporto

Edition Phantasia
Wünschelstr. 18
76756 Bellheim
Tel. 07272 - 88 09
Fax 07272 - 88 09
mail@edition-phantasia.de
www.edition-phantasia.de
Programm: Fantastische Literatur in schönen, limitierten Vorzugsausgaben

edition philemon
Baumgartenstr. 44
75217 Birkenfeld
Tel. 07231 - 472 99 17
Fax 07231 - 48 56 63
edition.philemon@christ24.de
www.gemeinsamchristen.de/
edition-philemon
Verleger: Walter Nitsche
Verlagsleitung: Walter Nitsche
Verlagsgruppe: Teil der friendsmedia e.V.
Novitäten: 10
Programm: Religiöse Literatur, Ratgeber, Lebenshilfe, Christliche Lebensgestaltung, Biografien, Praktische Psychologie
Ms.-Angebote: als Manuskript
Medium: Papierausdruck, Diskette
Ms.-Rücksendung: ja, mit Rückporto

edition q
Ifenpfad 2-4
12107 Berlin
Tel. 030 - 761 80-5
Fax 030 - 761 80-680
editione@quintessenz.de
www.quintessenz.de
Verleger: Horst-Wolfgang Haase
Verlagsleitung: Johannes W. Wolters
Gründungsjahr: 1990
Verlagsgruppe: gehört seit 2004 zum be.bra Verlag
Programm: Zeit- und Kulturgeschichte, Belletristik, Populärwissenschaftliche Literatur
Lektorat: Dr. Jürgen Schebera

Edition Reuss
Postfach 71 07 45
81457 München
Tel. 089 - 50 13 59
Fax 089 - 50 13 95
photobooks@edition-reuss.de
www.edition-reuss.de
Programm: Fotokunst, Erotische Fotografie

edition sigma
Karl-Marx-Str. 17
12043 Berlin
Tel. 030 - 623 23 63
Fax 030 - 623 93 93
verlag@edition-sigma.de
www.edition sigma.de
Lieferbare Titel: 400
Novitäten: 50
Programm: Akademischer Fachbuchverlag für Sozialwissenschaften, Bildung, Frauenforschung, Gesundheit, Ökologie, Politik, Soziologie, Technik, Umweltthemen, Verkehr, Verwaltung
Ms.-Interessen: ausschließlich wissenschaftliche Werke
Ms.-Angebote: nach vorheriger telefonischer Anfrage
Medium: Papierausdruck
Ms.-Rücksendung: ja, mit Rückporto

Edition Temmen
Hohenlohestr. 21
28209 Bremen
Tel. 0421 - 34 84 30
Fax 0421 - 34 80 94

ed.temmen@t-online.de
www.edition-temmen.de
Verleger: Horst Temmen
Gründungsjahr: 1987
Lieferbare Titel: 400
Novitäten: 60
Programm: Bildbände, Geschichte der Neuzeit, Bremensien, Militär, Politik, Reisen, Soziologie, Zeitgeschichte
Ms.-Angebote: nach vorheriger telefonischer Anfrage, als Exposé
Ms.-Rücksendung: ja

**Edition tertium
GmbH & Co. KG**
Flößerstr. 60
74321 Bietigheim-Bissingen
Tel. 07142 - 937 - 190
Fax 07142 - 937 - 193
mail@tertium.de
Verlegerin: Marie-Luise Zeuch
Verlagsleitung: Dr. Ernst Wolfgang Huber
Gründungsjahr: 1994
Lieferbare Titel: 60
Programm: Belletristik, Bildende Kunst, Kulturgeschichte, Lebenshilfe, Natur, Philosophie
Ms.-Angebote: nach vorheriger telefonischer Anfrage
Medium: Papierausdruck, Diskette, E-Mail
Ms.-Rücksendung: ja, mit Rückporto

Edition Tiamat
Grimmstr. 26
10967 Berlin
Tel. 0171 - 242 85 50
Fax 030 - 694 46 87
editiontiamat@aol.com
www.txt.de/tiamat
Programm: Analysen zum Zeitgeschehen, Polemik, Kritik, Satire, Reportagen

**Edition Trobisch
c/o Hänssler-Verlag GmbH**
Max-Eyth-Str. 41
71088 Holzgerlingen
Tel. 07031 - 74 14-0
Fax 07031 - 74 14-359
lektorat@haenssler.de
www.haenssler.de
Programm: Ehe, Familie, Partnerschaft, Sexualethik, Seelsorge
Lektorat: Christian Grewing
Ms.-Angebote: als Manuskript
Medium: Papierausdruck, Diskette, E-Mail
Ms.-Rücksendung: ja, mit Rückporto

**Edition Type & Line
Friedrich Wolfenter**
Dettenhäuser Str. 15
70597 Stuttgart
Tel. 0711 - 76 65 85
Fax 0711 - 765 78 38
friedrich@wolfenter.de
www.wolfenter.de
Gründungsjahr: 1992
Lieferbare Titel: 50

Programm: Bibliophile Ausgaben, Anagramm-Editionen, Miniatur-Faltbücher, Anagramm-Grußkarten, Neuerscheinung: »Lesezeichen – ein Anagrammgedicht«; »Liebste Grüsse, süss Geliebter« – 15 Anagrammgedichte mit 5 Typographien

Edition Curt Visel
Weberstr. 36
87700 Memmingen
Tel. 08331 - 28 53
Fax 08331 - 49 03 64
info@edition-curt-visel.de
www.edition-curt-visel.de
Verleger: Jürgen Schweitzer
Verlagsleitung: Jürgen Schweitzer
Lieferbare Titel: 35
Novitäten: 2
Programm: Kunst, Grafik Zeitschrift: Graphische Kunst
Ms.-Angebote: nach vorheriger telefonischer Anfrage
Medium: Papierausdruck
Ms.-Rücksendung: ja, mit Rückporto

Editon XXL GmbH
Industriestr. 19
64407 Fränkisch - Crumbach
Tel. 06164 - 5041-0
Fax 06164 - 50 41 41
info@edition-xxl.de
www.edition-xxl.de
Programm: Sachbuch, Kinderbuch, Jugendbuch
Ms.-Angebote: als Exposé mit Textprobe von 10 Seiten

Medium: Papierausdruck, Diskette
Ms.-Rücksendung: ja, mit Rückporto

Edition YE
Neustr.2
53925 Sistig/Eifel
Tel. 02445 - 14 70
EditionYE@t-online.de
www.theobreuer.de
Verleger: Theo Breuer
Zum Verlag: Ausschließlich Lyrik, meist Erstlingswerke. Der Verlag ist unkommerziell orientiert.
Gründungsjahr: 1993
(Lyrische Reihe 2002)
Lieferbare Titel: 7
Novitäten: 2-4
Programm: Lyrik
Lektorat: Theo Breuer

edition zweihorn
Riedelsbach 46
94089 Neureichenau
Tel. 08583 - 24 54
Fax 08583 - 914 35
edition-zweihorn@web.de
www.edition-zweihorn.de
Verleger: Gerhard Kälberer
Gründungsjahr: 2000
Lieferbare Titel: 22
Novitäten: 4-5
Programm: Belletristik, Humor, Kinderbücher, Kunst, Grafik, Jugendbücher
Ms.-Interessen: Alle Genres der Kinder- und Jugendliteratur

Ms.-Angebote: nach vorheriger telefonischer Anfrage, als Manuskript
Medium: Papierausdruck
Ms.-Rücksendung: ja, mit Rückporto

EFB Verlagsgesellschaft mbH
Beethovenstr. 27
63526 Erlensee
Tel. 06183 - 30 12, -13, -14, -15
Fax 06183 - 30 33
efb-verlag@t-online.de
Verleger: Susanna Haus
Gründungsjahr: 1994
Lieferbare Titel: 50
Programm: Feuerwehr, Brandschutz, Rettungsdienst
Ms.-Angebote: nach vorheriger telefonischer Anfrage
Medium: Papierausdruck, Diskette
Ms.-Rücksendung: ja

Egmont vgs verlagsgesellschaft mbH
Gertrudenstr. 30-36
50667 Köln
Tel. 0221 - 20 81 10
Fax 0221 - 208 11 66
info@vgs.de / www.vgs.de
Verleger: Michael Schweins
Verlagsleitung: Michael Schweins
Gründungsjahr: 1970
Programm: Schwerpunkt: TV-gebundene Titel. Natur- und Gesundheitsthemen, Ratgeber, Kochen, Kinderbücher, Belletristik und Bildbände zu Film und Fernsehen, Biografien

Lektorat: Programmleitung: Michael Schweins
Ms.-Angebote: nach vorheriger telefonischer Anfrage, als Exposé
Medium: E-Mail
Ms.-Rücksendung: ja, mit Rückporto

Egmont Franz Schneider Verlag GmbH
Schleissheimer Str. 267
80809 München
Tel. 089 - 35 81 16
Fax 089 - 35 81 17 29
www.schneiderbuch.de
Verlagsleitung: Rehné Herzig, Frank Knau
Programm: Kinder und Jugendbücher
Ms.-Interessen: keine Manuskripte erwünscht
Ms.-Rücksendung: nein

Egmont Horizont Verlag GmbH
Raiffeisenstr. 32
70794 Filderstadt
Tel. 0711 - 770 07 17
Fax 0711 - 77 72 86
mhr@hov.egmont.com
www.egmont-horizont.de
Programm: Kinderbücher, Comics, Edutainment, Belletristik, Essen und Trinken
Lektorat: Dr. Stefanie Köhler (Editorial Director)

Egmont Ehapa Verlag GmbH
Wallstr. 59
10179 Berlin
Tel. 030 - 240 08-0
Fax 030 - 240 08-599
www.ehapa.de
Gründungsjahr: 1951
Programm: Comic-Bücher, Comic-Magazine
Lektorat: Chefredation Comics: Michael für Walz (m.walz@ehapa.de)

Ehrenwirth
Scheidtbachstr. 23-31
51469 Bergisch Gladbach
Tel. 02202 - 12 10
Fax 02202 - 121-708
lehrenwirth@luebbe.de
www.luebbe.de
Verleger: Stefan Lübbe
Verlagsleitung: Dr. Heike Fischer; Geschäftsführung: Karlheinz Jungbeck (Sprecher), Dr. Peter Lieger, Dr. Uwe Sertel
Verlagsgruppe: Lübbe: Bastei Verlag, Gustav Lübbe Verlag, Bastei Lübbe Taschenbücher, BLT, Bastei Lübbe Stars, edition Lübbe, Lübbe Audio
Programm: Unterhaltende Belletristik, Memoirs, Geschenk- und Trendbücher
Ms.-Angebote: als Exposé mit Textprobe von 30 Seiten
Medium: Papierausdruck
Ms.-Rücksendung: nein

Eichborn Verlag AG
Kaiserstr. 66
60329 Frankfurt am Main
Tel. 069 - 25 60 03-0
Fax 069 - 25 60 03-30
info@eichborn.de
www.eichborn.de
Verleger: Dr. Matthias Kierzek
Verlagsleitung: Matthias Bischoff M.A.
Gründungsjahr: 1981
Lieferbare Titel: 3200
Novitäten: 200
Programm: Belletristik, Historische Romane, Kriminalromane, Bildung, Essen und Trinken, Humor, Kulturgeschichte, Politik, Ratgeber, Satire, Cartoons, Wirtschaft, Geschenkbuch
Lektorat: Doris Engelke (Belletristik und Literatur) Waltraut Berz M.A. (Sachbuch), Dr. Oliver Domzalski (Humor und Geschenkbuch)
Ms.-Interessen: Romane, Allgemeine Sachbücher, Originelle Geschenkbücher, Humor
Ms.-Angebote: als Exposé (Sachbuch), als Manuskript Roman (plus Exposé)
Medium: Papierausdruck
Ms.-Rücksendung: ja, mit Rückporto

ein-Fach-verlag
Monheimsallee 21
52062 Aachen
Tel. 0241 - 40 55 01
Fax 0241 - 400 96 67

einfachverlag@gmx.de
www.philosophinnen.de
Verleger: Ursula I. Meyer,
Dr. Manfred Düker
Gründungsjahr: 1989
Lieferbare Titel: 30
Novitäten: 3-4
Programm: Philosophinnen, Lebendige Philosophie, Indische Philosophie
Lektorat: Dr. Manfred Düker, Ursula I. Meyer
Ms.-Interessen: von und über Philosophinnen, Texte, die Philosophie einer breiten Öffentlichkeit zugänglich machen wollen
Ms.-Angebote: als Exposé
Medium: Papierausdruck
Ms.-Rücksendung: ja

Einhard Verlag
Tempelhofer Str. 21
52068 Aachen
Tel. 0241 - 16 85-0
Fax 0241 - 16 85 - 253
leo.blees@einhardverlag.de
Verleger: Leo Blees
Programm: Aachener Stadt- und Dom-Literatur, Katholische Religion, Zeitgeschichte
Lektorat: Leo Blees (Dw -215)
Ms.-Angebote: nach vorheriger telefonischer Anfrage
Medium: Papierausdruck
Ms.-Rücksendung: ja, mit Rückporto

EK-Verlag GmbH
Postfach 50 01 11
79027 Freiburg
Tel. 0761 - 703 10-0
Fax 0761 - 703 10 - 50
service@eisenbahn-kurier.de
eisenbahn-kurier.de
Gründungsjahr: 1989
Lieferbare Titel: 700
Novitäten: 50
Programm: Eisenbahn-Baureihenportraits, Bildbände, Regionale Verkehrsgeschichte, Eisenbahn-Geschichte, Video-DVD, Kalender, Zeitschriften
Ms.-Angebote: nach vorheriger telefonischer Anfrage
Medium: Papierausdruck, Diskette, E-Mail
Ms.-Rücksendung: ja, mit Rückporto

Ekkart-Verlag
Elisabeth Ekkart & Rolf Ihmels GbR
Jahnstr. 13
49080 Osnabrück
Tel. 0541 - 409 78 78, -77
Fax 0541 - 409 78 79
ev@ekkart-verlag.de
www.ekkart-verlag.de
Programm: Belletristik, Lyrik, Sach- und Kunstbücher zu Natur und Umwelt, Persönlichkeitsentwicklung
Ms.-Angebote: nach vorheriger telefonischer Anfrage
Ms.-Rücksendung: ja, mit Rückporto

Elatus Verlag GmbH
Buchenweg 20
24568 Kaltenkirchen
Tel. 04191 - 95 88 86
Fax 04191 - 95 88 96
elatus-verlag@t-online.de
www.elatusverlag.de
Programm: Illustrierte Kinder- und Jugendbücher, Fabeln und Märchen, Elatus Klassiker

Elefanten Press
Neumarkter Str. 18
81673 München
Tel. 089 - 437 20
Fax 089 - 43 72 28 00
info@randomhouse.de
www.randomhouse.de
Verleger: Klaus Eck, Joerg Pfuhl (CEO), Claudia Reitter, Wolfgang Wiedermann
Verlagsgruppe: Random House
Programm: Kinder- und Jugendbuch

Elfenbein Verlag
Pappelallee 3-4
10437 Berlin
Tel. 030 - 44 32 77 69
Fax 030 - 44 32 77 80
info@elfenbein-verlag.de
www.elfenbein-verlag.de
Gründungsjahr: 1995
Lieferbare Titel: 70
Novitäten: 6-10
Programm: Belletristik, Lyrik
Ms.-Interessen: Übersetzungen

Ms.-Angebote: als Exposé mit Textprobe von 5 Seiten
Medium: Papierausdruck
Ms.-Rücksendung: ja, mit Rückporto

Verlag Heinrich Ellermann GmbH
Poppenbütteler Chaussee 53
22397 Hamburg
Tel. 040 - 60 79 09-02
Fax 040 - 60 79 09-59
ellermann@vsg-hamburg.de
www.ellermann.de
Verleger: Thomas Huggle, Jan Weitendorf
Gründungsjahr: 1934
Verlagsgruppe: Oetinger
Lieferbare Titel: 120
Novitäten: 30
Programm: Bilderbücher, Vorlesebücher
Lektorat: Eva-Marie Kulka, Corinna Küpper
Programmleitung: Markus Niesen
Ms.-Angebote: als Exposé mit Textprobe, als Manuskript
Medium: Papierausdruck
Ms.-Rücksendung: ja

N.G. Elwert Verlag
Reitgasse 7/9
35037 Marburg/Lahn
Tel. 06421 - 17 09-0
Fax 06421 - 154 87
Verleger: Rudolf Braun-Elwert
Programm: Germanistik, Volkskunde, Gesch. des Mittelalters und der Neuzeit, Politik, Recht, Religion

Emons Verlag
Lütticher Str. 38
50674 Köln
Tel. 0221 - 569 77-0
Fax 0221 - 52 49 37
info@emons-verlag.de
www.emons-verlag.de
Verleger: Hejo Emons
Programm: Regio-Krimis, Belletristik, Kriminalromane, Film, Fernsehen, Jugendbücher, Nachschlagewerke, Fotografie, Ratgeber, Zeitgeschichte
Lektorat: Dr. Christel Steinmetz, Stefanie Rahnfeld
Ms.-Angebote: als Exposé mit Textprobe von 30 Seiten
Medium: Papierausdruck
Ms.-Rücksendung: ja

Engel & Bengel Verlag
Erika Neuhauss
Haardtweg 3
67273 Bobenheim/Berg
Tel. 06353 - 81 07
Fax 06353 - 50 70 57
engelundbengel@hotmail.com
www.engelundbengel.de
Verleger: E. Neuhauss
Verlagsleitung: Dr. Karl Neuhauss
Programm: Sprachförderung, Bilderbücher, Schulbücher
Ms.-Angebote: nach vorheriger telefonischer Anfrage
Ms.-Rücksendung: ja, mit Rückporto

Urs Engeler Editor
Schusterinsel 7
79576 Weil am Rhein
Tel. 0041 - 616 31 46 81
Fax 0041 - 616 33 10 57
urs@engeler.de / www.engeler.de
Verleger: Urs Engeler
Verlagsleitung: Urs Engeler
Zum Verlag: Belletristik
Gründungsjahr: 1996
Lieferbare Titel: 90
Novitäten: 10-15
Programm: Literaturwissenschaft, Lyrik, Philosophie, Prosa
Ms.-Angebote: Textprobe von 10 S.
Medium: Papierausdruck
Ms.-Rücksendung: ja

Engelhorn Verlag - siehe *DVA*

Englisch Verlag GmbH
Töpferstr. 14
65191 Wiesbaden
Tel. 0611 - 942 72-0
Fax 0611 - 942 72-30
englisch@englisch-verlag.de
www.englisch-verlag.de
Verleger: Iring F. Englisch
Verlagsleitung: Iring F. Englisch
Programm: Kunst, Kunsthandwerk
Lektorat: Programmleitung:
Britta Sopp, britta.sopp@englisch-verlag.de
Ms.-Angebote: nach vorheriger telefonischer Anfrage, als Exposé
Medium: E-Mail
Ms.-Rücksendung: ja, mit Rückporto

Verlag Engstler
Oberwaldbehrungen 10
97645 Ostheim/Rhön
Tel. 09774 - 85 84 90
Fax 09774 - 85 84 91
engstler-verlag@t-online.de
www.engstler-verlag.de
Verleger: Peter Engstler
Gründungsjahr: 1988
Programm: Belletristik, Lyrik, Politik
Ms.-Rücksendung: ja, mit Rückporto

**Enke Verlag
in MVS Medizinverlage Stuttgart
GmbH & Co.KG**
Oswald-Hesse-Str. 50
70469 Stuttgart
Tel. 0711 - 89 31-0
Fax 0711 - 89 31-706
www.medizinverlage.de
Verlagsleitung: Dr. Thomas Scherb, Albrecht Hauff
Programm: Tiermedizin
Ms.-Angebote: als Exposé mit Textprobe von 10 Seiten
Medium: Diskette, E-Mail
Ms.-Rücksendung: ja

Ensslin im Arena Verlag
Rottendorfer Str. 16
97074 Würzburg
Tel. 0931 - 796 44-0
Fax 0931 - 796 44 - 13
www.arena-verlag.de
Verlagsleitung: Albrecht Oldenbourg

Lieferbare Titel: 400
Novitäten: ca. 100
Programm: Jugendbücher, Kinderbücher, Lernspiele, Sachbücher, Klassiker der Jugendliteratur, Sagenbände
Ms.-Angebote: als Exposé mit Textprobe
Medium: Papierausdruck
Ms.-Rücksendung: ja, mit Rückporto

EOS-Verlag
Erzabtei
86941 St. Ottilien
Tel. 08193 - 712 61
Fax 08193 - 68 44
www.eos-verlag.de
Lieferbare Titel: 400
Novitäten: ca 30-50
Programm: Theologie, Geschichte, Kultur, Lebenshilfe, Lyrik, Philosophie
Ms.-Angebote: nach vorheriger telefonischer Anfrage, als Exposé
Medium: Papierausdruck
Ms.-Rücksendung: ja, mit Rückporto

Epsilon Verlag Mark O. Fischer
Langer Rehm 29
25785 Nordhastedt
Tel. 0404 - 18 66 28
Fax 0404 - 18 66 31
epsilongrafix@web.de
www.epsilongrafix.de
Programm: Comics

EPV Elektronik-Praktiker-Verlagsgesellschaft mbH
Postfach 11 63
37115 Duderstadt
Tel. 05527 - 840 50
Fax 05527 - 84 05 21
info@epv-verlag.de
www.epv-verlag.de
Programm: Fachbücher und Schulungsmedien zu Elektrotechnik, Elektronik und Kommunikationstechnik

Eremiten-Presse
Fortunastr. 11
40235 Düsseldorf
Tel. 0211 - 66 05 90
Gründungsjahr: 1949
Lieferbare Titel: 120
Novitäten: ca. 5
Programm: Bibliophile Bücher, Belletristik, Bildende Kunst, Lyrik
Ms.-Angebote: nach vorheriger telefonischer Anfrage
Medium: Papierausdruck
Ms.-Rücksendung: ja, mit Rückporto

Ergon Verlag Dr. H.J. Dietrich
Grombühlstr. 7
97080 Würzburg
Tel. 0931 - 28 00 84
Fax 0931 - 28 28 72
service@ergon-verlag.de
www.ergon-verlag.de
Verleger: Dr. Hans-Jürgen Dietrich
Verlagsleitung: Dr. Hans-Jürgen Dietrich
Lieferbare Titel: 700
Novitäten: 50-60
Programm: Archäologie, Bildbände, Erziehung, Esoterik, Islam, Orientalistik, Kulturgeschichte, Literaturwissenschaft, Philosophie, Politik, Psychologie, Recht, Religion, Soziologie
Lektorat: Brigitt Miebach-Schrader
Ms.-Angebote: nach vorheriger telefonischer Anfrage, als Manuskript
Medium: Papierausdruck, Diskette
Ms.-Rücksendung: nein

Erlanger Verlag für Mission und Ökumene
Postfach 68
91561 Neuendettelsau
Tel. 09874 - 917 00
Fax 09874 - 933 70
verlagsleitung@erlanger-verlag.de
www.erlanger-verlag.de
Verlagsleitung: Dr. Johannes Triebel
Gründungsjahr: 1897
Lieferbare Titel: 200
Novitäten: 5
Programm: Entwicklungszusammenarbeit, Mission, Ökumene, Religionen
Lektorat: Dr. Johannes Triebel
Ms.-Angebote: nach vorheriger telefonischer Anfrage, als Exposé mit Textprobe von 5 Seiten
Medium: Papierausdruck, Diskette, E-Mail
Ms.-Rücksendung: ja

Ernst & Sohn Verlag für Architektur und technische Wissenschaften GmbH & Co. KG
Bühringstr. 10
13086 Berlin
Tel. 030 - 470 31-200
Fax 030 - 470 31-270
info@ernst-und-sohn.de
www.ernst-und-sohn.de
Programm: Fachbücher für Bauingenieure und Architekten
Lektorat: Dipl.-Ing. Claudia Ozimek
Ms.-Angebote: nach vorheriger telefonischer Anfrage
Medium: Papierausdruck

Escher Verlag
Langebergstr. 17
98708 Gehren
Tel. 036783 - 812 71
Fax 036783 - 812 82
escherverlag@t-online.de
www.escher-verlag.de
Verleger: Dr. Reinhard Escher
Gründungsjahr: 1997
Lieferbare Titel: 30
Novitäten: 4-6
Programm: Thüringer Regionalliteratur, Jagd- und Kinderbücher, Bibliophile Ausgaben, Bildbände, Reisebücher, Faksimiles, Dorf- und Städtebiografien, Reprints, Kalender
Ms.-Angebote: nach vorheriger telefonischer Anfrage, als Exposé mit Textprobe von 10 Seiten
Medium: Diskette
Ms.-Rücksendung: ja, mit Rückporto

Verlag Esoterische Philosophie GmbH
Gödekeweg 8
30419 Hannover
Tel. 0511 - 75 53 31
Fax 0511 - 75 53 34
verlag@esoterische-philosophie.de
www.esoterische-philosophie.de
Verlegerin: Bärbel Ackermann
Verlagsleitung: Bärbel Ackermann
Gründungsjahr: 1984
Lieferbare Titel: 29
Programm: Esoterische Philosophie
Lektorat: Bärbel Ackermann

Esslinger Verlag J. F. Schreiber GmbH
Postfach 10 03 25
73703 Esslingen
Tel. 0711 - 31 05 94-6
Fax 0711 - 31 05 94-77
mail@esslinger.verlag.de
www.esslinger-verlag.de
Verlagsleitung: Jürgen Ehgartner
Gründungsjahr: 1831
Verlagsgruppe: Klett
Lieferbare Titel: 300
Novitäten: 50
Programm: Kinderbücher, Bilder- und Märchenbücher, Reprints
Lektorat: Sabine Frankholz, Urte Fiutak, Ruth Prenting, Sylvia Tress, Dörte Beutler
Ms.-Interessen: Bilderbuchtexte, Zielgruppe 3-6 jährige
Ms.-Angebote: als Exposé, als Manuskript

Medium: Papierausdruck
Ms.-Rücksendung: ja, mit Rückporto

Ettlinger Verlag Gerold Kunz
Am Grabenacker 11
76275 Ettlingen
Tel. 07243 - 59 71 55
Fax 07243 - 941 83
kunz@ettlinger-verlag.de
www.ettlinger-verlag.de
Programm: Aggressionsfreie Spielebücher für die Schule und Offene Jugendarbeit
Ms.-Angebote: als Manuskript
Medium: Papierausdruck
Ms.-Rücksendung: ja, mit Rückporto

Eulenspiegel-Verlag
Rosa-Luxemburg-Str. 39
10178 Berlin
Tel. 030 - 23 80 91-15
Fax 030 - 23 80 91-25
info@eulenspiegelverlag.de
www.eulenspiegelverlag.de
Verleger: Dr. Matthias Oehme
Verlagsleitung: Jacqueline Kühne, Dr. Matthias Oehme
Gründungsjahr: 1954
Lieferbare Titel: 180
Novitäten: 40
Programm: Humor, Satire
Ms.-Angebote: nach vorheriger telefonischer Anfrage, als Exposé mit Textprobe von 25 Seiten
Ms.-Rücksendung: ja, mit Rückporto

Euregio Verlag
Naumburger Str. 40
34127 Kassel
Tel. 0561 - 861 53 80
Fax 0561 - 861 53 70
euregio-verlag@t-online.de
www.euregioverlag.de
Programm: Fach- und Sachbücher, Regionalia, Kunst- und Kulturgeschichte, Geschichte, Judaica, Psychiatrie

Europa Verlag GmbH
Neuer Wall 10
20354 Hamburg
Tel. 040 - 35 54 34-0
Fax 040 - 35 54 34 - 66
info@europaverlag.de
www.europaverlag.de
Verleger: Vito von Eichborn
Zum Verlag: Publikumsverlag
Gründungsjahr: 1933 in Zürich, nach Stationen in Wien und München seit 1999 in Hamburg
Lieferbare Titel: ca. 200
Novitäten: ca. 50
Programm: Allgemeines und Politisches Sachbuch, Unterhaltung und Spannung, Biografien
Ms.-Interessen: narratives Sachbuch, Wirtschaftsthemen
Ms.-Angebote: als Exposé mit Textprobe von 10 Seiten
Medium: Papierausdruck
Ms.-Rücksendung: ja, mit Rückporto

Europa Union Verlag GmbH
Holtorfer Str. 35
53229 Bonn
Tel. 0228 - 729 00-10
Fax 0228 - 729 00-13
service@eu-verlag.de
www.europa-union-verlag.de
Verleger: Stefan A. Entel
Gründungsjahr: 1959
Lieferbare Titel: 200
Novitäten: 12
Programm: Europäische und Internationale Politik: Monografien, Jahrbücher, Nachschlagewerke, Schriftenreihen
Lektorat: Gisbert Karsten, Dw -11
Ms.-Angebote: nach vorheriger telefonischer Anfrage
Medium: Papierausdruck, E-Mail
Ms.-Rücksendung: ja

Europäische Verlagsanstalt GmbH
Bei den Mühren 70
20457 Hamburg
Tel. 040 - 45 01 94-0
Fax 040 - 45 01 94 - 50
info@europaeische-verlagsanstalt.de
www.europaeische-verlagsanstalt.de
Verleger: Axel Reitters
Verlagsgruppe: EVA, Europäische Verlagsanstalt GmbH & Co. KG
Programm: Sachbuch: Zeitgeschichte, Politik, Kultur

Verlag Europa-Lehrmittel Nourney, Vollmer GmbH & Co.
Düsselberger Str. 23
42781 Haan-Gruiten
Tel. 02104 - 69 16-0
Fax 02104 - 69 16-27
info@europa-lehrmittel.de
www.europa-lehrmittel.de
Verleger: Joachim Nourney
Gründungsjahr: 1948
Lieferbare Titel: 600
Programm: Fachbücher und Schulbücher für die Aus- und Weiterbildung
Lektorat: Frau Dr. Grote-Wolff (Technik, Naturwissenschaften), Herr B. Buir (Wirtschaft, Gastronomie)
Ms.-Angebote: nach vorheriger telefonischer Anfrage, als Exposé, als Exposé mit Textprobe, als Manuskript
Medium: Papierausdruck, Diskette, E-Mail
Ms.-Rücksendung: ja

Evangelische Verlagsanstalt GmbH
Blumenstr. 76
04155 Leipzig
Tel. 0341 - 71 14 10
Fax 0341 - 711 41 30
info@eva-leipzig.de
www.eva-leipzig.de
Programm: Belletristik, Bildbände, Fachzeitschriften, Evangelische Religion

Ms.-Angebote: als Exposé mit Textprobe von 15-20 Seiten
Medium: Papierausdruck
Ms.-Rücksendung: ja, mit Rückporto

Evangelischer Presseverband für Baden e.V.
Vorholzstr. 7
76137 Karlsruhe
Tel. 0721 - 932 75-0
Fax 0721 - 932 75 - 20
info_epb@plannet.de
www.standpunkte.de
Verleger: Christoph Rappel
Programm: Belletristik, Religion
Ms.-Angebote: nach vorheriger telefonischer Anfrage

FAB-Verlag
Bundesallee 108
12161 Berlin
Tel. 030 - 85 96 70 16
Fax 030 - 85 36 70 17
verlag@fab-berlin.de
www.fab-berlin.de
Gründungsjahr: 1971
Programm: Berlin: Architektur, Bildbände, Comics, Datenbank, Essen und Trinken, Zeitgeschichte, Zoologie
Ms.-Angebote: nach vorheriger telefonischer Anfrage
Medium: E-Mail
Ms.-Rücksendung: nein

Verlag Faber & Faber Leipzig
Mozartstr. 8
04107 Leipzig
Tel. 0341 - 391 11 46
Fax 0341 - 215 67 84
verlag@faberundfaber.de
www.faberundfaber.de
Verleger: Elmar Faber, Michael Faber
Verlagsleitung: Elmar Faber und Michael Faber
Programm: Graphische Bücher, Pressedrucke, Belletristik, Bildende Kunst, Lyrik
Lektorat: Michael Faber
Ms.-Angebote: als Exposé
Medium: E-Mail
Ms.-Rücksendung: ja, mit Rückporto

Fachbuchverlag Leipzig GmbH
Zschochersche Str. 48b
04229 Leipzig
Tel. 0341 - 48 53 50
Fax 0341 - 480 62 20
www.hanser.de
Programm: Ingenieur-Fachbücher

Fachbuchverlag Pfanneberg
Düsselberger Str. 23
42781 Haan-Gruiten
Tel. 02104 - 691 60
Fax 02104 - 69 16 27
info@pfanneberg.de
www.pfanneberg.de
Verleger: Joachim Nourney
Programm: Gastronomie-Fachbücher und -Ausbildung

Lektorat: Benno Buir,
buir@europa-lehrmittel.de
Ms.-Angebote: als Exposé mit Textprobe, als Manuskript
Medium: Papierausdruck, E-Mail
Ms.-Rücksendung: ja

Fahrner & Fahrner
Bergerstr. 278
60385 Frankfurt am Main
Tel. 069 - 58 47 77
barbarafahrner@fahrnerandfahrner.com
www.fahrnerandfahrner.com
Verleger: Barbara Fahrner, Markus Fahrner
Verlagsleitung: Barbara Fahrner, Markus Fahrner
Zum Verlag: Unikatbücher und kleine Auflagen
Gründungsjahr: 1982
Programm: Künstlerbücher
Ms.-Rücksendung: nein

Ch. Falk-Verlag
Ischl 11
83370 Seeon
Tel. 08667 - 14 13
Fax 08667 - 14 17
email@chfalk-verlag.de
www.chfalk-verlag.de
Verlegerin: Christa Falk
Gründungsjahr: 1982
Lieferbare Titel: 245
Novitäten: 10-16
Programm: Neue Spiritualität, Engel-Literatur, Kinderbücher

Lektorat: A.-Ch. Rassmann
Ms.-Interessen: New Age, Frauen, Engel, alles was in die neue Zeit weist
Ms.-Angebote: nach vorheriger telefonischer Anfrage, als Manuskript
Medium: Papierausdruck, Diskette
Ms.-Rücksendung: ja, mit Rückporto

Fannei & Walz Verlag
Bundesallee 108
12161 Berlin
Tel. 030 - 85 96 70 16
Fax 030 - 85 96 70 17
verlag@fannei-walz.de
Gründungsjahr: 1987
Programm: Berlin-Literatur, Kunst- und Kulturgeschichte
Ms.-Angebote: nach vorheriger telefonischer Anfrage
Medium: E-Mail
Ms.-Rücksendung: nein

Fantasy Productions
Ludenberger Str. 14
40699 Erkrath
Tel. 0211 - 92 43-0
Fax 0211 - 92 43 - 410
www.fanpro.com
Verleger: Werner Fuchs
Novitäten: 35
Programm: Fantasy (Das schwarze Auge), Science Fiction (Shadow-Run …), Battletech, Spiele, Romane
Lektorat: Catherine Beck
Ms.-Interessen: nur Produktserien

(Das schwarze Auge, ShadowRun)
Ms.-Angebote: als Exposé mit Textprobe von 10 Seiten
Medium: Papierausdruck, E-Mail
Ms.-Rücksendung: ja, mit Rückporto

Farren Bel Verlag
Heuduckstr. 10
66117 Saarbrücken
Tel. 0681 - 595 92 69
Fax 0681 - 595 92 68
farrenbel@gmx.de
www.farrenbel.de
Verleger: Ralph Nerbe
Verlagsleitung: Ralph Nerbe
Gründungsjahr: 2000
Lieferbare Titel: 10
Novitäten: 2-4
Programm: Esoterik, Philosophie, Spiritualität, Gesundheit, Psychologie
Ms.-Angebote: als Exposé mit Textprobe von 3 Seiten
Medium: Papierausdruck, Diskette, E-Mail
Ms.-Rücksendung: nein

Favorit-Verlag
Stettiner Str. 16
76437 Rastatt
Tel. 07222 - 222 54, -222 55
Fax 07222 - 298 38
info@favorit-verlag.de
www.favorit-verlag.de
Verleger: Michael Markus
Verlagsleitung: Michael Markus, Trudel Huntemann, Ilse Markus

Gründungsjahr: 1964
Lieferbare Titel: 450
Novitäten: 80
Programm: Pappenbücher, Lesebücher, Bilderbücher, Vorschul- und Schulbegleitende Lern- und Übungsbücher, Malbücher und Aktivitätsbücher
Lektorat: Regine Götz
Ms.-Angebote: nach vorheriger telefonischer Anfrage
Medium: Papierausdruck, Diskette
Ms.-Rücksendung: ja, mit Rückporto

FDNF Fahrradtouristik GmbH
Hauptstr. 19
29471 Gartow/ Elbe
Tel. 05846 - 93 10
Fax 05846 - 93 12
fdnf-gartow@t.online.de
www.fdnf.de
Programm: Sport, Fitness, Radwanderführer

fibre Verlag
Martinistr. 37
49080 Osnabrück
Tel. 0541 - 43 18 38
Fax 0541 - 43 27 86
info@fibre-verlag.de
www.fibre-verlag.de ; www.ostmittel-europa.de ; www.eu-ost.de
Verleger: Dr. Peter Fischer
Verlagsleitung: Dr. Peter Fischer
Programm: Sachbücher, Wissenschaftliche Literatur, Belletristik aus und über Ostmittel- und Osteuropa

Ms.-Angebote: als Exposé mit Textprobe von 20 Seiten
Medium: Papierausdruck
Ms.-Rücksendung: ja, mit Rückporto

Fidula-Verlag
Ahornweg 19-21
56154 Boppard
Tel. 06742 - 24 88
Fax 06742 - 26 61
info@fidula.de / www.fidula.de
Verleger: Georg Holzmeister
Gründungsjahr: 1948
Programm: Schwerpunkte: Musikpädagogik, Kinderlieder u. -spiele, Kindertänze, Schulmusicals. Liederbücher, Tänze und Bewegungsanleitungen, Chormusik
Ms.-Interessen: Texte für Kinderlieder und Tänze, Musicals für Sek. I und II
Ms.-Angebote: nach vorheriger telefonischer Anfrage
Ms.-Rücksendung: ja, mit Rückporto bei unverlangten Manuskript

Wolfgang Fietkau Verlag
Ernst-Thälmann-Str. 152
14532 Kleinmachnow
Tel. 033203 - 711 05
Fax 033203 - 711 09
fietkau@fietkau.de
www.fietkau.de
Verleger: Wolfgang Fietkau
Verlagsleitung: Wolfgang Fietkau
Gründungsjahr: 1959
Lieferbare Titel: 44

Programm: Belletristische Kleinkunst, Gesellschaftskritische Lyrik, Experimentelle Literatur
Lektorat: Wolfgang Fietkau
Ms.-Angebote: nur auf Einladung

Finanz Buch Verlag GmbH
Frundsbergstr. 23
80634 München
Tel. 089 - 651 28 50
Fax 089 - 65 20 96
info@finanzbuchverlag.de
www.finanzbuchverlag.de
Verlagsleitung: Christian Jund
Gründungsjahr: 1996
Lieferbare Titel: 140
Novitäten: 50
Programm: Finanzbücher

Finken-Verlag GmbH
Zimmersmühlenweg 40
61440 Oberursel
Tel. 06171 - 63 88-0
Fax 06171 - 63 88 44
info@finken.de
www.finken.de
Verleger: Manfred Krick
Gründungsjahr: 1949
Lieferbare Titel: 400
Novitäten: 40
Programm: Fachverlag für Unterrichtsmittel: Lernhilfen, Unterrichtsmaterialien für den Kindergarten und die Klassen 1-6, Unterrichtsprojekte, Sprachen-Lernkonzepte, Lernspiele
Lektorat: Susanne Kortmann

(Grundschule), Irmgard Quack
(Weiterführende Schulen), Doris
Fischer (Kindergarten, Sprachen-
erwerb, Grundschule)
Ms.-Angebote: als Exposé
Medium: E-Mail an
m.krick@finken.de

Harald Fischer Verlag GmbH
Theaterplatz 31
91054 Erlangen
Tel. 09131 - 20 56 20
Fax 09131 - 20 60 28
info@haraldfischerverlag.de
www.haraldfischerverlag.de
Gründungsjahr: 1984
Programm: Bücher: Medizinethik,
Tierethik
Ms.-Angebote: nach vorheriger
telefonischer Anfrage
Ms.-Rücksendung: ja, mit Rück-
porto

Verlag Reinhard Fischer
Weltistr. 34
81477 München
Tel. 089 - 791 88 92
Fax 089 - 791 83 10
verlagfischer@compuserve.de
www.verlag-reinhard-fischer.de
Gründungsjahr: 1982
Lieferbare Titel: 320
Novitäten: 20
Programm: Medienwissenschaft,
Film, Fernsehen, Journalismus,
Kommunikationswissenschaften,
Publizistik

Ms.-Angebote: nach vorheriger tele-
fonischer Anfrage
Medium: Datenträger PDF-Format
Ms.-Rücksendung: nein

S. Fischer Verlag
Hedderichstr. 114
60596 Frankfurt am Main
Tel. 069 - 60 62-0
Fax 069 - 60 62-319
info@fischerverlage.de
www.s-fischer.de
Verlegerin: Monika Schoeller
Verlagsleitung: Monika Schoeller,
Dr. Hubertus Schenkel,
Frank Trümper
Programm: Belletristik, Sachbuch
Medium: Papierausdruck
Ms.-Rücksendung: ja

**Fischer Taschenbuch Verlag
GmbH**
Hedderichstr. 114
60569 Frankfurt am Main
Tel. 069 - 60 62-0
Fax 069 - 60 62-319
info@fischer-tb.de
www.fischer-tb.de
Verlegerin: Monika Schoeller
Verlagsleitung: Monika Schoeller,
Lothar Kleiner
Verlagsgruppe: S. Fischer-Verlage
Programm: Literatur, Unterhaltung,
Kriminalromane, Biografien, Kin-
der- und Jugendbücher, Klassiker,
Geschichte, Handbücher, Ratgeber,
Wissenschaft

Ms.-Angebote: als Exposé, als Manuskript
Medium: Papierausdruck
Ms.-Rücksendung: ja

Fit fürs Leben Verlag in der NaturaViva Verlags GmbH
Lukas-Moser-Weg 4
71263 Weil der Stadt
Tel. 07033 - 138 08 16
Fax 07033 - 138 08 17
info@naturavivaverlag.de
www.fit-fuers-leben.de
Verlegerin: Simone Graff
Programm: Ernährung, Gesundheit, Ganzheitliche Medizin, Umwelt
Ms.-Angebote: nach vorheriger telefonischer Anfrage, als Exposé mit Textprobe von 10 Seiten
Ms.-Rücksendung: ja

Flechsig – s. *Verlagshaus Würzburg*

Erich Fleischer Verlag
Clüverstr. 20
28832 Achim
Tel. 04202 - 517-0
Fax 04202 - 517-41
info@efv-online.de
www.efv-online.de
Gründungsjahr: 1954
Programm: Fachverlag für Steuerrecht: Lehrbücher, Handkommentare, Fachzeitschriften, Loseblatt-Sammlungen
Ms.-Angebote: nach vorheriger telefonischer Anfrage

Fleischhauer & Spohn GMBH & Co. KG
Mundelsheimer Str. 3
74321 Bietigheim-Bissingen
Tel. 07142 - 596-161
Fax 07142 - 596-280
info@verlag-fleischhauer.de
www.verlag-fleischhauer.de
Verleger: Thomas Bez
Verlagsleitung: Dieter Keilbach
Gründungsjahr: 1830
Lieferbare Titel: 50
Novitäten: 3-5
Programm: Reise-, Ausflugs- und Radführer für Familien mit Kindern (mit Kindern entdecken … radeln …, unterwegs erleben); Gebiete: Regionen in Deutschland
Lektorat: Dieter Keilbach (Verlagsleitung)
Ms.-Angebote: als Exposé
Medium: Papierausdruck, Diskette
Ms.-Rücksendung: ja

Fleurus Verlag GmbH
Lindenstr. 20
50674 Köln
Tel. 0221 - 13 05 68-68
Fax 0221 - 13 05 68-89
info@fleurus.de / www.fleurus.de
Verleger: Klaus Kramp
Verlagsleitung: Klaus Kramp
Gründungsjahr: 1994
Lieferbare Titel: 200
Novitäten: ca. 40
Programm: Kinder- und Jugendsachbücher

Lektorat: Sabine Duda, Dw -71,
s.duda@fleurus.de
Ms.-Angebote: als Exposé mit Textprobe, als Manuskript
Medium: Papierausdruck, E-Mail
Ms.-Rücksendung: ja

Fly & Fun-Verlag
Feldkirchener Str. 51 B
85540 Haar
Tel. 089 - 930 61 25
Fax 089 - 930 22 36
flyandfun-verlag@t-online.de
www.flyandfun.de
Verlegerin: Hannelore M. Wagner
Verlagsleitung: Hannelore M. Wagner
Gründungsjahr: 1996
Lieferbare Titel: 8
Programm: Reiseliteratur
Ms.-Angebote: als Manuskript
Medium: Papierausdruck
Ms.-Rücksendung: ja, mit Rückporto

FM-Verlag »FMV«
Konstanze Halt
Konrad-Adenauer-Str. 32
63073 Offenburg
Tel. 069 - 91 50 91 49
Fax 069 - 91 50 91 50
buero-managemant@t-online.de
www.fm-verlag.de/
buchbestellungen
Programm: Juristische Fachliteratur

FN-Verlag der Deutschen
Reiterlichen Vereinigung GmbH
Freiherr-von-Langen-Str. 13
48231 Warendorf
Tel. 02581 - 63 62-115
Fax 02581 - 63 31 46
fnverlag@fn-dokr.de
www.fnverlag.de
Verlagsleitung: Siegmund Friedrich,
Rainer Reisloh
Zum Verlag: Fachbuchverlag Pferdesport und -zucht
Gründungsjahr: 1977
Lieferbare Titel: 300
Novitäten: 15
Programm: Reitsport, Bildbände,
Comics, Jugendbücher, Kinderbücher, Sport, Fitness, Tiermedizin,
Videos, CD-ROM
Lektorat: Dr. Carla Mattis, Dw -217,
cmattis@fn-dokr.de
Ms.-Angebote: nach vorheriger
telefonischer Anfrage
Medium: Papierausdruck
Ms.-Rücksendung: ja

Food Edition Fischer Piepenbrock
Baumstr. 4
80469 München
Tel. 089 - 200 27 13
Fax 089 - 20 02 71 50
info@fp-food.de
www.fp-food.de
Programm: Essen und Trinken
Ms.-Angebote: als Exposé
Medium: Papierausdruck, E-Mail
Ms.-Rücksendung: ja

Forkel Verlag GmbH
Im Weiher 10
69121 Heidelberg
Tel. 06221 - 489-0
Fax 06221 - 489-450
info@huethig.de
www.huethig.de
Programm: siehe Hüthig GmbH

form + zweck
Dorotheenstr. 4
12557 Berlin
Tel. 030 - 655 57 22
Fax 030 - 65 88 06 53
petruschat@t-online.de
www.formundzweck.com
Programm: Theorie und Geschichte von Gestaltung, Kulturgeschichte

Fortis Verlag
Sieglarer Str. 2
53842 Troisdorf
Tel. 02241 - 39 76-0
Fax 02241 - 39 76 - 390
info@fortis-verlag.de
www.fortis-verlag.de
Programm: Fachhochschulliteratur

Forum Verlag Leipzig Buchgesellschaft mbH
Gottschedstr. 30
04109 Leipzig
Tel. 0341 - 980 50-08
Fax 0341 - 980 50-07
info@forumverlagleipzig.de
www.forumverlagleipzig.de
Verlegerin: Helen Jannsen
Gründungsjahr: 1995
Lieferbare Titel: 42
Novitäten: 6-10
Programm: Deutsche Einigung, DDR-Geschichte, Politik, Regionalia, Humor, Satire
Lektorat: N.N.
Ms.-Angebote: als Exposé mit Textprobe von 20 Seiten
Medium: Papierausdruck, Diskette, E-Mail
Ms.-Rücksendung: ja

A. Francke Verlag
Dischingerweg 5
72070 Tübingen
Tel. 07071 - 97 97-0
Fax 07071 - 752 88
www.francke.de
Verleger: Gunter Narr
Gründungsjahr: 1831
Programm: Archäologie, Fachzeitschriften, Geschichte, Kulturgeschichte, Lern-Software, Literaturwissenschaft, Nachschlagewerke, Wörterbücher, Philosophie, Theologie, Sprachwissenschaften, Theaterwissenschaft, Wirtschaftswissenschaft
Lektorat: Monika Pfaller
Ms.-Angebote: nach vorheriger telefonischer Anfrage, als Exposé mit Textprobe
Medium: Papierausdruck
Ms.-Rücksendung: ja, mit Rückporto

Verlag der Francke Buchhandlung GmbH
Am Schwanhof 19
35037 Marburg
Tel. 06421 - 17 25-11
Fax 06421 - 17 25-30
francke@francke-buch.de
www.francke-buch.de
Verlagsleitung: Dr. Klaus Meiß
Zum Verlag: Konfessioneller Verlag
Lieferbare Titel: 300
Novitäten: ca. 60
Programm: Christliche Literatur: Belletristik, Historische Romane, Kriminalromane, Bildung, Erziehung, Jugendbücher, Kinderbücher, Lebenshilfe, Ratgeber, Religion
Lektorat: A. Meiß (ameiss@francke-buch.de), C. Rohleder (rohleder@francke-buch.de)
Ms.-Interessen: Christliche Romane für Kinder und Erwachsene
Ms.-Angebote: als Exposé mit Textprobe von 10 Seiten
Ms.-Rücksendung: ja, mit Rückporto

Franckh-Kosmos Verlags-GmbH & Co. KG
Pfizerstr. 5-7
70184 Stuttgart
Tel. 0711 - 21 91-0
Fax 0711 - 21 91-320
info@kosmos.de / www.kosmos.de
Verlagsleitung: Axel Meffert
Gründungsjahr: 1822
Lieferbare Titel: 1800
Novitäten: 350
Programm: Ratgeber und Sachbücher zu: Natur, Garten, Heimtiere, Reiten und Pferde, Kinder und Jugend, Astronomie, Angeln und Jagd, Eisenbahn und Nutzfahrzeuge, Naturwissenschaft und Technik
Ms.-Angebote: nach vorheriger telefonischer Anfrage

Frankfurter Verlagsanstalt
Wildunger Str. 6a
60487 Frankfurt am Main
Tel. 069 - 96 22 06 -10
Fax 069 - 96 22 06 - 30
info@frankfurter-verlagsanstalt.de
www.frankfurter-verlagsanstalt.de
Lieferbare Titel: 100
Programm: Zeitgenössische deutsche und internationale Belletristik, Biografien
Ms.-Angebote: als Manuskript
Medium: Papierausdruck
Ms.-Rücksendung: ja, mit Rückporto

Fränkischer Tag Buchverlag
Gutenbergstr. 1
96050 Bamberg
Tel. 0951 - 188-125
Fax 0951 - 188-529
buchbestellung@fraenkischer-tag.de
www.ft-buchverlag.de
Novitäten: 5
Programm: Regionales (Bamberg)

Franzis Verlag GmbH
Gruber Str. 46
85586 Poing
Tel. 08121 - 95-14 44
Fax 08121 - 95-16 96
info@franzis.de
www.franzis.de
Verleger: Thomas Käsbohrer
Verlagsleitung: Thomas Käsbohrer
Zum Verlag: Fachliteratur für den Einsteiger über den ambitionierten Nutzer bis hin zum professionellen Anwender
Gründungsjahr: 1948
Lieferbare Titel: 500
Novitäten: 100-150
Programm: Bücher und Software zu: Computer, Elektronik, Anwendungen, Spiele, Telekommunikation
Lektorat: Bereich Hot Stuff: Dr. Katja Weimann (Dw -1834), kweimann@franzis.de, Lektoratsleiter Bereich Professional und Bereich »echt einfach«: Martin Koch (Dw -1811), m.koch@franzis.de
Ms.-Angebote: als Exposé
Medium: E-Mail
Ms.-Rücksendung: ja

Frauenbuchverlag
Georgenstr. 123
80797 München
Tel. 089 - 20 11 93-0
Fax 089 - 20 11 93-20
Programm: Romane, Erzählungen, Analysen, Berichte, Handbücher, Bildbände, Karikaturen

Frauenoffensive Verlags GmbH
Metzstr. 14c
81667 München
Tel. 089 - 48 95 00 48
Fax 089 - 48 95 00 49
info@verlag-frauenoffensive.de
www.verlag-frauenoffensive.de
Gründungsjahr: 1974
Programm: Frauenbewegung, Romane, Autobiografien, Theorie, Philosophie, Geschichte, Theologie, Sozialisation, Therapie
Ms.-Angebote: als Exposé mit Textprobe von 20 Seiten, als Manuskript
Medium: Papierausdruck
Ms.-Rücksendung: ja, mit Rückporto

Fachverlag Dr. Fraund GmbH
An der Brunnenstube 33-45
55120 Mainz-Mombach
Tel. 06131 - 62 05-0
Fax 06131 - 62 05-44
www.fraund.de
Verlagsleitung: Henning Seibert
Programm: Wein, Pferde, Sport, Bildbände, Essen und Trinken
Ms.-Angebote: nach vorheriger telefonischer Anfrage
Medium: Papierausdruck, Diskette
Ms.-Rücksendung: ja, mit Rückporto

frechverlag
Turbinenstr. 7
70499 Stuttgart
Tel. 0711 - 830 86-0
Fax 0711 - 838 05 97, 830 86 69

frechverlag@t-online.de
www.frech.de
Verleger: Marion Milkan
(Geschäftsführung), Michael Zirn
(Marketing Leitung), Marco Mering
(Leitung Vertrieb)
Gründungsjahr: 1955
Verlagsgruppe: WEKA Augsburg
Lieferbare Titel: 450
Novitäten: ca. 160
Programm: Bastelbücher, Kreativtechniken, Anleitungsbücher, Künstlerbedarf, Basteln mit Papier, Maltechniken, Kinderbasteln, Floristik, Modellieren, Aktuelle Materialien, Häkeln, Stricken
Lektorat: Dr. Ulrike Voigt
(Ltg. Productmanagement),
Dr. Bernhard Auge (Ltg. Productmanagement Basteln)
Ms.-Interessen: Alle *neuen* und originellen Kreativtechniken und Motive
Ms.-Angebote: als Exposé mit Fotos oder gebastelten Originalen
Medium: Papierausdruck, Diskette, E-Mail
Ms.-Rücksendung: ja

Frederking & Thaler Verlag GmbH
Infanteriestr. 19/ Haus 2
80797 München
Tel. 089 - 121 13-11
Fax 089 - 121 12-14
www.frederking-thaler.de
Verlegerin: Monika Thaler
Verlagsleitung: Monika Thaler
Programm: Bildbände, Kulturgeschichte, Natur, Reisen, Natur-, Kultur-, Reiseberichte
Lektorat: Ute Heek, Eva Eckenfels
Ms.-Angebote: als Exposé mit Textprobe von ca 20 Seiten, als Manuskript
Medium: Papierausdruck
Ms.-Rücksendung: ja, mit Rückporto

Freie Presse Chemnitzer Verlag
Brückenstr. 15
09111 Chemnitz
Tel. 0371 - 65 61 01 60
Fax 0371 - 65 61 70 16
buchprogramm@freiepresse.de
www.freiepresse.de
Verleger: Dr. Thomas Schaub
Verlagsleitung: Johannes Schulze
Zum Verlag: Regionales, Geschichte, Kultur, Sachsen
Gründungsjahr: 1992
Lieferbare Titel: 70
Novitäten: 10
Lektorat: Matthias Zwarg
Ms.-Angebote: nach vorheriger telefonischer Anfrage, als Exposé mit Textprobe von 10 Seiten, als Manuskript
Medium: Papierausdruck
Ms.-Rücksendung: ja, mit Rückporto

Verlag Freies Geistesleben + Urachhaus GmbH
Landhausstr. 82
70190 Stuttgart
Tel. 0711 - 28 53 20-0
Fax 0711 - 285 32 10
info@geistesleben.com,
info@urachhaus.com
geistesleben.com oder
urachhaus.com
Verlagsleitung: Jean-Claude Lin, Frank Berger
Programm: Anthroposophie, Bildung, Erziehung, Gesundheit, Jugendbücher, Kinderbücher, Kulturgeschichte, Lebenshilfe, Medizin, Musik, Naturwissenschaft, Philosophie, Ratgeber, Schulbücher, Bilderbücher
Ms.-Angebote: nach vorheriger telefonischer Anfrage
Medium: Papierausdruck, Diskette, E-Mail
Ms.-Rücksendung: ja, mit Rückporto

Freimund-Verlag
Missionsstr. 3
91564 Neuendettelsau
Tel. 09874 - 689 39 80
Fax 09874 - 689 39 99
kontakt@freimund-verlag.de
www.freimund-verlag.de
Verlagsleitung: Albrecht Immanuel Herzog
Gründungsjahr: 1925
Lieferbare Titel: 300
Novitäten: 8-10

Programm: Theologie und christlicher Glaube, Andacht, Predigt, Gebet, Biografien, christliche Belletristik, reformatorische und ökumenische Theologie
Lektorat: Pfarrer Albrecht Immanuel Herzog, herzog@freimund-verlag.de
Ms.-Angebote: als Manuskript
Medium: Papierausdruck
Ms.-Rücksendung: ja, mit Rückporto

**Michael Friedel
MM Photodrucke GmbH**
Frasshauserstr. 6
83623 Steingau/Dietramszell
Tel. 08024 - 43 01
Fax 08024 - 87 95
info@michael-friedel.de
www.michael-friedel.de
Verleger: Michael Friedel
Gründungsjahr: 1978
Programm: Bildbände (mit 80 % Bildanteil), Fotografie, Reisen, Fernreisen, Poster, Postkarten
Ms.-Angebote: Papierausdruck
Ms.-Rücksendung: nein

**Friedenauer Presse
Katharina Wagenbach-Wolff**
Carmerstr. 10
10623 Berlin
Tel. 030 - 312 99 23
Fax 030 - 312 99 02
Programm: Lyrik, Belletristik, Bibliophile Bücher

frommann-holzboog
König-Karl-Str. 27
70372 Stuttgart
Tel. 0711 - 95 59 69-0
Fax 0711 - 95 59 69 - 1
info@frommann-holzboog.de
www.frommann-holzboog.de
Verleger: Günther Holzboog
Verlagsleitung: Eckhart Holzboog
Zum Verlag: Geisteswissenschaftlicher Verlag
Gründungsjahr: 1727
Lieferbare Titel: 1000
Novitäten: ca. 35
Programm: Schwerpunkte: Werkausgaben und Kritische Editionen, Bibliografien und Nachschlagewerke sowie Publikationsreihen und Zeitschriften zu aktuellen Themen. Philosophie, Geschichte, Kulturgeschichte, Literaturwissenschaft, Medizinphilosophie, Theologie, Germani
Lektorat: Tina Koch,
lektorat@frommann-holzboog.de
Ms.-Interessen: siehe Verlagsprogramm – die Manuskripte sollten wissenschaftlichen Ansprüchen genügen
Ms.-Angebote: nur nach vorheriger telefonischer Anfrage
Medium: Papierausdruck, Diskette, E-Mail
Ms.-Rücksendung: ja

Furore-Verlag
Naumburger Str. 40
34127 Kassel
Tel. 0561 - 89 73 52
Fax 0561 - 834 72
info@furore-verlag.de
www.furore-verlag.de
Programm: Frauen in Musik, Kunst und Kulturgeschichte

G & S Verlag GmbH
Kommerzienrat-Zimmermann-Str. 41
90513 Zirndorf
Tel. 0911 - 60 84 89
Fax 0911 - 60 84 99
webmaster@gus-verlag.de
www.gus-verlag.de
Verleger: Stefan Städtler-Ley
Verlagsleitung: Stefan Städtler-Ley
Gründungsjahr: 1985
Lieferbare Titel: 50
Novitäten: 3-5
Programm: 1. Edition 21: Ratgeber, Fachbücher zum Thema Downsyndrom und ähnliches. 2. Dragonsys: (Sach-)Bücher zum Erleben des Mittelalters
Lektorat: Michael Störmer,
lektorat@gus-verlag.de
Ms.-Interessen: Mittelalterliche Themen
Ms.-Angebote: als Exposé mit Textprobe von 3 Seiten
Medium: E-Mail
Ms.-Rücksendung: nein

G + H Verlag Berlin
Kaiser-Wilhelm-Str. 5
12247 Berlin
Tel. 030 - 76 89 59-30
Fax 030 - 76 89 59-55
info@gh-verlag.com
www.gh-verlag.com
Verleger: Elke R. Goemann,
Olaf Holy
Verlagsleitung: Elke R. Goemann,
Olaf Holy
Gründungsjahr: 1996
Lieferbare Titel: 20
Novitäten: ca. 5
Programm: Architektur, Design, Fotografie, Bildende Kunst, Kulturgeschichte
Ms.-Angebote: nach vorheriger telefonischer Anfrage
Ms.-Rücksendung: nein

Gabal Verlag GmbH
Schumannstr. 155
63069 Offenbach
Tel. 069 - 83 00 66-0
Fax 069 - 83 00 66-66
Zum Verlag: Bücher und Medien zu Erfolg und Karriere
Gründungsjahr: 1989
Lieferbare Titel: 280
Novitäten: 60
Programm: Karriere, Management, Erfolg, Audioprogramme, CD-ROM
Ms.-Angebote: als Manuskript oder als Exposé mit Textprobe von 20 S.
Medium: Papierausdruck, E-Mail
Ms.-Rücksendung: ja

Betriebswirtschaftlicher Verlag Dr. Th. Gabler GmbH
Abraham-Lincoln-Str. 46
65189 Wiesbaden
Tel. 0611 - 787 86 26
Fax 0611 - 787 84 20
www.gabler.de
Programm: Business, Recht, Wirtschaft, Finanzwesen
Lektorat: Programmleitung: Claudia Splittgerber (Dw -230), Lexika, Nachschlagewerke: Katrin Alisch (Dw -270), Controlling, Rechnungswesen: Jutta Hauser-Fahr (Dw -235), Management: Ulrike Lörcher (Dw -272), Marketing: Barbara Roscher (Dw -233), Allgemeine und Spezielle Betriebswirtschaftslehre, Volkswirtschaftslehre, Studium, Karriere: Ralf Wettlaufer (Dw -234), Wissenschaftliche Monografien, DUV: Ute Wrasmann (Dw -239) oder über E-Mail: Vorname.Name@Bertelsmann.de
Ms.-Angebote: nach vorheriger telefonischer Anfrage

Gabriel - siehe *Thienemann*

Galileo Press
Gartenstr. 24
53229 Bonn
Tel. 0228 - 421 50-0
Fax 0228 - 421 50-77
info@galileo-press.de
www.galileo-press.de
Verlagsleitung: Tomas Wehren

Zum Verlag: Führender Fachverlag für Experten, der sein Programm zielgruppenorientiert verlegt unter den Marken Galileo Computing, Galileo Design und SAP PRESS
Gründungsjahr: 1999
Lieferbare Titel: 250
Novitäten: 100
Programm: Informationstechnologie, SAP, Design
Lektorat: Kontakt über die Website oder per E-Mail (lektorat@galileo-press.de)
Ms.-Interessen: aktuelle und innovative IT-Themen für Profis und ambitionierte Einsteiger
Ms.-Angebote: als Exposé
Medium: E-Mail
Ms.-Rücksendung: ja

Galrev Druck- und Verlagsgesellschaft Hesse & Partner oHG
Lychener Str. 73
10437 Berlin
Tel. 030 - 44 65 01 83
Fax 030 - 44 65 01 84
galrev@galrev.com
www.galrev.com
Verleger: Egmont Hesse, Rainer Schedlinski
Verlagsleitung: Egmont Hesse, Rainer Schedlinski
Gründungsjahr: 1990
Lieferbare Titel: 150
Novitäten: 5
Programm: Belletristik, Archiv Moderner Lyrik

Ms.-Angebote: nach vorheriger telefonischer Anfrage
Medium: Papierausdruck
Ms.-Rücksendung: nein

Gatzanis GmbH
Alte Weinsteige 28
70180 Stuttgart
Tel. 0711 - 964 05 70
Fax 0711 - 964 05 72
verlag@gatzanis.de
www.gatzanis.de
Verlegerin: Jolanta-Alexandra Gatzanis
Zum Verlag: Populärwissenschaftlicher Verlag
Gründungsjahr: 1995
Lieferbare Titel: 14
Novitäten: 1
Programm: Sexualität und Partnerschaft, Sachbücher, Humor, Autobiografien, Ratgeber Lebenshilfe, Kunst, Design
Ms.-Angebote: als Manuskript
Medium: Papierausdruck, Diskette
Ms.-Rücksendung: nein

Dr. Gebhardt & Hilden GmbH
Hohlstr. 16
55743 Idar-Oberstein
Tel. 06781 - 600-0
Fax 06781 - 600 - 111
ghnet@t-online.de
www.g-und-h.de
Zum Verlag: Regionale Bildbände
Gründungsjahr: 1951
Lieferbare Titel: 56

Novitäten: 2-3
Programm: Rheinland-Pfalz-Literatur, Regionalliteratur Rhein-Nahe-Hunsrück
Lektorat: Annhäuser, Braun, Ingo Arndt
Ms.-Angebote: als Exposé mit Textprobe von 10 Seiten
Medium: Papierausdruck
Ms.-Rücksendung: ja, mit Rückporto

Gebr. Mann Verlag
Neue Grünstr. 17
10179 Berlin
Tel. 030 - 25 91-738 64
Fax 030 - 25 91-715 77
cruschinzik@reimer-verlag.de
www.gebrmannverlag.de
Verlagsleitung: Elisabeth Roosens
Programm: Kunstwissenschaft, Architektur, Archäologie
Ms.-Angebote: als Exposé mit Textprobe von 10 Seiten
Medium: Papierausdruck
Ms.-Rücksendung: ja

Genius Verlag
Aach 34
87534 Oberstaufen
Tel. 08386 - 96 04 01
Fax 08386 - 96 04 02
info@genius-verlag.de
www.genius-verlag.de
Verlegerin: Dagmar Neubronner
Verlagsleitung: Dagmar Neubronner
Gründungsjahr: 1997

Programm: Vielfalt auf höchstem Niveau, Anspruchsvolle Bücher, die erfreuen, weiterhelfen, grundlegend informieren, Lebenshilfe-Ratgeber, Spirituelle, Theologische, Philosophisch-naturwissenschaftliche Werke, Kinderbücher
Lektorat: Dagmar Neubronner
Ms.-Interessen: Alles, was grundlegend wichtige Informationen bietet, um auf der Erde in Frieden, Freude und Fülle zu leben oder was hilft, dieses Wissen endlich in die Tat umzusetzen, gute Nachrichten in jeder Verpackung, ohne Dogma und gerne mit Humor
Ms.-Angebote: nach vorheriger telefonischer Anfrage, als Manuskript
Medium: Papierausdruck, Diskette, E-Mail (am liebsten)
Ms.-Rücksendung: ja, mit Rückporto

GEP Gemeinschaftswerk der Evangelischen Publizistik gGmbH
Emil-Von-Behring-Str. 3
60439 Frankfurt am Main
Tel. 069 - 580 98-0
Fax 069 - 580 98-100
info@gep.de
www.gep.de
Programm: Publizistik und Medien, Informationen zu Religion und Kirche

GeraMond Verlag
Innsbrucker Ring 15
81673 München
Tel. 089 - 13 06 99-0
Fax 089 - 13 06 99-30
info@geramond.de
www.geramond-verlag.de
Verlagsgruppe: GeraNova Bruckmann Verlagshaus GmbH
Programm: Bücher, Zeitschriften, Kalender, Sammler-Editionen, Videos und DVD rund um die Themen: Eisenbahn, Modellbahn, Nahverkehr, Luftfahrt- und Verkehrsgeschichte
Medium: E-Mail

Gerstenberg Verlag
Rathausstr. 18-20
31134 Hildesheim
Tel. 05121 - 106-0
Fax 05121 - 106-498 oder -499
verlag@gerstenberg-verlag.de
www.gerstenberg-verlag.de
Verlagsleitung: Dr. Edmund Jacoby
Gründungsjahr: 1982
Lieferbare Titel: 500
Novitäten: 60
Programm: Bildbände, Jugend-, Kinder-, Jugendsachbücher, Natur
Lektorat: Bildband: Heike Brillmann-Ede (Dw -451), Nicola Stuart (Dw -455), Bettina Eschenhagen (Dw -463); Kinderbuch: Birgit Göckritz (Dw -459)
Ms.-Angebote: nach vorheriger telefonischer Anfrage, als Exposé, als Manuskript
Medium: Papierausdruck
Ms.-Rücksendung: nein

Gerth Medien GmbH
Dillerberg 2
35614 Asslar
Tel. 06443 - 68-0
Fax 06443 - 68-90
info@gerth.de / www.gerth.de
Verlagsleitung: Klaus Gerth
Zum Verlag: Buch und Musik, überkonfessionell und unabhängig
Gründungsjahr: 1949
Lieferbare Titel: 1000
Novitäten: 200
Programm: Schwerpunkt: Christliche Literatur und Musik, Belletristik, Christliche Erzählungen, Bilderbücher, Erziehung, Jugendbücher, Kinderbücher, Lebenshilfe, Musik, Ratgeber, Religion, Spiele, Sport, Fitness, Frauenliteratur, Biografien
Ms.-Angebote: als Exposé mit Textprobe von 10 Seiten
Medium: Papierausdruck
Ms.-Rücksendung: ja

Verlag Robert Gessler
Friedrichstr. 53
88045 Friedrichshafen
Tel. 07541 - 70 06 15
Fax 07541 - 70 06 10
Verleger: Heinz Gessler
Verlagsleitung: Wolfgang Kreh
Gründungsjahr: 1848
Lieferbare Titel: 90

Programm: Schwerpunkt: Reisbildbände, Kunst und Kultur. Regionalia, Belletristik, Essen und Trinken, Geschichte, Gesundheit, Kulturgeschichte, Ratgeber
Ms.-Angebote: nach vorheriger telefonischer Anfrage
Ms.-Rücksendung: ja, mit Rückporto

Die Gestalten Verlag GmbH & Co. KG
Mariannenstr. 9-10
10999 Berlin
Tel. 030 - 726 13-2000
Fax 030 - 726 13-2222
verlag@die-gestalten.de
www.die-gestalten.de
Gründungsjahr: 1996
Lieferbare Titel: 150
Novitäten: 20
Programm: Grafik Design, Fotografie, Musik, Kunst, Popkultur
Ms.-Angebote: als Exposé mit Arbeitsproben, keine Textproben!
Medium: Papierausdruck, CD, E-Mail
Ms.-Rücksendung: nein

Verlag Ernst und Werner Gieseking GmbH
Deckertstr. 30
33617 Bielefeld
Tel. 0521 - 146 74
Fax 0521 - 14 37 15
Verlagsleitung: Dr. Klaus Schleicher
Programm: Juristische Fachbücher: Familienrecht, Freiwillige Gerichtsbarkeit und Rechtspflegerecht, Zivilverfahrensrecht, Internationales Privat- und Verfahrensrecht
Ms.-Angebote: nach vorheriger telefonischer und schriftlicher Anfrage
Ms.-Rücksendung: ja

Glaré Verlag
Postfach 50 07 17
60395 Frankfurt am Main
Tel. 069 - 52 02 83
Fax 069 - 52 03 24
glareverlag@t-online.de
www.glareverlag.de
Gründungsjahr: 1994
Programm: Belletristik und Sachbücher, Deutsche Literatur heute, Lyrik, Reihen »Der andere Orient«, »East meets west«, Iran, Irak, Kurdistan, Mittelasien, Gesellschaftswissenschaften, Frauen
Ms.-Interessen: Sachbuch Soziologie, Politologie, Literaturwissenschaften
Ms.-Angebote: als Exposé mit Textprobe von 10-20 Seiten
Medium: Papierausdruck
Ms.-Rücksendung: ja, mit Rückporto

glotzi Verlag
Platenstr. 71
60320 Frankfurt am Main
Tel. 069 - 56 02 07 02
glotzi@glotzi-verlag.de
www.glotzi-verlag.de
Verleger: Lothar Glotzbach
Verlagsleitung: Lothar Glotzbach

Gründungsjahr: 2000
Lieferbare Titel: 10
Novitäten: 3-5
Programm: Schöne Literatur und Essayistik, den Literarischen Werken der deutschen Sprache einen Platz im deutschen Literaturgeschehen einräumen
Ms.-Angebote: als Exposé mit Textprobe von 10 Seiten
Medium: Papierausdruck
Ms.-Rücksendung: ja

Gmeiner Verlag GmbH
Im Ehnried 5
88605 Meßkirch
Tel. 07575 - 20 95-0
Fax 07575 - 20 95-29
info@gmeiner-verlag.de
www.gmeiner-verlag.de
Verleger: Armin Gmeiner
Zum Verlag: unabhängiger, expandierender Verlag im Krimibereich
Gründungsjahr: 1986
Lieferbare Titel: 120
Novitäten: 40
Programm: Kriminalromane
Lektorat: Claudia Senghaas, claudia.senghaas@gmeiner-verlag.de
Ms.-Interessen: Kriminalromane mit aktuellen Themen und Regionalbezügen, Historische Kriminalromane
Ms.-Angebote: nach vorheriger telefonischer Anfrage, als Exposé
Medium: Papierausdruck
Ms.-Rücksendung: ja, mit Rückporto

Bruno Gmünder Verlag GmbH
Kleiststr. 23-26
10787 Berlin
Tel. 030 - 615 00 30
Fax 030 - 61 50 03 20
info@brunogmuender.com
Verleger: Bruno Gmünder
Programm: Schwule Literatur, Sachbuch, Belletristik, Reiseführer, Bildbände für schwule Männer
Lektorat: Rainer Marek
Ms.-Angebote: nach vorheriger telefonischer Anfrage, als Exposé mit Textprobe von 5 Seiten
Ms.-Rücksendung: ja, mit Rückporto

GNN Verlag
Badenweg 1
04435 Schkeuditz
Tel. 03420 - 657 11
Fax 03420 - 658 93
gnn-schkeuditz@t-online.de
www.gnn-verlag.de
Programm: DDR-Geschichte, DDR-Biografien

Grit-Uta Göhring Verlag
Buttermelchstr. 16
80469 München
Tel. 089 - 20 90 08 22
Fax 089 - 20 90 08 23
info@goehring-verlag.de
www.goehring-verlag.de
Programm: Literatur und Fotografie

Goldmann Verlag Reihe Mosaik
Neumarkter Str. 18
81673 München
Tel. 089 - 41 36-0
Fax 089 - 41 36-333
angelika.vogl@randomhouse.de
www.randomhouse.de
Verlagsleitung: Dr. Georg Reuchlein (Geschäftsführer)
Zum Verlag: Ratgeber
Verlagsgruppe: Random House
Lieferbare Titel: 250
Novitäten: ca. 80
Programm: Ratgeber: Gesundheit, Ernährung, Schönheit, Lebenshilfe und Partnerschaft, Eltern, Recht, Beruf, Geld und BRIGITTE-Bücher
Lektorat: Cheflektorin: Monika König
Ms.-Angebote: als Exposé mit Textprobe von 20 Seiten
Medium: Papierausdruck
Ms.-Rücksendung: ja

Verlag Golf & Media Service
Bundesstr. 28 c
25557 Gokels
Tel. 04872 - 960 96-0
Fax 04872 - 960 96-96
info@golf-germany.de
www.golf-germany.de
Verleger: Peter Sundt
Gründungsjahr: 2004
Lieferbare Titel: 1
Novitäten: 2
Programm: Belletristik
Lektorat: Brigitte Sundt

Goliath Verlag – Europe
Eschensheimer Landstr. 353
60320 Frankfurt am Main
Tel. 069 - 56 04 37 55
Fax 069 - 56 04 32 99
goliath@debitel.net
www.goliathclub.com
Programm: Internationale Fotografie, Kunst und Literatur

Gollenstein Verlag GmbH
Kardinal-Wendel-Str. 61
66440 Blieskastel
Tel. 06842 - 507 05 61 /-62
Fax 06842 - 507 05 66
info@gollenstein.de
www.gollenstein.de
Verleger: Brigitte Gode, Alfred Diwersy
Verlagsleitung: Brigitte Gode, Alfred Diwersy
Programm: Romane, Erzählungen, Lyrik, Sachbücher, Bildbände
Ms.-Angebote: als Exposé
Medium: Papierausdruck
Ms.-Rücksendung: ja, mit Rückporto

Gondrom Verlag GmbH
Bühlstr. 4
95463 Bindlach
Tel. 09208 - 510
Fax 09208 - 51 21
Verleger: Volker Gondrom
Verlagsleitung: Gerd Stedtfeld
Programm: Bildbände, Bildende Kunst, Computer, Esoterik, Essen und Trinken, Kochbücher, Geo-

grafie, Geschichte der Antike, Geschichte des Mittelalters, Geschichte der Neuzeit, Gesundheit, Haustiere, Jugendbücher, Kinderbücher, Lebenshilfe, Märchen, Musik, Nachschlag
Lektorat: Dr. Elisabeth Blakert, Waltraud Gill
Ms.-Angebote: nach vorheriger telefonischer Anfrage
Medium: Papierausdruck
Ms.-Rücksendung: nein

Christel Göttert Verlag
Virchowstr. 21
65428 Rüsselsheim
Tel. 06142 - 598 44
Fax 06142 - 598 44
info@christel-goettert-verlag.de
www.christel-goettert-verlag.de
Programm: Frauenliteratur

GOVI-Verlag
Pharmazeutischer Verlag GmbH
Carl-Mannich-Str. 26
65760 Eschborn
Tel. 06196 - 928-262
Fax 06196 - 928-203
helmstaedter@govi.de
www.govi.de
Verlagsleitung: Peter J. Egenolf
Gründungsjahr: 1949
Verlagsgruppe: Tochtergesellschaft der ABDA-Bundesvereinigung Deutscher Apothekenverbände
Programm: Apotheke, Pharmazeutische Industrie und Wirtschaft,
Loseblattwerke und Fachbücher in den Bereichen Pharmazie, Apothekenbetrieb und -organisation, Apothekenrecht, Beratung in der Apotheke, Aus- und Fortbildung für Apotheker und pharmazeutische Hilfsberufe, Pharmaziegeschichte, wissenschaftl. Zeitschriften, Kundenzeitschriften, Ratgeber für Kunden einer Apotheke, Software für Ausbildung und Apothekenbetrieb
Lektorat: Leiter Fachbuchlektorat: Dr. Axel Helmstädter, Dw -262, helmstaedter@govi.de
Ms.-Angebote: nach vorheriger telefonischer Anfrage
Medium: Papierausdruck
Ms.-Rücksendung: nein

Verlag Gräfe und Unzer
Grillparzerstr. 12
81675 München
Tel. 089 - 419 81-0
Fax 089 - 419 81-113
www.graefe-und-unzer.de,
www.gu.de, www.merian.de
Verlagsleitung: Doris Birk (Verlagsleitung GU), Dorothee Seeliger (Verlagsleitung Teubner/Hallwag)
Gründungsjahr: 1722
Lieferbare Titel: 200
Programm: Ratgeber: Kochen, Essen und Trinken, Gesundheit, Fitness, Partnerschaft & Familie, Garten, Natur, Heimtiere, Lebenshilfe, Lifemanagement, Karriere, Beruf

Ms.-Angebote: nach vorheriger telefonischer Anfrage, als Exposé
Medium: Papierausdruck
Ms.-Rücksendung: ja, mit Rückporto (wünschenswert)

Grafik Werkstatt Bielefeld
Wittekindstr. 53
33615 Bielefeld
Tel. 0521 - 17 82 46
Fax 0521 - 13 17 90
becker@grafik-werkstatt-bielefeld.de
Programm: Illustrierte Lyrikbände

Grafit Verlag GmbH
Chemnitzer Str. 31
44139 Dortmund
Tel. 0231 - 721 46 50
Fax 0231 - 721 46 77
info@grafit.de
www.grafit.de
Verleger: Dr. Rutger Booß
Gründungsjahr: 1989
Lieferbare Titel: 200
Novitäten: 22
Programm: Belletristik, Kriminalromane
Lektorat: Originalausgaben: Ulrike Rodi (Tel. 0231 - 120 68 37; Fax: 0231 - 721 46 77)
Ms.-Interessen: Deutschsprachige Kriminalromane
Ms.-Angebote: als Manuskript
Medium: Papierausdruck
Ms.-Rücksendung: ja

Grasmück Verlag
Lindenweg 9
63674 Altenstadt
Tel. 06047 - 98 59 76
Fax 06047 - 98 53 08
grasmueck-verlag@t-online.de
www.grasmueck-verlag.de
Verlegerin: Anna Karin Grasmück
Verlagsleitung: Anna Karin Grasmück
Gründungsjahr: 1995
Lieferbare Titel: 26
Novitäten: 2-4
Programm: Esoterik, Lebenshilfe, Grenzwissenschaft, Parapsychologie, Tonträger, Engel, Elfen, Meditationen
Ms.-Interessen: Texte zu ungewöhnlichen Phänomenen, Engeln, Elfen
Ms.-Angebote: nach vorheriger telefonischer Anfrage als Exposé mit Textprobe von 15 Seiten
Medium: Papierausdruck
Ms.-Rücksendung: ja, mit Rückporto

Verlag Graswurzelrevolution Zeitungs- und Buchverlag
Schillerstr. 28
69115 Heidelberg
Tel. 06221 - 18 39 07
Fax 06221 - 16 31 18
sued@graswurzel.net
www.graswurzel.net
Programm: Anarchismus, Ökologie, Frauenbewegung

Verlag Bernhard Albert Greiner
Olgastr. 13
73630 Remshalden
Tel. 07151 - 27 66 45
Fax 07151 - 27 66 47
info@bag-verlag.de
www.bag-verlag.de
Verleger: Dr. Bernhard Albert Greiner
Zum Verlag: Kulturgeschichte
Gründungsjahr: 2000
Lieferbare Titel: 42
Novitäten: 12
Programm: Archäologie, Geschichte, Volkskunde, Heimatkunde, Archäologie-Kinderbücher, Archäologie-Kalender
Ms.-Interessen: Volkskunde, Archäologie-Kinderbücher
Ms.-Angebote: als Exposé
Medium: Papierausdruck, E-Mail
Ms.-Rücksendung: ja, mit Rückporto

Gremese Verlag
c/o Schüren Verlag
Universitätsstr. 55
35037 Marburg
Tel. 06421 - 630 84
Fax 06421 - 68 11 90
info@schueren-verlag.de
www.filmbuch.de
Verleger: Gianni Gremese, Rom
Verlagsleitung: Gianni Gremese
Programm: Film-Bildbände
Ms.-Angebote: als Exposé mit Textprobe von 20 Seiten
Medium: Papierausdruck, E-Mail
Ms.-Rücksendung: ja

Greuthof Verlag und Vertrieb GmbH
Herrenweg 2
79261 Gutach i.Br.
Tel. 07681 - 60 25
Fax 07681 - 60 27
Programm: Esoterik, Philosophie, Psychologie, Religion, Spiele
Ms.-Angebote: nach vorheriger telefonischer Anfrage
Ms.-Rücksendung: ja

Groh Fotokunst-Verlag GmbH & Co.KG
Brüggener Str. 118
50374 Erftstadt
Tel. 08153 - 883 33
Fax 08153 - 883 48
info@groh.de / www.groh.de
Programm: Fotografische Bildbände, Geschenkbücher
Lektorat: Dr. Jutta Metz, Silke Mors
Ms.-Angebote: als Manuskript
Medium: Papierausdruck
Ms.-Rücksendung: ja

Verlag Grundlagen und Praxis GmbH & Co. Wissenschaftlicher Autorenverlag KG
Bergmannstr. 20
26789 Leer
Tel. 0491 - 618 86
Fax 0491 - 36 34
grundlagen-praxis@t-online.de
www.grundlagen-praxis.de
Verlegerin: Margarethe Harms
Verlagsleitung: Axel Camici

Gründungsjahr: 1973
Lieferbare Titel: 38
Novitäten: 2-5
Programm: Schwerpunkte: Homöopathie, Naturmedizin, Gesundheit, Umwelt, Gesellschaft
Ms.-Angebote: nach vorheriger telefonischer Anfrage
Medium: Papierausdruck, Diskette
Ms.-Rücksendung: ja

Gruner + Jahr AG & Co. Buchverlag
Am Baumwall 11
20459 Hamburg
Tel. 040 - 37 03-0
Fax 040 37 03 56 54
Programm: Bildbände, Essen und Trinken, Geschichte, Humor, Fotografie, Ratgeber

Matthias-Grünewald-Verlag
Max-Hufschmidt-Str. 4a
55130 Mainz
Tel. 06131 - 92 86-0
Fax 06131 - 92 86-26
mail@grunewaldverlag.de
www.engagementbuch.de
Verlagsleitung: Josef Wagner, Hiltraud Laubach
Programm: Pastorale Praxis, Spiritualität, Theologie, Spielpädagogik, Psychologie und Pädagogik
Ms.-Angebote: nach vorheriger telefonischer Anfrage
Medium: Papierausdruck
Ms.-Rücksendung: ja, mit Rückporto

Grupello Verlag
Schwerinstr. 55
40476 Düsseldorf
Tel. 0211 - 491 25 58
Fax 0211 - 498 01 83
grupello@grupello.de
www.grupello.de
Verleger: Bruno Kehrein
Gründungsjahr: 1990
Lieferbare Titel: 200
Novitäten: 25
Programm: Belletristik, Lyrik, Sachbücher, Wissenschaft, Vorzugsausgaben
Lektorat: Sascha Kirchner
Ms.-Angebote: nach vorheriger telefonischer Anfrage
Medium: Papierausdruck
Ms.-Rücksendung: ja, mit Rückporto

Aldine de Gruyter
Genthiner Str. 13
10785 Berlin
Tel. 030 - 260 05-0
Fax 030 - 260 05 - 251
www.degruyter.de
Programm: Anthropologien, Geschichte der Neuzeit, Politik, Psychologie, Soziologie, Wirtschaft, Zeitgeschichte

Mouton de Gruyter
Genthiner Str. 13
10785 Berlin
Tel. 030 - 26 00 50-235
Fax 030 - 26 00 5 3 51
mouton@degruyter.de

www.degruyter.de
Verleger: Dr. Cran
Verlagsleitung: Dr. Beck
Programm: Sprachwissenschaften
Lektorat: bitte an:
mouton@degreuyter.de
Ms.-Interessen: siehe Neuerscheinungsverzeichnis
Medium: Print, Online, CD-ROM

Sellier de Gruyter
Genthiner Str. 13
10785 Berlin
Tel. 030 - 260 05-0
Fax 030 - 260 05 - 251
www.degruyter.de
Programm: Recht

Walter de Gruyter GmbH & Co. KG
Genthiner Str. 13
10785 Berlin
Tel. 030 - 260 05-0
Fax 030 - 260 05-251
www.degruyter.de
Programm: Archäologie, Biologie, Botanik, Business, Chemie, Fachzeitschriften, Geisteswissenschaften, Theologie, Geowissenschaften, Geschichte, Kulturgeschichte, Literaturwissenschaft, Mathematik, Medienwissenschaft, Medizin, Nachschlagewerke, Wörterbücher, Naturwissenschaft

Gütersloher Verlagshaus GmbH
Carl-Miele-Str. 214
33311 Gütersloh
Tel. 05241 - 74 05-0
Fax 05241 - 74 05 - 48
info@gtvh.de / www.gtvh.de
Verleger: Ralf Markmeier
Verlagsleitung: Ralf Markmeier
Gründungsjahr: 1835
Verlagsgruppe: Random House
Lieferbare Titel: 1000
Novitäten: 150
Programm: Schwerpunkt: Theologie und Glauben, Kirche und Gesellschaft, Bildung, Erziehung, Lebenshilfe, Psychologie, Ratgeber, Religion, Sachbuch, Arbeitsmaterialien für Gottesdienst, Predigt und Gemeindearbeit
Lektorat: Dietrich Steen (Wissenschaft und Sachbuch), Klaus Altepost (Gemeindepraxis und Spiritualität), Thomas Schmitz (Religion und Lebenshilfe), Christel Gehrmann, Gabriele Schneider
Ms.-Angebote: als Exposé, als Manuskript
Medium: Papierausdruck, E-Mail
Ms.-Rücksendung: ja

Kirsten Gutke Verlag
Corneliusstr. 15
50678 Köln
Tel. 0221 - 932 07 20
Fax 0221 - 31 36 37
gutke-verlag@t-online.de
Verlegerin: Kirsten Gutke

Gründungsjahr: 1991
Programm: Osteuropäische Lyrik, Umweltrecht
Ms.-Angebote: nach vorheriger telefonischer Anfrage
Medium: Papierausdruck
Ms.-Rücksendung: ja

Dr. Rudolf Habelt GmbH
Am Buchenhang 1
53115 Bonn
Tel. 0228 - 923 83 22
Fax 0228 - 923 83 23
verlag@habelt.de
www.habelt.de
Verleger: Wolfgang Habelt
Verlagsleitung: Dr. Susanne Biegert
Gründungsjahr: 1954
Lieferbare Titel: 800
Novitäten: 30
Programm: Altertumswissenschaften
Ms.-Angebote: nach vorheriger telefonischer Anfrage
Medium: oder PDF-Files auf CD
Ms.-Rücksendung: nein

Walter Hädecke Verlag
Lukas-Moser-Weg 2
71263 Weil der Stadt
Tel. 07033 - 138 08-0
Fax 07033 - 138 08-13
info@haedecke-verlag.de
www.haedecke-verlag.de
Verleger: Joachim Graff
Gründungsjahr: 1919
Programm: Bildbände, Essen und Trinken, Gesundheit, Lebenshilfe, Medizin, Ratgeber, Reisen, Kochbücher
Lektorat: Monika Graff
Ms.-Angebote: nach vorheriger telefonischer Anfrage, als Exposé mit Textprobe von 10 Seiten
Medium: Papierausdruck
Ms.-Rücksendung: ja, nicht bei unverlangten Manuskriptangeboten

Mary Hahn Verlag
Thomas-Wimmer-Ring 11
80539 München
Tel. 089 - 290 88-0
Fax 089 - 290 88-178
i.fuchs@herbig.net / www.herbig.net
Verleger: Dr. Herbert Fleissner
Verlagsleitung: Dr. Brigitte Sinhuber-Harenberg
Gründungsjahr: 1898
Verlagsgruppe: Langen Müller Herbig
Programm: Kochbücher, Kunst-Kochbuch, Essen und Trinken, Gesundheit, Schönheit, Sport, Fitness
Lektorat: Isabelle Fuchs
Ms.-Angebote: nach vorheriger telefonischer Anfrage, als Exposé mit Textprobe von 10 Seiten
Medium: Papierausdruck
Ms.-Rücksendung: ja

Herbert von Halem Verlag
Lindenstr. 19
50674 Köln
Tel. 0221 - 92 58 29-0
Fax 0221 - 92 58 29-29
info@halem-verlag.de

www.halem-verlag.de
Programm: Publizistik, Kommunikations- u. Medienwissenschaften
Ms.-Angebote: nach vorheriger telefonischer Anfrage, als Manuskript
Medium: Papierausdruck
Ms.-Rücksendung: ja

Hallwag Verlag
c/o Gräfe und Unzer Verlag
Grillparzerstr. 12
81675 München
Tel. 089 - 419 81-0
Fax 089 - 41 98 11 13
www.graefe-und-unzer.de
Programm: Wein

Hamburger Edition
HIS Verlagsges. mbH
Mittelweg 36
20148 Hamburg
Tel. 040 - 41 40 97-0
Fax 040 - 41 40 97-11
verlag@his-online.de
www.his-online.de
Verlagsleitung: Birgit Otte
Verlagsgruppe: Verlag des Hamburger Instituts für Sozialforschung
Programm: Politik, Geschichte, Sozialwissenschaften, Kulturgeschichte, Philosophie, Soziologie, Zeitgeschichte
Lektorat: Birgit Otte
Ms.-Angebote: als Exposé mit Textprobe von 20 Seiten
Medium: Papierausdruck
Ms.-Rücksendung: ja

Peter Hammer Verlag
Föhrenstr. 33-35
42283 Wuppertal
Tel. 0202 - 50 50 66, -67
Fax 0202 - 50 92 52
peter-hammer-verlag@t-online.de
Verlegerin: Monika Bilstein
Gründungsjahr: 1966
Lieferbare Titel: 200
Programm: Belletristik aus Afrika, Lateinamerika, Kinderbücher, Politik, Ethnologie, Bilderbücher
Ms.-Angebote: nach vorheriger telefonischer Anfrage, als Exposé
Medium: Papierausdruck
Ms.-Rücksendung: ja, mit Rückporto

Hansa Verlag
Nordbahnhofstr. 2
25813 Husum
Tel. 04841 - 83 52-0
Fax 04841 - 83 52 - 10
verlagsgruppe.husum@t-online.de
www.verlagsgruppe.de
Verleger: Ingwert Paulsen
Verlagsleitung: Ingwert Paulsen
Gründungsjahr: 1954
Verlagsgruppe: Verlagsgruppe Husum
Programm: Schwerpunkt: Jahrbuch der Karl May Gesellschaft, Sekundärliteratur zu Karl May
Ms.-Angebote: nach vorheriger telefonischer Anfrage
Medium: Papierausdruck
Ms.-Rücksendung: ja, mit Rückporto

Verlag Die Hanse GmbH
Bei den Mühren 70
20457 Hamburg
Tel. 040 - 45 01 94-60
Fax 040 - 45 01 94-55
rot.eva@on-line.de
Verleger: Axel Reitters
Verlagsgruppe: EVA, Europäische
Verlagsanstalt GmbH & Co. KG
Programm: Bildbände, Regionalia,
Biografien, Reise, Touristika,
Abenteuer, Hanse-Krimis

Verlag Maren Hansen
Redder 8
24306 Lebrade
Tel. 04383 - 98 05
Fax 04383 - 98 06
Verlegerin: Maren Hansen
Verlagsleitung: Hans-Werner Hansen
Gründungsjahr: 1996
Programm: Behinderten-Literatur,
Jugendbücher, Kinderbücher

**Carl Hanser Verlag
GmbH & Co. KG**
Kolbergerstr. 22
81679 München
Tel. 089 - 998 30-0
Fax 089 - 98 48 09
info@hanser.de / www.hanser.de
Verleger: Wolfgang Beisler
Verlagsleitung: Dr. Hermann Riedel
Gründungsjahr: 1928
Programm: Chemie, Computer,
Datenbank, Fachzeitschriften,
Maschinenbau, Technik, Ingenieur-
wesen, Mathematik, Nachschlage-
werke, Wörterbücher, Ökologie,
Physik, Umweltthemen, Wirtschaft
Lektorat: Fernando Schneider
(Programmiersprachen),
Sieglinde Schärl (Computerbücher),
Margarte Metzger (Informatik, DV),
Martin Janik (Wirtschaft, Manage-
ment), Volker Herzberg (Technik,
Maschinenbau), Erika Hotho
(E-Technik, Elektronik),
Jochen Horn (Naturwissenschaften)
Ms.-Angebote: Exposé mit Textprobe
Medium: Papierausdruck
Ms.-Rücksendung: ja, mit Rückporto

Carl Hanser Literaturverlag
Vilshofener Str. 10
81679 München
Tel. 089 - 998 30-0
Fax 089 - 998 30 - 460
info@hanser.de
www.hanser.de
Verlagsleitung: Michael Krüger
Programm: Moderne Literatur,
Klassiker, Sachbuch, Filmliteratur,
Geistes- und Literaturwissenschaft,
Anthropologie, Kinder- u. Jugend-
buch

Carl Hanser Kinderbuch
Vilshofener Str. 10
81679 München
Tel. 089 - 998 30-0
Fax 089 - 998 30-461
info@hanser.de
www.hanser.de

Verleger: Dr. Friedbert Stohner
Verlagsleitung: Dr. Friedbert Stohner
Programm: Bilderbücher, Kinderbuch, Jugendbuch, Sachbuch
Lektorat: Dr. Friedbert Stohner, Christiane Thielmann, Saskia Heintz
Ms.-Angebote: nach vorheriger telefonischer Anfrage, als Exposé mit Textprobe von 20 Seiten
Medium: Papierausdruck
Ms.-Rücksendung: ja

Hänssler-Verlag GmbH
Max-Eyth-Str. 41
71088 Holzgerlingen
Tel. 07031 - 741 40
Fax 07031 - 741 43 59
lektorat@haenssler.de
www.haenssler.de
Programm: Christliche Bücher als Lebenshilfe, für Bibelstudium, für Gemeinde-, Kinder- und Jugendarbeit, Erzählende Christliche Literatur, Sachbücher und Wissenschaftliche Ausgaben
Lektorat: Christian Grewing
Ms.-Angebote: als Manuskript
Medium: Papierausdruck, Diskette, E-Mail
Ms.-Rücksendung: ja, mit Rückporto

Hardt und Wörner Verlag
Saalburgstr. 20
61381 Friedrichsdorf
Tel. 06172 - 70 05
Fax 06172 - 715 47
hardt.woerner@t-online.de
Verlegerin: Gabriele Hardt
Programm: Medienwissenschaft, Buchverlage, Betriebswirtschaft in Verlag und Buchhandel
Ms.-Angebote: nach vorheriger telefonischer Anfrage
Medium: Papierausdruck, Diskette
Ms.-Rücksendung: ja, mit Rückporto

Harenberg Kommunikation Verlags- und Medien GmbH & Co. KG
Königswall 21
44137 Dortmund
Tel. 0231 - 90 56-0
Fax 0231 - 90 56-110
info@harenberg.de
www.harenberg.de
Verleger: Bodo Harenberg
Verlagsleitung: Bodo Harenberg, Sven Merten
Verlagsgruppe: buchreport-Verlag

Harrassowitz Verlag
Kreuzberger Ring 7b
65205 Wiesbaden
Tel. 0611 - 530-0
Fax 0611 - 53 09 99
verlag@harrassowitz.de
www.harrassowitz.de/verlag
Verleger: Michael Langfeld
Zum Verlag: wissenschaftlicher Fachverlag
Gründungsjahr: 1872
Lieferbare Titel: 3000
Novitäten: 150

Programm: Buch- und Bibliothekswissenschaft, Kulturgeschichte, Orientalistik, Slawistik, Osteuropa
Lektorat: Dr. Barbara Krauß (Stellv. Verlagsleitung)
Ms.-Angebote: nach vorheriger telefonischer Anfrage, als Exposé
Medium: Papierausdruck, E-Mail
Ms.-Rücksendung: ja

Hatje Cantz Verlag
Senefelderstr. 12
73760 Ostfildern
Tel. 0711 - 44 05-0
Fax 0711 - 44 05 - 220
contact@hatjecantz.de
www.hatjecantz.de
Verlegerin: Annette Kulenkampff
Verlagsleitung: Annette Kulenkampf, Gerd Hatje
Gründungsjahr: 1945
Programm: Architektur, Bildende Kunst, Kulturgeschichte, Kunsthandwerk, Design, Fotografie, Neue Medien
Lektorat: Ute Barba, Cheflektorat
Ms.-Angebote: nach vorheriger telefonischer Anfrage, als Exposé
Medium: Diskette bzw. Papierausdruck
Ms.-Rücksendung: ja, mit Rückporto

Haude & Spenersche Verlagsbuchhandlung GmbH
Gneisenaustr. 33
10961 Berlin
Tel. 030 - 691 70 73
Fax 030 - 691 40 67
spiess-verlag@t-online.de
www.spiess-verlage.de
Programm: Berlin, Geschichte der Neuzeit, Kulturgeschichte, Nachschlagewerke, Judaica, Reisen
Ms.-Angebote: nach vorheriger telefonischer Anfrage
Medium: Papierausdruck
Ms.-Rücksendung: ja, mit Rückporto

Haufe Fachmedia GmbH & Co. KG
Im Kreuz 9
97076 Würzburg
Tel. 0931 - 279 14 00
Fax 0931 - 279 14 44
Programm: Fachzeitschriften

Haufe Mediengruppe
Hindenburgstr. 64
79102 Freiburg
Tel. 0761 - 36 83-0
Fax 0761 - 36 83-195
online@haufe.de
www.haufe.de
Verleger: Uwe Renald Müller
Verlagsleitung: Uwe Renald Müller, Helmuth Hopfner, Martin Laqua
Gründungsjahr: 1934
Verlagsgruppe: Haufe Mediengruppe
Novitäten: 150
Programm: Schwerpunkt: Wirtschaft, Recht, Steuern, Personalwesen, Rechnungswesen, Management, Marketing, Versicherungen, Geldanlage, Immobilien, Informationsverarbeitung

Ms.-Angebote: Autoren und Autorinnen wenden sich mit Manuskripten bitte an: Haufe Publishing, Frauenhoferstr. 5, 82152 Planegg, Tel: 089 - 895 17-0, Fax: -290

Rudolf Haufe Verlag GmbH & Co.KG
Hindenburgstr. 64
79102 Freiburg
Tel. 0761 - 36 83-0
Fax 0761 - 36 83-195
online@haufe.de
www.haufe.de
Verleger: Uwe Renald Müller
Verlagsleitung: Geschäftsführung: Uwe Renald Müller, Helmuth Hopfner, Martin Laqua
Gründungsjahr: 1934
Verlagsgruppe: Haufe Mediengruppe
Lieferbare Titel: 700, 150 Softwaretitel
Novitäten: 150 Neuerscheinungen, permanente Aktualisierung für rund 300 Loseblattwerke, CD-ROM
Programm: Recht, Wirtschaft, Steuern, Personal, Immobilien, Marketing und Verkauf, Informationsverarbeitung

Karl F. Haug Verlag in MVS Medizinverlage Stuttgart GmbH & Co.KG
Oswald-Hesse-Str. 50
70469 Stuttgart
Tel. 0711 - 89 31-0
Fax 0711 - 89 31-706

Verlagsleitung: Dr. Thomas Scherb, Albrecht Hauff
Gründungsjahr: 1903
Programm: Fachzeitschriften und Fachbücher zu den Themen: Naturheilkunde, Komplementäre Medizin, Homöopathie, Akupunktur, Traditionelle Chinesische Medizin, Ratgeber Gesundheit und »Biologische Medizin«
Ms.-Interessen: Bereiche: Naturheilkunde, Homöopathie, Phytotherapie, Manuelle Medizin, Traditionelle Chinesische Medizin
Ms.-Angebote: nach vorheriger telefonischer Anfrage, als Exposé mit Textprobe, als Manuskript
Medium: Papierausdruck, Diskette, E-Mail
Ms.-Rücksendung: ja

HEEL Verlag GmbH
Gut Pottscheidt
53639 Königswinter
Tel. 02223 - 92 30-0
Fax 02223 - 92 30-26
info@heel-verlag.de
www.heel-verlag.de
Verleger: Franz-Christoph Heel
Verlagsleitung: Franz-Christoph Heel
Gründungsjahr: 1980
Lieferbare Titel: 650
Novitäten: 100
Programm: Eisenbahn, Luftfahrt, Auto- und Motorradliteratur, Golfliteratur, Maritim, Musikliteratur, Kalender, Science Fiction, Fantasy,

Ratgeber, Sammeln, Lebensart, Fotografie, Uhren
Lektorat: Joachim Hack (Technik), Petra Hundacker (Unterhaltung, Trend)
Ms.-Angebote: als Exposé
Medium: Papierausdruck
Ms.-Rücksendung: ja

Heiderhoff Verlag
Weinbergstr. 8
97249 Eisingen
Tel. 09306 - 86 25
Fax 09306 - 86 25
Verlagsleitung: zweisprachige, hochkarätige Lyrik
Gründungsjahr: 1956
Programm: Belletristik, Kulturgeschichte, Lyrik, Märchen, Philosophie
Lektorat: Roswitha Th. Heiderhoff
Ms.-Angebote: nach vorheriger telefonischer Anfrage
Medium: Papierausdruck
Ms.-Rücksendung: ja, mit Rückporto

Heise Zeitschriften Verlag GmbH & Co. KG
Helstorfer Str. 7
30625 Hannover
Tel. 0511 - 53 52-0
Fax 0511 - 53 52-129
www.heise.de
Verleger: Christian Heise, Ansgar Heise
Verlagsleitung: Dr. Alfons Schräder
Gründungsjahr: 1949

Verlagsgruppe: Heise Medien
Programm: Computer, Fachzeitschriften, Recht, Technik, Bauwesen

Ulrike Helmer Verlag
Altkönigstr. 6a
61462 Königstein/Ts.
Tel. 06174 - 93 60 60
Fax 06174 - 93 60 65
ulrike.helmer.verlag@t-online.de
www.ulrike-helmer-verlag.de
Verlegerin: Ulrike Helmer
Verlagsleitung: Ulrike Helmer
Zum Verlag: Der Verlag für Genderthemen
Gründungsjahr: 1987
Lieferbare Titel: 260
Programm: Zu 90 % wissenschaftliche Literatur zu Frauen- und Geschlechterforschung; außerdem »Edition Klassikerinnen«, Biografien, Lesbenromane. Keine Gedichte
Ms.-Angebote: als Exposé mit Textprobe von 5 Seiten auf Papier, leserliche Größe
Medium: Papierausdruck
Ms.-Rücksendung: nicht bei Exposés, bei Manuskripten: ja, mit Rückporto

Henschel Verlag
Schützenstraße 8
10117 Berlin
Tel. 030 - 220 62 95 71 00
info@henschel-verlag.de
www.henschel-verlag.de

Verleger: Dr. Jürgen A. Bach,
Bernd Kolf
Verlagsleitung: Dr. Stefan Pegatzky
(Programmleitung)
Gründungsjahr: 2003
Verlagsgruppe: Semann Henschel
Lieferbare Titel: 350
Novitäten: 50
Programm: Theater, Musik, Film,
Fernsehen, Zirkus, Varieté, Kabarett, Kunst, Design, Architektur,
Zeitgeschichte
Ms.-Angebote: als Exposé mit
Textprobe von 20 Seiten
Medium: Papierausdruck, Diskette,
E-Mail
Ms.-Rücksendung: ja, mit Rückporto

F.A. Herbig
Verlagsbuchhandlung
Thomas-Wimmer-Ring 11
80539 München
Tel. 089 - 290 88-0
Fax 089 - 290 88 - 164
www.herbig.net
Verlegerin: Brigitte Fleissner-Mikorey
Verlagsleitung: Dr. Brigitte Sinhuber-Harenberg
Verlagsgruppe: Langen Müller
Herbig
Programm: Biografien, Belletristik,
Historische Romane, Esoterik, Gesundheit, Humor, Kulturgeschichte,
Lebenshilfe, Medizin, Musik,
Politik, Ratgeber, Zeitgeschichte

Verlag Herder GmbH
Hermann-Herder-Str. 4
79104 Freiburg
Tel. 0761 - 27 17-0
Fax 0761 - 27 17-520
kundenservice@herder.de
www.herder.de
Verleger: Manuel Herder
Verlagsleitung: Dr. Klaus-Christoph Scheffels
Gründungsjahr: 1801
Programm: Religiöse Kinderbücher,
Lebenshilfe, Religion, Theologie,
Pädagogik, Geschenkbuch, Spiritualität

Herold – siehe *Beltz & Gelberg*

Hertenstein-Presse
Mathystr. 36
75173 Pforzheim
Tel. 07231 - 270 84
Fax 07231 - 270 84
Verleger: Axel Hertenstein
Gründungsjahr: 1967
Lieferbare Titel: 45
Novitäten: 4
Programm: Bibliophile Bücher
Ms.-Interessen: Lyrik
Ms.-Angebote: nach vorheriger telefonischer Anfrage
Medium: Papierausdruck
Ms.-Rücksendung: ja, mit Rückporto

Heye Verlag GmbH
Oberweg 6
82008 Unterhaching
Tel. 089 - 66 53-217
Fax 089 - 66 53-22 10
verlag@heye.de
www.heye-verlag.de
Verlagsleitung: Claudia Knauss
Gründungsjahr: 1962
Lieferbare Titel: 400
Novitäten: 50-80
Programm: Kalender (Comic, Cartoon, Humor und Kunst, Fotografie)
Lektorat:
Kalender: Christine Wehling,
christine.wehling@heye.de
Ms.-Angebote: als Exposé in kleinen Proben des Bildmaterials
Ms.-Rücksendung: ja, mit Rückporto

Carl Heymanns Verlag KG
Luxemburger Str. 449
50939 Köln
Tel. 0221 - 943 73-0
Fax 0221 - 943 73-310
service@heymanns.com
www.heymanns.com
Verlagsleitung: Andreas Gallus
Gründungsjahr: 1815
Lieferbare Titel: 2000
Programm: Schwerpunkt: Recht, Steuern, Wirtschaft. Zivilrecht, Handels- und Wirtschaftsrecht, Gewerblicher Rechtsschutz, Öffentliches Recht, Steuerrecht, Europarecht, Internationales Recht, Strafrecht, Arbeits- und Sozialrecht

Lektorat: RA Dr. Kai Endlich,
RA Peter Halter, RA Hannelore Kruppa, RA Markus J. Sauerwald, RA Philipp C. Kind, RA Volker Kind, RAin Dr. Dorothee Walther
Ms.-Angebote: nach vorheriger telefonischer Anfrage, als Exposé
Medium: Papierausdruck, Diskette, E-Mail
Ms.-Rücksendung: ja

Wilhelm Heyne Verlag
Bayerstr. 71-73
80335 München
Tel. 089 - 4136-0
Fax 089 - 4136-22 29
info@randomhouse.de
www.heyne.de
Verleger: Klaus Eck, Joerg Pfuhl (CEO), Claudia Reitter, Wolfgang Wiedermann
Verlagsleitung: Ulrich Genzler
Verlagsgruppe: Random House
Programm: Heyne-Taschenbücher, Diana-Taschenbücher, Pavillon-Taschenbücher, Diana-Verlag, Ansata, Integral, Lotos, Ludwig
Lektorat: Andrea Kunstmann (Programmltg. Sachbuch), Tilo Eckardt (Programmltg. Heyne Belletristik HC), Britta Hansen (Programmltg. Diana Verlag), Bernhard Matt (Programmltg. Heyne Belletristik TB)
Ms.-Angebote: als Exposé
Medium: Papierausdruck
Ms.-Rücksendung: ja, mit Rückporto

Anton Hiersemann Verlag
Haldenstr. 30
70376 Stuttgart
Tel. 0711 - 549 97 11
Fax 0711 - 54 99 71 21
Verlagsleitung: Gerd Hiersemann
Programm: Wissenschaftliche Monographien, Serien- und Nachschlagewerke aus: Antike und Christentum, Biografien, Buch- und Bibliothekswesen, Byzantinistik, Germanistik, Geschichte, Kunstwissenschaft, Literatur und Theater, Religionswissenschaft, Theologie
Ms.-Angebote: als Exposé
Medium: Papierausdruck
Ms.-Rücksendung: ja

Himmelstürmer Verlag
Kirchweg 12a
20099 Hamburg
Tel. 040 - 48 06 17 17
Fax 040 - 48 06 17 99
himmelstuermer@gmx.de
www.himmelstuermer.de
Gründungsjahr: 1998
Lieferbare Titel: 30
Novitäten: 5-7
Programm: Sachbücher und Belletristik im schwulen Bereich
Ms.-Angebote: als Exposé, als Manuskript
Medium: Papierausdruck, E-Mail
Ms.-Rücksendung: ja, mit Rückporto

Hinstorff Verlag GmbH
Lagerstr. 7
18055 Rostock
Tel. 0381 - 49 69-0
Fax 0381 - 49 69-103
www.hinstorff.de
Gründungsjahr: 1831
Lieferbare Titel: 350
Novitäten: 40
Programm: Biografien, Belletristik, Bildbände, Kinderbücher, Kochbücher, Regionales, Niederdeutsches, Kulturhistorische Sachbücher, Maritimes
Ms.-Angebote: nach vorheriger telefonischer Anfrage, als Exposé mit Textprobe von 20 Seiten
Ms.-Rücksendung: ja

Hippokrates Verlag in MVS GmbH & Co.KG
Oswald-Hesse-Str. 50
70469 Stuttgart
Tel. 0711 - 89 31-0
Fax 0711 - 89 31-706
www.medizinverlage.de
Verlagsleitung: Dr. Thomas Scherb, Albrecht Hauff
Programm: Komplementärmedizin, Osteopathie, Manuelle Medizin, Traditionelle Chinesische Medizin, Akupunktur
Ms.-Angebote: nach vorheriger telefonischer Anfrage, als Exposé mit Textprobe von 10 Seiten
Medium: Diskette, E-Mail
Ms.-Rücksendung: ja

Hirmer Verlag
Nymphenburger Str. 84
80636 München
Tel. 089 - 12 15 16-0
Fax 089 - 12 15 16 - 16
info@hirmer-verlag.ccn.de
www.hirmerverlag.de
Programm: Archäologie, Kunstgeschichte, Bildbände

S. Hirzel Verlag Stuttgart
Birkenwaldstr. 44
70191 Stuttgart
Tel. 0711 - 25 82-0
Fax 0711 - 25 82 - 290
ameder@hirzel.de
www.hirzel.de
Verleger: Dr. Christian Rotta
Gründungsjahr: 1853 in Leipzig
Lieferbare Titel: 400
Novitäten: 15-20
Programm: Sachbuch, Fachbuch: Chemie, Naturwissenschaft, Ökologie, Philosophie, Psychologie, Sprachwissenschaften, Zeitgeschichte, Gesundheit
Lektorat: Dr. Angela Meder
Ms.-Angebote: als Exposé mit Textprobe, als Manuskript
Medium: Papierausdruck, Diskette
Ms.-Rücksendung: ja, mit Rückporto

Verlag Karl Hofmann
Steinwasenstr. 6-8
73614 Schorndorf
Tel. 07181 - 402-0
Fax 07181 - 402 - 111
info@hofmann-verlag.de
www.hofmann-verlag.de
Programm: Architektur, Fachzeitschriften, Musik, Nachschlagewerke, Wörterbücher, Sport, Fitness, Sportwissenschaft, Glasfachliteratur

Verlag Hoffmann und Campe
Harvestehuder Weg 42
20149 Hamburg
Tel. 040 - 441 88-0
Fax 040 - 441 88-290
lektorat@hoca.de
www.hoffmann-und-campe.de
Verleger: Günter Berg
(Programmleitung)
Gründungsjahr: 1781
Verlagsgruppe: Ganske
Novitäten: ca. 60
Programm: Biografien, Belletristik, Fantasy, Science Fiction, Historische Romane, Kriminalromane, Bildbände, Business, Computer, Esoterik, Film, Fernsehen, Finanzen, Kulturgeschichte, Kurzgeschichten, Lebenshilfe, Musik, Naturwissenschaft, Ökologie, Philosophie, Politik
Ms.-Angebote: mit Textprobe von 10 Seiten
Medium: Papierausdruck
Ms.-Rücksendung: ja

Julius Hoffmann Verlag – siehe *DVA*

Hoffmann Verlag GmbH
Weilimdorfer Str. 76
70839 Gerlingen
Tel. 07156 - 43 08 39
Fax 07156 - 43 08 27
vertrieb@hoffmann-verlag.de
www.hoffmann-verlag.de
Programm: Hotelverzeichnisse
Ms.-Angebote: als Exposé
Medium: Papierausdruck, E-Mail
Ms.-Rücksendung: ja, mit Rückporto

Hogrefe Verlag GmbH & Co. KG
Rohnsweg 25
37085 Göttingen
Tel. 0551 - 496 09-0
Fax 0551 - 496 09 - 88
verlag@hogrefe.de
www.hogrefe.de
Verleger: Dr. G. Jürgen Hogrefe
Verlagsleitung: Dr. G. Jürgen Hogrefe, Dr. Michael Vogtmeier
Gründungsjahr: 1949
Lieferbare Titel: 2000
Novitäten: 180
Programm: Psychologische Fachzeitschriften, Trainings-Software, Nachschlagewerke, Wörterbücher, Psychologie, Psychiatrie, Psychotherapie, Psychologische Ratgeber, Personalmanagement, Testverfahren
Ms.-Angebote: als Manuskript
Medium: Papierausdruck
Ms.-Rücksendung: ja

Hohenheim Verlag
Postfach 10 60 16
70049 Stuttgart
Tel. 0711 - 24 83 93-0
Fax 0711 - 24 83 93-10
hohenheim@klett-mail.de
Verleger: Geschäftsführer: Johannes Leßmann
Verlagsleitung: Programmleitung: Renate Jostmann
Gründungsjahr: 2000
Verlagsgruppe: Klett
Programm: Sachbücher zu Politik, Geschichte und Kultur, zu regionalen Schwerpunkten in Baden-Württemberg und Mitteldeutschland
Ms.-Angebote: als Exposé
Medium: Papierausdruck
Ms.-Rücksendung: ja

Verlag Wolfgang Hölker
Hafenweg 30
48155 Münster
Tel. 0251 - 414 11-0
Fax 0251 - 414 11-20
roemer@coppenrath.de
Verleger: Wolfgang Hölker
Verlagsleitung: Wolfgang Foerster
Gründungsjahr: 1975
Programm: Essen und Trinken, Landschaftskochbücher, Kochbücher mit Liebe zum Detail
Lektorat: Monika Römer
Ms.-Angebote: nach vorheriger telefonischer Anfrage
Medium: Papierausdruck
Ms.-Rücksendung: ja

Peter Höll Verlag
Darmstädter Str. 14b
64397 Modautal
Tel. 06167 - 91 22-20
Fax 06167 - 91 22-21
hoell.verlag.@t-online.de
www.hoell.de.vu
Gründungsjahr: 1987
Programm: Belletristik, Sachbuch
Ms.-Angebote: nach vorheriger telefonischer Anfrage, als Exposé mit Textprobe von 20 Seiten
Medium: Papierausdruck, Diskette, E-Mail
Ms.-Rücksendung: ja, mit Rückporto

Der HörVerlag GmbH
Lindwurmstr. 88
80337 München
Tel. 089 - 21 06 94-0
Fax 089 - 21 06 94-15
claudia.baumhoever@hoerverlag.de
www.hoerverlag.de
Verlegerin: Claudia Baumhöver
Gründungsjahr: 1993
Programm: Stimmen der Dichter, Klassiker, aktuelle Belletristik, Lyrik, Kinderhörbücher auf CD
Lektorat: Renate Schönbeck, Christiane Collario
Medium: MC Kopien und CDs

Horlemann-Verlag
P.O.Box 1307
53583 Bad Honnef
Tel. 02224 - 55 89
Fax 02224 - 54 29
info@horlemann-verlag.de
www.horlemann-verlag.de
Verlegerin: Beate Horlemann
Gründungsjahr: 1990
Lieferbare Titel: 120
Novitäten: 15
Programm: Afrika, Asien, Lateinamerika, Belletristik, Erziehung, Film, Fernsehen, Geografie, Geschichte der Neuzeit, Jugendbücher, Lyrik, Ökologie, Politik, Reisen, Soziologie
Ms.-Angebote: nach vorheriger telefonischer Anfrage, als Exposé mit Textprobe von 10 Seiten
Medium: Papierausdruck
Ms.-Rücksendung: ja, mit Rückporto

Felicitas Hübner Verlag
Siebenberg-Verlag
Warolder Str. 1
34513 Waldeck
Tel. 05695 - 10 28
Fax 05695 - 10 27
fh@huebner-books.de
www.huebner-books.de
Gründungsjahr: 1981, Siebenberg: 1936 in Peking
Verlegerin: Felicitas Hübner
Programm: Gesundheit, Geo-Kultur, Ethnologie, Kulturgeschichte, Ostasien, Kunst

Max Hueber Verlag GmbH & Co.KG
Max-Hueber-Straße 4
85737 Ismaning
Tel. 089 - 96 02-0
Fax 089 - 96 02-358
www.hueber.de
Verlegerin: Michaela Hueber
Verlagsleitung: Wolf Dieter Eggert, Michaela Hueber
Gründungsjahr: 1921
Lieferbare Titel: 2000
Programm: Unterrichtsmaterialien für den Fremdsprachenunterricht in der Erwachsenen- und Weiterbildung, in Schule und Beruf, Deutsch als Fremdsprache, Deutsch als Zweitsprache, Selbstlernmaterialien, Wörterbücher, Grammatiken, Neue Medien
Lektorat: Redaktionsleiter: Rolf Brüseke (Deutsch als Fremdsprache, brueseke@hueber.de), Uwe Mäder (Selbstlernmaterialien, Englisch, maeder@hueber.de), Manfred Zimmer (Fremdsprachen, zimmer@hueber.de)
Ms.-Angebote: nach vorheriger telefonischer Anfrage, als Exposé mit Textprobe von 15 Seiten
Medium: Papierausdruck, Diskette, E-Mail
Ms.-Rücksendung: ja

Heinrich Hugendubel Verlag
Holzstr. 28
80469 München
Tel. 089 - 23 55 86-0
Fax 089 - 23 55 86-111
vorname.nachname@hugendubel-verlag.de
www.hugendubel-verlag.de
Verlegerin: Dr. Monika Roell
Verlagsleitung: Stephanie Ehrenschwendner
Verlagsgruppe: Hugendubel
Programm: Zeitgeschehen, Weltreligionen, Weltkulturen, Märchen und Mythologie; Gesundheit, Fitness, Wellness; Beruf, Partnerschaft, Familie; Astrologie, Orakel, Spiritualität; Kalender
Ms.-Angebote: nach vorheriger telefonischer Anfrage
Medium: Papierausdruck
Ms.-Rücksendung: ja, mit Rückporto

Ilona Hupe Verlag
Volkartstr. 2
80634 München
Tel. 089 - 167 8-783
Fax 089 - 168 44 74
ilona@hupeverlag.de
www.hupeverlag.de
Programm: Reise, Touristik

Husum Druck- und Verlagsgesellschaft
Nordbahnhofstr. 2
25813 Husum
Tel. 04841 - 83 52-0

Fax 04841 - 83 52-10
verlagsgruppe.husum@t-online.de
www.verlagsgruppe.de
Verleger: Ingwert Paulsen
Verlagsleitung: Ingwert Paulsen
Gründungsjahr: 1973
Verlagsgruppe: Verlagsgruppe Husum
Programm: Regionalia, Belletristik, Volkskunde
Lektorat: Ingwert Paulsen
Ms.-Angebote: nach vorheriger telefonischer Anfrage
Ms.-Rücksendung: ja, mit Rückporto

Carl-Huter-Verlag GmbH
Pommernstr. 29
79761 Waldshut-Tiengen
Tel. 07741 - 16 04
Fax 07741 - 18 05
verlag@carl-huter.ch
www.carl-huter.de
Verleger: Fritz Aerni
Verlagsleitung: Elisabeth Aerni
Programm: Naturwissenschaft, Philosophie, Psychologie, Psychophysiognomik
Ms.-Angebote: nach vorheriger telefonischer Anfrage, als Exposé
Medium: Papierausdruck, Diskette, E-Mail
Ms.-Rücksendung: ja, mit Rückporto

Hüthig GmbH
Im Weiher 10
69121 Heidelberg
Tel. 06221 - 489-0
Fax 06221 - 489-410
www.huethig.de
Verlagsgruppe: Süddeutscher Verlag Hüthig
Programm: Recht, Wirtschaft, Steuern, Technik, Telekommunikation, Astronomie

Verlagsgruppe Hüthig Jehle Rehm GmbH
Emmy-Noether-Str. 2
80992 München
Tel. 089 - 548 52 06
Fax 089 - 548 52 81 50
verlagsgruppe@hjr-verlag.de
www.huethig-jehle-rehm.de
Programm: Recht, Steuerrecht, Baurecht, Arbeitsrecht, Medienrecht, Verwaltung, Wirtschaft
Lektorat: Peter Habit (Verlagsleitung)

Hybriden-Verlag Hartmut Andryczuk
Elsastr. 4
12159 Berlin
Tel. 030 - 851 24 47
hybriden@t-online.de
www.hybriden-verlag.de
Verleger: Hartmut Andryczuk
Verlagsleitung: Hartmut Andryczuk
Zum Verlag: Originalgrafische Künstlerbücher, Künstlereditionen

Lieferbare Titel: 15
Novitäten: 12
Programm: Innovative Buchkunst, Unikatbücher, Bibliophile Bücher, Belletristik, Bildende Kunst, Experimentelle Literatur, Literaturwissenschaft, Philosophie, Religion
Ms.-Angebote: nach vorheriger telefonischer Anfrage, als Manuskript
Medium: Papierausdruck, CD, E-Mail
Ms.-Rücksendung: nein

ICHverlag Häfner & Häfner
Glockenhofstr. 43
90478 Nürnberg
Tel. 0911 - 49 90 72
0171 - 364 34 51
galerie.stahlpalast@t-online.de
www.ichverlag.de
Programm: Bibliophile Bücher

Idee & Produkt Verlag
Hinter Hoben 149
53129 Bonn
Tel. 0228 - 916 82 04
Fax 0228 - 916 81 02
info@idee-und-produkt.de
www.idee-und-produkt.de
Verleger: Gerrit Hoberg
Verlagsleitung: Gerrit Hoberg
Gründungsjahr: 1998
Lieferbare Titel: 20
Programm: Beruf und Karriere, Pädagogik, Populäres Sachbuch

IDEEmedia GmbH
Karbachstr. 22
56567 Neuwied
Tel. 02631 - 99 96-0
Fax 02631 - 99 96-55
info@idee-media.de
www.einschoenertag.com
Verleger: Uwe Schöllkopf
Gründungsjahr: 1998
Lieferbare Titel: 20
Novitäten: 3-4
Programm: Regionale Freizeitführer
Ms.-Rücksendung: nein

IKO-Verlag für
Interkulturelle Kommunikation
Assenheimer Str. 17
60489 Frankfurt am Main
Tel. 069 - 78 48 08
Fax 069 - 789 65 75
info@iko-verlag.de
www.iko-verlag.de
Verleger: Walter Sülberg
Gründungsjahr: 1982
Lieferbare Titel: 600
Novitäten: ca. 100
Programm: Anthropologie, Bildung, Erziehung, Frauenforschung, Kulturgeschichte, Literaturwissenschaft, Medienwissenschaft, Musik, Ökologie, Philosophie, Politik, Psychologie, Reisen, Religion, Soziologie, Sprachwissenschaften, Tanz, Theater, Oper, Umweltthemen
Ms.-Angebote: als Exposé
Medium: Papierausdruck
Ms.-Rücksendung: ja, mit Rückporto

Michael Imhof Verlag
Stettiner Str. 25
36100 Petersberg
Tel. 0661 - 962 82 86
Fax 0661 - 636 86
imhof-verlag.petersberg@
t-online.de
www.imhof-verlag.de
Verleger: Dr. Michael Imhof
Verlagsleitung: Dr. Michael Imhof
Gründungsjahr: 1996
Lieferbare Titel: 250
Novitäten: 60
Programm: Kunst, Architektur, Reisen, Kulturgeschichte, Denkmalpflege
Ms.-Angebote: nach vorheriger telefonischer Anfrage
Ms.-Rücksendung: nein

Verlag Information & Bildung
Oranienburger Str. 65
10117 Berlin
Tel. 030 - 23 10 79-0
Fax 030 - 282 69 89
Gründungsjahr: 2001
Verlagsgruppe: Junge Welt
Programm: Weiterbildung und Allgemeinbildung, Geschichte, Deutsch, Wirtschafts- und Sozialwissenschaften, Kaufmännisches Rechnen, Going Online etc.

Inkognito GmbH
Erkelenzdamm 11-13
10999 Berlin
Tel. 030 - 614 10 44
Fax 030 - 615 20 11
lektorat@incognito.de
Programm: Bildbände, Satire, Comic, Cartoons, Postkarten, Spiele

InnoVatio Verlags AG
Kurt-Schumacher-Str. 2
53113 Bonn
Tel. 0228 - 243 31 80
Fax 0228 - 31 94 71
mailbox@innovatio.de
www.innovatio.de
Gründungsjahr: 1987
Lieferbare Titel: 25
Novitäten: 2
Programm: Business, Computer, Medienwissenschaft, Politik, Wirtschaft, Zeitgeschichte, Kultur
Lektorat: Roland Schatz, Marie Henckel
Ms.-Angebote: als Exposé
Medium: Diskette
Ms.-Rücksendung: ja

Insel Verlag
Suhrkamp Haus Lindenstr. 29-35
60325 Frankfurt am Main
Tel. 069 - 756 01-0
Fax 069 - 756 01-455
www.insel-verlag.de
Verlegerin: Ulla Unseld-Berkéwicz
Verlagsleitung: Ulla Unseld-Berkéwicz (Vorsitzende), Georg Rieppel, Philip Roeder, Dr. Rainer Weiss
Gründungsjahr: 1899
Verlagsgruppe: Suhrkamp
Programm: Biografien, Belletristik,

Bildende Kunst, Film, Geschichte, Kulturgeschichte, Kurzgeschichten, Lyrik, Märchen, Philosophie, Religion, Theater, Oper
Ms.-Angebote: als Manuskript
Medium: Papierausdruck, Diskette
Ms.-Rücksendung: ja, mit Rückporto

Integral-Verlag
Bayerstr. 71-73
80335 München
Tel. 089 - 41 36-0
Fax 089 - 41 36 - 333
info@randomhouse.de
www.randomhouse.de
Verleger: Klaus Eck, Joerg Pfuhl (CEO), Claudia Reitter
Verlagsleitung: Eckhard Graf
Verlagsgruppe: Verlagsgruppe Random House
Programm: Esoterik, Spiritualität
Ms.-Angebote: als Exposé
Medium: Papierausdruck
Ms.-Rücksendung: ja

interconnections
Schillerstr. 44
79102 Freiburg
Tel. 0761 - 70 06 50
Fax 0761 - 70 06 88
Verleger: Georg Beckmann
Gründungsjahr: 1984
Lieferbare Titel: 60
Programm: Ratgeber, Reisen, Sachbuch, Belletristik
Lektorat: Georg Beckmann
Ms.-Interessen: Ratgeber, Reisen,

Sachbuch, Belletristik
Ms.-Angebote: als Exposé mit Textprobe von 5 Seiten
Medium: Diskette für PC
Ms.-Rücksendung: ja, mit Rückporto

Irisiana
Holzstr. 28
80469 München
Tel. 089 - 23 55 86-0
Fax 089 - 23 55 86 - 111
Verlagsgruppe: Hugendubel
Programm: Gesundheit, Wellness, Fitness
Ms.-Angebote: nach vorheriger telefonischer Anfrage
Medium: Papierausdruck
Ms.-Rücksendung: ja, mit Rückporto

Isensee Verlag
Haarenstr. 20
26122 Oldenburg
Tel. 0441 - 253 88
Fax 0441 - 178 72
verlag@isensee.de
www.isensee.de
Verlagsleitung: Florian Isensee
Programm: Regionalia, Kunst, Archäologie, Literatur und niederdeutsche Literatur

Verlag Der Islam
Genfer Str. 11
60437 Frankfurt am Main
Tel. 069 - 50 688 - 650
Fax 069 - 50 688 - 655
verlag@ahmadiyya.de

www.verlagderislam.de
Verleger: Hadayatullah Hübsch
Verlagsleitung: Ahmadiyya Muslim Jamaat Deutschland e.V.
Gründungsjahr: 1949
Lieferbare Titel: 54 (deutsch), zahlreiche Titel in ca. 50 weiteren Sprachen, Schwerpunkt: englisch, urdu, arabisch, deutsch
Novitäten: 1-4 (deutsch)
Programm: Islam, Religionskritik, Mission
Lektorat: Imam Mubarak Tanveer (urdu, englisch): tasneef@ahmadiyya.de, Hadayatullah Hübsch (deutsch, englisch): presse@ahmadiyya.de
Ms.-Interessen: Integration, Islam in Deutschland, Euro-Islam, Kopftuchdebatte, Moscheebau, Interreligiöser Dialog
Ms.-Angebote: nach vorheriger telefonischer Anfrage, als Exposé oder Auszug
Medium: Papierausdruck, E-Mail
Ms.-Rücksendung: ja

Iwanowski's Reisebuchverlag
Salm Ruffenscheidt-Allee
41540 Dormagen
Tel. 02133 - 26 03-0
Fax 02133 - 26 03 - 33
iwanowski@afrika.de
Verleger: Michael Iwanowski
Gründungsjahr: 1984
Lieferbare Titel: 80
Programm: Reiseführer für Individualreisende weltweit
Lektorat: Rüdiger Müller (Dw -18, rm@afrika.de)
Ms.-Interessen: Südamerika, Südostasien, Europa
Ms.-Angebote: als Exposé mit Textprobe von 5 Seiten
Medium: Papierausdruck, E-Mail
Ms.-Rücksendung: ja

JAHR TOP SPECIAL VERLAG GmbH & Co.KG
Jessenstr. 1
22767 Hamburg
Tel. 040 - 389 06-0
Fax 040 - 389 06-300
langhans@jahr-tsv.de
www.jahr-tsv.de
Verlegerin: Alexandra Jahr
Verlagsleitung: Uwe Jacobsen
Gründungsjahr: 1973
Lieferbare Titel: 200
Novitäten: 27
Programm: Angeln, Fliegenfischen, Jagen, Golf, Segeln, Tauchen, Reiten
Lektorat: Gotelind Langhans, Dw -164, Fax -302
Ms.-Angebote: als Exposé mit Textprobe von 10 Seiten
Medium: Papierausdruck
Ms.-Rücksendung: ja

Gerhard Wolf
Janus Press GmbH
Amalienpark
13187 Berlin
Tel. 030 - 47 53 52 20
Fax 030 - 47 53 37 90
Zum Verlag: Belletristik, Grafik
Gründungsjahr: 1991
Lieferbare Titel: 50
Programm: Literatur in Zusammenarbeit mit Graphikern u. Künstlern
Ms.-Angebote: nach vorheriger telefonischer Anfrage
Ms.-Rücksendung: ja, mit Rückporto

Verlag Jena 1800 Ute Fritsch
Wörther Str. 17
10405 Berlin
Tel. 030 - 44 05 02 22
Fax 030 - 44 05 02 22
verlag@jena1800.de
www.jena1800.de
Verlegerin: Ute Fritsch
Zum Verlag: »Die Führer dieses kleinen Verlages sind wahre Augenweiden und bieten perfektes Infotainment, das auch noch ausgesprochen praktisch ist.« (Tagesspiegel)
Gründungsjahr: 1997
Lieferbare Titel: 22
Novitäten: 3-4
Programm: Literarische Stadtpläne und Reiseführer und Kulturgeschichte von Weimar und Jena. Unter anderem: Literarisches Berlin, London, Paris, St. Petersburg, Zürich, Köln, Gelehrtes Freiburg,

Künstlerkarte Hiddensee usw.
Lektorat: Ute Fritsch
Ms.-Angebote: als Manuskript
Medium: Papierausdruck
Ms.-Rücksendung: ja, mit Rückporto

Jenzig-Verlag Gabriele Köhler
Untergasse 8
07751 Golmsdorf
Tel. 036427 - 713 91
Fax 036427 - 228 65
mail@jenzigverlag.de
www.jenzigverlag.de
Verlegerin: Gabriele Köhler
Gründungsjahr: 1990
Lieferbare Titel: 28
Novitäten: 3-5
Programm: Sachbücher zur Thüringischen Geschichte, Jena und Umgebung, Bildbände, Kalender
Ms.-Angebote: nach vorheriger telefonischer Anfrage, als Manuskript
Medium: Papierausdruck, Diskette
Ms.-Rücksendung: ja

JFF-Institut für Medienpädagogik in Forschung und Praxis
Pfälzer-Wald-Str. 64
81539 München
Tel. 089 - 689 89-0
Fax 089 - 689 89-111
jff@ff.de
www.jff.de
Programm: Medienpädagogik, Medienwirkungsforschung, Medienarbeit

Jhana-Verlag
Uttenbühl 5
87466 Oy-Mittelberg
Tel. 08376 - 88 38
Fax 08376 - 592
info@jhanaverlag.de
www.buddha-haus.de
Zum Verlag: Auf Initiative der buddhistischen Nonne und Meditationsmeisterin Ayya Khema (1923-1997) entstanden
Gründungsjahr: 1990
Lieferbare Titel: 26
Programm: Schwerpunkt Buddhismus, Meditation, Spiritualität
Ms.-Angebote: nach vorheriger telefonischer Anfrage
Medium: Papierausdruck
Ms.-Rücksendung: ja, mit Rückporto

Johannis
Heiligenstr. 24
77933 Lahr/ Schwarzw.
Tel. 07821 - 581-0
Fax 07821 - 581-26
info@johannis-druckerei.de
www.johannis-verlag.de
Gründungsjahr: 1896
Verleger: Reinhold Fels (Inhaber und Geschäftsführer)
Verlagsleitung: Karlheinz Kern
Programm: Christliche Literatur, Bildbände, Kalender, Geschenkbücher
Lektorat: Dr. Thomas Baumann, Dr. Ulrich Parlow

Ms.-Angebote: mit Textprobe von 5 Seiten
Medium: Papierausdruck
Ms.-Rücksendung: ja, mit Rückporto

Jonas Verlag
für Kunst und Literatur GmbH
Weidenhäuser Str. 88
35037 Marburg
Tel. 06421 - 251 32
Fax 06421 - 21 05 72
www.jonas-verlag.de
Gründungsjahr: 1978
Lieferbare Titel: 250
Novitäten: 15
Programm: Architektur, Bildende Kunst, Frauenforschung, Geschichte der Neuzeit, Kulturgeschichte, Fotografie, Film
Ms.-Angebote: nach vorheriger telefonischer Anfrage, als Exposé
Medium: Papierausdruck
Ms.-Rücksendung: ja, mit Rückporto

Jourist Verlags GmbH
Eiffestr. 631
20537 Hamburg
Tel. 040 - 210 98 29-0
Fax 040 - 210 98 29-3
jourist@jourist.de
www.jourist.de
Programm: Russische Sprache: Wörterbücher, Lern-Software, Fachbücher

jovis Verlag GmbH
Kurfürstenstr. 15/16
10785 Berlin
Tel. 030 - 26 36 72-0
Fax 030 - 26 36 72-72
jovis@jovis.de / www.jovis.de
Verleger: Jochen Visscher
Programm: Berlin, Architektur, Film, Kulturgeschichte, Fotografie, Zeitgeschichte
Ms.-Angebote: nach vorheriger telefonischer Anfrage, als Exposé
Medium: Papierausdruck
Ms.-Rücksendung: ja, mit Rückporto

Joy Verlag GmbH
Am Fichtenholz 5
87477 Sulzberg
Tel. 08376 - 973 83
Fax 08376 - 88 45
postbox@joy-verlag.de
www.joy-verlag.de
Verlagsleitung: Thomas Kettenring
Programm: Ernährung, Gesundheit, Lebenshilfe, Medizin, Ratgeber, Buddhismus
Ms.-Angebote: als Exposé oder Manuskript
Medium: Papierausdruck, E-Mail
Ms.-Rücksendung: ja, mit Rückporto

Jüdische Verlagsanstalt Berlin GmbH
Seestr. 35
13353 Berlin
Tel. 030 - 45 49 07 50
info@jvb-online.de
www.jvb-online.de
Programm: Judentum, Klassiker, Kultur, Geschichte, Zeitgeschichte, Bildbände

Jüdischer Verlag
Lindenstr. 29-35
60325 Frankfurt am Main
Tel. 069 - 756 01-0
Fax 069 - 756 01-314
lektorat@suhrkamp.de
www.suhrkamp.de
Verlegerin: Ulla Unseld-Berkéwicz
Verlagsleitung: Philip Roeder
Gründungsjahr: 1902 in Berlin
Verlagsgruppe: Suhrkamp
Programm: Jüdische Kultur. Das religiöse, politische und kulturelle Leben der Juden in Vergangenheit und Gegenwart. Kulturgeschichtliche und historische Studien, Literatur
Ms.-Angebote: als Manuskript
Medium: Papierausdruck
Ms.-Rücksendung: ja, mit Rückporto

JUMBO Neue Medien & Verlag GmbH
Bismarckstr. 99
20253 Hamburg
Tel. 040 - 42 93 04 00
Fax 040 - 420 84 44
www.jumbo-medien.de
Programm: Kinder- und Lieder-Hörbücher

Axel Juncker Verlag GmbH
Mies-van-der-Rohe-Str. 1
80807 München
Tel. 089 - 36 09 60
Fax 089 - 360 96 - 432
redaktion@axel-juncker.de
www.langenscheidt.de
Verleger: Karl Ernst Tielebier-Langenscheidt, Andreas Langenscheidt
Verlagsleitung: Rolf Müller
Verlagsgruppe: Langenscheidt
Programm: Ratgeber und Nachschlagewerke, Wörterbücher, Sprachkurse und Sprachführer

Junfermann Verlag
Imadstr. 40
33102 Paderborn
Tel. 05251 - 13 44-0
Fax 05251 - 13 44-44
ju@junfermann.de
www.junfermann.de
Verleger: Dr. Reinhard Martini
Verlagsleitung: Gottfried Probst
Lieferbare Titel: 250
Novitäten: 25-30
Programm: Erziehung, Fachzeitschriften, Gesundheit, Lebenshilfe, Kommunikation, Psychologie, Wirtschaft
Lektorat: Heike Carstensen, Dw -18, carstensen@junfermann.de
Ms.-Angebote: als Exposé mit Textprobe von ca 10 Seiten
Medium: Papierausdruck, Diskette, E-Mail
Ms.-Rücksendung: ja

Heinrich-Jung-Verlagsgesellschaft mbH
Am Einsiedel 7
98544 Zella-Mehlis
Tel. 03682 - 418 84
Fax 03682 - 418 84
verlag@heinrich-jung-verlag.de
www.heinrich-jung-verlag.de
Verleger: Heinrich Jung
Verlagsleitung: Heinrich Jung
Gründungsjahr: 1990
Lieferbare Titel: 65
Novitäten: 3-5
Programm: Heimatgeschichte Thüringen, Geheimobjekte des Dritten Reichs, vorrangig in Thüringen und Schlesien
Lektorat: Heinrich Jung
Ms.-Interessen: Geheimobjekte des Dritten Reichs
Ms.-Angebote: nach vorheriger telefonischer Anfrage
Medium: Papierausdruck
Ms.-Rücksendung: ja

Junge Freiheit Verlag GmbH & Co.
Hohenzollerndamm 27a
10713 Berlin
Tel. 030 - 86 49 53-0
Fax 030 - 86 49 53 - 14
redaktion@jungefreiheit.de
www.jungefreiheit.de
Verleger: Dietrich Stein
Verlagsleitung: Dietrich Stein
Programm: Politik, Politikwissenschaft

Ms.-Angebote: nach vorheriger telefonischer Anfrage
Medium: Papierausdruck
Ms.-Rücksendung: nein

**Verlag Junge Gemeinde
E. Schwinghammer
GmbH & Co. KG**
Max-Eyth-Str. 13
70771 Leinfelden-Echterdingen
Tel. 0711 - 990 78-0
Fax 0711 - 990 78 25
vertrieb@junge-gemeinde.de
www.junge-gemeinde.de
Verlagsleitung: Gerd Ulmer
Zum Verlag: bundesweit Angebote für den kirchlichen Gebrauch
Gründungsjahr: 1928
Lieferbare Titel: 80
Programm: Literatur und Arbeitshilfen für den Kindergottesdienst und die Gemeindearbeit, Biblische Erzählungen, Kalender
Lektorat: Peter Hitzelberger
(Dw -14, peter_hitzelberger@junge-gemeinde.de)
Ms.-Angebote: als Exposé
Medium: Papierausdruck, E-Mail
Ms.-Rücksendung: ja, mit Rückporto

Buchverlag Junge Welt GmbH
Oranienburger Str. 65
10117 Berlin
Tel. 030 - 231 07 90
Fax 030 - 282 69 89
info@bvjw.de
www.bvjw.de

Programm: Kinderbilderbücher, Kindersachbücher, Beschäftigungsmaterialien
Ms.-Rücksendung: ja, mit Rückporto

Jünger Verlag
Schumannstr. 155
63069 Offenbach
Tel. 069 - 84 00 03 - 46
Fax 069 - 84 00 03 - 40
Programm: Aus- und Weiterbildung, Business, Computer, Erziehung, Essen und Trinken, Lebenshilfe, Psychologie, Religion, Wirtschaft

H. Jungjohann Verlag
Breslauer Str. 5
74172 Neckarsulm
Tel. 07132 - 881 01
Fax 07132 - 825 56
Verleger: Dr. med Hartmut Jungjohann
Gründungsjahr: 1965
Lieferbare Titel: 20
Programm: Gesundheit, Pflege, Medizin, Naturheilkunde
Ms.-Angebote: nach vorheriger telefonischer Anfrage, als Exposé mit Textprobe von 8 Seiten
Medium: Papierausdruck
Ms.-Rücksendung: nein

Junius Verlag
Stresemannstr. 375
22761 Hamburg
Tel. 040 - 89 25 99
Fax 040 - 89 12 24

info@junius-verlag.de
www.junius-verlag.de
Verlagsleitung: Karl Olaf Petters
Programm: Architektur, Philosophie und Kulturwissenschaften
Lektorat: Architektur, Reihe »Zur Einführung«
Ms.-Angebote: nach vorheriger telefonischer Anfrage
Medium: Papierausdruck
Ms.-Rücksendung: nein

Juventa Verlag GmbH
Ehretstr. 3
69469 Weinheim
Tel. 06201 - 90 20-0
Fax 06201 - 90 20-13
Verleger: Lothar Schweim M.A.
Programm: Bildung, Erziehung, Fachzeitschriften, Frauenforschung, Gesundheit, Psychologie, Soziologie, Kinder- und Jugendliteraturforschung
Ms.-Angebote: nach vorheriger telefonischer Anfrage, als Exposé mit Textprobe von 20 Seiten
Medium: Papierausdruck, Diskette
Ms.-Rücksendung: ja, mit Rückporto

Kabel Verlag GmbH
Georgenstr. 4
80799 München
Tel. 089 - 38 18 01-0
Fax 089 - 33 87 04
info@piper.de
www.kabel-verlag.de
Verleger: Wolfgang Ferchl
Verlagsleitung: Hans Joachim Hartmann
Verlagsgruppe: Imprint des Piper Verlags
Programm: Geschenkbücher, Populäres Sachbuch
Lektorat: Britta Egetemeier
Ms.-Angebote: als Exposé
Medium: Papierausdruck
Ms.-Rücksendung: ja

Kailash
Holzstr. 28
80469 München
Tel. 089 - 23 55 86-0
Fax 089 - 23 55 86-111
Verlagsgruppe: Hugendubel
Programm: Esoterik, Spiritualität
Ms.-Angebote: nach vorheriger telefonischer Anfrage
Medium: Papierausdruck
Ms.-Rücksendung: ja

KaJo – siehe *Verlagshaus Würzburg*

Kallmeyer'sche Verlagsbuchhandlung GmbH
Im Brande 19
30926 Seelze
Tel. 0511 - 400 04-175
Fax 0511 - 400 04-176
www.kallmeyer.de
Verlagsgruppe: Klett-Verlagsgruppe
Programm: Bildung, Erziehung, Pädagogische und Fachdidaktische Fachzeitschriften, Lernbücher,

Spiele, Sport, Tanz, Oper
Ms.-Interessen: Praxisorientierte pädagogische Bücher, Lernmaterialien und Lernspiele
Ms.-Angebote: als Exposé
Medium: Papierausdruck, E-Mail
Ms.-Rücksendung: ja

Karfunkel Verlag Sabine Wolf
Hauptstr. 85
69483 Schönmattenwag
Tel. 06207 - 92 01 91
Fax 06207 - 92 09 90
karfunkel@karfunkel.de
www.karfunkel.de
Verleger: Michael Wolf, Sabine Wolf
Gründungsjahr: 1992
Programm: Mittelalter, Europäische Kulturgeschichte, Histotainment
Lektorat: Christine Hein, Michael Wolf
Ms.-Interessen: Fach- und Sachbuch zur Geschichte, Re-enactment, Archäologie
Ms.-Angebote: nach vorheriger telefonischer Anfrage, als Textprobe, als Manuskript
Medium: Diskette, E-Mail
Ms.-Rücksendung: ja, mit Rückporto

S. Karger Verlag für Medizin und Naturwissenschaften GmbH
Lörracher Str. 16a
79115 Freiburg
Tel. 0761 - 452 07-0
Fax 0761 - 452 07-14
www.karger.de

Programm: Medizin, Naturwissenschaft, Psychologie, Ratgeber
Ms.-Angebote: als Exposé mit Textprobe von 5 Seiten
Medium: Papierausdruck
Ms.-Rücksendung: ja

Karl-May-Verlag
Schützenstr. 30
96047 Bamberg
Tel. 0951 - 98 20 60
Fax 0951 - 243 67
info@karl-may.de
www.karl-may.de
Verleger: Bernhard Schmid
Gründungsjahr: 1913
Lieferbare Titel: 200
Novitäten: 5-8
Programm: Schwerpunkt Karl May, Belletristik, Fantasy, Historische Romane, Kriminalromane, Jugendbücher
Lektorat: Roderich Haug
Ms.-Interessen: Abenteuer (modern und historisch), Fantasy, alles May-bezogene (Sekundärliteratur), Reisereportagen
Ms.-Angebote: als Exposé mit Textprobe von 10 Seiten
Medium: Papierausdruck
Ms.-Rücksendung: ja, mit Rückporto

Karuna – Zeitdruck Verlag
Jessnerstr. 54
10247 Berlin
Tel. 030 - 55 49 34 27
Fax 030 - 55 48 95 27

karunaberlin@online.de
www.karunaberlin.de
Verleger: Jörg Richert
Verlagsleitung: Hannelore Fischer
Gründungsjahr: 1996
Lieferbare Titel: 9
Programm: Dokumentationen Lebenshilfe, Jugendbücher: Märchen, Lyrik, Geschichten, allesamt geschrieben von Jugendlichen
Lektorat: Hannelore Fischer
Ms.-Interessen: Texte von Jugendlichen im Alter zw. 12 u. 18 Jahren
Ms.-Angebote: nach vorheriger telefonischer Anfrage
Medium: Papierausdruck
Ms.-Rücksendung: ja

kassel university press GmbH
Diagonale 10
34127 Kassel
Tel. 0561 - 804 21 59
Fax 0561 - 804 71 60
geschaeftsfuehrung@upress.uni-kassel.de
www.kup.uni-kassel.de
Programm: Wissenschaftliche Bücher in den Bereichen Natur-, Ingenieur-, Geistes- und Sozialwissenschaften, Elektronisches Publizieren

Kastell Verlag GmbH
Emanuelstr. 23
80796 München
Tel. 089 - 39 97 42
Fax 089 - 340 11 78
kastell-verlag@t-online.de
www.kastell-verlag.de
Programm: Philosophie, Tanz, Kulturgeschichte, Bildbände, Speziallexika

Casimir Katz-Verlag
Bleichstr. 20-22
76593 Gernsbach
Tel. 07224 - 93 97-0
Fax 07224 - 93 97 - 80
www.casimir-katz-verlag.de
Programm: Biografien, Belletristik, Historische Romane, Bildbände, Geschichte, Kulturgeschichte, Wirtschaft

Katzengraben-Presse
Christian Ewald
Katzengraben 14
12555 Berlin
Tel. 030 - 655 58 80
Fax 030 - 65 88 04 68
Verleger: Christian Ewald
Gründungsjahr: 1990
Novitäten: 2
Programm: Bibliophile Bücher, Künstlerbücher, Unikate, Belletristik, Bildende Kunst
Lektorat: Anne-Catherine Leopold, Jan Silberschuh
Ms.-Interessen: Hochqualitative literarische Prosa
Ms.-Angebote: nach vorheriger telefonischer Anfrage
Medium: Papierausdruck
Ms.-Rücksendung: ja, mit Rückporto

Verlag Ernst Kaufmann
Alleestr. 2
77933 Lahr
Tel. 07821 - 93 90-0
Fax 07821 - 93 90-11, -30
kaufmann-verlag@t-online.de
www.kaufmann-verlag.de
Verleger: Michael Jacob
Verlagsleitung: Michael Jacob
Zum Verlag: Einer der führenden Verlage für religiöse Erziehung und Erwachsenenbildung – evangelisch – ökumenisch – liberal
Gründungsjahr: 1816
Lieferbare Titel: 350
Novitäten: 50 p.a.
Programm: Lehr- und Lernmittel für den Religionsunterricht, Kindergarten-Pädagogik, Gemeindearbeit, Familie, Adventskalender und Weihnachtsbücher für Kinder, Bücher zu Lebenshilfe
Lektorat: Sebastian Tonner, Dw -17, s.tonner@kaufmann-verlag.de
Ms.-Interessen: Biografien zu aktuellen Gedenktagen, Historische Romane
Ms.-Angebote: nach vorheriger telefonischer Anfrage
Medium: Papierausdruck
Ms.-Rücksendung: ja, mit Rückporto

Reinhard Kawohl
Blumenkamper Weg 16
46485 Wesel
Tel. 0281 - 962 99-0
Fax 0281 - 962 99-44
verlag@kawohl.de
Programm: Christliche Bücher, Bildbände

KBV Verlags- und Mediengesellschaft mbH
Augustinerstr. 1
54576 Hillesheim
Tel. 06593 - 99 86 68
Fax 06593 - 99 87 01
info@kbv-verlag.de
www.kbv-verlag.de
Programm: Kriminalliteratur
Ms.-Angebote: nach vorheriger telefonischer Anfrage, als Exposé mit Textprobe von 20 Seiten
Ms.-Rücksendung: ja, mit Rückporto

Gina Kehayoff Verlag KG
Herzogstr. 60
80803 München
Tel. 089 - 39 01 85
Fax 089 - 33 80 53
info@kehayoff.de
www.kehayoff.de
Verlegerin: Gina Kehayoff
Programm: Bildbände, Bildende Kunst, Fotografie
Ms.-Rücksendung: ja, mit Rückporto

Kehrer Verlag Heidelberg
Ringstr. 19B
69115 Heidelberg
Tel. 06221 - 649 20 10
Fax 06221 - 649 20 20
contact@kehrerverlag.com
www.kehrerverlag.com

Verleger: Klaus Kehrer
Verlagsleitung: Birgit Kehrer
Gründungsjahr: 1995
Lieferbare Titel: 120
Novitäten: 20
Programm: Bildende Kunst, Fotografie, Kunsthandwerk, Kultur, Kunstgeschichte, Künstlermonographien, Medienkombination, Klangkunst

SachBuchVerlag Kellner
St.-Pauli-Deich 3
28199 Bremen
Tel. 0421 - 778 66
Fax 0421 - 70 40 58
kellner-verlag@t-online.de
www.kellner-verlag.de
Verleger: Klaus Kellner
Gründungsjahr: 1988
Lieferbare Titel: 50
Novitäten: 5
Programm: Ratgeber, Recht, Verwaltung, Wirtschaft, Bremensien
Ms.-Angebote: nach vorheriger telefonischer Anfrage
Medium: Papierausdruck
Ms.-Rücksendung: ja

Verlag Martin Kelter GmbH & Co
Mühlenstieg 16-22
22041 Hamburg
Tel. 040 - 68 28 95-0
Fax 040 - 68 28 95-50
kelter@kelter.de / www.kelter.de
Verleger: Gerhard Melchert
Gründungsjahr: 1938

Novitäten: 40-50 Wochentitel
Programm: Heftromane, Roman-Zeitschriften
Ms.-Angebote: als Manuskript
Medium: Papierausdruck Heftromane, Diskette und E-Mail für Roman-Zeitschriften

Kerber Verlag
Windelsbleicher Str. 166
33659 Bielefeld
Tel. 0521 - 950 80 10
Fax 0521 - 950 08 88
info@kerber-verlag.de
www.kerber-verlag.de
Verleger: Christof Kerber
Verlagsleitung: Christof Kerber
Zum Verlag: Kunst und Fotografie
Gründungsjahr: 1985
Lieferbare Titel: 300
Novitäten: 50
Programm: Kunst, Architektur, Fotografie
Lektorat: Tanja Klemmer M.A.
Ms.-Interessen: Interdisziplinäre Themen zu den Bereichen Kunst, Kunsttheorie, zeitgemäße Kunst und Fotografie

**Kerle in der
Verlag Herder GmbH**
Hermann Herder Str. 4
79104 Freiburg
Tel. 0761 - 27 17-0
Fax 0761 - 27 17 - 350
suetterlin@kerle.de
www.kerle.de

Verlagsleitung: Dr. Klaus Christoph Scheffels
Programm: Kinderbücher, Bilderbücher, Vorlesebücher
Lektorat: Sybille Siegmund, Beate Riess, Franziska Birmele
Ms.-Angebote: als Exposé mit Textprobe von 10 Seiten
Medium: Papierausdruck, E-Mail
Ms.-Rücksendung: ja, mit Rückporto

Verlag Wolfgang Kettler
Bergstr. 28
15366 Neuenhagen b. Berlin
Tel. 03342 - 20 21 73
Fax 03342 - 20 21 68
kettlerverlag@t-online.de
www.kettler-verlag.de
Lieferbare Titel: 40
Novitäten: 2
Programm: Fahrrad-Reiseführer
Ms.-Angebote: als Exposé mit Textprobe von 20 Seiten
Medium: Papierausdruck, Diskette, E-Mail (RTF.-Format)
Ms.-Rücksendung: ja, mit Rückporto

Thomas Kettler Verlag
Von-Hutten-Str. 15
22761 Hamburg
Tel. 040 - 39 10 99 10
Fax 040 - 390 68 20
mail@thomas-kettler-verlag.de
www.thomas-kettler-verlag.de
Verleger: Thomas Kettler
Verlagsleitung: Carola Hillmann

Zum Verlag: Kanu- und Outdoorliteratur
Gründungsjahr: 1999
Lieferbare Titel: 8
Novitäten: 1-3
Programm: Kanu- und Outdoorliteratur Reisehandbücher und Reiseberichte
Ms.-Interessen: Kanu- und Outdoortouren mit vielen Informationen
Ms.-Angebote: nach vorheriger Mailanfrage

Keysersche Verlagsbuchhandlung
– siehe *DVA*

Kidemus GmbH
Ründerother Str. 15
51109 Köln
Tel. 0221 - 84 20 97
Fax 0221 - 84 20 98
info@kidemus.de
www.kidemus.de
Verleger: Reinhold Schulze
Gründungsjahr: 1995
Lieferbare Titel: 17
Programm: Kinderbücher, Belletristik in großer Schrift für Menschen im fortgeschrittenen Lebensalter, Geschenkbände, Hörbücher
Ms.-Interessen: Abenteuergeschichten für Kinder und Jugendliche mit wissenschaftlichem Hintergrund, z.B. Archäologie, Weltraumfahrt, Tiefsee etc.
Ms.-Angebote: nach vorheriger telefonischer Absprache,

als Exposé, als Manuskript
Medium: Papierausdruck, Diskette, E-Mail
Ms.-Rücksendung: ja, mit Rückporto

Friedrich Kiehl Verlag GmbH
Pfaustr. 13
67063 Ludwigshafen
Tel. 0621 - 63 50 02-0
Fax 0621 - 63 50 - 222
info@kiehl.de
www.kiehl.de
Programm: Rechnungswesen, Betriebswirtschaft, Lehr- und Prüfungsbücher für die berufliche Aus- und Weiterbildung

Kiepenheuer & Witsch
Rondorfer Str. 5
50968 Köln
Tel. 0221 - 376 85-0
Fax 0221 - 376 85-95
verlag@kiwi-koeln.de
www.kiwi-koeln.de
Verleger: Helge Malchow (Verlegerischer Geschäftsführer)
Verlagsleitung: Peter Roik (Kaufmännischer Geschäftsführer)
Programm: Literatur, Politik, Zeitgeschichte, Biografien, Satire, Comedy, Ratgeber, Reise
Ms.-Angebote: als Exposé mit Textprobe von 50 Seiten
Medium: Papierausdruck
Ms.-Rücksendung: nein

KIWI-Paperback Reihe
Verlag Kiepenheuer & Witsch
Rondorfer Str. 5
50968 Köln
Tel. 0221 - 37 68 50
Fax 0221 - 38 85 95
verlag@kiwi-koeln.de
www.kiwi-koeln.de
Verleger: Helge Malchow (Verlegerischer Geschäftsführer)
Verlagsleitung: Peter Roik (Kaufmännischer Geschäftsführer)
Programm: Literatur, Unterhaltung, Sachbücher
Ms.-Angebote: als Exposé mit Textprobe von 50 Seiten
Medium: Papierausdruck
Ms.-Rücksendung: nein

Gustav Kiepenheuer Verlag
Neue Promenade 6
10178 Berlin
Tel. 030 - 283 94-258
Fax 030 - 283 94-100
info@aufbau-verlag.de
www.aufbau-verlag.de
Verleger: Bernd F. Lunkewitz
Verlagsleitung: Jens Marquardt, René Strien, Programmleitung: Gunnar Cynybulk
Gründungsjahr: 1909
Verlagsgruppe: Aufbau
Lieferbare Titel: 60
Novitäten: 20
Programm: Belletristik, Sachbuch, Kultur und Zeitgeschichte, Bildbiografien

Lektorat: zentral über Lektorats-
sekretariat
Ms.-Angebote: als Exposé mit Text-
probe von 20 Seiten
Medium: Papierausdruck
Ms.-Rücksendung: nein

Verlag im Kilian
Schuhmarkt 4
35037 Marburg
Tel. 06421 - 29 33-0
Fax 06421 - 16 38 94
kilian.verlag@kilian.de
www.kilian.de
Verlegerin: Barbara von Stackelberg
Verlagsleitung: B. von Stackelberg
Gründungsjahr: 1994
Lieferbare Titel: 36
Novitäten: 6
Programm: Gesundheit, Ratgeber für Laien und Fachbücher zu diversen medizinischen Themen, ein Roman (Arzt) und ein Kochbuch (Anti-Ageing)
Lektorat: www.kilian.de
Ms.-Angebote: als Exposé
Medium: Papierausdruck
Ms.-Rücksendung: ja

Der KinderbuchVerlag Berlin –
siehe *Beltz & Gelberg*

Kindermann Verlag Berlin
Wacholderweg 13F
14052 Berlin
Tel. 030 - 305 32 25
Fax 030 - 305 32 27
post@kindermannverlag.de
www.kindermannverlag.de
Verlegerin: Dr. Barbara Kindermann
Gründungsjahr: 1994
Lieferbare Titel: 10
Novitäten: 2-3
Programm: Bilderbücher, Kinder- und Jugendliteratur, Reihe: Weltliteratur für Kinder
Ms.-Angebote: als Exposé mit Textprobe von 10 Seiten
Medium: Papierausdruck
Ms.-Rücksendung: ja, mit Rückporto

Kindler Verlag
Kreuzbergstr. 30
10965 Berlin
Tel. 030 - 25 37 99 - 91
Fax 030 - 25 37 99 - 93
info@kindler-verlag.de
www.kindler-verlag.de
Verlagsgruppe: Rowohlt
Programm: Belletristik, Historischer Roman, Literarischer Kriminalroman, Memoria
Ms.-Angebote: als Exposé
Medium: Ausdruck
Ms.-Rücksendung: ja, mit Rückporto

P. Kirchheim Verlag
Buttermelcherstr. 2
80469 München
Tel. 089 - 26 74 74, 0174 - 991 06 82
Fax 089 - 26 94 99 22, 260 55 28
info@kirchheimverlag.de
www.kirchheimverlag.de
Verleger: Peter Kirchheim

Verlagsleitung: Peter Kirchheim
Gründungsjahr: 1977
Lieferbare Titel: 60
Novitäten: 5
Programm: Belletristik, Sachbuch, Gesundheit
Lektorat: Peter Kirchheim
Ms.-Angebote: nach vorheriger telefonischer Anfrage
Medium: Papierausdruck, Diskette
Ms.-Rücksendung: ja, mit Rückporto

Zu Klampen Verlag
Röse 21
31832 Springe
Tel. 05041 - 80 11 33
Fax 05041 - 81 336
info@zuklampen.de
www.zuklampen.de
Verleger: Dietrich zu Klampen, Dr. Rolf Johannes
Gründungsjahr: 1983
Lieferbare Titel: 200
Novitäten: 20
Programm: Geschichte der Neuzeit, Philosophie, Politik, Psychologie, Gesellschaftstheorie, Religionskritik
Ms.-Angebote: als Exposé mit Textprobe von 10 Seiten
Medium: Papierausdruck
Ms.-Rücksendung: ja, mit Rückporto

Klartext Verlagsgesellschaft mbH
Heßlerstr. 37
45329 Essen
Tel. 0201 - 862 06 31
Fax 0201 - 862 06 22
info@klartext-verlag.de
www.klartext.de
Verleger: Dr. Ludger Claßen
Gründungsjahr: 1983
Lieferbare Titel: 1100
Novitäten: 100
Programm: Sachbücher zu Zeitgeschichte, Sport, Ruhrgebiet, Bildbände, Fußball, Alltagskultur, Bildung, Judaica, Kunst, Nordrhein-Westfalen
Ms.-Interessen: nur Sachbücher zu unseren Themengebieten
Ms.-Angebote: als Exposé
Medium: Papierausdruck, E-Mail
Ms.-Rücksendung: ja, mit Rückporto

Klatschmohn Verlag GmbH & Co.KG
Am Campus 25
18182 Bentwisch/ Rostock
Tel. 0381 - 206 68 11
Fax 0381 - 206 68 12
info@klatschmohn.de
www.klatschmohn.de
Gründungsjahr: 1995
Lieferbare Titel: 45
Novitäten: 2
Programm: Bücher zum Thema Essen, Trinken, Lieben, Lachen, Gesund Leben
Ms.-Angebote: nach vorheriger telefonischer Anfrage
Medium: Papierausdruck
Ms.-Rücksendung: ja, mit Rückporto

**Kleiner Bachmann Verlag
für Kinder und Umwelt**
Berliner Ring 163B
64625 Bensheim
Tel. 06251 - 78 98 22
Fax 06251 - 78 98 24
kleiner.bachmann@t-online.de
www.kleinerbachmann.de
Programm: Kinder- und Jugendromane, Kinderreisebücher, Bilderbücher, Kinderkrimis

Ernst Klett Verlag GmbH
Rotebühlstr. 77
70178 Stuttgart
Tel. 0711 - 66 72-0
Fax 0711 - 66 72 - 20 00
klett-mail.de / www.klett-verlag.de
Verleger: Dr. h.c. Michael Klett
Verlagsleitung: Geschäftsführer: Johannes Leßmann, Harald Melcher, Dr. Tilmann Michalek, Dr. Volkhard Weizsäcker
Gründungsjahr: 1897
Verlagsgruppe: Klett
Lieferbare Titel: 22000
Novitäten: 1700
Programm: Schule, Studium, Beruf, Reise, Schulpädagogik, Wörterbücher, Erwachsenenbildung, Lernsoftware, Lernhilfen, Sprachen, Unterrichtshilfen alle Fächer, alle Schularten
Ms.-Angebote: nach vorheriger telefonischer Anfrage, als Exposé
Medium: Diskette
Ms.-Rücksendung: ja

Klett + Balmer
Rotebühlstr. 77
70178 Stuttgart
Tel. 0711 - 66 72 12 56
Fax 0711 - 66 72 20 31
info@klett-cotta.de
www.klett-cotta.de
Programm: Literarisches Programm, Sachbücher, Fantasy, Management, Wissenschaftliches Programm: Psychoanalyse, Psychotherapie, Psychologie, Pädagogik, Geschichte, Politik, Philosophie, Kognitionswissenschaft

Klett-Cotta
Rotebühlstr. 77
70178 Stuttgart
Tel. 0711 - 66 72 12 56
Fax 0711 - 66 72 20 31
info@klett-cotta.de
www.klett-cotta.de
Verlagsgruppe: Klett
Programm: Belletristik, Fantasy, Historische Romane, Lyrik, Kunst, Ratgeber, Wirtschaft. Wissenschaftliches Programm: Psychoanalyse, Psychotherapie, Psychologie, Pädagogik, Geschichte, Politik, Philosophie

**Klinkhardt & Biermann
Verlagsbuchhandlung GmbH**
Mandlstr. 26
80802 München
Tel. 089 - 38 17 09-0
Fax 089 - 38 17 09-35

info@prestel.de
www.prestel.de
Verlagsgruppe: DVA (FAZ)
Programm: Kunst, Kunstgeschichte, Kunsthandwerk, Architektur, Design

Klinkhardt & Biermann Verlagsbuchhandlung GmbH
Ramsauer Weg 5
83670 Bad Heilbrunn
Tel. 089 - 38 17 09-0
Fax 089 - 38 17 09 - 35
info@prestel.de
www.prestel.de
Verlagsgruppe: DVA (FAZ)
Programm: Kunst, Kunstgeschichte, Kunsthandwerk, Architektur, Design

Klocke Verlag
Höfeweg 62 a
33619 Bielefeld
Tel. 0521 - 911 11-0
Fax 0521 - 10 96 96
info@klocke-verlag.de
www.klocke-verlag.de
Programm: Bildbände

Klöpfer & Meyer Verlag
Neckarhalde 32
72070 Tübingen
Tel. 07071 - 94 89-0
Fax 07071 - 79 32 08
hubert kloepfer@kloepfer-meyer.de
(noch im Aufbau)
Verleger: Hubert Klöpfer

Zum Verlag: Baden-Württembergischer Landespreis für literarisch-ambitionierte Verlage (1996)
Gründungsjahr: 1991
Lieferbare Titel: 80
Novitäten: 14
Programm: Essayistik, Literatur, Sachbuch
Lektorat: (Verleger lektoriert selbst)
Ms.-Angebote: als Manuskript
Medium: Papierausdruck
Ms.-Rücksendung: ja, mit Rückporto

Erika Klopp Verlag GmbH
Poppenbütteler Chaussee 53
22397 Hamburg
Tel. 040 - 60 79 09-01
Fax 040 - 607 23 26
klopp@vsg-hamburg.de
www.klopp.biz
Verlagsleitung: Jan Weitendorf, Thomas Huggle
Gründungsjahr: 1925
Verlagsgruppe: Oetinger-Verlagsgruppe
Programm: Kinder- und Jugendbücher
Lektorat: Eva-Maria Kulka, Corinna Küpper, Markus Niesen (Programmleitung)
Ms.-Angebote: als Exposé mit Textprobe von 3 Seiten
Medium: Papierausdruck
Ms.-Rücksendung: ja

Vittorio Klostermann GmbH
Frauenlobstr. 22
60487 Frankfurt am Main
Tel. 069 - 97 08 16-0
Fax 069 - 70 80 38
verlag@klostermann.de
www.klostermann.de
Gründungsjahr: 1930
Lieferbare Titel: 1200
Novitäten: 70
Programm: Buch- und Bibliothekswesen, Bibliografie, Philosophie, Romanistik, Germanistik, Geschichte, Recht

Verlag Fritz Knapp GmbH
Aschaffenburger Str. 19
60599 Frankfurt am Main
Tel. 069 - 97 08 33-0
Fax 069 - 707 84 00
kreditwesen@t-online.de
www.kreditwesen.de
Verlagsleitung: Uwe Cappel
Programm: Finanzen, Geld-, Bank- und Börsenwesen, Recht, Wirtschaft
Ms.-Angebote: als Exposé mit Textprobe von 20 Seiten
Medium: Papierausdruck, Diskette, E-Mail
Ms.-Rücksendung: ja

Knaur Taschenbuch Verlag
Hilblestr. 54
80636 München
Tel. 089 - 92 71-0
Fax 089 - 92 71-168
lektorat@droemer-weltbild.de
www.droemer-weltbild.de
Verleger: Dr. Hans-Peter Übleis
Verlagsleitung: Beate Kuckertz
Verlagsgruppe: Droemer Weltbild
Programm: Biografien, Belletristik, Historische Romane, Kriminalromane, Erotik, Esoterik, Film, Fernsehen, Gesundheit, Humor, Kulturgeschichte, Lebenshilfe, Nachschlagewerke, Wörterbücher, Naturwissenschaft, Ökologie, Politik, Psychologie, Ratgeber, Sport, Fitness
Ms.-Angebote: als Exposé mit Textprobe von 15 Seiten
Medium: Papierausdruck
Ms.-Rücksendung: ja, mit Rückporto

Th. Knaur Verlag
Hilblestr. 54
80636 München
Tel. 089 - 92 71-0
Fax 089 - 92 71 - 168
lektorat@droemer-weltbild.de
www.droemer-weltbild.de
Verleger: Dr. Hans-Peter Übleis
Verlagsleitung: Beate Kuckertz
Verlagsgruppe: Droemer Weltbild
Programm: Belletristik, Sachbücher, Nachschlagewerke
Ms.-Angebote: als Exposé mit Textprobe von 15 Seiten
Medium: Papierausdruck
Ms.-Rücksendung: ja, mit Rückporto

Albrecht Knaus Verlag
Neumarkter Str. 28
81673 München
Tel. 089 - 41 36-0
Fax 089 - 41 36-3885
info@randomhouse.de
www.knaus-verlag.de
Verleger: Klaus Eck
Verlagsleitung: Claudia Vidoni
Verlagsgruppe: Random House
Programm: Romane, Erzählungen, Dichtung, Essays, Kulturgeschichte, Bildbände, Biografien

Verlag Josef Knecht in der Verlag Karl Alber GmbH
Hermann-Herder-Str. 4
79104 Freiburg i.Br.
Tel. 0761 - 27 17 - 431
Fax 0761 - 27 17 - 212
Programm: Gesellschaftsentwicklung, Politik, Ethik, Kultur und Theologie, Zeitgeschichte, Zeitgeschehen
Ms.-Angebote: als Exposé mit Textprobe von 5 Seiten
Medium: Papierausdruck
Ms.-Rücksendung: ja, mit Rückporto

Knesebeck Verlag
Holzstr. 26
80469 München
Tel. 089 - 26 40 59
Fax 089 - 26 92 58
Verleger:
Dr. Rosemarie von dem Knesebeck, Herneit von dem Knesebeck
Programm: Politik, Zeitgeschichte, Kulturgeschichte, Fotografie, Natur, Bildbände, Bildende Kunst, Design
Ms.-Interessen: keine Belletristik und Lyrik

Doris Knop-Verlag
Osterholzer Dorfstraße 45
28307 Bremen
Tel. 0421 - 45 17 43
Fax 0421 - 45 54 06
Programm: Reisen

Verlagsanstalt Alexander Koch GmbH
Fasanenweg 18
70771 Leinfelden-Echterdingen
Tel. 0711 - 759 12 07
Fax 0711 - 759 13 80
drw-vlbuch@koch-verlag.de
Programm: Architektur, Innenarchitektur, Baukonstruktion
Ms.-Angebote: nach vorheriger telefonischer Anfrage, als Exposé
Medium: Papierausdruck
Ms.-Rücksendung: nein

Koehler & Amelang GmbH
Gerichtsweg 28
04103 Leipzig
Tel. 0341 - 982 10-10
Fax 0341 - 98 2 10-19
info@seemann-henschel.de
www.seemann-henschel.de
Verleger: Bernd Kolf (Programmltg.)
Verlagsleitung: Dr. Jürgen A. Bach, Bernd Kolf

Verlagsgruppe: Seemann Henschel
Programm: Kunst, Design, Architektur, Kultur- und Zeitgeschichte
Ms.-Angebote: als Exposé mit Textprobe von 20 Seiten
Medium: Papierausdruck, Diskette, E-Mail
Ms.-Rücksendung: ja, mit Rückporto

Koehlers Verlagsgesellschaft mbH
Striepenweg 31
21147 Hamburg
Tel. 040 - 797 13 03
Fax 040 - 79 71 33 04
w_reichardt@koehler-mittler.de
www.koehler-mittler.de
Gründungsjahr: 1789
Verlagsgruppe: Koehler/Mittler
Lieferbare Titel: 250
Programm: See und Seefahrt, Seegeschichte, Marine, Schiffsmodellbau
Ms.-Angebote: nach vorheriger telefonischer Anfrage
Medium: Diskette, E-Mail
Ms.-Rücksendung: ja

Verlag Valentin Koerner GmbH
Hermann-Sielcken-Str. 36
76530 Baden-Baden
Tel. 07221 - 224 23
Fax 07221 - 386 97
info@koernerverlag.de
www.koernerverlag.de
Programm: Kunstgeschichte, Kunstwissenschaft, Bibliographie, Musikwissenschaft, Symbolkunde

W. Kohlhammer GmbH
Hessbrühlstr. 69
70565 Stuttgart
Tel. 0711 - 78 63-0
Fax 0711 - 78 63 - 84 30
info@kohlhammer.de
www.kohlhammer.de
Verleger: Dr. Jürgen Gutbrod
Gründungsjahr: 1866
Programm: Kunst, Sachbücher, Geistes- und Sozialwissenschaften, Politik, Rechts- und Wirtschaftswissenschaften, Öffentliche Verwaltung, Medizin, Krankenpflege, Architektur, Kunst

Könemann Verlagsgesellschaft mbH
Bonner Str. 126
50968 Köln
Tel. 0221 - 37 99-0
Fax 0221 - 37 99-88
Programm: Sachbücher, Bildbände, Architektur, Kunst, Grafik, Design, Automobil, Fotografie, Noten, Reiseführer, Kochbücher, Kulinarische Bücher, Klassische Literatur, Kinderbücher

Verlag der Buchhandlung Walther König
Ehrenstr. 4
50672 Köln
Tel. 0221 - 205 96 53
Fax 0221 - 205 96 60
verlag@buchhandlung-walther-koenig.de

www.buchhandlung-walther-koenig.de/verlag
Programm: Kunst, Architektur, Fotografie
Ms.-Angebote: nach vorheriger telefonischer Anfrage, als Exposé
Medium: Papierausdruck
Ms.-Rücksendung: nein

König Communication
Weisser Stein 11
07973 Greiz
Tel. 03661 - 67 42 13
Fax 03661 - 67 42 14
verlag-koenig@t-online.de
www.koenigmedien.de
Programm: Buch- und Zeitschriftenverlag, Kultur- und Militärgeschichte, Esoterik

Königsfurt Verlag
Königsfurt 6
24796 Kl. Königsförde/Krummwisch
Tel. 04334 - 182 20-10
Fax 04334 - 182 20 11
lektorat@koenigsfurt.com
www.koenigsfurt.com
Programm: Tarot, Traumdeutung, Lebenshilfe, Märchen, Psychologie, Ratgeber
Lektorat: Susanne Fleitmann
Ms.-Interessen: Lebenshilfe-Ratgeber für unsere Reihe ›Bewusster Leben‹
Ms.-Angebote: nach vorheriger telefonischer Anfrage

Medium: E-Mail
Ms.-Rücksendung: nein

Verlag Königshausen & Neumann GmbH
Leistenstr.7
97082 Würzburg
Tel. 0931 - 784 07 00
Fax 0931 - 836 20
info@koenigshausen-neumann.de
www.koenigshausen-neumann.de
Verleger: Dr. Johannes Königshausen, Dr. Thomas Neumann
Gründungsjahr: 1979
Lieferbare Titel: 2600
Novitäten: 220
Programm: Philosophie, Literaturwissenschaft, Psychologie, Psychoanalyse, Kulturwissenschaften, Pädagogik, Gesellschaftswissenschaften
Lektorat: Dr. J. Königshausen (koenigshausen@koenigshausen-neumann.de) Dr. T. Neumann (neumann@...)
Ms.-Angebote: als Exposé mit Textprobe von 20 Seiten
Medium: Papierausdruck
Ms.-Rücksendung: ja, mit Rückporto

KVV *Konkret* Vertriebsgesellschaft für Druck und andere Medien GmbH & Co KG
Ruhrstr. 111
22761 Hamburg
Tel. 040 - 851 25 31
Fax 040 - 851 25 14

verlag@konkret-magazin.de
www.konkret-verlage.de/kvv
Verlagsleitung: Katrin Gremliza
Zum Verlag: politisches Sachbuch
Programm: Politik, Literatur, Kultur
Ms.-Angebote: nach vorheriger telefonischer Anfrage, als Exposé
Medium: E-Mail
Ms.-Rücksendung: nein

**Konkursbuch Verlag
Claudia Gehrke**
Hechinger Str. 203
72072 Tübingen
Tel. 07071 - 787 79
Fax 07071 - 76 37 80
office@konkursbuch.com
www.konkursbuch.com
Verlegerin: Claudia Gehrke
Programm: Frauen, Kunst und Erotik, Reise und Kultur, Belletristik, Kriminalromane

Kontakte Musikverlag
Windmüllerstr. 31
59557 Lippstadt
Tel. 02941 - 145 13
Fax 02941 - 146 54
info@kontakte-verlag.de
www.kontakte-verlag.de
Verlagsleitung: Ute Horn
Zum Verlag: Pädagogischer Verlag
Lieferbare Titel: 70
Novitäten: 6
Programm: Erziehung, Musik, Religion, Schulbücher, Religionspädagogik

Lektorat: Bernhard Schön
Ms.-Angebote: nach vorheriger telefonischer Anfrage
Medium: Papierausdruck
Ms.-Rücksendung: ja, mit Rückporto

KONTEXTverlag
Bodestr. 106a
16341 Zepernick
Tel. 030 - 94 41 54 44
Fax 030 - 94 41 54 45
service@kontextverlag.de
www.kontextverlag.de
Programm: editionKONTEXT – Essay und Sachbuch, Politik, Philosophie, Kunst- und Geisteswissenschaft, Literatur und Kunstbuch

kookbooks
Magdeburger Straße 11
65510 Idstein
Tel. 06126 - 956 57 90
Fax 06126 - 956 57 90
daniela.seel@kookbooks.de
www.kookbooks.de
Verlegerin: Daniela Seel
Zum Verlag: kookbooks – literatur in kleinen dosen
Gründungsjahr: 2003
Lieferbare Titel: 11
Novitäten: 6-10
Programm: Prosa, Lyrik, Kunstbuch, Kinderbuch, Hörbuch, Essay
Ms.-Interessen: Essay, Roman
Ms.-Angebote: als Exposé mit Textprobe von 20 Seiten
Medium: E-Mail

KoPäd Verlag
Pfälzer-Wald-Str. 64
81539 München
Tel. 089 - 68 89 00 98
Fax 089 - 689 19 12
info@kopaed.de
www.kopaed.de
Verleger: Dr. Ludwig Schlump
Programm: Medienpädagogik, Medienforschung, Medienarbeit, Ästhetische Bildung
Ms.-Angebote: als Manuskript
Medium: Papierausdruck, Diskette, E-Mail
Ms.-Rücksendung: ja

Lucy Körner Verlag GmbH
Bahnhofstr. 49
70734 Fellbach
Tel. 0711 - 58 84 72
Programm: Belletristik, Geschenkbuch, Märchen für Erwachsene, Erzählungen, Kurzgeschichten, Lyrik

Verlag Dr. H.-J. Köster
Eylauer Str. 3
10965 Berlin
Tel. 030 - 76 40 32 24
Fax 030 - 76 40 32 27
verlag-koester@t-online.de
www.verlag-köster.de
Verleger: Dr. Hans-Joachim Köster
Gründungsjahr: 1993
Lieferbare Titel: 400
Programm: Wissenschaftlicher Fachverlag, Hochschulschriften, Fachbücher, Politik, Geschichte, Medizin, Ökologischer Landbau, Erneuerbare Energien, Archäologie, Literaturwissenschaften
Ms.-Interessen: Wissenschaftliche Beiträge zu: Internationale Politik, Sicherheitspolitik, Friedensforschung, entsprechend auch Zeitgeschichte
Ms.-Angebote: nach vorheriger telefonischer Anfrage, als Exposé
Medium: Papierausdruck
Ms.-Rücksendung: nein

Koval Verlag GmbH
Weilerbachstr. 44
74423 Unterfischach
Tel. 07973 - 96 99 66
Fax 07973 - 96 99 30
info@koval.de / www.koval.de
Verleger: Rudi Kost, Robert Valentin
Verlagsleitung: Rudi Kost, Robert Valentin
Programm: Taschenreiseführer, Sprachführer
Ms.-Angebote: als Exposé
Medium: E-Mail
Ms.-Rücksendung: ja, mit Rückporto

Adam Kraft – siehe *Verlagshaus Würzburg*

Karin Kramer Verlag
Niemetzstr. 19
12055 Berlin
Tel. 030 - 684 50 55
Fax 030 - 685 85 77

info@karin-kramer-verlag.de
www.karin-kramer-verlag.de
Verlegerin: Karin Kramer
Verlagsleitung: Bernd Kramer
Programm: Herausgabe Klassischer und Zeitgenössischer Schriften zum Anarchismus, zu Philosophie, Politik, Literatur, Kunst
Ms.-Angebote: nach vorheriger telefonischer Anfrage
Medium: Papierausdruck
Ms.-Rücksendung: ja, mit Rückporto

Karl Krämer Verlag
Schulze-Delitzsch-Str. 15
70565 Stuttgart
Tel. 0711 - 784 96-0
Fax 0711 - 784 96 - 20
www.kraemerverlag.com
Verleger: Karl H. Krämer
Gründungsjahr: 1930
Lieferbare Titel: 100
Programm: Moderne Architektur, Städtebau
Lektorat: Gudrun Krämer
Ms.-Angebote: als Exposé
Medium: Papierausdruck
Ms.-Rücksendung: ja

Reinhold Krämer Verlag
Rothenbaumchaussee 103 F
20148 Hamburg
Tel. 040 - 410 14 29
Fax 040 - 45 57 70
kraemer@kraemer-verlag.de
www.kraemer-verlag.de
Verleger: Dr. Reinhold Krämer

Zum Verlag: Bücher, die etwas bewegen
Gründungsjahr: 1987
Programm: Biografien, Bildung, Erziehung, Geschichte, Kinderbücher, Kulturgeschichte, Musik, Natur, Ökologie, Philosophie, Politik, Soziologie, Theater, Umweltthemen, Zeitgeschichte
Ms.-Angebote: als Exposé
Medium: Papierausdruck
Ms.-Rücksendung: ja

Verlag Waldemar Kramer GmbH
Orber Straße 38
60386 Frankfurt am Main
Tel. 069 - 44 90 45
Fax 069 - 44 90 64
Verlegerin: Dr. Henriette Kramer
Gründungsjahr: 1939
Programm: Geschichte der Neuzeit, Nachschlagewerke, Francofurtensien, Kunst, Musik, Theater, Mundart, Bücher über Frankfurt und Umgebung
Ms.-Angebote: nach vorheriger telefonischer Anfrage
Medium: E-Mail
Ms.-Rücksendung: ja, mit Rückporto

Kranichsteiner Literaturverlag eK
Außerhalb 3
64319 Pfungstadt
Tel. 06157 - 94 96 32
Fax 06157 - 874 05
ausserhalb.drei@kranichsteiner.de
www.kranichsteiner.de

Verlegerin: Kathrin Hampf
Gründungsjahr: 1992
Lieferbare Titel: 16
Novitäten: 1-2
Programm: Belletristik
Ms.-Angebote: als Exposé mit Textprobe von 10 Seiten, als Manuskript
Medium: Papierausdruck
Ms.-Rücksendung: ja, mit Rückporto

Verlag Uwe M. Kraus
Schäfflerweg 8
83043 Bad Aibling
Tel. 08061 - 93 81 20
Fax 08061 - 93 81 21
umkraus@aol.com
www.astrotrade.de
Gründungsjahr: 1997
Lieferbare Titel: 5
Programm: Astrologie, Psychologie, Praktische Lebenshilfe
Ms.-Interessen: s. Verlagsprogramm
Ms.-Angebote: nach vorheriger telefonischer Anfrage, als Exposé mit Textprobe von 10 Seiten
Medium: Papierausdruck, Diskette, E-Mail
Ms.-Rücksendung: ja, mit Rückporto

Eduard Krem-Bardischewski Verlag
Blücherstr. 11
63739 Aschaffenburg
Tel. 06021 - 278 72
Fax 06021 - 21 86 79
buch.ekb@t-online.de
www.buch-ekb.de

Programm: Biografien, Belletristik, Historische Romane, Bildbände, Geschichte der Neuzeit, Humor, Kurzgeschichten
Ms.-Angebote: nach vorheriger telefonischer Anfrage
Medium: Papierausdruck, Diskette, E-Mail
Ms.-Rücksendung: ja, mit Rückporto

Kreuz Verlag GmbH & Co KG
Liebknechtstr. 33
70575 Stuttgart
Tel. 0711 - 788 03-0
Fax 0711 - 788 03 - 10
info@verlagsgruppe-dornier.de
www.verlagsgruppe-dornier.de
Verlagsleitung: Olaf Carstens, Roland Grimmelsmann
Verlagsgruppe: Dornier GmbH
Programm: Schwerpunkt: Populäres Sachbuch im Bereich Religion und Spiritualität, Psychologie und Lebenshilfe, Konfessionelle Zeitschriften, Musik. Liebe und Partnerschaft, Modernes Leben, Selbsterfahrung und Therapie, Multimedia, Familie, Sterben und Trauer
Lektorat: Marlene Fritsch, Claus-Jürgen Jakobson, Heike Neumann, Dr. Reiner Leister (Musik)
Ms.-Angebote: nach vorheriger telefonischer Anfrage, als Exposé mit Textprobe
Medium: Papierausdruck
Ms.-Rücksendung: ja, mit Rückporto

Kriminalistik Verlag
Im Weiher 10
69121 Heidelberg
Tel. 06221 - 489-0
Fax 06221 - 489-450
info@huethig.de
www.huethig.de
Programm: Siehe Hüthig GmbH

**Alfred Kröner Verlag
GmbH & Co. KG**
Reinsburgstr. 56
70178 Stuttgart
Tel. 0711 - 615 53 63
Fax 0711 - 61 55 36 46
a.kroener@z.zgs.de
www.kroener-verlag.de
Verleger: Arno Klemm, Dr. Imma Klemm, Elke Linsenmayer
Verlagsleitung: Dr. Imma Klemm
Gründungsjahr: 1904
Lieferbare Titel: 170
Novitäten: 15
Programm: Architektur, Bildende Kunst, Frauenforschung, Geschichte, Kulturgeschichte, Literaturwissenschaft, Musik, Nachschlagewerke, Wörterbücher, Philosophie, Politik, Psychologie, Religion, Soziologie, Sprachwissenschaften, Theater, Oper, Wirtschaft, Zeitgeschichte
Ms.-Angebote: nach vorheriger telefonischer Anfrage, als Manuskript
Medium: Papierausdruck, Diskette
Ms.-Rücksendung: ja

Krug & Schadenberg
Arndtstr. 34
10965 Berlin
Tel. 030 - 61 62 57 52
Fax 030 - 61 62 57 52
info@krugschadenberg.de
www.krugschadenberg.de
Verlegerinnen: Andrea Krug, Dagmar Schadenberg
Gründungsjahr: 1993
Lieferbare Titel: 30
Novitäten: 4-6
Programm: Bücher für Frauen, die Frauen im Sinn haben
Ms.-Angebote: nach vorheriger telefonischer Anfrage, als Exposé, als Exposé mit Textprobe
Medium: Papierausdruck
Ms.-Rücksendung: ja, mit Rückporto

Wolfgang Krüger Verlag GmbH
Hedderichstr. 114
60596 Frankfurt am Main
Tel. 069 - 60 62-0
Fax 069 - 60 62-319
info@krueger-verlag.de
www.krueger-verlag.de
Verlagsgruppe: S. Fischer-Verlage
Verlegerin: Monika Schoeller
Programm: Biografien, Belletristik, Historische Romane, Comics, Esoterik, Psychologie, Ratgeber
Ms.-Angebote: als Exposé
Medium: Papierausdruck
Ms.-Rücksendung: ja

Kulturstiftung der deutschen Vertriebenen
Kaiserstr. 113
53113 Bonn
Tel. 0228 - 915 12-0
Fax 0228 - 915 12 29
kulturstiftung@t-online.de
www.kulturstiftung-der-deutschen-vertriebenen.de
Verlagsleitung: Dr. Ernst Gierlich
Gründungsjahr: 1974
Lieferbare Titel: 65
Novitäten: 5
Programm: Wissenschaftliche Literatur zu den historischen deutschen Ost- und Siedlungsgebieten
Lektorat: Dr. Ernst Gierlich
Ms.-Angebote: nach vorheriger telefonischer Anfrage

Kulturverlag Kadmos Berlin
Lehrter Str. 46
10557 Berlin
Tel. 030 - 39 78 93 94
info@kv-kadmos.com
www.kv-kadmos.com
Verleger: Wolfram Burckhardt
Verlagsleitung: Wolfram Burckhardt
Gründungsjahr: 1997
Lieferbare Titel: 72
Novitäten: 8-12
Programm: Belletristisches Sachbuchprogramm, Biografien
Lektorat: Claudia Oestmann, co@kv-kadmos.com
Ms.-Angebote: nach vorheriger telefonischer Anfrage, als Exposé

Medium: Papierausdruck, E-Mail
Ms.-Rücksendung: ja, mit Rückporto

Verlag der Kunst Dresden
Philo Fine Arts
Nordbahnhofstr. 2
25819 Husum
Tel. 04841 - 83 52-0
Fax 04841 - 83 52-10
verlagsgruppe.husum@t-online.de
www.verlag-der-kunst.de
Verleger: Ingwert Paulsen
Verlagsleitung: Ingwert Paulsen
Gründungsjahr: 1952
Lieferbare Titel: 170
Novitäten: 30
Programm: Kunstbücher, Regionalia Sachsen
Ms.-Interessen: Kunst, Fotografie, Regionalia Sachsen
Ms.-Angebote: nach vorheriger telefonischer Anfrage
Ms.-Rücksendung: ja, mit Rückporto

Verlag Antje Kunstmann GmbH
Georgenstr. 123
80797 München
Tel. 089 - 12 11 93-0
Fax 089 - 12 11 93-20
info@kunstmann.de
www.kunstmann.de
Verlegerin: Antje Kunstmann
Gründungsjahr: 1976
Lieferbare Titel: 120
Novitäten: 20
Programm: Deutsche und Internationale Belletristik, Satire,

Psychologie, Politik, Zeitthemen
Ms.-Angebote: nach vorheriger telefonischer Anfrage, als Exposé oder als Exposé mit Textprobe von 50 S.
Medium: Papierausdruck
Ms.-Rücksendung: ja, mit Rückporto

Kynos Verlag
Dr. Dieter Fleig GmbH
Am Remelsbach 30
54570 Mürlenbach/Eifel
Tel. 06594 - 653
Fax 06594 - 452
info@kynos-verlag.de
www.kynos-verlag.de
Verleger: Herbert Wolter (Geschäftsführer), Gisela Rau (Prokuristin)
Lieferbare Titel: 203
Novitäten: 10
Programm: Hundefachbücher, Bildbände, Ratgeber, Tiermedizin, Pferde- und Reitsportfachbücher
Lektorat: Gisela Rau,
lektorat@kynos-verlag.de
Ms.-Angebote: als Manuskript oder als Exposé mit Textprobe von 5 S.
Medium: Papierausdruck, Diskette, E-Mail
Ms.-Rücksendung: ja, mit Rückporto

L & H Verlag
Barnerstr. 14
22765 Hamburg
Tel. 040 - 39 83 42 90
Fax 040 - 39 83 42 99
kontakt@t-online.de
www.lh-verlag.de

Zum Verlag: Anspruchsvolle Kulturreiseführer und Kulturbücher
Programm: Kulturreiseführer

Laaber-Verlag
Regensburger Str. 19
93164 Laaber
Tel. 09498 - 23 07
Fax 09498 - 25 43
info@laaber-verlag.de
www.laaber-verlag.de
Programm: Musik, Musikwissenschaft, Komponisten-Biografien
Ms.-Angebote: nach vorheriger telefonischer Anfrage
Medium: Papierausdruck
Ms.-Rücksendung: nein

Labyrinth Verlag Gisela Ottmer
Holbeinstr. 5
38106 Braunschweig
Tel. 0531 - 642 59
Fax 0531 - 68 13 58
LabyrinthBraunschweig@t-online.de
Verlegerin: Gisela Ottmer
Gründungsjahr: 1985
Novitäten: 1-3
Programm: Literatur von und für Frauen, Kunst und Spiritualität

Lahn-Verlag
Hoogeweg 71
47623 Kevelaer
Tel. 02832 - 92 91 30
Fax 02832 - 92 91 46
helmut.kaiser@lahn-verlag.de

www.engagementbuch.de
Programm: Bildtexthefte, Bildbände, Werkbücher für die Gemeindearbeit, Religionspädagogik, Kinderbücher, Kinderbibelbücher

Lambertus-Verlag GmbH
Wölflinstr. 4
79104 Freiburg
Tel. 0761 - 36 82 50
Fax 0761 - 370 64
www.lambertus.de
Programm: Behinderten-Literatur, Alter, Sucht, Migration, Erziehung, Fachzeitschriften, Lebenshilfe, Medizin, Psychologie, Ratgeber, Recht, Schulbücher, Soziologie

Lamuv Verlag
Groner Str. 20
37073 Göttingen
Tel. 0551 - 440 24
Fax 0551 - 413 92
lamuv@t-online
www.lamuv.de
Programm: Dritte Welt Literatur, Indianer, Politik, Zeitgeschichte
Ms.-Angebote: als Exposé
Medium: Papierausdruck
Ms.-Rücksendung: ja, mit Rückporto

Landbuch-Verlag GmbH
Kabelkamp 6
30179 Hannover
Tel. 0511 - 270 46-0
Fax 0511 - 270 46-150
buch@landbuch.de

www.landbuch.de
Verlagsleitung: Dieter Brodbeck
Zum Verlag: Publikationen rund ums Landleben
Gründungsjahr: Dezember 1945
Lieferbare Titel: 141
Novitäten: 8
Programm: Tier und Natur, Aquaristik, Terraristik, Heimtiere, Nutztiere, Landküche, Landleben, Regionalia Norddeutschland
Lektorat: Ulrike Clever (Landküche, Landleben, Norddeutschland)
Ms.-Interessen: Landküche, Landleben, Norddeutschland
Ms.-Angebote: nach vorheriger telefonischer Anfrage, als Exposé mit Textprobe von aussagekräftig vielen Seiten
Medium: Papierausdruck, Diskette, E-Mail, CD-ROM
Ms.-Rücksendung: ja, mit Rückporto

Landpresse Sabine und Ralf Liebe
Kölner Str. 58
53919 Weilerswist
Tel. 02254 - 33 47
Fax 02254 - 16 02
www.landpresse.de
Programm: Prosa, Lyrik, Kunst

Landwirtschaftsverlag GmbH
Hülsebrockstr. 2
48165 Münster
Tel. 02501 - 80 13 38
Fax 02501 - 80 13 45
service@lv-h.de / www.lv-m.de

Programm: Essen und Trinken, Fachzeitschriften, Gartenbau, Geschichte der Neuzeit, Landwirtschaft, Tiermedizin, Westfalen
Ms.-Angebote: nach vorheriger telefonischer Anfrage
Ms.-Rücksendung: ja

Peter Lang GmbH Europäischer Verlag der Wissenschaften
Eschborner Landstraße 42-50
60489 Frankfurt am Main
Tel. 069 - 78 07 05-0
Fax 069 - 78 07 05-50
zentrale.frankfurt@peterlang.com
www.peterlang.de
Verlagsleitung: Ruprecht Sickel, Jürgen Matthias Springer
Gründungsjahr: 1971
Verlagsgruppe: Peter Lang AG Bern
Programm: Geistes-, Sozial, Rechts- und Wirtschaftswissenschaften, Monografien, Lehrbücher, Reprints, Lexika
Ms.-Interessen: alle Bereiche der Geistes- und Sozialwissenschaften
Ms.-Angebote: nach vorheriger telefonischer Anfrage
Medium: Papierausdruck, Diskette
Ms.-Rücksendung: ja

Langen Müller Herbig Buchverlage
Thomas-Wimmer-Ring 11
80539 München
Tel. 089 - 290 88-0
Fax 089 - 290 88 - 164
www.herbig.net
Verleger: Dr. Herbert Fleissner
Verlagsleitung: Brigitte Fleissner-Mikorey
Verlagsgruppe: Langen Müller Herbig
Programm: Belletristik, Historische Romane, Esoterik, Gesundheit, Humor, Kulturgeschichte, Lebenshilfe, Politik, Ratgeber, Biografien, Wirtschaft, Zeitgeschichte
Lektorat: Dr. Carmen Sippl, Sabine Jaenicke, Gerhard Koralus
Ms.-Angebote: als Exposé mit Textprobe von 20 Seiten
Medium: Papierausdruck
Ms.-Rücksendung: ja, mit Rückporto

Langenscheidt KG
Mies-van-der-Rohe-Str. 1
80807 München
Tel. 089 - 360 96-0
Fax 089 - 360 96 - 222
mail@langenscheidt.de
www.langenscheidt.de
Verleger: Karl Ernst Tielebier-Langenscheidt, Andreas Langenscheidt
Verlagsleitung: Rolf Müller
Verlagsgruppe: Langenscheidt
Programm: Sprachführer, Sprachkurse, Lehrwerke, Deutsch als Fremdsprache, Elektronische Medien

Langenscheidt Fachverlag GmbH
Mies-van-der-Rohe-Str. 1
80807 München
Tel. 089 - 360 96-0
Fax 089 - 360 96-479
fachverlag@langenscheidt.de
www.langenscheidt.de
Verleger:
Karl Ernst Tielebier-Langenscheidt,
Andreas Langenscheidt
Verlagsleitung: Rolf Müller,
Marie-Jeanne Derouin
Verlagsgruppe: Langenscheidt
Programm: Fachwörterbücher
(Bücher, CD-ROM)

Karl Robert Langewiesche
Nachfolger Hans Köster
Grüner Weg 6
61462 Königstein/Ts.
Tel. 06174 - 73 33
Fax 06174 - 93 30 39
info@langewiesche-verlag.de
Programm: Architektur, Bildbände,
Bildende Kunst, Geschichte, Kulturgeschichte, Reisen, Archäologie,
Malerei, Graphik, Plastik, Kunsthandwerk
Ms.-Angebote: als Exposé
Medium: Papierausdruck
Ms.-Rücksendung: nein

Langewiesche-Brandt
Lechnerstr. 27
82067 Ebenhausen (Isartal)
Tel. 08178 - 48 57
Fax 08178 - 73 88
wachinger@langewiesche-brandt.de
www.langenwiesche-brandt.de
Verleger: Kristof Wachinger
Gründungsjahr: 1906
Lieferbare Titel: 60
Novitäten: 2-4
Programm: Belletristik, Lyrik,
Chronistisches
Ms.-Angebote: als Manuskript
Medium: Papierausdruck
Ms.-Rücksendung: ja, mit Rückporto und leider nur mit Schemabrief

Lappan Verlag GmbH
Würzburger Str. 14
26121 Oldenburg
Tel. 0441 - 980 66-0
Fax 0441 - 980 66 - 22
info@lappan.de / www.lappan.de
Verlagsleitung: Peter Baumann,
Dieter Schwalm
Gründungsjahr: 1983
Lieferbare Titel: 500
Novitäten: 60
Programm: Kinderbilderbücher,
Cartoons, Satire, Geschenkbuch,
Humor, Märchen
Lektorat: Dieter Schwalm (Cartoons
und Satire), Peter Baumann (Kinderbilderbuch und Geschenkbuch),
Nicola Heinrichs (Cartoons und
Satire)
Ms.-Angebote: als Exposé
Medium: Papierausdruck
Ms.-Rücksendung: ja, mit Rückporto

laterna magica
Streitfeldstr. 35
81673 München
Tel. 089 - 43 60 05-0
Fax 089 - 43 60 05 - 13
buch@callwey.de / www.callwey.de
Verleger: Helmut Baur-Callwey,
Dr. Veronika Bauer-Callwey,
Amos Kotte
Verlagsleitung: Amos Kotte
Gründungsjahr: 1960
Lieferbare Titel: 140
Novitäten: 18
Programm: Schwerpunkt: Fotolehrbücher, Kamerasystembücher. Fototipps, Professionelle Fotografie, Fototechnik, Digitale Fotografie, Video, Computerfachbücher
Lektorat: Dr. Stefan Granzow (Dw - 172, sgranzow@laterna-magica.de)
Ms.-Interessen: Fotolehrbücher für alle Motivbereiche
Ms.-Angebote: nach vorheriger telefonischer Anfrage
Medium: E-Mail
Ms.-Rücksendung: ja

Lauf- und Ausdauersportverlag
Müllerstr. 21
93059 Regensburg
Tel. 0941 - 830 52 40
Fax 0941 - 830 52 42
info@las-verlag.com
Verleger: Dr. Siegfried Brewka
Programm: Sport: Laufstrecken in allen Städten Deutschlands; Fachliteratur zum Ausdauersport

Ms.-Interessen: alle Themen zum Ausdauersport
Ms.-Angebote: nach vorheriger telefonischer Anfrage
Medium: Papierausdruck, E-Mail

Laumann-Verlag
Viktor-Str. 18 - 20
48249 Dülmen
Tel. 02594 - 94 34-0
Fax 02594 - 29 98
laumann.verlag@t-online.de
Programm: Ostdeutsche Literatur, Religion, Theologie, Schulmusikbücher, Kunstbücher, Kommunale Chroniken, Textilexika, Reiseführer

Lebensbaum Verlag
Buddestr. 15
33602 Bielefeld
Tel. 0521 - 17 28 75
Fax 0521 - 687 71
stefanie.hammer@j-kamphausen.de
www.weltinnenraum.de
Verleger: J. Kamphausen
Verlagsleitung: J. Kamphausen
Programm: Gesundheit, Umwelt
Ms.-Angebote: nach vorheriger telefonischer Anfrage
Medium: Papierausdruck
Ms.-Rücksendung: ja

Leda-Verlag
Kolonistenweg 24
26789 Leer
Tel. 0491 - 50 87
Fax 0491 - 927 98 59

info@leda-verlag.de
www.leda-verlag.de
Verlegerin: Heike Gerdes
Verlagsleitung: Heike Gerdes
Gründungsjahr: 2000
Lieferbare Titel: 28
Novitäten: 16
Programm: Krimis, Kinderbücher, Norddeutsche Regionalliteratur
Ms.-Interessen: Kriminalromane, Kinderkrimi, Jugendbücher, Kinderbücher (ab 8 Jahre)
Ms.-Angebote: nach vorheriger telefonischer Anfrage, als Exposé mit Textprobe
Medium: Papierausdruck
Ms.-Rücksendung: ja, mit Rückporto

Legat-Verlag GmbH & Co. KG
Lessingweg 26
72076 Tübingen
Tel. 07071 - 65 02 66
Fax 07071 - 65 02 67
info@legat-verlag.de
www.legat-verlag.de
Verleger: Erhard Gaß
Verlagsleitung: Heike Frank-Ostarhild, Alexander Frank
Zum Verlag: Kunstbuchverlag
Programm: Kunstbücher: Konzentrierte Texte zu Kunstwerken, leicht verständlich geschrieben, um die Lust auf mehr (Kunst) zu wecken
Lektorat: Heike Frank-Ostarhild, heike.ostarhild@legat-verlag.de
Ms.-Interessen: auf Anfrage

Ms.-Angebote: nach vorheriger telefonischer Anfrage
Medium: Papierausdruck
Ms.-Rücksendung: ja, mit Rückporto

Leipziger Universitätsverlag GmbH
Augustusplatz 10-11
04109 Leipzig
Tel. 0341 - 990 04 40
Fax 0341 - 990 04 40
www.univerlag-leipzig.de
Verleger: Dr. Gerald Diesener
Lieferbare Titel: 450
Novitäten: 25-30
Programm: Wissenschaftliche Literatur
Ms.-Angebote: nach vorheriger telefonischer Anfrage, als Manuskript
Medium: Papierausdruck, Diskette
Ms.-Rücksendung: ja, mit Rückporto

leiv Leipziger Kinderbuchverlag GmbH
Querstr. 18
04103 Leipzig
Tel. 0341 - 992 78-40, -41
Fax 0341 - 992 78-49
lehmann@leiv-verlag.de
www.leiv-verlag.de
Verleger: Steffen Lehmann
Gründungsjahr: 1991
Programm: Bilderbücher, Mal- und Märchenbücher, Kinderbücher

Verlag Otto Lembeck
Gärtnerweg 16
60322 Frankfurt am Main
Tel. 069 - 597 09 88
Fax 069 - 597 57 42
verlag@lembeck.de
www.lembeck.de
Programm: Ökumene, Interreligiöser Dialog, Missionswissenschaft, Theologie, Religionswissenschaft, Ethnologie, Literatur aus Afrika

Lentz Verlag
Pfizerstr. 5-7
70184 Stuttgart
Tel. 0711 - 21 91-0
Fax 0711 - 21 91 - 277
info@kosmos.de
www.kosmos.de
Verlagsleitung: Axel Meffert
Programm: Kinderbücher
Ms.-Angebote: als Exposé mit Textprobe von ca. 10 Seiten
Medium: Papierausdruck
Ms.-Rücksendung: ja, mit Rückporto

Dr. Gisela Lermann Verlag
Am Heiligenhaus 18
55122 Mainz
Tel. 06131 - 311 49
Fax 06131 - 38 79 45
dr-gisela-lermann@lermann-verlag.de
www.lermann-verlag.de
Verlegerin: Dr. Gisela Lermann
Verlagsleitung: Dr. Gisela Lermann
Gründungsjahr: 1988

Programm: Belletristik, Sachbuch, Problemorientierte Literatur, Zeitgeschichte, Historische Romane, Frauenliteratur, Kriminalromane, Lyrik, Auto-Biografien
Ms.-Angebote: als Manuskript
Medium: Papierausdruck
Ms.-Rücksendung: ja, mit Rückporto

Leuchter Edition GmbH
Industriestr. 6
64390 Erzhausen
Tel. 06150 - 97 36 35
Fax 06150 - 97 36 36
verlag@leuchter-edition.de
www.leuchter-edition.de
Verlagsleitung: Ingo Schreurs
Gründungsjahr: 1954
Lieferbare Titel: 90
Novitäten: ca. 10
Programm: Christliche Fach- und Unterhaltungsliteratur
Ms.-Angebote: nach vorheriger telefonischer Anfrage, als Exposé, als Exposé mit Textprobe von 10 Seiten
Medium: Papierausdruck, E-Mail
Ms.-Rücksendung: ja, mit Rückporto

Lexika Verlag/ Krick Fachmedien GmbH & Co. KG
Mainparkring 4
97246 Eibelstadt
Tel. 09303 - 982 - 700
Fax 09303 - 982 - 701
lexika@krick.com
www.lexika.de

Verleger: Dr. Klaus D. Mapara
Gründungsjahr: 1967
Programm: Berufswahl und Studium, Berufspraxis, Weiterbildung und Management, Praktisches Wirtschaftswissen, Beruf und Alltag
Ms.-Angebote: als Exposé
Medium: Papierausdruck, Diskette, E-Mail

LexisNexis Deutschland GmbH
Feldstiege 100
48161 Münster
Tel. 02533 - 93 00-0
Fax 02533 - 93 00 - 50
service@lexisnexis.de
www.lexisnexis.de
Verlagsleitung: Olaf Hantel
Zum Verlag: Fachverlage für Rechts- und Wirtschaftsinformationen
Verlagsgruppe: Reed Elsevier
Programm: Fachinformationen zu den Bereichen: Recht, Wirtschaft, Personal, Steuern, Versicherung, Immobilien, Sozialversicherung
Ms.-Interessen: s. Verlagsprogramm
Ms.-Angebote: nach vorheriger telefonischer Anfrage
Medium: E-Mail

Libellen-Verlag
Sabine Guhr-Biermann
Hennefer Str. 60
53819 Neunkirchen-Seelscheid
Tel. 02247 - 74 50 71
Fax 02247 - 82 51
Programm: Esoterik

Lichtwort-Verlag
Hasenberg 24
22946 Trittau
Tel. 01212 - 511 43 37 30
Fax 01212 - 511 43 37 30
practical-religion@t-online.de
Programm: Esoterik

Limes Verlag GmbH
Neumarkter Str. 18
81673 München
Tel. 089 - 41 36-0
Fax 089 - 41 36-38 85
info@randomhouse.de
www.randomhouse.de
Verleger: Geschäftsführer:
Klaus Eck, Joerg Pfuhl (CEO), Claudia Reitter
Verlagsleitung: Silvia Kuttny-Walser
Verlagsgruppe: Random House
Novitäten: 12
Programm: Biografien, Belletristik, Historische Romane, Kriminalromane
Ms.-Angebote: als Manuskript
Medium: Papierausdruck
Ms.-Rücksendung: ja, mit Rückporto

Linden Verlag
Kasseler Str. 25
04155 Leipzig
Tel. 0341 - 590 20 24
Fax 0341 - 590 44 36
lindenbuch@aol.com
www.linden-buch.de
Verleger: Thomas Loest
Gründungsjahr: 1989

Lieferbare Titel: 18
Programm: ausschließlich Bücher von Erich Loest
Ms.-Rücksendung: nein

Lindinger + Schmid Verlag
Margaretenstr. 8
93047 Regensburg
Tel. 0941 - 221 77
Fax 0941 - 27 03 77
info@lindinger-schmid.de
www.lindinger-schmid.de
Verlagsleitung: Gabriele Lindinger, Karlheinz Schmid
Programm: Bildende Kunst

LinguaMed-Verlags GmbH
Friedenallee 30
63263 Neu-Isenburg
Tel. 06102 - 71 57-0
Fax 06102 - 71 57 - 71
info@linguamed.de
www.linguamed.de
Verlegerin: Dr. med. Karin Wilbrand
Gründungsjahr: 1991
Lieferbare Titel: 32
Novitäten: 5
Ms.-Angebote: als Manuskript oder eine Textprobe von 20 Seiten
Medium: Papierausdruck
Ms.-Rücksendung: ja

Ch. Links Verlag
Schönhauser Allee 36
10435 Berlin
Tel. 030 - 44 02 32-0
Fax 030 - 44 02 32-29

www.linksverlag.de
Verleger: Christoph Links
Gründungsjahr: 1989
Programm: Schwerpunkt: Sachbücher zur Zeitgeschichte. DDR-Geschichte, NS-Geschichte, Kolonialgeschichte, Architektur, Biografien, Kulturgeschichte, Politik
Ms.-Angebote: nach vorheriger telefonischer Anfrage, als Exposé
Ms.-Rücksendung: ja, mit Rückporto

List Verlag
Friedrichstr. 126
10117 Berlin
Tel. 030 - 234 56-300
Fax 030 - 234 56-303
www.list-verlag.de
Verleger: Viktor Niemann
Verlagsleitung: Hartmut Jedicke
Verlagsgruppe: Bonnier Media Deutschland GmbH
Programm: Internationale Belletristik, Biografien, Zeitgeschichte, Kulturgeschichte, Journalistische Praxis, Fotografie
Ms.-Angebote: als Exposé mit Textprobe von 30 Seiten
Medium: Papierausdruck
Ms.-Rücksendung: ja

Loewe Verlag GmbH
Bühlstr. 4
95463 Bindlach
Tel. 09208 - 510
Fax 09208 - 513 09
presse@loewe-verlag.de

Verlagsleitung: Volker Gondrom
Gründungsjahr: 1863
Lieferbare Titel: 1200
Novitäten: 280
Programm: Kinderbücher, Jugendbücher, Sachbücher, Lernspiele, Belletristik (3-17 Jahre)
Ms.-Interessen: Kinderbücher, Jugendbücher, Sachbücher, Lernspiele, Belletristik (3-17 Jahre)

Logo Verlag Eric Erfurth
Rosenstr. 6
63785 Obernburg am Main
Tel. 06022 - 719 88
Fax 06022 - 719 88
eerfurth@t-online.de
Programm: Belletristik, Biografie, Drama, Kinderbücher (Alter: 1-7 Jahre), Kulturgeschichte, Regionalia, Kunst, Lyrik

Logophon Verlag GmbH
Alte Gärtnerei 2
55128 Mainz
Tel. 06131 - 716 45
Fax 06131 - 725 96
verlag@logophon.de
www.logophon.de
Verlagsleitung: Jean-Pierre Jonteux
Gründungsjahr: 1979
Lieferbare Titel: 136
Novitäten: 5-8
Programm: Belletristik, Lebenshilfe, Sprachen, Landeskunde
Ms.-Interessen: Sprachen: Englisch und Deutsch

Ms.-Angebote: als Exposé mit Textprobe von 20 Seiten
Medium: Papierausdruck, Diskette, E-Mail
Ms.-Rücksendung: ja

Stefan Loose Travelhandbücher
Zossener Str. 55/2
10961 Berlin
Tel. 030 - 69 57 40 40
Fax 030 - 695 74 04 12
info@loose-verlag.de
www.loose-verlag.de
Verleger: Stefan Loose
Verlagsgruppe: Dumont Reiseverlag
Lieferbare Titel: 40
Programm: Reisehandbücher zu Fernreisezielen

Verlag Joachim F.W. Lotsch
Postfach 40 11 03
80711 München
Tel. 08166 - 74 11
lotsch@lotsch.de
www.lotsch.de, www.booxlotsch.de, www.lotsch-verlag.de
Verleger: Joachim F.W. Lotsch
Gründungsjahr: 1992
Novitäten: 2-5
Programm: Erzählungen und Romane, Kunst und Lyrik, Ratgeber und Sachbücher, Verlagsschwerpunkte: Musik (Biografien), Zwischenmenschliches (Ratgeber, intelligent und sexy)
Medium: Papierausdruck (Kopien)
Ms.-Rücksendung: nein

**Verlagsgruppe Lübbe
GmbH & Co KG**
Scheidtbachstr. 23-31
51469 Bergisch Gladbach
Tel. 02202 - 121-0
Fax 02202 - 121-708
info@luebbe.de / www.lübbe.de
Verleger: Stefan Lübbe
Verlagsleitung: Geschäftsführung: Karlheinz Jungbeck (Sprecher), Dr. Peter Lieger, Dr. Uwe Sertel
Verlagsgruppe: Lübbe: Bastei Verlag, Gustav Lübbe Verlag, Bastei Lübbe Taschenbücher, BLT, Bastei Lübbe Stars, Ehrenwirth Verlag, edition Lübbe, Lübbe Audio
Programm: Belletristik: Thriller, Historische Romane, Kriminalromane, Gesellschaftsromane, Frauenromane, Fantasy. Sachbuch: Biografien, Zeitgeschichte, Geschichte, Lebenshilfe, Trendthemen. Audios sowie Romanhefte, Romanzeitschriften, Rätsel, Produkte von Bastei Kids
Ms.-Angebote: als Exposé mit Textprobe von 30 Seiten
Medium: Papierausdruck
Ms.-Rücksendung: nein

Lübbe Audio
Scheidtbachstr. 23-25
51469 Bergisch Gladbach
Tel. 02202 - 121-0
Fax 02202 - 121-920
luebbe.audio@luebbe.de
www.luebbe.de

Verleger: Stefan Lübbe
Verlagsleitung: Produktions und Vertriebsleitg.: Marc Sieper. Geschäftsführung: Karlheinz Jungbeck (Sprecher), Dr. Peter Lieger, Dr. Uwe Sertel
Programm: Hörbücher (Lesungen und Hörspiele) in den Genres: Thriller, Krimi, Historische Romane, Gesellschaftsroman, Fantasy, Kabarett und Comedy

Gustav Lübbe Verlag
Scheidtbachstr. 23-25
51469 Bergisch Gladbach
Tel. 02202 - 121-0
Fax 02202 - 121-708
glv@luebbe.de / www.luebbe.de
Verleger: Stefan Lübbe
Verlagsleitung: Dr. Heike Fischer, Geschäftsführung: Karlheinz Jungbeck (Sprecher), Dr. Peter Lieger, Dr. Uwe Sertel
Verlagsgruppe: Lübbe: Bastei Verlag, Bastei Lübbe Taschenbücher, BLT, Bastei Lübbe Stars, Ehrenwirth Verlag, edition Lübbe, Lübbe Audio
Programm: Belletristik: Thriller, Historische Romane, Kriminalromane, Gesellschaftsromane, Frauenromane; Sachbuch: Biografien, Zeitgeschichte, Geschichte, Lebenshilfe
Ms.-Angebote: als Exposé mit Textprobe von 30 Seiten
Medium: Papierausdruck
Ms.-Rücksendung: nein

Lüchow Verlag
Liebknechtstr. 33
70575 Stuttgart
Tel. 0711 - 788 03-0
Fax 0711 - 788 03-10
info@verlagsgruppe-dornier.de
www.verlagsgruppe-dornier.de
Verlagsleitung: Olaf Carstens,
Roland Grimmelsmann
Verlagsgruppe: Dornier GmbH
Programm: Esoterik, Gesundheit,
Lebenshilfe, Naturwissenschaft,
Philosophie, Psychologie, Ratgeber,
Religion
Lektorat: Olivia Baerend
Ms.-Angebote: nach vorheriger telefonischer Anfrage, als Exposé
Medium: Papierausdruck
Ms.-Rücksendung: ja, mit Rückporto

Hermann Luchterhand Verlag GmbH bei Wolters Kluwer Verlag
Freisingerstr. 3
85716 Unterschleißheim/München
Tel. 089 - 360 07-0
Fax 089 - 360 07 - 331 10
info@wolters-kluwer.de
www.wolters-kluwer.de;
www.luchterhand-fachverlag.de,
www.werner.de
Verleger: Frau Richter-Weiland, Herr Kastor, Herr Winkler
Programm: Recht, Wirtschaft, Steuern, Bildung, Erziehung, Soziale Arbeit, Fachzeitschriften, Nachschlagewerke, Wörterbücher, Verwaltung

Ms.-Interessen: Recht, Wirtschaft, Pädagogik
Ms.-Angebote: nach vorheriger telefonischer Anfrage

Luchterhand Literaturverlag GmbH
Neumarkter Str. 18
81673 München
Tel. 089 - 41 36-0
Fax 089 - 41 36-333
info@randomhouse.de
www.randomhouse.de
Verleger: Klaus Eck, Joerg Pfuhl (CEO), Claudia Reitter, Wolfgang Wiedermann
Verlagsleitung: Dr. Georg Reuchlein
Verlagsgruppe: Random House
Programm: Biografien, Belletristik, Historische Romane, Kriminalromane, Geschichte, Kulturgeschichte, Kurzgeschichten, Literaturwissenschaft, Lyrik, Musik, Naturwissenschaft, Philosophie, Politik, Religion, Theater, Oper, Wirtschaft, Zeitgeschichte
Lektorat: Regine Kammerer (Programmleitung), Christine Popp (internationale Literatur), Klaus Siblewski (deutschsprachige Literatur)
Ms.-Angebote: nach vorheriger telefonischer Anfrage
Medium: Papierausdruck
Ms.-Rücksendung: ja, mit Rückporto

**Lucius & Lucius
Verlagsgesellschaft mbH**
Gerokstr. 51
70184 Stuttgart
Tel. 0711 - 24 20 60
Fax 0711 - 24 20 88
lucius@luciusverlag.com
www.luciusverlag.com
Verleger: Dr. W. D. von Lucius
Verlagsleitung: Dr. W. D. von Lucius
Gründungsjahr: 1996
Lieferbare Titel: 400
Novitäten: 35
Programm: Wirtschafts- und Sozialwissenschaft, Soziologie, nur auf universitärem Niveau
Ms.-Interessen: s. Verlagsprogramm – nur von Hochschuldozenten
Ms.-Angebote: als Exposé mit Textprobe von 20 Seiten
Medium: Papierausdruck, E-Mail
Ms.-Rücksendung: ja, mit Rückporto

Verlag Ludwig
Westring 431-451
24118 Kiel
Tel. 0431 - 854 64
Fax 0431 - 805 83 05
info@verlag-ludwig.de
www.verlag-ludwig.de
Programm: Kunst und Medien
Ms.-Interessen: Geisteswissenschaften
Ms.-Angebote: nach vorheriger telefonischer Anfrage, als Exposé
Medium: Papierausdruck, E-Mail
Ms.-Rücksendung: ja

W. Ludwig Buchverlag
Bayerstr. 71-73
80335 München
Tel. 089 - 41 36-0
Fax 089 - 41 36-333
info@randomhouse.de
www.randomhouse.de
Verleger: Klaus Eck, Joerg Pfuhl (CEO), Claudia Reitter, Wolfgang Wiedermann
Verlagsleitung: Stefan Ewald
Verlagsgruppe: Random House
Programm: Esoterik, Gesundheit, Lebenshilfe, Natur, Psychologie, Bayern
Ms.-Angebote: nach vorheriger telefonischer Anfrage

Lukas Verlag für Kunst- und Geistesgeschichte
Kollwitzstr. 57
10405 Berlin
Tel. 030 - 44 04 92 20
Fax 030 - 442 81 77
lukas-verlag@t-online.de
www.lukasverlag.com
Verleger: Dr. Frank Böttcher
Gründungsjahr: 1996
Lieferbare Titel: 130
Novitäten: 20
Programm: Archäologie, Architektur, Bildende Kunst, Geschichte des Mittelalters, Kulturgeschichte, Literaturwissenschaft, Musik, Philosophie, Religion, Soziologie, Zisterzienserstudien, Bauforschung, Berlin, Brandenburg, Harz-Forschungen

Ms.-Angebote: nach vorheriger telefonischer Anfrage, als Manuskript
Ms.-Rücksendung: ja, mit Rückporto

Lusatia Verlag Dr. Stübner & Co.KG
Töpferstr. 35
02625 Bautzen
Tel. 03591 - 53 24 00
Fax 03591 - 53 24 00
lusatiaverlag@t-online.de
Verlagsleitung: Dr. Frank Stübner
Gründungsjahr: 1992
Lieferbare Titel: 66
Programm: Literatur über die Oberlausitz, Bildbände, Wanderbegleiter
Ms.-Angebote: nach vorheriger telefonischer Anfrage, als Exposé
Ms.-Rücksendung: ja, mit Rückporto

Lutherisches Verlagshaus GmbH
Knochenhauerstr. 38/40
30159 Hannover
Tel. 0511 - 124 17 18
Fax 0511 - 124 19 48
lvh@lvh.de
www.lvh.de
Verleger: Ev.-luth. Landeskirche Hannovers
Verlagsleitung: Dr. Hasko von Bassi
Gründungsjahr: 1947
Lieferbare Titel: 120
Novitäten: 20-30
Programm: Gottesdienstliteratur, Theologische Fachliteratur, Christliche Lebenshilfe und -Unterhaltung
Lektorat: Corina Kruse-Roth
Ms.-Interessen: Sachbücher für Gemeindearbeit, Sachbücher zum Christentum im Alltag, Christliche Unterhaltungsliteratur: Historische Romane, Kurzgeschichten sowie Theologische Handbücher
Ms.-Angebote: als Exposé mit Textprobe von 8 Seiten
Medium: Papierausdruck, Diskette
Ms.-Rücksendung: ja, mit Rückporto

Mabuse-Verlag GmbH
Kasseler Str. 1a
60486 Frankfurt am Main
Tel. 069 - 97 07 40 71
Fax 069 - 70 41 52
info@mabuse-verlag.de
www.mabuse-verlag.de
Programm: Sachbücher zur Humanen Pflege und Medizin

Maecenata Verlag
Albrechtstr. 22
10117 Berlin
Tel. 030 - 28 38 79-09
Fax 030 - 28 38 79 - 10
mi@maecenata.de
www.maecenata.de
Verleger: Rupert Graf Strachnitz
Verlagsleitung: Susanne Rindt
Lieferbare Titel: 27
Novitäten: 4
Programm: Stiftungswesen, Nachschlagewerke, Arbeitshefte für Dritter-Sektor-Forschung

Ms.-Angebote: nach vorheriger telefonischer Anfrage, als Exposé
Medium: Papierausdruck, Diskette, E-Mail
Ms.-Rücksendung: ja

Mairs Geographischer Verlag
Marco-Polo-Zentrum
73760 Ostfildern
Tel. 0711 - 45 02-0
Fax 0711 - 45 02-310
mairhuydts@mairs.de
www.maircopolo.de
Verleger: Dr. Volkmar Mair,
Dr. Stephanie Mair-Huydts
Gründungsjahr: 1948
Programm: Abenteuer- und Reiseführer, Hotel- und Restaurantführer, Geografie, Atlanten, Landkarten, Sprachführer, Reisemagazin
Lektorat: Chefred. marco polo: Marion Zorn (Dw -139, zorn@...)
Ms.-Angebote: nach vorheriger telefonischer Anfrage

Malik Verlag
Georgenstr. 4
80799 München
Tel. 089 - 38 18 01-0
Fax 089 - 33 87 04
info@piper.de
Verleger: Dr. Wolfgang Ferchl Verleger und Geschäftsführer
Verlagsleitung: Hans-Joachim Hartmann (kaufm. Geschäftsführer)
Verlagsgruppe: Bonnier Media Deutschland

Programm: Sachbuch, Biografien
Lektorat: Bettina Feldweg
Ms.-Angebote: als Exposé
Medium: Papierausdruck
Ms.-Rücksendung: ja

Manhattan Verlag
Neumarkter Str. 28
81673 München
Tel. 089 - 41 36-0
Fax 089 - 41 36 - 333
info@randomhouse.de
www.randomhouse.de
Verlagsleitung: Dr. Georg Reuchlein
Verlagsgruppe: Random House
Programm: Unterhaltung, Kriminalromane

R. Mankau Verlag
Postfach 13 22
82413 Murnau
Tel. 08841 - 62 77 69-0
Fax 08841 - 62 77 69-6
kontakt@mankau-verlag.de
www.mankau-verlag.de
Verleger: Raphael Mankau
Zum Verlag: Bücher, die den Horizont erweitern
Programm: Mutige Stellungnahmen aus Gesellschaft, Wirtschaft und Ökologie, wertorientierte Aussagen, Bücher für gesunde Lebensführung
Ms.-Angebote: nach vorheriger Anfrage
Ms.-Rücksendung: ja, mit Rückporto

Wolfgang Mann – siehe
Beltz & Gelberg

MännerschwarmSkript Verlag
Lange Reihe 102
20099 Hamburg
Tel. 040 - 43 60 93
Fax 040 - 430 29 32
verlag@maennerschwarm.de
www.maennerschwarm.de
Gründungsjahr: 1992
Lieferbare Titel: 130
Novitäten: 15
Programm: Internationale Belletristik von homosexuellen Autoren, Wissenschaftliche Publikationen, Comics
Lektorat: Belletristik:
Joachim Bartholomae,
Sachbuch: Detlef Gruenbach
Ms.-Angebote: als Exposé mit Textprobe von 30 Seiten
Medium: Papierausdruck
Ms.-Rücksendung: ja, mit Rückporto

Manutius Verlag
Eselspfad 2
69117 Heidelberg
Tel. 06221 - 16 32 90
Fax 06221 - 16 71 43
www.manutius-verlag.de
Verleger: Frank Würker, M.A.
Gründungsjahr: 1985
Lieferbare Titel: 120
Programm: Geschichte des Mittelalters, Geschichte der Neuzeit, Kulturgeschichte, Literaturwissenschaft, Philosophie, Historische Reisebeschreibungen, Rechts- und Staatswissenschaft, Humanismus, Lateinische Literatur der Neuzeit
Ms.-Interessen: an Renate Solbach M.A., Tel. 0221 - 40 61 347
Ms.-Angebote: nach vorheriger telefonischer Anfrage als Manuskript
Medium: Papierausdruck
Ms.-Rücksendung: ja, mit Rückporto

Manz Verlag
Marienplatz 12
96142 Hollfeld
Tel. 09274 - 94 72 16
Fax 09274 - 941 32
service@manz-verlag.de
Programm: Lernhilfen

Marani Verlag
Ruselstr. 5
84107 Unterneuhausen
Tel. 08708 - 92 20 26
Fax 08708 - 92 20 27
info@marani-verlag.de
www.marani-verlag.de
Verleger: Martin Held,
Anita Schäbel
Verlagsleitung: Martin Held,
Anita Schäbel
Gründungsjahr: 1998
Lieferbare Titel: 6
Programm: Fantasy, Esoterik

mare balticum
Postfach 12 09 42
10599 Berlin
Tel. 030 - 31 80 32 23
Fax 030 - 31 80 32 23
helker.pflug@t-online.de
Verleger: Helker Pflug
Gründungsjahr: 1992
Lieferbare Titel: 30
Novitäten: 2
Programm: Belletristik, Erinnerungen
Ms.-Angebote: nach vorheriger telefonischer Anfrage, als Manuskript oder Exposé
Medium: Papierausdruck
Ms.-Rücksendung: ja, mit Rückporto

marebuchverlag
Slomanhaus, Steinhöft 11
20459 Hamburg
Tel. 040 - 36 80 76 00
Fax 040 - 36 80 76 76
info@marebuch.de
www.marebuch.de
Verleger: Nikolaus Hansen
Novitäten: 20
Programm: von der Belletristik bis zu verschiedenen Formen des Sachbuchs (Kulturgeschichte, populäre Wissenschaft, Biographie, Reise, Entdeckung, Abenteuer), wobei es darum geht, das Meer in seiner konkreten, aber auch in seiner symbolischen und metaphorischen, seiner mythischen und mythologischen, seiner historischen und nicht zuletzt auch seiner ökologischen Bedeutung für die Erde und den Menschen in den Blick des Lesers zu rücken
Lektorat: Tim Jung
(tjung@marebuch.de)

Verlag Maritim GmbH
Striepenweg 31
21147 Hamburg
Tel. 040 - 797 13 03
Fax 040 - 79 71 33 24
w_reichardt@koehler-mittler.de
www.koehler-mittler.de
Verlagsgruppe: Koehler/Mittler
Programm: Schifffahrt
Ms.-Angebote: nach vorheriger telefonischer Anfrage, als Exposé
Ms.-Rücksendung: ja

Marix Verlag
Römerweg 10
65187 Wiesbaden
Tel. 0611 - 17 43 78 54
Fax 0611 - 17 43 78 56
info@marixverlag.de
www.marixverlag.de
Verlegerin: Miriam Zöller
Verlagsleitung: Miriam Zöller
Zum Verlag: Modernes Antiquariat, Geistes- und Kulturgeschichte, Judaica
Gründungsjahr: 2004
Lieferbare Titel: 130
Novitäten: ca. 80
Programm: Geistes- und Kulturgeschichte, Judaica

Ms.-Interessen: Geistes- und Kulturgeschichte, Judaica
Ms.-Angebote: als Exposé mit Textprobe von 5 Seiten
Medium: Papierausdruck
Ms.-Rücksendung: ja

Markstein Verlag
Echterdinger Str. 53
70794 Filderstadt
Tel. 0711 - 70 83 21 14
Fax 0711 - 70 83 21 12
post@markstein-verlag.de
www.markstein-verlag.de
Verlegerin: Cornelia Fritsch
Verlagsleitung: Cornelia Fritsch
Zum Verlag: wissensch. u. populäre Sachbücher, Bildbände, Biografien
Programm: Geschichte, Landesgeschichte Baden-Württemberg, Kulturgeschichte, Wirtschaftsgeschichte, Biografien
Lektorat: Dr. Birgit Wüller (bwueller@markstein-verlag.de, Tel. 0711 - 489 66 40)
Ms.-Angebote: nach vorheriger telefonischer Anfrage
Medium: Papierausdruck, E-Mail
Ms.-Rücksendung: ja

MaroVerlag
Zirbelstr. 57 a
86154 Augsburg
Tel. 0821 - 41 60 34
Fax 0821 - 41 60 36
info@maroverlag.de
www.maroverlag.de

Verleger: Benno Käsmayr
Gründungsjahr: 1969
Lieferbare Titel: 140
Novitäten: 5
Programm: Biografien, Belletristik, Lyrik
Ms.-Angebote: nach vorheriger telefonischer Anfrage
Medium: Papierausdruck
Ms.-Rücksendung: ja, mit Rückporto

materialverlag Hochschule für bildende Künste
Lerchenfeld 2
22081 Hamburg
Tel. 040 - 42 89 89-354 /- 355
Fax 040 - 42 89 89-354 /- 355
info@material.verlag.de
www.material-verlag.de
Programm: Bücher und CD-ROM zu Kunst, Fotografie, Typografie, Zeichnung und Kunstwissenschaft, Künstlerbücher
Ms.-Interesse: nur von Studierenden der Hochschule

Autoren-Verlag Matern
Menzelstr. 34
47053 Duisburg
Tel. 0203 - 28 46 84
Fax 0203 - 279 23
info@autorenverlag-matern.de
www.autorenverlag-matern.de
Verleger: Reinhard Matern
Programm: Kleines Belletristikprogramm, primär analytische Philo-

sophie und Sachbuch Kultur
(Medien, Künste, Kulturpolitik
und -wirtschaft)
Lektorat: Reinhard Matern
Ms.-Angebote: als Exposé mit Textprobe von 4-5 Seiten
Medium: E-Mail

Mattes Verlag GmbH
Steigerweg 69
69028 Heidelberg
Tel. 06221 - 45 93 21
Fax 06221 - 45 93 22
verlag@mattes.de / www.mattes.de
Verleger: Kurt Mattes
Gründungsjahr: 1989
Programm: Literaturwissenschaft, Psychologie
Ms.-Angebote: nach vorheriger telefonischer Anfrage, als Manuskript
Medium: Papierausdruck, Diskette, E-Mail

Matthaes Verlag GmbH
Olgastr. 87
70180 Stuttgart
Tel. 0711 - 21 33-0
Fax 0711 - 21 33 - 320
buch@matthaes.de
www.matthaes.de
Programm: Fachbücher für das Ernährungshandwerk, Gastronomie, Fremdenverkehr
Ms.-Angebote: nach vorheriger telefonischer Anfrage
Medium: Papierausdruck, E-Mail
Ms.-Rücksendung: nein

Matthes & Seitz Berlin Verlag GmbH
Göhrener Str. 7
10437 Berlin
Tel. 030 - 44 32 74 01
Fax 030 44 32 74 02
info@matthes-seitz.berlin.de
Verlagsleitung: Dr. Andreas Rotzer
Zum Verlag: Literatur, Essayistik
Gründungsjahr: 1977
Lieferbare Titel: 140
Novitäten: 20
Programm: Literatur, Essayistik

Matthiesen Verlag
Nordbahnhofstr. 2
25813 Husum
Tel. 04841 - 83 52-0
Fax 04841 - 83 52-10
verlagsgruppe.husum@t-online.de
www.verlagsgruppe.de
Verleger: Ingwert Paulsen
Verlagsleitung: Ingwert Paulsen
Gründungsjahr: 1892
Verlagsgruppe: Verlagsgruppe Husum
Programm: Geschichte, Schulbücher, Sprachwissenschaften
Lektorat: Ingwert Paulsen
Ms.-Angebote: nach vorheriger telefonischer Anfrage
Ms.-Rücksendung: ja, mit Rückporto

Mäule & Gosch
Alf List & Wolfgang Schmidt GbR
Adlerstr. 18
70806 Kornwestheim
Tel. 07154 - 627-0
Fax 07154-085 98
mg@schwabenpower.de
www.schwabenpower.de
Programm: Schwäbisch-Literarisches, Schwäbisch-Humoristisches, Schwäbisch-Rockiges, Schwäbisch-Volkstümliches

Maximilian Verlag
Dr. Kurt Schober GmbH & Co.KG
Striepenweg 31
21147 Hamburg
Tel. 040 - 797 13 03
Fax 040 - 79 71 33 24
w_reichardt@koehler-mittler.de
www.koehler-mittler.de
Verlagsgruppe: Koehler/Mittler
Programm: Fachbücher für Staat, Verwaltung, Recht, Wirtschaft, Gesetzes-Sammlungen, Aus- und Fortbildungsbücher für den Öffentlichen Dienst
Ms.-Angebote: nach vorheriger telefonischer Anfrage, als Exposé
Ms.-Rücksendung: ja

Verlag Johannes M. Mayer
& Co. GmbH
Am Wallgraben 142
70565 Stuttgart
Tel. 0711 - 476 08 03
Fax 0711 - 476 08 05
info@verlag-mayer.de
www.verlag-mayer.de
Verleger: Johannes M. Mayer
Gründungsjahr: 1996
Lieferbare Titel: 80
Novitäten: 10
Programm: Schwerpunkt: Mensch und Medizin, Belletristik, Kulturgeschichte, Lebenshilfe, Medizin, Psychologie, Pädagogik
Ms.-Angebote: als Manuskript
Medium: Papierausdruck
Ms.-Rücksendung: ja, mit Rückporto

Medien Tenor
Institut für Medienanalyse GmbH
Kurt-Schumacher-Str. 2
53113 Bonn
Tel. 0228 - 934 44-0
Fax 0228 - 934 44-93
medien-tenor@innovatio.de
www.medien-tenor.de
Verleger: Roland Schatz
Gründungsjahr: 1984
Programm: Bücher, Forschungsberichte zu Inhaltsanalysen Deutscher und Internationaler Medien
Lektorat: Christian Holmer, Markus Rettich
Ms.-Angebote: als Exposé

medpharm Scientific Publishers
Birkenwaldstr. 44
70191 Stuttgart
Tel. 0711 - 25 82-0
Fax 0711 - 25 82 - 290
service@medpharm.de

www.medpharm.de
Verleger: Dr. Christian Rotta,
Dr. Klaus G. Brauer
Gründungsjahr: 1981
Verlagsgruppe: Deutscher Apotheker Verlag
Lieferbare Titel: 70
Programm: Pharmazie, Medizin, Patientenratgeber
Ms.-Angebote: nach vorheriger telefonischer Anfrage, als Exposé mit Textprobe
Medium: Papierausdruck
Ms.-Rücksendung: ja

Felix Meiner Verlag
Richardstr. 47
22081 Hamburg
Tel. 040 - 29 87 56-32
Fax 040 - 29 87 56-20
info@meiner.de
www.meiner.de
Gründungsjahr: 1911
Programm: Texte aus allen Epochen der Philosophiegeschichte
Lektorat: Horst-D. Brandt, Marion Lauschke
Ms.-Angebote: nach vorheriger telefonischer Anfrage
Medium: Papierausdruck
Ms.-Rücksendung: ja, mit Rückporto

Meinhardt Text und Design
Magdeburger Str. 11
65501 Idstein
Tel. 06126 - 58 86 88
Fax 06126 - 58 86 89

kerstin.meinhardt@meinhardt-design.de
www.meinhardt-design.de
Programm: Rüstung, Menschenrechte, Armut, Asyl

Melina-Verlag
Am Weinhaus 6
40882 Ratingen
Tel. 02102 - 959 40, 959 - 621
Fax 02102 - 959-622
redaktion@melina-verlag.de
www.melina-verlag.de
Verleger: Ewald Hein
Verlagsleitung: Ewald Hein, Annette Hein
Gründungsjahr: 1992
Lieferbare Titel: 50
Programm: Bücher und Bildbände in Deutsch, Englisch, Litauisch, Biografien, Belletristik, Bildbände, Bildende Kunst, Bildung, Fachzeitschriften, Geschichte der Antike, Geschichte des Mittelalters, Kulturgeschichte, Kurzgeschichten, Philosophie, Reisen, Religion
Lektorat: Andrea Korte (Dw -21 oder –23)
Ms.-Interessen: Bildbände Osteuropa, Asien, Baltische Staaten, auch Romane
Ms.-Angebote: als Exposé mit Textprobe von 15 Seiten
Medium: Papierausdruck
Ms.-Rücksendung: ja, mit Rückporto

J. Ch. Mellinger Verlag GmbH
Burgholzstr. 25
70376 Stuttgart
Tel. 0711 - 54 37 87
Fax 0711 - 55 68 89
mellinger@sambo.de
Programm: Anthroposophie,
Waldorfpädagogik, Bilderbücher,
Jugendbücher
Ms.-Angebote: nach vorheriger
telefonischer Anfrage
Medium: Papierausdruck
Ms.-Rücksendung: ja, mit Rückporto

Memento Verlag AG
Kartäuserstr. 47
79102 Freiburg
Tel. 0761 - 478 28-0
Fax 0761 - 478 28 - 982
online@memento.de
www.memento.de
Programm: Juristische Fachinformation, Personal-, Steuer-, Gesellschaftsrecht

memo verlag
Vaihinger Landstr. 63
70195 Stuttgart
Tel. 0711 - 697 98 06
Fax 0711 - 697 98 08
info@memoverlag.de
www.memoverlag.de
Programm: Gesundheit und Fitness,
Medizin, Pädagogik, Psychologie
und Psychiatrie, Ratgeber
Ms.-Angebote: als Exposé mit Textprobe von 15 Seiten

Medium: Papierausdruck
Ms.-Rücksendung: ja

Verlag Mensch & Wirtschaft
Inh. Elisabeth Schiefer-Paris
Siedlung 13
88090 Immenstadt
Tel. 06151 - 14 64 03
Fax 06151 - 14 67 51
verlag@mensch-und-wirtschaft.de
www.mensch-und-wirtschaft.de
Zum Verlag: Management im
3. Jahrtausend, China, Globalisierung
Programm: Beruf und Kariere,
Psychologie und Psychiatrie, Wirtschaft, Management

Menschenkinder Verlag und
Vertrieb GmbH
An der Kleimannbrücke 97
48157 Münster
Tel. 0251 - 932 52-0
Fax 0251 - 932 52-90
info@menschenkinder.de
www.menschenkinder.de
Verleger: Detlev Jöcker
Verlagsleitung: Nicole Sander
Programm: Beschäftigungs- und
Mitmachbücher für Erzieher und
Eltern, Musik für Kinder und junge
Erwachsene
Ms.-Angebote: nach vorheriger telefonischer Anfrage
Medium: Papierausdruck
Ms.-Rücksendung: ja

mentis Verlag GmbH
Schulze-Delitzsch-Str. 19
33100 Paderborn
Tel. 05251 - 68 79 02, -04
Fax 05251 - 68 79 05
info@mentis.de
www.mentis.de
Gründungsjahr: 1998
Lieferbare Titel: 280
Novitäten: ca. 35
Programm: Philosophie des Geistes, Sprachphilosophie, Analytische Philosophie, Kognitionswissenschaft, Literaturwissenschaft
Ms.-Angebote: nach vorheriger telefonischer Anfrage
Medium: Papierausdruck
Ms.-Rücksendung: ja, mit Rückporto

Mentor-Verlag GmbH
Mies-van-der-Rohe-Str. 1
80807 München
Tel. 089 - 360 96-0
Fax 089 - 360 96-432
redaktion.ml@langenscheidt.de
www.mentor.de
Verleger: Karl Ernst Tielebier-Langenscheidt, Andreas Langenscheidt
Verlagsleitung: Rolf Müller
Verlagsgruppe: Langenscheidt
Programm: Übungsbücher von der 1. Klasse bis Abitur und für alle Fächer, Lernhilfen, Lern-Software, Lektüre-Interpretationshilfen

Merch Movie Edition GmbH
Lauxmannweg 19
75378 Liebenzell
Tel. 07052 - 92 31-0
Fax 07052 - 92 31 - 1
ines.veith@merchmovie.de
www.merchmovie.de
Verlagsleitung: Ines Veith
Gründungsjahr: 2000
Lieferbare Titel: 8
Programm: Literarische Vorlagen und Drehbücher für Kinofilme, TV-Movies und TV-Serien
Lektorat: Karin Proft
Ms.-Angebote: als Exposé
Medium: Papierausdruck
Ms.-Rücksendung: ja

Merlin Verlag
Nr. 38
21397 Gifkendorf
Tel. 04137 - 72 07
Fax 04137 - 79 48
info@merlin-verlag.de
www.merlin-verlag.de
Programm: Literatur, Kunst, Essay, Magie, Theater, Lyrik

Merseburger Verlag
Postfach 103 880
34038 Kassel
Tel. 0561 - 78 98 09-0
Fax 0561 - 78 98 09-16
mail@merseburger.de
www.merseburger.de
Verlagsleitung: Wolfgang Matthei
Zum Verlag: Musik, Chor, weltlich

und geistlich, instrumental, Noten und Fachbücher
Gründungsjahr: 1849
Lieferbare Titel: 2000
Novitäten: 15-20
Lektorat: Birgit Matthei, Dw -13
Ms.-Angebote: nach vorheriger telefonischer Anfrage
Medium: E-Mail
Ms.-Rücksendung: ja, mit Rückporto

Merve Verlag
Crellestr. 22
10827 Berlin
Tel. 030 - 784 84 33
Fax 030 - 788 10 74
merve@compuserve.com
www.merve.de
Programm: Literatur, Philosophie, Kunst

Verlagsgemeinschaft Merz & Solitude
Solitude 3
70197 Stuttgart
Tel. 0711 - 996 19-0
Fax 0711 - 996 19-50
mr@akademie-solitude.de
www.merzundsolitude.de
Zum Verlag: Akademie Schloss Solitude
Gründungsjahr: 2004
Lieferbare Titel: 130
Novitäten: ca. 15
Programm: Reihe Reflexiv (Texte zum Kulturellen Diskurs und zur Kunst), Reihe Projektiv (Verschiedene Themenbereiche und Medien), Reihe Literatur (Belletristik)
Ms.-Interessen: Nur Publikationen von Stipendiaten der Akademie

MeterMorphosen
Brückenstr. 13
60594 Frankfurt am Main
Tel. 069 - 21 99 59 83
Fax 069 - 21 99 81 64
metermorphosen@t-online.de
www.metermorphosen.de
Verlagsleitung: Florian Koch, Michael Knäbe, Ingo Kollmann, Christoph Kremer
Zum Verlag: Unabhängiger Non-Book-Verlag, Entwicklung von Ideen auch für andere Verlage und Industrieunternehmen
Gründungsjahr: 1999
Lieferbare Titel: 20
Novitäten: ca. 4
Programm: Non-Books mit literarischem oder kulturell ansprechendem Hintergrund, häufig verwandelte Alltagsobjekte wie der Historische Zollstock, der Kunstzollstock, Haiku, Japanische Gedichte auf Ess-Stäbchen, Memoleum, ein Memoryspiel aus Linoleum mit Originalmoti
Lektorat: Florian Koch, Michael Knäbe, Ingo Kollmann, Christoph Kremer
Ms.-Interessen: Ungewöhnliche Objekte mit Geist, Witz und Charme, Inhalt und Form müssen

zu einer schlüssigen, bezwingenden Einheit gebracht werden
Ms.-Angebote: nach vorheriger telefonischer Anfrage, als Exposé mit Textprobe
Medium: Papierausdruck
Ms.-Rücksendung: ja, mit Rückporto

Methusalem Verlags GmbH
Von-Liebig-Str. 11
89231 Neu-Ulm
Tel. 0731 - 970 28-0
Fax 0731 - 970 28 18
www.methusalem.de
Verlagsleitung: Carmen Höhn
Programm: Kristalle und Heilsteine

Metropol Verlag
Kurfürstenstr. 135
10785 Berlin
Tel. 030 - 261 84 60
Fax 030 - 265 05 18
veitl@metropol-verlag.de
www.metropol-verlag.de
Verleger: Friedrich Veitl
Gründungsjahr: 1988
Lieferbare Titel: 250
Novitäten: 25
Programm: Antisemitismus, Jüdische Geschichte, Fachzeitschriften, Geschichte der Neuzeit, Philosophie, Politik, Soziologie, Zeitgeschichte
Lektorat: Dagmar Rommel, Norbert Seidel
Ms.-Angebote: nach vorheriger telefonischer Anfrage

Medium: Papierausdruck, E-Mail
Ms.-Rücksendung: ja

Metropolitan Verlage
c/o Walhalla Fachverlag
Haus an der Eisernen Brücke
93042 Regensburg
Tel. 0941 - 568 41 32
Fax 0941 - 568 41 11
metropolitan@walhalla.de
www.metropolitan.de
Verlegerin: Eva-Maria Steckenleiter
Programm: Marketing, Unternehmensführung, Geld und Börse, Managementwissen
Ms.-Angebote: nach vorheriger telefonischer Anfrage, als Exposé mit Textprobe von 10 Seiten
Medium: Papierausdruck, Diskette, E-Mail
Ms.-Rücksendung: ja

Verlag J. B. Metzler
Werastr. 21-23
70182 Stuttgart
Tel. 0711 - 21 94-0
Fax 0711 - 21 94-249
www.metzlerverlag.de
Verlagsleitung: Michael Justus, Dr. Bernd Lutz
Gründungsjahr: 1682
Verlagsgruppe: Georg von Holtzbrinck
Lieferbare Titel: 600
Novitäten: 70
Programm: Fachzeitschriften, Film, Fernsehen, Geschichte, Kultur-

geschichte, Literaturwissenschaft, Medienwissenschaft, Musik, Philosophie, Sprachwissenschaften, Theater, Oper, Antike
Lektorat: Programmleitung Dr. Bernd Lutz (lutz@metzlerverlag.de)
Ms.-Angebote: nach vorheriger telefonischer Anfrage, als Exposé
Medium: Papierausdruck
Ms.-Rücksendung: ja

Alfred Metzner Verlag
c/o Hermann Luchterhand Verlag GmbH bei Wolters Kluwer Verlag
Freisingerstr. 3
85716 Unterschleißheim/München
Tel. 089 - 360 07-0
Fax 089 - 360 07 - 331 10
info@wolters-kluwer.de
www.wolters-kluwer.de;
www.luchterhand-fachverlag.de,
www.werner.de
Verlagsgruppe: Wolters Kluwer Verlag Deutschland
Programm: Studienliteratur zu Zivilrecht, Strafrecht, Öffentliches Recht

Metz-Verlag
Josef-Hollerbach-Str. 14
76571 Gaggenau
Tel. 07225 - 740 98
Fax 07225 - 740 98
metzverlag@aol.com
www.metz-verlag.de
Programm: Kinder- und Jugendbücher, Krimis, Geschichtlicher Hintergrund

Lektorat: Helma Metz
Ms.-Interessen: keine Bilderbücher
Ms.-Angebote: als Exposé mit Textprobe von 15 Seiten
Medium: Papierausdruck
Ms.-Rücksendung: ja, mit Rückporto

Meyer & Meyer
Der Sportverlag
Von-Coels-Str. 390
52080 Aachen
Tel. 0241 - 958 10-0
Fax 0241 - 958 10-10
verlag@m-m-sports.com
www.m-m-sports.com
Verleger: Hans Jürgen Meyer
Verlagsleitung: Hans Jürgen Meyer, Irmgard Meyer Purpar
Lieferbare Titel: 1200
Novitäten: 150
Programm: Trainingsbücher, Handbücher zu: Fußball, Laufsport, Wintersport, Ausdauer, Schwimmen, Gymnastik, Behindertensport, Bewegungserziehung, Gesundheit, Leichtathletik, Seniorensport, Turnen; außerdem: Wissenschafliche Buchreihen
Lektorat: Thomas Stengel, lektorat@m-m-sports.com; Dw -28 (international); Alexa Deutz, Jens Lundszien (national)
Ms.-Angebote: als Exposé
Medium: Papierausdruck, Diskette, E-Mail
Ms.-Rücksendung: ja

Peter Meyer Verlag
Schopenhauerstr. 11
60316 Frankfurt am Main
Tel. 069 - 49 44 49
Fax 069 - 44 51 35
info@PeterMeyerVerlag.de
www.PeterMeyerVerlag.de
Verleger: Annette Sievers und
Peter Meyer
Verlagsleitung: Annette Sievers
und Peter Meyer
Gründungsjahr: 1976
Lieferbare Titel: 50
Programm: Reisepraktische Kultur-
reiseführer, Sachbücher für die
Reisevorbereitung, Reise-Sprach-
führer (ausschl. nach Verlagskon-
zept), Reisemagazin »via«, Aus-
flugs- u. Wanderführer Deutschland
Lektorat: Annette Sievers
Ms.-Interessen: Deutschland,
Wandern, Ausflüge
Ms.-Angebote: nach vorheriger tele-
fonischer Anfrage, als Exposé mit
Textprobe von 10 S. plus Inhalts-
verzeichnis
Medium: Papierausdruck, Diskette
oder E-Mail (nach Texterfassungs-
richtlinien des Verlags)
Ms.-Rücksendung: ja, mit Rückporto

mg/publishing
Lochfeldstr. 28 c
76437 Rastatt
Tel. 07222 - 405 95-0
Fax 07222 - 405 95-55
redaktion@mg-publishing.de
www.mg-publishing.de
Verlagsleitung: Ralf Heinrich
Verlagsgruppe: Verlagsabteilung
der Modern Graphics Distribution
GmbH
Programm: Comics, Art Books

Michaels Verlag
Ammergauer Str. 80
86971 Peiting
Tel. 08861 - 590 18
Fax 08861 - 590 18, 670 91
mvv@michaelsverlag.de
www.michaelsverlag.de
Programm: Gesundheit, Esoterik
und Biophysik

Michelin
Michelinstr. 4
76185 Karlsruhe
Tel. 0721 - 530 13 32
Fax 0721 - 530 14 10
reiseverlag-vertrieb@
de.michelin.com
www.michelin.de
Verlagsleitung: Eric Meyer
Programm: Hotelführer, Reiseführer,
Straßenkarten

Microsoft Press Deutschland
Konrad-Zuse-Str. 1
85716 Unterschleißheim
Tel. 089 - 31 76-0
Fax 089 - 31 76 52 70
presscd@microsoft.com
www.microsoft.com/germany/
mspress

Verlagsleitung: Thorsten Schlaak
Gründungsjahr: 1991
Lieferbare Titel: 200, 400 englische Titel
Novitäten: 80
Programm: Bücher rund um Microsoft-Software für Programmierer, IT-Professionals und Endanwender, Wissen aus Erster Hand
Ms.-Interessen: kein Interesse an unaufgefordert eingesandten Manuskripten, erfahrene Autoren in den Bereichen Netzwerke und NET-Programmierung können sich unverbindlich melden

Middelhauve Verlag – siehe *Beltz & Gelberg*

Midena Verlag in der Weltbild Ratgeber Verlage GmbH & Co.KG
Hilblestr. 54
80636 München
Tel. 089 - 92 71-301
Fax 089 - 92 71-308
Verleger: Niclas Gottfried
Verlagsgruppe: Droemer Weltbild
Novitäten: 80
Programm: Medizin, Gesunde Ernährung, Gesundheit, Lebenshilfe, Eltern-Ratgeber, Fitness, Wellness, Schönheit
Lektorat: Franz Leipold, Caroline Colsman
Ms.-Angebote: als Exposé, als Manuskript

Medium: Papierausdruck, Diskette, E-Mail
Ms.-Rücksendung: ja

Militzke Verlag
Huttenstr. 5
04249 Leipzig
Tel. 0341 - 42 64 30
Fax 0341 - 426 43 99
info@militzke.de
www.militzke.de
Verleger: Reiner Militzke
Gründungsjahr: 1990
Programm: Biografien, Politik, Zeitgeschichte, Sachbuch, Tatsachenberichte, Kriminalistik, Schulbuch, Kriminalroman
Lektorat: Dr. Siegfried Kätzel
Ms.-Interessen: Kriminalistik, Zeitgeschichte
Ms.-Angebote: als Exposé mit Textprobe von 10 Seiten
Medium: Diskette
Ms.-Rücksendung: ja

Millionen-Verlag
Kastanienallee 83
10435 Berlin
Tel. 030 - 448 19 60
Programm: Cartoons & Comics

Minedition
Michael Neugebauer Edition GmbH
Werftbahnstraße 8
24143 Kiel
Tel. 0431 - 70 28-246
Fax 0431 - 70 28-299

Verleger: Uwe Achterberg
Programm: Bilderbücher, Kunstkataloge

Miniaturbuchverlag Leipzig
Gutenbergstr. 25
85748 Garching
Tel. 089 - 32 95 41 - 50
Fax 089 - 32 95 41 - 75
mail@minibuch.de
www.minibuch.de
Verleger: Martin Wartelsteiner
Gründungsjahr: 1992
Lieferbare Titel: 54
Novitäten: 8-12
Programm: Miniaturbücher (kleiner als 100 x 100 Millimeter): Klassiker, Satire, Erotik, Verfassungen, Bibeltexte, Bildbände, Regionale Themen
Lektorat: Martin Wartelsteiner
Ms.-Angebote: nach vorheriger telefonischer Anfrage
Medium: Papierausdruck
Ms.-Rücksendung: ja, mit Rückporto

Mira-Taschenbuch im Cora Verlag GmbH & Co. KG
Axel-Springer-Platz 1
20350 Hamburg
Tel. 040 - 347-00
Fax 040 - 347-259 91
www.mira-taschenbuch.de
Verleger: Thomas Beckmann
Gründungsjahr: 2002
Lieferbare Titel: 112
Novitäten: ca. 40-50

Programm: Belletristik, Speziell: Women's Fiction, Romances von NewYork-Times Bestseller-Autorinnen, Zeitgenössische und Historische Liebesromane

Mitteldeutscher Verlag GmbH
Am Steintor 23
06112 Halle
Tel. 0345 - 233 22-0
Fax 0345 - 233 22-66
info@mdv-halle.de
www.mdv-halle.de
Verlagsleitung: Roman Pliske
Gründungsjahr: 1946
Lieferbare Titel: 225
Novitäten: 25-30
Programm: Belletristik, Historische Romane, Bildbände, Geschichte der Neuzeit, Kurzgeschichten, Lyrik, Nachschlagewerke, Reisen, Regionalliteratur, Fachbücher
Lektorat: Dr. Kurt Fricke (Dw -13)
Ms.-Interessen: Regionalgeschichtliche Sachbücher
Ms.-Angebote: nach vorheriger telefonischer Anfrage, als Exposé oder als Exposé mit Textprobe
Medium: Papierausdruck
Ms.-Rücksendung: ja, mit Rückporto

Verlag E. S. Mittler & Sohn
Striepenweg 31
21147 Hamburg
Tel. 040 - 797 13 03
Fax 040 - 79 71 33 24
w_reichardt@koehler-mittler.de

www.koehler-mittler.de
Verlagsgruppe: Koehler/Mittler
Programm: Politik, Zeitgeschichte, Biografien, Luftfahrtgeschichte, Sicherheitspolitik
Ms.-Angebote: nach vorheriger telefonischer Anfrage, als Exposé
Ms.-Rücksendung: ja

Moby Dick Verlag
Kaistr. 33
24103 Kiel
Tel. 0431 - 640 11-0
Fax 0431 - 640 11-12
mobybook@aol.com
Verleger: Konrad Delius
Gründungsjahr: 1980
Verlagsgruppe: Delius Klasing
Lieferbare Titel: ca. 60
Novitäten: ca. 12
Programm: Fahrradbücher, Fahrradreiseführer, Motorradbücher, dazu passende Belletristik
Lektorat: Klaus Bartelt
Ms.-Angebote: als Exposé mit Textprobe von 10 Seiten
Medium: Papierausdruck
Ms.-Rücksendung: ja, mit Rückporto

modo verlag GmbH
Runzstr. 62
79102 Freiburg
Tel. 0761 - 202 28 75
Fax 0761 - 202 28 76
info@modoverlag.de
www.modoverlag.de
Programm: Kunst, Design

Moewig Verlag
Karlsruher Str. 31
76437 Rastatt
Tel. 072 22-130
Fax 072 22-133 01
www.moewig.de
Verlagsleitung: Birgit Wenderoth
Gründungsjahr: 1949
Programm: Science Fiction, Dokumentationen, Kochen und Backen, Kinder und Jugend, Garten und Heimwerken, Bildbände, Ratgeber, Allgemeine Sachbücher, Rätsel, Astrologie und Esoterik
Lektorat: Ullrich Magin, Bettina Snowdon, Ute Rather
Ms.-Angebote: nach vorheriger telefonischer Anfrage
Ms.-Rücksendung: nein

Mohr Siebeck e.K.
Wilhelmstr. 18
72074 Tübingen
Tel. 07071 - 92 30
Fax 07071 - 511 04
info@mohr.de / www.mohr.de
Verleger: Dr. h.c. G. Siebeck
Zum Verlag: wissenschaftliches Traditionsunternehmen mit mehrsprachigen Buchreihen und international besetzen Zeitschriftenredaktionen
Gründungsjahr: 1801
Programm: Geschichte, Philosophie, Politik, Recht, Soziologie, Theologie, Judaistik, Verwaltung, Wirtschaft

Lektorat: Dr. Franz-Peter Gillig
(Cheflektorat Jura), Dr. Henning
Ziebritzki (Cheflektor Theologie),
Dr. h.c. G. Siebeck (Cheflektor
Wirtschaft, Philosophie)
Ms.-Angebote: als Exposé
Medium: Papierausdruck
Ms.-Rücksendung: ja

Verlag Hans-Herbert Mönnig
Kluse 41 - 49
58638 Iserlohn
Tel. 02371 - 238 09, 81 81 81
Fax 02371 - 258 97
verlag@moennig.de
www.moennig.de
Programm: Christliche Bücher, Broschüren, Romane, Geschenkbändchen, Lebenshilfe, Heimatgeschichtliche Bücher, Bildbände, Märchen, Management, Technik, Verkehr, Technische Kulturdenkmäler

Moritz Verlag
Kantstr. 12
60316 Frankfurt am Main
Tel. 069 - 430 50-84
Fax 069 - 430 50-83
moritzverlag@t-online.de
Verleger: Markus Weber
Programm: Bilderbücher fürs Kindergartenalter
Ms.-Angebote: als Dummy das vollständige Bilderbuch mit möglichst drei Farbkopien und den Text auf den jeweiligen Seiten
Ms.-Rücksendung: ja, mit Rückporto

Morstadt Verlag
Kinzigstr. 25
77694 Kehl
Tel. 07851 - 24 24
Fax 07851 - 764 94
info@morstadt-verlag.de
www.morstadt-verlag.de
Verleger: Michael Foshag
Gründungsjahr: 1863
Lieferbare Titel: ca. 200
Novitäten: ca. 20
Programm: Reisen und Wandern, Kultur und Geschichte, Alsatica, Geschenkbuch, Kulinarisches. Allgemeines Deutsches Kommersbuch
Lektorat: Frau Kai Silja Foshag
(Leitung des Lektorats)
Ms.-Angebote: nach vorheriger telefonischer Anfrage, als Exposé mit Textprobe von 20 Seiten
Ms.-Rücksendung: ja, wenn angefordert, ansonsten mit Rückporto

MOSAIK Steinchen für Steinchen Verlag GmbH
Lindenallee 5
14050 Berlin
Tel. 030 - 30 69 27-21
Fax 030 - 30 69 27-29
mosaik@abrafaxe.de
www.abrafaxe.com
Verleger: Klaus D. Schleiter
Verlagsleitung: Anne Hauser-Thiele, Klaus D. Schleiter
Programm: Comics, Comicstories mit den Abrafaxen, Romangeschichten, Detektivgeschichten

Ms.-Angebote: nach vorheriger telefonischer Anfrage
Medium: Papierausdruck, E-Mail
Ms.-Rücksendung: ja

Mosaik bei Goldmann
Neumarkter Str. 28
81673 München
Tel. 089 - 41 36-0
Fax 089 - 41 36 - 3885
info@randomhouse.de
www.randomhouse.de
Verlegerin: Monika König
Verlagsgruppe: Random House
Programm: Goldmann Non-fiction: Zeitgeschichte, Geschichte, Kulturgeschichte, Politik, Allgemeines Sachbuch: Gesellschaft, Psychologie, Naturwissenschaft, Biografien. Ratgeber: Praktische Lebenshilfe, Psychologie, Recht, Beruf, Geld, Gesundheit
Lektorat: Katharina Fokken, Monika König
Ms.-Angebote: als Exposé
Medium: Papierausdruck
Ms.-Rücksendung: ja

moses Verlag GmbH
Arnoldstr. 13 d
47906 Kempen
Tel. 02152 - 20 98 50
Fax 02152 - 20 98 60
info@moses-verlag.de
www.moses-verlag.de
Verleger: Gerd Herterich
Gründungsjahr: 1991
Lieferbare Titel: 100
Programm: Jugend-, Kinderbücher, Spiele, Kinder-Beschäftigung, Sach- und Machbücher
Lektorat: Daniela Schönkes (schoenkes@moses-verlag.de), Tanja Mues (mues@...), Maren Polzin (polzin@...)
Ms.-Angebote: als Exposé
Medium: E-Mail
Ms.-Rücksendung: nein

Motorbuch-Verlag
Olgastr. 86
70180 Stuttgart
Tel. 0711 - 21 08 00
Fax 0711 - 236 04 15
Verlegerin: Dr. Patricia Scholten
Verlagsgruppe: Paul Pietsch
Programm: Bildbände, Militär, Ratgeber, Automobil, Motorrad, Motorsport, Luftfahrt, Zeitgeschichte, Waffenkunde, Marine, Technik

Mox & Maritz Verlag
Stefan Ehlert
Postfach 10 10 21
28010 Bremen
Tel. 0421 - 794 32 26
Fax 0421 - 794 32 26
info@moxundmaritz.de
www.moxundmaritz.de
Verleger: Stefan Ehlert
Verlagsleitung: Stefan Ehlert
Gründungsjahr: 1998
Lieferbare Titel: 8
Novitäten: 2

Programm: Abseitige Literatur, Internationaler Underground

C.F. Müller Verlag
Im Weiher 10
69121 Heidelberg
Tel. 06221 - 489-0
Fax 06221 - 489-450
info@heuthig.de
www.huethig.de
Programm: Kälte-, Klima-, Heizungs- und Lüftungs- und Energietechnik, Architektur und Bautechnik

**Karl Müller Verlag
c/o Zanolli**
Venloer Str. 1271
50829 Köln
Tel. 09131 - 30 04-0
Fax 09131 - 30 04-66
km@kmmedien.de
Programm: Bildbände, Sachbücher, Nachschlagewerke, Klassiker, Kunst- und Kulturgeschichte, Kinder- und Jugendbücher, Kochbücher

Michael Müller Verlag GmbH
Gerberei 19
91054 Erlangen
Tel. 09131 - 812 80 80
Fax 09131 - 81 28 08 60
mmv@michael-mueller-verlag.de
www.michael-mueller-verlag.de
Verleger: Michael Müller
Verlagsleitung: Michael Müller

Gründungsjahr: 1979
Lieferbare Titel: 135
Novitäten: 12
Programm: Reisehandbücher zu Zielen in Europa, Südamerika und Nordafrika
Ms.-Angebote: nach vorheriger telefonischer Anfrage
Medium: Papierausdruck, Diskette, E-Mail
Ms.-Rücksendung: ja

Münchner Verlagshaus
Neumarkter Str. 18
81673 München
Tel. 089 - 43 72-0
Fax 089 - 43 72 28 12
www.randomhouse.de
Verlagsgruppe: Random House
Programm: Belletristik

**Murmann Verlag GmbH
Gerling Akademie Verlag**
Klopstockstr. 6
22765 Hamburg
Tel. 040 - 398 08 30
Fax 040 - 39 80 83-10
mail@murmann-verlag.de
www.murmann-verlag.de
Verleger: Klaas Jarchow und Dr. Sven Murmann (Geschäftsführung)
Zum Verlag: Sach- und Fachbuch
Programm: Wirtschaft, Gesellschaft, Politik, Kultur, Management, Unternehmenskultur Gesundheit, Selbstmanagement

Musikverlage Zimmermann und Robert Lienau
Strubbergstr. 80
60489 Frankfurt am Main
Tel. 069 - 978 28 66
Fax 069 - 97 82 86 79
info@zimmermann-frankfurt.de
www.zimmermann-frankfurt.de
Programm: Musikbücher für Kinder, Jugendliche und Erwachsene, Lehr- und Studienwerke
Ms.-Angebote: nach vorheriger telefonischer Anfrage, als Manuskript
Ms.-Rücksendung: ja

Verlag Muster-Schmidt
Schustraße
37154 Sudheim
Tel. 0551 - 717 41
Fax 0551 - 770 27 74
www.muster-schmidt.de
Verlegerin: Eva-Maria Gerhardy-Löcken
Programm: Wissenschaftlicher Fachverlag für Geschichte, Rechtsgeschichte, Archäologie, Kulturgeschichte und Farbenlehre
Ms.-Angebote: nach vorheriger telefonischer Anfrage
Medium: Papierausdruck, Diskette, E-Mail
Ms.-Rücksendung: ja

MUT-Verlag
Postfach 1
27328 Asendorf
Tel. 04253 - 566
Fax 04253 - 16 03
redaktion@mut-verlag.de
www.mut-verlag.de
Verleger: Bernhard C. Wintzek
Programm: Kulturpolitische Sachbücher
Ms.-Interessen: Geschichte, Kulturgeschichte, Biografien, Politik, Erzählungen
Ms.-Angebote: als Exposé mit Textprobe von 10 S. mit Autoren-Vita
Medium: Papierausdruck
Ms.-Rücksendung: ja, mit Rückporto

mvg-Verlag bei Redline GmbH
Lurgiallee 6 - 8
60439 Frankfurt am Main
Tel. 069 - 58 09 05-0
Fax 089 - 548 52-84 28
e.boos@mvg-verlag.de
www.mvg-verlag.de
Programm: Erfolgsratgeber, Lebenshilfen, Lernhilfen für die Schule, Berufsratgeber, Lehrerliteratur, Lifestyle, Gesundheit und Fitness, Psychologie, Esoterik, Wirtschafts-, Sach- und Fachbuch
Ms.-Angebote: als Exposé mit Textprobe von 10 Seiten
Medium: Papierausdruck, E-Mail
Ms.-Rücksendung: ja

Verlag Stephanie Naglschmid
Senefelder Str. 10
70128 Stuttgart
Tel. 0711 - 626878
Fax 0711 - 612323
naglschmidvsn@t-online.de
www.vsn.de
Verlegerin: Stephanie Naglschmid
Programm: Tauchsport, Meeresbiologie, Bildbände, Gesundheit, Natur, Fotografie, Reisen, Sport, Fitness
Ms.-Angebote: nach vorheriger telefonischer Anfrage, als Exposé mit Textprobe von 10 Seiten
Medium: Papierausdruck
Ms.-Rücksendung: ja, mit Rückporto

Gunter Narr Verlag
Dischingerweg 5
72070 Tübingen
Tel. 07071 - 97 97-0
Fax 07071 - 752 88
Verleger: Gunter Narr
Gründungsjahr: 1969
Programm: Film, Fernsehen, Kulturgeschichte, Lern-Software, Literaturwissenschaft, Sprachwissenschaften, Medien- und Kommunikationswissenschaften, Medienwissenschaft, Nachschlagewerke, Theater
Lektorat: Monika Pfaller
Ms.-Angebote: nach vorheriger telefonischer Anfrage, als Exposé mit Textprobe

Medium: Papierausdruck
Ms.-Rücksendung: ja

Verlag Natur & Text
Friedensallee 21
15834 Rangsdorf
Tel. 033708 - 204 33
Fax 033078 - 204 33
nut-brandenburg@t-online. de
www.natur-und-text.de
Verleger: Dipl.-Geologe Christoph Ehrentraut
Gründungsjahr: 1987
Programm: Natur, Umwelt, Kinder, Naturschutz, Umweltschutz
Ms.-Angebote: nach vorheriger telefonischer Anfrage
Medium: Papierausdruck, Diskette, E-Mail
Ms.-Rücksendung: ja, mit Rückporto

Natura Med Verlagsgesellschaft mbH
Breslauer Str. 5
74172 Neckarsulm
Tel. 07132 - 881 01
Fax 07132 - 825 56
Verleger: Dr. med. Hartmut Jungjohann
Gründungsjahr: 1985
Lieferbare Titel: 20
Programm: Naturheilverfahren, Bachblütentherapie, Dr.-Schüßler-Salze
Ms.-Angebote: als Exposé
Medium: Papierausdruck
Ms.-Rücksendung: nein

Verlag M. Naumann
Eicher Str. 4
61130 Nidderau-Windecken
Tel. 06187 - 221 22
Fax 06187 - 249 02
info@mundartverlag.de
www.mundartverlag.de
Programm: Deutsche Mundarten

NDV Neue Darmstädter Verlagsanstalt GmbH & Co. KG
Hauptstr. 74
53619 Rheinbreitbach
Tel. 02224 - 32 32, 030 - 855 75 11
Fax 02224 - 786 39
info@ndv.info / www.ndv.info
Verleger: Andreas Holzapfel
Verlagsleitung: Andreas Holzapfel
Programm: Handbücher verschiedener Parlamente, Parlamentarismus, Biografiedatenbank,
www.politikus.de
Ms.-Angebote: nach vorheriger telefonischer Anfrage
Medium: Papierausdruck, Diskette, CD
Ms.-Rücksendung: ja

Neckar-Verlag GmbH
Klosterring 1
78050 Villingen-Schwenningen
Tel. 07721 - 89 87-0
Fax 07721 - 89 87 50
neckar-verlag@t-online.de
www.neckar-verlag.de
Verlagsleitung: Inge Holtzhauer, Dr. Heinz Lörcher

Programm: Flug-, Schiff-, Auto-, Dampf- und Heißluftmodelle
Lektorat: Dr. Heinz Lörcher,
loercher@neckar-verlag.de
Ms.-Angebote: als Manuskript
Medium: Papierausdruck
Ms.-Rücksendung: ja

Nelles-Verlag
Schleißheimer Str. 371b
80935 München
Tel. 089 - 35 71 94-0
Fax 089 - 35 71 94-30
info@nelles-verlag.de
www.nelles-verlag.de
Verleger: Günter Nelles, Martin Nelles
Programm: Reiseführer
Lektorat: Berthold Schwarz
Ms.-Angebote: nach vorheriger telefonischer Anfrage
Medium: Papierausdruck
Ms.-Rücksendung: nein

Verlag H.M. Nelte
Alwinenstr. 26
65189 Wiesbaden
Tel. 0611 - 52 10 03
Fax 0611 - 52 10 05
verlag@nelte.de
www.nelte.de
Verleger: H.M. Nelte
Verlagsleitung: H.M. Nelte
Programm: Architektur, Innenarchitektur, Landschaftsarchitektur, Industriearchitektur, Experimentelle Architektur

Verlag Günther Neske
Rotebühlstr. 77
70178 Stuttgart
Tel. 0711 - 66 72 - 12 56
Fax 0711 - 66 72 - 20 31
info@klett-cotta.de
www.klett-cotta.de
Verlagsgruppe: Klett
Programm: Literarisches Programm, Sachbücher, Philosophie

Nest-Verlag GmbH
Große Eschenheimer Str. 16-18
60313 Frankfurt am Main
Tel. 069 - 21 99 36 30
Fax 069 - 21 99 32 30
www.fr-aktuell.com/nest-verlag/index
Programm: Regionaler Freizeitführer und Ratgeber
Ms.-Angebote: nach vorheriger telefonischer Anfrage
Medium: Papierausdruck
Ms.-Rücksendung: nein

Verlag Neue Wirtschafts-Briefe GmbH
Eschstr. 22
44629 Herne
Tel. 02323 - 141-0
Fax 02323 - 141-123
info@nwb.de
www.nwb.de
Programm: Wirtschaft, Steuern, Recht

Das Neue Berlin
Rosa-Luxemburg-Str. 39
10178 Berlin
Tel. 030 - 23 80 91-0
Fax 030 - 23 80 91-25
info@eulenspiegelverlag.de
www.das-neue-berlin.de
Verleger: Dr. Matthias Oehme
Verlagsleitung: Jacqueline Kühne, Dr. Matthias Oehme
Gründungsjahr: 1946
Lieferbare Titel: 130
Novitäten: 40
Programm: Sachbuch, Biografien, Kriminalliteratur, Berlin-Literatur
Ms.-Angebote: nach vorheriger telefonischer Anfrage, als Exposé mit Textprobe von 25 Seiten
Medium: Papierausdruck
Ms.-Rücksendung: ja, mit Rückporto

Neue Erde Verlags-GmbH
Cecilienstr. 29
66111 Saarbrücken
Tel. 0681 - 37 23 13
Fax 0681 - 390 41 02
Verleger: Andreas Lentz
Gründungsjahr: 1984
Programm: Esoterik, Ökologie, Ratgeber, Geomantie, Neues Bewusstsein
Ms.-Angebote: als Exposé mit Textprobe von 20 Seiten
Medium: Papierausdruck
Ms.-Rücksendung: ja, mit Rückporto

**Neue Helmut Leismann GmbH
Kiga-Fachverlag für Pädagogik**
Elversberger Str. 40a
66386 St. Ingbert
Tel. 06894 - 31 01-581
Fax 06894 - 31 01-403
info@kiga-fachverlag.de
www.kiga-fachverlag.de
Programm: Kinderbücher, Fachliteratur für Erzieherinnen, Pädagoginnen, Eltern
Lektorat: Frau Bernstein, Frau Kruse
Ms.-Angebote: als Manuskript
Medium: Papierausdruck
Ms.-Rücksendung: ja

Verlag Neue Stadt
Mangfallstr. 29
81547 München
Tel. 08093 - 20 91
Fax 08093 - 20 96
verlag@neuestadt.com
www.neuestadt.com
Verlagsleitung: Buchprogramm: Stefan Liesenfeld
Gründungsjahr: 1975
Lieferbare Titel: 150
Novitäten: 15-20
Programm: Religion, Theologie, Geschenkbuch, Biografien, Belletristik, Bildung, Cartoon, Kinderbücher, Lebenshilfe, Spiritualität, Bildband, Jugendbücher
Lektorat: Stefan Liesenfeld, Wolfgang Bader, Dr. Gudrun Griesmayer

Ms.-Angebote: nach vorheriger telefonischer Anfrage, als Manuskript
Medium: Papierausdruck
Ms.-Rücksendung: ja

Neue Wege Verlag Astro Medien
Ammergauer Str. 80
86971 Peiting
Tel. 08861 - 590 18
Fax 08861 - 670 91
mvv@michaelsverlag.de
www.michaelsverlag.de
Programm: Astronomie

Neuer Honos Verlag
Emil-Hoffmann-Str. 1
50996 Köln
Tel. 0221 - 336 20-0
Fax 0211 - 336 20-99
nhonos@netcologne.de
www.honos.com
Programm: Sachbücher, Ratgeber, Atlanten und Kartenwerke, Kochbücher, Romane, Kinderbücher, PC-Literatur und Softwareprogramm

VNW-Verlag Neuer Weg
Alte Bottroper Str. 42
45356 Essen
Tel. 0201 - 259 15
Fax 0201 - 26 85 77
neuerweg@neuerweg.de
www.neuerweg.de
Verleger: Uwe Pahsticker
Gründungsjahr: 1973
Lieferbare Titel: 800

Programm: Sozialismus, Arbeiterbewegung, Frauenbewegung, Marxismus-Leninismus, Antifaschismus, Romane, Kinderbücher
Lektorat: Ulrike Wester
Ms.-Angebote: nach vorheriger telefonischer Anfrage
Medium: E-Mail
Ms.-Rücksendung: ja, mit Rückporto

Neues Literaturkontor
Goldstr. 15
48147 Münster
Tel. 0251 - 453 43
Fax 0251 - 405 65
neues-literaturkontor@t-online.de
www.neues-literaturkontor.de
Verleger: Prof. Dr. Hans. D. Mummendey
Verlagsleitung: Prof. Dr. Hans. D. Mummendey
Zum Verlag: Neue Literatur in schönem Gewande
Gründungsjahr: 1990
Lieferbare Titel: 75
Novitäten: 4
Programm: Belletristik, Lyrik, Reise-Feuilletons
Lektorat: Dorothea Potthoff M.A.
Ms.-Angebote: Textprobe von 3 Seiten
Medium: Papierausdruck
Ms.-Rücksendung: ja, mit Rückporto

Neukirchener Verlagshaus Verlagsgesellschaft des Erziehungsvereines mbH
Andreas-Bräm-Str. 18/20
47506 Neukirchen-Vluyn
Tel. 02845 - 39 22 35
Fax 02845 - 39 22 55
info@neukirchener-verlag.de
www.neukirchener-verlag.de
Programm: Religiöse Sachbücher und Erzählende Literatur, Christlicher Glaube heute, Weltreligionen, Ratgeber und Lebenshilfe, Religiöse Erziehung, Religiöses Kinder- und Jugendbuch

Neuland Verlagsgesellschaft mbH Fachverlag und Versandbuchhandlung
Markt 24-26
21502 Geesthacht
Tel. 04152 - 813 42
Fax 04152 - 813 43
gf@neuland.com
www.neuland.com
Verlagsleitung: Jens Burmester
Gründungsjahr: 1889
Lieferbare Titel: 40
Novitäten: ca. 5
Programm: Sucht, Sozialarbeit, Selbsthilfe
Ms.-Angebote: nach vorheriger telefonischer Anfrage
Medium: Papierausdruck

Neuthor-Verlag
Obere Pfarrgasse 31
64720 Michelstadt
Tel. 06061 - 40 79
Fax 06061 - 26 46
neuthor-verlag@compuserve.de
www.edition-baltica.de,
www.neuthor-verlag.de
Verleger: Peter-Jochen Bosse
Gründungsjahr: 1980
Lieferbare Titel: 50
Novitäten: 2-3
Programm: Odenwald, Baltikum
Lektorat: u.a. Claudia Trossmann
Ms.-Interessen: Lettland 1905 / 1919-1920, Grafenhaus Erbach
Ms.-Angebote: nach vorheriger telefonischer Anfrage
Medium: Diskette
Ms.-Rücksendung: ja

NewStarterCenter Treffpunkt für ein gesundes Leben
Hohenegg 2
79692 Raich
Tel. 07629 - 91 91 10
Fax 07629 - 91 91 12
info@ns-c.de
www.ns-c.de
Verleger: Marus Fickenscher
Gründungsjahr: 1997
Lieferbare Titel: 42
Programm: Gesundheit, Ernährung, Ehe, Familie, Erziehung, Schule, Lebenshilfen, Bibelkommentare
Lektorat: Kai Mester (Erziehung), Dr. Gabriele Pietruska (Gesundheit)

Ms.-Angebote: nach vorheriger telefonischer Anfrage
Medium: E-Mail

Nicolai'sche Verlagsbuchhandlung GmbH
Neuenburger Str. 17
10969 Berlin
Tel. 030 - 25 37 38-0
Fax 030 - 25 37 38-39
www.nicolai-verlag.de
Verleger: Dieter Castenow
Verlagsleitung: Hans von Trotha
Programm: Berlin Literatur, Kunstbuch, Fotografie
Ms.-Angebote: nach vorheriger telefonischer Anfrage
Medium: Papierausdruck, E-Mail
Ms.-Rücksendung: ja, mit Rückporto

Verlag Dieter Niedecken GmbH
Wandsbeker Allee 1
22041 Hamburg
Tel. 040 - 414 48-0
Fax 040 - 414 48-999
info@fvw.de
www.niedeckenmedien.de
Programm: Reise, Touristik-Sachbuch

CW Niemeyer Buchverlage GmbH
Osterstr. 19
31785 Hameln
Tel. 05151 - 20 03 11
Fax 05151 - 20 03 19
info@niemeyer-buch.de
www.niemeyer-buch.de
Verleger: Hans Freiwald

Gründungsjahr: 1797
Lieferbare Titel: 200
Programm: Archäologie, Architektur, Biografien, Belletristik, Historische Romane, Bildbände, Bildende Kunst, Fachzeitschriften, Kulturgeschichte
Ms.-Interessen: keine
Ms.-Rücksendung: ja, mit Rückporto

Max Niemeyer Verlag GmbH
Pfrondorfer Str. 6
72074 Tübingen
Tel. 07071 - 98 94-0
Fax 07071 - 98 94-50
max@niemeyer.de
www.niemeyer.de
Verleger: Dr. h.c. Robert Harsch-Niemeyer
Verlagsleitung: Dr. h.c. Robert Harsch-Niemeyer, Wolfgang Herbst, Nikolaus Steinberg, Brigitta Zeller-Ebert
Gründungsjahr: 1870
Lieferbare Titel: 3800
Novitäten: ca. 150
Programm: Geschichte des Mittelalters, Geschichte der Neuzeit, Kulturgeschichte, Linguistik, Judaica, Literaturwissenschaft, Medienwissenschaft, Philosophie, Sprachwissenschaften, Theater
Lektorat: Brigitta Zeller-Ebert
Ms.-Angebote: nach vorheriger telefonischer Anfrage, als Exposé
Medium: Papierausdruck
Ms.-Rücksendung: nein

Nie-Nie-Sagen-Verlag
Silvanerweg 17
78464 Konstanz
Tel. 07531 - 535 70
Fax 07531 - 644 96
www.nie-nie-sagen-verlag.de
Verlegerin: Anita Haberkern
Zum Verlag: Hauptautor Werner Sprenger, Bücher zur INTA-Meditation, Lyrik
Gründungsjahr: 1977
Lieferbare Titel: 45
Programm: Lebenshilfe, Kunst, Meditation, Lyrik, Psychologie, Aphorismen
Lektorat: Helga Wolfrum, Anita Haberkern
Ms.-Interessen: keine
Ms.-Angebote: nach vorheriger telefonischer Anfrage
Medium: Papierausdruck, Diskette, E-Mail
Ms.-Rücksendung: ja, mit Rückporto

Nieswand-Verlag
Werftbahnstr. 8
24143 Kiel
Tel. 0431 - 70 28-221
Fax 0431 - 70 28-119
Programm: Fotografie, Jazz, Film, Kunst, Bildbände

Nikol Verlagsgesellschaft mbH
Kreienkoppel 53
22399 Hamburg
Tel. 040 - 602 71 58
Fax 040 - 606 37 94

Programm: Medizin, Essen und Trinken, Musik

Nomos Verlagsgesellschaft mbH & Co. KG
Waldseestr. 3-5
76530 Baden-Baden
Tel. 07221 - 21 04-0
Fax 07221 - 21 04-27
nomos@nomos.de
www.nomos.de
Verlagsleitung: Geschäftsführer: Dr. Alfred Hoffmann
Verlagsgruppe: C.H. Beck Verlag
Programm: Gesetzesdokumentationen, Recht, Europarecht, Wirtschaftsrecht, Ökonomie, Wirtschaftspolitik, Politik, Medien
Lektorat: Stefan Simonis, Dw - 36, simonis@nomos.de
Ms.-Angebote: als Manuskript
Medium: Papierausdruck
Ms.-Rücksendung: ja

Nymphenburger Verlag
Thomas-Wimmer-Ring 11
80539 München
Tel. 089 - 290 88-0
Fax 089 - 290 88 - 144
nymphenburger@herbig.net
www.herbig.net
Verlegerin: Brigitte Fleissner-Mikorey
Verlagsleitung: Brigitte Fleissner-Mikorey
Verlagsgruppe: Buchverlage Langen Müller Herbig

Programm: Belletristik, Historische Romane, Kriminalromane, Esoterik, Gesundheit, Lebenshilfe, Philosophie, Sport, Ratgeber
Ms.-Angebote: als Exposé mit Textprobe von 30 Seiten
Medium: Papierausdruck
Ms.-Rücksendung: ja, mit Rückporto

Oberbaumverlag
Taschen-, Kunst- und Sachbuchverlag
Friedelstr. 6
12047 Berlin
Tel. 030 - 624 69 21
Fax 030 - 624 69 21
Verlagsleitung: Siegfried Heinrichs
Gründungsjahr: 1966/86
Lieferbare Titel: 110
Programm: Biografien, Belletristik, Bildende Kunst, Geschichte der Neuzeit, Lyrik, Militär
Ms.-Rücksendung: nein

Oberstebrink Verlag GmbH
Bahnstr. 44
40878 Ratingen
Tel. 02102 - 77 17 70-0
Fax 02102 - 77 17 70-21
verlag@oberstebrink.de
www.oberstebrink.de
Verleger: Gerhard Oberstebrink
Gründungsjahr: 1995
Lieferbare Titel: 19
Novitäten: 3-4
Programm: Elternratgeber, Familienratgeber, Elternlexika

Lektorat: Gerhard Oberstebrink,
Katrin Feller,
katrin.feller@oberstebrink.de
Ms.-Angebote: als Exposé
Medium: Papierausdruck
Ms.-Rücksendung: nein

Oertel + Spörer Verlagshaus Reutlingen
Burgstr. 1-7
72764 Reutlingen
Tel. 07121 - 30 21 22
Fax 07121 - 30 25 58
Programm: Biografien, Belletristik, Jagdliteratur, Natur, Regionalia, Haustiere, Hundebücher, Kulturgeschichte, Lyrik, Ratgeber, Reisen, Tiermedizin
Ms.-Angebote: nach vorheriger telefonischer Anfrage, als Exposé mit Textprobe von 10 Seiten
Medium: Papierausdruck, Diskette
Ms.-Rücksendung: ja

Verlag Friedrich Oetinger GmbH
Poppenbütteler Chaussee 53
22397 Hamburg
Tel. 040 - 60 79 09-02
Fax 040 - 60 79 09-50
oetinger@vsg-hamburg.de
www.oetinger.de
Verleger: Silke Weitendorf, Thomas Huggle
Verlagsleitung: Geschäftsführer
Programm: Markus Niesen
Gründungsjahr: 1946
Verlagsgruppe: Oetinger

Lieferbare Titel: 520
Novitäten: 100
Programm: Kinder- und Jugendbücher, CD-ROM
Lektorat: Alexandra Rak,
Sabine Praml, Sophie Härtling
Ms.-Angebote: nach vorheriger telefonischer Anfrage, als Manuskript
Medium: Papierausdruck
Ms.-Rücksendung: ja, mit Rückporto

Dr. Oetker Verlag
Am Bach 11
33602 Bielefeld
Tel. 0521 - 52 06 02
Fax 0521 - 52 06 57
info@oetker-verlag.de
www.oetker.de
Verlagsleitung: Annelore Strullkötter
Programm: Koch- und Backbücher

Officin Albis
Otto- Hahn- Str. 3
85748 Garching
Tel. 089 - 329 11 90
Fax 089 - 43 98 62 19
Verlagsleitung: Barbara Hiebel,
Geschäftsführer: Werner Hiebel
Programm: Bibliophilie: Anspruchsvolle Lyrik, Illustrierte Kinderbücher, Kurzgeschichten (Kleinstauflagen im Handsatz und Buchdruck)
Ms.-Interessen: Fantastische, irreale Kurzgeschichten
Ms.-Angebote: nach vorheriger telefonischer Anfrage

Medium: Papierausdruck
Ms.-Rücksendung: ja, mit Rückporto

Offizin Verlag
Bödekerstr. 75
30161 Hannover
Tel. 0511 - 807 61 94
Fax 0511 - 62 47 30
info@offizin-verlag.de
Verlagsleitung:
Prof. Dr. Michael Buchmüller
Programm: Sozialwissenschaften
Ms.-Angebote: nach vorheriger telefonischer Anfrage, als Exposé
Medium: Papierausdruck, E-Mail
Ms.-Rücksendung: ja, mit Rückporto

Ökobuch Verlag GmbH
Gerwerbestr. 15a
79219 Staufen
Tel. 07633 - 506 13
Fax 07633 - 508 70
oekobuch@t-online.de
www.oekobuch.de
Verleger: Claudia Hadener und Heinz Hadener
Zum Verlag: Profis schreiben für Praktiker!
Gründungsjahr: 1979
Lieferbare Titel: 45
Programm: Sach- und Fachbücher zu Bauen und Technik rund ums Haus, Solartechnik, Erneuerbare Energie, Ökologisches Bauen, Gartengestaltung, (Kunst-)Handwerk, Selbstbau

Ms.-Interessen: s. Verlagsprogramm
Ms.-Angebote: nach vorheriger telefonischer Anfrage, als Exposé mit Textprobe von 20 Seiten oder als Manuskript
Medium: Papierausdruck, Diskette, E-Mail
Ms.-Rücksendung: ja

Ökotopia Verlag
Hafenweg 26
48155 Münster
Tel. 0251 - 481 98-0
Fax 0251 - 481 98 - 29
info@oekotopia-verlag.de
www.oekotopia-verlag.de
Verleger: Wolfgang Hoffmann
Gründungsjahr: 1983
Lieferbare Titel: 140
Novitäten: 12
Programm: Schwerpunkte: Umwelt- und Spielpädagogische, Gruppenpädagogische Literatur, Tonträger für Kinder, Sachbücher. Bildung, Erziehung, Jugendbücher, Kinderbücher, Musik, Natur, Psychologie, Spiele, Sport, Fitness, Tanz, Theater, Umweltthemen, Zeitgeschichte
Lektorat: Hilde Adam, Wolfgang Hoffmann, Katrin Röntgen
Ms.-Angebote: nach vorheriger telefonischer Anfrage, als Exposé mit Textprobe von 15 Seiten
Medium: Papierausdruck
Ms.-Rücksendung: ja

Oktagon Verlagsgesellschaft mbH
Ehrenstr. 4
50672 Köln
Tel. 0221 - 205 96 53
Fax 0221 - 205 96 60
Programm: Bildende Kunst, Architektur, Fotografie
Ms.-Angebote: nach vorheriger telefonischer Anfrage, als Exposé
Medium: Papierausdruck
Ms.-Rücksendung: nein

Oktober Verlag
Volbachweg 34
48157 Münster
Tel. 051 - 52 79 02
Fax 051 - 52 79 02
info@oktoberverlag.de
www.oktoberverlag.de
Verleger: Michael Billmann (Geschäftsführer) und Roland Tauber
Gründungsjahr: 2001
Lieferbare Titel: 8
Novitäten: 10
Programm: Belletristik, Fußball, Philosophie, Politik, Rock- oder Pop-Musik, Essays, Klassiker, Bier, Soziologie
Ms.-Interessen: s. Verlagsprogramm
Ms.-Angebote: als Exposé mit Textprobe von 30 Seiten
Medium: Papierausdruck
Ms.-Rücksendung: nein

Ölbaum Verlag
Henisiusstr. 1
86152 Augsburg
Tel. 0821 - 51 09 87
Fax 0821 - 51 31 22
oelbaum@gmx.de
www.oelbaum-verlag.de
Programm: Judentum und Israel

R. Oldenbourg Verlag GmbH
Rosenheimer Str. 145
81671 München
Tel. 089 - 45 05 12 48
Fax 089 - 45 05 13 33
Programm: Erziehung, Geschichte, Kulturgeschichte, Literaturwissenschaft, Bavarica, Militär, Nachschlagewerke, Wörterbücher, Philosophie, Politik, Psychologie, Schulbücher, Soziologie, Zeitgeschichte

Oldenbourg Wissenschaftsverlag GmbH
Rosenheimer Str. 145
81671 München
Tel. 089 - 45 05 12 48
Fax 089 - 45 05 13 33
verkauf-f@verlag.oldenbourg.de
www.oldenbourg.de
Programm: Physik, Mathematik, Elektrotechnik, Maschinenbau, Informatik, Automatisierungstechnik, Wirtschaft, Steuer, Recht, Geschichte, Zeitgeschichte, Politik, Soziologie, Fachzeitschriften

Georg Olms Verlag
Hagentorwall 7
31134 Hildesheim
Tel. 05121 - 15 01-0
Fax 05121 - 15 01-50
info@olms.de
www.olms.de
Verleger:
Dr. h.c. mult. W. Georg Olms
Verlagsleitung:
Dr. h.c. mult. W. Georg Olms
Zum Verlag: Geisteswissenschaftlicher Fachverlag
Gründungsjahr: 1945
Lieferbare Titel: 6000
Novitäten: 120
Programm: Biografien, Bildende Kunst, Film, Geschichte, Kulturgeschichte, Altertumswissenschaft, Musikwissenschaft, Orientalistik, Hippologie, Judaica, Kunstgeschichte, Rechtswissenschaft, Theologie, Volkskunde, Germanistik, Philosophie, Anglistik, Frauenforschung,
Lektorat: Dr. Doris Wendt (Sprachwissenschaft, Musik, Kunst, Frauenliteratur, Judaica) Dr. Peter Guyot (Altertum, Geschichte, Religion, Philosophie)
Ms.-Angebote: nach vorheriger telefonischer Anfrage, als Exposé
Medium: Papierausdruck, E-Mail
Ms.-Rücksendung: ja

Olms Presse
Hagentorwall 7
31134 Hildesheim
Tel. 05121 - 15 01-0
Fax 05121 - 15 01-50
info@olms.de / www.olms.de
Verleger:
Dr. h.c. mult. W. Georg Olms
Verlagsgruppe: Imprint des Georg Olms Verlag
Lieferbare Titel: 300
Novitäten: 20
Programm: Faksimiledruck alter Werke, Hippologie, Märchen, Kochbücher, Trivialliteratur, Film, Historische Versandkataloge
Lektorat: Danielle Schons (Pferdebuch)
Ms.-Interessen: Pferdebuch
Ms.-Angebote: als Exposé mit Textprobe von 10 Seiten
Medium: Papierausdruck, Diskette, E-Mail
Ms.-Rücksendung: ja

OLV Organischer Landbau Verlagsgesellschaft mbH
Mölleweg 5
46509 Xanten
Tel. 02801 - 717 01, 02
Fax 02801 - 717 03
info@olv-verlag.de
Verlagsleitung: Gabriele Freitag-Lau, Kurt Walter Lau
Gründungsjahr: 1989
Programm: Schwerpunkt: Garten und Ökologie. Architektur, Öko-

Landbau, Selbstversorgung, Ernährung, Biologie, Botanik, Natur
Lektorat: Kurt Walter Lau
Ms.-Angebote: nach vorheriger telefonischer Anfrage, als Exposé
Medium: Papierausdruck
Ms.-Rücksendung: nein

Olzog Aktuell GmbH
Welserstr. 1
81373 München
Tel. 089 - 710 46 66-0
Fax 089 - 710 46 66-1
olzog@olzog.de
www.olzog.de
Programm: Politik, Zeitgeschichte, Erwachsenenbildung
Lektorat: Christiane Reinelt, Dw -3, reinelt@olzog.de
Ms.-Angebote: nach vorheriger telefonischer Anfrage, als Exposé mit Textprobe von 5 Seiten
Medium: Papierausdruck
Ms.-Rücksendung: ja, mit Rückporto

Omega-Verlag
Karlstr. 32
52080 Aachen
Tel. 0241 - 168 16 30
Fax 0241 - 168 16 33
info@omega.verlag.de
www.omega-verlag.de
Verleger: Gisela Bongart und Martin Meier
Verlagsleitung: Gisela Bongart und Martin Meier
Gründungsjahr: 1995
Lieferbare Titel: 30
Novitäten: 2-4
Programm: Lebenshilfe, Bewusstseinsforschung, Populärwissenschaftliches und Alternative Energietechnologien
Lektorat: Lebenshilfe: Gisela Bongart, bongart@omega-verlag.de; alternative Energiethemen: Martin Meier, mmeier@omega-verlag.de
Ms.-Interessen: Lebenshilfe, alternative Energietechnologien
Ms.-Angebote: nach vorheriger telefonischer Anfrage, als Exposé
Medium: Papierausdruck
Ms.-Rücksendung: ja, mit Rückporto

OMNIA Verlag GmbH
Breitscheidtstr. 31
70176 Stuttgart
Tel. 0711 - 61 79 85
Fax 0711 - 615 35 30
www@omnia-verlag.de
www.omnia-verlag.de
Verleger: Claus D. Grupp
Zum Verlag: Sachbuch
Gründungsjahr: 1987
Lieferbare Titel: 10
Novitäten: 1
Programm: Europäische Union, Dritte Welt, (keine Vorschläge) Lehr- und Lernmittel
Ms.-Interessen: keine
Ms.-Angebote: als Exposé
Medium: Papierausdruck
Ms.-Rücksendung: ja, mit Rückporto

**Omnibus Taschenbücher
im C. Bertelsmann Verlag**
Neumarkter Str. 18
81673 München
Tel. 089 - 43 72-24 33
Fax 089 - 43 72-28 21
info@randomhouse.de
www.omnibus-verlag.de
Verleger: Klaus Eck, Joerg Pfuhl
(CEO), Claudia Reitter,
Wolfgang Wiedermann
Verlagsgruppe: Random House
Lieferbare Titel: 500
Novitäten: 180
Programm: Kinder- u. Jugendbücher
Lektorat: Kerstin Kubitz,
Barabara Müller, Kathrin Kuhlmann, Susanne Stark
Ms.-Angebote: nach vorheriger telefonischer Anfrage, als Exposé, als Exposé mit Textprobe oder als Manuskript
Medium: Papierausdruck
Ms.-Rücksendung: ja

Oncken Verlag
Bodenborn 43
58452 Witten
Tel. 02302 - 930 93-731
info@brockhaus-verlag.de
www.oncken-verlag.de
Verlagsleitung: Erhard Diehl
Zum Verlag: evangelischer Publikumsverlag
Novitäten: 50
Programm: Schwerpunkt: Evangelische Theologie, Christlicher Glaube.
Belletristik, Erziehung, Humor,
Jugendbücher, Kinderbücher,
Lebenshilfe, Religion, Bibel- und
Lebenshilfe, Evangelien-Synopsen
Lektorat: Hans-Werner Durau
(Leitg. Gesamtprogramm)
Ms.-Angebote: Exposé mit Textprobe von 20 Seiten
Medium: Papierausdruck
Ms.-Rücksendung: ja

Önel-Verlag
Silcherstr. 13
50827 Köln
Tel. 0221 - 587 90 84, 587 90 86
Fax 0221 - 587 90 04
info@oenel.de
Verlagsleitung: C. Hayati Önel
Programm: Essen und Trinken,
Jugendbücher, Kinderbücher,
Deutsch-Türkische Literatur, Musik,
Reisen, Religion, Schulbücher,
Spiele
Lektorat: Ibrahim Ilbasi
Ms.-Angebote: nach vorheriger telefonischer Anfrage
Medium: Papierausdruck, Diskette, E-Mail
Ms.-Rücksendung: ja

One Way Medien OHG
Ochsenkamp 58
45549 Sprockhövel
Tel. 0202 - 309 99 46/47
Fax 0202 - 31 41 13
one_way@t-online.de
onewaymedien.com

Verleger: Wolfgang Neumeister
Verlagsleitung: Wolfgang Neumeister
Gründungsjahr: 2000
Programm: Biografien, Belletristik, Jugendbücher, Kinderbücher, Lebenshilfe, Musik, Religion
Lektorat: Wolfgang Neumeister, Henrike Ralenkötter
Ms.-Interessen: christliche Literatur
Ms.-Angebote: nach vorheriger telefonischer Anfrage, als Exposé, als Exposé mit Textprobe von 5 Seiten
Medium: Papierausdruck, Diskette, E-Mail
Ms.-Rücksendung: ja, mit Rückporto

Orbis Verlag - siehe *Bassermann*, Verlagsgruppe Random House

O'Reilly Verlag GmbH & Co.KG
Balthasarstr. 81
50670 Köln
Tel. 0221 - 973 16 00
Fax 0221 - 973 16 08
anfragen@oreilly.de
www.oreilly.de
Gründungsjahr: Deutsche Niederlassung 1994
Lieferbare Titel: 600
Novitäten: 120 englisch, 50 deutsch
Programm: Fachbücher zu Linux und Unix, Webprogrammierung Open Source, Betriebssysteme (Mac, Linux, Unix, Windows) Digitale Medien und Anwenderthemen

Ms.-Angebote: als Exposé
Medium: E-Mail
Ms.-Rücksendung: nein

Oreos Verlag
Krottenthal 9
83666 Waakirchen-Schaftlach
Tel. 08021 - 86 68
Fax 08021 - 17 50
oreos@t-online.de
www.oreos.de
Verleger: Walter Lachenmann
Gründungsjahr: 1982
Lieferbare Titel: 50
Novitäten: 4
Programm: Musik (Jazz), Kunst und Kultur, Bayern
Ms.-Angebote: als Exposé mit Textprobe, als Manuskript
Medium: Papierausdruck, Diskette, E-Mail
Ms.-Rücksendung: ja

Dr. Orgler Verlag GmbH
Eschersheimer Landstr. 248
60320 Frankfurt am Main
Tel. 069 - 15 05 38 22
Fax 069 - 59 10 32
orgler.verlag@t-online.de
www.orgler-verlag.de
Programm: Israelische Autoren, junge, unkonventionelle Literatur aus Deutschland und europäischen Ländern

Orlanda Verlag GmbH
Zossener Str. 55-58
10961 Berlin
Tel. 030 - 216 36 96
Fax 030 - 215 39 58
ani@orlanda.de / www.orlanda.de
Verlagsleitung: Anna Mandalka und Ekpenyong Ani
Programm: Orlanda-Krimis, Ratgeber Gesundheit und Psychologie, Lesbische Literatur, Stadtführer, Belletristik unter anderem von afroamerikanischen und afrodeutschen Autorinnen, Sachbücher zu aktuellen Gesellschaftsthemen wie Mobbing, Sexueller Missbrauch, Internet, Frauen und Sexualität im Islam
Lektorat: Ekpenyong Ani
Ms.-Angebote: als Exposé mit Textprobe von 10 Seiten
Medium: Papierausdruck
Ms.-Rücksendung: ja, mit Rückporto

Osho Verlag GmbH
Venloer Str. 5-7
50672 Köln
Tel. 0221 - 574 07 43
Fax 0221 - 52 39 30
oshoverlag@aol.com
www.oshomedia.de
Verleger: Dr. Hansjörg Sieberer
Gründungsjahr: 1988
Lieferbare Titel: 60, 90 CD
Programm: Meditation, Religion, Philosophie, Verbreitung von Oshos Werk
Ms.-Interessen: keine

Pabel-Moewig Verlag KG
Karlsruher Str. 31
76437 Rastatt
Tel. 07222 - 130
Fax 07222 - 133 01
www.moewig.de
Verlagsleitung: Birgit Wenderoth
Programm: Science Fiction, Dokumentationen, Kochen und Backen, Kinder und Jugend, Garten und Heimwerken, Bildbände, Ratgeber, Allgemeine Sachbücher, Rätsel, Astrologie und Esoterik
Lektorat: Ullrich Magin, Bettina Snowdon, Ute Rather
Ms.-Angebote: nach vorheriger telefonischer Anfrage
Medium: Papierausdruck
Ms.-Rücksendung: ja

Pahl-Rugenstein Verlag Nachfolger GmbH
Breite Str. 47
53111 Bonn
Tel. 0228 - 63 23 06
Fax 0228 - 63 49 68
prv@che-chandler.com
Programm: Christen, Geschichte, Zeitgeschichte, Philosophie, Dritte Welt, Politik
Ms.-Angebote: nach vorheriger telefonischer Anfrage, als Exposé
Medium: E-Mail
Ms.-Rücksendung: ja, mit Rückporto

pala-verlag gmbH
Rheinstr. 37
64283 Darmstadt
Tel. 06151 - 230 28
Fax 06151 - 29 27 13
info@pala-verlag.de
www.pala-verlag.de
Verlagsleitung: Wolfgang Hertling
Gründungsjahr: 1980
Lieferbare Titel: 100
Novitäten: ca. 8
Programm: Ernährung, Garten, Gesundheit, Vegetarische Kochbücher, Artgerechte Tierhaltung, Perma Kultur, Vollwertküche
Lektorat: Barbara Reis
Ms.-Angebote: als Exposé mit Textprobe
Medium: Papierausdruck, Diskette, E-Mail
Ms.-Rücksendung: ja

Palmyra Verlag
Hauptstraße 64
69117 Heidelberg
Tel. 06221 - 16 54 09
Fax 06221 - 16 73 10
palmyra-verlag@t-online.de
www.palmyra-verlag.de
Verleger: Georg Stein
Gründungsjahr: 1989
Lieferbare Titel: 40, *Novitäten:* 8
Programm: Biografien, Belletristik, Bildbände, Geschichte der Neuzeit, Israel-Palästina, Arabische Literatur, Rockmusik, Musik, Politik, Zeitgeschichte

Ms.-Angebote: nach vorheriger telefonischer Anfrage, als Exposé mit Textprobe von 20 Seiten
Medium: Papierausdruck
Ms.-Rücksendung: ja, mit Rückporto

Pandion Verlag
Gartenstr. 10
55469 Simmern
Tel. 06761 - 71 42
Fax 06761 - 71 72
info@pandion-verlag.de
www.pandion-verlag.de
Verlegerin: Ulrike Schmoll
Gründungsjahr: 1956
Lieferbare Titel: 70
Novitäten: 10
Programm: Krimis, Regionalia (Hunsrück)
Ms.-Interessen: Krimis mit historischem Hintergrund
Ms.-Angebote: nach vorheriger telefonischer Anfrage, als Exposé mit Textprobe von 10 Seiten
Medium: Papierausdruck
Ms.-Rücksendung: ja, mit Rückporto

PapyRossa Verlags GmbH & Co. KG
Luxemburger Str. 202
50937 Köln
Tel. 0221 - 44 85 45, 44 62 40
Fax 0221 - 44 43 05
mail@papyrossa.de
www.papyrossa.de
Gründungsjahr: 1990
Lieferbare Titel: 70

Novitäten: 20
Programm: Politik, Geschichte, Zeitgeschichte, Politische Ökonomie und Gesellschaftstheorie, Hochschulschriften, Frauen, Geschlechterverhältnisse, Alltag mit Kindern
Ms.-Angebote: nach vorheriger telefonischer Anfrage, als Exposé mit Textprobe von 5-10 Seiten
Medium: Papierausdruck, E-Mail
Ms.-Rücksendung: ja, mit Rückporto

Parabel – siehe *Beltz & Gelberg*

Param Verlag Günter Kieser
Kurze Str. 5
21702 Ahlerstedt
Tel. 04166 - 370
Fax 04166 - 300
info@param-verlag.de
www.param-verlag.de
Zum Verlag: Sachbuch
Gründungsjahr: 1978
Lieferbare Titel: 50
Novitäten: 10-12
Programm: Therapeutische Lebenshilfe und Kreative Selbsterfahrung
Ms.-Angebote: als Exposé mit Textprobe von 20 Seiten
Medium: Papierausdruck, Diskette, E-Mail
Ms.-Rücksendung: nein

Paranus Verlag und Jakob van Hoddigverlag
Ehndorfer Str. 15-17
24537 Neumünster
Tel. 04321 - 20 04 - 500
Fax 04321 - 20 04 - 411
verlag@paranus.de
www.paranus.de
Verleger: Fritz Bremer
Gründungsjahr: 1991
Lieferbare Titel: 76
Programm: Psychiatrie, Literatur, Kunst, Gesundheitspolitik
Lektorat: Hartwig Hansen (Dw -510)
Ms.-Angebote: als Exposé mit Textprobe
Medium: Papierausdruck, Diskette
Ms.-Rücksendung: ja, mit Rückporto

Parerga Verlag GmbH
Straußberger Platz 19
10243 Berlin
Tel. 0211 - 35 36 91
Fax 0211 - 35 36 92
info@parerga.de
www.parerga.de
Verlagsleitung: Beate Majetschak
Programm: Bildende Kunst, Philosophie
Ms.-Angebote: als Manuskript
Medium: Papierausdruck
Ms.-Rücksendung: ja

Parey Buchverlag
Kurfürstendamm 57
10707 Berlin
Tel. 030 - 32 79 06-59
Fax 030 - 32 79 06-10
parey@blackwis.de
www.parey.de

Verleger: Dr. med. Axel Bedürftig
Zum Verlag: Deutscher Verlag mit internationaler Anbindung
Programm: Essen und Trinken, Fachzeitschriften, Kochbücher, Haustiere, Natur, Ökologie, Umweltthemen, Wasserwirtschaft, Biologie, Botanik, Gartenbau, Landwirtschaft, Zoologie, Tiermedizin
Lektorat:
Dr. vet. med. Andreas Müller (Dw -37, amueller@blackwis.de)
Dr. rer.nat. Olaf Kahl (Dw -61, okahl@blackwis.de)
Ms.-Angebote: nach vorheriger telefonischer Anfrage, als Exposé
Medium: Papierausdruck, Diskette, E-Mail
Ms.-Rücksendung: ja

**Parey Verlag
in MVS Medizinverlage Stuttgart
GmbH & Co. KG**
Oswald-Hesse-Str. 50
70469 Stuttgart
Tel. 0711 - 89 31-0
Fax 0711 - 89 31-706
www.medizinverlage.de
Verlagsleitung: Dr. Thomas Scherb, Albrecht Hauff
Ms.-Angebote: als Exposé mit Textprobe von 10 Seiten
Medium: Diskette, E-Mail
Ms.-Rücksendung: ja

Parthas Verlag GmbH
Stresemannstr. 30
10963 Berlin
Tel. 030 - 88 46 89-0
Fax 030 - 88 46 89 - 11
parthas-berlin@t-online.de
www.parthasverlag.de
Verleger: Gabriela Wachte, Klaus Wettig
Gründungsjahr: 1997
Lieferbare Titel: 100
Novitäten: 50
Programm: Kulturgeschichte, Zeitgeschichte, Theater, Musik, Film, Literatur, Biografien, Berlin
Ms.-Angebote: als Exposé mit Textprobe
Medium: Papierausdruck
Ms.-Rücksendung: ja, mit Rückporto

**Verlag und Druckerei Parzeller
GmbH & Co. KG**
Peterstor 18/20
36037 Fulda
Tel. 0661 - 28 03 74
Fax 0661 - 28 02 85
verlag@parzeller.de
Verleger: Michael Schmitt
Verlagsleitung: Rainer Klitsch
Gründungsjahr: 1873
Lieferbare Titel: 200
Novitäten: 10
Programm: Bildbände, Reisen, Religion, Fulda, Rhön, Osthessen, Sportbücher
Lektorat: Rainer Klitsch
(rainer.klitsch@parzeller.de)

Ms.-Angebote: als Exposé mit Textprobe von 10 Seiten
Medium: Papierausdruck
Ms.-Rücksendung: ja

Patmos Verlag GmbH
Am Wehrhahn 100
40211 Düsseldorf
Tel. 0211 - 167 95-0
Fax 0211 - 167 95-75
service@patmos.de
www.patmos.de
Verleger: Dr. Tullio Aurelio
Verlagsleitung: Dr. Tullio Aurelio
Verlagsgruppe: Cornelsen
Programm: Edutainment, Jugendbücher, Kinderbücher, Bilderbücher, Lebenshilfe, Gesellschaft, Kultur, Theologie, Philosophie, Religion, Religionspädagogik
Ms.-Angebote: als Manuskript
Medium: Papierausdruck
Ms.-Rücksendung: ja

Pattloch Verlag GmbH & Co KG
Hilblestr. 54
80636 München
Tel. 089 - 9271-226
Fax 089 - 92 71-236
www.pattloch.de
Verlagsleitung: Bernhard Meuser
Verlagsgruppe: Droemer Knaur GmbH & Co. KG
Programm: Religion, Bibeln, Geschenkbücher, Kinderbücher, Sachbücher

Paulinus Verlag GmbH
Maximineracht 11c
54295 Trier
Tel. 0651 - 460 81 21
Fax 0651 - 460 82 20
media@paulinus.de
www.paulinus.de
Verlagsleitung: Geschäftsführer: Thomas Junker; Agenturleitung: Christiane Hoffranzen
Novitäten: ca. 25-30
Programm: Wissenschaftliche und Praktische Theologie, Christliches Leben, Meditation und Gebet, Gottesdienst, Religion, Spiritualität, Kunstführer, Kinderführer, Regionalliteratur, Östliche Theologie, Kulturgeschichte, Lebenshilfe, Ratgeber, Christliche Gesellschaftslehre, Judaica
Ms.-Angebote: nach vorheriger telefonischer Anfrage, als Exposé mit Textprobe von 20 Seiten
Medium: Papierausdruck, Diskette
Ms.-Rücksendung: ja, mit Rückporto

Pearson Education Deutschland GmbH
Martin-Kollar-Str. 10-12
81829 München
Tel. 089 - 460 03-0
Fax 089 - 460 03 - 100
www.pearson.de
Verlagsleitung: Axel Nehen
Programm: Computer, Wirtschaft, Software, BWL, Volkswirtschafts-

lehre, Psychologie, Physik, Maschinenbau, Elektrotechnik
Ms.-Angebote: als Exposé
Medium: Papierausdruck, E-Mail
Ms.-Rücksendung: ja

Pendragon-Verlag
Stapenhorststr. 15
33615 Bielefeld
Tel. 0521 - 696 89
Fax 0521 - 17 44 70
pendragon.verlag@t-online.de
www.pendragon.de
Programm: Belletristik, Bildbände, Geschenkbücher, Hörbücher, Krimis
Ms.-Angebote: nach vorheriger telefonischer Anfrage, als Exposé mit Textprobe von
Medium: Papierausdruck
Ms.-Rücksendung: ja, mit Rückporto

persona verlag
Weberstr. 3
68165 Mannheim
Tel. 0621 - 40 96 96
Fax 0621 - 69 18 62
Verlegerin: Lisette Buchholz
Gründungsjahr: 1983
Lieferbare Titel: 31
Novitäten: 1
Programm: Literatur, Zeitgeschichte
Lektorat: Lisette Buchholz
Ms.-Interessen: nein
Ms.-Angebote: als Exposé, Texprobe von 2-3 Seiten
Ms.-Rücksendung: ja, mit Rückporto

Klett Perthes
Justus-Perthes-Str. 3-5 d
99867 Gotha
Tel. 03621 - 385-0
Fax 03621 - 385-102
perthes@klett-mail.de
www.klett-verlag.de/klett-perthes
Verlagsgruppe: Klett

Jens Peters Publikationen
Gotenstr. 65
10829 Berlin
Tel. 030 - 784 72 65
Fax 030 - 788 31 27
jens-peters@usa.net
Programm: Tropenreisen

Richard Pflaum Verlag GmbH & Co. KG
Lazarettstr. 4
80636 München
Tel. 089 - 126 07-0
Fax 089 - 126 07-200
buchverlag@pflaum.de
www.pflaum.de
Verleger: Bela Bottinger
Verlagsleitung: Hans J. Fuhrmann
Programm: Computer, Fachzeitschriften, Elektronik, Naturheilkunde, Elektrotechnik, Gesundheit, Medizin, Ratgeber, Sport, Fitness, Technik
Lektorat: Technik: Dr. Mark (Dw -238, lektorat.mark@pflaum.de), Krankengymnastik/Naturheilkunde: Herr Kannegiesser (Dw -261, buchverlag@pflaum.de)

Ms.-Angebote: nach vorheriger telefonischer Anfrage, als Exposé, als Manuskript
Medium: Papierausdruck, Diskette
Ms.-Rücksendung: ja

Phaidon Verlag
Oranienburger Str. 27
10117 Berlin
Tel. 030 - 288 86 40
Fax 030 - 28 04 48 79
Programm: Architektur, Darst. Künste, Kunst, Fotografie, Mode

Philo Verlagsgesellschaft
Littenstr. 106/107
10179 Berlin
Tel. 030 - 44 01 31-0
Fax 030 - 44 01 31-11
info@philo-verlag.de
www.philo-verlag.de
Programm: Literatur, Philosophie, Philologie, Europäisch-Jüdische Studien, Studien zur Geistesgeschichte

Physica-Verlag
Tiergartenstr. 17
69121 Heidelberg
Tel. 06221 - 48 78-0
Fax 06221 - 4878-177
physica@springer-sbm.com
www.springeronline.com
Verlagsleitung: Dr. Werner A. Müller
Gründungsjahr: 1952
Verlagsgruppe: Springer
Lieferbare Titel: 500

Novitäten: 100
Programm: Wirtschaftswissenschaft, Business, Fachzeitschriften, Finanzen, Wirtschaft, Volkswirtschaftslehre, Regionalwissenschaft, Umweltökonomie, Wirtschaftsinformatik, Ökonometrie
Lektorat: Dr. Werner A. Müller (Dw -345, WernerMueller@...), Dr. Martina Bihn (Dw.575, Martina.Bihn@...), Dipl.-Volksw. Katharina Wetzel-Vandai, M.A. (Dw -713, Katharina.Wetzel@...)
Ms.-Angebote: nach vorheriger telefonischer Anfrage
Medium: Papierausdruck

PIAG Presse Informations AG
Landstr. 67a
76547 Sinzheim/Baden
Tel. 07221 - 301 75 60
Fax 07221 - 301 75 70
office@piag.de / www.piag.de
Zum Verlag: Unsere Leser sind Bildrechtverbraucher und Fotoanbieter, Bildagenturen und Archive.
Gründungsjahr: 1998
Programm: Fachverlag: publizistische Fotografie, Zeitschriften Deutsch-Englisch
Ms.-Interessen: Aus dem Bereich der publizistischen Fotografie (Bildrechte etc.) Honorare, Handelbräuche, News etc.
Ms.-Angebote: nach vorheriger telefonischer Anfrage
Medium: Papierausdruck, E-Mail

Werner Pieper & Grüne Kraft MedienXperimente
Alte Schmiede
69488 Löhrbach
Tel. 06201 - 65 791
Fax 06201 - 225 85
pieper@gruenekraft.com
www.gruenekraft.net
Verleger: Werner Pieper
Gründungsjahr: 1971
Lieferbare Titel: 180
Novitäten: 12
Programm: Randgebiete und Tabuzonen: Psychedelik, Körpertabus unter der Gürtellinie, Musik und Zensur, Krautrock, Drogenpolitik, Afrika, Kolonialgeschichte
Ms.-Angebote: als Exposé mit Textprobe, als Manuskript
Medium: Papierausdruck
Ms.-Rücksendung: ja, mit Rückporto

Verlag der Familienstiftung Pies-Archiv
Forschungszentrum Vorderhunsrück e.V.
Mettberg 18
45549 Sprockhövel
Tel. 0202 - 52 36 96
Fax 0202 - 52 71 78
Verleger: Dr. Eike Pies
Gründungsjahr: 1985
Lieferbare Titel: 60
Programm: Genealogie, Heraldik, Geschichte des Mittelalters, Geschichte der Neuzeit, Kulturgeschichte

Ms.-Angebote: nach vorheriger telefonischer Anfrage
Medium: Papierausdruck, Diskette
Ms.-Rücksendung: ja, mit Rückporto

Pietsch-Verlag
Olgastr. 86
70180 Stuttgart
Tel. 0711 - 210 80-0
Fax 0711 - 236 04 15
Verlegerin: Dr. Patricia Scholten
Verlagsgruppe: Paul Pietsch
Programm: Maritim, Sport, Survival, Schatzsuche, Reisen, Auswandern

Piper Verlag GmbH
Georgenstr. 4
80799 München
Tel. 089 - 38 18 01-0
Fax 089 - 33 87 04
info@piper.de
www.piper.de
Verleger: Dr. Wolfgang Ferchl (Geschäftsführung)
Verlagsleitung: Hans Joachim Hartmann (kaufm.Leitung)
Gründungsjahr: 1904
Verlagsgruppe: Bonnier Media Deutschland GmbH
Programm: Biografien, Belletristik, Geschichte, Kriminalromane; Theologie, Naturwissenschaften, Musik, Philosophie, Politik, Zeitgeschichte, Kulturgeschichte
Lektorat: Belletristik: Anja Rüdiger, Thomas Tebbe, Bettina Feldweg, Friedel Wahren;

Sachbuch: Dr. Klaus Stadler, Ulrich Wank, Britta Egetemeier
Ms.-Angebote: als Exposé
Medium: Papierausdruck, E-Mail
Ms.-Rücksendung: ja

Serie Piper
Georgenstr. 4
80799 München
Tel. 089 - 38 18 01-0
Fax 089 - 33 87 04
info@piper.de
www.piper.de
Verleger: Dr. Wolfgang Ferchl (Geschäftsführung)
Verlagsleitung: Hans Joachim Hartmann (kaufm.Leitung)
Verlagsgruppe: Bonnier Media Deutschland GmbH
Programm: Biografien, Belletristik, Geschichte, Kriminalromane; Theologie, Medizin, Musik, Philosophie, Politik, Zeitgeschichte, Sachbuch
Lektorat: Ulrike Buergel-Goodwin (Programmleitung), Michaela Kenklies, Annika Krummacher
Ms.-Angebote: als Exposé
Medium: Papierausdruck
Ms.-Rücksendung: ja

Pixi – siehe *Carlsen*

Das Plateau c/o Radius Verlag
Olgastr. 114
70180 Stuttgart
Tel. 0711 - 607 66 66
Fax 0711 - 607 55 55
order@radius-verlag.de
www.radius-verlag.de
Programm: Belletristik, Politik, Theologie

Podszun Verlag GmbH
Elisabethstr. 23 - 25
59918 Brilon
Tel. 02961 - 532 13
Fax 02961 – 963 99 00
info@podszun-verlag.de
www.podszun-verlag.de
Programm: Autos, Motorräder, Lastwagen, Feuerwehrfahrzeuge, Traktoren, Omnibusse, Flugzeuge, Lokomotiven und Baumaschinen

Verlag Pogrom /
Gesellschaft für bedrohte Völker
Stumpfe Diehl 11-13
37073 Göttingen
Tel. 0551 - 49 90 60
Fax 0551 - 580 28
redaktion@gfbv.it; mateot@dnet.it
www.gfbv.de
Programm: Minderheiten, Politik, Umweltthemen
Ms.-Angebote: als Manuskript
Medium: E-Mail
Ms.-Rücksendung: nein

Polyglott Verlag GmbH
Mies-van-der-Rohe-Str. 1
80807 München
Tel. 089 - 360 96-0
Fax 089 - 360 96 - 482
redaktion@polyglott.de

www.polyglott.de
Verleger: Karl Ernst Tielebier-Langenscheidt, Andreas Langenscheidt
Verlagsleitung: Rolf Müller
Verlagsgruppe: Langenscheidt
Programm: Reiseführer, Sprachführer, Kartografie

Portikus im Leinwandhaus
Weckmarkt 17
60311 Frankfurt am Main
Tel. 069 - 21 99 87 - 60
Fax 069 - 21 99 07 - 61
info@portikus.de/ www.portikus.de
Gründungsjahr: 1987
Programm: Bücher, Kataloge, Editionen zeitgenössischer Kunst

Postreiter – siehe *Beltz & Gelberg*

Präsenz-Verlag der Jesus-Bruderschaft
Gnadenthal
65597 Hünfelden
Tel. 06438 - 81281
Fax 06438 - 81282
Programm: Belletristik, Bildende Kunst, Lyrik
Ms.-Angebote: nach vorheriger telefonischer Anfrage
Ms.-Rücksendung: ja, mit Rückporto

Prestel Verlag GmbH & Co.KG
Königinstr. 9
80539 München
Tel. 089 - 38 17 09-0
Fax 089 - 38 17 09 - 35
info@prestel.de
www.prestel.de
Verlagsgruppe: Beteiligung der Verlagsgruppe FAZ
Programm: Kunst des 19. und 20. Jahrhunderts, Fotografie, Architektur, Design, Faksimile, Sammelhandbücher, Museumsführer, Reiseführer, Kunstbücher in Englischer Sprache, Kunstbücher für Kinder und Jugendliche

Primus Verlag GmbH
Riedeselstr. 57 A
64283 Darmstadt
Tel. 06151 - 31 80 47
Fax 06151 - 330 82 08
www.primusverlag.de
Gründungsjahr: 1996
Lieferbare Titel: 200
Novitäten: 50
Programm: Wissenschaftliche Sachbücher, Archäologie, Architektur, Geschichte, Kulturgeschichte, Philosophie, Politik, Religion, Theologie, Pädagogik, Zeitgeschichte
Ms.-Angebote: nach vorheriger telefonischer Anfrage, als Exposé mit Textprobe von 8 Seiten
Medium: Papierausdruck
Ms.-Rücksendung: ja, mit Rückporto

Principal Verlag
Diekbree 8
48157 Münster
Tel. 02571 - 58 96 45
Fax 02571 - 58 96 39

principal.verlag@t-online.de
www.principal.de
Verleger: Dr. Horst Schwenk
Verlagsleitung: Dr. Horst Schwenk
Programm: Belletristik, Biografien, Sachbuch, Tierbuch
Ms.-Angebote: als Manuskript
Medium: Papierausdruck, Diskette, E-Mail
Ms.-Rücksendung: ja, mit Rückporto

Verlag Ernst Probst
Im See 11
55246 Mainz
Tel. 06134 - 211 52
Fax 06134 - 266 65
verlagernstprobst@web.de
www.verlagernstprobst.de
Verleger: Ernst Probst
Verlagsleitung: Ernst Probst
Gründungsjahr: 2001
Lieferbare Titel: 100
Programm: Biografien, Geschichte, Populärwissenschaft
Ms.-Interessen: Biografien, Geschichte, Wissenschaft
Ms.-Angebote: als Manuskript
Medium: Papierausdruck
Ms.-Rücksendung: ja, mit Rückporto

Profil Verlag
Veilchenstr. 41
80689 München
Tel. 089 - 70 49 24 od.
0163 - 704 92 41
Fax 089 - 70 49 24, 70 13 47
profil1kagelmann@t-online.de
www.profilverlag.de
Verleger: Dr. H. Jürgen Kagelmann
Verlagsleitung: Dr. H. Jürgen Kagelmann
Gründungsjahr: 1983
Lieferbare Titel: 200
Novitäten: ca. 25
Programm: Lehrbücher, Wissenschaftliche Fachliteratur in den Sozial- und Humanwissenschaften, Psychologie, Geographie, Soziologie, Medien, Tourismus, Archäologie, Literaturwissenschaft, Sachbücher: Psychologie, Lebenshilfe, Gesundheit
Ms.-Angebote: nach vorheriger telefonischer Anfrage
Medium: E-Mail
Ms.-Rücksendung: nein

Pro-Fun media GmbH
Rödelheimer Landstr. 13A
60487 Frankfurt am Main
Tel. 069 - 970 76 77-0
Fax 069 - 70 76 77 - 11
service@pro-fun.de
www.pro-fun.de
Programm: Schwule- und Lesbische Literatur, Bildbände, Erotik, Ratgeber, Reisen, Sport, Fitness
Ms.-Angebote: als Exposé
Medium: Papierausdruck
Ms.-Rücksendung: ja, mit Rückporto

Propyläen Verlag
Friedrichstr. 126
10117 Berlin
Tel. 030 - 234 56-300
Fax 030 - 234 56-303
www.propylaeen-verlag.de
Verleger: Viktor Niemann
Verlagsleitung: Hartmut Jedicke
Gründungsjahr: 1919
Verlagsgruppe: Bonnier Media Deutschland GmbH
Lieferbare Titel: 200
Novitäten: 20
Programm: Geschichte, Zeitgeschichte, Politik, Kulturgeschichte, Architektur, Biografien, Kunst- und Bildbände, Literatur, Musik
Ms.-Angebote: als Exposé mit Textprobe von 30 Seiten
Medium: Papierausdruck
Ms.-Rücksendung: ja

Psychiatrie-Verlag
Thomas-Mann-Str. 49a
53111 Bonn
Tel. 0228 - 725 34-0
Fax 0228 - 725 34-20
verlag@psychiatrie.de
www.psychiatrie.de/verlag
Verlagsleitung: Ute Hüper, York Bieger
Gründungsjahr: 1978
Lieferbare Titel: 150
Novitäten: 20
Programm: Sozialpsychiatrie, Ratgeber für Angehörige und Betroffene, Psychiatrie-Fachbücher für die Praxis, Erfahrungsberichte von Betroffenen, Pflege, Sozialarbeit
Lektorat: Karin Koch (Erfahrungsberichte, Dw -14) Uwe Britten (Fachbücher Sozialpsychiatrie, Dw -15)
Ms.-Angebote: nach vorheriger telefonischer Anfrage
Medium: Papierausdruck, Diskette
Ms.-Rücksendung: ja, mit Rückporto

Psychologie Verlags Union
Werderstr. 10
69469 Weinheim
Tel. 06201 - 60 07-0
Fax 06201 - 174 64
info@beltz.de / www.beltz.de
Programm: Psychologisches Fachbuch

Psychosozial-Verlag
Goethestr. 29
35390 Gießen
Tel. 0641 - 778 19
Fax 0641 - 777 42
info@psychosozial-verlag.de
Verleger: Dr. Hans-Jürgen Wirth
Verlagsleitung: Dr. Hans-Jürgen Wirth
Gründungsjahr: 1992
Lieferbare Titel: 600
Novitäten: 80
Programm: Schwerpunkt: Psychoanalyse, Psychotherapie, Biografie/NS. Anthropologie, Fachzeitschriften, Frauenforschung, Kulturwissenschaften

Ms.-Angebote: nach vorheriger telefonischer Anfrage, als Manuskript
Medium: Papierausdruck, E-Mail
Ms.-Rücksendung: ja, mit Rückporto

Publicis Corporate Publishing
Nägelsbachstr. 33
91052 Erlangen
Tel. 09131 - 91 92-510
Fax 09131 - 91 92-598
publishing-editors@publicis-erlangen.de
www.publicis-erlangen.de/books
Verlagsleitung: Dr. Gerhard Seitfudem
Gründungsjahr: 1989
Lieferbare Titel: 130
Novitäten: 30
Programm: Business und Management, Elektrotechnik, Automatisierungstechnik, Informationstechnik, Kommunikationstechnik, Wörterbücher
Lektorat: Dorit Gunia (Dw -512)
dorit.gunia@publicis-erlangen.de,
Dr. Gerhard Seitfudem (Dw -511)
gerhard.seitfudem@publicis-erlangen.de
Ms.-Angebote: nach vorheriger telefonischer Anfrage
Medium: nach Absprache
Ms.-Rücksendung: nach Absprache

puch-Verlag Ute Polacek-Hiorth
Allerstr. 27
37081 Göttingen
Tel. 0551 - 70 57 95
Fax 0551 - 70 57 95
Programm: Frauenliteratur, Bildbände, Lebenshilfe, Geriatrie

Verlag Friedrich Pustet
Gutenbergstr. 8
93051 Regensburg
Tel. 0941 - 920 22-0
Fax 0941 - 94 86 52
verlag@pustet.de
Verleger: Fritz Pustet, Elisabeth Pustet
Verlagsleitung: Fritz Pustet
Gründungsjahr: 1826
Lieferbare Titel: 620
Programm: Geschichte, Kulturgeschichte, Religion, Katholische Theologie
Lektorat: Dr. Rudolf Zwank (Theologie, Dw -15), Heidi Krinner-Jancsik (Geschichte, Dw -14)
Ms.-Angebote: als Exposé mit Textprobe
Medium: Papierausdruck, Diskette
Ms.-Rücksendung: ja, mit Rückporto

Quantum Books Verlagsgesellschaft GmbH & Co.KG
Zeppelinstr. 32
73760 Ostfildern/Kemnath
Tel. 0711 - 450 64 71
Fax 0711 - 450 64 72

m.eckel@quantum-books.com
www.quantum-books.com
Programm: Kunst, Architektur, Design, Fotografie

Quell – siehe *Gütersloher Verlagshaus GmbH*

Querverlag GmbH
Akazienstr. 25
10823 Berlin
Tel. 030 - 78 70 23 39, 78 70 23 40
Fax 030 - 788 49 50
mail@querverlag.de
Verleger: Jim Baker, Ilona Bubeck
Gründungsjahr: 1995
Lieferbare Titel: 85
Novitäten: 12
Programm: Schwule- und Lesbische Literatur, Kurzgeschichten, Rechtsratgeber, Erotik
Lektorat: Jim Baker
Ms.-Interessen: Romane, Sachbücher
Ms.-Angebote: als Exposé mit Textprobe von 20 Seiten
Medium: Papierausdruck
Ms.-Rücksendung: ja, mit Rückporto

Quetsche Verlag für Buchkunst
Riesbülldeich 2
25889 Witzwort
Tel. 04864 - 660
Fax 04864 - 225
quetsche@onlinehome.de
www.quetsche-witzwort.de

Gründungsjahr: 1985
Lieferbare Titel: 40
Programm: Originalgrafische Bücher

Dr. Josef Raabe Verlags-GmbH
Rotebühlstr. 77
70178 Stuttgart
Tel. 0711 - 629 00-0
Fax 0711 - 629 00-10
info@raabe.de
www.raabe.de
Verleger: Dr. Reihard Sander, Wolfgang Schulz
Verlagsgruppe: Klett-Verlagsgruppe
Programm: Hauswirtschaft, Hotellerie, Gastgewerbe, Bildende Kunst, Biologie, Chemie, Datenbank, Fachzeitschriften, Lern-Software, Mathematik, Musik, Nachschlagewerke, Ökologie, Umweltthemen, Verwaltung
Ms.-Angebote: nach vorheriger telefonischer Anfrage

Radius-Verlag
Olgastr. 114
70180 Stuttgart
Tel. 0711 - 607 66 66
Fax 0711 - 607 55 55
order@radius-verlag.de
www.radius-verlag.de
Verleger: Wolfgang Erk
Programm: Biografien, Belletristik, Bildende Kunst, Bildung, Geschichte der Antike, Geschichte der Neuzeit, Lebenshilfe, Lyrik, Medi-

zin, Philosophie, Politik, Psychologie, Religion, Theologie, Kunst
Lektorat: Wolfgang Erk
Ms.-Interessen: siehe Verlagsprogramm
Ms.-Angebote: nach vorheriger telefonischer Anfrage
Medium: Papierausdruck mit Diskette
Ms.-Rücksendung: ja, mit Rückporto

Rake Verlag GmbH
Königsweg 20
24103 Kiel
Tel. 04331 - 149 77-0
Fax 04331 - 14 96 77
rake@rake.de / www.rake.de
Verleger: Peter Keune, Michael Rau
Gründungsjahr: 1994
Lieferbare Titel: 40
Programm: Belletristik, Satire, Comedy, Junge Literatur aus Deutschland
Lektorat: Michael Rau (Rau@rake.de)
Ms.-Angebote: nach vorheriger telefonischer Anfrage
Medium: Papierausdruck
Ms.-Rücksendung: ja, mit Rückporto

Verlagsgruppe Random House
Neumarkter Str. 18
81673 München
Tel. 089 - 43 72-0
Fax 089 - 43 72 28 12
info@randomhouse.de
www.randomhouse.de
Verleger: Klaus Eck, Joerg Pfuhl (CEO), Claudia Reitter, Wolfgang Wiedermann
Programm: Literatur, Unterhaltungsliteratur, Geschichte, Sachbücher, Bildbände
Verlage: Ansata, Arkana, Blanvalet, Bassermann, Karl Blessing Verlag, btb Mosaik bei Goldmann, C. Bertelsmann, cbj Kinder- & Jugendbücher, Diana Verlag, Goldmann, Gütersloher Verlagshaus, Heyne, Integral, Knaus, Limes, Luchterhand Literaturverlag, Ludwig, Manhattan, Omnibus, Random House Audio, Random House Entertainment, Riemann, Siedler, Südwest

Werner Rau Verlag
Feldbergstr. 54
70569 Stuttgart
Tel. 0711 - 687 21 43
Fax 0711 - 68 22 47
rauverlag@aol.com
www.rau-verlag.de
Gründungsjahr: 1986
Lieferbare Titel: 18
Programm: Reisen, Praktische Touring Guides, Individuelles Reisen mit Auto, Motorrad und Wohnmobil
Ms.-Interessen: Europäische Zielgebiete
Ms.-Angebote: nach vorheriger telefonischer Anfrage, als Exposé mit Textprobe von 10 Seiten
Medium: Papierausdruck, Diskette
Ms.-Rücksendung: ja, mit Rückporto

Rautenberg – siehe *Verlagshaus Würzburg*

Ravensburger Buchverlag Otto Maier GmbH
Marktstr. 22-26
88212 Ravensburg
Tel. 0751 - 86-0
Fax 0751 - 86 - 12 89
info@ravensburger.de
www.ravensburger.de
Verleger: Renate Herre, Johannes Hauenstein
Zum Verlag: Kinder- und Jugendbücher, Erstlesebücher, Romane, Lexika, Sachbücher, Bilderbücher
Gründungsjahr: 1883
Verlagsgruppe: Ravensburger
Novitäten: 450-500
Programm: Kinder- und Jugendbücher, Erstlesebücher, Romane, Lexika, Sachbücher, Bilderbücher
Lektorat: Ulrike Metzger, Sabine Zürn, Valeska Schneider-Finke

Reader's Digest Deutschland Verlag Das Beste GmbH
Augustenstr. 1
70178 Stuttgart
Tel. 0711 - 66 02-0
Fax 0711 - 66 02-547
verlag@readersdigest.de
www.readersdigest.de
Verlagsleitung: Werner Neuzig (Geschäftsführer)
Zum Verlag: Weltweit tätiges Verlags- und Direktmarketingunternehmen, Herstellung und Vertrieb von Zeitschriften, Büchern, Hörbücher, Musik- und Videosammlungen
Gründungsjahr: 1922 in USA, 1948 in Deutschland
Programm: Eigene Autoren
Lektorat: Redaktionsdir. Suzanne Koranyi-Esser, Dw -699
Ms.-Angebote: nach vorheriger telefonischer Anfrage

Verlag Recht und Wirtschaft GmbH
Mainzer Landstr. 251
60326 Frankfurt a.M.
Tel. 069 - 75 95-01
Fax 069 - 75 95-2999
verlag@ruw.de
www.ruw.de
Verleger: Prof. Dr. Thomas Wegerich
Verlagsleitung: Geschäftsführer: Prof. Dr. Thomas Wegerich
Gründungsjahr: 1948
Lieferbare Titel: 370
Programm: Steuerrecht, Wirtschaftsrecht, Arbeitsrecht, Bilanzrecht und Betriebswirtschaftsrecht
Lektorat:
Prof. Dr. Thomas Wegerich (Chefredaktion), Dr. Roland Abele (Arbeitsrecht)
Ms.-Angebote: als Exposé
Medium: Papierausdruck
Ms.-Rücksendung: ja

Philipp Reclam jun. Verlag GmbH
Siemensstr. 32
71254 Ditzingen
Tel. 07156 - 163-0
Fax 07156 - 163-197
reclam@reclam.de
www.reclam.de
Verlagsleitung: Dr. Frank R. Max, Franz Schäfer
Gründungsjahr: 1828
Lieferbare Titel: 2500
Programm: Deutsche Literatur, Weltliteratur, Philosophie, Geschichte, Musik, Kunst, Kulturgeschichte, Literaturgeschichte, Kommentare zu Werken der Weltliteratur, Arbeitstexte für den Unterricht, Fremdsprachentexte
Lektorat: Dr. Hannes Fricke, h.fricke@reclam.de; Fax: -198
Ms.-Angebote: nach vorheriger telefonischer Anfrage, als Exposé
Medium: Papierausdruck, E-Mail
Ms.-Rücksendung: ja, mit Rückporto

Reclam Verlag Leipzig
Inselstr. 26
04103 Leipzig
Tel. 0341 - 997 17-0
Fax 0341 - 997 17-30
info@reclam-leipzig.de
www.reclam.de
Verlagsleitung: Maria Koettnitz (Programmleitung)
Gründungsjahr: 1828
Lieferbare Titel: 220
Novitäten: 40
Programm: Schwerpunkt: Belletristik – Junge Deutsche Literatur, Sachbuch: Philosophie, Kulturgeschichte
Lektorat: Maria Koettnitz
Ms.-Angebote: nach vorheriger telefonischer Anfrage, als Exposé mit Textprobe von 50 Seiten oder als Manuskript
Medium: Papierausdruck
Ms.-Rücksendung: ja, mit Rückporto

Redline WIRTSCHAFT
Lurgiallee 6-8
60439 Frankfurt am Main
Tel. 069 - 58 09 05-0
Fax 069 - 58 09 05 - 10
info@redline-wirtschaft.de
www.redline-wirtschaft.de
Verlagsgruppe: Die REDLINE GmbH ist das gemeinsame Dach von verlag moderne industrie Wirtschaftsbuch, Ueberreuter Wirtschaftsverlag, dem mvg Verlag und der neuen Marke Redline Wirtschaft.
Programm: Ratgeber, Sach- und Fachbücher zu Management, Karriere, Geld und Börse, Marketing, Personal, Rechnungswesen, Recht und Neue Medien
Ms.-Angebote: als Exposé mit Textprobe von 10 Seiten
Medium: Papierausdruck, E-Mail
Ms.-Rücksendung: ja

Regiatrex Verlag
Vorarlberger Str. 13
88212 Ravensburg
Tel. 0751 - 313 39
Fax 0751 - 131 39
Programm: Christlich Spirituelle Bücher

Dr. Ludwig Reichert Verlag
Tauernstr. 11
65199 Wiesbaden
Tel. 0611 - 46 18 51
Fax 0611 - 46 86 13
reichert-verlag@t-online.de
www.reichert-verlag.de
Programm: Archäologie, Bildende Kunst, Faksimile-Ausgaben, Buch- und Bibliothekswesen, Geografie, Geschichte der Antike, Geschichte des Mittelalters, Geschichte der Neuzeit, Kulturgeschichte, Literaturwissenschaft, Musik, Orientalistik, Sprachwissenschaften
Ms.-Angebote: als Exposé mit Textprobe von 10 Seiten
Medium: Papierausdruck

Reiju Fotoverlag
Obergasse 1
64850 Schaafheim-Mosbach
Tel. 06073 - 809 73
Fax 06073 - 800 49
verlag@reiju.de
www.reiju.de
Programm: Eisenbahn

Dietrich Reimer Verlag GmbH
Neue Grünstr. 17
10179 Berlin
Tel. 030 - 259 17 15 70
Fax 030 - 259 17 15 77
verlagsleitung@reimer-verlag.de
Verlagsleitung: Dr. Friedrich Kaufmann
Gründungsjahr: 1845
Programm: Einführungsbände und Monographien in den Bereich Kunstwissenschaften und Ethnologie. Architekturführer, Museumskataloge
Ms.-Angebote: nach vorheriger telefonischer Anfrage (Dw -73)
Medium: Papierausdruck
Ms.-Rücksendung: ja

Ernst Reinhardt Verlag
Kemnatenstr. 46
80639 München
Tel. 089 - 17 80 16-0
Fax 089 - 17 80 16-30
info@reinhardt-verlag.de
www.reinhardt-verlag.de
Verlagsleitung: Hildegard Wehler
Programm: Psychologie, Kinder- und Familientherapie, Tests, Erziehungswissenschaft, Sprechwissenschaft, Logopädie, Sonder- und Heilpädagogik, Sozialpädagogik, Sexualpädagogik, Medizin, Psychiatrie, Gerontologie, Wirtschaftswissenschaft, Management
Lektorat:
Dipl. Psych. Ulrike Landersdorfer

(Psychologie), Dipl. Päd.
Christina Henning (Pädagagik)
Ms.-Angebote: nach vorheriger telefonischer Anfrage, als Exposé mit Textprobe von 20 Seiten
Medium: Papierausdruck
Ms.-Rücksendung: ja, mit Rückporto

**Reise Know-How Verlag
Dr. Hans Grundmann**
Hamjebusch 29
26655 Westerstede
Tel. 04488 - 76 19 94
Fax 04488 - 76 10 30
reisebuch@aol.com
www.reisebuch.com
Verleger: Dr. Hans-R. Grundmann
Gründungsjahr: 1988
Lieferbare Titel: 20
Novitäten: 2-4
Programm: Reiseführer und Komplementäre Titel, Nordamerika, Balearen, Kanaren
Ms.-Angebote: nach vorheriger telefonischer Anfrage
Medium: Papierausdruck, Diskette
Ms.-Rücksendung: ja, mit Rückporto

Reise Know-How Verlag Helmut Hermann
Untere Mühle
71706 Markgröningen
Tel. 07145 - 82 78
Fax 07145 - 267 36
Programm: Reiseführer: Mexiko, Südafrika, Namibia, Peru, Bolivien, Brasilien, Radbücher

Ms.-Angebote: nach vorheriger telefonischer Anfrage
Ms.-Rücksendung: ja, mit Rückporto

**Reise Know-How Verlag
Peter Rump GmbH**
Osnabrücker Str. 79
33649 Bielefeld
Tel. 0521 - 946 49-0
Fax 0521 - 44 10 47
info@reise-know-how.de
www.reise-know-how.de
Verleger: Peter Rump
Verlagsleitung: Peter Rump
Verlagsgruppe: Reise Know-How
Lieferbare Titel: 700 Bücher, Kassetten, Landkarten
Programm: Reisen, Reiseführer, Sprachführer und Kassetten, Landkarten, Reisestory, Audio CD (Aussprachetrainer), KW-digital
Lektorat: Sandra Wanning, s.wanning@reise-know-how.de
Ms.-Interessen: Tibet, Kolumbien, Finnland
Ms.-Angebote: nach vorheriger telefonischer Anfrage, als Manuskript, als Exposé mit Textprobe
Medium: Papierausdruck, Diskette
Ms.-Rücksendung: ja

**Reise Know-How Verlag
Edgar Hoff**
Zwalbacher Str. 3
66709 Rappweiler
Tel. 06872 - 917 37
Fax 06872 - 917 38

www.reise-know-how.com
Verlagsleitung: Edgar P. Hoff
Gründungsjahr: 1982
Verlagsgruppe: Reise Know-How
Lieferbare Titel: 13
Programm: Reisen
Lektorat: Marita Korst
Ms.-Interessen: Australien, Neuseeland
Ms.-Angebote: nach vorheriger telefonischer Anfrage, als Exposé mit Textprobe von 10 Seiten
Medium: Papierausdruck
Ms.-Rücksendung: ja

Reprint-Verlag-Leipzig
Goseberg 22 - 24
37603 Holzminden
Tel. 05531 - 75 77
Fax 05521 - 70 00 29
reprint@reprint-verlag-leipzig.de
www.reprint.verlag-leipzig.de
Programm: Reprints

Verlag Dr. Ingo Resch GmbH
Maria-Eich-Str. 77
82166 Gräfelfing
Tel. 089 - 854 65-0
Fax 089 - 854 65-11
info@resch-verlag.com
www.resch-verlag.com
Lieferbare Titel: 120
Programm: Bauen, Erziehung, Geschichte, Gesundheit, Ingenieurwesen, Lebenshilfe, Ratgeber, Recht, Wirtschaft, Politik, Arbeitssicherheit, Energie, Technik

Ms.-Angebote: nach vorheriger telefonischer Anfrage
Medium: Papierausdruck und Diskette
Ms.-Rücksendung: ja

Revolver Archiv für aktuelle Kunst
Fahrgasse 23
60311 Frankfurt am Main
Tel. 069 - 44 63 62
Fax 069 - 94 41 24 51
info@revolver-books.de
www.revolver-books.de
Programm: Künstlerbuch

Revonnah Verlag
Im Moore 33
30167 Hannover
Tel. 0511 - 172 73
Fax 0511 - 172 73
info@revonnah.de
www.revonnah.de
Verleger: Arne Drews
Verlagsleitung: Arne Drews
Gründungsjahr: 1989
Lieferbare Titel: 100
Novitäten: ca. 7
Programm: Verlag für die Kleine Kunst, Literatur, Essay und Literaturwissenschaft
Ms.-Angebote: nach vorheriger telefonischer Anfrage, als Exposé mit Textprobe von 30 Seiten
Medium: Papierausdruck
Ms.-Rücksendung: ja, mit Rückporto

Rhein-Eifel-Mosel-Verlag GmbH
Abtei Brauweiler
50259 Pulheim
Tel. 02234 - 985 40
Fax 02234 - 825 03
rvbg-rheinland@t-online.de
Verlagsleitung: Christian Bügel
Gründungsjahr: 1983
Programm: Psychiatrie, Kulturgeschichte, Literatur

Rhein-Mosel-Verlag
Arne Houben e.K
Bad Bertricher Str. 12
56859 Alf/ Mosel
Tel. 06542 - 51 51
Fax 06542 - 611 58
info@rmv.web.de
www.rmv-web.de
Verleger: Arne Houbert
Gründungsjahr: 1991
Programm: Belletristik und Sachbuch von Eifel, Mosel, Hunsrück und Rhein, Regionalbezogene Unterhaltungs- und Reiseliteratur
Ms.-Interessen: Regionalbezogene Unterhaltungsliteratur
Ms.-Angebote: nach vorheriger telefonischer Anfrage, als Manuskript
Medium: Papierausdruck
Ms.-Rücksendung: ja, mit Rückporto

Verlag Helmut Richardi GmbH
Aschaffenburger Str. 19
60599 Frankfurt am Main
Tel. 069 - 970 83 30
Fax 069 707 84 00
kreditwesen@t-online.de
www.kreditwesen.de
Programm: Fachbücher zu Wohnungsbaufinanzierung, -politik, und -wirtschaft

Verlag Robert Richter
Akademiestr. 28
63450 Hanau
Tel. u. Fax 06181 - 39 95 77
Programm: Belletristik, Horror, Underground
Ms.-Angebote: als Manuskript
Medium: Papierausdruck
Ms.-Rücksendung: ja, mit Rückporto

Richter internationale Kochkunst
Edition Volker Hennig
Goseberg 22 - 24
37603 Holzminden
Tel. 05531 - 75 77
Fax 05531 - 70 00 29
Programm: Kochbücher international

Riemann Verlag
Neumarkter Str. 2
81673 München
Tel. 089 - 41 36-0
Fax 089 - 41 36-3431
info@randomhouse.de
www.randomhouse.de
Verleger: Klaus Eck, Joerg Pfuhl (CEO), Claudia Reitter
Verlagsleitung: Gerhard Riemann
Verlagsgruppe: Random House GmbH

Programm: Ökologie
Lektorat: Werner Lord
Ms.-Angebote: als Exposé
Medium: Papierausdruck
Ms.-Rücksendung: ja

Rimbaud Verlagsgesellschaft mbH
Oppenhoffallee 20
52066 Aachen
Tel. 0241 - 54 25 32
Fax 0241 - 51 41 17
info@rimbaud.de
www.rimbaud.de
Gründungsjahr: 1983
Lieferbare Titel: 310
Novitäten: 25
Programm: Essay, Prosa, Musik, Fotografie, Lyrik
Ms.-Angebote: nach vorheriger telefonischer Anfrage
Ms.-Rücksendung: ja, mit Rückporto

Ritzau KG
Verlag Zeit und Eisenbahn
Landsberger Str. 24
86932 Pürgen
Tel. 08196 - 252
Fax 08196 - 12 40
mail@ritzau-kg.de
www.ritzau-kg.de
Verlagsleitung: Dietmute Ritzau-Franz
Gründungsjahr: 1968
Programm: Technik, Verkehr, Eisenbahn, Zeitgeschichte
Ms.-Angebote: nach vorheriger telefonischer Anfrage, als Manuskript
Medium: Papierausdruck, Diskette
Ms.-Rücksendung: ja

Rogner & Bernhard
GmbH & Co. Verlags KG
Inselstr. 12
10179 Berlin
Tel. 030 - 24 04 74 27
Fax 030 - 24 04 74 15
info@rogner-bernhard.de
www.rogner-bernhard.de
Verleger: Jakob Augstein, Konstantin Richter
Zum Verlag: Fiction/Non-Fiction. Rogner & Bernhard verlegt keine festen Reihen. Wir haben Vorlieben, sind aber nicht festgelegt auf bestimmte Sprachen oder Themen.
Gründungsjahr: 1968
Lieferbare Titel: 100
Novitäten: 12
Programm: Jüngere deutsche Literatur, Jüngere englische und amerikanische Literatur, literarische Editionen und Werk-Porträts, eine »Bibliothek des Wissens« – und immer wieder Extravagantes, Überraschungen, Notwendiges
Ms.-Angebote: als Exposé mit Textprobe von 50 Seiten
Medium: Papierausdruck
Ms.-Rücksendung: ja, mit Rückporto

Röhrig Universitätsverlag GmbH
Eichendorffstr. 37
66386 Sankt Ingbert
Tel. 06894 - 879 57
Fax 06894 - 87 03 30
info@roehrig-verlag.de
www.roehrig-verlag.de
Verlagsleitung: Werner J. Röhrig
Zum Verlag: Wir verlegen Wissenschaft!
Gründungsjahr: 1984
Lieferbare Titel: 400
Novitäten: 30
Programm: Bildung, Erziehung, Frauenforschung, Geschichte der Neuzeit, Kulturgeschichte, Literaturwissenschaft, Musik, Politik, Saarland, Soziologie, Sprachwissenschaften, Zeitgeschichte, Politik
Ms.-Angebote: nach vorheriger telefonischer Anfrage, als Exposé mit Textprobe von 10 Seiten
Medium: Papierausdruck, E-Mail
Ms.-Rücksendung: ja, mit Rückporto

Verlag Dr. Josef H. Röll
Würzburger Str. 16
97337 Dettelbach
Tel. 09324 - 997 70
Fax 09324 - 997 71
jh-roell-verlag@t-online.de
www.roell-verlag.de
Verleger: Dr. Josef H. Röll
Gründungsjahr: 1988
Programm: Wissenschaftliche Werke, Romane, Kunstbände, Anthropologie, Archäologie, Bildende Kunst, Kulturgeschichte, Philosophie, Politik, Religion, Soziologie, Sprachwissenschaften, Ethnologie
Ms.-Angebote: nach vorheriger telefonischer Anfrage, als Exposé mit Textprobe von 20 Seiten
Medium: Papierausdruck, Diskette, E-Mail
Ms.-Rücksendung: ja, mit Rückporto bei wissenschaftlichen Werken und Belletristik

Romiosini Verlag
Venloer Str. 30
50672 Köln
Tel. 0221 - 510 12 88
Fax 0221 - 510 12 88
nikieiden@aol.com
www.unisolo.de/romiosini.htm
Verleger: Niki Eideneier
Verlagsleitung: Niki Eideneier
Gründungsjahr: 1982
Lieferbare Titel: 150
Programm: Zeitgenössische Griechische Literatur, Prosa, Lyrik, Praktische Landeskunde, Sach- und Fachbücher, Zypern-Reihe
Ms.-Angebote: nach vorheriger telefonischer Anfrage
Medium: Papierausdruck, Diskette
Ms.-Rücksendung: ja, mit Rückporto

Verlag rosa Winkel GmbH
Kufsteiner Str. 12
10825 Berlin
Tel. 030 - 853 40 42
Fax 030 - 853 99 95

Programm: Schwule- und Lesbische Literatur: Belletristik, Historische Romane, Kriminalromane, Erotik, Literaturwissenschaft, Ratgeber

Rosenberger Fachverlag
Postfach 1616
71206 Leonberg
Tel. 07152 - 226 27
Fax 07152 - 243 21
info@ rosenberger-fachverlag.de
www.rosenberger-fachverlag.de
Verleger: Dr. Walter Rosenberger
Gründungsjahr: 1996
Lieferbare Titel: 36
Novitäten: 4-6
Programm: Fachliteratur, Themenfelder: Beratung, Führung, Personal- und Unternehmensentwicklung
Ms.-Angebote: nach vorheriger telefonischer Anfrage, als Exposé
Medium: Papierausdruck
Ms.-Rücksendung: ja

Rosenheimer Verlagshaus
Am Stocket 12
83022 Rosenheim
Tel. 08031 - 28 38-0
Fax 08031 - 28 38 - 44
info@rosenheimer.com
www.rosenheimer.com
Verleger: Klaus G. Förg
Verlagsleitung: Klaus G. Förg
Programm: Reisebildbände, Alpinismus, Handarbeit, Bavarica, Romane
Ms.-Angebote: als Exposé mit Textprobe von 2 Seiten

Rotbuch Verlag
Bei den Mühren 70
20457 Hamburg
Tel. 040 - 45 01 94-0
Fax 040 - 45 01 94 - 50
info@rotbuch.de / www.rotbuch.de
Verleger: Axel Reitters
Verlagsgruppe: EVA, Europäische Verlagsanstalt Gmbh & Co. KG
Programm: Belletristik, Krimi, Comics

Verlag Roter Morgen
Postfach 90 07 53
60447 Frankfurt am Main
Tel. 069 - 97 07 10 25
Fax 069 - 97 07 10 26
info@kpd.net
www.kpd.net
Verleger: Herbert Polifka
Programm: Belletristik, Politik, Politikwissenschaft
Ms.-Angebote: als Exposé
Medium: Papierausdruck
Ms.-Rücksendung: ja

Rowohlt Verlag GmbH
Hamburger Str. 17
21465 Reinbek
Tel. 040 - 72 72-0
Fax 040 - 72 72-319
www.rowohlt.de
Verlagsleitung: Dr. H. Dähne, Alexander Fest, Lutz Kettmann
Gründungsjahr: 1908
Programm: Belletristik, Sachbücher, Politik, Zeitgeschehen

Lektorat: Uwe Naumann (Cheflektorat Sachbuch Hardcover), Thomas Überhoff (Cheflektorat Hardcover Belletristik), Marcel Hartges (Taschenbuch Belletristik)
Ms.-Angebote: als Exposé mit Textprobe von 5 Seiten
Medium: ausschließlich Papierausdruck
Ms.-Rücksendung: nein

Rowohlt Berlin Verlag
Kreuzbergstr. 30
10965 Berlin
Tel. 030 - 28 53 84-0
Fax 030 - 28 53 84 - 22
Verlegerin: Dr. Siv Bublitz
Verlagsleitung: Dr. H. Dähne, Alexander Fest
Programm: Osteuropäische Literatur, Belletristik, Sachbuch
Ms.-Angebote: als Exposé mit Textprobe von 50 Seiten
Medium: Papierausdruck
Ms.-Rücksendung: ja, mit Rückporto

Rowohlt Taschenbuch Verlag
Hamburger Str. 17
21465 Reinbek
Tel. 040 - 72 72-0
Fax 040 - 72 72-319
info@rowohlt.de
www.rowohlt.de
Verlagsleitung: Dr. H. Dähne, Alexander Fest, Lutz Kettmann
Programm: Belletristik, Historische Romane, Kriminalromane, Computer, Erotik, Erziehung, Esoterik, Geschichte, Gesundheit, Humor, Jugendbücher, Kulturgeschichte, Lebenshilfe, Lern-Software, Lyrik, Märchen, Musik, Ökologie, Philosophie, Politik, Psychologie, Recht
Lektorat: Marcel Hartges (Taschenbuch Belletristik)
Ms.-Angebote: als Exposé mit Textprobe von 5 Seiten
Medium: Papierausdruck
Ms.-Rücksendung: nein

Rütten & Loening
Neue Promenade 6
10178 Berlin
Tel. 030 - 283 94-0
Fax 030 - 283 94 - 100
info@aufbau-verlag.de
www.aufbau-verlag.de
Verleger: Bernd F. Lunkewitz
Verlagsgruppe: Aufbau
Programm: Biografien, Belletristik, Historische Romane, Kriminalromane, Bildbände, Essen und Trinken, Film, Fernsehen, Fotobildbände, Kulturgeschichte
Ms.-Angebote: als Exposé mit Textprobe von 5-10 Seiten
Medium: Papierausdruck
Ms.-Rücksendung: ja, mit Rückporto

Verlag Friederike Sablerolles
Am Wingertsberg 24
76857 Waldhambach
Tel. 06346 - 64 31
Fax 06346 - 65 18

friederikesab@aol.com
Programm: Reisen
Ms.-Angebote: nach vorheriger telefonischer Anfrage
Medium: Papierausdruck
Ms.-Rücksendung: ja, mit Rückporto

Sachsenbuch Verlagsges. mbH
Franzosenallee 27
04289 Leipzig
Tel. 0341 - 230 55 75
Fax 0341 - 230 55 75
sachsenbuch@gmx.de
www.sachsenbuecher.de
Verlagsleitung: Wolf-Diethelm Zastrutzki
Gründungsjahr: 1990
Lieferbare Titel: 120
Novitäten: 10
Programm: Sachsen: Regionalia, Touristische Literatur, Sachbuch, Belletristik, Mundartliteratur: Erzgebirgisch, Sächsisch
Lektorat: Peter Meier
Ms.-Interessen: Sächsische Geschichte in allen Themen, Wanderliteratur Sachsen
Ms.-Angebote: als Exposé mit Textprobe von 20 Seiten, als Manuskript
Medium: Papierausdruck, Diskette
Ms.-Rücksendung: ja

Verlag Sackmann und Hörndl
Hoher Weg 2
31134 Hildesheim
Tel. 05121 - 981 23-0
Fax 05121 - 981 23 -1
sackmann@comicplus.de
www.comic.de
Programm: Comics

Salon Verlag Gerhard Theewen
Christian-Schul-Str. 1
50823 Köln
Tel. 0221 - 499 58 22
Fax 0221 - 499 58 22
nc-salonvth@netcologne.de
www.salon-verlag.de
Verleger: Gerhard Theween
Gründungsjahr: 1995
Lieferbare Titel: 160
Novitäten: 30
Programm: Kunsttheorie, Philosophie, Ästhetik, Künstlerbücher, Bildbände, Bildende Kunst, Kulturgeschichte, Fotografie
Ms.-Angebote: als Exposé
Medium: Papierausdruck
Ms.-Rücksendung: ja, mit Rückporto

Salzer-Verlag GmbH
Allee Str. 2
77933 Lahr
Tel. 07821 - 930-0
Fax 07821 - 930 0-30
m.jacobkaufmann-verlag.de
www.kaufmann-verlag.de
Verleger: Michael Jacob
Zum Verlag: Biografien, Frauenliteratur
Gründungsjahr: 1892
Verlagsgruppe: Imprint des Verlags Ernst Kaufmann

Lieferbare Titel: 70
Novitäten: 4
Programm: Belletristik, Historische Romane, Biografien, Schwäbisches
Lektorat: Renate Schupp,
Tel. 07821 - 93 90 23,
r.schupp@kaufmann-verlag.de
Ms.-Angebote: nach vorheriger telefonischer Anfrage
Medium: Papierausdruck
Ms.-Rücksendung: ja, gern mit Rückporto

Sammlung Dieterich Verlagsges. mbH
Neue Promenade 6
10178 Berlin
Tel. 030 - 283 94-0
Fax 030 - 283 94 - 100
Verlagsleitung: Jens Marquardt, René Strien
Verlagsgruppe: Aufbau
Programm: Verwaltung von Lizenzen

Elisabeth Sandmann Verlag GmbH
Barerstraße 9
80333 München
Deutschland
Tel. 089 - 548 25 15- 283
Fax 089 - 550 18 91
es@esverlag.de
Verlegerin: Dr. Elisabeth Sandmann-Knoll
Programm: Illustrierte Bücher

Michel Sandstein Verlag
Goetheallee 6
01309 Dresden
Tel. 0351 - 440 78-0
Fax 0351 - 440 78-12
Programm: Architektur, Geschichte, Kunst
Ms.-Angebote: nach vorheriger telefonischer Anfrage

Sans Soleil Edition
Prinz-Albert-Str. 65
53113 Bonn
Tel. 0228 - 22 95 83
Fax 0228 - 21 95 07
pociao@t-online.de
Programm: Zeitgenössische Schriftsteller und Musiker, vorrangig Experimentelle oder Avantgardistische Arbeiten
Lektorat: Pociao, Tel. 0228 - 22 95 83
Ms.-Angebote: nach vorheriger telefonischer Anfrage
Medium: Papierausdruck
Ms.-Rücksendung: ja, mit Rückporto

Sanssouci im Carl Hanser Verlag
Vilshofener Str. 10
81679 München
Tel. 089 - 998 30-0
Fax 089 - 998 30-462
info@hanser.de
www.hanser.de
Verlagsleitung: Michael Krüger
Verlagsgruppe: Hanser Verlag, München

Programm: Geschenkbücher (Anthologien, auch Non-books) mit Anspruch, Illustrierte Bücher mit Pfiff, Anlassgebundene Belletristik
Lektorat: Christiane Jessen
Ms.-Angebote: nach vorheriger telefonischer Anfrage
Medium: Papierausdruck
Ms.-Rücksendung: nein

Satzwerk Verlag
Am Reinsgraben 3
37085 Göttingen
Tel. 0551 - 34 50-0
Fax 0551 - 37 22 61
satzwerk-goe@t-online.de
www.satzwerk.de
Programm: Literatur, Satire, Musik, Kunst, Regionalia
Ms.-Angebote: als Exposé
Medium: Papierausdruck
Ms.-Rücksendung: ja, mit Rückporto

K.G. Saur Verlag GmbH
Ortlerstr. 8
81373 München
Tel. 089 - 76 90 20
Fax 089 - 76 90 21 50
info@saur.de / www.saur.de
Verlagsleitung: Clara Waldrich
Verlagsgruppe: Thomson
Programm: Buch- und Bibliothekswesen
Lektorat: Barbara Fischer
Ms.-Angebote: als Exposé
Medium: Papierausdruck
Ms.-Rücksendung: nein

K.G. Saur Verlag GmbH Leipzig
Luppenstr. 1b
04177 Leipzig
Tel. 0341 - 486 99-0
Fax 0341 - 486 99 - 42
saur-leipzig@thomson.com
www.saur.de
Verlagsleitung: Christoph Hahne, Clara Wunderlich
Gründungsjahr: 1949
Verlagsgruppe: Thomson-Learning
Programm: Altertumswissenschaften, Geschichte der Antike, Philosophie, Religion, Sprachwissenschaften, Lexika, Adressbücher

scaneg Verlag
Postfach 70 16 06
81316 München
Tel. 089 - 759 33 36
Fax 089 - 759 39 14
verlag@scaneg.de
www.scaneg.de
Programm: Kunst- und kulturwissenschaftliche Sachbücher und Literatur
Ms.-Angebote: nach vorheriger telefonischer Anfrage, als Manuskript
Medium: Papierausdruck
Ms.-Rücksendung: ja, mit Rückporto

Verlag Th. Schäfer im Vincentz Verlag KG
Schiffgraben 43
30175 Hannover
Tel. 0511 - 99 10-012
Fax 0511 - 99 10-013

libri-rari@th-schaefer.de
www.libri-rari.de
Verleger: Werner Geißelbrecht
Verlagsleitung: Wolfgang Fitting
Programm: Architektur, Handwerk, Hobby, Kunsthandwerk, Patchwork, Handarbeit
Ms.-Angebote: nach vorheriger telefonischer Anfrage
Medium: Diskette, E-Mail, CD
Ms.-Rücksendung: ja

Schäffer-Poeschel Verlag für Wirtschaft, Steuern, Recht GmbH
Werastr. 21-23
70182 Stuttgart
Tel. 0711 - 21 94-0
Fax 0711 - 21 94-111
www.schaeffer-poeschel.de
Verlagsleitung: Michael Justus
Gründungsjahr: 1902
Verlagsgruppe: Handelsblatt
Lieferbare Titel: 600
Novitäten: 200
Programm: Schwerpunkte: Wirtschaftswissenschaften, Steuer- und Handelsrecht. Business, Fachzeitschriften, Finanzen, Lern-Software, Nachschlagewerke, Ratgeber, Recht, Steuern, Verwaltung, Wirtschaft
Ms.-Angebote: nach vorheriger telefonischer Anfrage, als Exposé
Medium: Papierausdruck
Ms.-Rücksendung: ja

Schattauer GmbH
Hölderlinstr. 3
70174 Stuttgart
Tel. 0711 - 229 87-0
Fax 0711 - 229 87-50
info@schattauer.de
www.schattauer.de
Verleger: Dieter Bergemann
Verlagsleitung: Dr. med. Dipl.-Psych. Wulf Bertram
Gründungsjahr: 1949
Lieferbare Titel: 800
Novitäten: 60
Programm: Studentenlehrbücher Medizin und Tiermedizin, Psychosomatik und Psychotherapie, Psychiatrie, Medizinische Atlanten
Ms.-Interessen: Fachbücher Medizin (keine Sachbücher für Patienten oder Laien)
Ms.-Angebote: nach vorheriger telefonischer Anfrage, als Exposé
Medium: Papierausdruck, Diskette, E-Mail
Ms.-Rücksendung: ja

Schauenburg Verlag
Neutrograben 17
90419 Nürnberg
Tel. 0911 - 399 06 30
Fax 0911 - 399 06 59
schauenburg_verlag@t-online.de
Programm: Lesen, Basteln, Spielen, Malen, Freizeit

Scherz Verlag
Hedderichstr. 114
60596 Frankfurt am Main
Tel. 069 - 60 62-0
Fax 069 - 60 62 - 319
info@fischerverlage.de
www.fischerverlage.de
Verlegerin: Monika Schoeller
Verlagsleitung: Monika Schoeller,
Dr. Hubertus Schenkel,
Frank Trümper
Programm: Spannung, Abenteuer,
Memoirs, Ratgeber
Lektorat: Dr. Cordelia Borchert
Ms.-Angebote: nach vorheriger telefonischer Anfrage
Medium: Papierausdruck
Ms.-Rücksendung: nein

Schirmer/Mosel Verlag GmbH
Widenmayerstr. 16
80538 München
Tel. 089 - 21 26 70-0
Fax 089 - 33 86 95
mail@schirmer-mosel.com
www.schirmer-mosel.com
Verleger: Lothar Schirmer
Gründungsjahr: 1974
Lieferbare Titel: 300
Novitäten: 40
Programm: Schwerpunkt: Bildkultur des 20. Jahrhunderts und der Gegenwart: Bildbände, Bildende Kunst, Erotik, Film, Fernsehen, Kulturgeschichte, Musik, Fotografie, Mode, Ausstellungskataloge
Ms.-Angebote: als Exposé mit Textprobe von 10 Seiten
Medium: Papierausdruck
Ms.-Rücksendung: ja, mit Rückporto

SchirmerGraf Verlag
Widenmayerstr. 16
80538 München
Tel. 089 - 21 16 70 -0
Fax 089 - 21 26 70 60
mail@schirmer-graf.de
www.schirmer-graf.de
Verleger: Tanja Graf,
Lothar Schirmer
Programm: Belletristik

Schirner Verlag
Zerninstr. 7
64297 Darmstadt
Tel. 06151 - 29 39 59
Fax 06151 - 29 39 87
verlagqschirner.com
www.schirner.com
Verleger: Markus Schirner
Verlagsleitung: Kirsten Glück
Programm: Schwerpunkt: Spiritualität, Einstiegs- und Orientierungsliteratur im Sachbuchbereich, Belletristik nur als praktisch anwendbare Lebenshilfe und Kinderbücher
Lektorat: Kirsten Glück
Ms.-Angebote: nach vorheriger telefonischer Anfrage, als Exposé mit Textprobe von 50 Seiten, als Manuskript
Medium: Papierausdruck
Ms.-Rücksendung: ja, mit Rückporto

Schkeuditzer Buchverlag
Badeweg 1
04435 Schkeuditz
Tel. 03420 - 620 91
Fax 03420 - 620 71
www.schkeuditzerbuch.de
Programm: Autobiografie, Belletristik, Geschichte, Lyrik

J. Schlembach Fachverlag
Limesstr. 42
91634 Wilburgstetten
Tel. 09853 - 38 91 20
Fax 09853 - 38 91 30
info@schlembach-verlag.de
www.schlembach-verlag.de
Verlagsleitung: Dr. Jens Schlembach
Zum Verlag: Fachverlag für Naturwissenschaft und Technik
Gründungsjahr: 2000
Programm: Fachbücher für Technik und Naturwissenschaft für die studentische Ausbildung: Elektro- und Informationstechnik, Maschinenbau, CAD
Ms.-Angebote: nach vorheriger telefonischer Anfrage, als Exposé mit Textprobe von 20 Seiten
Medium: Papierausdruck
Ms.-Rücksendung: nein

SchlossVerlag
Hasenheide 54
10967 Berlin
Tel. 030 - 814 96 28-0
Fax 030 - 814 96 28-1
info@schlossverlag.de
www.schlossverlag.de
Verlegerin: Birgit Kolb
Verlagsleitung: Birgit Kolb
Programm: Kinder- u. Jugendbuch
Ms.-Angebote: nach vorheriger telefonischer Anfrage, als Exposé
Medium: Papierausdruck
Ms.-Rücksendung: ja, mit Rückporto

Schlütersche Verlagsgesellschaft mbH & Co. KG
Hans-Böckler-Allee 7
30173 Hannover
Tel. 0511 - 85 50-0
Fax 0511 - 85 50 - 36 00
info@schluetersche.de
www.schluetersche.de
Verlagsleitung: Klaus Krause
Gründungsjahr: 1747
Programm: Bildbände Hannover, Niedersachsen, Gesundheitsratgeber, Fachbücher für Humanmedizin, Veterinärmedizin und Zahnmedizin. Fachbücher für Pflegeberufe, Schulbücher für Berufe des Gesundheitswesens
Lektorat: Katja Koschate (Dw -3614, Human- und Zahnmedizin, Pflege, Hannover, Niedersachsen),
Dr. Ulrike Oslage (Dw -3618, Veterinärmedizin), Claudia Flöer
(Dw -2466, Pflege)
Ms.-Angebote: nach vorheriger telefonischer Anfrage, als Exposé mit Textprobe von 5-10 Seiten
Medium: Papierausdruck, Diskette
Ms.-Rücksendung: ja, mit Rückporto

Schmetterling Verlag
Lindenspürstr. 38b
70176 Stuttgart
Tel. 0711 - 62 67 79
Fax 0711 - 62 69 92
lektorat@schmetterling-verlag.de
www.schmetterling-verlag.de
Programm: Sprachen, Ökonomie, Ökologie, Dritte Welt, Afrikanische Literatur
Ms.-Angebote: nach vorheriger telefonischer Anfrage, als Exposé mit Textprobe
Medium: Papierausdruck
Ms.-Rücksendung: wenn angefordert

Verlag Ellen Schmid
Darmstädter Str. 8
64395 Brensbach
Tel. 06161 - 13 33
Fax 06161 - 23 65
ellenschmid@aol.com
www.buchkatalog.de/schmid
Programm: Odenwald
Ms.-Angebote: nach vorheriger telefonischer Anfrage
Medium: Diskette
Ms.-Rücksendung: ja, mit Rückporto

Erich Schmidt Verlag GmbH & Co
Genthiner Str. 30 G
10785 Berlin
Tel. 030 - 25 00 85-0
Fax 030 - 25 00 85-21
ESV@esvmedien.de / www.ESV.info
Verlagsleitung: Dr. Joachim Schmidt, Claus-Michael Rast

Gründungsjahr: 1924
Lieferbare Titel: 2000
Novitäten: 150
Programm: Recht, Wirtschaft, Steuern, Philologie
Lektorat:
Recht: Frau Dr. Schweitzer,
Wirtschaft: Dr. Joachim Schmidt,
Steuern: Frau Dr. Teuchert-Pankatz,
Philologie: Frau Dr. Lehnen
Ms.-Angebote: nach vorheriger telefonischer anfrage, als Exposé, als Manuskript
Medium: Papierausdruck, Diskette
Ms.-Rücksendung: ja

Verlag Hermann Schmidt Mainz GmbH & Co KG
Robert-Koch-Str. 8
55129 Mainz
Tel. 06131 - 50 60 30
Fax 06131 - 50 60 80
Verleger: Karin und Bertram Schmidt-Friderichs
Lieferbare Titel: 150
Novitäten: 25
Programm: Schwerpunkt: Typografie, Grafikdesign, Werbung
Ms.-Angebote: als Exposé
Medium: Papierausdruck
Ms.-Rücksendung: ja, mit Rückporto

Verlag Dr. Otto Schmidt KG
Gustav-Heinemann-Ufer 58
50968 Köln
Tel. 0221 - 937 38-01
Fax 0221 - 937 38 - 943

info@otto-schmidt.de
www.otto.schmidt.de
Verleger: Karl-Peter Winters
Verlagsleitung: Detlef Büttner
(Geschäftsführung)
Gründungsjahr: 1905
Lieferbare Titel: 1000
Programm: Schwerpunkt: Recht, Wirtschaft, Steuern, Anwaltsrecht, Arbeitsrecht, Baurecht, Bürgerliches Recht, EDV-Recht, Europarecht, Familienrecht, Gesellschafts- und Handelsrecht, Gewerblicher Rechtschutz, Internationales Recht, Medienrecht, Miet- und Wohnrecht, Sozialrecht
Lektorat: Dr. Brigitta Peters (Wirtschafts- und Gesellschaftsrecht), Andre Schaper (Elektronische Medien), Dr. Andreas Schmidt (Steuerrecht), Dr. Angelika Stadlhofer-Wissinger (Steuerliches Verfahrensrecht, Zivilprozessrecht, Zivilrecht), RA Thomas Wilting (Arbeit und Soziales, Medienrecht)

Schmidt von Schwind Verlag für Hörbuch und Buch
Titusstr. 4
50678 Köln
Tel. 0221 - 376 16 19
Fax 0221 - 937 81 30
schmidtvonschwind@netcologne.de
www.buchhandel.de/schmidtvonschwind
Verlagsleitung: Joachim Schmidt von Schwind
Programm: Hörbücher: Kriminalerzählungen. Bücher: Belletristik, Geschichte, Regionalia
Ms.-Interessen: 60er und 70er Jahre des letzten Jahrhunderts. Keine Romane!
Ms.-Angebote: als Exposé
Medium: E-Mail

Schmidt-Buch-Verlag
Thorsten Schmidt
Die Winde 45
38855 Wernigerode
Tel. 03943 - 232 46
Fax 03943 - 450 10
info@schmidt-buch-verlag.de
www.schmidt-buch-verlag.de
Verleger: Thorsten Schmidt
Zum Verlag: Touristik- und Kartografieverlag
Gründungsjahr: 1990
Lieferbare Titel: 55
Novitäten: ca. 8
Programm: Reiseführer, Touristische Sachbücher, Kunstreiseführer, Touristische Kartografie, aufwendig ausgestattete Bild-Text-Bände zu kunstgeschichtlichen Themen, Architektur
Lektorat: Marion Schmidt
Ms.-Angebote: nach vorheriger telefonischer Anfrage, als Exposé mit Textprobe von 10 Seiten
Medium: Papierausdruck, Diskette
Ms.-Rücksendung: ja, mit Rückporto

Verlag Schmidt-Römhild
Mengstr. 16
23552 Lübeck
Tel. 0451 - 70 31 01
Fax 0451 - 703 12 53
info@schmidt-roemhild.de
www.schmidt-roemhild.de
Verleger: Norbert Beleke
Verlagsleitung:
Hans-Jürgen Sperling
Gründungsjahr: 1979
Verlagsgruppe: Beleke
Lieferbare Titel: 600
Novitäten: ca. 35
Programm: Wer ist Wer? Bildbände, Sachbuchreihen, Lübeck-Literatur, Pädiatrie, Polizeiliteratur, Ratgeber
Ms.-Angebote: als Exposé
Medium: Papierausdruck
Ms.-Rücksendung: ja, mit Rückporto

Martin Schmitz Verlag
Lützowstr. 45
10785 Berlin
Tel. 030 - 262 00 73
Fax 030 - 23 00 45 61
martinschmitzverlag@t-online.de
www.martin-schmitz-verlag.de
Gründungsjahr: 1989
Novitäten: 1-5
Programm: Kunst, Musik, Architektur, Film, Literatur, Reise, Design, Philosophie
Ms.-Angebote: nach vorheriger telefonischer Anfrage, als Exposé
Medium: Papierausdruck
Ms.-Rücksendung: ja, mit Rückporto

Schneekluth Verlag GmbH
Hilblestr. 54
80636 München
Tel. 089 - 992 71-0
Fax 089 - 992 71-261
lektorat@droemer-weltbild.de
www.droemer-weltbild.de
Verleger: Dr. Hans-Peter Übleis
Verlagsleitung: Beate Kuckertz
Verlagsgruppe: Droemer Weltbild
Programm: Romane, Erzählte Sachbücher
Ms.-Angebote: als Exposé mit Textprobe von 15 Seiten
Medium: Papierausdruck
Ms.-Rücksendung: ja, mit Rückporto

Schneelöwe
Friesenrieder Str. 45
87648 Aitrang
Tel. 08343 - 14 02
Fax 08343 - 15 93
schneeloewe@windpferd.com
Programm: Esoterik

Verlag Schnell GmbH
Oststr. 24
48231 Warendorf
Tel. 02581 - 63 32 36
Fax 02581 - 63 45 89
Verleger: Peter Salmann
Verlagsleitung: Peter Salmann
Gründungsjahr: 1834
Programm: Literarische Kochbücher, Wilhelm Busch-Reihe, Kochbücher, Westfalica

Ms.-Angebote: als Manuskript
Medium: Papierausdruck, CD, Diskette
Ms.-Rücksendung: ja

Verlag Schnell & Steiner GmbH
Leibnizstr. 13
93055 Regensburg
Tel. 0941 - 787 85-0
Fax 0941 - 787 85-16
post@schnell-und-steiner.de
Verlagsleitung: Dr. Albrecht Weiland (Geschäftsführung)
Finanz- und Rechnungswesen: Gerhard Fuchs
Programm: Bildende Kunst, Fachzeitschriften, Kulturgeschichte, Reisen, Religion, Theologie
Lektorat:
Dipl.-Theol. Thomas Theise (Dw -31), Dr. des. Wolf-Heinrich Kulke (Dw -32), Elisabeth Petersen M.A. (Dw -35), Dr. Barbara Polaczek (Dw -32), Sabine Behrer M.A. (Dw -34)
Ms.-Interessen: Kunstgeschichte, Archäologie, Theologie, Kirchenführer
Ms.-Angebote: nach vorheriger telefonischer Anfrage
Medium: Papierausdruck, Diskette, E-Mail
Ms.-Rücksendung: ja

Schöffling & Co. GmbH
Kaiserstr. 79
60329 Frankfurt am Main
Tel. 069 - 92 07 87-0
Fax 069 - 92 07 87-20
silke.tabbert@schoeffling.de
www.schoeffling.de
Verleger: Klaus Schoeffling
Gründungsjahr: 1994
Lieferbare Titel: 150
Novitäten: 20
Programm: Belletristik
Lektorat: Silke Tabbert
Ms.-Angebote: nach vorheriger telefonischer Anfrage, als Exposé mit Textprobe von 15 Seiten
Medium: Papierausdruck
Ms.-Rücksendung: nein

Schöningh Schulbuchverlag –
siehe *Bildungshaus*

Verlag Ferdinand Schöningh GmbH
Jühenplatz am Rathaus
33098 Paderborn
Tel. 05251 - 12 75
Fax 05251 - 12 78 60
info@schoeningh.de
www.schoeningh.de
Verlegerin: Christiane Voßhaus-Schöningh
Verlagsleitung: Peter Schäfer, Prof. Dr. Rainer Zons
Gründungsjahr: 1847
Lieferbare Titel: 2000
Novitäten: 200

Programm: Universitätsliteratur in den Fachbereichen Geschichte, Politik, Theologie, Philosophie, Germanistik
Lektorat:
Michael Werner: Geschichte/Politik; Dr. Hans Jakobs:Theologie, Philosophie und Literaturwissenschaft; Dr. Diethard Sawicki: UTB für Wissenschaft
Ms.-Interessen: Universitätsliteratur in den Fachbereich Geschichte, Politik, Theologie, Philosophie, Germanistik – keine Belletristik
Ms.-Angebote: nach vorheriger telefonischer Anfrage, als Exposé, als Manuskript
Medium: Papierausdruck, Diskette
Ms.-Rücksendung: ja

Schrader Verlag
Paul Pietsch Verlage
GmbH & Co KG
Olgastr. 86
70180 Stuttgart
Tel. 0711 - 240 80-0
Fax 0711 - 236 04 15
Verlegerin: Dr. Patricia Scholten
Verlagsgruppe: Paul Pietsch
Programm: Auto, Bildbände, Motorrad, Ratgeber, Technik

Verlag Silke Schreiber
Agnesstr. 12
80798 München
Tel. 089 - 271 01 80
Fax 089 - 271 69 57
metzel@t-online.de
www.verlag-silke-schreiber.de
Verlegerin: Dr. Luise Metzel
Programm: Kunst des 20. Jahrhunderts, Gegenwartskunst
Lektorat: Dr. Luise Metzel
Ms.-Angebote: nach vorheriger telefonischer Anfrage
Medium: Papierausdruck, E-Mail
Ms.-Rücksendung: ja, mit Rückporto

Schröder Schulbuchverlag – siehe *Bildungshaus*

Marion von Schröder Verlag
Friedrichstr. 126
10117 Berlin
Tel. 030 - 234 56-300
Fax 030 - 234 56-303
www.ullstein.com
Verleger: Viktor Niemann
Verlagsleitung: Hartmut Jedicke
Verlagsgruppe: Bonnier Media Deutschland GmbH
Programm: Literatur, Unterhaltung
Ms.-Angebote: als Exposé mit Textprobe von 30 Seiten
Medium: Papierausdruck
Ms.-Rücksendung: ja

Schroedel Verlag
Georg-Westermann-Allee 66
38104 Braunschweig
Tel. 0531 - 708-0
Fax 0531 - 708-209
www.schroedel.de
Programm: Schulbücher

Ms.-Angebote: nach vorheriger telefonischer Anfrage, als Exposé
Medium: Papierausdruck
Ms.-Rücksendung: ja, mit Rückporto

Schulz-Kirchner Verlag GmbH
Mollweg 2
65510 Idstein (Wörsdorf)
Tel. 06126 - 93 20-0
Fax 06126 - 93 20-50
info@schulz-kirchner.de
www.schulz-kirchner.de
Verleger: Dr. Ullrich Schulz-Kirchner
Gründungsjahr: 1984
Lieferbare Titel: 350
Novitäten: 30
Programm: Schwerpunkt: Ergotherapie und Logopädie, Ratgeber Pflege und Adoption, Wissenschaftliche Schriften, Betriebswirtschaftlehre, Volkswirtschaftlehre, Geisteswissenschaften
Lektorat: Doris Zimmermann, dzimmermann@schulz-kirchner.de, Margit Crönlein, Fachlektorat Logopädie: Dr. Jürgen Tesak, Fachlektorat Ergotherapie: Beate Kubny-Lüke
Ms.-Angebote: als Exposé
Medium: Papierausdruck, Diskette, E-Mail
Ms.-Rücksendung: ja, mit Rückporto

Carl Schünemann Verlag
Schünemann-Haus
28195 Bremen
Tel. 0421 - 369 03-0
Fax 0421 - 369 03 - 39, -348
buchverlag@schuenemann-verlag.de
www.schuenemann-verlag.de
Verleger: Hermann Schünemann
Gründungsjahr: 1810
Programm: Belletristik, Bildbände, Bildende Kunst, Fachzeitschriften, Kulturgeschichte, Sprachwissenschaften, Zeitgeschichte, Bremensien
Ms.-Angebote: als Exposé
Medium: Papierausdruck

Schüren Verlag
Universitätsstr. 55
35037 Marburg
Tel. 06421 - 630 84
Fax 06421 - 68 11 90
info@schueren-verlag.de
www.schueren-verlag.de
Verlegerin: Dr. Anette Schüren
Verlagsleitung: Dr. Annette Schüren
Lieferbare Titel: 200
Novitäten: 25
Programm: Schwerpunkt: Film, Medien, Zeitgeschehen. Fachzeitschriften, Fernsehen, Finanzen, Medienwissenschaft, Politik, Ratgeber, Soziologie, Wirtschaft
Ms.-Angebote: nach vorheriger telefonischer Anfrage, als Exposé
Medium: Papierausdruck, E-Mail
Ms.-Rücksendung: wenn unverlangt, nur mit Rückporto

Schwabenverlag AG
Senefelderstr. 12
73760 Ostfildern
Tel. 0711 - 44 06-160
Fax 0711 - 44 06-177
Verlagsleitung: Martin Günther
Programm: Religion und Theologie, Kunst, Bildbände
Lektorat: Gertrud Widmann, lektorat@schwabenverlag.de
Ms.-Angebote: als Exposé
Medium: E-Mail
Ms.-Rücksendung: ja

Schwarm Verlag
Obere Str. 17
07318 Saalfeld
Tel. 03671 - 357 11-0
Fax 03671 - 357 11-1
schwarmslf@aol.com
Programm: Zeitungen, Zeitschriften, Regionalliteratur, Sachbücher
Ms.-Angebote: nach vorheriger telefonischer Anfrage
Medium: Papierausdruck, Diskette
Ms.-Rücksendung: ja, mit Rückporto

Schwartzkopff Buchwerke GmbH
Neue Schönhauser Str. 20
10178 Berlin
Tel. 030 - 88 04 86 - 70
Fax 030 - 88 04 86 - 71
tjung@schwartzkopff-buchwerke.de
www.schwartzkopff-buchwerke.de
Verleger: Peter Schwarzkopf
Verlagsleitung: Dr. Thomas Jung
Gründungsjahr: 2003

Lieferbare Titel: 12
Novitäten: 10
Programm: Belletristik, Sachbuch, Fotobücher, Literaturzeitschrift, Zeitgeschichte
Lektorat: Moritz Malsch, mmalsch@schwartzkopff-buchwerke.de
Ms.-Angebote: als Exposé mit Textprobe von 20 Seiten
Medium: Papierausdruck
Ms.-Rücksendung: ja, mit Rückporto

Schwarzkopf & Schwarzkopf GmbH
Kastanienallee 32
10435 Berlin
Tel. 030 - 443 36 30-0
Fax 030 - 443 36 30-44
www.schwarzkopf-schwarzkopf.de
Zum Verlag: Innovativer Sachbuchverlag mit breitem Nischenprogramm
Programm: Politik, Kultur, Film, Fernsehen, Jugend
Ms.-Angebote: als Exposé mit Textprobe
Medium: Diskette, E-Mail
Ms.-Rücksendung: ja, mit Rückporto

Verlag Schweers + Wall GmbH
Rudolfstr. 65-67
52070 Aachen
Tel. 0241 - 87 22 51
Fax 0241 - 852 06
schweers.wall@t-online.de
www.schweers-wall.de

Verleger: H. Schweers, H. Wall
Gründungsjahr: 1971
Lieferbare Titel: 24
Novitäten: 7
Programm: Schwerpunkt: Schweizer Eisenbahnen, Klein- und Schmalspurbahnen, Eisenbahn-Atlas, Regionalia Euregio Maas, Rhein
Lektorat: H.Schweers, H. Wall
Ms.-Angebote: nach vorheriger telefonischer Anfrage, als Exposé mit Textprobe von 10 Seiten, als Manuskript
Medium: Papierausdruck, Diskette
Ms.-Rücksendung: ja

E. Schweizerbart'sche Verlagsbuchhandlung (Nägele Obermiller)

Johannesstr. 3A
70176 Stuttgart
Tel. 0711 - 35 14 56-0
Fax 0711 - 35 14 56-99
mail@schweizerbart.de
www.schweizerbart.de
Zum Verlag: Wissenschaftsverlag
Gründungsjahr: 1826
Programm: Anthropologie, Archäologie, Binnenfischerei, Seefischerei, Botanik, Fachzeitschriften, Geografie, Geowissenschaften, Natur, Naturwissenschaft, Ökologie, Reisen, Zoologie
Ms.-Angebote: nach vorheriger telefonischer Anfrage, als Exposé oder als Manuskript
Medium: Papierausdruck, E-Mail
Ms.-Rücksendung: ja

Scripta Mercaturae Verlag

Am roten Berg 5-9
55595 St. Katharinen
Tel. 06706 - 88 00
Fax 06706 - 88 59
info@scripta-mercaturae.de
www.scripta-mercaturae.de
Verleger: Prof. Dr. Harald Winkel
Gründungsjahr: 1968
Lieferbare Titel: 250
Novitäten: 15-20
Programm: Ausschließlich Wissenschaftliche Arbeiten: Wirtschafts- und Sozialgeschichte, Geschichte, Archäologie, Zeitgeschichte
Ms.-Angebote: als Manuskript
Medium: Papierausdruck, Diskette
Ms.-Rücksendung: ja, mit Rückporto

secolo Verlag

Rolandsmauer 13-14
49074 Osnabrück
Tel. 0541 - 289 98
Fax 0541 - 20 15 55
mail@secolo-verlag.de
www.secolo-verlag.de
Verlagsleitung: Manuela M. Lagmann
Programm: Dritte Welt, Asien, Geschichte der Neuzeit, Kulturgeschichte, Literaturwissenschaft, Politik, Sprachwissenschaften, Umweltthemen, Zeitgeschichte

Ms.-Angebote: nach vorheriger telefonischer Anfrage, als Exposé
Medium: Papierausdruck
Ms.-Rücksendung: ja, mit Rückporto

Seehamer Verlag GmbH
Seestr. 2 /Postfach 61
83629 Weyarn/Großseeham
Tel. 08020 - 90760
Fax 08020 - 907620
info@seehamer.de
www.seehamer.de
Verleger: Peter Karg-Cordes
Verlagsleitung: Peter Karg-Cordes
Zum Verlag: Hochwertige Kochbücher
Gründungsjahr: 1992
Lieferbare Titel: 25
Novitäten: ca. 5-8
Programm: Bildbände, Bildende Kunst, Esoterik, Alternative Medizin, Kochbücher, Geschenkbücher, Essen und Trinken, Gartenbau, Gesundheit, Kulturgeschichte, Lebenshilfe, Medizin, Musik, Nachschlagewerke, Wörterbücher, Natur, Psychologie, Ratgeber, Umweltthemen
Ms.-Angebote: nach vorheriger telefonischer Anfrage, als Exposé
Medium: Papierausdruck, E-Mail
Ms.-Rücksendung: ja, mit Rückporto

Seemann Henschel GmbH & Co KG
Gerichtsweg 28
04103 Leipzig
Tel. 0341 - 982 10-10
Fax 0341 - 98 2 10-19
info@seemann-henschel.de
www.seemann-henschel.de
Verleger: Dr. Jürgen A. Bach, Bernd wolf
Verlagsleitung: Dr. Jürgen A. Bach, Bernd Kolf
Verlagsgruppe: Seemann Henschel
Programm: Bildende Kunst, Architektur, Kunstlexikon
Lektorat: Kerstin Ludoph, Dw -23, ludolph@seemann-verlag.de
Ms.-Angebote: als Exposé
Medium: Papierausdruck
Ms.-Rücksendung: ja, mit Rückporto

Sellier – siehe Beltz & Gelberg

Shaker Verlag GmbH
Kaiserstr. 100
52134 Herzogenrath
Tel. 02407 - 95 96-0
Fax 02407 - 95 96-9
info@shaker.de
www.shaker.de
Verleger: Dr. Chaled Shaker
Zum Verlag: Wissenschaft
Gründungsjahr: 1984
Lieferbare Titel: 11000
Programm: Naturwissenschaft, Technik, Betriebswissenschaft, Recht, Informatik, Computer, Medi-

zin, Literaturwissenschaft, Sprach-
wissenschaft, Sozialwissenschaft,
Theologie, Psychologie, Philoso-
phie, Kunstgeschichte, Architektur,
Politik, Geschichte
Lektorat: Heike Jansen (Dw -14),
Leany Maassen (Dw -32),
Gabi Mobers (Dw -15),
Verena Loenißen (Dw -38)
Ms.-Interessen: alle Gebiete (Diss.,
Habil., Tagung, Fachbuch)
Ms.-Angebote: nach vorheriger tele-
fonischer Anfrage
Medium: Papierausdruck, Diskette,
E-Mail
Ms.-Rücksendung: ja

SHAYOL Verlag
Bergmannstr. 25
10961 Berlin
Tel. 030 - 69 50 51 17
Fax 030 - 82 70 78 17
shayol@epilog.de
www.shayol-verlag.de
Verlagsleitung: Ronald Hoppe
Gründungsjahr: 2001
Novitäten: 10
Programm: Science Fiction
(Romane, Erzählungen, Sekundär-
literatur), Literarische Fantastik,
 SF-Magazin ›Alien Contact‹
Ms.-Angebote: nach vorheriger tele-
fonischer oder E-Mail Anfrage, als
Exposé mit Textprobe von 10 Seiten
Medium: Papierausdruck, Diskette,
E-Mail (RTF-Format!)
Ms.-Rücksendung: nein

Siebert/Spiel – siehe
Beltz & Gelberg

Wolf Jobst Siedler Verlag
Neumarkter Str. 18
81673 München
Tel. 089 - 41 36-0
Fax 089 - 41 36-333
info@randomhouse.de
www.randomhouse.de
Verleger: Klaus Eck, Joerg Pfuhl
(CEO), Claudia Reitter,
Wolfgang Wiedermann
Verlagsgruppe: Random House
Programm: Geschichte, Kultur-
geschichte, Zeitgeschichte, Politik,
Humanwissenschaften

Sigloch Edition
Helmut Sigloch GmbH & Co. KG
Oberamteistr. 20
74653 Künzelsau
Tel. 07940 - 983 62-0
Fax 07940 - 983 62-26
edition@sigloch.de
www.sigloch.de
Verlagsleitung: Harald Schulna
Programm: Kochbücher und Land-
schaftsbildbände

Signum Wirtschaftsverlag
Thomas-Wimmer-Ring 11
80539 München
Tel. 089 - 290 88-0
Fax 089 - 29 08 81 54
www.herbig.net
Verlegerin: Brigitte Fleissner-Mikorey

Verlagsleitung: Gerhard Koralus
Programm: Sach- und Fachbücher

Silberburg-Verlag
Titus Häussermann GmbH
Schönbuchstr. 48
72074 Tübingen
Tel. 07071 - 68 85-0
Fax 07071 - 68 85-20
info@silberburg.de
www.silberburg.de
Verleger: Titus Häussermann
Zum Verlag: ausschließlich Regionalia zu Baden-Württemberg
Gründungsjahr: 1985
Lieferbare Titel: 350
Novitäten: 50
Programm: Schwaben und Baden-Württemberg: Architektur, Biografien, Belletristik, Historische Romane, Bildbände, Bildende Kunst, Essen und Trinken, Frauenforschung, Geografie, Geschichte des Mittelalters, Geschichte der Neuzeit, Jugendbücher, Kinderbücher, Kulturgeschichte
Lektorat: Martin Klaus
Ms.-Angebote: nach vorheriger telefonischer Anfrage
Medium: Ausdruck, Diskette, E-Mail
Ms.-Rücksendung: ja, mit Rückporto

Silberschnur Verlag GmbH
Steinstr. 1
56593 Güllesheim
Tel. 02687 - 92 90 68
Fax 02687 - 92 95 24
info@silberschnur.de
www.silberschnur.de
Verleger: Manfred Huber
Verlagsleitung: Manfred Huber
Gründungsjahr: 1982
Lieferbare Titel: 200
Novitäten: 30
Programm: Esoterik
Lektorat: Klaus Wittig
Ms.-Angebote: als Exposé mit Textprobe von 2-3 Seiten
Medium: Papierausdruck
Ms.-Rücksendung: ja

SKV-Edition
Heiligenstr. 24
77933 Lahr
Tel. 07821 - 581-0
Fax 07821 - 581 26
www.skv-edition.de
Verleger: Geschäftsführer Reinhold Fels
Verlagsleitung: Gerhard Baum
Programm: Geschenkbücher
Ms.-Angebote: Textprobe von 5 S.
Ms.-Rücksendung: ja, mit Rückporto

Smaragd Verlag
In der Streubach 1
57614 Woldert
Tel. 02684 - 97 88 08
Fax 02684 - 97 88 05
info@smaragd-verlag.de
www.smaragd-verlag.de
Programm: Sachbücher für Esoterische und Spirituelle Themen, keine Belletristik

Ms.-Angebote: nach vorheriger telefonischer Anfrage, als Exposé
Medium: Papierausdruck, E-Mail
Ms.-Rücksendung: ja, mit Rückporto

Societäts-Verlag
Frankenallee 71-81
60327 Frankfurt am Main
Tel. 069 - 75 01 - 42 98
Fax 069 - 75 01 - 43 98
juergen.kron@fsd.de
www.societaets-verlag.de
Verleger: Dr. Roland Gerschermann
Verlagsleitung: Dr. Jürgen Kron
Gründungsjahr: 1921
Verlagsgruppe: Verlagsgruppe Frankfurter Societät
Lieferbare Titel: 160
Novitäten: 30
Programm: Zeitgeschichte, Hessen, Francofurtensien
Lektorat: Dr. Jürgen Kron
(Dw -44 56)
Ms.-Angebote: nach vorheriger telefonischer Anfrage, als Exposé mit Textprobe von 20 Seiten
Medium: Papierausdruck, Diskette
Ms.-Rücksendung: ja

**Sonntag Verlag
in MVS Medizinverlage Stuttgart GmbH & Co. KG**
Oswald-Hesse-Str. 50
70469 Stuttgart
Tel. 0711 - 89 31-0
Fax 0711 - 89 31 -706
www.medizinverlage.de

Verlagsleitung: Dr. Thomas Scherb, Albrecht Hauff
Programm: Homöopathie, Naturheilverfahren, Ganzheitliche Veterinärmedizin

Spätlese Verlag Erna Hofmann
Pirckheimer Str. 18
90408 Nürnberg
Tel. 0911 - 35 45 05
Fax 0911 - 36 22 50
spaetlese.verlag@t-online.de
www.spaetlese-verlag.de
Verlegerin: Erna Hofmann
Gründungsjahr: 1979
Lieferbare Titel: 14
Novitäten: 1
Programm: Bibliophile Bücher, Franken
Ms.-Interessen: keine
Ms.-Angebote: nach vorheriger telefonischer Anfrage
Medium: Diskette
Ms.-Rücksendung: ja, mit Rückporto

SPC TEIA Lehrbuch Verlag GmbH
Dovestr. 2-4
10587 Berlin
Tel. 030 - 89 36 33 - 50
Fax 030 - 89 36 33 - 99
lehrbuch@spc.de
www.spc.de/lehrbuch
Verleger: Lutz Hunger
Gründungsjahr: 1996
Lieferbare Titel: 55
Programm: Computer, Edutainment, Lern-Software, Schulbücher

Spectrum – siehe *Beltz & Gelberg*

**Speed Comics
im Verlag Thomas Tilsner**
Flintkaserne, GB.61
83646 Bad Tölz
Tel. 08041 - 25 25
Fax 08041 - 21 47
tilsner@t-online.de
www.speedcomics.de
Programm: Comics

Spektrum Akademischer Verlag GmbH
Slevogtstr. 3-5
69126 Heidelberg
Tel. 06221 - 91 26-300
Fax 06221 - 91 26-370
info@elsevier.de
www.elsevier.de
Verlagsleitung: Peter Backx
Verlagsgruppe: Elsevier GmbH
Programm: Geowissenschaften, Psychologie, Biologie, Physik, Astronomie, Chemie, Mathematik, Informatik, Lexika, Bücher und CD-ROM, Seminare, Fernstudien
Ms.-Angebote: nach vorheriger telefonischer Anfrage, als Exposé
Ms.-Rücksendung: ja

**Wissenschaftsverlag
Volker Spiess GmbH**
Gneisenaustr. 33
10961 Berlin
Tel. 030 - 691 70 73
Fax 030 - 691 40 67

spiess-verlage@t-online.de
www.spiess-verlage.de
Programm: Archäologie, Film, Fernsehen, Geschichte der Neuzeit, Journalismus, Literaturwissenschaft, Medienwissenschaft, Politik, Wirtschaft, Zeitgeschichte
Ms.-Angebote: nach vorheriger telefonischer Anfrage
Medium: Papierausdruck
Ms.-Rücksendung: ja, mit Rückporto

Spitta Verlag GmbH & Co.KG
Ammoniten Str. 1
72336 Balingen
Tel. 07433 - 952-0
Fax 07433 - 952 - 111
mail@spitta.de
www.spitta.de
Verlagsleitung: Renate Dämpfer, Wolfgang Materna
Programm: Zahnmedizin, Medizin

Adolf Sponholtz Verlag
Osterstr. 19
31785 Hameln
Tel. 05151 - 20 03 11
Fax 05151 - 20 03 19
info@niemeyer-buch.de
www.niemeyer-buch.de
Verleger: Hans Freiwald
Gründungsjahr: 1893
Verlagsgruppe: CW Niemeyer
Programm: Themen der Zeit, Umwelt, Städtebände, Hermann Löns, Sagen und Märchen des Weserberglandes, Biografien, Belletristik

Springer Verlag GmbH & Co KG
Tiergartenstr. 17
69121 Heidelberg
Tel. 06221 - 48 78-0
Fax 06221 - 48 78 - 366
www.springer.de
Gründungsjahr: 1842
Lieferbare Titel: 19000
Novitäten: 2400
Programm: Schwerpunkt: Mathematik, Naturwissenschaften, Technik, Medizin. Psychologie, Pharmazie, Biologie, Chemie, Physik, Geowissenschaften, Umweltwissenschaften, Recht, Informatik, Management, Wirtschaftswissenschaften
Ms.-Angebote: nach vorheriger telefonischer Anfrage, als Exposé

Springer Science + Business Media
Heidelberger Platz 3
14197 Berlin
Tel. 030 - 827 87 -0
Fax 030 - 827 87 - 5002
www.springer-sbm.de
Verlagsleitung: Science and Business: 70 Verlage in 18 Ländern
Programm: Fachinformationen STM, Business-to-Business
Ms.-Angebote: nach vorheriger telefonischer Anfrage, als Exposé

St. Benno Buch- und Zeitschriftenverlagsgesellschaft mbH
Stammerstr. 11
04159 Leipzig
Tel. 0341 - 467 77-0
Fax 0341 - 467 77-40
service@st-benno.de
www.st-benno.de
Programm: Theologie, Zeitgeschichte, Kalender, Mystik, Spiritualität

Stadler Verlagsgesellschaft mbH
Max-Stromeyer-Str. 172
78467 Konstanz
Tel. 07531 - 898-0
Fax 07531 - 898-101
stadler.verlag.konstanz@t-online.de
Programm: Bodensee-Programm: Bildbände, Kunst, Kultur, Geschichte, Reiseführer, Kriminalgeschichten, Luftschifffahrt, Auto

Stadt-Bild-Verlag Leipzig
Gerichtsweg 28
04103 Leipzig
Tel. 0341 - 221 02 29
Fax 0341 - 221 02 26
stadtbild@t-online.de
www.stadt-bild.de
Verlegerin: Vera Kretschmar
Verlagsleitung: Hubert Kretschmar
Gründungsjahr: 1991
Lieferbare Titel: 420
Novitäten: 30

Programm: Bildbände Städte und Regionen aus Deutschland und der Schweiz
Ms.-Angebote: als Manuskript
Medium: Papierausdruck
Ms.-Rücksendung: ja, mit Rückporto

Verlag Stahleisen GmbH
Sohnstr. 65
40237 Düsseldorf
Tel. 0211 - 670 75 50
Fax 0211 - 670 75 55
ilse.pelz@stahleisen.de
www.stahleisen.de
Programm: Stahlherstellung, Stahlverarbeitung und Anwendung, Stahlmarkt
Ms.-Angebote: nach vorheriger telefonischer Anfrage
Medium: E-Mail

Stapp Verlag
Neue Promenade 6
10178 Berlin
Tel. 030 - 28 30 43 50
Fax 030 - 28 30 43 53
Verleger: Dr. Norbert Jaron
Gründungsjahr: 2001
Verlagsgruppe: Aufbau
Lieferbare Titel: 60
Novitäten: 4
Programm: Berlin, Mark Brandenburg, Preußen
Ms.-Angebote: nach vorheriger telefonischer Anfrage
Medium: Papierausdruck, Diskette
Ms.-Rücksendung: ja, mit Rückporto

C.A. Starke Verlag
Zeppelinstr. 2
65549 Limburg an der Lahn
Tel. 06431 - 96 15-0
Fax 06431 - 96 15-15
starkeverlag@t-online.de
www.starkeverlag.de
Verleger: Dipl.-Kfm. Rasched Salem
Verlagsleitung: Dipl.-Kfm. Rasched Salem
Gründungsjahr: 1847
Programm: Genealogie, Heraldik und Geschichte, Allgemeines Sachbuch, Kinderbücher
Ms.-Angebote: als Manuskript
Medium: Papierausdruck, E-Mail
Ms.-Rücksendung: ja

Stauffenburg Verlag Brigitte Narr GmbH
Stauffenbergstr. 42
72074 Tübingen
Tel. 07071 - 97 30-0
Fax 07071 - 97 30-30
narr@stauffenburg.de
www.stauffenburg.de
Verlegerin: Brigitte Narr
Verlagsleitung: Brigitte Narr
Gründungsjahr: 1982
Novitäten: 60
Programm: Verlag für Wissenschaft und Sachbuch, Arbeitsmaterialien für das Studium, Sprach- und Literaturwissenschaft, Kulturwissenschaft, Übersetzungswissenschaft, Klassische Philologie, Semiotik

Ms.-Angebote: als Manuskript
Medium: Papierausdruck
Ms.-Rücksendung: ja

Steidl Verlag
Düstere Str. 4
37073 Göttingen
Tel. 0551 - 496 06-0
Fax 0551 - 496 06-49
mail@steidl.de / www.steidl.de
Verleger: Gerhard Steidl
Programm: Bildbände, Fotografie, Belletristik

Conrad Stein Verlag GmbH
Dorfstr. 3a
59514 Welver
Tel. 02384 - 96 39 12
Fax 02384 - 96 39 13
info@conrad-stein-verlag.de
www.conrad-stein-verlag.de
Programm: Reisehandbücher für Individualreisende, Abenteuer, Touristik, Outdoor
Ms.-Angebote: nach vorheriger telefonischer Anfrage, als Exposé mit Textprobe
Medium: E-Mail
Ms.-Rücksendung: ja, mit Rückporto

Franz Steiner Verlag GmbH
Birkenwaldstr. 44
70191 Stuttgart
Tel. 0711 - 25 82-0
Fax 0711 - 25 82 - 390
service@steiner-verlag.de
www.steiner-verlag.de

Verlagsleitung: Dr. Thomas Schaber
Gründungsjahr: 1949
Verlagsgruppe: Deutscher Apotheker Verlag
Lieferbare Titel: 4000
Novitäten: 180
Programm: Archäologie, Fachzeitschriften, Geografie, Kulturgeschichte, Literaturwissenschaft, Musik, Naturwissenschaft, Philosophie, Sprachwissenschaften, Zeitgeschichte, Alte Geschichte, Wissenschaftsgeschichte
Ms.-Angebote: nach vorheriger telefonischer Anfrage, als Exposé mit Textprobe
Medium: Papierausdruck
Ms.-Rücksendung: ja

Dr. Dietrich Steinkopff Verlag
Poststr. 9
64293 Darmstadt
Tel. 06151 - 828 99-0
Fax 06151 - 828 99 - 40
info.steinkopff@springer.de
www.steinkopff.springer.de
Verlagsleitung: Dr. T. Thiekötter
Programm: Fachzeitschriften und Fachbücher, Medizin, Ernährungswissenschaft
Lektorat:
Sabine Ibkendanz (Kardiologie, Herz, Thorax, Gefäßchirurgie, Gerontologie, Neurologie)
Dr. Gertrud Volkert (Orthopädie, Dermatologie, Chirurgie, Urologie)
Dr. Maria Magdalena Nabbe

(Ernährungsws., Anästhesie, Gynäkologie, Psychiatrie)
Ms.-Angebote: nach vorheriger telefonischer Anfrage, als Exposé
Medium: Papierausdruck, E-Mail
Ms.-Rücksendung: ja

J. F. Steinkopf Verlag GmbH
Gartenstr. 20
24103 Kiel
Tel. 0431 - 55 77 92 06
Fax 0431 - 55 77 92 92
vertrieb@steinkopf-verlag.de
www.steinkopf-verlag.de
Verlagsleitung: Johannes Keussen
Programm: Christliche Lebenshilfe, Theologische Literatur, Religiöse Belletristik
Lektorat: Johannes Keussen (Dw -203)
Ms.-Angebote: nach vorheriger telefonischer Anfrage
Ms.-Rücksendung: ja, mit Rückporto

Verlag Janos Stekovics
Anna Heintze-Stekovics
Str. des Friedens 10
06198 Dössel
Tel. 034607 - 210 88
Fax 034607 - 212 03
Verleger: Janos Stekovics
Verlagsleitung: Anna Heintze-Stekovics
Gründungsjahr: 1992
Lieferbare Titel: 150
Novitäten: 20

Programm: Architektur, Belletristik, Bildbände, Bildende Kunst, Literaturwissenschaft, Lyrik, Musik, Regionalia
Ms.-Angebote: nach vorheriger telefonischer Anfrage, als Exposé mit Textprobe von 10 Seiten
Medium: Papierausdruck
Ms.-Rücksendung: nein

Verlag Stendel
Postfach 1713
71307 Waiblingen
Tel. 0711 - 57 70 08 89
Fax 0711 - 57 70 08 88
verlagstendel@aol.com
Verlegerin: Dagmar Kübler
Programm: Belletristik, Fantasy, Historische Romane, Esoterik, Märchen, Psychologie
Ms.-Angebote: als Exposé
Medium: Papierausdruck
Ms.-Rücksendung: ja, mit Rückporto

Steyler Verlag
Bahnhofstr. 9
41334 Nettetal
Tel. 02157 - 120 22-0
Fax 02157 - 120 22-2
verlag@steyler.de
www.steyler.de
Programm: Anthropologie, Bildung, Erziehung, Fachzeitschriften, Lebenshilfe, Philosophie, Psychologie, Religion, Soziologie, Sprachwissenschaften

Stieglitz Verlag
Kißlingweg 35
75417 Mühlacker
Tel. 07041 - 805-0
Fax 07041 - 805-70
mt@s-direktnet.de
www.muehlacker.de/mt
Verlegerin: Brigitte Wetzel-Händle
Gründungsjahr: 1928
Lieferbare Titel: 75
Programm: Historische Biografien und Romane, Schwäbische Lokalautoren, Österreich, Reisen
Lektorat: Christa Pohl, Leonberg, Tel. 07152 / 23544
Ms.-Interessen: gute historische Biografien
Ms.-Angebote: nach vorheriger telefonischer Anfrage
Medium: Papierausdruck
Ms.-Rücksendung: ja, mit Rückporto

Stollfuß Verlag
Dechenstr. 7
53115 Bonn
Tel. 0228 - 72 40
Fax 0228 - 724 92 23
www.stollfuß.de
Programm: Computer, Fachzeitschriften, Recht, Wirtschaft, Steuern

J. Strauss Verlag GmbH
Postfach 60 14 36
14414 Potsdam
Tel. 0331 - 24 08 79
Fax 0331 - 24 08 80
info@j-strauss-verlag.de
www.j-strauss-verlag.de
Verleger: Ingo Pagenkopf
Verlagsleitung: Jürgen Strauss
Gründungsjahr: 1996
Lieferbare Titel: 12-15
Novitäten: 3-4
Programm: Bild-Textbände zu Architektur, Fotografie, Film und Kunst sowie Potsdam-, Berlin und Brandenburg-Literatur
Ms.-Angebote: als Manuskript
Medium: E-Mail
Ms.-Rücksendung: nein

Stroemfeld Verlag
Holzhausenstr. 4
60322 Frankfurt am Main
Tel. 069 - 95 52 26-0
Fax 069 - 95 52 26-24
info@stroemfeld.de
www.stroemfeld.de
Verleger: KD Wolff
Gründungsjahr: 1970, seit 1979 auch in Basel
Programm: Stroemfeld/Roter Stern: Editionen, Historisch-Kritische Editionen mit Handschriften-Faksimiles, Belletristik, Kataloge. Stroemfeld/Nexus: Kulturwissenschaftliche Bibliothek Schwerpunkt: Moderne Literatur, Film und Medien-Literatur, Kulturwissenschaften
Ms.-Angebote: nach vorheriger telefonischer Anfrage, als Exposé oder als Exposé mit Textprobe von bevorzugt
Ms.-Rücksendung: ja, mit Rückporto

Johannes Strugalla Editions
Kirchstr. 44
55124 Mainz
Tel. 06131 - 426 83
Fax 06131 - 421 70
editions@despalles.com
Verleger: Johannes Strugalla
Verlagsleitung: Johannes Strugalla
Gründungsjahr: 1982
Verlagsgruppe: Despalles
Lieferbare Titel: 25
Novitäten: 1-2
Programm: Künstlerbücher in limitierter Auflage
Ms.-Interessen: Sprachexperimente, aktuelle Lyrik
Ms.-Angebote: nach vorheriger telefonischer Anfrage
Medium: Papierausdruck, E-Mail
Ms.-Rücksendung: ja, mit Rückporto

Stürtz – siehe *Verlagshaus Würzburg*

Süddeutscher Verlag
Hüthig Fachinformationen GmbH
Emmy-Noether-Str. 2
80922 München
Tel. 089 - 54 85 27 00
Fax 089 - 54 85 27 10
info@svhfi.de
www.sueddeutsche.de/fachverlage
Programm: Recht, Wirtschaft, Steuern, Technik, Kommunikation, Handel, Computing, Architektur, Bau, Medizin, Naturwissenschaften, Verkehr, Umwelt

SüdOst Verlag
Am Steinfeld 4
94065 Waldkirchen
Tel. 08581 - 91 06 66
Fax 08581 - 91 06 68
Verleger: Dr. Gerhard Brannsperger
Programm: Sach- und Fachbücher, Kochbücher, Bavarica, Bildbände
Ms.-Angebote: als Exposé
Medium: Papierausdruck
Ms.-Rücksendung: ja, mit Rückporto

Südwest Verlag
Bayerstr. 71-73
80335 München
Tel. 089 - 51 48-0
Fax 089 - 51 48 - 24 78
info@randomhouse.de
www.suedwest-verlag.de
Verleger: Klaus Eck, Joerg Pfuhl (CEO), Claudia Reitter, Wolfgang Wiedermann
Verlagsleitung: Stefan Ewald
Verlagsgruppe: Verlagsgruppe Random House
Programm: Erziehung, Essen und Trinken, Gesundheit, Ratgeber, Sport, Fitness
Ms.-Angebote: nach vorheriger telefonischer Anfrage
Medium: Papierausdruck
Ms.-Rücksendung: ja

Suhrkamp Taschenbuch Verlag
Suhrkamp Haus Lindenstr. 29-35
60325 Frankfurt am Main
Tel. 069 - 756 01-0
Fax 069 - 756 01-314
lektorat@suhrkamp.de
www.suhrkamp.de
Verlegerin: Ulla Unseld-Berkéwicz
Verlagsleitung: Ulla Unseld-Berkéwicz (Vorsitzende), Georg Rieppel, Philip Roeder, Dr. Rainer Weiss
Programm: Biografien, Belletristik, Bildende Kunst, Film, Geschichte, Kulturgeschichte, Kurzgeschichten, Lyrik, Märchen, Philosophie, Religion, Theater, Oper
Lektorat: Winfried Hörning
Dw -450, Fax: -455
Ms.-Angebote: als Manuskript
Medium: Papierausdruck, Diskette
Ms.-Rücksendung: ja, mit Rückporto

Suhrkamp Verlag
Suhrkamp Haus Lindenstr. 29-35
60325 Frankfurt am Main
Tel. 069 - 756 01-0
Fax 069 - 756 01-314
lektorat@suhrkamp.de
www.suhrkamp.de
Verlegerin: Ulla Unseld-Berkéwicz
Verlagsleitung: Ulla Unseld-Berkéwicz (Vorsitzende), Georg Rieppel, Philip Roeder, Dr. Rainer Weiss
Gründungsjahr: 1959
Verlagsgruppe: Suhrkamp
Programm: Deutschsprachige und Internationale Literatur, Wissenschaft und Theorie, Biografien, Theater, Essayistik
Lektorat: Dr. Rainer Weiss (Programmleitung)
Ms.-Angebote: als Manuskript
Medium: Papierausdruck, Diskette
Ms.-Rücksendung: ja, mit Rückporto

Sutton Verlag GmbH
Hochheimer Str. 59
99094 Erfurt
Tel. 0361 - 221 68-0
Fax 0361 - 221 68-11
info@suttonverlag.de
www.suttonverlag.de
Verleger: Sebastian Thiem
Gründungsjahr: 1996
Verlagsgruppe: Nonsuch Publishing International Ltd., Nailsworth (GB)
Lieferbare Titel: 550
Novitäten: 150
Programm: Alltagsgeschichte, Regionalia, Städtebildbände, Sportgeschichte
Lektorat: Julia Ströbel,
juliastroebel@suttonverlag.de
Ms.-Interessen: Alltagsgeschichtliche Foto-Bild-Bände, Stadtgeschichten, Historische Sport-Bildbände
Ms.-Angebote: nach vorheriger telefonischer Anfrage
Medium: Papierausdruck, Diskette
Ms.-Rücksendung: ja, mit Rückporto

Svato Verlag
Missundestr. 18
22769 Hamburg
Tel. 040 - 439 00 04
Fax 040 - 439 00 04
Programm: Illustrierte Bücher
in bibliophilen Ausgaben

**Swiridoff Verlag
GmbH & Co. KG**
Schliffenstr. 17
74653 Künzelsau
Tel. 07940 - 15 20 59
Fax 07940 - 15 46 10
norbert.brey@wuerth.com
www.swiridoff.de
Verlagsleitung: Norbert Brey
Gründungsjahr: 1999
Lieferbare Titel: 125
Novitäten: 25-30
Programm: Bildende Kunst, Managements, Architektur, Fotografie

SYBEX Verlag GmbH
Postfach 50 15 23
50972 Köln
Tel. 0211 - 97 39-0
Fax 0211 - 97 39 - 199
sybex@sybex.de
www.sybex.de
Verlagsleitung: Hans Nolden
Gründungsjahr: 1981
Lieferbare Titel: 300
Novitäten: 180
Programm: Computer, Datenbank, Edutainment, Spiele, Hardware, Internet, Betriebssysteme, Office, CAD/Grafik, Info- und Entertainment/CD-ROM-Programmierung
Lektorat: Anja Schriever
(Programmleitung)
Ms.-Angebote: als Exposé mit Textprobe, als Manuskript
Medium: E-Mail
Ms.-Rücksendung: ja

Talheimer Verlag
Rietsweg 2
72116 Mössingen-Talheim
Tel. 07473 - 270 11 11
Fax 07473 - 241 66
0747322750-0001@t-online.de
www.talheimer.de
Programm: Sachbücher zu Bildung, Philosophie, Wissenschaft und Arbeitswelt

Tecklenborg Verlag
Siemensstr. 4
48565 Steinfurt
Tel. 02552 - 920 02
Fax 02552 - 92 01 50
baeumer@tecklenborg-verlag.de
Programm: Bildbände über Tiere und Landschaften

**teNeues Verlag
GmbH & Co. KG**
Am Selder 37
47906 Kempen
Tel. 02152 - 916-0
Fax 02152 - 91 61 11, 91 62 22
verlag@teneues.de
www.teneues.de

Verleger: Hendrik teNeues, Sebastian teNeues
Zum Verlag: Kalender- und Buchverlag
Programm: Kalender: Kunst-, Foto-, Jugend- und Starkalender; Bücher: Lifestyle-, Kunst-, Design- und Fotografiebücher; Stationery: Blankbooks, Adressbücher, Grußkartenboxen und Postkartenboxen

Terzio
Möllers & Bellinghausen Verlag
Heilmannstr. 15
81479 München
Tel. 089 - 480 88 50
Fax 089 - 48 99 78 23
www.terzio.de
Verlagsleitung: Ralph Möllers und Iris Bellinghausen
Programm: Jugendbuch/Belletristik (Alter: 8-12), Kinderbücher (Alter: 1-7), Kindersoftware, Lernsoftware, Hörspiele, Kindermusik, Bilderbücher
Ms.-Angebote: nach vorheriger telefonischer Anfrage
Ms.-Rücksendung: ja, mit Rückporto

Tessloff Verlag Ragnar Tessloff GmbH & Co. KG
Burgschmietstr. 2 - 4
90419 Nürnberg
Tel. 0911 - 399 06-0
Fax 0911 - 399 06-39
tessloff@osn.de
www.tessloff.com

Programm: Kinder- und Jugendsachbücher
Ms.-Angebote: als Exposé
Medium: Papierausdruck
Ms.-Rücksendung: ja, mit Rückporto

B. G. Teubner GmbH
Abraham-Lincoln-Str. 46
65189 Wiesbaden
Tel. 0611 - 78 78-0
Fax 0611 - 78 78 - 410
www.teubner.de
Verleger: Dr. Hans-Dieter Haenel
Verlagsleitung: Dr. Heinz Weinheimer
Programm: Bauwesen, Chemie, Informatik, Ingenieurwesen, Mathematik, Nachschlagewerke, Naturwissenschaft, Ökologie, Physik, Schulbücher, Technik
Ms.-Angebote: nach vorheriger telefonischer Anfrage, als Exposé, als Exposé mit Textprobe von 20 S.
Medium: Papierausdruck, Diskette
Ms.-Rücksendung: ja

Teubner Edition
Höhenstr. 54
87629 Füssen
Tel. 08362 - 40 67, 82 46
Fax 08362 - 21 62
te-edition@online-service.de
www.teubner-edition.de
Verleger: Christian Teubner
Gründungsjahr: 1978
Novitäten: 5 plus Kalender und Poster

Programm: Hochwertig ausgestattete Kochbücher, Kochkunstreihe, Poster
Lektorat: Dr. Alexandra Cappel, Monika Römer, Katrin Wittmann
Ms.-Angebote: nach vorheriger telefonischer Anfrage

**Thalacker Medien –
Bernhard Thalacher Verlag
GmbH & Co.KG**
Postfach 83 64
38133 Braunschweig
Tel. 0531 - 380 04-0
Fax 0531 - 380 04-25, -63
info@thalackermedien.de
www.thalackermedien.de
Verlagsleitung: Justus Graßmann
Zum Verlag: Fachverlag für die Grüne Branche
Gründungsjahr: 1867
Lieferbare Titel: 80
Novitäten: 10
Programm: Fachliteratur für Gartenbau, Floristik und Landschaft
Lektorat: Brigitt Mayr, Dw -47, bmayr@web.de (Programmleitung und Buchmarketing)
Ms.-Interessen: Reine Sach- und Fachbuch-Manuskripte
Ms.-Angebote: nach vorheriger telefonischer Anfrage, als Exposé, als Manuskript
Medium: Papierausdruck
Ms.-Rücksendung: ja

Thauros Verlag GmbH
Jakob-Huber-Str. 9
88171 Weiler im Allgäu
Tel. 08387 - 251-0
Fax 08387 - 37 31
thaurosverlag@t-online.de
Programm: Mythologische Anthropologie, Jüdische Überlieferung, Chassidismus, Religions- und Sprachphilosophie, Friedrich Weinreb

Theater der Zeit im Podewil
Klosterstr. 68-70
10179 Berlin
Tel. 030 - 242 36 26
Fax 030 - 24 72 24 15
tdz@mail.blinx.de
www.theaterderzeit.de
Programm: Zeitschrift, Arbeitsbücher zu spezifischen Theaterthemen, Sachbuch, Fachbuch

Konrad Theiss Verlag GmbH
Mönchhaldenstraße 28
70191 Stuttgart
Tel. 0711 - 255 27-0
Fax 0711 - 255 27-17
service@theiss.de
www.theiss.de
Verleger: Christian Rieker
Gründungsjahr: 1956
Lieferbare Titel: 500
Novitäten: 70
Programm: Schwerpunkte: Archäologie, Geschichte, Landeskunde, Bildbände, Burgenkunde

Lektorat: Jürgen Beckedorf
(Dw -16, beckedorf@theiss.de)
Ms.-Angebote: nach vorheriger telefonischer Anfrage, als Exposé
Medium: Papierausdruck
Ms.-Rücksendung: ja

Theseus Verlag GmbH
Arndtstr. 34
10965 Berlin
Tel. 030 - 61 65 08-75 /76
Fax 030 - 61 65 08-77
theseus@verlagsgruppe-dornier.de
www.theseus-verlag.de
Verlagsleitung: Olaf Carstens, Roland Grimmelsmann
Gründungsjahr: 1975
Verlagsgruppe: Dornier GmbH
Lieferbare Titel: 70
Novitäten: 15
Programm: Buddhismus, Östliche Weisheiten
Lektorat: Ursula Richard
Ms.-Angebote: als Exposé mit Textprobe von 30 Seiten
Medium: Papierausdruck, Diskette, CD
Ms.-Rücksendung: ja, mit Rückporto

Georg Thieme Verlag
Rüdigerstr. 14
70469 Stuttgart
Tel. 0711 - 89 31-0
Fax 0711 - 89 31-298
info@thieme.de
www.thieme.de
Verleger: Albrecht Hauff
Zum Verlag: medizinisch-naturwissenschaftlicher Verlag
Gründungsjahr: 1886
Lieferbare Titel: 4000
Novitäten: 550
Programm: Medizin, Zahnmedizin, Biowissenschaften, Chemie

Thienemann Verlag GmbH
Blumenstr. 36
70182 Stuttgart
Tel. 0711 - 210 55-0
Fax 0711 - 210 55-39
info@thienemann.de
www.thienemann.de
Verleger: Klaus Willberg
Verlagsgruppe: Bonnier Media Deutschland GmbH
Programm: Bilderbücher, Kinderbücher, Jugendbücher, Sachbuch
Lektorat: Programmleitung: Stefan Wendel
Ms.-Angebote: als Exposé
Medium: Papierausdruck
Ms.-Rücksendung: ja, mit Rückporto

Hans Thoma Verlag
Vorholzstr. 7
76137 Karlsruhe
Tel. 0721 - 932 75-0
Fax 0721 - 932 75-20
Programm: Belletristik, Bildende Kunst, Evangelische Religion, Schulbücher
Ms.-Angebote: nach vorheriger telefonischer Anfrage

Thomas der Löwe Verlag
Rheinstr. 65
76185 Karlsruhe
Tel. u. Fax 0721 - 75 31 53
info@thomas-der-loewe.de
www.thomas-der-loewe.de
Programm: Belletristik, Gedichte, Schwarze Romane

Jan Thorbecke Verlag GmbH & Co
Senefelderstr. 12
73760 Ostfildern-Ruit
Tel. 0711 - 44 06-0
Fax 0711 - 44 06-199
info@thorbecke.de
www.thorbecke.de
Verlagsleitung: Dr. Jörn Laakmann
Gründungsjahr: 1946
Novitäten: 50
Programm: Geschichte (insbes. des Mittelalters) und Kulturgeschichte in Sach- und Fachbuch; Regionalia des deutschsprachigen Südwestens, vor allem Bodenseeraum
Ms.-Interessen: s. Verlagsprogramm
Ms.-Angebote: nach vorheriger telefonischer Anfrage, als Exposé mit Textprobe, als Manuskript
Medium: Papierausdruck
Ms.-Rücksendung: ja

Tibia Press
Alexanderstr. 54
45472 Mülheim
Tel. 0208 - 439 54 65
Fax 0208 - 439 54 69
info@tibiapress.de
www.tibiapress.de
Verleger: Wilfried Stascheit
Verlagsleitung: Inga Stascheit, Wilfried Stascheit
Zum Verlag: Spezial Interessen-Verlag (Sport), Fachverlag Sport
Gründungsjahr: 2000
Lieferbare Titel: 10
Novitäten: 2
Programm: Marathonreiseführer, Frauenlaufbuch, Internetguide Laufen, Fitnessbücher insbesondere zu den Themen: Laufen, Fitness und Kinderfitness

Verlag Thomas Tilsner
Flintkaserne, Gb. 61
83646 Bad Tölz
Tel. 08041 - 25 25
Fax 08041 - 21 47
tilsner@t-online.de
www.tilsner.de
Programm: Speed Comics, Science Fiction, Fantasy, Fantastische Literatur, Filmbuch, Politisches Sachbuch, Schriften des Archivs der Jugendkulturen e.V., Berlin

Tisch 7 Verlagsgesellschaft Köln mbH
Moltkestraße 68a
50674 Köln
Tel. 0221 - 510 62 88
Fax 0221 - 589 11 29
info@tisch7-verlag.de
www.tisch7-verlag.de

Verleger: Bettina Hesse und
Frank Niederländer
Programm: Belletristik, Sachbücher

Titania Verlag
Forststr. 104B
70193 Stuttgart
Tel. 0711 - 63 81 25
Fax 0711 - 636 98 72
Programm: Bilderbücher, Puzzles,
Bücher für das erste Lesealter
Block- und Schreibschrift, Tierbücher, Berg- und Heimatromane,
Jugendbücher

Tivola Verlag GmbH
Münzstr. 19
10178 Berlin
Tel. 030 - 53 63 58-0
Fax 030 - 53 63 58 - 211
gerber@tivola.de
www.tivola.de
Zum Verlag: humorvolle Wissensvermittlung
Gründungsjahr: 1995
Novitäten: 8-15
Programm: CD-ROM und Bücher
für Kinder und Jugendliche
Lektorat: Landbeck,
landbeck@tivola.de
Ms.-Interessen: Natur Erklären und
Kinderbücher, CD-ROM
Ms.-Angebote: nach vorheriger
telefonischer Anfrage
Medium: Papierausdruck, E-Mail
Ms.-Rücksendung: nein

Tomus Verlag GmbH
Einsteinstr. 167
81675 München
Tel. 089 - 47 07 77-44
Fax 089 - 47 07 77-42
info@tomus.de / www.tomus.de
Programm: Belletristik, Humor,
Satire, Geschenkbuch, Wörterbücher, Reisen
Ms.-Interessen: Humor, Cartoons,
Satire
Ms.-Angebote: nach vorheriger
telefonischer Anfrage
Medium: E-Mail
Ms.-Rücksendung: ja, mit Rückporto

Topos plus Verlagsgemeinschaft
Hoogeweg 71
47623 Kevelaer
Tel. 02832 - 92 91 44
Fax 02832 - 92 91 39
gerhard.hartmann@lahn-verlag.de
www.engagementbuch.de
Programm: Märchen, Religiös,
Bibel, Philosophie, Religion,
Theologie

TourCon
Hannelore Niedecken GmbH
Wandsbeker Allee 1
22041 Hamburg
Tel. 040 - 414 48-0
Fax 040 - 414 48-499
vertrieb@fvw.de
www.tourcon.de
Programm: Nachschlagewerke für
die Tourismusbranche

**Touristbuch
Reise- und Kunstbuch
Verlagsgesellschaft mbH**
Adenauer Allee 4
30175 Hannover
Tel. 0511 - 283 96 66
Fax 0511 - 854 03 21
Programm: Reise- und Kunstbücher

**Traditionell Bogenschiessen
Verlag Angelika Hörnig**
Siebenpfeifferstr. 16
67071 Ludwigshafen
Tel. 0621 - 68 94 41
Fax 0621 - 68 94 42
info@bogenschiessen.de
www.bogenschiessen.de
Verlegerin: Angelika Hörning
Verlagsleitung: Angelika Hörning
Programm: Bogenschiessen in sportlichen und geschichtlichen Aspekten, Anleitungen
Ms.-Interessen: zur Geschichte des Bogenschiessens, Erfahrungsgeschichte, Bauanleitungen
Ms.-Angebote: nach vorheriger telefonischer Anfrage
Medium: Papierausdruck, Diskette
Ms.-Rücksendung: ja

transcript
Mühlenstr. 47
33607 Bielefeld
Tel. 0521 - 634 54
Fax 0521 - 610 40
live@transcript-verlag.de
www.transcript-verlag.de
Programm: Wissenschaftlicher Fachverlag, Sozialwissenschaften, Kultur- und Museumsmanagement

Transpress Verlag
Olgastr. 86
70180 Stuttgart
Tel. 0711 - 210 80 - 15
Fax 0711 - 236 04 15
Verlegerin: Dr. Patricia Scholten
Verlagsgruppe: Paul Pietsch
Programm: Eisenbahn

Verlag Trautvetter & Fischer Nachf.
Gladenbacher Weg 57
35037 Marburg
Tel. 06421 - 333 09
Fax 06421 - 349 59
eckhardt@trautvetterfischerverlag.de
www.trautvetterfischerverlag.de
Verleger: Dr. Wilhelm A. Eckhardt
Verlagsleitung:
Dr. Wilhelm A. Eckhardt
Gründungsjahr: 1941
Lieferbare Titel: 60
Novitäten: 1-2
Programm: Hessische Regionalgeschichte, vor allem Nord- und Mittel-Hessen
Ms.-Angebote: nach vorheriger telefonischer Anfrage
Ms.-Rücksendung: ja, mit Rückporto

Trescher Verlag GmbH
Reinhardtstr. 9
10117 Berlin
Tel. 030 - 283 24 96
Fax 030 - 281 59 94
post@trescherverlag.de
www.trescherverlag.de
Verleger: Detlev von Oppeln
Lieferbare Titel: 50
Novitäten: 10
Programm: Schwerpunkt: Osteuropa, GUS, Reiseführer für Individualreisende, Regionalia Brandenburg-Berlin
Lektorat: Sabine Fach, Hinnerk Dreppenstedt
Ms.-Angebote: nach vorheriger telefonischer Anfrage, als Exposé
Medium: Papierausdruck, Diskette, E-Mail
Ms.-Rücksendung: ja, mit Rückporto

Trias-Verlag
in MVS Medizinverlage Stuttgart GmbH & Co.KG
Oswald-Hesse-Str. 50
70469 Stuttgart
Tel. 0711 - 89 31-0
Fax 0711 - 89 31-706
www.medizinverlage.de
Verlagsleitung: Dr. Thomas Scherb, Albrecht Hauff
Gründungsjahr: 1989
Verlagsgruppe: Thieme
Lieferbare Titel: 300
Novitäten: 30

Programm: Gesundheit, Lebenshilfe, Psychologie, Ratgeber
Ms.-Angebote: als Exposé mit Textprobe von 10 Seiten
Medium: Diskette, E-Mail
Ms.-Rücksendung: ja

Tropen Verlag
Maastrichter Str. 46
50672 Köln
Tel. 0221 - 399 20 70
Fax 0221 - 49 66 05
info@tropen-verlag.de
www.tropen-verlag.de
Verlagsleitung: Michael Zöllner
Programm: Belletristik, Junges Sachbuch
Ms.-Angebote: als Exposé mit Textprobe von 10 Seiten
Medium: Papierausdruck
Ms.-Rücksendung: ja, mit Rückporto

Trotzdem Verlagsgenossenschaft
Mainzer Landstr. 107
60329 Frankfurt am Main
Tel. 069 - 23 80 28 73
trotzdemusf@t-online.de
www.txt.de/trotzdem
Verleger: Dieter Schmidt, Uli Steinheimer
Gründungsjahr: 1978
Lieferbare Titel: 120
Novitäten: 6-8
Programm: Biografien, Fachzeitschriften, Frauenforschung, Feminismus, Dritte Welt, Medien,

Geschichte der Neuzeit, Jugendbücher, Ökologie, Fotografie, Politik, Theater, Zeitgeschichte, Anarchismus
Ms.-Interessen: Aktuelle politische Sachbücher, Themen: Wasser, Klimawandel
Ms.-Angebote: nach vorheriger telefonischer Anfrage, als Manuskript
Medium: Papierausdruck, Diskette, E-Mail
Ms.-Rücksendung: ja, mit Rückporto

Anton Tschechow Verlag
Universitätsstr. 125
44789 Bochum
Tel. 0234 - 33 26 41, 33 76 45
Fax 0234 - 33 54 47
alexeew@gmx.li
www.anton-tschechow-verlag.de
Programm: Russische Literatur

Uccello
Kirsperbaumweg 10
33175 Bad Lippspringe
Tel. 05252 - 94 04 05
Fax 05252 - 94 04 06
info@uccello.de
www.uccello.de
Verlagsleitung: Martina Deppe-Spinelli
Programm: Hörbücher für Kinder
Ms.-Angebote: nach vorheriger telefonischer Anfrage, als Exposé
Medium: E-Mail

Ulla Schmidt Verlag
Keltenstr. 45
54497 Morbach
Tel. 06536 - 931 71
Fax 06536 - 931 70
info@ulla-schmidt-verlag.de
Verlegerin: Ulla Schmidt
Gründungsjahr: 1998
Programm: Frauen- und Mädchenbücher, Das Kind in Uns, Schreiben als Selbst-Therapie, Psychose-Erfahrungen
Ms.-Interessen: s. Verlagsprogramm
Ms.-Angebote: nach vorheriger telefonischer Anfrage, als Exposé mit Textprobe von 50 Seiten
Medium: Papierausdruck
Ms.-Rücksendung: ja, mit Rückporto

Ullstein Buchverlage GmbH
Friedrichstr. 126
10117 Berlin
Tel. 030 - 234 56-300
Fax 030 - 234 56-303
www.ullstein.com
Verleger: Viktor Niemann
Verlagsleitung: Hartmut Jedicke
Verlagsgruppe: Bonnier Media Deutschland GmbH
Programm: Deutsche und Internationale Belletristik, Sachbuch, Zeitgeschichte, Politik, Bildbände, Ratgeber, Biografien
Ms.-Angebote: als Exposé mit Textprobe von 30 Seiten
Medium: Papierausdruck
Ms.-Rücksendung: ja

Ullstein Buchverlage GmbH
Programm populärmedizinische
Bücher
Friedrichstr. 126
10117 Berlin
Tel. 030 - 234 56-300
Fax 030 - 234 56-303
www.ullstein.de
Verleger: Viktor Niemann
Verlagsleitung: Hartmut Jedicke
Verlagsgruppe: Bonnier Media
Deutschland GmbH
Lieferbare Titel: 150
Novitäten: 20
Programm: Gesundheit, Wellness,
Fitness, Populärmedizinische Sachbücher
Lektorat: Gudrun Jänisch
Ms.-Interessen: Wellness, Gesundheitsratgeber
Ms.-Angebote: nach vorheriger
telefonischer Anfrage, als Exposé
mit einer Textprobe von ca.
30 Seiten
Medium: Papierausdruck
Ms.-Rücksendung: ja

Ullstein Taschenbuchverlag
Friedrichstr. 126
10117 Berlin
Tel. 030 - 234 56-300
Fax 030 - 234 56-303
www.ullstein.com
Verleger: Viktor Niemann
Verlagsleitung: Hartmut Jedicke
Verlagsgruppe: Bonnier Media
Deutschland GmbH
Programm: Literatur, Unterhaltung,
Kriminalromane, Thriller, Sachbuch, Zeitgeschichte, Ratgeber,
Film und Fernsehen, Esoterik
Ms.-Angebote: als Exposé mit Textprobe von 30 Seiten
Medium: Papierausdruck

Verlag Eugen Ulmer
Wollgrasweg 41
70599 Stuttgart
Tel. 0711 - 45 07-0
Fax 0711 - 45 07-120
info@ulmer.de
www.ulmer.de
Verleger: Roland Ulmer
Verlagsleitung: Matthias Ulmer
Gründungsjahr: 1868
Programm: Fachverlag für Landwirtschaft, Biologie, Ökologie,
Garten, Tiere, Häusliche Arbeiten
Lektorat: Dr. Nadia Kneissler (Wissenschaften und Programmleitung,
Dw -182), Dr. Eva-Maria Götz (Tierbuch, Dw -165), Hermine Tasche
(Gartenbuch, Dw -117), Anke Ruf
(Selbermachen/Floristik, Dw -160),
Werner Baumeister (Schulbuch,
Dw -161), Ina Vetter (Naturführer,
Dw -242)
Ms.-Angebote: nach vorheriger telefonischer Anfrage, als Exposé mit
Textprobe von 20 Seiten oder als
Manuskript
Medium: Diskette, CD
Ms.-Rücksendung: ja

Verlag Ulmer Manuskripte
Weilerhalde 37
89143 Blaubeuren
Tel. 07345 - 92 97 13
Fax 07345 - 92 97 14
webmaster@ulmer-manuskripte.de
www.ulmer-manuskripte.de
Verlegerin: Karin Bückle
Verlagsleitung: Karin Bückle
Gründungsjahr: 2000
Lieferbare Titel: 20
Novitäten: 20
Programm: Fach- und Sachbücher, Wirtschaft und Kommunikation, Sozialwissenschaften und Kultur, Sachbuch sowie Belletristik in der neuen Reihe »Lesefährten«
Lektorat: webmaster@ulmer-manuskripte.de
Ms.-Interessen: s.o.
Ms.-Angebote: als Exposé mit Textprobe von 10 Seiten, als Manuskript
Medium: E-Mail
Ms.-Rücksendung: ja, mit Rückporto

Neuer Umschau Buchverlag GmbH
Maximilianstr. 43
67433 Neustadt an der Weinstarße
Tel. 06321 - 87 78 55
Fax 06321 - 87 78 59
info@umschau-buchverlag.de
www.umschau-buchverlag.de
Verlegerin: Katharina Többen
Verlagsleitung: Katharina Többen
Programm: Ratgeber, Kochbücher, Ernährung, Lifestyle

Ms.-Angebote: als Exposé mit Textprobe von 10 Seiten
Medium: Papierausdruck
Ms.-Rücksendung: ja, mit Rückporto

**UNIBUCH
Abteilung Verlag**
Scharnhorststr. 1
21335 Lüneburg
Tel. 04131 - 40 70 60
Fax 04131 - 40 75 40
Programm: Ökologie, Philosophie, Politik, Soziologie
Ms.-Angebote: nach vorheriger telefonischer Anfrage
Medium: Papierausdruck
Ms.-Rücksendung: nein

Union – siehe *Beltz & Gelberg*

United Soft Media Verlag GmbH
Thomas-Wimmer-Ring 11
80539 München
Tel. 089 - 290 88 -175
Fax 089 - 290 88 - 160
info@usm.de
www.usm.de
Verleger: Michael Fleissner
Zum Verlag: Multimedia Verlag
Gründungsjahr: 1994
Lieferbare Titel: 200
Novitäten: 60
Programm: CD-ROM / DVD-ROM aus den Bereichen Nachschlagewerke, Geschichte, Natur, Astronomie, Naturwissenschaft, Kinder, Jugend

Ms.-Angebote: nach vorheriger telefonischer Absprache
Medium: CD-ROM / DVD-ROM

Universitas Verlag
Thomas-Wimmer-Ring 11
80539 München
Tel. 089 - 290 88-0
Fax 089 - 290 88 - 154
www.herbig.net
Verlegerin: Brigitte Fleissner-Mikorey
Verlagsleitung: Gerhard Koralus
Verlagsgruppe: Langen Müller Herbig
Programm: Belletristik, Geschichte, Politik, Zeitgeschichte
Ms.-Angebote: als Exposé
Medium: Papierausdruck, Diskette
Ms.-Rücksendung: ja

Unrast Verlag
Postfach 8020
48043 Münster
Tel. 0251 - 66 62 93
Fax 0251 - 66 61 20
unrast@aol.com
Gründungsjahr: 1989
Verlagsgruppe: Unrast e.V.
Lieferbare Titel: 100
Novitäten: 20
Programm: Kritisches Sachbuch, Populärwissenschaftliches Programm in den Bereichen: Soziologie, Politik, Geschichte, Biografien sowie Belletristik
Ms.-Angebote: als Exposé mit Textprobe von max. 50 Seiten
Medium: Papierausdruck, Diskette, E-Mail
Ms.-Rücksendung: ja, mit Rückporto

Unterwegs Verlag
Manfred Klemann
Dr. Andler-Str. 28
78204 Singen
Tel. 07731 - 635 44
Fax 07731 - 624 01
uv@unterwegs.com
www.reisefuehrer.com
Verleger: Manfred Klemann
Verlagsleitung: Manfred Klemann
Zum Verlag: Reisebücher
Programm: Freizeit- und Reiseführer, Szeneführer, Autokennzeichenbücher
Lektorat: Silke Mäder (Freizeit), Manfred Klemann, Thomas Schlegel, Christina Gottschall, Sabine Heilig und Ariane Martin (Reiseführer), Stefan Blondzik, Monika Knobloch (Szeneführer)
Ms.-Angebote: nach vorheriger telefonischer Anfrage
Medium: Papierausdruck
Ms.-Rücksendung: ja

Verlag Urachhaus
Landhausstr. 82
70190 Stuttgart
Tel. 0711 - 285 32 01
Fax 0711 - 285 32 11
www.urachhaus.com
Verleger: Frank Berger

Verlagsleitung: Frank Berger
Gründungsjahr: 1925
Verlagsgruppe: Verlag Freies Geistesleben & Urachhaus GmbH
Lieferbare Titel: 650
Novitäten: ca. 45
Programm: Anthroposophie, Kunst und Kunstgeschichte, Religions- und Geistesgeschichte, Theologie, Philosophie, Lebenshilfe, Belletristik, Kinder- und Jugendbücher
Lektorat: Michael Stehle, Diethild Plattner
Ms.-Angebote: nach vorheriger telefonischer Anfrage
Medium: Papierausdruck, Diskette, E-Mail
Ms.-Rücksendung: ja, mit Rückporto

Urania-Verlag
Liebknechtstr. 33
70575 Stuttgart
Tel. 0711 - 788 03-0
Fax 0711 - 788 03-10
info@verlagsgruppe-dornier.de
www.verlagsgruppe-dornier.de
Verlagsleitung: Olaf Carstens, Roland Grimmelsmann
Verlagsgruppe: Dornier GmbH
Programm: Sachbuch und Hobby, Tier- und Pflanzen-Nachschlagewerke, Ratgeber zu: Gesundheit, Sanfte Medizin, Lebenshilfe, Familie und Kind, Ernährung, Malen, Textiles Gestalten
Lektorat: Hobby: Hannelore Irmer-Romeo, Dw -54, alle anderen Bereiche: Susanne Noll, Dw -30 und Daniela Blaga Dw -61
Ms.-Angebote: als Exposé mit Textprobe von 20 Seiten
Medium: Papierausdruck, Diskette, E-Mail
Ms.-Rücksendung: ja, mit Rückporto

Urban & Fischer Verlag GmbH & Co. KG
Karlstr. 45
80333 München
Tel. 089 - 53 83-0
Fax 089 - 53 83-939
info@urbanfischer.de
www.urbanfischer.de
Verleger: Dr. Jürgen Wieczorek
Programm: Bücher und Elektronische Medien, Medizinische Assistenzberufe, Zahnmedizin, Heilpraktiker, Medizin, Pflege
Ms.-Angebote: als Exposé, als Manuskript
Medium: Papierausdruck
Ms.-Rücksendung: ja

**Urban & Vogel
Medien und Medizinverlag**
Neumarkter Str. 43
81673 München
Tel. 089 - 43 72-1413
Fax 089 - 43 72-1410
verlag@urban-vogel.de
www.randomhouse.de
Verleger: Klaus Eck, Joerg Pfuhl (CEO), Claudia Reitter, Wolfgang Wiedermann

Programm: Medizin, Psychologie, Pflege
Lektorat: Carola Herzberg M.A.

UTB für Wissenschaft Uni-Taschenbücher GmbH
Breitwiesenstr. 9
70565 Stuttgart
Tel. 0711 - 780 18 26
Fax 0711 - 780 13 76
utb-stuttgart@t-online.de
www.utb.de
Gründungsjahr: 1970
Verlagsgruppe: 13 Gesellschafterverlage
Lieferbare Titel: 800
Novitäten: 60
Programm: Lehrbücher in über 40 Fachbereichen
Lektorat: bei Gesellschafterverlagen

UVK Verlagsgesellschaft mbH
Schützenstr. 24
78462 Konstanz
Tel. 07531 - 90 53-0
Fax 07531 - 90 53 - 98
willkommen@uvk.de
www.uvk.de
Verlegerin: Dr. Brigitte Weyl
Verlagsleitung: Walter Engstle
Gründungsjahr: 1963
Lieferbare Titel: 1000
Novitäten: 80
Programm: Wissenschafts- und Studentenliteratur aus den Bereichen Sozialwissenschaften, Kommunikationswissenschaft, Kulturwissenschaft, Filmwissenschaft, Fachbücher für die Praxis Journalismus und Film
Lektorat: Rüdiger Steiner, Uta C. Preimesser, Sonja Rothländer
Ms.-Angebote: nach vorheriger telefonischer Anfrage, als Exposé
Medium: Papierausdruck, E-Mail
Ms.-Rücksendung: ja

V & R unipress
Robert-Bosch-Breite 6
37079 Göttingen
Tel. 0551 - 50 84-301
Fax 0551 - 50 84-333
info@vr-unipress.de
www.vr-unipress.de
Verlegerin: Dr. Reinhilde Ruprecht
Verlagsleitung: Susanne Franzkeit
Gründungsjahr: 2003
Verlagsgruppe: Vandenhoeck & Ruprecht
Lieferbare Titel: 200
Programm: Forschungswissenschaften aus den Geistes- und Gesellschaftswissenschaften
Ms.-Angebote: als Manuskript
Medium: E-Mail
Ms.-Rücksendung: nein

Verlag Franz Vahlen GmbH
Wilhelmstr. 9
80801 München
Tel. 089 - 381 89-0
Fax 089 - 381 89-398, -402
bestellung@vahlen.de
www.vahlen.de

Verlagsleitung: Dr. Hans Dieter Beck
Gründungsjahr: 1870
Verlagsgruppe: C.H. Beck
Programm: Rechts-, Wirtschafts- und Sozialwissenschaften, Steuerrecht

VAK Verlags GmbH
Eschbachstr. 5
79199 Kirchzarten
Tel. 07661 - 98 71 - 50
Fax 07661 - 98 71 99
info@vakverlag.de
www.vakverlag.de
Verleger: Alfred Schatz, Helga Petres
Verlagsleitung: Beate Walter
Zum Verlag: Sachbuchverlag: Populäre Psychologie, Gesundheit, Pädagogik und Lernen, Kinderbuch, NLP, Kinesiologie
Gründungsjahr: 1983
Lieferbare Titel: 180
Novitäten: 15-20
Programm: Gesundheit, Selbsthilfe, Körperarbeit, Pädagogik, NLP, Kinesiologie, Non-Books, Psychologie, Lernen
Lektorat: Norbert Gehlen (Dw -51), Nadine Weber (Dw -53)
Ms.-Angebote: nach vorheriger telefonischer Anfrage, als Exposé mit Textprobe von 20 Seiten, als Manuskript
Medium: Papierausdruck, Diskette
Ms.-Rücksendung: ja

Verlag der Vampire – siehe *Verlagsgruppe Droemer Weltbild*

van der Koelen Verlag
Hinter der Kapelle 54
55128 Mainz
Tel. 06131 - 346 64, 0171 - 420 82 80
Fax 06131 - 36 90 76
dvanderkoelen@chorus-verlag.de
www.galerie.vanderkoelen.de
Verlegerin: Dr. Dorothea van der Koelen
Gründungsjahr: 1986
Lieferbare Titel: 50
Novitäten: 5
Programm: Künstlermonographien, Ausstellungskataloge. Reihe »Dokumente unserer Zeit« und ZEITRAUM (Zeitung für Aktuelle Kunst)
Ms.-Angebote: nach vorheriger telefonischer Anfrage
Medium: Diskette
Ms.-Rücksendung: nein

Vandenhoeck & Ruprecht
Theaterstr. 13
37073 Göttingen
Tel. 0551 - 50 84-40
Fax 0551 - 50 84-422
info@v-r.de / www.v-r.de
Verlegerin: Dr. Reinhilde Ruprecht
Verlagsleitung: Gero Wilhelm
Gründungsjahr: 1735
Verlagsgruppe: Vandenhoeck&Ruprecht
Lieferbare Titel: 6000
Novitäten: 250

Programm: Wissenschaftliche Bücher und Fachzeitschriften zu Geschichte, Kulturgeschichte, Literaturwissenschaft, Medienwissenschaft, Musik, Nachschlagewerke, Philosophie, Psychologie, Religion, Theologie, Sprachwissenschaften, Verkehr, Wirtschaft, Zeitgeschichte
Ms.-Angebote: als Exposé mit Textprobe von 15 Seiten
Medium: Papierausdruck

VAS – Verlag für Akademische Schriften
Wielandstr. 10
60318 Frankfurt am Main
Tel. 069 - 77 93 66
Fax 069 - 707 39 67
info@vas-verlag.de
www.vas-verlag.de
Verleger: Karl-Heinz Balon
Gründungsjahr: 1992
Lieferbare Titel: 360
Novitäten: 50
Programm: Medizin, Psychologie, Pädagogik, Ökologie, Soziologie-Gesellschaftswissenschaften, Politik, Frauenspezifische Fragestellungen, Gesundheitsförderung, Neuere Geschichte, Migration, Kunst- und Literaturwissenschaft
Ms.-Angebote: als Expose, als Manuskript
Medium: Papierausdruck, Diskette, E-Mail
Ms.-Rücksendung: nur auf Wunsch

VDE VERLAG GMBH
Bismarckstr. 33
10625 Berlin
Tel. 030 - 348 00 10
Fax 030 - 341 70 93
vertrieb@vde-verlag.de
www.vde-verlag.de
Programm: Fachbücher der Elektrotechnik, Elektronik, Automatisierungstechnik, Informationstechnik, Normung, Informatik
Lektorat: Bereich Elektronik, Elektro-, Automatisierungstechnik, Normung: Dipl.-Ing. Roland Werner, Tel. 069 - 24 00 06-40, roland.werner@vde-verlag.de, Bereich Informationstechnik, Nachrichtentechnik, Telekommunikation, Informatik: Heinz Dieter Bulka, M.A., Tel.: 069 - 74 00 06-77, heinz.bulka@vde-verlag.de
Ms.-Angebote: nach vorheriger telefonischer Anfrage
Medium: Papierausdruck
Ms.-Rücksendung: ja

VDG-Verlag und Datenbank für Geisteswissenschaften
Eselsweg 17
99441 Kromsdorf/ Weimar
Tel. 03643 - 83 03-0
Fax 03643 - 83 03-13
info@vdg-weimar.de
www.vdg-weimar.de
Verlegerin: Dr. Bettina Preiß
Zum Verlag: wiss. Fachverlag mit Schwerpunkt Geisteswissenschaften

Gründungsjahr: 1992
Lieferbare Titel: 370
Novitäten: 40-50
Programm: Schwerpunkte: Kunst- und Kulturgeschichte, Architektur, Neue Medien. Archäologie, Bildende Kunst, Fachzeitschriften, Film, Fernsehen, Geschichte, Kunsthandwerk, Literaturwissenschaft, Musik, Philosophie, Fotografie
Ms.-Angebote: nach vorheriger telefonischer Anfrage
Medium: Papierausdruck, Diskette, E-Mail
Ms.-Rücksendung: ja

vdl: Verlag von der Linden GbR
Postfach 100 543
46483 Wesel
Tel. 0281 - 33 83 00
Fax 0281 - 265 03
service@vonderlinden.de
www.vonderlinden.de
Verleger: Marga v. d. Linden, Herbert v. d. Linden
Verlagsleitung: Marga v. d. Linden
Zum Verlag: Deutsche Ausgaben amerikanischer und kanadischer Handbücher und Bildbände
Gründungsjahr: 1970
Lieferbare Titel: 6
Novitäten: 1-2
Programm: Moderner Bootsbau

Velbrück Wissenschaft/ Velbrück GmbH Bücher und Medien
Meckenheimer Str. 47
53919 Weilerswist
Tel. 02254 - 84 52 98
Fax 02254 - 84 52 99
info@velbrueck.de
www.velbrueck-wissenschaft.de
Gründungsjahr: 1998
Lieferbare Titel: 4
Programm: Philosophie, Soziologie, Wirtschaft-, Rechts- und Politikwissenschaft, Sprachwissenschaft, Ästhetik, Psychologie, Psychoanalyse, Ethnologie, Kultur- und Geisteswissenschaft

Ventil KG
Augustinerstr. 18
55116 Mainz
Tel. 06131 - 22 60 78
Fax 06131 - 22 60 79
mail@ventil-verlag.de
www.ventil-verlag.de
Gründungsjahr: 1999
Lieferbare Titel: 150
Novitäten: ca. 10
Programm: Unabhängiger Verlag für Pop- und Subkultur, Filmsachbuch sowie Junge Literatur
Ms.-Interessen: Sachbücher zu Musik, Subkultur, Popkultur
Ms.-Angebote: als Exposé mit Textprobe von 10 Seiten
Medium: Papierausdruck, E-Mail
Ms.-Rücksendung: nein

Verbrecher Verlag
Werner Labisch und
Jörg Sundermeier
Gneisenaustr. 2 a
10961 Berlin
Tel. 030 - 28 38 59 54
Fax 030 - 28 38 59 55
verbrecher@verbrecherei.de
www.verbrecher.de
Verleger: Werner Labisch und Jörg Sundermeier
Ms.-Angebote: nach vorheriger telefonischer Anfrage, als Exposé
Medium: Papierausdruck, E-Mail
Ms.-Rücksendung: ja, mit Rückporto

Verlag 8. Mai GmbH
Karl-Liebknecht-Str. 32
10178 Berlin
Tel. 030 - 53 63 55-0
Fax 030 - 53 63 55 - 44
redaktion@jungewelt.de
www.jungewelt.de
Verlagsleitung: Dietmar Koschmiede
Zum Verlag: Tageszeitung und Sachbücher
Gründungsjahr: 1947
Programm: Linke Literatur, Tageszeitung Junge Welt
Ms.-Angebote: nach vorheriger telefonischer Anfrage
Medium: E-Mail
Ms.-Rücksendung: ja, mit Rückporto

Verlag an der Ruhr GmbH
Alexanderstr. 54
45472 Mülheim/Ruhr
Tel. 0208 - 439 54-0
Fax 0208 - 439 54-39
info@verlagruhr.de
www.verlagruhr.de
Verleger: Wilfried Stascheit
Verlagsleitung: Annelie Löber-Stascheit, Wilfried Stascheit
Gründungsjahr: 1981
Verlagsgruppe: Cornelsen
Lieferbare Titel: 560
Programm: Schulbücher, Außerschulische Jugendarbeit, Pädagogische Materialien
Ms.-Angebote: nach vorheriger telefonischer Anfrage
Medium: Papierausdruck

Verlag der Autoren
Schleusenstr. 15
60327 Frankfurt am Main
Tel. 069 - 238 57 40
Fax 069 - 24 27 76 44
buch@verlag-der-autoren.de
www.verlag-der-autoren.de
Verleger: Der Verlag der Autoren gehört den Autoren
Verlagsleitung: Oliver Schlecht, Dr. Marion Victor
Gründungsjahr: 1969
Programm: Theaterbibliothek, Theaterstücke der Gegenwart, Klassikerausgaben, Kinder- und Jugendtheater, Essays, Filmbücher, Bildbände

Verlag der Deutschen Hugenotten-Gesellschaft
Hafenplatz 9a
34385 Bad Karlshafen
Tel. 05672 - 14 33
Fax 05672 - 92 50 72
dhgev@t-online.de
www.hugenotten.de
Gründungsjahr: 1890
Lieferbare Titel: 50
Novitäten: 2-4
Programm: Hugenotten
Ms.-Angebote: nach vorheriger telefonischer Anfrage
Medium: Papierausdruck
Ms.-Rücksendung: ja, mit Rückporto

Verlag der Nation
Nordbahnhofstr. 2
25813 Husum
Tel. 04841 - 83 52-0
Fax 04841 - 83 52-10
verlagsgruppe.husum@t-online.de
www.verlagsgruppe.de
Verleger: Ingwert Paulsen
Verlagsleitung: Ingwert Paulsen
Gründungsjahr: 1948
Verlagsgruppe: Verlagsgruppe Husum
Programm: Biografien, Klassikerausgaben, Historische Reiseberichte
Ms.-Angebote: nach vorheriger telefonischer Anfrage
Medium: Papierausdruck
Ms.-Rücksendung: ja, mit Rückporto

Verlag der Rekorde GmbH
Harvestehuder Weg 42
20149 Hamburg
Tel. 040 - 44 18 82 76
Fax 040 - 44 18 83 05
info@guinnessworldrecords.de
www.guinnessworldrecords.de
Verlagsleitung: Frank H. Häger, Günter Boy, Markus Klose
Gründungsjahr: 1996
Verlagsgruppe: Ganske
Lieferbare Titel: 1
Programm: Guinness World Records Buch

Verlag der Schillerbuchhandlung Hans Banger OHG
Guldenbachstr. 1
50935 Köln
Tel. 0221 - 46 01 40
Fax 0221 - 460 14 25
banger@banger.de / www.banger.de
Verlegerin: Ruth Jepsen
Verlagsleitung: Günter Jepsen
Gründungsjahr: 1950
Lieferbare Titel: 4
Novitäten: 4
Programm: Nachschlagewerke und Verzeichnisse für den buchhändlerischen Bedarf

Verlag Enzyklopädie/ Langenscheidt
Mies-van-der-Rohe-Str. 1
80807 München
Tel. 089 - 360 96-0
Fax 089 - 360 96-222

mail@langenscheidt.de
www.langenscheidt.de
Verleger: Karl Ernst Tielebier-Langenscheidt, Andreas Langenscheidt
Verlagsleitung: Rolf Müller
Verlagsgruppe: Langenscheidt
Programm: Wörterbücher, Lehrbücher und Grammatiken

Verlag für moderne Kunst
Luitpoldstr. 5
90402 Nürnberg
Tel. 0911 - 240 21 14
Fax 0911 - 240 21 19
verlag@moderne-kunst.org
www.vfmk.de
Verleger: Dr. Karl Gerhard Schmidt
Programm: Bildende Kunst

verlag modernes lernen borgmann publishing KG
Hohe Str. 39
44139 Dortmund
Tel. 0231 - 12 80 08
Fax 0231 - 12 80 09
info@verlag-modernes-lernen.de
www.verlag-modernes-lernen.de
Verleger: Dieter Borgmann
Verlagsleitung: Dieter Borgmann
Lieferbare Titel: 428
Novitäten: 30
Programm: Frühförderung, Psychomotorik, Ergotherapie, Sprachtherapie, Pädagogische Psychologie, Systemische Therapie
Lektorat: Brigitte Balke-Schmidt
Ms.-Angebote: als Manuskript

Medium: Papierausdruck
Ms.-Rücksendung: ja

Verlag TFM – Teo Ferrer de Mesquita
Postfach 10 08 39
60008 Frankfurt am Main
Tel. 069 - 28 26 47
Fax 069 - 28 73 63
info@tfmonline.de
www.tfmonline.de
Verlagsleitung:
Teo Ferrer De Mesquita
Gründungsjahr: 1980
Lieferbare Titel: 100
Novitäten: ca. 5
Programm: Schwerpunkt: Portugiesischer Sprachraum, Zweisprachige Belletristik, Wissenschaftliche Fachbücher zu Literaturwissenschaft, Linguistik, Geschichte, Politik, Sprachlehrwerke
Lektorat: Petra Noack
Ms.-Angebote: nach vorheriger telefonischer Anfrage, als Exposé
Medium: Papierausdruck

Verlagshaus No. 8 GmbH & Co.KG
Silhöfertorstr. 8
35578 Wetzlar
Tel. 06441 - 500 28-0
Fax 06441 - 500 28-14
info@nummer8.de
www.nummer8.de
Verleger: Arnim-Thomas Bühler und Birgit Kawohl

Verlagsleitung: Arnim-Thomas Bühler und Birgit Kawohl
Programm: Krimis, Unterhaltung, Spannung, Spaß
Ms.-Angebote: als Exposé mit Textprobe von 20-40 Seiten
Medium: Papierausdruck, nach Rücksprache als Fax
Ms.-Rücksendung: auf Wunsch mit Rückporto

Verlagshaus Würzburg (Stürtz, Weidlich, KaJo, Adam Kraft, Flechsig, Rautenberg)
Beethovenstr. 5
97080 Würzburg
Tel. 0931 - 385-373
Fax 0931 - 38 53 05
Gründungsjahr: 1999
Lieferbare Titel: 750
Novitäten: 140
Programm: Internationale Reisebildbände, Regionalia, Bildkalender, Modernes Antiquariat, Ostpreußen, Pommern, Schlesien, Böhmen und Mähren
Lektorat: Dieter Krause (Dw -235), info@verlagshaus.com, Ulrike Ratay (Dw -441), info@verlagshaus.com
Ms.-Angebote: nach vorheriger telefonischer Anfrage
Medium: Papierausdruck
Ms.-Rücksendung: ja, mit Rückporto

Verlag Versicherungswirtschaft GmbH
Klosestr. 20-24
76137 Karlsruhe
Tel. 0721 - 350 90
Fax 0721 - 318 33
knippenberg@vvw.de/www.vvw.de
Verleger: Wolfgang Knippenberg
Gründungsjahr: 1950
Programm: Versicherungsliteratur, Zeitschriften, Versicherungsrecht, Versicherungsmedizin, Versicherungswirtschaft
Lektorat: Wolfgang Knippenberg
Ms.-Angebote: nach vorheriger telefonischer Anfrage, als Exposé
Medium: Papierausdruck, Diskette, PDF-Datei
Ms.-Rücksendung: ja, mit Rückporto

Verlag Klaus Dieter Vervuert
Wielandstr. 40
60318 Frankfurt am Main
Tel. 069 - 597 46 17
Fax 069 - 597 87 43
info@iberoamericanolibros.com
www.iberoamericana.net
Verleger: Klaus Dieter Vervuert
Novitäten: 60
Programm: Schwerpunkt: Sachbücher, Wissenschaftliche Publikationen zu Spanien und Lateinamerika. Geschichte der Neuzeit, Kulturgeschichte, Literaturwissenschaft, Portugal, Medienwissenschaft, Politik, Sprachwissenschaften, Theater, Wirtschaft, Brasilien

Ms.-Angebote: nach vorheriger telefonischer Anfrage, als Exposé mit Textprobe
Medium: Papierausdruck, Diskette, E-Mail
Ms.-Rücksendung: ja, mit Rückporto

vfv Verlag für Foto, Film und Video Christian Sauer
Lilienthalstr. 6
82205 Gilching
Tel. 08105 - 77 83 90
Fax 08105 - 248 69
vfv-vertriebs@t-online.de
www.photobooks-inter.com
Programm: Fotografische Lehr-, Sach- und Fachbücher
Ms.-Angebote: nach vorheriger telefonischer Anfrage
Medium: Papierausdruck, Diskette, E-Mail
Ms.-Rücksendung: ja

Verlag Via Nova GmbH
Neisser Str. 9
36100 Petersberg
Tel. 0661 - 629 73
Fax 0661 - 967 95 60
info@verlag-vianova.de
Verleger: Werner Vogel
Programm: Esoterik, Meditation, Philosophie, Psychologie, Yoga, Spiritualität
Ms.-Angebote: nach vorheriger telefonischer Anfrage, als Exposé 10 S.
Medium: Papierausdruck
Ms.-Rücksendung: ja, mit Rückporto

Vice Versa Vertrieb & Verlag
Dorotheenstr. 4
12557 Berlin
Tel. 030 - 160 92 37
Fax 030 - 160 92 38
viceversa@comp.de
Programm: Architektur, Kunst, Fotografie, Design

Vier-Türme GmbH Verlag
Schweinfurter Str. 40
97359 Münsterschwarzach-Abtei
Tel. 09324 - 20-292
Fax 09324 - 20-495
info@vier-tuerme.de
www.vier-tuerme.de
Verlagsleitung: Pater Mauritius Wilde OSB
Zum Verlag: Der Verlag der Mönche von Münsterschwarzach
Gründungsjahr: 1955
Lieferbare Titel: 350
Novitäten: ca. 40
Programm: Spiritualität und Lebenshilfe
Lektorat: Vera Schneidereit; Bv. Felix Döpfner
Ms.-Angebote: nach vorheriger telefonischer Anfrage
Medium: Papierausdruck
Ms.-Rücksendung: ja

**Friedr. Vieweg & Sohn
Verlagsges. mbH**
Abraham-Lincoln-Str. 46
65189 Wiesbaden
Tel. 0611 - 78 78-0
Fax 0611 - 78 78-400
www.vieweg.de
Verlagsleitung: Dr. Heinz Weinheimer
Programm: Ingenieurwesen, Bauwesen, Maschinenbau, Elektrotechnik, Mathematik, Naturwissenschaft, Ökologie, Business Computing, Technik, Umweltthemen
Lektorat:
Bauwesen: Julia Ehl, Mathematik: Ulrike Schmickler-Hirzebruch, Technik: Ewald Schmitt, Business Computing: Reinald Klockenbusch
Ms.-Angebote: nach vorheriger telefonischer Anfrage, als Exposé
Medium: Papierausdruck, Diskette
Ms.-Rücksendung: ja

Vista Point Verlag GmbH
Händelstr. 25-29
50674 Köln
Tel. 0221 - 92 16 13-0
Fax 0221 - 92 16 13-14
info@vistapoint.de
www.vistapoint.de
Verleger: Dr. Horst Schmidt-Brümmer, Andreas Schulz
Verlagsleitung: Dr. Andrea Herfurth-Schindler
Gründungsjahr: 1977

Lieferbare Titel: 130
Novitäten: 10
Programm: Reisen, Bildbände
Lektorat: Kristina Linke
Ms.-Angebote: nach vorheriger Anfrage
Medium: Papierausdruck
Ms.-Rücksendung: ja, mit Rückporto

Vistas Verlag GmbH
Goltzstr. 11
10781 Berlin
Tel. 030 - 32 70 74 46
Fax 030 - 32 70 74 55
medienverlag@vistas.de
www.vistas.de
Verleger: Folker Strobel
Gründungsjahr: 1984
Lieferbare Titel: 400
Novitäten: 20-30
Programm: Journalismus, Medien, Hörfunk, TV, Film, Sender
Ms.-Angebote: nach vorheriger telefonischer Anfrage, als Manuskript
Medium: Papierausdruck
Ms.-Rücksendung: ja

**Verlag moderne industrie
Buch AG & Co. KG**
Königswinterer Str. 418
53227 Bonn
Tel. 0228 - 970 24-0
Fax 0228 - 44 13 42
info@vmi-buch.de
www.vmi-buch.de
Verlagsleitung: Hartmut Gante

Gründungsjahr: 1993
Verlagsgruppe: Verlag moderne industrie
Lieferbare Titel: 700
Novitäten: 200
Programm: Computerfachliteratur: Hardware, Software, Elektronik, EDV-Zertifizierung, Audio- und Grafik-EDV, Betriebssysteme, Programmiersprachen, Netzwerktechnologie, Projektmanagement, Bildbearbeitung
Lektorat: Esther Neuerdorf, Ernst-Heinrich Pröfener, Sabine Schulz, Steffen Dralle, Susanne Gärtner, Sabine Münthing
Ms.-Angebote: als Exposé, als Exposé mit Textprobe von 20 Seiten, als Manuskript
Medium: Papierausdruck, Diskette, E-Mail
Ms.-Rücksendung: ja

VNR Verlag für die deutsche Wirtschaft AG
Theodor-Heuss-Str. 2-4
53177 Bonn
Tel. 0228 - 820 50
Fax 0228 - 35 97 10
www.vnr.de
Verleger: Helmut Graf
Programm: Business, Computer, Wirtschaft

Vogel Buchverlag
Max-Planck-Str. 7/9
97064 Würzburg
Tel. 0931 - 418-2218
Fax 0931 - 418-2660
buch@vogel-medien.de
www.vogel-medien.de/buch
Verlagsleitung: Dr. Rainer Brand
Lieferbare Titel: 230
Novitäten: 20
Programm: Bildung, Elektrotechnik, Elektronik, Automobil, Maschinenbau, Technik, Sanitär, Heizung, Klima, Kunststofftechnik, Management, Lernprogramme
Lektorat: Niels Bernau (Dw -2218)
Ms.-Angebote: nach vorheriger telefonischer Anfrage

Verlag Heinrich Vogel GmbH
Neumarkter Str. 18
81673 München
Tel. 089 - 43 72-0
Fax 0180 - 599 11 55
kontakt@verlag-heinrich-vogel.de
www.verlag-heinrich-vogel.de
Verleger: Andreas Kösters (Geschäftsführer)
Verlagsleitung:
Zeitschriften: Katrin Geißler,
Verlagsleitung Fahrschule: Joachim Krieger
Gründungsjahr: 1935
Verlagsgruppe: Springer Science + Business Media
Programm: Güterkraft- und Personenverkehr, Transport, Logistik,

Service, Touristik, Fahrschule, Verkehrserziehung, Recht, Betriebswirtschaft für Speditionen, Transportunternehmen, Bus- und Taxiunternehmen

Voggenreiter Verlag
Ralph & Charles Voggenreiter
Viktoriastr. 25
53173 Bonn
Tel. 0228 - 93 57 50
Fax 0228 - 35 50 53
vertrieb@voggenreiter.de
www.voggenreiter.de
Verleger: Ralph Voggenreiter, Charles Voggenreiter
Gründungsjahr: 1919
Programm: Musikbücher, Songbücher, Kinderbücher, Fachliteratur (im Bereich Musik), CD-ROM, Videos, DVD
Ms.-Interessen: Aktuelle Themen des Bereichs Musik
Ms.-Angebote: als Manuskript
Medium: Papierausdruck
Ms.-Rücksendung: ja

Verlag Voland & Quist
Greinus und Wolter GbR
Tichatschekstr. 30
01139 Dresden
Tel. 0351 - 79 54-771
Fax 0351 - 79 54-769
info@voland-quist.de
www.voland-quist.de
Verleger: Leif Greinus und Sebastian Wolter
Verlagsleitung: Leif Greinus und Sebastian Wolter
Gründungsjahr: 2004
Lieferbare Titel: 4
Novitäten: 8-10
Programm: Belletristik junger Autoren, Sachbuch zu popkulturellen Themen
Lektorat: Sebastian Wolter
Ms.-Angebote: als Exposé
Medium: E-Mail
Ms.-Rücksendung: ja, mit Rückporto

Volk und Welt - siehe *Luchterhand*

Verlag Vorwerk 8
Großgörschenstr. 5
10827 Berlin
Tel. 030 - 784 61 01
Fax 030 - 781 39 25
vorwerk8@snafu.de
www.vorwerk8.de
Verleger: Reinald Gußmann
Verlagsleitung: Reinald Gußmann
Gründungsjahr: 1994
Lieferbare Titel: 60
Novitäten: 4-8
Programm: Film, Theater, Literatur- und Kulturwissenschaft
Ms.-Angebote: nach vorheriger telefonischer Anfrage
Ms.-Rücksendung: nein

Votum Verlag GmbH
Engershauser Str. 14
32361 Preußisch Oldenburg
Tel. 0251 - 27 91 91
Fax 0251 – 27 91 88
info@votum-verlag.de
www.votum-verlag.de
Verlagsleitung:
Prof. Klaus Münstermann
Gründungsjahr: 1987
Lieferbare Titel: 60
Programm: Schwerpunkt Sozialarbeit und Sozialpolitik. Frauenforschung, Jugendhilfe, Politik, Psychologie, Recht Soziologie
Ms.-Angebote: nach vorheriger telefonischer Anfrage, als Exposé oder als Exposé mit Textprobe
Medium: Papierausdruck, Diskette, E-Mail
Ms.-Rücksendung: ja

Verlag für Sozialwissenschaften
Abraham-Lincoln-Str. 46
65189 Wiesbaden
Tel. 0611 - 7878-0
Fax 0611 - 78 78-439
www.vs-verlag.de
Verlagsleitung:
Dr. Heinz Weinheimer,
heinz.weinheimer@vs-verlag.de
Gründungsjahr: 2004
Verlagsgruppe: GWV Fachverlage GmbH
Programm: Politik, Soziologie, Pädagogik, Medien
Lektorat: Frank Engelhardt, Frank Schindler, Barbara Emig-Roller, Monika Mülhausen, Stefanie Laux
Ms.-Angebote: nach vorheriger telefonischer Anfrage, als Exposé mit Textprobe, als Manuskript
Medium: Papierausdruck
Ms.-Rücksendung: ja

VSA-Verlag
St. Georgs Kirchhof 6
20099 Hamburg
Tel. 040 - 28 05 05 67
Fax 040 - 28 05 05 68
info@vsa-verlag.de
www.vsa-verlag.de
Programm: Politische Theorie, Sachbücher, Fachliteratur für Betriebsrätinnen, Gewerkschaftsliteratur, Regionalia Hamburg

VTR
Gogolstr. 33
90475 Nürnberg
Tel. 0911 - 83 11 69
vtr@compuserve.com
www.vtr-online.de
Programm: Theologie, Religion, Religionswissenschaft, Interreligiöser Dialog, Dogmatik, Apologetik, Hermeneutik, Bibelausgaben
Ms.-Angebote: als Manuskript
Medium: Diskette, E-Mail
Ms.-Rücksendung: nein

VUD Verlag und Druck GmbH
Wallstr. 7
72250 Freudenstadt
Tel. 07441 - 91 03-0
Fax 07441 - 91 03-33
info@vud.com
www.vud.com
Verleger: Jürgen Walther
Verlagsleitung: Jürgen Walther
Gründungsjahr: 1982
Lieferbare Titel: 17
Novitäten: 1
Programm: Freizeitführer für Hessen, Baden-Württemberg und Rheinland-Pfalz, Radwanderführer über die hessischen Radfernwege, Veranstaltungskalender Hessen und Baden Württemberg
Ms.-Angebote: nach vorheriger telefonischer Anfrage
Medium: Papierausdruck
Ms.-Rücksendung: nein

VWF Verlag für Wissenschaft und Forschung GmbH
Postfach 30 40 51
10725 Berlin
Tel. 030 - 78 95 85 46
Fax 030 - 78 95 85 49
info@vwf.de / www.vwf.de
Verleger: Torsten Hübler
Gründungsjahr: 1992
Lieferbare Titel: 500
Novitäten: 60
Programm: Architektur, Biologie, Chemie, Film, Fernsehen, Finanzen, Geowissenschaften, Geschichte des Mittelalters, Ingenieurwesen, Kulturgeschichte, Medienwissenschaft, Medizin, Naturwissenschaft, Ökologie, Fotografie, Physik, Politik, Psychologie, Recht
Lektorat: Torsten Hübler
Ms.-Interessen: Wissenschaft
Ms.-Angebote: als Exposé
Medium: Papierausdruck, Diskette, E-Mail
Ms.-Rücksendung: ja, mit Rückporto

Verlag Klaus Wagenbach GmbH
Emser Str. 40/41
10719 Berlin
Tel. 030 - 23 51 51-0
Fax 030 - 211 61 40
mail@wagenbach.de
www.wagenbach.de
Verlegerin: Dr. Susanne Schüssler
Verlagsleitung: Dr. Susanne Schüssler, Prof. Dr. Klaus Wagenbach, Nina Wagenbach
Programm: Belletristik, Kulturgeschichte, Politik, Kunst
Ms.-Angebote: als Exposé mit Textprobe, als Manuskript
Medium: Papierausdruck
Ms.-Rücksendung: ja, mit Rückporto

Wallstein Verlag GmbH
Planckstr. 23
37073 Göttingen
Tel. 0551 - 548 98-0
Fax 0551 - 548 98 - 33
wallstein-@t-online.de
www.wallstein-verlag.de

Verleger: Thedel von Wallmoden
Gründungsjahr: 1986
Lieferbare Titel: 300
Novitäten: 60
Programm: Schwerpunkte: Geisteswissenschaften, Belletristik, Kulturgeschichte, Judaica, Literaturwissenschaft, Philosophie, Geschichtswissenschaften, Rechtsgeschichte, Publikationen zur europäischen Aufklärung
Lektorat: Thedel von Wallmoden, Andreas Haller, Thorsten Ahrend, Susan Bindermann
Ms.-Interessen: Belletristik, Geschichtswissenschaften, insbes. Zeitgeschichte, NS-Geschichte, Geschlechtergeschichte, Kulturgeschichte
Ms.-Angebote: nach vorheriger telefonischer Anfrage, als Exposé mit Textprobe von ca 30 Seiten
Medium: Papierausdruck
Ms.-Rücksendung: ja, mit Rückporto

WalterVerlag
Am Wehrhahn 100
40211 Düsseldorf
Tel. 0211 - 167 95-0
Fax 0211 - 167 95 - 75
service@patmos.de
www.patmos.de
Verleger: Dr. Tullio Aurelio
Verlagsleitung: Dr. Tullio Aurelio
Verlagsgruppe: Imprint des Patmosverlagshauses
Programm: Psychologie und Lebenshilfe, Tiefenpsychologie und Religion, Kulturgeschichte und Östliche Weisheit
Ms.-Angebote: als Manuskript
Medium: Papierausdruck
Ms.-Rücksendung: ja

Uwe Warnke Verlag
Sonntagstr. 22
10245 Berlin
Tel. 030 - 29 04 99 03
warnke@snafu.de
Verleger: Uwe Warnke
Gründungsjahr: 1990
Lieferbare Titel: 35
Novitäten: 5-8
Programm: Schwerpunkt: Experimentelle Literatur, Visuelle Poesie, Zeitgenössische Kunst, Bibliophile Bücher
Ms.-Angebote: nach vorheriger telefonischer Anfrage
Medium: Papierausdruck
Ms.-Rücksendung: ja, mit Rückporto

Ernst Wasmuth Verlag GmbH & Co
Fürststr. 133
72072 Tübingen
Tel. 07071 - 975 50-0
Fax 07071 - 975 50 - 13
info@wasmuth-verlag.de
www.wasmuth-verlag.de
Verleger: Ernst-J. Wasmuth
Verlagsleitung: Ernst-J. Wasmuth

Zum Verlag: Architektur, Archäologie, Kunst und Design
Gründungsjahr: 1872
Lieferbare Titel: 200
Novitäten: 20
Programm: Architektur und Design, Kunst- und Kulturgeschichte, Moderne Kunst, Mode, Fotografie, Schmiedearbeiten und Metallgestaltung, Archäologie
Lektorat: Dr. Sigrid Hauser
Ms.-Angebote: als Exposé
Medium: Papierausdruck, E-Mail
Ms.-Rücksendung: ja

Verlag Wega e.K.
Neufelderstr. 1
67468 Frankeneck
Tel. 06325 - 184 03 01
Fax 06325 - 98 09 97
wega@verlag-wega.de
www.verlag-wega.de
Verleger: Alexander Sojnikow
Gründungsjahr: 1999
Lieferbare Titel: 20
Programm: Esoterik, Medizin (Schwerpunkt: Russland), Russische Geistige Musik (neu im Programm)
Lektorat: für deutsche Texte: Oliver Gondring, gondring@rz.uni-potsdam.de; für russische Texte: Alexander Markow, Tel. 06325 - 184 03 01
Ms.-Angebote: nach vorheriger telefonischer Anfrage, als Exposé mit Textprobe von 3 Seiten

Medium: Papierausdruck
Ms.-Rücksendung: ja, mit Rückporto

Wegbereiter-Verlag
Schloß Lindach
73527 Schwäbisch Gmünd
Tel. 07171 - 104 06 80
Fax 07171 - 104 06 89
wegbereiter-verlag@sta-ref.de
Programm: Christliche Literatur, Historische Romane, Geschichte des Mittelalters, Gesundheit, Religion

Weidle Verlag
Beethovenplatz 4
53115 Bonn
Tel. 0228 - 63 29 54
Fax 0228 - 69 78 42
verleger@weidleverlag.de
www.weidleverlag.de
Programm: Exilliteratur, Autobiografien, Bildende Kunst, Lyrik, Theater, Film

Weidlich – siehe *Verlagshaus Würzburg*

Weidmannsche Verlagsbuchhandlung
Hagentorwall 7
31134 Hildesheim
Tel. 05121 - 15 01-0
Fax 05121 - 15 01-50
info@olms.de / www.olms.de
Verleger: Dr. h.c. mult. W. Georg Olms
Verlagsleitung: Dietrich Olms

Gründungsjahr: 1680
Verlagsgruppe: Georg Olms Verlag
Lieferbare Titel: 400
Novitäten: 15
Programm: Archäologie, Geschichte der Antike, Geschichte des Mittelalters, Philosophie, Religion, Schulbücher, Sprachwissenschaften, Sportgeschichte
Lektorat: Dr. Doris Wendt (Sprachwissenschaft, Neue Musik, Kunst) Dr. Peter Guyot (Altertum, Geschichte, Religion, Philosophie)
Ms.-Angebote: als Exposé
Medium: Papierausdruck
Ms.-Rücksendung: ja

Weiltenhüter Verlag GmbH
Räderloher Weg 5
29348 Scharnhorst
Tel. 05142 - 922 11
Fax 05142 - 922 12
weltenhueter@t-online.de
www.weltenhueter.de
Programm: Esoterische Sachbücher und Belletristik

Kunstverlag Weingarten
Lägelerstr. 31
88250 Weingarten
Tel. 0751 - 561 29-0
Fax 0751 - 561 29-20
kunstverlag@weingarten-verlag.de
weingarten-verlag.de
Gründungsjahr: 1976
Lieferbare Titel: 200
Programm: Bild-Wand-Kalender

Lektorat: Sandra Ruff (Kalender), Christiane Schreiter (Kalender)
Ms.-Angebote: nach vorheriger telefonischer Anfrage, als Exposé
Medium: E-Mail
Ms.-Rücksendung: ja

Wolfgang Weinmann
Beckerstr. 7
12157 Berlin
Tel. 030 - 855 48 95
Fax 030 - 855 94 64
www.weinmann-verlag.de
Verleger: Dr. W. Weinmann
Gründungsjahr: 1961
Programm: Sport, Fitness
Ms.-Interessen: gute Sportbuchmanuskripte, Kampfsport
Ms.-Angebote: nach vorheriger telefonischer Anfrage, als Exposé
Medium: Papierausdruck
Ms.-Rücksendung: ja

Weitbrecht – siehe *Piper*

WEKA-Firmengruppe GmbH & Co. KG
Römerstr. 4
86438 Kissing
Tel. 08233 - 230
Fax 08233 - 231 95
firmengruppe@weka.de
Gründungsjahr: 1973
Programm: Fachinformationen für die betriebliche und freiberufliche Praxis, Architektur, Computer, Fachzeitschriften, Ingenieurwesen,

Ökologie, Ratgeber, Recht, Technik, Umweltthemen, Verwaltung, Wirtschaft, Kreatives Gestalten
Ms.-Angebote: nach vorheriger telefonischer Anfrage bei den Verlagen
Ms.-Rücksendung: ja, mit Rückporto

Weltbild - siehe *Bechtermünz & Weltbild*

Verlag Die Werkstatt
Lotzestr. 24 A
37083 Göttingen
Tel. 0551 - 770 05 57
Fax 0551 - 770 34 12
werkstatt-verlag@t-online.de
www.werkstatt-verlag.de
Programm: Sachbuch: Fußball, Sport, Umwelt, Politik, Internationale Küche, Kalender
Lektorat: Bernd Beyer
Ms.-Angebote: als Exposé
Medium: Papierausdruck
Ms.-Rücksendung: ja, mit Rückporto

Werner Verlag GmbH & Co KG
Karl- Rudolf- Str. 172
40215 Düsseldorf
Tel. 0211 - 38 79 80
Fax 0211 - 38 79 811
info@werner-verlag.de
www.werner-verlag.de
Verlagsleitung: RA Stefan Wiemuth
Programm: Bautechnik, Baurecht, Recht
Ms.-Angebote: nach vorheriger telefonischer Anfrage

Wernersche Verlagsgesellschaft
Liebfrauenring 17-19
67547 Worms
Tel. 06241 - 435 74
Fax 06241 - 455 64
wernerworms@gmx.de
www.wernerworms.de
Programm: Kunstwissenschaft, Architektur, Gartenkunstgeschichte, Denkmalpflege und Restaurierung

Westdeutscher Verlag GmbH
Abraham-Lincoln-Str. 46
65189 Wiesbaden
Tel. 0611 - 78 78-0
Fax 0611 - 78 78-400
www.westdeutschervlg.de
Verlagsleitung: Dr. Heinz Weinheimer
Programm: Journalismus, Literaturwissenschaft, Kommunikationswissenschaft, Medienwissenschaft, Politik, Psychologie, Soziologie, Sprachwissenschaften, Kultur
Lektorat: Programmleitung: Annette Kirsch
Ms.-Angebote: nach vorheriger telefonischer Anfrage, als Exposé
Medium: Papierausdruck, Diskette
Ms.-Rücksendung: ja

Westend Verlag
Loft 1
Hufnagelstr. 19-24
60326 Frankfurt am Main
Tel. 069 – 750 09-185
Fax 069 - 750 09-731

Verleger: Markus J. Karsten und Michael Morganti
Programm: Fach- und Sachbuch, Spanische Literatur

Westermann Schulbuchverlag –
siehe *Bildungshaus*

Georg Westermann Verlag GmbH
Georg-Westermann-Allee 66
38104 Braunschweig
Tel. 0531 - 708-0
Fax 0531 - 708-127
www.westermann.de
Programm: Bildbände, Geografie, Nachschlagewerke, Wörterbücher
Ms.-Angebote: Exposé mit Textprobe
Medium: Papierausdruck
Ms.-Rücksendung: ja

Verlag Westfälisches Dampfboot
Hafenweg 26a
48155 Münster
Tel. 0251 - 390 04 80
Fax 0251 - 39 00 48 50
info@dampfboot-verlag.de
www.dampfboot-verlag.de
Gründungsjahr: 1984
Novitäten: ca. 40
Programm: Gesellschaftswissenschaftliche Literatur, Politik, Soziologie, Sozialgeschichte, Frauenforschung, Gewerkschaften
Ms.-Angebote: nach vorheriger telefonischer Anfrage, als Manuskript
Medium: Papierausdruck
Ms.-Rücksendung: ja

Westkreuz-Verlag GmbH Berlin/Bonn
Bühlenstr. 10-14
53902 Bad Münstereifel
Tel. 02257 - 811
Fax 02257 - 78 53
verlag@westkreuz.de
Verleger: Günter Ahrens
Verlagsleitung: Hannelore Gautsch
Gründungsjahr: 1912
Lieferbare Titel: 100
Novitäten: 5
Programm: Deutsche Geschichte aus Ost-, Südost- und Mitteleuropa, Deutsche im Ausland, Konzentrationslager, SED, Berlin, Regionalia Eifel
Ms.-Interessen: zum Programm passende Themen
Ms.-Angebote: nach vorheriger telefonischer Anfrage
Medium: Papierausdruck
Ms.-Rücksendung: ja, mit Rückporto

Erich Wewel Verlag
Heilig-Kreuz-Str. 16
86609 Donauwörth
Tel. 0906 - 73-0
Fax 0906 - 73-177 oder -178
Verlagsleitung: Franz-Josef Büchler
Programm: Religion, Slawistik
Ms.-Angebote: nach vorheriger telefonischer Anfrage
Medium: Papierausdruck, Diskette
Ms.-Rücksendung: ja, mit Rückporto

Verlag Michael Weyand
Friedlandstr. 4
54293 Trier
Tel. 0651 - 996 01 40
Fax 0651 - 996 01 41
verlag@weyand.de
www.weyand.de
Programm: Bildbände zu Tourismus, Historie, Natur und Kunst, Sachbücher, Chroniken, Regionales, Romane

Wichern-Verlag
Georgenkirchstr. 69-70
10249 Berlin
Tel. 030 - 28 87 48-0
Fax 030 - 28 87 48-12
info@wichern.de
www.wichern.de
Verlagsleitung: Dr. Elke Rutzenhöfer
Gründungsjahr: 1920, Neugründung 1955
Lieferbare Titel: 170
Novitäten: 12
Programm: Schwerpunkt: Gesellschaftliche Diskussion mit kirchlicher und theologischer Relevanz, Kirche und Gesellschaft, Kirchenreform, kirchliche Zeitgeschichte, Kirchengeschichte Berlin-Brandenburg, Sekten und Weltanschauungen
Ms.-Angebote: als Exposé mit Textprobe von 10 Seiten
Medium: Papierausdruck
Ms.-Rücksendung: ja, mit Rückporto

Herbert Wichmann Verlag
Im Weiher 10
69121 Heidelberg
Tel. 06221 - 489-0
Fax 06221 - 489-443
Programm: Geowissenschaften, Fotogrammetrie, Vermessungswesen, Geo-Information
Ms.-Angebote: als Exposé mit Textprobe von 10 Seiten

Wiesenburg Verlag
Flemingstr. 5
97464 Niederwerrn
Fax 089 - 244 31 62 03
wiesenburg@t-online.de
www.wiesenburgverlag.de
Verleger: Werner Schmid
Gründungsjahr: 1995
Lieferbare Titel: 130
Novitäten: 10
Programm: Romane, Erzählungen, Krimi, Lyrik, Reisen
Lektorat: Birgit Ohlsen
Ms.-Interessen: schriftliche Anfrage
Ms.-Angebote: Anfrage per E-Mail
Medium: Papierausdruck
Ms.-Rücksendung: ja, mit Rückporto

Wiley-VCH Verlag GmbH
Boschstr. 12
69469 Weinheim
Tel. 06201 - 606-0
Fax 06201 - 606-328
info@wiley-vch.de
www.wiley-vch.de
Verlagsleitung: Dr. Manfred Antoni

Windpferd
Friesenrieder Str. 45
87648 Aitrang
Tel. 08343 - 14 04
Fax 08343 - 14 03
www.windpferd.com
Verleger: S. Mair
Programm: Esoterik, Lebenshilfe, Psychologie, Ratgeber
Ms.-Angebote: als Exposé mit Textprobe
Medium: Papierausdruck
Ms.-Rücksendung: ja, mit Rückporto

Winklers - Bildungshaus Schulbuchverlage Westermann Schröder Diesterweg Schöningh Winklers GmbH
Alsfelder Str. 7
64289 Darmstadt
Tel. 06151 - 87 68-0
Fax 06151 - 87 68-45
service@winklers.de
www.winklers.de
Programm: Kaufmännische Berufsaus- und Weiterbildung, Fachspezifische Unterrichtssoftware und Lernprogramme

Universitätsverlag Winter Heidelberg GmbH
Dossenheimer Landstr. 13
69121 Heidelberg
Tel. 06221 - 770 26-0
Fax 06221 - 770 26-9
info@winter-verlag-hd.de
www.winter-verlag-hd.de

Verleger: Dr. Andreas Barth
Verlagsleitung: Dr. Andreas Barth
Gründungsjahr: 1822
Programm: Anglistik und Amerikanistik, Germanistik, Romanistik, Slawistik, Klassische Philologie, Indogermanistik, Orientalistik, Geschichte, Philosophie, Sonderpädagogik
Lektorat: Dr. Andreas Barth, Dw -3, a.barth@winter-verlag-hd.de
Ms.-Angebote: nach vorheriger telefonischer Anfrage
Medium: Papierausdruck
Ms.-Rücksendung: ja auf Wunsch

Verlag Wirtschaft und Finanzen
Kasernenstr. 67
40213 Düsseldorf
Tel. 0211 - 887 14 17
Fax 0211 - 887 14 00
Verlagsleitung: Michael Tochtermann
Programm: Nachschlagewerke, Wörterbücher, Wirtschaft, Börse, Steuer, Kunstmärkte
Ms.-Angebote: als Exposé mit Textprobe von 10 Seiten
Medium: Papierausdruck
Ms.-Rücksendung: ja

WissenMedia Verlag GmbH
Avenwedler Str. 57
33311 Gütersloh
Tel. 089 - 74 85 15 - 90
Fax 089 - 74 85 15 - 89
www.lexikonverlag.de,

www.via-mundo.de,
www.wissen.de
Verlagsleitung: Christoph Hünermann
Programm: Enzyklopädien, Lexika, Nachschlagewerke, Wörterbücher

Verlag Wissenschaft und Politik
Postfach 12 09 42
10599 Berlin
Tel. 030 - 31 80 12 10
Fax 030 - 31 80 12 10
helker.pflug@t-online.de
Verleger: Helker Pflug
Gründungsjahr: 1961
Lieferbare Titel: 120
Novitäten: 12
Programm: Geschichte, Politik, Völkerrecht, Judaica, Literaturwissenschaft
Ms.-Angebote: nach vorheriger telefonischer Anfrage, als Exposé, als Manuskript
Medium: Papierausdruck
Ms.-Rücksendung: ja, mit Rückporto

Wissenschaftliche Buchgesellschaft (WBG)
Hindenburgstr. 40
64295 Darmstadt
Tel. 06151 - 33 08-162
Fax 06151 - 33 08-212
lektorat@wbg-darmstadt.de
www.wbg-darmstadt. de
Verlagsleitung: Andreas Auth
Zum Verlag: Programmlinien WBG-Studium, -Forschung, -Wissen, -Lese-Ecke
Gründungsjahr: 1949
Lieferbare Titel: 2500
Programm: Altertumswissenschaften, Archäologie, Architektur, Kunstgeschichte, Erziehung, Geowissenschaften, Geschichte, Kulturgeschichte, Musik, Naturwissenschaften, Philosophie, Politik, Psychologie, Recht, Theologie, Neuere Philologien
Lektorat: Dr. Dirk Palm (Leitung), Dr. Harald Baulig (Altertumswissenschaft, Archäologie, Orientalistik), Adolf Bittner (Neue Medien), Christian Geinitz (Naturwissenschaften, Musikwissenschaften, Edition Universität), Sabine Meyer-Bachem (Handbücher und Lexika, Kinder- und Jugendbücher, Klassiker der Weltliteratur, Rechts- und Wirtschaftswissenschaften), Wolfram Schwieder (Erziehungswissenschaft, Geowissenschaften, Psychologie, Medizin, Taschenbuch) Jasmine Stern (Kunst und Architektur, Neuere Philologien), Dr. Bernd Villhauer (Philosophie, Theologie, Religionswissenschaft), Daniel Zimmermann (Geschichte, Kulturgeschichte, Politik und Soziologie)
Ms.-Angebote: als Exposé, als Exposé mit Textprobe, als Manuskript
Medium: Papierausdruck, Diskette, E-Mail
Ms.-Rücksendung: ja

Wissenschaftliche Verlagsgesellschaft mbH
Birkenwaldstr. 44
70191 Stuttgart
Tel. 0711 - 25 82-0
Fax 0711 - 25 82-290
service@wissenschaftliche-verlagsgesellschaft.de
www.wissenschaftliche-verlagsgesellschaft.de
Verleger: Dr. Christian Rotta, Dr. Klaus G. Brauer
Gründungsjahr: 1921
Verlagsgruppe: Deutscher Apotheker Verlag
Lieferbare Titel: 600
Programm: Medizin, Pflege, Pharmazie, Chemie, Biologie
Lektorat: Medizin: Dr. Hans Muth, Pharmazie: Dr. Eberhard Scholz, Pflege: Andrea Häberlein
Ms.-Angebote: nach vorheriger telefonischer Anfrage, als Exposé mit Textprobe
Medium: Papierausdruck
Ms.-Rücksendung: ja

Verlag Claus Wittal
Fliednerstr. 27
65191 Wiesbaden-Bierstadt
Tel. 0611 - 50 29 07
Fax 0611 - 50 30 21
exlibriscw@cs.com
Verleger: Claus Wittal
Gründungsjahr: 1979
Lieferbare Titel: 20
Novitäten: 1
Programm: Exlibris, Bildende Kunst, Nachschlagewerke
Ms.-Interessen: Exlibris
Ms.-Angebote: nach vorheriger telefonischer Anfrage

Friedrich Wittig Verlag GmbH
Gartenstr. 20
24103 Kiel
Tel. 0431 - 55 77 92 06
Fax 0431 - 55 77 92 92
vertrieb@wittig-verlag.de
www.wittig-verlag.de
Verleger: Johannes Keussen
Programm: Kinderbücher, Religiöse Literatur, ›Kirchenkrimis‹
Lektorat: Johannes Keussen (Dw -203)
Ms.-Angebote: nach vorheriger telefonischer Anfrage
Ms.-Rücksendung: ja, mit Rückporto

wjs verlag
Wolf Jobst Siedler jr. · Berlin
Falkenried 4
14195 Berlin
Tel. 030 - 349 94 00
Fax 030 - 349 940 11
info@wjs-verlag.de
www.wjs-verlag.de
Verleger: Wolf Jobst Siedler jr.
Programm: Sachbuch, Politik, Geschichte

Wochenschau Verlag
Dr. Kurt Debus
Adolf-Damaschke- Str. 10
65824 Schwalbach/Taunus
Tel. 06196 - 84 01-0
Fax 06196 - 86 0 - 60
info@wochenschau-verlag.de
www.wochenschau-verlag.de
Verleger: Ursula Buch,
Bernward Debus
Gründungsjahr: 1949
Programm: Erziehung, Geschichte, Ökologie, Politik, Schulbücher, Politische Bildung
Ms.-Angebote: als Exposé, als Manuskript
Medium: Papierausdruck, Diskette
Ms.-Rücksendung: nur bei angeforderten Manuskripten

Wolke Verlagsgesellschaft mbH
Niederhofheimer Str. 45a-c
65719 Hofheim/Ts.
Tel. 06192 - 72 43
Fax 06192 - 95 29 39
wolke@wolke-verlag.de
www.wolke-verlag.de
Verleger: Peter Mischung
Programm: Musik, Neue Musik, Experimentelle Musik
Ms.-Angebote: nach vorheriger telefonischer Anfrage, als Exposé mit Textprobe von 30 Seiten
Medium: Papierausdruck, E-Mail
Ms.-Rücksendung: ja, mit Rückporto

Verlag DAS WORT GmbH
Max-Braun-Str. 2
97828 Marktheidenfeld-Altfeld
Tel. 09391 - 50 41 35
Fax 09391 - 50 41 33
info@das-wort.com
www.das-wort.com
Programm: Lebenshilfe, Kinderbücher, Musik

Verlag Wort im Bild GmbH
Eichbaumstr. 17b
63674 Altenstadt
Tel. 06047 - 96 46-0
Fax 06047 - 96 46-15
christian.trebing@t-online.de
www.wortimbild.de
Verlagsleitung: F. Christian Trebing
Gründungsjahr: 1968
Lieferbare Titel: 1200
Novitäten: 100
Programm: Nur Christliche Themen: Bildbände, Kinderbücher, Lyrik, Kirchliche Gemeindearbeit, Kurzgeschichten
Ms.-Angebote: nach vorheriger telefonischer Anfrage
Medium: Papierausdruck, E-Mail
Ms.-Rücksendung: ja, mit Rückporto

WortSpiel-Verlag
Michael Hoffmann
Scheffelstr. 23
95445 Bayreuth
Tel. 0921 - 51 31 27
Fax 0921 - 571 51
info@wortspiel.de

www.wortspiel.de
Programm: Kinder- und Jugendbücher

Wostok Verlag
Am Comeniusplatz 5
10243 Berlin
Tel. 030 - 440 08 03-67
Fax 030 - 440 08 03-8
verlag@wostok.de
www.wostok.de
Verleger: Britta Wollenweber, Peter Franke
Gründungsjahr: 1992
Programm: Bücher aus und über Russland, GUS-Staaten

WRS Verlag Wirtschaft, Recht und Steuern
Fraunhoferstr. 5
82152 Planegg/München
Tel. 089 - 895 17-0
Fax 089 - 895 17 - 250
online@haufe.de / www.wrs.de
Verleger: Uwe-Renald Müller
Verlagsleitung: Geschäftsführer: Mirza Hayit, Dr. Harald Henzler, Kathrin Kiesewalter
Verlagsgruppe: Rudolf Haufe
Programm: Computer, Finanzen, Nachschlagewerke, Ratgeber, Recht, Steuern, Wirtschaft
Ms.-Angebote: als Exposé mit Textprobe, als Manuskript
Medium: Papierausdruck, Diskette, E-Mail
Ms.-Rücksendung: ja

Verlag Das Wunderhorn GmbH
Bergstr. 21
69120 Heidelberg
Tel. 06221 - 40 24 28
Fax 06221 - 40 24 83
wunderhorn.verlag@t-online.de
www.wunderhorn.de
Verleger: Manfred Metzner
Programm: Poesie, Surrealismus, Regionalia, Kunstkataloge, Französische und Frankophone Literatur, Neue Deutsche Literatur
Ms.-Angebote: nach vorheriger telefonischer Anfrage
Medium: Papierausdruck
Ms.-Rücksendung: ja, mit Rückporto

Rainer Wunderlich Verlag
Hamburger Str. 17
21465 Reinbek
Tel. 040 - 72 72-0
Fax 040 - 72 72 - 319
www.rowohlt.de
Verlagsleitung: Dr. H. Dähne, Alexander Fest
Verlagsgruppe: Rowohlt
Programm: Unterhaltung Belletristik, Historische Romane, Kriminalromane
Lektorat: Eva Marie von Hippel, Anna Bubenzer
Ms.-Angebote: als Manuskript
Medium: Papierausdruck
Ms.-Rücksendung: ja

XENOS Verlagsgesellschaft m.b.H.
Am Hehsel 40
22339 Hamburg
Tel. 040 - 53 80 93-0
Fax 040 - 538 60 00
xenosverlag@compuserve.com
Gründungsjahr: 1975
Verlagsgruppe: FAZ
Lieferbare Titel: 100
Programm: Kinderbücher, Jugendbücher, Rätselbücher, Malbücher, Nachschlagewerke
Lektorat: Knut Reinoss, Dw -85, knut.reinoss@xenos-verlag.de
Ms.-Angebote: nach vorheriger telefonischer Anfrage
Medium: Papierausdruck
Ms.-Rücksendung: ja, mit Rückporto

Yachtsport-Verlag
Dr. Erhard Kaufmann
Hubertusstr. 6
46284 Dorsten
Tel. 02362 - 641 53,
0162 - 901 29 73
Fax 02362 - 60 43 80
ek@yachtsport-verlag.de
www.yachtsport-verlag.de
Verleger: Dr. Erhard Kaufmann
Gründungsjahr: 1996
Programm: Segel- und Motoryachtsport, Jugendbücher und Bücher über Wassersporterlebnisse aus den deutschen Ostgebieten
Ms.-Interessen: s. Verlagsprogramm
Ms.-Angebote: als Exposé mit Textprobe von 10 Seiten

Medium: Papierausdruck, Diskette
Ms.-Rücksendung: ja

Verlag Philipp von Zabern
Philipp-von-Zabern- Platz 1-3
55116 Mainz
Tel. 06131 - 28 74 70
Fax 06131 - 22 37 10
zabern@zabern.de
www.zabern.de
Verlagsleitung: Dr. Annette Nünnerich-Asmus
Zum Verlag: Fachverlag für Archäologie, Kulturgeschichte und Kunstgeschichte
Gründungsjahr: 1802
Novitäten: 100
Programm: Archäologie, Ägyptologie, Bildung, Fachzeitschriften, Geschichte, Kulturgeschichte, Nachschlagewerke, Wörterbücher, Reisen
Ms.-Angebote: als Exposé
Medium: Papierausdruck
Ms.-Rücksendung: ja

Zambon Verlag
Leipziger Str. 24
60487 Frankfurt am Main
Tel. 069 - 77 92 23
Fax 069 - 77 30 54
zambon@online.de
www.zambon.org
Programm: Belletristik und Sachbücher aus dem südeuropäischen Sprachraum und aus der Dritten Welt

Verlag Bernd Zeun
Steinstr. 46
35390 Gießen
Tel. u. Fax 0641 - 376 65
zeunvlg@aol.com
Verleger: Bernd Zeun
Gründungsjahr: 1996
Lieferbare Titel: 6
Novitäten: 1-2
Programm: Belletristik und Sachbücher zur Sexualität
Ms.-Interessen: zur Zeit keine
Ms.-Angebote: nach vorheriger telefonischer Anfrage
Ms.-Rücksendung: ja, mit Rückporto

dr. ziethen verlag
Friedrichstr. 15a
39387 Oschersleben
Tel. 03949 - 43 96
Fax 03949 - 50 01 00
dr.harry.ziethen@t-online.de
Verleger: Dr. Harry Ziethen
Programm: Regionale Literatur für Sachsen-Anhalt, Musikwissenschaftliche Schriften, Belletristik
Ms.-Angebote: als Exposé mit Textprobe von 20 Seiten
Medium: E-Mail
Ms.-Rücksendung: ja, mit Rückporto

Zodiaque - siehe *Echter Verlag*

ZS Verlag
Zabert Sandmann GmbH
Barerstr. 9
80333 München
Tel. 089 - 54 82 51 50
Fax 089 - 550 18 91
contact@zsverlag.de
www.zsverlag.de
Verleger: Friedrich-Karl Sandmann
Verlagsleitung: Friedrich-Karl Sandmann
Zum Verlag: Moderne Küchen- und Gesundheitsliteratur
Gründungsjahr: 1984
Lieferbare Titel: 86
Novitäten: 30
Programm: Küchenliteratur und Gesundheitsliteratur
Lektorat: Kathrin Ullerich (Redaktionsleitung)
Ms.-Angebote: als Exposé
Medium: Papierausdruck
Ms.-Rücksendung: ja

ADRESSEN · ADRESSEN · ADRESSEN · ADRESSEN

▷ Buchverlage in Österreich

Akademische Druck- und Verlagsanstalt
Auersperggasse 12
A-8010 Graz
Tel. +43 (0)316 - 36 44
Fax +43 (0)316 - 36 44 24
info@adeva.com / www.adeva.com
Verlagsleitung: Dr. Hubert C. Konrad
Gründungsjahr: 1949
Lieferbare Titel: 2000
Novitäten: 10
Programm: Schwerpunkte: Faksimilierung von Handschriften und Wissenschaftliche Literatur: Kunstgeschichte, Geschichte, Philologie, Philosophie, Musik, Ethnologie, Theologie
Lektorat: Dr. Christine Brandstätter (Dw -34, Handschriften, Kunst, Kunstgeschichte, brandstätter@...), Gerhard Lechner (Dw -45, Musik, Literaturgeschichte, Ethnologie, lechner@...)
Ms.-Interesse: Ethnologie, Musik, Buchkunst
Ms.-Angebote: nach vorheriger telefonischer Anfrage
Medium: Papierausdruck, Diskette, E-Mail
Ms.-Rücksendung: nein

Album Verlag
Seilergasse 19
A-1010 Wien
Tel. +43 (0)1 - 513 64 91
Fax +43 (0)1 - 513 64 91
Gründungsjahr: 1993
Lieferbare Titel: 120
Novitäten: 10
Programm: Bildbände der österreichischen Fotografie
Lektorat: Christian Lunzer
Ms.-Interesse: nur zum Thema Österreichische Fotografie
Ms.-Angebote: als Exposé
Medium: Papierausdruck
Ms.-Rücksendung: ja, mit Rückporto

Amalthea Signum Verlag GmbH
Am Heumarkt 19
A-1030 Wien
Tel. +43 (0)1 - 712 35 60
Fax +43 (0)1 - 713 89 95
amalthea.verlag@amalthea.at
www.herbig.net
Verlagsleitung: Dr. Herbert Fleissner
Gründungsjahr: 1917
Programm: Austriaca, Geschichte, Satire, Essen und Trinken, Humor, Kulturgeschichte, Theater, Oper, Zeitgeschichte

Lektorat: Michaela Németh,
michaela.nemeth@..., Elisabeth
Fleissner, elisabeth.fleissner@...
Ms.-Angebote: nach vorheriger telefonischer Anfrage, als Exposé mit Textprobe von 50 Seiten
Medium: Papierausdruck
Ms.-Rücksendung: ja

**Autorensolidarität –
Verlag der Interessengemeinschaft österreichischer Autorinnen und Autoren**
Seidengasse 13
A-1070 Wien
Tel. +43 (0)1 - 526 20 44 13
Fax +43 (0)1 - 526 20 44 55
ig@literaturhaus.at
www.literaturhaus.at
Verlagsleitung: Gerhard Ruiss
Gründungsjahr: 1982
Programm: Zeitschriften- und Buchpublikationen zu relevanten Themen für das schriftstellerische Arbeiten

Bibliothek der Provinz
Grosswolfgers 29
A-3970 Weitra
Tel. +43 (0)28 56 - 37 94
Fax +43 (0)29 56 - 37 92
www.bibliothekderprovinz.at
Verleger: Richard Pils
Verlagsleitung: Richard Pils
Zum Verlag: Bibliophile Bücher
Gründungsjahr: 1998
Lieferbare Titel: 700

Novitäten: 50-70
Programm: Literatur, Kunst, Musikalien, Regionalia, Kinderbücher
Lektorat: Barbara Sinic,
Othmar Binder, Adele Kvenrad
Ms.-Angebote: nach vorheriger telefonischer Anfrage, als Manuskript
Medium: Papierausdruck, Diskette
Ms.-Rücksendung: ja, mit Rückporto

Böhlau Verlag
Wiesingerstr. 1
A-1010 Wien
Tel. +43 (0)1 - 33 02 42 73 14
Fax +43 (0)1 - 330 24 32
boehlau@boehlau.at
www.boehlau.at
Verleger: Dr. Peter Rauch
Verlagsleitung: Dr. Peter Rauch
Gründungsjahr: 1947
Lieferbare Titel: 1200
Novitäten: 120
Programm: Schwerpunkt: Geisteswissenschaften, Kulturwissenschaften. Architektur, Bildende Kunst, Geschichte, Literaturwissenschaft, Medienwissenschaft, Musik, Philosophie, Politik, Psychologie, Religion, Soziologie, Sprachwissenschaften, Theater, Oper
Lektorat: Dr. Eva Weisz (Dw -315)
Ms.-Angebote: nach vorheriger telefonischer Anfrage
Medium: Papierausdruck mit Diskette
Ms.-Rücksendung: ja

**Christian Brandstätter
Verlagsgesellschaft m.b.H.**
Schwarzenbergstr. 5
A-1015 Wien
Tel. +43 (0)1 - 512 15 43-0
Fax +43 (0)1 - 512 15 43-231
cbv@oebv.co.at
Verleger: Dr. Christian Brandstätter
Verlagsgruppe: Klett-Verlagsgruppe
Programm: Bildbände und Textbildbände zu: Architektur, Bildende Kunst, Essen und Trinken, Kulturgeschichte, Kunsthandwerk, Fotografie, Religion, Zeitgeschichte; Schwerpunkt: Austriaca, Viennensia
Lektorat:
elisabeth.hoelzl@oebv.co.at
Ms.-Angebote: nach vorheriger telefonischer Anfrage
Ms.-Rücksendung: ja, mit Rückporto

**Wilhelm Braumüller Universitäts-
Verlagsbuchhandlung Ges.mbH**
Servitengasse 5
A-1092 Wien
Tel. +43 (0)1 - 319 11 59
Fax +43 (0)1 - 310 28 05
office@braumueller.at
www.braumueller.at
Verlagsleitung: Brigitte Pfeifer (Gf)
Konstanze Weber
Gründungsjahr: 1783
Lieferbare Titel: 1000
Novitäten: 15
Programm: Schwerpunkte: Politikwissenschaft, Publizistik, Europarecht, Nationalitäten und Minderheitenfragen, Philosophie, Soziologie, Sprachwissenschaften, Literaturwissenschaften
Lektorat: Dr. Elisabeth Reisenhofer (Dw -18), Anglistik, Germanistik, Mag. Ulli Steinwender (Dw -11), alle Bereiche außer Anglistik, Germanistik
Ms.-Angebote: nach vorheriger telefonischer Anfrage
Medium: Diskette
Ms.-Rücksendung: ja, mit Rückporto

**Verlagsbuchhandlung
Julius Breitschopf GmbH & Co.KG**
Hauptstr. 104/ 19
A-3420 Klosterneuburg-Kritzendorf
Tel. +43 (0)2243 - 368 68-0
Fax +43 (0)2243 - 368 68-20
breitschopf.verlag@utanet.at
www.breitschopf-verlag.com
Verleger: Julius P. Breitschopf, Kommerzialrat
Verlagsleitung: Julius P. Breitschopf, Kommerzialrat
Gründungsjahr: 1947
Programm: Bilderbücher, Kochbücher, Ratgeber
Lektorat: Ulrike Ulrich,
ulrike_ulrich@hotmail.com
Ms.-Angebote: als Manuskript
Medium: Papierausdruck
Ms.-Rücksendung: ja, mit Rückporto

Carinthia Verlag
Völkermarkterring 25
A-9020 Klagenfurt
Tel. +43 (0)463 - 50 12 20,
-210, -212
Fax +43 (0)463 - 50 12 20-214
karin.waldner@carinthia.com
www.verlag.carinthia.com
Verlagsleitung: Karin Woldner Petutschnig
Programm: Regionalia (Kärnten), Bildbände (Wander- und Bergbücher), (Kulinarische-)Reiseführer (Kärnten, Friaul, Slowenien, Istrien) und Historische Werke

Czernin Verlag
Kupkagasse 4
A-1080 Wien
Tel. +43 (0)1 - 403 35 63
Fax +43 (0)1 - 403 35 63-15
office@czernin-verlag.com
www.czernin-verlag.com
Verlagsleitung: Benedikt Föger, Klaus Gadermaier
Gründungsjahr: 1999
Lieferbare Titel: ca. 900
Programm: Politik und (Zeit-)Geschichte, Belletristik, Kunst und Musik, Philosophie und Religion, Wirtschaft und Internet
Ms.-Angebote: nach vorheriger telefonischer Anfrage, als Exposé
Medium: Papierausdruck, E-Mail
Ms.-Rücksendung: nein

Das fröhliche Wohnzimmer Edition
Fuhrmannsgasse 1a/7
A-1080 Wien
Tel. u. Fax +43 (0)1 - 222-408 01 40
wohnzimmer@dfw.at
www.dfw.at
Verleger: Ilse Kilic, Fritz Widhalm
Zum Verlag: Autorinnenverlag
Gründungsjahr: 1989
Lieferbare Titel: 76
Novitäten: 5
Programm: Experimentelle Texte, Nicht-Erzählungen
Ms.-Interesse: Experimentelle Texte, Comix
Ms.-Angebote: als Exposé mit Textprobe von 10 Seiten
Medium: Papierausdruck
Ms.-Rücksendung: ja, mit Rückporto

Deuticke Verlag
im Paul Zsolnay Verlag
Prinz-Eugen-Str. 30
A-1040 Wien
Tel. +43 (0)1 - 505 76 61-0
Fax +43 (0)1 - 505 76 61-10
info@deuticke.at / www.deuticke.at
Verleger: Dr. Martina Schmidt
Gründungsjahr: 1886
Verlagsgruppe: Hanser, München
Programm: Literatur, Sachbuch
Lektorat: Bettina Wörgötter (für Literatur und Sachbuch), bettina.woergoetter@zsolnay.at
Ms.-Interesse: Junge, Zeitgenössische Romane, Frauenliteratur,

Populärwissenschaftliche Sachbuchthemen, Lifestyle
Ms.-Angebote: als Exposé mit Textprobe von ca. 15 Seiten
Medium: Papierausdruck, E-Mail
Ms.-Rücksendung: ja, mit Rückporto bzw. Empfänger zahlt

Drava Verlag
Tarviser Str. 16
A-9020 Klagenfurt
Tel. +43 (0)463 - 50 10 99
Fax +43 (0)463 - 50 10 99 20
office@drava.at
www.drava.at
Verlagsleitung: Dr. Helga Mracnikar, Thomas Busch
Gründungsjahr: 1953
Verlagsgruppe: Kulturpolitische Initiative der slowenischen Sprachgruppe in Österreich
Programm: Schwerpunkte: Prosa und Lyrik: Deutsch-Slowenisch, mehrsprachig, Sach- und Fachbücher: Gesellschaftspolitik, Zeitgeschichte, Kulturwissenschaft. Literatur zwischen den Kulturen
Lektorat: Thomas Busch, Dr. Helga Mracnikar
Ms.-Angebote: nach vorheriger telefonischer Anfrage
Medium: Papierausdruck
Ms.-Rücksendung:

Literaturverlag Droschl
Alberstr. 18
A-8010 Graz
Tel. +43 (0)316 - 32 64 04
Fax +43 (0)316 - 32 40 71
droschl@droschl.com
www.droschl.com
Verlegerin: Annette Knoch
Programm: Belletristik, Literaturwissenschaft, Lyrik
Ms.-Angebote: als Exposé mit Textprobe, als Manuskript
Medium: Papierausdruck
Ms.-Rücksendung: ja, mit Rückporto

Edition die Donau hinunter Buchverlag Dr. Ruth Aspöck
Harafl 8
A-4171 Auberg
Tel. +43 (0)1 -72 82-81 74
Fax +43 (0)1 - 522 21 47
Verlegerin: Dr. Ruth Aspöck
Zum Verlag: Autorenverlag, Gegenwartsliteratur aus dem Donauraum
Gründungsjahr: 1992
Lieferbare Titel: 30
Novitäten: 5
Programm: Gegenwartsliteratur zum Donauraum oder von Autoren aus dieser Region, poetische Flußverbindungen weltweit
Ms.-Interesse: engagierte Literatur
Ms.-Angebote: als Exposé mit Textprobe von 5 Seiten und Biographie
Medium: Papierausdruck
Ms.-Rücksendung: nein

Edition Doppelpunkt
Kerschbaumgasse 1/4/4002
A-1010 Wien
Tel. +43 (0)1 - 925 77 91
Fax +43 (0)1 - 925 77 91
renate.niedermaier@doppelpunkt.at
www.doppelpunkt.at
Verlagsleitung: Renate Niedermaier
Gründungsjahr: 1993
Lieferbare Titel: 130
Programm: Lyrik, Haiku, Dialekt, Belletristik, Wissenschaftliche Reihe: Methodischer Roman
Lektorat: Dr. Gertraud Schleichert, Dr. Rosina Topka, Mag. Christoph Strolz
Ms.-Interesse: Lyrik, Romane, wissenschaftliche Texte
Ms.-Angebote: als Exposé mit Textprobe von 20 Seiten
Medium: Papierausdruck
Ms.-Rücksendung: nein

Edition Garamond
Elsslergasse 17
A-1130 Wien
Tel. +43 (0)1 - 877 04 26
Fax +43 (0)1 - 876 40 04
liberlibri@guthmann-peterson.de
www.guthmann-peterson.de/edition-garamond.html
Programm: Romane, Essays, Neue Lyrik
Ms.-Angebote: nach vorheriger telefonischer Anfrage

Edition Koenigstein
Anzengrubergasse 50
A-3400 Klosterneuburg
Tel. +43 - (0)2243 - 260 46, (0)650 - 432 60 46
Fax +43 (0)2243 - 260 46
edition.koenigstein@aon.at
www.members.aon.at/edition_koenigsstein
Verleger: Georg Koenigstein
Verlagsleitung: Georg Koenigstein
Gründungsjahr: 1987
Lieferbare Titel: 10
Novitäten: 2-4
Programm: Bibliophile Bücher mit Texten von Gegenwartsautoren und originale Druckgrafiken
Lektorat: Christine Koenigstein
Ms.-Interesse: Kurzprosa und Lyrik
Ms.-Angebote: nach vorheriger telefonischer Anfrage
Medium: Papierausdruck
Ms.-Rücksendung: ja, mit Rückporto

Edition Liber libri
Elsslergasse 17
A-1130 Wien
Tel. +43 (0)1 - 877 04 26
Fax +43 (0)1 - 876 40 04
liberlibri@guthmann-peterson.de
www.guthmann-peterson.de/liber-libri.html
Programm: Engagierte Romane, Biografien, Sachbücher, Reginalia
Ms.-Angebote: nach vorheriger telefonischer Anfrage

Edition Per Procura
Aspangstr. 51/11-12
A-1030 Wien
Tel. u. Fax +43 (0)1 - 796 44 84
edition@perprocura.com
www.perprocura.com
Verlagsleitung: Alma Vallazza
Gründungsjahr: 1990
Programm: Poesie und Poetologie, Übersetzungen
Ms.-Angebote: als Exposé mit Textprobe von 5-10 Seiten
Medium: Papierausdruck
Ms.-Rücksendung: ja, mit Rückporto

Edition Selene
Körnergasse 7/1
A-1020 Wien
Tel. +43 (0)1 - 218 37 35
Fax +43 (0)1 - 218 37 36
selene@selene.at / www.selene.at
Verleger: Alfred Goubran
Verlagsleitung: Alfred Goubran
Gründungsjahr: 1993
Programm: Keine Ideologie, kein Konzern, gute Autoren, schöne Bücher, Literatur und Artikulation
Ms.-Angebote: als Manuskript
Medium: Papierausdruck
Ms.-Rücksendung: ja, mit Rückporto

Edition Va Bene
Prof. Mag. Dr. Walter Weiss
Max-Kahrer-G. 32
A-3400 Klosterneuburg
Tel. +43 (0)2243 - 221 59,
+43 (0)664 - 161 63 56
Fax +43 (0)2243 - 221 59
edition@vabene.at / www.vabene.at
Verleger:
Prof. Mag. Dr. Walter Weiss
Verlagsleitung:
Prof. Mag. Dr. Walter Weiss
Zum Verlag: Der Verlag, der sich was traut
Gründungsjahr: 1991
Lieferbare Titel: 100
Novitäten: 15
Programm: Anthropologie, Belletristik, Fantasy, Science Fiction, Historische Romane, Kriminalromane, Bildende Kunst, Biologie, Erotik, Erziehung, Geschichte, Gesundheit, Humor, Kurzgeschichten, Lebenshilfe, Lyrik, Medizin, Naturwissenschaft, Politik, Philosophie, PSI
Lektorat: Dr. Walter Weiss
Ms.-Interesse: Sachbücher
Ms.-Angebote: nach vorheriger telefonischer Anfrage als Exposé mit Textprobe 30 Seiten
Medium: Papierausdruck
Ms.-Rücksendung: ja, mit Rückporto

Ennsthaler Gesellschaft m.b.H. & Co KG
Stadtplatz 26
A-4402 Steyr
Tel. +43 (0)7252 - 520 53
Fax +43 (0)7252 - 52 05 33
buero@ennsthaler.at
www.ennsthaler.at
Verleger: Gottfried Ennsthaler

Verlagsleitung: Gottfried Ennsthaler
Gründungsjahr: 1945
Lieferbare Titel: 440
Novitäten: 10-15
Programm: Schwerpunkte: Ratgeber für Gesundheit und Lebenshilfe, Alternativmedizin, Regionalia
Ms.-Angebote: als Exposé, als Manuskript
Medium: Papierausdruck, Diskette, E-Mail
Ms.-Rücksendung: ja

Eye Literaturverlag
EYE Literatur der Wenigerheiten
Graf 135
A-6500 Landeck
Tel. +43 (0)5442 - 630 43
nitsche.g@tirol.com
www.brg-landeck.tsn.at/eye/
Verleger: Gerald Kurdoglu Nitsche
Verlagsleitung: Gerald Kurdoglu Nitsche
Zum Verlag: Kleinverlag, Schwerpunkt: Lyrik in kleinen Auflagen und bibliophiler Ausstattung, Reihe »Am Herzen Europas«, Anthologien, europäische Minoritäten und (keine Vorschläge)
Gründungsjahr: 1996
Lieferbare Titel: 15
Programm: Bibliophile Bücher, Lyrik von Minoritäten
Lektorat: Dr. Armin Eidherr, G.K. Nitsche
Ms.-Interesse: Lyrik: Kurden, Armenier, Roma, Sinti

Ms.-Angebote: als Exposé mit Textprobe
Medium: E-Mail
Ms.-Rücksendung: ja

Folio Verlagsgesellschaft mbH
Grüngasse 9
A-1050 Wien
Tel. +43 (0)1 - 58 13 70 80
Fax +43 (0)1 - 581 37 08 20
office@folioverlag.com
www.folioverlag.com
Verleger: Dr. Ludwig Paulmichl, Mag. Hermann Gummerer
Gründungsjahr: 1993
Lieferbare Titel: 120
Programm: Belletristik-Schwerpunkt: Osteuropa und Italien, Kunstkataloge, Südtirol, Architektur, Historische Romane, Bildbände, Bildende Kunst, Film, Fernsehen, Frauenforschung, Geschichte der Neuzeit, Journalismus, Kulturgeschichte, Kurzgeschichten, Lyrik, Philosophie
Ms.-Angebote: als Exposé mit Textprobe von 30 Seiten
Medium: Papierausdruck
Ms.-Rücksendung: ja, mit Rückporto

G & G Kinder- und Jugendbuch
Panikengasse 21-23
A-1160 Wien
Tel. +43 (0)1 - 494 96 99-0
Fax +43 (0)1 - 494 96 99-420
office@kindermedien.at
Programm: Kinder- u. Jugendbücher

Guthmann & Peterson
Elsslergasse 17
A-1130 Wien
Tel. +43 (0)1 - 877 04 26
Fax +43 (0)1 - 876 40 04
verlag@guthmann-peterson.at,
verlag@guthmann-peterson.de
www.guthmann-peterson.at,
www.guthmann-peterson.de
Programm: Gesellschaft, Sozialwissenschaft, Tierrecht, Kulturwissenschaft, Politik
Ms.-Angebote: nach vorheriger telefonischer Anfrage
Medium: Diskette, E-Mail
Ms.-Rücksendung: ja, mit Rückporto

Haymon Verlag Ges.mbH
Kochstr. 10
A-6020 Innsbruck
Tel. +43 (0)512 - 57 63 00
Fax +43 (0)512 - 57 63 00-14
office@haymonverlag.at
www.haymonverlag.at
Verleger: Dr. Michael Forcher
Gründungsjahr: 1982
Lieferbare Titel: 200
Novitäten: 25
Programm: Schwerpunkt: Belletristik von Bewährtem und Bekanntem bis zu Neuem und Unkonventionellem, Kulturgeschichte, Tirolensien der anspruchsvollen Art
Lektorat: Dr. Michael Forcher, Mag. Joe Rabe
Ms.-Angebote: als Exposé mit Textprobe von 30-50 Seiten

Medium: Papierausdruck
Ms.-Rücksendung: ja, mit Rückporto

Jung und Jung Verlag GmbH
Hubert-Sattler-Gasse 1
A-5020 Salzburg
Tel. +43 (0)662 - 88 50 48
Fax +43 (0)662 - 88 50 48-20
office@jungundjung.at
www.jungundjung.at
Verleger: Dr. Jochen Jung
Verlagsleitung: Dr. Jochen Jung
Gründungsjahr: 200
Lieferbare Titel: 80
Novitäten: 15
Programm: Literatur, Kunst, Musik
Lektorat: Dr. Angelika Klammer
Ms.-Angebote: als Exposé mit Textprobe von 10 Seiten, als Manuskript
Medium: Papierausdruck
Ms.-Rücksendung: ja, mit Rückporto

Verlag Jungbrunnen
Rauhensteingasse 6
A-1011 Wien
Tel. +43 (0)1 - 512 12 99
Fax +43 (0)1 - 512 12 99-75
office@jungbrunnen.co.at
www.jungbrunnen.co.at
Verlegerin: Hildegard Gärtner
Verlagsleitung: Hildegard Gärtner
Programm: Bilderbücher, Kinder- und Jugendbücher
Lektorat: Hildegard Gärtner
Ms.-Angebote: als Exposé, als Exposé mit Textprobe von 30 Seiten

Medium: Papierausdruck
Ms.-Rücksendung: ja, mit Rückporto

Buchverlage Kremayr & Scheriau/ Orac
Währinger Straße 76/8
A-1090 Wien
office@kremayr-scheriau.at
www.kremayr-scheriau.at
Verleger: Prof. Leo Mazakarini
Verlagsleitung:
Mag. Martin Scheriau
Programmleitung:
Dr. Michal Scheriau
Programm: Belletristik, Geschichte der Neuzeit, Kulturgeschichte
Ms.-Angebote: als Exposé
Medium: Papierausdruck, E-Mail
Ms.-Rücksendung: ja

Leykam Buchverlagsges. mbH Nfg. & Co. KG
Anerstr. 4
A-3057 Graz
Tel. +43 (0)316 - 28 00-532
Fax +43 (0)316 - 28 00-539
verlag@leykam.com
www.Leykamverlag.at
Verlagsleitung: Mag. Klaus Brunner, Dr. Wolfgang Hölzl
Gründungsjahr: 1585
Programm: Zeitgeschichte, Belletristik, Styriaca, Juridica, Fotografie, Schulbücher
Lektorat: Walter Berger (walter.berger@...),

Mag. Christine Wiesenhofer (christine.wiesenhofer@...)
Ms.-Angebote: nach vorheriger telefonischer Anfrage, als Exposé mit Textprobe von 20 Seiten
Medium: Papierausdruck, Diskette
Ms.-Rücksendung: ja, mit Rückporto

Literaturedition Niederösterreich
Amt d. NÖ Landesreg. Abt. K1
Landhausplatz 1
A-3109 St. Pölten
Tel. +43 (0)2742 - 9005 15 55 38, -131 04
Fax +43 (0)2742 - 900 15 55 85
gabriele.ecker@noel.gv.at
www.noel.gv.at
Verlagsleitung: Mag. Gabriele Ecker
Gründungsjahr: 1991
Lieferbare Titel: 77
Novitäten: 6
Programm: Buchkunst, Belletristik
Ms.-Angebote: nach vorheriger telefonischer Anfrage, als Manuskript
Medium: Papierausdruck, E-Mail
Ms.-Rücksendung: nein

MANZ'sche Verlags- und Universitätsbuchhandlung GmbH
Johannesgasse 23
A-1015 Wien
Tel. +43 (0)1 - 531 61-0
Fax +43 (0)1 - 531 61-181
verlag@manz.at / www.manz.at
Verlegerin: Dr. Kristin Hanusch-Linser
Verlagsleitung: Dr. Wolfgang Pichler

Gründungsjahr: 1849
Verlagsgruppe: Fachverlag für Recht, Steuer und Wirtschaft
Programm: Business, Fachzeitschriften, Recht, Wirtschaft
Ms.-Angebote: nach vorheriger telefonischer Anfrage
Medium: E-Mail

Milena Verlag
Lange Gasse 51/10
A-1080 Wien
Tel. +43 (0)1 - 402 59 90
Fax +43 (0)1 - 408 88 58
frauenverlag@milena-verlag.at
www.milena-verlag.at
Verlegerin: Karin Ballauff
Verlagsleitung: Lika Trinkl, Vanessa Wieser
Zum Verlag: Belletristik und Sachbücher von Frauen
Gründungsjahr: 1980
Verlagsgruppe: Als Verein Wiener Frauenverlag gegründet
Novitäten: 10-15
Programm: Programm: Lesbenliteratur, vor allem von osteuropäischen Autorinnen (keine Lyrik), Belletristik aus aller Frauen Länder, Romane, Novellen und Anthologien werden ausgeschrieben, Frauenkrimis, Feministische Theorien, Dokumentation
Lektorat: Karin Ballauff
Ms.-Interesse: Lesbenliteratur, Krimis
Ms.-Angebote: als Exposé mit Textprobe von max. 10 Seiten
Medium: Papierausdruck
Ms.-Rücksendung: ja, mit Rückporto oder internationalem Antwortgutschein

Otto Müller Verlag
Ernest-Thun-Str. 11
A-5020 Salzburg
Tel. +43 (0)662 - 881 97 40
Fax +43 (0)662 - 87 23 87
info@omvs.at / www.omvs.at
Verleger: Arno Kleibel
Gründungsjahr: 1937
Lieferbare Titel: ca. 300
Novitäten: ca. 20
Programm: Belletristik, Lyrik, Bildbände, Geistesgeschichte, Literaturwissenschaft, Psychologie, Theologie, Fotografie
Ms.-Angebote: als Manuskript
Medium: Papierausdruck
Ms.-Rücksendung: ja, mit Rückporto

Verlag Österreich
Österr. Staatsdruckerei AG
Kandlgasse 21
A-1070 Wien
Tel. +43 (0)1 - 610 77-0
Fax +43 (0)1 - 610 77-419
office@verlagoesterreich.at
www.verlagoesterreich.at
Programm: Belletristik, Bildbände, Frauenforschung, Geschichte der Neuzeit, Kulturgeschichte, Militär, Reisen, Zeitgeschichte, Marine, Monarchie, Politik, Recht, Wirtschaft

Ms.-Angebote: als Exposé mit Textprobe von 10 Seiten, als Manuskript
Medium: Papierausdruck, Diskette oder E-Mail
Ms.-Rücksendung: ja

Passagen Verlag
Walfischgasse 15/14
A-1010 Wien
Tel. +43 (0)1 - 513 77 61
Fax +43 (0)1 - 512 63 27
office@passagen.at
www.passagen.at
Verleger: Dr. Peter Engelmann
Gründungsjahr: 1986
Novitäten: 50
Programm: Philosophie, Xmedia, Kunst, Architektur, Film, Literatur, Gesellschaft, Theologie, Politik, Diskursforschung, Literaturtheorie, Psychoanalyse, Ökonomie, Schwerpunkt: Epochenfragen, Semiotik, Poststrukturalismus
Lektorat: Johanna Hofleitner (Cheflektorin, lektorat@...)
Ms.-Interesse: Philosophie (Dissertationen und Magisterarbeiten)
Ms.-Angebote: nach vorheriger telefonischer Anfrage, als Manuskript
Medium: Papierausdruck
Ms.-Rücksendung: ja, mit Rückporto

Picus Verlag
Friedrich-Schmidt-Platz 4
A-1080 Wien
Tel. +43 (0)222 - 408 18 21
Fax +43 (0)222 - 40 81 82 16
info@picus.at / www.picus.at
Verleger: Dorothea Löcker, Dr. Alexander Potyka
Verlagsleitung: Dr. Alexander Potyka
Gründungsjahr: 1984
Lieferbare Titel: 500
Programm: Schwerpunkte: Belletristik, Lesereisen, Journalistische Reiseführer, Architektur, Biographien, Bildbände, Geschichte der Neuzeit, Kinderbücher, Kulturgeschichte, Politik, Psychologie, Theater, Oper, Zeitgeschichte
Lektorat: Mag. Joanna Storm
Ms.-Angebote: nach vorheriger telefonischer Anfrage, als Exposé mit Textprobe von 20 Seiten
Medium: Papierausdruck
Ms.-Rücksendung: ja, mit Rückporto

Promedia Verlagsges. m.b.H.
Wickenburggasse 5/12
A-1080 Wien
Tel. +43 (0)1 - 405 27 02
Fax +43 (0)1 - 405 71 59-22
promedia@mediaskop.at
www.mediaskop.at
Verleger: Erich Ertel
Verlagsleitung: Hannes Hofbauer
Gründungsjahr: 1982
Lieferbare Titel: 200
Novitäten: 15-20
Programm: Anthropologie, Historische Romane, Erotik, Essen und Trinken, Frauenforschung, Geschichte, Kulturgeschichte, Ökologie, Politik, Reisen

Verlag Anton Pustet
Bergstr. 12
A-5020 Salzburg
Tel. +43 (0)662 - 87 35 07 55
Fax +43 (0)662 - 87 35 07 79
buch@verlag-anton-pustet.at
www.verlag-anton-pustet.at
Verlagsleitung:
Mag. Mona Müry-Leitner
Gründungsjahr: 1592
Lieferbare Titel:
Novitäten: 20
Programm: Architektur, Bildbände, Bildende Kunst, Geschichte, Lebenshilfe, Philosophie, Psychologie, Religion, Zeitgeschichte
Ms.-Angebote: nach vorheriger telefonischer Anfrage, als Exposé mit Textprobe von 10 Seiten
Medium: Papierausdruck
Ms.-Rücksendung: ja

Residenz Verlag GmbH
Gutenbergstr. 12
A-3100 St. Pölten
Tel. +43 (0)2742 - 802 14 12
Fax +43 (0)2742 - 793 70 14 12
a.graf@residenzverlag.at
www.residenzverlag.at
Verlagsleitung: Herwig Bitsche
Gründungsjahr: 1956
Lieferbare Titel: 180
Novitäten: ca. 20
Programm: Biographien, Belletristik, Lyrik, Theater, Musik, Garten
Lektorat: Dr. Astrid Graf, Dr. Günther Eisenhuber

Ms.-Interesse: Neue Deutsche Literatur
Ms.-Angebote: nach vorheriger telefonischer Anfrage, als Exposé mit Textprobe von 10 Seiten
Medium: Papierausdruck
Ms.-Rücksendung: nein

Sisyphus Autorenverlag
Villacher Ring 21
A-9020 Klagenfurt
Tel. u. Fax +43 (0)463 - 50 16 29
sisyphus@eunet.at
www.silverserver.co.at/sisyphus
Programm: Belletristik, Lyrik
Lektorat: Barbara Obernosterer, Winfried Gindl, Erwin Haas, Gerhard Maierhofen
Ms.-Interesse: Belletristik von anderen österreichischen Autor-/innen, Neuauflagen seit langem vergriffener Bücher und Autoren
Ms.-Angebote: als Exposé mit Textprobe
Medium: Papierausdruck
Ms.-Rücksendung: ja, mit Rückporto

Springer-Verlag
Sachsenplatz 4-6
A-1201 Wien
Tel. +43 (0)1 - 330 24 15
Fax +43 (0)1 - 330 24 26
springer@springer.at
www.springer.at
Verlagsleitung: Rudolf Siegle
Programm: Anthropologie, Architektur, Biologie, Business, Chemie,

Computer, Fachzeitschriften, Ingenieurwesen, Kulturgeschichte, Mathematik, Medienwissenschaft, Medizin, Naturwissenschaft, Philosophie, Physik, Psychologie, Recht, Technik, Wirtschaft, Kunst
Lektorat: Rudolf Siegle (siegle@...), Raimund Petri-Wieder (raimund.petri@...), Renate Eichberger (renate.eichberger@...), Mag. Jan Sramek (jan.sramek@...), Mag. Sibille Rosenfelder (sibille.rosenfelder@...), Silvia Schilgerius (silvia.schilgerius@...)
Ms.-Angebote: als Exposé, als Exposé mit Textprobe von 10 Seiten
Medium: Papierausdruck, Diskette, E-Mail
Ms.-Rücksendung: ja

Leopold Stocker Verlag
Hofgasse 5
A-8011 Graz
Tel. +43 (0)316 - 82 16 36
Fax +43 (0)316 - 83 56 12
stocker-verlag stocker-verlag.com
www.stocker-verlag.com
Verleger: Mag. Wolfgang Dvorak-Stocker
Verlagsleitung:
Mag. Wolfgang Dvorak-Stocker
Gründungsjahr: 1917
Lieferbare Titel: 300
Novitäten: 45
Programm: Biographien, Essen und Trinken, Fachzeitschriften, Gartenbau, Geschichte der Neuzeit, Gesundheit, Haustiere, Landwirtschaft, Militär, Nachschlagewerk und Wörterbuch, Natur, Jagd, Ratgeber, Tiermedizin, Zeitgeschichte
Ms.-Angebote: als Exposé, als Manuskript
Medium: Diskette

Styria Pichler Verlag GmbH & Co. KG
Lobkowitzpl. 1
A-1010 Wien
Tel. +43 (0)1 - 203 28 28-0
Fax +43 (0)1 - 203 28 28-6875
office@styriapichler.at
www.styriapichler.at
Verlagsleitung: Mag. Dietmar Sternad
Gründungsjahr: 1869
Lieferbare Titel: 600
Novitäten: 60
Programm: Biographien, Theologie und Religion, Regionalia: Wien, Steiermark, Kulinarisches
Lektorat: Dr. Johannes Sachslehner, Anneliese Kainer
Ms.-Angebote: nach vorheriger telefonischer Anfrage, als Exposé
Medium: Papierausdruck, E-Mail
Ms.-Rücksendung: ja, mit Rückporto

Verlag Turia + Kant
Schottengasse 3A/5/DG 1
A-1010 Wien
Tel. +43 (0)1 - 532 07 67
Fax +43 (0)1 - 532 07 68
turia.kant@turia.at
www.turia.at

Verleger: Dr. Ingo Vavra
Gründungsjahr: 1988
Lieferbare Titel: 250
Programm: Kultur und Geisteswissenschaften mit avanciertem Theoriehintergrund: Philosophie, Psychoanalyse, Geschichte, Cultural Studies, Kulturgeschichte, Literaturwissenschaft
Ms.-Interesse: Philosophie, Psychoanalyse (klassische Theorien)
Ms.-Angebote:
Medium: Diskette, E-Mail
Ms.-Rücksendung: ja, mit Rückporto

Verlag Niederösterreichisches Pressehaus
NP Buchverlag – Residenz Verlag
Gutenbergstr. 12
A-3100 St. Pölten
Tel. +43 (0)2742 - 802 14 12
Fax +43 (0)2742 - 793 70 14 12
verlag@np-buch.at
www.np-buch.at
Verlagsleitung: Herwig Bitsche
Lieferbare Titel: ca. 500
Novitäten: ca. 50
Programm: Bildbände, Geschichte, Zeitgeschichte, Freizeitliteratur, Kochbücher, Unterhaltung, Kinderbücher, Lebenshilfe
Lektorat: Kinderbuch: Natalie Tonnai, Sachbuch: Sonja Franzke; Literatur: Astrid Graf
Ms.-Angebote: als Exposé
Medium: Papierausdruck
Ms.-Rücksendung: ja

H. Weishaupt Verlag
Hauptplatz 27
A-8342 Gnas
Tel. +43 (0)3151 - 84 87
Fax +43 (0)3151 - 84 87-4
verlag@weishaupt.at
www.weishaupt.at
Gründungsjahr: 1980
Lieferbare Titel: 275
Novitäten: ca. 35
Programm: Alpinismus, Flugsport, Luftfahrt, Marine, Geschichte, Reiseführer, Ratgeber, Bildbände
Ms.-Interesse: Reiseführer, Ratgeber, Sachbücher
Ms.-Angebote: als Exposé mit Textprobe, als Manuskript
Medium: Papierausdruck, Diskette, E-Mail
Ms.-Rücksendung: ja

Verlag Galerie Welz
Sigmund-Haffner-Gasse 16
A-5020 Salzburg
Tel. +43 (0)662 - 84 17 71-0
Fax +43 (0)662 - 84 17 71-20
office@galerie-welz.at
www.galerie-welz.at
Programm: Österreichische Kunst und Künstler des 20. Jahrhunderts

Wieser Verlag
Ebentaler Str. 34b
A-9020 Klagenfurt
Tel. +43 (0)463 - 370 36
Fax +43 (0)463 - 376 35
office@wieser-verlag.com

www.wieser-verlag.com
Verleger: Lojze Wieser
Gründungsjahr: 1987
Lieferbare Titel: 450
Novitäten: 40
Programm: Schwerpunkt: Österreichische Literatur und Übersetzungen aus Südosteuropa. Belletristik, Kulturgeschichte, Lyrik, Sachbücher, Anthologien
Lektorat: Christian Skreiner
Ms.-Angebote: nach vorheriger telefonischer Anfrage
Medium: Papierausdruck, Diskette
Ms.-Rücksendung: ja, mit Rückporto

Paul Zsolnay Verlag GmbH
Prinz-Eugen-Str. 30
A-1041 Wien
Tel. +43 (0)1 - 505 76 61-0
Fax +43 (0)1 - 505 76 61-10
info@zsolnay.at / www.zsolnay.at
Verleger: Michael Krüger, Stephan Joß
Gründungsjahr: 1924
Verlagsgruppe: Hanser, München
Lieferbare Titel: 400
Novitäten: 35
Programm: Belletristik, Sachbuch, Internationale Literatur, Österreichische u. Südosteuropäische Literatur
Lektorat: Herbert Ohrlinger (Programmleitung)
Ms.-Angebote: als Exposé mit Textprobe von 50 Seiten
Medium: Papierausdruck
Ms.-Rücksendung: ja, mit Rückporto

ADRESSEN · ADRESSEN · ADRESSEN · ADRESSEN

▷ *Buchverlage in der Schweiz*

Akron Verlags AG
Weinbergstr. 11
CH-9320 Arbon
Tel. +41 (0)71 - 440 21 14
Fax +41 (0)71 - 440 21 13
lussiazaech@bluewin.ch
www.akron.ch
Verlegerin: Lussia Zaech
Gründungsjahr: 2001
Lieferbare Titel: 15
Novitäten: 2
Programm: Belletristik, Comics, Esoterik (Astrologie, Tarot, Mythologie)
Ms.-Interesse: Philosophische Comics mit spirituellem oder philosophischem Hintergrund, Esoterik mit kritischem Hintergrund, Schattenthematik
Ms.-Angebote: nach vorheriger telefonischer Anfrage
Medium: Papierausdruck
Ms.-Rücksendung: ja, mit Rückporto

Ammann Verlag & Co
Neptunstr. 20
CH-8032 Zürich
Tel. +41 (0)1 - 268 10 40
Fax +41 (0)1 - 268 10 50
info@ammann.ch
www.ammann.ch
Verleger: Egon Ammann, Marie-Luise Flammersfeld
Programm: Schwerpunkte: Neue Deutsche Literatur, Literatur aus aller Welt, Lyrik, Philosophie, Klassiker
Lektorat: Stephanie von Harraeh
Ms.-Angebote: als Exposé, vorzugsweise jedoch als Exposé mit Textprobe von 50 Seiten
Medium: Papierausdruck (grundsätzlich keine E-Mail oder Diskette)
Ms.-Rücksendung: ja, mit Rückporto

AS Verlag
Buhnrain 30
CH-8052 Zürich
Tel. +41 (0)1 - 300 23 23
Fax +41 (0)1 - 300 23 24
mail@as-verlag.ch
www.as-verlag.ch
Verleger: Heinz von Arx, Peter Schnyder
Gründungsjahr: 1991
Lieferbare Titel: 72
Novitäten: 10
Programm: Alpinismus, Tourismus, Verkehrsgeschichte, Fotografie, Kunst

Lektorat: Karin Steinbach Tarnutzer (Dw - 21)
Ms.-Angebote: als Exposé mit Textprobe von 8 Seiten
Medium: Papierausdruck
Ms.-Rücksendung: nein

AT Verlag
AZ Fachverlage AG
Stadtturmstr. 19
CH-5401 Baden
Tel. +41 (0)58 - 200 44 00
Fax +41 (0)58 - 200 44 01
atverlag@azag.ch
www.at-verlag.ch
Verlagsleitung: Urs Hunziker
Gründungsjahr: 1978
Verlagsgruppe: AZ Mediengruppe
Programm: Esoterik, Essen und Trinken, Gesundheit, Natur, Ökologie, Psychoaktive Pflanzen, Schweiz
Lektorat: Monika Schmidhofer
Ms.-Angebote: als Exposé mit Textprobe von 10 Seiten
Medium: Papierausdruck, E-Mail
Ms.-Rücksendung: ja

Atrium Verlag AG
Obere Bahnhofstr. 10A
CH-8910 Affoltern
Tel. +41 (0)1 - 760 31 71
Fax +41 (0)1 - 760 20 68
atrium@ava.ch
Verleger: Silke Weitendorf, Thomas Huggle
Verlagsleitung: Ursula Grob

Programm: Belletristik, Kinder- und Jugendbücher
Ms.-Angebote: nach vorheriger telefonischer Anfrage
Medium: Papierausdruck
Ms.-Rücksendung: ja, mit Rückporto

Bajazzo Verlag
Obere Zäune 18
CH-8001 Zürich
Tel. +41 (0)1 - 251 00 46
Fax +41 (0)1 - 252 00 48
bajazzo@mails.ch
www.bajazzoverlag.ch
Verleger: Ingrid Rösli, Thomas Minssen
Verlagsleitung: Ingrid Rösli
Gründungsjahr: 1997
Lieferbare Titel: 40
Novitäten: 9
Programm: Jugend- und Kinderbücher
Lektorat: Thomas Minssen
Ms.-Interesse: Bilderbuchgeschichten für Vorschulalter (max. 4 Manuskriptseiten) erzählende Literatur für Kinder zw. 8 und 12 Jahren
Ms.-Angebote: nach vorheriger telefonischer Anfrage, als Exposé mit Textprobe von 10 Seiten (erzählende Literatur), als Manuskript (Bilderbücher)
Medium: Papierausdruck, E-Mail
Ms.-Rücksendung: ja, mit Rückporto

Berchtold Haller Verlag
Nägeligasse 9
CH-3000 Bern 7
Tel. +41 (0)31 - 334 03 03
Fax +41 (0)31 - 334 03 06
info@theologische.ch
www.theologische.ch
Verleger: Peter Schranz
Gründungsjahr: 1848
Lieferbare Titel: 30
Novitäten: 2-3
Programm: Evangelische Literatur, Bern, auch Mundart
Ms.-Interesse: Aktuelle Christliche Themen, Erzählungen, Kurzgeschichten
Ms.-Angebote: nach vorheriger telefonischer Anfrage, als Exposé mit Textprobe von 50 Seiten
Medium: Papierausdruck
Ms.-Rücksendung: ja, mit Rückporto

bilgerverlag GmbH
Josefstr. 52
CH-8005 Zürich
Tel. +41 (0)1 - 271 81 46
Fax +41 (0)1 - 271 14 44
info@bilgerverlag.ch
www.bilgerverlag.ch
Verleger: Ricco Bilger
Gründungsjahr: 2001
Lieferbare Titel: 60
Novitäten: 5-7
Programm: Belletristik, Essay, Sachbuch, Kunst
Ms.-Angebote: nach vorheriger telefonischer Anfrage

Medium: Papierausdruck
Ms.-Rücksendung: ja, mit Rückporto

Birkhäuser Verlag AG
Postfach 133
CH-4010 Basel
Tel. +41 (0)61 - 205 07 07
Fax +41 (0)61 - 205 07 99
fund@birkhauser.ch
www.birkhauser.ch
Verlagsleitung: Dr. Sven Fund
Zum Verlag: Fachbuchverlag
Gründungsjahr: 1879
Verlagsgruppe: Springer Science + Business Media
Novitäten: ca. 120
Programm: Architektur, Bauingenieurwesen, Biologie, Botanik, Chemie, Computer, Design, Geowissenschaften, Mathematik, Natur, Ökologie, Physik, Technik, Umweltthemen
Lektorat: Dr. Ulrich Schmidt (Architektur), Dr. Thomas Hempfling (Mathe), Dr. Stefan Göller (Applied Sciences), Dr. Detlef Klüber, Beatrice Menz (Biosciences).
E-Mail: name@birkhauser.ch
Ms.-Angebote: nach vorheriger telefonischer Anfrage, als Exposé
Medium: Papierausdruck, Diskette oder E-Mail
Ms.-Rücksendung: ja

Brunnen-Verlag
Wallstr. 6
CH-4002 Basel
Tel. +41 (0)61 - 295 60 00
Fax +41 (0)61 - 295 60 69
info@brunnen-verlag.ch
www.brunnen-verlag.ch
Verlagsleitung: Andreas Walter
Programm: Biographien, Belletristik, Erziehung, Jugendbücher, Kinderbücher, Lebenshilfe, Philosophie, Fotografie, Religion, Bibel im modernen Deutsch, Hörbücher
Lektorat: Christian Meyer (Programmleiter), Vera Hahn
Ms.-Interesse: Sachthemen, Lebensberichte, Romane, Erzählungen, Biographien und Besonderheiten mit christlichem Bezug
Ms.-Angebote: als Exposé mit Textprobe von 10 Seiten, als Manuskript
Medium: Papierausdruck
Ms.-Rücksendung: ja

Chronos Verlag
Eisengasse 9
CH-8008 Zürich
Tel. +41 (0)1 - 265 43-43
Fax +41 (0)1 - 265 43-44
info@chronos-verlag.ch
www.chronos-verlag.ch
Verleger: Hans-Rudolf Wiedmer
Gründungsjahr: 1985
Lieferbare Titel: 550
Novitäten: 45

Programm: Schwerpunkt: Schweiz, Geschichte, Kulturgeschichte, Film- und Theaterwissenschaft, Wirtschaftsgeschichte, Geschlechtergeschichte, Zeitgeschichte, Biographien, Judaistik, Musikgeschichte
Lektorat: Hans-Rudolf Wiedmer, Monika Bucheli,
monika.bucheli@...; Dw -42
Ms.-Angebote: nach vorheriger telefonischer Anfrage, als Manuskript, als Exposé mit Texprobe von 10 S.
Medium: Diskette, Papierausdruck, E-Mail
Ms.-Rücksendung: ja, mit Rückporto

Diogenes Verlag AG
Sprecherstr. 8
CH-8032 Zürich
Tel. +41 (0)1 - 254 85 11
Fax +41 (0)1 - 252 84 07
info@diogenes.ch
www.diogenes.ch
Verleger: Daniel Keel, Rudolf C. Bettschart
Gründungsjahr: 1952
Lieferbare Titel: 1744
Novitäten: 46
Programm: Belletristik, Klassiker, Kunstbücher, Kinderbücher, Kriminalromane
Ms.-Interesse: Belletristik
Ms.-Angebote: als Exposé mit Textprobe von ca. 30 Seiten
Medium: Papierausdruck
Ms.-Rücksendung: ja, mit Rückporto

edition 8
Postfach 35 22
CH-8021 Zürich
Tel. +41 (0)1 - 271 80 22
Fax +41 (0)1 - 273 03 02
info@edition8.ch
www.edition8.ch
Verlegerinnen: Verlegerinnengruppe von 8 Personen leitet den Verlag
Verlagsleitung: Heinz Scheidegger (Geschäftsleitung)
Gründungsjahr: 1998
Lieferbare Titel: 50
Novitäten: 7
Programm: Belletristik, Sachbuch, Biographien, Lyrik, Politik, Zeitgeschichte
Lektorat: Verena Stettler, Geri Balsiger, Jeannine Horni
Ms.-Interesse: Erzählendes, Geschichten, Biographien
Ms.-Angebote: als Exposé mit Textprobe von 20 Seiten, als Manuskript
Medium: Papierausdruck, Diskette, E-Mail
Ms.-Rücksendung: ja

Edition Epoca
Werdstr. 128
CH-8003 Zürich
Tel. +41 (0)1 - 451 17 17
Fax +41 (0)1 - 451 17 17
info@epoca.ch
www.epoca.ch
Gründungsjahr: 1995
Lieferbare Titel: 25
Novitäten: 2-5
Programm: Belletristik, Zeitgeschichte, Kulturstudien, Literaturwissenschaft, Sozialwissenschaft
Ms.-Angebote: als Exposé mit Textprobe von 25 Seiten
Medium: Papierausdruck
Ms.-Rücksendung: ja, mit Rückporto

Edition Howeg
Waffenplatzstr. 1
CH-8002 Zürich
Tel. +41 (0)1 - 201 06 50
Fax +41 (0)1 - 201 06 50
edition_howeg@datocomm.ch
Programm: Belletristik, Bildende Kunst, Lyrik, Fotografie
Ms.-Angebote: als Exposé
Medium: Papierausdruck
Ms.-Rücksendung: ja, mit Rückporto

Edition Moderne
Eglistr. 8
CH-8022 Zürich
Tel. +41 (0)1 - 491 96 82
Fax +41 (0)1 - 401 19 44
post@strapazin.ch
www.editionmoderne.de
Programm: Comics
Ms.-Angebote: als Papierausdruck
Ms.-Rücksendung: ja, mit Rückporto

Haupt Verlag AG
Falkenplatz 14
CH-3001 Bern
Tel. +41 (0)31 - 309 09 00
Fax +41 (0)31 - 309 09 90
verlag@haupt.ch

www.haupt.ch
Verlagsleitung: Matthias Haupt
Zum Verlag: Der Hauptverlag gehört zu den führenden Schweizer Verlagen
Gründungsjahr: 1906
Lieferbare Titel: ca. 900
Novitäten: 150 p.a.
Programm: Wirtschaft, Recht, Pädagogik, Soziales, Umwelt, Natur, Kunsthandwerk
Lektorat: Regine Balmer (Sachbuch, Ratgeber), Heidi Müller (Sachbuch, Ratgeber), Christoph Gassmann (Wissenschaft)
Ms.-Angebote: als Exposé
Medium: Papierausdruck
Ms.-Rücksendung: ja

Verlag Huber Frauenfeld
Promenadenstr. 16
CH-8501 Frauenfeld
Tel. +41 (0)52 - 723 56 17
Fax +41 (0)52 - 723 56 19
buchverlag@huber.ch
www.huber.ch
Verleger: Hansrudolf Frey
Verlagsleitung: Hansrudolf Frey
Gründungsjahr: 1798
Novitäten: 2
Programm: Geschichte, Kulturgeschichte, Zeitgeschichte, Volkswirtschaft, Management
Ms.-Angebote: als Exposé
Medium: Papierausdruck
Ms.-Rücksendung: ja

Carl Huter Verlag GmbH
Ohmstr. 14
CH-8050 Zürich
Tel. +41 (0)1 - 311 74 71
Fax +41 (0)1 - 311 74 85
verlag@carl-huter.ch
www.carl-huter.ch
Verleger: Fritz Aerni
Verlagsleitung: Elisabeth Aerni
Gründungsjahr: 1982
Programm: Naturwissenschaft, Philosophie, Psychologie, Psychophysiognomik
Ms.-Angebote: nach vorheriger telefonischer Anfrage, als Exposé
Medium: Papierausdruck, Diskette, E-Mail
Ms.-Rücksendung: ja, mit Rückporto

S. Karger AG
Allschwilerstr. 10
CH-4009 Basel
Tel. +41 (0)61 - 306 11 11
Fax +41 (0)61 - 306 12 34
karger@karger.ch
www.karger.com
Programm: Medizinisch-Naturwissenschaftliche Bücher
Ms.-Angebote: als Exposé
Medium: Papierausdruck, E-Mail
Ms.-Rücksendung: ja

Klett und Balmer AG
Baarerstr. 95
CH-6302 Zug
Tel. +41 (0)726 - 28 00
Fax +41 (0)726 - 28 01
inof@klett.ch
www.klett.ch
Verlagsleitung: Hans Egli

Peter Lang AG Europäischer Verlag der Wissenschaften
Hochfeldstr. 32, Postfach 746
CH-3000 Bern 9
Tel. +41 (0)31 - 306 17 17
Fax +41 (0)31 - 306 17 27
info@peterlang.com
www.peterlang.net
Verlagsleitung: Tony Albalá de Rivas
Gründungsjahr: 1977 Bern (Stammhaus), 1970 Frankfurt, 1982 New York, 1999 Brüssel
Lieferbare Titel: 40.000
Novitäten: 2000
Programm: Wissenschaftliche Literatur, Geistes-, Sozial-, Rechts- und Wirtschaftswissenschaften, Monographien, Dissertationen, Habilitationsschriften, Lehrbücher, Reprints, Lexika, Forschungs- und Kongressberichte
Ms.-Interesse: siehe Verlagsprogramm
Ms.-Angebote: als Manuskript
Medium: Papierausdruck
Ms.-Rücksendung:

Lehrmittelverlag des Kantons Zürich
Räffelstr. 32
CH-8045 Zürich
Tel. +41 (0)1 - 465 85 85
Fax +41 (0)1 - 465 85 89
lehrmittelverlag@lmv.zh.ch
www.lehrmittelverlag.com
Verleger: Bildungsdirektion Kanton Zürich
Verlagsleitung: Peter Feller
Zum Verlag: Schulbuchverlag
Gründungsjahr: 1851
Lieferbare Titel: 1500
Novitäten: 50
Programm: Schulbücher, Arbeitsblätter, Kommentare, Lernspiele und Software für die Grundschule
Lektorat: Robert Fuchs,
robert.fuchs@lmv.zh.ch
Ms.-Angebote: nach vorheriger telefonischer Anfrage, als Exposé
Medium: Papierausdruck
Ms.-Rücksendung: ja

Limmat Verlag
Quellenstr. 25
CH-8031 Zürich
Tel. +41 (0)1 - 445 80 80
Fax +41 (0)1 - 445 80 88
mail@limmatverlag.ch
www.limmatverlag.ch
Programm: Biographien, Belletristik, Historische Romane, Kriminalromane, Bildende Kunst, Frauenforschung, Fotografie, Zeitgeschichte (immer mit Bezug zur Schweiz)

Ms.-Angebote: als Exposé mit Textprobe vom 30 Seiten
Medium: Papierausdruck
Ms.-Rücksendung: ja, mit Rückporto

Midas Verlag AG
Ankerstr. 3
CH-8004 Zürich
Tel. +41(0)1-242 61 02
Fax +41 (0)1 - 242 61 05
www.midas.ch
Programm: Wirtschaft, Management, Medien

Montabella Verlag AG Max Weiss
Via Giov. Segantini 12
CH-7500 St. Moritz 3
Tel. +41 (0)81 - 833 66 39
Fax +41 (0)81 - 833 28 01
mail@montabella.ch
www.montabella.ch
Verlagsleitung: Max Weiss
Zum Verlag: Bücher mit Bezug zum Engadin
Gründungsjahr: 1980
Lieferbare Titel: 21
Novitäten: 3
Programm: Mehrsprachige Bildbände Schweizer Alpenregion, Wanderbücher, Reiseführer, Panoramas
Ms.-Interesse: Nur Texte, die das Engadin betreffen oder damit in Zusammenhang stehen
Ms.-Angebote: nach vorheriger telefonischer Anfrage
Medium: Papierausdruck, Diskette
Ms.-Rücksendung: ja

Verlag Lars Müller
Postfach
CH-5401 Baden
Tel. +41 (0)56 - 430 17 40
Fax +41 (0)56 - 430 17 41
books@lars-muller.ch
www.lars-muller-publishers.com
Verleger: Lars Müller
Zum Verlag: Kunstbuch, Fotografie, Architektur, Design, Typografie
Programm: Architektur, Bildbände, Bildende Kunst, Musik, Fotografie, Grafik Design, Typografie
Lektorat: Mark Welzel
Ms.-Angebote: nach vorheriger telefonischer Anfrage
Medium: E-Mail
Ms.-Rücksendung: ja, mit Rückporto

Müller Rüschlikon Verlags AG
Gewerbestr. 10
CH-6330 Cham
Tel. +41 (0)41 - 740 30 40
Fax +41 (0)41 - 741 71 15
info@mueller-rueschlikon.ch
www.mueller-rueschlikon.ch
Verlegerin: Dr. Patricia Schotten
Verlagsleitung: Heinz Jansen
Gründungsjahr: 1936
Verlagsgruppe: Verlagsgruppe Paul Pietsch Verlage Stuttgart
Programm: Schwerpunkt Sachbücher: Pferde, Hunde, Katzen, Angeln, Tauchen, Essen und Trinken
Ms.-Angebote: als Exposé mit Textprobe von 30 Seiten, als Manuskript
Medium: Papierausdruck

Nachtschatten Verlag AG
Kronengasse 11
CH-4502 Solothurn
Tel. +41 (0)32 - 621 89 49
Fax +41 (0)32 - 621 89 47
info@nachtschatten.ch
www.nachtschatten.ch
Verleger: Roger Liggenstorfer
Gründungsjahr: 1984
Lieferbare Titel: 100
Novitäten: 5
Programm: Drogenaufklärung: Ethno-Botanik, Suchthilfe, Drogenpolitik, psychedelische Reisen
Ms.-Angebote: nach vorheriger telefonischer Anfrage oder E-Mail
Medium: Papierausdruck, E-Mail
Ms.-Rücksendung: nein

Nagel & Kimche AG
Nordstr. 9, Postfach
CH-8035 Zürich
Tel. +41 (0)1 - 366 66 80
Fax +41 (0)1 - 366 66 88
info@nagel-kimche.ch
www.nagel-kimche.ch
Verleger: Michael Krüger
Verlagsleitung: Dr. Dirk Vaihinger
Verlagsgruppe: Hanser, München
Programm: Deutschsprachige Gegenwartsliteratur, Kriminalromane, Kinder- und Jugendbücher
Ms.-Angebote: als Exposé mit Textprobe von 20 Seiten
Medium: Papierausdruck
Ms.-Rücksendung: ja, mit Rückporto

Verlag Niggli AG
Steinackerstr. 8
CH-8583 Sulgen
Tel. +41 (0)71 - 644 91 11
Fax +41 (0)71 - 644 91 90
info@niggli.ch
www.niggli.ch
Programm: Architektur, Design, Typografie, Kunst
Lektorat: Kirstin Meditz,
kirstin.meditz@niggli.ch

NZZ Buchverlag
Neue Züricher Zeitung
Postfach
CH-8021 Zürich
Tel. +41 (0)1 - 258 15 05
Fax +41 (0)1 - 258 13 99
buch.verlag@nzz.ch
www.nzz-buchverlag.ch
Verlagsleitung: Hans-Peter Thier
Gründungsjahr: 1780
Verlagsgruppe: Neue Zürcher Zeitung
Lieferbare Titel: 260
Novitäten: 45
Programm: Bildbände, Biographie, Geschichte, Kochen, Kochbücher, Kulturgeschichte, Regionalia, Kunst, Wirtschaft

Oesch Verlag AG
Jungholzstr. 29
CH-8050 Zürich
Tel. +41 (0)44 - 305 70-60
Fax +41 (0)44 - 305 70-66
info@oeschverlag.ch
www.oeschverlag.ch

Verleger: Martin Brugger
Verlagsleitung: Martin Brugger
Gründungsjahr: 1935
Novitäten: 20-30
Programm: Schwerpunkt: Ratgeber, Lebenshilfe, Belletristik (nur in Ausnahmen), Business, Gesundheit, Kulturgeschichte, Psychologie
Lektorat: Natascha Fischer (lektorat@...) Dw -67 Montag - Mittwoch
Ms.-Interesse: Ratgeber, Lebenshilfe, Management, Geld und Psychologie, Gesundheit, Kulturgeschichte
Ms.-Angebote: nach vorheriger telefonischer Anfrage, als Exposé mit Textprobe von 10 Seiten
Medium: Papierausdruck
Ms.-Rücksendung: ja, mit Rückporto

Orell Füssli Verlag
Dietzingerstr. 3
CH-8036 Zürich
Tel. +41 (0)1 - 466 74 45
Fax +41 (0)1 - 466 74 12
info@ofv.ch / www.ofv.ch
Verleger: Dr. Manfred Hiefner-Hug
Zum Verlag: Ältester Verlag der Schweiz, damaliger Bestseller-Autor: Erasmus von Rotterdam
Programm: Business, Kinderbücher, Politik, Recht, Schulbücher, Wirtschaft, Zeitgeschichte
Ms.-Angebote: als Exposé mit Textprobe von 20 Seiten
Medium: Papierausdruck, Diskette, E-Mail
Ms.-Rücksendung: ja

Origo Verlag
Rathausgasse 30
CH-3011 Bern
Tel. +41 (0)31 - 311 44 80
Fax +41 (0)031 - 311 44 70
Verleger: Alexander Wild
Gründungsjahr: 1946
Programm: Östliche Philosophie, Gnosis, Mystik, Parapsychologie, Astrologie, Freimaurer, Zen, Yoga, Buddhismus, Kabbala, Esoterik, Lebenshilfe
Ms.-Angebote: nach vorheriger telefonischer Anfrage
Medium: Papierausdruck
Ms.-Rücksendung: ja, mit Rückporto

Pendo Verlag
Forchstr. 40
CH-8032 Zürich
Tel. +41 (0)1 - 389 70 30
Fax +41 (0)1 - 389 70 35
info@pendo.ch
www.pendo.ch
Verleger: Christian Strasser
Programm: Belletristik, Politik, Zeitgeschehen, Lebensführung, Spiritualität
Ms.-Angebote: als Exposé mit Textprobe von 30 Seiten
Medium: Papierausdruck
Ms.-Rücksendung: nein

**Pforte Verlag
(im Rudolf Steiner Verlag)**
Hügelweg 34
CH-4143 Dornach
Tel. +41 (0)61 - 706 91 30
Fax +41 (0)61 - 706 91 49
Lieferbare Titel: 80
Novitäten: 10
Programm: Anthroposophische Studienliteratur, Biografien, Geistesgeschichte, Zeitfragen
Lektorat: Taja Gut

Reich Verlag/terra magica
Museggstr. 12
CH-6004 Luzern 5
Tel. +41 (0)41 - 410 37 21
Fax +41 (0)41 - 410 32 27
www.terramagica.de
Programm: Bildbände: Länder, Städte, Regionen
Ms.-Angebote: nach vorheriger telefonischer Anfrage
Medium: Papierausdruck, Diskette
Ms.-Rücksendung: ja, mit Rückporto

rex verlag
Arsenalstr. 24
CH-6011 Kriens
Tel. +41 (0)41 - 419 47-19
Fax +41 (0)41 - 419 47-11
info@rex-verlag.ch
www.rex-verlag.ch
Verleger: Markus Kappeler
Gründungsjahr: 1931
Lieferbare Titel: 150
Novitäten: 25

Programm: Schwerpunkte: Erlebnispädagogik, Pastorale Hilfsmittel, Kinder- und Jugendbuch
Lektorat: Markus Kappeler, Dw -01, m.kappler@rex-verlag.ch
Ms.-Angebote: als Exposé mit Textprobe von 10 Seiten
Medium: Papierausdruck, E-Mail
Ms.-Rücksendung: ja

Rüegger Verlag
Albisriederstr. 80A
CH-8040 Zürich
Tel. +41 (0)44 - 491 21 30
Fax +41 (0)44 - 493 11 76
info@rueggerverlag.ch
www.rueggerverlag.ch
Verlagsleitung: Myriam Engler
Gründungsjahr: 1973
Verlagsgruppe: Südostschweiz Presse AG
Lieferbare Titel: ca. 600
Novitäten: ca. 25
Programm: Wirtschaftsliteratur, Politik, Soziologie und Ökologie
Ms.-Interesse: siehe oben (wissenschaftliche Werke!)
Ms.-Angebote: nach vorheriger telefonischer Anfrage
Medium: Papierausdruck, Diskette, E-Mail
Ms.-Rücksendung: nein

Verlag Sauerländer
Ausserfeldstr. 9
CH-5036 Oberentfelden
Tel. +41 (0)62 - 836 86 26
Fax +41 (0)62 - 824 57 80
www.sauerlaender.com
Zum Verlag: Seit Anfang des 19. Jahrhunderts, Kinder und Jugendbücher
Programm: Belletristik, Erziehung, Jugendbücher, Kinderbücher, Natur, Schulbücher, Sprachwissenschaften

Verlag für Schöne Wissenschaften
Unterer Zielweg 36
CH-4143 Dornach 2
Tel. +41 (0)61 - 701 39 11
Fax +41 (0)61 - 701 14 17
verlag@albert-steffen.ch
www.albert-steffen.ch
Verleger: Dr. Heinz Malik
Gründungsjahr: 1928
Programm: verlegt ausschliesslich Werke des Dichters Albert Steffen

Schwabe AG Verlag
Steinentorstr. 13
CH-4010 Basel
Tel. +41 (0)61 - 278 95 65
Fax +41 (0)61 - 278 95 66
verlag@schwabe.ch
www.schwabe.ch
Verleger: Dr. phil. Urs Breitenstein
Verlagsleitung: Dr. phil. David Marc Hoffmann
Gründungsjahr: 1488

Lieferbare Titel: 900
Novitäten: 60
Programm: Wissenschaftliche Publikationen, Bildende Kunst, Fachzeitschriften, Geschichte der Antike, Kulturgeschichte, Medizin, Nachschlagewerk und Wörterbuch, Naturwissenschaft, Philosophie, Psychologie, Religion, Sprachwissenschaften
Ms.-Angebote: nach vorheriger telefonischer Anfrage
Medium: Papierausdruck, Diskette
Ms.-Rücksendung: ja

Seismo Verlag Sozialwissenschaften und Gesellschaftsfragen
Zähringerstr. 26
CH-8001 Zürich
Tel. +41 (0)1 - 261 10 94
Fax +41 (0)1 - 251 11 94
buch@seismoverlag.ch
www.seimoverlag.ch
Verleger: Peter Rusterholz
Verlagsleitung: Franziska Dörig
Zum Verlag: Sozialwissenschaftlicher Fachverlag
Gründungsjahr: 1988
Lieferbare Titel: 100
Novitäten: 15
Programm: Geschichte, Politik und Politikwissenschaft, Sozialwissenschaften, Minderheiten, Alter, Familie
Ms.-Interesse: Sozialwissenschaftliche Fachbücher, Sachbücher zu Gesellschaftsfragen

Ms.-Angebote: als Manuskript
Medium: Papierausdruck
Ms.-Rücksendung: ja

Verlag SKV
Hans-Huber-Str. 4
CH-8027 Zürich
Tel. +41 (0)1 - 283 45 21
Fax +41 (0)1 - 283 45 65
verlagskv@kvschweiz.ch
www.verlagskv.ch
Verlagsleitung: Josef Kälin
Programm: Schul- und Fachbücher für die kaufmännische Aus- und Weiterbildung, Ratgeber
Lektorat:
Ms.-Angebote: nach vorheriger telefonischer Anfrage, als Exposé
Ms.-Rücksendung:

Stämpfli Verlag AG
Wölflistr. 1
CH-3001 Bern
Tel. +41 (0)31 - 300 63 11
Fax +41 (0)31 - 300 66 88
verlag@staempfli.com
www.staempfliverlag.com
Programm: Rechts- und Staatswissenschaft, Kunst, Bern, Geschichte, Zeitgeschichte, Bernersia, Geschichte, Zeitfragen

Rudolf Steiner Verlag
Hügelweg 34
CH-4143 Dornach
Tel. +41 (0)61 - 706 91 30
Fax +41 (0)61 - 706 91 49
verlag@rudolf-steiner.com
www.rudolf-steiner.com
Programm: einziger Autor ist Rudolf Steiner

Theologischer Verlag Zürich
Badenerstr. 73, Postfach
CH-8026 Zürich
Tel. +41 (0)1 - 299 33 55
Fax +41 (0)1 - 299 33 58
tvz@ref.ch
www.tvz-verlag.ch
Verlagsleitung: Marianne Stauffacker
Programm: Protestantische Theologie, Schweizerische Reformationsgeschichte, Erwachsenenbildung, Schule und Pfarramt
Lektorat: Dr. Niklaus Peter, Programmverantwortung; Lisa Briner, Ralf Siegenthaler
Ms.-Angebote: nach vorheriger telefonischer Anfrage, als Exposé
Medium: Papierausdruck
Ms.-Rücksendung: ja, mit Rückporto

Verlag Thexis
Dufourstr. 40 a
CH-9000 St. Gallen
Tel. +41 (0)71 - 224 28 41
Fax +41 (0)71 - 224 28 57
www.thexis.ch
Verlagsleitung: M.A. Nadja Barthel
Zum Verlag: Verlag der Universität St. Gallen, Institut für Management und Handel
Gründungsjahr: 1967

Programm: Management, Marketing
Ms.-Angebote: nach vorheriger telefonischer Anfrage
Medium: E-Mail
Ms.-Rücksendung: nein

Unionsverlag
Rieterstr. 18
CH-8027 Zürich
Tel. +41 (0)1 - 281 14 00
Fax +41 (0)1 - 281 14 40
mail@unionsverlag.ch
www.unionsverlag.ch
Verleger: Lucien Leitess
Verlagsleitung: Lucien Leitess
Programm: Biographien, Belletristik, Historische Romane, Kriminalromane, Märchen, Ratgeber, Zeitgeschichte
Ms.-Rücksendung: nein

AGM AG Müller Urania
Bahnhofstr. 21
CH-8212 Neuhausen
Tel. +41 (0)52 - 674 02 30
Fax +41 (0)52 - 674 03 40
info@uraniaverlag.ch
www.uraniaverlag.ch
Verlagsleitung :Silvie Bachmann (Product Management)
Gründungsjahr: 1977
Lieferbare Titel: 200
Novitäten: 20

Programm: Astrologie, Lebenshilfe, Tarot, Orakel, Karten und Buchprodukte
Ms.-Angebote: als Exposé
Medium: Papierausdruck
Ms.-Rücksendung: nein

Zytglogge Verlag
Schoren 7
CH-3653 Oberhofen
Tel. +41 (0)33 - 244 00 30
Fax +41 (0)33 - 244 00 33
info@zytglogge.ch
www.zytglogge.ch
Verleger: Hugo Ramseyer, Bettine Kaelin Ramseyer
Verlagsleitung: Hugo Ramseyer, Bettina Kaelin Ramseyer
Gründungsjahr: 1965
Lieferbare Titel: 600 Bücher und 500 CDs
Programm: Sachbuch, Belletristik, pädagogisches Werkbuch, Kinder- und Jugendbuch, Comics
Lektorat: Hugo Ramseyer, Bettina Kaelin Ramseyer
Ms.-Interesse: Sachbuch, Belletristik
Ms.-Angebote: Nach vorheriger telefonischer Anfrage, als Exposé mit Textprobe von 20 Seiten, als Manuskript
Medium: Papierausdruck
Ms.-Rücksendung: ja, mit Rückporto

▷ Der lange Weg zur ersten Veröffentlichung

Von Anna Tamà

Schon immer hatte ich daran geglaubt, dass ich irgendwann loslegen würde. Ich würde alles aufschreiben, was in mir brodelte, endlich meiner Berufung folgen, Gedanken und Konzepte in Worte fassen. Lange musste ich warten, bis es soweit war. Immer wieder begann ich zu schreiben, um das Geschriebene nach wenigen Seiten mutlos und enttäuscht wegzulegen. Enttäuscht darüber, dass ich nicht dazu geboren war, über die Tagebücher hinaus zu gelangen.

Bis zu diesem einen Tag im November 1997, als ich zum Heft griff, das neben mir im Schrank lag, mein erster, vor fünf Jahren begonnener Roman, der dort seinen Dornröschenschlaf hielt und auf seine Erweckung wartete. Wieder fühlte ich, dass es nun soweit war und ich öffnete das Heft, las die dreißig handgeschriebenen Seiten der Geschichte und begann weiterzuschreiben – und hörte ein Jahr lang nicht mehr auf, bis ich meinen ersten Roman beendet hatte. Fieberhaft leidenschaftlich hatte ich zusätzlich zu Kind, Beruf und Studium geschrieben, in ständiger Angst davor, dass die Inspiration mich verlassen könnte, dass der Schreibfluss so plötzlich, wie er mich überkommen hatte, wieder enden könnte. Ich schrieb jeden Tag mehrere Seiten, bis ich fünf Hefte voll hatte. Meine Handschrift war unleserlich, deshalb tippte ich alles in wenigen Tagen in meinen uralten Computer, ohne auf Inhalt, Tippfehler, Orthografie, Satzzeichen oder auf die Formatierung zu achten. Heraus kam dabei ein über zweihundert Seiten langes Typoskript, schlecht gedruckt, schwer leserlich, weil es keine Absätze gab, sechzig Zeilen pro Seite. Ich gab mir keine Zeit für die Überarbeitung, ich hatte keine Zeit, denn endlich, endlich war es geschehen, ich hatte einen Roman geschrieben, er lag vor mir, er war fertig, es war ein richtiger Roman mit Anfang und Ende und lebendigen Figuren. Er brauchte nur noch eine Leserschaft.

Gleich am nächsten Tag ließ ich das ausgedruckte Manuskript zehnmal kopieren und schickte es an zehn bekannte Verlage. Dann fiel ich in ein Loch: Was jetzt, dachte ich, was kann ich tun, außer warten, warten, warten?

Eine Woche später begann ich mit dem nächsten Roman. Nur wer schreibt, darf sich Schriftsteller nennen, obwohl ich das auch heute noch nicht wage, vielleicht nach der siebten Veröffentlichung! Ich jedenfalls wollte nicht darauf warten, dass mir jemand bestätigte, ja, Sie sind es, nein, Sie sind es nicht. Und deshalb schrieb ich weiter, um die Leere zu füllen, das Warten zu überbrücken, um unabhängig von den Antworten zu sein.

Ein Manuskript nach dem anderen kam wieder zurück, alle mit Standardbrief versehen. Anfangs steckte ich jedes zurückgekommene Manuskript gleich wieder in einen neuen Umschlag und sandte es am gleichen Tag noch an den nächsten Verlag. Nach etwa fünf Monaten hatte ich etwa zwanzig Absagen erhalten und inzwischen an meinem zweiten Roman bereits wieder über hundert Seiten geschrieben. Nun begann ich einzusehen: So ging es nicht.

Ich sammelte die Manuskripte, bis ich wieder alle zehn bei mir hatte und warf sie ins Altpapier. Dann besorgte ich mir einen neuen Computer, schrieb die ersten hundert Seiten des neuen Romans sorgfältig ab, achtete auf die Rechtschreiberegeln und die Formatierung des Textes. Und dann überarbeitete ich auch den ersten Roman.

Ich suchte nach Büchern, die mir auf der Verlagssuche weiterhelfen konnten. Über einen Artikel in einer Zeitschrift erfuhr ich vom aktuellen *Jahrbuch für Autoren, Autorinnen* und nach der Lektüre wurde mir ziemlich schnell klar, dass ich alles falsch gemacht hatte, was man bei der Verlagssuche falsch machen konnte: schlechte Präsentation und unüberlegte Auswahl der Verlage an erster Stelle. Keine vorherige

Anfrage, keine Namen von Kontaktpersonen, kein Exposé, kein Rückporto, nichts.

Hinzu kam, dass ich anfing, mich kritisch nach dem Thema meines Romans zu fragen: Worüber schreibe ich überhaupt? Die Antwort fand ich zunächst nur für meinen zweiten Roman: Du schreibst über die Begegnung von zwei Religionen, über den Zen-Buddhismus und das Christentum. Deshalb musst du einen Verlag finden, der sich dieser Themen annimmt. So einfach, eigentlich. Mit Unbehagen dachte ich an die Verlage, an die ich meinen ersten Roman geschickt hatte. Dasselbe würde mir nicht noch einmal passieren.

Als ich ein Jahr nach der Beendigung meines ersten Romans auch meinen zweiten Roman ausgedruckt vor mir liegen hatte, war die ungestüme Freude und der Überschwang vom ersten Mal weg. Zwei Romane lagen jetzt vor mir, und diesen galt es jetzt den Weg zu bereiten. Im *Jahrbuch für Autoren* las ich über Literaturagenturen und versuchte es zunächst dort. Fünf schrieb ich an, vier machten sich die Mühe, meine Texte zu prüfen. Alle vier lehnten mit mehr oder weniger ausführlichen Begründungen ab. Ich konnte die Ablehnungen akzeptieren, auch die Kritik darin, immerhin hatten sie sich mit meinem Werk auseinandergesetzt, aber weiter war ich immer noch nicht.

Für wen schreibe ich, wen spreche ich damit an, wem gefallen solche Bücher und vor allem: welche Verlage publizieren solche Bücher? Ich ging in verschiedene Buchgeschäfte, sah mir Bücher an, die von der Thematik her ähnlich waren, und schrieb mir die Namen der Verlage auf. Im *Jahrbuch für Autoren* fand ich die Adressen und den Tipp, sich entweder vorher telefonisch zu melden oder ein Exposé des Romans zu verfassen. Beides tat ich. Inzwischen hatte ich mich entschieden, ein Pseudonym zu wählen, ich bräuchte eine Identität, die nichts mit mir als Lehrerin oder Mutter zu tun hat: Anna Tamà, das sind Vor- und Nachname meiner Großmütter und verweisen auf sie. Sie ist die, die schreibt.

Als Anna Tamà rief ich verschiedene Verlage an, die in ihrem Verlagsprogramm Zen, Spiritualität oder Religion aufgeführt hatten. Mir war auch klar geworden, dass die Verlage einen Aufhänger brauchen und dass Zen so ein Aufhänger ist; das finde ich einerseits bedenklich, andererseits kam mir dieser Trend ganz gelegen. Gut, springe ich also auf diese Modewelle auf und bediene mich ihrer. Und so unterschlug ich meinen ersten Roman und konzentrierte mich nur noch auf meinen zweiten, den mit dem Modewort *Zen* drin. Nach zwei, drei Anrufen hatte ich bereits einen Namen. Den müssen Sie anrufen, hieß es, das ist der Chef vom Goldmann Arkana Verlag in München, der ist auf Esoterik spezialisiert. Esoterik. Ich erschrak. Eigentlich hatte ich nicht gedacht, dass meine Romane in die Esoterikecke gehörten. Ich hatte Sorge, gleich in eine Schublade gesteckt zu werden, kategorisiert, und dort nicht mehr daraus heraus zu kommen.

Seit jenem Tag, an dem ich mein Schreibheft wieder in die Hand genommen und in zwei Jahren zwei Romane geschrieben hatte, waren inzwischen weitere zwei Jahre verstrichen. Ich hatte ein weiteres Kind geboren und sollte nun mein Zusatzstudium in Germanistik mit den Prüfungen abschließen. Aber bevor ich nicht einen Verlag gefunden hatte, würde ich diese Prüfungen nicht ablegen können, das wusste ich. Ich hielt diesen Druck nicht mehr aus, diese Lähmung, dass diese zwei anderen ungeborenen Kinder bei mir waren und nicht auf die Welt konnten.

Gegen alle Bedenken rief ich den Verlag an. Ich schwindelte etwas und erzählte, dass einige bekannte Leute meinen Roman gelesen hätten und fänden, er würde wunderbar zum Goldmann Arkana Verlag passen. Wieder bekam ich einen Namen genannt und erhielt die passende E-Mail-Adresse dazu. Ich schrieb ein Exposé und bekam eine freundlich interessierte Antwort von wieder jemand anderem. Meine Idee klinge gut, doch Arkana publiziere eigentlich keine Romane, sondern vielmehr Sachbücher. Dieses Mail beantwortete ich sofort und bot an, meine Manuskripte zur Prüfung zu senden. Das war vor fast zwei Jahren. Wenige Wochen später erhielt ich eine positive Zwischennachricht, aber immer noch keine Zusage. Die kam ein paar Wochen später. *HerZen* erschien im Oktober 2004, vier Jahre nach seiner Beendigung.

Was ich in dieser Zeit gelernt habe?

Schriftsteller kann sich nur nennen, wer schreibt, klar. Aber das Schreiben muss aus einem inneren Bedürfnis heraus entstehen und ist unabhängig von der Veröffentlichung. Irgendwann wird allerdings der Druck dann so groß, dass man seinen Texten eine Plattform geben muss. Schließlich schreibt man, um gelesen zu werden.

Was ich jetzt auch weiß: Selbst wenn ein Roman gedruckt und ausgeliefert ist, die Reise ist noch lange nicht zu Ende. Der Roman liegt jetzt zwar in den Buchhandlungen, doch jetzt sucht er seine Leser. Ich muss mich weiterhin darum kümmern, Leute ansprechen, Journalisten zum Beispiel, die das Buch zur Rezension erhalten haben, und mich für Gespräche anbieten. Wichtig dabei erscheint mir, dass man für jeden Kontakt dankbar ist, dass man jeden Namen, jede Adresse, jeden Hinweis ernst nimmt. Dankbar bin ich, dass so viele Menschen sich mit meinem Roman befassen, ein gutes Layout und das Cover gestalten, die Pressearbeit machen, ich bin dankbar für die Briefe, die freundlichen Mails.

Als mir per Mail ein Angebot für *HerZen* gemacht wurde, glaubte ich in der ersten Aufregung, soviel müsste ich für die Veröffentlichung meines Romans bezahlen, aber es war die Offerte für den Vorschuss. Überhaupt, das Geld. Wer nicht für Geld schreiben muss, hat es besser. Obwohl ich oft darunter leide, dass ich zu wenig Zeit finde, an meinem dritten Roman weiterzuschreiben, bin ich überzeugt, dass ich mir mehr Freiheit bewahre, wenn ich meiner Brotarbeit nachgehe, statt auf der Illusion zu bestehen, vom Schreiben leben zu können.

Ich schreibe, weil ich will, weil ich muss, weil es mir ein Bedürfnis ist. Mein Lohn ist die Veröffentlichung. Das Buch ist da, es steht in den Regalen der Buchläden, manchmal gehe ich heimlich in die eine oder andere Buchhandlung und schaue, wie es sich so macht, wer es in die Hand nimmt, neben welchen anderen Büchern es seinen Platz gefunden hat. Ich bin erleichtert, dass es endlich, endlich da ist. Es gehört mir nicht mehr, es muss jetzt selbst seinen Weg zu den Lesern finden.

Anna Tamà arbeitet als Deutsch- und Italienischlehrerin an einem Gymnasium in Zürich. Ihr erster Roman liegt noch in der Schublade, der zweite Roman *HerZen* ist bei Goldmann Arkana erschienen.

▷ Die Vertreterkonferenz

Von Burkhard Spinnen

Die Orte, an denen sich ein literarischer Text auf seinem Weg in die Öffentlichkeit zu bewähren hat, scheinen allseits bekannt: die kritische Lektüre von Verlagslektoren, Redakteuren und Kritikern; der Auftritt des Autors (z. B. in Klagenfurt), die Beratung in Literaturpreis-Jurys; die Abstimmung der Käufer im Buchladen. Weitgehend unbekannt aber ist selbst den Literaturinteressierten die Institution der Vertreterkonferenz (VK). Nüchtern betrachtet ist die VK eine habituelle Informationsveranstaltung des Verlags: man präsentiert den Vertretern das kommende Programm und diskutiert mit ihnen die anstehenden Werbemaßnahmen sowie ein paar pekuniäre Spezialfragen.

Unnüchtern betrachtet, zum Beispiel aus der Position eines Autors, der schon dreimal vor einer VK seinen neuen Titel vorstellen durfte, ist sie eine Mischung aus Spießrutenlauf und Purgatorium mit dem Ziel der Leugnung des Autors als ästhetischem Subjekt. Oder soll ich es anders formulieren? Na gut. Die VK führt all denen, die aus purer Lust Texte schreiben und Bücher machen (weltfremde Autoren und schöngeistige Verleger), schonungslos vor Augen, dass ihr Metier eine nicht ganz irrelevante ökonomische Komponente besitzt. Denn die Verlagsvertreter werden demnächst in ihrem Musterkoffer durch die Republik tragen, was ihre Ansprechpartner, die Buchhändler, sehr nachdrücklich unter dem Aspekt seiner Verkäuflichkeit beurteilen werden. Diese Urteile nun, vernichtend allesamt, antizipieren die Vertreter während der VK, und schwupps! – sitzt der Autor möglicherweise einem kompakten Dutzend advocati diaboli gegenüber, welche den Satz, sein Roman sei absolut unverkäuflich, eine Stunde lang ernsthaft durchdeklinieren.

Danach möchte man tot sein. Oder die Vertreter töten. Aber letzteres wäre ein typischer Anfängerfehler. Denn natürlich trainieren die loyalen Vertreter – diese eigentliche Kampftruppe der Literatur! – nur den Ernstfall und wappnen sich gegenseitig gegen die hässlichsten Attacken, die jemand gegen die geliebte Novität ihres Verlages reiten könnte. Selbstverständlich stehen sie in Nibelungentreue zu den obskursten Steckenpferden des Verlegers und den ästhetischen Ausritten der Autorenschaft. Mutig (und unter Verzicht auf die Provisionen, die man mit anderen Zauberbüchern erlösen könnte) sorgen sie dafür, dass nicht nur das Bloß-Verkäufliche den Weg in die Regale findet. Heil ihnen! Und Glück auf allen Wegen! Seh' euch wieder, bei der nächsten VK! Freu' mich schon!

Dr. Burkhard Spinnen lebt seit 1996 als freier Autor in Münster. Er hat zahlreiche Auszeichnungen erhalten, zuletzt erschienen von ihm *Lego-Steine* und *Der Reservetorwart*.

▷ **Mein Leben als Star**
Weshalb wollen so viele Männer Bücher schreiben?
Es ist der einfachste Weg, Frauen kennen zu lernen!

Von Juan Moreno

Vor ein paar Tagen wollte eine junge Reporterin vom Hessischen Rundfunk von mir wissen, was ich von der Idee des deutschen Innenministers Otto Schily halte, Lager in Nordafrika einzurichten.
»Mich würde wirklich interessieren, was Sie dazu sagen«, sagte die Frau. »Was ich davon halte?«, fragte ich. »Ja, Sie, Herr Moreno.«
Es war kurz nach zehn am Vormittag. Wir saßen in einem dieser Berliner Cafés, in dem die Kellner grundsätzlich ungekämmt sind, grausige Trainingsjacken aus den siebziger Jahren tragen und einem bei der Bestellung nie ins Gesicht schauen, weil es in Berlin derzeit angesagt ist, seine Gäste wie Küchenschaben zu behandeln.
Es war mein erstes Interview fürs Radio, mein zweites überhaupt. Ich schaute auf das Mikrofon mit dem blauen Windschutz, dem abgeblätterten HR-Logo und massierte unter dem Tisch meine Hände. Sie waren feucht. Am Morgen hatte ich mir vorgenommen, langsam zu reden und nicht zu nuscheln, was mir oft passiert, wenn ich nervös bin. Ich würde nuscheln, sollte ich jetzt den Mund aufmachen.
»Was ist nun mit Schily?«, fragte die Frau. »Schily, ja klar«, sagte ich. Ich wusste nicht, was ich sagen sollte, natürlich lehne ich Schilys Idee mit den Lagern ab. Aber das war nicht der Punkt. Der Punkt war, dass diese Frau mich das fragte. Was spielte das für eine Rolle, was ich vom deutschen Innenminister hielt? Warum stellte sie mir eine solche Frage und schaute, während ich überlegte, auf das kleine Anzeigenfeld

an ihrem Aufnahmegerät, um meine Stimme auszupendeln, damit bei der Ausstrahlung jeder meine Antwort gut versteht? Was hatte ich getan, dass es plötzlich wichtig war, was ich dachte? Bisher war es nie wichtig gewesen, was ich von etwas hielt, und ich hatte immer genug Menschen um mich herum gehabt, die nur wenige Gelegenheiten ausließen, mir das auch zu sagen. Ich war es gewohnt, dass es völlig egal war, wie ich zu den Dingen stand, und ehrlich gesagt mochte ich diesen Zustand.

Ich war Schriftsteller geworden, das war passiert.

Ich habe vor einigen Wochen ein Büchlein veröffentlicht, es enthält einige der Kolumnen, die ich seit über zwei Jahren jeden Samstag in der »Süddeutschen Zeitung« schreibe. Keine Ahnung, ob sich das Buch sonderlich gut verkauft. Wenn, dann wohl hauptsächlich darum, weil meine spanische Mutter, die kaum Deutsch spricht, meiner gesamten andalusischen Verwandtschaft, für die in puncto Deutschkenntnisse das Gleiche gilt, ein Exemplar gekauft hat. Auf jeden Fall wurde durch die simple Existenz des Buches aus einem Journalisten ein Schriftsteller. Es war nie geplant gewesen. Vor einigen Monaten rief mich ein netter Herr aus München an. Er fragte, ob er die Rechte an meinen Texten haben könne. »Warum nicht«, sagte ich. »Gut«, sagte der Mann, »wir bringen es im August.« Seitdem ist nichts mehr, wie es war.

Im September habe ich zum ersten Mal aus dem Buch vorgelesen – in München. Ich bin früher nur selten auf Lesungen gegangen, weil ich irgendwann die Erfahrung gemacht habe, dass es sich mit Lesungen ungefähr so verhält wie mit Blind Dates. Es gibt die Wunschvorstellung, die Fantasie, die Erwartung, und es gibt die Realität, dazwischen kann einfach zu viel schiefgehen. Umso überraschter war ich, als ich den vollen Saal sah. Zu meiner Lesung kamen 250 Menschen, was meiner Meinung nach daran lag, dass der Veranstalter das, was er an meiner Gage eingespart hatte, in die Werbung investiert hatte. Eine Menge also. Ich las eineinhalb Stunden aus meinen Kolumnen. Da ich die letzten Tage hauptsächlich damit zugebracht hatte, auf der Toilette zu sitzen und meine eigenen Texte zu rezitieren, verhaspelte ich mich kaum. Es war zwar sehr seltsam zu sehen, an welchen Stellen die

Leute laut loslachten, nämlich genau an den Stellen, die nie als Witz gedacht waren; aber gut, sagte ich mir, solange die keine Tomaten werfen und Spaß haben, ist alles okay.

Nach der Lesung passierte etwas sehr Seltsames. Ich weiß natürlich, dass sich Leser gern das Buch signieren lassen, das kann ich verstehen. Ich habe das auch schon gemacht, aber was sich einige Damen erlaubten, überraschte mich doch sehr. Ich bekam vier Briefe zugesteckt, zwei davon nett und unverbindlich im Ton, einen weiteren würde ich – ohne als kokett gelten zu wollen – als verklemmt-schüchternen Liebesbrief bezeichnen, der letzte aber fiel ohne Frage in eine Kategorie, die mein langjähriger Mitbewohner als »eindeutiges Orgasmusversprechen« bezeichnet hätte. Woran lag das? Ich hatte einfach nur ein paar meiner Texte, wohlgemerkt bereits in einer Zeitung veröffentlichte Texte, auf einer Bühne vorgelesen. Plötzlich war ich nicht mehr Journalist, plötzlich sagten die Leute »Schriftsteller«, »Autor«, eine sagte sogar »Romancier«. Ein Romancier, der noch nie mehr als eine Zeitungsseite am Stück geschrieben hat. In dem Film »Dr. Schiwago« heißt es, dass die Russen die Poesie lieben, ebenso wie sie die Dichter lieben. Vielleicht ist das der Grund, dass so viele Menschen ein Buch veröffentlichen möchten. Ihnen geht es nicht um die Kunst, nicht darum, sich mitzuteilen, anderen Menschen eine Idee zu eröffnen. Vielleicht sind Bücher einfach nur die aufwendigsten Kontaktanzeigen der Welt. Es ist, ohne Frage, die leichteste Art, Frauen kennen zu lernen. Zum ersten Mal habe ich verstanden, was der Bestsellerautor Schätzing meinte, als er mir bei einem Verlagsfest sagte: »Sie sind jetzt Autor. Willkommen.« Ich wusste damals noch nicht, was er meinte. Jetzt weiß ich es. Die Menschen um einen herum werden verrückt.

»Schily«, sagte ich, »Schily ist ein Depp.«

»Finden Sie wirklich?«, sagte die Frau.

»Ja, aber das dürfen Sie nicht senden.«

»Wie schade, unsere Hörer würde das sehr interessieren.«

»Da bin ich mir sicher, aber ich möchte dazu nicht allzu viel sagen.«

»Darf ich fragen, warum?«

»Ich brauche noch Zeit.«

»Sie planen was, das sehe ich doch.«

»Nur unter uns. Ich arbeite an einem Buch. Es handelt von einem der Lager, die Schily plant.«

»Faszinierend!«

»Finde ich auch.«

»Schriftsteller müsste man sein.«

»Tja.«

Juan Moreno ist Kolumnist in der Hauptstadtredaktion der »Süddeutschen Zeitung«. Seine Kolumnensammlung *Von mir aus* erschien 2004 bei DVA. Zur Zeit schreibt er an seinem ersten Roman.

ZUSCHUSSVERLAGE
BOOKS ON DEMAND
SELBSTVERLAG

11

Manuzios Verlag 941

Verlegen kommt von Vorlegen 944

Crash-Test für Selbstverleger 951

ADRESSEN: Buchbranche 955

▷ Manuzios Verlag

Von Umberto Eco

Manuzio war ein Verlag für AEKs ... Ein AEK ist ein Autor auf Eigene Kosten, und Manuzio ist eines jener Unternehmen, die man in den angelsächsischen Ländern »Vanity Press« nennt. Enorme Gewinne und so gut wie keine Betriebskosten. Belegschaft: Signor Garamond, Signor Grazia, der Buchhalter hinten in seinem Kabäuschen, genannt Kaufmännischer Direktor, und Luciano, der kriegsversehrte Packer unten im Lager.

»Ich habe nie kapiert, wie Luciano es schafft die Bücher mit seinem einen Arm zu verpacken«, hatte Belbo zu mir gesagt, »ich glaube, er behilft sich mit den Zähnen. Andererseits verpackt er nicht gerade viel: die Packer in normalen Verlagen schicken die Bücher an die Buchhandlungen, Luciano schickt sie nur an die Autoren. Manuzio interessiert sich nicht für die Leser ... Das Entscheidende ist, sagt Signor Garamond, dass man die Autoren nicht verrät, ohne Leser kann man durchaus überleben.«

Das System von Manuzio war sehr einfach. Einige wenige Anzeigen in Lokalzeitungen, Fachzeitschriften, literarischen Provinzblättern, besonders in denen, die nur wenige Nummern überdauern. Anzeigen von mittlerer Größe, mit Foto des Autors und wenigen einprägsamen Zeilen: »Eine der exzellentesten Stimmen unserer Dichtung« oder »Der neue Beweis für das erzählerische Talent des Autors von Floriana und ihre Schwestern«.

»An diesem Punkt ist das Netz gespannt«, erklärte Belbo, »und die AEKs fallen traubenweise darauf herein« ...

Später sah ich einen Vertrag ... Zehn Seiten Klauseln in winziger

Schrift, betreffend ausländische Übersetzungen, Nebenrechte wie Bühnenbearbeitungen, Hörspielfassungen, Verfilmungen, Ausgaben in Blindenschrift und Kurzfassungen für Reader's Digest, Gewährleistungsausschluss im Falle von Prozessen wegen Diffamierung, Recht des Autors, die redaktionellen Änderungen zu billigen, Zuständigkeit des Mailänder Gerichts im Falle von Streitigkeiten ... Der AEK sollte völlig erschöpft, das Auge umflort von Ruhmesträumen, zu den haarigen Klauseln gelangen ... vor allem, dass der Verleger das Recht habe, nach Ablauf eines Jahres die unverkauften Exemplare einzustampfen, es sei denn, der Autor wolle sie zum halben Ladenpreis erwerben. Unterschrift.

Die Werbekampagne sollte gigantisch sein. Zehnseitige Presseerklärung mit Biographie und kritischer Würdigung. Keine Schamgrenze, in den Zeitungsredaktionen würde man das Zeug sowieso in den Papierkorb werfen. Effektiv gedruckt: tausend Exemplare in Rohbogen, davon nur dreihundertfünfzig aufgebunden. Zweihundert an den Autor, fünfzig an zweitrangige und genossenschaftliche Buchläden, fünfzig an Provinzzeitschriften, dreißig zur Sicherheit an die Zeitungen, für den Fall, dass sie sich zu einer Zeile in der Rubrik »Eingesandte Bücher« aufrafften. Die Exemplare würden sie Krankenhäusern oder Gefängnissen schenken – womit begreiflich wird, warum erstere nicht heilen und letztere nicht resozialisieren.

Schließlich würde der Moment der Wahrheit kommen, anderthalb Jahre später. Garamond würde ihm schreiben: Lieber Freund, ich hatte es ja vorausgesehen, Sie sind fünfzig Jahre zu früh erschienen. Rezensionen in Hülle und Fülle, Preise und Zustimmung der Kritik, *ça vas sans dire*. Aber verkaufte Exemplare nur wenige, das Publikum ist noch nicht soweit. Wir sehen uns gezwungen, das Lager zu räumen, wie vorgesehen in unserem Vertrag (Kopie anbei). Entweder geht der Rest in den Reißwolf, oder Sie kaufen ihn zum halben Ladenpreis, wie es Ihr gutes Recht ist ...

Seine Familie tröstet ihn: die Leute verstehen dich nicht ... Du kannst nicht zulassen, dass dein Werk in den Reißwolf wandert, um zu Klopapier verarbeitet zu werden, sehen wir mal, was wir zusammenkratzen können, es ist gut ausgegebenes Geld, man lebt nur einmal, wir könnten doch, sagen wir, fünfhundert Exemplare kaufen, und für den Rest, *sic transit gloria mundi*.

Bei Manuzio liegen noch 650 Exemplare in Rohbögen, Signor Garamond lässt 500 aufbinden und schickt sie dem Autor per Nachnahme. Bilanz: der Autor hat großzügig die Produktionskosten für 2000 Exemplare bezahlt, der Verlag hat 1000 gedruckt und davon 850 aufgebunden, von denen der Autor 500 noch ein zweites Mal bezahlt hat. Fünfzig Autoren pro Jahr, und die Firma schließt immer mit gutem Gewinn.

Aus: Umberto Eco; *Das Foucaultsche Pendel*. Aus dem Italienischen von Burkhart Kroeber. Mit freundlicher Genehmigung des © 1989 Carl Hanser Verlag München / Wien.

Autorenaufklärung

Auf unseren Internet-Serviceseiten für Autoren informieren wir stets aktuell über Pseudoverlage und ihre Geschäftspraktiken.

www.autorenhaus.de

▷ Verlegen kommt von Vorlegen

Sind Books-on-Demand-Verlage – Zuschussverlage?

»Die Packer in normalen Verlagen schicken die Bücher an die Buchhandlungen, Luciano schickt sie nur an die Autoren. Manuzio interessiert sich nicht für die Leser ... ohne Leser kann man durchaus überleben.«

In diesem kurzen Zitat aus Umberto Ecos *Das Foucaultsche Pendel* steckt die Konzeption des Druckkostenzuschussverlags Manuzio und seiner Kollegen, auch in Deutschland: Sie vertreiben nicht Bücher, sondern erfüllen Träume, befriedigen Eitelkeiten und verdienen damit reichlich an den Autoren. Das Ungleichgewicht von Autoren, die sich gedruckt sehen möchten und wählerischen Verlagen begünstigt Unternehmen, die mit Kleinanzeigen auf Autorensuche sind. Nach der x-ten Verlagsabsage sind die Komplimente der so genannten »Lektoratskonferenz« solcher Unternehmen wie Balsam für die verletzte Autorenseele. Aber selbst verträumte Schriftsteller wachen spätestens dann auf, wenn es darum geht viel Geld zu bezahlen, sollte man meinen. Für Newcomer im Literaturbetrieb ist es aber nicht einfach, das Netzwerk undurchsichtiger Unternehmen und so genannter Autorenverbände, die sich gegenseitig stützen und weiterempfehlen, zu durchschauen.

Wie unterscheiden sich klassische Buchverlage von den anderen, welches sind die klassischen Verlagsleistungen? Und welche Aufgaben übernimmt der Autor als Selbstverleger? Die folgende Übersicht ermöglicht einen allgemeinen Vergleich.

Der klassische Buchverlag

Bevorzugt wird immer noch die Veröffentlichung in einem klassischen Buchverlag. Der Autor profitiert vom Verlagsimage und dem Verlagsprogramm, in dem sein Buch erscheint, sofern es ein Verlag mit gutem Ruf ist – und den hat nicht nur ein Großverlag. Kleinere Verlage sind für ihre Autorenbetreuung und langfristige Programmpflege bekannt.

Pseudoverlage

Verlegen kommt von Vorlegen: Damit ist nicht gemeint, dass Autoren, die bereits Monate oder Jahre in die Arbeit an ihrem Werk investiert haben, auch noch die Kosten für Herstellung und Vertrieb vorlegen. Unternehmen für Drucke, die der Autor bezahlt, werden meist als Zuschussverlage bezeichnet. Ein treffenderer Begriff ist Pseudoverlag, der erstmals 1996 im *Deutschen Jahrbuch für Autoren* verwendet wurde, denn tatsächlich verlangen sogenannte Zuschussverlage meist weit mehr als die Druckkosten. Solche Unternehmen kehren das Verlagsprinzip um: Sie honorieren nicht den Autor, sondern lassen sich von ihm bezahlen. Verlegen kommt aber von Vorlegen. In manchen Verträgen steht auch noch, dass der Autor, der zum Beispiel für den Vertrieb seiner Bücher selbst sorgt, diese großzügigerweise mit Rabatt vom »Verlag« erwerben darf, obwohl er sie bereits vorher schon bezahlt hat. So wird er quasi selbst zu seinem besten Kunden.

Gegen solche Unternehmen wäre weniger einzuwenden, wenn sie bei Autoren nicht den Eindruck erzeugen würden, dass sie für ihr Geld die Leistungen eines klassischen Verlags erhielten, vor allem auch eine umfassende Vertriebsleistung. Das erklärt, warum sich solche Unternehmen um ein Image als großer renommierter Verlag bemühen und sich mit klangvollen literarischen Namen und Mitgliedschaften schmücken oder als Spender für wohltätige Zwecke auftreten.

Im Internet finden Sie auf *www.autorenhaus.de* unter »Zuschussverlage« eine Checkliste.

Books on Demand

Wenn ein Autor, wie kürzlich geschehen, stolz sein Buch vorzeigt und erklärt, es sei »bei BoD erschienen« und der »BoD-Verlag« habe sein Buch »herausgebracht« sei ihm der Irrtum nachgesehen: Auf der Umschlagrückseite seines Buchs stand »Herstellung und Verlag: Books on Demand GmbH Norderstedt«.

Verlag oder nicht Verlag?

Tatsächlich tragen Autoren, die »Bücher auf Nachfrage« von einer Digitaldruckerei produzieren lassen, alle Kosten für ihr Buch, angefangen vom Lektorat, Korrektorat über Satz, Layout und Covergestaltung bis zum Marketing, wenn sie nicht selbst dafür sorgen. Werbematerial, Messepräsenz und andere Dienstleistungen kann man bei manchen Anbietern gegen Bares buchen und wenn der Autor bei Auftragserteilung 100 Exemplare seines Buchs mitbestellt, muss er die natürlich auch bezahlen. Alles Leistungen und Kosten, die ein klassischer Buchverlag ganz selbstverständlich trägt, unabhängig von der Höhe des Honorars oder des Abrechnungsmodus'. Auch der Hinweis auf die Anbindung an ein Buchgroßhandelsunternehmen wie die BoD-Muttergesellschaft Libri spielt bei dieser Betrachtung eine untergeordnete Rolle: Denn es nützt dem Autor zunächst wenig, dass sein Buch in Datenbanken mit Hunderttausenden von Büchern gelistet ist, wenn niemand erfährt, dass es sein Buch gibt.

Wir haben ein von BoD selbst verlegtes Buch bei einem Internetbuchhändler bestellt, das erst nach 12 Tagen eingetroffen ist – viel zu lang für verwöhnte Buchkäufer, die Über-Nacht-Lieferungen gewohnt sind. Da ist jeder kleine Selbstverleger schneller, der übrigens auch bei Amazon.de, dem größten Internetbuchhändler, sein Buch selbst anbieten und verkaufen kann, wie Britta Schwarz in ihrem Ratgeber *So verkaufen Sie Ihr Buch* empfiehlt. Für Werbung und Vertrieb ist der Autor selbst verantwortlich, das wird ihm spätestens dann klar, wenn sich sein Buch nicht verkauft.

Mit dem Digitaldruck sind Books-on-Demand-Unternehmen entstanden, die sich Verlag nennen, deren Leistungen jedoch kritisch besehen nicht anders als die von Zuschuss- oder Pseudoverlagen sind, mit dem entscheidenden Unterschied, dass ein Buch nicht 5.000, 10.000 oder 20.000 Euro kostet, sondern vielleicht nur 1.000 oder 2.000 Euro. Auch sind Book-on-Demand-Unternehmen mit vollmundigen Vertriebsversprechungen eher zurückhaltend und in der Kundenwerbung gehen sie meist nicht aggressiv auf Autorenfang aus: Die Druckereileistung, das Dienstleistungsangebot rund ums Buch, steht im Vordergrund.

Books-on-Demand-Angebote bedeuten für Autoren, sich wie Selbstverleger um den Vertrieb des Buchs kümmern zu müssen, aber die Produktion, eventuell auch Lagerung und Auslieferung nicht selbst übernehmen zu müssen. Digitaldruckereien und andere Dienstleister gibt es inzwischen in jeder größeren Stadt.

Der Selbstverlag

Wer glaubt, dass der Selbstverlag eine Notlösung sei, ist nicht der geborene Selbstverleger: Zu dieser Aufgabe gehören Enthusiasmus und Interesse an den vielfältigen Aufgaben, sonst ist das Ergebnis unbefriedigend.

Wann denkt ein Autor daran, sein Werk selbst zu verlegen? Wenn er die Verkaufsmöglichkeiten für so gut hält, dass er den Verlagsgewinn selbst erzielen möchte, wenn er die Nutzungsrechte an seinem Werk nicht verlieren will oder wenn etablierten Verlagen die absetzbare Auflage zu niedrig erscheint. Der Autor oder die Autorin bringt also das eigene Werk auf eigene Kosten heraus und trägt selbst die Verantwortung für Gelingen und Publizität. Typisch für den Selbstverlag ist, dass nur ein Werk des Autors erscheint und der Verlag nebenberuflich geführt wird. Wer Freude daran hat, setzt seinen Selbstverlag fort, bringt vielleicht sogar das Buch eines anderen Autoren heraus.

Die Chancen sind unterschiedlich, je nach Genre und Thema. Häufig werden Fach- und Sachbücher selbst verlegt, zumal dann, wenn die Zielgruppe leicht erreichbar ist und das Internet als eigene Vertriebsplattform genutzt werden kann. Wichtig ist, dass der Selbstverleger auf

Leistung	Klassischer Verlag	Pseudoverlag
Ms-Annahme	starke Selektion	fast jedes Manuskript
Lektorat	Verlag	unterschiedlich, meist im Gesamtpreis enthalten
Titelwahl	Verlag	Autor/Pseudoverlag
ISBN, VLB	Verlag	Pseudoverlag, vom Autor bezahlt
Satz	Verlag	meist Pseudoverlag, vom Autor bezahlt
Korrektur	Verlag	Pseudoverlag, vom Autor bezahlt
Umschlaggestaltung	Verlag	meist Pseudoverlag, vom Autor bezahlt
Druck, Bindung	Verlag	Pseudoverlag, vom Autor bezahlt
Werbung	Verlag	zahlt meist Autor
Buchhandelspräsenz	Verlag	selten oder gar nicht
Nutzungsrechte	Verlag	meist Pseudoverlag
Kosten für den Autor	keine	hoch
Finanzielles Risiko für den Autor	keines	hoch, da der Autor praktisch alles zahlt
Honorar	Verlag	theoretisch Pseudoverlag, kommt eher selten vor
Bewertung	*****	*

Books on Demand	Selbstverlag
fast jedes Manuskript	Autor
Autor, kann aber gebucht oder extern in Anspruch genommen werden	Autor oder freies Lektorat
Autor	Autor
unterschiedlich je nach Angebot durch Anbieter oder Autor	Autor
unterschiedlich je nach Angebot durch Anbieter, externe Dienstleister oder Autor	Autor oder externe Dienstleister
unterschiedlich je nach Angebot durch Anbieter, externe Dienstleister oder Autor	Autor oder externe Dienstleister
unterschiedlich je nach Angebot durch Anbieter, externe Dienstleister oder Autor	Autor oder externe Dienstleister
Autor zahlt Grundkosten, danach Abrechnung verkaufter Exemplare	Autor
unterschiedlich je nach Angebot durch Anbieter, externe Dienstleister oder Autor	Autor
teilweise Buchgroßhandel, Internetbuchhandel	selten, Internet, Internetbuchhandel, Direktverkauf
unterschiedlich, je nach Anbieter, manchmal zeitlich gebunden	Autor
mittel, je nach Inanspruchnahme der Dienstleistungen des Anbieters	mittel, je nach Inanspruchnahme von Dienstleistungen
auf Grundkosten und Zusatzleistungen beschränkt	auf Grundkosten und Zusatzleistungen beschränkt, besonders dann niedrig, wenn Digitaldruck genutzt wird
meist mit Abrechnung der gedruckten (und verkauften) Bücher	Verlagsgewinn inkl. Honorar
***	****

professionelle Qualität bei Inhalt und äußerer Erscheinung achtet. Nur so verbessert er seine – wenn auch geringe – Chance, im Buchhandel beachtet zu werden.

Der Digitaldruck ist die beste Möglichkeit für den Selbstverlag, sein Risiko zu begrenzen: Es wird nur eine kleine Auflage gedruckt und es kann jederzeit nach Bedarf nachgedruckt werden. Die Kombination von Offsetdruck für den Umschlag und Digitaldruck für den Inhalt ermöglicht gut gestaltete und gedruckte Umschläge und erhält weitgehend die Vorteile des Nachdrucks unmittelbar nach Bedarf. Digitaldruck bedeutet für den Selbstverleger: keine Bücherberge in der Wohnung, kein gebundenes Kapital, große Flexibilität durch schnelle Aktualisierungen.

Der entscheidende Vorteil gegenüber Angeboten von Books-on-Demand-Dienstleistern liegt in der Entscheidungsfreiheit: Der Autor behält alle Rechte, trifft alle Entscheidungen, hat die vollständige Kontrolle über das gesamte Projekt. Lange Lieferzeiten wie bei manchen Anbietern, schwerfällige Verwaltung wie in großen Unternehmen – auf das alles kann ein Selbstverleger gerne verzichten. Und wenn es gut läuft: *The winner takes it all!*

▷ Crash-Test für Selbstverleger
Selbst verlegt, selbst verkauft, selbst verdient?

Viele Selbstverleger waren einmal von Verlagen missachtete Debütanten. Irgendwann, nach der zwanzigsten Ablehnung, wurde auch bei geduldigen Manuskriptanbietern die Frustration zur Trotzreaktion: »If you can't beat them, join them« lautet die strategische Umkehr: Denen zeig ich's, ich verlege selbst!

So entsteht dann ein Selbstverlag – ein Projekt mit fest umrissenen Aufgaben, selbst bestimmtem Zeitrahmen und begrenztem Budget. Es bedeutet, in die Schuhe des Verlegers zu schlüpfen, einen ganz anderen Blickwinkel als den aus der Autorenecke zu gewinnen und wie ein kühl rechnender Unternehmer zu denken und zu entscheiden.

Bevor Sie mit der Kalkulation beginnen und die Auflage planen, stellen Sie als erstes Ihrem Marketingexperten (der Sie natürlich ebenfalls sind), die entscheidenden Fragen:

> Wer sind die Käufer?
> Wo trifft man sie?
> Wie spricht man sie an?

Diese Überlegungen bestimmen in jedem Markt die Eigenschaften, die das Produkt haben sollte. Bücher konkurrieren mit vielen anderen Freizeitangeboten, und das eine Buch aus Ihrem Selbstverlag sucht einen Platz neben vielen anderen Büchern. Wie ein Profi müssen Sie entscheiden über:

Inhalt

Stimmt mein Konzept? Muss ich den Text für die vorgesehenen Käufer überarbeiten, um andere wichtige Themen ergänzen? Grundsätzlich gilt: Je spezifischer das Thema für eine bestimmte Gruppe, umso größer die Chance, im Selbstverlag Erfolg zu haben. Daher sind Regional-, Sach- und Fachbücher erfolgversprechender als beispielsweise Belletristik.

Titel

Der Titel sollte möglichst elektrisieren, Assoziationen wecken, neugierig machen und beim Sachbuch deutlich sagen, worum es geht. Untertitel können zusätzlich helfen. Und natürlich: Der Titel muss frei sein.

Ausstattung

Soll das Buch illustriert sein? Auch beim Paperback muss die Umschlaggestaltung attraktiv sein. Ein Blick auf die Taschenbuchreihen genügt, um den Anspruch, den Sie für Ihr Buch erfüllen sollten, zu erkennen. Das Honorar für Profis wie Grafiker und Illustratoren erhöht zwar die Produktionskosten, kann sich aber lohnen.

Druckqualität

Satz, Druck und Papier sollten Ihren Buchkonkurrenten im Markt zumindest entsprechen. Fotokopien sind für wissenschaftliche Arbeiten und die Alternativpresse vielleicht akzeptabel, nicht aber für den allgemeinen Buchmarkt.

Erscheinungsweise

Soll es eine Desktop-Publikation werden, die Sie mit Ihrem PC und Drucker je nach Bestelleingang (Publishing on Demand) produzieren und binden oder heften? Möchten Sie ein Periodikum herausgeben, das jährlich oder häufiger erscheint? Soll Ihr Buch ein Einzeltitel bleiben oder eine Reihe begründen?

Auflage
Oder lassen Sie eine Erstauflage drucken? Wie hoch soll sie sein? Grundsatz: Lieber nachdrucken, als auf der Auflage sitzen bleiben!

Vertrieb
Verkauf über den Buchhandel? Oder Direktvertrieb? Gibt es andere Vertriebswege – beispielsweise für ein Buch über Bierbrauen den Getränkehandel und Kaufhäuser? Regionaltitel könnten auch Geschenkläden oder Fotogeschäften angeboten werden.

Werbung/PR
Haben Sie schon eine zündende Werbeidee? Entscheidend für den Direktvertrieb! Wie wollen Sie Ihr Buch den Medien präsentieren? Brauchen Sie Werbemittel: Buchinfos, Prospekte?

Dienstleistung
Sie sind zwar Selbstverleger, aber können Sie alles selbst gut genug? Brauchen Sie die Hilfe, zumindest Tipps oder eine kritische Beurteilung des Textes oder der Gestaltung von Fachleuten, eventuell ein Lektorat zur Überarbeitung und Durchsicht auf Fehler? Als Autor ist man schon nach der zweiten Überarbeitung zu sehr mit dem Text vertraut, um alle Vertipper und Interpunktionsauslassungen zu bemerken.

Verkauf
Können Sie wie ein Verlagsvertreter den Buchhandel selbst besuchen? Wollen Sie Ihr Buch auch bei Veranstaltungen, Messen oder Lesungen anbieten?

Preis
In welcher Preiskategorie möchten Sie Ihr Buch platzieren? Entscheiden Sie dies zunächst (unabhängig von Ihrer eigenen Kalkulation) nach anderen in Thema und Ausstattung vergleichbaren Titeln, mit denen Ihr Werk konkurrieren muss.

Herstellung

Vergleichen Sie die Preise von mehreren Druckereien, die Bücher auch in kleinen Auflagen herstellen. Selbst wenn Sie nur 100 Exemplare Ihres Gedichtbandes drucken lassen, weil Sie Ihr Buch zu einem bestimmten Anlass herausgeben möchten, sollten Sie sich Mühe geben, damit es neben Profibänden bestehen kann. Suchen Sie eine Druckerei mit Erfahrung, die Sie bei der Herstellung (Papierauswahl, Umschlag, Bindung) berät.

Kalkulation

Haben Sie Ihr Ziel höher gesetzt und möchten Ihr Buch nicht nur verbreiten, sondern auch verkaufen, dann können Sie von einer einfachen Überschusskalkulation ausgehen: Legen Sie bei Ihrer Rechnung als Ziel die Kostendeckung fest. Ein zentraler Begriff für Ihre Kalkulation ist der Break-even-point, der Ihnen sagt, bei wie viel verkauften Büchern Sie Ihre Kosten decken. Von Gewinn keine Rede. Von allen Kosten auch nicht: Zunächst betrachten Sie nur die tatsächlichen Ausgaben. Größter Posten werden die Druckkosten sein, die wiederum hängen von der Höhe der ersten Auflage ab.

Direktverkauf

Selbstverlage haben es schwer, in den Buchhandel zu kommen. Deshalb suchen die meisten Selbstverleger nach Möglichkeiten, selbst zu verkaufen: Sie bieten beispielsweise kostenlose Lesungen in ihrer Heimat-Leihbücherei, Galerien, Künstlerkneipen oder bei Ausstellungen mit passender Thematik an. Dabei finden sich eigentlich immer einige freundliche Teilnehmer, die ein Buch kaufen – zum Ladenpreis.

Wer zusätzliche Absatzwege findet oder gar größere Mengen an öffentliche Stellen oder an Unternehmen, die ein besonderes Interesse daran haben, verkauft, kann bald schwarze Zahlen schreiben. Selbst wenn das nicht reicht, um alle Kosten zu decken, wird mit jedem verkauften Buch das Minus in der Kasse kleiner: Erster Erfolg!

Aus: *Mini-Verlag*, 5. Auflage, Berlin 2003.

ADRESSEN · ADRESSEN · ADRESSEN · ADRESSEN

▷ Buchbranche

FACHZEITSCHRIFTEN

**Börsenblatt für den
Deutschen Buchhandel**
Großer Hirschgraben 17-21
60311 Frankfurt am Main
Tel. 069 - 13 06-0
Fax 069 - 28 99 86
www.boersenblatt.net/

Buchhändler heute
Vereinigte Verlagsanstalten
GmbH
Höherweg 278
40231 Düsseldorf
Tel. 0211 - 73 57-0
Fax 0211 - 73 57-123
www.vva.de

BuchMarkt
Sperberweg 4a
40668 Meerbusch
Tel. 021 50 - 91 91-0
Fax 021 50 - 91 919-1
www.buchmarkt.de

Buchreport
Harenberg Kommunikation
Königswall 21
44137 Dortmund
Tel. 02 31 - 90 56-0
Fax 0231 - 90 56-110
www.harenberg.de

BRANCHENVERBÄNDE

**Börsenverein des Deutschen
Buchhandels e.V.**
Großer Hirschgraben 17-21
60311 Frankfurt am Main
Tel. 069 - 13 06-0
Fax 069 - 13 06-201
info@boev.de
www.boev.de

**Arbeitskreis Kleinerer Verlage
im Börsenverein des Deutschen
Buchhandels e.V.**
Rolf Nüthen
Großer Hirschgraben 17-21
60311 Frankfurt a.M.
Tel. 069 - 13 06-327
Fax 069 - 13 06-399

**MVB Marketing- und Verlags-
service des Buchhandels GmbH**
(Auch ISBN-Agentur und VLB)
Großer Hirschgraben 17-21
60311 Frankfurt am Main
Tel. 069 - 13 06-0
Fax: 069 - 1306-201

**Hauptverband des
Österreichischen Buchhandels**
Grünangergasse 4
A 1010 Wien
Österreich
Tel. 0222 - 512 15 35
Fax 0222 - 512 84 82
hvb@buecher.at
www.buecher.at

**Schweizerischer Buchhändler-
und Verleger-Verband
Buchverleger Verband der
deutschsprachigen Schweiz**
Baumackerstr. 42
CH 8050 Zürich
Schweiz
Tel. 01 - 31 86 400
Fax 01 - 31 86 462
sbvv@swissbooks.ch
www.swissbooks.ch

Landesverbände des Börsenvereins

**Börsenverein des Deutschen
Buchhandels – Landesverband
Baden-Württemberg e.V.**
Paulinenstraße 53
70178 Stuttgart
Tel. 07 11 - 6 19 41-0
Fax 07 11 - 6 19 41 44
www.buchhandelsverband.de

**Börsenverein des Deutschen
Buchhandels – Landesverband
Bayern e.V.**
Literaturhaus · Salvatorplatz 1
80333 München
Tel. 0 89 - 29 19 42-0
Fax 0 89 - 29 19 42-49
www.buchhandel-bayern.de

**Börsenverein des Deutschen
Buchhandels – Landesverband
Berlin-Brandenburg**
Lützowstraße 33
10785 Berlin
Tel. 0 30 - 2639 1810
Fax 0 30 - 2639 1818
www.berlinerbuchhandel.de

**Börsenverein des Deutschen
Buchhandels – Landesverband
Bremen-Bremerhaven e.V.**
Hinter dem Schütting 8
28195 Bremen
Tel. 04 21 - 25 56 85
Fax 04 21 - 34 45 89
Lvbuchbremen@aol.com

Börsenverein des Deutschen
Buchhandels – Landesverband
Hessen e.V.
Frankfurter Str. 1
Literaturhaus Villa Clementine
65189 Wiesbaden
Tel. 0611 - 16660-0
Fax 0611 - 16660-59

Börsenverein des Deutschen
Buchhandels – Landesverband
Niedersachsen e.V.
Hamburger Allee 55
30161 Hannover
Tel. 05 11 - 33 65 29-0
Fax 05 11 - 33 65 29-29
info@buchhandel-niedersachsen.de
www.buchhandel-niedersachsen.de

Börsenverein des Deutschen
Buchhandels – Region Nord-
deutschland e.V.
Schwanenwik 38
22087 Hamburg
Tel. 0 40 - 22 54 79
Fax 0 40 - 229 85 14

Börsenverein des Deutschen
Buchhandels – Landesverband
Nordrhein-Westfalen e.V.
Marienstraße 41
40210 Düsseldorf
Tel. 02 11 - 8 64 45-0
Fax 02 11 - 32 44 97
www.buchnrw.de

Börsenverein des Deutschen
Buchhandels – Landesverband
Rheinland-Pfalz e.V.
Frankfurter Str. 1
Literaturhaus Villa Clementine
65189 Wiesbaden
Tel. 0611 - 16660-0
Fax 0611 - 16660-59

Börsenverein des Deutschen
Buchhandels – Landesverband
Saarland e.V.
Frankfurter Str. 1
Literaturhaus Villa Clementine
65189 Wiesbaden
Tel. 0611 - 16660-0
Fax 0611 - 16660-59
briefe@hessenbuchhandel.de

Börsenverein des Deutschen
Buchhandels – Landesverband
Sachsen, Sachsen-Anhalt und
Thüringen e.V.
Gerichtsweg 28
04103 Leipzig
Tel. 03 41 - 99 54-220/222
Fax 03 41 - 99 54-223
www.boersenverein-sasathue.de

RECHT und HONORARE

12

Von Goethe lernen heißt verdienen lernen 961

Höhere Honorare für Belletristikautoren 965

Geld spricht 971

Arme Kanzler-Freunde 973

Stipendien und Steuern 976

Leere Worte 978

ADRESSEN: Verwertungsgesellschaften 980

Kunstfreiheit vs. Persönlichkeitsrecht 982

Schreiben Sie immer aus Rache! 992

▷ **Von Goethe lernen
heißt verdienen lernen**
Zwölf goldene Regeln

Über Autorenhonorare wird gestritten und verhandelt, seit es sie gibt. Ein Verhandlungsstratege wie Goethe könnte bei diesem Thema geradezu ein Vorbild sein. Friedrich Schiller schrieb in einem Brief vom 18. Mai 1802 an den Verleger Cotta über seinen Kollegen: »Es ist, um es geradeheraus zu sagen, kein guter Handel mit Goethe zu treffen, weil er seinen Werth ganz kennt und sich selbst hoch taxiert, und auf das Glück des Buchhandels, davon er überhaupt nur eine vage Idee hat, keine Rücksicht nimmt. Es ist noch kein Buchhändler mit ihm in Verbindung geblieben, er war noch mit keinem zufrieden und mancher mochte auch mit ihm nicht zufrieden seyn. Liberalität gegen seine Verleger ist seine Sache nicht.«

Wer wollte einen solchen Autor für seinen Verlag gewinnen?, denkt man. Und doch war Goethe von Verlegern umworben und er verstand es, sie gegeneinander auszuspielen. Er kreierte sogar die erste bekannte Manuskriptauktion. Verleger erfüllt es noch heute mit Grausen, wenn internationale Literaturagenten auf diese Weise den Vorschuss hochtreiben.

Goethes psychologische, strategische und taktische Tricks bei Verhandlungen mit Verlagen

1. Beherzige Goethes Grundsatz für alle Verhandlungen mit Verlegern: »Die Buchhändler [wozu auch die Verleger zählen] sind alle des Teufels, für sie muss es eine eigen Hölle geben.«

2. Cool bleiben, absolut cool: »Die Geschäfte müssen abstract, nicht menschlich mit Neigung oder Abneigung, Leidenschaft, Gunst p. behandelt werden, dann setzt man mehr und schneller durch. Lakonisch, imperativ, prägnant.«

3. Schweigen ist Gold: Gegenüber seinem Verleger Cotta, den er während vertraglicher Verhandlungen oft lange auf Antwort warten ließ, äußerte er einmal, er habe in seinem Leben gefunden, »die Zeit sey die eigentlichste Vermittlerin.«

4. Ein Angebot ist nur eine Gesprächseröffnung: Cotta hatte angeboten, für eine Auflage von 20.000 Exemplaren einer Gesamtausgabe 60.000 Reichstaler Honorar zu zahlen; Goethe verlangte daraufhin 100.000 Taler.

5. Absatzhonorar sichert die Erfolgsbeteiligung: Goethe erhielt für seine Gesamtausgabe schließlich zusätzlich 3 Taler ab 20.000 verkaufte Exemplare – damit war es einem Autor erstmalig gelungen, über ein festes Pauschalhonorar hinaus ein Absatzhonorar durchzusetzen.

6. Package-Sale – verkaufe die Luschen gleich mit: Als Cotta versuchte, Goethe als Autor für seinen Verlag zu gewinnen, schlug ihm Goethe einen »Koppelungsvertrag« vor: Cotta sollte zugleich einen Liederalmanach, eine *Geschichte der Kunst im verflossenen Jahrhundert* eines anderen Autors mit Aufsätzen Goethes versehen und als Drittes Goethes Übersetzung der Autobiographie des Benvenuto Cellini in Verlag nehmen.

7. Sei nicht nur beim Schreiben einfallsreich: Goethe bat den Verleger Vieweg, ein Gebot für *Hermann und Dorothea* abzugeben, nachdem er in einem versiegelten Umschlag seine Forderung festgelegt hatte. Lag das Verlegerangebot darunter, zerschlug sich das Geschäft, lag es darüber, wurde Goethes Umschlag geöffnet und es blieb bei seiner Forderung. (Für die Beschreibung und Analyse dieser Art von Auktion erhielt William Vickrey im Jahr 1996 den Nobelpreis für Wirtschaftswissenschaften.)

8. Going, going, gone: Goethe ließ streuen, dass seine neue Werkausgabe »zur Konkurrenz freistehe«, worauf sich 36 Verleger bewarben, von denen er »ansehnliche Gebote« erhalten habe, wie er seinem Verleger Cotta (von dem er sich in Wirklichkeit nicht trennen wollte) mitteilte. Cottas Kapitulation bei diesem Auktionspoker lautete, dass »ich mit Vergnügen 10.000 Thaler mehr als das höchste Gebot Honorar für die neue Ausgabe Ihrer Werke von 40 Bänden auf 12 Jahre bezahle.«

9. Vertrauen ist gut, Vorschuss ist besser: Seinem damaligen Sekretär Seidel erteilte Goethe 1786 von Italien aus die Anweisung, seine Manuskripte dem Beauftragten Göschens nur gegen vorherige Honorarzahlung auszuhändigen, und Cotta ließ er wissen, er müsse zunächst die Honorare auszahlen, denn er könne »ohne vorgängigen Abschluß des Geschäfts das Manuskript nicht ausliefern.«

10. Stimme der Einigung nur missgelaunt zu: Nach langwierigen Verhandlungen trug Goethe seinem Vertrauten auf, Cotta sein Einverständnis mitzuteilen: »Ja! ja! also ja! und Amen!«

11. Vermeide Neid unter Schriftstellerkollegen: Nachdem er für *Hermann und Dorothea* das Drei- bis Vierfache dessen, was andere bekannte Autoren als Honorar erhielten, ausgehandelt hatte, antwortete er auf Schillers Frage, ob er zufrieden mit dem Honorar sei: »O ja, recht gut, ich kann leidlich zufrieden sein.«

12. Wenn Du berühmt ist, gib dich nicht der Illusion hin, die Verleger schätzten dich und dein Werk besonders: »Einige Verleger wollen alle Autoren von einigem Ruf an sich ziehen, und sparen weder Complimente, noch Geld, diese Speculation auszuführen. Sie wollen von dem berühmten Autor nur etwas haben, sey es, was es sey, wenn sie nur den Namen des berühmten Mannes in ihren Bücher-Catalogen aufführen können.«

Goethe verdiente Millionen durch seine Autorenhonorare, obwohl die Zeiten damals für Verleger und Autoren schwierig waren, weil es kein umfassendes Urheberrecht gab und jedes halbwegs erfolgreiche Buch von den Nachdruckern umgehend und auch noch billiger angeboten wurde. Die Verleger wurden nicht arm dabei, und manche verdienen noch heute an Goethes inzwischen natürlich freien Werken. Auch Verleger, die damals bei Goethes Auktion nicht zum Zuge kamen, freuten sich mit dem großen Literaten, wenn auch nicht ganz ohne Schadenfreude, wie aus Heinrich Brockhaus' Tagebuchnotiz ersichtlich ist: »Mich aber bei der Sache lebhaft betheiligt und gewissermaßen dazu beigetragen zu haben, daß Goethe von Cotta ein viel höheres Honorar erhielt, als unter andern Umständen der Fall gewesen sein würde, wird mir stets eine angenehme Erinnerung bleiben.«

Manfred Tietzel: »Goethes Strategien bei der wirtschaftlichen Verwertung seiner Werke«, aus: Buchhandelsgeschichte Heft 1/1999.

▷ Höhere Honorare für Belletristikautoren

Bundesjustizministerin Brigitte Zypries ist froh

Das Urhebervertragsrecht von 2002 sieht vor, dass die Verbände der Urheber und der Werknutzer gemeinsame Vergütungsregeln aufstellen. Dazu war es bisher wegen unüberbrückbarer Gegensätze in keiner Branche gekommen.

Für die Vergütung der Autoren belletristischer Werke hat Bundesjustizministerin Brigitte Zypries eine Mediation zwischen dem Verband deutscher Schriftsteller (VS) in ver.di und dem Börsenverein des Deutschen Buchhandels übernommen. Nach mehreren Verhandlungsrunden haben sich die Verhandlungsdelegationen beider Seiten am 5. November 2004 auf einen »ausdiskutierten Vorschlag« geeinigt, der im Januar 2005 durch den VS und die Verlage unterzeichnet werden soll. (Stand 1.1.2005).

»Ich bin froh, dass sich die Verleger und Schriftsteller nun doch noch auf gemeinsame Vergütungsregeln zubewegen. Damit wird das Urhebervertragsrecht von 2002 endlich in einem wichtigen Bereich mit Leben erfüllt. Ich hoffe, dass dieser Durchbruch auch weiteren Bereichen der Kulturwirtschaft Mut macht, einen Kompromiss zu suchen«, sagte Zypries.

Hier der Text des ausdiskutierten Vorschlags, der erstmals die magische Zahl von 10 Prozent Absatzhonorar in eine Vereinbarung zwischen Verlegern und Autoren einführen würde:

Gemeinsame Vergütungsregeln für Autoren belletristischer Werke in deutscher Sprache[*]

Der Verband deutscher Schriftsteller in der Vereinigten Dienstleistungsgewerkschaft (ver.di)

und

der Verlag

stellen gemäß § 36 UrhG folgende gemeinsame Vergütungsregeln für Autoren belletristischer Werke in deutscher Sprache auf:

Vorbemerkung

Der Urheber hat nach § 32 UrhG Anspruch auf eine angemessene Vergütung für die Einräumung von Nutzungsrechten und die Erlaubnis zur Werknutzung. Zur Bestimmung der Angemessenheit von Vergütungen stellen nach § 36 UrhG Vereinigungen von Urhebern mit Vereinigungen von Werknutzern oder einzelnen Werknutzern gemeinsame Vergütungsregeln auf. Die gemeinsamen Vergütungsregeln sollen die Umstände des jeweiligen Regelungsbereichs berücksichtigen, insbesondere die Struktur und die Größe der Verwerter.

Die folgenden Regeln wurden im Rahmen einer Mediation der Bundesministerin der Justiz aufgestellt und folgen in wesentlichen Punkten Kompromissvorschlägen der Moderatorin. Vergütungen, die unterhalb der nachfolgenden Vergütungsregeln liegen, sind keine angemessenen Vergütungen nach § 32 UrhG.

---

[*] In die deutsche Sprache übersetzte fremdsprachige Werke werden von den nachfolgenden Vergütungsregeln nicht erfasst.

§ 1 Anwendungsbereich

Die nachfolgenden Vergütungsregeln gelten für Verlagsverträge und andere urheberrechtliche Nutzungsverträge über selbständig zu veröffentlichende belletristische Werke. Sie finden keine Anwendung auf Verlagsverträge aus anderen Bereichen, insbesondere nicht aus den Bereichen Sachbuch, Ratgeber, Lexika, Fachbuch, Kinder- und Jugendbuch, Schul- und Lehrbuch sowie Hörbuch, weil in diesen Bereichen andere Bedingungen gelten.

Diese Regeln gelten auch nicht für Fälle, in denen der Wunsch des Urhebers, einen Text gedruckt zu sehen, und nicht ein verlegerisches Interesse im Vordergrund stehen und der Urheber deshalb kein Honorar erwartet und billigerweise auch nicht erwarten kann (Memoiren, private Familiengeschichten, Manuskripte unbekannter Autoren, an denen kaum Interesse der literarischen Öffentlichkeit zu erwarten ist und für die sich zu den allgemein üblichen Konditionen kein Verleger finden lässt).

§ 2 Angemessene Vergütung

Die Vergütung nach den nachfolgenden Regelungen ist angemessen, wenn der jeweilige Verlagsvertrag den Konditionen des Normvertrags für den Abschluss von Verlagsverträgen in der jeweils gültigen Fassung entspricht, soweit nicht zulässigerweise Abweichungen vereinbart sind. Alle Varianten der Honorarermittlung, die der Normvertrag zulässt und die den hier vereinbarten Regeln wirtschaftlich gleichwertig sind, gelten als angemessene Vergütungen.

§ 3 Honorar für Verlagsausgaben

(1) Der Verlag setzt die Vergütung für Hardcover-Ausgaben im Regelfall als laufende Beteiligung des Autors an den Verwertungseinnahmen fest. Richtwert für den Normalfall ist ein Honorar von 10 Prozent für jedes verkaufte, bezahlte und nicht remittierte Exemplar bezogen auf den um die darin enthaltene Mehrwertsteuer verminderten Ladenverkaufspreis (Nettoladenverkaufspreis). Bei mehr als

einem Autor und Mitwirkung anderer Urheber (z.B. Bebilderung) gilt der Richtwert für die Summe der angemessenen Vergütungen.

(2) Der Verlag kann eine Beteiligung von 8 bis 10 Prozent vereinbaren, wenn und soweit im Einzelfall beachtliche Gründe die Abweichung vom Richtwert gerechtfertigt erscheinen lassen. Solche Gründe können insbesondere sein:

1. die in § 36 Abs. 1 UrhG genannte Rücksicht auf Struktur und Größe des Verwerters,
2. die mutmaßlich geringe Verkaufserwartung,
3. das Vorliegen eines Erstlingswerkes,
4. die beschränkte Möglichkeit der Rechteverwertung,
5. der außergewöhnliche Lektoratsaufwand,
6. die Notwendigkeit umfangreicher Lizenzeinholung,
7. der niedrige Endverkaufspreis,
8. genrespezifische Entstehungs- und Marktbedingungen.

(3) Eine Beteiligung unter 8 Prozent kann nur in außergewöhnlichen Ausnahmefällen vereinbart werden, in denen besondere Umstände dies angemessen erscheinen lassen, z. B. bei besonders hohem Aufwand bei der Herstellung oder bei Werbung oder Marketing oder Vertrieb oder bei wissenschaftlichen Gesamtausgaben.

(4) Für Buchverlagsreihen können einheitliche Vergütungen vereinbart werden, soweit für die Buchverlagsreihen die Anforderungen der Absätze 1 bis 3 erfüllt sind.

(5) Für Fälle großen Verkaufserfolgs wird der Vertrag die Ausgangsvergütung mit einer ansteigenden Vergütungsstaffel verknüpfen. Das gilt nicht für Sonderausgaben.

§ 4 Verwertung als Taschenbuch oder Sonderausgabe

(1) Bei vom Verlag selbst veranstalteten Taschenbuchausgaben sind in der Regel folgende Beteiligungen am Nettoladenverkaufspreis angemessen:

1. bis 20.000 Exemplare 5 %,
2. ab 20.000 Exemplaren 6 %,
3. ab 40.000 Exemplaren 7 %,
4. ab 100.000 Exemplaren 8 %.

(2) Bei verlagseigenen Sonderausgaben, deren Verkaufspreis mindestens ein Drittel unter dem Verkaufspreis der Normalausgabe liegt, gilt ein Honorar von 5 % vom Nettoladenpreis als angemessen. Ab einer Auflage von 40.000 Exemplaren gilt ein Honorar von 6 % als angemessen.

§ 5 Verwertung von Nebenrechten

(1) Der aus der Verwertung der Nebenrechte durch Dritte beim Verlag erzielte Erlös wird nach Eingang zwischen Autor und Verlag geteilt, und zwar erhält der Autor, sofern nicht noch weitere Rechtsinhaber zu berücksichtigen sind, einen Anteil von

60 Prozent des Erlöses bei buchfernen Nebenrechten (insbesondere Medien- und Bühnenrechten) und

50 Prozent des Erlöses bei buchnahen Nebenrechten (z. B. Recht der Übersetzung in eine andere Sprache, Hörbuch).

(2) Die Vergütung der Nutzung von Nebenrechten durch den Verlag selbst bleibt einer gesonderten Vergütungsregel vorbehalten.

§ 6 Vorschüsse

(1) Der Autor erhält auf seine Honoraransprüche im Regelfall einen Vorschuss.

(2) Von der Zahlung eines Vorschusses kann abgesehen werden, soweit die Umstände es rechtfertigen; das gilt insbesondere für kleine und mittlere Verlage. Im Übrigen kann § 3 Abs. 2 entsprechend angewendet werden.

§ 7 Abrechnungen

(1) Honorarabrechnung und Zahlung erfolgen jährlich per 31. Dezember innerhalb der auf den Stichtag folgenden drei Monate.

(2) Sofern im jährlichen Turnus abgerechnet wird, ein beachtliches Guthaben aufläuft (2.000 Euro und mehr) und es dem Verlag organisatorisch möglich und zumutbar ist, kann der Autor eine Abschlagszahlung per 30. Juni verlangen.

§ 8 Neue Nutzungsarten

Hat ein Verlag mit dem Autor eine nach diesen gemeinsamen Vergütungsregeln ermittelte Vergütung vereinbart, so ist der Autor verpflichtet, dem Verlag auf dessen Verlangen die Rechte an sämtlichen zukünftig entstehenden neuen Nutzungsarten (§ 31 Abs. 4 UrhG) schriftlich einzuräumen. Der Verlag verpflichtet sich in diesem Fall im Gegenzug, den Autor an den Erlösen aus derartigen Nutzungen angemessen zu beteiligen. Die Beteiligung wird gegebenenfalls der wirtschaftlichen Entwicklung der neuen Nutzung angepasst.

§ 9 Inkrafttreten und Kündigung

Diese Vereinbarung tritt am 1. [ ]. 2005 in Kraft. Sie ist auf unbestimmte Zeit geschlossen und kann mit einer Frist von sechs Monaten zum Jahresende, erstmals zum 31. Dezember 2006, gekündigt werden.

Für den Verlag   Für den Verband deutscher Schriftsteller

....
.

▷ Geld spricht
Drei Sätze zum Vorschuss

Verlegen kommt von Vorlegen, dazu gehört neben allen anderen Aufgaben, die ein Verlag übernimmt, bis ein Buch im Handel erhältlich ist, auch das Vorfinanzieren eines Autorenvorschusses. Hat der Verlag die Marktchancen richtig eingeschätzt, ist es eine reine Finanzierungsfrage, da der Vorschuss mit dem Absatzhonorar verrechnet wird. Ist das neue Buch jedoch ein Flop, dann kommt zu den Verlags-, Produktions- und Marketingkosten die Vorschusszahlung zum Verlust hinzu, denn der Autor braucht sie nicht zurückzuzahlen. Dieses Garantiehonorar wird üblicherweise bei Abgabe des Manuskripts gezahlt, manchmal früher, bei begehrten Autoren sogar schon, bevor eine einzige Zeile geschrieben ist.

In den Jahren, als deutsche Jungautoren wie Trüffel gesucht und entdeckt wurden, führte das zu erstaunlich hohen Vorauszahlungen. Legendär der Vorschuss, den Rebecca Casati für *Hey, Hey, Hey* bekommen haben soll: 100.000 bis 150.000 Mark für ein unfertiges Manuskript, in dem es um viel Sex geht. Die »Vorschusspanik« die »Der Spiegel« ausmachte, ergriff etliche Verlage – und sorgte für manchen Verlust.

Inzwischen hat die wirtschaftliche Realität wieder Einzug in die Buchbranche gehalten. Hohe Vorschüsse für Erstautoren gehören der Vergangenheit an. In den Verhandlungen über Autorenhonorare heißt es in dem Entwurf vom 5. November 2004: »Gemeinsame Vergütungsregeln für Autoren belletristischer Werke in deutscher Sprache« in §6 (Vorschüsse): »Der Autor erhält auf seine Honoraransprüche im Regelfall einen Vorschuss.« Das Wort »Regelfall« impliziert die Ausnahmen: »Von der Zahlung eines Vorschusses kann abgesehen werden, soweit die Umstände es rechtfertigen; das gilt insbesondere für kleine und mittlere Verlage.«

Rebecca Casatis Traumvorschuss hat ihr sicherlich gut getan. Sie meint, der Vorschuss befreit den Schreibenden von »selbstquälerischen Fragen und Zweifeln «, nämlich: »Muss er schreiben? Ja – und ob! Die erste Rate, gleich nach Vertragsabschluss fällig, ist bereits in den neuen Anbau, die Ferienreise geflossen, die zweite – fällig nach Abgabe des Manuskripts – bereits verplant, die dritte gänzlich für die Steuer aufzuwenden.« Und sie warnt den unschuldigen Debütanten, denn »wer einen Vorschuss annimmt, lädt eine moralische Schuld auf sich! Er setzt sich einem Druck aus, macht sich unmündig, begibt sich in ungeregelte Verhältnisse.«

Thomas Hettche sieht allerdings in der Praxis, Bücher mit nicht verrechenbaren Vorschüssen vorab zu honorieren, einen gerechten Gedanken: »Der Verlag teilt auf diese Weise das Risiko mit dem Schriftsteller, der bei Erscheinen seines Buches oft bereits über Jahre hinweg in Vorleistung getreten ist. Insofern honorieren im Wortsinn solche nicht verrechenbare Vorschüsse literarische Arbeit und haben literarische Kultur ermöglicht. Sie sind – noch – Ausdruck der Begeisterungsfähigkeit von Verlegern und realer Freiraum für die Fantasie der Autoren.«

Georg Klein äußerte sich zum Thema Vorschuss im »Buchreport« am schönsten: »Geld spricht, und ein guter, also hoher Vorschuss führt drei Sätze im Mund:

1. Der gebende Verlag ist nicht chronisch schwindsüchtig.
2. Die Würde des nehmenden Autors hat eine noble Geste verdient.
3. Vorschussgeber wie Vorschussnehmer werden sich für das gemeinsame Produkt bei den Buchhändlern, bei den Mittlern und beim Lesepublikum der Vorschusshöhe entsprechend ins Zeug legen.

Aber ein solcher Vorschuss wird bei Abgabe des Manuskripts fällig, also just, wenn dessen Buchwerdung beginnt, nicht schon vor dessen Niederschrift.«

▷ Arme Kanzler-Freunde
Wer im Unterricht Gedichte analysiert, der hat sein sicheres Auskommen, wer sie schreibt, nicht

In seinem Beitrag in der Zeitschrift »KulturAustausch«* forderte György Konrad dazu auf, die lokalen Kulturen und Besonderheiten innerhalb Europas durch eine entsprechende Kulturpolitik zu erhalten und zu fördern. Aber was kann die Politik dabei leisten? »Sehr viel. All das, was Markt und Medien nicht vermögen: Unterstützung, Initiativen, Beschleunigung, Verbindungen und vor allem Beiträge zum Unterhalt«, erklärte Konrad.

Zum Unterhalt?

Ja, ganz gegen den Zeitgeist fordert er den Staat auf, den Unterhalt seiner Kulturschaffenden zu gewährleisten, aus Steuergeldern zu finanzieren. »Wer im Unterricht den Zugang zum Gedicht vermittelt, der hat sein sicheres Auskommen, wer es schreibt, nicht. Schon vor zwanzig Jahren lebten dreihundert Universitätsprofessoren von James Joyce, er selbst aber konnte von seinen Werken nicht leben. Würden die europäischen Staaten den von Fachgremien anerkannten Künstlern, deren Einkommen unter dem der Lehrer liegt, einen Beamtenstatus zuerkennen, so wäre dies ein kühner Schritt. Wenn sie den Beweis ihrer Begabung geliefert haben, dann sollten sie ein ähnliches Monatsgehalt beziehen wie die Lehrer. Denn was sonst wären sie, wenn nicht Lehrer ihrer Gemeinschaft? Produzenten aller anderen Berufe genießen die Sicherheit von Beamtenstellungen, einzig die Schriftsteller und die Künstler sind den Unbilden des Marktes ausgesetzt.«

* »Was hält Europa zusammen?«, in: »Kulturaustausch« 2/2003.

Aber brauchen Schriftsteller überhaupt Unterstützung? Werden sie nicht träge und unproduktiv, kaum dass sie ihrer Existenznöte enthoben sind? Gibt es nicht schon die Künstlersozialkasse (KSK), die sogar den Künstler als Berufsanfänger günstig versichert? Ist es nicht genug, dass die 140.000 versicherten freien Künstler nur die Hälfte der Beiträge zahlen, wie Arbeitnehmer auch – die andere Hälfte teilen sich Staat und die Marktbeteiligten: Agenturen, Vermittler und Verwerter.

Was vielleicht noch nicht überall bekannt ist: die Bundesregierung, deren Kanzler sich gerne mit Schriftstellern umgibt und ablichten lässt, hat schon zu Anfang ihrer Regierungszeit den 25-prozentigen Staatszuschuss an die KSK auf 20 Prozent gesenkt. Dafür wurde der Abgabensatz der Kunstverwerter zum 1. Januar 2005 von 4,3 auf 5,8 Prozent erhöht. Und das hat jene Bundesregierung beschlossen, die Kultur sogar als Staatsaufgabe im Grundgesetz verankern will.

In Wirklichkeit ist es eine Kulturpolitik auf Kosten anderer. Die Verwerter zahlen nämlich nicht nur die höhere Abgabenlast, sie werden gleichzeitig von unserer kunstsinnigen Regierung per Gesetz zu höheren Honoraren und den entsprechend höheren Abgaben darauf gezwungen.

Über eine Abschaffung der KSK denke momentan niemand nach, ließ die Bundestagskommission »Kultur in Deutschland« verlauten, nachdem die Kommission mit einer Tagung zur Reform der Kasse für gehörige Verunsicherung unter den 140.000 KSK-Versicherten gesorgt hatte. Vielleicht hat jemand den Kulturpolitikern vorgerechnet, was in ihre fragwürdigen »Ich-AG« und andere Arbeitsmarkt-Subventionen fließt oder was ein arbeitsloser Künstler den Staat kosten würde. Das Durchschnittseinkommen freier Künstler liegt laut KSK bei 11.078 Euro, das der schreibenden Künstler bei 13.643 Euro im Jahr – für die meisten, die sich in Kommissionen damit beschäftigen und in Berliner Ministerien entscheiden, dürfte das vielleicht ein Monatsgehalt sein.

Jahresdurchschnittseinkommen in Euro der aktiv Versicherten im Bereich Wort:

Geschlecht/Alter	unter 30	30-40	40-50	50-60	über 60	Gesamt
männlich	11.390	12.527	15.912	17.862	20.250	15.749
weiblich	9.569	10.120	11.649	13.179	12.949	11.372
Gesamt	10.423	11.219	13.782	15.987	17.934	13.643

Quelle: KSK, zum 1.1.2004

Der Verband deutscher Schriftsteller (VS) fordert zwar kein Beamtengehalt für Schriftsteller wie György Konrad, dafür aber eine weniger halbherzige Förderung der Autoren. Und dazu würde gehören, dass umgehend die Besteuerung von Preisen und Stipendien beendet wird – sie erzeugt vor allem mehr Bürokratie, kostet vermutlich mehr als sie einbringt und nimmt dem Künstler die Zuwendungen, die ihm helfen sollen, teilweise gleich wieder aus der Tasche.

Ein anderer Vorschlag:

In der Republik Irland sind Künstler von der Einkommenssteuer befreit. Ein solches Gesetz zu unterzeichnen wäre eine Tat, mit der Bundeskanzler Schröder seiner Kunstneigung Glaubwürdigkeit verleihen und sich in die Herzen der Schriftstellerinnen und Schriftsteller in Deutschland schreiben könnte.

▷ *Stipendien und Steuern*
Warum sich Autoren manchmal nicht mehr freuen

Preise für die Auszeichnung eines literarischen Werks sind, wie andere Kulturpreise auch, im Allgemeinen steuerpflichtig, Stipendien aber nicht immer. Das gilt unabhängig davon, wer den Preis stiftet – selbst staatliche Preise unterliegen der Einkommenssteuer, so dass sich mit dem Preisträger auch der Finanzminister freuen darf.

Wird der Preis jedoch als Würdigung der Persönlichkeit, für ein Lebenswerk beziehungsweise Gesamtschaffen oder die Vorbildfunktion gewährt, ist er steuerfrei. Mit anderen Worten: Günter Grass musste für den Nobelpreis keine Einkommensteuer zahlen, weil damit seine Persönlichkeit und sein Gesamtschaffen gewürdigt wurden – und wer würde sich darüber nicht mit ihm freuen, ist er doch selbst großzügiger Mäzen und Förderer des literarischen Nachwuchses?

Schwieriger ist die Frage nach der Vorbildfunktion, denn die Ansichten dazu könnten sich im Laufe der Zeit wandeln: für die einen könnte multikulturelles Engagement darunter fallen, für die anderen bliebe der Preisträger steuerfrei, der sich für die Integration von nichtdeutschen Mitbürgern eingesetzt hat. Deshalb sollte sich ein Bewerber vorher beim Stifter oder Organisator des Preises erkundigen, damit er sich im voraus nicht zu viel freut.

Stipendien sind meist steuerfrei, wenn sie aus öffentlichen Mitteln (Kommunen, Länder oder Bund) fließen oder aus einer öffentlichen Stiftung wie dem Literaturfonds kommen. Für alle anderen Stipendien gibt es entsprechend bürokratische Regeln mit Ausnahmen und Sonderfällen und die dazugehörige Rechtsprechung. Darum empfiehlt es sich, den Stipendiengeber in jedem Fall vorher zu fragen, falls er die Information nicht ohnehin bereitstellt.

Man kann sich nur darüber wundern, dass der Staat auch noch die Poeten besteuert, denen oft gerade deshalb ein Preis verliehen wird, um ihnen die Existenzsorgen für eine gewisse Zeit zu nehmen, damit sie schreiben können, ohne dabei an die unbezahlte Telefonrechnung denken zu müssen. Meist ist es jedoch so, dass die Einkommen der Geehrten so niedrig sind, dass sie mit oder ohne Preis keine Steuern dafür zahlen müssen. Nur Autoren, die von verschieden Jurys im selben Jahr mehrere Preise erhalten, könnten bei der dritten Dankesrede leicht verbittert wirken, da ihnen dann wahrscheinlich nur noch die Ehre bleibt.

▷ *Leere Worte*

VG Wort: Weniger Geld für Autoren

Der von der Bundesregierung vorgelegte »Referentenentwurf zur Regelung des Urheberrechts in der Informationsgesellschaft« will wesentliche Streitpunkte regeln, die bei der letzten Reform des Gesetzes im Jahre 2003 offen geblieben waren. Die VG Wort, die die Interessen von mehr als 300.000 Autoren und Verlagen vertritt, kritisiert die Vorschläge der Regierung und kommt zu dem Ergebnis, dass es künftig weniger Geld für Autoren geben werde.

Die von der Bundesregierung jetzt vorgeschlagene Neugestaltung hätte nach Auffassung der VG Wort verheerende Auswirkungen auf die Vergütung der Urheber. Diese Vergütung ist im Urheberrecht verankert und wird seit 1965 bzw. 1985 von Herstellern und Importeuren der Geräte bezahlt, die zum Kopieren urheberrechtlich geschützter Werke geeignet sind.

Entgegen der ausdrücklichen Ankündigung der Bundesregierung in ihrem zweiten Vergütungsbericht aus dem Jahr 2000 ist jedoch eine Anhebung der Gerätevergütung zugunsten der Urheber nicht vorgesehen. Insbesondere bei der Vergütungsabgabe für Kopiergeräte, aber auch für Scanner und Faxgeräte liegen die Vorstellungen des Bundesjustizministeriums deutlich unter den bisherigen Beträgen. Dabei wäre genau das Gegenteil – nämlich eine Erhöhung – dringend notwendig, um die Urheber weiter angemessen für das private Kopieren ihrer Werke zu entschädigen. Mit diesem Ziel war die Bundesregierung schließlich einmal angetreten.

Die Betreibervergütungen, um die es für Autoren geht, werden von allen Großbetreibern von Kopiergeräten, beispielsweise Copyshops, entrichtet. Auch für diese Vergütungen ist keine Erhöhung vorgesehen, obwohl die Bundesregierung bereits in ihren letzten beiden Vergütungsberichten von 1989 und 2000 eine Verdoppelung bzw. deutliche Anhebung gefordert hatte. Aber statt der in den Vergütungsberichten der Regierung bereits zwei Mal als notwendig erachteten Erhöhung wird die Betreibervergütung nun nicht ein einziges Mal mehr erwähnt. Eine angemessene Vergütung für die Autoren könne so nicht mehr gesichert werden, erklärt die VG Wort.

Das bisherige gesetzlich geregelte und eingespielte Tarifsystem soll durch einen »Systemwechsel weg von den starren, gesetzlich regulierten Vergütungssätzen hin zu einer flexiblen praxisgerechten Bestimmung der Vergütungshöhe durch die Parteien« ersetzt werden. Wichtigstes Kriterium bei der Bestimmung der Vergütungshöhe soll künftig die »tatsächliche Gerätenutzung« sein, die durch Umfragen und Verkehrsgutachten ermittelt würden. VG Wort erwartet davon Kostensteigerungen, mehr Rechtsunsicherheit und noch mehr Rechtsstreitigkeiten.

Den Urhebern eines Filmwerkes soll in Zukunft zugemutet werden, sämtliche Rechte automatisch auf den Filmproduzenten zu übertragen, weil das im Copyright Law der USA auch so sei. Im Übrigen könne der Urheber sich »bestimmte Rechte ausdrücklich vorbehalten«. Aber welcher Urheber könnte es sich leisten, gegenüber einem auftraggebenden Film- oder Fernsehproduzenten auf Ausnahmeregeln zu bestehen?

»Wir müssen ein Land der Ideen bleiben. Und deshalb müssen wir dafür sorgen, dass diese Ideen geschützt werden und mit ihnen Geld verdient werden kann«, sagte Bundesjustizministerin Zypries. Die Nachteile, die Autoren zugemutet werden, sprechen ganz offensichtlich dagegen. Die leeren Worte der Ministerin bedeuten weniger Geld für die Autoren.

ADRESSEN · ADRESSEN · ADRESSEN · ADRESSEN

▷ *Verwertungsgesellschaften*

Verwertungsgesellschaft WORT (VG WORT)
Goethestraße 49
80336 München
Tel. 089 - 514 12-0
Fax 089 - 51412-58
vgw@vgwort.de

Büro Berlin
Köthener Str. 44
10963 Berlin
Tel. 030 - 261 38 45
Fax 030 - 23 00 36 29
info@vgbuero.de
www.vgwort.de

Literar-Mechana
Linke Wienzeile 18
A-1060 Wien
Österreich
Tel. +43 1 587 21 61 - 0
Fax +43 1 587 21 61 - 9
office@literar.at / www.literar.at

SSA Société suisse des Auteurs
Rue Centrale 12-14
CH-1003 Lausanne
Tel. +41 21 313 44 55
Fax +41 21 313 44 56
info@ssa.ch / www.ssa.ch

Weitere Verwertungsgesellschaften:

GEMA-Generaldirektion
Rosenheimer Str. 11
81667 München
Tel. 089-480 03-00
Fax 089-480 03-969

Bayreuther Str. 37
10787 Berlin
Tel. 030 - 212 45-00
Fax 030 - 212 45-950
gema@gema.de / www.gema.de

VG BILD-KUNST e.V.
Weberstr.61
53113 Bonn
Tel. 0228 - 915 34-0
Fax 0228 - 915 34-39
info@bildkunst.de
www.bildkunst.de

GVL
Gesellschaft zur Verwertung von Leistungsschutzrechten
Podbielskiallee 64
14195 BERLIN
Tel. 030 - 484 83-600
Fax 030 - 484 83-700
gvl@gvl.de / www.gvl.de

VG MUSIKEDITION
Königstor 1A
34117 Kassel
Tel. 0561 - 10 96 56-0
Fax: 0561 - 10 96 56-20
info@vg-musikedition.de
www.vg-musikedition.de

GÜFA
Gesellschaft zur Übernahme und Wahrnehmung von Filmaufführungsrechten mbH
Vautierstraße 72
40235 Düsseldorf
Tel. 0211 - 91 41 90
Fax 0211 - 679 88 87
info@güfa.de
www.guefa.de

VFF
Verwertungsgesellschaft der Film- und Fernsehproduzenten mbH
Brienner Strasse 26
80333 München
Tel. 089 - 286 28-382
Fax: 089 286 28-247
info@vff.org
www.vff.org

GWFF
Gesellschaft zur Wahrnehmung von Film- und Fernsehrechten GmbH
Marstallstr. 8
80539 München
Tel. 089 - 22 26 68
Fax 089 - 22 95 60
kontakt@gwff.de
www.gwff.de

VGF Verwertungsgesellschaft für Nutzungsrechte an Filmwerken mbH
Kreuzberger Ring 56
65205 Wiesbaden
Tel. 0611 - 778 92-22
Fax 0611 - 778 92-14
Beichstraße 8
80802 München
Tel: 089 - 39 14 25
Fax 089 - 340 12 91

▷ Kunstfreiheit vs. Persönlichkeitsrecht
Wie Sie vermeiden, dass Ihre Romanfiguren Sie verklagen

Von Sören Erdmann

Wer autobiografisch schreibt, muss die rechtlichen Grenzen seines literarischen Schaffens kennen. Zahlreiche Beispiele aus der Rechtsprechung zeigen, dass rechtliche Konflikte häufig dann auftreten, wenn sich wirkliche Personen in den Beschreibungen eines Autors wiedererkennen, weil der Autor die Eindrücke und Erlebnisse aus den Beziehungen zu diesen Menschen in seinem Werk verarbeitet hat und die Beschriebenen ihre Persönlichkeitsrechte verletzt sehen.

Besonders augenfällig wird der mögliche rechtliche Konflikt bei »Schlüsselromanen«, in denen in mehr oder weniger verschlüsselter Form wirkliche Personen und ihre Verhältnisse untereinander beschrieben werden. Der Begriff stammt aus dem 17. und 18. Jahrhundert, als diese Literaturform weit verbreitet war und Nachschlagewerke (»Schlüssel«) existierten, in denen nachgelesen werden konnte, auf welche wirklichen Personen in dem Roman angespielt wurde. In der bundesdeutschen Rechtsprechung ist der wohl prominenteste »Schlüsselroman« das von Klaus Mann verfasste Werk »Mephisto – Roman einer Karriere«, das erstmals 1936 in Amsterdam und 1956 im Ost-Berliner Aufbauverlag erschien. Das Bundesverfassungsgericht hat in seinem hierzu ergangenen Beschluss vom 24.2.1971, dem so genannten »Mephisto-Urteil«, die grundlegende und bis dahin ungelöste Frage nach dem Verhältnis der Kunstfreiheit zum Persönlichkeitsschutz beantwortet und dadurch das rechtliche Fundament für sämtliche bis heute ergangenen Entscheidungen zu dieser Rechtsfrage gelegt.

Dieser kurze Überblick über die geltenden verfassungsrechtlichen Schranken der Kunstfreiheit soll helfen, das Bewusstsein des Autors für die rechtlichen Grenzen seines künstlerischen Schaffens zu schärfen.

Kunstfreiheit

Ausgangspunkt ist Artikel 5 Absatz 3 des Grundgesetzes (GG). Dieser besagt: Die Kunst ist frei. Die Kunst- und damit die Literaturfreiheit wird mithin vorbehaltlos gewährt. Im rechtstechnischen Sinne bedeutet das aber lediglich, dass die Kunstfreiheit nicht durch einfaches Gesetz des Gesetzgebers eingeschränkt werden kann. Zwar enthält Artikel 5 Absatz 2 GG einen ausdrücklichen Gesetzesvorbehalt, nämlich die Vorschriften der allgemeinen Gesetze, die gesetzlichen Bestimmungen zum Schutze der Jugend und das Recht der persönlichen Ehre. Indessen gelten diese Schranken systematisch nur für die davor, nämlich in Artikel 5 Absatz 1 GG geregelten Grundrechte der Meinungs-, Informations-, Presse- und Rundfunkfreiheit sowie der Freiheit der Filmberichterstattung, die hier aber nicht Gegenstand der Betrachtung sind. Eine Übertragung dieser Schranken auf die Kunstfreiheit im Wege der Analogie wird von der heute herrschenden Meinung in der Rechtsprechung abgelehnt.

Die in diesem Sinne vorbehaltlose Gewährung der Kunstfreiheit bedeutet ferner nicht, dass die Kunstfreiheit völlig *uneingeschränkt* gewährt wird, denn es gibt im Grundgesetz seit jeher auch ungeschriebene, sogenannte verfassungsimmanente Schranken. Verfassungsimmanente Schranken sind Grundrechte Dritter und andere mit Verfassungsrang ausgestattete Werte, wie unter anderem die Menschenwürde und das daraus in der Rechtsprechung des Bundesverfassungsgerichts entwickelte Allgemeine Persönlichkeitsrecht gemäß Art. 1, 2 GG, zu dessen Kern auch die strafrechtlich in den §§ 185 ff. StGB (Beleidigung) geschützte persönliche Ehre zählt. Die verfassungsimmanenten Schranken folgen aus dem Grundsatz der Einheit der Verfassung, demzufolge die im Grundgesetz enthaltenen Werte sich gegenseitig begrenzen müssen, damit sie zur bestmöglichen Wirksamkeit gelangen können.

Die Kunstfreiheit des Autors muss demgemäß stets dann zurücktreten, wenn die Ausübung der Kunstfreiheit die Menschenwürde bzw. das allgemeine Persönlichkeitsrecht einer anderen Person verletzt und die Rechte dieser Person im Rahmen der verfassungsrechtlich gebotenen Abwägung gegenüber der Kunstfreiheit des Autors überwiegen. Daraus wird ersichtlich, dass es sich bei der Beschränkung der Kunstfreiheit mitnichten um eine Form der Zensur handelt, wie Befürworter einer schrankenlosen Kunstfreiheit dies gelegentlich überspitzt äußern.

Persönlichkeitsrecht

Ist das Persönlichkeitsrecht einer wirklich existierenden Person betroffen, müssen die Gerichte im Rahmen einer zivilrechtlichen Auseinandersetzung um die Veröffentlichung eines Werkes der Literatur also eine verfassungsrechtliche Güter- und Interessenabwägung zwischen der Kunstfreiheit des Autors einerseits und dem Allgemeinen Persönlichkeitsrecht des Betroffenen andererseits unter Würdigung sämtlicher konkreter Umstände des Einzelfalls vornehmen. Naturgemäß führt diese Einzelfallabwägung von Fall zu Fall zu unterschiedlichen Ergebnissen. Deshalb gibt es auch leider kein »Geheimrezept« für rechtlich unbedenkliches Schreiben.

Entscheidende Voraussetzung dafür, dass das Persönlichkeitsrecht einer wirklich existierenden Person betroffen und eine Abwägung der sich gegenüberstehenden Verfassungswerte erforderlich wird, ist die *Erkennbarkeit* des Betroffenen im literarischen Werk. Das Bundesverfassungsgericht hat hierzu in seiner vorerwähnten »Mephisto«-Entscheidung ausgeführt, dass zu prüfen sei, ob und inwieweit das »Abbild« gegenüber dem »Urbild« des Betroffenen durch die künstlerische Gestaltung des Stoffs und seine Ein- und Unterordnung in den Gesamtorganismus des Kunstwerks so verselbständigt erscheint, dass das Individuelle, Persönlich-Intime zugunsten des Allgemeinen, Zeichenhaften der Figur objektiviert ist.

Die Erkennbarkeit einer Person entfällt selbstredend nicht schon dadurch, dass der Autor lediglich den Namen der Person ändert. Nach der insoweit relativ strengen Rechtsprechung bleibt die betroffene Person nämlich auch dann erkennbar, wenn sich ihre Identität aus einer hinreichend präzisen Beschreibung der äußeren Umstände ergibt, zum Beispiel dem Handlungs- oder Wohnort, dem Beruf, dem Beziehungsgeflecht zu weiteren Personen oder allem zusammen. Nach der Auffassung des Bundesgerichtshofs (BGH) als höchstrichterliche Instanz reicht es für die Erkennbarkeit sogar aus, dass der Betroffene *begründeten Anlass* zur Annahme hat, er werde erkannt werden können, und sei es auch nur innerhalb seines näheren Bekanntenkreises. Für die Erkennbarkeit ist es also nicht erforderlich, dass ganz Deutschland weiß, von wem die Rede ist. Diese Rechtsauffassung des BGH geht zwar sehr weit und mag deshalb kritikwürdig sein, indessen ändert das nichts daran, dass sich unterinstanzliche Gerichte in der Praxis der Rechtsfindung regelmäßig an der Rechtsprechung des BGH ausrichten.

Gelingt es dem Autor nicht, die in seinem literarischen Werk in Bezug genommenen Personen derart zu verfremden, dass sie nach Auffassung des mit dieser Frage etwaig befassten Gerichts nicht mehr erkennbar sind, kommt es des weiteren maßgeblich darauf an, wie weit der Autor mit seinen Beschreibungen in die Persönlichkeitssphäre des Betroffenen eingreift.

Die Rechtsprechung hat den Schutzumfang des Allgemeinen Persönlichkeitsrechts im Laufe der Jahrzehnte immer weiter herauskristallisiert und unterscheidet – wenn auch terminologisch nicht einheitlich – zwischen im wesentlichen drei unterschiedlich stark geschützten Sphären des Persönlichkeitsrechts: der Intimsphäre, der Privatsphäre und der sogenannten Sozial- oder Öffentlichkeitssphäre. Weiterhin unterscheidet die deutsche Rechtsprechung danach, ob es sich bei der betroffenen Person um eine sogenannte Person der Zeitgeschichte handelt oder um einen »Normalbürger«.

Die Intimsphäre

Bevor diese Beurteilungsmaßstäbe im folgenden grob nachgezeichnet werden, sei angemerkt, dass das sogenannte »Caroline-Urteil« des Europäischen Gerichtshofs für Menschenrechte (EGMR) vom 24.06.2004 die vom Bundesverfassungsgericht zum Allgemeinen Persönlichkeitsrecht entwickelte Systematik – jedenfalls teilweise – in Frage gestellt hat. Die Folgen des Urteils für die weitere Entwicklung der deutschen Rechtsprechung zum Allgemeinen Persönlichkeitsrecht sind derzeit noch nicht absehbar. Deshalb wird im Folgenden die bislang (noch) geltende Rechtslage dargestellt. Im Anschluss hieran wird kurz auf das Urteil des EGMR eingegangen.

Die *Intimsphäre* beschreibt den vor Eingriffen absolut, das heißt ausnahmslos geschützten engsten Bereich der Persönlichkeit eines Menschen, insbesondere sein Sexualleben, Details aus medizinischen Untersuchungen seiner Gesundheit sowie vertrauliche Vorgänge, die unter dem Schutz des Beichtgeheimnisses oder der anwaltlichen Schweigepflicht offenbart werden. Die weiterhin grundsätzlich stark geschützte *Privatsphäre* umfasst zahlreiche Vorgänge aus dem privaten Lebensbereich, zum Beispiel eheliche und familiäre Angelegenheiten, freundschaftliche Beziehungen, Freizeitaktivitäten wie Sport und Hobbys, Einkommens- und Vermögensverhältnisse, die Zugehörigkeit zu religiösen, politischen oder weltanschaulichen Vereinigungen und dergleichen mehr. Der weniger geschützten *Sozial- oder Öffentlichkeitssphäre* schließlich werden diejenigen Vorgänge zugeordnet, die sich in oder vor einer eingeschränkten oder uneingeschränkten Öffentlichkeit abspielen, so insbesondere, wenn sich die betroffene Person aufgrund und im Rahmen ihrer beruflichen oder sozialen Stellung freiwillig aus der Anonymität in die Öffentlichkeit hinein begibt.

Die Intimsphäre ist also am stärksten – nämlich absolut –, die Öffentlichkeitssphäre am schwächsten vor Eingriffen geschützt. Die sog. Sphärentheorie ist damit letztlich nur ein Ausdruck des Prinzips der Verhältnismäßigkeit, jedenfalls kein starres Dogma. Entsprechend fließend sind die Grenzen zwischen den unterschiedlichen Sphären und uneinheitlich die für die Sphären in der Jurisprudenz verwendete Terminologie. Die graduelle Unterscheidung kann dem Autor aber immerhin als Anhaltspunkt dafür dienen, dass er von Detailbeschreibungen aus der Intimsphäre einer erkennbaren, wirklich existierenden Person auf jeden Fall die Finger lassen sollte, während er über dessen berufliches oder soziales Wirken in der Öffentlichkeitssphäre relativ gefahrlos schreiben kann. Bei Beschreibungen der Privatsphäre befindet sich der Autor in einer rechtlich äußerst risikoreichen Grauzone, in der – wie letztlich immer – die konkreten Umstände des Einzelfalls das Zünglein an der Waage bilden.

Personen der Zeitgeschichte

Im Zusammenhang mit der dargelegten Eingriffsintensität spielt nach der bisherigen Rechtslage zugleich eine entscheidende Rolle, ob es sich bei der betroffenen Person um einen »Normalbürger« oder eine so genannte (absolute bzw. relative) Person der Zeitgeschichte handelt. *Absolute Personen der Zeitgeschichte* sind solche, die wegen ihres dauerhaft öffentlichen Wirkens generell und dauerhaft im Interesse der Allgemeinheit stehen. Hierzu zählen prominente Persönlichkeiten wie Staatsoberhäupter oder führende Politiker und bisher auch Wirtschaftskapitäne, berühmte Sportler, Schauspieler und Künstler, in der Öffentlichkeit bekannte Wissenschaftler sowie exponierte Angehörige des Adelsstandes. Die *relativen Personen der Zeitgeschichte* sind demgegenüber Normalbürger, die durch ein besonders spektakuläres, zeitgeschichtliches Ereignis vorübergehend in den Mittelpunkt des öffentlichen Interesses rücken, so zum Beispiel als Beteiligter eines schweren Verbrechens, als Augenzeuge einer Katastrophe oder Teilnehmer einer populären Fernsehshow.

Vereinfacht dargestellt, müssen sich absolute Personen der Zeitgeschichte aufgrund ihrer exponierten Stellung in der Gesellschaft eine intensivere und andauernde Auseinandersetzung mit ihrer Person gefallen lassen als relative Personen der Zeitgeschichte oder Normalbürger, da sie durch ihr öffentliches Wirken hierzu regelmäßig Anlass geben und sich gegebenenfalls auch adäquat zur Wehr setzen können. Das gilt nicht nur für den Bereich der Berichterstattung in der Presse, sondern auch für die literarische Auseinandersetzung im Rahmen der Kunstfreiheit. Auch die relativen Personen der Zeitgeschichte müssen sich eine eingehendere Beschäftigung mit ihrer Person gefallen lassen als der Normalbürger, allerdings nur im engen zeitlichen und sachlichen Zusammenhang mit dem Ereignis, das sie in den Mittelpunkt des öffentlichen Interesses gerückt und dadurch erst zur relativen Person der Zeitgeschichte gemacht hat. Im übrigen sind auch sie einfache Bürger, deren Persönlichkeitsrecht sie davor schützt, ungewollt in das Licht der Öffentlichkeit gezerrt zu werden. Bei alledem gilt, dass selbstredend auch der »Super-Promi« ein Recht darauf hat, allein gelassen zu werden. Seine Intim- und grundsätzlich auch seine Privatsphäre sind zu Recht ebenso geschützt wie die eines Normalbürgers, während Schilderungen aus seiner Öffentlichkeitssphäre relativ risikolos erfolgen können, selbst wenn der Prominente dabei eindeutig identifiziert wird.

Risiken für Autoren

Wollte man an dieser Stelle versinnbildlichend eine »Risiko-Skala« skizzieren, um dem Autor Orientierungspunkte für das rechtliche Risiko seines Schaffens an die Hand zu geben, läge die literarische Bezugnahme auf das öffentliche Wirken einer identifizierbaren absoluten Person der Zeitgeschichte im risikoarmen Bereich, während bei literarischen Schilderungen von prekären Details aus der Intimsphäre einer eindeutig erkennbaren Privatperson sämtliche Alarmglocken des Autors laut schrillen sollten. Bei der rechtlichen Beurteilung des zwischen diesen beiden Polen liegenden weiten Spektrums kann ein im Medienrecht spezialisierter Rechtsanwalt behilflich sein, wenngleich auch er keine unumstößliche Rechtssicherheit bieten kann, da am Ende das Ermessen des Richters zählt und nicht sicher vorherzusehen ist, mit welchem Tatsachenvortrag und welchen Argumenten im Einzelnen die Gegenseite in einem möglichen Prozess operieren wird.

Wähnt sich der Autor nach den obigen Ausführungen im Bereich schwacher Eingriffsintensität, also zum Beispiel im Rahmen einer literarischen Schilderung des öffentlichen Wirkens einer allgemein bekannten Person, die als solche auch erkannt wird, bedeutet dies nicht Narrenfreiheit. Vielmehr hat der Autor hier – wie auch sonst – darauf zu achten, das Lebens- und Persönlichkeitsbild der wirklichen Person nicht durch Unterstellung oder offene Anlastung ehrverletzender Unwahrheiten zu verzerren, sie nicht mit Schmähkritik zu überziehen, zu beleidigen oder zu verleumden, gar zu gefährden, auf andere Weise in ihrem sozialen Geltungsanspruch herabzusetzen, oder die Person für etwaig begangenes Unrecht außerverhältnismäßig anzuprangern. In letzterem Fall gelten zudem die Unschuldsvermutung nach der Europäischen Menschenrechtskonvention (EMRK) sowie der Resozialisierungsgedanke nach der Strafvollzugsordnung zugunsten des Betroffenen.

Das »Caroline-Urteil«

Wie oben erwähnt, ist die hier dargestellte, von der deutschen Rechtsprechung entwickelte Systematik durch das sogenannte »Caroline-Urteil« des Europäischen Gerichtshofs für Menschenrechte (EGMR) vom 24.06.2004 teilweise in Frage gestellt worden. Nach dem Straßburger Urteil verstößt die deutsche Rechtsprechung zum Schutz des Allgemeinen Persönlichkeitsrechts gegen den auf europäischer Ebene verbürgten Schutz der Privatsphäre gemäß Art. 8 der Europäischen Menschenrechtskonvention (EMRK).

Prinzessin Caroline von Hannover (ehemals: von Monaco) wandte sich in dem Verfahren vor dem EGMR erfolgreich gegen die Rechtsprechung deutscher Gerichte, der zufolge die Prinzessin eine absolute Person der Zeitgeschichte sei und als solche die Veröffentlichung von Paparazzi-Fotos in der Regenbogenpresse tolerieren müsse, die sie bei alltäglichen Handlungen des Privatlebens an öffentlich zugänglichen Orten zeigen (Sport, Urlaub, Spazierengehen). Der Gerichtshof in Straßburg widersprach dem. Er hielt es vielmehr für entscheidend, ob die Veröffentlichung als ein *Beitrag zu einer Debatte von allgemeinem gesellschaftlichen Interesse* angesehen werden könne, und verneinte diese Frage in dem konkreten Fall. Der Gerichtshof war der Auffassung, die Öffentlichkeit habe kein legitimes Interesse daran zu erfahren, wo die Prinzessin sich aufhalte und wie sie sich in ihrem Privatleben verhalte, da dies nur dem Zweck diene, die Neugier eines bestimmten Publikums im Hinblick auf Einzelheiten aus dem Privatleben der Prominenten zu befriedigen. Ferner kritisierte der EGMR die von der deutschen Rechtsprechung vorgenommene Unterscheidung zwischen absoluten und relativen Personen der Zeitgeschichte, da diese Unterscheidung nicht immer trennscharf sei und daher unter dem Gesichtspunkt der fehlenden Rechtsklarheit rechtsstaatlichen Bedenken begegne. Der Gerichtshof wollte insbesondere nicht nachvollziehen, warum die Prinzessin, die keinerlei offizielle Funktion ausübe und daher eigentlich eine reine Privatperson sei, nach deutschem Recht als absolute Person der Zeitgeschichte angesehen werde; als solche kommen nach dem Gerichtshof allenfalls ranghohe Politiker in öffentlichen Ämtern in Betracht.

Dieses Urteil des EGMR betraf ersichtlich nicht direkt das hier beleuchtete Verhältnis zwischen *Kunstfreiheit* und Persönlichkeitsrecht, sondern das zwischen der *Pressefreiheit* (Bildberichterstattung) und dem Persönlichkeitsrecht. Aber die Kritik der Straßburger Richter an der deutschen Rechtsprechung zum Allgemeinen Persönlichkeitsrecht wird auf lange Sicht möglicherweise zu einer Änderung des deutschen Persönlichkeitsrechts führen, die auch der Autor von »Schlüsselromanen« bei der Ausübung seiner Kunstfreiheit wird beachten müssen. Denn nach der Rechtsprechung des Bundesverfassungsgerichts ist der Inhalt der Europäischen Menschenrechtskonvention (EMRK) bei der Auslegung des Grundgesetzes zu berücksichtigen. Entscheidungen des EGMR wirken sich daher mittelbar auch auf die Bestimmung von Inhalt und Umfang der Grundrechte nach dem Grundgesetz aus. Deutsche Gerichte werden demnach in Zukunft die vom EGMR im »Caroline-Urteil« entwickelten Maßstäbe als Interpretationshilfe bei der Abwägung auch zwischen Kunstfreiheit und Persönlichkeitsschutz heranzuziehen haben.

Resümee

Es ist unvermeidbar und auch aus rechtlicher Sicht nichts dagegen einzuwenden, dass ein Autor seine ganz persönlichen Erlebnisse und Erfahrungen im Zusammenhang mit ihm vertrauten oder bekannten Menschen in einem literarischen Werk verarbeitet. Auf diesem Prinzip beruht die Literatur seit jeher, und auch die bundesdeutschen Gerichte haben dem nichts entgegenzusetzen. Das grundgesetzlich verankerte Persönlichkeitsrecht verlangt dem Autor jedoch ab, wirkliche Personen sowie die inneren und äußeren Umstände der in Bezug genommenen Geschehnisse derart zu verfremden, dass diese für die Beteiligten nicht mehr erkennbar sind. Das ist einem Schriftsteller zumutbar, denn die verfassungsrechtlich verankerte Kunstfreiheit belässt ihm im übrigen einen sehr weiten Freiraum. Wer wirkliche Personen dennoch erkennbar beschreibt, bewegt sich auf einem rechtlich unsicheren Terrain und sollte deshalb die oben aufgezeigten rechtlichen Maßstäbe zumindest in seinen Grundzügen kennen. Berücksichtigt er die Schranken der Kunstfreiheit nicht, kann das zu gerichtlichen Auseinandersetzungen, äußerstenfalls zu einem Veröffentlichungsverbot führen. Wer das Leben und seine Beziehungen zu anderen Menschen indes nur als Quell der Inspiration für gute und große Geschichten versteht, ohne die Realität als Matrize für die literarische Reinschrift zu verwenden, läuft diese Gefahr nicht.

Sören Erdmann ist Rechtsanwalt und Partner der auf Medienrecht spezialisierten Anwaltssozietät Erdmann Zacharias-Langhans mit Sitz in Berlin. Nähere Informationen unter *www.erdmann-zacharias.de*.

▷ Schreiben Sie immer aus Rache!

Ethan Canin betont, dass man niemals aus Rache heraus schreiben sollte, aber ich sage meinen Schülern, dass sie *immer* aus Rache schreiben sollen, so lange sie es nett machen. Wenn sich jemand mit ihnen gestritten oder sich ihnen gegenüber unfair verhalten hat, rate ich ihnen, darüber zu schreiben. Zwei meiner Schüler aus verschiedenen Kursen beschlossen, über die Zweige zu schreiben, die ihre Eltern von den Bäumen im Garten schnitten, um sie damit zu züchtigen. Verwenden Sie diese Erinnerungen, sagte ich ihnen. Sie gehören Ihnen. Niemand hätte Ihnen so etwas antun dürfen. Ich persönlich würde teils aus dem Wunsch, das Verhalten meiner Eltern zu verstehen, teils aus Rache schreiben.

Und nun wäre es vielleicht nicht schlecht, über Persönlichkeitsrechte zu sprechen. Dazu zählt auch Verleumdung, üble Nachrede in gesprochener oder geschriebener Form. Verleumdung bedeutet, über andere Menschen Dinge zu verbreiten, die sie in einem falschen oder schlechten Licht dastehen lassen. Wenn Sie also mit einem Mann zusammen gelebt haben, der eine Reihe von seltsamen privaten und beruflichen Macken pflegt, die sowohl seinen Freunden als auch seinen Kunden bekannt sind, und man ihn anhand dieser Macken in Ihrem Werk identifizieren kann, dann sollten Sie sich doch lieber alle Mühe geben, ihn als Figur ganz anders darzustellen. Wenn er bekannt dafür war, lange Zehennägel zu haben, dann lassen Sie ihm in Ihrem Buch lange Nasenhaare wachsen. Wenn er seine Haare schwarz gefärbt hat, dann lassen Sie ihn Make-up und einen Hauch von Rouge benutzen. Wenn er sich aber durch seine Handlungen Ihnen gegenüber als narzisstischer Soziopath offenbart hat, dann sollten Sie durchaus versuchen, seinen Charakter in eine Figur zu übersetzen. Sie können sogar tatsächlich stattgefundene Gespräche verwenden, solange dieser Mensch nicht durch Ihre Beschreibungen identifiziert werden kann. Verändern Sie alles, was auf ihn als wirklich existierende Person hinweisen würde. Lassen Sie seine kleptomanischen Tendenzen weg. Lassen Sie weg, welches Auto er tatsächlich fährt und dass er Raucher derart verabscheut, dass er in den Aschenbecher einen winzigen Baum gepflanzt hat. Machen Sie aus sich seine Freundin oder seine erste Frau statt seiner dritten und sparen Sie sich seine missratenen Kinder aus erster Ehe und die rothaarigen Zwillinge aus zweiter Ehe, denn auch sie könnten klagen. Wenn Sie diese Person so sorgfältig verkleiden, dass sie nicht durch ihr Äußeres oder ihre besonderen Lebensumstände, Beruf und Verhalten erkennbar ist, dann können Sie sie in Ihrem Werk verwenden. Geschickt ist es auch, den Ex mit einem winzigen Penis auszustatten, denn dann ist es weniger wahrscheinlich, dass er sich öffentlich über Ihre Darstellung beschweren wird.

Ich weiß, ich klinge jetzt vermutlich ein wenig nachtragend.

Ein Schüler erzählte mir einmal, dass seine Mutter ihm, als er klein war, als Strafe oft die Hand am Herd verbrannt hatte. »Verwenden Sie das«, sagte ich. – »Aber sie ist alt«, wandte er ein. »Sie hat kein besonders schönes Leben gehabt.«

Mein Herz blutet, sagte ich. Verändern Sie Ihr Aussehen, Ihr Alter, den Ort, wie sie wohnte. Wenn Sie Einzelkind waren, erfinden Sie fünf Geschwister. Machen Sie sie zu einer Alleinerziehenden. Verwenden Sie den brutalen Vater woanders, in einer anderen Geschichte. Und wenn es keinen Dad gab, erfinden Sie einen.

Dieser Bursche hat inzwischen einige wundervolle Geschichten über seine Kindheit geschrieben; die Mutter seiner Storys ähnelt seiner eigenen nicht im Geringsten. Sie hat nun blonde Haare, warme braune Augen, arbeitet bei A&P ... und hält die Hand ihres Sohnes in die Gasflamme, wenn er ungezogen gewesen ist. Einmal, als er seine Lesung beendet hatte, brach die Klasse in spontanen Applaus aus.

Aus: Anne Lamott, *Bird by Bird – Wort für Wort*, Deutsch von Kerstin Winter, Berlin 2004.

ANHANG

Eats, Shoots and Leaves 997

Autorenbibliothek 999

Index Verlagsprogramme 1007

▷ *Eats, Shoots and Leaves*
Null-Toleranz für Zeichen-Muffel

Der Überraschungsbestseller in England und Amerika war 2004 ein Buch über Zeichensetzung, das seinen Titel von einem Witz über einen Panda ableitet, der in ein Restaurant geht, »eats, shoots and leaves«, also »isst, schießt und geht«, weil er empört ist über den Eintrag zu Panda-Bären in einem Wildlife-Handbuch. Es hätte heißen müssen: »eats shoots and leaves«, also: »frisst Schösslinge und Blätter«. Kleines Komma, große Wirkung.

Warum ein Buch übersetzen, das sich mit englischer Zeichensetzung beschäftigt? Kennen Sie die nicht aus der Schule? Oder sind Sie sich doch nicht so sicher, ob Ihr Bericht für die Sitzung des Aufsichtsrates, der Text für Ihr Englischexamen oder das Manuskript für den britischen Verlag so in Druck gehen könnte? Verlassen Sie sich womöglich darauf, dass Ihr Freund aus England oder Amerika immer Zeit hat, Ihre Entwürfe zu korrigieren? Sind Sie sicher in der Interpunktion Ihrer MUTTERSPRACHE?

Sie zögern? Sehen Sie, deshalb ein Buch über englische Interpunktion. Vielleicht auch deshalb, weil Sie Spaß an Sprache haben und sich manchmal aufregen, wenn Ihnen gar zu dumme Zeichenfehler begegnen. Und vielleicht, weil Sie schon immer wissen wollten, wozu ein Semikolon eigentlich gebraucht wird, obwohl wir doch schon das Komma haben. Denn auch die deutsche Interpunktion finden Sie in diesem Buch erklärt.

Jeder hat irgendwann in der Schule die Grundlagen der Interpunktion im Deutsch- und Englischunterricht gelernt: Wann setzt man ein

Komma? Wo wird ein Apostroph verwendet und wo sollte ein Strichpunkt statt eines Punktes stehen? Und doch entdeckt man überall Schilder und Texte mit grammatikalisch abenteuerlicher Interpunktion. Was ist der Grund dafür? Ist es Nachlässigkeit, Vergesslichkeit oder einfach Unkenntnis?

In ihrem Buch beschäftigt sich Lynne Truss humorvoll und informativ mit den kleinen Zeichen im englischen Sprachgebrauch und erklärt ihre Sorge, dass Sprache ernsthaft Schaden erleidet, wenn die Zeichensetzung weiter missachtet wird.

Die Übersetzerin und Autorin Käthe Fleckenstein hat sich parallel dazu die deutsche Interpunktion und ihre Empfindlichkeiten vorgenommen, fehlende und falsch gesetzte Zeichen, die so leicht Aussage und Inhalt verändern können: »Freiburg hat was, alle suchen« – oder ist das Komma versehentlich nur um ein Wort verrutscht?

So ist ein kleines englisch-deutsches Interpunktions-Handbuch entstanden für alle, die zweisprachig lesen und schreiben wollen oder sollen.

Lynne Truss: *Hier steht was alle suchen – Eats, Shoots and Leaves. Bärenstark in Zeichensetzung.* Übersetzt und ergänzt von Käthe H. Fleckenstein.
ISBN 3-932909-32-1, Autorenhaus Verlag 2005.

▷ Autorenbibliothek

1. Literaturkalender

Arche Literatur Kalender
Thema 2005: Draußensein –
Gärten & Landschaften
60 Bl., 54 Abb., durchgeh. illustriert
Arche Verlag, 24 x 28 cm, Spiralbindung, 18 €
Unser Lieblingskalender!

Arche Literatur Postkarten Kalender
14 Bl., Text und Illustration
Arche Verlag, 19 x 16 cm, Spiralbindung, 8 €

Artemis & Winkler Literaturkalender
53 Bl., Text und Illustration
Artemis & Winkler, 24 x 29 cm,
Spiralbindung, 18 €

Aufbau Literaturkalender
56 Bl., Text und Illustration
Aufbau Verlag, 24 x 33 cm,
Spiralbindung, 17 €

Fliegende Wörter
53 Qualitätsgedichte zum Verschreiben und Verbleiben
Literarischer Postkartenkalender
56 Bl., vierfarbig, Gedichte als grafische Kunstwerke

Daedalus Verlag, 16 x 18 cm, Spiralbindung, 14,95 €
Der größte kleine und feine Kalender!

Der Literarische Frauenkalender
edition ebersbach, 20 €

Der Literarische Gartenkalender
56 Bl.., Text und Illustration
Schöffling Verlag, 24 x32 cm,
Spiralbindung, 22,50 €

Der Literarische Reisekalender
56 Bl., Text und Illustration
Schöffling Verlag, 24 x 32 cm,
Spiralbindung, 22,50 €

Der Literarische Katzenkalender
56 Bl., Text und Illustration
Schöffling Verlag, 24 x 32 cm,
Spiralbindung, 19,90 €

Lesen Kalender
14 Bl., großformatige Künstlerfotos
Ars Vivendi, 46 x 47 cm, Spiralbindung Euro 25 €

(Wandkalender, Preise: unverb. Preisempfehlung)

2. Schriftstellerbücher

Thomas Kraft (Hg.): *aufgerissen – zur literatur der 90er*
Iso Camartin (Hg.): *Die Besten – Die Preisträger aus 25 Jahren Ingeborg Bachmann Wettbewerb*
(beide Piper Verlag)
Zwei Bände, die für Nachwuchsautoren interessant sind, weil sie zeigen, wie heute anerkannte Schriftsteller begonnen haben:
Die Besten, mit einem Vorwort von Marcel Reich-Ranicki, sind die, die beim Bachmann Wettbewerb vor einer kritischen Jury bestehen konnten. Durch Auszüge aus ihren Werken lernen wir sie kennen. Für Autoren, die wissen wollen, was preiswürdig ist. In *aufgerissen* stellen Kritiker die Autoren der 90er Jahre vor. Man lernt die Person des Autors und sein Werk kennen, dazu ein Porträt, seine Bibliografie und literarische Entwicklung.

Marlene Streeruwitz: *Sein. Und Schein. Tübinger Poetikvorlesungen*
(edition suhrkamp)
Die Schriftstellerin geht auf die Prägung der Frau durch Angst und Unwertgefühl in der Kindheit ein. Wogegen der Mann durch die Verdrängung der Angst scheinbar schon zum Täter bestimmt ist. Diese Voraussetzung überträgt sie auf das Schreiben und die Sprache als Ausdruck. Die Reihe dieser Veröffentlichungen von Schriftsteller-Vorlesungen ist für Autoren wichtig und zu empfehlen.

Brigitte Oleschinski: *Reizstrom in Aspik. Wie Gedichte denken*
(DuMont)
Von der »Notwendigkeit des Schreibens von Gedichten« – wie sie entstehen, was den Schreibimpuls im Alltag auslöst und wie Sprache den Inhalt bestimmt, zusätzlich ein Gespräch mit der Lyrikerin Elke Erb, Gedanken und Argumente. Wie Lyrik entsteht und Ausdruck findet.

Marcel Beyer: *Nonfiction*
(DuMont)
»Ich schreibe in der ersten Person, ich sage etwas über mich, über diesen Menschen, der ich bin, der hier am Tisch sitzt und schreibt – und während ich Gedanken und Sätze forme, verwandelt sich dieses ›ich‹, wird es unter der Hand, im Verlauf der Sätze nicht zu einer anderen Person, aber zu einer Figur. Beim Schreiben verändert sich meine Stimme. Was ich schreibe, ist mit einer anderen Stimme gesprochen als das, was ich sage.« Vorträge und Interpretationen zum Erleben und Entstehen von Dichtung und Prosa – unbedingt lesen!

Paul Auster: *Das Buch der Illusionen, Deutsch von Werner Schmitz*
(Rowohlt Tb)
Nachdem seine Frau und Kinder bei einem Flugzeugabsturz ums Leben kamen, stürzt sich der Literaturprofessor David Zimmer in die Arbeit an

einer Biografie über den Stummfilmkomiker Hector Mann und dessen Filme. Hector jedoch ist bereits vor einem halben Jahrhundert spurlos verschwunden und halbvergessenen. David Zimmer erhält einen mysteriösen Brief und plötzlich tauchen auch verlorengeglaubte Filme auf, die Handlung entwickelt sich selbst wie ein Film und treibt auf ein unerwartetes Crescendo zu. Man muss dieses Buch lesen, weil es Literatur pur ist, phantastisch gut geschrieben.

Ragni Maria Gschwend (Hg.):
Der schiefe Turm von Babel.
Geschichten vom Übersetzen,
Dolmetschen und Verstehen.
(Straelener Manuskripte Verlag)
Ein Buch von und für Übersetzer mit vielen Kostproben zum Thema literarischer Übersetzungen wie: Freund oder Feind? Übersetzer und Ihre Autoren oder Borges: Die Übersetzer der Märchen von Tausendundeiner Nacht.

Charles Simmons: *Belles Lettres*
Deutsch von Klaus Modick,
Ulrike Draesner (C.H. Beck)
Charles Simmons, dreißig Jahre Redakteur des New York Book Review, hat diesen Roman als Satire angelegt, geht es doch um eine (fiktive) Literaturzeitschrift. Eine Insiderstory also: Vorgeführt werden die wenig belesenen Inhaber eines Zeitungsimperiums zu dem die Zeitschrift Belles Lettres gehört, die Machtkämpfe und Intrigen als ein neuer höchst unbeliebter Chefredakteur eingesetzt wird. So ganz unbekannt erscheint auch die Frage nach den Kriterien bei der Wahl der 25 bedeutendsten amerikanischen Schriftsteller nicht. Aber richtig schön wird es als plötzlich neun bisher unbekannte Shakespeare Sonette erscheinen, die beweisen sollen, dass der Dichter schwul war ...

Dorothea Dieckmann:
Damen & Herren
(Klett-Cotta)
Dorothea Dieckmann, Literaturkritikerin, Essayistin und mehrfach ausgezeichnete Autorin hat ein Klassentreffen beschrieben, bei dem viele Leser ihre Abneidung gegen einen Trip in die Vergangenheit bestätigt finden werden – besonders wenn »sie« nach 20 Jahren als Poetin entlarvt wird und nachträglich büßen muss ...

Jostein Gaarder:
Der Geschichtenverkäufer
Deutsch von Gabriele Haefs
(Hanser)
ER will nicht Schriftsteller werden, aber er rettet durch seine Geschichten viele Schriftsteller, die ohne Muse und ausgetrocknet sind. Durch ihn und seine Geschichten werden sie berühmt. Er verkauft seine Fantasie, Romanideen, Vorschläge für Erzählungen, Ideen und Gedicht an die Blockierten – und das zu guten Preisen. Dann aber wendet sich alles gegen ihn ... mehr wird nicht verraten. Ein spannendes Ideengespinst von einem erdacht und geschrieben, der selbst ein Professioneller ist!

Jean-Pierre Gattégno:
Der Geschichtendieb
Deutsch von Karin Balzer
(Reclam Leipzig)
Ich liefere meine Geschichte und Sie werden berühmt, lautete das Angebot eines Unbekannten an den heruntergekommenen Groschenromanschreiber. Er soll die Lebensgeschichte eines Serienkillers schreiben und dafür mehr als großzügig bezahlt werden. Seine Zweifel an dem Deal werden beseitigt als er, wie angekündigt, die Leiche einer ermordeten jungen Frau unter seinem Fenster entdeckt. »Ein Buch über Geschichtenräuber und eine Hommage an diese Räuber, ohne die es keine Literatur geben würde.«

Ian McEwan: *Abbitte*
Deutsch von Bernhard Robben
(Diogenes)
Die dreizehnjährige Briony, die sich bereits als Schriftstellerin fühlt, lässt sich von ihrer Fantasie verleiten und zerstört dadurch das Leben ihrer nächsten Angehörigen. Großartig sind die Charakterdarstellungen und die poetische Sprache, in der Kindheit, Einsicht und vergebliche Reue geschildert werden. Die Beschreibungen des Einsatzes englischer Soldaten in Frankreich und die Kämpfe gegen den deutschen Feind während des zweiten Weltkriegs sind einzigartig menschlich und berührend.

Bodo Kirchhoff: *Schundroman*
(Frankfurter Verlagsanstalt)
Martin Walser: *Tod eines Kritikers*
(Suhrkamp)
Die beiden Skandalromane über den deutschen Literaturbetrieb, in denen sich einige noch lebende Personen verewigt fühlten: Zwei bekannte deutsche Schriftsteller hatten den gleichen Gedanken, das Gefühl, dass die Zeit reif sei für dieses Thema. Bodo Kirchhoff beschreibt es so: »Das Sizilianische unseres Literaturbetriebs lieferte die Notwehrlage für diesen Roman aus der Hüfte ...«

Arne Dahl: *Böses Blut*
Deutsch von Wolfgang Butt (Piper)
»Man kann nicht Kritiker sein, ohne sich den Hass anderer Leute zuzuziehen«, – eine weise Einsicht, die der Mann hatte als er noch lebte. Noch ein umgebrachter Literaturkritiker, der nie geahnt hätte, dass sein Mörder ihm erst die Stimmbänder durchschneidet, um ihn dann lautlos foltern zu können. Danach sucht sich der Mörder glücklicherweise die weiteren Opfer außerhalb des Literaturbetriebs, was dem Krimi nichts an Spannung nimmt, vor allem weil der Plot bis zu den letzten Seiten nicht ahnen lässt, wer aus welchem Motiv so fleißig killt.

Wilhelm Genazino: *Eine Frau, eine Wohnung, ein Roman*
Mit 17 vom Gymnasium geflogen, die Enttäuschung seiner Eltern – ein schlechter Start, um Schriftsteller zu

werden. Daher wird der junge Mann als erstes Lehrling in einer Spedition und heimlich abends Reporter für eine Lokalzeitung. Was ihn antreibt ist seine Vorstellung von dem, was es braucht um sein Ziel zu erreichen: Eine Frau, eine Wohnung und einen Roman. Der Weg dahin ist ein Doppelleben zwischen der Realität des Alltags und der Entdeckung der Literatur darin. Am Ende zweifelt er nicht mehr daran, dass er sich »in einem ungeschriebenen Roman bewegte« – eine höchst poetische Vorstellung!

Enrique Vila-Matas: *Die merkwürdigen Zufälle des Lebens*
Deutsch von Petra Strien
(Nagel & Kimche)
Marcelino will zwei Frauen für sich, noch dazu Schwestern: Die eine liebt er, die andere macht ihn verrückt. Diese immer nur halb befriedigende Situation beschert ihm die Idee, einen Vortrag über die Parallelen zwischen Schriftstellern und Spionen zu halten. Er ist nämlich sein lebendes Vorbild: Schon als Kind hat er Salvador Dalí beschattet und Graham Greene hat ein Tintenfass nach ihm geschleudert. Seine persönliche Situation wird allerdings durch seinen literarisch motivierten Voyeurismus nur problematischer ...

Jakob Arjouni: *Idioten. Fünf Märchen*
(Diogenes)
Alles dürfen Sie sich wünschen, nur nicht: Unsterblichkeit, Gesundheit, Geld und Liebe. Da merkt man erst einmal wie schwierig das Wünschen ist. Gut dass man erfährt, was für dumme oder kluge Wünsche die anderen haben. Zum Beispiel der Groschenromanschreiber Ohio, der verzweifelt an seiner Kriegsgeschichte sitzt und nicht weiterkommt. Auch ihn besucht die Fee und was wünscht er sich »... einen Ton und eine Erzählperspektive für die Szene ... an der ich seit über einer Woche sitze und mit der ich kein Stück weiterkomme«. Und sogar das kann die Fee!

Manfred Rumpl: *Murphys Gesetz*
(Reclam Leipzig)
Anatol, seiner wohlmeinenden konservativen Familie entflohnen, hat einen weiten Weg bis zum Schriftsteller-Olymp vor sich. Dafür lernt er den Künstlerbetrieb kennen und die Schwierigkeit, Herr seiner Romanfiguren zu bleiben. Dass Manfred Rumpl seine Romancharaktere der Wirklichkeit nachgebildet hat, werden wahrscheinlich nur Kenner der Literaturszene entdecken ... bei Anatol kommt es nach 317 Seiten zum überraschenden Ende.

Sigrun Casper: *Salz & Schmetterling*
(Konkursbuch Verlag)
Schriftsteller und Dichterreise nach Rumänien, ein Treffen zwischen Schreibenden, die die anderen und ihre Werke kennen lernen wollen. Die Protagonistin und der fremde Mann fliegen wie Schmetterlinge einander zu, Poesie erzeugt Erotik. Stimmung: Bonjour Tristesse.

Stephen Fry: *Der Lügner*
Deutsch von Ulrich Blumenbach
(Aufbau Taschenbuch)
Der 15jährige Adrian Healey wird in eine Mordaffäre verwickelt, in der ein pornografischer Roman von Charles Dickens, seltsame Regeln fürs Kricketspielen, ein internationaler Spionagering und eine Wahrheitsmaschine eine Rolle spielen. So sehr Adrian, Bücher und sexuelle Perversionen liebt, so wenig liebt er die Wahrheit und diese kleine Schwäche bringt ihn in große Schwierigkeiten.

Edmund Crispin: *Der wandernde Spielzeugladen*
Deutsch von Eva Sobottka
(DuMonts Kriminal-Bibliothek)
Das erste Kapitel ist schon vielversprechend: Die Episode vom draufgängerischen Dichter. Und dann geht's mit dem Lyriker Cadogan in die Schreibblockade, gegen die ihm Abenteuer helfen sollen. Er findet die Leiche einer Frau, wird für geistig verwirrt gehalten und spielt mit seinem Freund, dem Oxforder Literaturprofessor, Literaturquiz wie *Scheußliche Shakespeare*-Zitate oder *Unlesbare Bücher* – ein Krimi voller literarischer Anspielungen.

Yael Hedaya: *Zusammenstöße.*
Eine Liebesgeschichte
Deutsch von Ruth Melcer
(Diogenes)
Ein ganzes Buch davon wie ein verwitweter Schriftsteller und eine Single Schriftstellerin sich begegnen und irgendwann den Mut aufbringen zusammenzuleben – trotz einer Tochter im sensiblen Alter und gegen die Skepsis besonders selbständiger Individuen. Leben und Familie in Israel, Erotik gekonnt beschrieben, und Tricks wie man eine Blockade versteckt – gute Unterhaltung.

Marcel Theroux:
Wer war Patrick March?
Deutsch von Ulrike Wasel,
Klaus Timmermann (C.H. Beck)
Manchmal, wenn er resigniert und unzufrieden ist, fragt sich Damien March, BBC-Nachrichtenredakteur, selbstquälerisch »Wer bin ich?«. Aber das lässt er schnell bleiben, nachdem er das Haus seines exzentrischen Onkel Patrick geerbt hat. Von da an fragt er nur noch »Wer war Patrick March?« Vor allem als er in dessen Haus das unvollständige Romanmanuskript Die Bekenntnisse des Mycroft Holmes findet, in dem es um Mord und Betrug geht. Noch dazu entschlüsselt er die verdeckten Hinweise auf eine Tragödie, die ihn selbst betrifft.

A.L. Kennedy: *Alles was du brauchst*
Deutsch von Ingo Herzke
(Wagenbach)
Ungestört auf einer Insel leben und schreiben – was ein Schriftstellerparadies sein könnte wird zur Hölle für seine Bewohner. In ihren Häusern kämpft jeder für sich mit seiner Blockade und der Herausforderung bis zu den äußersten Grenzen zu gehen,

sogar bis zum Tod. So wenig die Atmosphäre dazu geeignet zu sein scheint, hier entwickelt sich ein junges Mädchen zur Schriftstellerin und schreibt ihren ersten Roman. A.L. Kennedy ist in jeder ihrer Figuren überzeugend – 573 Seiten lang. Unbedingt lesen!

Patricia Highsmith: *Das Zittern des Fälschers*
Deutsch von Dirk v. Gunteren, Nachwort von Paul Ingendaay
(Diogenes)
Der Klassiker und für viele Highsmith-Verehrer einer der besten Romane, in dem die Schreibmaschine des Schriftstellers zur Selbstverteidigungswaffe wird: dichte psychologische Charakterdarstellung und großartige Situationsbeschreibungen.

Philippe Djian:
Schwarze Tage, weiße Nächte
Deutsch von Ulli Wittmann
(Diogenes)
Total unten ist der ehemals erfolgreiche Schriftsteller Francis, der sich damit über Wasser hält, dass er seinen wohlhabenden Bekanntenkreis mit obskuren Kapseln, Tinkturen und Absinth versorgt. Dann fragt ihn seine tote Frau, mit der er ständig im Gespräch ist: Warum versuchst du es nicht mit einem Porno? Bei der Verwirklichung des Projekts geht es nicht zimperlich zu – etliche harte Sexszenen in ironischer Reizwäsche.

Judith Kuckart: *Die Autorenwitwe*
(DuMont)
In dieser Sammlung von Erzählungen treten zwei männliche Schriftstellerexemplare auf: Oskar Stosskopf (schon der Name!) in »Autorenwitwe« und Wendisch, der Novellenschreiber in »Dorfschönheit«. Beide werden als unwiderstehliche Egomanen dargestellt und die Frauen als Gefühlsmasochistinnen, von Schriftstellern seelisch und physisch missbraucht. Judith Kuckart zieht den Leser durch das überraschende Verhalten ihrer Figuren musterhaft mit in ihre Geschichten hinein und liefert ihm gleichzeitig genug zum späteren Reflektieren.

Katrin Askan: *Wiederholungstäter*
(Berlin Verlag)
In der Erzählung »Erste Klasse« ist es ein von Stipendien lebender, und wenig erfolgreicher Schriftsteller, der auf einer Zugfahrt erlebt wie wenig er der Wirklichkeit und seinen Mitreisenden gewachsen ist, während er darüber nachdenkt, dass seine Autobiografie einen Erfolg verdient hätte und die nachwachsende Schriftstellergeneration als »impertinent« bezeichnet. Die Erzählung *Wiederholungstäter* dagegen ist reine Spannung und gewalttätiges Verwirrspiel: Eine Frau sitzt am Computer, ein Mann im Park in einem Gebüsch und die Szene einer Vergewaltigung als erzählte oder nacherzählte Tat sind nicht mehr zu unterscheiden. Das ist sehr gekonnt und hautnah überzeugend nachempfunden.

3. Kinderbücher

Marjaleena Lembcke, Susann Opel-Götz: *Die Geschichte von Tapani, vom Fernfahrer Frisch und der roten Ente* (Sauerländer)
»... du liest ja viel. Vielleicht wird aus dir eines Tages ein Schriftsteller«, sagt die Bibliothekarin zu Tapani. Die Hauptrolle hat die rote Holzente, die dem Jungen Tapani in Finnland übers Meer zuschwimmt und einen Zettel um den Hals trägt. Sie kommt von Herrn Frisch aus Deutschland und bringt über kleine Umwege beiden Glück. Eine kleine Geschichte, die Mut macht, wenn alles in der Wirklichkeit so verfahren aussieht.

J. Patrick Lewis, Roberto Innocenti: *Hotel zur Sehnsucht*
Deutsch von Hans ten Doornkaat (Sauerländer)
Ein Kinder- und junge Erwachsenenbuch mit hinreißenden Illustrationen, aber auch ein literarisches Rätselbuch für Eltern mit Kindern, die sich für klassische Kinderliteratur interessieren. Denn im Hotel zur Sehnsucht stehen unter anderen auch Peter Pan, Oliver Twist und Huckleberry Finn im Gästebuch, aber wir begegnen noch anderen guten Bekannten. aus der Literatur, die sprechen wie in ihren Geschichten. Sie warten darauf vom Leser erkannt zu werden – märchenhaft und wunderbar.

Jörg Müller: *Das Buch im Buch im Buch* (Sauerländer)
»Ich wollte ein Bilderbuchmaler sein und ein Buch machen mit dem Titel *Das Buch im Buch im Buch*. Aber dann habe ich dieses Umschlagbild angefangen und bin immer tiefer hineingeraten und jetzt finde ich nicht mehr raus!«, sagt der Mann im Buch, der um Hilfe gerufen hat. Und weil der Junge sich ein Katzenbuch wünscht und nicht eins, in dem ein großer Hase herumläuft und über seine Schulter guckt, verspricht er dem Bilderbuchmaler herauszuhelfen. Aber dazu muss er selbst ganz tief hineingehen ins Buch und weiter ins nächste und wieder nächste. Die 3-D-Brille soll dem Leser helfen, die Reise des Jungen ins Innere mitzumachen. Ein großformatiges Bilderbuch mit ungewöhnlichem Schutzumschlag und nahezu surrealen Bildern. Viel Spaß auf der Durchreise!

Berger u.a.: *Abenteuer Journalismus* (Dachs Verlag)
Für Jugendliche, die den Journalismus zu ihrem Beruf machen wollen. Expertenbeiträge über alle Medienbereiche, dazu Anschriften und Internetadressen, praktische Tipps, u.a. wie man eine Schülerzeitung macht, dazu ein Lexikon mit Fachbegriffen – gut verständlich erklärt und geschrieben, mit Abbildungen und Beispielen und weiteren Literaturempfehlungen.

▷ Index Verlagsprogramme

Der Index bezieht sich auf die Seiten 585 bis 926 (Buchverlage).

Abenteuer 714, 737, 771, 773, 835, 852
Afrika 585, 603, 713, 724, 813
Ägyptologie 895
Alltagskultur 612, 744, 856
Alpinismus 829, 911, 913
Alsatica 787
Alte Geschichte 666, 852
Alter 738, 758, 766, 924
Alternative Gesundheit 609, 611, 717, 721, 791, 904
Altertumswissenschaften 618, 712, 802, 833, 891
Amerika 603
Anarchismus 708, 753, 865
Angeln 695, 730, 920
Anthologien 647, 656, 663, 904, 907, 912
Anthropologie 628, 710, 715, 727, 817, 828, 844, 853, 859, 903, 908, 909
Anthroposophie 698, 778, 869, 923
Antifaschismus 795
Antike 621, 707, 777, 782, 819, 823, 833, 886, 924
Antipsychiatrie 595
Antisemitismus 781
Anwälte 634, 838
Anwendungen 696
Aphorismen 797
Apologetik 882
Apotheke 707
Aquaristik 758

Arabische Literatur 807
Arbeiterbewegung 597, 795
Arbeits- und Gesundheitsschutz 665
Arbeits- und Sozialrecht 634, 720
Arbeitsrecht 726, 821, 838
Arbeitssicherheit 825
Archäologie 626, 628, 666, 683, 694, 702, 709, 711, 722, 729, 737, 741, 752, 760, 769, 790, 797, 815, 816, 823, 828, 840, 844, 849, 852, 873, 885, 886, 891, 895
Architektur 593, 598, 599, 611, 612, 616, 620, 624, 626, 637, 648, 651, 652, 653, 658, 662, 666, 667, 673, 684, 700, 702, 716, 719, 722, 728, 732, 733, 736, 740, 746, 748, 749, 750, 755, 760, 765, 769, 789, 792, 797, 801, 802, 812, 815, 817, 819, 832, 834, 838, 839, 845- 847, 853- 855, 857, 859, 873, 878, 883, 885- 887, 891, 904, 908, 909, 915, 920, 921
Armut 777
Art Books 783
Arzneimittelwesen 666
Asien 585, 724, 777, 844
Ästhetik 831, 873
Astrologie 640, 754, 786, 806, 922, 926
Astronomie 695, 726, 794, 849, 867
Asyl 777
Atlanten 621, 663, 771, 794
Aus- und Weiterbildung 622, 686, 735, 776

Ausdauer 782
Ausflugs- und Radführer 692
Außereuropäische Geschichte 657
Ausstellungskataloge 641, 663, 835, 871
Australien 642, 825
Austriaca 897, 899
Auswandern 813
Autobiografien 611, 696, 701, 885
Automatisierungstechnik 801, 818, 872
Automobil 587, 650, 717, 749, 763, 788, 792, 814, 820, 841, 850, 880
Baden-Württemberg und Rheinland-Pfalz 630, 883
Bahn 591
Balearen 824
Baltikum 796
Bank- und Börsenwesen 747
Basteln 697, 834
Bau 611, 612, 637, 651, 654, 666, 718, 724, 769, 789, 800, 825, 855, 858, 879, 887, 915
Baudenkmal 651
Bauingenieurwesen 612, 748, 915
Baurecht 726, 838, 887
Bavarica 769, 801, 805, 829, 855
Behinderten-Literatur 658, 714, 758, 782
Belletristik 586, 588-593, 597, 599-605, 607, 608, 610, 613, 617, 619, 621, 623-627, 629-632, 642, 646-652, 655-657, 659-662, 664, 667-670, 672-683, 686, 687, 689, 691, 695, 698, 701, 703-706, 708, 710, 713, 718-722, 724, 726, 727-729, 731, 737, 738, 741-745, 747, 748, 751, 752, 754-756, 759, 760, 763-765, 766-768, 772-774, 776, 777, 780, 785, 789, 794, 795, 797-799, 801, 805-807, 811, 813-816, 819, 820, 822, 826, 828-833, 835, 836, 838, 840-843, 847, 849, 852-854, 856, 860-862, 864, 865, 868, 869, 876, 881, 883-896, 900-909, 912-917, 919, 922, 924, 926

Berg- und Heimatromane 862
Bergbildbände 616, 632
Bergsportpraxis 632
Berlin 586, 589-591, 594-598, 600, 601, 603, 604, 606, 607, 610, 612, 615-619, 620, 623, 624, 629, 631, 642, 646-648, 654, 656, 657, 663, 665, 666, 669-672, 674, 675, 678, 680, 684, 685, 687, 688, 694, 698, 700-702, 704, 705, 710, 711, 716, 718, 726, 728, 731, 733-735, 737, 738, 741-743, 752, 755, 756, 765, 766, 769, 770, 773, 775, 780, 781, 784, 787, 793, 796, 798, 806, 808, 809, 811, 812, 817, 819, 823, 827, 828, 830, 832, 836, 837, 839, 841, 843, 846, 848, 849, 850, 851, 854, 859-862, 864-866, 872, 874, 878, 879, 881, 883, 884, 886, 888, 889, 891, 892, 894
Bern 759, 915, 917, 919, 922, 925
Beruf 619, 622, 638, 706, 707, 727, 745, 764, 778, 788, 790
Betontechnik 611
Betriebssysteme 805, 842, 845, 857, 880
Betriebswirtschaft 715, 742, 881
Bibel 651, 785, 796, 804, 810, 882, 916
Bibliografien 635, 699, 747, 749
Bibliophile Ausgaben 593, 646676, 684, 902
Bier 639, 801
Bildbände 599-602, 604, 606, 612, 625, 629, 639, 646, 648, 650, 651, 658, 667, 670, 675, 677, 679, 683, 684, 686, 687, 693, 696-698, 703, 705, 706, 710, 712, 714, 721, 722, 728, 731-733, 738, 739, 742, 744, 746, 748, 749, 754, 757, 758, 760, 770, 774, 777, 785-789, 791, 794, 797, 806, 807, 809, 811, 816, 818, 820, 830, 831, 835, 836, 841-843, 845, 847, 851-853, 855-857, 859, 865, 873, 874, 879, 888, 889, 893, 897, 899, 900, 904, 907-909, 911, 920, 921, 923;

Bildende Kunst 593, 599, 600, 626, 648, 650, 658, 670, 673, 675, 683, 687, 700, 706, 716, 727, 729, 732, 738-740, 748, 755, 760, 765, 769, 777, 797, 798, 801, 802, 808, 815, 819, 823, 828, 831, 835, 840, 842, 845, 847, 853, 856, 857, 860, 873, 876, 885, 892, 898, 899, 903, 904, 909, 917, 919, 920, 924
Bilderbücher 595, 627, 632, 645, 666, 668, 680, 681, 689, 698, 703, 713, 715, 741, 743, 745, 762, 778, 782, 785, 787, 810, 821, 858, 860, 862, 899, 905, 914
Bildung 585, 619, 620, 622, 626, 634, 635, 639, 658, 674, 678, 695, 698, 711, 727, 728, 736, 744, 752, 753, 768, 777, 794, 819, 828, 853, 880, 895
Binnenfischerei 844
Biochemie 649
Biografien 588, 589, 591, 593, 600, 601, 604, 611, 612, 615, 621, 623, 626, 631, 642, 657, 661, 667, 668, 669, 673, 674, 677, 685, 691, 695, 698, 703, 705, 714, 718, 719, 721, 722, 728, 738, 739, 742, 747, 748, 753-757, 759, 763-768, 771, 773, 774, 777, 784, 786, 788, 790, 792-794, 797-799, 802, 805, 807, 809, 813, 814, 816, 817, 819, 830-832, 847, 849, 854, 856, 864, 865, 868, 875, 901, 902, 916, 921, 923
Biologie 590, 651, 662, 711, 803, 809, 819, 849, 850, 866, 883, 892, 903, 909, 915
Biowissenschaften 860
Blankbooks 858
Blindenschrift 624
Bodensee 850
Bogenschiessen 863
Bootsbau 650, 873
Börse 628, 638, 781, 822, 890
Botanik 628, 711, 803, 809, 844, 915
Brandschutz 677

Brasilien 824, 877
Buch- und Bibliothekswesen 721, 747, 823, 833
Buchkunst 596, 668, 671, 819, 897, 906
Buchmalerei 613
Buddhismus 594, 597, 605, 609, 655, 658, 732, 733, 860, 922
Bulgarische Literatur 607, 621
Burgenkunde 859
Business 700, 711, 722, 728, 735, 812, 818, 834, 850, 879, 880, 907, 909, 915, 922
Byzantinistik 721
Cartoons, Comics 586, 607, 668, 678, 720, 728, 760, 784, 794, 862
Chassidismus 859
Chemie 651, 662, 665, 711, 714, 819, 849, 850, 858, 860, 883, 892, 909, 915
Chormusik 690
Christliche Bücher 597, 605, 621, 623, 631, 643, 667, 695, 703, 715, 732, 739, 763, 770, 787, 795, 804, 806, 810, 853, 885
Chroniken 889
Comedy 742, 767, 820
Comics 586, 607, 640, 643, 666, 677, 678, 682, 687, 693, 728, 755, 772, 783, 787, 829, 831, 849, 913, 917, 926
Computer 620, 626, 636, 649, 660, 662, 663, 701, 706, 714, 718, 722, 728, 735, 761, 810, 811, 830, 845, 848, 854, 855, 857, 880, 886, 894, 910, 915
Darstellende Künste 812
Datenbank 687, 714, 819, 857, 872
Datenschutz 649
DDR-Geschichte 694, 705
Denkmalkultur 651, 728, 887
Dermatologie 852
Design 599, 612, 700, 701, 716, 719, 746, 748, 749, 777, 786, 815, 819, 839, 858, 878, 885, 915, 920, 921

Deutsch 595, 601, 607, 608, 616, 642,
644, 650, 663, 708, 725, 728, 759, 766,
804, 812, 856, 901, 921
Deutsch als Fremdsprache 725, 759
Deutsche Geschichte 888
Deutsche im Ausland 888
Deutsche Literatur 704, 822, 894, 909,
913, 921
Deutsch-Ungarische Literatur 595
Dialekt 902
Didaktik 653
Diskursforschung 908
Drama 766
Dritte Welt 758, 803, 806, 837, 844, 864
Drogenpolitik 813, 921
Düsseldorf 591, 601, 608, 615, 661, 664,
683, 710, 810, 851, 884, 887, 890
Edutainment 620, 621, 639, 650, 677,
810, 848, 857
Ehe 675, 796
Eifel 608, 672, 676, 757, 826
Eisenbahn 679, 695, 703, 717, 823, 827,
844, 863
Elektronik 683, 696, 714, 801, 811818,,
872, 879, 880
Elektronische Medien 663, 759, 838,
869
Elfen 708
Eltern 651, 706, 778, 784, 794, 798
Energie 800, 825
Engel 681, 688, 708
Englisch 601, 616, 681, 725, 766, 777,
812
Enzyklopädien 891
Erfolgsratgeber 700, 790
Ergotherapie 842, 876
Ernährung 692, 706, 733, 796, 803, 807,
852, 867, 869
Erotik 601, 604, 610, 747, 751, 785, 816,
819, 829, 830, 835, 903, 908
Erstlesebücher 598, 668, 821, 862

Erwachsenenbildung 619, 739, 745,
803, 925
Erzählungen 585, 627, 631, 632, 648,
663, 664, 671, 672, 696, 706, 748, 752,
766, 790, 846, 889, 915, 916
Erziehung 585, 588, 602, 620, 626, 629,
635, 639, 648, 653, 658, 662, 683, 695,
698, 703, 711, 724, 727, 734, 735, 736,
751, 753, 758, 768, 795, 796, 800, 801,
804, 823, 825, 828, 830, 853, 855, 891,
893, 903, 916, 924
Esoterik 590, 592, 593, 594, 596, 601,
644, 646, 657, 658, 660, 669, 683, 684,
689, 706, 708, 709, 719, 722, 729, 736,
747, 750, 755, 759, 764, 768, 769, 772,
783, 786, 790, 793, 798, 806, 830, 839,
845, 847, 853, 866, 878, 885, 886, 890,
913, 914, 922
Essay 606, 610, 616, 631, 663, 746, 748,
751, 775, 779, 801, 825, 827, 856, 874,
902, 915
Essen und Trinken 593, 600, 612, 625,
641, 659, 662, 677, 678, 687, 693, 696,
704, 706, 707, 710, 712, 723, 735, 758,
798, 804, 809, 830, 845, 847, 855, 897,
899, 908, 910, 914, 920
Ethik 664, 748
Ethnologie 585, 713, 724, 763, 823, 828,
873, 897
Europa 603, 642, 685, 686, 720, 730,
737, 789, 798, 803, 838, 899
Exilliteratur 885
Exlibris 892
Experimentelle Literatur 690, 727, 884
Fachbücher 587, 614, 638, 650, 652,
654, 655, 671, 683, 684, 685, 686, 687,
699, 722, 732, 743, 752, 775, 776, 780,
785, 805, 817, 826, 834, 836, 846, 852,
859; 870, 872, 876, 924
Fachzeitschriften 590, 592, 606, 612,
616, 622, 626, 628, 629, 636, 639, 650,

658, 668, 686, 692, 694, 711, 714, 716,
717, 718, 722, 734, 736, 758, 768, 777,
781, 797, 801, 809, 811, 812, 817, 819,
834, 840, 842, 844, 852, 853, 854, 864,
872, 873, 886, 895, 907, 910, 924
Fahrrad 636, 650, 741, 786
Fahrschule 880, 881
Faksimile 802, 815, 823
Familie 604, 605, 642, 675, 707, 725,
739, 754, 796, 798, 823, 838, 869, 924
Fanbücher 596
Fantasy 610, 623, 631, 635, 646, 649,
660-662, 688, 717, 722, 737, 745, 767,
772, 853, 861, 903
Feminismus 607, 864
Fernsehen 591, 593, 604, 615, 626, 681,
691, 719, 722, 724, 747, 781, 791, 830,
835, 842, 843, 849, 873, 883, 904
Feuerwehr 677, 814
Film 591, 593, 604, 605, 613, 615, 619,
626, 631, 677, 681, 691, 709, 715, 719,
722, 724, 729, 732, 733, 747, 781, 791,
797, 802, 809, 830, 835, 839, 842, 843,
849, 854, 856, 861, 866, 870, 873, 874,
878, 879, 881, 883, 885, 904, 908, 916
Finanzen 663, 690, 700, 722, 747, 812,
834, 842, 883, 890, 894
Finanzwesen 700
Fitness 585, 625, 631, 636, 645, 689,
693, 703, 707, 712, 722, 725, 729, 747,
784, 791, 800, 811, 816, 855, 861, 866,
886
Fleischwirtschaft 653
Fliegenfischen 730
Floristik 697, 859, 866
Flugzeuge 792, 814, 911
Fotografie 588, 600, 601, 612, 630, 641,
648, 658, 664, 667, 669, 674, 681, 698,
700, 704, 706, 709, 710, 716, 718, 720,
732, 733, 739, 740, 748, 749, 750, 756,
761, 765, 774, 791, 796, 797, 801, 812,

815, 819, 827, 831, 835, 852, 854, 857,
865, 873, 878, 883, 885, 897, 899, 906,
907, 913, 916, 917, 919, 920
Franken 639, 665, 848
Frankfurt 586, 591, 593, 609, 612, 622,
625, 629, 634, 637, 643, 650, 653, 656,
668, 678, 688, 691, 695, 702, 704, 706,
727, 728, 729, 733, 747, 753, 755, 758,
763, 770, 780, 783, 787, 790, 793, 805,
815, 816, 821, 822, 825, 826, 829, 835,
840, 848, 854, 856, 864, 872, 874, 876,
877, 887, 895, 919
Frauen 606, 610, 644, 655, 669, 688,
696, 699, 703, 704, 707, 708, 718, 751,
755, 763, 767, 795, 802, 806, 808, 818,
831, 861, 865, 900, 907
Frauenforschung 588, 599, 617, 626,
629, 648, 653, 658, 663, 674, 727, 732,
736, 755, 802, 817, 828, 847, 864, 882,
888, 904, 907, 908, 919
Freizeit 600, 632, 658, 834, 868, 883,
911
Fremdenverkehr 775, 819
Fremdsprachen 643, 648, 725, 822
Friedensforschung 752
Fußball 589, 744, 782, 801, 887
Garten 587, 625, 635, 637, 641, 659,
695, 707, 786, 802, 806, 866, 887, 909
Gartenbau 667, 758, 809, 845, 910
Gastronomie 653, 686, 687, 775
Gedichte s. Lyrik
Geistesgeschichte 769, 907, 923
Geisteswissenschaften 617, 618, 626,
636, 656, 711, 738, 749, 759, 769, 842,
870, 872, 898
Geld 587, 706, 716, 747, 781, 788, 822,
922
Gemeindearbeit 643, 658, 711, 735, 739,
770
Genealogie 631, 813, 851
Geografie 585, 593, 622, 628, 636, 662,

707, 724, 771, 816, 823, 844, 847, 852, 888
Geowissenschaften 628, 662, 711, 793, 844, 849, 850, 883, 884, 889, 891, 915
Geriatrie 818
Germanistik 680, 721, 747, 802, 841, 890, 899
Gerontologie 823, 852
Geschenkbücher 588, 600, 623, 645, 656, 669, 678, 709, 719, 732, 736, 741, 752, 760, 787, 794, 810, 811, 833, 845, 847, 862
Geschichte 587-591, 596, 597, 602, 604, 611, 614, 616-618, 621, 626, 629, 637, 638, 648, 651, 656-658, 661-664, 668, 673, 675, 679, 680, 682, 685, 691, 694, 696, 697, 699, 704, 707, 709, 710, 711, 713, 716, 721, 723, 724, 728, 729, 731-33, 737, 738, 744, 745, 747, 752-755, 758, 760, 765, 767-769, 772, 774, 775, 777, 781, 785-788, 790, 797, 798, 801, 802, 806-808, 813-820, 822, 823, 825, 828, 830-833, 836, 838, 841, 844, 846, 847, 849, 850, 856, 859, 861, 863, 865, 867, 868, 872, 873, 876, 883-886, 890-893, 895, 897, 898, 903, 904, 906-911, 916, 918, 921, 924, 925
Geschichte der Neuzeit 588, 597, 604, 617, 618, 629, 637, 657, 658, 664, 675, 680, 707, 710, 716, 724, 732, 744, 753, 754, 758, 772, 781, 785, 797, 798, 807, 813, 819, 823, 828, 844, 847, 849, 865, 904, 906-908, 910
Geschichte des Mittelalters 663, 680, 707, 769, 772, 777, 797, 813, 823, 847, 883, 885, 886
Geschichtswissenschaft 590, 884
Gesellschaft 635, 656, 710, 744, 748, 771, 788, 789, 808, 810, 814, 875, 903, 905, 908
Gesellschaftsrecht 778, 838
Gesellschaftswissenschaften 704, 750, 888
Gestalttherapie 670
Gesundheit 587, 589, 602, 605, 613, 625, 629, 639, 641, 644, 646, 657, 662, 669, 674, 689, 692, 698, 704, 706, 707, 710, 712, 719, 722, 724, 725, 729, 733, 734, 735, 736, 743, 744, 747, 759, 761, 768, 769, 778, 782, 783, 784, 788, 789, 790, 791, 796, 798, 808, 811, 816, 825, 830, 836, 845, 855, 864, 866, 871, 872, 885, 903, 904, 910, 914, 922
Gewerkschaften 634, 882, 888
Glasfachliteratur 722
Golf 625, 706, 717, 730
Gottesdienst 636, 638, 711, 770, 810
Grafik 587, 668, 676, 704, 708, 731, 749, 880, 920
Grafik Design 704, 837, 920
Grafitti-Bücher 667
Grammatiken 725, 876
Graphik 617, 654, 676, 687, 760
Grenzwissenschaften 666, 708
GUS 864, 894
Haiku 780, 902
Hamburg 585, 588, 597, 599, 609, 639, 640, 644-647, 658, 660, 662, 671-673, 680, 685, 686, 710, 713, 714, 721, 722, 730, 732, 733, 735, 740, 741, 746, 749, 750, 753, 757, 772-774, 776, 777, 785, 789, 796, 797, 799, 829, 857, 862, 875, 882, 895
Handel 653, 855, 925
Handwerk 665, 800, 834
Haustiere 707, 799, 809, 910
Hauswirtschaft 819
Heftromane 740
Heilpraktiker 869
Heimtiere 625, 637, 695, 707, 758
Heraldik 813, 851
Hessen 661, 848, 863

Hinduismus 594
Hippologie 802
Historische Romane 600, 601, 604, 610,
  617, 662, 678, 695, 719, 722, 737-739,
  745, 747, 754, 755, 759, 763, 764, 767,
  768, 770, 785, 797, 798, 829, 830, 832,
  847, 853, 885, 894, 903, 904, 908, 919,
  926
Historisches 610, 653, 733, 854
Histotainment 737
Hobby 592, 633, 642, 647, 834, 869
Holz 652, 662
Homöopathie 710, 717, 848
Hörbücher 767, 838, 865
Hörfunk 879
Horror 826
Hotel 723, 783, 819
Hugenotten 875
Humanistische Psychologie 670
Humanwissenschaften 816, 846
Humor 586, 593, 623, 676, 678, 685,
  694, 701, 702, 710, 719, 720, 747, 754,
  759, 760, 804, 830, 862, 897, 903
Hundebücher 637, 757, 799, 920
Illustrierte Bücher 602, 673, 833, 857
Immobilien 716, 717, 764
Indianer 758
Indogermanistik 890
Informatik 590, 654, 660, 714, 801, 845,
  849, 850, 858, 872
Informationstechnologie 701, 716, 717,
  818, 836, 872
Ingenieurwesen 620, 687, 714, 738, 825,
  858, 879, 883, 886, 910
Innenarchitektur 635, 748, 792
Internet 660, 806, 857
Irak 589, 704
Iran 704
Islam 683, 729, 730
Israel 805, 807
Jagd 684, 695, 910

Jagdliteratur 730, 799
Japan 673
Jazz 797
Journalismus 588, 619, 626, 691, 765,
  849, 870, 879, 887, 904
Judaica 589, 597, 600, 658, 685, 716,
  733, 744, 773, 786, 797, 801, 802, 810,
  859, 884, 891, 916
Jugend 614, 647, 658, 662, 685, 692,
  695, 703, 786, 790, 806, 843, 858, 867,
  874, 882, 914
Jugendbücher 591, 593, 594, 598, 602,
  614, 619, 621, 624, 631, 638, 640, 662,
  667, 676, 681, 682, 693, 695, 698, 703,
  707, 714, 715, 724, 737, 738, 762, 766,
  778, 788, 794, 800, 804, 805, 810, 820,
  830, 847, 858, 860, 862, 865, 895, 914,
  916, 924
Juristische Fachliteratur 586, 693, 704,
  778
Kabarett 719, 767
Kalender 600, 623, 669, 672, 679, 684,
  703, 709, 717, 720, 731, 732, 735, 850,
  858, 886, 887
Spiritualität 725
Kampfsport 886
Kanada 642
Kanaren 824
Karikaturen 643, 696
Karriere 622, 700, 707, 778, 822
Katholische Religion 636, 679
Katholische Theologie 602, 627, 818
Katzen 920
Kinder 588, 595, 598, 612, 614, 619,
  621, 624, 628, 632, 636, 640, 641, 651,
  660, 676, 677, 680, 691, 692, 695, 715,
  733, 736, 739, 741, 743, 745, 746, 778,
  782, 786, 788, 789, 791, 795, 799, 804,
  806, 820, 821, 823, 836, 858, 862, 867,
  869, 874, 891, 894, 904, 905, 914, 921,
  923, 924, 926

Kinder- und Jugendbücher 595, 598,
614, 619, 621, 624, 632, 636, 640, 660,
676, 677, 680, 691, 697, 715, 735, 736,
743, 746, 758, 760, 766, 782, 789, 795,
799, 804, 821, 836, 869, 891, 894, 904,
905, 914, 921, 923, 924, 926
Kinderbeschäftigung 642, 668, 697, 788
Kinderbücher 589, 590, 593, 594, 612,
614, 623, 624, 640, 641, 645, 651, 658,
662, 666-668, 672, 676, 677, 682, 684,
688, 690, 693, 695, 698, 702, 703, 707,
709, 713-715, 719, 721, 735, 741, 745,
749, 751, 753, 758, 762, 763, 766, 788,
794, 795, 800, 804, 805, 810, 835, 847,
851, 858, 860, 862, 871, 881, 892, 893,
895, 898, 908, 911, 916, 922, 924
Kindergarten-Pädagogik 739
Kinohighlights und TV-Serien 635
Kirche 711, 889
Kirchliche Gemeindearbeit 621, 893
Klangkunst 740
Klassiker 600, 608, 632, 633, 646, 653,
672, 682, 691, 715, 724, 733, 749, 789,
801, 874, 875, 891, 913, 916
Kleinkunst 667, 690
Kochbücher 586, 633, 634, 640, 644,
635, 640, 677, 706, 712, 721, 723, 749,
786, 789, 794, 799, 802, 806, 809, 826,
839, 845, 846, 855, 859, 867, 887, 896,
899, 911, 921
Kognitionswissenschaft 654, 745, 779
Kommunikation 591, 654, 670, 691, 713,
715, 727, 734, 855, 870, 887
Konstruktivismus 604
Korea 586, 673
Krankenpflege 749
Kreatives Gestalten 592, 697, 887
Kriminalistik 755, 784
Krimi 586, 599, 604, 610, 612, 617, 656,
662, 663, 671, 673, 678, 681, 691, 695,
705, 708, 714, 722, 737, 739, 743, 747,
751, 762-764, 767, 768, 771, 782, 784,
793, 798, 807, 811, 813, 814, 829, 830,
850, 866, 877, 889, 894, 903, 907, 916,
919, 921, 926
Kultur 588, 597, 598, 600, 613, 635, 643,
669, 670, 682, 686, 697, 723, 724, 728,
733, 740, 742, 748, 749-751, 775, 787,
789, 810, 843, 850, 863, 873, 887, 911
Kulturgeschichte 588, 589, 590, 591,
593, 599, 600, 601, 602, 603, 604, 605,
606, 612, 613, 617, 621, 626, 627, 629,
631, 642, 658, 661, 662, 666, 669, 671,
673-675, 678, 683, 694, 697-699, 700,
704, 709, 711, 713, 716, 718, 719, 721,
722, 724, 727-729, 731-733, 738, 747,
748, 753, 755, 759, 760, 765, 766, 768,
769, 772-774, 776, 777, 781, 787, 788,
790, 791, 797, 799, 801, 802, 809, 810,
813-815, 817, 818, 822, 823, 826, 828,
830, 831, 835, 840, 842, 844, 845, 846,
852, 856, 872, 877, 883, 884, 891, 895,
897, 899, 904-908, 910-912, 916, 918,
921, 922, 924
Kulturwissenschaften 590, 603, 617,
736, 750, 817, 851, 854, 870, 898, 901,
905
Kunst 588, 597, 598, 607, 612, 613,
616, 621, 626, 627, 629, 630, 631, 633,
641, 648, 663, 667, 676, 681, 685, 688,
699, 701, 704, 706, 712, 719, 724, 728,
729, 732, 740, 744-746, 749, 750, 751,
753, 756-758, 762, 766, 769, 774, 779,
780, 786, 789, 797, 798, 800, 802, 805,
808, 812, 815, 817, 819, 820, 822, 825,
832, 833, 839, 841, 843, 850, 858, 869,
871-873, 876, 878, 883-885, 886, 891,
897, 898, 900, 905, 908, 910, 913, 915,
921, 925
Kunstbände 601, 605, 613, 636, 669,
751, 756, 761, 762, 774, 775, 796, 815,
828, 863, 916, 920

Kunstgeschichte 603, 615, 621, 639, 653, 666, 671, 673, 722, 740, 746, 749, 802, 840, 846, 891, 895, 897
Kunsthandwerk 598, 599, 631, 637, 654, 716, 740, 746, 760, 834, 873, 899, 918
Kunstkataloge 650, 785, 894, 904
Künstlerbücher 594, 609, 635, 639, 647, 666, 668,669, 672, 688, 726, 738, 740, 774, 825, 831, 855, 871
Kunstwissenschaft 600, 641, 654, 663, 702, 721, 740, 749, 831, 887
Kurzgeschichten 590, 604, 605, 617, 621, 664, 669, 722, 729, 752, 754, 768, 770, 777, 785, 799, 819, 856, 893, 902, 903, 904, 915
Landeskunde 630, 662, 766, 828, 859
Landwirtschaft 758, 809, 866, 910
Lateinamerika 585, 603, 713, 724
Lateinische Literatur der Neuzeit 772
Lebenshilfe 596, 597, 599, 609, 611, 613, 620, 623, 643, 646, 651, 655, 657, 658, 660, 662, 665, 669, 674, 675, 682, 695, 698, 702, 703, 706, 707, 708, 711, 712, 719, 722, 733-735, 738, 739, 747, 750, 758, 759, 766-769, 776, 784, 787, 790, 794, 796-798, 803-805, 808, 810, 816, 818, 819, 825, 830, 845, 853, 864, 869, 890, 893, 903, 904, 909, 911, 916, 922, 926
Lehr- und Lernmittel für den Religionsunterricht 739
Lehrbücher 615, 621, 759, 816, 870, 876, 919
Lehrerhandbücher 614, 790
Leichtathletik 782
Lernhilfen 596, 608, 609, 643, 646, 669, 745, 772, 779, 790
Lern-Software 592, 593, 620, 622, 639, 650, 694, 732, 745, 890779, 791, 819, 830, 834, 848, 858, 880,
Lernspiele 598, 682, 690, 737, 766, 919

Lettland 796
Lexika 613, 621, 643, 700, 759, 763, 821, 833, 849, 891, 919
Liederbücher 623, 628
Lifestyle 641, 790, 858, 867, 901
Linguistik 797, 876
Linke Literatur 874
Litauisch 777
Literatur 590, 599, 603, 606, 613, 615, 616, 620-622, 627, 629, 631, 637, 642, 649, 655, 656, 663, 667, 673, 678, 679, 691, 705, 721, 729, 731, 733, 735, 742, 746, 751, 753, 757, 763, 768, 770, 775, 779, 780, 789, 795, 800, 805, 806, 808, 809, 811, 812, 816, 817, 819, 820, 825, 826-829, 833, 837, 839, 841, 853, 854, 861, 866, 873, 881, 888, 894, 898, 900, 901, 903-905, 908, 911, 913, 914
Literaturwissenschaft 588-590, 593, 600, 602-605, 614, 618, 626, 654, 658, 662, 664, 670, 681, 683, 694, 699, 704, 711, 715, 727, 750, 752, 755, 768, 769, 772, 775, 779, 782, 791, 797, 801, 816, 823, 825, 828, 829, 841, 844, 846, 849, 852, 853, 872, 873, 876, 877, 884, 887, 891, 898, 899, 901, 907, 908, 911, 917
Logopädie 823, 842
Luftfahrt 606, 618, 703, 717, 786, 788, 911
Luftschifffahrt 850
Lyrik 589, 590, 592, 594, 596, 602, 607, 617, 633, 635, 647, 648, 656, 663, 669, 671, 676, 679-683, 687, 690, 698, 701, 704, 706, 708, 710, 718, 719, 724, 729, 738, 745, 748, 751, 752, 758, 760, 763, 766, 768, 774, 779, 785, 795, 797, 798, 799, 815, 819, 827, 828, 830, 836, 853, 855, 856, 885, 889, 893, 901-904, 907, 909, 912, 913, 917
Magie 601, 779
Malerei 598, 654, 673, 760

Management 649, 670, 700, 714, 716,
745, 764, 778, 781, 787, 789, 818, 823,
850, 857, 880, 918, 920, 922, 925, 926
Mappenwerke und Einblattdrucke 610
Marathonreiseführer 861
Märchen 603, 605, 646, 649, 680, 707,
718, 725, 729, 738, 750, 752, 760, 787,
802, 830, 853, 856, 862, 926
Marine 618, 749, 788, 907, 911
Maritim 672, 717, 721, 773, 813
Mark Brandenburg 851
Marketing 649, 652, 697, 700, 716, 717,
781, 822, 926
Marxismus 637, 795
Maschinenbau 714, 801, 811, 836, 879,
880
Mathematik 594, 651, 711, 714, 801, 819,
849, 850, 858, 879, 910, 915
Medien 596, 599, 612, 621, 631, 637,
644, 647, 653, 700, 703, 715, 718, 726,
731, 740, 750, 752, 775, 776, 780, 791,
794, 798, 804, 805, 816, 838, 842, 854,
859, 864, 869, 873, 879, 882, 920
Medienwissenschaft 588, 590, 617, 619,
626, 648, 658, 664, 691, 711, 713, 715,
727, 728, 782, 791, 797, 842, 849, 872,
877, 883, 887, 898, 910
Meditation 636, 708, 732, 797, 806, 810,
878
Medizin 586, 589, 590, 595, 609, 619,
623, 630, 649, 652, 659, 665, 691, 692,
698, 699, 711, 712, 717, 719, 721, 733,
735, 737, 749, 752, 758, 770, 776, 777,
778, 784, 798, 811, 814, 819, 823, 834,
845, 846, 849, 850, 852, 855, 860, 869,
870, 872, 883, 885, 891, 892, 903, 910,
924
Meeresbiologie 791
Menschenrechte 593, 777
Metallbearbeitung 664
Migration 607, 758, 872

Militär 588, 618, 664, 675, 788, 798,
801, 907, 910
Minderheiten 814, 924
Miniaturbücher 633, 785
Mission 683, 730, 763
Mittelasien 704
Mode 812, 835, 885
Modellbahn 703
Monografien 601, 641, 664, 686, 700,
759, 823, 919
Mosel 826, 835
Motorrad 632, 650, 717, 786, 788, 814,
820, 841
Multimedia 754, 867
Mundart 753, 792, 831, 915
Museumsführer 815
Musik 591, 594, 626, 630, 643, 646,
657, 658, 666, 698, 703, 704, 707, 719,
722, 727, 751, 753, 754, 755, 757, 766,
768, 769, 778, 779, 782, 798, 800, 801,
802, 804, 805, 807, 809, 813, 814, 817,
819, 821, 822, 823, 827, 828, 830, 833,
835, 839, 845, 852, 853, 872, 873, 881,
885, 891, 893, 897, 898, 905, 909, 920;
Fachzeitschriften 643
Musikalische Früherziehung 629
Musikbücher 609, 631, 643, 790, 881
Musikwissenschaft 626, 631, 629, 631,
690, 749, 757, 802, 916
Mystik 587, 605, 666, 850, 922
Nachschlagewerke 594, 621, 629, 631,
643, 644, 646, 661, 663, 664, 667, 681,
686, 694, 699, 700, 711, 714, 716, 722,
723, 747, 753, 755, 768, 770, 785, 789,
791, 801, 819, 834, 845, 858, 862, 867,
869, 872, 875, 888, 890-892, 894, 895
Namibia 824
Natur 592, 677, 697, 791, 862, 889
Naturheilkunde 669, 710, 717, 735, 791,
811, 848
Naturschutz 791

Naturwissenschaft 589, 630, 651, 661,
663-665, 686, 695, 698, 711, 714, 722,
726, 737, 747, 768, 788, 813, 836, 844,
845, 850, 852, 855, 858, 867, 879, 883,
891, 903, 910, 918, 924
Neue Medien 716, 725, 733, 873, 891
Neurologie 649, 852
Niederdeutsches 721
NLP 871
Nordamerika 824
Nordeuropa 617
Novellen 671, 907
Numismatik 611, 621
Odenwald 796, 837
Öffentliches Recht 634, 653, 720, 749, 782
Okkultismus 666
Ökologie 588, 601, 624, 628, 629, 630,
644, 664, 667, 669, 674, 708, 714, 722,
724, 727, 747, 752, 753, 771, 793, 802,
803, 809, 819, 827, 830, 837, 844, 858,
865, 866, 867, 872, 879, 883, 887, 893,
908, 914, 915
Ökonomie 798, 808, 837, 908
Ökumene 627, 683, 763
Olympische Spiele 589
Omnibusse 814
Oper 727, 729, 737, 755, 768, 782, 856, 897, 898, 908
Orakel 601, 725, 926
Organisation 619, 652, 670
Orientalistik 683, 716, 802, 823, 890, 891
Ostdeutsche Literatur 633, 761
Osteuropa 689, 712, 830, 904
Osthessen 809
Östliche Philosophie 860, 922
Outdoor 852
Pädagogik 585, 588, 590, 592, 597, 603,
604, 614, 620, 635, 663, 710, 719, 727,
745, 750, 768, 776, 778, 794, 815, 871,
872, 882, 918; 923, 926

Parapsychologie 666, 708, 922
Partnerschaft 675, 706, 707, 725, 754
Pastorale Praxis 710, 923
Patchwork 834
Patientenratgeber 777
Perma Kultur 807
Personal 619, 634, 649, 670, 716, 717,
723, 764, 778, 822, 829
Pferde 625, 695, 696, 757, 920
Pflege 735, 770, 817, 836, 842, 869, 870, 892
Pharmazie 652, 707, 777, 850, 892
Philologie 812, 837, 897
Philosophie 588, 590, 591, 596, 599,
600-603, 608, 610, 612, 614, 617, 618,
626, 631, 637, 638, 644, 648, 655, 658,
660, 664-666, 668, 669, 675, 679, 681-
683, 689, 694, 696, 698, 699, 709, 713,
718, 722, 726, 727, 729, 736, 738, 744,
745, 747, 750, 751, 753, 755, 768, 769,
772, 774, 777, 779, 780-782, 786, 787,
793, 797, 798, 801, 802, 806, 808, 810,
812-815, 820, 822, 828, 830, 831, 833,
839, 841, 846, 852, 853, 856, 857, 862,
867, 869, 872, 873, 878, 884, 886, 890,
891, 897-900, 903, 908-911, 913, 916,
918, 924
Physik 651, 714, 801, 811, 849, 850, 858, 883, 910, 915
Plastik 760
Poesie 894, 903
Polemik 675
Politik 588, 589, 592, 599, 600, 604,
605, 617, 618, 619, 626, 629, 635, 637,
638, 648, 651, 654, 655-657, 661, 664,
674, 675, 678, 680, 682, 683, 686, 694,
710, 713, 719, 722, 724, 727, 728, 734,
742, 744, 745, 747-749, 751-753, 755,
757-759, 765, 768, 781, 784, 786, 788-
790, 798, 801, 803, 806-808, 813-815,
817, 820, 825, 828-830, 841-844, 846,

849, 865, 867, 868, 872, 876, 877, 882, 883, 887, 888, 891-893, 898, 900, 903, 905, 907, 908, 917, 922-924
Politikwissenschaft 607, 734, 829, 882, 899, 924
Politisches Sachbuch 603, 610, 657, 685, 861
Politologie 626, 704
Polizei 628
Pop 607, 704, 801, 873
Populäres Sachbuch 674, 727, 736, 754, 866, 868
Portugal 877
Poster 698, 858, 859
Postkarten 587, 589, 600, 698, 728
Pressendrucke 633, 647, 687
Preußen 851
Programmiersprachen 714, 880
Prosa 681, 738, 751, 758, 827, 828, 901
Psychiatrie 595, 603, 670, 685, 723, 778, 808, 817, 823, 826, 834, 853
Psychoanalyse 589, 631, 668, 750, 817, 873, 908, 911
Psychologie 589, 597, 603, 613-615, 620, 623, 629, 631, 643, 644, 646, 648, 649, 654, 655, 658, 660, 670, 674, 683, 689, 709-711, 722, 723, 726, 727, 734-737, 744, 745, 747, 750, 754, 755, 757, 758, 768, 769, 775, 776, 778, 788, 790, 797, 800, 801, 806, 811, 816, 817, 820, 823, 824, 830, 845, 846, 849, 853, 864, 870, 871-873, 876, 878, 882-884, 887, 890, 891, 898, 907-910, 918, 922, 924
Psychotherapie 604, 655, 670, 723, 745, 817, 834
Publizistik 691, 702, 713, 899
Radwanderführer 632, 689, 824, 883
Ratgeber 586, 596, 613, 614, 619, 620, 623-625, 629, 631, 633, 634, 638, 639, 643-646, 648, 655, 658, 660, 661, 667, 669, 674, 677, 678, 681, 691, 695, 698,

699, 701, 703, 704, 706, 707, 710-712, 717-719, 729, 733, 734, 737, 740, 742, 743, 745, 747, 750, 755, 757-759, 766, 768, 778, 784, 786, 788, 793-795, 798, 799, 806, 810, 811, 816, 817, 822, 825, 829, 834, 835, 839, 841, 842, 845, 855, 864-867, 869, 887, 890, 894, 899, 910, 911, 918, 922, 925, 926
Rätselbücher 895
Rechnungswesen 700, 716, 742, 822, 840
Recht 587, 617, 618, 626, 649, 652, 664, 680, 683, 700, 704, 706, 711, 716, 717, 718, 720, 726, 740, 747, 749, 758, 759, 764, 768, 772, 776, 786, 788, 790, 793, 798, 801, 802, 819, 821, 822, 825, 830, 834, 837, 838, 845, 850, 854, 855, 871, 873, 881, 882, 883, 884, 887, 891, 894, 907, 910, 918, 919, 922, 925
Regionale Unterhaltungsliteratur 610, 672, 681, 785, 826, 896
Regionalliteratur 608, 644, 651, 659, 702, 762, 785, 810, 843; Köln 608
Reise 592, 643, 660, 664, 692, 714, 725, 742, 745, 751, 773, 783, 795, 796, 824, 825, 839, 863
Reiseführer 587, 591, 596, 659, 663, 667, 671, 705, 730, 731, 741, 749, 761, 766, 771, 783, 789, 792, 815, 824, 838, 850, 852, 864, 868, 900, 908, 911, 920; Mexiko 824
Reiseliteratur 670, 693, 787, 820, 824, 826
Reiten 637, 693, 695, 730
Religion 588, 589, 592, 594, 596, 602-604, 613, 615, 616, 620, 621, 623, 624, 631, 635, 638, 641, 644, 646, 647, 655, 657, 658, 660, 664-667, 672, 673, 674, 680, 683, 686, 687, 695, 703, 709, 711, 719, 727, 729, 730, 735, 739, 744, 751, 754, 755, 758, 761, 768, 769, 777, 794,

795, 802, 804, 805, 806, 809, 810, 815,
818, 820, 828, 833, 840, 843, 853, 856,
859, 860, 862, 869, 872, 882, 885, 886,
888, 892, 898, 899, 909, 910, 916, 924
Religionswissenschaft 649, 721, 763,
882, 891
Restaurierung 637
Revolution 637
Rheinland 608, 672, 702
Rhön 682, 809
Rockmusik 807
Romane 585, 598, 599, 623, 632, 648,
663, 678, 688, 695, 696, 706, 748, 777,
787, 794, 795, 819, 821, 828, 829, 838,
839, 846, 854, 861, 889, 900, 902, 907,
916
Romanistik 747, 890
Romanistische Literatur 656
Roman-Zeitschriften 740
Ruhrgebiet 608, 744
Russische Literatur 732, 865
Rüstung 777
Saarland 828
Sachbuch 585, 588, 592, 598, 610, 613-
615, 617, 619, 624-626, 628, 629, 632,
635, 636, 638, 644, 651, 652, 655,
661, 662, 665, 668, 670, 671, 676, 678,
682, 685, 686, 689, 691, 701, 704-706,
710, 711, 715, 720-724, 729, 731, 737,
742, 744-747, 749, 751, 763, 765-767,
770-772, 774, 775, 783-786, 789, 790,
793-795, 800, 803, 806, 808, 810, 813,
814, 816, 819, 820-822, 828-831, 834,
843, 843, 847, 855, 857, 859, 860, 862,
864-867, 869, 873, 874, 877, 878, 881,
882, 887-889, 892, 900-903, 911, 912,
915, 917, 918, 924, 926
Sagen 682, 797, 849
Satire 675, 678, 685, 694, 728, 742, 756,
760, 785, 820, 833, 862, 897
Schamanismus 601

Schatzsuche 813
Schiff 792
Schiffsmodellbau 749
Schmiedearbeiten und Metallgestaltung
885
Schneiden 664
Schönheit 706, 712, 784
Schriftsteller 832
Schulatlanten 622
Schulbücher 594, 598, 602, 604, 605,
622, 643, 658 681, 686, 698, 751, 758,
775, 784, 801, 804, 831, 836, 841, 848,
858, 860, 866, 874, 886, 893, 906, 919,
922, 924, 925
Schule 589, 613, 614, 616, 639, 685,
745, 796, 925
Schulmusikbücher 690, 761
Schwäbische Literatur 656
Schwäbische Lokalautoren 854
Schwäbisches 776, 832
Schweißen 664
Schweiz 851, 914, 916, 919, 922
Schweizer Eisenbahnen 844
Schwimmen 782
Schwule Literatur 599, 705, 721, 772
Science Fiction 599, 610, 631, 644, 646,
662, 688, 717, 722, 786, 806, 846, 861,
903
SED 888
See und Seefahrt 672, 749
Seefischerei 844
Segel- und Motorbootsport 650, 895
Segeln 672, 730
Selbsterfahrung 754, 808
Selbsthilfe 795, 871
Selbstversorgung 803
Semiotik 851, 908
Seniorensport 782
Sexualität 675, 701, 823, 896
Sicherheitspolitik 752, 786
Siebengebirge 672

Skulptur 598, 654
Slawistik 656, 716, 888, 890
Software 604, 622, 660, 707, 810, 880
Solartechnik 800
Sonderpädagogik 890
Songbücher 881
Sozialarbeit 768, 795, 817, 882
Sozialgeschichte 888
Sozialisation 696
Sozialismus 597, 795
Sozialpädagogik 823
Sozialpolitik 602, 882
Sozialpsychiatrie 817
Sozialrecht 602, 628, 838
Sozialwissenschaften 674, 713, 769, 800, 846, 863, 867, 870, 882, 905, 917, 924
Soziologie 588, 589, 599, 603, 619, 629, 638, 648, 649, 654, 657, 658, 664, 674, 675, 683, 704, 710, 713, 724, 727, 736, 753, 755, 758, 769, 781, 786, 801, 816, 828, 842, 853, 867, 872, 873, 882, 887, 888, 891, 898, 899, 923
Spannung 835, 877
Spaß 877
Speed Comics 849, 861
Spiele 585, 592, 601, 658, 667, 688, 690, 696, 703, 709, 728, 737, 788, 800, 804, 834, 857
Spiritualität 587, 603, 611, 673, 689, 710, 711, 719, 725, 729, 732, 736, 794, 810, 835, 850, 878, 922
Sport 585, 589, 603, 625, 631, 636, 645, 650, 689, 693, 696, 703, 712, 722, 737, 744, 747, 761, 791, 798, 800, 811, 813, 816, 855, 856, 861, 886, 887; Laufstrecken in allen Städten
Sprach- und Literaturwissenschaft 851
Sprache 705, 779, 815, 876
Sprachen 601, 630, 690, 730, 745, 766, 827, 837

Sprachförderung 681
Sprachführer 585, 586, 752, 759, 771, 815, 824
Sprachkurse 734, 759
Sprachwissenschaften 589, 590, 603, 614, 654, 694, 711, 722, 727, 755, 775, 782, 791, 797, 802, 823, 828, 833, 842, 844, 846, 852, 853, 872, 873, 877, 886, 887, 898, 899, 924
Sprechwissenschaft 823
Städte 601, 667, 849, 856, 923
Städtebau 753
Stahlherstellung 851
Steuern 628, 649, 716, 717, 720, 726, 764, 768, 778, 793, 801, 834, 837, 838, 854, 855, 890, 894, 907
Steuerrecht 720, 726, 821, 838, 871
Stiftungswesen 770
Strafrecht 720, 782
Straßenkarten 783
Studium 618, 626, 643, 660, 700, 745, 764, 851, 891
Styriaca 906
Sucht 613, 623, 758, 795, 921
Südafrika 824
Südost- und Mitteleuropa 888
Südtirol 904
Surfen 650
Surrealismus 894
Symbolkunde 749
Systemtheorie 604
Szeneführer 868
Tanz 591, 601, 629, 727, 737, 738, 800
Tarot 750, 913, 926
Tatsachenberichte 784
Tauchen 650, 730, 920
Technik 611, 800, 836
Technologiekritik 607
Telekommunikation 587, 696, 726, 872
Terraristik 758
Tests 723, 823

Textiles Gestalten 869
Textillexika 761
Textilwirtschaft 653
Theater 585, 586, 591, 601, 629, 719, 727, 729, 753, 755, 768, 779, 782, 791, 797, 800, 809, 856, 859, 865, 874, 877, 881, 885, 897, 898, 908, 909
Theaterwissenschaft 603, 694, 916
Themen der Zeit 849
Theologie 588, 602, 616, 618, 627, 634, 665, 667, 682, 694, 696, 698, 699, 710, 711, 719, 721, 761, 763, 786, 787, 794, 802, 810, 814, 815, 818, 820, 840, 841, 846, 850, 862, 869, 872, 882, 891, 897, 907, 908, 910, 915
Theorie 694, 696, 856
Therapie 696, 754, 876
Thriller 610, 767, 866
Thüringen 684, 734
Tibet 655, 824
Tiefenpsychologie 884
Tiere 664, 758, 807, 816, 862, 866, 905
Tiermedizin 682, 693, 757, 758, 799, 809, 834, 910
Tirolensien 905
Touristik 660, 664, 725, 796, 816, 831, 838, 852, 881, 913
Traktoren 814
Transport 880, 881
Traumdeutung 750
Trivialliteratur 802
Türkische Literatur 607, 804
TV 647, 677, 779, 879
Typografie 633, 774, 837, 920, 921
Übersetzungswissenschaft 851
Uhren 637, 718
Umweltthemen 588, 592, 602, 611, 648, 664, 665, 667, 669, 674, 692, 710, 712, 714, 727, 745, 753, 761, 791, 800, 809, 812, 814, 819, 826, 844, 845, 849, 850, 855, 879, 887, 915, 918

Underground 599, 789, 826
Unikatbücher 688, 727, 738
Unterhaltung 611, 624, 625, 651, 685, 691, 718, 742, 770, 771, 820, 841, 866, 877, 894, 911
Unternehmensführung 781
Unterrichtshilfen 596, 604, 745
Unterrichtsmaterialien 635, 639, 671, 690, 725
Varieté 719
Vegetarische Ernährung 664, 807
Verfassungen 785
Verkehr 612, 665, 674, 787, 827, 855, 872, 881, 913
Vermessungswesen 889
Versicherung 716, 877
Verwaltung 617, 619, 628, 653, 674, 726, 740, 768, 776, 786, 819, 832, 834, 887
Video 632, 679, 693, 703, 761, 878, 881
Viennensia 899
Visuelle Poesie 884
Völkerrecht 891
Volkskunde 680, 709, 726, 802
Volkswirtschaftslehre 652, 700, 810, 812, 842
Vorlesebücher 598, 680, 689, 741
Vorzugsausgaben 710
Waffenkunde 788
Waldorfpädagogik 778
Wanderbücher 770, 783, 787, 920
Wassersport 635, 662
Wasserwirtschaft 809
Wein 696, 713, 867
Weiterbildung 619, 653, 725, 728, 764
Wellness 725, 729, 784, 866
Weltkulturen 603, 655, 725
Weltliteratur 743, 822, 891
Weltreligionen 603, 655, 666, 725, 795
Werbung 653, 837
Werkverzeichnisse 631

Westfalen 602, 627, 647, 744, 758, 839
Wintersport 782
Wirtschaft 588, 617-619, 622, 626, 628, 629, 635, 638, 649, 651, 653, 656, 665, 678, 686, 700, 707, 710, 714, 716, 717, 720, 726, 728, 734, 735, 738, 740, 745, 747, 755, 759, 764, 768, 769, 771, 774, 776, 778, 786, 787, 789, 790, 793, 798, 801, 810, 812, 821, 822, 825, 834, 837, 838, 842, 844, 849, 854, 855, 867, 871-873, 877, 880, 887, 890, 894, 900, 907, 910, 916, 918, 920-923
Wirtschaftswissenschaft 654, 694, 812, 823, 834, 850
Wissenschaft 590, 597, 613, 618, 621, 629, 638, 641, 650, 691, 710, 711, 773, 816, 828, 841, 845, 856, 857, 870, 873, 883, 891, 918
Wissenschaftliches 609, 620, 626, 627, 641, 663, 673, 689, 700, 707, 715, 718, 721, 738, 752, 756, 762, 772, 790, 810, 815, 816, 828, 842, 844, 852, 863, 872, 876, 877, 891, 892, 897, 902, 919, 924
Wörterbücher 594, 630, 643, 663, 667, 694, 711, 714, 722, 723, 725, 734, 745, 747, 755, 768, 801, 818, 845, 862, 876, 888, 890, 891, 895

Yoga 878, 922
Zahnmedizin 836, 849, 860, 869
Zeichnung 631, 774
Zeitfragen 923, 925
Zeitgeschehen 610, 725, 748, 757, 829, 842, 922
Zeitgeschichte 589, 590, 592, 600, 603-605, 611, 612, 616, 618, 621, 626, 637, 651, 657, 658, 661, 671, 675, 679, 681, 686, 687, 710, 713, 719, 722, 728, 733, 742, 748, 749, 752, 753, 755, 758, 759, 763, 765, 767, 768, 781, 784, 786, 788, 800, 801, 803, 806-809, 811, 813-815, 817, 827, 828, 842-844, 846, 848-850, 852, 865, 866, 868, 872, 884, 897, 899, 901, 906, 907-909, 910, 911, 916-919, 922, 925, 926
Zeitschrift 598, 658, 676, 859
Zeitschriften 623, 638, 679, 699, 703, 707, 718, 812, 821, 843, 877, 880, 898
Zeitungen 843
Zen 922
Zirkus 719
Zisterzensierstudien 769
Zypern 828

Autorenhaus-Verlagsprogramm

Handbuch für Erst-Autoren
Plinke: Schriftsteller – Vom Schreiben leben
Brande: Schriftsteller werden
Bradbury: Zen in der Kunst des Schreibens
Zinsser: Schreiben wie ein Schriftsteller. Fach- und Sachbuch
Egri: Literarisches Schreiben
Goldberg: Schreiben in Cafés
Bauer: Liebesromane schreiben
Benedict: Erotik schreiben
Beinhart: CRIME – Krimi und Thriller schreiben
Tieger: Lass laufen!
Steele, Carver: Creative Writing: Romane und Kurzgeschichten schreiben
Goldberg: Raum zum Schreiben
Rainer: Tagebuch schreiben
Wieke: Gedichte schreiben
Crofts: Ghostwriter
Egri: Dramatisches Schreiben
Freytag: Die Technik des Dramas
Keane: Schritt für Schritt zum erfolgreichen Drehbuch – mit Original-Drehbuch
Lazarus: Professionelle Drehbücher schreiben
Bronner: Schreiben fürs Fernsehen
Script-Markt. Handbuch Film & TV
Chabrol: Wie man einen Film macht
Strubel: Komm zum Film
Plinke: Mini-Verlag
Barrington: Erinnerungen und Autobiografie schreiben
Tieger: Autobiografie in 300 Fragen
Lamott: Bird by Bird – Wort für Wort
Flaherty: Die Mitternachtskrankheit
Goldberg: Wild Mind – Freies Schreiben
Truss: Eats, Shoots & Leaves

www.Autorenhaus.de

Autorenhaus.de

Die deutsche Ratgeber-Homepage
für alle, die schreiben und veröffentlichen

Service für Autorinnen und Autoren

Informationen & Adressen

- Alle News für Autoren
- Alle aktuellen Seminare
- Autoren-Café **NEU**
- Dienstleister-Datenbank
- Ms-Formatierungen **NEU**
- Titelrecherche
- Tipps für Wettbewerbe
- 39 Schreibtipps
- Sprachlos
- Goethes Verbote
- Das Unwort des Zeitalters
- Wörter des Jahres
- Recherche für Autoren

- Filmkanon
- Schriftstellerfilme
- Filmwörterbuch
- No-No-Fragen **NEU**
- Original-Drehbücher
- Filmfehler

- Autorenverbände
- Autoren-Schreibtisch
- Der spitze Stift
- Autoren-Bibliothek
- Literaturbüros
- Literaturzeitschriften
- Verlagsadressen
- Zuschussverlage

- Presse

Ratgeber für Autorinnen und Autoren

Kreatives Schreiben

Theater & Film

Schreiben & Veröffentlichen

Aktuelle News

@ Immer auf de Laufenden mit unserem Newsletter

Gute Gedichte gesucht
03.08.2004
Jahrbuch der Lyrik - Termin 15.9.2004
weiterlesen...

Autoren-Honorare
03.08.2004
Kompromissvorschlag
weiterlesen...

Haiku-Literaturpreis
03.08.2004
Termin 11. 9. 2004
weiterlesen...

Aktuelle Seminare

04.08.2004
Internet: Online Drehbuch Chat
DREHBUCH CHAT (4. August 2004, 19:30 - 20:30) ...
weiterlesen...

19.08.2004
Hamburg: Autobiographisches Schreiben
Kostenloses Informationstreffen am Donnerstag, 19. ...
weiterlesen...

Service

Kostenloser Newsletter:
Bitte hier anmelden.
[Ihre E Mail Adresse]
( ) anmelden   ( ) abmelden
[Los!]

- Diese Seite weiterempfehlen
- Zu Favoriten hinzufügen
- Als Startseite festlegen

Vergriffene Bücher suchen:
[Titel hier angeben]
[Buch suchen]

BEST - Bestseller
NEU - NEU!
LONG - Longseller

www.Autorenhaus.de
News für Autoren · Kurse · Ausschreibungen · Tipps